本书受同济大学欧洲研究双一流建设基金项目"中欧法治国家建设比较研究"资助

G 德国当代经济法学名著

独角兽
法学精品

监事会的权利与义务

（第 6 版）

Marcus Lutter   Gerd Krieger   Dirk Verse

［德］马库斯·路德　格尔德·克里格尔　德克·菲尔泽　著
杨大可 译　张艳 校

Rechte und Pflichten des Aufsichtsrats

上海人民出版社

"德国当代经济法学名著"编译委员会

编译委员会主任　高旭军

编译委员会副主任　王　倩

编译委员会委员

高旭军　王　倩　杨大可　赵守政

Reinhard Singer　Astrid Stadler

"德国当代经济法学名著"总序

高旭军

经过几年的筹备,由同济大学中德(国际)经济法研究所组织翻译的"德国当代经济法学名著"丛书这一翻译项目终于启动了。目前初步入选本套译丛的著作有德国知名劳动法学者 Wolfgang Däubler 的《德国劳动法》(Arbeitsrecht)、Hans Brox/Wolf-Dietrich Walker 的《德国债法总论》(Allgemeines Schuldrecht)和《德国债法分论》(Besonderes Schuldrecht),Thomas Raiser/Rüdiger Veil 的《德国资合公司法》(Recht der Kapitalgesellschaften)等 10 部著作。我们将在以后几年中逐步完成这些著作的翻译,并由上海人民出版社负责出版,将它们介绍给我国读者。当然,本套译丛并不限于这 10 部著作,我们还会视情况增加新的论著。

■ 一、本译丛的缘起

早在多年以前,我们就有意翻译一套介绍当代德国经济法最新发展和研究成果的专著。产生这样的想法是基于以下几方面的考虑:

第一,中国法与德国法有着很深的渊源关系。德国法对近代和当代中国法律法规的制定有着重大的影响。清末法制改革中制定的《大清刑律》《大清民律草案》《公司律》等法律均是直接或间接继受德国法的结果。为制定这些法律,清政府组织大量的人力和物力翻译了德国民法典、刑法典、商法典、民事诉讼法、国籍法、破产法等。这些法律的翻译,为清末制定相应的法律提供了直接的参照样本。不仅如此,德国法对民国时期颁布的法律同样有着重要的影响,民国政府颁布的《民法典》也是继受德国法的结果。该《民法典》采用了德国"潘德克顿"体例,即采用人法、物法、债法、亲属和继承五编制。即使对我们现有的法制建设,德国法也有着很大的影响,我国《民法通则》《公司法》《劳动法》《社会保险法》《政府信息公开条例》等也在许多方面借鉴了德国法的规定。

第二,翻译德国法学名著还有助于我们了解隐藏在德国法律法规背后的社会制度和法律文化。德国的政治制度、社会制度和经济制度与我国有着很大的区别。就政治制度而言,德国实行联邦制,在联邦政府和各州之间实行分权,各州在其权限范围内享有充分的自治权;在经济方面,德国实行私有经济;在社会制度方面,德国建立了比较完备的社会福利制度。虽然我们可以翻译德国的《民法典》《股份法典》《劳动法典》,但是仅仅从这些法典的法条中,我们很难深入了解这些法典所调整的德国政治制度、经济制度和社会制度,更难以弄清德国制度和中国制度的差异。而如果我们未能充分弄清这些差异,这显然会影响我国在立法过程中借鉴德国立法经验的质量。而我们翻译的德国当代经济法学名著,能够在一定程度上弥补这一缺陷,因为这些著作不仅介绍相关法律的重要条款,而且论述这些条款背后的德国制度和文化。

第三,翻译德国法名著不仅有助于提高我国的立法质量,而且有助于司法人员借鉴德国学者解释法律和适用法律解决纠纷的方法。在西方国家中,德国可以被视为"法制国家"的典范。其司法机关在德国社会中享有很高的威信和公信力;德国公民信赖其司法机关,也习惯于通过法院解决各类纠纷。德国司法机关之所以在德国社会中享有如此高的威信,一方面是因为德国现行的法律法规较好地平衡了各方的利益,因而体现了法律本应具有的公平性和公正性;另一方面是因为德国法官具有很高的法律解释能力和依法解决纠纷能力,其所作的判决在通常情况下能够得到双方当事人的尊重,也能获得法律界专业人士的认可。影响德国法官专业水平的因素很多,例如,德国特殊的案例分析教学法、德国严格的大学法律考试机制和法官选拔机制等。但是,以下两类法律专业著作在其中同样起着十分重要的作用。其一,针对某一部法律撰写的评论,例如 Otto Palandt 主编的《民法典评析》、鲁尔大学(Ruhr-Universitaet)教授/Hamm 高级法院(Oberlandgericht Hamm)法官 Uwe Hueffer 撰写的《股份法评论》、德国波恩大学 Marcus Lutter 教授/德国海德堡大学 Peter Hommelhoff 教授等撰写的《有限责任公司法评论》。在德国,只要有一部法律,许多知名学者或法官便会针对该部法律撰写相应的评论。这些评述或评论的一大重要特征是对具体法典的条款进行逐条评析,分析该条的立法目的、适用要件和法律后果等;在评析过程中,不仅需要概述目前德国学界对这一条款的不同看法,而且必须分析德国司法判决中对这一条款的不同解释。其二,德国法学学者就某一法规撰写的专著。德国法学专著不仅论述相关的法律理论,与上述法律评论一样,它也结合相关的司法判例对某一具体法典中的重要条款进行分析和解读。所以,实际上,在上述两类著作中均蕴含着解释法律、适用法律解决纠纷的方法。本译丛侧重翻译上述第二类专著,这应该有利于我国司法人员借鉴德国学者、法官解释法律和适用法律解决纠纷的方法。

第四,翻译经济法学名著还有助于我国法学研究人员借鉴德国的法律研究方法和研究思路。我国每年公开发表和出版数以千计的法学论文和著作,但绝大多数法学论文和专著研究的均是十分"高大上"的法学理论问题,涉及某一具体法律条款解释和适用的论著少之又少。换句话说,我国法学研究人员基本上都"在天上行,不在地上走"。由于这些研究成果不涉及中国现实的法律问题,因而在促进我国司法改革、方便法律适用方面所发挥的作用很小。而德国的法学论著与我国有着很大的不同,尽管也有专门研究法学理论的论著,但更多的论著是将法律条款和案例结合起来进行研究,探究适用法律条款解决纠纷过程中涉及的种种实体法和程序法上的问题。目前我国法学家面临的一大任务是如何解决我国现行法律的适用问题,而我们翻译的这套丛书应该能够为我国学者提供一些可供借鉴的思路。

■ 二、本译丛的特点

目前国内学者翻译德国的法学著作比较多。但是同济大学中德(国际)经济法研究所负责的"德国当代经济法学名著"的编译有自己的特色:

首先,入选本译丛的必须是涉及经济法方面的著作。这里"经济法"是指广义的经济法,它包括所有调整社会经济关系的法律和法规,以及研究这些法律法规的著作。尽管如此,涉及研究调整国家权力机关法律关系的宪法和行政法等方面的专著显然不属于经济法的范围,因而本译丛不考虑这方面的著作。

其次,入选本译丛的还必须是德国当代经济法学方面的代表性著作。著作是否具有代表性是我们选择的重要标准。我们是从以下两个方面来判断入选的著作是否具有代表性的:其一,作者是否在德国学界和司法界具有影响力,如果某一作者的学术观点经常为其他论著和判决所引用,则表明该作者在德国有着足够的影响力;其二,其著作是否被德国各大学法学院指定为相关课程的参考书。如果一本著作同时具备上述两个条件时,那么,相关的著作便具有代表性。

再次,入选本译丛的专著不仅反映了德国法学界对某一法典的最新理论探讨,而且反映了德国司法界在适用相关重要条款方面的最新发展趋势。尽管德国是一个十分尊重传统的国家,德国成文法历史也相当悠久,例如德国《民法典》是于1900年实施的,德国《有限责任公司法》的颁布时间为1892年,而且,这些法律在德国依然有效。但是,为了适应社会的变化,德国立法机关也对相关的法律法规进行不定期的修订。另外,即使立法机关没有及时对相关的法规进行修订,德国法官有时也会在审理具体案件过程中根据变化了的社会形势对某一法律条款作出新的解释。在德国,优秀的著作也会随着法律和司法实践的变化而作出相应的修改。所以,德国很多有代表性的法学名著的版数都很高,10版、20版均属正常现象。入选本译丛的均为近年出版的最新版本。

最后,入选本译丛的都是具有很高实用价值的经济法名著。在德国经济法领域也有一些专门研究法学理论问题的经典著作,这些著作的学术价值和理论价值很高。尽管如此,本译丛不考虑此类名著,因为本译丛的一个选择标准是:所选著作必须既涉及法学理论问题,又涉及司法实践问题。而且,相关的法学理论问题并不是指脱离具体法律条款的纯法理问题,而是指涉及具体法律条款实体和程序问题的法理解释。

■ 三、本译丛的组织者

本译丛由同济大学中德(国际)经济法研究所组织落实,该研究所于2013年10月16日由同济大学法学院和中德学院联合设立,由高旭军教授任研究所所长,王倩副教授任副所长。中德(国际)经济法研究所的德方重要合作伙伴是洪堡大学法学院、康斯坦茨大学法学院以及德国学术交流中心(DAAD)等。目前共有研究人员22人,其中专职研究人员8人,国外兼职研究人员11人,国内兼职研究人员3人。所有专职研究人员均曾留学德国并在德国获得法学博士学位,研究方向涉及德国及欧盟经济法的诸多领域。该研究所的一大任务是培养人才。它承担同济大学、德国洪堡大学和康斯坦茨大学法律双硕士学位项目的组织和落实,与德国合作大学一起培养兼通中德两国经济法、中欧经济法律或国际经济法以及法律文化和国际惯例的法律人才。另一大任务是充当中德法学交流的桥梁,促进中德法学界的交往与合作。翻译本套丛书,将一批德国当代经济法学名著介绍给我国读者,也是我们作为桥梁作用的具体体现。

■ 四、谢辞

本译丛得到了同济大学法学院的大力资助,也得到了上海人民出版社的支持,本人对此表示最诚挚的感谢。另外,尤其要感谢的是本译丛的每位译者。翻译十分辛苦,而翻译德文法学专著更加艰辛,因此,将德文法学著作高质量地翻译成中文,不仅考验每位译者的德文水平、中文水平,而且还同时考验他们的专业水平、耐力和毅力。在我国现有的大学科研成果评估体系中,翻译不属于研究成果,他们依然愿意承担本译丛翻译任务。对于这种学术精神,我表示由衷的敬佩。

前　言

　　长久以来,监事会作为股份有限公司、大型有限责任公司以及合作社的必设机构始终是学界和实践关注的焦点。基于此,我们对监事会以及监事的权利与义务作了简要论述,并希望本书能够对监事会的实践起到指导作用。同时,我们希望本书能够为读者在日常工作中遇到的具体问题提供指南并"开辟"一条了解与监事会和监事有关的重要法律问题的"捷径"。因此,我们也没有放弃对诸多存在争议的法律问题进行详尽说理并发表个人看法。

　　自本书上一版(第5版)于2008年出版以来,监事会制度继续发展和变化:监事会实践愈加丰富多彩,许多相关书籍相继出版,但立法者却表现得过于保守,计划已久的2012年《股份法修正案》在最后一刻不幸流产。不过,联邦最高法院在司法实践中对公司与监事签订的顾问合同以及对公司不实说明的豁免争议表达了更多看法。所有这一切均在本书的这一最新版本中被加以全面而详尽地论述。

　　上述繁重的工作需要有能力的新人来分担,因此出版社和我们非常高兴请到年轻一代的学者——德克·菲尔泽(Dirk Verse)教授参与本书的撰写工作。

　　本书反映了德国监事会制度截至2014年1月1日的最新情况。

　　我们非常感谢马库斯·芒特(Marcus Mand)先生为本书编制的关键词索引,同时感谢并期待广大读者对本书提出问题及建议。

马库斯·路德(Marcus Lutter)

格尔德·克里格尔(Gerd Krieger)

德克·菲尔泽(Dirk Verse)

波恩、杜塞尔多夫和美茵茨,2014年1月

目　录

第十三章　监事的责任 / 357

第一章

概　述

■ 第一节　作为德国企业体制特有要素的监事会

一、引言

在过去的五十年间,没有哪项企业法制度像监事会制度这样引起国内外专家或外行的极大关注。一百多年前,德国法发明了监事会(制度),①随后它又在此基础上创造了监事会中的共同决定(制度);②自 20 世纪 50 年代以来,监事会中的共同决定(制度)使监事会(制度)成为政治界和社会各界在企业法方面关注的焦点,许多国家(瑞典、丹麦、荷兰、卢森堡、奥地利)也因此争相效仿该制度。③自欧盟委员会致力于协调欧洲各国国内公司法时起,该委员会即提出若干旨在使"共同决定制度"在欧盟内实现"欧洲化"的建议,④并已成功地实现了"欧洲股份有限公司"计划⑤——不过共同决定制度在欧洲的"调和化"

---

① Zur Entstehungsgeschichte vgl. Wiethölter, Interessen und Organisation, S. 270 ff. und Hommelhoff in Schubert/Hommelhoff, Hundert Jahre modernes Aktienrecht, S. 53, 91 ff. sowie eingehend Jan Lieder, Der Aufsichtsrat im Wandel der Zeit, S. 65 f. und Bayer/Habersack, Aktienrecht im Wandel, 2007.

② Erstmals eingeführt im Betriebsräte-Gesetz von 1920.

③ Vgl. dazu H. Hoffmann, Mitbestimmung für Arbeitnehmer in Gesellschaftsorganen und grenzüberschreitenden Unternehmenszusammenschlüssen der Europäischen Gemeinschaft, Diss. Bonn 1976.

④ Zur Entwicklung vgl. Kolvenbach, Mitbestimmungsprobleme im gemeinsamen Markt, 1991, S. 22 ff.; Schwarz, Europäisches Gesellschaftsrecht, S. 25 ff. und S. 643 ff. sowie die Arbeiten an der 5. Richtlinie, abgedruckt bei Lutter, Europäisches Unternehmensrecht, 3. Aufl. 1991, S. 233 ff.

⑤ Verordnung(EG) Nr. 2157/2001 des Rates vom 8. 10. 2001 über das Statut der Europäischen Gesellschaft(SE), ABl. EG Nr. L 294 vom 10. 11. 2001, S. 1 ff.; Richtlinie 2001/86/EG des Rates vom 8. 10. 2001 zur Ergänzung des Statuts der Europäischen Gesellschaft hinsichtlich der Beteiligung der Arbeitnehmer, ABl. EG Nr. L 294, S. 22 ff. (im Internet abrufbar unter www. eur-lex. europa. eu) sowie das Gesetz zur Einführung der Europäischen Gesellschaft(SEEG) vom 22. 12. 2004, BGBl. I 2004, 3675 mit seinen beiden Teilen SE-Ausführungsgesetz(SEAG) und dem SE-Beteiligungsgesetz(SEBG), das die oben zit. Richtlinie umsetzt. Eingehend dazu Lutter in Lutter/Hommelhoff, Komm. SE, Einleitung.

尚未实现。①然而我们必须认识到:迄今为止,监事会制度和共同决定制度仅在大陆法系国家中得到发展和(最多部分地)实施,②而(在法律上独立的私法企业的)单级管理结构,即英美法中或法国法中的所谓"董事会一元制结构",③在世界范围内仍占绝对优势。这些法律几乎均未作出共同决定方面的规定。对于英国以及(法律方面受其影响颇深的)美国来说,更是如此;在这两个国家中,职工代表仅在极为罕见的情况下基于特别约定才能进入董事会。④

2

虽然在收入方面要明显低于董事(参见附录中的监事报酬表),但是监事以及监事会主席职务依然非常"抢手"。⑤监事会究竟要做什么,它享有哪些权利及承担哪些义务,它以及其成员(监事)在公司决策方面的事务中发挥怎样的作用? 相对于董事会或企业参决会,它具有怎样的地位? 这些将是本书论述的重点。

---

① 根据《欧洲公司指令》第3条,协商解决享有优先地位。仍未取得一致,则根据该指令第7条适用所谓的"承接规则(标准规则)"。据此,该国的国内共同决定规则将得到适用;vgl. dazu §§ 4 ff. SEBG einerseits, §§ 34 ff. SEBG andererseits. Es gibt also nicht eine „europäische SE", sondern eine „deutsche SE", eine „englische SE" etc. Vgl. Blanquet, ZGR 2002, 20 ff.; Heinze, ZGR 2002, 66 ff.

② Kritisch zum deutschen Modell der Trennung von Geschäftsführung und überwachung Bleicher, ZfbF 1988, 930, 931, 935: Der Aufsichtsrat als „strategische Lücke der Spitzenverfassung deutscher Aktiengesellschaften". Zur deutlich veränderten Position des Aufsichtsrats heute vgl. unten Rn.57 ff.

③ Zum einstufigen board-Modell vgl. die gute Darstellung bei Conard, ZGR 1987, 180 ff.; vgl. weiter Henzler in Bertelsmann Stiftung (Hrsg.), Zeitgemäße Gestaltung der Führungsspitze von Unternehmen 1983, sowie Bleicher/Paul, DBW 1986, 263 ff.; zum Modell des conseil d'administration vgl. Brachvogel, Aktiengesellschaft und Gesellschaftsgruppe im französischen Recht, 1971, S.55 ff. Ein erstes deutsch-französisches binationales Unternehmen war die Europipe GmbH in Ratingen: Die Mannesmann AG und die französische Usinor-Sacilor S.A. hatten ihre Großröhrenproduktion zusammengelegt und in der Holding—der Europipe GmbH—einen zwölfköfigen Aufsichtsrat eingerichtet, in dem die Arbeitnehmer durch zwei Vertreter aus Deutschland und zwei aus Frankreich repräsentiert sind, vgl. FAZ vom 10. 9. 1991, S.23 und Wirtschaftswoche vom 31. 5. 1991, S.56 f.

④ Vgl. dazu Bleicher/Paul, DBW 1986, 263 ff.

⑤ Empirische Untersuchungen zur personellen Verflechtung, zu den hauptberuflichen Tätigkeiten, dem Alter und der Qualifikation von Aufsichtsratsmitgliedern sowie zur Größe von Aufsichtsräten finden sich bei Schiffels, Aufsichtsrat als Instrument der Unternehmenskooperation, 1998, sowie bei Bleicher, Aufsichtsrat im Wandel, 1987. Eine neue DSW-Aufsichtsratsstudie 2006 zu den DAX-30-Gesellschaften stammt von der Deutschen Schutzvereinigung für Wertpapierbesitz und kann unter www. dswinfo. de/DSW-Aufsichtsratstudie-2006. 805.0. html abgerufen werden. Vgl. aber auch die Studie des Reinhard Mohn-Instituts der Universität Witten/Herdecke „High Performance Boards—Entscheidungen und Prozesse in deutschen Aufsichtsräten", 2011.

二、所谓的"二元"企业体制的特点

监事会的存在是"二元"企业体制的最大特点。这并不是不言自明的;因为(在世界范围内占优势地位的)**一元制结构(方面的法律)未规定监事会**,而只规定了董事会。这些法律同样未对那些产生于董事会与监事会之间相互关系的特殊问题作出规定;也就是说这些法律不必决定哪一机构负责哪类事务或公司决策,一个机构可以向另一机构要求什么,等等:所有这些问题均是本书的论述对象。与"二元"企业体制不同,在一元制结构中所有公司决策均由董事会作出,而不得例外地留待股东大会作出。因此,界定权限范围是完全没有必要的。这种结构放弃了对董事会进行监督的要素(监事会)——而德国法规定只有拥有 500 名以下职工的有限责任公司才可以放弃设立监事会。①

三、欧洲与企业体制模式

在德国发展起来的"二元"企业体制主要在欧洲大陆拥有若干追随者(特别是荷兰、奥地利、波兰以及某些前社会主义国家;而在法国和意大利,企业可以在一元制结构和二元制结构之间进行选择)。"二元"企业体制在许多情况下与职工共同决定(制度)紧密联系在一起(上文边码 1),这给企业体制的**欧洲(统一)化**带来了极大**困难**:"欧洲股份有限公司"计划整整经历了三十年才得以实现,而欧洲私人公司(SPE)至今仍未得到许可。但在保持各成员国特殊性的前提下,已找到针对欧洲公司(《欧洲公司治理》和《欧洲公司职工参与法》)和国际合并(《企业转型法》第 122a 条以下和《跨境合并时职工共同决定法》)的解决方案,而且国际(跨境)住所迁移也已得到欧洲法院的承认。②今天人们已经清楚地认识到在欧洲实行统一企业体制的想法是不可能实现的,更确切地说只能在保持各国本质区别的前提下实现部分欧洲(统一)化。③

因此,股份有限公司的企业体制取决于该公司所在地国的国内法;对于实施国际合并后的收购公司(《企业转型法》第 122a 条及以下)来说,同样如此。④

---

① 根据《三分之一参与法》第 1 条第 1 款第 3 项(1952 年《企业组织法》第 77 条),拥有 500 名以上职工的有限责任公司必须设立监事会;详见 Lutter in Lutter/Hommelhoff, Komm. GmbHG, § 52 Rn.37 ff.

② EuGH v. 12.7.2012—C-378/10, ZIP 2012, 1394 = EuZW 2012, 621(VALE) und dazu Lutter/Bayer/J. Schmidt, EuropUR, § 6 Rn.58 ff.; Bayer/Schmidt, ZIP 2012, 1481; W.-H. Roth in FS Hoffmann-Becking, 2013, S.965; Schön, ZGR 2013, 333.

③ Signifikant dafür ist die Geschichte der sog. EU-Strukturrichtlinie, bei Lutter/Bayer/J.Schmidt, EuropUR, S.140 ff. Vgl. auch Lutter, EuropUR, 4. Aufl., S.171 ff.

④ Dazu Bayer in Lutter, Komm. UmwG, §§ 122a ff.

《欧洲公司指令》第 38 条更是允许欧洲公司的创立人在"一元"(董事会)企业体制和"二元"(董/监事会)企业体制之间进行选择。①

四、"公司治理"政府委员会的工作

5　　"公司治理"(全称:"公司治理—企业管理—企业监督—股份法现代化")政府委员会于 2000 年 5 月 29 日成立。该委员会的任务是深入研究和分析**德国企业管理及监督制度中可能存在的"赤字"**(问题)。在此项任务的框架内,委员会对"如何使监事会对经营管理实施更好、更有效的监督"这一问题进行了研究,并于 2001 年 7 月 1 日提交了《最终报告》。②该报告包括若干项建议,其中小部分涉及(强制性)股份有限公司方面法律规范的修改,而大部分则属于调整意见,这些意见应被纳入委员会所建议制定的《德国公司治理准则》中。下文将对这些建议进行论述。

五、《德国公司治理准则》

6　　《德国公司治理准则》(以下简称《准则》)是由联邦司法部设立的另一个委员会制定、通过并在联邦司法公报上公布的。③

该《准则》首先指向的是现行法,尤其是关于董事会及监事会的现行法(约占 50％的篇幅);其次,它提出了 100 项现行法之外的**建议**(Empfehlung)(约占 40％的篇幅)以及若干非强制性建议(Anregung)(约占 10％的篇幅)。《准则》中的这几方面内容仅能从语言上加以区别。前一类建议(Enpfehlung)是通过"应当"(soll)这个词标明的,后一类建议(Anregung)是以"(本)应当"(sollte)或"可以"(kann)来标明的。而其余部分则涉及现行法。

该《准则》本身并不是法律。(只有)**上市股份有限公司**的董事会及监事会必须根据《股份法》第 161 条每年就以下情况作出说明(所谓的"遵守说明"),即公司是否已经遵守以及是否将会遵守《准则》的行为建议;哪些建议未被遵守及其原因(强制说明)。④但是该说明并不属于义务;因为董事会及监事会可以随时改变其想法,不过它们必须立即对此进行披露。⑤

---

① Dazu Teichmann in Lutter/Hommelhoff, Komm. SE, Art. 38 Rn.14 ff.
② 该报告被公布在 2001 年出版的《公司治理政府委员会报告》中(Baums)。
③ 该《准则》可以在 www.corporate-governance-code.de 查到;vgl. dazu auch Seibert, BB 2002, 581 sowie Ringleb/Kremer/Lutter/v. Werder, Komm. Kodex, Rn. 119 ff. und Peltzer, Leitfaden, Rn.22 ff.。
④ Vgl. Lutter, Kölner Komm. AktG, §161 Rn.87.
⑤ 关于监事会的"遵守说明",参见下文边码 491 及以下;关于说明已被作出,但公司却未遵守《准则》建议的风险,参见下文边码 981 及以下。

本书将对《准则》中关于监事会的建议进行详细论述。

■ 第二节　作为必设机构的监事会

监事会是特定公司的（必设）机构。在某一具体公司中，监事会的存在以公司合同（章程）中的规定或法律为依据；在这里我们首先要论述的是后一种情况，即法定的必设监事会。①根据法律规定，监事会是所有股份有限公司、所有合作社以及所有实行"煤铁工业共同决定"②或者作为资本投资公司（《资本投资法典》第 18 条）或者拥有 500 名以上（《三分之一参与法》第 1 条第 1 款第 3 项）或 2 000 名以上职工（《共同决定法》第 1 条）的有限责任公司的必设机构。

■ 第三节　监事会的组成

作为合议机构的监事会必须始终拥有至少三名成员。其具体组成可谓多种多样。③

——在适用《煤铁工业共同决定法》的公司中：④监事会由数量均等的股东代表和职工代表（或与他们关系密切的人）以及一名中立人（即所谓的第 11、15 或 21 人）组成（《煤铁工业共同决定法》第 4、9 条，《共同决定补充法》第 5 条）。

——在股份有限公司、股份两合公司以及拥有 500 名以上 2 000 名以下职工的有限责任公司中：监事会由三分之二的股东代表和三分之一的职工代表组成（《三分之一参与法》第 1 条第 1 款第 3 项）。

---

① 参见有限责任公司中的选设监事会，下文边码 1181 及以下。

② 1980 年在德国存在两家此类公司，vgl. Säcker/Theisen in Säcker/Zander, Mitbestimmung und Effizienz, S.165. 现在已不存在实行"煤铁工业共同决定"的有限责任公司。

③ 参见下文边码 1181 以下中关于有限责任公司选设监事会的论述。

④ 《共同决定补充法》第 3 条第 2 款第 1 句（1989 年 1 月 1 日生效的修订版）：只要有关企业在煤铁方面的经营活动仍占 20% 份额或者其从事煤铁方面经营活动的职工达到 2 000 人以上，该企业就必须实行所谓的"煤铁工业共同决定"。而对于尚未实现此种共同决定的企业来说，从第 7 个经营年头起且煤铁方面的经营活动占 50% 以上份额时才开始实行上述共同决定（该法第 16 条第 1 款第 1 项）。Die unterschiedlichen Voraussetzungen für das Eingreifen des MitbestErgG haben zu Bedenken hinsichtlich Art. 3 Abs. 1 GG geführt, die aber vom BVerfG in seiner Entscheidung vom 2.3.1999—1 BvL 2/91, BVerfGE 99, 367 abgelehnt worden sind.

——在适用《共同决定法》的、拥有 2 000 名以上职工的公司中：①监事会由数量均等的股东代表和职工代表组成（《共同决定法》第 7 条）。②监事数量由法律明确规定（《共同决定法》第 7 条），且不得包括无表决权的成员。③

——在其余拥有 500 名以上职工的股份有限公司中：监事会仅由股东代表组成（《股份法》第 95、96 条）。

然而，法律并非仅规定了股东监事与职工监事的比例，同时还限定了监事会成员的最高数量。章程不得对此作出修改，④也不得允许无表决权的成员留在监事会之中。

■ 第四节　监事的选任及解聘

9　　监事的选任及解聘极其复杂多样；本书仅对此作简短概述。此时首先要在股东代表与职工代表之间进行区别。

一、职工代表的选任

10　　要根据有关法律（该法是作为有关公司的共同决策的依据）的特点进行职工代表的选任。

11　　**煤铁工业共同决定方面的法律规范**：职工代表人选由**企业参决会**提出建议、由选举机构（即股东大会）选出；不过选举机构要受企业参决会建议的约束，此时选举只是履行一个程序（《煤铁工业共同决定法》第 6 条第 1、6 款）。只有应企业参决会的建议，而且选举机构中的表决达到四分之三多数时，才能解聘有关监事（《煤铁工业共同决定法》第 11 条）。而中立人则是由监事会推

---

① Zahlenangaben und Einzelheiten zu den Unternehmen, die unter das MitbestG fallen, finden sich in Die Mitbestimmung 2002，75：per 31.12.2001 insgesamt 388 Aktiengesellschaften und 325 GmbH. Am 31. 12. 2006 waren 319 von insgesamt rd. 15 000 bestehenden Aktiengesellschaften paritätisch mitbestimmt; vgl. Die Mitbestimmung 2007，70. Zum 31.12.2010 fielen noch 281 und zum 31.12.2011 noch 267 Aktiengesellschaften unter das MitbestG; vgl. Die Mitbestimmung 2012，659.

② Vgl. zum Problem der Doppelvertretung von Arbeitnehmern, wenn sie nach dem MitbestG und als Inhaber von Belegschaftsaktien Aufsichtsratsmitglieder wählen, Etzel, Die Doppelvertretung der Belegschaftsaktionäre im mitbestimmten Aufsichtsrat, 1991, S. 127 ff., 149 ff.

③ BGH v. 30.1.2012—II ZB 20/11, ZIP 2012, 472＝AG 2012, 248 mit Anm. E. Vetter in EWiR § 7 MitbestG 1/12, 219 und dazu Böttcher, NZG 2012, 809.

④ BGH v. 30. 1. 2012—II ZB 20/11, ZIP 2012, 472 = AG 2012, 248 und dazu Böttcher, NZG 2012, 809.

荐、由选举机构选出(实践中由 10 名、14 名或 20 名股东代表和职工代表通过补选选出,《煤铁工业共同决定法》第 8 条第 1 款)。

《三分之一参与法》:职工代表由有关公司、康采恩①(《三分之一参与法》第 2、5 条)②或联合企业③的全体职工直接选出;对于解聘来说同样如此,此时仍然需要取得四分之三多数(《三分之一参与法》第 12 条)。

《共同决定法》:(监事会中的)职工代表由有关企业或康采恩(《共同决定法》第 5 条)的全体职工直接或由职工选出的代表(《共同决定法》第 9 条)间接选出;对于解聘来说同样如此,此时还是需要取得四分之三多数(《共同决定法》第 23 条)。

二、股东代表的选任

股东代表的选任取决于公司所采取的法律形式:股份有限公司、合作社或有限责任公司。

在**股份有限公司**中,股东代表的选任及解聘(须取得四分之三多数,《股份法》第 103 条第 1 款第 2 句)仅由股东大会负责。章程可以赋予特定股东一项(监事)派遣权,不过只有最高三分之一的股东代表可以通过派遣产生(也就是说实际上不超过三个席位)。章程很少而且主要是混合型合资企业(即由国家或地方与私人共同出资的合资企业,例如大众汽车股份有限公司和早先的汉堡电力股份有限公司)的章程会作出此类规定。然而在 2007 年,纯属私有经济的蒂森克虏伯股份有限公司同样对其章程进行了修改并赋予持有 25% 以上股份的克虏伯基金会一项派遣三名股东代表进入监事会的权利。④有关股东代表的解聘同样要由派遣权人完成。

在**合作社**中,股东代表由社员大会或代表大会选任和解聘;解聘同样需要取得四分之三的特定多数。《合作社法》未规定派遣权。

在**有限责任公司**中,股东代表由股东大会选任。不过章程可以将此项选任权赋予另一机构(例如股东委员会、顾问委员会,此时同样可以由监事会通过补选选出),或者赋予个别股东一项派遣权,再或者直接将个别股东规定为监事。解聘时适用相同的原则;若章程中无特殊规定,则适用《股份法》第 103条(须取得四分之三多数)。

右栏边码:12、13、14、15、16

---

① Vgl. dazu BAG v. 15.12.2011—7 ABR 56/10, GWR 2012, 255=AG 2012, 632.

② Zur Beteiligung der Arbeitnehmer des Konzerns an der Wahl der Arbeitnehmer-Vertreter vgl. die Entscheidungen des BAG v. 9.2.2011—7 ABR 11/10, ZIP 2011, 1332=AG 2011, 670 und BAG v. 15.12.2011—7 ABR 56/10, AG 2012, 632=ZIP 2012, 1610.

③ BAG v. 13.3.2013—7 ABR 47/11, ZIP 2013, 1880=GmbHR 2013, 990.

④ Dazu BGH v. 8.6.2009—II ZR 111/08, AG 2009, 694;Verse, ZIP 2008, 1754.

17 　　在上述这三类公司中,选任监事时股东之间(就监事人选)作出约定(所谓的**选举协议**)是非常普遍且被允许的。①此时不存在《有价证券收购法》第30条第2款意义上的所谓"一致行动",*因此*根本不必作出收购要约。②

三、候补监事

18 　　监事可能基于各种各样的原因在任期结束前就离开监事会;在根据《煤铁工业共同决定法》和《共同决定法》实行"数量均等"共同决定的公司中,这将严重破坏监事会中的法定平衡。召开特别选举大会(股东大会、企业职工大会)不仅十分复杂,而且要耗费大量的时间和金钱;而由注册法院代替选举机构聘任监事一般来说也很难令人满意。因此在公司实践中逐渐产生了为离职监事**选任**候补监事的做法;而且该做法已得到法律的明确承认(《股份法》第101条第3款;详见下文边码1052及以下)。

四、监事选任的撤销

19 　　股份有限公司的股东大会/有限责任公司的股东会/合作社的社员大会就监事选任所作的决议可通过向法院起诉而被撤销(《股份法》第243、251条)。③然而在判决生效前相关监事仍然是监事会的完全有效的成员。④撤销之诉的判决生效后情况将发生变化:该判决将自其生效时起撤销相关的选任决议;相关人员也将随之丧失监事资格。⑤这将导致相关监事此前参与的监事会决议产生严重问题。相关监事的参与并不会对监事会决议产生不利影响。但是有关监事的离职可能导致*监事会丧失决议能力*;对于只有三名成员的监事会更是如此:其决议无效。此外,还要看决议是否在排除相关监事的投票时仍然达到必要多数;否则该决议无效,以此决议为依据的董事聘任同样无效。

　　上述的尴尬情况可能给公司带来诸多不利的法律后果,董事会依据《股份

---

①　BGH v. 29.5.1967—II ZR 105/66, BGHZ 48, 163; Hopt/Roth, Großkomm. AktG, §101 Rn.25 ff. mit allen Nachw.

②　BGH v. 18.9.2006—II ZR 137/05, BGHZ 169, 98＝BB 2006, 2432＝AG 2006, 883.

③　Und zwar ggf. auch noch nach Rücktritt des Betroffenen, vgl. BGH v. 19.2.2013—II ZR 56/12, BGHZ 196, 195＝ZIP 2013, 720＝AG 2013, 387.

④　Hopt/Roth, Großkomm. AktG, §101 Rn.227; Mertens/Cahn, Kölner Komm. AktG, §101 Rn.107.

⑤　Vgl. nur Hopt/Roth, Großkomm. AktG, §101 Rn.228; Habersack, Münch-Komm. AktG, §101 Rn.71; Drygala in K.Schmidt/Lutter, Komm. AktG, §101 Rn.32; Schürnbrand, NZG 2008, 609, 610; noch h.M. Unentschieden Mertens/Cahn in Kölner Komm. AktG, §101 Rn.107("im Ergebnis selbst dann … ex nunc, wenn man im Grundsatz … ex-tunc Wirkung … annimmt").

法》第 104 条请求法院,在撤销之诉得到支持的情况下,在其获得(无效)选任至撤销之诉判决生效后的第一次股东大会召开时继续*附迟延条件地*聘任撤销之诉所涉监事。①这种附迟延条件的监事聘任可依《股份法》第 101 条第 3 款有关候补监事的规定进行。②

另外,司法界和学术界所接受的"有瑕疵的公司"③或有瑕疵的企业合同④的法律形象越来越多地被适用于聘任存在瑕疵的机构或机构成员。⑤照此思路,聘任存在瑕疵的监事自其接受聘任直至实际终止职务的整个期间⑥均应如同聘任有效的监事般被对待,即享有并承担适格监事所对应的权利与义务。⑦联邦最高法院在其 2013 年 2 月 19 日的判决中明确拒绝了学界的上述观点,⑧因此法律状况仍停留在前文论述的程度。

■ 第五节　监事的个人前提条件

一、概述

每个具有完全行为能力的、非被监护人的自然人均可以成为监事(《股份　20

---

① Zutr. und eingehend mit allen Nachw. E.Vetter/van Laak, ZIP 2008, 1806, 1809 ff.

② Der ablehnende Beschluss des OLG Köln v. 29.3.2007—2 Wx 4/07, ZIP 2008, 508 =AG 2007, 822(IVG), steht dem nicht entgegen, da die Ersatzbestellung unbedingt beantragt war. Dem aber konnte nicht stattgegeben werden, da die fraglichen Aufsichtsratsmitglieder beim Scheitern der Anfechtungsklage wirksam gewählt wären, nicht also erneut bestellt werden können.

③ Mit allen Nachw. K.Schmidt, GesR, § 6, S.136 ff

④ BGH v. 14.12.1987—II ZR 170/87, BGHZ 103, 1=AG 1988, 133 bestätigt von BGH v. 11.11.1991—II ZR 287/90, BGHZ 116, 37, 39=AG 1992, 83 und BGH v. 5.11. 2001—II ZR 119/00, GmbHR 2002, 62; Lutter/Hommelhoff in Lutter/Hommelhoff, Komm. GmbHG, Anh. zu § 13 Rn.82 ff. m.N. in Fn. 6.

⑤ Vgl. Habersack, MünchKomm. AktG, § 101 Rn. 70; Hopt/Roth, Großkomm. AktG, § 101 Rn. 228; Hüffer, Komm. AktG, § 101 Rn. 18; nun auch Drygala in K. Schmidt/Lutter, Komm. AktG, § 101 Rn.35 ff. m.w.N. Mit Sympathien auch Spindler in Spindler/Stilz, Komm. AktG, § 101 Rn.112.

⑥ Vgl. Drygala in K. Schmidt/Lutter, Komm. AktG, § 101 Rn. 36; Habersack, MünchKomm. AktG, § 101 Rn.71.

⑦ Vgl. Hopt/Roth, Großkomm. AktG, § 101 Rn.228; differenzierend Drygala in K. Schmidt/Lutter, Komm. AktG, § 101 Rn. 37. Mit Ausnahmen auch Habersack, MünchKomm. AktG, § 101 Rn.72 und ihm folgend Hüffer, Komm. AktG, § 101 Rn.18. Zum Ganzen eingehend Fleischer, DB 2013, 160 und 217.

⑧ BGH v. 19.2.2013—II ZR 56/12, ZIP 2013, 720=AG 2013, 387; vgl. dazu auch Schürnbrand, NZG 2013, 481.

法》第 100 条第 1 款）。因此一家有限责任公司和未成年人都不能成为监事。除此之外，在若干其他情况下以下人员同样被排除在监事职务之外：

——有关公司的经营管理机构成员（董事或经理职务与监事职务的互不相容性）或者在附属公司中担任此类职务的人以及代理人、全权代表，等等（《股份法》第 100 条第 2 款第 2 项、第 105 条第 1 款）。

——已在其他十家设有*必设监事会*的公司中担任监事职务的人（《股份法》第 100 条第 2 款第 1 项）。在这里，康采恩公司中的 2 个到 5 个监事会席位可以不被计算在内，也就是说在这种情况下一个人最多可以同时担任 15 个监事职务（《股份法》第 100 条第 2 款第 2 句），而监事会主席职务必须被重复计算（即相当于 2 个监事职务，《股份法》第 100 条第 2 款第 3 句）。[①]

——如果 A（资合）公司的董事是 B 公司的监事，那么 A 公司的法定代表人不得担任 B 公司的监事（所谓的"联锁董事会"，又称"禁止交叉任职"，《股份法》第 100 条第 2 款第 3 项）。

——除非持有 25% 以上表决权的股东提出选任建议，否则从上市公司离职不足两年的董事同样不得担任监事（《股份法》第 100 条第 2 款第 1 句第 4 项）。

相反，职工同时在企业参决会*和*监事会中担任职务不仅是被允许的，而且在实践中是适宜且经常出现的。

二、互不相容性

21   除上文提到的第一类情况（边码 20）外，法律未作出其他关于互不相容性的规定。通说由此得出以下结论：即使是在与此相似的情况下（例如在竞争公司中担任监事职务）也**不存在职务禁止**（或职务排除）。也就是说，通说同意 Daimler 与 Audi[②]、Siemens 与 Bosch、Kaufhof 与 Karstadt 的监事会可以由相同的人员组成。[③]

---

①　《准则》第 5.4.5 条建议上市公司的董事最多同时担任三个康采恩外部上市公司的监事职务。

②　So einst der IG-Metall-Bezirksleiter von Stuttgart, Lisla, und der IG-Metall-Vorsitzende Steinkühler.

③　BGH v. 21.2.1963—II ZR 76/62, BGHZ 39, 116, 123; Ausgeschlossen ist eine Person aus solchen Gründen nur, wenn es „krass gesellschaftswidrig", also „schlechthin untragbar ist"; das führt aber auch nicht zu einem zwingenden Wählbarkeitshindernis, sondern stellt einen wichtigen Grund zur Abberufung gemäß § 103 Abs. 3 AktG dar; ebenso Uwe H. Schneider in Scholz, Komm. GmbHG, § 52 Rn.261; Dreher, JZ 1990, 896, 898 ff.; Krebs, Interessenkonflikte, S. 267 ff. mit allen Nachw.; ebenso für das österreichische Recht Kastner in FS Strasser, 1983, S.843, 849 f.

就那些**在其核心经营领域中存在竞争情况**的企业而言,通说的上述观点是不能被赞同的。[1]此时即出现了关于随后选任的无任职能力的情况。[2]从合格履行职务(《股份法》第116条第1句)的角度来看,每名监事都有义务促进"本"公司的利益。以同样的方式促进另一家与本公司处于竞争关系中的公司的利益几乎是不可能的。[3]监事必须全面了解本公司未来的打算和计划,并应当在监事会内部就此进行讨论(参见下文边码103以下)。但是此时会出现以下问题:在"竞争对手的人"参与有关讨论时,公开讨论应如何进行[4]? 如果BMW的"人"出席了Daimler的会议,那么人们应当如何进行关于车型政策是采用C级还是E级的讨论呢?

22

因此,我们应这样认为:只有当一个人首先放弃其在原公司的监事职务后,才能在另一竞争企业担任监事职务。如果他没有这么做,那么他就没有成为竞争企业的监事,而只是一个"表见监事"。[5]通说不承认这里假定的聘任障碍[6]并且合理地指出,立法者在商讨《企业控制及透明度法》时有意放弃就此作出规范。[7]

23

---

[1] Näher dazu Lutter, ZHR 145(1981), 224, 236 ff.; Lutter, RdW 1987, 314, 319; Lutter in FS Beusch, 1993, S.509 ff. und in Lutter, 25 Jahre Aktiengesetz, S.63 ff.; Wardenbach, Interessenkonflikte als Bestellungshindernisse zum Aufsichtsrat der AG, S.13 ff.; Säcker in FS Rebmann, 1989, S.781, 788 f.; auch Lüderitz in FS Steindorff, 1990, S.113, 122 für Einproduktunternehmen; anders Steinbeck, Überwachungspflicht, S.68 ff.

[2] OLG Schleswig v. 26.4.2004—2 W 46/04, ZIP 2004, 1143＝AG 2004, 453; Lutter in Lutter, 25 Jahre Aktiengesetz, S.64.

[3] Einen Fall zweier widerstreitender Aufgaben, die nicht beide zugleich pflichtgemäß wahrgenommen werden können, behandelt auch OLG Hamburg v. 23.1.1990—11 W 92/89, WM 1990, 311＝AG 1990, 218＝EWiR § 103 AktG 2/90, 219(Hirte): Der schleswig-holsteinische Energieminister Jansen, verantwortlich für den „Ausstieg" seines Landes aus der Kernenergie, wurde aus dem Aufsichtsrat der Hamburger Electricitätswerke aus wichtigem Grund abberufen.

[4] So auch Lüderitz in FS Steindorff, 1990, S.113, 119.

[5] Dies entspricht der Rechtslage bei den gesetzlich ausdrücklich genannten Fällen der Unvereinbarkeit, vgl. nur § 250 Abs. 1 Nr.4 AktG und Hüffer, Münch-Komm. AktG, § 250 Rn.13 ff.; Schwab in K.Schmidt/Lutter, Komm. AktG, § 250 Rn.5 und 6. Zum Fall einer erst nach Amtsannahme eintretenden Konkurrenzsituation siehe Rn.894 ff.

[6] Habersack, MünchKomm. AktG, § 100 Rn.58; Hopt/Roth, Großkomm. AktG, § 100 Rn.73 ff.; Hüffer, Komm. AktG, § 103 Rn.13b; Langenbucher, ZGR 2007, 571, 583 以及上文边码21中的脚注。

[7] RegE KonTraG, BT-Drucks. 13/9712, S.17: „Allerdings könnte eine Konkurrenzsituation, welche dauerhaft die gesamte Tätigkeit und den wesentlichen Kernbereich der Unternehmen betrifft, dazu führen, dass das Aufsichtsratsmitglied wegen der erwähnten Pflichtenkollision gehindert wäre, sein Amt überhaupt wahrzunehmen. Insoweit wäre es sinnwidrig, einen Kandidaten zu wählen oder zu bestimmen, der voraussehbar sein Amt auf Dauer nicht ausüben kann und deshalb gehalten wäre, es niederzulegen …".

另外,通说还重申有关监事应基于忠诚义务辞去职务或者其他监事同样基于忠诚义务可依《股份法》第 103 条第 3 款请求法院解聘相关监事。①

　　上述观点并不令人信服。在此种情况下接受选任的人显然是不明智的,而且不会立即辞去职务。但是法院的解聘以监事会的多数决议为前提(《股份法》第 103 条第 3 款)且程序冗长。那时监事会通常必须解聘有关监事,甚至是两家相关公司的监事。这绝非合适的解决方案。②

　　我们应当坚持这种"少数派观点"并给予法院一定的时间,使其能够检验其"承载能力"。

三、其他个人前提条件/监事会的专业构成

(一) 专业资格

24　　有限责任公司的章程经常(而股份有限公司的章程却很少)**为股东代表**(而非职工代表)规定其他选任条件(《股份法》第 100 条第 4 款)。在考虑之列的有:规定更高的最低或最高年龄③,要求专业和外语④方面的资格或特定家族的成员资格,等等。

　　一百多年以来,监事会作为网状系统和互易机构并不需要特殊职权。但是对于任务日益繁重、甚至需要参与企业决策的监事会来说,现有职权已然不敷使用。如今,为了实现更有效率的公司管理及监督,即使章程未作出特殊规定,我们在选任监事时也应当注意到全体监事所具有的专业知识要涵盖公司中的全部事务(下文边码 27)。对此,《准则》第 5.4.1 条含有这样的表述:"监事会应由具备合格履行职务所必需的知识、能力和专业经验的人员组成。"⑤虽然并非每名监事都必须是专家,但是全体监事会却应当能够判断

---

① Habersack, MünchKomm. AktG, §100 Rn.72; Hopt/Roth, Großkomm. AktG, §100 Rn.171; Mertens/Cahn, Kölner Komm. AktG, §116 Rn.34; Hüffer, Komm. AktG, §116 Rn.5; Hoffmann-Becking in Münchener Hdb. AG, §33 Rn.83, je m.w.N.

② OLG Schleswig v. 26.4.2004—2 W 46/04, ZIP 2004, 1143＝AG 2004, 453.

③ Dazu Lutter, Anwendbarkeit der Altersbestimmungen des AGG auf Organpersonen, BB 2007, 725 sowie BGH v. 23.4.2012—II ZR 163/10, ZIP 2012, 1291＝GmbHR 2012, 845.

④ Dazu Dreher in FS Lutter 2000, S.357, 365.

⑤ Der Kodex fährt fort: „Der Aufsichtsrat soll für seine Zusammensetzung konkrete Ziele benennen, die unter Beachtung der unternehmensspezifischen Situation die internationale Tätigkeit des Unternehmens, potentielle Interessenkonflikte, die Anzahl der unabhängigen Aufsichtsratsmitglieder im Sinn von Nummer 5.4.2 eine festzulegende Altersgrenze für Aufsichtsratsmitglieder und Vielfalt(Diversity) berücksichtigen. Diese konkreten Ziele sollen insbesondere eine angemessene Beteiligung von Frauen vorsehen.“

公司的基本运营情况,①这意味着监事会不应仅由银行家和律师组成。②

银行和保险公司中监事的专业资格属于《资本充足第四号指令》的主要内容并将在本书结论部分详细论述(第二十一章)。但不能认为这不会影响到上市/准上市公司。这方面需要特别仔细地分析。③

(二)独立的财务专家

根据 2006 年(新)《决算审计人员指令》第 41 条④,德国立法者为《股份法》第 100 条补充了第 5 款规定:

> 《商法典》第 264d 条意义上的公司(包括上市公司和准上市公司)必须拥有至少一名具备财会或审计方面专业知识的独立监事。

而且《股份法》第 107 条增加了第 4 款内容:

> 一家《商法典》第 264d 条意义上的公司所设立的该条第 3 款第 2 句意义上的审计委员会必须至少拥有一名满足本法第 100 条第 5 款前提条件的成员。

由此德国股份法规范首次对上市公司或准上市公司的至少一名监事提出了具备特定资格的要求,即:

(1) 拥有财会或审计方面的专业知识;

(2) 具备独立性。⑤

相关监事如何取得所需的专业知识并不重要,通过学习或实践获得均可(参见上文边码 24)。⑥

(三)独立性及可能的利益冲突

《股份法》第 100 条第 5 款和第 107 条第 4 款均要求上市公司或准上市公司的**一名监事**具备"独立性",《准则》则要求监事会依其自行判断确定"独

25

26

---

① Semler, Führungsvorsorge im Unternehmen, in Unternehmensführung heute, S.7, 9; zur Auswahl der Aufsichtsratsmitglieder vgl. auch noch Bleicher, ZfbF 1988, 930, 937 f. mit Weber-Rey, Der Gesellschafter(Österr.) 2013, 134. Eine Typologie der Besetzung von Aufsichtsräten findet sich bei Gerum, DBW 1991, 719, 726 ff.

② Der German Code of Corporate Governance des Berliner Initiativkreises(DB 2000, 1573＝AG 2001, 6 ff.) fordert ausdrücklich unter Ziff. IV, 4.2 „unterschiedliche Qualifikationen" der Aufsichtsräte der Anteilseigner.

③ Vgl. Merkelbach, Der Konzern 2013, 227.

④ Abgedruckt bei Lutter/Bayer/J. Schmidt, EuropUR, § 27 S.859 ff.

⑤ Dazu der Kodex in Ziff. 5. 4. 2 Satz 2. Vgl. weiter Claudia Nowak, Die Unabhängigkeit, insbes. S.239 ff.

⑥ Durch OLG München v. 28.4.2010—23 U 5517/09, AG 2010, 639 sind die Anforderungen an den Sachverstand des Financial Expert leider und gegen die Absicht des Gesetzgebers deutlich gesenkt worden.

立监事的适当数量"(第 5.4.2 条第 1 句)。法律有意未对"独立性"作出定义，但立法理由书①却指向 2005 年 2 月 15 日的欧洲委员会建议②，该建议中含有有关独立性的定义③。相反，《准则》对"独立性"作出如下消极定义(第 5.4.2 条第 2 句)：

> 一名监事在本建议的意义上不被视为具有独立性，当其与公司、公司机关、一名控股股东或者与之相关联的企业之间存在可能产生重大且非暂时利益冲突的个人或业务关系时。

该定义的前半部分得到普遍认可④，只是在"与控股股东或与之相关联的企业之间存在个人或业务关系"上存在争议。⑤所涉及的是大股东在监事会中的代表以及大股东本人。这与《股份法》第 331 条以下提出的事实康采恩的法定解决方案相矛盾，上述条款明确允许股份有限公司实施控制。而实施控制的工具就是监事会。⑥若《准则》所作的定义和欧洲委员会的建议得到贯彻，则控制企业在一家适用平等共同决定的子公司的监事会中(例如大众与奥迪的关系)将处于少数派地位。⑦这并非立法者所愿，而且也无法仅从立法理由书从推知。

利益冲突(下文边码 894 以下)应尽可能被避免。因此容易陷入此类利益冲突的人(供货商、客户、律师)或者可能产生利益冲突的人不应被推荐为监事候选人。⑧

---

① Begr. RegE BT-Drucks. 16/10067, S.101 f.

② Empfehlung 2005/162/EG der Kommission vom 15.2.2005, ABl. EU Nr.L 52 vom 25.2.2005 und dazu Lutter/Bayer/J. Schmidt, EuropUR, §18 Rn.18 ff., 32 f. sowie Lutter, EuZW 2009, 799 ff.

③ Vgl. Bayer, NZG 2013, 1, 10 ff.; Lutter, EuZW 2009, 799, 803 f.; Kremer in Ringleb/Kremer/Lutter/v. Werder, Komm. Kodex, Rn.998 ff., 1005.

④ Bayer, NZG 2013, 1, 10 mit allen Nachw.; Kremer in Ringleb/Kremer/Lutter/v. Werder, Komm. Kodex, Rn.1009 ff.; Stephanblome, NZG 2013, 445. Allgemein und rechtsvergleichend M. Roth, ZHR 175(2011), 605; eingehend Kremer/v. Werder, AG 2013, 340; Florstedt, ZIP 2013, 337. Kritisch für Familienunternehmen Hommelhoff, ZIP 2013, 953.

⑤ In der Sache ebenso die Empfehlung 2005/162/EG der Europäischen Kommission vom 15.2.2005, ABl. EU Nr.L 52 vom 25.2.2005 und dazu Lutter, EuZW 2009, 799.

⑥ Grigoleit in Grigoleit, Komm. AktG, §18 Rn.2; Windbichler, Großkomm. AktG, §18 Rn.27; Koppensteiner, Kölner Komm. AktG, §18 Rn.38.

⑦ 50% Arbeitnehmervertreter, 50% Anteilseignervertreter minus 1 vom Großaktionär Unabhängiger. Das sieht Bayer, NZG 2013, 1, 10 ff. mit allen Nachw. ebenso und begrüßt es; zu Unrecht.

⑧ Vgl. etwa v. Falkenhausen, Der Anwalt im Aufsichtsrat, ZIP 2013, 862 und Hasselbach/Jakobs, BB 2013, 643.

(四) 组成计划

路德教授认为[①]:在大型和较大型公司的监事会中,股东代表应当制订一份股东监事**组成计划**("阵容"),其中要列明股东监事所应具备的必要知识和经验,例如:

——(拥有国外经验的前)经理

——生产专家(技术人员)

——(产品)研发专家

——金融专家

——拥有企业法方面丰富经验的法学家

——税务专家

——财会人员(财务专家)

接下来就要开始寻找相关领域的顶级人才。

上述思想在《准则》中主要体现在以下三个方面:第一,它要求审计委员会主席(下文边码 941 以下,边码 951)具备财会和内控方面的知识和经验(第 5.3.2 条);[②]第二,它要求设立提名委员会,该委员会可以并将像上文所描述的那样理智地行事;[③]第三,提名委员会应当为其组成提出具体目标(第 5.4.1 条)并就实行情况作出报告。

《股份法》第 100 条第 5 款和第 107 条第 4 款是对此处及《准则》提出的选任机制[④]以及"整体资格要求"理念[⑤]的谨慎承认。

这与*联邦最高法院*[⑥]和*斯图加特州高等法院*[⑦]的如下表态相关联,即监事

---

① Lutter, ZIP 2003, 417 und Lutter, DB 2009, 775 sowie Lutter in Almendinger et al.(Hrsg.), Corporate Governance, 2011, S.140, 148 ff. insgesamt zur Professionalisierung des Aufsichtsrats; vgl. auch Peltzer, NZG 2009, 1041, 1042 f. und Börsig/Löbbe in FS Hoffmann-Becking, 2013, S.125, 143 ff.

② So auch das Gesetz in Befolgung der geänderten 8. EU-Richtlinie: §§ 100 Abs. 5 und 107 Abs. 4 AktG(oben Rn.25), allerdings nur für ein Mitglied des Aufsichtsrats bzw. des Prüfungsausschusses, nicht notwendig für dessen Vorsitzenden. Im Übrigen vgl. Kremer in Ringleb/Kremer/Lutter/v. Werder, Komm. Kodex, Rn.954.

③ Lutter in FS Wymeersch, 2009, S.132.

④ Vgl. dazu auch Theisen, Der Aufsichtsrat 2009, 81 sowie Peltzer, NZG 2009, 1041, 1042 f.

⑤ Kremer in Ringleb/Kremer/Lutter/v. Werder, Komm. Kodex, Rn.954 und Dreher in FS Hoffmann-Becking, 2013, S.313 ff.; Langenbucher, ZGR 2012, 314 ff. Zum Ganzen eingehend Weber-Rey, NZG 2013, 766 ff. und Leyens/Schmidt, AG 2013, 533, 539 sowie mit beachtlichen Thesen v. Werder/Wieczorek, DB 2007, 297.

⑥ BGH v. 6.11.2012—II ZR 111/12, ZIP 2012, 2438＝AG 2013, 90.

⑦ OLG Stuttgart v. 29.2.2012—20 U 3/11, ZIP 2012, 625＝AG 2012, 298. Ähnlich OLG Düsseldorf v. 31.5.2012—I-16 U 176/10, ZIP 2012, 2299＝AG 2013, 171.

不得许可可能给其带来风险或影响的董事会措施：免于责任风险权。①

（五）提名委员会

28　　《准则》于 2007 年开始建议设立的提名委员会（下文边码 962）同样必须按照这里描述的行为方式行事。

（六）最低资格要求

29　　是否存在以及存在哪些监事所必须具备的（法定）最低资格要求，存在极大争议。②联邦最高法院在其就 *Hertie* 案所作的判决（1982 年 11 月 15 日）③中这样写道：

> 每名监事都必须具备或努力掌握独立负责地履行其职务所必需的知识及能力，即使没有第三人的帮助，他也必须能够对公司业务作出客观公正的判断……

其中值得注意的是"或努力掌握"。据此，监事不必自始即具备这些知识及能力。④但若监事未在适当时间内掌握相关知识及能力，则可能存在承诺过错。⑤此外，斯图加特州高等法院已作出判决，监事在未了解董事会措施的情况下表示同意，属于对其义务的违反。⑥

与《股份法》相反，《信贷机构法》第 24 条第 3a 款第 4 项、第 36 条第 3 款和《保险监督法》第 7a 条第 4 款要求银行、其他金融服务企业以及保险和转保险企业的监督人员和管理人员具备**"可靠性"**和**"专业知识"**，上述人员须向联邦金融监管局展示并证明其满足要求，而后者将对此展开持续监督。⑦

---

① Dazu Schüppen, M＋A Review 2013, 314.

② Vgl. dazu die Kontroverse zwischen Semler, MünchKomm. AktG, 2. Aufl., § 100 Rn. 76 ff. einerseits und Hopt/Roth, Großkomm. AktG, § 100 Rn. 22 ff. andererseits.

③ BGH v. 15.11.1982—II ZR 27/82, BGHZ 85, 293＝AG 1983, 133.

④ Anders nach § 24 Abs. 3a Nr. 4 KWG und §§ 1b Abs. 6, 7a Abs. 4 VAG für die Aufsichtsräte von Banken, Finanzdienstleistern und Versicherungen, von denen „Sachkunde" verlangt wird.

⑤ So auch Simons in Hölters, Komm. AktG, § 100 Rn. 13; Spindler in Spindler/ Stilz, Komm. AktG, § 100 Rn. 47.

⑥ OLG Stuttgart v. 29.2.2012—20 U 3/11, ZIP 2012, 625＝AG 2012, 298 und dazu Hoffmann, AG 2012, 478. Zur Mindestqualifikation auch Weber-Rey, Der Gesellschafter (Österr.) 2013, 134, 136.

⑦ Vgl. dazu Langenbucher, ZHR 176(2012), 652 mit der Darstellung weiterer An-forderungen; Wolfgarten/Schilmar in Deloitte, Corporate Governance-Forum 4/2012, S. 6 ff. sowie BaFin, Merkblatt zur Kontrolle der Mitglieder von Verwaltungs-und Aufsichtsorganen gemäß KWG und VAG vom 3.12.2012. Auch der Kodex weist in seiner Ziff. 5.4.1 auf dieses Problem hin. Das österreichische Recht verlangt von diesen Personen sogar das Bestehen einer Eignungsprüfung; vgl. etwa Chini, Aufsichtsrat aktuell(Österr.) 2013, 14 ff.

四、女性比例

考虑到目前女性仅拥有监事会 17% 的席位（大多为职工监事），立法者呼   30
吁大幅提升女性比例就不足为奇了。绿党议会党团已向联邦议会①和北威州
议会②提出相应草案。此外，欧洲委员会亦于 2012 年 11 月 14 日提出相关的
指令草案。③

上述草案的适用范围仅限于*上市公司*④并通过以下规定免遭性别歧视方
面的指责，即上市公司监事会中的*女性比例均不得低于 40%*。

性别比例规则本身应被规定在《股份法》第 101 条新增的第 4 款之中。⑤

■ 第六节　任期

一、正常情况

监事通过（选举机构的）聘任并亲自*作出接受聘任的意思表示而***获得**监事   31
职务，而因期满（任期届满）、死亡、失去获选资格（对于职工代表来说，还可能
通过退休或更换工作岗位，《共同决定法》第 24 条第 1 款）、有效的解聘或辞职
丧失监事职务。

---

①　Entwurf eines Gesetzes zur geschlechtergerechten Besetzung von Aufsichtsräten, BT-Drucks. 17/3296 v. 13.10.2010. Mit einer baldigen Verabschiedung ist nicht zu rechnen.

②　Entwurf eines Gesetzes zur Förderung der Gleichberechtigung von Frauen und Männern in Aufsichtsräten börsennotierter Unternehmen, BR-Drucks. 87/11 v. 11.2.2011. Mit einer baldigen Verabschiedung ist nicht zu rechnen.

③　Entwurf einer Richtlinie des Europäischen Parlaments und des Rates zur Gewährleistung einer ausgewogeneren Vertretung von Frauen und Männern unter den nicht geschäftsführenden Direktoren/Aufsichtsratsmitgliedern börsennotierter Gesellschaften und über damit zusammenhängende Maßnahmen, COM(2012) 614/5 und 2012/99(COD). Mit einer baldigen Verabschiedung ist nicht zu rechnen.
Vgl. auch die Pressemitteilung der Europäischen Kommission vom 14. November 2012, IP/12/1205 mit Tabellen zur derzeitigen Situation in Europa.
Das Freiburger CEP (Centrum für Europäische Politik) hat alle in Betracht kommenden Kompetenznormen der Europäischen Verträge untersucht und kommt zu dem Ergebnis, dass die EU über keine Kompetenz zum Erlass einer solchen Richtlinie verfügt.

④　Der Grünen-Entwurf will auch die Aufsichtsräte der mitbestimmten Unternehmen mit in seine Regelung einbeziehen.

⑤　Zum Ganzen siehe Bayer, NZG 2013, 1, 7 ff.; Bachmann, ZIP 2011, 1131 und Round Table … Berlin, Center of Corporate Governance (BCCG), Berücksichtigung von Frauen bei der Besetzung von Unternehmensorganen-10 Thesen aus Sicht guter Corporate Governance-, DB 2010, 2786.

32　　　　根据法律规定,所有监事的**任期**一律不得超过五年(《股份法》第 102 条第 1 款结合《三分之一参与法》第 1 条第 1 款第 3 项和《共同决定法》第 6 条第 2 款)。公司章程可以规定较短的任期。它还可以为不同监事规定不同任期,①但却不得作出仅针对职工监事的特殊规定。②③

33　　　　就这方面而言,联邦最高法院于 2002 年 6 月 24 日作出的判决④具有重要意义。因为根据该判决,监事职务随着任期届满而*自动终止*,其结果是如果未在任期届满前及时进行新的选举,那么有关监事将突然之间成为"非监事"。

　　　　特别是当未在股东大会完成聘任后的第四个业务年度结束后的八个月内进行新的选举,而且股东大会已通过决议解除有关监事的职务时,更是如此。监事职务在八个月的期限经过后自动终止。⑤

二、解聘

34　　　　法律为解聘规定了**苛刻的前提条件**(四分之三多数,参见上文边码 14 以下);就(所有)股东代表和《三分之一参与法》意义上的职工代表而言,章程可以为全体监事⑥统一地规定更低或更高的多数以及其他前提条件,例如将予以解聘的监事自身(如资格或能力)存在重大原因。⑦而对于《煤铁工业共同决定

---

① BGH v. 15.12.1986—II ZR 18/86, BGHZ 99, 211, 215＝AG 1987, 152; OLG Frankfurt v. 19.11.1985—5 U 30/85, AG 1987, 159, 160.

② H.M., zwingendes Gebot der Nicht-Diskriminierung, vgl. BGH v. 15.12.1986—II ZR 18/86, BGHZ 99, 211, 215＝AG 1987, 152; BGH v. 29.6.1987—II ZR 242/86, WM 1987, 1070＝AG 1987, 348; Mertens/Cahn, Kölner Komm. AktG, §102 Rn.8.

③ 当章程修改降低了实行共同决定的监事会的最低成员数量时会产生任期方面的特殊问题。根据有说服力的通说,此时不适用《股份法》第 97 条及以下意义上的"身份(地位)程序"。章程修改在职工监事目前的任期结束后才生效。Vgl. ausführlich BAG v. 3.10.1989—1 ABR 12/88, WM 1990, 633, 635 f.＝AG 1990, 361—obiter und OLG Hamburg v. 26.8.1988—11 W 53/88, ZIP 1988, 1191＝AG 1989, 64 mit ausführlichen Nachweisen zum Meinungsstand. Hat der Aufsichtsrat aufgrund gesunkener Arbeitnehmerzahlen zuviele Mitglieder, ist das Statusverfahren nach §§97 ff. AktG durchzuführen und anschließend der gesamte Aufsichtsrat neu zu besetzen; vgl. Henssler in Ulmer/Habersack/Henssler, Mitbestimmungsrecht, §7 MitbestG Rn.23 m.w.N. Zur Rechtslage in nicht mitbestimmten Gesellschaften vgl. Habersack, Münch-Komm. AktG, §95 Rn.18; Mertens/Cahn, Kölner Komm. AktG, §95 Rn.27; Hüffer, Komm. AktG, §95 Rn.5.

④ BGH v. 24.6.2002—II ZR 296/01, AG 2002, 676; str., vgl. Hüffer, Komm. AktG, §102 Rn.3 und Gärtner, NZG 2013, 652.

⑤ OLG München v. 9.11.2009—31 WX 136/09, NZG 2009, 1430＝AG 2010, 87 und dazu Gärtner, NZG 2013, 652.

⑥ BGH v. 15.12.1986—II ZR 18/86, BGHZ 99, 211, 215 f.＝AG 1987, 152; BGH v. 29.6.1987—II ZR 242/86, WM 1987, 1070＝AG 1987, 348.

⑦ Dazu eingehend Uwe H. Schneider/Nietsch in FS Westermann, 2008, S.1447 ff.

法》和《共同决定法》意义上的职工代表来说，则始终适用法定的四分之三多数。关于基于重大原因的法院解聘，参见下文边码 930 以下。

三、辞职

(1) 现今的主流观点认为：监事可以随时辞去其职务，而无需基于重大原因。①存在争议的只是，监事在公司处于经济危机时辞职是不是不合时宜的。②但是即便如此也不阻碍辞职的有效性，而仅涉及可能的义务违反问题。监事与公司之间不存在合同关系；更确切地说，监事只是法律所承认的个人职务的享有者。因此以下观点似乎更具说服力：监事可以无需说明原因随时辞去其职务，即便公司处于危机中也是如此。不过监事对公司所负的**忠实义务**构成了唯一的"底限"，③此项义务禁止监事实施（可能给公司造成）严重损害的行为，若监事违反此义务则要承担损害赔偿义务，而非留任义务。

(2) 必须与组织关系层面的辞职自由区别开来的是单个监事对公司所负的特殊**合同义务（约束）**。公司可以在特殊情况下与单个监事达成接受并履行附加义务的协议（《股份法》第 114 条第 1 款）。对此要适用《民法典》第 611 条及以下的特殊规定，这些规定**仅允许基于重大原因**（而不允许在不合适的时间）提前停止履行合同义务；否则，有关监事将可能承担损害赔偿义务。

(3) 辞职通过向公司（确切地说是监事会或监事会主席或者董事会）**作出不拘形式，但需对方受领的意思表示**而得以完成，而且辞职必须是清楚且易于理解的。④单纯的不作为并不是辞职，⑤它不但不会导致义务的免除，相反会导致因违反职责（渎职）而产生的责任。

35

36

37

---

① Mertens/Cahn, Kölner Komm. AktG, §103 Rn. 57；Hüffer, Komm. AktG, §103 Rn. 17；Lutter in Lutter/Hommelhoff, Komm. GmbHG, §52 Rn. 10；Uwe H. Schneider in Scholz, Komm. GmbHG, §52 Rn. 301；Hoffmann-Becking, Münchener Hdb. AG, §30 Rn. 78；Wardenbach, AG 1999, 74, 75；demgegenüber halten Zöllner/Noack in Baumbach/Hueck, Komm. GmbHG, §52 Rn. 52 bei Bestellung auf bestimmte Zeit einen wichtigen Grund für erforderlich.

② So Habersack, MünchKomm. AktG, §103 Rn. 60；Ulmer/Habersack in Ulmer/Habersack/Henssler, Mitbestimmungsrecht, §6 MitbestG Rn. 72；Mertens, Kölner Komm. AktG, §103 Rn. 53.

③ Zur Treupflicht des Aufsichtsratsmitglieds gegenüber der Gesellschaft vgl. unten Rn. 1002 sowie Hüffer, Komm. AktG, §116 Rn. 4；Fleck in FS Heinsius, 1991, S. 89 f.；Lutter in Lutter/Hommelhoff, Komm. GmbHG, §52 Rn. 67；Drygala in K. Schmidt/Lutter, Komm. AktG, §116 Rn. 20 ff.；Spindler in Spindler/Stilz, Komm. AktG, §116 Rn. 56 ff.

④ Lutter in Lutter/Hommelhoff, Komm. GmbHG, §52 Rn. 10.

⑤ BGH v. 13.6.1983—II ZR 67/82, WM 1983, 835, 836＝GmbHR 1984, 72.

监事也可以在股东大会上作出辞职的意思表示。

38 　(4) 除非监事明确表示其将在之后的某一时间点辞职,否则其职务随着**辞职的意思表示到达**①公司而终止。

■ 第七节　监事职务开始与终止的公布

39 　根据《股份法》第 106 条,董事会或经理必须**在监事会发生人事变动时**向工商登记处提交一份载有全体监事姓名、职业以及住址的**完整名单**。所有人均可查阅该名单并借此获知监事会当前的组成情况。

　根据《商法典》第 10 条,登记法院必须将有关名单已提交工商登记处这件事(而非名单本身)公之于众。

■ 第八节　作为内部机构的监事会

一、概述

40 　监事会是内部机构,其职责几乎仅限于公司内部事务(极少处理外部事务)。它只在面对董事(《股份法》第 112 条)、前董事及其遗孀②(可能的话还包括子女)以及决算审计人员(《股份法》第 111 条第 2 款第 3 句)时才诉讼和非诉讼地代理公司,尤其是与在有关人员签订或废止相应合同时更是如此。而在面对其他第三人时,它既不在诉讼程序中,也不在签订合同时代理公司(它不负责商谈和签订合同)。监事会不领导(经营管理)公司,不为公司作出意思表示(包括向新闻界发表声明);必要时,它通过其主席将聘任或解聘告知有关董事。

二、向股东大会作出报告

41 　监事会**有义务**每年向股东大会作出一次常规报告(《股份法》第 171 条第 2 款)。详见下文边码 562 以下。

三、监事会与企业参决会

42 　股东大会是监事会报告的唯一收件人。监事会与企业参决会之间不存在

---

　① Nach § 112 Satz 2 mit § 78 Abs. 2 Satz 2 AktG ist jedes Mitglied des Vorstands und jedes Mitglied des Aufsichtsrats dafür empfangszuständig.

　② BGH v. 16.10.2006—II ZR 7/05, ZIP 2006, 2213=AG 2007, 86.

任何特殊关系;企业参决会的"对话者"是董事会。但是不会有人反对监事会邀请企业参决会进行一次"信息谈话"。

四、作为合议机构的监事会

根据公司的不同规模以及所适用的不同共同决定模式,监事会拥有最少三名最多二十一名监事,它也必然成为一个**合议机构**。因此,监事会通过**决议**以及其他集体措施行使其权利、履行其义务。单个监事必须在集体内部履行其职责,也只有在集体内部(而非个人)单个监事才享有权利并承担义务。①即使《股份法》第 90 条第 3 款规定了单个监事的特殊信息权,单个监事也只能要求董事会向全体监事会(而非或不仅是其个人)作出报告。这项规则仅有一个例外,也就是说只有当一名监事通过监事会决议(《股份法》第 111 条第 2 款第 2 句)而被委以公司中的特别审查义务时,他才能要求董事会向其个人提供有关信息;但是这极为罕见,因为在这样的"危急关头",监事会将会委托决算审计人员或外部专家进行必要调查。

边码44、45暂时空置。②

43

---

① OLG Stuttgart v. 30.5.2007—20 U 14/06,AG 2007,873.

② 译者注:为了保持全书边码的稳定和连贯,作者一般不会删除每章结尾处空置的边码,以便今后修改或补充。

第二章

作为现代且高效公司
治理要素的监事会①

■ 第一节 概述

　　20世纪90年代发生的严重企业危机及破产②日益引起人们对监事会及其效能的怀疑。③这表明监事会过去那种**消极被动的态度和行为方式**已无法满足现代公司治理的高要求。④该状况导致大量有关监事会工作改善方面建议的出现。⑤首先在以下问题上出现了分歧，即立法者应当通过相应的**强制性规定**进行干预还是仅向监事会发出**警告**即可。⑥立法者在1998年的《企业控制及透明度法》中作出了一定妥协，其一方面为监事会创设了相对较少的新强制性规

---

　　① 关于这一题目的德国及国际学术文献并不那么通俗易懂；因此请读者首先参阅 Feddersen/Hommelhoff/Uwe H. Schneider(Hrsg.), Corporate Governance, 1996；Hommelhoff/Hopt/v. Werder(Hrsg.), Handbuch Corporate Governance, 2. Aufl. 2010；Hopt/Kanda/Roe/Wymeersch/Prigge (Hrsg.), Comparative Corporate Governance, 1996；Ringleb/Kremer/Lutter/v. Werder, Deutscher Corporate Governance Kodex, 5. Aufl. 2014；Hopt, Corporate Governance: Aufsichtsrat oder Markt, Dritte Max Hachenburg Gedächtnisvorlesung, 1998；Hopt, Gemeinsame Grundsätze der Corporate Governance in Europa, ZGR 2000, 779；Lutter, Vergleichende Corporate Governance, ZGR 2001, 215 und JurA 2002, 83 sowie die Abhandlungen in GesR 2002, Sonderheft „Corporate Governance"；Wackerbarth, Investorenvertrauen und Corporate Governance, ZGR 2005, 686；Habersack, Der Aufsichtsrat im Visier der Kommission, ZHR 168(2004), 373；je mit vielen weiteren Nachw。

　　② Von Co-op über Balsam und Metallgesellschaft bis zu Holzmann.

　　③ Schilling, Der Aufsichtsrat ist für die Katz, FAZ Nr.199 vom 27. 8. 1994, S.11；Bremeier/Mülder/Schilling, Praxis der Aufsichtsratstätigkeit in Deutschland, 1994.

　　④ Deutlich Böckli in FS Reist, 1992, S.3 ff. und Mertens, Kölner Komm. AktG, 1. Aufl., Vorb. § 95 Rn.2.

　　⑤ Vgl. nur Lutter, ZHR 159(1995), 287 ff.

　　⑥ Etwa Lutter, ZHR 159(1995), 287 ff. einerseits, Hopt und Mertens, AG 1997, Sonderheft „Die Aktienrechtsreform 1997" andererseits.

定,另一方面又制定了指导监事会及其成员(监事)应以特定方式行为的若干规范("建议性规范"①)。在将经修改的第八号欧盟指令②转化为国内法后,立法者自 2009 年才**建议**上市公司设立审查委员会并要求这类公司的监事会在其向股东大会所作的报告中必须对其是否设立以及设立了哪些(其他)委员会(《股份法》第 171 条第 2 款第 2 句)作出说明。这意味着立法者强烈建议(上市公司)设立其他委员会。

《准则》第 5.3.2 条从一开始即建议设立审计委员会,并从 2007 年起建议设立提名委员会(第 5.3.3 条)。

■ 第二节　通过 1998 年《企业控制及透明度法》所作的更新③

该法进行了许多细节修改,其中一部分是针对**监事本身**:　　　　47

根据《股份法》第 100 条第 2 款第 1 项,一个人最多可以同时拥有 10 个监事会职位,监事会主席职位要被重复计算(该条第 2 款第 3 句)。

另一部分则涉及监事的**义务**:

首先,监事有义务对董事会建立的风险管理系统(《股份法》第 91 条第 2 款)进行监督;其次,根据《股份法》第 171 条第 1 款第 2 句监事还有义务邀请决算审计人员列席监事会关于年度决算的会议并认真听取审计人员的意见。

此外,监事的**权利**也得到扩大:

监事有权与决算审计人员签订(审计)合同(《股份法》第 111 条第 2 款第 3 句)。

然而这些更新最重要的还是涉及——就像刚刚简要论述过的——监事会与**决算审计人员**之间的关系(参见下文边码 171 以下)。

■ 第三节　通过 2002 年《企业透明度及披露法》所作的更新

联邦政府于 2002 年组建的"公司治理"政府委员会已提出大约 100 项关　　48

---

① Die Formulierung stammt von Hommelhoff/Mattheus, AG 1998, 249 ff.

② Richtlinie 2006/43/EG vom 17. Mai 2006, ABl. EG Nr.L 157 vom 9.6.2006, S.87 ff.＝Lutter/Bayer/J. Schmidt, EuropUR, S.875 ff., dort Art. 41, umgesetzt als § 107 Abs. 3 Satz 2, Abs. 4 AktG.

③ Eingehend dazu Hommelhoff/Mattheus, AG 1998, 249 ff. und Feddersen, AG 2000, 385 ff.

于《股份法》和《商法典》的修改建议。①其中相当一部分建议已在 2002 年的《企业透明度及披露法》②中得到体现。就监事会而言，以下法律修改意义重大：

——根据《股份法》第 90 条第 1 款第 1 项，董事会向监事会所作的年度报告必须详细探讨企业(经营)计划以及对该计划可能的偏离及其原因。

——根据《股份法》第 90 条第 1 款第 2 句，上述报告必须就康采恩(所属)企业的相同事项作出详细说明。

——根据《股份法》第 90 条第 3 款第 2 句，每名监事同样可以(在董事会向监事会作出报告)之后单独要求董事会提交附加报告。

——根据《股份法》第 90 条第 4、5 款，董事会必须尽可能及时并(通常)以书面形式("文本形式")作出报告。

——根据《股份法》第 107 条第 3 款，监事会的各委员会必须定期就其工作情况向全体监事会作出报告。

——根据《股份法》第 111 条第 4 款第 2 句，监事会现在不再只是能够，而是必须制定并颁布一份关于须经同意方可开展的业务的目录。

——最后，《股份法》第 116 条第 2 句规定"监事尤其有义务对其所获得机密说明(报告)和咨询保持缄默"。

■ 第四节　通过 2005 年《企业诚实经营及撤销权现代化法》(UMAG)所作的更新

49　　该法既没有修改也没有补充与监事会有关的规定。但是它却为《股份法》第 93 条第 1 款增添了全新的第 2 句规定并借此将所谓的"商业判断规则"以法律的形式确定下来。该规则之前已在司法裁判③中被适用过。而通过《股份法》第 116 条对该法第 93 条的援引，该规则现在也适用于监事会(详见下文边码 986)。④

■ 第五节　通过 2008 年《有限责任公司法现代化及防止滥用法》(MoMiG)所作的更新

50　　该法针对有限责任公司进行了大幅改革，其中首先将针对上市公司的董

---

①　Vgl. Baums(Hrsg.)，Bericht der Regierungskommission Corporate Governance，2001.

②　BGBl. I 2002，2681 ff.

③　BGH v. 21.4.1997—II ZR 175/95，BGHZ 135，244＝AG 1997，377(ARAG).

④　Eingehend dazu Lutter，Die Business Judgment Rule und ihre praktische Anwendung，ZIP 2007，97.

事和监事的损害赔偿请求权的消灭时效从五年延长到十年(《股份法》第 93 条第 6 款)。若监事会例外地获得公司代理权(《股份法》第 11 条)并作出相关的意思表示(例如解散董事会),则每一位监事均享有受领权。

■ 第六节 通过 2009 年《企业会计现代化法》(BilMoG)所作的更新

该法针对不必或不得依《国际财务报告准则》进行决算的企业的决算作出 51 大幅改革,同时完成了对三项欧盟指令的转化工作。另外,该法还在《股份法》引入了若干新的规定:

1. 在转化 2006 年的(新)决算审计人员指令第 41 条[①]时,《股份法》第 100 条第 5 款以及第 107 条第 4 款要求有独立的决算专家在监事会和审计委员会任职。

2. 同样是在转化 2006 年的(新)决算审计人员指令第 41 条时,《股份法》第 171 条第 1 款第 2、3 句要求决算审计人员就公司内控及风险管理体系可能存在的缺陷以及可能危及其自身独立性的情况作出说明。

3. 最后,《股份法》第 161 条改变并扩大了董事会和监事会的年度说明义务:

(1) 原来,董事会和监事会只是基于准则的建议而需说明其拒绝遵循《准则》的某项建议的理由(第 3.10 条)。但是这项说明义务如今已被规定在《股份法》第 161 条第 1 款第 1 句之中。[②]

(2) 此前法律已经要求公司保证公众可以随时查询上述说明的内容。学界一致认为公司在其主页上公布其说明即可。而法律(《股份法》第 161 条第 2 款)现在对此明确作出要求。[③]

(3) 最后,此项说明义务的主体从上市公司扩展到所谓的准上市公司,例如已在受监管市场上发行可交易债券的公司(《股份法》第 161 条第 1 款)。[④]

■ 第七节 通过 2009 年《董事薪酬适度法》(VorstAG)所作的更新

除引入若干有关董事薪酬的新规(详见下文边码 394 以下)之外,该法还 52

---

① Abgedruckt und erläutert bei Lutter/Bayer/J. Schmidt, EuropUR, S. 859 ff.

② Vgl. dazu Lutter, Kölner Komm. AktG, § 161 Rn. 87 f.

③ Vgl. dazu Lutter, Kölner Komm. AktG, § 161 Rn. 104.

④ Lutter, Kölner Komm. AktG, § 161 Rn. 35 und Ringleb in Ringleb/Kremer/Lutter/v. Werder, Komm. Kodex, Rn. 1253.

包括以下涉及监事会的新的一般性规定：

1.《股份法》第 100 条第 2 款第 1 句第 4 项中规定了针对前董事的所谓两年"冷却期"，在冷却期经过后相关人员可以被选任为本公司监事（上文边码 20）。

2.《股份法》第 107 条第 3 款第 3 句规定，董事合同不得仅由某一委员会处理，而应由全体监事会表决通过。

3. 最后，《股份法》第 116 条第 3 款规定，若监事为董事确定了不适当的薪酬，则其可能向公司承担个人责任。

■ 第八节　通过 2009 年《股东权利指令转化法》（ARUG）所作的更新

53　　该法针对股东大会、会议筹备以及具体程序作了大量更新，但未就监事会作出任何新的规定。

■ 第九节　已列入立法计划，但最终流产的 2012 年《股份法修正案》（VorstKoG）

54　　自 2010 年末立法者即着手《股份法修正案》的制定工作，并将最初形成的文本称为《股份法修正案 2011 年版》，[①]将被纳入政府草案的文本称为《股份法修正案 2012 年版》，[②]而将最终版本称为《董事薪酬控制权改进及股份法规则修订法》（VorstKoG）并提交联邦议会审议。[③]应主管法律委员会的建议，[④]联邦参议院在其 2013 年 9 月 20 日的会议上组成了调解委员会。该法在最后的立法阶段暂时未能获得通过。而在新的立法程序中该法是否会以及如何得到处理我们拭目以待。[⑤]《董事薪酬控制权改进及股份法规则修订法》给监事会带

---

① Referentenentwurf zur Aktienrechtsnovelle 2011 vom 2.11.2010.

② Gesetzentwurf der Bundesregierung vom 14. 3. 2012，BT-Drucks. 17/8989；vgl. auch die Beschlussempfehlung und den Bericht des Rechtsausschusses vom 26.6.2013，BT-Drucks. 17/14214.

③ Gesetzesbeschluss des Deutschen Bundestages vom 27.6.2013，BR-Drucks. 637/13.

④ Empfehlungen des Rechtsausschusses und des Wirtschaftsausschusses vom 9.9. 2013，BR-Drucks. 637/1/13.

⑤ Der Koalitionsvertrag zwischen CDU，CSU und SPD vom 27.11.2013 formuliert die Absicht，dass künftig die Hauptversammlung auf Vorschlag des Aufsichtsrats über die Vorstandsvergütung entscheiden soll(S.17).

来了两项重大改变：

1. 目前上市公司股东大会可依《股份法》第 120 条第 4 款就监事会制定的董事会薪酬体系作出**咨询性**的决议，也就是说该决议不具有约束力也不会产生任何法律后果（股东咨询性投票，say on pay）。

《董事薪酬控制权改进及股份法规则修订法》对《股份法》第 120 条第 4 款作出如下修正：

——上市公司股东大会*必须*每年就监事会制定的董事会薪酬体系作出决议。

——此项决议对监事会具有积极或消极的拘束力。

这样一来，股东大会中的相关讨论就不会过于抽象，监事会在其向股东大会提交的提案中应说明董事会主席、其代理人以及普通董事在其制定的薪酬体系中所能达到的最高薪酬数额。

上市公司监事会由此丧失董事会薪酬的自治权；它需要根据股东大会的指示行事。[1]监事会丧失此项权限的主要原因就在于联邦参议院对调解委员会的召集。[2]详见下文边码 422。

2. 依《股份法》第 394 条第 1 句由政府提名而选入或派入监事会的代表：

对于其应向该政府作出的报告，不受保密义务的限制。

根据《股份法》第 395 条，上述报告的受领人负有保密义务。此项规定通过《董事薪酬控制权改进及股份法规则修订法》而增加了第 3 句的全新表述：

第 1 句中报告义务可以以法律、公司章程或者监事会以书面形式公布的法律行为为依据。

这一表述明确地扩大了上述报告义务的范围；特别是此类义务今后可由相关公司的章程予以规定。[3]还可以参阅下文边码 1431、1432。

■ 第十节 《准则》

上文边码 48 提到的"公司治理"政府委员会（遵循国际经验[4]）也已提出制定《准则》的建议。联邦政府也已采纳此建议并组建了一个新的委员会具体负 55

---

① Ähnlich schon immer die Rechtslage in der paritätisch mitbestimmten GmbH, wo die Gesellschafter verbindliche Vergütungsrichtlinien erlassen können, näher dazu unten Rn. 1136.

② Vgl. Empfehlungen der Ausschüsse vom 9.9.2013, BR-Drucks. 637/1/13.

③ 详见下文边码 394 以下。

④ Vgl. nur Hopt, ZGR 2000, 779 und Bundesverband der deutschen Industrie(BDI), Corporate Governance in Deutschland, 2001 sowie Böckli, SZW 1999, 1 ff.

责制定该《准则》。该《准则》已于 2002 年获得正式通过。①虽然该《准则》对有
关公司**不具有约束力**,但是所有上市公司的董事会及监事会均应每年就公
司是否已遵守或将要遵守以及为何对《准则》的建议有所背离作出说明("遵
守或解释")。

法律依据是联邦立法者在《企业透明度及披露法》(边码 48)中创设的《股
份法》第 161 条的全新规定,其具体内容如下:

(1) 上市公司的董事会及监事会每年对联邦司法部在电子版联邦司
法公报官方版块中所公布的"德国公司治理准则政府委员会"提出的各项
建议是否已被或将被遵守或者哪些建议尚未得到适用或将不被适用以及
不予适用的原因进行说明……

(2) 该说明必须在公司主页上公布并供公众随时查阅。

56 因此从 2002 年开始,**上市公司**的监事会(及董事会)必须每年公开说明
本公司是否已经或将要遵守《准则》中的建议,以及哪些建议未被遵守及其
理由。②

由此可见,是否遵守《准则》中的建议由上市公司的董事会及监事会自行
决定。"公司治理"政府委员会和立法者均认为,资本市场会相应地对(董事会
或监事会的)决定作出正面或负面的评价。③

如果上述说明是"积极的"(即公司已经或将要遵守《准则》中的建议),
那么只要董事会和监事会未通过决议作出"相反的说明"并公之于众,④它们
就自然有义务遵守《准则》中的建议。⑤否则,它们可能将承担损害赔偿责任,
且不得被减轻或免除相关责任,甚至股东大会作出的减免责任的决议都是可
撤销的。⑥

---

① 该《准则》可以在 www.corporate-governance-code.de 上查到;vgl. dazu auch den
Kommentar von Ringleb/Kremer/Lutter/v. Werder, Deutscher Corporate Governance
Kodex, 5. Aufl. 2014 und Peltzer, Deutsche Corporate Governance—Ein Leitfaden, 2. Aufl.
2004。

② Zu dieser Erklärung vgl. unten Rn. 491 sowie Lutter, Die Erklärung zum Corporate
Governance Kodex, ZHR 166(2002), 523 und Lutter in FS Huber, 2006, S. 871 ff.

③ Vgl. zur Honorierung guter Corporate Governance durch den Kapitalmarkt McKin-
sey, Investor Opinion Survey, June 2000, Appendix; skeptisch Mahr/Rott/Nowak, ZGR
2005, 252.

④ Im Zweifel ist dazu der Vorstand wegen der Kursrelevanz des Vorgangs schon nach
§ 15 Abs. 1 WpHG verpflichtet.

⑤ Vgl. dazu BGH v. 7.12.2009—II ZR 63/08, ZIP 2010, 879＝AG 2010, 452; Lut-
ter, Kölner Komm. AktG, § 161 Rn. 140 ff. sowie Lutter in FS Druey, Zürich 2002, S. 463
ff. und Goette, MünchKomm. AktG, § 161 Rn. 77.

⑥ BGH v. 10.7.2012—II ZR 48/11, ZIP 2012, 1807＝AG 2012, 712(Fresenius).

所有与监事会密切相关的《准则》建议均将在本书中得到详细论述。①而且这些建议也为绝大多数(约 90%)上市公司所遵循，②所以单个公司将自己排除在外(即不遵循《准则》建议)实际上已变得越来越困难。

■ 第十一节　作为公司共同经营管理机构的监事会

一、概述

监事会对董事会实施的监督(《股份法》第 111 条第 1 款)向来被看作是*回顾性的*：比如说监事会经常向董事会提出像"过去三个或十二个月发生了什么事情"这样的问题。这恰恰与一百多年前监事会的产生相印证：股东大会实际上无法(单独)对董事会所实施的经营管理进行监督导致了作为必设机构的监事会的产生。

57

二、监事会职责的扩大

经过联邦最高法院 1991 年到 2009 年仅不到二十年间的司法实践③以及《企业控制及透明度法》(边码 47)、《企业透明度及披露法》(边码 48)、《有限责任公司法现代化及防止滥用法》(边码 50)、《企业会计现代化法》(边码 51)以及《董事薪酬适度法》(边码 52)的相继出台，监事会所实施的上述回顾性监督以及所负的职责就已发生戏剧性变化，主要体现在以下两个方面：第一，作为公司机构的监事会的职责**扩大**；第二，监事的权利与义务也相应地**扩大**。

58

虽然监事会和以前一样仍负责对董事会所实施的经营管理进行监督(下文第三章和第四章)，但是它作为公司的*共同经营管理机构*、咨询机构以及共同决策机构同时**承担着其他职责**。今天，监事会已经为公司及康采恩的经营

---

① Im Übrigen vgl. dazu Lutter, Der Deutsche Corporate Governance Kodex, GesRZ (Der Gesellschafter) 2002, Sonderheft, S. 19 ff. und die Kommentierung des § 161 AktG durch Lutter in Kölner Komm. AktG, 3. Aufl.

② Vgl. dazu die jährlichen Berichte von v. Werder/Böhme, Corporate Governance Report 2011, DB 2011, 1285, v. Werder/Bartz, Corporate Governance Report 2012, DB 2012, 869 und v. Werder/Bartz, Corporate Governance Report 2013, DB 2013, 885.

③ BGH v. 25.3.1991—II ZR 188/89, BGHZ 114, 127, 130 = AG 1991, 312: „Die Aufgabe des Aufsichtsrats, die Geschäftsführung zu überwachen, enthält die Pflicht, den Vorstand in übergeordneten Fragen der Unternehmensführung zu beraten." BGH v. 21.4. 1997—II ZR 175/95, BGHZ 135, 244, 255 = AG 1997, 377(ARAG)：„... wo er(der Aufsichtsrat) die unternehmerische Tätigkeit des Vorstands im Sinne einer präventiven Kontrolle begleitend mitgestaltet."

管理承担起共同责任,它不止负有回顾性职责,更负有"**展望性**"职责。①

当然,这些职责并非由监事会单独承担,而是由监事会与董事会共同承担。②

每一个人,每一名监事都有义务接受并履行这些重要职责。法律、司法判例、学说以及《准则》只能作出一些预先规定(或者说提出一些目标)。而且人们一定希望这些预先规定(目标)在预期的积极和共同经营管理的意义上得到接受和实现。

59　　　　职责的扩大将产生两大后果:

一方面,不可能每一名监事都能完全满足更高的职务要求。因此确定监事会合理的人员组成至关重要,即全体监事应具备必要的能力和职权。这一点在上文边码 27 和边码 28 已经论及,而且《准则》第 5.4.1 条亦予以强调。受访的监事也将"职权导向的监事会组成"称为其履行职责的最重要手段。③

另一方面,职责范围的显著扩大还要求每名监事为履职投入更多时间;《准则》第 5.4.5 条同样强调了这一点。

三、将董事会模式与监事会模式各自的优越性结合起来

60　　　　理想状态下,为监事会确定上述这些全新的职责能够将世界范围内流行的一元董事会模式(全体机构成员共同负责作出战略性的、面向未来的经营管理决策)的优点与二元监事会模式(拥有董事会模式所缺少的监督机构)的优点结合起来。④

---

① Lutter, Der Aufsichtsrat: Kontrolleur oder Mitunternehmer?, in FS Albach, 2001, S.225 ff.; ähnlich schon früher Gutenberg, ZfB 1970, Ergänzungsheft, S.1 ff. Sehr kritisch dieser These gegenüber Mertens/Cahn, Kölner Komm. AktG, Vorb. §95 Rn.10.

② So ausdrücklich auch Abschnitt 3 des Kodex „Zusammenwirken von Vorstand und Aufsichtsrat".

③ Ruhwedel/Peth, Der Aufsichtsrat 2010, 170 f.; Börsig/Löbbe, Die gewandelte Rolle des Aufsichtsrats, in FS Hoffmann-Becking, 2013, S.125 ff.

④ Börsig/Löbbe, Die gewandelte Rolle des Aufsichtsrats, in FS Hoffmann-Becking, 2013, S.131 ff.

第三章

监事会所实施的一般性监督

■ 第一节　概述

　　根据《股份法》第 111 条第 1 款，监事会必须对董事会的经营管理进行监督，这是监事会固定且不可变更的最重要职责。在面对一家破产公司的清算人时，它根据《股份法》第 268 条第 2 款第 2 句负有相同的职责。此外，监事会凭借其所享有的《股份法》第 124 条第 3 款意义上的决议建议权、股东大会会议的参加权（《股份法》第 118 条第 2 款第 1 句）以及股东大会决议撤销权（《股份法》第 245 条第 5 项）能够对股东大会的决策施加一定**影响**。不过它最重要的职责还是监督董事的经营管理。 61

　　此项监督职责包括两方面内容：一方面，监事会必须对董事会的经营管理进行**监督**，目的是防止错误的发生或者揭露已发生的错误；另一方面则是为董事会的经营管理提供**咨询**。对于特定事务，监事会还负有**共同决策**的职责。相反，监事会不得自行对公司实施经营管理：公司的经营管理仅由董事会单独负责（《股份法》第 76 条第 1 款）；监事会既不得被委托实施某些经营管理措施（《股份法》第 111 条第 4 款第 1 句），也不得向董事会作出实施特定行为的具有法律约束力的指示。监事会的权力最多仅限于阻止而非迫使特定经营管理措施得到实施。 62

■ 第二节　《股份法》第 111 条第 1 款意义上监督的对象、范围、标准以及界限

一、概述

　　(1) 董事会负有**领导公司**的义务且不得将此项职责授权他人。[①]这种领 63

---

　　① Mertens/Cahn, Kölner Komm. AktG，§ 76 Rn. 4 ff.，45 f.；Spindler, Münch-Komm. AktG，§ 76 Rn. 15 ff.；Fleischer in Spindler/Stilz, Komm. AktG，§ 76 Rn. 10；Kort, Großkomm. AktG，§ 76 Rn. 28 ff.，49 f.；Hüffer, Komm. AktG，§ 76 Rn. 7 ff.；Bürgers/Israel in Bürgers/Körber, Komm. AktG，§ 76 Rn. 6 ff.，je mit allen Nachw.

导涉及企业目标的设定、经营政策及战略的确立、经营计划的制定、财务和组织的监督以及经营管理职位的聘任。**对上述事项实施监督是监事会不可推卸的职责**。但监事会的职责不限于此,因为其还须对董事会的**领导效果**进行监督。而领导效果要通过监事会依《股份法》第 90 条第 1 款第 1 句第 2、3、4 项从董事会定期获得的关于公司发展情况(销售额和收益)的信息来知悉。监事会依法可以参与个别经营管理职责的履行,例如参与经营计划的制定;①此外,监事会必须从董事会的定期报告中提取有用的信息并在必要时要求董事会提供补充信息(详见边码 93 以下;其中还涉及**信息规则**的合目的性)。

64   (2) 对董事会实施的公司领导进行**监督以对公司情况的知悉**为前提:监督对象具体是什么? 监督目标及其实现方式为何? 怎样的监督强度是适宜的? 监督风险何在? 如何使本公司的产品脱颖而出以及如何使其在国外打开销路? 只有在对上述情况有了全面掌握之后才可能对董事会所采取的措施作出评价并实施监督。因此,新选任的监事无论如何都应在其首次参加监事会会议前一周,设法通过董事会及负责经营管理的董事获得相应信息。董事会也应积极配合提供相关信息。

二、对象及范围

65   (1) 监事会监督的对象是经营管理。与《商法典》第 246 条直至 1937 年仍有效的老版本不同,法律今天已不再提及(监事会要)对经营管理实施行"事无巨细的"监督。要求监事会承担范围如此广泛的监督职责可能是不适当的。因此,监事会的监督职责仅涉及公司的**经营管理措施**;其监督对象就是(负责经营管理的)董事会(而非董事)的经营管理行为。②

---

①　Lutter, Information und Vertraulichkeit, Rn.50 ff.

②　Zu diesem Streit ausführlich Hopt/Roth, Großkomm. AktG § 111 Rn.248 ff.; und Lutter, AG 2006, 517, 520, 521. Uwe H.Schneider in Scholz, Komm. GmbHG, § 52 Rn. 87 f., unterscheidet zwischen Funktionsund Organkontrolle, wobei die Überwachung des Aufsichtsrats als Funktionskontrolle angesehen wird im Gegensatz zu Semler, Leitung und Überwachung, Rn.112, der als Gegenstand der Überwachung das Organ Vorstand erachtet. Eine solche Differenzierung ist nicht erforderlich, da die Geschäftsführung(Leitung) im Sinne des Gesetzes allein dem Vorstand zusteht, im Rechtssinne allein von ihm wahrgenommen wird, so dass Funktion und Organ zusammenfallen. Vgl. dazu auch Spindler, MünchKomm. AktG, § 76 Rn. 21; Mertens/Cahn, Kölner Komm. AktG, § 77 Rn. 5; Dreist, Überwachungsfunktion, S.81.

《股份法》第 91 条第 2 款所要求的"**风险管理（机制）**"也属于董事会的经营管理职责。①因此，监事会必须审查：

——董事会是否已建立这样的系统并为之提供证明。②

——以及该系统能否完成其任务。

就这点而言，《股份法》第 317 条第 4 款减轻了上市公司监事会的负担，因为根据该条款决算审计人员同样必须对上述事项进行审查。

对于旨在避免贪污及贿赂③的内部审计（守规）④系统来说，同样如此。

（2）除《股份法》第 171 条第 1 款（审查年度决算、康采恩决算、状况报告以及利润分配建议的义务）和第 314 条第 1 款（审查可能的附属报告的义务）外，监事会监督职责的重点首先表现在《股份法》第 90 条第 1 款规定的董事会对监事会所负的**报告义务**上。所有向监事会作出的报告均是其审查的对象。其中首先包括预期的企业经营政策以及企业计划，特别是财政、投资和人事计划（《股份法》第 90 条第 1 句第 1 项）方面的其他重大问题。⑤此外还包括其他与企业未来（经营）活动有关的所有重大问题，也就是说其他所有中期或长期指导公司发展的、对公司财产、利润或财政状况或职工利益有重大影响的经营管理决策。

再者，监事会必须始终关注公司的**业务进展情况**、营业额、在市场中的状况以及财政状况（《股份法》第 90 条第 1 款第 1 句第 3 项）。只有当少数法律行为或者其他个别事件可能对公司的效益或偿付能力产生重大影响或者基于其他原因对公司**极为重要**时，才由监事会对其进行审查（《股份法》第 90 条第 1 款第 1 句第 4 项，第 3 句）。⑥监事会不仅能够，而且必须放弃对董事会所实施的少数重大措施的监督。为了不妨碍董事会的经营管理自治，监事会不得像董事会"如影随形的监视者"那样履行其监督职责，而必须将其监督放在董事

66

67

---

① Hopt/Roth, Großkomm. AktG，§ 111 Rn. 229 sowie unten Rn. 85 ff.

② Dazu LG München I v. 5.4.2007—5 HK O 15964/06，BB 2007，2170＝AG 2007，417.

③ Hopt/Roth, Großkomm. AktG，§ 111 Rn. 210 f.

④ Dazu der Kodex in den Ziff. 3.4，4.1.3 und 5.3.2；eingehend Hauschka（Hrsg.），Corporate Compilance，2. Aufl. 2011 und Bachmann, Compliance-Rechtsgrundlagen und offene Fragen, in VGR 2008，S.66 ff.

⑤ Die Pflicht des Vorstands, dem Aufsichtsrat über die Unternehmensplanung Bericht zu erstatten, wurde erst mit dem KonTraG ausdrücklich in § 90 Abs. 1 Nr. 1 AktG aufgenommen, bestand jedoch auch schon davor, vgl. 3. Aufl., Rn.24 und Lutter, Information und Vertraulichkeit, bereits in der 1. Aufl. 1979，S.13 und jetzt in der 3. Aufl. 2006，Rn.45 ff. sowie Lutter, AG 1991，249 ff.；Lutter, ZHR 159（1995），287，291 f.；zur Unternehmensplanung näher unten Rn. 80 ff.

⑥ Siehe dazu Lutter, Information und Vertraulichkeit, Rn. 61 ff.

会所为的意义重大的行为上。①

68　　　（3）日常经营尤其不受监事会的监督。②但即使如此，董事会也不能自行对每项措施作出决定，而是必须在得到授权（委托）的前提下驾驭、协调、监督经营管理决策的实行并合理安排下级决策者的组成；这是董事会义不容辞的经营管理职责，同时也是监事会的监督对象。

69　　　（4）《股份法》第111条第1款意义上的对经营管理的监督是指对董事会这个公司机构，即**董事会成员整体**进行监督。因此监事会必须将其问题、疑虑以及可能的不满首先向整个机构（董事会）提出。如果监事会所采取的这些措施未取得任何效果，尤其是未使其所指责的缺陷得到消除，那么它可以而且必须向**主管董事**查明有关的重大事实情况并行使其（对经营管理施加）影响的权利。③

70　　　（5）监事会的**监督对象**——就像《股份法》第268条第2款第2句所表明的那样——是董事会所实施的经营管理，而非职员的活动。④实施经营管理并对其进行监督是董事会的职责，而在这一点上监事会所要监督的是董事会是否合格地履行了该职责。然而这并不意味着监事会完全不对职员的行为进行监督；职员的行为只不过不是独立的监督客体，但其对判断董事会是否合格地履行了其经营管理职责还是会起到一定作用。在这一点上，监事会要审查以下事项：将经营管理措施（的实施）**授权（委托）**给高级职员是否适当，这些人员是否胜任⑤

---

① Lutter, Information und Vertraulichkeit, Rn. 113; ebenso Hoffmann-Becking, Münchener Hdb. AG, §29 Rn. 27.

② OLG Stuttgart v. 19.6.2012—20 W 1/12, AG 2012, 762. Ebenso Potthoff/Trescher/Theisen, Das Aufsichtsratsmitglied, Rn. 346; v. Schenck in Semler/v. Schenck, Arbeitshandbuch für Aufsichtsratsmitglieder, §7 Rn. 39.

③ v. Schenck in Semler/v. Schenck, Arbeitshandbuch für Aufsichtsratsmitglieder, §7 Rn. 32 f.; Semler, Leitung und Überwachung, Rn. 122 ff.; nur in Nuancen anders Mertens/Cahn, Kölner Komm. AktG, §111 Rn. 24, wonach der Aufsichtsrat generell auch das einzelne Vorstandsmitglied zu überwachen hat; die sich daraus etwa ergebenden Beanstandungen muss er jedoch auch nach der Auffassung von Mertens/Cahn grundsätzlich gegenüber dem Gesamtvorstand geltend machen.

④ Ebenso Semler, MünchKomm. AktG, 2. Aufl., §111 Rn. 107 ff.; Habersack, MünchKomm. AktG, 3. Aufl., §111 Rn. 21, 25; Mertens/Cahn, Kölner Komm. AktG, §111 Rn. 26(a. A. noch in der 1. Aufl., §111 Rn. 32); Wendeling-Schröder, Divisionalisierung, S. 76 f.; Hoffmann-Becking, Münchener Hdb. AG, §29 Rn. 29; Steinbeck, Überwachungspflicht, S. 40 ff.; Potthoff/Trescher/Theisen, Das Aufsichtsratsmitglied, Rn. 342; Hambloch-Gesinn/Gesinn in Hölters, Komm. AktG, §111 Rn. 22; weitergehend aber Hopt/Roth, Großkomm. AktG, §111 Rn. 248 ff.; a.A. Baumbach/Hueck, Komm. AktG, §111 Anm. 5; Hüffer, Komm. AktG, §111 Rn. 3.

⑤ Mertens, Kölner Komm. AktG, §111 Rn. 26; v. Schenck in Semler/v. Schenck, Arbeitshandbuch für Aufsichtsratsmitglieder, §7 Rn. 34.

以及是否受到董事会的充分监督。在这方面只是对于那些在董事会之下行使决定性经营管理职能的职员（特别是所谓的"部门经理"）来说还存在一些疑问。如果监事会必须对公司的经营管理进行监督，那么此项职责显然也涵盖上述处于第二等级的职员。例如施奈德（*Uwe H.Schneider*）①就认为监事会的监督职责同样涉及那些参与基本决策的准备和实施的职员。②乌尔默和哈贝尔扎克（*Ulmer/Habersack*）③也认为，就监督范围而言，起决定性作用的是有关措施对企业的意义和重要性，而不是这些措施已由或应由董事会还是职员来实施的问题。

上述这些相似的观点**不能被赞同**，否则（各机构之间）权限和责任的清晰 71
秩序将可能因此而丧失。如果由"下级的"监事会进行监督，那么"上级的"董事会可能会觉得被免除了义务或减轻了责任。而这是不能被容忍的。在《股份法》第76条（该条使董事会承担起单独负责地经营管理公司的义务）的背景下，更好的解决办法可能是通过**强调**董事会对公司所有事务，特别是对第二等级（职员）所负的**驾驭和监督义务**来避免董事会怠于履行其经营管理职责。如果由董事会掌管公司事务，而且监事会也为此不懈努力，那么法定的监事会监督体系将会对董事会产生作用，而无需将其监督义务扩展到其他等级（这种控制也极难实现）。④

（6）正常情况下，监事会可以使其**监督行为的**时间及对象**范围**与董事会 72
根据《股份法》第90条以及公司现行报告规则（参见下文边码317）所作的报告保持一致。一般来说，监事会对董事会报告进行认真审查和探讨即已履行其监督职责；有疑问时，它既可以要求（董事会）作出解释并提供其他相关信息，也可以直接查阅公司材料（《股份法》第90条第3款，第111条第2款），而且在必要时它必须这样做。⑤在特殊情况下，例如公司近况不佳、对董

---

① Uwe H. Schneider in Scholz, Komm. GmbHG, §52 Rn.90.

② Ähnlich Biener, BFuP 1977, 489, 491; Koberski in Wlotzke/Wißmann/Koberski/Kleinsorge, Mitbestimmungsrecht, §25 MitbestG Rn. 53; Raiser/Veil, Kapitalgesell-schaften, §15 Rn.3; Raiser, Komm. MitbestG und DrittelbG, §25 MitbestG Rn.69; Dreist, Überwachungsfunktion, S.87; Schönbrod, Organstellung, S.195; a.A. Semler, Leitung und Überwachung, S. 23; Semler in FS Döllerer, 1988, S. 571, 588; ausführlich zu Rechtsproblemen der Spartenorganisation Schwark, ZHR 142 (1978), 203 ff.; Wendeling-Schröder, Divisionalisierung, S.76 f.; Schiessl, ZGR 1992, 64.

③ Ulmer/Habersack in Ulmer/Habersack/Henssler, Mitbestimmungsrecht, §25 MitbestG Rn.50; ebenso Hüffer, Komm. AktG, §111 Rn.3.

④ Zum Ganzen Lutter, AG 2006, 417 ff.

⑤ Semler, MünchKomm. AktG, 2. Aufl., §111 Rn. 164 ff.; Habersack, MünchKomm. AktG, 3. Aufl., §111 Rn.29 f., 44; Mertens/Cahn, Kölner Komm. AktG, §111 Rn.17 und 20; Hambloch-Gesinn/Gesinn in Hölters, Komm. AktG, §111 Rn.11.

事会的经营管理存在极大忧虑或者在聘任新董事后，监事会监督义务的强度将会增强。①

三、审查(监督)标准

73   监事会所实施的监督必须涉及经营管理的合法性、合规则性、合目的性(适当性)以及经济性。②

(一) 合法性

74   董事会经营管理的合法性是公司正确经营管理的基本条件之一，因此毫无疑问要接受监事会的监督。③监事会也因而必须注意**遵守《股份法》**(特别是第93条第3款)**和公司章程中的有关规定**以及**其他**针对经济企业及其代表的**规范**(卡特尔法、竞争法、税法、环境法、承包法，等等)。"监事会不必干涉上述问题"被认为是一种误解；监事会提出像"公司如何确保职工遵守《环境保护法》中的有关规定"这样的问题是完全正确的，在某些情况下也确实是必要的。"监事会将向行政部门作出报告('检举')视为自己的职责：它必须用自己的资金将各项事务安排妥当并设法保障其合法性"同样是一种误解；这其实正是监事会的职责(企业自治)。只有当监事会已充分利用公司内部的所有影响手段仍无法"营造"公司中的合法"局面(氛围)"时，它才有义务(向行政部门)**作出报告("检举")**；此外，当全体公民均负有"检举义务"或者只有通过此种途径才能避免给公司造成严重损害时，监事会也负有此项义务。④再者，监事会还必须密切关注董事会是否遵守议事规程(业务守则)中的

---

① Semler, MünchKomm. AktG, 2. Aufl., §111 Rn. 208 ff.; Habersack, MünchKomm. AktG, 3. Aufl., §111 Rn. 45 f.; näher zur „abgestuften Überwachung" unten Rn.95 ff.

② Allg. Meinung; vgl. BGH v. 25.3.1991—II ZR 188/89, BGHZ 114, 127, 129 f.= AG 1991, 312; Mertens/Cahn, Kölner Komm. AktG, §111 Rn.14; Semler, Leitung und Überwachung, Rn.183; Lutter, Information und Vertraulichkeit, Rn.114 ff.; Hoffmann-Becking, Münchener Hdb. AG, §29 Rn.31; Potthoff/Trescher/Theisen, Das Aufsichtsratsmitglied, Rn.490 ff.; Steinbeck, Überwachungspflicht, S.85 ff., die allerdings das Kriterium der Ordnungsmäßigkeit ablehnt.

③ BGH v. 16.3.2009—II ZR 280/07, ZIP 2009, 860=AG 2009, 404; BGH v. 20.9. 2010—II ZR 78/09, GmbHR 2010, 1200=AG 2010, 785(Doberlug); OLG Braunschweig v. 14.6.2012—Ws 44/12 und 45/12, GWR 2012, 437=AG 2003, 47; OLG Karlsruhe v. 4.9. 2008—4 U 26/06, WM 2009, 1147=AG 2008, 900; „Zu den Pflichten des Aufsichtsrats gehört es, Rechtsverstöße des Vorstands zu verhindern".

④ v. Schenck in Semler/v. Schenck, Arbeitshandbuch für Aufsichtsratsmitglieder, §7 Rn.193.

规定,是否根据有关规则及时向其提交报告①以及是否遵守年度决算、股东大会会议和公布的日期。

特别是"合规"(内部审查)方面:②董事会的职责是设法在公司及康采恩中③实现对法律法规的遵守;对此不存在任何争议。它具体如何实现该目标,原则上由其自行决定。然而西门子发生的一系列贿赂事件表明,今天旨在保障合法性的措施必须比以往更加系统和有力。因此(尤其是)对于大型或较大型公司来说,建立"合规机制"并任命"合规主管"在实践中是绝对必要的。而"如何"建立一套这样的机制则取决于单个公司的具体情况。④

监事会必须对该机制的建立进行监督并在经亲自审查后确信其合理性。此外,它必须要求董事会定期就其经营管理措施及企业反馈作出报告。

总而言之:在公司及康采恩中实现对法律法规的遵守是监事会与董事会的共同责任。⑤因此,在西门子的贿赂丑闻被曝光后,董事会主席(董事长)和监事会主席都只能引咎辞职。

不论监事会通过哪种途径查明违法情况,也不论该违法(情况)是轻微⑥还是严重,⑦它都必须予以纠正;这是因为监事会必须通过其措施避免公司遭受损害。即便是一开始出现的轻微违法也可能导致严重的无形(声誉减损)和有形损害。不过,违法的轻微或严重却可能影响监事会干预的强度,⑧也就是说它只是提醒还是严正敦促董事会进行补救或改正。

然而,合法性问题也可能在修改章程,尤其是增资时出现。因此监事会主席须依《股份法》第184、188条在签署后将增资决议及其实施申报商事登记,也就是说经其审核后确信相关措施的合法性。若董事会决定通过授权资本制发行新股,则其需要征得监事会的同意(《股份法》第202条第3款第2句,参

75

76

77

---

① Nach v. Schenck in Semler/v. Schenck, Arbeitshandbuch für Aufsichtsratsmitglieder, §7 Rn. 189 gehören die vorstehend erwähnten Überwachungsgegenstände zur „Ordnungsgemäßheit" der Geschäftsführung.

② Dazu vor allem Hauschka(Hrsg.), Corporate Compliance, 2. Aufl. 2011; Bachmann, Compliance—Rechtsgrundlagen und offene Fragen, in VGR, Gesellschaftsrecht in der Diskussion 2007, 2008, S.66 ff. mit allen Nachw.

③ Eingehend Uwe H. Schneider/Sven H. Schneider, ZIP 2007, 2061; Lutter, AG 2006, 517, 518 f.; Fleischer, CCZ 2008, 1 ff.

④ Dazu Kremer/Klahold, ZGR 2010, 113; Nothhelfer, CCZ 2013, 23.

⑤ Lutter, AG 2006, 517, 518 f.; Fleischer, CCZ 2008, 1.

⑥ So v. Schenck in Semler/v. Schenck, Arbeitshandbuch für Aufsichtsratsmitglieder, §7 Rn.192.

⑦ So Semler, Leitung und Überwachung, Rn.187.

⑧ Zu den Einwirkungsmöglichkeiten unten Rn.109 ff.

见下文边码 496），而监事会必须亲自审查相关措施并确信其合法性。

78　　如果监事会主席或监事会全体成员自身不具备必要的法律或专业知识，那么他们必须聘任一位独立的，即与相关措施不存在关联的专业人员（律师）并对其书面意见的可信性进行审查；①同样参见下文边码 1009 以下。

（二）合规则性，尤其是企业计划的合规则性

79　　（1）公司经营管理的合规则性首先是指运用企业管理方面的知识和经验②并根据企业的规模、结构及特点对其进行**适当企业组织**。③在这里，监事会必须确信董事会虽然自身只能作出指示并给予激励，但它事实上仍能够领导和控制公司。对此，重要的标志是（董事会制定）适当的企业计划。④

80　　（2）董事会的相应"**计划义务**"在《股份法》第 90 条第 1 款第 1 句第 1 项中得到了明确确认。计划使行动变得"一览无遗"。（经营管理）是成功还是失败在"实然—应然比较（计划/结果）"中是一目了然的；⑤这也使得监事会的监督变得轻松许多。当实际发展情况与计划的设想之间出现"负面偏离"时，监事会可以与董事会就造成这种情况的原因以及必要的改善（也就是使实际与计划相符的）措施进行探讨。

81　　监事会必须查明一项适当企业计划的真实情况并保障该计划始终存在。由于企业计划的内容要求主要取决于具体公司，因此监事会应当对此作出**明确规定**。⑥**具体来说，企业计划必须包括**一份短期计划（本财政年度及下一财政年度的预算数额⑦）以及一份关于生产、销售、财政（流动资金和利润）和投资的中期计划，该中期计划应阐明一段可预见时间（三到四年）内的发展情况。⑧不

---

① BGH v. 20.9.2011—II ZR 234/09，ZIP 2011，2097＝AG 2011，876（ISION）und dazu Binder，ZGR 2012，757 und Krieger，ZGR 2012，496.

② Dazu v.Werder/Maly/Pohle/Wolff，DB 1998，1193 und v.Werder，DB 1999，2221.

③ Dazu BGH v. 19.6.2012—II ZR 243/11，GWR 2012，445＝GmbHR 2012，967；Semler，Leitung und Überwachung，Rn.184.

④ Dazu Semler，ZGR 1983，1，16 ff.；Lutter，Information und Vertraulichkeit，Rn. 50 ff.；Lutter，AG 1991，249 ff.；ausführlich Fuhr，Prüfung der Unternehmensplanung，2003.

⑤ So auch für das Schweizer Recht Theisen，RIW 1991，920，924.

⑥ Rodewig in Semler/v. Schenck，Arbeitshandbuch für Aufsichtsratsmitglieder，§ 8 Rn.63.

⑦ Also der aus den Einzelplänen der Produktgruppen oder Unternehmensbereichen zusammengesetzte Unternehmens-Gesamtplan，unterteilt in Umsatz-，Ertrags-，Liquiditäts- und Investitionsplanung，dazu Lutter，AG 1991，249，253 m.w.N.

⑧ 关于董事必须提交监事会进行审查的问题，参见边码 223 及以下。Nach Rodewig in Semler/v. Schenck，Arbeitshandbuch für Aufsichtsratsmitglieder，§ 8 Rn. 64 muss die mittelfristige Planung „mit Zahlen unterlegt" sein.

过每项计划均必须清晰地反映出企业今后所要遵循的**策略**。所有计划均要经监事会**表决通过**，而且计划的实施情况也要定期向监事会报告。①

如果时间长于四到五年，那么（制定）**一项长期计划的义务**仅产生于企业经营管理活动的规模和结构。②

在"董事会所提交的计划遭到监事会**拒绝**时的后果"这一问题上，我们必须具体情况具体分析：如果原计划违反专业原则或议事规程（业务守则）及章程的规定，那么董事会有义务**重新制定计划**，但是它不必使其计划适应监事会提出的不同经营意见。如果董事会认为监事会提出的修改建议会给公司带来不利后果或者是不现实的，那么它甚至有义务"无视"这些建议。而监事会只能通过一项专门同意保留所提出的临时要求或者通过对董事会的人事"重组"贯彻其意见——就经营政策方面的原则问题未达成一致是一个重大**解聘原因**（参见下文边码 364）。③即使存在《股份法》第 111 条第 4 款意义上的一般性同意保留，监事会也仅享有上述这些受限制的权限，④也就是说监事会不能将其意见强加于董事会。

（3）适当企业组织的另一个标志是董事会基于**有效的会计及报告制度**从其"下级"取得**充足而持续的信息**。上述两个方面必须由监事会加以审查：企业内部信息是短期可用的吗？何时提交月报告及季度报告？对实然结果与应然计划之间差异所作的分析是令人信服或至少是可以理解的吗？等等。这一切同样适用于诸如授权（委托）、报告和经改善的有效会计制度这样的现代经营管理机制。作为合格企业组织的组成部分，它们属于监事会的监督范畴。⑤与**关注社会福利（公益）**一样，⑥《股份法》第 90 条第 1 款第 1 句第 1 项中明确

82

83

84

---

① Kodex Ziff 3.2 und dazu Lutter in Ringleb/Kremer/Lutter/v. Werder, Komm. Kodex, Rn. 361 ff.; vgl. dazu auch Grothe, Unternehmensüberwachung, S. 147 ff., 186 ff. sowie Müller-Stewens/Schimmer, Der Aufsichtsrat 2008, 98, die für die Einrichtung eines Strategie-Ausschusses plädieren.

② Zum Beispiel bei Großunternehmen mit langfristigen Investitionen wie in den Branchen Bergbau, Stahl und Energie; zum Ganzen schon ausführlich Lutter, AG 1991, 249, 252 ff.

③ Semler, Leitung und Überwachung, Rn. 216.

④ Kropff, NZG 1998, 613, 616 f. Zur Frage der Zulässigkeit eines Zustimmungsvorbehalts bei der Unternehmensplanung vgl. unten Rn. 112 ff. sowie Habersack in FS Hüffer, 2010, S. 259, 268 ff. m. w. N.

⑤ Lutter, Information und Vertraulichkeit, Rn. 117.

⑥ Ebenso Raiser in Ulmer/Habersack/Winter, Komm. GmbHG, § 52 Rn. 87; a. A. insoweit Meyer-Landrut in Meyer-Landrut/Miller/Niehus, Komm. GmbHG, § 52 Rn. 21; ebenso Hüffer, Komm. AktG, § 111 Rn. 6 ohne Begründung.

提到的**适当人事计划**①以及**职工专业进修的促进与推动**也属于经营管理合规则性的范畴。②

85   （4）1998 年《企业控制及透明度法》所引入的《股份法》第 91 条第 2 款为董事会创设了如下义务：为了及时了解危及公司存续的发展情况，董事会必须采取适当措施，特别是建立**风险监督机制**。

86   公司监事会在监督董事会此项义务的履行情况时将**得到决算审计人员的协助**；③这是因为决算审计人员必须将由董事会创建的预警及监督机制纳入其审查之中（《商法典》第 317 条第 4 款）并将有关情况通过一份独立鉴定报告给监事会（《商法典》第 321 条第 4 款）。

87   （5）不过，法律未对《股份法》第 91 条第 2 款框架内董事会所必须采取的措施的范围作出任何规定，而是赋予董事会——在监事会及决算审计人员的监督下——自行决定采取何种"适当措施"的决定权。许多学者在企业管理方面的文献中提到经营管理机构有义务建立一套全面的风险管理机制，在此机制的帮助下企业（面临）的风险将得到系统化的发现、监督和最终避免。④然而《股份法》第 91 条第 2 款所指的并不是这种宽泛的解释；因为该条款所明确要求的监督机制仅涉及预警措施所应达到的效果及其事实上的遵守。⑤胡弗尔（*Hüffer*）⑥由此认为：董事会仅有义务建立一套信息传达机制，借助该机制它可以（凭借其经验）提早发现危及公司存续的情况，从而能够采取行之有效的措施克服它们。然而，仅董事会方面"凭借其经验"获悉有关情况还不够；更确切地说，必须采取有计划的措施确保董事会发现风险并获得相关信息，⑦而且

---

① Dabei ist auch auf die Nachwuchs-Vorsorge im Unternehmen zu achten, Semler, Führungsvorsorge im Unternehmen, in Unternehmensführung heute, S.18 ff.

② Säcker/Rehm, DB 2008, 2814, 2818.

③ Bei den übrigen Aktiengesellschaften hat der Abschlussprüfer nur zu prüfen, ob Risiken der zukünftigen Entwicklung zutreffend im Lagebericht dargestellt sind（§ 317 Abs. 2 Satz 2 HGB）；er muss dazu in seinem Prüfungsbericht Stellung beziehen（§ 321 Abs. 1 HGB). Kritisch gegenüber dieser Differenzierung Hommelhoff in FS Sandrock, 1999, S.373, 375 f.

④ Vgl. Brebeck/Herrmann, WPg 1997, 381 ff.；Kromschröder/Lück, DB 1998, 1573 ff.；Kuhl/Nickel, DB 1999, 133 ff.；Lück, DB 1998, 8 ff. und 1925 ff.；Scharpf in Dörner/Menold/Pfitzer/Oser(Hrsg.), Reform des Aktienrechts, der Rechnungslegung und Prüfung, S.380 f.

⑤ So ausdrücklich noch § 93 Abs. 1 Satz 3 des Referentenentwurfs KonTraG（abgedruckt in AG 1997, Sonderheft, 1, 7）；die Neufassung im Regierungsentwurf sollte keine inhaltliche Änderung bewirken, vgl. Begr. RegE KonTraG, BT-Drucks. 13/1972, S.15.

⑥ Hüffer, Komm. AktG, § 91 Rn.6 ff.

⑦ In diesem Sinne Drygala/Drygala, ZIP 2000, 297, 299；Seibert in FS Bezzenberger, 2000, S.427, 437(Nr. 1).

必须通过相应的监督机制对此进行监督和证明。①监事会必须对风险的发现、信息的转达、对此的监督②以及证明实施监督。③

（6）在转化《决算审计人员指令》第 41 条第 2 款的过程中，**《企业会计现代化法》**再次涉及公司中的风险监督④并明确规定监事会的审计委员会（若已设置）应重点对"内控机制、风险管理体系以及内部审计制度的有效性……"（《股份法》第 107 条第 3 款第 2 句）进行监督。⑤此外，除《商法典》第 317 条第 4 款和第 321 条第 4 款规定的报告外（上文边码 86），决算审计人员还需要将"内控及风险管理体系的重大缺陷……"告知监事会（《股份法》第 171 条第 1 款第 2 句）。这样一来，决算审计人员作为监事会的助手将在很大程度上承担起监督"内控机制""内部审计制度"以及"风险管理体系"的职责。对于"合规事务"同样如此。

上述机制均属于法律特别强调的属于董事会的组织职责，这些机制的存在和实际运行效果要在决算审计人员的协助下接受监事会或其审计委员会的监督。⑥深受经济危机影响的 2007/2008 年度使立法重点放在了上述机制以及监事会或其审计委员会的相应监督上。

（三）经济性

就经济性而言，董事会必须确保企业的生命力及生存能力：没有人，也没有企业能够从亏损中生存下来；若没有充足的收益，不仅企业的投资能力和创

88

89

---

① Zutr. hat das LG München I im Urteil vom 5.4.2007—5 HK O 15964/06，BB 2007，2170＝AG 2007，417，in der fehlenden Dokumentation einen Gesetzesverstoß gesehen，der einer wirksamen Entlastung des Vorstands entgegenstand；dazu Huth，BB 2007，2167.

② Begr. RegE KonTraG，BT-Drucks. 13/1972，S.15；Hommelhoff in FS Sandrock，1999，S.373，375 f.；Dobler，DStR 2001，2086；Weber，BB 2001，140.

③ Eingehend dazu Claussen/Korth in FS Lutter，2000，S.327 ff.；sowie Kropff，NZG 2003，346；Hopt/Roth，Großkomm. AktG，§ 111 Rn. 229 f.；Lutter/Bayer/J. Schmidt，EuropUR，§ 27；Böcking/Gros in FS Hommelhoff，2012，S.99，106 ff.

④ Art. 5 BilMoG.

⑤ Das Gesetz formuliert es anders und zwar als Möglichkeit des Aufsichtsrats，den Prüfungsausschuss mit diesen Aufgaben zu betrauen. Das ist nachgerade komisch；denn das kann er sowieso. Die Vorschrift ist mithin überflüssig. Das aber ist in der Tradition deutscher Gesetzgebung überraschend. Daher ist die Vorschrift dahin zu verstehen，dass der Aufsichtsrat so verfahren soll.

⑥ Noch immer ist umstritten，welche Maßnahmen der Vorstand nach § 91 Abs. 2 AktG einzurichten hat，vgl. nur Krieger/Sailer-Coceani in K.Schmidt/Lutter，Komm. AktG，§ 91 Rn.13 ff. mit allen Nachw. Dieser Streit hat sich mit dem neuen Satz 2 des § 171 Abs. 2 AktG erledigt，wonach der Abschlussprüfer den Aufsichtsrat/Prüfungsausschuss über etwaige Schwächen des Risikomanagementsystems zu unterrichten hat. Diese Prüfungspflicht setzt die Pflicht des Vorstands zur Einrichtung eines solchen Systems voraus.

造能力会随之下降,而且与其他企业竞争时的生存能力也会降低。①因此,监事会必须(在经亲自审查后)确信董事会将确保公司的**偿付能力**、**适当融资及获利能力**以及在市场上的地位视为其经营管理永远的核心任务并将采取相应措施保证该任务的完成。②

《准则》第 4.1.1 条为董事会创设了如下义务:董事会的经营管理必须以**提高企业长远价值**为目标。董事会必须就此向监事会作出报告("以企业价值为导向的报告"),因为监事会有义务对此进行监督。③

(四) 合目的性(适当性)

90　　经营管理的合目的性(适当性)大部分已在上述几个方面中被论及,因此通常情况下**不是独立的监督范畴**:不合目的的组织或融资同样会遭到监事会的指责。就这点而言,已实施或计划实施的措施的合目的性无疑属于监事会的监督范畴。④此外,企业不断改组和由此产生的资源向内(而非向外)转移可能是公司经营管理不合目的性方面的一个实例。再者,对合目的性的监督不得被错误地理解为对日常事务的监督或者对(董事会)任何选择(向 A 还是向 B 通过贷款;聘任 X 职员而非 Y 职员)的干涉:*此类合目的性问题仅涉及董事会的安排或处理*(即经营管理)。⑤

四、审查(监督)手段

91　　监事会可以采取各种各样的手段履行其监督义务。其中首先包括董事会主动(边码 193 以下)但尽可能根据监事会的规定(边码 317)向监事会作出的**报告**、监事会要求董事会提交的**(附加)报告**(边码 212)以及监事会所享有的查阅及审查权(边码 241 以下)。此时需要指出的是,只有当上述所有**报告**均将**计划的应然情况**(边码 200)与**实际取得的实然情况**进行比较(实

①　Dazu insbesondere Albach, Verhandlungen des 55. DJT, Bd. II, 1984, K9, K15 ff.; Albach, AG 1979, 121 ff.

②　Näher Semler, Leitung und Überwachung, Rn.191.

③　Dazu Deutsches Aktieninstitut, Wertorientierte Überwachung durch den Aufsichtsrat, 2005, S.45 ff.

④　H.M., vgl. BGH v. 12.1.1979—III ZR 154/77, BGHZ 75, 120, 133; BGH v. 25.3. 1991—II ZR 188/89, BGHZ 114, 127, 129 = AG 1991, 312; Semler, Leitung und Überwachung, Rn.192 ff.; Zöllner/Noack in Baumbach/Hueck, Komm. GmbHG, §52 Rn. 243; Potthoff/Trescher/Theisen, Das Aufsichtsratsmitglied, Rn.493; v. Schenck in Semler/ v. Schenck, Arbeitshandbuch für Aufsichtsratsmitglieder, §7 Rn.195; Hüffer, Komm. AktG, §111 Rn.6; Hambloch-Gesinn/Gesinn in Hölters, Komm. AktG, §111 Rn.9; a. A. hier Mertens, ZGR 1977, 270, 278.

⑤　Lutter, Information und Vertraulichkeit, Rn.119.

然——应然比较）①并对（可能的）偏离作出分析（《股份法》第 90 条第 1 款第 1 句第 1 项）时，这些报告才是真正有意义的。监事会要为此承担责任，也就是说它不能对每一种报告方式都表示满意。②反言之：监事会和每名监事在认为其未获得充分信息时必须要求董事会提交附加报告（《股份法》第 90 条第 3 款第 2 句）。在责任诉讼中，监事所作的"我对此一无所知"的辩解不会得到法院的支持（即不会使该监事免责）。

五、监督频率及内容限制

"监督义务的强度取决于公司当时所处的经济状况。"③   92

（一）企业处于正常状态时

在合目的性及经济性监督的框架内我们应注意到，监事会必须（对经营管理）进行监督，但却不必亲自经营管理公司。④因此，只有在监事会负责地认为董事会所实施的经营管理**措施不正当（合理）**时，它才能够而且必须采取行动进行干预。它可以仅进行规劝或临时通过决议设置同意保留阻止相关措施的实施。⑤如果董事会坚持认为其判断是正当（合理）的，那么监事会的职责只是将自己的观点告知董事会，而不是将自己的判断强加于董事会。⑥   93

但不要对这种所谓的伴随性监督产生误解。公司实践中违反卡特尔和贪污贿赂法的现象以及银行危机已经表明，监事会必须时刻保持警醒并密切关注潜在危险发源地。⑦

---

① Dazu Lutter, Unternehmensplanung und Aufsichtsrat, in FS Albach, 1991, S. 345 ff. = AG 1991, 249; Bea/Scheurer, DB 1994, 2149.

② Sog. „Holschuld"; vgl. Ziff. 3.4 des Kodex.

③ So zutr. Drygala/Staake/Szalai, Kapitalgesellschaftsrecht, § 21 Rn. 120. Diese Lehre geht zurück auf Semler, Leitung und Überwachung, Rn. 231 ff.; heute h. M., vgl. nur Hopt/Roth, Großkomm. AktG, § 111 Rn. 22 ff.; Hüffer, Komm. AktG, § 111 AktG Rn. 7; Drygala in K. Schmidt/Lutter, Komm. AktG, § 111 Rn. 22 ff. Vgl. auch OLG Stuttgart v. 19.6.2012—20 W 1/12, AG 2012, 762.

④ 监事个人尤其不得为获得交易细节而与公司的交易伙伴取得联系。这属于董事会的权限范围，OLG Zweibrücken v. 28.5.1990—3 W 93/80, DB 1990, 1401 mit Anm. Theisen = AG 1991, 70 = EWiR § 103 AktG 3/90, 631 (Altmeppen).

⑤ BGH v. 15.11.1993—II ZR 235/92, BGHZ 124, 111, 127.

⑥ Vgl. Semler, MünchKomm. AktG, 2. Aufl., § 111 Rn. 131 ff.; Habersack, MünchKomm. AktG, 3. Aufl., § 111 Rn. 43; v. Schenck in Semler/v. Schenck, Arbeitshandbuch für Aufsichtsratsmitglieder, § 7 Rn. 269; Mertens/Cahn, Kölner Komm. AktG, § 111 Rn. 41; Hopt/Roth, Großkomm. AktG, § 111 Rn. 271 ff.; Hüffer, Komm. AktG, § 111 Rn. 7; Semler in FS Ulmer, 2003, S. 625, 629, 641.

⑦ Zutr. Drygala in K. Schmidt/Lutter, Komm. AktG, § 111 Rn. 23.

其他内容参见上文边码 72。

94　　当董事会计划实施的措施对"公司的效益或偿付能力"(《股份法》第 90 条第 1 款第 1 句第 4 项)或其风险具有较大意义时,上述的"伴随性"监督即刻发生改变。此时监事会必须(必要时可在专业人士的辅助下)对董事会的措施进行深入审查;若其持反对态度或者无法作出判断,[1]则其必须通过决议临时设置一项同意保留设法暂时阻止相关措施的实施。[2]

(二) 企业陷入危机时

95　　在企业陷入危机且已显现出更高风险或收益恶化时,监督频率在实质及时间范围上均将提高。[3]

公司业务正常开展时的"伴随性"监督在公司状况恶化时变为频率极高的**"援助/促进性"监督**。[4]

在监事会怀疑资产负债表遭到篡改时同样如此。在此种情况下,只有当监事会安排适当调查且更频繁地召开会议时,才(被视为)已履行其义务。[5]

96　　虽然监事会**不得亲自参与经营管理**,但它却必须通过要求董事会提交

---

[1]　Das Aufsichtsratmitglied Piëch hat öffentlich erklärt, er wisse nicht, wie hoch die Risiken aus einem 50-Mrd.-Optionsgeschäft des Vorstands der Porsche SE sind, hat aber nichts unternommen, um das fragliche Geschäft zu verhindern. Das war pflichtwidrig: OLG Stuttgart v. 29.2.2012—20 U 3/11, ZIP 2012, 625＝AG 2012, 298＝EWiR § 111 AktG 1/12, 303 (Lieder) (Revision vom BGH nicht angenommen, Beschluss v. 20.3.2011—II ZR 289/09); Selter, NZG 2012, 660. Zu den weiteren Möglichkeiten des Aufsichtsrats in solchen Situationen vgl. Hasselbach/Seibel, AG 2012, 114.

[2]　Zu den Anforderungen an die reguläre Überwachung aus betriebswirtschaftlicher Sicht siehe Arbeitskreis Externe Unternehmensrechnung(AKEU)/Arbeitskreis Externe und Interne Überwachung der Unternehmen(AKEIÜ), DB 2009, 1279.

[3]　BGH v. 15.10.1996—VI ZR 319/95, BGHZ 133, 370, 379＝AG 1997, 37; OLG Hamburg v. 18.2.2000—11 U 213/98, AG 2001, 141, 144; OLG Stuttgart v. 19.6.2012—20 W 1/12, ZIP 2012, 1965＝AG 2012, 762; OLG Düsseldorf v. 31.5.2012—I-16 U 176/10, AG 2013, 171; LG München I v. 31.5.2007—5 HK O 11977/06, AG 2007, 827; Semler, Leitung und Überwachung, Rn. 231 ff.; ebenso Drygala in K. Schmidt/Lutter, Komm. AktG, § 111 Rn.24 ff.; Hüffer, Komm. AktG, § 111 Rn.7; Raiser/Veil, Kapitalgesellschaften, § 15 Rn. 3; Steinbeck, Überwachungspflicht, S. 92 ff. Im Ansatz wohl ebenso Habersack, Münch-Komm. AktG, § 111 Rn. 46; Mertens/Cahn, Kölner Komm. AktG, § 111 Rn. 25. Vgl. auch Polley/Kroner, Der Aufsichtsrat 2012, 69; Hasselbach, NZG 2012, 41.

[4]　Semler, AG 1983, 141 f.; Drygala in K.Schmidt/Lutter, Komm. AktG, § 111 Rn. 24 ff.; Mertens/Cahn, Kölner Komm. AktG, § 111 Rn. 25 lehnen dagegen diese Dreistufigkeit der Überwachungspflicht ab, da sie weder in der Praxis von Nutzen noch vom Gesetz vorgesehen ist.

[5]　LG Nürnberg-Fürth v. 18.10.2007—1 HK O 6564/07, EWiR § 145 AktG 1/07 (Wilsing/Siebmann).

附加报告获取更多信息并更加频繁地召开会议。①监事会还必须设置更多同意保留②并在必要时委托专家进行审查。③此外，在公司无偿付能力或资不抵债时，监事会必须监督董事会及时（最迟在三周之内）申请**启动破产程序**（《破产条例》第 15a 条第 1 款）。④简言之：在公司陷入危机时，监事会有**义务**实施最频繁和最高强度的监督。⑤

　　企业陷入危机时，监事会最首要的任务是想方设法组建一个适合解决危机状况的董事会。即使在这种情况下监事会也不参与经营管理，而只是行使其**人事权**。它可以改变业务分工，聘任新董事并解聘其他董事。企业陷入危机时无能力实施合格经营管理属于《股份法》第 84 条第 3 款第 2 句意义上的重大解聘原因。⑥仅在必须"重组"董事会才能走出困境时才会涉及所谓的"经营管理型"监督。⑦因为此类决定必须由监事会作出，所以它在企业陷入危机时有义务第一个采取行动。⑧在公司状况极其危急时，监事会例外地负有暂时自行**强制采取必要经营管理措施**的义务，⑨特别是派遣一名监事进入董事会（《股份法》第 105 条第 2 款）。除此之外，公司的经营管理仍由董事会负责。

97

---

① LG München v. 31.5.2007—5 HKO 11977/06, AG 2007, 827; die Grenze liegt dort, wo die Aufsichtsratstätigkeit in eine Beschäftigung mit Tagesfragen abzuleiten droht.

② 但不得阻碍董事会的工作。

③ BGH v. 20.9.2011—II ZR 234/09, ZIP 2011, 2097＝AG 2011, 876; BGH v. 27.3. 2012—II ZR 171/10, NZG 2012, 672＝GmbHR 2012, 746; Hasselbach, NZG 2012, 41, 45; Semler, AG 1983, 141, 142.

④ Anderenfalls haften die Aufsichtsratsmitglieder persönlich: BGH v. 16.3.2009—II ZR 280/07, ZIP 2009, 860＝AG 2009, 404 und BGH v. 20.9.2010—II ZR 78/09, GmbHR 2010, 1200＝AG 2010, 785(Doberlug) sowie OLG Düsseldorf v. 31.5.2012—I-16 U 176/ 10, ZIP 2012, 2299; Potthoff/Trescher/Theisen, Das Aufsichtsratsmitglied, Rn. 1296; Schürnbrand, NZG 2010, 1207.

⑤ Haben Vorstand und/oder Aufsichtsrat einen Sachverständigen beauftragt, die Frage der Insolvenzreife der Gesellschaft zu überprüfen und kommt dieser zu dem falschen Ergebnis, die Gesellschaft sei nicht insolvent, so können die Mitglieder des Vorstands und des Aufsichtsrats in den Schutzbereich dieses Vertrages einbezogen sein mit der Folge, dass sie beim Sachverständigen wegen der gegen sie gerichteten Ansprüche Regress nehmen können; siehe BGH v. 14.6.2012—IX ZR 145/11, WM 2012, 1359＝GmbHR 2012, 1009.

⑥ Semler, AG 1983, 141, 142, 145.

⑦ So noch die missverständliche Formulierung von Semler, AG 1983, 141, 142; er spricht jetzt von „gestaltender Überwachung", Semler, Leitung und Überwachung, Rn.234 (Fn. 359).

⑧ Semler, AG 1983, 141, 142.

⑨ Hüffer, Komm. AktG, § 111 Rn.7; v. Schenck in Semler/v. Schenck, Arbeitshandbuch für Aufsichtsratsmitglieder, § 7 Rn. 207; Semler, Leitung und Überwachung, Rn.234.

98   在为经营管理职位(董事职务)安排了合适人选后,监事会必须设法使董事会提交一份**整顿方案**并与之就该方案展开详细讨论。此时,每项措施都应当根据"类型(性质)、目的、投资需求、成本、成功可能性、时间以及责任"被加以判断。①在作出整顿计划之前,董事会必须分析危机发生的原因(是经营管理问题,还是行业或企业经济发展趋势及结构方面的问题)并将其与一项关于公司现有资源(秘密储备金、高素质专业人才)的分析联系起来。监事会必须认真研究相关报告;如果它认为董事会所作的分析不够充分,那么在必要时它必须聘请专家进行审查或重新作出分析。②

99   此外,在危机中监事会尤其有义务为董事会提供咨询(下文边码 103 以下)。③因为这有助于公司找到走出困境的办法。在这一过程中,监事的专业知识和经验,包括其对可作为咨询顾问的有经验的"重整人"或候补董事的了解,将发挥重大作用。此时监事会有义务更频繁地召开会议;④其至少应每月依《股份法》第 90 条第 3 款要求董事会向其提交报告。

100   若上述措施未取得成效,公司陷入仍支付不能或资不抵债的状况,则董事会在其可能承担个人责任时必须停止所有违反注意义务的支付(《股份法》第 92 条第 2 款)并至迟在三周后依《破产条例》第 15a 条提出正式的破除申请。而监事会必须对此进行监督并在必要时采取措施进行干预。其虽然不能亲自提出破产申请,但是必须在不得已并可能承担个人责任时对董事会进行人事调整。

是否已陷入支付不能或资不抵债,经常不容易识别。此时董事会——就像在作出其他已超出其知识和经验的决策时——必须短期聘请有声望的外部独立专家(注册会计师、律师)提供帮助,请求其提供详细的书面意见并对该意见的可信性实施审查。⑤

在上述情况下公司法务部门的法律顾问是否胜任相关工作,取决于其是否具有独立性。⑥

---

①   Semler, AG 1983, 141, 146 f.; ihm folgend Potthoff/Trescher/Theisen, Das Aufsichtsratsmitglied, Rn.1293.

②   OLG Stuttgart v. 25.11.2009—20 U 5/09, AG 2010, 133; Semler, AG 1983, 141, 146; auch Potthoff/Trescher/Theisen, Das Aufsichtsratsmitglied, Rn.1292.

③   Hasselbach, NZG 2012, 41, 46.

④   LG München I v. 31.5.2007—5 HK O 11977/06, AG 2007, 827.

⑤   Vgl. dazu die Entscheidungen des BGH v. 14.5.2007—II ZR 48/06, NJW 2007, 2118＝AG 2007, 548 und BGH v. 27.3.2012—II ZR 171/10, NZG 2012, 672＝GmbHR 2012, 746 und dazu Fleischer, KSzW 2013, 3 ff. mit allen Nachw.; Strohn, ZHR 176 (2012), 137; Henze, Der Aufsichtsrat 2013, 12.

⑥   Vgl. Goette, ZHR 176(2012), 588, 602; Klöhn, DB 2013, 153; Kremer in VGR, Gesellschaftsrecht in der Diskussion 2012, 2013, S.171, 180.

（三）存在同意保留时

对于处于正常状态的公司（上文边码 93），若某些事务依《股份法》第 111 条第 4 款第 2 句需征得监事会同意方可实施，则情况有所不同。此时监事会作为共同决策者[1]虽然认为董事会的措施是正当合理的，但它却**更希望选择另一种解决方案**时，它有权拒绝（对有关措施）作出同意。然而只要董事会的观点同样存在充分理由，我们就不能认为监事会负有参与经营管理的义务（又称"干预义务"）。[2]

101

只有在监事会与董事会对**经营管理方案**作出不同判断，董事会没有充分理由支撑其判断时，监事会才负有上述"干预义务"。[3]此类基础决策要求董事会与监事会意见一致。如果双方未达成一致，那么自行制定经营政策虽然不是监事会的职责，但它却有义务设法使董事会制定一项能够得到其同意的方案。如果董事会拒绝制定此类方案，那么这可能成为解聘董事的重大原因。

102

■ 第三节　与董事会进行讨论

一、讨论权与讨论义务

（1）监事会对董事会的监督不仅包括对董事会进行审查、发现并指出经营管理中存在的不足并借此防止未来经营管理缺陷的发生，而且包括与董事会就经营管理问题（即企业计划和企业管理方面的核心问题）进行讨论。这是因为虽然"自成一体（独立）"的构成要件在法律上非常重要（例如：基于像历史性缺陷这样的重大原因解聘董事），但更重要的是**规划企业未来**并尽可能避免可能发生的错误。因此，监事会不仅是历史事件和较简单事实情况（例如公司经营管理的合法性）的监督者，而且是"预防性监督"[4]或"伴随性及展望性监

103

---

① Lutter in FS Albach, 2001, S. 2234 ff.; Mertens/Cahn, Kölner Komm. AktG, §111 Rn. 32 und 35.

② Wie hier Mertens/Cahn, Kölner Komm. AktG, §111 Rn. 111; Hopt/Roth, Großkomm. AktG, §111 Rn. 585; Steinbeck, Überwachungspflicht, S. 153 ff.; wohl auch Ulmer/Habersack in Ulmer/Habersack/Henssler, Mitbestimmungsrecht, §25 MitbestG Rn. 51 a. E.

③ Vgl. Mertens/Cahn, Kölner Komm. AktG, §111 Rn. 33; Semler, Leitung und Überwachung, Rn. 216.

④ Hoffmann/Preu, Der Aufsichtsrat, Rn. 247. 1; vgl. auch Hoffmann-Becking, Münchener Hdb. AG, §29 Rn. 44: „vorausschauende" Beratung als Teil der Überwachungsaufgabe.

督"①意义上的**董事会机构顾问和对话者**。②联邦最高法院③也提到了"面向未来的监督"。尤其是《股份法》第90条规定的董事会报告义务更是使监事会有机会及时参与讨论并发表意见。即使监事会在其直接监督职责的框架内仅限于阻止董事会采取不正当(合理)的经营管理措施,也不意味着它可以仅限于审查董事会提议或计划的正当性(合理性)。虽然监事会未被要求必须全力工作,从而最终能够决定自己是否要像董事会那样行事,但它必须尽全力对董事会提议和计划的**可信性(合理性)**进行调查研究,可能的话还必须要求董事会提供附加信息并凭借这些信息以及它具有的知识和经验认真权衡董事会的另一种做法是否可能更合目的。如果此时监事会得出与董事会不同的结论,那么它必须将其想法告知董事会并与之进行讨论。即使它之后仍必须将最终决定权交给董事会也是如此。④相反,监事会在其讨论义务的框架内不能——也不应——被要求向董事会提交**决策已成熟的备选计划**:⑤这将是对董事会经营管理权的干涉。

根据《股份法》第90条第1款第1项的明确规定("预期的企业经营政策"),监事会必须对董事会的**经营战略**进行监督并与之商讨。这要求监事会作出巨大努力,⑥但此时它不需审查经营战略的正确性,而仅需审查其可行性。

---

① Uwe H.Schneider in Scholz, Komm. GmbHG,§52 Rn.91 und 124 sowie Dreist, Überwachungsfunktion,S.88.

② So ausdrücklich auch der BGH v. 25.3.1991—II ZR 188/89, BGHZ 114, 127, 130 =ZIP 1991, 653, 654 = NJW 1991, 1830 = AG 1991, 312:„ständige Diskussion" und „laufende Beratung"; dazu Boujong, AG 1995, 203, 205; Bestätigung einer Beratungspflicht des Aufsichtsrats als Teil seiner Überwachungsaufgabe in BGH v. 4.7.1994—II ZR 197/93, BGHZ 126, 340, 344 f. = ZIP 1994, 1216, 1217 f. = AG 1994, 508; Potthoff/Trescher/ Theisen, Das Aufsichtsratsmitglied, Rn.1258 f.; Henze, BB 2005, 165; nach Siebel in Semler/v. Schenck, Arbeitshandbuch für Aufsichtsratsmitglieder,§5 Rn.15:„Beratungsorgan"; im übrigen vgl. zur Beratungsfunktion des Aufsichtsrats auch Deckert, AG 1997, 109; Habersack, MünchKomm. AktG,§111 Rn.12, 39 ff.; Hüffer, ZGR 1980, 321, 324; Lutter, Information und Vertraulichkeit, Rn. 20; Semler, Leitung und Überwachung, Rn. 249 ff.; wesentlich enger Mertens, AG 1980, 67, 68.

③ BGH v. 25.3.1991—II ZR 188/89, BGHZ 114, 127, 130=ZIP 1991, 653, 654= NJW 1991, 1830=AG 1991, 312; dazu Lutter/Kremer, ZGR 1992, 87.

④ Vgl. zum Ganzen auch Mertens/Cahn, Kölner Komm. AktG,§111 Rn.32 ff., insbesondere Rn.40. Vgl. aber auch Hohenemser, Der Aufsichtsrat 2012, 160 zur Begleitung der Unternehmensstrategie durch den Aufsichtsrat.

⑤ Ebenso Potthoff/Trescher/Theisen, Das Aufsichtsratsmitglied, Rn. 1260; a. A. Höhn, GmbHR 1993, 777, 778.

⑥ Vgl. dazu Hirt, Der Aufsichtsrat 2013, 144.

监事会有义务与董事会进行讨论并为之提供咨询,而董事会也有义务**接受监事会的咨询**(即允许监事会为其提供意见)。与董事会进行讨论(并提供咨询)的方式、时间和范围均由监事会决定。董事会有义务与监事会进行讨论并认真考虑监事会的建议。因此那种认为从董事会的角度来看监事会的咨询始终只是建议性的,而且只有当它希望监事会提供咨询时才发生的观点可能是错误的。①

104

(2)对于"监事会**有权利和义务**与董事会就经营管理问题进行**讨论并提供咨询**"这一论点,施泰因曼和克劳斯(*Steinmann/Klaus*)②持特别批判的态度,他们尤其怀疑监事会能否成为现代专业化经营管理机构(即董事会)的(合格)顾问。这种观点在近三十年前可能符合当时的情况,但是在今天对于具有良好专业素养的监事会的公司则不再适宜,监事会中其他企业的经营管理人员最终将知悉该公司在讨论哪些事项。在这里我们还必须注意到的一点是,对经营管理决策作出批判性评价并不要求(监事会具有)与作出经营管理决策同等的专业知识。③不过在进行此类分析时我们必须首先判断出中型企业中经认真考虑后设立的监事会能够而且(根据笔者的观点)必须提供哪些重要的咨询协助:不仅大约 750 家拥有 2 000 名以上职工的企业设有监事会,而且大概超过 15 000 家拥有 500 名以上 2 000 名以下职工的股份有限公司和有限责任公司也设有监事会。与大型企业不同,在中型企业中董事会/经营管理层的"下级"并不总是由专业人员组成,因此经营管理层在职工中同样拥有经验丰富的对话者。④

105

与上述通说相反,泰森(*Theisen*)⑤主张普遍禁止由监督机构及其成员(为经营管理层)提供咨询,其理由是监督与咨询在功能上是互相排斥的。监督是为了第三人的利益并应其请求进行的,而咨询则是为了建议寻求者的利益进行的。这种观点未认识到,通过与监事会进行讨论并获得其咨询建议从而提早发现并纠正经营管理计划中的错误恰恰也关系到股东的利益。⑥

106

---

① Wie hier Potthoff/Trescher/Theisen, Das Aufsichtsratsmitglied, Rn.1263.

② Steinmann/Klaus, AG 1987, 29 ff.

③ Potthoff/Trescher/Theisen, Das Aufsichtsratsmitglied, Rn.1262.

④ Gewichtig ist der Hinweis von Steinmann/Klaus, AG 1987, 29, 33, 监督以监事会对董事会失去信任为前提:监事会真正感觉到了此类危险。

⑤ Theisen, AG 1995, 193, 199 f.; Der Kodex formuliert in Ziff. 3.1: „Vorstand und Aufsichtsrat arbeiten zum Wohle des Unternehmens eng zusammen". Dazu v. Werder in Ringleb/Kremer/Lutter/v. Werder, Komm. Kodex, Rn.351 ff.

⑥ So Jäger, DStR 1996, 671, 674, 他承认监事会享有讨论(咨询)权,但却不认为监事会负有此类义务。

二、讨论（咨询）任务的界限

107　　如果要求监事会必须对董事会的每项提议和计划均作出正式表态，那么其讨论（咨询）任务就**过于繁重**了：事实上，监事会在企业中只是履行一份兼职而非主业。监事会对董事会采取怎样的态度取决于它自己**最负责的判断**。如果监事会（对董事会的经营管理）未产生疑虑或者其多数监事与董事会意见一致，那么它无需表明自己的态度。①即使监事会对董事会行为的合目的性（适当性）产生了怀疑，它也仅通过与董事会进行一次不拘形式的讨论即完成其任务。

108　　在有监督必要的董事会行为范围之外，对于意义不那么重大的措施，监事会**不负有特别讨论（咨询）义务**。对于它不必进行监督的领域，它也不必提供咨询。因此，监事会所负的组织关系上的讨论（咨询）义务仅限于企业经营管理的战略设想部分，而不涉及实践（具体实施）部分。②它可以完全放弃处理此类事务，而且它甚至连擅自对公司全部事务发表看法的权利都不享有。因为董事会应当独立负责地经营管理公司，所以必须保证其活动领域不受（监事会）的持续干预（包括非强制性的干预）。③

■ 第四节　监事会（对经营管理）施加影响的可能性

109　　有意义的监督不能仅限于单纯的审查，还要求能够对被审查的主体施加影响。在这方面，法律赋予监事会的**手段**十分有限。其中主要包括：

——表态和指责。

——颁布董事会议事规程（业务守则）。

——根据《股份法》第 111 条第 4 款第 2 句设置同意保留。

——解聘董事。

——在审查年度决算及附属报告的框架内：拒绝对年度决算或康采恩年度决算作出同意（《股份法》第 172 条，第 173 条第 1 款）；在向股东大会提交的关于审查结构的义务报告中提出指责（《股份法》第 171 条第 2 款，第 314 条第

---

①　Wie hier Semler, Leitung und Überwachung, Rn. 201.

②　Deckert, AG 1997, 109, 114.

③　Ähnlich Ulmer/Habersack in Ulmer/Habersack/Henssler, Mitbestimmungsrecht, § 25 MitbestG Rn. 56；weitergehend Semler, Leitung und Überwachung, Rn. 264；insoweit zutreffend Mertens, AG 1980, 67, 68；einschränkend Hopt/Roth, Großkomm. AktG, § 111 Rn. 297.

2 款)。

——根据《股份法》第 111 条第 3 款召开股东大会。

——向法院提起诉讼。

一、表态和指责

虽然董事会必须认真考虑监事会提出的意见和指责,但是这些意见和指责对董事会却**不具有法律上的约束力**。除特殊情况外,监事会对董事会不享有指示权。如果董事会未遵循监事会的意见,那么它所采取的措施并不因此是违法的,而只能是(因其内容)违反义务的。相反,监事会的表态不能免除董事会所负的独立负责地经营管理公司的义务:董事会不得不加考虑地遵从监事会的意见,而是必须在认真考虑监事会意见的前提下自行决定采取怎样的经营管理措施。[①]

110

二、颁布议事规程(业务守则)

关于董事会议事规程(业务守则)的颁布请参阅边码 453。

111

三、同意保留

根据《股份法》第 111 条第 4 款,只有监事会可以通过使特定类型的业务必须经其同意才能开展的做法对经营管理措施**施加具有法律约束力的影响**。虽然监事会不能正面地为董事会规定特定的行为方式,但它却能阻止董事会计划采取措施的实施:其拒绝等同于否决。

112

此时,监事会作为共同决策者与董事会一道根据其负责任的判断作出决策。[②]因此监事会的决策也可以享受《股份法》第 93 条第 1 款第 2 句规定的商业判断规则的特权(特殊保护)。[③]

直到 2002 年《企业透明度及披露法》出台,上述同意保留都是由章程制定者或监事会自行设置的。[④]**立法者**通过对《股份法》第 111 条第 4 款第 2 句条文

113

---

① Vgl. Mertens/Cahn, Kölner Komm. AktG, §111 Rn. 38 m. w. N.; Uwe H. Schneider in Scholz, Komm. GmbHG, §52 Rn. 125.

② Goette in FS 50 Jahre BGH, 2000, S. 123, 128; Lutter in FS Albach, 2001, S. 226; Probst/Theisen, DB 2010, 1573, 1574 f.

③ Lutter, ZIP 2007, 841, 846.

④ Im Gefolge des MitbestG 1976 hatten die betreffenden Gesellschaften ihre statutarischen Kataloge zustimmungspflichtiger Geschäfte abgeschafft; vgl. Ulmer, Anpassung der Satzungen, 1980.

所作的修改①——原来:"然而可以",现在:"然而必须"——**为公司创设以下义务**:公司必须制定一份关于负同意义务的业务的目录(但不必作出内容上的规定)。②这样一来,股东大会(章程)或监事会仍然可以考虑到本公司的特殊需要和特点。这正是立法者和《准则》所期望的。

(一) 设置

114　　**章程和监事会**均有权独立设置同意保留:监事会既不能废除也不能通过授予一项"普遍同意"取代章程所设置的同意保留。③反过来,章程既不能排除也不能以任何形式限制监事会设置(其他)同意保留的权利。④⑤

115　　监事会自行设置的同意保留以一项**全体决议**为前提;此项决定权不能被赋予某一监事会委员会(《股份法》第 107 条第 3 款第 2 句)。监事会通过其最负责的判断决定设置哪些同意保留(不过仅限于重要业务);⑥所有意义重大的**基础性**业务均应被涵盖进来。⑦⑧不过,监事会所负的对董事会进行负责监督

---

①　Auch insoweit einem Vorschlag der Kommission Corporate Governance folgend; vgl. Baums(Hrsg.), Bericht der Regierungskommission Corporate Governance, 2001, Rn.34 und 35; dazu Berrar, DB 2001, 2181.

②　Anders das österreichische (§ 95 Abs. 5 Satz 2 Nr. 1—11 öAktG) und das niederländische Recht(dort Buch 2, Art 164 B.W.).

③　Habersack, MünchKomm. AktG, § 111 Rn.126; Mertens/Cahn, Kölner Komm. AktG, § 111 Rn.80; Hopt/Roth, Großkomm. AktG, § 111 Rn.591; im Ergebnisebenso Rodewig in Semler/v. Schenck, Arbeitshandbuch für Aufsichtsratsmitglieder, § 8 Rn.20.

④　H. M., vgl. Koberski in Wlotzke/Wißmann/Koberski/Kleinsorge, Mitbestimmungsrecht, § 25 MitbestG Rn. 48 m. w. N.; Habersack, MünchKomm. AktG, § 111 Rn.103; ausführlich Immenga, ZGR 1977, 249, 261 ff.; Götz, ZGR 1990, 633, 634 ff.; Rodewig in Semler/v. Schenck, Arbeitshandbuch für Aufsichtsratsmitglieder, § 8 Rn. 21; Mertens/Cahn, Kölner Komm. AktG, § 111 Rn.78; Hopt/Roth, Großkomm. AktG, § 111 Rn.590; Potthoff/Trescher/Theisen, Das Aufsichtsratsmitglied, Rn.1752; wie die h. M. auch Ulmer/Habersack in Ulmer/Habersack/Henssler, Mitbestimmungsrecht, § 25 MitbestG Rn. 61 mit dem Argument, dass die dadurch eröffnete Mitwirkung des Aufsichtsrats an bestimmten Geschäftsführungsmaßnahmen ein wesentliches Kontroll-und Überwachungsinstrument ist. A. A. Wiedemann, ZGR 1975, 385, 426; Wiedemann, BB 1978, 1, 8.

⑤　Statutarische Zustimmungsvorbehalte sind heute eher selten, um bei den sich rasch verändernden äußeren Umständen keine „Zementierung" zu bewirken. Im Übrigen vgl. zu den Grenzen der Einrichtung solcher Zustimmungsvorbehalte Fleischer, BB 2013, 835.

⑥　Zutr. Hopt/Roth, Großkomm. AktG, § 111 Rn.641 ff.; Säcker/Rehm, DB 2008, 2814, 2815 ff.; vgl. auch unten Rn.121.

⑦　Habersack, MünchKomm. AktG, § 111 Rn. 102 versteht das zu Unrecht als „muss"; zutr. Hopt/Roth, Großkomm. AktG, § 111 Rn.608 ff.

⑧　Welche das in concreto sind, variiert nach Größe und Tätigkeitsfeld der Gesellschaft; vgl. im übrigen unten Rn.118.

的义务同意可能要求特定业务需经监事会同意才能开展。①根据联邦最高法院的观点，②**只有当通过设置相应同意保留才能阻止董事会实施违法措施时**，监事会才有义务设置这样的同意保留。对于董事会计划实施的违反章程的行为同样如此。③因此，如果监事会放弃设置此类特殊同意保留或者它有意将关于负同意义务措施的目录规定得极为狭窄，那么此时就存在可能导致其承担损害赔偿义务的义务违反。④但这并不意味着监事会作出的拒绝设置此类同意保留的决议就是"先天"无效的。⑤

董事会的**不作为不能**受同意保留的约束，因为这将导致董事会的行为义务。但监事会无权要求董事会不采取任何行动。⑥

通常情况下，同意保留是监事会为自己或为董事会制定的**议事规程（业务守则）**的组成部分。⑦有疑问时，为了实现良好的公司治理，监事会或董事会议事规程（业务守则）应对同意保留作出规定。 116

同意保留还可能（而且在某些情况下必须）由监事会**临时**通过决议作出，⑧比如说为了能够阻止监事会认为不正当（合理）的董事会计划的实施，尤其是在监事会与董事会进行讨论时，虽然监事会列举出充分论据却仍未能说服董事会的情况下更是如此。 117

（二）范围与目录

同意保留旨在实现监事会的**预先监督**，这是所谓"四目原则"⑨赋予董事会 118

---

① Ebenso Hommelhoff，ZGR 1978，119，152（für GmbH）；Steinbeck，Überwachungspflicht，S.148 f.；Rodewig in Semler/v. Schenck，Arbeitshandbuch für Aufsichtsratsmitglieder，§ 8 Rn.48 f.；vgl. auch schon Biener，BFuP 977，489，496；Koberski in Wlotzke/Wißmann/Koberski/Kleinsorge，Mitbestimmungsrecht，§ 25 MitbestG Rn.48，die diese Pflicht allerdings nur zwecks Sicherstellung rechtzeitiger Unterrichtung des Aufsichtsrats begründen，während es u.E. auch um die Verpflichtung geht，sich bei besonders wichtigen Angelegenheiten eine Veto-Position zu eröffnen；enger Götz，ZGR 1990，633，637 ff.

② BGH v. 15.11.1993—II ZR 235/92，BGHZ 124，111，127＝AG 1994，124.

③ Hoffmann/Preu，Der Aufsichtsrat，Rn.304；Schön，JZ 1994，684，685.

④ Ulmer/Habersack in Ulmer/Habersack/Henssler，Mitbestimmungsrecht，§ 25 MitbestG Rn.61a；a.A. Götz，ZGR 1990，633.

⑤ So aber Säcker，Aufsichtsratsausschüsse，S.28.

⑥ Wie hier Lieder，DB 2004，2254；Hopt/Roth，Großkomm. AktG，§ 111 Rn.647；a.A. Lange，DStR 2003，376，380.

⑦ Neuere Untersuchungen zur Häufigkeit und zum Inhalt solcher Kataloge fehlen，vgl. Hoffmann-Becking，Münchener Hdb. AG，§ 29 Rn.51 ff.

⑧ BGH v. 15.11.1993—II ZR 235/92，BGHZ 124，111，127＝AG 1994，124；Hopt/Roth，Großkomm. AktG，§ 111 Rn. 595；Hambloch-Gesinn/Gesinn in Hölters，Komm. AktG，§ 111 Rn.75；Theisen，Die überwachung der Unternehmungsführung，S.352.

⑨ 译者注：该原则在这里是指特定经营管理措施的实施需要监事会与董事会共同把关。

和监事会的职责。该原则作为公司经营战略意义上的"控制装置"也使监事会有机会参与公司的重大经营决策。①

由此可知同意保留仅限于**重大及可能存在风险的业务和决策**。董事会的日常管理行为不得受到干扰,监事会不得代行其事。②

只能为"特定类型的业务"(《股份法》第 111 条第 4 款第 2 句)设置同意保留。这样一来,像"所有重要业务"这样的**一般条款性质的同意保留就被排除在外了**;③更确切地说,同意保留所涵盖的业务必须根据一般特征被加以确定。此类同意保留包括**比如说**:④

(1) 年度计划(预算)和投资计划及其修改和违反。⑤

(2) 在国内外建立子公司和分支机构(分公司),只要它们不仅仅负有单纯的销售任务。

(3) 超过 X 欧元的企业(及企业部门)收购及出让。

(4) 超过 X 欧元的地产收购及出让。

(5) 接受 X 欧元以上的贷款。

(6) 提供 X 欧元以上的贷款。

(7) 参股及期权计划的采用及修改以及针对职工的安排。

(8) 新产品及新产量的接受及放弃。

(9) 重要子公司董事和经理的聘任及解聘。

(10) 缔结和通知解除与主要子公司之间的联合契约。

(11) 董事会有义务设法在重要子公司中引入相同的同意保留并在监事会表示同意后作出自己的同意。

即使集体合同和劳资协议也可能需经监事会同意才能签订。没有任何迹象表明在这方面可以从工会订立集体合同时所享有的自治权或企业组织法上

---

① Vgl. Schima, Der Gesellschafter(Öster.) 2012, 35.

② Säcker/Rehm, DB 2008, 2814, 2818; Fleischer, BB 2013, 835.

③ OLG Stuttgart v. 27.2.1979—12 U 17/77, WM 1979, 1296, 1300＝BB 1979, 885; Ulmer/Habersack in Ulmer/Habersack/Henssler, Mitbestimmungsrecht, §25 MitbestG Rn.62; Habersack, MünchKomm. AktG, §111 Rn.106; Rodewig in Semler/v. Schenck, Arbeitshandbuch für Aufsichtsratsmitglieder, §8 Rn.28; Grigoleit/Tomasic in Grigoleit, Komm. AktG, §111 Rn.46; ebenso Hoffmann/Preu, Der Aufsichtsrat, Rn.304 bezüglich eines Vorbehalts bei „allen Geschäften, die über den laufenden Geschäftsbetrieb hinausgehen".

④ Vgl. aber auch den sehr viel umfangreicheren und deshalb(Überlastung des Aufsichtsrats) problematischen Katalog von Ziemons in Nirk/Ziemons/Binnewies, Hdb. Aktiengesellschaft, Rn.I 8.620.

⑤ So schon vor über 50 Jahren Schilling, JZ 1967, 615.

的机构权限中推导出内在限制。①

此外，上述目录并没什么特别之处，但应当考虑将存在特殊风险或具有特别意义的特定业务补充进来，例如：

（12）接受或发出数额在一亿欧元以上的建造订单，或者

（13）发出数额在五千万欧元以上的船舶建造订单，或者

（14）预定价值在五千万欧元以上的飞机。

个别对公司具有重大意义的**业务**同样可能例外地需经监事会同意后才能 119
开展。②原料或配件供应企业与其主要客户之间的一年期合同即属于这方面的
典型实例。但在实践中此类同意保留极为罕见。

同意保留还可能仅涉及**企业内部措施**，特别是董事会的经营管理计划③ 120
（例如大型投资或年度投资预算）。从企业管理学的角度来看，那些带有长远
计划的经营管理措施非常适合被设置同意保留，因而监事会有义务就此与董
事会进行讨论。

设置同意保留的权利要受到董事会所享有的自主经营管理公司权利的**限** 121
制（《股份法》第 76 条）。为了不妨碍董事会行使此项权利，同意保留一方面**仅
可以被设置在重要业务上**，另一方面其范围也必须确定并受到一定限制。因
此，不仅为日常业务设置同意保留是不被允许的，而且笼统地宣布所有"重要"
业务均需监事会同意方可开展或者"同意目录"涵盖所有或大部分董事会决定
同样是不被允许的。④

---

① Ebenso Vogel, Aktienrecht und Aktienwirklichkeit, S. 227; Ulmer/Habersack in Ulmer/Habersack/Henssler, Mitbestimmungsrecht, § 25 MitbestG Rn. 28. Zur Frage des Stimmrechtsausschlusses vgl. unten Rn. 894 ff.

② BGH v. 15. 11. 1993—II ZR 235/92, BGHZ 124, 111, 127 = AG 1994, 124; Habersack, MünchKomm. AktG, § 111 Rn. 106; Mertens/Cahn, Kölner Komm. AktG, § 111 Rn. 79; Hoffmann-Becking, Münchener Hdb. AG, § 29 Rn. 55; Hüffer, Komm. AktG, § 111 Rn. 18; Götz, ZGR 1990, 633, 642 f.; a. A. aber Hoffmann/Preu, Der Aufsichtsrat, Rn. 304, der Einzelgeschäfte ausnahmslos ausnimmt; ablehnend auch Raiser/Veil, Kapitalgesellschaften, § 15 Rn. 7; Steinbeck, Überwachungspflicht, S. 151 f.

③ Hoffmann-Becking, Münchener Hdb. AG, § 29 Rn. 55; Rodewig in Semler/v. Schenck, Arbeitshandbuch für Aufsichtsratsmitglieder, § 8 Rn. 32; Kropff, NZG 1998, 613, 616 f.; Raiser/Veil, Kapitalgesellschaften, § 15 Rn. 10; Habersack in FS Hüffer, 2010, S. 259, 268 ff.; Schilling, JZ 1967, 615; einschränkend v. Rechenberg, BB 1990, 1356 ff.

④ H.M., vgl. nur Säcker/Rehm, DB 2008, 2814; Habersack, MünchKomm. AktG, § 111 Rn. 106 ff.; Mertens/Cahn, Kölner Komm. AktG, § 111 Rn. 79 m. w. N.; ebenso Hoffmann/Preu, Der Aufsichtsrat, Rn. 304; Ulmer/Habersack in Ulmer/Habersack/Henssler, Mitbestimmungsrecht, § 25 MitbestG Rn. 62; etwas zu eng Götz, ZGR 1990, 633, 640 ff., der Zustimmungsvorbehalte auf Geschäfte i. S. von § 90 Abs. 1 Satz 1 Nr. 4 AktG beschränken will.

122 考虑到董事会的经营管理职责(《股份法》第 76 条)以及监事会的经营管理禁止(《股份法》第 111 条第 4 款第 1 句),部分学者认为不应使董事会制定的**多年计划**取决于监事会的同意。此外,仅针对个别计划措施以及年度预算计划才可能需要根据《股份法》第 111 条第 4 款第 2 句具体指出哪些业务负有同意义务。①事实上,即使在多年计划需经监事会同意方可实施的情况下,董事会所享有的法定经营管理权也不会受到任何影响。这是因为监事会不能通过要求董事会制订一份新计划来贯彻其所持的经营管理方面的不同观点。只有当董事会最初制订的计划违反专业原则、章程或议事规程(业务守则)时,它才有义务按照监事会的要求对该计划作出修改。②再者,设置此类同意保留具有这样一个优点,即监事会必须深入研究董事会所制订的计划并发表自己的意见。③

(三) 同意的给予或拒绝;监事会的信息

123 这仅在董事会与公司之间的**内部关系**中才有意义。即使监事会拒绝作出同意,董事会对外实施的行为也仍然有效,只不过此时它是在违反义务实施行为,④并将依《股份法》第 16 条承担损害赔偿义务。为了"对抗"监事会的拒绝作出同意,董事会可以求助于股东大会,在这种情况下股东大会可以代替监事会以四分之三多数作出同意(《股份法》第 111 条第 4 款第 3、4 句)。但在实践中尚未发生此种情况。

124 如果一项董事会措施负有同意义务,那么董事会必须**在实施该措施前**征得监事会的同意。在监事会对董事会行为作出事后追认的情况下,监事会所面对的是既成事实,而这是完全违背同意保留的目的的。⑤认为在**紧急情况**⑥

---

① Hüffer, Komm. AktG, §111 Rn.18; Mertens/Cahn, Kölner Komm. AktG, §111 Rn.86; a.A. Lutter, AG 1991, 249, 254. Im Übrigen vgl. bereits oben Rn.80 ff.

② Rodewig in Semler/v. Schenck, Arbeitshandbuch für Aufsichtsratsmitglieder, §8 Rn.70; Kropff, NZG 1998, 613, 616; Lieder, DB 2004, 2251, 2255.

③ Lutter, ZHR 159(1995), 287, 300.

④ OLG Köln v. 22.1.2009—18 U 142/07, NZG 2009, 1223; Grigoleit/Tomasic in, Grigoleit, Komm. AktG, §111 Rn.53; h.M.

⑤ H. M., vgl. Baumbach/Hueck, Komm. AktG, §111 Anm. 12; Habersack, MünchKomm. AktG, §111 Rn.123; Rodewig in Semler/v. Schenck, Arbeitshandbuch für Aufsichtsratsmitglieder, §8 Rn.54; Mertens/Cahn, Kölner Komm. AktG, §111 Rn.106; Seebach, AG 2012, 70, 71; differenzierend Bauer, Organklagen, S.97: grundsätzlich vorherige Zustimmung, Ausnahmen bei besonders eiligen Geschäften; a. A. Hopt/Roth, Großkomm. AktG, §111 Rn.680 ff. und Hoffmann/Preu, Der Aufsichtsrat, Rn.302.

⑥ So aber die h.M., vgl. Koberski in Wlotzke/Wißmann/Koberski/Kleinsorge, Mitbestimmungsrecht, §25 MitbestG Rn.50; Habersack, MünchKomm. AktG, §111 Rn. 124; Mertens/Cahn, Kölner Komm. AktG, §111 Rn.106; Hoffmann-Becking, Münchener Hdb. AG, §29 Rn.58; enger Götz, ZGR 1990, 633, 643 f.

下监事会可以例外地作出事后追认的相反观点是不合适的且已遭到广泛质疑。鉴于存在通过远程通信工具作出决议和书面表决的可能性(《股份法》第108条第3、4款),监事会通常是有能力应付紧急情况的,因此董事会在任何情况下都至少能够尝试征得监事会的事前同意。只有在万不得已时(即所有尝试均告失败而且决定已是刻不容缓时)董事会才能在未征得监事会事前同意的情况下实施行为。在监事会将其同意权赋予某一委员会时同样如此:如果董事会"绕过"该委员会实施行为(即未事先征得其同意),那么在有疑问时可以认为它是违反义务实施行为的。[①]

此时涉及董事会与监事会之间必要的合作:董事会希望获得监事会的同意。显然,监事会的许可以其获得充分的信息为前提,因为其不能参与处于讨论中的公司决策。必要的信息通常作为证明董事会观点的依据而被提供给监事会,只要相关信息未被包含在已呈送监事会的材料中。[②]

上述依据首先应当描述纯粹的事实情况。然后则须对相关措施的优缺点,特别是对公司偿付能力和收益的影响作出说明。

在完成上述事实性的报告后,董事会才应阐述实施相关措施的理由,并从对公司的必要性和利弊角度对相关措施作出评价。[③]

虽然获取所有信息对监事会可能确实是一种苛求,[④]但是其至少有权且有义务向独立的专家征询专业意见。[⑤]监事会必须审查其征得的书面意见的说服力和可行性,之后才能采纳相关意见。[⑥]

监事会通过其**最负责的判断**决定是否作出同意;如果它认为董事会所计划实施的措施是不正当(合理)的,那么它必须阻止该措施的实施;如果它认为董事会的措施虽然是正当(合理)的,但又觉得另一项措施更为合适,那么它可以拒绝作出同意,不过它不是必须这样做。

125

126

---

① Ebenso Rodewig in Semler/v. Schenck, Arbeitshandbuch für Aufsichtsratsmitglieder, §8 Rn.56.

② Entscheidet der Aufsichtsrat auf der Grundlage unzureichender Information, so verletzen er und der Vorstand ihre Pflichten: OLG Oldenburg v. 22.6.2006—1 U 34/03, DB 2006, 2511=GmbHR 2006, 1263.

③ Vgl. Lutter, Information und Vertraulichkeit, Rn.90; Seebach, AG 2012, 70, 72.

④ So war es objektiv in den Fällen der Vorstände und Geschäftsführer in BGH v. 14.5.2007—II ZR 48/06, AG 2007, 548=ZIP 2007, 1265 und BGH v. 20.9.2011-II ZR 234/09, AG 2011, 876.

⑤ Einzelheiten bei Selter, AG 2012, 11 ff. Die Situation unterscheidet sich nicht vom überforderten Vorstand oder Geschäftsführer.

⑥ Vgl. dazu BGH v. 20.9.2011-II ZR 234/09, AG 2011, 876 sowie Fleischer, ZIP 2009, 1397.

127　　　针对章程规定的负有同意保留义务的董事会措施,监事会必须**在具体情境下作出是否同意的决定**。一般性许可或预先许可是不被允许的,因为这相当于在事实上废止章程的相关规定,而监事会显然无权这么做。

　　　若相关同意保留是由监事会自身设定的,则情况有所不同。监事会可以修改或限制相关同意保留,包括通过赋予**一般性许可或预先许可**的方式。[1]

128　　　监事会可以将此项决定权赋予某一**委员会**("授权")。《股份法》第 107 条第 3 款第 3 句规定的"授权禁止"恰恰没有提到该法第 111 条第 4 款规定的同意保留。[2]但是即使此时也只能由监事会亲自设置一般性许可或预先许可。这取决于全体监事会的相应授权。

129　　　监事会或其委员会的决定应由当时的董事会主席告知董事会。

(四) 个别同意保留

130　　　关于**较大公司投资**,特别是关于收购企业股份(参股)的决定经常受到同意保留的约束。监事会在表示同意之前必须查明此类投资的真实情况并认真权衡投资机会和投资风险。[3]为此监事会必须要求董事会提供全面信息;董事会必须通过一项所谓的"经济效益计算"向监事会证明该投资的盈利性。[4]监事会应当在董事会定期就投资发展情况向其提交报告的前提下予以同意。[5]

131　　　如果公司进行的是**企业或股份收购**这类的投资,那么监事会有义务要求董事会提交一份评估鉴定或至少一份关于收购对象的概括介绍。董事会可以亲自或聘请外部鉴定人作出鉴定。在后一种情况下,董事会必须就外部鉴定人的行为方式及鉴定结果向监事会表明自己的态度。[6]而更多的是,在目标公司表示同意的情况下董事会在取得股份或企业之前要进行所谓的"**尽职调查**"(此类审查起源于英美法系国家),在此类审查的框架内(企业/股份)收购所带

---

① Habersack, MünchKomm. AktG, §111 Rn.126.

② Rellermeyer, Aufsichtsratsausschüsse, S.26 und 35 und Ulmer/Habersack in Ulmer/Habersack/Henssler, Mitbestimmungsrecht, §25 MitbestG Rn.61a.

③ Potthoff/Trescher, Das Aufsichtsratsmitglied, 5. Aufl., S. 319. (in Neuauflage nicht mehr enthalten).

④ Rodewig in Semler/v. Schenck, Arbeitshandbuch für Aufsichtsratsmitglieder, §8 Rn.85; Potthoff/Trescher, Das Aufsichtsratsmitglied, 5. Aufl., S.319(in Neuauflage nicht mehr enthalten).

⑤ Rodewig in Semler/v. Schenck, Arbeitshandbuch für Aufsichtsratsmitglieder, §8 Rn.83.

⑥ Rodewig in Semler/v. Schenck, Arbeitshandbuch für Aufsichtsratsmitglieder, §8 Rn.76 f.

来的风险将得到查明和评估。虽然此类审查仅可以在有限情况下进行,[①]而且其担保法上的后果也尚未被完全澄清,[②]但是目前普遍认为董事会有义务定期进行审查,[③]并将审查结果呈交监事会。无论如何监事会必须了解:公司经营管理层准备好面对哪些风险;根据本公司的状况这是否完全合理;如何通过与出让方签订"担保协议"使公司得到保障。即使在最糟糕的情况下本公司的存续也不得受到威胁。[④]最后,监事会必须审查(股份/企业)收购是否与中期及长期计划中的企业战略相适应。[⑤]

在**人事决定**的框架内,出于可行性的原因应仅针对直接隶属于董事会的职员设置同意保留。另外,是否作出同意的决定权应被赋予人事委员会。   132

(五) 未遵守章程及监事会的规定

若董事会未尊重监事会的同意权,则无疑属于义务违反,并将导致董事依《股份法》第 93 条第 2 款承担损害赔偿责任。[⑥]在董事会认为可以事后再征得监事会的同意时,同样如此。监事会无义务事后作出同意。董事会在未获得同意的情况下行事只能自担风险。   133

此时不适用《股份法》第 93 条第 1 款第 2 句的商业判断规则。

四、解聘董事

关于(作为一项影响经营管理的措施的)董事的解聘及其监督请参阅边码   134
331 和边码 361 及以下。在集体解聘以及解除聘用合同和发生法律纠纷时,均

---

① Vgl. dazu Lutter, ZIP 1997, 613 ff.; weitergehend Mertens, AG 1997, 541 ff.

② Näher dazu Loges, DB 1997, 965, 967 ff.; Merkt, BB 1995, 1041, 1046 ff. sowie Eggenberger, Gesellschaftsrechtliche Voraussetzungen und Fragen einer due diligence-Prüfung, 2001; Hölters in Hölters, Handbuch Unternehmenskauf, 7. Aufl. 2010, Rn. I, 167; Semler in Hölters, Handbuch Unternehmenskauf, 7. Aufl. 2010, Rn. VII, 47.

③ Schüppen, BB 2012, Heft 39 „Die Erste Seite" m.N. aus der Rspr.; Kiethe, NZG 1999, 976, 982 f., der für den Fall, dass das Zielunternehmen eine due diligence-Prüfung nicht zulässt, eine Pflicht des Vorstands zur Ablehnung des Erwerbs annimmt. Vgl. auch die due diligence-Checkliste von Wegen, WiB 1994, 291 ff. Bei dem Erwerb der großen Alpe Adria durch die Bayerische Landesbank hat deren Verwaltungsrat zugestimmt und der Vorstand den Vertrag abgeschlossen, ehe die due diligence fertiggestellt war. Das u.a. ist heute der Grund für eine Haftungsklage gegen die damaligen Vorstands- und zwei der damaligen Verwaltungsratsmitglieder.

④ Rodewig in Semler/v. Schenck, Arbeitshandbuch für Aufsichtsratsmitglieder, § 8 Rn. 78.

⑤ Rodewig in Semler/v. Schenck, Arbeitshandbuch für Aufsichtsratsmitglieder, § 8 Rn. 79; Potthoff/Trescher, Das Aufsichtsratsmitglied, 5. Aufl., S. 320 (in Neuauflage nicht mehr enthalten).

⑥ OLG Köln v. 22.1.2009—18 U 142/07, NZG 2009, 1223.

是由监事会诉讼或非诉讼地代理公司。①

若董事会在面对监事会违反最高的诚信义务并实施欺骗行为,则须强制解聘相关董事。②

五、在确定年度决算框架内(对经营管理)施加影响的可能性

135　　请参阅边码 482 以下。

六、召开股东大会

136　　最后,监事会根据《股份法》第 111 条第 3 款享有的在公司利益需要时召开股东大会的权利有助于其监督职责的履行。它可以通过这种方式**促使**股东大会就其管辖范围内的事务**作出决议**(《股份法》第 119 条第 1 款),而股东大会也可以借此对董事会**表示不信任**(这种"不信任"**构成**了解聘董事的重大原因,《股份法》第 84 条第 3 款第 2 句)。但是我们同样必须认为给予股东大会**讨论经营管理问题**的机会是被允许的。③虽然一般情况下股东大会只能应董事会的要求就经营管理问题作出决议(《股份法》第 119 条第 2 款④),但如果它有权将董事会的措施作为对其表示不信任的理由,那么它完全可以被预先赋予以下权利,即在董事会未提出相应要求的情况下就特别重要的经营管理问题进行讨论并对此发表(不具有约束力的)意见。

■ 第五节　总结

137　　监督,说起来容易做起来难,因为其不仅包括《股份法》第 90 条规定的回

---

① BGH v. 9.10.1986—II ZR 284/85, AG 1987, 19; der Aufsichtsrat ist in diesen Streitigkeiten auch dann vertretungsbefugt, wenn die Organstellung des Vorstandsmitgliedes vorher durch Zeitablauf erloschen ist, BGH v. 8.2.1988—II ZR 159/87, BGHZ 103, 213 und BGH v. 22.4.1991—II ZR 151/90, WM 1991, 941=AG 1991, 269.

② OLG München v. 14.3.2012—7 U 681/11, GWR 2012, 347=AG 2012, 753.

③ Ebenso Biener, BFuP 1977, 489; Steinbeck, überwachungspflicht, S.167 f.; a.A. Habersack, MünchKomm. AktG, §111 Rn. 89 ff.; Zöllner, Kölner Komm. AktG, 1. Aufl., §119 Rn.33.

④ 仅在例外情况下董事会才有义务召开关于特殊措施的股东大会会议:vgl. BGH v. 25.2.1982—II ZR 174/80, BGHZ 83, 122=AG 1982, 158(Holzmüller) und dazu Lutter in FS Stimpel, 1985, S.825 ff. sowie BGH v. 26.4.2004—II ZR 155/02, BGHZ 159, 30=AG 2004, 384(Gelatine I) und BGH v. 26.4.2004—II ZR 154/02, ZIP 2004, 1001=NZG 2004, 575(Gelatine II); dazu Fleischer, NJW 2004, 2335 und Götze, NZG 2004, 585. Eine derartige Pflicht besteht bei Ausgliederung der Datenverarbeitung nicht, LG Darmstadt v. 6.5. 1986—14 O 328/85, ZIP 1986, 1389=AG 1987, 218 und dazu Kort, AG 1987, 193 ff.。

顾性监督，而且包括关注未来风险及发展的展望性监督。①在实施监督的过程中，对企业经济学方面的工作给予适当关注是极其必要且有帮助的，②特别是通过前一段时间"合格监督原则"发展起来的理论，③该原则非常重视公司未来而非过去的发展。

边码138—140暂时空置。

---

① Hätten die Aufsichtsräte der Industriebank AG(IKB) und die Verwaltungsräte der Sächsischen Landesbank das getan，dann hätten sie gemerkt，dass beide Unternehmen ein Risikopotential von je 25—30 Mrd. Euro angehäuft hatten und wären vor der Katastrophe eingeschritten. Vgl. dazu Lutter, ZIP 2009，197.

② Dazu siehe Hommelhoff/Schwab, ZfbF-Sonderheft 36/1996，S.149 ff.

③ Arbeitskreis „Externe und interne Überwachung der Unternehmung" der Schmalenbach Gesellschaft, DB 1995，1；Theisen, Grundsätze ordnungsgemäßer Unternehmensüberwachung，1998，S.250 ff.

第 四 章

康采恩中的监督

■ 第一节　监事会监督职责的扩大

一、康采恩

141　　今天,股份有限公司以及较大型(500—2 000 名职工)①和大型(2 000 名以上职工)②有限责任公司几乎毫无例外均属于联合企业,即康采恩。康采恩由一家控股公司(母公司)和一家或多家服从其领导(《股份法》第 18 条第 1 款)的附属公司(子公司)组成,它并**不具有其独有的法律形式**,而只是一家由若干(有时甚至是上百家)③不同法律形式和不同国籍的、法律上独立的公司所组成的功能上的联合体。④每一家附属公司都按照适用于它的法律规定在运转着。在这方面与前文所作论述相比没有什么特别之处。⑤

二、扩大的原因

142　　在康采恩中,一切都变得更复杂和困难。其原因在于:一方面,各康采恩

---

①　在此类必须设立监事会的公司中,职工占用监事会三分之一的席位(《三分之一参与法》第 4 条第 1 款);参见上文边码 8。

②　在此类必须设立监事会的公司中,职工占用监事会半数的席位(《共同决定法》第 1 条及以下);参见上文边码 8。

③　Die frühere VEBA und heutige e-on AG soll mehr als 1 000 abhängige Tochter-, Enkel- und Urenkel-Gesellschaften haben.

④　Von besonderer Bedeutung sind heute die nach ausländischem Recht gegründeten und im Ausland ansässigen Tochtergesellschaften: Für sie ist allein das betreffende ausländische Recht maßgebend, vgl. Großfeld in Staudinger, Internationales Gesellschaftsrecht, Rn. 188 ff.; Assmann, Großkomm. AktG, Einl. Rn. 517 ff.; Bayer in Lutter/Hommelhoff, Komm. GmbHG, Anh I zu § 4a Rn. 9 ff.

⑤　Die vier großen derzeitigen oder ehemaligen Tochter-Aktiengesellschaften der e-on AG(VEBA Öl AG, VEBA Chemie AG, VEBA Handel AG und PreußenElektra AG) haben je ihren eigenen, nach den Regeln des MitbestG gebildeten Aufsichtsrat.

所属公司仍继续适用原来所适用的法律规定,而且其监事会必须对本公司董事会或经理所实施的经营管理措施进行监督,等等;另一方面,母公司董事会**企业经营管理方面的行为空间**也会相应地扩大。由于《股份法》第 18 条第 1 款将康采恩定义为由一家母公司对若干子公司实施统一领导(经营管理)的企业联合体,①所以母公司的领导不仅决定着本公司的事务,而且——或多或少——决定着一家或多家其他公司的事务。母公司可以通过企业内部协议(合同型康采恩)和参股(事实型康采恩)实现对其他公司的领导。不过,母公司董事会行为空间的扩大必须被加以监督:监事会(监督)职责的范围也将相应地扩大。这种见解是通过以下认识得出的,即对其他公司所实施的统一领导也是对母公司本身的经营管理。②母公司的监事会必须对**董事会所为的全部经营管理行为**(包括与领导康采恩有关的经营管理措施)进行监督(《股份法》第 111 条第 1 款)。③这同样得到了《股份法》第 171、337 条的确认,根据这两项规定,康采恩决算(包括康采恩状况报告和决算审计人员制作的审计报告)必须接受母公司监事会的审查。④然而这只有在监事会有义务对本公司董事会所实施的康采恩领导措施进行监督时才有意义。⑤

---

① Zum Begriff der einheitlichen Leitung vgl. Koppensteiner, Kölner Komm. AktG, § 18 Rn. 15; Krieger, Münchener Hdb. AG, § 68 Rn. 67 ff.; zur Stellung des Aufsichtsrats im beherrschten Unternehmen vgl. Semler, Leitung und überwachung, Rn. 456 ff. und Turner, DB 1991, 583 f.

② Lutter, Information und Vertraulichkeit, Rn. 156; Mertens, Kölner Komm. AktG, § 111 Rn. 23; Hopt/Roth, Großkomm. AktG, § 111 Rn. 369 ff.; v. Schenck in Semler/v. Schenck, Arbeitshandbuch für Aufsichtsratsmitglieder, § 7 Rn. 72; Timm, AG 1980, 172, 181; Lutter, AG 2006, 517 ff.; Henze, BB 2005, 165, 168.

③ Nach Uwe H. Schneider, BB 1981, 249, 252 (für den GmbH-Konzern Uwe H. Schneider in Scholz, Komm. GmbHG, § 52 Rn. 187) sind auch die geschäftsführenden Organe der nachgeordneten Konzerngesellschaften durch den Aufsichtsrat der Obergesellschaft zu überwachen. Dem steht jedoch die rechtliche Selbständigkeit der Konzernunternehmen entgegen, vgl. v. Schenck in Semler/v. Schenck, Arbeitshandbuch für Aufsichtsratsmitglieder, § 7 Rn. 71. Wie hier Hommelhoff, Konzernleitungspflicht, 1982, S. 188; Semler, Leitung und Überwachung, Rn. 401; Habersack, MünchKomm. AktG, § 111 Rn. 52; Hambloch-Gesinn/Gesinn in Hölters, Komm. AktG, § 111 Rn. 24 f.; Krieger, Münchener Hdb. AG, § 69 Rn. 30; Potthoff/Trescher/Theisen, Das Aufsichtsratsmitglied, Rn. 500 ff. Ebenso Enzinger, Der Aufsichtsrat im Konzern, in Kalss/Kunz, Handbuch für den Aufsichtsrat, Rn. 18 ff.

④ Auch über diese Prüfung hat der Aufsichtsrat an die Hauptversammlung zu berichten, § 171 Abs. 2 u. 3 AktG; vgl. im übrigen unten Rn. 561 ff.

⑤ Hierzu näher Lutter, Information und Vertraulichkeit, Rn. 163; Lutter, AG 2006, 517, 518; Hopt/Roth, Großkomm. AktG, § 111 Rn. 369 ff.; Semler, Leitung und überwachung, Rn. 381 ff.; Hommelhoff, Konzernleitungspflicht, 1982, S. 190; Potthoff/Trescher/Theisen, Das Aufsichtsratsmitglied, Rn. 500.

143　　　上述观点已得到《股份法》第 90 条第 1 款第 2 句的确认，该条规定：

　　　　　如果有关公司是康采恩中的母公司（《商法典》第 290 条第 1、2 款），那么其董事会所作的报告必须详细说明子公司以及合资公司（《商法典》第 310 条第 1 款）的情况。

　　　向监事会提交的报告同样必须接受监事会的审查。

　　　以下做法可能会因为母公司监事会**监督职责的扩大**①而变得合乎目的甚至是必不可少的，即设立能够对康采恩各个领域进行更强有力监督的**正式监事会委员会**。②

三、在康采恩中实施监督的特殊困难

144　　　因为康采恩**不具有其特有的法律形式**，所以母公司的监事会也就不是康采恩的正式监事会。在子公司和孙公司中，母公司监事会既不是监事会，也不是与（子公司和孙公司的）经营管理之间存在关系的公司机构，它因而不享有（针对经营管理层的）独立信息权。③即使在情况极为棘手时，母公司监事会也不能亲自"造访"有关子公司、查看其账簿或与其经营管理层进行讨论。这一切仅在获得母公司董事会以及子公司董事会（经营管理层）和监事会的同意后才是可行的。

　　　因此，母公司监事会必须借助其信息系统（详见下文边码 317）、委员会以及从康采恩决算审计人员处获得反馈的可能性（《股份法》第 111 条第 2 款第 3 句）为在康采恩中同时**组织和实现**与对母公司及其董事会实施监督时同等重要的监督职责做好准备。在这里要提醒注意的是，监事会要为其监督的组织和监督本身负责，在其监督的组织存在缺陷并由此造成意外损害时它必须**自行赔偿该损失**（必要时它可能还必须**亲自承担责任**）。《股份法》第 90 条第 1 款第 2 句和第 171 条第 1 款第 1 句通过规定董事会就康采恩情况所负的信息义务以及母公司监事会必须为康采恩决算负责清楚地表明了上述这

---

①　So auch Drygala in K. Schmidt/Lutter, Komm. AktG, §111 Rn. 28. Zur Überwachungspflicht des Vorstands/Geschäftsführung der Obergesellschaft bezüglich ihrer Tochtergesellschaften vgl. OLG Jena v. 12.8.2009—7 U 244/07, GmbHR 2010, 483＝NZG 2010, 226 und dazu Wilsing/Ogorek, NZG 2010, 216.

②　Krieger in Lutter, Holding-Handbuch, 4. Aufl. 2004, §6 Rn. 39；Scheffler, DB 1994, 783, 797. Hoffmann-Becking, ZHR 159(1995), 325, 342 hält hingegen einen „Konzernausschuss" nur bei unterschiedlichen Geschäftsbereichen von Ober- und Untergesellschaft für zweckmäßig.

③　So ausdrücklich der österr. OGH in seinem Urteil vom 17.6.2013—2 Ob 112/12b, JBl. 2013, 523, 527 unter Ziff. 5.2.2 der Gründe.

一切。

这样一来,无论是对于母公司本身还是整个康采恩,下文(边码 317)将 **145**
要论述的**监事会信息规则**都应按照这样的要求被加以设计,即康采恩的
经济和经营管理方面的发展情况应是透明的,同时康采恩中可能存在的
"薄弱环节"也应是明显的:母公司监事会必须能够以较简单明确的方式判
断出母公司自身是否进行着卓有成效的工作;整个康采恩原则上是否同样
如此;巴西或加拿大的子公司是否出现严重疲软——它必须就此与董事会进
行谈话。①

■ 第二节　扩大的范围

监事会的监督针对的是董事会的经营管理。然而由于各康采恩在组织方 **146**
面存在差异,所以监事会通过其监督对康采恩经营管理享有不同强度的影响
可能性并因而形成不同的康采恩责任结构:②

就**一体化/联合公司(合同型康采恩)**而言,收益和责任完全由母公司享有
和承担;在这里,母公司监事会所负的监督义务与对本公司经营管理部门所负
的监督义务完全相同。基于实践中相同的原因,在公司间存在"**链锁公司协
议**"(直接控制协议和盈利转移协议)时同样如此。另外,由于母公司与子公司
之间存在极为紧密的联系,所以上述情况也适用于 100%(或接近 100%)控股
子公司。③

在以拥有多数股权为基础的**事实型康采恩**中,母公司董事会的行为空间
更加狭小,尤其是根据《股份法》第 311 条及以下条款更是如此;这恰好与母公
司监事会更狭小的监督范围相吻合。④

■ 第三节　监事会对康采恩事务的判断

董事会要为了本公司的利益实施行为;而对于康采恩公司来说,母公司董 **147**
事会既要着眼于本公司的利益,又要**促进康采恩的发展**。在康采恩中,母公司

---

① Dazu Theisen in FS E. Frese, 1998, S.442, 444 ff.; zum Ganzen Lutter, Informa-
tion und Vertraulichkeit, Rn.148 ff.; Lutter, AG 2006, 517, 518 ff.
② Dazu Drygala in K.Schmidt/Lutter, Komm. AG, § 111 Rn.29.
③ Zu beiden ausführlich Lutter, Information und Vertraulichkeit, Rn.163 ff.; Hopt/
Roth, Großkomm. AktG, § 111 Rn.372.
④ 毫无疑问,即使在一家公司进行参股和董事会的管理也要接受监事会的监督。在
康采恩中也不例外。

董事会的行为准则是康采恩利益,也就是说促进作为整体的企业联合体(康采恩)的发展。①监事会在监督和评价董事会行为时必须遵循此观点,尤其要关注以下几个方面:

一、合法性

148　　(1) 监事会必须对康采恩经营管理的合法性进行监督。②此时,监事会不仅要承担与《股份法》第 311 条及以下③有关的特殊责任,而且如果有关有限责任公司的股东少数由母公司的董事会成员组成,那么监事会还必须遵守相应的忠实义务。④因此,监事会必须极其小心谨慎地设法使《股份法》第 313、314 条意义上的附属报告免受决算审计人员或有关附属公司监事会的指责。⑤

149　　不过,在国际(多国)康采恩中,董事会行为的合法性包括以下两个方面:第一,对(所有相关)**外国法的遵守**;⑥第二,对为多国企业而确定的原则的遵循。⑦

---

① Ebenso Marsch-Barner in Semler/v. Schenck, Arbeitshandbuch für Aufsichtsratsmitglieder, § 13 Rn. 135 und v. Schenck in Semler/v. Schenck, Arbeitshandbuch für Aufsichtsratsmitglieder, § 7 Rn. 202; Semler, Leitung und Überwachung, Rn. 367; Semler, MünchKomm. AktG, 2. Aufl., § 111 Rn. 233; Scheffler, DB 1994, 793, 797; demgegenüber sprechen sich für eine Verpflichtung des Vorstands allein auf das Unternehmensinteresse der Konzernobergesellschaft aus: Hoffmann-Becking, ZHR 159(1995), 325, 329 ff. und jetzt auch Habersack, MünchKomm. AktG, 3. Aufl., § 111 Rn. 54, während Krieger in Lutter, Holding-Handbuch, 4. Aufl. 2004, § 6 Rn. 30; Krieger, Münchener Hdb. AG, § 69 Rn. 32 mit guten Gründen zweifelt, ob Konzerninteresse und Interesse der Konzernobergesellschaft überhaupt miteinander in Konflikt stehen können; zur Auflösung des Streitstandes und Vereinbarung beider Begriffe miteinander siehe Löbbe, Unternehmenskontrolle, 2003, S. 64 ff. Aus österr. Sicht siehe Enzinger, Der Aufsichtsrat im Konzern, passim.

② Lutter, AG 2006, 517, 519; zum Inhalt der Konzernleitungspflicht vgl. Hommelhoff, Konzernleitungspflicht, 1982, S. 182 ff.; Semler, Leitung und Überwachung, Rn. 469 ff.; Götz, ZGR 1998, 524, 530 ff.; Reuter, DB 1999, 2250.

③ Ebenso Semler, Leitung und überwachung, Rn. 428; Krieger, Münchener Hdb. AG, § 69 Rn. 31; Uwe H. Schneider in FS Hadding, 2004, S. 621, 627.

④ Es gehört auch zu den Regeln ordnungsgemäßer Führung der Gesellschaft und des Konzerns, die Minderheit nicht durch Maßnahmen der Geschäftsführung zugunsten der Mehrheit zu benachteiligen; vgl. dazu BGH v. 5.6.1975—II ZR 23/74, BGHZ 65, 15 ff.(ITT) (Konzernumlage).

⑤ Vgl. zur Prüfung des Abhängigkeitsberichts durch den Aufsichtsrat der abhängigen Gesellschaft unten Rn. 218.

⑥ Z. B. die Beachtung amerikanischen Kartellrechts, brasilianischen Steuerund Devisenrechts etc.

⑦ Vgl. dazu Steeg, ZGR 1985, 1 ff. mit allen Nachw.

即使这些原则不是正式法律，①对它们的遵循也仍被包括在合格康采恩经营管理的原则之内。②这意味着对这些规则的违背至少需要向监事会说明理由。

（2）此外，母公司董事会所实施的合格康采恩经营管理还包括以下内容，即它必须设法在康采恩所属公司中实现对法律法规的遵守。③为实现这一目标，母公司可以聘任一名**合规主管**，该主管对整个康采恩④均享有管辖权，其职责是设法在子公司、孙公司、曾孙公司中实现对法律法规的遵守并确定和制裁可能发生的违法情况（或使之受到制裁）。

150

如果我们考虑到子公司或孙公司中新近发生的违法情况会使母公司因其主要责任而支付数额极高的罚款，上述做法的巨大意义就显而易见了。

监事会必须对上面提到的所有方面进行监督，也就是说它要对康采恩中法律法规的遵守（与董事会）负共同责任。⑤它必须要求董事会不断就其措施作出报告并至少对这些措施的可信性（合理性）进行审查。⑥

二、合规则性

此外，监事会还必须关注康采恩经营管理的合规则性。其中包括康采恩的投资、产品、销售、财政以及人事计划。⑦董事会**制定计划**的义务和监事会对计划进行监督的义务受到适用于单个公司的相同原则的支配。⑧然而康采恩经营管理的合规则性还涉及客观且与康采恩政策相适应的**康采恩组织**。这既不得遵循偶然原则也不得失于宽泛，而必须理智地遵循企业管理

151

---

① Deshalb spricht man in diesem Zusammenhang auch gerne von „soft law", von „weichem" Recht! Vgl. dazu Kolvenbach, ZGR 1986, 47, 49; Steeg, ZGR 1985, 1, 14 m.w.N.

② Ebenso Scheffler, Corporate Governance, S.147, 164; Krieger in Lutter, Holding-Handbuch, 4. Aufl. 2004, § 6 Rn.31.

③ 《准则》第 4.1.3 条规定："董事会必须设法实现对法律规定和经营规则的遵守并努力使康采恩所属企业也做到这一点（合规）。" Vgl. dazu auch Ringleb in Ringleb/Kremer/Lutter/v. Werder, Komm. Kodex, Rn.582 ff. und Hopt/Roth, Großkomm. AktG, § 111 Rn.246 und 247; Kremer/Klahold, ZGR 2010, 113, 122.

④ Vgl. dazu Brückle in Hauschka (Hrsg.), Corporate Compliance, 2. Aufl. 2011, § 8, S.127 ff.; Kremer/Klahold, ZGR 2010, 113, 122.

⑤ Nicht zuletzt auf Initiative des Aufsichtsrats von Siemens wurde ein neues Vorstandsmitglied bestellt allein zur Sicherung der Compliance im Konzern.

⑥ Näher zur Compliance im Konzern Habersack in FS Möschel, 2011, S.1175; Lutter in FS Goette, 2011, S.289; Verse, ZHR 175(2011), 401; Grundmeier, Rechtspflicht zur Compliance im Konzern, 2011.

⑦ Zur Planung im Konzern mit instruktiven Beispielen Semler, Leitung und Überwachung, Rn.324 ff.

⑧ Siehe oben Rn.80 ff. und Lutter, AG 1991, 249, 255.

（以及税收）原则。①

152 康采恩经营管理的合规则性还包括建立一套适用于整个康采恩的、满足企业管理要求的监督机制；②若考虑到过去十年间国内外子公司中所发生的严重企业危机就更是如此。此时，监事会负有一项极其重要和责任重大的监督职责。《股份法》第91条第2款仅提到公司的风险监督机制（上文边码87）。该条款规定的义务仅具有声明性质，所表述的也只是合规则经营管理的必备内容。因此，合规则经营管理还包括以下内容：董事会有义务建立一套**适用于整个康采恩的风险预警和监督系统**，③而监事会必须对此进行监督，在必要时监事会有义务委托决算审计人员对有关事项进行审查。④

  需要强调的是，董事会有义务对子公司中的事务实施监督或接受监督。《违规行为法》对此的态度是十分坚定的。⑤然而这不仅涉及违反刑法及相关法规的问题，而且涉及依合法性、合规则性和经济性原则进行判断的所有经济事务。上述事务均由母公司的董事会负责，⑥而监事会则对此进行监督。

三、营利性（经济性）

153 融资和营利性（经济性）方面的问题在康采恩中具有特殊意义和极大重要性。就后者而言，上文边码89就单个公司所作的论述同样适用，所不同的只是考虑到丧失整体营利性的巨大风险⑦以及了解概况的技术困

---

  ① Zu den verschiedenen Formen der Organisation eines Konzerns（z. B. Regionalprinzip, Spartenprinzip etc.）vgl. Bleicher, ZfO 1979, 243 ff., 328 ff.; Schwark, ZHR 142(1978), 203, 205; v. Werder, Grundsätze ordnungsgemäßer Unternehmensleitung im Konzern, in Albach(Hrsg.), Konzernmanagement, 2001, S.145.

  ② Krieger in Lutter, Holding-Handbuch, 4. Aufl. 2004, § 6 Rn. 32; Semler in Lutter, Holding-Handbuch, 4. Aufl. 2004, § 5 Rn. 93; Potthoff/Trescher/Theisen, Das Aufsichtsratsmitglied, Rn.531 f.; eingehend Löbbe, Unternehmenskontrolle im Konzern, 2006, S.199 ff.

  ③ OLG Jena v. 12.8.2009—7 U 244/07, NZG 2010, 227＝GmbHR 2010, 483 und dazu Wilsing/Ogorek, NZG 2010, 210.

  ④ Nach § 317 Abs. 4 HGB muss das der Abschlussprüfer bei börsennotierten Gesellschaften in jedem Falle prüfen, und zwar konzernweit; vgl. Hopt/Merkt in Baumbach/Hopt, Komm. HGB, § 317 Rn.10.

  ⑤ Lutter in FS Goette, 2011, S. 289 ff. und Grundmeier, Rechtspflicht zur Compliance im Konzern, 2011, passim.

  ⑥ Die Versäumungdieser Pflicht ist pflichtwidrig; OLGJena v. 12.8.2009—7U244/07, NZG 2010, 226＝AG 2010, 376 und dazu Wilsing/Ogorek, NZG 2010, 216.

  ⑦ VW hat an seiner Triumph/Adler AG nahezu 2 Mrd. DM(!) verloren; bei weiteren Verlusten von „nur noch" 1 Mrd. DM wäre die Gesamtrentabilität des Unternehmens VW über Jahre hinaus fraglich geworden. An ähnliche Entwicklungen bei BMW, Daimler oder Metallgesellschaft sei erinnert.

难①，此时监事会必须进行强度更大的监督。此外，人们一致认为康采恩的融资简直就是康采恩的一个基本要素。②今天，康采恩融资在企业管理③及法律④上已具有重大意义，其中包括那些产生于因扣除和向股东分红而导致的康采恩盈利和亏损的问题。⑤考虑到最优化和保障（清算），监事会必须在此意义上进行监督。法律（《股份法》第 90 条第 1 款第 2 句连同第 1 句第 3 项和第 2 款第 3 项）所规定的董事会应就盈利及清算情况向监事会作出报告即与此相符（详见下文边码 196 及以下）。监事会的以下做法同样是明智的，即监事会在其为董事会制定的报告规则中提高此类**报告**的**频率**并进而要求董事会提交月度报告。

四、合目的性（适当性）

最后，监事会必须在康采恩范围内对董事会经营管理的合目的性（适当性）进行监督。不过这绝不意味着它必须极力主张实施它自己的意见：董事会——作为母公司的经营管理者——必须像经营管理本公司一样独立负责地经营管理康采恩。⑥而母公司的监事会——就像在其本公司中一样——必须设法在康采恩中实现（可信性和董事会行为合逻辑性意义上的）经营管理的合目的性。此外，它还必须指出康采恩中存在的矛盾之处并努力实现对合格康采恩经营管理及组织方面一般规则的遵守。 154

就一家事实控股母公司而言，其监事会必须对康采恩的经营管理层实施监督，其目的是使康采恩的经营管理层不会因其对附属公司施加影响的方式而给母公司带来责任风险。⑦ 155

---

① Beton und Monierbau AG fiel in die Insolvenz vor allem wegen plötzlicher und hoher Verluste einer afrikanischen Tochtergesellschaft. Die Fast-Insolvenz der Metallgesellschaft hatte ihren Grund im riesigen Verlust einer amerikanischen Tochtergesellschaft.

② So vor allem Koppensteiner, Kölner Komm. AktG，§ 18 Rn.26 ff. m.w.N.

③ Vgl. Reintges in Christians, Finanzierungshandbuch, S.661 ff.；Schnabel, ZfB 51 (1981)，1238 ff.

④ Dazu vor allem Uwe H. Schneider, ZGR 1984，497 ff.；sowie Lutter/Scheffler/U. H. Schneider(Hrsg.)，Handbuch Konzernfinanzierung, 1998，insbes. S.1 ff. und S.171 ff. Dazu auch Theisen in Lutter, Holding-Handbuch, 4. Aufl. 2004，§ 11 S.470 ff.

⑤ Dazu vor allem Götz, AG 1984，93 ff.；Geßler, AG 1985，257 ff.；Werner in FS Stimpel, 1985，S.935，940 ff.；Lutter in FS Goerdeler, 1987，S.327 ff.；Lutter in Lutter/Scheffler/U.H. Schneider, Konzernfinanzierung, 1998，Rn.14.1 ff.

⑥ Hommelhoff, Konzernleitungspflicht, 1982，S.165 ff.

⑦ Vgl. etwa BGH v. 17.9.2001—II ZR 178/99，ZIP 2001，1874＝AG 2002，43(Bremer Vulkan).

五、总结

156　　从总体上来看,康采恩母公司监事会与康采恩经营管理有关的**监督职责的内容**可以被总结为:[1]

——实现对康采恩方面法律规范的遵守。

——在整个康采恩中实现对法律法规的遵守并采取适当措施保障该目标的实现。

——设法实现合目的的(适当的)康采恩组织。

——监督董事会建立《股份法》第 91 条第 2 款意义上的康采恩监督及风险管理机制。

——监督康采恩经营管理目标及方针的合目的性及其遵守情况。

——努力实现康采恩持续取得经济收益。

157　　就附属公司中的**积极经济发展**而言,母公司监事会原则上可以信赖这种发展势头将通过子公司监事会的合格监督而得到保障。[2]然而,对于该原则存在以下两种**例外情况**:第一,涉及重要经济活动或财产责任;[3]第二,存在下属公司监事会未充分履行其义务的迹象。[4]

第四节　与董事会进行讨论

158　　讨论是监督的一部分。[5]因为监事会有义务对董事会所实施的康采恩及关联企业经营管理进行监督,所以就单个公司有关问题的讨论所作的论述同样适用于就康采恩问题所进行的讨论(参见上文边码 103 以下)。

第五节　康采恩范围内的同意保留

159　　1. 母公司监事会可以为其董事会在下属公司中所欲实施的特定措施设置同意保留(《股份法》第 111 条第 4 款第 2 句);这是因为董事会在下属公司中

---

① Scheffler, DB 1994, 793, 796 f.; Lutter, AG 2006, 517 ff.

② Hommelhoff, ZGR 1996, 144, 155 f., 159; Uwe H.Schneider/Sven H.Schneider, Der Aufsichtsrat der Tochtergesellschaft, Der Aufsichtsrat 2009, 33.

③ Hoffmann-Becking, ZHR 159(1995), 325, 333; Scheffler, DB 1994, 793, 797; a.A. Hommelhoff, ZGR 1996, 144, 156. Beispielsweise VW in Bezug auf AUDI.

④ Hommelhoff, ZGR 1996, 144, 156.

⑤ BGH v. 25.3.1991—II ZR 188/89, BGHZ 114, 127, 129 f. = AG 1991, 312 und Lutter/Kremer, ZGR 1992, 87, 88 f. Ebenso der Kodex unter Ziff. 3.1 u. 2 sowie 5.1.1.

所为的经营管理行为同时是**对母公司的经营管理**。①此类措施包括：聘任及解聘子公司经理；在（重要）子公司中，决定投资或不予投资、生产方面的重大改变、增资、修改章程，等等。②在这里同样适用上文边码 121 所论述的原则，即母公司监事会的此类同意义务必须对康采恩所属公司中董事会所实施的措施具有一定重要性并涵盖康采恩经营管理层的日常事务。③

在大多数情况下，母公司中所设置的同意保留并不明确涉及母公司董事会在下属公司中所欲实施的措施。在理解这种"**中立的**"同意保留时，关键要看所要评判的附属公司业务在其给控股公司的发展可能带来的后果这一点上是否与控股公司中明确受同意保留约束的业务相似。如果下属公司是母公司的一个法律上附属性的组成部分，而且所要评判的附属公司业务被列入同意保留目录中，那么我们就可以认为上述二者是相似的。④更详细的内容请参阅相关文献（Harbarth in FS Hoffmann-Becking，2013，S.457）。

另外，还要根据业务类型进行区别：比如说投资和企业内部协议情况下的同意保留应被认为适用于整个康采恩，而下属公司中的人事决定和代理权授予却未被列入控股公司的同意保留之中。⑤如果同意保留涉及子公司中的业务，那么自然会出现"该措施如何实施"这一问题，其原因在于子公司董事会不能受母公司监事会同意的约束。相反，控股公司的董事会有义务在法定框架内参与下属公司的业务，从而为监事会的同意提供这样一个"连结

160

---

① Dazu ausführlich Lutter in FS Fischer, 1979, S.419 ff.; Lutter, AG 2006, 517, 520; ebenso Semler, Leitung und überwachung, Rn.431 ff.; Uwe H.Schneider in Scholz, Komm. GmbHG, §52 Rn.194 f.

② Vgl. bereits oben den Katalog Rn.118; vgl. weiter Potthoff/Trescher/Theisen, Das Aufsichtsratsmitglied, Rn.562 ff.

③ Zutreffend Martens, ZHR 147（1983），377 ff., 419; Hoffmann-Becking, Münchener Hdb. AG, §29 Rn.57.

④ Lutter in FS Fischer, 1979, S.419 ff.; Hoffmann-Becking, Münchener Hdb. AG, §29 Rn.45; Hoffmann-Becking, ZHR 159(1995), 325, 340; ihnen folgend Hüffer, Komm. AktG, §111 Rn.16; Habersack, MünchKomm. AktG, §111 Rn.118; Hopt/Roth, Großkomm. AktG, §111 Rn.687 ff.; Lenz, AG 1997, 448, 452; Potthoff/Trescher/Theisen, Das Aufsichtsratsmitglied, Rn.563; in diesem Sinne auch Rodewig in Semler/v. Schenck, Arbeitshandbuch für Aufsichtsratsmitglieder, §8 Rn.94; Mertens/Cahn, Kölner Komm. AktG, §111 Rn.96 f., die jedoch eine Auslegung zugunsten konzernweiter Sachverhalte dann ablehnen, wenn der Aufsichtsrat der Obergesellschaft die Zustimmungsvorbehalte selbst beschließt.

⑤ Lutter in FS Fischer, 1979, S.419, 437 f.; ebenso Rodewig in Semler/v. Schenck, Arbeitshandbuch für Aufsichtsratsmitglieder, §8 Rn.95; Mertens/Cahn, Kölner Komm. AktG, §111 Rn.96; Semler, Leitung und Überwachung, Rn.438; a.A. Krieger in Lutter, Holding-Handbuch, 4. Aufl. 2004, §6 Rn.44.

点"。①在存在直接控制协议或合并以及子公司是有限责任公司的情况下,控股公司的董事会可以为此行使其指示权,否则其自身应当进入子公司的监事会。

161　　　相反,如果仅存在**事实上的控制关系**,而且控股公司董事会的大部分董事均在附属公司的监事会中任职,那么该董事会必须设法在附属公司中创设一项同意保留。②如果事实控股母公司的监事会拒绝同意一项对于下属公司来说十分有利可图的业务,那么在子公司监事会就此进行表决时(在子公司监事会中任职的)母公司董事就陷入母公司与其下属公司之间的利益冲突中。这些董事必须从有利于下属公司利益的角度解决该冲突。只有当附属公司可能遭受的不利后果已被确保可以根据《股份法》第311条得到补偿时,他们才可以答应控股公司监事会的拒绝(作出同意的)要求。③

162　　　2. 此外,根据《股份法》第308条第3款,监事会还可以帮助解决康采恩经营管理层与下属公司之间的**冲突**;该条款所规定的下属公司监事会的同意义务归属于该公司,因此对于控股公司来说,此项同意义务不以其章程或者监事会(通过决议)设置了此类同意保留为前提。④

163　　　3. 最后,根据《共同决定法》**实行共同决定的监事会**享有该法第32条规定的特殊权限(《煤铁工业共同决定法》第15条作出了相似规定),根据该条款,母公司董事会的一系列康采恩经营管理措施甚至要受其本公司监事会指示的约束:对于公司法来说,此类由监事会作出的、对董事会具有约束力的指示是完全陌生的。⑤

---

①　Götz, ZGR 1990, 633, 646 ff.; Hoffmann-Becking, ZHR 159(1995), 325, 341 f.; Mertens/Cahn, Kölner Komm. AktG, §111 Rn.93; in diesem Sinne auch Potthoff/Trescher/Theisen, Das Aufsichtsratsmitglied, Rn.565 f.

②　Rodewig in Semler/v. Schenck, Arbeitshandbuch für Aufsichtsratsmitglieder, §8 Rn.102 f.; Semler, MünchKomm. AktG, 2. Aufl., §111 Rn.237 sowie Habersack, MünchKomm. AktG, 3. Aufl., §111 Rn.53.

③　Lutter in FS Fischer, 1979, S.419, 427 ff.; Rodewig in Semler/v. Schenck, Arbeitshandbuch für Aufsichtsratsmitglieder, §8 Rn.107 f.; Potthoff/Trescher/Theisen, Das Aufsichtsratsmitglied, Rn.567; Semler, Leitung und Überwachung, Rn.437; wohl auch Mertens/Cahn, Kölner Komm. AktG, §111 Rn.94 f.; a.A. Götz, ZGR 1990, 633; 653 f., der bei der Möglichkeit des Nachteilsausgleichs die Vorstandsmitglieder für verpflichtet hält, dem Interesse der Obergesellschaft Vorrang einzuräumen.

④　Uwe H.Schneider in Scholz, Komm. GmbHG, §52 Rn.196. Eingehend zur Frage von Zustimmungsvorbehalten in Bezug auf Tochtergesellschaften auch Götz, ZGR 1990, 633, 646 ff.

⑤　Zur rechtspolitischen Kritik an §32 MitbestG vgl. Ulmer/Habersack in Ulmer/Habersack/Henssler, Mitbestimmungsrecht, §32 MitbestG Rn.4 m.w.N. sowie Lutter, Mitbestimmung im Konzern, S.69 ff.

与母公司监事会在康采恩中所负的特别附加职责相一致,它同样相应地享有若干附加信息权;参见下文边码228。

■ 第六节 康采恩独有的特点——(母公司)监事会在附属公司中的监督

事实型或合同型康采恩所属公司的监事会首先要根据那些适用于非康采恩公司的监督原则进行监督。①然而由于母公司(控股公司)拥有**对子公司施加影响的可能性**,因此产生了一些康采恩独有的监督职责。②在事实型康采恩中,附属(股份有限)公司的监事会负有以下附加义务:它必须对其董事会就与关联公司的关系所作的报告(即所谓的"附属报告")进行审查并就此向股东大会作出报告;必要时它必须对审计人员所作的报告发表其意见(《股份法》第314条第2款)。③

164

以上述义务相对应的是《股份法》第318条第2款的**责任规则**。④如果附属报告指出下属公司遭受了不公正待遇(歧视),那么监事会必须对此进行调查。如果监事会的怀疑得到证实,那么它必须(设法)主张《股份法》第317条意义上的损害赔偿请求权并在必要时对其本公司董事会所欲采取的措施进行干预。⑤不过,监事会在本经营年度内就必须获得关于以下事项的信息,即董事会是否在《股份法》第311条的框架内充分维护下属公司的利益,比如说通过迅速且诚恳地指出下属公司可能面临的不利情况以及可能获得的适当补偿。⑥

165

---

① Krieger, Münchener Hdb. AG, §69 Rn.36;Mertens/Cahn, Kölner Komm. AktG,§111 Rn.29;Hopt/Roth, Großkomm. AktG,§111 Rn.381;Hoffmann-Becking, ZHR 159(1995),325,345.

② Dazu Drygala in K.Schmidt/Lutter, Komm. AktG,§111 Rn.30 f.;Potthoff/Trescher/Theisen, Das Aufsichtsratsmitglied, Rn.597 ff.;Habersack, MünchKomm. AktG,§111 Rn.57;Bürgers/Israel in Bürgers/Körber, Komm. AktG,§111 Rn.9 f.

③ 若监事会未及时进行审查并作出报告,则他无法被免责,LG München v. 31.5.2001—5 HK O 17738/00, DB 2001,1714=AG 2002,302. 若监事会未将审计人员的批准说明纳入其向股东大会所作的报告中或者未在该报告中进行复述,则监事会的免责可以被有效地撤销。LG München v. 29.9.2005—5 HK O 13412/05, DB 2006,94=AG 2005,170.

④ Nach h.M. verdrängt §318 Abs. 2 AktG die §§93,116 AktG nicht, sondern modifiziert diese nur;vgl. dazu Kropff, MünchKomm. AktG,§318 Rn.24 ff.;Hopt/Roth, Großkomm. AktG,§111 Rn.387;Hüffer, Komm. AktG,§318 Rn.9 f.

⑤ Vgl. dazu Semler, Leitung und überwachung, Rn.468 f.

⑥ Potthoff/Trescher/Theisen, Das Aufsichtsratsmitglied, Rn.603;Semler, Leitung und Überwachung, Rn.462;Lutter, Information und Vertraulichkeit, Rn.181.

166   如果**母公司的董事**在下属公司监事会中任职，那么他们在履行其监督职责时必须优先考虑下属公司的利益。[1]如果他们无法做到这一点，那么他们必须在表决时表示弃权或者在存在持续利益冲突时辞去其监事职务。[2]

167   在合同型康采恩中，下属公司的董事会必须服从**母公司的指示**，除非这些指示超出了法律、章程以及直接控制协议所设定的界限，明显不利于康采恩利益（《股份法》第 308 条第 2 款）或危及下属公司的生存。[3]在母公司作出指示时，下属公司监事会的监督职责并不因此而失效，而是具体化为审查下属公司董事会是否合格地遵守了其"服从义务"的界限。[4]下属公司的董事会或经理反过来必须向其监事会说明其何时、基于何种原因未服从指示，只有这样它才能在取得谅解的情况下开展工作。[5]

168   然而，**在康采恩下属公司**中仍然存在董事会必须服从那些危及公司生存且明显与康采恩利益不一致的指示的义务。只有当这些指示违反法律时董事会才可以不服从它们。[6]康采恩下属公司监事会的监督范围将随之发生相应改变。

       边码 169、170 暂时空置。

---

[1]   Krieger, Münchener Hdb. AG, § 69 Rn. 36；Potthoff/Trescher/Theisen, Das Aufsichtsratmitglied, Rn. 567；Scheffler, DB 1994, 793, 799；Hoffmann-Becking, ZHR 159 (1995), 325, 344；sinngemäß Martens, ZHR 159(1995), 567, 588；auch Semler, Leitung und überwachung, Rn. 464, 466, der zu Recht annimmt, dass der Aufsichtsrat der abhängigen Gesellschaft nicht auf seinen Vorstand einwirken darf, wenn dieser aufgrund rechtmäßigen Konzerneinflusses vom Interesse der Untergesellschaft abweicht. Nach BGH v. 21.12.1979—II ZR 244/78, DB 1980, 438＝AG 1980, 111 führt die Interessenvertretung zugunsten des herrschenden Unternehmens nicht zum Ausschluss der Haftung als Aufsichtsratsmitglied der Untergesellschaft.

[2]   Scheffler, DB 1994, 793, 799；Lutter in FS Priester, 2007, S. 417 ff.

[3]   Zu Letzterem Hüffer, Komm. AktG, § 308 Rn. 19；Krieger, Münchener Hdb. AG, § 70 Rn. 149；Potthoff/Trescher/Theisen, Das Aufsichtsratsmitglied, Rn. 615；a. A. Koppensteiner, Kölner Komm. AktG, § 308 Rn. 50 ff.

[4]   Potthoff/Trescher/Theisen, Das Aufsichtsratsmitglied, Rn. 612；Hommelhoff, ZGR 1996, 144, 147.

[5]   Potthoff/Trescher/Theisen, Das Aufsichtsratsmitglied, Rn. 616.

[6]   Koppensteiner, Kölner Komm. AktG, § 323 Rn. 7；Grunewald, MünchKomm. AktG, § 323 Rn. 2；Hüffer, Komm. AktG, § 323 Rn. 3；Ziemons in K. Schmidt/Lutter, Komm. AktG, § 323 Rn. 6 und 13；Potthoff/Trescher/Theisen, Das Aufsichtsratsmitglied, Rn. 624.

第五章

监事会与决算审计人员

■ 第一节　概述

本书的论述对象是监事会以及监事的权利与义务，因此仅在论述个别问题时才会提及决算审计人员，比如说在论述监事会与由股东大会选出的决算审计人员签订审计合同的权限（《股份法》第111条第2款第3句）时或者决算审计人员有必要参与监事会关于年度决算和康采恩年度决算的讨论（《股份法》第171条第1款第2句）时以及监事会判断决算审计人员的独立性时。然而考虑到与监事会之间存在密切联系的决算审计人员所扮演的特殊角色以及所承担的特殊职责，特别是在《企业控制及透明度法》和《企业透明度及披露法》作出相应修改之后，决算审计人员已不应仅限于在上述情况下"出场"：他们已成为监事会**履行监督职责**时的顾问，[①]这一角色定位早已在1931年的临时条例中得到确认。

■ 第二节　详述

一、作为监事会顾问和助手的决算审计人员

20世纪20年代发生的经济危机引发了人们对重大股份法问题的思考，而决算审计人员正是在1931年的股份法改革[②]中由德国立法者"发明"的，更确切地说他们是作为监事会履行审查及确定年度决算义务（今天的《股份法》第171、172条）时的助手出现的；这是因为监事会已无法胜任这项专业性和技术性极强

---

① Eingehend dazu die Beiträge in Lutter(Hrsg.), Der Wirtschaftsprüfer als Element der Corporate Governance, 2001.

② Erste Notverordnung des Reichspräsidenten vom 19. 9. 1931, RGBl. I/1931, S.493 ff.; vgl. dazu Schlegelberger/Quassowski/Schmölder, Verordnung über Aktienrecht, 1932, § 262a HGB 1931 Rn.6; Klausing, Reform des Aktienrechts, 1933, S.171 f.

的任务了。但此后决算审计人员逐渐承担起对公众,特别是对资本市场上的投资者的**担保职责**,他们要向公众(特别是投资者)证实公司的年度决算及其附件以及状况报告的正确性(即与董事会向其提交的报告相一致)。这样一来,决算审计人员逐渐脱离了其作为监事会助手的角色并开始向负有编制(并提交)年度决算的董事会靠拢:显然,为了能够在准备阶段就消除不同看法,董事会要首先与决算审计人员取得一致。《企业控制及透明度法》希望通过尽力澄清**决算审计人员所扮演的两种角色**——监事会的顾问和投资者及公众的担保人——同时强调决算审计人员对监事会所负的协助职责来遏制这种发展势头。①这种双重角色如今也已被欧盟立法者接受并在欧洲范围内的决算审计改革中加以推广。

策尔纳(Zöllner)认为②《企业控制及透明度法》为决算审计人员设定的职责是为监事会提供协助并提高监督行为的质量,但是并未改变其角色,特别是面对公众时所应扮演的角色。

二、与决算审计人员签订(审计)合同

173　　决算审计人员由股东大会聘任(《商法典》第 318 条第 1 款第 11 句,《股份法》第 119 条第 1 款第 4 项,《有限责任公司法》第 48 条第 1 款)。③此外,还必须与审计人员签订一份具有承揽合同性质的**事务处理合同**,④从而确定其报酬以及任务范围。此项工作本来要由董事会完成,但《企业控制及透明度法》将它转交给了监事会(《股份法》第 111 条第 2 款第 3 句)。⑤这只是若干项修改中

---

① In diesem Sinne Begründung des Regierungsentwurfs BR-Drucks. 872/97, S. 41; abgedruckt auch bei Ernst/Seibert/Stuckert, KonTraG, KapAEG, StückAG, 1988, S. 29 ff.; Endres, ZHR 163(1999), 441, 457; Forster, AG 1999, 193, 194; Hommelhoff, BB 1998, 2567, 2568 f.; Hommelhoff/Mattheus, AG 1998, 249, 251 („Gehilfe des Aufsichtsrats"); Mattheus, ZGR 1999, 682, 684; nach Hopt/Merkt in Baumbach/Hopt, Komm. HGB, § 317 Rn. 1: „Partner des Aufsichtsrats", nach Gelhausen, BFuP 1999, 390 „eine Zweckgemeinschaft". Zum Ganzen Kraßnig, S. 47 ff. Zu den Reformplänen der EU Schüppen, ZIP 2012, 1317; Velte, NZG 2012, 535.

② Zöllner in Noack/Spindler(Hrsg.), Unternehmensrecht, S. 69, 85.

③ Zum Abschlussprüfer im Konzern siehe unten Rn. 187 f.

④ BGH v. 28. 10. 1993—IX ZR 21/93, BGHZ 124, 27, 30 = AG 1994, 81; Adler/Düring/Schmaltz, Prüfung und Rechnungslegung der Unternehmen, § 318 HGB Rn. 126; Hopt/Merkt in Baumbach/Hopt, Komm. HGB, § 318 Rn. 3; Bormann in MünchKomm. Bilanzrecht, § 318 HGB Rn. 50.

⑤ § 111 Abs. 2 Satz 3 AktG könnte dahin missverstanden werden, dass der Aufsichtsrat nur dann die Kompetenz zur Erteilung des Prüfungsauftrags innehat, wenn die Aufstellung und Prüfung der(Konzern-) Abschlüsse gesetzlich angeordnet ist. Von der Regierungskommission „Corporate Governance" wurde aus diesem Grund eine gesetzliche Klarstellung dahingehend angeregt, dass der Aufsichtsrat auch bei den freiwillig aufgestellten(Konzern-) Abschlüssen für die Auftragserteilung zuständig ist, vgl. Baums(Hrsg.), Bericht der Regierungskommission, Rn. 284. Diese Klarstellung ist bislang nicht erfolgt.

的一项,出于决算审计人员中立性的考虑,董事会与其监督者之间的"距离"应通过这些修改被进一步"拉大"。①法律(仅)规定了一个**最小范围**(包括:审查年度决算以及状况报告;审查康采恩决算以及康采恩状况报告;审查董事会的风险管理系统)。监事会可以在此范围内确定其**审查(计)重点**,比如说对适用于衍生金融商品交易、储备评估以及长期投资委托带来的损失风险的监督机制进行更严格的审查。这些审查重点每年都应当根据具体情况被适当地变换。②监事会能够——而且在某些情况下必须——超出上述范围(进行行为),比如说根据《股份法》第 111 条第 2 款第 2 句在个别年份安排更有针对性且范围更广的审查,如有针对性的贿赂或欺诈审查或者董事会信息规则(下文边码 317)遵守情况审查。

　　(全体)监事会通过决议确定审查(计)范围,但不能**与决算审计人员进行协商**。它可以授权审计委员会或监事会主席处理此事。此授权只是一项进行准备工作的授权(也就是说最终仍必须要全体监事会作出决定③)还是一项可由(监事会主席或)某一委员会作出最终决定的授权,④是存在争议的。这两种观点都拥有很好的论据。支持将"委托审计人员进行审计"这件事完全授权某一委员会(例如审计委员会)处理的观点(也就是后一种观点)一般会援引《股份法》第 107 条第 3 款第 3 句的规定。该条款规定的**"授权禁止"**恰好未提及对决算审计人员的授权。⑤然而对此我们必须予以反驳:对审计人员的任务作出具体安排是监事会合格履行其年度决算审查职责的一个重要基础(所以根据《股份法》第 171 条第 2 款第 3 句,监事会必须对决算审计人员的审计报告

174

---

　　① Forster, WPg 1998, 41, 42; grundlegend Hommelhoff/Mattheus, AG 1998, 249, 257.

　　② Vgl. Begr. RegE BR-Drucks. 872/97, S.41; Rodewig in Semler/v. Schenck, Arbeitshandbuch für Aufsichtsratsmitglieder, §8 Rn.210; Lutter, Information und Vertraulichkeit, Rn. 337; Forster, WPg 1998, 41, 43; Kompenhans/Splinter in Deloitte, Corporate Governance-Forum 4/2012, S.13 f.

　　③ In diesem Sinne Drygala in K.Schmidt/Lutter, Komm. AktG, §111 Rn.38; Forster, WPg 1998, 41, 42; Hommelhoff, BB 1998, 2567, 2570; Hommelhoff/Mattheus, AG 1998, 249, 257; Mattheus, ZGR 1999, 682, 708; Theisen, DB 1999, 341, 345; Schindler/Rabenhorst, BB 1998, 1886, 1887; Ziemons, DB 2000, 77, 81.

　　④ So Bürgers/Israel in Bürgers/Körber, Komm. AktG, §111 Rn.16; Habersack, MünchKomm. AktG, §111 Rn.82, 86; Hambloch-Gesinn/Gesinn in Hölters, Komm. AktG, §111 Rn.62; Hopt/Roth, Großkomm. AktG, §111 Rn.487; Hüffer, Komm. AktG, §111 Rn.12c; Spindler in Spindler/Stilz, Komm. AktG, §111 Rn.51; Altmeppen, ZGR 2004, 390, 405 f.

　　⑤ Hüffer, Komm. AktG, §111 Rn.12c; Spindler in Spindler/Stilz, Komm. AktG, §111 Rn.51; Hopt/Roth, Großkomm. AktG, §111 Rn.487; Grigoleit/Tomasic in Grigoleit, Komm. AktG, §111 Rn.34.

发表自己的意见),根据《股份法》第 107 条第 3 款第 3 句,此项安排不能被排他地交由某一委员会作出。①另外我们还必须考虑到的是,随着《企业控制及透明度法》的修改,决算审计人员与(全体)监事会之间的有效合作得到了一定促进,而且后者应通过对审查(计)重点施加有针对性的影响来改进其自身的监督行为。因此政府草案立法理由中的以下表述并不是没有原因的:"……它(监事会)可以将这方面的**准备性**工作授权……某一委员会来完成。"②按照立法者的意愿,关于审计合同内容的排他性决定权以及由此带来的相应责任仍由全体监事会享有和承担。不过在签订合同时,监事会主席可以以监事会**意思表示代理人**的身份出现。③

175　　关于董事会是否可以参与到签订审计合同的**准备阶段**中这一问题仍存在争议;根据上文提到的立法理由,董事会的参与在准备性工作的框架内是被允许的;④与此相反,学术界根据《企业控制及透明度法》所预期的董事会与决算审计人员之间的"分割线"而对董事会的此类参与持否定态度。⑤不可否认的是,在签订审计合同时,董事会的知识是非常有帮助的,但不管怎样,监事会始终对董事会方面所作的贡献持一种批判性审查的态度。⑥

三、决算审计人员的审计报告(《商法典》第 321 条)

176　　《商法典》第 316 条第 1 款第 1 句、第 2 款结合第 267 条意义上的公司必须进行强制审计。决算审计人员/康采恩决算审计人员不仅必须在一份批准(认可)说明中(《商法典》第 322 条)对其审计结果作出总结,而且必须在**审计报告**

---

① Drygala in K. Schmidt/Lutter, Komm. AktG,§ 111 Rn. 38;Theisen, DB 1999,341,345;Ziemons, DB 2000,77,79 stellt außerdem darauf ab, dass die Erteilung des Prüfungsauftrags an den Abschlussprüfer die allgemeine überwachungsaufgabe konkretisiere, die, obwohl sie in § 107 Abs. 3 Satz 3 AktG keine Erwähnung gefunden hat, unbestritten nicht auf einen Ausschuss verlagert werden kann;in diesem Sinne auch Hommelhoff, BB 1998,2567,2570.

② BR-Drucks. 872/97, S. 41.

③ Hüffer, Komm. AktG,§ 111 Rn. 12c;allgemeiner Hüffer in FS Claussen, 1997, S. 171,184;Schindler/Rabenhorst, BB 1998,1886,1887.

④ BR-Drucks. 872/97, S. 47;kritisch Forster, WPg 1998,41,42 f.

⑤ Hopt/Roth, Großkomm. AktG,§ 111 Rn. 474;Hommelhoff, BB 1998,2567,2570;Lenz/Ostrowski, BB 1997,1523,1524;kritisch auch Dörner, DB 1998,1,5.

⑥ Von Rechts wegen ganz außerordentlich problematisch ist die nach wie vor gar nicht selten Übung, dass der Vorstand die gesamte Vorbereitung einschließlich der Auswahl des Abschlussprüfers übernimmt und dem Aufsichtsrat nur noch das fertige Ergebnis zur Beschlussfassung und Unterzeichnung vorlegt;dazu Lutter, Information und Vertraulichkeit, Rn. 325.

中对其全部审计工作进行描述和说明(《商法典》第 321 条),欧盟立法者也在欧洲范围内对此作出强制性规定。[1]其中审计人员必须加以特别描述的是:

> ……簿记和其他要接受审计的资料(如年度决算、状况报告、康采恩年度决算以及状况报告)是否符合法律规定以及公司合同或章程中的补充规定。在此框架内,只要那些未导致限制或拒绝作出批准(认可)说明的指责对经营管理以及被审计公司的监督具有重要意义,审计人员就必须就此作出报告。此外,还要予以探讨的是,公司决算是否在遵循合格簿记原则或其他重要会计原则的前提下反映出公司或康采恩的财产、财政以及收益方面的真实情况。为此,审计人员必须就重要的评估依据及其变化,包括决算权、评估选择权的行使,酌处范围的利用以及按照实际情况制定的措施这几方面内容对财产、财政和收益情况的描述产生了哪些影响进行讨论。此时,年度决算和康采恩决算中的各个项目必须被分类加以详细说明(只要附件未对此作出说明)。再者,审计人员必须说明法定代理人是否应要求作出解释并提供相应证明。

除此之外,审计人员还必须说明:

——在审计过程中是否发现不正确(疏漏)或违反法律规定的情况;

——是否发现可能威胁被审计公司或康采恩存续或者严重阻碍其发展的事实情况;

——是否发现能够揭露法定代理人或职工严重违反法律、公司合同或章程的行为的事实情况[2](《商法典》第 321 条第 1 款)。

最后,就**上市公司**[3]而言,审计人员必须在其报告的一个特殊章节中对以下事项发表其看法,即:

> ……董事会是否以适当方式实施了其根据《股份法》第 91 条第 2 款所应实施的措施以及根据该条款建立起来的监督机制能否完成其任务(《商法典》第 317 条第 4 款)。

为了反映出(新引入的、旨在协助监事会开展工作的《商法典》第 317 条第 1 款第 3 句意义上的)决算审计对问题的更强针对性,《企业控制及透明度法》

177

---

① Dazu Hommelhoff, DB 2012, 389 ff., 445 ff.

② 根据"公司治理"政府委员会的建议(Baums [Hrsg.], Bericht der Regierungskommission, Rn.290),审计人员就与会计有关的法律及章程违反作出报告的义务今后应在一项特别说明中被履行,该报告只能向监事会作出。审计人员因而负有更高的说明义务。《企业透明度及披露法》,vgl. Lück, BB 2001, 404.

③ § 317 Abs. 4 AktG hatte zunächst einen engeren Anwendungsbereich als der Begriff der Börsennotiertheit aus § 3 Abs. 2 AktG; das wurde durch das TransPuG geändert.

和《企业透明度及披露法》对审计报告方面的法律规范进行了全面**重新修订**。据此，审计人员应（自始）这样理解审计工作，即"在认真履行职责的过程中发现"**不正确（疏漏）**以及**违反法律和/或章程**的事实情况。此外，另一项更新对监事会同样很有帮助：今后，**决算审计人员**必须在其审计报告中"首先"对董事会制作的（康采恩）状况报告**作出评论**（参见《商法典》第 321 条第 1 款第 2 句）。这样做可以使监事会注意到企业存续以及未来发展方面存在的重大问题。①

178　　上述所有信息均"流向"监事会，它是报告的受领人（《商法典》第 321 条第 5 款第 2 句），也就是说审计报告直接交由监事会主席转呈监事会即可，而无需经由董事会转交。不过，在审计报告经审计人员签字之后、被转呈监事会之前，董事会仍有机会（对该报告）发表自己的意见（《商法典》第 321 条第 5 款第 2 句后半句）。

179　　原则上，每名监事都享有要求审计人员提交审计报告的个人请求权（《股份法》第 170 条第 3 款第 2 句前半句）。然而如果监事会通过决议决定设立一个委员会（参见边码 743 及以下），那么它可以同时作出**只有该委员会的成员**有权受领审计报告的决定。当然，这并不会影响每名监事查阅审计报告并获悉其中内容的权利（《股份法》第 170 条第 3 款第 1 句）。②

180　　决算审计人员/康采恩决算审计人员的**审计报告**是监事会及其成员（监事）最重要的**"中立"信息来源**，因此监事会必须认真研究此类报告并在必要时与审计人员进行讨论。③决定性的决算会议（下文边码 181）结束后，监事会就不能再主张其未看到或看懂有关材料了。相反：根据《股份法》第 93 条和第 116 条第 1 句，这样的意思表示将成为有关监事对公司承担个人**责任**的最简单

---

① Hommelhoff/Mattheus, AG 1998, 249, 256 f.; Schindler/Rabenhorst, BB 1998, 1939, 1940; vgl. im Einzelnen zum Lagekommentar des Abschlussprüfers Hopt/Merkt in Baumbach/Hopt, Komm. HGB, § 321 Rn.1. Die Berichtspflichten des Abschlussprüfers hat das Institut der Wirtschaftsprüfer(IDW) in einem Prüfungsstandard(IDW PS 450) zusammengefasst. Dazu Uwe H.Schneider, Der Aufsichtsrat 2012, 97.

② Strieder/Graf, BB 1997, 1943, 1945 sehen in dem Verweis auf das Einsichtsrecht eine zu weitgehende faktische Informationsbeschränkung für Nichtausschussmitglieder; zustimmend Vaude, NZG 2009, 737, 738 f.; für eine einschränkende Auslegung Drygala in K. Schmidt/Lutter, Komm. AktG, § 111 Rn.19; Hüffer, Komm. AktG, § 170 Rn.12 hält es für praktikabel; ebenso Hennrichs/Pöschke, MünchKomm. AktG, § 170 Rn.85 f.; Hommelhoff, BB 1998, 2567, 2573 geht von einer Aushändigungspflicht gegenüber jedem Aufsichtsratsmitglied im Hinblick auf den Prüferkommentar zum Vorstands-Lagebericht aus, denn nur so könnte dieser objektiv gewürdigt werden.

③ Velte, AG 2009, 102, 107. Zur Sorgfaltspflicht und Verantwortlichkeit des einzelnen Mitglieds siehe ausführlich Hennrichs/Pöschke, MünchKomm. AktG, § 171 Rn.93 ff.

清楚的直接依据。即使有关监事将此项职责委托给监事会的一名代表或者监事会中某一小组乃至一个外部专家，也不能使自己免责。①

相反，决算审计人员的独立性对其提供给监事会的审计信息的可信性起着决定性作用。因此审计人员必须依《股份法》第 171 条第 1 款第 3 句向监事会报告其存在疑虑的情况以及其在决算审查之外取得的工作成果。随后监事会要对该报告及审计人员的独立性进行审查（《股份法》第 107 条第 3 款第 2 句）。此外还可以考虑建议监事会决定（或者至少同意）授权决算审计人员处理决算审查之外的审计工作。②

四、监事会决算会议

监事会从董事会处得到制作完成的年度决算并从决算审计人员处得到批准（认可）说明以及审计报告。对于康采恩的相应材料（即康采恩年度决算、审计人员就康采恩年度决算所作的批准说明和审计报告）来说，同样如此。③在此基础上，**每名监事**都必须对这些材料进行研究和审查，并**在审计人员在场的情况下**与之就他是否批准年度决算进行讨论：只有在审计人员作出批准表示后，该年度决算才最终被确定下来（《股份法》第 172 条），并成为之后的股东大会股息分配决议的依据。董事会、监事会以及决算审计人员共同为随后将予以公布的年度决算（包括状况报告）以及康采恩年度决算（包括康采恩状况报告）负责。

此外，监事会在决算会议中听取决算审计人员报告时（以及给予审计任务时就已经）应当保证自己除获得《商法典》第 321 条规定的报告内容外还可获得关于所有重大事件的报告，这些事件是在审计人员进行决算审查过程中发生的，并且对（监事会的）监督职责具有重要意义，例如组织缺陷。④《准则》在第 7.2.3 条提出了相似的建议。⑤

181

---

① BGH v. 15.11.1982—II ZR 27/82, BGHZ 85, 293 ff.＝AG 1983, 133(Hertie) und dazu Hommelhoff, ZGR 1983, 551; vgl. auch Hennrichs in FS Hommelhoff, 2012, S.383, 393 ff.

② Hommelhoff in FS Hoffmann-Becking, 2013, S.547.

③ "公司治理"政府委员会建议，监事会或审计委员会应确定审计委员会成员或者由职工代表及股东代表选出的监事在批准说明作出前即已获得年度（康采恩）决算、（康采恩）状况报告以及短期审计报告（意见）的草案。此项规则旨在使上述人员及早注意到监事会的意见和建议。《准则》委员会未采纳此项建议。

④ Benner(Hrsg.), Bericht der Regierungskommission, Rn.324.

⑤ Siehe dazu auch den Fragenkatalog für Aufsichtsräte bei Pfitzer/Oser/Orth, Der Aufsichtsrat 2006, 2, 3 sowie den Prüfkatalog bei Hennrichs/Pöschke, Münch-Komm. AktG, §171 Rn.29 ff.

审计师协会(IDW)在其 PS 470 标准中对适用于决算审计人员与监督机构之间沟通联络的各项原则进行了总结。

182 　　由于年度决算/康采恩年度决算的特殊重要性以及监事会对此所负的特殊责任,法律(《股份法》第 171 条第 1 款第 2 句)明确规定在(全体)监事会就年度决算的审计和确定以及康采恩年度决算的审计进行讨论时决算审计人员必须**在场**。①据此,上述任务不能被委托给一个可以作出决议的委员会完成(《股份法》第 107 条第 3 款第 3 句)。为了使监事会与决算审计人员能够在这种情况下进行交流,后者在提交书面报告后仍必须就其审计结构向监事会作出说明性和补充性的**口头**报告。

183 　　法律还同时规定决算审计人员必须"参加监事会或一个委员会的讨论"。部分学者由此得出以下结论:决算审计人员仅参加(准备性决算)委员会会议即可;他们不必再参加全体监事会会议,即便这可能是非常有意义的。②这种观点是不正确的。只有全体大会才享有年度决算(以及康采恩年度决算)的决定权(《股份法》第 107 条第 3 款第 3 句)。因此,决算审计人员必须出席监事会全体会议("随时听候监事会的吩咐"),而且必须给予每名监事提出问题的机会。由此可见,法条中的"或者"一词(在累积意义上)涉及(审计)委员会。③决算审计人员同样必须参加该委员会的会议;这是因为该委员会所进行的预先审计可能要比全体大会所进行的预先审计更为深入和专业。④

　　通过上述决算审计人员参加委员会及全体大会会议的义务,法律再次剥夺了监事会及监事(之后在未认识到个别材料的意义时的)的异议权:根据上述规则,监事会以及每名监事无疑已获得提出并消除疑问的时间和机会。⑤因此,每名监事借助充足的材料为会议进行全面准备并参与相关讨论都是特别

---

① Damit hat der KonTraG-Gesetzgeber entsprechenden Forderungen im Schrifttum Rechnung getragen: vgl. etwa Lutter, ZHR 159(1995), 287, 299; Claussen, AG 1996, 481, 488; Theisen, WPg 1994, 809, 815.

② Kropff, MünchKomm. AktG, 2. Aufl., §171 Rn. 109; ebenso Hennrichs/Pöschke, MünchKomm. AktG, 3. Aufl., §171 Rn.125; Potthoff/Trescher/Theisen, Das Aufsichtsratsmitglied, Rn.1561; Hüffer, Komm. AktG, §171 Rn.11a; E. Vetter in Henssler/Strohn, Komm. Gesellschaftsrecht, §171 AktG Rn.6; Velte, AG 2009, 102, 107 f.

③ Siehe auch Lutter, AG 2008, 1, 3.

④ Das hier Gesagte gilt in gleicher Weise für den Konzernabschlussprüfer. Dazu unten Rn.187 f.

⑤ "公司治理"政府委员会建议对《股份法》第 171 条第 1 款作如下补充,即每名监事均有权在监事会或审计委员会讨论中要求审计人员就其审计结果作出说明。(Baums [Hrsg.], Bericht der Regierungskommission, Rn.326.)直到现在也未得到补充,不过目前来看也没用补充的必要:因为涉及监事会或审计委员会的会议,而每名监事本来也有权在会议上发言并提问。

值得肯定的。①

决算审计人员的出席义务**并不像**根据有关法律条文的表述（"只要章程未 184
做出不同规定，审计人员就有义务参加……"②）所可推知的那样，**是受监事会
支配的**。对法律作出这样的解释符合《企业控制及透明度法》生效前的法律状
况，该法的制定者当时正是希望通过重新作出规定实现决算审计人员与监事
会之间更紧密的合作。再者，从《股份法》第171条第1款第2句的条文中找
不到任何支持监事会的排除权的依据。③即使决算审计人员未参加监事会决算
会议，也不影响已确定年度决算的效力。④监事会或其主席未邀请决算审计人
员参加会议或者决算审计人员未出席会议均是违反义务的行为。⑤因此，视违
反义务的主体不同——决算审计人员或监事会，将分别产生以下两种公司的
损害赔偿请求权——基于违反审计合同而产生的对决算审计人员的损害赔偿
请求权和基于《股份法》第116条第1句意义上的对注意义务的违反而产生的
对监事的损害赔偿请求权。⑥

五、附加审计

（1）年度决算、状况报告、康采恩年度决算以及康采恩状况报告的审计人 185
员必须制定一份法定的、范围广泛的审计计划并就此向监事会作出报告。⑦不

---

① Im Einzelnen dazu Hennrichs/Pöschke, MünchKomm. AktG，§171 Rn. 167 und
Claussen/Korth, Kölner Komm. AktG，§171 Rn. 3.

② Begründung zum Regierungsentwurf BR-Drucks. 872/97, S. 58.

③ Hüffer, Komm. AktG，§171 Rn. 11a；Kropff, MünchKomm. AktG, 2. Aufl.,
§171 Rn. 111 und Hennrichs/Pöschke, MünchKomm. AktG, 3. Aufl.，§171 Rn. 101 f.；
Waclawik in Hölters, Komm. AktG，§171 Rn. 13；Bischof/Oser, WPg 1998, 539, 541 f.；
Böcking/Orth, WPg 1998，351，361；Schindler/Rabenhorst, BB 1998，1886，1888；
Schulze-Osterloh, ZIP 1998，2129，2133；a. A.：ohne Begründung Dörner, DB 1998，1，6；
Gelhausen, AG 1997, Sonderheft，73，79；Lingemann/Wasmann, BB 1998，853，858；
Peemöller/Keller, DStR 1997，1986，1988.

④ Drygala in K. Schmidt/Lutter, Komm. AktG，§171 Rn. 9；Euler in Spindler/Stilz,
Komm. AktG，§171 Rn. 28.

⑤ Scheffler, WPg 2002，1289，1300.

⑥ Hüffer, Komm. AktG，§171 Rn. 11a；Euler in Spindler/Stilz, Komm. AktG，§171
Rn. 27 f.；Bischof/Oser, WPg 1998，539，543；Schindler/Rabenhorst, BB 1998，1886，1888 f.

⑦ Börsennahe Gesellschaften sind durch das TUG verpflichtet worden, einen Halb-
jahresfinanzbericht zu erstellen und zu veröffentlichen. Dieser Bericht kann-nicht muss-durch
einen dafür eigens zu bestellenden Abschlussprüfer einer prüferischen Durchsicht unterzogen
werden，§37w WpHG. Der Aufsichtsrat wird in diesem Zusammenhang vom Gesetz nicht
angesprochen, doch tut er gut daran, sich diesen Bericht und ggf. den Vermerk des
Abschlussprüfers vor seiner Veröffentlichung vorlegen zu lassen；vgl. dazu Wagner, BB
2007，454 ff. und Wiederhold/Pukallus, Der Konzern 2007，264 ff.

过,监事会仍然有机会(基于一般原因或特殊理由)对该审计计划进行补充。因此就像上文边码 173 所论述的那样,监事会的以下做法有时是可取的,即委托审计人员对工作人员可能的**贪污**及**贿赂**行为进行专项调查。不过,委托审计人员对以下事项,如**租金**、**地产价值**、董事会**制定计划**方面以及向监事会提供及时准确**信息**方面的专业技能等进行临时**调查**同样是可取的:所有这一切均由监事会自行决定,只要它是为了公司及康采恩利益并在适当合理的范围内实施行为。①在进行此类附加审计时,审计人员是作为《股份法》第 111 条第 2 款第 2 句意义上的专家而得到监事会委托的。

186　　　(2) 当监事会"听说"董事会实施**错误行为**时,就可以考虑委托审计人员进行附加审计。②在这种情况下,对董事会进行(进一步)查问已毫无用处,根据《股份法》第 111 条第 2 款亲自进行审查(下文边码 241 及以下)在有疑问时同样没有任何帮助。此时很自然会产生委托审计人员进行附加审计的想法。③

六、康采恩决算审计

187　　　《企业控制及透明度法》将《商法典》第 290 条意义上的**母公司**的监事会所负的对康采恩年度决算及状况报告的审查(计)义务引入《股份法》第 171 条第 1 款第 1 句中。④那些适用于单个公司年度决算的原则同样不受限制地适用于康采恩决算审计(参见上文边码 176 及以下)。特别是根据《股份法》第 171 条第 1 款第 2 句,决算审计人员有义务参加监事会或委员会就康采恩决算所举行的会议。

　　　"公司治理"政府委员会建议在《准则》中引入这样一项规定,负康采恩决算义务的母公司的监事会应确保被纳入康采恩决算中的子公司聘请(与母公司)相同的决算审计人员或者相同的审计公司,该审计人员或审计公司同样对

---

①　Siehe dazu auch die Vorschläge bei Scheffler, WPg 2002, 1289, 1299 und Hennrichs in FS Hommelhoff, 2012, S.383, 391 ff.

②　Vgl. den Fall LG Bielefeld v. 16. 11. 1999—15 0 91/98, ZIP 2000, 20 mit Anm. Westermann, ZIP 2000, 25 ff.＝BB 1999, 2630 mit Anm. Thümmel, BB 1999, 2633 ff.＝WM 1999, 2457＝AG 2000, 136.

③　Im Falle LG Bielefeld(v. 16.11.1999—15 0 91/98, ZIP 2000, 20＝AG 2000, 136) wäre das die richtige Entscheidung des Aufsichtsrats gewesen und hätte seine Pflichtwidrigkeit verhindert. In der Sache hätte es wahrscheinlich nicht geholfen, weil der Abschlussprüfer mit dem Vorstand unter einer Decke saß. Dagegen müssen praktisch alle Regeln versagen.

④　Damit sollte der Bedeutung des Konzernabschlusses bei größeren, börsennotierten Gesellschaften Rechnung getragen werden, vgl. BT-Drucks. 13/9712, S. 22; außerdem Kropff in FS Claussen, 1997, S.659, 661 f., 665.

康采恩决算进行审计。由此产生的"集中效力（集中事权作用）"将通过得到提高的康采恩决算审计效率而被证明是合理的。[1]

《准则》委员会未*遵循*上述建议。也就是说监事会可以*自由*决定其是否在康采恩子公司的股东大会上对"统一解决办法"表示支持；这是因为子公司股东大会将会作出*其监事会必须予以实施*的决定。

七、小型股份有限公司审计义务的免除

(1)《商法典》第316条第1款第1句免除了小型非上市（《商法典》第267条第1款）股份有限公司的年度决算审计义务。这当然不排除根据该公司章程规定而进行的自愿审计。[2]如果年度决算最终未被加以审计，那么**监事会的责任将会显著提高**；这是因为它是唯一能够而且必须对董事会在年度决算中所作说明进行监督的主管部门。[3]如果它感觉自己无力完成此项任务，那么它可以自行安排一名监事或专家公司进行审计（费用由公司承担）（《股份法》第111条第2款第2句）。

这同样适用于《微型公司决算法》中所谓的微型资合公司。

188

(2) 因为小型股份有限公司同样无需制作**康采恩决算**（《商法典》第293条），所以这方面的审计**义务**理所当然也被免除了。不过，如果此类公司愿意，那么它们仍然可以制作康采恩决算并进行审计，请参看边码188所作的论述。

189

八、审计委员会

监事会有权为履行其各项职责而设立各个委员会（《股份法》第107条第3款），当然也包括财会、决算和审计方面。而且与《准则》第5.3.2条一样，目前《股份法》第107条第3款第2句在新颁布的《决算审计人员指令》第41条的基础上[4]同样提出上述建议。审计委员会虽然不能作出年度决算的决议——这是全体监事会的任务——但是可以为该决议做一些准备工作，包括与决算审计人员沟通并一道对内部审计、风险管理及合规机制的有效性实施审查。[5]

190

---

[1]　Vgl. Baums(Hrsg.), Bericht der Regierungskommission, Rn.282 f.

[2]　Hopt/Merkt in Baumbach/Hopt, Komm. HGB, § 316 Rn.5.

[3]　Eingehend zum Prüfprogramm des Aufsichtsrats Hennrichs/Pöschke, Münch-Komm. AktG, § 171 Rn.29 ff.

[4]　Bei Lutter/Bayer/J. Schmidt, EuropUR, S.859 ff.

[5]　Vgl. dazu PriceWaterhouseCoopers, Der Prüfungsausschuss, 4. Aufl. 2012; Velte, AG 2009, 102; Nonnenmacher/Pohle/v. Werder, DB 2009, 1447; vgl. Lanfermann/Maul, BB 2012, 627.

这些任务范围广泛、内容复杂，可以极大地减轻全体监事会的负担。

欧洲委员会目前正在对此做进一步研究并考虑强制要求所有涉及公众利益的企业均设立审计委员会。①

---

① Vgl. Lanfermann/Maul，BB 2012，627；Verse，EuZW 2013，336，339 f.

第 六 章
监事会中的信息与保密

■ 第一节　监事会获取信息[①]

一、概述

监事会必须对经营管理的合法性[②]、合规则性、经济性以及合目的性[③]（适 191
当性）进行监督。它必须为董事会提供咨询并进行人事补充。这一切只有在
它（监事会）——也就是其成员（监事）——对公司中的事件有所了解时才能实
现。然而因为现在监事会并不经营管理公司，所以它无法通过亲自查看或行
动了解公司计划和事务，而必须通过其他部门或人员获得相关信息（"被告
知"）。[④]监事会通过董事会的定期或特别报告、注册会计师（审计师）的年度报
告（《股份法》第 170 条第 3 款、第 171 条第 1 款第 2 句）[⑤]以及必要时根据《股
份法》第 111 条第 2 款所进行的亲自调查获得信息。除决算审计人员/康采恩
决算审计人员的年度报告（参见上文边码 171 及以下）之外，监事会信息系统
中最重要的部分当属董事会的报告。也就是说该系统的特点在于：恰恰是应

---

① Vgl. zum Ganzen ausführlich Lutter, Information und Vertraulichkeit, Rn. 32 ff.；
Mertens, AG 1980, 67 ff.；Krieger/Sailer-Coceani in K. Schmidt/Lutter, Komm. AktG,
§ 90 Rn. 6 ff.；Mertens/Cahn, Kölner Komm. AktG, § 90 Rn. 1 ff.；Spindler,
MünchKomm. AktG, § 90 Rn. 1 ff.；Semler, Leitung und Überwachung, Rn. 141 ff.；v.
Schenck in Semler/v. Schenck, Arbeitshandbuch für Aufsichtsratsmitglieder, § 1 Rn. 103
ff.；Theisen, Information und Berichterstattung, S. 27 ff.；Zöllner, Aktienrechtliche Binnen-
kommunikation, S. 69, 79 ff.

② BGH v. 15.11.1993—II ZR 235/92, BGHZ 124, 111, 127＝AG 1994, 124.

③ BGH v. 25.3.1991—II ZR 188/89, BGHZ 114, 127, 129 f.＝AG 1991, 312；siehe
auch Hambloch-Gesinn/Gesinn in Hölters, Komm. AktG, § 111 Rn. 9.

④ 实施监督所必需的信息水平并不足以使监事为获得交易细节而与公司的交易伙伴
取得联系，OLG Zweibrücken v. 28.5.1990—3 W 93/80, DB 1990, 1401 mit Anm. Theisen.

⑤ Soweit die betreffende AG nicht als sog. „kleine AG" nach §§ 316 Abs. 1 i. V. m.
267 Abs. 1 HGB von der Prüfungspflicht befreit ist.

当接受监督的经营管理层(即董事会)必须提供关于对其进行监督的各项信息。因此,重要的是,**每家公司**均从董事会的常规信息义务以及监事会的附加信息要求中发展出一套定期、及时、统一且(因而是)可比较的报告机制;简言之:一套由监事会自行制定并通过的董事会**报告规则**。①

此外:监事会享有一项几乎**不受限制的信息权**。②它可以获取董事会所掌握的所有信息。③

再者:监事会不得"不假思索地"信赖董事会所提供的及时且完整的信息,而是必须在必要时主动要求董事会作出特别报告(《股份法》第 90 条第 3 款)或亲自查阅公司材料。④在追究监事会责任的诉讼中,监事会以其未从董事会处获得相关信息为由所作的辩护不会得到法院支持。

192　　　　因此,监事会的信息(权)是其履行《股份法》第 111 条第 1 款所规定的**监督义务**的基础。正是出于这个原因,此项监督义务的方式及内容也影响着监事会信息(权)的类型及方式,反之亦然。就像我们在上文(边码 80 及以下)已着重指出的那样,有意义的监督必须以企业计划以及计划与实现情况的比较为基础,而这同样决定着董事会报告义务的内容——反过来,《股份法》第 90 条第 1 款第 3 句所规定的董事会的特殊报告义务也影响着监事会及其主席的义务。《企业控制及透明度法》和《企业透明度及披露法》再次明确了董事会的企业计划义务。这样一来,为了使监事会的"展望性"事前监督变得与康采恩监督一样简便易行,《股份法》第 90 条第 1 款第 1 句第 1 项括号中的补充内容有助于我们明确董事会计划义务的具体内容。⑤对于该条款所强调的另一项董事会义务——在某些情况下,董事会必须在其向监事会所作的最近一次报告中明确说明计划目标是否达成以及未达成的原因(**"探究到底"**)——来说,同样如此。⑥

---

① Vgl. dazu Lutter, Information und Vertraulichkeit, Rn. 98 ff. Eine solche Berichtsordnung empfiehlt jetzt auch der Kodex in Ziff. 3.4 Abs. 3 Satz 1. Vgl. auch Börsig/Löbbe in FS Hoffmann-Becking, 2013, S. 125, 137.

② LG Dortmund v. 10. 8. 1984—12 O 580/83, Die Mitbestimmung 1984, 410 mit Anm. Köstler; Theisen, Information und Berichterstattung, S. 112; Wilde, ZGR 1998, 423, 426 ff.; Grunewald, Gesellschaftsrecht, 2 C Rn. 83.

③ Lutter, Information und Vertraulichkeit, Rn. 289.

④ Lutter, Information und Vertraulichkeit, Rn. 383.

⑤ BT-Drucks. 13/9712, S. 15 und § 90 Abs. 1 Satz 2 AktG.

⑥ Zu den verbleibenden Schwächen der Regularberichte Zöllner in Noack/Spindler (Hrsg.), Unternehmensrecht, S. 69, 83. Eingehend und kritisch dazu auch Theisen, ZfbF 61 (2009), 530 ff.

二、董事会的定期报告

(一) 季度报告

根据法律规定(《股份法》第 110 条第 3 款),监事会至少每季度召开一次 193
会议;在实践中也大体如此。①立法者希望提高监事会委员会的素质及办事效
率,因此在制定《企业控制及透明度法》时放弃了对上述指导原则的修改。②由
于立法者的此项意图,《股份法》第 90 条第 1 款第 1 句第 3 项结合第 2 款第 3
项所规定的所谓董事会季度报告被与监事会的活动周期联系在了一起,其目
的是使监事会能够定期地、合规则地、同步地获得有关信息,因此董事会应至
少每季度作出一次报告。③这样一来,为了合格地主持监事会事务,监事会主席
必须这样安排监事会会议日期,即留给董事会制作上一季度报告的时间(根据
经验,四到六周即可)。在此意义上,董事会必须至少每季度就业务进展情况,
特别是销售情况以及公司状况向监事会作出报告(《股份法》第 90 条第 1 款第
1 句第 3 项结合第 2 句第 3 项)。④

1. 销售情况

在这方面不必作出过多说明;只是在比较和权衡时此类报告才具有一定 194
意义。因此,与销售情况有关的报告必须以周期比较方式被作出;若不是完全
按照产品或产品系列进行分类,则必须至少按照不同领域作出说明。⑤此类报
告必须首先说明销售计划可能在怎样的范围内(程度上)得以实现,也就是说
必须对年度计划的应然情况与按时间划分的实然情况进行比较,只有这样才

---

① Bleicher, Aufsichtsrat im Wandel, S.41, 44 gibt einen Durchschnittswert von 3, 80
Aufsichtsratssitzungen pro Jahr an.

② BT-Drucks. 13/9712, S.16.

③ Osterloh, AuR 1986, 332, 336 weist zutreffend darauf hin, dass die in § 90 Abs. 2
Nr. 3 AktG angeordnete „regelmäßige, mindestens vierteljährliche Berichterstattung"
vordergründig noch nichts über die Rechtzeitigkeit der Information aussagt. Insbesondere bei
Vorhaben der Gesellschaft hängt es entscheidend davon ab, in welcher Phase der Plan mit-
geteilt und die Information gegeben wird, ob der Aufsichtsrat dieses Vorhaben beratend be-
gleiten kann oder—faktisch—nur noch zur Kenntnis nehmen muss. Zum Erfordernis der
Aktualität der dem Aufsichtsrat zu berichtenden Informationen aus betriebswirtschaftlicher
Perspektive siehe Theisen, Die Überwachung der Unternehmungsführung, S.68.

④ Zur Qualität dieser Berichte vgl. die empirische Studie von Fischer/Beckmann, DB
2009, 1661.

⑤ Mertens/Cahn, Kölner Komm. AktG, § 90 Rn.37; Hüffer, Komm. AktG, § 90
Rn.6; Spindler, MünchKomm. AktG, § 90 Rn.27; Fleischer in Spindler/Stilz, Komm. Ak-
tG, § 90 Rn.27; Semler, Leitung und Überwachung, Rn.153; Potthoff/Trescher/Theisen,
Das Aufsichtsratsmitglied, Rn.659.

能反映出一个真正重要的整体情况。①

　　例如：

　　　　与去年同期相比，某公司的自行车销售额提高了 5％。这听起来固然不错，然而计划提高额却是 20％。与计划相差的这 15％才是更为重要的，并且必须由董事会作出详细解释，《股份法》第 90 条第 1 款第 1 句第 1 项。

　　2. 业务进展情况

195　　人们通常将业务进展情况理解为公司的一般发展状况，特别是与比较周期及计划相比的正面或负面偏离情况。②这方面的报告似乎与上一段提到的必要报告有些重复；其实则不然。此处的报告实际上指的是根据不同领域和产品系列（在某些情况下还包括个别产品）**对各项销售情况进行总结和分析**，从中可以清楚地了解到公司业务的进展情况以及公司在市场中的状况。

　　3. 公司状况；流动资金（偿付能力）概况

196　　不过，不论是"业务进展情况"还是公司在市场上的状况都不足以单独构成"公司的状况"；它（即公司状况）在市场上可能是很好的，但在财政方面却可能极其糟糕，这是因为公司的销售额可能是通过大幅降价"换来"的。正因为如此，公司的**收益及流动资金（偿付能力）状况**同样属于"公司的状况"。这两方面的状况必须在一份以周期比较（季度比较）形式作出的流动资金（偿付能力）概况（一览表）中被一目了然地表现出来，而对于收益状况而言，还要作出一份与产品或经营领域有关的说明。③

197　　公司总体状况说明还包括对那些导致**销售额或收益**与计划相**偏离**或者流动资金状况（偿付能力）改善/恶化的因素所作的分析。④如果人们以正确的方式看待并作出上述所有相关说明，那么监事会就可以随时使用如下这样一种有效且"与时俱进的"工具，该工具（毫无保留地）列明董事会的"功"与"过"并给予董事会进行分析和解释的机会：即使在进行周期比较或与计划相比较后发现负面偏离也不意味着经营管理一定存在缺陷；一些外部因素（例如购买力的下降、货币平价的变化、新竞争对手的出现，等等）同样可能扮演决定性且不

---

　　①　Theisen, Die überwachung der Unternehmungsführung, S. 77; Oltmanns, in Heidel, Komm. AktG, §90 Rn.8.

　　②　Semler, ZGR 1983, 1, 30; Semler, Leitung und überwachung, Rn.153; Hüffer, Komm. AktG, §90 Rn.6; Wiesner, Münchener Hdb. AG, §25 Rn.20.

　　③　Potthoff/Trescher/Theisen, Das Aufsichtsratsmitglied, Rn.659.

　　④　Peltzer, WM 1981, 346, 350 spricht in diesem Zusammenhang zutreffend vom Erfordernis einer „prägnanten Abweichungsanalyse". So ausdrücklich auch §90 Abs. 1 Nr.1 AktG.

受董事会影响的角色。

（二）年度报告

董事会必须至少每年就其计划实施的公司经营政策以及企业计划方面的 198
其他原则性问题向监事会作出报告（《股份法》第 90 条第 1 款第 1 句第 1 项以
及第 2 句第 1 项）。①此类"（董事会）**计划实施的经营政策**"只能以单独计划和
估算书的形式被加以制定和描述。②而且因为该报告必须每年针对未来（的计
划或问题）被作出，所以它必须在下一经营年度开始之前或年初被制作完成并
提交监事会。

虽然《股份法》第 90 条第 1 款第 1 句第 1 项本身仅提到"企业计划方面的 199
原则性问题"，但是该条款（包括括号中的补充内容）却使人们毫不怀疑董事会
应负有制定企业计划的义务。③此外，还可能因企业规模或所处行业的不同而
出现其他不同的计划领域。由此我们可以知道，董事会此项**"计划义务"**的范
围**只能根据具体情况被加以确定**。在这里最关键的是董事会推行着一项合理
且经得住考验的计划，该计划适应有关公司的具体结构并且能够满足其特殊
需要：生产公司的计划总是会在一定程度上不同于贸易公司的计划。④

计划义务同时还取决于董事会对希望**如何**实现其经营目标所采取的**经营
方针及策略**。董事会必须就此作出报告。因为在此背景下董事会和监事会必
须就企业未来几年的经营目标进行深入讨论并设法达成共识。⑤

根据企业管理学目前的发展状况，经营政策的计划以**估算书**为前提。⑥估 200
算书是监事会对董事会进行稳定监督的基础；这是因为无论是季度报告还是
之后的年度决算均极其明确地使计划与实际效果之间的比较成为可能。就报

---

① "计划实施的经营政策"与"企业计划"之间的关系尚不明确，vgl. Hüffer, Komm.
AktG，§ 90 Rn.4a。

② Zur Gleichsetzung von „beabsichtigter Geschäftspolitik" mit Unternehmensplanung
siehe Osterloh, AuR 1986，332，337 m. w. N.；dort auch zur Unterscheidung zwischen strat-
egischer, taktischer und operativer Planung.

③ BT-Drucks. 13/9712，S.15.

④ Zur Planungspflicht des Vorstands bereits nach altem Recht Lutter, AG 1991，249，
250 f.；Lutter, ZHR 159(1995)，287，291 f.；Kropff, NZG 1998，613，613；Albach, ZGR
1997，32，33.

⑤ Ziemons in Nirk/Ziemons/Binnewies, Hdb. Aktiengesellschaft, Rn. I 8.778 ff. Zur
Frage wie zu verfahren ist, wenn sich Vorstand und Aufsichtsrat über die Unternehmensziele
und die Strategie zu ihrer Verwirklichung nicht einigen können, vgl. oben Rn.114 ff.

⑥ Vgl. dazu Semler, ZGR 1983，1，17 f.；Semler, Leitung und Überwachung, Rn.
146；Semler in Semler/v. Schenck, Arbeitshandbuch für Aufsichtsratsmitglieder，§ 1 Rn.
129；Lutter, Information und Vertraulichkeit, Rn.54 sowie Theisen, Die Überwachung der
Unternehmungsführung, S.77—81.

告内容而言,应当在短期报告与中长期报告之间进行区别。①若想正确拟定年度预算,则该预算的核心部分必须由数字组成。(董事会)可以额外作出口头说明,但仅仅如此还不够:为工作人员规定所要达到的确切目标是必不可少的,而这必须以数字的形式表现出来。此外,所要加以计划或作出报告的时间应相对合理,这样一来数字说明就不会受到过高不确定性的影响,以至于无法给出合适的指标。只有按照上述要求拟定的报告才能使监事会在"实然—应然比较"中对董事会的监督成为可能。

201   而就**中长期计划**而言,情况则完全不同:对于"未来十年内"这样的时间长度来说,所有数字均以极高的不确定性为基础,因此为了防止错误的发生,董事会的口头说明必然是重中之重。董事会是否将其制订的计划转化为数字形式完全由其自行决定;它不必就此向监事会作出报告。②

202   现在,法律的规定已十分清楚明确——所有计划报告均必须以**周期比较**的形式被作出,比如说可以采取以下模式:

过去的一年我们的计划是什么(应然),我们完成了哪些(实然,所谓的"探究到底"),下一年我们的计划又是什么?

或者:过去的四年我们的计划是什么,到目前为止我们已完成哪些("探究到底"),我们如何根据去年的经验调整此项四年计划? 无论是正面还是负面偏离均需认真说明原因。③

203   以年度报告的形式对《股份法》第 91 条第 2 款所规定的**风险预警机制**的建立及运作方式以及合规措施作出说明同样是可取的。此类报告通常应采取书面形式;仅口头报告是不够的。

(三) **效益报告**

204   在所谓的监事会决算会议上,即在监事会根据《股份法》第 171、172 条就年度决算进行讨论并作出决议时,公司效益同样必须被加以说明(《股份法》第 90 条第 1 款第 1 句第 2 项)。这里所指的是公司的盈利能力。首先,该效益报告可以以年度计划(上文边码 198 及以下)和季度报告(上文边码 193 及以下)为基础。但是作为较长时间段(上一经营年度)的总结性报告以及对年度决算

---

①   Zum Folgenden vgl. Lutter, AG 1991, 249, 254; Krieger/Sailer-Coceani in K. Schmidt/Lutter, Komm. AktG, § 90 Rn.12 ff. Zwischen kurz-, mittel-und langfristiger Planung unterscheidet auch die Begr. RegE zum KonTraG, BTDrucks. 13/9712, S.15.

②   Wie hier v. Schenck in Semler/v. Schenck, Arbeitshandbuch für Aufsichtsratsmit-glieder,§ 1 Rn.128, der jedoch die mittelfristige Planung durchweg als quantitativ fassbar und damit als Zahlenwerk darstellbar ansieht.

③   Ebenso v. Schenck in Semler/v. Schenck, Arbeitshandbuch für Aufsichtsratsmit-glieder,§ 1 Rn.124.

的客观补充,该报告必须比季度报告及其附加报告中的相应说明以及年度决算及其附件中的必备说明①更具说服力,即该报告除必须含有对**自有资本收益的法定说明**外还必须对其他效益指数作出说明,特别是现金流量、销售效益②以及投资回报(ROI)。就上市公司而言,像**每股收益**这样的指数是极其重要的;因为这些指数对股票的买卖双方及其顾问以及企业股价均具有极为重要的意义。此外,每股收益不仅对于**股票价格收益率(又称市盈率)**的确定非常重要,而且有助于比较性股价评估目标的实现。③

关于更重要的康采恩收益,请参阅下文边码 237。④

(四) 总结

综上所述,以下**定期信息及获悉手段**必须随时可供监事会使用: 205

——年度计划及其项下内容:财政、投资和人事计划以及视行业和企业规模而定的其他计划,如流动资金(偿付能力)计划,生产、销售、采购、研发、成本及收益计划;除流动资金(偿付能力)计划外,还必须根据不同领域、产品及产品系列制订一份细分计划。同样必须被涵盖进来的还有关于风险预警机制的作用及运作方式的信息。

——包含有关指数以及上一年度实际与计划数字比较(应然—实然比较)的年度效益报告。

——年度投资预算,可能的话还包括一份投资估算。

——含有"应然—实然比较"及其分析的公司市场地位季度报告。

——关于公司收益及流动资金(偿付能力)状况的季度报告。

——关于销售、财政及投资的中期报告。

——关于董事会为实现其新目标而采取的方针和策略的报告。⑤

以上述这些客观且可核实的信息为基础,监事会绝对能够极为有效地履   206

---

① 效益报告不同于过去的业务报告和现在的附件;因此 Mertens/Cahn 的理解不正确, Kölner Komm. AktG, §90 Rn.36。

② Vgl. auch Mertens, AG 1980, 67, 70 f.; Mertens/Cahn, Kölner Komm. AktG, §90 Rn.36; Oltmanns in Heidel, Komm. AktG, §90 Rn.7; Spindler, Münch-Komm. AktG, §90 Rn. 25; Fleischer in Spindler/Stilz, Komm. AktG, §90 Rn. 25; Potthoff/Trescher/Theisen, Das Aufsichtsratsmitglied, Rn. 682 ff.; Semler, Leitung und Überwachung, Rn.150 mit Fn. 213; v. Schenck in Semler/v. Schenck, Arbeitshandbuch für Aufsichtsratsmitglieder, §1 Rn.136.

③ Vgl. Potthoff/Trescher/Theisen, Das Aufsichtsratsmitglied, Rn.688.

④ Vgl. auch Ziemons in Nirk/Ziemons/Binnewies, Hdb. Aktiengesellschaft, Rn. I 8.738.

⑤ Vgl. dazu Gerberich/Griesheimer, Der Aufsichtsrat 2010, 156.

行其对董事会的监督义务。[1]此项义务旨在查明负面的偏离(即未达成计划的目标)是暴露了经营管理的缺陷(漠不关心、糟糕的组织、工作人员缺乏动力、混乱的计划、缺少必备能力或资格,等等),还是由即使高效经营管理层也无法预知的外部因素造成的。

这当然也适用于积极的发展情况。若董事会——正如 2011 年的大众公司——能够取得企业历史上的最佳年度业绩,则监事会可以从中知道其人事决策是正确的。

(五) 不仅没有限制,而且存在扩大报告义务的可能性

207   这里谈到的董事会对监事会的报告义务是**最低义务**,因而不能被章程或监事会决议加以限制。[2]不仅如此,监事会(根据《股份法》第 90 条第 3 款)以及未对此作出禁止性规定的章程均可以**扩大董事会**的**信息义务**,例如将报告周期从三个月改为两个月:[3]根据法律的明确规定,上述常规报告及信息均属于董事会的最低义务。扩大此项义务的唯一限制是权利滥用,这里的权利滥用指的是盲目且不合理地要求董事会提交信息含量极少的附加报告。[4]另外,董事会与监事会之间——至少通过各自主席所进行的——**日常信息交流**通常是符合本书所研究的企业实践的。[5]

三、特别报告

(一) 具有重大意义的法律行为

208   即使某些法律行为只是可能对(公司的)效益及偿付能力具有重大意义,

---

① Skeptisch Theisen, Die Überwachung der Unternehmungsführung, S.78 f., der das Informationssystem des § 90 AktG im Hinblick auf die Aufgaben des Aufsichtsrats für unzureichend hält; skeptisch auch Zöllner, Aktienrechtliche Binnenkommunikation, S.69, 83.

② Allg. Meinung; vgl. nur Mertens/Cahn, Kölner Komm. AktG, § 90 Rn.53; Spindler, MünchKomm. AktG, § 90 Rn.8; Meyer-Landrut, Großkomm. AktG, 3. Aufl., § 90 Anm. 15.

③ Vgl. Spindler, MünchKomm. AktG, § 90 Rn.8; Lutter, Information und Vertraulichkeit, Rn.93; Fleischer in Spindler/Stilz, Komm. AktG, § 90 Rn.12; wohl auch Meyer-Landrut, Großkomm. AktG, 3. Aufl., § 90 Anm. 15; a.A. hinsichtlich des Rentabilitätsberichts Mertens, Kölner Komm. AktG, § 90 Rn.29.

④ Zur Frage nach weiteren Informationsschranken bei zweckwidrigem Informationsverlangen, der Gefahr missbräuchlicher Informationsverwertung und bei geheimhaltungspflichtigen Tatbeständen Lutter, Information und Vertraulichkeit, Rn.108 ff.; Mertens, AG 1980, 67, 72 f.; Mertens/Cahn, Kölner Komm. AktG, § 90 Rn.8 ff.; Krieger/Sailer-Coceani in K.Schmidt/Lutter, Komm. AktG, § 90 Rn.47; Sina, NJW 1990, 1016, 1017 ff.

⑤ Zu den hieraus resultierenden Problemen des Sonderwissens einzelner Aufsichtsratsmitglieder vgl. Emde, DB 1999, 486 ff.

董事会也必须不断就此向监事会作出报告,《股份法》第 90 条第 1 款第 1 句第 4 项以及第 2 款第 4 项。[1]即便有关业务无需监事会特别许可即可实施,也同样如此。对公司的特殊意义取决于(有关业务)对公司"**全体活动**"(例如出售生产车间或购入其他生产新产品的企业)以及对目前经营政策(例如在国外进行投资)**所可能产生的影响**。此外,计划实施的法律行为是否对公司具有特殊意义还要根据这些行为给公司效益及偿付能力所带来的风险来作出判断。因此,"特殊意义"要素的满足必须始终结合有关公司的具体情况加以确定,而且该要素的满足还取决于计划实施的法律行为本身的规模以及它与公司信息之间的关系。此项报告义务的意义和目的在于给予监事会与董事会进行讨论的机会。因此只要可能,监事会(或者至少监事会主席)就必须在有关法律行为缔结前获得相关信息。

(二) 重要事由

上述就计划实施的具有特殊意义的法律行为作出报告的义务是与《股份法》第 90 条第 1 款第 3 句规定的报告义务联系在一起的。根据该条款,董事会在存在所有其他"重要事由"的情况下同样必须作出报告。此项报告义务的背景仍然是与监事会进行的讨论以及监事会所实施的监督。[2]因此,董事会必须首先就负面事件及其对公司利益的严重危害作出报告,例如重大亏损、待收债款受到威胁、遭到公众猛烈抨击或陷入诉讼、不幸造成环境破坏、运营障碍、官方干预或面临劳工斗争,等等。[3]在这里,对于"重要"这一构成要件来说,**事件与公司通常信息之间的关系**同样是决定性的:"莫尼尔钢筋混凝土股份有限公司"以及它的一家外国子公司无法收回待收债款。公司的偿付能力因而受到威胁:该情况自然必须被立即告知监事会。

(三) 危机,风险管理(机制)

除此之外还要参看《股份法》第 92 条以及第 91 条第 2 款的规定。第 92

209

210

---

[1] Näher dazu Mertens/Cahn, Kölner Komm. AktG, §90 Rn.38 f., Lutter, Information und Vertraulichkeit, Rn. 60 ff. sowie Krieger/Sailer-Coceani in K. Schmidt/Lutter, Komm. AktG, §90 Rn.25 ff.; Bürgers/Israel in Bürgers/Körber, Komm. AktG, §90 Rn. 14.

[2] Dazu Mertens/Cahn, Kölner Komm. AktG, §90 Rn.38 f.; Lutter, Information und Vertraulichkeit, Rn.60 ff.; Peltzer, WM 1981, 346, 350 sowie Semler, Leitung und Überwachung, Rn.238 ff.; Potthoff/Trescher/Theisen, Das Aufsichtsratsmitglied, Rn.699 f.; Ziemons in Nirk/Ziemons/Binnewies, Hdb. Aktiengesellschaft, Rn.I 8.791 ff.

[3] Potthoff/Trescher/Theisen, Das Aufsichtsratsmitglied, Rn.700; Wiesner, Münchener Hdb. AG, §25 Rn.22; Krieger/Sailer-Coceani in K.Schmidt/Lutter, Komm. AktG, §90 Rn.33 ff.; Mertens/Cahn, Kölner Komm. AktG, §90 Rn.45; Oltmanns in Heidel, Komm. AktG, §90 Rn.11; Müller-Michaels in Hölters, Komm. AktG, §90 Rn.11.

条所规定的、公司遭受损失、无支付能力或资不抵债时的董事会义务同样属于监事会监督义务及其干预义务①的范畴,而且董事会所负的此项义务可能会给董事带来承担该法第 93 条第 1 款第 1 句结合第 116 条规定的完全**个人责任**的危险。②

211　　对于《股份法》第 91 条第 2 款所规定的董事会义务来说,同样如此。《企业控制及透明度法》明确规定董事会有义务在公司中建立一套适当的风险管理及内部审查机制。③监事会对该机制建立及运行情况的监督义务也由此产生。④对风险监督机制的可靠性进行全面审查已超出监事会的能力,因此此时**监督工作主要由审计人员完成**(《商法典》第 316 条第 4 款,第 321 条第 4 款)。⑤

(四) 监事会或个别监事所要求的报告

212　　最后,董事会因监事会要求而产生的《股份法》第 90 条第 3 款意义上的报告义务同样具有极其特殊的意义。监事会及其成员(监事)所享有的这项范围广泛的"动议权"只有在关于董事会常规信息义务的全面规则中才能找到其依据,⑥其原因是董事会的常规信息义务得到了正确的理解和施行,而且是完全符合目的的(适当的)。法律基于(与信息选择有关的)不同考虑和权衡对监事会及其成员(监事)的此项"动议权"作出规定。在目前为止所论述的各种情况中,"动议"要向董事会提出,因此报告的内容及形式通常由董事会决定。⑦然而董事会在该报告中所设置的重点却可能与监事会的看法完全不同。《股份法》第 90 条第 3 款考虑到了这一点并因而强调了监事会的决定性地位。因此根据该条款,在监事会的"动议范围"内,监事会(通过决议)以及每名监事均可以随时在董事会的常规报告之外要求董事会向监事会提交一份关于公司所有事务的报告。⑧

213　　此类报告在主题上仅限于那些**与公司之间存在必要关联**的公司事件。监事会或个别监事在此范围内所提出的要求绝对不得被董事会拒绝,即使只有一名监事提出此类要求也是如此。从积极方面来看这意味着:每名监事都可

---

①　BGH v. 16.3.2009—II ZR 280/07, ZIP 2009, 860＝AG 2009, 404.

②　BGH v. 20.9.2010—II ZR 78/09, JZ 2010, 1188 Anm. Habersack, S.1191 f.＝AG 2010, 785; Habersack/Schürnbrand, WM 2005, 957; Schürnbrand, NZG 2010, 1207.

③　Zur Entstehungsgeschichte Seibert in FS Bezzenberger, 2000, S.427 ff.

④　Thümmel, DB 1999, 885, 886.

⑤　Endres, ZHR 163(1999), 441, 457.

⑥　So aber Spindler, MünchKomm. AktG, § 90 Rn.32.

⑦　只要监事会未颁布董事会报告规则;vgl. oben Rn.191.

⑧　Vgl. dazu Ziemons in Nirk/Ziemons/Binnewies, Hdb. Aktiengesellschaft, Rn. I 8.797 ff.

以在这个广泛的范围内要求董事会向监事会提交附加报告,董事会或监事会的多数不得干涉。由于每名监事均享有此项权利,因此每个监事会委员会同样可以要求董事会作出此类特别报告。就像董事会不得拒绝此类报告要求一样,监事会本身也不得通过决议干涉(阻碍)个别监事行使其"动议权":此项权利不得被废除,而且无论章程还是董事会或监事会均不得对此加以限制。①

因为此时动议是由监事会或个别监事提出的,所以他们首先必须**准确地**214**表达**其要求,以便董事会能够有的放矢地在报告中对此作出回答。②而且该要求必须是*仍可以被满足的*且不得与即将作出的常规报告完全相同。换言之:如果所期待的回答产生于董事会不久前刚刚提交的常规报告或者这些报告即将被作出,而且《股份法》第 90 条第 3 款意义上的报告要求因此已不能被满足或不能被提前满足,那么该要求就变得毫无意义了。已经或将会得到满足的要求不能被提出或再次提出。③另外,监事会或监事**不得**基于其他原因**滥用**其"动议权"。例如,当一名监事出于个人目的而欲使用附加报告或其中的信息,或者其所要求的是一些与监事会监督职责(上文边码 207)毫无关系的琐事时,就属于上述对"动议权"的滥用。

(五) 特别报告的共同点

此类特别报告必须由董事会**提交给监事会**,而非要求董事会提交该报告215的个别监事。此外,下文(边码 223 及以下)将要论述的关于报告制作的形式和应尽的注意以及对报告的了解及查阅的一般规则在这里同样适用。

四、提案报告

如果董事会希望监事会作出特定决议,那么它必须在提案框架内(就相关216信息)作出报告。此类提案尤其包括:

(一) 年度决算

年度决算连同其附件(《商法典》第 264 条第 1 款第 1 句)以及状况报告均217

① Vgl. oben Rn.207; LG Düsseldorf v. 8.3.1988—36 O 138/87, AG 1988, 386, 387 lässt es aber zu, dass der Aufsichtsrat durch einstimmige Übertragung bestimmter Angelegenheiten auf einen paritätisch besetzten Ausschuss für diesen Bereich auf sein Auskunftsrecht verzichtet. Das erscheint uns problematisch.

② LG Bonn v. 16.10.1986—10 O 166/85, und OLG Köln v. 9.5.1986—19 U 193/85, AG 1987, 24 ff.; Hüffer, Komm. AktG, § 90 Rn.11; Mertens/Cahn, Kölner Komm. AktG, § 90 Rn.48; Wiesner, Münchener Hdb. AG, § 25 Rn.24; Müller-Michaels in Hölters, Komm. AktG, § 90 Rn.14.

③ Ähnlich Spindler, MünchKomm. AktG, § 90 Rn.35, der hier von Rechtsmissbrauch spricht; vgl. auch zur ähnlichen Situation im GmbH-Recht beim Auskunftsrecht der Gesellschafter Lutter/Bayer in Lutter/Hommelhoff, Komm. GmbHG, § 51a Rn.7 ff.

必须提交监事会进行独立审查。此外,决算审计人员的审计报告(只要不是"小型股份有限公司"①)必须被**直接提交给监事会**,而无需由董事会转交(《商法典》第 321 条第 5 款第 2 句)。这是监事会委托审计人员进行审计的必然结果(《股份法》第 111 条第 2 款第 2 句),而且也同时强调了决算审计人员独立于董事会。②详见上文边码 171 及以下。监事会必须对这些材料进行审查并就此作出一项肯定或否定性的决议(《股份法》第 171 条第 1 款第 1 句)。如果此类决议应例外地由股东大会作出(通常在有限责任公司中是这样),那么监事会虽然不对此承担共同责任,但却必须阐明自己对股东大会所作决议的看法(《股份法》第 124 条第 3 款),因此在这种情况下仍然需要董事会提交相同的报告及材料。③④

(二)《股份法》第 312 条所规定的附属股份有限公司的附属报告

218   附属股份有限公司(《股份法》第 17 条)董事会所作的此类极为重要的特别报告同样必须被提交给监事会。决算审计人员必须对该报告进行审查,而且其审计报告必须被直接送交监事会。监事会必须再次独立地对这些材料进行审查并就此作出决议。此时决算审计人员同样必须参加有关的监事会会议并将其重要审计结果报告给监事会,《股份法》第 314 条第 4 款。

218a   法律拒绝赋予股东查阅附属报告的权利,而仅规定股东需经审计人员及监事会的同意方可查阅;此外,根据《股份法》第 312 条第 3 款第 3 句,董事会就损害补偿所作的说明必须被纳入状况报告中。法律通过这种方式使监事会和审计人员成为**附属公司及其少数(股东)的担保人**:监事会必须对董事会及审计人员所作的报告进行更加认真的审查,而董事会必须就其与审计人员之间可能的意见分歧向监事会作出更详细的报告。

218b   此外,法律还要求附属股份有限公司的监事会**向股东大会提交**一份包括以下事项的**详细报告:**

---

①   Ist die betreffende AG nicht prüfungspflichtig, so entfällt naturgemäß auch der Prüfungsbericht, vgl. oben Rn. 189.

②   Vgl. Begr. RegE, BT-Drucks. 13/9712, S. 22.

③   《股份法》第 170 条的提交义务同样存在于适用《三分之一参与法》(该法第 1 条第 3 项援引《股份法》第 170 条)和《共同决定法》的有限责任公司,尽管这两部法律未明确援引《股份法》第 170 条;vgl. OLG Karlsruhe v. 20. 11. 1986—8 W 54/86, Die Mitbestimmung 1987, 72; Lutter, Information und Vertraulichkeit, Rn. 754 und dort Fn. 4 sowie Raiser in Ulmer/Habersack/Winter, Komm. GmbHG, § 52 Rn. 233; ähnlich auch Ulmer/Habersack in Ulmer/Habersack/Henssler, Mitbestimmungsrecht, § 25 MitbestG Rn. 58, die auf § 111 Abs. 2 AktG i. V. m. § 25 Abs. 1 Nr. 2 MitbestG verweisen。

④   根据《有限责任公司法》第 52 条,《股份法》第 170 条的提交义务和该法第 171 条的监事会审查(计)义务同样适用于选设监事会。

——监事会对附属报告的审查结果。

——审计人员对附属报告的审计结果,要求对审计人员的批准或拒绝说明进行**逐字复述**。

在该报告的结尾处监事会必须说明:

根据其全面的审查结果,(监事会)是否对董事会所作的《关联企业关系报告》结尾处的说明提出异议。

如果监事会未作出该报告或者该报告缺少某一事项,那么监事会不能免责。在这种情况下,(已作出的)决议是可撤销的。[①]

如果所涉及的是**小型股份有限公司**(根据《商法典》第 316 条第 1 款、第 267 条 1 第 1 款,此类公司不必进行强制审计,因此也就不必委托审计人员对附属报告进行审计),那么监事会必须对有关报告进行特别认真的审查;对于附属股份有限公司来说,这种情况今后将更加常见。

220

(三) 需要监事会参与(同意)的董事会措施

不少法律规定均提及此类措施(例如《股份法》第 59 条第 3 款、第 89 条、第 114 条、第 115 条、第 171 条、第 202 条第 3 款第 2 句、第 308 条第 3 款第 2 句);另外根据《股份法》第 111 条第 4 款第 2 句,考虑到各公司的不同业务范围,章程或监事会决议同样可以为特定董事会措施设置同意保留(参见上文边码 112 及以下)。上述所有情况均属于监事会对董事会经营管理的**"参与性监督"**。在这些情况下,董事会享有"动议权",但它在行使此项权利时必须征求监事会的意见。这以相应信息为前提。对于《股份法》第 111 条第 4 款第 2 款意义上的需取得监事会同意的措施来说,更是如此;此时涉及董事会与监事会之间的合作。很明显,该"合作"取决于监事会能够得到完整全面的信息,因为只有这样监事会才能单独或(与董事会)共同作出公司决策。[②]此时,只要必要信息未被包含在附带材料中,这些信息就要作为董事会支持其观点的理由被提供出来。毫无疑问,即使在这种情况下监事会也可以要求董事会提供能够对这些材料(依据)进行补充的附加问题或附加报告(参见上文边码 212)。

219

---

① Vgl. BGH v. 25.11.2003—II ZR 133/01, BGHZ 153, 47＝NJW 2003, 1032＝AG 2003, 273(Macrotron); OLG Dresden v. 23.4.2003—18 U 1976/02, AG 2003, 433, 435 (Anfechtbarkeit bei Informationsverletzung); LG München v. 29.9.2005—5 HK O 13412/05, AG 2006, 170; Altmeppen, MünchKomm. AktG, § 314 Rn.30 ff.; Hüffer, Komm. AktG, § 314 Rn.5.

② 联邦最高法院在其判决(11.12.2006—II ZR 243/05, ZIP 2007, 224)中强调:"若监事会在未获得相关信息的情况下对可能给公司造成不利后果的业务给予其同意,则它违反其机构义务并将因此承担相应责任。"

221   董事会要求监事会对其行为作出**事后同意**（追认）的做法应被极其批判地加以看待。在这种情况下，即使董事会未事先征得监事会同意，它也能够在法律上有效地行为，①但它不被允许或不应当这样做。此时可能会出现这样一些罕见的情况，在这些情况下出于时间原因或保密原因董事会事后才去征求监事会的同意（追认）也是正常的：（将有关情况）事先告知主席或主席团始终是可行的，因此也是绝对必要的。因为在这些情况下监事会已无法阻止董事会已实施的有关措施，所以它只能在对董事会经营管理进行监督的意义上对这些措施作出认真评判；对于这里所讨论的董事会与监事会之间的合作来说，监事会对（比如说）时间因素或董事会行为的看法是极为重要的。

　　监事会无义务批准董事会的措施。因此董事会实施措施后只能自担风险。因为在未获得监事会同意或批准时董事会采取相关措施是违反义务的。

五、报告的受领人

222   **董事会报告必须被提交监事会**。在书面报告的情况下，由监事会主席代表监事会受领该报告；②也就是说，只要监事会主席未请求董事会将该书面报告直接递交给全体监事，那么就由该主席将有关报告转呈全体监事。③这适用于**所有书面报告**，包括那些个别监事所要求的（附加）报告（上文边码212）。正因为如此，监事会主席必须尽快将其受领的（《股份法》第90条第1款第3句意义上的）特别报告**转交**给其他监事；监事会主席必须最迟在下一次监事会会议上将这些特别报告及其内容告知其他监事（《股份法》第90条第5款第3

---

①   Grundsätzlich ist die Vertretungsmacht des Vorstands unbeschränkt，§ 82 Abs. 1 AktG. Zustimmungserfordernisse betreffen also in der Regel nur die internen Geschäftsführungsbefugnisse，vgl. Spindler，MünchKomm. AktG，§ 82 Rn. 1，30；Fleischer in Spindler/Stilz，Komm. AktG，§ 82 Rn. 1；Weber in Hölters，Komm. AktG，§ 82 Rn. 2 ff. Die Zustimmung nach § 114 AktG beinhaltet allerdings ein Wirksamkeitserfordernis，vgl. Habersack，MünchKomm. AktG，§ 114 Rn. 27. Teilweise wird dies auch für §§ 89，115 AktG angenommen，vgl. Jörg Gessler，Komm. AktG，§ 89 Rn. 5；a. A. die h. M.，vgl. nur Spindler，MünchKomm. AktG，§ 89 Rn. 51 m. w. N.

②   监事会有权要求获得此类报告。但部分人却认为公司本身享有此项请求权，例如 Spindler，Münch-Komm. AktG，§ 90 Rn. 36 und 59；Baumbach/Hueck，Komm. AktG，§ 82 Anm. 14；weitere Nachweise bei Steinbeck，Überwachungspflicht，S. 119 in Fn. 372. Diese Ansicht stößt indes auf unüberwindliche Probleme，da sie auf einen Anspruch der Gesellschaft gegen sich selbst hinausläuft. Auch sind die Aufsichtsratsmitglieder nicht etwa Gesamtgläubiger nach § 428 BGB；so aber Peus，Der Aufsichtsratsvorsitzende，S. 154 ff.

③   H. M.，vgl. Lutter，Information und Vertraulichkeit，Rn. 187 m. w. N.；Mertens，AG 1980，67，73；Peus，Der Aufsichtsratsvorsitzende，S. 149 f. m. w. N.；Oltmanns in Heidel，Komm. AktG，§ 90 Rn. 19. Demgegenüber können mündliche Berichte nur in einer förmlichen Sitzung des Aufsichtsrats erstattet werden.

句)。根据《股份法》第 90 条第 5 款第 2 句,(只有)监事会本身(而非章程!)①可以通过决议**规定**有关报告**不必被提交**给监事,而且监事会还可以向监事指出他们是否**有权**在公司内**查阅**有关报告;单个监事永远无权查阅有关报告,否则就不必考虑将这些报告转交监事了。除上述的"转交"之外,监事通过董事会或监事会主席(直接)获取信息同样是绝对必要的,例如:董事会必须以 X 为主题或者根据《股份法》第 Y 条制作一份报告并将该报告陈列在公司营业场所内供监事查阅。

六、报告的制作

(1) 制作报告是董事会的义务。报告必须符合"认真忠实报告原则"(《股份法》第 90 条第 4 款第 1 句)。   223

(2) 报告在**内容**上必须是**完整全面**的。首先,它必须将对事实的描述与其评价(意见)认真地区分开来。其次,它应当尽可能地承接之前所作的报告并采纳其中的数据(信息)。报告的结构和条理必须清晰,表达必须简练,思路必须明确。②它还应当通过使用表格和简图来精炼和简化其描述。③最后,它必须对其中的事实进行评价,也就是说必须使监事会了解到董事会对公司状况及政策方面事实情况的意义所持的看法,必要时还必须在结尾处向监事会提出一项决策建议。   224

监事会在**未获得全面充分信息**的情况下所作的决议是**无效**的,④对此每名监事都可以提起"确认(决议无效)之诉。"

(3) 董事会必须以**何种方式**作出报告长久以来都未在法律中被加以规定,因此这在学术界同样颇具争议。⑤不过,这个争议现在已成为历史;因为《企业透明度及披露法》为《股份法》第 90 条第 4 款增加了这样一句新规定: 225

> 除本条第 1 款第 3 句规定的报告外,其他报告必须尽可能及时地、并在通常情况下以文本形式被作出。

由此可见,常规报告必须必须以**书面**或**文本**(电报、电子邮件)形式被作出,只有对报告的实时补充以及对最新事件和发展所进行的通报才能在会议

---

① Vgl. Lutter, Information und Vertraulichkeit, Rn. 196.

② Ebenso Peltzer, WM 1981, 346, 350: „Systematisch, aussagekräftig, gut gegliedert, klar und den gesetzlichen Bestimmungen entsprechend".

③ Wiesner, Münchener Hdb. AG, §25 Rn. 34; Potthoff/Trescher/Theisen, Das Aufsichtsratsmitglied, Rn. 659 f.

④ LG Hannover v. 27.6.1989—7 O 214/89, DB 1989, 1816.

⑤ Vgl. dazu etwa Lutter, Information und Vertraulichkeit, Rn. 259 ff.; Lutter, AG 1991, 249, 252; Semler, Leitung und Überwachung, Rn. 142.

上以口头形式被作出。①这是完全正确且符合事实情况的;因为只有当监事会为该会议做了周密准备并且能够从容考虑董事会所作论述的可信性时,董事会才能被施以"顾问性"的有效监督。即使拥有丰富经济经验的人也无法仅凭借口头报告准确地认识到可能出现的问题。这是因为董事会总是试图不必亲自对问题及失误进行探讨。为了在不被监事会察觉的情况下自行解决问题,董事会只能尽可能晚地向监事会指出有关问题及失误(有时可能过晚)。董事会持这种立场是非常正常的,而且这也是以下法律机制的必然后果,根据该机制,董事会必须亲自向对其享有人事任免权并因此可以对其施以严厉制裁的监事会作出报告:没有人愿意让别人抓住能置自己于死地的把柄! 也就是说监事会在其对董事会进行监督的范围内不应只是"在结着薄冰的博登湖上前行的骑士",而应当以法律为依据坚定地履行其监督职责。这就要求每名监事在每年的四次会议日期之外同样应当做相应的准备工作并把精力和时间用在公司及其问题上。②否则,监事会参与下的现代企业经营管理是不可能实现的。

226 通常情况下董事会必须以书面形式作出报告(当然是在其他计划作出的口头补充的背景之下),只有在例外情况下——即存在相应理由的情况下——才能采取口头形式。**此时不存在(董事会的)自由判断**。如果人们认为这是正确的,那么只有基于以下两个原因才能考虑作出口头报告:一是有关报告的特殊保密必要性;二是有关情况(仍)处于不确定的快速变化状态。此时同样应尽可能将口头报告的内容纳入会议记录中。

227 《股份法》第90条第4款意义上的合格董事会报告还要求董事会在监事会会议召开前**及时**将其书面常规报告提交给监事会主席或者应监事会主席的请求将该报告提交给各监事。只有在此前提条件下监事们才能对该报告进行充分研读并给出自己的评价。《股份法》第90条第4款对此作出明确规定("尽可能及时地")。③

七、康采恩中的信息及报告

(一) 适用与股份有限公司相同的规则

228 目前为止所讨论过的所有报告均涉及(单个)**公司**,而非公司集团或康采

---

① Diese zusätzlichen Ergänzungen sollten dann aber in das Protokoll aufgenommen werden, zutr. Ziemons in Nirk/Ziemons/Binnewies, Hdb. Aktiengesellschaft, Rn.I 8.806.

② Boujong, AG 1995, 203, 205 spricht sogar von „ständiger Diskussion mit dem Vorstand" und dessen „laufender Beratung".

③ Vgl. auch bei Lutter, Information und Vertraulichkeit, Rn.271. Die Formulierung des Gesetzes „in der Regel" erlaubt wiederum einen Verzicht seitens des Aufsichtsrats und Ausnahmen in Sonderfällen, z.B. hohe Vertraulichkeit des Berichtsinhalts.

恩。另外,就像上文(边码141及以下)已着重指出的那样,康采恩母公司的监事会无疑同样负有对其本公司董事会就整个康采恩的经营管理进行监督的职责。不过,它只能在获得相关信息的前提下履行此项职责;而只有董事会能够为它提供这些信息。①

虽然康采恩由独立的成员公司(即法律上独立的康采恩所属公司)组 229
成,但是法律仍将其视为功能上("统一领导",《股份法》第18条)和经济上
的统一体。②因此,康采恩母公司的董事会负有与该"统一体"有关的**经营管理义务**;③它必须就"康采恩"这个功能上的统一体进行**统一报账**(《商法典》
第290条及以下)。由此可见,母公司董事会的上述义务是其经营管理母公
司义务的组成部分,也就是说它行使着而且必须行使其基于(在康采恩所属
公司中)参股及合同而享有的对康采恩所属公司的控制权。而对此项权利
进行监督正是(母公司)监事会的职责,④不过它只能在获得相关信息的前提
下履行该职责(就像在股份有限公司中一样)。其结果是:康采恩必须**以**与
法律为(单个股份有限)公司的报告而规定的**相同方式**并依据相同规则出现
在董事会向监事会所作的报告中。而有些问题目前仍无法得到清晰的解
答,例如:为什么只有监事会主席才能受领有关报告?⑤为什么只有当康采恩
中的个别发展情况与(母)公司本身直接相关时全体监事会才能获得有关信
息? 这是因为当母公司根据《股份法》第302条有义务承担子公司所遭受的
损失时,根据该法第90条第1款母公司董事会必须就此向其监事会作出
报告。

法律本身未对康采恩中的信息问题加以充分系统的思考,因此仅在个别 230
条款(如《股份法》第90条第2、3款)中对此类问题作出规定。从这些条款中
我们可以推断出董事会对整个康采恩所负的经营管理义务以及监事会在此基
础上的监督义务。从总体上看,我们可以作出如下论述:

(二) 董事会的定期报告

(1)就康采恩而言,董事会同样必须在相同范围内并就相同事项(内容) 231
向监事会作出定期报告(季度报告、年度报告、效益报告)(《股份法》第90条第

---

① Dazu auch Potthoff/Trescher/Theisen, Das Aufsichtsratsmitglied, Rn.503.

② Koppensteiner, Kölner Komm. AktG, § 18 Rn.17 f. m.w.N.

③ Hommelhoff, Konzernleitungspflicht, 1982, S.77 m.w.N.

④ Zutreffend Semler, Leitung und Überwachung, Rn.381 ff.; ebenso Mertens, AG 1980, 67, 70; Mertens/Cahn, Kölner Komm. AktG, § 90 Rn.40 f.; Götz, ZGR 1998, 524, 540.

⑤ So etwa Hoffmann/Preu, Der Aufsichtsrat, Rn.248.1.

1 款第 2 句)。①对于(《股份法》第 319 条及以下意义上的)加入公司、一体化集团内的公司(《股份法》第 291 条及以下)以及(几乎)100％控股子公司及孙公司来说,更是如此。这些公司的经济状况、流动资金(偿付能力)及收益状况与母公司及其经济状况息息相关。这些公司经营管理中的缺陷所产生的影响丝毫不逊于母公司经营管理中的相似缺陷。母公司董事会有义务也有能力"驾驭"这些公司(例如解聘有关子公司的经营管理人员)。

立法者很晚才对此有所认识并在《企业透明度及披露法》中通过引入《股份法》第 90 条第 1 款第 2 句的全新条文对此作出规定:

如果有关公司是康采恩中的母公司(《商法典》第 290 条第 1、2 款),那么其董事会所作的报告必须详细说明子公司以及合资公司(《商法典》第 310 条第 1 款)的情况。

232　　　(2) 对康采恩经营管理进行监督所必需的信息可以**由子公司董事会提供给母公司董事会**,或者经其同意直接提交给母公司监事会。

233　　　康采恩中的此种信息流动未被禁止:康采恩(包括事实型康采恩)是为法律所允承认的(《股份法》第 291 条及以下,第 311 条及以下),因此(康采恩中的)统一领导同样是被允许的。然而由于这种统一领导以信息为基础,所以为了实现该目的,子公司应母公司的要求向其提供有关信息不仅是被允许的,而且是必不可少的。②

234　　　若此类信息是由子公司在股东大会之外提供给母公司的,则不适用《股份法》第 141 条第 4 款的规定;这是因为此时母公司并不是凭借其股东身份,而是作为康采恩领导企业获得这些信息的。③《股份法》第 131 条第 4 款第 3 句对此作出明确规定,该条款适用于母公司将子公司纳入康采恩决算中的特殊情况。

235　　　(3) 如果母公司在子公司中仍然是"真正的"**少数股东**(即股份占少数的股东)而且母子公司间也**不存在企业内部协议**,那么就像《股份法》第 311 条及

---

① Ausführlich Lutter, Information und Vertraulichkeit, Rn.148 ff. m.w.N.; Semler, Leitung und Überwachung, Rn. 404 ff.; Spindler, MünchKomm. AktG, § 90 Rn. 22. Im übrigen: Wenn z.B. VW eine neue Fabrik im In-oder Ausland zu bauen beabsichtigt, kann es für die Mitwirkung des Aufsichtsrats an Planung und Entscheidung überhaupt keinen Unterschied machen, ob diese Investition von der VW AG selbst oder einer ihrer ausländischen Tochtergesellschaften getätigt wird.

② Lutter, Information und Vertraulichkeit, Rn. 156 ff.; Pentz, ZIP 2007, 2298 ff. Zurückhaltend Spindler/Janssen-Ischebeck, Informationsfluss, S.147, 153 ff.

③ H.M., vgl. nur Krieger, Münchener Hdb. AG, § 69 Rn. 26; Zöllner, Kölner Komm. AktG, 1. Aufl., § 131 Rn.69; Hüffer, Komm. AktG, § 131 Rn.38; Scheffler, DB 1994, 793, 798; ebenso Kubis, MünchKomm. AktG, § 131 Rn.141 f.

以下所表明的那样，子公司的"反向利益"必须得到严格重视。然而这却破坏了子公司与母公司监事会之间不受限制的信息流动。[①]这样一来，子公司董事会必须"向上"作出报告，它也因此无法为了子公司及其少数股东的利益进行（期望的）信息传递。

（4）在**制作**此类关于康采恩的定期报告时，（母公司）董事会必须以该报告所应起到的作用为导向：在所列举的各个方面内将康采恩作为经济上的统一体来加以描述。这意味着，董事会必须尽可能依据与就单个公司作出报告时相同的模式及规则作康采恩报告，[②]更确切地说必须根据不同方面或领域并以周期比较或"应然—实然比较"的形式就康采恩的整体销售及收益情况作出报告。此外，董事会还必须对各个方面或领域中的特殊风险及成本因素（利息、货币、职工）作出说明。此时，它必须特别强调重要的康采恩所属公司（与单个公司中的重要车间相似），以便在可能的情况下结合这些重要康采恩所属公司所具有的优势和劣势以及它们拟定的"扬长避短"措施对这些公司的情况加以描述。

236

（5）那些适用于单个公司**年度报告**的规则同样适用于康采恩年度报告的内容[③]：其中康采恩的各项计划处于核心位置（"重中之重"）。此外，根据（各康采恩所属公司的）重点及经营地区对报告进行划分可能是最符合目的（适当）的做法：当董事会仅笼统地就其打算在（产生塑料配件及化工产品的）A 公司投资 X 美元的投资计划向监事会作出报告时，此做法的意义并不大；但是当董事会在其报告中强调其计划在化工产品领域中进行投资并具体指出将投资于A 公司时，该做法的意义就大得多了。最后，年度**康采恩效益报告**同样不能被忽视。上述考虑在这里同样适用：当母公司自身的效益报告令人满意（甚至很好）而康采恩的状况却急剧恶化时，上述做法的意义不大，甚至可能是错误的。在康采恩刚刚陷入危机时，这种情况并不少见。如果因监事会未坚持要求董事会就**母公司及康采恩的情况提供同步信息**的话，那么它是违反其义务的。为了实现对康采恩经营管理的有效监督，董事会要求监事会制定一套**监督规则**的做法是值得推荐的，该规则规定了对企业集团（康采恩）进行监督的手段。[④]

237

（三）特别报告

关于康采恩的特别报告已在法律中得到明确规定（《股份法》第 90 条第 1

238

---

① Dazu Lutter, AG 1991, 249, 255.

② 实践中，上市股份有限公司的业务及季度报告同样如此。

③ Vgl. Götz, ZGR 1998, 524, 540 f.

④ Näher siehe Götz, ZGR 1998, 524, 541; Semler, Leitung und Überwachung, Rn. 420; zu dieser Forderung auch schon Lutter, ZHR 159(1995), 287, 308.

款第 3 句）。在与上文（边码 208 及以下）针对单个公司所论述的相同前提下，母公司董事会必须就（作为经济统一体的）康采恩的相关情况作出此类特别报告。这不仅适用于康采恩本身，而且适用于呈现出特别发展势头的康采恩所属公司。因此显而易见，董事会必须在此类特别报告的框架内就重要子公司中的劳工斗争、政府干预以及销售和盈利骤降等情况向监事会作出报告。

（四）提案报告

239　根据《股份法》第 170 条第 1 款，此类报告首先涉及康采恩年度决算及状况报告提案。此外，当董事会希望在康采恩中实施一项需经监事会同意的措施（参见上文边码 159 及以下）或者根据《共同决定法》第 32 条或《煤铁工业共同决定法》第 15 条需征得监事会对康采恩所属公司中特定措施的同意或指示时，它同样必须作出此类报告。

八、监事会在聘任及解聘董事时的信息

240　关于监事会在通过设立人事委员会聘任及解聘董事时获取信息的特殊性，将在下文（边码 337）进一步论述。

九、监事会根据《股份法》第 111 条第 2 款享有的直接查阅及审查权

241　（1）董事会是监事会最重要的信息来源，但是它作为监事会的监督对象不能是监事会的唯一信息来源。如果我们考虑到这两个机构之间完全可能出现的广泛冲突，这就不难理解了。当"董事会是否违反其义务"这一问题变得非常急迫时，就属于这种情况。因此，《股份法》第 111 条第 2 款规定，监事会同样可以通过亲自直接查阅公司材料获得其希望得到的信息，特别是可以就地对董事会报告进行审查。[1]此项权利由*作为公司机构的*监事会享有；也就是说它必须通过多数决议行使此项权利。法律在这里并未对单个监事的直接查阅及审查权作出规定（与董事会的报告义务相反：附加报告）；[2]也就是说单个监事只能在监事会中提出一项待决定（表决）的相应申请。

此项查阅及审查权（仅）服务于监事会对董事会的监督，因此不是随意和理所当然存在的。

---

① Zu den Schranken des Einsichts- und Prüfungsrechts vgl. näher Lutter, Information und Vertraulichkeit, Rn. 293 ff.

② Semler, Leitung und überwachung, Rn. 166; Steinbeck, Überwachungspflicht, S. 129; Lutter, Information und Vertraulichkeit, Rn. 284 m. w. N.; Hüffer, Komm. AktG, § 111 Rn. 11.

（2）由全体监事会具体**行使此项权利**可能是非常不合适的。这可能导致 242
公司中的极大不安，因而不会给公司带来益处，相反还会造成损害。因此法律
规定，监事会应授权某一小组（例如一个委员会）或某名监事进行查阅或审查。
这种做法的优点在于**能够提高机密程度**，①而且就上市公司而言，这也有助于
防止内幕交易（参见下文边码 290 及以下）。最后，对具体问题（如流动资金/
偿付能力状况、手持订单、组织、董事会的特定错误行为）的审查也可以由第三
人（在这里尤其是指注册会计师/审计师或者自行委托的决算审计人员）实
施。②然而此时所涉及的必须始终是对具体特定问题的审查，而非"表面性的"
一般审查。③

（3）毫无疑问，此类审查必须与监事会对董事会的监督有关。比如说如 243
果所涉及的是职工的错误行为，那么监事会只能要求董事会澄清事实情况并
提交相关报告，而不能亲自或委托他人对此进行审查。不过如果监事会有理
由认为董事会所提交的报告不完整或不正确，那么情况就不同了：此时监事会
应查明董事会行为的真实情况。这属于监事会监督范畴内的问题；此类问题
经常出现在与康采恩有关的事实情况中。然而即使在这种情况下监事会也仅
在极为有限的范围内有权直接对职工进行询问。

此外，那些与本届董事会无关的（过去的）事实情况同样不属于监事会的
监督范畴。但如果所涉及的是对前任董事可能的损害赔偿请求权且该请求权
尚未因时效届满而失效（《股份法》第 93 条第 6 款），那么监事会可以行使《股
份法》第 111 条第 2 款所规定的权利（附属权），要求前任董事对此作出解释，
因为只有它有权（《股份法》第 112 条）也有义务④提出此项主张。

（4）此项查阅及审查权与《股份法》第 90 条所规定的信息权不分"先后"， 244
因此监事会可以**随时**行使此项权利。但是显然监事会有义务为公司的利益实
施行为（《股份法》第 93、116 条）（参见下文边码 885 及以下）。虽然此类事务
给公司带来很大负担，但是它们却向全体职工（实际上是向公众）表明监事会

---

① Vgl. Lutter, Information und Vertraulichkeit, Rn. 286.

② Vgl. dazu näher Lutter, Information und Vertraulichkeit, Rn. 298 ff.; Steinbeck,
Überwachungspflicht, S. 130 ff.

③ BGH v. 15.11.1982—II ZR 27/82, BGHZ 85, 293 ff. = AG 1983, 133 (Hertie) be-
tont daher zutreffend, dass nur zur Klärung bestimmter Fragen ein besonderer
Sachverständiger nach §§ 109 Abs. 1 Satz 2, 111 Abs. 2 Satz 2 und Abs. 5 AktG beauftragt
werden kann; vgl. auch Mertens/Cahn, Kölner Komm. AktG, § 111 Rn. 52 ff.; Hüffer,
Komm. AktG, § 111 Rn. 12; Semler, Leitung und Überwachung, Rn. 165; Steinbeck,
überwachungspflicht, S. 130.

④ Vgl. nur BGH v. 21.4.1997—II ZR 175/95, BGHZ 135, 244 = AG 1997, 377
(ARAG).

对现任董事会的不信任。因此监事会应将此项权利视为**"最后的手段"**,即不得随意行使。①

245　　(5) 此项查阅及审查权仅**涉及单个公司(母公司)**,而不涉及康采恩所属公司。这意味着,母公司监事会只能在本公司中对本公司所有的材料以及与康采恩有关的材料亲自(或委托他人)进行查阅及审查,而不能直接到康采恩所属公司中实施该行为。此时**监督机制中**存在一个**明显缺陷!**②当(母公司)董事会亲自在子公司中实施行为,但子公司却不受独立第三人的监督或至少未受到重要监督时,即属于此种情况。③母公司监事会只能通过坚持要求董事会提交详细报告来克服董事会在康采恩所属公司中缺乏监督的情况。

十、独立于董事会的信息:监事会通过第三人和职工获取信息

245a　　(1) 这里论述的**监事会获取信息的标准机制**针对的是公司中的正常事务,并且以董事会与监事会之间互相信任的合作为出发点。因此该信息机制对于董事会与监事会之间开展关于公司经营计划和战略的讨论是不充分的,对于企业收购时的融资问题同样如此。此时董事会首先应当为监事会提供特定的附加信息(上文边码 208 及以下),而监事会也有权要求董事会提供各类附加信息(《股份法》第 90 条第 3 款)。

然而上述所有信息均由董事会掌握。若董事会未通过数据对其信息予以支撑,则其提供的信息很可能受其主观想法的影响。在董事会为收购其他企业而做谋划以及设立子公司时都极易出现这种信息失真情况。

245b　　(2) 是故,对"独立于董事会"的信息的呼声日益增大。这在今天也是具备可操作性的:

① 监事会可以随时委托决算审计人员以及康采恩审计人员——作为其实施监督时的助手——进行附加审查。这一点在上文边码 185、186 论及。审

---

① Zustimmend Semler, Leitung und Überwachung, Rn. 174; wohl eher einfaches Ermessen befürwortend Hüffer, Komm. AktG, §111 Rn. 11; Hoffmann-Becking, Münchener Hdb. AG, §29 Rn.33 ff.; Habersack, MünchKomm. AktG, §111 Rn.66.

② 基于这个原因,"公司治理"政府委员会建议对《股份法》第 111 条第 2 款进行扩充,也就是说增加专家的若干权利(Baums [Hrsg.], Bericht der Regierungskommission, Rn. 22)。此项建议尚未被立法者采纳。

③ Hier liegt ein faktisches Problem aus bestimmten Formen der Konzernorganisation: Sind Mitglieder des Vorstands zugleich im Vorstand/Geschäftsführung der Tochter und wird deren Aufsichtsrat vor allem durch sonstige Personen aus dem Konzern besetzt, dann kann die Überwachung in der Tochter kaum funktionieren; hier ist der Aufsichtsrat der Obergesellschaft in besonderem Maße gefordert.

计报告不仅包括审查结果,还应包括其掌握的信息。此类委托可以针对董事会的合规措施、风险管理体系、公司的市场状况以及财务状况。

② 监事会可以甚至在必要时必须聘请外部专家提供帮助。联邦最高法院也曾明确指出这一点。①在作出影响深远的重大决策时监事会必须这样做。因此,如果巴伐利亚州立银行的经营管理层能够寻求独立专家提供咨询意见,在获得附加信息的情况下其很可能作出相反决策,其"不幸"②也很可能因此得到避免。

(3)"监事会是否有权以及是否有义务从职工处获取信息"这个问题是一个难点。③对此法律并未予以禁止。④但是通说却反对监事会通过职工或者从职工处获取信息,其理由是:虽然监事会与董事会之间彼此信任的合作是必不可少的,但保护董事会的权威同样是必要的。⑤   246

此时必须认真区分以下情况:

① 如果涉及《股份法》第 111 条第 2 款意义上的监事会**查阅及审查权**(上文边码 241 及以下),而且此项权利是由一名监事、一个委员会或一名受托人行使,那么监事会为了理解及解释所审阅的报告而向职工进行询问既是被允许的也(几乎)是绝对必要的。⑥   247

② 如果监事会希望**澄清其对董事会的指责**,特别是关系到不完善甚至有错误的信息或者错误或不诚实的行为,那么它同样可以求助于主管此类事务   248

---

① BGH v. 14. 5. 2007—II ZR 48/06, AG 2007, 548 und OLG Stuttgart v. 25. 11. 2009—20 U 5/09, AG 2010, 133 (Ziff. 4), jeweils für den Vorstand. Gleiches gilt selbstverständlich für den Aufsichtsrat.

② Vgl. http://www.welt.de/regionales/muenchen/article2802609/Bayerische-Landes-bank-wird-zum-Milliardengrab.html, zuletzt abgerufen am 8. 7. 2013.

③ Sehr eingehend und kritisch gegenüber der ablehnenden h. M. Hopt/Roth, Großkomm. AktG, §111 Rn. 502 ff. und Habersack, MünchKomm. AktG, §111 Rn. 68 sowie Leyens, Information, passim, insbes. S. 191 ff.; Sven H. Schneider, Informationspflichten, passim, insbes. S. 103 ff.; M. Roth, AG 2004, 1. Differenzierend Marsch-Barner in FS Schwark, 2009, S. 119 ff. mit allen Nachw. Und dem nachdrücklichen Hinweis auf eine entsprechende Informationsordnung.

④ Zutr. Hopt/Roth, Großkomm. AktG, §111 Rn. 507; Leyens, Information des Aufsichtsrats, S. 182.

⑤ Vgl. Mertens/Cahn, Kölner Komm. AktG, §90 Rn. 52; Semler, MünchKomm. AktG, 2. Aufl., §111 Rn. 286; Semler, Leitung und Überwachung, Rn. 171 f.; Steinbeck, überwachungspflicht, S. 135; Raiser/Veil, Kapitalgesellschaften, §15 Rn. 3; Langenbucher, Aktien- und Kapitalmarktrecht, 2. Aufl., §5 Rn. 57; zum Ganzen Hopt/Roth, Großkomm. AktG, §111 Rn. 504 ff. mit allen Nachw. und Lutter, AG 2006, 517, 520 f.

⑥ Lutter, Information und Vertraulichkeit, Rn. 311; Steinbeck, Überwachungspflicht, S. 128; Leyens, Information des Aufsichtsrats, S. 175 f.

的工作人员,例如内部审计部门的负责人。①

249　　③ 相反,如果所涉及的是董事会**经营管理方面的问题**,那么监事会无权"绕过"董事会"采取行动",而是必须请求董事会"带领"有关职工(即监事会所希望询问的职工)参加监事会会议;董事会也因而可以参与监事会与该职工之间的讨论。尤其是监事会希望定期获得关于风险管理及风险监督机制(《股份法》第 91 条第 2 款)的信息以及关于防止贪污(内部审计)或贿赂(合规部门)的措施的信息时,更是如此:此时监事会能够而且应当与董事商定有关职工参加监事会会议的固定时间,董事会必须知悉该时间并能够准时参加会议。②上述这一切同样适用于监事会委员会,特别是审计委员会以及财会部门的主管。所有这些措施均必须在董事会合作的条件下实施且不得被错误地理解为一种审问。

　　监事会应将上述这些对其获取信息极为重要的措施规定在前文已多次提到的、其为董事会制定的**信息规则**中。

250　　④ 在企业中不存在所谓的**"举报制度"**的情况下,职工只能自行举报董事会公然或匿名违反义务的行为或者企业中的违法行为,此时监事会不仅必须对这些指责进行认真调查并听取董事会的陈述,而且必须保护举报人所期望的匿名状态。职工必须知道监事会将严肃认真地处理此事,并且会像保护自身利益一样保护他们的利益。为了受领此类信息(即举报)并保护举报人,监事会可以通过决议采取一些预防措施。③

251　　⑤ 相反,绝对不允许监事会试图在职工的帮助下"绕过"董事会建立**自己的信息系统**或者在企业中不断散布流言蜚语。因为这样做既侵害了董事会为监事会提供信息的权利,又违反了监事会保护董事会权威的义务。④

十一、结语

252　　企业管理学方面的一般学术著作有时会给人以这样的印象,即监事会经常无法获得充足的信息。我们基于自己的直接经验并不认同这一点。然而我们想要强调的是,董事会提供不充分的信息也可能是由监事会自身的"冷漠"造成的。反过来说:为了获得充分且经过合格处理的信息,监事会可以**动用一**

---

① Hüffer, Komm. AktG, § 90 Rn.11; Lutter, Information und Vertraulichkeit, Rn. 313; Mertens/Cahn, Kölner Komm. AktG, § 90 Rn.52.

② Hopt/Roth, Großkomm. AktG, § 111 Rn. 502 ff.; Grothe, Unternehmensüberwachung, S.273 ff.

③ Hopt/Roth, Großkomm. AktG, § 111 Rn.508 f.

④ Eingehend dazu Lutter, Der Aufsichtsrat im Konzern, AG 2006, 517, 520 f. m.w.N.

切法律及事实手段。但如果监事会未行使其信息权,那么即使它已指出董事会报告中的不足也丝毫不会减轻其责任。[1]监事会可以通过与董事会一同制订**报告规则**并将其确定为对董事会有拘束力的行为守则的方式,达到理想控制上述风险的目的。[2]该报告规则可以*以功能为导向*,即专门针对特定领域,如风险及风险管理体系、合规、偿付能力以及财会,等等。

在这方面,我们还必须重视联邦最高法院就 ARAG 案所作的判决。[3]此项判决不仅强调监事会**原则**上有义务**主张**对董事会的**求偿权**,而且强烈要求监事会高效地行使其所享有的信息权。 253

■ 第二节　监事会及其成员(监事)的保密义务

一、概述

(一) 原则

根据《股份法》第 93 条第 1 款第 2 句结合第 116 条,监事会及其成员(监事)有义务保守公司的秘密及机密说明(报告)。[4]这并不令人感到意外;因为像监事会这样全面地掌握着(公司)信息的机构必须以**公司利益**为重,也就是说必须**保证那些对公司极为重要的信息**不会被第三人获得。监事会以及所有监事越是更多地行使其信息权,从而更深入地了解公司的内部情况,越是必须更小心谨慎地对待和保守其获得的这些信息:如果一个人希望而且必须更多地了解他人,那么他自身必须能够做到"守口如瓶"。这适用于医生、神职人员、律师以及公证人,当然也适用于(并非为其个人利益,而是)为他人利益实施行为(即为公司履行个人职责时)的监事。 254

《股份法》第 116 条第 2 句对此作出明确规定:"监事尤其有义务对其所获得的机密说明(报告)及机密讨论守口如瓶。"

(二) 保密义务与共同决定

自 1976 年《共同决定法》颁布以来,学术界就开始对保密义务的范围及界 255

---

[1] 《准则》第 3.4 条第 1 款规定监事会应为其信息负共同责任("赴取之债")。

[2] Davon wird in den großen und größeren Gesellschaften zunehmend Gebrauch gemacht.

[3] BGH v. 21.4.1997—II ZR 175/95, BGHZ 135, 244＝AG 1997, 377(ARAG/Garmenbeck); dazu Lutter, ZIP 1995, 441 f. und Lutter in FS Hoffmann-Becking, 2013, S.747; Goette in Liber amicorum Winter, 2011, S.153.

[4] Dazu Säcker, NJW 1986, 803 ff. und Gaul, GmbHR 1986, 296 ff. sowie ausführlich Lutter, Information und Vertraulichkeit, Rn.384 ff. mit allen Nachw.

限方面的问题以及相关细节展开极其热烈的讨论。①这是与共同决定制度实践中的各个不同方面联系在一起的。例如,大型公司监事会中的职工代表是(在热烈的宣传活动中)由全体职工选出的,②而股东大会中的职工代表则是以补选形式或者由少数人所控制的机制("寡头政治")选出的③——该机制可能正在发生变化。④在这种情况下,显然职工代表会在"选战"中承诺其将在最后一届任期中做出哪些"成绩"或者为了巩固自己的地位而向"选民"展示其在任期内的"成绩",而这些都是以信息的转达为前提的。这些尚不为人知的信息越是机密,"听众"就认为它越好。当监事会就可能的就业(雇用)问题进行讨论时,同样存在这样的需要;这是一项由来已久的策略,即通过将对手的计划公之于众来达到扰乱或破坏其计划的目的。简言之:**职工的愿望和利益迫使公司将那些其基于各种原因本想保密的信息予以公开。**⑤

256 　　然而职工及其工会很容易认识到在上述策略下,董事会出于公司利益的考虑将会试图不提供或尽可能晚提供相关信息。虽然监事会将因此而"受苦"(即承担更多的工作),但它却很难对作为信息提供者的董事会采取行动,如果董事会基于公司利益的考虑必须"砌墙"(即为信息的提供设置某种障碍):人们无法既吃蛋糕又保持蛋糕不变小("有得必有失")。⑥也就是说,如果监事想在监事会中内行且适格地工作并真正参与决策,那么**出于自身利益的考虑他**

---

① Vgl. nur die Nachweise bei Säcker, NJW 1986, 803 ff. und Lutter, Information und Vertraulichkeit, Rn. 384 ff. sowie die Rechtsprechungsübersicht bei Theisen, AG 1987, 137, 147 ff.; Theisen, AG 1998, 153, 162 ff.

② Vgl. nur die ungemein komplexen Regeln zur mittelbaren oder unmittelbaren Wahl der Arbeitnehmervertreter nach dem MitbestG bei Henssler in Ulmer/Habersack/Henssler, Mitbestimmungsrecht, Vorb. vor § 9 MitbestG.

③ So schon Lutter, Aktionär, S. 20; näher dazu der Bericht der Mitbestimmungskommission, BT-Drucks. VI/334, S. 32 sowie Witte, ZfB 51(1981), 733, 744 ff. und Flume, Juristische Person, S. 56. Das gilt insbesondere für Publikumsgesellschaften ohne Großaktionär, in denen nach Vogel, Aktienrecht und Aktienwirklichkeit, S. 200 ff., 202, nur in 10 % der Fälle keine Kooptation stattfindet.

④ Den Verf. ist bekannt, dass große Gesellschaften heute sog. head-hunter beauftragen, geeignete Kandidaten für vakante Aufsichtsratspositionen vorzuschlagen.

⑤ Solche Situationen lagen den Verfahren AG München v. 2.5.1985—HRB 2212, ZIP 1985, 1139 = AG 1986, 170 und LG Stuttgart v. 8.5.1985—26 O 192/85 (nicht veröffentlicht) zugrunde; vgl. Theisen, AG 1987, 137, 143; Grunewald, Gesellschaftsrecht, 2 C Rn. 84, 85.

⑥ Man kann wohl annehmen, dass im Streitfall zwischen den Arbeitnehmervertretern und dem Vorstand der Adam Opel AG in BGH v. 28.11.1988—II ZR 57/88, BGHZ 106, 54 = AG 1989, 89, genau das die Alternative des Vorstands war, der den ganzen und besonders sensiblen Datenbereich aus der Gesellschaft ausgegliedert hatte.

们应遵循如下法律观点:他们应凭借自己的"守口如瓶"来要求获得完整的信息并放弃惊人的个人收入。最后,这里所论述的观点同样适用于企业组织中各机构之间的关系。①虽然监事会对企业参决会(全体企业参决会,康采恩企业参决会)的"信息渗透"确实会导致(这二者)代表职工利益时的"协同作用",②但这却既不是企业共同决定规则的目的,也不是监事会的职责或义务(它不必基于有利企业参决会的考虑而促进此"协同作用"):此时监事会要参与(囊括各种利益的)经济企业的经营管理。不过此项经营管理职责不能与个体利益的代表及实现相混淆。这一点同样得到《股份法》第116条第2款的确认。

(三) 保密义务与言论自由

公民的言论自由有其**宪法保障**(《基本法》第5条),而保密义务则以部门法(《股份法》)以及(部门法中的)机构成员(即监事会)对公司的**忠实义务**为基础。因此赛克尔(Säcker)所提出的以下观点就很容易理解了,即这种部门法上的保密义务始终要与更高位阶的言论自由相比较并根据宪法作出**限制性**解释。③然而这种观点并不切合实际。④显然,每个公民都可以在任何地点随时发表自己的观点并为此使用所有其可支配的信息。当然此时就会出现以下问题:毫无疑问,包含在言论中并随之传播的信息越丰富,该言论就越吸引人。正因为这样记者才会如此重要。然而监事不是记者,而是机构成员;根据法律规定,所有信息均必须被提供给他们。以下情况可能会使人感到奇怪,即公司——出于经营管理目的——必须将所有信息提供给其任职人员,而这些人

257

---

① A.A. Köstler/Müller/Sick, Aufsichtsratspraxis, Rn.574 ff.; so wie hier Hoffmann-Becking, Münchener Hdb. AG,§33 Rn.58;Hüffer, Komm. AktG,§116 Rn.7;Jaeger in Nirk/Ziemons/Binnewies, Hdb. Aktiengesellschaft, Rn.I 9.313; Raiser/Veil, Kapitalgesellschaften,§15 Rn.97; Edenfeld/Neufang, AG 1999,47,52 unter Hinweis auf das bewusste Weglassen einer dem §79 Abs. 1 Satz 4 BetrVG vergleichbaren Regelung durch den Gesetzgeber.

② So Osterloh, AuR 1986,332,339.

③ Säcker, Informationsrechte der Betriebs- und Aufsichtsratsmitglieder, S. 60; Säcker, NJW 1986,803,804; neuerdings auch Köstler/Müller/Sick, Aufsichtsratspraxis, Rn.552.

④ Ebenso ausdrücklich Marsch-Barner in Semler/v. Schenck, Arbeitshandbuch für Aufsichtsratsmitglieder,§13 Rn.5; K.Schmidt, Gesellschaftsrecht,§28 III, 1c, S.824 ff.; Mertens/Cahn, Kölner Komm. AktG,§116 Rn.43, die allerdings in Extremfällen eine Durchbrechung der Verschwiegenheitspflicht als Folge einer grundrechtlich geschützten Gewissensentscheidung zulassen will. Dem ist ebenfalls nicht zu folgen; denn hierin liegt zum einen ein Einfallstor für Umgehungsmöglichkeiten der soeben genannten Grundsätze. Zum anderen unterliegt auch die Gewissensausübungsfreiheit des Art. 4 Abs. 2 GG verfassungsimmanenten und verhältnismäßigen Schranken. Eine einfachgesetzliche Ausprägung dieser Schranken bilden auch §§93,116 AktG.

却用这些信息"喂养"其个人言论(也就是将这些信息作为其言论的素材);一个自愿接受其职务的人不能援引主观的言论自由来"对抗"其理所应当承担的职务上的保密义务。

258　　此外,这也是与法律相符的。人们可以援引《股份法》第 93 条第 1 款第 3 句、第 116 条第 2 款的规定以及早已获得承认的、每名监事对公司所负的忠实义务。换句话说,人们可以提出更高的要求并主张在《基本法》(第 5 条)中得到保障的、"表达自由"意义上的言论自由,但是他们同样必须接受《基本法》第 5 条第 2 款中规定的该(言论)自由在一般性法律条款中所受的限制。从这个角度来说,《股份法》第 93 条第 1 款第 3 句无疑属于此类"一般性法律条款"。①此类条款必须在宪法项下被加以解释(相互作用或"摇摆理论")。不过,公司利益以及单个监事作为机构成员的资格在这里同样极其重要。根据基于《基本法》第 5 条第 1 款而对《股份法》第 93 条第 1 款第 3 句所作的解释,我们同样不能忽视的是:单个监事是**自愿加入公司的利益领域中**的,而公司却**无法拒绝**他。与此相对,即使像"公民自由"②这样漂亮的词汇也无济于事。因此,我们一方面必须坚持**严格的保密义务规则**,而另一方面却必须基于公司利益的考虑③承认少数例外;然而如果所涉及的是有关监事在受爱戴程度、(任期届满后的)重新选举或针对公司的对策方面的利益,那么绝对不存在例外。

二、秘密

259　　《股份法》第 93 条第 1 款意义上的秘密必须被理解为所有**相对而言不为人知的事实情况**,对这些事实情况的"泄露"可能会**给公司造成损害**。④

　　"事实情况"这一构成要件应从广义上被加以理解;"事实情况"包括所有客观信息以及——已被表达出来的——意图或看法:监事表示其将提议解聘 X 董事即属于此种事实情况。

---

① Das hat auch Lutter nie bestritten, wie Säcker, NJW 1986, 803, 804 fälschlich meint; vgl. Lutter, BB 1980, 292(insbesondere bei Fn. 15) und Lutter, Information und Vertraulichkeit, Rn.628. Nicht minder unzutreffend ist die Behauptung, der BGH(BGH v. 5. 6.1975—II ZR 156/73, BGHZ 64, 325) sei auf Art. 5 Abs. 2 GG eingegangen(so aber Säcker, Informationsrechte der Betriebs-und Aufsichtsratsmitglieder, S.6). Wie hier Marsch-Barner in Semler/v. Schenck, Arbeitshandbuch für Aufsichtsratsmitglieder, §13 Rn. 6; Mertens/Cahn, Kölner Komm. AktG, §116 Rn.43.

② Säcker, NJW 1986, 803 ff.

③ Seit BGH v. 5.6.1975—II ZR 156/73, BGHZ 64, 325, 327 unstreitig; vgl. auch Lutter, BB 1980, 291, 292.

④ Zum Verhältnis zwischen Geheimnisbegriff und Insiderinformation siehe unten Rn. 290 ff.

有关的事实情况必须是相对而言不为人知的,也就是说绝对不能是完全不为人知的。当这些事实情况迄今为止只为**有限的人群**所知悉,[①]而且第三人获取这些情况存在一定困难[②]就足以满足"相对不为人知"之一构成要件:一项已被公开的专利就不再是秘密了;如果批发业被告知将引进某种新产品,那么该引进就不再是不为人知的了,但产品的组成仍是不为人知的。因此,如果为了最终了解有关事实情况而必须花费一定时间(如产品分析)或金钱(查明市场份额),那么它们同样属于不为人知的事实情况。[③]

泄露公司秘密**很可能给公司造成某种损失**。此种损失可能是《民法典》第249、252条意义上的公司有形财产损失,但绝不仅限于此:所有无形损失,特别是公司声誉的减损以及对公司信赖的丧失同样是此意义上的公司损失。[④]然而,当相对不为人知的事实情况被泄露时并不一定会发生上述损失,只是有可能发生损失就足够了:也就是说,绝对不能认为只有当一个人通过其行为给公司造成损失时才能认定他违反保密义务。只要存在给公司造成损失的风险就足够了;这是因为公司应被保护免受这种风险的威胁。

260

因此,我们应**客观地**理解该法律规范(《股份法》第93条第1款)意义上的秘密,而不应因董事会认为或宣布某些事实情况属于秘密就主观地认为确实如此。[⑤]不过我们仍应适当注意负责任的董事会对特定事实情况的秘密性质所作的说明。董事会能够尽早地判断出公司的利益以及遭受损失的危险。

261

作为公司代理人的董事会的**特殊保密意愿并不是必不可少的**。但它却可以明确或默示地放弃(某一事实情况对股份有限公司的)秘密性质。[⑥]如果董事会公开了某项迄今为止相对而言不为人知的事实情况(例如出让公司的某部分,关闭某生产车间),那么它就消除了该事实情况的秘密状态。它同样可以

262

---

① Spindler, MünchKomm. AktG, §93 Rn.100; G. Hueck, RdA 1975, 35, 38; Hengeler in FS Schilling, 1973, S.175, 176 ff.; Raiser/Veil, Komm. MitbestG und DrittelbG, §25 MitbestG Rn.126; ausführlich v. Stebut, Geheimnisschutz und Verschwiegenheitspflicht, S.12 ff.

② v. Stebut, Geheimnisschutz und Verschwiegenheitspflicht, S.7 ff.; Lutter, Information und Vertraulichkeit, Rn.414.

③ v. Stebut, Geheimnisschutz und Verschwiegenheitspflicht, S.9 ff.

④ Spindler, MünchKomm. AktG, §93 Rn.100; G. Hueck, RdA 1975, 35, 38; Hengeler in FS Schilling, 1973, S.175, 180; Raiser/Veil, Komm. MitbestG und DrittelbG, §25 MitbestG Rn.128; v. Stebut, Geheimnisschutz und Verschwiegenheitspflicht, S.43; Wessing/Hölters, DB 1976, 1671, 1674.

⑤ Ganz h.M., vgl. nur BGH v. 5.6.1975—II ZR 156/73, BGHZ 64, 325, 328 f.; K. Schmidt, Gesellschaftsrecht, §28 III, 1c, 824 f.

⑥ Ebenso Marsch-Barner in Semler/v. Schenck, Arbeitshandbuch für Aufsichtsratsmitglieder, §13 Rn.14; Wiesner, Münchener Hdb. AG, §25 Rn.42.

授权第三人以及监事使用有关信息（放弃秘密性质）。最后，董事会可以默示地放弃（某事实情况的秘密性质）；此时在具体公司中的实践是决定性的。如果公司的每一个利害关系人均可以随时查阅关于公司流动资金（偿付能力）及收益状况的材料，那么就这方面而言董事会已放弃有关事项的秘密性质；如果它想在今后改变这方面的政策，那么它必须明确地表达其想法。

263　　　董事会可以**放弃（某些事实情况的）秘密性质**并不意味着它可以自行决定其义务范围；这是因为董事会享有的这种通过对某些事实情况的公开从而放弃其秘密性质的可能性不能脱离《股份法》第 93 条的义务约束。因此如果董事会在可能给公司造成损害的情况下放弃了某些事实情况的秘密性质，那么该做法属于对《股份法》第 93 条的违反。而在其他情况下（即不会给公司造成损害），董事会放弃某项事实情况的秘密性质则属于企业经营管理决策的范畴，此时它享有广泛的决策空间。①

三、机密说明（报告）

264　　　为人所知的事实情况是指这样一些情况，即不对它们进行讨论是基于公司利益（需要）的考虑。因此机密说明（报告）要根据**公司**对此的**客观利益（需要）**来确定。②与上文论述秘密时所提到的标准一样，此项客观利益（需要）也要根据同样的标准被加以确定。此时董事会或监事会不得通过决议创设或扩大此项客观利益（需要）。公司在这方面的利益（需要）是客观存在的，不以人的意志为转移。因此无需特别说明。③但是董事会却可以明确或可推知地放弃某些事实情况的机密限制并借此免除监事的相应义务。相反，其如何指出其认为的机密情况，则需通过猜测得知。此外，上文论述的那些适用于秘密的规则（边码 259 及以下）在这里同样适用。④

四、详述

265　　　作为公司机构的监事会从来不是一个个人，而一直是一个由若干人组成

---

①　BGH v. 21.4.1997—II ZR 175/95，BGHZ 135，244，253＝AG 1997，377（ARAG）.

②　H.M.，vgl. etwa BGH v. 5.6.1975—II ZR 156/73，BGHZ 64，325，329；Spindler，MünchKomm. AktG，§ 93 Rn.103；Hüffer，Komm. AktG，§ 93 Rn.7；G. Hueck，RdA 1975，35，38；Mertens，AG 1975，235；Raiser/Veil，Komm. MitbestG und DrittelbG，§ 25 MitbestG Rn.130；v. Stebut，Geheimnisschutz und Verschwiegenheitspflicht，S.57 ff.，60，64 f.；Mertens/Cahn，Kölner Komm. AktG，§ 116 Rn. 49 ff.；Marsch-Barner in Semler/v. Schenck，Arbeitshandbuch für Aufsichtsratsmitglieder，§ 13 Rn.13.

③　Krieger/Sailer-Coceani in K.Schmidt/Lutter，Komm. AktG，§ 93 Rn.19.

④　H.M.，vgl. BGH v. 5.6.1975—II ZR 156/73，BGHZ 64，325，329 sowie Lutter，Information und Vertraulichkeit，Rn.451 f. m.w.N.

的委员会。在本书所讨论的所有情况中,监事会始终是由不同集团成员(股东代表、经营管理人员、职工代表、工会干部)组成的。然而无论监事会还是**所有监事**均统一且毫无区别地负有为公司利益进行行为的义务。①这就要求(监事会中)坦诚、稳定、互相信任、一目了然且可靠的合作。因此所有监事包括职工监事均适用同样的保密要求,《股份法》第 116 条第 2 款。②监事会中的工作"宪章"即是监事之间充满信任的合作。③这已成为一项法律原则并在以下情况中发挥着作用:

(一) 讨论及表决秘密

监事会应通过讨论及论证作出其决定(决议),而不是通过对早已确定的投票的简单计算。这以公开论证为前提,只有当一个人已准备好犯错误并愿意参与**激烈且不受保护的讨论**时,他才可能愿意被他人说服从而改变自己原来的观点。如果讨论的内容、过程,甚至连所引用的语句都会在会议结束后被予以公开,那么上述这一切都是不可能实现的。因此所有人都承认:基于公司利益及效率的考虑,必须严格保守讨论秘密。④这也是与《股份法》第 116 条第 2 句相符合的(该条款规定了监事对"机密讨论"所负的保密义务)。

266

要与上述讨论秘密相区分的是**投票的机密性**。对此,所有人——几乎——一致认为:无论是表决结果还是其他监事的表决方式(赞成——反对——弃权)均不得被告知他人。⑤基本上争议仅存在于:是否允许一个人将**自己的投票内容**("我绝对没把票投给 A")告知他人。如果他这样做会同时"暴露"其他人的投票内容(例如"我是唯一对 A 投了反对票的人";"所有职工均对

267

① H.M., vgl. BVerfG v. 7.11.1972—1 BvR 338/68, BVerfGE 34, 103, 112; BGH v. 5.6.1975—II ZR 156/73, BGHZ 64, 325, 331; ausführlich dazu Koch, Das Unternehmensinteresse als Verhaltensmaßstab der Aufsichtsratsmitglieder im mitbestimmten Aufsichtsrat einer Aktiengesellschaft, 1983, S.7 ff.; kritisch Großmann, Unternehmensziele im Aktienrecht, 1980, S.87 ff., je m.w.N.

② Vgl. Keilich/Brummer, BB 2012, 897.

③ Zutreffend Säcker, NJW 1986, 803, 806; vgl. außerdem Rittner in FS Hefermehl, 1976, S.365 ff.

④ Vgl. nur BGH v. 5.6.1975—II ZR 156/73, BGHZ 64, 325, 332 sowie Säcker, NJW 1986, 803, 806; Drygala in K.Schmidt/Lutter, Komm. AktG, §116 Rn.24; Ulmer/Habersack in Ulmer/Habersack/Henssler, Mitbestimmungsrecht, §25 MitbestG Rn.106; Raiser/Veil, Komm. MitbestG und DrittelbG, §25 MitbestG Rn.131; Jäger in Nirk/Ziemons/Binnewies, Handbuch der Aktiengesellschaft, Rz. I 9.309; Hoffmann/Preu, Der Aufsichtsrat, Rn.274. Diese Interna können daher auch nicht in der Hauptversammlung erfragt werden; BGH v. 5.11.2013—II ZB 28/12, ZIP 2013, 2454 mit Anm. Kersting.

⑤ BGH v. 5.6.1975—II ZR 156/73, BGHZ 64, 325, 332 sowie Säcker, NJW 1986, 803, 807 m.w.N.; Habersack, MünchKomm. AktG, §116 Rn.54; Begr. RegE, BTDrucks. 14/8769, S.18.

A投了反对票",那个尽管如此仍然获选的人将借此了解到:其他所有人均对A投了赞成票),那么这绝对是不被允许的。基于这个原因,将监事会主席行使其二次投票权的情况告知他人同样是不被允许的;表决结果能够清楚地反映出投票情况。①在某些极少存在的情况下,监事同样应机密地处理其投票情况;②否则将会给自己以及其他监事招致**外界压力**。最后,监事绝对不可以向第三人说明他通常必须保持缄默的原因。只有在极端例外的情况下,即在其他监事不会受到"牵连"的情况下,有关监事才可以"发表言论"。就这点而言,监事只有在**极端矛盾的情况**下才有可能不必遵守严格的保密规则,③例如为了避免引起不满(或不安)或者为了阻止谣言的传播(这些不满或谣言可能会给公司造成巨大损失)。④另外,对此还存在一个前提条件,即监事会已无法及时完成表决或协调。⑤

(二)"选战"——选举人与被选举人之间的反馈

268

股东代表需要其集团的信任,而职工代表通常必须由大量职工重新选举产生。监事会中的职位是很"抢手的"。不过,信任以**能够建立信任的措施**(即交谈和讨论)为前提。因此不会有人反对监事不断与其选举团队或其代表进行(意见上的)反馈、表达自己对公司政策的看法并接受建议("我认为工作岗位的输出是不适当的";"公司已无法再承担任何债务";"我们必须开始考虑董事会的年轻化",等等)。就这方面而言,只有**来自监事会**的机密信息的"传输"("我一直都反对工作岗位的输出;董事会现在希望监事会同意其在韩国建立子公司的计划;我对此表示强烈反对")才是决定性的:此类"传输"始终是被禁止的。⑥监事会及监事的信息绝不是为促进并实现股东阶层与职工阶层相互之间的对策服务的。⑦

---

① Ebenso Säcker, NJW 1986, 803, 807 und Drygala in K. Schmidt/Lutter, Komm. AktG, §116 Rn. 29; a. A. Köstler/Schmidt, BB 1981, 88, 90 unter unzutreffendem Hinweis auf BGH v. 5.6.1975—II ZR 156/73, BGHZ 64, 325, 332.

② Ebenso Mertens/Cahn, Kölner Komm. AktG, §116 Rn. 54; Marsch-Barner in Semler/v. Schenck, Arbeitshandbuch für Aufsichtsratsmitglieder, §13 Rn. 25; Wiesner, Münchener Hdb. AG, §25 Rn. 44; a. A. noch bei Raiser/Veil, Kapitalgesellschaften, 4. Aufl. 2006, §15 Rn. 106 (in 5. Aufl. nicht mehr enthalten); offenlassend Raiser/Veil, Komm. MitbestG und DrittelbG, §25 MitbestG Rn. 131.

③ Hoffmann/Preu, Der Aufsichtsrat, Rn. 276.

④ Weitere Beispiele bei Potthoff/Trescher/Theisen, Das Aufsichtsratsmitglied, Rn. 903 ff.

⑤ Arg. §681 Satz 1 BGB; ähnlich Hoffmann/Preu, Der Aufsichtsrat, Rn. 276.

⑥ So auch Edenfeld/Neufang, AG 1999, 47, 52; Keilich/Brummer, BB 2012, 897.

⑦ Vgl. Lutter, Information und Vertraulichkeit, Rn. 593 ff.; Hoffmann/Preu, Der Aufsichtsrat, Rn. 269 ff.

五、个别具有代表性的秘密及机密说明(报告)

(一) 禁止披露所谓的特性数据

每一家按照现代企业管理原则进行良好经营管理的企业都拥有一整套用 269
以**监督(检查)其经营绩效**的特性数据,同时也各有其优缺点。这其中包括每
名职工或每个经营区域的销售额、销售与收益之间的关系、投资回报、成本结
构、一般管理费用(又称间接费用或非生产性费用)、所谓的日常开支(如房租、
电费等)以及市场份额(又称市场占有率)。所有这些数据(或者其中一部分)
决定着单个经济单位(即企业)的特征以及企业在市场及竞争中的地位。这些
数据均属于**最重要的企业秘密**:将这些数据从监事会中"泄露"给第三人是极
为恶劣的违反保密义务的行为,因为这将成为竞争对手制定并采取对策的依
据。正是因为这些特性数据被视为企业经营管理方面的秘密,所以显然只有
在已缔结一项特别保密协议并已签署一份意向书之后才能将这些数据提供给
可能的买方或者合并伙伴。

不过,此类特性数据的保密期限大多很短。[①]一方面,内行的读者能够从 270
(公司)自愿公布的各项材料中推断出这些数据;另一方面,企业也可能有义务
将这些数据披露给广大投资者(《有价证券交易法》第 15 条第 1 款)。此类数
据的公布仅由董事会(而非监事会或监事)负责。[②]

(二) 技术与科学

这方面的典型秘密包括:研究计划、研究方向、研究成果及专利、技术研发 271
及加工方法、产品研发及生产工艺。[③]

(三) 商业领域

这方面的典型秘密有:计划的销售业务及销售战略;客户名单以及与特定 272
客户签订的合同(包括正在进行中的磋商);广告战略及广告规划。

(四) 财政领域

这方面的典型秘密除了包括上文边码 269 提到的数据之外还包括:现金 273
流量;单个经营领域及单个子公司的收益状况;与供应商、客户以及银行签订
的信贷合同;每股收益。

(五) 计划领域

这方面的典型秘密除了包括上述各方面之外还包括:投资计划、产品计划 274

---

① Vgl. Potthoff/Trescher/Theisen, Das Aufsichtsratsmitglied, Rn. 903.

② Vgl. Spindler, MünchKomm. AktG, § 93 Rn. 102, 112; Hopt, Großkomm. AktG,
§ 93 Rn. 206 ff.; v. Stebut, Geheimnisschutz und Verschwiegenheitspflicht, S. 98, 100.

③ Ebenso Potthoff/Trescher/Theisen, Das Aufsichtsratsmitglied, Rn. 903; Raiser/
Veil, Komm. MitbestG und DrittelbG, § 25 MitbestG Rn. 126.

以及一般经营计划。人们必须特别机密地处理这些计划,因为一旦竞争对手获得这些计划,那么他们就可以借此制定出极有针对性的对策。

(六)材料

275　　监事会将从董事会处获得年度决算、状况报告、康采恩决算及状况报告的草案,并从决算审计人员处得到针对年度决算及康采恩决算的审计报告。这两份审计报告必须以最高标准予以保密,而年度决算、康采恩决算的草案,包括状况报告的草案在被制作完成之前同样如此。

六、保密义务的范围

(一)保密义务的个人范围

276　　秘密及机密说明(报告)不得被披露给**任何人**,这其中甚至包括企业参决会、其他职工、银行,当然也包括股东;①自愿地或根据法律规定(如《有价证券交易法》第 15 条)披露此类信息仅由董事会(而非监事会或监事)负责。因此其他监事理所当然无需承担保密义务;但候补监事除外,因为他在正式"进驻"监事会前仍不是监事。②当然,监事会可以凭借其组织权将此类信息限制在某一特定委员会之内。③

　　大股东们经常将从他们中间找到并选出的监事视为他们在监事会中的"代表"。这完全是一种误解。每名监事都是完全独立且针对任何人均负有保密义务。④另一方面,在完全遵守保密义务的前提下,监事是可以与大股东进行交谈的。

(二)保密义务与公共企业中的监事会

277　　关于这方面的特殊问题请参阅下文边码 1421 及以下所作的论述。

　　边码 278—280 暂时空置。

---

　　① So die ganz h.M., vgl. Lutter, Information und Vertraulichkeit, Rn.465 ff. m.w.N.; unzutreffend demgegenüber die Auffassung einiger Autoren von einer nur begrenzten Verschwiegenheitspflicht(jedenfalls der Arbeitnehmervertreter im Aufsichtsrat) gegenüber Belegschaft, Betriebsrat und Gewerkschaft; etwa Naendrup, GK-MitbestG, §25 Rn.194 und 205; Unterhinninghofen, GewS-Komm. MitbestG, §25 Anm. 48 sowie Köstler/Müller/Sick, Aufsichtsratspraxis, Rn.571 ff.; hiergegen auch Hoffmann/Preu, Der Aufsichtsrat, Rn.270 ff.; ebenso Marsch-Barner in Semler/v. Schenck, Arbeitshandbuch für Aufsichtsratsmitglieder, §13 Rn.29 ff.; Raiser/Veil, Komm. MitbestG und DrittelbG, §25 MitbestG Rn.132; Habersack, MünchKomm. AktG, §116 Rn.60.

　　② Vgl. Lutter, Information und Vertraulichkeit, Rn.465.

　　③ Vgl. Marsch-Barner in Semler/v. Schenck, Arbeitshandbuch für Aufsichtsratsmitglieder, §13 Rn.34.

　　④ Zum gleichen Problem in der Schweiz vgl. Forstmoser/Küchler in FS Rolf H. Weber, 2011, S.34 ff., 60, 62.

(三) 康采恩中的保密义务

在论述监事会的信息权和董事会的信息义务时我们已经阐述过《股份法》 281
第 90 条意义上的"公司"应被扩大解释为"(母)公司以及与其以康采恩形式联合在一起的企业"(参见上文边码 141 到 143)。也就是说,董事会必须向监事会提供关于公司内部事务、公司秘密以及机密事务的信息。这种扩大了的信息状况必须与相应的保密义务保持一致。①这也符合《股份法》第 93 条第 1 款第 3 句的规定,因为与子公司秘密有关的保密义务是符合**母公司自身利益及必要性**的;如果一家康采恩所属公司以这种方式遭受了损害,那么母公司同样会遭受相应的损害。就像母公司的监事必须对与本公司直接相关的事务保持缄默一样,他们必须在相同范围内、根据相同规则对康采恩所属公司的秘密及机密事务做到守口如瓶。这些规则也适用于下属公司的监事或康采恩中平等公司的监事,只要他们获得了关于母公司或姊妹公司的机密信息:泄露其他公司的秘密同样可能会使本公司遭受损害。

相反,**子公司监事会**的保密义务是很**宽松**的,因为它将本公司的秘密及机 282
密说明(报告)转呈为母公司董事会是被允许的。与《股份法》第 394、395 条的情况相似,在上述情况下保密义务"向上"转移了,而相应的责任也随之落到了母公司的机构及其成员身上。②

(四) 保密义务的界限——矛盾

虽然保守秘密可以防止公司遭受损害,但这也可能成为其他损害的基础 283
(例如:职工的不满、突发性罢工的危险,等等)。就法律制度而言,此类矛盾不仅一点儿都不陌生,而且还可能导致对某一法律义务的限制。也就是说,如果(机密)信息的披露能够例外地使公司免于遭受(另)一个重大不利后果,或者此类信息披露是两个不利后果之中"较小的"一个,那么有关信息可以被披露,③不过此类披露必须是选择性的,而且必须被限定在最小的必要范围内。此外,对于一个遭受了公然人身伤害的监事来说,要求他继续保守秘密已经是

---

① Vgl. Mertens/Cahn, Kölner Komm. AktG, §116 Rn. 52; Potthoff/Trescher/Theisen, Das Aufsichtsratsmitglied, Rn. 921.

② Ebenso Mertens/Cahn, Kölner Komm. AktG, §116 Rn. 52; Marsch-Barner in Semler/v. Schenck, Arbeitshandbuch für Aufsichtsratsmitglieder, §13 Rn. 39 mit dem zusätzlichen Kriterium der strikten Erforderlichkeit der Informationsweitergabe; Hoffmann-Becking, Münchener Hdb. AG, §33 Rn. 60; Dittmar, AG 2013, 498, 500 ff.

③ BGH v. 5.6.1975—II ZR 156/73, BGHZ 64, 325, 331; BGH v. 23.4.2012—II ZR 163/10, ZIP 2012, 1291, 1294 Tz. 40=GmbHR 2012, 845; Semler, MünchKomm. AktG, 2. Aufl., §116 Rn. 377; Habersack, MünchKomm. AktG, 3. Aufl., §116 Rn. 62; Hopt/Roth, Großkomm. AktG, §116 Rn. 240; Lutter, Information und Vertraulichkeit, Rn. 437 ff., 564 f.

不切实际的：就这点而言，我们所说的只是一个**极端情况("底线")**①；并不是任何一个小"麻烦"都能成为披露秘密及机密的理由。

（五）信息披露权

284 　　在讨论与保密义务及其界限有关的问题时，我们常常容易忽视以下这一点，即监事会是一个**纯粹的内部机构**；只有董事会才享有对外代理公司的权限，《股份法》第 78 条第 1 款。②也就是说，即使某一秘密可以例外地被予以披露，或者根本不（再）存在这样的秘密或机密说明（报告），也绝不意味着监事会或单个监事有权自行为公司制定一项信息政策。有关监事可以出于与第三人进行讨论（或谈话，等等）的目的使用相关信息，但绝不可以为公司推行一项它自行制定的信息政策：信息披露及信息政策是公司经营管理的要素，而且属于董事会的权限范围。③只有当董事会的信息政策给公司带来明显不利后果且监事会也不赞同该信息政策时，全体监事会及单个监事才能为了防止公司遭受巨大损失例外地披露信息并制定和推行自己的信息政策。④

七、保密义务的期限

285 　　保密义务的期限取决于**若干因素**。当董事会将事实情况公之于众或者明确表示公司的某一保密利益（需要）已不存在时，相应的保密义务必然消灭。保密义务并不随着职务的结束而终止；在《股份法》第 93 条第 1 款、第 116 条不再直接适用的范围内，有关监事仍然继续承担着基于其之前的监事会成员

---

① Nach Gaul, GmbHR 1986, 296, 299, besteht zusätzlich eine Unzumutbarkeitsregel zwischen Gesellschaftsinteresse und dem Eigeninteresse des Organmitglieds; ebenso Spindler, MünchKomm. AktG, § 93 Rn.116; Habersack, MünchKomm. AktG, § 116 Rn. 59; Raiser/Veil, Komm. MitbestG und DrittelbG, § 25 MitbestG Rn.135; Hoffmann/Preu, Der Aufsichtsrat, Rn.276; Potthoff/Trescher/Theisen, Das Aufsichtsratsmitglied, Rn.919; Hambloch-Gesinn/Gesinn in Hölters, Komm. AktG, § 116 Rn.48.

② Vgl. dazu Spindler, MünchKomm. AktG, § 78 Rn.5 ff.; Habersack, Großkomm. AktG, § 78 Rn.1; Mertens/Cahn, Kölner Komm. AktG, § 78 Rn.3 ff.

③ Ebenso Gaul, GmbHR 1986, 296, 299; Spindler, MünchKomm. AktG, § 93 Rn. 124; Fleischer in Spindler/Stilz, Komm. AktG, § 93 Rn.169; v. Stebut, Geheimnisschutz und Verschwiegenheitspflicht, S.98, 100; Mertens/Cahn, Kölner Komm. AktG, § 116 Rn. 51. Zum umgekehrten Fall, wenn ein Aufsichtsratsmitglied zur Informationsbeschaffung mit Geschäftspartnern der AG Kontakte aufnimmt, vgl. oben Rn. 191 und OLG Zweibrücken v. 28.5.1990—3 W 93/80, DB 1990, 1401.

④ BGH v. 5.6.1975—II ZR 156/73, BGHZ 64, 325, 331; Mertens/Cahn, Kölner Komm. AktG, § 116 Rn.50; Hoffmann/Preu, Der Aufsichtsrat, Rn.276.

资格而产生的忠实义务。①为了保障保密义务,前任监事有权根据《民事诉讼法》第 383 条第 1 款第 6 项拒绝作证,只要讯问涉及公司透露给他们并要求他们保密的事实情况。②

八、预先规定以及每名监事负责任的决定

(1) 某些说明具有与监事会中的讨论及表决完全相同的机密性(上文边码 266、267)。此外,《股份法》第 116 条第 2 款也提到了"机密报告"并表明(有疑问时董事会)对此类报告所作的标注同样是机密的。

286

《企业透明度及披露法》政府草案的立法理由对此有这样一段话:

> (本)法律丝毫未改变以下情况,即某一事实情况的保密需要(必要性)并不取决于主观的划分,而必须被客观地加以评判。然而如果信息的来源(可能是董事会或监事会本身)明确声明有关事实情况是机密的,那么至少会产生这样一种推测,即存在一个客观的保密利益(需要)……

(2) 另外,每名监事均必须为了自己的利益独自负责地回答以下问题:是否存在一个秘密或一项机密说明(报告);仍然存在还是仅曾经存在过;被允许例外地公开还是必须被严格保密。③如果其他公司机构(特别是董事会)或者监事会的多数成员都认为某事实情况是机密的,那么有关监事必须特别谨慎周详地进行权衡并作出决定。④然而最重要的是该监事必须始终牢记无论监事会还是单个监事均不负责(制定或推行)有关公司的信息政策。因此,在监事被允许将有关信息公之于众之前,对机密的明显违反必须首先在监事会中被加以讨论或者至少与监事会主席进行商讨。⑤

287

---

① OLG Koblenz v. 5.3.1987—6 W 38/87, WM 1987, 480＝AG 1987, 184; Marsch-Barner in Semler/v. Schenck, Arbeitshandbuch für Aufsichtsratsmitglieder, §13 Rn. 69; Raiser/Veil, Komm. MitbestG und DrittelbG, §25 MitbestG Rn. 123; Hoffmann-Becking, Münchener Hdb. AG, §33 Rn. 57 m.w.N. in Fn. 100.

② OLG Koblenz v. 5.3.1987—6 W 38/87, WM 1987, 480＝AG 1987, 184; vgl. auch Mertens/Cahn, Kölner Komm. AktG, §116 Rn. 40.

③ BGH v. 5.6.1975—II ZR 156/73, BGHZ 64, 325; h. M., vgl. etwa Raiser/Veil, Kapitalgesellschaften, §15 Rn. 99.

④ BGH v. 5.6.1975—II ZR 156/73, BGHZ 64, 325, 328 und Lutter, Information und Vertraulichkeit, Rn. 442 ff., Rn. 697 ff.

⑤ Vgl. Lutter, Information und Vertraulichkeit, Rn. 527 und dort S. 307 ff. die Vorschläge für eine vom Aufsichtsrat selbst zu beschließende Richtlinie zur Wahrung der Vertraulichkeit im Aufsichtsrat.

九、制裁

288　　如果一名监事有过错地违反了其保密义务,那么他**可能要承担**《股份法》第 404 条所规定的**刑事责任**。《企业透明度及披露法》提高了《股份法》第 404 条针对上市公司的量刑幅度。①此外,当出现侵害公司秘密或机密的情况时,董事会可以以公司名义向法院提起诉讼,要求有关监事**停止侵害**并**赔偿公司所遭受的有形(物质)损害**。②再者,监事会本身也可以根据《股份法》第 103 条第 3 款通过一项获得简单投票多数的决议(表决时,该有关监事不享有投票权)向地方主管法院提出**解聘**该监事的申请;③其他相关内容参见下文边码 930。此时的解聘以重大原因为前提;侵害(公司)机密本身即属于这样一个重大原因。尽管如此,法院仍然要根据案情的严重程度作出裁决;④这是因为此项规则是以与该监事进行合作已不再合理或者说已让人难以接受为基础(信任合作义务)。一般而言,对机密的最轻微侵害尚不属于上述情况;此时董事会或监事会主席必须作出警告。⑤而若有关监事对机密构成严重侵害,情况则完全不同:在这种情况下,与该监事继续合作已被视为不合理或让人无法接受,其结果是地方主管法院必须解聘该监事。⑥上述所有规则适用于所有监事,也就是说同样适用于被派遣的监事以及职工代表。

289　　最后,在《股份法》第 103 条和《共同决定法》第 23 条的范围内,某监事自己的选举团队可以不再选举他继续担任监事。⑦

---

①　"公司治理"政府委员会提出此项要求。Mit der Anhebung der Freiheitsstrafe bei unbefugter Offenbarung von Gesellschaftsgeheimnissen(Abs. 1) von einem auf zwei Jahre, bei Handeln gegen Entgelt oder in Bereicherungs-oder Schädigungsabsicht von zwei auf drei Jahre, solle eine größere Abschreckungswirkung erzielt werden, da in den erfassten Fällen nur eine geringe Aufklärungswahrscheinlichkeit besteht. Eine Ausdehnung der Strafandrohung auf die unbefugte Offenlegung von vertraulichen Angaben wurde hingegen nicht nahegelegt, da es sich insofern um kein strafwürdiges Unrecht handele(Baums [Hrsg.], Bericht der Regierungskommission, Rn. 67).

②　Näher Lutter, Information und Vertraulichkeit, Rn. 574 ff.; Marsch-Barner in Semler/v. Schenck, Arbeitshandbuch für Aufsichtsratsmitglieder, § 13 Rn. 70; Hoffmann/Preu, Der Aufsichtsrat, Rn. 265.

③　Für die gerichtliche Abberufung nach § 103 Abs. 3 AktG i. V. m. §§ 375 Nr. 3, 376 FamFG, § 23a GVG ist das Amtsgericht zuständig.

④　Vgl. z. B. AG München v. 2.5.1985—HRB 2212, ZIP 1985, 1139 und OLG Hamburg v. 23.1.1990—11 W 92/89, WM 1990, 311＝AG 1990, 218.

⑤　Dazu Säcker, NJW 1986, 803, 810 f.

⑥　LG Frankfurt v. 14.10.1986—3/11 T 29/85, NJW 1987, 505, 506; OLG Stuttgart v. 7.11.2006—8 W 388/06, AG 2007, 218.

⑦　Lutter, Information und Vertraulichkeit, Rn. 581.

十、上市公司中保密方面的特别问题

上市①公司的特殊发展在保密义务领域也有其特殊表现。包括两方面内　　290
容：一方面，上市公司的各个机构（基于其义务）将承担更严格的保密义务；②对
此要适用《有价证券交易法》第 13、14、38 条中的**内部人规则**方面的**刑罚规
定**。据此，监事负有若干严格的不作为义务，而此类义务又与内部人信息的范
围有关（禁止取得及**披露**内部人信息）。另一方面，资本市场法上的临时披露
（《有价证券交易法》第 15 条）要求上市公司必须毫不迟延地披露某些与市场
牌价密切相关且对投资人的决策极为重要的事实情况，借此**提高其透明度标
准**。在这种情况下，人们已经预见到此类临时披露与公司法中保密规则可能
发生冲突。

（一）内部人规则及临时报告在康采恩中的适用

内部人规则不仅适用于上市公司的监事③，而且适用于从**上市子公司**处获　　291
得内部人信息的非上市母公司的监事。除此之外，可以从上市母公司处获得
内部人信息的非上市子公司的监事以及所有可以凭借其职务、工作或职责合
规则地获得《有价证券交易法》第 13 条意义上的内部人信息的监事同样要适
用内部人规则；也就是说母公司及康采恩所属公司的所有监事均被涵盖其中。
上述所有监事均不得上文在无权情况下（即在未获授权的情况下）披露内部人
信息（参见上文边码 290），一旦违反该禁令，他们将可能承担相应的**刑事责任**
（《有价证券交易法》第 38 条第 1 款第 2a、2c 项）。④

临时披露在康采恩中同样适用。母公司的秘密在《股份法》第 93 条意　　292
义上完全可能同时是子公司的秘密。财会技术类的专利极少属于这种情
况，而计划实施的、会对整个康采恩产生影响的**企业收购或企业转让**却通常
是母子公司共同的秘密。DaimlerChrysler 希望脱离 Chrysler 的想法既是
DaimlerChrysler 的秘密，又是 Chrysler 的秘密。然而当所要保密的事实情况
在一份临时报告的框架内被公之于众时，该事实情况的秘密性质也就随之
结束了。

---

① "上市"的概念不能仅在《股份法》第 3 条的狭义上进行理解；内部人规则同样适用
于其他有价证券，如优先认购权、分红证书或债券；vgl. § 2 Abs. 1 WpHG und § 264d HGB.
Daher ist auch der Fall denkbar, dass zwar die Aktien nicht börsennotiert sind, hingegen an-
dere Papiere, die selbständig gehandelt werden.

② Dazu eingehend Veil, ZHR 172(2008), 239 ff.

③ Vgl. Marsch-Barner in Semler/v. Schenck, Arbeitshandbuch für Aufsichtsratsmit-
glieder, § 13 Rn.186.

④ Zum Ganzen vgl. Lutter, Information und Vertraulichkeit, Rn.635 ff., 647 ff.

（二）监事与内部人规则

293 1994 年的第二部《金融市场振兴法》将《内部人指令》[①]中的规定转化为《有价证券交易法》第 12 条及以下条款。法律据此在一级内部人（包括董事和监事）与二级内部人之间进行了区分。但这种区分后来在转化 2003 年 1 月 28 日发布的《市场滥用指令》[②]过程中又被《投资人保护改善法》（AnSVG）所取消；今天，仅在《有价证券交易法》第 38 条（母公司及康采恩所属公司的监事）的"可罚性"或该法第 39 条的"违规性"问题上还存在这种区分。目前，使用、披露、介绍（推荐）内部人信息（上文第 290 条）方面的禁令已适用于**每一个人**。不过，实际上其所涉及的只是那些拥有此类（内部人）信息的人，比如监事。

294 内部人信息是指不为公众所知悉的事实情况，这些事实情况不仅涉及一个或多个有价证券发行人（即上市公司），而且当它们被公之于众时还能够对**内部人证券的市场牌价**[③]产生巨大影响，《有价证券交易法》第 12、13 条。内部人信息与《股份法》第 93 条意义的秘密（上文边码 259 及以下）拥有共同的特征——不为公众所知悉[④]。这两者在构成要件方面的区别主要体现在与"证券市场牌价之间的重大关联"这一特征上。[⑤]由于这个特征极不清晰，所以在个别情况下对秘密和内部人信息作出准确的界定是很困难的。不过我们其实也没有必要作出准确的区分；因为大量企业秘密被公开同样会导致证券市场牌

---

  ① Richtlinie 89/592/EWG des Rates vom 13. 11. 1989，abgedruckt auch bei Lutter，Europäisches Unternehmensrecht，S.594 ff.

  ② Abgedruckt bei Lutter/Bayer/J. Schmidt，EuropUR，S.1234 ff.

  ③ 《有价证券交易法》第 12 条给出了"内部人证券"的法定定义：该法第 2 条第 1 款意义上的、获准在国内交易所上市交易的所有证券均被涵盖其中。其他详情请参阅《有价证券交易法》第 12 条；näher Hoffmann/Preu，Der Aufsichtsrat，Rn.506.3 und Assmann in Assmann/Uwe H. Schneider，Komm. WpHG，§ 12 Rn.4 ff.。

  ④ 有疑问的是，内部人信息何时被公开。通说认为一个所谓的"范围（领域）公开"即可。详见《有价证券交易公告及内部人目录条例》第 12 条。Denn dies führt bereits zur Aufnahme der Information in die Kursbewegung（Assmann in Assmann/Uwe H. Schneider，Komm. WpHG，§ 13 Rn.34 m.w.N.）. Nicht erforderlich ist hingegen，dass das Anlegerpublikum die Information—z. B. über den Börsenticker—erfahren hat. Daraus könnte man schließen，dass der Begriff der fehlenden Öffentlichkeit bei § 93 AktG enger zu verstehen ist，weil hier nur ein enger Kreis von Personen eingeweiht ist. Nach Sinn und Zweck des Merkmals bei der Insidertatsache ist dieses Merkmal aber auch hier so auszulegen，dass vor der Veröffentlichung nur ein kleiner Kreis von Personen Kenntnis hat.

  ⑤ Hierbei handelt es sich um das am schwersten zu bestimmende Tatbestandsmerkmal der Insiderinformation und mithin auch der Verbote aus § 14 WpHG（oben Rn.290）und des Gebots zur Ad-hoc-Publizität nach § 15 WpHG；vgl. Assmann in Assmann/Uwe H. Schneider，Komm. WpHG，§ 13 Rn.59 ff.；Feldhaus，Eignung，S.165 ff.；Lutter，Information und Vertraulichkeit，Rn.640.

价的明显波动。①

总而言之,秘密与内部人信息是有区别的,违反前者可能会给公司造成损 295
失,而违反后者则可能对证券市场牌价产生巨大影响。然而这意味着:内部人
规则**明显地扩大了**上市公司及康采恩中上市公司(上文边码 291)所有监事所
负的**严格且得到刑事责任保障的保密义务**的范围。

(三) 内部人信息的有权披露与无权披露

(1)《有价证券交易法》第 14 条第 1 款第 2 项禁止无权(即在未获授权 296
的情况下)披露内部人信息。而何时为有权披露,何时为无权披露,目前为
止尚未定论。现今人们已达成这样的共识,即"无权"不能被视为违法行为
的一般构成要件,也就是说单纯的信息披露并未满足全部构成要件:②该信
息披露还必须是无权(未获授权)的。由于董事会有义务向监事会提供信息,
而监事会也被允许了解所有相关情况,而且根据法律规定所有监事必须得到
平等对待,所以**董事会将内部人信息披露给监事会以及所有监事**毫无疑问是
有权的。在《股份法》的上述体系内《有价证券交易法》是没有适用余地的。

(2)同样毫无疑问的是:**任何一个外部第三人都是无权(披露内部人信** 297
息)的,而且也不得获得相关的内部人信息。法律条文并非以"出于购入或出
让内部人证券的目的而披露信息"为前提:此类无权的信息披露本来就是被禁
止的。

(3)因此,就监事而言,关于如何"对待"内部人信息的问题尖锐地集中到 298
以下问题上:**信息"流向"职工**在什么时候属于一种无权披露。当一名监事将
与证券市场牌价密切相关的机密信息透露给其助手,而该助手据此为下次监
事会会议拟定了一份会议提纲时,根据《有价证券交易法》第 38 条该监事应否
受刑事处罚? 当一名监事明知好奇的女秘书很可能会翻看他办公室中的文件
柜,却仍未锁好它时,该监事是否属于无权地披露了内部人信息?

(4)"无权"这个特征属于一个限制构成要件的特征。这产生于欧洲法 299
中的规定:根据《市场滥用指令》第 3 条和第 6 条第 3 款,只要有关人员是在

---

① Zu einer verhältnismäßig großen Schnittmenge gelangt man, wenn man den Katalog
potentieller Insiderinformationen mit dem Katalog möglicher Unternehmensgeheimnisse ver-
gleicht; zum Katalog von potentiellen Insiderinformationen vgl. den Emittentenleitfaden der
BaFin von 2013 Ziff. III. 2. 1 ff.; zum Katalog möglicher Unternehmensgeheimnisse vgl.
Mertens/Cahn, Kölner Komm. AktG, § 116 Rn. 47; Lutter, Information und Vertraulich-
keit, Rn. 408 ff.

② H.M., vgl. etwa Assmann in Assmann/Uwe. H. Schneider, Komm. WpHG, § 14
Rn. 72 ff. m. allen Nachw.; Schäfer in Schäfer/Hamann, Kapitalmarktgesetze, § 14 WpHG
Rn. 24 f.; Götz, DB 1995, 1949, 1952.

工作或履行职责的正常范围内披露有关信息的,他的这种披露就应当是被允许的,或者说是"非无权的"。①这种措辞乍一看似乎是合乎逻辑的,但当我们进一步认真研读时就会发现很多问题,其中最重要的是:"正常范围"究竟指的是什么? 对此曾经有人这样认为,②即只有在"强制"且"必需"的情况下才能披露信息。③这种限制性的理解可能导致可罚性的急剧扩大,并因而在很多程度上阻碍和拖延监事会通过对各项任务的分配实现监事会工作的合理组织安排。

因此,在判断信息披露是有权还是无权时最重要的判断标准是:为了使信息披露者能够在通常范围内**开展工作或履行职责**,信息披露是否是**必不可少**的。④此外,在判断可否将内部人信息归入《股份法》第 93 条意义上的秘密时,上述判断标准同样被证明是行之有效的;这是因为内部人规则中的信息披露许可界限与保密义务所确定的界限完全相同。⑤

300　　　监事会或个别监事的**助理和秘书**既是帮手又是劳动分工系统的必要元素;因此他们仅在被召来参与监事会工作的范围内才是"有权的"。⑥这同样适用于监事的顾问,例如律师、税务顾问以及对一项秘密收购计划进行决策时所聘请的企业顾问。上述所有人员于是就成为内部人(《有价证券交易法》第 38 条第 1 款第 2c 项)并因而要遵守《有价证券交易法》第 14 条所规定的取得及披露信息方面的禁令。

301　　　私人(法)组织领域中的此类**"上级"并不是理所当然"有权"**的。欧洲法

---

① Nahezu ebenso die Gesetzesbegründung: BT-Drucks. 12/6679, S.47.

② Assmann, AG 1994, 247.

③ Assmann, AG 1997, 55; Assmann in Assmann/Uwe H. Schneider, Komm. WpHG, §14 Rn.74; Schmidt-Diemitz, DB 1996, 1810; Götz, DB 1995, 1950.

④ Eher enger EuGH v. 22.11.2005—C-384/02, Slg. 2005, I-9939＝WM 2006, 612 (Groongaard und Bang). In der Nachfolgeentscheidung hat dann aber der dänische Oberste Gerichtshof die Weitergabe einer Insiderinformation durch einen Arbeitnehmervertreter an seinen Gewerkschaftsvorsitzenden gebilligt(dessen Mitarbeiter diese dann ausgenutzt hat); vgl. ZIP 2009, 1526 sowie Assmann in Assmann/Uwe H.Schneider, Komm. WpHG, §14 Rn.74 ff. sowie Lutter/Bayer/J. Schmidt, EuropUR, S.1242.

⑤ Vgl. Lutter/Krieger, DB 1995, 257 ff.; im Ergebnis ebenso Götz, DB 1995, 1949, 1952; im übrigen ist eine Weitergabe von Insiderinformationen gewisslich dann „unbefugt", wenn das Aufsichtsratsmitglied Anlass zu der Annahme hat, dass der Empfänger der Information dieselbe für Insidergeschäfte missbraucht; in England ist eben dieser Fall ins Gesetz aufgenommen; vgl. Uwe H.Schneider/Singhof in FS Kraft, 1998, S.587, 589 in Fn. 15 mit entsprechenden Nachweisen.

⑥ Lutter/Krieger, BB 1995, 257 ff.; Assmann in Assmann/Uwe H. Schneider, Komm. WpHG, §14 Rn.96 ff.; Hasselbach, NZG 2004, 1094.

院在其 *Grongaard* 判决中明确提到了这一点。①在这个发生在丹麦的案件中，一家上市公司董事会中的工会代表将一些内部人信息，即合并计划，透漏给了其工会主席；该工会主席又将这些信息透漏给了一名职工，而这名职工利用这些信息进行了一项收益颇丰的内幕交易。②职业纪律法院(上诉法院)向欧洲法院提出如下问题：将信息透漏给工会主席是"有权"的还是"无权"的。欧洲法院严词拒绝将此类信息的受领人视为理所当然"有权"，同时命令丹麦法院审查此类信息透漏对于通常的工会工作来说是不是必不可少的。丹麦最高法院对此作出肯定性答复。③

如果有关人员**有义务**向其上级提供信息(例如《股份法》第394、395条中所规定的义务)，那么在公法领域中情况则完全不同。④   302

(四) 保密义务的保障

上述这些极为严格的规则必然导致如下问题的产生：上文论述到的保密义务怎样才能在实践中得到保障？ 也就是说怎么才能保证信息披露的界限得到遵守同时信息又不被泄露出去(信息泄露)。   303

证券服务公司必须设立一个所谓的**合规部门**(《有价证券交易法》第33条第1款第2句第1项)。而且这样一个部门对于其他适用内部人规则的公司来说同样具有非凡的意义。如何保证内部人规则得到遵守？首先，借助特别的保密措施⑤对机密领域进行组织安排有助于此目标的实现。其次，合规部门要为职工制作一本《机密准则手册》，该手册应详细列明所有与此相关的法律法规。⑥

再者，所有证券发行人(上市公司)均必须制作一份所谓的内部人名单，其中包括"所有为证券发行人工作并且能够通过合规则的渠道获取内部人信息的人"(《有价证券交易法》第15b条第1款)。

(五) 临时披露

临时披露源出于《证券交易所准入指令》方案C第5a项⑦以及《内部人指   304

---

① EuGH v. 22.11.2005—C-384/02，NJW 2006，133(Groongaard und Bang).
② 后者因披露而成为内部人，他因此要遵守所谓的"取得禁令"。
③ ZIP 2009，1526.
④ Vgl. dazu Assmann in Assmann/Uwe H. Schneider, Komm. WpHG，§14 Rn.80；Schäfer in Schäfer/Hamann，Kapitalmarktgesetze，§14 WpHG Rn.30；sowie unten Rn. 1421 ff.
⑤ Näher dazu Eisele，WM 1993，1021，1024 ff.
⑥ Vgl. dazu Lutter，Information und Vertraulichkeit，Rn.697 ff.
⑦ Richtlinie 79/279/EWG des Rates vom 5.3.1979，abgedruckt auch bei Lutter，EuropUR，4. Aufl.，S.528 ff.

令》第 7 条；它首先被规定在《证券交易法》第 44a 条中，随后在转化《市场滥用指令》过程中又在第二部《金融市场振兴法》的框架内经轻微修改后被重新规定到《有价证券交易法》第 15 条中。今天，此项义务的欧洲法基础是 2003 年的《市场滥用指令》(MAD)第 6 条第 1、2 和 3 款。[1]

305 　　根据《有价证券交易法》第 15 条第 1 款，获准在国内证券交易所进行交易的金融商品的发行人有义务不迟延地**披露与其相关的**、发生在其活动领域中且尚未被公众所知悉的**内部人信息**，若干这些信息在被公之于众之后会对内部人证券的市场牌价产生巨大影响。[2]

306 　　临时披露有两方面目的：首先是通过披露可能的内部人信息来**防止内幕交易**。[3]其次，临时披露应尽可能同时为所有投资者提供与决策密切相关的最重要信息并以这种方式保证资本市场上的**合理(有价证券)价格**。[4]

307 　　随着《有价证券交易法》第 15 条的修订，最迟在经营管理机构作出决定时公司即有义务披露有关信息。[5]然而在多级决策过程的情况下，在监事会就有关问题作出决定之前对董事会决定予以公布可能极大地弱化监事会的地位，因为在董事会的决定被披露之后，监事会在作出决定时可能就不再那么自由了。

　　不过，《有价证券交易法》第 15 条第 3 款规定了一项披露义务的免除(其实是暂时推迟)。根据该条款，发行人可以在不必担心会误导公众且内部人信

---

[1]　Richtlinie 2003/6/EG vom 28.1.2003，ABl. EU Nr.L 96 vom 12.4.2003，S.16 und dazu Lutter/Bayer/J. Schmidt, EuropUR，§ 35(S. 1234)，Rn.1 ff.

[2]　Für Schuldverschreibungen empfiehlt die BaFin in Ziff. IV.2.2.5.1 ihres Emittenten-leitfadens 2013 eine andere Betrachtung. Danach kommt es bei ihnen nicht auf das Kursbeein-flussungspotential an, sondern darauf, ob die Fähigkeit des Emittenten beeinträchtigt wird, seinen Verpflichtungen nachzukommen；diese Sonderregelung geht auf Anhang Schema D Nr.4a der Börsenzulassungsrichtlinie zurück；im Übrigen vgl. Lutter/Bayer/J. Schmidt, Eu-ropUR, S.1244 ff.

[3]　Vgl. Lutter in FS Zöllner, 1998, S. 363, 368；Assmann in Assmann/Uwe H. Schneider, Komm. WpHG, § 15 Rn.32.

[4]　Diese Funktion ist nach der Rechtsprechung des BGH im DAT/Altana-Beschluss besonders wichtig.

[5]　So auch auf Anfrage des BGH der EuGH in seinem berühmten Urteil v. 28. 6. 2012—C-19/11, ZIP 2012, 1282＝AG 2012, 555＝NZG 2012, 784＝EWiR § 13 WpHG 2/12(Bachmann)(Geltl), nach der die einzelnen Schritte im Rahmen mehrgliedriger Entschei-dungen, also sogenannte Zwischenschritte, in einem gestreckten Vorgang durchaus eine „Insider-Information"(„ präzise Information") seien und mithin publizitätspflichtig sein können. Ihr folgend der BGH v. 23.4.2013—II ZB 7/09, ZIP 2013, 1165 Anm. Brellochs. Vgl. dazu v. Bonin/Böhmer, EuZW 2012, 694 m.w.N. und Ihrig in VGR, Gesellschaftsrecht in der Diskussion 2012, 2013(VGR Bd. 18), S.113 ff., insbes. S.128 ff.

息的机密性得到(继续)保障的前提条件下推迟对内部人信息的披露(就像对其合理利益的保护所要求的那样)。在获得监事会同意之前进行信息披露可能会影响股份法上机构职责作用的发挥。[1]因此在尚未得到监事会同意的情况下,信息披露的推迟通常关系到发行人及投资人的合理利益。[2]

《有价证券交易公告及内部人目录条例》(WpAIV)第6条第2句第2项同样对此做出规定。根据该条款,

> 如果发行人(上市公司)的经营管理机构在公布已签订的合同或已作出的其他决定时必须同时说明一项需经发行人另一机构同意才能生效的措施上未取得该机构的同意,而且这可能影响公众对信息作出客观评价,那么同样存在一个这样的特殊利益。

因此在监事会尚未作出决定的情况下,(作为《有价证券交易法》第15条第1款的例外)发行人可以推迟信息披露,不过前提是信息的机密性能够继续得到保障。[3]

然而在上述例外的前提条件(即监事会的决定)消失之后发行人必须毫不迟延地进行信息披露。

(六) 总结:监事保密义务的后果

人们在总结《有价证券交易法》第12条及以下条款的引入对监事会实践产生的后果(或者说影响)时会发现:一方面,"禁止披露内部人信息"这一犯罪构成要件的引入意味着**监事会将承担更严格的保密义务**。这首先涉及与经营管理措施有关的信息,例如新产品、销售、收益或其他特性数据的重大发展。对于大批解雇、停业、计划的收购及合并同样如此。 308

另一方面,以临时公告的方式披露内部人信息意味着单个监事义务的减轻:从信息被披露的那一刻起他就可以公开且不受限制地"处分"这些信息了。反过来说,单个监事应可以清楚地认识到保密义务结束的时间点。 309

为了使监事**免受内部人规则所规定的刑罚**,将内部人规则的内容告知每名监事(尤其是在监事会改选之后)的做法是可取的。这既可以在监事会主席的通函(集体信函)、信息手册、合规部门的机密准则中被列明,也可能在首次监事会会议的具体议程中被说明。 310

---

[1] Siehe dazu schon Lutter in FS Zöllner, S.363, 371 f.

[2] Emittentenleitfaden der BaFin von 2013 Ziff. IV.2.2.7; Assmann in Assmann/Uwe H.Schneider, Komm. WpHG, § 15 Rn.145.

[3] Emittentenleitfaden der BaFin von 2013 Ziff. IV.2.2.7; Assmann in Assmann/Uwe H.Schneider, Komm. WpHG, § 15 Rn.145; Pattberg/Bredol, NZG 2013, 87; Ihrig in VGR, Gesellschaftsrecht in der Diskussion 2012, 2013(VGR Bd. 18), S.128 ff.

311　　为了在日常监事会实践中避免"内部人事件"的发生,每名监事都应妥善保管与内部人关系重大的材料(企业添购计划或决算审计报告)从而使其**无法被第三人获得**。即使是出于准备监事会会议的目的而有必要将内部人信息透露给最"亲近"的职工,也要受极其严格的限制。为此,监事会可以提出一些程序原则("一般性指导"),比如说指出哪些信息属于典型的内部人信息。①同样,(例如在实践中常见的)一些事实情况也可以在这些材料中作为内部人信息被标记出来。另外,监事会还应说明内部人信息的计划公布日期;这样一来单个监事就可以大概了解此类信息的机密状态预计将在何时结束;随着信息的公布刑事处罚的可能性也不复存在了。有疑问时,单个监事应与监事会主席取得联系。

312　　因为基于**卖出或买入有价证券的目的而使用**内部人信息根据《有价证券交易法》第13、14条同样是可受处罚的,所以只有当单个监事认为所有与证券市场牌价有重大关联的信息均已被公布时他们才能从事证券交易。比如说年度决算(资产负债表)记者招待会、正式股东大会或者中期(临时)报告发布之后的第一周就属于此种情况。

313　　对于监事来说,将证券交易委托给一个**独立第三人**来完成是更安全的,该第三人为了监事的利益且自行决断地进行交易。

314　　公开而快速的**投资者关系政策**是预防内幕交易的有效措施。监事会在有权提出同意要求或者负有听证义务的情况下同样可以为此作出一些贡献。

315　　**建立若干委员会**更适合确保内部人信息直到公布之前均处于保密状态。通过这种方式,那些能够接触到内部人信息且出于披露或进行内幕交易的目的而使用这些信息的人将被限定在很小的范围内。建立一个所谓的临时委员会更有助于有关信息的保密,该委员会可以就公布信息的时间、范围和方式向董事会提出建议。②

316　　此外,还可以考虑通过缩短召开会议的预告期限或者通过"传阅"决议方式来缩短监事会作出决定的时间。

■ 第三节　董事会的报告及信息规则

一、概述

317　　法律对董事会必须如何、就哪些事项以及以怎样的时间顺序对公司及

---

　　① 所谓的证券服务企业(主要为信贷机构)甚至有义务引入内部监督机制,从而避免违反内部人规则;vgl. §25a KWG, §33 Abs. 1 WpHG.

　　② Vgl. Marsch-Barner in Semler/v. Schenck, Arbeitshandbuch für Aufsichtsratsmitglieder, §13 Rn.256.

康采恩的情况向监事会作出报告作了详细规定(上文边码191及以下)。这其中还包括董事会的如下义务,即董事会所制定的报告必须与之前的报告不仅在内容上应相互承接且采取相同的系统规则,而且必须进行"实然—应然比较"并含有就计划的实现情况所作的说明(《股份法》第90条第1款第1句第1项)。尽管如此,银行、机械制造厂、百货商场或者软件公司的监事会在信息需求上无疑仍存在很大不同。由于监事会本身(也)有义务设法获取充分的信息("赴取之债"),因此**发布一项**规定董事会向监事会提供信息的详细**报告及信息规则**是十分可取的。这也是《准则》所建议的。[①]从实质上讲,这属于监事会为董事会制定的业务工作规则("行为守则"),因此董事会有义务遵守该规则。

二、详述

(1)该信息规则受法律规定的约束并因而**不得降低**法律所提出的时间及对象要求。　318

(2)此外,首先要确定的是日常报告的内部规则,也就是说要根据各项产品的销售额及其毛收入作出报告,其中不仅应包括与计划及上一周期所进行的"应然—实然比较"的所有情况,而且还应含有根据各公司和康采恩的特殊需要而作的说明。之后所要确定的则是报告的周期,法律所规定的三个月周期是"底线"(即报告周期不得长于三个月)。对于大型公司以及经济上处于困难中的公司来说,将三个月周期改为两个月周期同样是可取的。　319

对于就流动资金(偿付能力)和收益情况以及就公司和康采恩的特殊风险所作的报告来说,同样如此。

最后,还要对特别报告作出规定,此时同样要考虑到有关公司的特点。

■ 第四节　机密规则

与信息规则的情况不同,监事会不能制定机密规则,也就是说监事会不能决定一个事件是不是秘密或机密的以及应否给予相应的注意:"排中律"。因此监事会和董事会都不能将非秘密或非机密说明(报告)提升到秘密或机密的级别。[②]不过,含有以下规定的机密规则却是被允许的:在有疑问时监事　320

---

① 《准则》第3.4条:"监事会应进一步详细确定董事会的信息及报告义务。"
② BGH v. 5.6.1975—II ZR 156/73, BGHZ 64, 325(Bayer).

应如何处理①以及——最重要的是——哪些事件毫无疑问应被机密地加以处理(参见上文边码 266 及以下)或者针对哪些事项很可能存在保密义务。《股份法》第 116 条恰好提到了此类推测(假定)的机密性情况。因此如果董事会宣布一份书面提案或者一则口头信息是机密性的,这就表明有关推测是符合实际情况的。上述的机密规则同样可以清楚地表明这一点。在一名监事未遵守该机密规则的情况下,他不能以"不知道(该规则)"为由为自己进行辩解。特别是当此类机密规则规定了此种情况下的商讨机制时(比如说首先与监事会主席进行商讨,然后可能的话还要与全体监事会进行商讨),更是如此。

边码 321—330 暂时空置。

---

① Das Muster einer solchen vom Aufsichtsrat zu beschließenden „Richtlinie zur Wahrung der Vertraulichkeit im Aufsichtsrat" findet sich bei Lutter, Information und Vertraulichkeit, S.307 ff.

第七章

董事的聘任、聘用关系与
董事(会)工作的组织

■ 第一节　概述

　　与监事会的监督职责同等重要的是其董事任命(选聘)权(《股份法》第 84
条)。通过这项聘任或解聘董事的权利,监事会获得了预防性监督和"镇压性"
监督这两种重要工具。然而最重要的是,监事会通过选择董事对公司命运及
经营政策方针施加了重大影响。从法律技术上讲,任命(选聘)董事的职责
(权)分为聘任(和解聘)以及签订(和解除)聘用合同两个方面。①董事通过**聘任**
即获得作为公司机构的公司法上的地位以及随之而来的经营管理权和代理
权;被聘任者的承诺同样是必不可少的。在法律上要与之相区别的是**聘用合**
同,该合同规定了董事与公司之间债法上的个人关系(薪酬、休假,等等)。无
论是机构职位还是聘用关系,都在董事和公司之间建立起法律及合同上的具
体权利义务关系以及相互间的忠实义务,这其中既包括公司对董事的劳动保
护义务,又包括董事为公司利益实施行为的义务;②甚至还可能包括董事关于
健康问题的信息义务。③监事会的人事权得到其所享有的以下权利的补充,即
通过颁布一套**董事会业务规则**对董事会工作进行组织(安排)的权利(《股份

---

① Zur Trennung von Bestellung und Anstellung vgl. etwa BGH v. 24.11.1980—II ZR
182/79, BGHZ 79, 38, 41; Kort, Großkomm. AktG, § 84 Rn. 19 ff.; Thüsing in
Fleischer, Hdb. Vorstandsrecht, § 4 Rn. 1 ff.; Mertens/Cahn, Kölner Komm. AktG, § 84
Rn. 4 ff.; Wiesner, Münchener Hdb. AG, § 20 Rn. 11 ff.; Baums, Geschäftsleitervertrag, S.
3 ff.

② Vgl. nur Fleischer in Spindler/Stilz, Komm. AktG, § 84 Rn. 76, § 93 Rn. 113 ff.;
Mertens/Cahn, Kölner Komm. AktG, § 93 Rn. 95 ff.; Hüffer, Komm. AktG, § 84 Rn. 9.

③ Dazu näher Fleischer, NZG 2010, 561, 563 ff.; zum Umgang mit Gesundhe-
itsproblemen eines Vorstandsmitglieds auch Lutter, Der Aufsichtsrat 2009, 97; zur Ad hoc-
Publizität bei schweren Erkrankungen eines wichtigen Vorstandsmitglieds Fleischer in FS
Uwe H. Schneider, 2011, S. 333.

法》第 77 条第 2 款）。

■ 第二节　聘任

一、(全体)监事会的聘任权

（一）监事会的独享权限

332　　只有监事会才有权聘任董事；在公司破产程序中同样如此。[1]其他机构或第三人不得自行或者根据一项相应的章程规定（《股份法》第 23 条第 5 款）聘任董事；即使监事会本身也不得将这项职权授予其他机构或第三人（《股份法》第 111 条第 5 款）。

333　　上述独享权限包括**独立选择**董事的权利。监事会及其成员（监事）不受任何指示[2]、有约束力的建议权或者同意保留的约束，而有义务独立作出决定。以任何形式限制选择自由的章程规定都是无效的（《股份法》第 23 条第 5 款）。[3]对于所有侵害选择自由的约定来说同样如此。[4]

334　　监事会也不得擅自使董事的聘任取决于股东大会或其他机构的同意，因为它有义务**亲自作出决定**。[5]因此当一名监事认为不能遵循一个第三人的建议（劝告）时，他不能负有辞职义务。[6]

---

[1]　OLG Nürnberg v. 20.3.1990—1 U 2275/89，WM 1991, 1719 = AG 1991, 446; Seibt in K.Schmidt/Lutter, Komm. AktG，§ 84 Rn.8 und 20; Hüffer, Komm. AktG，§ 84 Rn.5; K.Schmidt, AG 2011, 1, 2 ff.; a.A. Klöckner, AG 2010, 780, 781, der die Hauptversammlung für zuständig ansieht. Zur gerichtlichen Notbestellung nach § 85 Abs. 1 AktG vgl. etwa Wiesner, Münchener Hdb. AG，§ 20 Rn.28 ff.

[2]　OLG Köln v. 4.5.1987—2 W 27/87，AG 1988, 50. Zur Sondersituation bei Aufsichtsratsmitgliedern, die von öffentlich-rechtlichen Körperschaften entsandt oder auf deren Veranlassung gewählt sind, vgl. unten Rn.1425 ff.

[3]　Spindler, MünchKomm. AktG，§ 84 Rn.12; Mertens/Cahn, Kölner Komm. AktG，§ 84 Rn.8 f.; Hüffer, Komm. AktG，§ 84 Rn.5.

[4]　Vgl. etwa OLG Köln v. 4. 5. 1987—2 W 27/87，AG 1988, 50; Spindler, MünchKomm. AktG，§ 84 Rn. 14; Mertens/Cahn, Kölner Komm. AktG，§ 84 Rn. 8; Hüffer, Komm. AktG，§ 84 Rn.5; Krieger, Personalentscheidungen, S.12 f., 43 ff. m. w.N.

[5]　Mertens/Cahn, Kölner Komm. AktG，§ 84 Rn.8; Hommelhoff, BB 1977, 322, 325; Krieger, Personalentscheidungen, S.42 f.

[6]　H.M., z.B. Hoffmann-Becking, Münchener Hdb. AG，§ 33 Rn. 7; Koberski in Wlotzke/Wißmann/Koberski/Kleinsorge, Mitbestimmungsrecht, § 25 MitbestG Rn. 78; Ulmer/Habersack in Ulmer/Habersack/Henssler, Mitbestimmungsrecht, § 25 MitbestG Rn.79; Krieger, Personalentscheidungen, S.45 f.; a.A. Tank, AG 1977, 34, 38 f.; Hoffmann/Lehmann/Weinmann, Komm. MitbestG，§ 27 Rn.31, § 31 Rn.28.

法律并未排除对监事**施加纯粹事实上的影响**的可能性(建议/劝告以及其他类似做法)。①与此相反,所有对建议(劝告)以及其他类似做法的制度化都是不被允许的。甚至为其他机构或第三人创设一项被明确地宣布为无约束力的建议权也是不可以的;②对于所有试图使监事负有在作出决定之前与其他机构或第三人进行商讨的义务的做法(以及其他类似情况)来说同样如此。③股东之间签订的、使对方负有将特定人员选举为董事的义务的合同(只有当人们认为违反此类约定不会带来惩罚时,签订此类合同才是被允许的)不具有约束力。④以下这类合同同样必须被认为是不具约束力的,即通过该合同股东允诺某第三人设法将其选入董事会。⑤

实践中,空缺的董事会职位通常是**通过(监事会与)在职董事进行协商后**而得到填补的。对于一项实事求是的选择决定来说,这种做法一般是正确的,因为董事会通常能够最好地估计到继任者应具备怎样的专业及个人素质(资格)。⑥因此在通常情况下,监事会的注意义务要求给予董事会以下机会:(1)阐明其关于继任者必要资格的观点,(2)在可能的情况下亲自列举出合适人选,(3)对由监事会在选举中选出的候选人发表自己的意见。相反,董事会有义务参与决定并承担一定的共同责任绝对是正确的。⑦因此《准则》第 5.1.2 条第 1款第 3 句建议监事会应与董事会共同拟定一份长期的继任计划。不过此类事

---

① H.M., vgl. nur OLG Stuttgart v. 30.5.2007—20 U 14/06, AG 2007, 873, 876; Spindler, MünchKomm. AktG, §84 Rn.15; Mertens/Cahn, Kölner Komm. AktG, §84 Rn.9; Ulmer/Habersack in Ulmer/Habersack/Henssler, Mitbestimmungsrecht, §25 Mit-bestG Rn.80.

② Streitig, wie hier Hommelhoff, BB 1977, 322, 325; Kort, Großkomm. AktG, §84 Rn.36; Mertens/Cahn, Kölner Komm. AktG, §84 Rn.9; Raiser/Veil, Komm. Mit-bestG und DrittelbG, §31 MitbestG Rn.7; Krieger, Personalentscheidungen, S.51 f.; wohl auch Hüffer, Komm. AktG, §84 Rn.5; a.A. Wiesner, Münchener Hdb. AG, §20 Rn.6; Spindler, MünchKomm. AktG, §84 Rn.14; Seibt in K.Schmidt/Lutter, Komm. AktG, §84 Rn.11.

③ Krieger, Personalentscheidungen, S.52.

④ Spindler, MünchKomm. AktG, §84 Rn.15; a. A. wohl Mertens/Cahn, Kölner Komm. AktG, §84 Rn.9; Niewiarra, BB 1998, 1961, 1963 f.

⑤ Zurückhaltend auch Hüffer, Komm. AktG, §84 Rn.6; offener Niewiarra, BB 1998, 1961, 1963 f.

⑥ Näher Martens in FS Fleck, 1988, S.191, 203; vgl. auch Mertens/Cahn, Kölner Komm. AktG, §84 Rn.9; Fonk in Semler/v. Schenck, Arbeitshandbuch für Aufsichts-tsratsmitglieder, §10 Rn.22; Seibt in K.Schmidt/Lutter, Komm. AktG, §84 Rn.12.

⑦ So auch Martens in FS Fleck, 1988, S.191, 202 ff., der die rechtliche Mitverant-wortung des Vorstands jedoch überdehnt; Fonk in Semler/v. Schenck, Arbeitshandbuch für Aufsichtsratsmitglieder, §10 Rn.22.

务的"负责人"始终是监事会。董事会无权要求监事会允许其参与该事务。而且它也绝对没有权利在未与监事会商定的情况下自行挑选出合适的候选人并与之进行协商,等等。①

(二) 人事委员会所作的决定准备工作

337   虽然监事会不得将聘任决定权授予任何一个委员会(《股份法》第 107 条第 3 款第 3 句),但它却可以利用人事委员会进行决定准备工作(《股份法》第 107 条第 3 款第 1 句)。传统上,人事委员会为董事的聘任进行如此广泛的准备,以至于最后仅向全体大会提交唯一一项决议建议即可;真正的选择在委员会中进行。学术界对此提出了批评并赞成全体大会对选择过程实施更强有力的控制,②然而这种观点却无法得到贯彻实施。③人事委员会必须在其一般报告(《股份法》第 107 条第 3 款第 4 句;细节参见下文边码 748)的框架内使全体大会对其工作始终有所了解。

二、监事会的决断

(一) 董事的数量

338   在选聘董事时,监事会首先要遵守关于董事最低数量的法律规定。原则上聘任一名董事即可(《股份法》第 76 条第 2 款第 1 句),然而《准则》第 4.2.1 条却建议原则上应建立由多人组成的董事会。在《股份法》第 76 条第 2 款第 2 句的前提条件下,且如果有必要聘任一名职工董事(《煤铁工业职工共同决定法》第 13 条第 1 款,《共同决定补充法》第 13 条,《共同决定法》第 33 条),那么董事会必须至少由两人组成,除非章程规定可以仅由一人组成。章程必须含有关于董事数量的更详细规定或者其他用以确定董事数量的规则(《股份法》第 23 条第 3 款第 6 项)。它可以规定董事会的确切范围或者董事的更高最低数量以及/或者最高数量。④如果章程未对董事数量作出详细

---

① A.A. anscheinend Martens in FS Fleck, 1988, S.191, 203.

② Krieger, Personalentscheidungen, S.58 ff.; Köstler/Müller/Sick, Aufsichtsrats-praxis, Rn.631.

③ Ablehnend namentlich BGH v. 17.5.1993—II ZR 89/92, BGHZ 122, 342, 359 f.= AG 1993, 464; Mertens, ZGR 1983, 189, 193 ff.; Wiesner, Münchener Hdb. AG, §20 Rn.17; Fonk in Semler/v. Schenck, Arbeitshandbuch für Aufsichtsratsmitglieder, §10 Rn. 26.

④ OLG Köln v. 17.2.1998—22 U 163/97, DB 1998, 1855 f.= AG 1998, 525; Seibt in K.Schmidt/Lutter, Komm. AktG, §76 Rn.19; Hüffer, Komm. AktG, §23 Rn.31; Pentz, MünchKomm. AktG, §23 Rn.136; Wiesner, Münchener Hdb. AG, §19 Rn.48.

规定,那么它可以将对此的决定权授予监事会①或股东大会②(但不得授予其他机构)。

(二) 任职资格与排除原因

其次,监事会在选聘董事时必须遵守法定任职资格以及排除原因,这些资格或原因一部分被规定在《股份法》中,还有一部分被规定在其他法律中。董事只能是**具有完全行为能力的自然人**(《股份法》第 76 条第 3 款第 1 句)。不过,他们既不必拥有德国国籍,也不必拥有德国领土范围内的住所。因此即使在国外拥有住所的外国人也可以在德国的股份有限公司担任董事。一般来说,拥有在德国的居留及工作许可并不是聘任董事的前提条件。③时至今日,有关人员被允许随时入境德国也不再是必要条件。④根据《股份法》第 76 条第 3 款第 2 句第 1 至 3 项,下列人员同样不得担任董事:受监护的人、被禁止在工商企业中任职的人以及因特定的故意犯罪行为而被判刑的人。

根据《股份法》第 105 条第 1 款,监事不得担任董事;《股份法》第 105 条第 2 款的例外情况参见下文边码 459 及以下。特定的国家公职人员可能根据宪法规定而不得担任董事。⑤公务员在接受该职务时需要得到公务员法上的(事先)同意。⑥关于康采恩中董事会双重席位的问题参见下文边码 480。

通说认为**章程**同样可以规定其他任职资格(例如特定的专业教育或培训、

339

340

341

---

① BGH v. 17. 12. 2001—II ZR 288/99, ZIP 2002, 216, 217 = AG 2002, 289; Mertens/Cahn, Kölner Komm. AktG, § 76 Rn. 105; Hüffer, Komm. AktG, § 23 Rn. 31; Pentz, MünchKomm. AktG, § 23 Rn. 138; Wiesner, Münchener Hdb. AG, § 19 Rn. 48.

② OLG Köln v. 17. 2. 1998—22 U 163/97, DB 1998, 1855 ff. = AG 1998, 525; Mertens/Cahn, Kölner Komm. AktG, § 76 Rn. 105; Kort, Großkomm. AktG, § 76 Rn. 195; Fleischer in Spindler/Stilz, Komm. AktG, § 76 Rn. 111; Wiesner, Münchener Hdb. AG, § 19 Rn. 48.

③ OLG Düsseldorf v. 20.7.1977—3 W 147/77, DB 1977, 1840=GmbHR 1978, 110; OLG Frankfurt a.M. v. 14.3.1977-20 W 113/77, NJW 1977, 1595; LG Köln v. 7.10.1983-87 T 16/83, GmbHR 1984, 157; Wiesner, Münchener Hdb. AG, § 20 Rn. 1; Fleischer in Spindler/Stilz, Komm. AktG, § 76 Rn.109.

④ OLG München v. 17. 12. 2009—31 Wx 142/09, ZIP 2010, 126 = GmbHR 2010, 210; OLG Düsseldorf v. 16.4.2009—I-3 Wx 85/09, ZIP 2009, 1074=GmbHR 2009, 776; Mertens/Cahn, Kölner Komm. AktG, § 76 Rn. 15; Wiesner, Münchener Hdb. AG, § 20 Rn. 1; a. A. die früher h. M. und nach wie vor Seibt in K. Schmidt/Lutter, Komm. AktG, § 76 Rn. 24; Bürgers/Israel in Bürgers/Körber, Komm. AktG, § 76 Rn. 33; Hüffer, Komm. AktG, § 76 Rn. 25; Fleischer in Spindler/Stilz, Komm. AktG, § 76 Rn. 122.

⑤ Vgl. z.B. Art. 55 Abs. 2, 66 GG und entsprechende Bestimmungen in den Landesverfassungen.

⑥ Vgl. z.B. § 99 Abs. 1 Satz 2 Nr. 3 BBG und entsprechende Bestimmungen in den Landesbeamtengesetzen.

家族成员资格、最低年龄,等等),不过其前提是监事会的选择自由不得受到限制。①根据这种观点,监事会只能将那些满足章程所要求的任职资格的人聘任为董事;违反该要求时的法律后果参见下文边码359。对于适用《共同决定法》的公司来说,通常会逐步提出更严格的要求或者章程所要求的任职资格会遭到全盘否定,因为如果不这样做的话职工代表的共同决定权将可能遭到股东的侵害。②相反的观点似乎更具说服力,即由于股份法上的原因章程所规定的任职资格对监事会已不具有约束力。因此,虽然监事会在决定时必须考虑和权衡这些任职资格,但它却可以根据自己最负责的判断而"无视"它们。③

(三) 实事求是的判断

342　　监事会在进行人事选择时必须将公司利益放在首位并努力为公司作出尽可能好的选择。这项职责(义务)给监事会提出了很高的要求。它不仅要找到一个特别有资格(有能力)的人,而且还必须审查这个人是否适合公司的具体情况以及所要完成的具体任务。"好经理"的数量是很有限的。由此就产生了监事会的下列义务,即监事会必须首先持续密切关注本公司中的经理人才"市场"。此外,它必须预先考虑到董事会中未来的空缺、进而对计划选聘的候选人进行较长时间的观察并权衡可能的备选解决方案。只有这样监事会才能作出令人信服的判断。也就是说,监事会在选择董事时必须**对企业的需求以及长期计划进行一次认真分析**。④与此相应,《准则》第5.1.2条第1款第3句建议监事会与董事会共同拟定一项长期继任计划。监事会在决定时必须与选任董事会进行商讨的义务参见上文边码336。

343　　监事会在聘任董事时应遵守《一般平等待遇法》的相关规定(第6条第3款)。⑤

---

① Hüffer, Komm. AktG, §76 Rn. 26; Seibt in K. Schmidt/Lutter, Komm. AktG, §76 Rn. 25; Fleischer in Spindler/Stilz, Komm. AktG, §76 Rn. 126 ff.; Spindler, MünchKomm. AktG, §76 Rn. 27; Wiesner, Münchener Hdb. AG, §20 Rn. 6.

② Vgl. dazu Ulmer/Habersack in Ulmer/Habersack/Henssler, Mitbestimmungsrecht, §31 MitbestG Rn. 10 ff.; Raiser/Veil, Komm. MitbestG und DrittelbG, §31 MitbestG Rn. 9 ff.; Hüffer, Komm. AktG, §76 Rn. 26.

③ Mertens/Cahn, Kölner Komm. AktG, §76 Rn. 116; Krieger, Personalentscheidungen, S. 13 ff.; ausführlich Hommelhoff, BB 1977, 322 ff.

④ Lutter, AG 1979, 85, 90; ausführlich Fonk in Semler/v. Schenck, Arbeitshandbuch für Aufsichtsratsmitglieder, §10 Rn. 4 ff.; Krieger, Personalentscheidungen, S. 22 ff. Zu den Wegen der Vorstandsrekrutierung(intern vs. extern) eingehend Zimmermann, zfbf 62(2010), 160.

⑤ BGH v. 23.4.2012—II ZR 163/10, BGHZ 193, 110＝GmbHR 2012, 845 Tz. 19; zum früheren Streit, ob das AGG nur den Abschluss des Anstellungsvertrags oder auch die Bestellung betreffe, vgl. nur Bauer/Arnold, NZG 2012, 921, 922 m.w.N.

在董事任期结束作出续聘决定时同样如此。①因此不得基于种族、民族、性别、宗教或信仰、残疾、年龄或性别身份(第 7 条第 1 款、第 1 条)对候选人有任何歧视,同时适用第 22 条的举证责任减轻以及第 15 条第 1 款的损害赔偿义务。②

在确定董事会的组成时,监事会依《准则》第 5.1.2 条第 1 款第 2 句应当 **344** "注重多样性(**Diversity**),特别是应适当考虑妇女的参与"。《准则》在这里同样没有回应从一般的社会政治辩论中产生的有争议的权利要求。③监事会的选择标准只能以特定位置的必备资格为导向并以董事会的最佳组合为目标。其中包括对整个董事会有帮助的不同专业知识及经验,而鉴于企业的经营范围,国际性也可能是董事的一个必备资质。相反,性别以及其他多样性特征,如肤色、性取向或宗教信仰通常不应被纳入选择标准;监事会未以董事会的最佳资质为导向并以实现相关领域多样性为目标进行的选择,将被视为违反义务。如果监事会怀着一颗公心去寻找董事职位的最佳候选人,那么董事会多样性的实现自然水到渠成,而从自身利益出发而进行的选择则将与该目标背道而驰。以此为导向作出的选择将损害其他候选人的利益,因为获选者不具备相应的资质,且与《一般平等待遇法》的规定相违背。

《准则》第 5.1.2 条第 2 款第 3 句还建议为董事设置**年龄限制**。在实践中, **345** 通常会在 58 至 65 岁之间做选择。这种设置并不构成对每名董事的严格年龄限制,而只是《准则》对设置常规年龄限制的一种建议做法,而且该限制在个别情况下可以被打破;对这种常规年龄限制的一次偶然偏差不构成对《股份法》第 161 条规定的《遵守声明》的限制。④根据《一般平等待遇法》第 8、10 条,只有在该条款限制范围内的年龄区别对待才是被允许的。据此,与公司运营和

---

① BGH v. 23.4.2012—II ZR 163/10, BGHZ 193, 110＝GmbHR 2012, 845 Tz. 20 ff.; Thüsing, MünchKomm. BGB, §2 AGG Rn. 9; Schrader/Schubert in Däubler/Bertzbach, Komm. AGG, §6 Rn.30; Bauer/Arnold, ZIP 2012, 597, 603; vgl. auch EuGH v. 11.11.2010—C-232/09, ZIP 2010, 2414＝AG 2011, 165(Danosa); a.A. noch Lutter, BB 2007, 725, 728 f.; Eßer/Baluch, NZG 2007, 321, 329.

② BGH v. 23.4.2012—II ZR 163/10, BGHZ 193, 110＝GmbHR 2012, 845 Tz. 26 f., 60 ff.; näher etwa Paefgen, ZIP 2012, 1296, 1297 f., 1299; Bauer/Arnold, NZG 2012, 921, 924 f.

③ Zur Kritik vgl. nur Hoffmann-Becking, ZIP 2011, 1173, 1176; Krieger, ZGR 2012, 202, 212.

④ Vgl. etwa Kremer in Ringleb/Kremer/Lutter/v. Werder, Komm. DCGK, Rn.906. Für Abweichungen von einer Regelaltersgrenze für Aufsichtsratsmitglieder auch OLG München v. 6.8.2008—7 U 5628/07, ZIP 2009, 133, 135＝AG 2009, 294(MAN); Kremer in Ringleb/Kremer/Lutter/v.Werder, Komm. DCGK, Rn.978.

业务相关的利益尤其能够为以年龄为依据的区别对待提供正当性基础(《一般平等待遇法》第10条第1句)。①因此,可以根据《准则》第5.1.2第2款第3句的建议确定董事的年龄限制,即使这低于一般的退休年龄;②在首次聘任情况下,明显较低的年龄限制也将是不得不被接受的(同样参见《一般平等待遇法》第10条第3句第3项)。③根据联邦最高法院的观点,公司不得仅以某董事因已达一般退休年龄而无法任满五年任期为由拒绝该董事的续聘;④然而该观点并不令人信服。总体而言,在这个问题上承认监事会的自由裁量权似乎更为妥当。⑤

三、作出决议

(一) 一般选聘原则

346　　每名监事都有权提出**决议申请**,监事会必须就此进行投票表决;因此每名监事都可以提出候选人提名并要求监事会对此作出决议。⑥章程不得限制此项权利。⑦与此相反,其他机构或第三人不享有相应的选举申请权;该权利也不得通过章程或其他方式被创设。

347　　在不适用《共同决定法》的股份有限公司中,选聘是通过一项获得**投票多数**的决议而实现的。对此要适用关于监事会决议的一般规则;相关内容参见

---

① BGH v. 23.4.2012—II ZR 163/10, BGHZ 193, 110＝GmbHR 2012, 845 Tz. 54; Bauer/Arnold, ZIP 2012, 597, 600; Paefgen, ZIP 2012, 1296, 1298 f.

② Ausdrücklich offengelassen von BGH v. 23.4.2012—II ZR 163/10, BGHZ 193, 110＝GmbHR 2012, 845 Tz. 57; wie hier Lutter, BB 2007, 725, 730(58 Jahre zulässig); ebenso Bauer/Arnold, ZIP 2008, 993, 1000; Bauer/Arnold, ZIP 2012, 597, 599 ff.; Kremer in Ringleb/Kremer/Lutter/v. Werder, Komm. DCGK, Rn.908(60 Jahre, aber auch darunterliegende Altersgrenze möglich); enger Hohenstatt/Naber, ZIP 2012, 1989, 1995 f.; a. A. Ziemons, KSzW 01.2013, 19, 23 f.

③ Zutreffend Bauer/Arnold, NZG 2012, 921, 925(50 Jahre); zu eng Hohenstatt/Naber, ZIP 2012, 1989, 1994(3 Jahre vor dem Rentenalter).

④ BGH v. 23.4.2012—II ZR 163/10, BGHZ 193, 110＝GmbHR 2012, 845 Tz. 56; a. A. Thüsing/Stiebert, NZG 2011, 641, 644.

⑤ OLG Köln v. 29.7.2010—18 U 196/09, NZG 2011, 187 Tz. 79; Thüsing/Stiebert, NZG 2011, 641, 644; Paefgen, ZIP 2012, 1296, 1299; Bauer/Arnold, NZG 2012, 921, 925.

⑥ Oetker, Großkomm. AktG, §31 MitbestG Rn. 5; Ulmer/Habersack in Ulmer/Habersack/Henssler, Mitbestimmungsrecht, §31 MitbestG Rn. 17; Raiser/Veil, Komm. MitbestG und DrittelbG, §31 MitbestG Rn.13.

⑦ A. A. Hoffmann/Lehmann/Weinmann, Komm. MitbestG, §31 Rn. 7, die es für zulässig halten, das Antragsrecht an die Unterstützung durch ein zweites Aufsichtsratsmitglied zu binden; wie hier Krieger, Personalentscheidungen, S.89 f. m.w.N.

下文边码 714 及以下。章程不得规定更高的多数或者附加要求。①如果要选聘多名董事，那么必须对每名董事进行分别选举；所谓的"候选人名单选举（又称列名单比例选举）"由于可能限制选择自由因而是不被允许的。②每名监事都享有表决权，但颇有道理却争议极大的观点认为获得选举提名的监事不享有该权利。③

（二）《共同决定法》第 31 条规定的选聘程序

《共同决定法》第 31 条为**实行共同决定的公司**规定了一种拥有三轮投票和两次中间调解程序的"阶梯状"和解程序。法律希望借此达到的目的是：特别确保选聘董事过程中监事会中股东代表与职工代表的合作。该程序是这样进行的： 348

在**第一轮投票**中，有关人员必须取得监事会成员的三分之二多数才能获得选聘（《共同决定法》第 31 条第 2 款）。该多数不是根据投票数量，而是根据监事会进行决议时所拥有的成员数量（"实际强度"）进行计算的。④候选人始终有可能在接下来的投票过程中获得所需的多数。也就是说即使候选人在第一轮中未能获得必要的多数且调解委员会（下文边码 350）已开始行动，他也完全可能在第二或第三轮投票中获得第一轮投票中所需的多数。 349

如果候选人在本轮投票中未能获得该三分之二多数，那么根据《共同决定法》第 27 条第 3 款建立的、通常由来自双方（即股东代表与职工代表）的各两名监事组成的**调解委员会**必须在一个月之内提出一项和解建议（《共同决定法》第 31 条第 3 款第 1 句）。这种和解的尝试是强制性的。无论章程还是监 350

---

① Seibt in K. Schmidt/Lutter, Komm. AktG, §84 Rn. 10; Spindler, MünchKomm. AktG, §84 Rn. 18; Wiesner, Münchener Hdb. AG, §20 Rn. 19.

② Fonk in Semler/v. Schenck, Arbeitshandbuch für Aufsichtsratsmitglieder, §10 Rn. 46; Spindler, MünchKomm. AktG, §84 Rn. 18; Seibt in K. Schmidt/Lutter, Komm. AktG, §84 Rn. 9; Ulmer/Habersack in Ulmer/Habersack/Henssler, Mitbestimmungsrecht, §31 MitbestG Rn. 17.

③ Mertens/Cahn, Kölner Komm. AktG, §108 Rn. 67; Bürgers/Israel in Bürgers/Körber, Komm. AktG, §108 Rn. 11; Hoffmann-Becking, Münchener Hdb. AG, §31 Rn. 70; Oetker, Großkomm. AktG, §31 MitbestG Rn. 6; Gach, MünchKomm. AktG, §31 MitbestG Rn. 9; Raiser/Veil, Komm. MitbestG und DrittelbG, §31 MitbestG Rn. 13; Matthießen, Stimmrecht und Interessenkollision, S. 230 ff., 238 ff.; Mertens, ZGR 1983, 189, 203 ff.; a. A.—Stimmverbot analog §34 BGB—Ulmer/Habersack in Ulmer/Habersack/Henssler, Mitbestimmungsrecht, §31 MitbestG Rn. 18a; Spindler, MünchKomm. AktG, §84 Rn. 18; Kort, Großkomm. AktG, §84 Rn. 35; Hüffer, Komm. AktG, §108 Rn. 9; Wiesner, Münchener Hdb. AG, §20 Rn. 20; Seibt in K. Schmidt/Lutter, Komm. AktG, §84 Rn. 10.

④ Ulmer/Habersack in Ulmer/Habersack/Henssler, Mitbestimmungsrecht, §31 MitbestG Rn. 19; Raiser/Veil, Komm. MitbestG und DrittelbG, §31 MitbestG Rn. 14.

事会都不得放弃此种尝试或缩短其期限。①不过,调解委员会本身却可以通过以下方式在一个月的期限届满前终止调解程序,即它作出决议表明其无法提出和解建议。②相反的观点从上述期限的目的中推断出如下结论:该期限必须被理解为限制期(或者说保护期),在其届满之前绝对不能作出一项只获得较低多数的决议(《共同决定法》第31条第3款第2句);③如果调解委员会已确定自己无和解能力,那么该期限也就肯定无法实现其目的了。抛开调解程序不谈,候选人始终可以(在接下来的投票过程中)获得第一轮投票所需的多数。一旦候选人未能获得《共同决定法》第31条第2款规定的三分之二多数,上述**一个月的期限**就开始计算。就该期限的开始而言,监事会主席或者监事会对"第一轮投票以失败而告终"所作的正式确认并不是必要的。④调解委员会以**简单多数**作出决议⑤。在出现相持局面("僵局")时,该委员会的成员不享有二次投票权,而且章程或监事会决议也不得创设此项权利。⑥只有当四名成员全部出席时该委员会才具有决议能力。⑦该委员会的无决议能力无法阻止一个月

---

① Raiser/Veil, Komm. MitbestG und DrittelbG,§31 MitbestG Rn. 16;Ulmer/Habersack in Ulmer/Habersack/Henssler, Mitbestimmungsrecht,§31 MitbestG Rn. 20;Oetker, Großkomm. AktG,§31 MitbestG Rn. 7.

② Mertens/Cahn, Kölner Komm. AktG,§31 MitbestG Rn. 6;Wiesner, Münchener Hdb. AG,§20 Rn. 22;Ulmer/Habersack in Ulmer/Habersack/Henssler, Mitbestimmungsrecht,§31 MitbestG Rn. 20;Oetker, Großkomm. AktG,§31 MitbestG Rn. 8;Mertens, ZGR 1983,189,202.

③ Raiser/Veil, Komm. MitbestG und DrittelbG,§31 MitbestG Rn. 16;Koberski in Wlotzke/Wißmann/Koberski/Steinsorge, Mitbestimmungsrecht,§31 MitbestG Rn. 16;früher auch Krieger, Personalentscheidungen, S. 102 m. w. N.

④ Ulmer/Habersack in Ulmer/Habersack/Henssler, Mitbestimmungsrecht,§31 MitbestG Rn. 18;Raiser/Veil, Komm. MitbestG und DrittelbG,§31 MitbestG Rn. 15;Krieger, Personalentscheidungen, S. 102 f.;a. A. Hoffmann/Lehmann/Weinmann, Komm. MitbestG,§31 Rn. 14.

⑤ Koberski in Wlotzke/Wißmann/Koberski/Kleinsorge, Mitbestimmungsrecht,§27 MitbestG Rn. 28;Gach, MünchKomm. AktG,§31 MitbestG Rn. 13.

⑥ BGH v. 25.2.1982—II ZR 102/81, BGHZ 83,144,147 f.=AG 1982,221;Koberski in Wlotzke/Wißmann/Koberski/Kleinsorge, Mitbestimmungsrecht,§27 MitbestG Rn. 28;S Paefgen, Aufsichtsratsverfassung, S. 377 m. w. N.;a. A. OLG München v. 29.4.1981—20 U 1464/80, DB 1981,1077=AG 1981,348.

⑦ Raiser/Veil, Komm. MitbestG und DrittelbG,§27 MitbestG Rn. 36;Koberski in Wlotzke/Wißmann/Koberski/Kleinsorge, Mitbestimmungsrecht,§27 MitbestG Rn. 28;Ulmer/Habersack in Ulmer/Habersack/Henssler, Mitbestimmungsrecht,§27 MitbestG Rn. 23;Oetker, Großkomm. AktG,§27 MitbestG Rn. 27;Hoffmann-Becking, Münchener Hdb. AG,§32 Rn. 33;a. A., zwei Mitglieder ausreichend:Hoffmann/Preu, Der Aufsichtsrat, Rn. 208;Hoffmann/Lehmann/Weinmann, Komm. MitbestG,§27 Rn. 47;wohl auch Rittner in FS Fischer, 1979, S. 627,632;drei Mitglieder ausreichend:Meilicke/Meilicke, Komm. MitbestG,§§30,31 Rn. 3.2.

期限的届满。即使无决议能力是因该委员会某一成员的缺席所导致的也同样如此。①

如果调解委员会成功地提出了一项建议，那么根据《共同决定法》第31条第3款第2句，（该建议中的）候选人可以在**第二轮投票**中通过监事票数的绝对多数而被选聘为董事。在这里，对于多数的计算来说重要的不是投出的票数，而是监事会进行决议时所拥有的所有成员（监事）的票数（"实际强度"）。随着调解委员会建议的提出，全体大会可能同时得到其他决议建议，对此同样达到绝对多数即可。如果调解委员会未能成功提出建议，那么在一个月期限届满后也可以通过绝对多数就其他申请作出决议。②如果在一个月期限届满后调解委员会或其他人员（或机构）均未提出任何建议，那么监事会可以（而非必须）在获得全体监事同意后**中止（中断）**选聘程序，以便该程序之后能够重新开始。③之后获得提名的申请人同样能够通过在第二轮投票中获得多数而被选聘为董事。④

如果在《共同决定法》第31条第3款规定的第二轮投票中仍未能得到任何积极结果（即候选人仍未获得必要的多数），那么《共同决定法》第31条第4款规定的**第三轮投票**随即开始：此时仍然需要监事会全体成员票数（"实际强度"）的绝对多数，所不同的是此时监事会主席拥有两个投票权。在这个阶段，提出新的建议同样是被允许的。⑤监事会无需进行第三次投票，而是可以在获得全体监事同意后中止（中断）选聘程序，以便该程序之后能够重新开始。⑥如果监事会未中止

351

352

---

① Raiser/Veil, Komm. MitbestG und DrittelbG, §31 MitbestG Rn.16；a.A. Rittner in FS Fischer, 1979, S.629, 630 ff., der annimmt, das Bestellungsverfahren verharre in einem solchen Fall zwingend auf der Verfahrensstufe des §31 Abs. 2 MitbestG.

② Koberski in Wlotzke/Wißmann/Koberski/Kleinsorge, Mitbestimmungsrecht, §31 MitbestG Rn.16；Ulmer/Habersack in Ulmer/Habersack/Henssler, Mitbestimmungsrecht, §31 MitbestG Rn.21；Oetker, Großkomm. AktG, §31 MitbestG Rn.8 f.

③ Raiser/Veil, Komm. MitbestG und DrittelbG, §31 MitbestG Rn.18；Koberski in Wlotzke/Wißmann/Koberski/Kleinsorge, Mitbestimmungsrecht, §31 MitbestG Rn.18.

④ Krieger, Personalentscheidungen, S.107 f.；Raiser/Veil, Komm. MitbestG und DrittelbG, §31 MitbestG Rn.16；Mertens/Cahn, Kölner Komm. AktG, §31 MitbestG Rn.7.

⑤ Raiser/Veil, Komm. MitbestG und DrittelbG, §31 MitbestG Rn.17；Koberski in Wlotzke/Wißmann/Koberski/Kleinsorge, Mitbestimmungsrecht, §31 MitbestG Rn. 19；Ulmer/Habersack in Ulmer/Habersack/Henssler, Mitbestimmungsrecht, §31 MitbestG Rn.18；Gach, MünchKomm. AktG, §31 MitbestG Rn.17；a.A. Peus, Der Aufsichtsratsvorsitzende, S.298 ff.

⑥ Koberski in Wlotzke/Wißmann/Koberski/Kleinsorge, Mitbestimmungsrecht, §31 MitbestG Rn. 18；Raiser/Veil, Komm. MitbestG und DrittelbG, §31 MitbestG Rn.18；großzügiger Gach, MünchKomm. AktG, §31 MitbestG Rn.17, der einen Mehrheitsbeschluss über den Abbruch des Bestellungsverfahrens zulässt.

该程序,那么每名监事都可以要求对*新的*建议进行表决。①是否对*旧的*申请进行重新表决,由监事会主席决定;监事会同样可以通过一项多数决议要求重新表决。②

353　　在第三次投票表决中,**监事会主席**享有**二次投票权**。其中的第二次投票权有助于打破"僵局"。因此,监事会主席不得为达成票数均等的结果而行使此项权利。③例如,如果一个候选人得到十张赞成票和九张反对票,那么该人即被选聘为董事;此时监事会主席不得通过将其拥有的第二票作为反对票投给该候选人从而达成票数均等的结果来阻止该人被聘任为董事。监事会主席既没有义务行使第二次投票权,④也没有义务同时⑤或者一致地⑥行使这两次投

---

① Raiser/Veil, Komm. MitbestG und DrittelbG, §31 MitbestG Rn. 18; Krieger, Personalentscheidungen, S. 109; a. A. Ulmer/Habersack in Ulmer/Habersack/Henssler, Mitbestimmungsrecht, §31 MitbestG Rn. 24; Gach, MünchKomm. AktG, §31 MitbestG Rn. 19; Oetker, Großkomm. AktG, §31 MitbestG Rn. 15, die bei Erfolglosigkeit des 3. Wahlgangs einen Neubeginn des Verfahrens fordern, ohne jedoch zu sagen, wie lange sie für den 3. Wahlgang die Einbringung von neuen Vorschlägen als zulässig ansehen wollen.

② Ebenso Ulmer/Habersack in Ulmer/Habersack/Henssler, Mitbestimmungsrecht, §29 MitbestG Rn. 13; Oetker, Großkomm. AktG, §31 MitbestG Rn. 9; Raiser/Veil, Komm. MitbestG und DrittelbG, §31 MitbestG Rn. 18; Krieger, Personalentscheidungen, S. 109 ff.; a. A. etwa Hoffmann/Preu, Der Aufsichtsrat, Rn. 210, die auch insoweit jedem Aufsichtsratsmitglied ein Antragsrecht zubilligen.

③ Umstr., wie hier z. B. Raiser/Veil, Komm. MitbestG und DrittelbG, §31 MitbestG Rn. 17; Koberski in Wlotzke/Wißmann/Koberski/Kleinsorge, Mitbestimmungsrecht, §31 MitbestG Rn. 20; Krieger, Personalentscheidungen, S. 113 ff.; Peus, Der Aufsichtsratsvorsitzende, S. 286 f., alle m. w. N.; a. A. die h. M. Ulmer/Habersack in Ulmer/Habersack/Henssler, Mitbestimmungsrecht, §31 MitbestG Rn. 22; Oetker, Großkomm. AktG, §31 MitbestG Rn. 13; Gach, MünchKomm. AktG, §31 MitbestG Rn. 18; Mertens/Cahn, Kölner Komm. AktG, §31 MitbestG Rn. 8; Hoffmann/Lehmann/Weinmann, Komm. MitbestG, §31 Rn. 23.

④ Raiser/Veil, Komm. MitbestG und DrittelbG, §31 MitbestG Rn. 18; Koberski in Wlotzke/Wißmann/Koberski/Kleinsorge, Mitbestimmungsrecht, §31 MitbestG Rn. 19; Ulmer/Habersack in Ulmer/Habersack/Henssler, Mitbestimmungsrecht, §31 MitbestG Rn. 23; a. A. Luther, ZGR 1977, 306, 310.

⑤ Str., a. A. z. B. Koberski in Wlotzke/Wißmann/Koberski/Kleinsorge, Mitbestimmungsrecht, §31 MitbestG Rn. 19; wie hier z. B. Krieger, Personalentscheidungen, S. 112; wohl auch Hoffmann/Lehmann/Weinmann, Komm. MitbestG, §29 Rn. 30; noch enger Peus, Der Aufsichtsratsvorsitzende, S. 287 f., der eine gleichzeitige Abgabe der Zweitstimme mit der Erststimme sogar für unzulässig hält.

⑥ Raiser/Veil, Komm. MitbestG und DrittelbG, §31 MitbestG Rn. 18; Koberski in Wlotzke/Wißmann/Koberski/Kleinsorge, Mitbestimmungsrecht, §29 MitbestG Rn. 17; Gach, MünchKomm. AktG, §31 MitbestG Rn. 18; Ulmer/Habersack in Ulmer/Habersack/Henssler, Mitbestimmungsrecht, §31 MitbestG Rn. 23; a. A. Luther, ZGR 1977, 306, 310; Säcker, Anpassung von Satzungen und Geschäftsordnungen an das Mitbestimmungsgesetz 1976, 1977, S. 24 Fn. 42 m. w. N.

票权。更确切地说,只要他认为这样做是对的,他可以放弃行使第二次投票权;他既可以同时行使两个投票权,也可以先投出第一票,之后等到票数结果出来后再决定如何投出第二票;即使其第一票是作为反对票投出的,他仍然可以将第二票作为赞成票投出(反之亦然)。第二票可以以书面形式投出(《共同决定法》第 31 条第 4 款第 2 句,《股份法》第 108 条第 3 款)。二次投票权仅由监事会主席亲自享有,而不能由其代理人享有(《共同决定法》第 31 条第 4 款第 3 句)。

四、任期问题

(一) 聘任的期限

董事的任期**最多为五年**(《股份法》第 84 条第 1 款第 1 句)。监事会应最迟在该期限届满后自由决定是否续聘有关董事。五年期限从董事上任开始计算,而不是从聘任决议作出时开始计算;该聘任决议可能在(上任)之前已被作出,参见下文边码 357。任期超出五年的部分是无效的,但其五年之内的部分仍然有效(《民法典》第 134、138 条)。① 未确定期限的董事任期通常被解释为五年的通常任期。②

在个别情况下,**由监事会**在法定的最长期限内**决定**董事的任期。与上文谈到的人事选择一样,任期的确定同样仅由监事会负责;③ 与欧洲公司(SE)(参见《欧洲公司法令》第 46 条)的情况不同,章程也可以对董事的任期作出强制性规定。法律未规定最低任期。因为董事会应独立且独自负责地经营管理公司,所以其独立性不得受到过短任期的威胁。④ 在实践中,少于五年的董事任期才是例外情况。人们应当将实际且适当的任期理解为董事进行独自负责且独立的公司经营管理的、法律上所必需的通常期限。虽然在个别情况下可以偏离该期限,但是监事会偏离得越多,就越需要提出实质性

354

355

---

① BGH v. 11.7.1953—II ZR 126/52, BGHZ 10, 187, 195; BGH v. 16.11.1961—II ZR 81/60, WM 1962, 109, 112; Mertens/Cahn, Kölner Komm. AktG, §84 Rn. 13; Wiesner, Münchener Hdb. AG, §20 Rn.34.

② Hüffer, Komm. AktG, §84 Rn.7; Mertens/Cahn, Kölner Komm. AktG, §84 Rn.16; Wiesner, Münchener Hdb. AG, §20 Rn.34; öOGH v. 25.5.1999—1 Ob 11/99w, AG 2001, 100, 102. Vgl. im übrigen zur Frage, ob eine Bestellung auf unbestimmte Zeit möglich ist, näher Krieger, Personalentscheidungen, S.121.

③ Mertens/Cahn, Kölner Komm. AktG, §84 Rn. 17; Spindler, MünchKomm. AktG, §84 Rn.38; Krieger, Personalentscheidungen, S.117 f. m.w.N.; a.A. Luther in FS Hengeler, 1972, S.167, 180.

④ Hüffer, Komm. AktG, §84 Rn.7; Mertens/Cahn, Kölner Komm. AktG, §84 Rn.24; Kort, Großkomm. AktG, §84 Rn.65; Wiesner, Münchener Hdb. AG, §20 Rn.35.

的理由。①在首次聘任的情况下，一个较短的任期也可以算是适当(合理)的；与此相应，《准则》第5.1.2条第2款第1句也建议在首次聘任的情况下五年的聘任期限不应被作为惯例。②此外，尤其在退休前的最后一次聘任的情况下同样可以确定较短的任期。除了纯粹的过渡情况或者完成有时间限制的特殊任务(例如重组、产品导入，等等)之外，短于一年的任期在其他任何情况下都是不被允许的。③监事会确定过短的任期属于一种违反义务的行为，尽管如此该任期仍然有效，只是不能自行延长至适当的期限。④

(二) 任期的延长

356　　适用于首次聘任原则同样适用于董事任期届满后任期的延长或续聘。一项**明确的决议**是必不可少的(《股份法》第84条第1款第3、4句)，该决议不仅要留待监事会全体大会作出(《股份法》第107条第3款第3句)，而且在实行共同决定的公司中还要符合《共同决定法》第31条所规定的各项要求。与首次聘任一样，监事会此时同样可以自由地作出决定。原则上，监事会并不负有续聘的义务；⑤即使是股东之间签订的、允诺将某名董事重新选举为董事的合同也不具有约束力。⑥不过，若最初的聘任期限少于五年，则监事会可能有义务将该期限延长至五年。⑦规定一个无需监事会重新作出决议的任期自动延长是被允许的，只要总共的任期不超过五年(《股份法》第84条第1款第4句)。

357　　监事会**最早**可以在当前任期**届满前的一年**通过决议延长董事的任期(《股

---

① Krieger, Personalentscheidungen, S. 118 ff.; Steinbeck, überwachungspflicht, S.139.

② Für eine dreijährige Höchstfrist bei Erstbestellungen Fleischer in Spindler/Stilz, Komm. AktG, §84 Rn.14; Fleischer, AG 2006, 429, 436.

③ Mertens/Cahn, Kölner Komm. AktG, §84 Rn. 24; Spindler, MünchKomm. AktG, §84 Rn.37; Kort, Großkomm. AktG, §84 Rn.66; Zur vorübergehenden Tätigkeit von Interim-Managern im Vorstand ausführlich Krieger in FS Hoffmann-Becking, 2013, S.707.

④ Hüffer, Komm. AktG, §84 Rn.7; Mertens/Cahn, Kölner Komm. AktG, §84 Rn.24; Spindler, MünchKomm. AktG, §84 Rn.37.

⑤ Allgemeine Meinung, vgl. BGH v. 11.7.1951—II ZR 118/50, BGHZ 3, 90, 93 f.; BGH v. 11.7.1953—II ZR 126/52, BGHZ 10, 187, 195; BGH v. 6.4.1964—II ZR 75/62, BGHZ 41, 282, 290; Mertens/Cahn, Kölner Komm. AktG, §84 Rn. 19; Spindler, MünchKomm. AktG, §84 Rn.45.

⑥ Vgl. schon oben Rn.333. Zurückhaltend auch Hüffer, Komm. AktG, §84 Rn.6; offener Niewiarra, BB 1998, 1961, 1963 f.

⑦ Arg. §84 Abs. 1 Satz 4 AktG; Spindler, MünchKomm. AktG, §84 Rn.46; Wiesner, Münchener Hdb. AG, §20 Rn. 33; a. A. anscheinend Mertens/Cahn, Kölner Komm. AktG, §84 Rn.19.

份法》第 84 条第 1 款第 3 句)。不过这仅适用于超出五年界限的延长。与此相反,《股份法》第 84 条第 1 款第 3 句并未禁止监事会在早于任期届满前的一年就与相关董事协商一致解除目前的聘任并同时重新与其续聘至五年。这在以前被部分人认为在一般情况下是不被允许的[①]或者仅在存在特殊原因时才被允许。[②]然而联邦最高法院在充分论证的基础上提出,在早于现任期届满前的一年与董事协议解除聘任并续聘的做法原则上是被允许的,即使不存在这样做的特殊原因。[③]在采取上述做法的情况下,**解除聘任和续聘**并不会立即产生效力,而是可以提前一年作出相应决议,这样原任期在新任期到来之前还可以持续一年。[④]《准则》第 5.1.2 条第 2 款第 2 句建议:只有在特殊情况下才能采取上述做法。此类特殊情况尤其包括董事会主席的任命或新的职权(责)的分配,但在其他某些情况下同样可以考虑提前延长任期,比如说公司的一项特殊利益以提前再次为董事提供一个为期五年的任期为基础。属于**权利滥用**的提前解聘和续聘是无效的。[⑤]例如,原监事会在重新选举监事前不久延长了董事任期,以使董事在与新监事会进行解聘谈判时处于优势地位,就属于典型的权利滥用。[⑥]相反,虽然相关决定并不紧急因而本可以留待新监事会产生后再作出,但现任监事会仍然作出该决定,这种情况不能被视为权利滥用;只要现任监事会还"在位",那就有权作出决定,而且不会产生"因新任监事会将作出'更好的'决定,所以现任监事会必须将基础性决定交由新任监事会作

---

① So z.B. AG Duisburg v. 10.7.2008—62 IN 167/02, NZI 2008, 621, 622; Mertens/Cahn, Kölner Komm. AktG, §84 Rn.23; Spindler, MünchKomm. AktG, §84 Rn.44; Kort, Großkomm. AktG, §84 Rn.114.

② So noch 5. Aufl. Rn.538; Hüffer, Komm. AktG, §84 Rn.7; Fonk in Semler/v. Schenck, Arbeitshandbuch für Aufsichtsratsmitglieder, §10 Rn.51.

③ BGH v. 17.7.2012—II ZR 55/11, ZIP 2012, 1750＝AG 2012, 677 Tz. 19 ff.; zustimmend Wedemann, ZGR 2013, 316, 319 ff.; Paschos/von der Linden, AG 2012, 736, 738 f.; so auch früher schon etwa Seibt in K. Schmidt/Lutter, Komm. AktG, §84 Rn.16; Mutter in Marsch-Barner/Schäfer, Hdb. börsennotierte AG, 2. Aufl. §19 Rn.76 f.; Bosse/Hinderer, NZG 2011, 605, 607; Selter, NZG 2011, 897, 898 f.; Fleischer, DB 2011, 861, 863 ff.

④ Wiesner, Münchener Hdb. AG, §20 Rn.27; Hölters/Weber, AG 2005, 629, 632; Krieger, Personalentscheidungen, S.127.

⑤ BGH v. 17.7.2012—II ZR 55/11, ZIP 2012, 1750＝AG 2012, 677 Tz. 30 ff.; Fleischer in Spindler/Stilz, Komm. AktG, §84 Rn.19; Wiesner, Münchener Hdb. AG, §20 Rn.27.

⑥ Insoweit zutreffend Wedemann, ZGR 2013, 316, 326; auf die missbräuchliche Motivation abstellend auch BGH v. 17.7.2012—II ZR 55/11, ZIP 2012, 1750＝AG 2012, 677 Tz. 31 f.; Paschos/von der Linden, AG 2012, 736, 739.

出"的原则。①

358   根据《股份法》第 84 条第 1 款第 3 句,监事会也不得早于任期开始前的一年进行**续聘**。②

五、聘任的缺陷

359   作为基础的监事会决议由于其成立缺陷而无效时,董事的聘任同样**无效**(参见下文边码 737 及以下)。此外,在未满足法定的任职资格时,聘任同样是无效的;③如果有关董事在获得聘任后不再满足法定任职资格,那么其董事职务自动消灭。④缺少或之后丧失章程所要求的任职资格可以使监事会获得基于重大原因撤销聘任的权利。⑤这种观点未得到普遍认同。因为章程规定的任职资格对于监事会来说只是一项不具约束力的选择准则(参见下文边码 341),而且这完全取决于具体情况,即缺少章程规定的任职资格是否足以构成一个重大的撤销原因。⑥

360   如果董事的聘任是无效的,那么人们**只能从现时起**主张该缺陷。就"过去"而言,有缺陷的机构职位仍必须被视为有效。⑦一旦解聘决议或辞职表明有关董事的聘任无效,有缺陷的机构职位即随之终止。⑧在任何情况下监事会都有义务毫不迟延地结束有缺陷的董事聘任,比如说通过解聘或消除缺陷。撤

---

① So Wedemann, ZGR 2013, 316, 328 ff.

② Mertens/Cahn, Kölner Komm. AktG, §84 Rn.15; Spindler, MünchKomm. AktG, §84 Rn.34; Krieger, Personalentscheidungen, S.127 f.; a.A. Kort, Großkomm. AktG, §84 Rn.111.

③ OLG Hamm v. 29.12.2010—I-15 W 659/10, ZIP 2011, 527; Hüffer, Komm. AktG, §76 Rn.28.

④ BayObLG v. 16.7.1982—BReg. 3 Z 74/82, BB 1982, 1508; Mertens/Cahn, Kölner Komm. AktG, §76 Rn.126; Spindler, MünchKomm. AktG, §84 Rn.26; Wiesner, Münchener Hdb. AG, §20 Rn.8.

⑤ Kort, Großkomm. AktG, §76 Rn.226; Spindler, MünchKomm. AktG, §84 Rn.30; Ulmer/Habersack in Ulmer/Habersack/Henssler, Mitbestimmungsrecht, §31 MitbestG Rn.44; Wiesner, Münchener Hdb. AG, §20 Rn.9; Beiner, Vorstandsvertrag, Rn.72.

⑥ Ähnlich Mertens/Cahn, Kölner Komm. AktG, §76 Rn.116.

⑦ Mertens/Cahn, Kölner Komm. AktG, §84 Rn.30 ff.; Hüffer, Komm. AktG, §84 Rn.10; Wiesner, Münchener Hdb. AG, §20 Rn.38 ff.; Stein, Das faktische Organ, S.97 ff., 119 ff.; Bayer/Lieder, NZG 2012, 1, 2 ff.

⑧ Spindler, MünchKomm. AktG, §84 Rn.233; Mertens/Cahn, Kölner Komm. AktG, §84 Rn.32; Hüffer, Komm. AktG, §84 Rn.10; Wiesner, Münchener Hdb. AG, §20 Rn.40; Baums, Geschäftsleitervertrag, S.204 ff.; a.A. Stein, Das faktische Organ, S.136 ff., die eine automatische Beendigung mit Kenntniserlangung vom Mangel annimmt.

销决议不得委托某一委员会作出，但也无需采取《共同决定法》第 31 条第 2 到 4 款所规定的程序。①

六、聘任的结束

(一) 概述

监事会可以在常规任期届满前撤销对有关董事的聘任，只要对此存在一个重大原因（解聘）。此外，还存在以下几种在实践中极其重要而在法律中却未被加以规定的可能性：经协商结束董事职务、董事辞职以及暂时停职。

361

董事的机构职位随着解聘而结束；代理权及经营管理权（义务）也随之消灭。聘用合同的命运则要根据一般性规定来加以确定（《股份法》第 84 条第 3 款第 5 句）；参见下文边码 423 及以下。

362

与聘任权一样，解聘权同样仅由监事会享有。此项权利既不得被排除也不得以任何形式（指示权，同意保留以及其他类似情况）被加以限制。②

363

(二) 撤销的前提条件

撤销聘任要求**存在一个重大原因**（《股份法》第 84 条第 3 款第 1 句）。如果基于某些情况已不能指望公司继续忍受某一董事留任至任期届满，那么就存在一个这样的重大原因；③详见下文边码 365 及以下。无论章程还是与董事的约定都不得允许在无重大原因的情况下解聘董事或将一个客观上不够充分的事实情况提升为重大原因。④法律借助"重大原因"这个撤销前提条件来保护董事会的独立性。董事不能被任意地解除职务，而只有当他所从事的其他工作（或活动）对于公司利益来说是不负责任（或者说不合理）时才能解除其职务。

364

《股份法》第 84 条第 3 款第 2 句一方面列举了如下**重大原因**：严重违反义务的行为（例如不负责的经营管理；违反卡特尔法；贿赂行为；违反报告义务）以及没有能力进行合格的经营管理（例如长期无法出席董事会会议；不具备必

365

---

① Spindler, MünchKomm. AktG, §84 Rn.233；Mertens/Cahn, Kölner Komm. AktG, §84 Rn.32.

② Vgl. BGH v. 28.1.1953—II ZR 265/51, BGHZ 8, 348, 360 f.；BGH v. 11.7.1953—II ZR 230/54, WM 1955, 1222；OLG Köln v. 4.5.1987—2 W 27/87, NJW-RR 1988, 254, 255＝AG 1988, 50；Spindler, MünchKomm. AktG, §84 Rn.105；Mertens/Cahn, Kölner Komm. AktG, §84 Rn.105.

③ BGH v. 23.10.2006—II ZR 298/05, DStR 2007, 262＝AG 2007, 125；OLG Stuttgart v. 13.3.2002—20 U 59/01, AG 2003, 211, 212；Hüffer, Komm. AktG, §84 Rn.26.

④ Spindler, MünchKomm. AktG, §84 Rn.113 f.；Seibt in K. Schmidt/Lutter, Komm. AktG, §84 Rn.48.

要资格),另一方面还为基于其他原因的解聘留出了一定空间,即公司已无法再容忍有关董事开展其他工作。①因此,虽然董事会享有经营管理权,但其与监事会之间就企业政策方面的原则性问题存在的无法消除的意见分歧同样能够成为解聘董事的原因,因为对重大原则问题的意见分歧使二者无法开展有效的合作。②监事会对董事会的信任因其他原因遭到破坏同样可能成为解聘董事的原因。③除行为或个人原因外,在个别情况下与经营相关的原因也可能成为解聘原因,例如相关董事负责的经营领域的转让或者因机构重组导致相关职位无需继续存续。④在特殊情况下,缩小董事会规模的意愿也可能成为解聘董事的原因,前提是一方面对董事会进行“缩编”确实存在客观原因而且不违背《股份法》第 84 条第 3 款保护董事会独立性的立法目的(如收缩业务;基于社会接受度的考虑,大规模裁员在管理层中也应有所反映),而另一方面,解聘是完全基于对相关董事的解聘原因的客观考量基础上作出的。⑤最后,还要根据个案的具体情况作出决定:如果董事的常规任期即将结束,那么公司等待该任期结束或许要比立即解聘董事更加合理;⑥如果一些难度不大的措施(例如重新分配业务)既是可行的又是合理的,那么监事会就仅限于采取此类措施。对解聘的重大原因所提出的要求要少于对解除聘用合同的重大原因所提出的要求(《民法典》第 626 条),详见下文边码 428。此外就解聘而言,唯独公司

① Umfangreiche Beispiele aus Rechtsprechung und Literatur bei Wiesner, Münchener Hdb. AG, §20 Rn. 52 ff.; Hüffer, Komm. AktG, §84 Rn. 28; Spindler, MünchKomm. AktG, §84 Rn.119 ff.

② Mertens/Cahn, Kölner Komm. AktG, §84 Rn. 126; Seibt in K. Schmidt/Lutter, Komm. AktG, §84 Rn. 49a; Spindler, MünchKomm. AktG, §84 Rn. 121; Fleischer in Spindler/Stilz, Komm. AktG, §84 Rn.107; Fonk in Semler/v. Schenck, Arbeitshandbuch für Aufsichtsratsmitglieder, §10 Rn. 303; a. A. Hüffer, Komm. AktG, §84 Rn. 28; Wiesner, Münchener Hdb. AG, §20 Rn.56; Goette in FS 50 Jahre BGH, 2000, S.123, 128 f., die eine Abberufung nur bei Überschreitung des Leitungsermessens des Vorstands zulassen wollen.

③ OLG München v. 14.3.2012—7 U 681/11, AG 2012, 753, 755(Verstoß gegen das Gebot unbedingter Offenheit des Vorstands gegenüber dem Aufsichtsrat).

④ Vgl. etwa Kort, Großkomm. AktG, §84 Rn.175; Mertens/Cahn, Kölner Komm. AktG, §84 Rn.121; Thüsing in Fleischer, Hdb. Vorstandsrecht, §5 Rn.10.

⑤ Zu undifferenziert Heidel, AG 2013, R 341, der eine Verkleinerung des Vorstands anscheinend unter keinen Umständen als Abberufungsgrund akzeptieren will, weil der Aufsichtsrat sich damit den wichtigen Abberufungsgrund selbst schaffe und das Erfordernis des wichtigen Grundes unterlaufe; dabei wird die Notwendigkeit übersehen, die Verkleinerung des Vorstands als solche und die Auswahlentscheidung auf ihre sachliche Rechtfertigung zu überprüfen.

⑥ BGH v. 7.6.1962—II ZR 131/61, WM 1962, 811, 812; Spindler, Münch-Komm. AktG, §84 Rn.116; Fleischer in Spindler/Stilz, Komm. AktG, §84 Rn.100.

利益才是重要的；在判断是否存在一个解除聘用合同的重大原因时必须对董事的个人利益加以审查，而在判断是否存在解聘的重大原因时则无需对此进行审查。①

如果股东大会表示了对董事的不信任，那么撤销聘任就变得容易多了。这种**不信任**立刻成为一个解聘的重大原因，而且除此之外不再需要其他原因。②只有当上述的不信任是以明显不客观的理由为依据时，情况才有所不同（《股份法》第83条第3款第2句），此时股东大会决议不是撤销聘任的原因。③比如说当这种不信任只是作为解聘董事的借口，或者当这种不信任属于一种专断的、毫无根据的指责时，④就可以这样来理解（即属于上述情况）。这种不信任（"不信任案"）必须经过股东大会决议通过。监事会提出的不信任并不足以成为解聘董事的重大原因，⑤即使全体股东在正式股东大会之外明确表示了对董事的不信任也同样如此。⑥单纯的拒绝免责/免除义务（Entlastung）同样不足以解聘董事；⑦有人认为拒绝免责/免除义务在个别情况下可以被视

366

---

① Umstr., wie hier Wiesner, Münchener Hdb. AG, §20 Rn.49；Fleischer in Spindler/Stilz, Komm. AktG, §84 Rn.101 f.；Seibt in K.Schmidt/Lutter, Komm. AktG, §84 Rn.49；Spindler, MünchKomm. AktG, §84 Rn.117；Krieger, Personalentscheidungen, S.132；Säcker in FS Müller, 1981, S.745, 746 ff.；vermittelnd Mertens/Cahn, Kölner Komm. AktG, §84 Rn.12；Beiner, Vorstandsvertrag, Rn.127；Janzen, NZG 2003, 468, 470, die Interessen der Gesellschaft seien „überwiegend" zu berücksichtigen und ihnen komme „größeres Gewicht zu"；a.A. etwa BGH v. 7.6.1962—II ZR 131/61, WM 1962, 811, 812；OLG Stuttgart v. 13.3.2002—20 U 59/01, AG 2003, 211, 212；KG v. 3.5.2007—23 U 102/06, AG 2007, 745, 746；Hüffer, Komm. AktG, §84 Rn.26；Bürgers/Israel in Bürgers/Körber, Komm. AktG, §84 Rn.28；Eckert in Wachter, Komm. AktG, §84 Rn.56.

② Österreichischer OGH v. 28.4.1998—1 Ob 294/97k, AG 1999, 140；Hüffer, Komm. AktG, §84 Rn.29；Seibt in K.Schmidt/Lutter, Komm. AktG, §84 Rn.50.

③ Zur Frage der Anfechtbarkeit des HV-Beschlusses wegen offenbarer Unsachlichkeit vgl. zutreffend OLG Hamm v. 7.7.2010—I-8 U 119/09, AG 2012, 789, 790.

④ Vgl. etwa BGH v. 28.4.1954—II ZR 211/53, BGHZ 13, 188, 193；BGH v. 3.7.1975—II ZR 35/73, WM 1975, 787, 789；KG v. 3.12.2002—1 W 363/02, ZIP 2003, 1042, 1046 f.＝AG 2003, 500；LG Darmstadt v. 4.2.1987—9 O 339/86, AG 1987, 318, 320.

⑤ Wiesner, Münchener Hdb. AG, §20 Rn.50；a.A. OLG München v. 17.9.1985—7 W 1933/85, AG 1986, 234, 235, dessen Meinung das Erfordernis des wichtigen Grundes völlig leerlaufen lässt.

⑥ BGH v. 7.6.1962—II ZR 131/61, WM 1962, 811；Hüffer, Komm. AktG, §84 Rn.30；Seibt in K.Schmidt/Lutter, Komm. AktG, §84 Rn.51.

⑦ LG München v. 28.7.2005—5 HK O 10 485/04, AG 2005, 701, 702；Fleischer in Spindler/Stilz, Komm. AktG, §84 Rn.111；Seibt in K.Schmidt Lutter, Komm. AktG, §84 Rn.51；Bürgers/Israel in Bürgers/Körber, Komm. AktG, §84 Rn.32；Wiesner, Münchener Hdb. AG, §20 Rn.47.

为不信任，①这在理论上有道理，但是仅在极为罕见的例外情形下才有实践意义。

367 　　**第三人方面的不信任**，例如大股东、职工、贷款银行、委托人、供货商等，尚不足以成为解聘的原因。但如果情况恶化，为了保护企业利益，第三人的不信任也可能例外地成为解聘董事的原因。②

（三）撤销权的行使

368 　　在行使撤销权时，监事会大多会感到**时间紧迫**。虽然聘任的撤销并不受期限限制，但是对聘用合同的特别解除却要适用《民法典》第626条第2款规定的两周期限（详见下文边码430）。如果错过了该期限，那么虽然解聘仍可能是有效的，但如果聘用合同既未规定正常的解除权又不包含"关联（联接）条款"（参见下文边码424），那么该聘任合同将继续存在，而且监事会甚至可能要对此负责。如果存在一个撤销聘任的重大原因，那么监事会通常**有义务解聘**有关董事，不过它享有一定的酌处空间。③这首先适用于股东大会对董事表示不信任的情况：此时在个别情况下，虽然股东大会已经对董事失去信任，但是监事会在经过仔细权衡之后，为了保护公司的更高利益而放弃解聘有关董事是完全合理的。④另外，还可能存在这样一些例外情况，这些例外情况表明迫不得已而继续留任一个在正常情况下不称职的人是合理的。

369 　　只有监事会全体大会才能作出撤销聘任的决定，将该决定权赋予某一**委**

---

① Hüffer, Komm. AktG, § 84 Rn.30；Spindler, MünchKomm. AktG, § 84 Rn.127；Mertens/Cahn, Kölner Komm. AktG, § 84 Rn.127；offengelassen von KG v. 3.5.2007—23 U 102/06，AG 2006，745，746.

② Vgl. etwa BGH v. 27.3.1961—II ZR 24/60，BGHZ 34，392（rechtswidriger Streik）；BGH v. 3.5.1999—II ZR 35/98，DStR 1999，1537（Druck eines Kunden）；BGH v. 23.10.2006—II ZR 298/05，ZIP 2007，119（Drohung der Hausbank，eine lebenswichtige Kreditlinie nicht zu verlängern）；eingehend Fleischer in Spindler/Stilz，Komm. AktG, § 84 Rn.114 ff.；Mertens/Cahn, Kölner Komm. AktG, § 84 Rn.131；Wiesner, Münchener Hdb. AG, § 30 Rn.59；Raiser/Veil，Komm. MitbestG und DrittelbG, § 31 MitbestG Rn.39.

③ OLG Stuttgart v. 13.3.2002—20 U 59/01，AG 2003，211，212；Spindler, MünchKomm. AktG, § 84 Rn.115；Mertens/Cahn, Kölner Komm. AktG, § 84 Rn.122 und 129；Beiner, Vorstandsvertrag, Rn.128；Krieger, Personalentscheidungen, S.141；wohl auch BGH v. 28.4.1954—II ZR 211/53，BGHZ 13，188，193；enger Ulmer/Habersack in Ulmer/Habersack/Henssler, Mitbestimmungsrecht, § 31 MitbestG Rn.32；a.A. Wiesner, Münchener Hdb. AG, § 20 Rn.61；Oetker, Großkomm. AktG, § 31 MitbestG Rn.16；Janzen, NZG 2003，468，471；Schaefer/Missling, NZG 1998，441，445，die von einer strikten Abberufungspflicht ausgehen.

④ Zu großzügig Mertens/Cahn, Kölner Komm. AktG, § 84 Rn.129；Spindler, MünchKomm. AktG, § 84 Rn.128；zu eng Wiesner, Münchener Hdb. AG, § 20 Rn.61；näher zur Ermessensausübung in einem solchen Fall Steinbeck, Überwachungspflicht, S.141 ff.

员会是不被允许的(《股份法》第 107 条第 3 款第 3 句)。在**实行共同决定的公司**中,《共同决定法》第 31 条第 2 到 4 款规定的多级程序同样适用于董事的解聘(《共同决定法》第 31 条第 5 款)。然而,如果解聘申请在第一轮投票中未能获得多数票,①那么解聘程序就在该论投票之后结束。但是如果全体监事("实际强度")票数的一半均支持该解聘申请,那么解聘程序继续进行。这是因为监事会主席可以在第三轮投票中通过行使其二次投票权实现对有关董事的解聘。②

撤销要由监事会**通知**有关董事,而且该撤销随着到达而生效。③若相关董事出席了相关决议,则无需作出特别通知。通常情况下,监事会通过议事规程中的规定授权其主席或者一名监事作为**表意代表**将全体大会决议通过的撤销告知有关董事。④然而可能更为合理的是:即使没有明确的规定,人们仍然必须将监事会主席视为基于其职位⑤或可推知地获得授权⑥实施上述行为(也就是将撤销告知有关董事);参见下文边码 682。如果表意代表未出示其**授权证书**,那么此时有关董事可否根据《民法典》第 174 条拒绝撤销表示,是存在争议的。如果章程或监事会议事规程中包含对转达由监事会决议通过的撤销的授权,那么《民法典》第 174 条无论如何是不适用的。⑦然而如果是由监事会主席转达撤销表示,那么即使没有上述的(章程或议事规程中的)规定,《民法典》第 174

370

---

① Raiser/Veil, Komm. MitbestG und DrittelbG,§31 MitbestG Rn. 34；Ulmer/Habersack in Ulmer/Habersack/Henssler, Mitbestimmungsrecht,§31 MitbestG Rn. 33；Wiesner, Münchener Hdb. AG,§20 Rn. 40；Oetker, Großkomm. AktG,§31 MitbestG Rn. 18；Mertens/Cahn, Kölner Komm. AktG,§31 MitbestG Rn. 10.

② Krieger, Personalentscheidungen, S. 143 ff.；Westhoff, DB 1980, 2520 ff.

③ OLG Düsseldorf v. 24.2.2012—I-16 U 177/10, AG 2012, 511 f.；OLG Düsseldorf v. 17.11.2003—I-15 U 225/02, AG 2004, 321, 322；OLG Stuttgart v. 13.3.2002—20 U 59/01, AG 2003, 211, 212；Fleischer in Spindler/Stilz, Komm. AktG,§84 Rn. 97；Wiesner, Münchener Hdb. AG,§20 Rn. 45.

④ OLG Düsseldorf v. 17.11.2003—I-15 U 225/02, AG 2004, 321, 322；Fleischer in Spindler/Stilz, Komm. AktG,§84 Rn. 97；Wiesner, Münchener Hdb. AG,§20 Rn. 45；Bauer/S. Krieger, ZIP 2004, 1247, 1248；Leuering, NZG 2004, 120, 121.

⑤ Überzeugend Hoffmann-Becking, Münchener Hdb. AG,§31 Rn. 102；im Ergebnis auch Cahn in FS Hoffmann-Becking, 2013, S. 247, 252 f., der den Aufsichtsratsvorsitzenden insoweit nur als Boten des Aufsichtsrats ansieht.

⑥ Spindler, MünchKomm. AktG,§84 Rn. 111；Mertens/Cahn, Kölner Komm. AktG,§84 Rn. 111；Bednarz, NZG 2005, 418, 421 f.；Bauer/S. Krieger, ZIP 2004, 1247, 1248；v. Schenck in Semler/v. Schenck, Arbeitshandbuch für Aufsichtsratsmitglieder,§4 Rn. 141；a. A. OLG Düsseldorf v. 17.11.2003—I-15 U 225/02, AG 2004, 321, 322 f.；Weber in Hölters, Komm. AktG,§84 Rn. 67；Beiner, Vorstandsvertrag, Rn. 109.

⑦ OLG Düsseldorf v. 24.2.2012—I-16 U 177/10, AG 2012, 511；OLG Düsseldorf v. 17.11.2003—I-15 U 225/02, AG 2004, 321, 324；Fleischer in Spindler/Stilz, Komm. AktG,§84 Rn. 97；Beiner, Vorstandsvertrag, Rn. 562；Bauer/S. Krieger, ZIP 2004, 1247, 1248.

条也同样是不适用的。①鉴于目前的意见分歧,出于实践原因将监事会会议记录(原件或者由会议主持人签字的摘录)附入撤销决议中的做法是可取的;②另一种可选择的做法则是出示授权证书,该证书必须由参与决议的监事签字。③撤销表示可以不由授权人而由信使传递。④

(四) 撤销的缺陷与法院审查

371 　　一项未经监事会相应解聘决议通过的、由监事会主席或人事委员会单独告知有关董事的撤销是**无效**的。⑤当监事会的解聘决议因程序错误而无效时,同样如此(参见下文边码 739)。此类程序错误指的是比如说部分监事未被邀请参加会议或者在实行共同决定的公司中,不充分的信息或者过短的考虑期限妨碍了职工代表共同决定(参与)权的行使。⑥在此种情况下,有关董事可以提起确认其解聘无效之诉。⑦然而,在上述情况下最重要的是能够通过假处分的方式确认撤销聘任为无效;《股份法》第 84 条第 3 款第 4 句与此并不矛盾,但该条款只有在监事会决议在形式上已符合规则地成立时才适用。⑧

372 　　**缺少重大原因**的撤销聘任直到其无效性被法院判决正式确认时为止都是

---

① Mertens/Cahn, Kölner Komm. AktG, §84 Rn.111; Kort, Großkomm. AktG, §84 Rn.540; Thüsing in Fleischer, Hdb. Vorstandsrecht, §5 Rn.2; Bednarz, NZG 2005, 418, 422 ff.; a.A. OLG Düsseldorf v. 17.11.2003—I-15 U 225/02, AG 2004, 321, 323; wohl auch OLG Düsseldorf v. 24.2.2012—I-16 U 177/10, AG 2012, 511; Spindler, MünchKomm. AktG, §84 Rn.111; Beiner, Vorstandsvertrag, Rn.109; Pusch, RdA 2005, 170 ff.

② OLG Düsseldorf v. 17.11.2003—I-15 U 225/02, AG 2004, 321, 323; Fleischer in Spindler/Stilz, Komm. AktG, §84 Rn.97; Schockenhoff/Topf, DB 2005, 539, 544.

③ Bauer/S. Krieger, ZIP 2004, 1247, 1248; zu eng Fleischer in Spindler/Stilz, Komm. AktG, §84 Rn.97; Spindler, MünchKomm. AktG, §84 Rn.109; Wiesner, Münchener Hdb. AG, §20 Rn.45(Unterzeichnung durch alle Aufsichtsratsmitglieder).

④ Dazu näher OLG Düsseldorf v. 24.2.2012—I-16 U 177/10, AG 2012, 511 f., dort auch zur Frage, ob für die Kündigung des Anstellungsvertrags durch einen Boten bei vereinbarter Schriftform Besonderheiten gelten; vgl. zu dieser Frage auch Bauer/S. Krieger, ZIP 2004, 1247, 1250; zur Abgrenzung zwischen der Übermittlung von Aufsichtsratsbeschlüssen durch einen Vertreter oder einen Boten vgl. auch Cahn in FS Hoffmann-Becking, 2013, S. 247, 252 ff.

⑤ OLG Stuttgart v. 13.3.2002—20 U 59/01, AG 2003, 211, 212; Wiesner, Münchener Hdb. AG, §20 Rn.62.

⑥ OLG Köln v. 28.2.2008—18 U 3/08, ZIP 2008, 1767, 1768=AG 2008, 458; OLG Stuttgart v. 15.4.1985—2 U 57/85, ZIP 1985, 539, 540 ff.=AG 1985, 193.

⑦ Die Klage ist—da in diesem Fall §84 Abs.3 Satz 4 AktG nicht eingreift—Feststellungs-, nicht Gestaltungsklage; OLG Stuttgart v. 13.3.2002—20 U 59/01, AG 2003, 211, 212; Hüffer, Komm. AktG, §84 Rn.34.

⑧ OLG München v. 17.9.1985—7 W 1933/85, AG 1986, 234, 235; OLG Stuttgart v. 15.4.1985—2 U 57/85, ZIP 1985, 539, 540 f.=AG 1985, 193; OLG Köln v. 28.2.2008—18 U 3/08, ZIP 2008, 1767, 1768=AG 2008, 458; Hüffer, Komm. AktG, §84 Rn.32 und 34.

有效的(《股份法》第84条第3款第4句)。在此种情况下,有关董事只能通过起诉来"抵御"聘任的撤销。与形式上的决议缺陷(上文边码371)情况不同,在缺少重大解聘原因时不能通过假处分来对抗解聘。①同样,也不得通过个别监事或公司的假处分来禁止解聘决议的发起。②虽然不会产生相应的不作为请求权,但监事会的职责赋予其在解聘接受司法审查之前形成个人意见的可能性需要。针对撤销聘任提起的诉讼实质上属于形成之诉,即使其诉讼请求是确认解聘无效。③即便在诉讼过程中的任期届满,该诉讼的确认利益也可能仍然存在,④但此时需要变更确认请求。⑤

根据通说,重大原因存在与否必须由法院进行全面审查。⑥然而似乎更准确的是:法院审查针对的仅仅是监事会决定的正当性,而监事会在这方面应享有不受审查的判断空间,⑦因为在有疑问时监事会相较于法院更适合对董事会履职的可接受性作出判断。 **373**

在法律纠纷中,公司只有在以下情况下才能主张**后来才出现的新的解聘原因**,即监事会以前已经将该原因作为一项重复解聘决议的依据。⑧相应地,公司同样只有在以下情况下才能事后补充提出解聘原因(虽然这些原因当时已经存在,但是监事会最初并未以此作为解聘的依据),即监事会以前已经决定以这些原因作为解聘的依据。⑨如果监事会在作出最初的解聘决议时就已经知 **374**

---

① OLG Stuttgart v. 15.4.1985—2 U 57/85, ZIP 1985, 539, 540＝AG 1985, 193; Hüffer, Komm. AktG, §84 Rn.32 und 34; Wiesner, Münchener Hdb. AG, §20 Rn.64.

② Für eine einstweilige Verfügung gegen ein einzelnes Aufsichtsratsmitglied ebenso, für eine einstweilige Verfügung gegen die Gesellschaft jedoch offenlassend OLG München v. 16.10.2013—7 U 3018/13, ZIP 2013, 2200＝AG 2013, 886.

③ OLG Hamm v. 7.7.2010—8 U 119/09, AG 2010, 789, 791; KG v. 8.7.1983—14 U 259/83, AG 1984, 24, 25; Hüffer, Komm. AktG, §84 Rn.34.

④ OLG Hamm v. 7.7.2010—I 8 U 119/09, AG 2010, 789, 791; Mertens/Cahn, Kölner Komm. AktG, §84 Rn.134, 138; a.A. Spindler, MünchKomm. AktG, §84 Rn.137.

⑤ Mertens/Cahn, Kölner Komm. AktG, §84 Rn.134, 138; unklar OLG Hamm v. 7.7.2010—I-8 U 119/09, AG 2010, 789, 791.

⑥ Hüffer, Komm. AktG, §84 Rn.26; Mertens/Cahn, Kölner Komm. AktG, §84 Rn.122; Wiesner, Münchener Hdb. AG, §20 Rn.51; Seibt in K.Schmidt/Lutter, Komm. AktG, §84 Rn.49.

⑦ Näher dazu Krieger, Personalentscheidungen, S.137 ff.; Vollmer, GmbHR 1984, 5, 7, 9; tendenziell wohl auch Peltzer, WM 1982, 996, 998.

⑧ OLG Hamm v. 7.7.2010—8 U 119/09, AG 2010, 789, 792; Mertens/Cahn, Kölner Komm. AktG, §84 Rn.140; Spindler, MünchKomm. AktG, §84 Rn.134; Hüffer, Komm. AktG, §84 Rn.34.

⑨ Mertens/Cahn, Kölner Komm. AktG, §84 Rn.140; Wiesner, Münchener Hdb. AG, §20 Rn.65.

道上述这些原因,那么它们通常将会"失效"。①

375　　　　对解聘争议享有管辖权的是**普通法院**,一审案件由州法院的商事法庭负责。通说认为,无论章程中的仲裁条款还是个别情况下的仲裁协议均不能创设仲裁庭的管辖权。②诉讼要向公司提出,此时由监事会作为公司代理人(《股份法》第112 条)。③在此类诉讼中监事可以作为公司方面的辅助诉讼参与人。④

(五) 经协商撤销;辞职

376　　　　经协商撤销聘任在任何时候都是被允许的,此时无需重大原因。⑤监事会对此享有独享权限。根据《股份法》第 107 条第 3 款第 3 句,监事会关于缔结一项撤销协议的决定要留待其全体大会作出,⑥而且根据《共同决定法》第 31条第 5 款,在实行共同决定的公司中上述决定适用《共同决定法》第 31 条第 2款第 2 到 4 句所规定的"阶梯式"程序。⑦

377　　　　董事可以通过向监事会作出单方声明辞去其职务。可能的情形包括董事方面不存在重要原因,但是其违反了聘用合同中的义务。然而,不管是存在重大原因还是仅董事自己主张存在重大原因,均不影响**辞职**的有效性。⑧在个别情况下,辞职可能因滥用权利而无效,特别是在辞职导致公司丧失行为能力且

---

①　BGH v. 28.4.1954—II ZR 211/53, BGHZ 13, 188, 194 f.; BGH v. 16.11.1961—II ZR 81/60, WM 1962, 109, 111; Mertens/Cahn, Kölner Komm. AktG, §84 Rn.140; Hüffer, Komm. AktG, §84 Rn.34; Wiesner, Münchener Hdb. AG, §20 Rn.65.

②　BGH v. 4.7.1951—II ZR 117/50, LM Nr.1 zu §199 AktG; Spindler, Münch-Komm. AktG, §84 Rn.132; Seibt in K.Schmidt/Lutter, Komm. AktG, §84 Rn.53; a.A. Vollmer, GmbHR 1984, 5, 11 ff.; Beiner, Vorstandsvertrag, Rn.547; wohl auch Mertens/Cahn, Kölner Komm. AktG, §84 Rn.134 i.V.m. Rn.99.

③　BGH v. 13.2.1984—II ZR 2/83, WM 1984, 532＝AG 1984, 266; BGH v. 11.5. 1981—II ZR 126/80, AG 1982, 18; Hüffer, Komm. AktG, §84 Rn.33.

④　BGH v. 29.1.2013—II ZB 1/11, AG 2013, 257, 258 f.

⑤　BGH v. 24.11.1980—II ZR 182/79, DB 1981, 308, 309＝AG 1981, 73; OLG Karlsruhe v. 13.10.1995—10 U 51/95, WM 1996, 161, 167＝AG 1996, 224; vgl. auch BGH v. 17.7.2012—II ZR 55/11, ZIP 2012, 1750＝AG 2012, 677; Hüffer, Komm. AktG, §84 Rn.37; Wiesner, Münchener Hdb. AG, §20 Rn.67.

⑥　BGH v. 24.11.1980—II ZR 182/79, AG 1981, 73＝DB 1981, 308, 309; Hüffer, Komm. AktG, §84 Rn.37; Mertens/Cahn, Kölner Komm. AktG, §84 Rn.104; Wiesner, Münchener Hdb. AG, §20 Rn.68. Ein Ausschuss kann allerdings den Aufhebungsvertrag unter der Bedingung späterer Zustimmung des Plenums abschließen; vgl. Mertens/Cahn, Kölner Komm. AktG, §84 Rn.104; Hoffmann-Becking in FS Stimpel, 1985, S.589, 597 ff.

⑦　Wiesner, Münchener Hdb. AG, §20 Rn.68; Raiser/Veil, Komm. MitbestG und DrittelbG, §31 MitbestG Rn.42; Krieger, Personalentscheidungen, S.148 f.

⑧　BGH v. 8.2.1993—II ZR 58/92, BGHZ 121, 257, 260＝AG 1993, 280; Hüffer, Komm. AktG, §84 Rn.36; Wiesner, Münchener Hdb. AG, §20 Rn.67.

无法通过法院补充聘任董事得到及时补救时更是如此。①

（六）停职

暂时解除一名董事的职务（**单方停职**）作为相对解聘而言较为"温和的"手 378
段是被允许的。个别学者将其视为能够暂时导致董事职务终止②的真正撤销
聘任，而通说却认为被（暂时）停职的董事**仍然保有其职务**。③也就是说被停职
的董事不得继续履行职务，即便其对外关系中的代理权仍然存在；而且在其停
职期间，其为董事工作而负的责任也被免除。④停职无需公示，尤其无需在工商
登记处进行登记，不过被停职的董事必须在商业信函（《股份法》第 80 条第 1
款）和年度决算的附件（《商法典》第 285 条第 10 项）中被列举出来。⑤

停职必须满足哪些**实质性前提条件**是存在争议的。部分人要求存在一个重 379
大原因，该原因同样可能成为立即解聘的重大原因；⑥根据这种观点，当对某董
事严重违反义务的怀疑同样可能成为解聘的重大原因这一情况已经很明朗时，
该怀疑才能成为停职的重大原因。而大多数人则认为根据劳务合同法，停职应仅
需要公司的某一公平合理的利益，只不过对该利益可能要提出更高的要求；根据这
种观点，当对某董事可能导致解除聘任的义务违反的怀疑由于缺乏充分依据
而尚不足以成为解聘的重大原因时，该怀疑却已经能够表明停职是合理的。⑦

---

① Vgl. näher Fleischer in Spindler/Stilz, Komm. AktG, § 84 Rn. 143; Hüffer,
Komm. AktG, § 84 Rn. 36; Wiesner, Münchener Hdb. AG, § 20 Rn. 67.

② So LG München I v. 27. 6. 1985—5 HKO 9397/85, AG 1986, 142; Spindler,
MünchKomm. AktG, § 84 Rn. 143 ff.

③ OLG München v. 17. 9. 1985—7 W 1933/85, AG 1986, 234, 235; KG v. 8. 7.
1983—14 U 259/83, AG 1984, 24, 25; Mertens/Cahn, Kölner Komm. AktG, § 84 Rn. 192
ff.; Fleischer in Spindler/Stilz, Komm. AktG, § 84 Rn. 139; Seibt in K. Schmidt/Lutter,
Komm. AktG, § 84 Rn. 59; Wiesner, Münchener Hdb. AG, § 20 Rn. 73 f.; Baums,
Geschäftsleitervertrag, S. 348 ff.

④ Vgl. die Nachweise in der vorherigen Fn.

⑤ Fleischer in Spindler/Stilz, Komm. AktG, § 84 Rn. 139; Wiesner, Münchener
Hdb. AG, § 20 Rn. 74; Krieger, Personalentscheidungen, S. 152 ff.; a. A. Baums,
Geschäftsleitervertrag, S. 350.

⑥ So namentlich Spindler, MünchKomm. AktG, § 84 Rn. 144; Meyer-Landrut in FS
Fischer, 1979, S. 477, 481; Krieger, Personalentscheidungen, S. 154 ff.; Hoffmann/Leh-
mann/Weinmann, Komm. MitbestG, § 31 Rn. 51; auch KG v. 8. 7. 1983—14 U 259/83, AG
1984, 24, 25, das allerdings offen lässt, ob die Suspendierung nicht schlechthin unzulässig
ist.

⑦ So insbesondere Wiesner, Münchener Hdb. AG, § 20 Rn. 73; Mertens/Cahn,
Kölner Komm. AktG, § 84 Rn. 189; offengelassen von OLG München v. 17. 9. 1985—7 W
1933/85, AG 1986, 234, 235; vgl. auch Hüffer, Komm. AktG, § 84 Rn. 35, der diese Auf-
fassung zwar für plausibel, aber durch § 84 Abs. 3 AktG nicht gedeckt hält, während nach
der Gegenmeinung die Suspendierung ohne überzeugenden Sinn sei.

考虑到"重大原因"这项要求所保护的董事会的独立性,就停职而言人们原则上同样必须坚持(存在)一个重大原因的必要性。由于停职相对于解聘而言是一种不太严重的干涉,因此可以对此处的重大原因提出较低要求。这就意味着:如果有如此有力的依据表明存在一个解聘的重大原因,以至于让有关董事继续履行职务直至最终查明情况可能对公司是一种损害性的负担,那么宣布该董事停职在结果上就可能是完全合理的。①

380　　考虑到公众的知情权,停职必须被限定在一定时间范围之内。直到任期结束的"停职"是不可能的,相反它是真正的撤销聘任。②暂时停职只有在适当且必要的时间范围内才是被允许的。该时间范围究竟有多大,要根据具体情况加以确定,然而在特殊的例外情况下人们会同意一个月以上的停职。③超出上述时间范围的停职是无效的,有关董事仍然有权继续履行职务。有时候人们会要求预先确定停职期限;④但是鉴于本来就很"狭窄"的时间范围,这样做的意义并不大且显得过于严厉,因为所需的时间通常无法被预先精确地估算出来。

381　　根据《股份法》第 107 条第 3 款第 3 句,只有**全体监事会**才有权作出停职决定,它不得将该决定权赋予某一委员会。⑤根据《共同决定法》第 31 条第 5款,在实行共同决定的公司中必须遵守《共同决定法》第 31 条第 2 到 4 款规定的"阶梯式"解聘程序。⑥人们不能将《股份法》第 84 条第 3 款第 4 句类推适用于停职。⑦这将造成:与缺少解聘原因的情况(上文边码 372)不同,一名董事在缺少停职原因时可以通过假处分强行继续履行职务。⑧

---

① Ebenso Fleischer in Spindler/Stilz, Komm. AktG, §84 Rn. 137; Seibt in K. Schmidt/Lutter, Komm. AktG, §84 Rn.59.

② Fleischer in Spindler/Stilz, Komm. AktG, §84 Rn. 137; Wiesner, Münchener Hdb. AG, §20 Rn.74; Krieger, Personalentscheidungen, S.152; Baums, Geschäftsleitervertrag, S. 348.

③ Mertens/Cahn, Kölner Komm. AktG, §84 Rn. 189; Wiesner, Münchener Hdb. AG, §20 Rn.74; Krieger, Personalentscheidungen, S. 153; auf den Einzelfall abstellend Fleischer in Spindler/Stilz, Komm. AktG, §84 Rn.135.

④ Wiesner, Münchener Hdb. AG, §20 Rn.74; Krieger, Personalentscheidungen, S. 153 f.

⑤ OLG München v. 17. 9. 1985—7 W 1933/85, AG 1986, 234, 235; KG v. 8. 7. 1983—14 U 259/83, AG 1984, 24, 25; Fleischer in Spindler/Stilz, Komm. AktG, §84 Rn.138; Mertens/Cahn, Kölner Komm. AktG, §84 Rn. 194; Wiesner, Münchener Hdb. AG, §20 Rn.63.

⑥ Fleischer in Spindler/Stilz, Komm. AktG, §84 Rn. 138; Mertens/Cahn, Kölner Komm. AktG, §84 Rn.194; Raiser/Veil, Komm. MitbestG und DrittelbG, §31 DrittelbG Rn.42; Wiesner, Münchener Hdb. AG, §20 Rn.75.

⑦ Ebenso Fleischer in Spindler/Stilz, Komm. AktG, §84 Rn.138.

⑧ Fleischer in Spindler/Stilz, Komm. AktG, §84 Rn. 138; Mertens/Cahn, Kölner Komm. AktG, §84 Rn.159.

因为停职无需公示,所以**经协商停职**只有在与单方停职相同的前提条件 382
下和时间范围内才是被允许的;此时仍然仅由全体监事会负责,在实行共同决
定的公司中适用《共同决定法》第 31 条第 5 款的规定。①如果根据该规定经协
商停职是不可能的,那么可以考虑**经协商免除职务**。与停职不同,在免除职务
的情况下,有关董事不仅继续享有董事成员资格,而且要继续承担董事(会)的
共同责任;如果一名董事由于强制性原因,如患病,②而长时间无法为公司履行
职务,那么上述的职务免除在法律上是被允许的。③

七、在工商登记处进行登记

董事聘任及聘任的结束均必须在工商登记处进行登记(《股份法》第 81 383
条)。不过申请登记不是监事会而是董事会的义务。④

■ 第三节　聘用关系

一、内容及法律性质

董事的经营管理权和代理权是通过聘任被创设出来的。聘用合同的客体 384
是董事与公司之间的债法关系,也就是说该合同首先要对报酬、养老金、可能
的额外费用、休假、合同结束后的竞业禁止等作出规定。⑤在有偿工作的情况
下,聘用合同属于**商务代理—劳务合同**,此类合同适用《民法典》第 675 条和第
611 条及以下的规定。⑥

---

① Mertens/Cahn, Kölner Komm. AktG, §84 Rn.196 f.; Fleischer in Spindler/Stilz,
Komm. AktG, §84 Rn.140; Wiesner, Münchener Hdb. AG, §20 Rn.76; ganz ablehnend
Meyer-Landrut in FS Fischer, 1979, S.477, 484.

② Dazu näher Fleischer, NZG 2010, 561, 566.

③ Vgl. dazu näher Mertens/Cahn, Kölner Komm. AktG, §84 Rn. 197; Kort,
Großkomm. AktG, §84 Rn. 258; Wiesner, Münchener Hdb. AG, §20 Rn.77; Fonk in
Semler/v. Schenck, Arbeitshandbuch für Aufsichtsratsmitglieder, §10 Rn.299.

④ Vgl. dazu näher etwa Wiesner, Münchener Hdb. AG, §20 Rn.78 ff.

⑤ Vertragsmuster bei Hoffmann-Becking, Beck'sches Formularbuch, Formular X.13.;
Hölters, Münchener Vertragshandbuch, Band I, Formular V.64.

⑥ 关于董事的法律地位以及聘用关系双方的权利与义务,参见 namentlich Mertens/
Cahn, Kölner Komm. AktG, §84 Rn.60 ff.; Spindler, MünchKomm. AktG, §84 Rn.76
ff., 93 ff.; Fleischer in Spindler/Stilz, Komm. AktG, §84 Rn. 43 ff., 75 ff.; Hüffer,
Komm. AktG, §84 Rn.16 ff.; Fonk in Semler/v. Schenck, Arbeitshandbuch für Aufsich-
tsratsmitglieder, §10 Rn.87 ff., 103 ff., 152 ff., 169 ff.; Wiesner, Münchener Hdb. AG,
§21 Rn.34 ff., 92 ff.。

385   聘用合同也是一个可以将《准则》所规定的单个董事的行为建议以有约束力的方式确定下来的合适工具（参见例如第 4.3.4 条——利益冲突的公开；第 4.3.5 条——监事会对兼职的同意保留）。如果监事会想在《股份法》第 161 条所规定的年度"遵守说明"的框架内声明公司未来将遵守上述建议，那么它必须在与有关董事的（聘用）关系中对此作出保证。为此就要在聘用合同中创设相应的义务。①

二、合同的缔结

（一）监事会的权限

386   与聘任一样，聘用关系的签订也由监事会单独且强制地负责（《股份法》第 84 条第 1 款第 5 句结合第 1 到 4 句）。在注意遵守《股份法》第 87 条规定的报酬标准的前提下，监事会自行决定合同内容并代表公司面对董事（《股份法》第 112 条，参加下文边码 440 及以下）。在实行共同决定的公司中，监事会**决议的作出**不适用《共同决定法》第 31 条规定的"阶梯式"程序，而是要根据《共同决定法》第 29 条的规定进行。②也就是说监事会通过简单多数作出决议；详见下文边码 733 及以下。

387   与聘任相同，第三人的同意保留以及针对监事会的指示权在聘用过程中同样发挥不了什么作用。③**章程或股东大会决议**对薪酬结构**的规定**根据现行法同样必须被看作是不被允许的。④立法者在《股份法》第 87 条第 1 款中已经规定了一些限制。股东大会有权提出不具约束力的薪酬建议（《股份法》第 120

---

    ①   Vgl. auch Ulmer, ZHR 166（2002），150，173；Lutter, ZHR 166（2002），523，536 f.

    ②   Raiser/Veil, Komm. MitbestG und DrittelbG，§ 31 MitbestG Rn. 27；Koberski in Wlotzke/Wißmann/Koberski/Kleinsorge, Mitbestimmungsrecht，§ 31 MitbestG Rn. 34；Ulmer/Habersack in Ulmer/Habersack/Henssler, Mitbestimmungsrecht，§ 31 MitbestG Rn. 41.

    ③   Vgl. BGH v. 24.2.1954—II ZR 63/53，BGHZ 12，327，333；BGH v. 6.4.1964-II ZR 75/62，BGHZ 41，282，285；Spindler, MünchKomm. AktG，§ 84 Rn. 59；Mertens/Cahn, Kölner Komm. AktG，§ 84 Rn. 48；Wiesner, Münchener Hdb. AG，§ 21 Rn. 20.

    ④   Mertens/Cahn, Kölner Komm. AktG，§ 87 Rn. 4；Fleischer in Spindler/Stilz, Komm. AktG，§ 84 Rn. 33；Wiesner, Münchener Hdb. AG，§ 21 Rn. 20；Bors, Erfolgs- und leistungsorientierte Vorstandsvergütung，2006，S. 68 ff.；E. Vetter, ZIP 2009，1307 ff.；a. A. Hüffer, Komm. AktG，§ 87 Rn. 2；Ulmer/Habersack in Ulmer/Habersack/Henssler, Mitbestimmungsrecht，§ 31 MitbestG Rn. 40；Grattenthaler, Die Vergütung von Vorstandsmitgliedern in Aktiengesellschaften，2007，S. 61 ff.；Schüppen, ZIP 2010，905，909，der eine HV-Entscheidung auf Verlangen des Aufsichtsrats analog § 119 Abs. 2 AktG zulassen will.

条第 4 款），但这不会改变上述观点。但如果立法者在最后立法阶段未能将股东大会的具有约束力的薪酬投票纳入政党联盟协议中（参见下文边码 394），将不得不重新审视这个问题。答案将取决于薪酬投票的具体设计。如果股东大会仍然只能对监事会提交的薪酬体系作出决定，那么章程规定以及非以监事会提案为基础作出的股东大会决议将继续被禁止。关于引入有约束力的薪酬投票的讨论，请参阅下文边码 422。

（二）委托某一委员会

与聘任不同，在《董事薪酬适度法》（VorstAG）出台前，聘用合同的决定不必强制性地留待监事会全体大会作出，监事会可以委托一个委员会缔结聘用合同。[1]因此，劳动合同通常由主席团或者人事委员会拟定。自 2009 年年中以来，《股份法》第 107 第 3 款第 3 句规定，本法第 87 条第 1 款中**确定董事薪酬的任务必须由监事会全体会议作出决议来完成**。这适用于所有具有薪酬性质的协议，除基本工资之外，还包括与绩效相关的薪酬因素和养老金的确定，当然也包括其他所有与薪酬相关的规定，如保险费报销、假期的长度和公务车辆的私人使用。[2]此外，在存在可变薪酬因素的情况下，具有拘束力的绩效目标的设定同样留待监事会全体会议负责；不具有拘束力的目标则可以由委员会与董事协商设定。[3]目标设定后，若仅涉及依据公式计算可变薪酬的具体数额，则可由该委员会负责；相反，若在确定本财政年度的具体薪酬数额时仍然存在自由裁量的空间，则必须由监事会全体会议最终确定。[4]

388

劳动合同的**非薪酬条款**仍然可以委托委员会作出决定。其中包括合同期限、仲裁条款的约定、接受委托时的许可，等等。[5]由于绝大多数的聘用合同条款都与薪酬有关，因此在首次缔结合同时将个别决定交由委员会作出并非明智之举。[6]

389

---

[1]　BGH v. 23.10.1975—II ZR 90/73，BGHZ 65，190；Hüffer，Komm. AktG，§84 Rn.11；Wiesner，Münchener Hdb. AG，§21 Rn.16.

[2]　Mertens/Cahn，Kölner Komm. AktG，§107 Rn.162；Fonk in FS Hoffmann-Becking，2013，S.347，351 f.；Cahn in FS Hopt，Band 1，2010，S.431，445；Hoffmann-Becking/Krieger，NZG 2009，Beilage zu Heft 26，Rn.72；Gaul/Jantz，NZA 2009，809，813；a. A. anscheinend Hüffer，Komm. AktG，§107 Rn.18（nur Festsetzung der Gesamtbezüge，nicht aber Ausgestaltung der einzelnen Klammerelemente des §87 Abs. 1 Satz 1 AktG）.

[3]　Hoffmann-Becking/Krieger，NZG 2009，Beilage zu Heft 26，Rn.70；Fonk in FS Hoffmann-Becking，2013，S.347，351.

[4]　Hoffmann-Becking/Krieger，NZG 2009，Beilage zu Heft 26，Rn.70；Ihrig/Wandt/Wittgens，ZIP 2012，Beilage zu Heft 40，S.27 f.

[5]　Näher Ihrig/Wandt/Wittgens，ZIP 2012，Beilage zu Heft 40，S.28；Fonk in FS Hoffmann-Becking，2013，S.347，351 f.

[6]　Mertens/Cahn，Kölner Komm. AktG，§107 Rn.162.

390   在委员会被授权作出决定的情况下,其缔约权受到监事会全体会议所享有的、占优先地位的聘任权的额外**限制**。凡属于监事会全体会议决策依据的聘用合同条款均不得由委员会拟定(参见下文边码 426);因此委员会不得在劳动合同中赋予董事在任期届满前通知终止合同的权利。①最后,委员会还不得确定**董事的职责范围**;职责分配由全体监事会负责。②

391   监事会仍可将**聘用合同的准备工作**以及薪酬条款的拟定交由委员会完成。已由监事会决议通过的合同同样可以授权一名监事——通常为监事会主席——**签署**。③这通常由章程、业务规则或监事会决议加以规定;关于监事会主席可否在没有明确规定的情况下凭借其职权或可推知的授权签署相关合同的问题,参见上文边码 370。然而,被授权者此时只能拟定已经监事会决议通过的合同内容,而不得代替监事会自行作出决定。④

(三) 聘用合同的期限

392   不得签订长于**五年**的聘用合同(《股份法》第 84 条第 1 款第 5 句以及第 1 条);如果签订的是不定期或长期聘用合同,那么该合同在五年期满后终止(《民法典》第 134、139 条)。然而,双方可以在聘用合同中约定带有以下内容的延长条款,即如果之后聘任(任期)得到延长,那么聘用合同也相应地自动得到延长(《股份法》第 84 条第 1 款第 5 句)。在双方未约定此种延长条款的情况下,如果聘任(任期)得到延长,但却未明确决定聘用合同是否同时相应得到延长,那么根据具体情况,在关于延长聘任(任期)的决议中可能存在一个对聘用合同的可推知的延长。⑤关于双方约定撤销聘任时合同自动终止的内容参见下文边码 424。

(四) 聘用合同的缺陷

393   如果一份实际上已被履行的聘用合同事后被证实是无效的,那么就应当

---

① Spindler, MünchKomm. AktG, §84 Rn.60; Fonk in Semler/v. Schenck, Arbeitshandbuch für Aufsichtsratsmitglieder, §10 Rn.213; Wiesner, Münchener Hdb. AG, §21 Rn.21.

② Hüffer, Komm. AktG, §84 Rn.12; Mertens/Cahn, Kölner Komm. AktG, §84 Rn.49; Wiesner, Münchener Hdb. AG, §21 Rn.21.

③ BGH v. 6.4.1964—II ZR 75/62, BGHZ 41, 282, 285; BGH v. 17.4.1967-II ZR 157/64, BGHZ 47, 341, 350; Wiesner, Münchener Hdb. AG, §21 Rn.22.

④ Köhler, NZG 2008, 161, 162; vgl. auch unten Rn.444.

⑤ BGH v. 12.5.1997—II ZR 50/96, DStR 1997, 932, 933; OLG Schleswig v. 16.11. 2000—5 U 66/99, AG 2001, 651, 653; Fleischer in Spindler/Stilz, Komm. AktG, §84 Rn.41; Mertens/Cahn, Kölner Komm. AktG, §84 Rn.53; Wiesner, Münchener Hdb. AG, §21 Rn.24; zur Frage der Anwendbarkeit von §625 BGB vgl. OLG Karlsruhe v. 13.10. 1995—10 U 51/95, AG 1996, 224, 227; Wiesner, Münchener Hdb. AG, §21 Rn.24; Hüffer, Komm. AktG, §84 Rn.17.

适用劳动法上**关于有缺陷的劳动关系的原则**：就过去而言，该合同仍然应被视为有效，而就未来而言，双方当事人可以随时宣布脱离该合同。①

三、董事的报酬

(一) 概述

董事报酬的数额在**公司治理讨论**中扮演着特殊角色。②这方面状况频发，尤其是高额报酬、解雇费或补偿金成为人们关注的焦点，③它们很快引起对董事报酬数额的广泛批评。④此外，原来过于注重短期绩效报酬因素的误区也被视为金融危机的诱因之一。⑤立法者首先通过 2005 年《董事薪酬披露法》所引入的上市公司**董事薪酬个性化披露**义务对此作出反应(《商法典》第 285 条第 9 项字母 a 第 5 句、第 314 条第 1 款第 6 项字母 a 第 5 句)，立法者认为《准则》早在 2003 年提出的董事薪酬个性化披露建议⑥只有极少数公司作出了响应。2009 年的《**董事薪酬适度法**》增设了若干旨在确保董事薪酬适度的规定；⑦其中特别值得一提的是：董事薪酬基本原则的扩充(《股份法》第 87 条第 1、2 款)、禁止授权委员会作出薪酬决定的规定(《股份法》第 107 条第 3 款第 3 句)以及股东大会有权对董事薪酬体系的批准作出无拘束力的决议(《股份法》第

394

① BGH v. 21.1.1991—II ZR 144/90, BGHZ 113, 237, 247 ff.; BGH v. 6.4.1964—II ZR 75/62, BGHZ 41, 282, 286; Mertens/Cahn, Kölner Komm. AktG, §84 Rn.57 ff.; Hüffer, Komm. AktG, §84 Rn.19; Wiesner, Münchener Hdb. AG, §21 Rn.32 f.; näher Köhler, NZG 2008, 161, 164 ff. Zur Genehmigung eines Anstellungsvertrages, bei dessen Abschluss die Gesellschaft nicht ordnungsgemäß vertreten war, vgl. BGH v. 19.12.1988—II ZR 74/88, ZIP 1989, 294, 295 f.＝AG 1989, 129.

② Zur Vergütungsentwicklung vgl. etwa die Sammlung der Vergütungsberichte der börsennotierten Unternehmen unter www. verguetungsregister. de sowie Goetz/Friese, Corporate Finance biz 2012, 414; Wilke/Schmid, Entwicklung der Vorstandsvergütung 2011 in den DAX-30-Unternehmen, Arbeitspapier 269 der Hans Böckler Stiftung, 2012; Stenzel, Rechtliche und empirische Aspekte der Vorstandsvergütung, 2012, S. 173 ff.; Böcking/Wallek/Weßels, Der Konzern 2011, 269 ff.; Kuhner/Hitz/Sabibalsky, Studie Managergehälter 2008, S. 21 ff.; Heins, Die Angemessenheit von Vorstandsbezügen einer Aktiengesellschaft, 2006, S.25 ff.

③ Beispiele bei Lutter, ZIP 2006, 733, 734.

④ Vgl. hierzu nur die Beispiele bei Ringleb in Ringleb/Kremer/Lutter/v. Werder, Komm. Kodex, Rn.679 sowie die Gesetzgebungsanträge der Bundestagsfraktionen von SPD (BT-Drucks. 17/13472) und von Bündnis 90/Die Grünen(BTDrucks. 17/13239).

⑤ Vgl. nur den Gesetzentwurf der Fraktionen der CDU/CSU und SPD zum VorstAG, BT-Drucks. 16/12278, S.1, 5.

⑥ Ziff. 4.2.4 des Kodex i.d.F. vom 21.5.2003.

⑦ Zu den rechtspolitischen Überlegungen zur Beschränkung der Vorstandsvergütung eingehend Seibert in FS Hüffer, 2010, S.955 ff.

120 条第 4 款）。目前法律政策方面的讨论比较倾向于通过《股份法》第 120 条第 4 款第 1 句明确要求上市公司**股东大会**每年就"批准监事会提出的董事薪酬体系"**作出决议**；①详见下文边码 422。此外，确定董事薪酬②或补偿金③的法定最高限额的要求也一再被提出。

（二）总报酬的适当性及可持续性

395

　　根据《股份法》第 87 条第 1 款第 1 句，监事会在确定单个董事的总报酬时必须设法使其与董事的职责和绩效以及公司的状况处于一种适当的比例关系中，且无特殊原因不应超出通常的报酬标准。承诺给予不适当的薪酬原则上不影响聘用合同的效力，特别是违反适当性原则导致《民法典》第 134 条意义上的合同无效，④但合同却可能因违反善良风俗（《民法典》第 138 条）或监事会滥用代理权而无效。⑤然而，约定不适当薪酬的协议构成义务违反，并将导致针对相关监事的损害赔偿请求权（《股份法》第 116 条第 3 句）的产生；⑥此外，故意违反适当性要求的行为属于可能导致刑事处罚的监事背信行为（《刑法典》第 266 条）。⑦相反，约定不适当薪酬的协议是否也属于相关董事的义务违反，是有争议的；似乎不应这样假定，因为董事在商讨薪酬时对公司尚未负有财产照管义务。⑧

---

① Vgl. Gesetzesbeschluss des Deutschen Bundestags vom 27.6.2013 zu einem „Gesetz zur Verbesserung der Kontrolle der Vorstandsvergütung und zur Änderung weiterer aktienrechtlicher Vorschriften(VorstKoG)", BR-Drucks. 637/13, Art. 1 Nr.6；Koalitionsvertrag zwischen CDU, CSU und SPD vom 27.11.2013, S.17.

② Antrag der Fraktion der SPD im Deutschen Bundestag vom 14.5.2013, BTDrucks. 17/13472.

③ Antrag der Fraktion Bündnis 90/Die Grünen vom 23. 4. 2013, BT-Drucks. 17/13239.

④ Spindler, MünchKomm. AktG, §87 Rn. 80；Mertens/Cahn, Kölner Komm. AktG, §87 Rn.5.

⑤ Kort, DStR 2007, 1127, 1129 ff.；Säcker/Stenzel, JZ 2006, 1151, 1154；Peltzer in FS Lutter, 2000, S.571, 579 f.；Heins, Die Angemessenheit von Vorstandsbezügen einer Aktiengesellschaft, 2006, S.159 f.；weitergehend Fleischer in Spindler/Stilz, Komm. AktG, §87 Rn. 58（teleologische Reduktion der Vertretungsmacht）；vgl. auch Spindler, MünchKomm. AktG, §87 Rn.80.

⑥ Eingehend Hüffer in FS Hoffmann-Becking, 2013, S.589 ff.

⑦ Vgl. BGH v. 21.12.2005—3 StR 470/04, ZIP 2006, 72＝AG 2006, 110(Mannesmann)；Weber in Hölters, Komm. AktG, §87 Rn.46；Bürgers/Israel in Bürgers/Körber, Komm. AktG, §87 Rn.7.

⑧ Wie hier BGH v. 21.12.2005—3 StR 470/04, ZIP 2006, 72, 81＝AG 2006, 110 (Mannesmann)；Mertens/Cahn, Kölner Komm. AktG, §87 Rn.5；a.A. Fleischer in Spindler/Stilz, Komm. AktG, §87 Rn.58；Kort, DStR 2007, 1127, 1132 f.；Grattenthaler, Die Vergütung von Vorstandsmitgliedern in Aktiengesellschaften, 2007, S. 61 ff.；Heins, Die Angemessenheit von Vorstandsbezügen einer Aktiengesellschaft, 2006, S.161 ff.；Peltzer in FS Lutter, 2000，S.571, 577 f.

适当性要求适用于**全部薪酬**。相应地，《准则》第 4.2.3 条第 2 款第 5 句明确要求薪酬的所有组成部分及其整体必须满足适当性要求；然而这并非《准则》对法律的简单复述。①《股份法》第 87 条第 1 款第 1 句认为总薪酬包括工资、利润分配、费用补偿、保险费、佣金、以激励为目的的补贴以及任何形式的福利。这其中包括实物利益，如公司车辆和司机的广泛私人使用，但不包括董事、监事及高级管理人员责任保险，因为此类保险主要为公司利益而投保（详见下文边码 1035）。②在进行总体考量时，还必须考虑到董事职务结束时才得到允诺的各项费用，例如补偿金、解雇费、退休金（又称养老金）以及家属享有的抚恤金；《准则》第 4.2.3 条第 1 款也强调了这一点。比较难以判断的是，**第三人鉴于董事的工作而支付的费用**应否被纳入适当性审查中。《准则》第 4.2.3 条第 1 款也将涉及第三人支付的费用。由下属康采恩所属公司支付的费用无论如何必须接受适当性审查。③这是因为在子公司中履行职责同时也是董事为母公司工作时的一项任务，而且子公司所支付的报酬在经济上同样会给母公司带来负担。与此相反，能否将上级康采恩企业所支付的报酬看作是下级企业董事报酬的一部分却仍然问题重重，而且在其他第三人支付报酬的情况下人们更会对此产生怀疑。④这是因为此类由第三人支付的报酬并不涉及公司财产，因而也就不属于《股份法》第 87 条保护目的的范畴。不过此时还会出现一个问题，即由第三人支付的报酬在怎样的范围内是被允许的，参见下文边码 417。

396

《股份法》第 87 条第 1 款第 1 句还将董事的**职责和绩效**以及**公司的状况**作为董事会报酬适当性的判断标准。除此之外可能还要考虑其他标准。⑤职责和绩效标准并不要求为每名董事确定各自不同的个性化薪酬，而是鉴于作为合议机构的董事会的整体职责仍然允许给予全体或部分董事平等的薪酬。⑥然而，公司糟糕的经济状况并不排除较高的报酬；相反，为了能够招揽适合的人才这恰恰

397

① Ebenso Ihrig/Wandt/Wittgens, ZIP 2012, Beilage zu Heft 40, S.7.

② Bestritten, wie hier Mertens/Cahn, Kölner Komm. AktG, §87 Rn.20；Bürgers/Israel in Bürgers/Körber, Komm. AktG, §87 Rn.3；Kort, Großkomm. AktG, §87 Rn. 232；Hohenstatt/Naber, DB 2010, 2321 f.；Weber in Hölters, Komm. AktG, §87 Rn.7；a. A. Spindler, MünchKomm. AktG, §87 Rn.12 ff.；Schwennicke in Grigoleit, Komm. AktG, §87 Rn.5.

③ Lutter, ZIP 2006, 733, 736；Semler in FS Budde, 1995, S.599, 607 ff.；Bauer/Arnold, DB 2006, 260, 265.

④ Ebenso Traugott/Grün, AG 2007, 761, 768 f.；a. A. Lutter, ZIP 2006, 733, 736；Bauer/Arnold, DB 2006, 260, 265；Semler in FS Budde, S.599, 607 ff.

⑤ Mertens/Cahn, Kölner Komm. AktG, §87 Rn.14 f.；Fleischer in Spindler/Stilz, Komm. AktG, §87 Rn.19；Ihrig/Wandt/Wittgens, ZIP 2012, Beilage zu Heft 40, S.7.

⑥ Bauer/Arnold, AG 2009, 717, 719.

可能是必须的。①此外，**通常的薪酬**也具有重要意义，根据《股份法》第 87 条第 1 款第 1 句，没有特殊原因不应超出该数额。通常性标准包括两个部分，即横向和纵向可比性。②**横向可比性**是指待确定的董事薪酬必须以正常状态下的行业、规模和国家为依据而进行动态变化。为此，上市公司董事薪酬的年度个性化披露能够提供所需信息。③通常性是判断董事报酬的一个标准，我们必须谨慎地对待它。并不是所有通常的报酬都一定是适当的，监事会在以通常的标准为依据（确定报酬）时仍然有义务进行批判性审查并独自负责地判断报酬的适当性。相反，并不仅仅因此而存在一个对《股份法》第 87 条第 1 款的违反，因为董事报酬还与行业的水平有关。④董事杰出的经营绩效同样能够成为给予其极高报酬的有力依据；⑤当特定董事候选人具有极高"市场价值"时，同样如此。⑥而**纵向可比性**是指董事薪酬不应脱离企业中的薪酬标准和等级。⑦其作为标准几乎无法接受司法裁判，因而更适宜作为一个标准的集合。其不要求遵守董事各级薪酬之间的特定差额，也不排除个别下属员工因与绩效相关的薪酬而比董事挣得更多。⑧在一般情况下，适当性标准已无法被进一步具体化，⑨而且所有旨在根据拟议（应然）法或者现行法**为董事报酬确定上限**的尝试⑩均无法令人信服。⑪

---

① OLG Karlsruhe v. 24.11.2011—9 U 18/11, AG 2012, 464, 466（und Leits. 2）；Mertens/Cahn, Kölner Komm. AktG, § 87 Rn. 9; Fleischer in Spindler/Stilz, Komm. AktG, § 87 Rn.14; Hoffmann-Becking, NZG 1999, 797, 798.

② Gesetzentwurf der Fraktionen der CDU/CSU und SPD zum VorstAG, BTDrucks. 16/12278, S.5; Bericht des Rechtsausschusses, BT-Drucks. 16/13433, S.10.

③ Sammlung der Vergütungsberichte unter www.verguetungsregister.de.

④⑤ LG München v. 29.3.2007—5 HK O 12 931/06, NZG 2007, 477＝AG 2007, 458.

⑥ Feudner, NZG 2007, 779, 780; Thüsing, ZGR 2003, 457, 468 ff.

⑦ Bericht des Rechtsausschusses BT-Drucks. 16/13433, S.10.

⑧ Hoffmann-Becking/Krieger, NZG 2009, Beilage zu Heft 26, 2009, Rn.7.

⑨ Zutreffend Hüffer, Komm. AktG, § 87 Rn. 3; Schwark in FS Raiser, 2005, S. 377, 387 ff.; vgl. allerdings den Versuch bei Lücke, NZG 2005, 692, 696, aus Kennziffern des Unternehmens einen Vergütungskorridor abzuleiten; in diese Richtung auch Grattenthaler, Die Vergütung von Vorstandsmitgliedern in Aktiengesellschaften, 2007, S.345 ff.

⑩ Vgl. z.B. Adams, ZIP 2002, 1325, 1343（max. das 150-fache des durchschnittlichen Arbeitnehmerentgelts）sowie jüngst die Gesetzgebungsanträge der Bundestagsfraktionen der SPD（BT-Drucks. 17/13472：Begrenzung des Betriebsausgabenabzugs und Festlegung einer Höchstgrenze für das Verhältnis zwischen Vorstandsvergütung und durchschnittlichem Arbeitnehmereinkommen）und von Bündnis 90/Die Grünen（BT-Drucks. 17/13239：Begrenzung des Betriebsausgabenabzugs）.

⑪ Hüffer, Komm. AktG, § 87 Rn.3; Fleischer, DStR 2005, 1279, 1281 ff.; Baums, ZIP 2004, 1877, 1879 f.; Grattenthaler, Die Vergütung von Vorstandsmitgliedern in Aktiengesellschaften, 2007, S.377 ff.; Heins, Die Angemessenheit von Vorstandsbezügen einer Aktiengesellschaft, 2006, S.55 ff.

《股份法》第 87 条第 1 款第 2 句要求上市公司以**公司的可持续发展**为导 398
向确立薪酬结构。但这一要求的具体含义仍未明确。根据较有说服力的主流
观点,对可持续性的概念应作严格解释,即薪酬结构不应陷入为追求短期绩效
而忽视企业长远发展的歧途。①相应地,从可持续发展的概念至少可以推知监
事会有义务借助薪酬结构确保董事会的经营管理活动会考虑到目前的环境、
社会和经济需求以及未来的发展。②由此可见,《股份法》第 87 条第 1 款第 2 句
中的可持续性的边界模糊的模型概念的重要性被不当扩大了,而这对于监事
会来说也是一个不可能完成的任务。

在设计薪酬承诺时监事会享有广阔的裁量空间。这属于一项经营管理 399
任务,因此可以适用**商业判断规则**的各项原则(《股份法》第 116 条第 1 句和
第 93 条第 1 款第 2 句)。③只要监事会理性地认为其是在掌握适当信息的基
础上为公司利益行事,其行为就具备合法性。即使法律未明确要求,也强烈
建议监事会在设计薪酬体系时聘任**薪酬顾问**提供咨询。《准则》第 4.2.2 条
第 3 款建议在这种情况下应确保薪酬专家独立于董事会和公司。这就要求
薪酬专家与公司和董事之间不存在可能有损其客观性的业务、个人及经济
上的关联关系。④

(三) 报酬的构成

目前在实践中,董事薪酬由**固定部分**和**可变部分**组成,后者将因公司总收 400
入的增加而增加。今天,绝大多数 DAX 上市公司均引入可变薪酬因素,而其
他股份有限公司仍然更重视固定薪酬。⑤《准则》第 4.2.3 条第 2 款第 2 句建议
上市公司与董事约定由固定和可变部分组成的薪酬,而股份法规范仍然仅允

---

① Stenzel, Rechtliche und empirische Aspekte der Vorstandsvergütung, 2012, S.70
ff.; Louven/Ingwersen, BB 2013, 1219, 1220 ff.; Klöhn, ZGR 2012, 1, 17; Mertens, AG
2011, 57, 58 f.; Marsch-Barner, ZHR 175(2011), 737 ff., 745; Wagner, AG 2010, 774,
776; Fleischer, NZG 2009, 801, 802; Hohenstatt/Kuhnke, ZIP 2009, 1981 f.

② Röttgen/Kluge, NJW 2013, 900, 902 ff.; dagegen mit Recht nachdrücklich
Louven/Ingwersen, BB 2013, 1219, 1220 ff.

③ BGH v. 21.12.2005—3 StR 470/04, ZIP 2006, 72, 73＝AG 2006, 110(Mannes-
mann); LG München v. 29.3.2007—5 HK O 12 931/06, NZG 2007, 477＝AG 2007, 458;
LG München v. 23.8.2007—5 HK O 10 734/07, NZG 2008, 114, 115＝AG 2008, 133;
Fleischer in Spindler/Stilz, Komm. AktG, §87 Rn.39; Mertens/Cahn, Kölner Komm. Ak-
tG, §87 Rn. 4; Spindler, MünchKomm. AktG, §87 Rn. 20; Spindler, AG 2011, 725,
726; Wiesner, Münchener Hdb. AG, §21 Rn.50.

④ Näher dazu Baums, AG 2010, 53, 56 ff.; Fleischer, BB 2010, 67, 71; Weber-
Rey/Buckel, NZG 2010, 761, 762 ff.; Goslar in Wilsing, Komm. DCGK, Ziff. 4.2.2Rn.32.

⑤ Näher Wiesner, Münchener Hdb. AG, §21 Rn.36.

许约定纯粹的固定薪酬。①固定薪酬旨在保证董事适当的生活费用。②而可变薪酬的正当性源于适度分享经营收益的思想,但认为这可以增强对董事的激励的观点则不太具有说服力。③

401 　　《股份法》第 87 条第 1 款第 2 句要求上市公司薪酬结构应以可持续的公司发展为导向,该款第 3 句"因此"将可变薪酬确立为(董事履职的)**多年的评价依据**。这虽然属于上市公司的法定义务,但是非上市公司原则上同样需要给予适当考虑。④此项规定旨在防止薪酬结构错误地引导董事会从事可能导致过高风险的经营措施。⑤"多年"的评价期间究竟是多久,是存在争议的。多数人认为应至少达到三年,⑥而其他人认为两到三年已经足够,⑦还有人甚至主张四到五年。⑧如果长期的可变薪酬要素被这样设计,不仅将推迟薪酬的支付,而且将对整个评价期间的公司发展带来负面影响。⑨《股份法》第 87 条第 1 款第 3 句并不要求所有的可变薪酬均适用多年的评价依据,而是允许公司设置由取决于年度业绩的薪酬(红利、津贴)和长期的可变薪酬构成的薪酬组合,⑩这在实践中也很普遍。此类由若干可变要素构成的薪酬组合能够共同形成对董事的长期行为激励。当**长期薪酬因素**在薪酬构成中占优势时,就属于这种情况。⑪这样是否就能形成对董事的长期行为激励? 其实

---

① Mertens/Cahn, Kölner Komm. AktG, §87 Rn.22; Hüffer, Komm. AktG, §87 Rn.4c; Hoffmann-Becking/Krieger, NZG 2009, Beilage zu Heft 26, Rn.10.

② Fonk in Semler/v. Schenck, Arbeitshandbuch für Aufsichtsratmitglieder, §10 Rn.126; Weber/Burmester, Anstellungsvertrag für Manager, S.37.

③ Näher Fonk in Semler/v. Schenck, Arbeitshandbuch für Aufsichtsratmitglieder, §10 Rn.129.

④ Bericht des Rechtsausschusses zum VorstAG, BT-Drucks. 16/13433, S.10.

⑤ Entwurf der Fraktionen der CDU/CSU und SPD zum VorstAG, BT-Drucks. 16/12278 S.5; Wiesner, Münchener Hdb. AG, §21 Rn.45; Fleischer, NZG 2009, 801, 803.

⑥ So etwa Ihrig/Wandt/Wittgens, ZIP 2012, Beilage zu Heft 40, S.10 f.; Eichner/Delahaye, ZIP 2010, 2082 f.; Hoffmann-Becking/Krieger, NZG 2009, Beilage zu Heft 26, Rn.17 ff.; Bauer/Arnold, AG 2009, 717, 723; so auch die Empfehlung der EU-Kommission zur Vorstandsvergütung KOM 2009/385/EG, ABl. Nr.L 120 vom 15.5.2009, S.29.

⑦ So etwa Hohenstatt/Kuhnke, ZIP 2009, 1981, 1985.

⑧ So etwa Hüffer, Komm. AktG, §87 Rn.4d; Fleischer in Spindler/Stilz, Komm. AktG, §87 Rn.32; Wiesner, Münchener Hdb. AG, §21 Rn.48.

⑨ Bericht des Rechtsausschusses zum VorstAG, BT-Drucks. 16/13433, S.16.

⑩ Beschlussempfehlung des Rechtsausschusses zum VorstAG, BT-Drucks. 16/13433, S.10; Hüffer, Komm. AktG, §87 Rn.4c; Wiesner, Münchener Hdb. AG, §21 Rn.45.

⑪ Hoffmann-Becking/Krieger, NZG Beilage zu Heft 26/2009, Rn.21; Ihrig/Wandt/Wittgens, ZIP 2012, Beilage zu Heft 40, S.12.

还有一些因素值得考虑,例如董事任职期间在特定范围内持有公司股份的义务。[1]总之,这需要具体问题具体分析;无法设定长期与短期可变薪酬要素之间的固定比例。[2]

公司实践中发展出大量短期及长期薪酬因素的具体设计方式。[3]就**取决于经营成果的薪酬参数(绩效参数)**而言,例如 EBIT,EBITA,ROCE 等企业管理参数值得关注,除此之外,可能关系到客户与职工满意度以及环境目标(如二氧化碳减排)的其他参数也需要加以考虑。[4]可变薪酬须根据依绩效参数确定的目标以及目标的实现程度进行计算。此类绩效目标适宜作为短期和长期的可变报酬组成部分,通常被设定在一年或更长时间;然而,所设定的长期目标必须不能通过一次性效果即得以实现。[5]还应指出,监事会的任务不是界定公司目标,这属于董事会的自治领导权限的范畴。因此,以公司目标为导向的薪酬要素必须以董事会的计划为依托,不得使监事会能够通过薪酬制度安排经营计划。[6]

就可变报酬组成部分而言,除绩效和绩效相关薪酬要素外,实践中还经常出现**以股份为基础的薪酬组成部分**。该组成部分可能取决于股价或多年的股价发展情况。但是,给予受益人股份而未要求其实现特定业绩指标,而是要求其长期持有股份并借此使其努力推进公司股价的长期提升("限售股"),在实践中也普遍存在。[7]相反,20 世纪 90 年代中期以来非常流行[8]的

402

403

---

[1]　Hoffmann-Becking/Krieger, NZG Beilage zu Heft 26/2009, Rn.24; Eichner/Delahaye, ZIP 2010, 2082, 2083.

[2]　Wiesner, Münchener Hdb. AG, § 21 Rn.48; Ihrig/Wandt/Wittgens, ZIP 2012, Beilage zu Heft 40, 12.

[3]　Näher Wiesner, Münchener Hdb. AG, § 21 Rn.51 f.; Fonk in Semler/v. Schenck, Arbeitshandbuch für Aufsichtsratsmitglieder, § 10 Rn.138 ff.; Ihrig/Wandt/Wittgens, ZIP 2012, Beilage zu Heft 40, S.10 ff.; Eichner/Delahaye, ZIP 2010, 2082, 2085 ff.

[4]　Vgl. nur Ihrig/Wandt/Wittgens, ZIP 2012, Beilage zu Heft 40, S.10.

[5]　Näher Ihrig/Wandt/Wittgens, ZIP 2012, Beilage zu Heft 40, S.11.

[6]　Mertens/Cahn, Kölner Komm. AktG, § 87 Rn.28; Spindler, MünchKomm. AktG, § 87 Rn.42; Wiesner, Münchener Hdb. AG, § 21 Rn.52; Fonk, NZG 2011, 321 ff.; C. Schäfer in Liber amicorum M. Winter, 2011, S.557 ff.; zu eng Dauner-Lieb/Preen/Simon, DB 2010, 377, 381, mit der Annahme, der Vorstand selbst müsse anhand seiner Strategie realistische Gehaltsvorstellungen entwickeln.

[7]　Zur Beschaffung von restriced shares eingehend Krieger/Sven H. Schneider in FS Hellwig, 2010, S.181.

[8]　Nähere Angaben bei v. Rosen/Leven in Harrer, Mitarbeiterbeteiligungen und Stock-Option-Pläne, Rn.57 ff.; Scheuer, Aktienoptionen als Bestandteil der Arbeitnehmervergütung in den USA und der Bundesrepublik Deutschland, 2004, S.15 ff.

（与特定的绩效目标相关联的）"股票期权计划"①目前在公司实践中已经变得罕见。

404 事后降低既定的绩效目标（**重新定价**）通常违背可变薪酬的目的，因而被认为是不合适的。②为此，《准则》第 4.2.3 条第 2 款第 8 句建议排除此类重新定价。但是并未表达严格的禁止，前提是报酬（即使在降低之后仍）符合《股份法》第 87 条第 1 款的框架性规定并坚守 **Mannesmann** 案所确立的限制（参见下文边码 408）。若要发行股份，则股东大会须作出相应的决议以修改其确定的绩效目标（《股份法》第 193 条第 2 款第 4 项，第 71 条第 1 款第 8 项第 5 句），而诸如授权监事会在初始决议中进行重新定价则不被允许。③

405 很多奖励规则不是基于本公司的绩效参数，而是与**康采恩**的相关参数直接相关。若存在控制协议或属于加入的情形，这自然没有问题。在纯粹的事实型康采恩中，将康采恩高层董事的奖励与本集团的绩效参数挂钩是适当的，因为他们的职责范围不仅包括本公司的经营管理，还包括关联公司的管理和监督；④但薪酬不得使上述董事忽视母公司的利益。⑤相反，对于子公司的董事来说，主要基于康采恩绩效的奖励规则被认为是不妥当的，因为此类规则仅鼓励子公司董事会片面追求母公司的绩效并可能因此与子公司董事会所负的独立经营管理义务相冲突。⑥但上述奖励规则可能已被包括在《股份法》

---

① Dazu näher etwa Wiesner, Münchener Hdb. AG，§ 21 Rn. 58.

② Vgl. nur Fuchs, MünchKomm. AktG，§ 192 Rn. 73；Hoffmann-Becking, NZG 1999，798，803.

③ Näher Krieger, Münchener Hdb. AG，§ 63 Rn. 44；Käpplinger/Käpplinger, WM 2004，712 ff.；Semmer, Repricing—Die nachträgliche Modifikation von Aktienoptionsplänen zugunsten des Managements，2005，S. 105 ff.

④ Wiesner, Münchener Hdb. AG，§ 21 Rn. 42；zu eng Spindler, MünchKomm. AktG，§ 87 Rn. 43，der tochterbezogene Vergütungselemente im faktischen Konzern für unzulässig hält，weil dadurch Anreize geschaffen würden，dass die Konzernmutter in unzulässiger Weise Einfluss auf die Tochter ausübe.

⑤ Mertens/Cahn, Kölner Komm. AktG，§ 87 Rn. 11；insoweit zutreffend auch Spindler in FS K. Schmidt，2009，S. 1529，1536 ff.，die Vergütung dürfe nicht so ausgestaltet sein，dass nur das Interesse einer Tochtergesellschaft zu Lasten der Mutter verfolgt werde.

⑥ OLG München v. 7.5.2008—7 U 5618/07，ZIP 2008，1237，1239 f. = AG 2008，593；Wiesner, Münchener Hdb. AG，§ 21 Rn. 42；Mertens/Cahn, Kölner Komm. AktG，§ 87 Rn. 11；Spindler in FS K. Schmidt，2009，S. 1529，1536 ff.；Tröger, ZGR 2009，447，452 ff.；Vollmer in FS Großfeld，1999，S. 1269，1279 ff.；abratend auch Fonk in Semler/v. Schenck, Arbeitshandbuch für Aufsichtsratsmitglieder，§ 10 Rn. 134. Zur gleichgelagerten Problematik der Einbeziehung von Tochter-Vorständen in Aktienoptionsprogramme der Mutter vgl. den Überblick über den Meinungsstand bei Hüffer, Komm. AktG，§ 192 Rn. 20a.

第 311 条及以下的康采恩法意义上的保护规则中；①这似乎也是联邦最高法院的观点。②

　　监事会所负的保证董事总报酬适当性的义务(《股份法》第 87 条)要求其　　406
制定适当的规则，从而防止上述报酬因素可能导致极不适当的高额报酬。因
此《股份法》第 87 条第 1 款第 3 句要求上市公司监事会针对异常的发展情况
与董事约定一个**限制可能性("帽")**。双方既可以在聘用合同中进行一般约
定，也可以在约定分配选择权时确定相应保留(条件)或者将其纳入选择权
条件中。只有在特殊的、不可预见的发展情况真正发生时，法律所规定的
"帽"才发挥作用。这无疑以如下观点为基础，即对于正常的、可预见的发展
情况，监事会在拟定选择权计划时就必须保证董事报酬不会达到不适当的
数额。人们肯定会怀疑，这能否始终得到保证。更为有效而且监事会无论
如何都要加以考虑的是与董事约定一个真正的"帽"，也就是说约定一个确
定数额的或者可预计的上限；③现在《准则》第 4.2.3 条第 2 款第 6 句也建议采
取这种做法。

　　取决于经营成果的报酬因素还包括在实践中很流行的**"判断红利"**，此类　　407
红利并未赋予董事具体的报酬请求权，而只是赋予他们一项要求监事会进行
最负责任判断的请求权。此类判断红利尤其能够促使监事会在确定董事报酬
时考虑到董事本年度的个人绩效(或者说经营成果)，④但这遭到部分人的批
评，因为这会带来这样的风险，即董事会过于关注监事会的意愿。⑤如果此类判

---

① 　Rieckers in Spindler/Stilz, Komm. AktG, §192 Rn. 61a/b; Hüffer, Komm.
AktG, §192 Rn. 20b; Reichert/Balke in FS Hellwig, 2011, S. 285, 291; Goette in FS
Hopt, 2010, S.689, 693 ff. („Brechstangenlösung"); Austmann, ZGR 2009, 277, 289 f.;
Habersack in FS Raiser, 2005, S.111, 118; Martens in FS Ulmer, 2003, S.399, 416 f.;
Krieger, Münchener Hdb. AG, §63 Rn.39, jeweils für Aktienoptionsprogramme der Mutter.

② 　BGH v. 9.11.2009—II ZR 154/08, ZIP 2009, 2436, 2437=AG 2010, 79, der die
Frage zwar im Ergebnis offenlässt, zur entgegenstehenden Meinung des OLG München v. 7.
5.2008—7 U 5618/07, ZIP 2008, 1237, 1239 f. = AG 2008, 593 jedoch die Bemerkung
macht, dass es sich hierbei um einen „sich von den Regeln des §87 AktG a.F. entfernenden
Ansatz" handele.

③ 　Weitergehend Brauer, NZG 2004, 502, 507; Semler in FS Budde, 1995, S.599,
610; Hüffer, ZHR 161(1997), 214, 235; Heins, Die Angemessenheit von Vorstandsbezügen
einer Aktiengesellschaft, S.55 ff., die von einer Verpflichtung zur Festsetzung einer Obergr-
enze ausgehen; wie hier Bors, Erfolgs-und leistungsorientierte Vorstandsvergütung, 2006,
S.82; jede Verpflichtung des Aufsichtsrats ablehnend Grattenthaler, Die Vergütung von
Vorstandsmitgliedern in Aktiengesellschaften, S.74 ff.

④ 　Näher Fonk in Semler/v. Schenck, Arbeitshandbuch für Aufsichtsratsmitglieder,
§10 Rn.131.

⑤ 　Mertens/Cahn, Kölner Komm. AktG, §87 Rn.29.

断红利已在合同中被加以约定，那么根据 Mannesmann 案判决（下文边码408）它们在法律上同样是被允许的，这是因为根据该合同董事享有一项要求监事会根据其之前所作的贡献（即个人经营成果）进行客观判断的请求权。[1]相应地，经常被约定的**担保红利**实质上属于固定报酬的组成部分。之所以将其称为固定报酬部分而非红利部分，一般来说是因为在支付养老金时这部分不应被考虑（或提出）。[2]

408   **取决于经营成果的一次性报酬因素**可以用来为一项特殊的、一次性的经营成果支付报酬，例如实施一项特定的经营计划或者达到特定的特性参数等。[3]这些因素可以在目标协议中被预先确定下来，只是这种形式尚未得到广泛采用。[4]然而，在自愿基础上事后给予相应报酬无疑同样是被允许的。[5]如果董事职务即将结束，那么联邦最高法院在 **Mannesmann** 案中所作的错误**判决**[6]可能与此相对立。根据该判决，无合同请求权依据的自愿报酬只有在其可能给公司带来适当的、未来的好处，后者至少对董事或其他经营管理人员具有一定的激励作用时，才允许被支付。相反，给予董事纯粹奖励性的报酬不仅是不被允许的，而且将作为背信行为而受到惩罚。[7]根据上述原则，只有当董事的工作将持续下去，从而报酬能够对董事产生一种激励作用时，或者当报酬以一种能够对其他经营管理人员产生激励作用的方式被公布出来时，才可以自愿支付红利。如果董事会希望保留在离职董事作出特殊绩效时向其支付自愿报酬

---

[1]   BGH v. 21.12.2005—3 StR 470/04, AG 2006, 110＝ZIP 2006, 72, 75（Mannesmann）; Fleischer in Spindler/Stilz, Komm. AktG, § 87 Rn.45; Lutter, ZIP 2006, 733, 737.

[2]   BGH v. 9.5.1994—II ZR 128/93, NJW-RR 1994, 1055, 1056; OLG Celle v. 29.8. 2007—3 U 37/07, NZG 2008, 79; Wiesner, Münchener Hdb. AG, § 21 Rn.52.

[3]   Ringleb in Ringleb/Kremer/Lutter/v. Werder, Komm. DCGK, Rn.732.

[4]   Dazu Ringleb in Ringleb/Kremer/Lutter/v. Werder, Komm. DCGK, Rn.732.

[5]   Zur Vereinbarkeit mit § 87 Abs. 1 AktG näher Raapke, Die Regulierung der Vergütung, 2012, S.179 ff.; Poguntke, ZIP 2011, 893, 895 ff.

[6]   BGH v. 21.12.2005—3 StR 470/04, ZIP 2006, 72＝AG 2006, 110（Mannesmann）; ablehnend die ganz überwiegende Literatur, z. B. Hüffer, Komm. AktG, § 87 Rn. 4; Wiesner, Münchener Hdb. AG, § 21 Rn.32; Ringleb in Ringleb/Kremer/Lutter/v. Werder, Komm. DCGK, Rn.733; Hoffmann-Becking, NZG 2006, 127 ff.; Dreher, AG 2006, 213 ff.; Spindler, ZIP 2006, 349 ff.; Peltzer, ZIP 2006, 205 ff.; siehe auch schon Fonk, NZG 2005, 248, 250 f.; Marsch-Barner in FS Röhricht, 2005, S.401, 406; Fleischer, DStR 2005, 1318, 1320 ff.; Kort, NJW 2005, 333, 334; wie der BGH hingegen Martens, ZHR 169（2005）, 124, 131 ff.; Rolshoven, Die gesellschaftsrechtliche Zulässigkeit von Anerkennungsprämien, 2006, S. 86 ff.; Grattenthaler, Die Vergütung von Vorstandsmitgliedern in Aktiengesellschaften, 2007, S.312 ff.

[7]   BGH v. 21.12.2005—3 StR 470/04, ZIP 2006, 72, 74＝AG 2006, 110（Mannesmann）.

的可能,那么最好作出相应的合同安排,①此时有必要设计合同条款时应赋予董事要求作出客观公正判断的请求权。

(四) 退休金,过渡金

对离职董事的常见补偿金许诺还包括为董事及其家属创设退休金和丧失工作能力保障金请求权的**退休金约定**。②过去主要是以支付承诺的形式("固定福利"),此承诺确保董事及其遗属在出现需供养情形时(达到退休年龄、残疾、死亡)获得一定数额的退休金(通常情况下退休和残疾福利是固定工资的60%,配偶可获得退休金的60%,③子女可获得退休金的10%—20%④)。与此同时,以缴费额为导向的"固定缴费"承诺日益兴起,此类承诺约定固定的年度缴费额,在发生需供养情形时从累计缴款中计算退休金数额。⑤此类约定作为总薪金的一部分同样要受适当性要求(《股份法》第87条第1款第4句)的约束。⑥此外,退休金必须被及时发放;在董事离职时才作出或改善养老金许诺是违背联邦最高法院 Mannesmann 案判决的(参见上文边码408)。除退休金的结构和金额之外,还必须决定退休金义务是由公司履行还是从资产负债表中扣除,例如通过所谓的合同信托安排。⑦

除养老金许诺之外,在董事无过错离职的情况下许诺给予他的**过渡金**大多相当于约定的退休金的数额("第三种退休金情况")。⑧原则上,公司应向离职董事支付此类过渡金直至其正常退休或找到新的工作;然而只有当该过渡金的支付要求达到特定年龄和/或特定任职时间以及被限定在适当的时间范

409

410

① So die Empfehlung von Ringleb in Ringleb/Kremer/Lutter/v. Werder, Komm. DCGK, Rn.733; Peltzer, ZIP 2006, 205, 207; ebenso die inzwischen verbreitete Vertragspraxis, vgl. etwa Hoffmann-Becking, Beck'sches Formularbuch, Form X.13 §2 Abs. 6 Satz 2.

② Dazu eingehend Fonk in Semler/v. Schenck, Arbeitshandbuch für Aufsichtsratsmitglieder, §10 Rn.236 ff.; Fonk, ZGR 2009, 413 ff.; Wiesner, Münchener Hdb. AG, §21 Rn.70 ff.; Grattenthaler, Die Vergütung von Vorstandsmitgliedern in Aktiengesellschaften, 2007, S. 254 ff.; Beiner, Vorstandsvertrag, Rn. 353 ff.; Bauer/Baeck/v. Medem, NZG 2010, 721 ff.; Doetsch, AG 2010, 465 ff.

③ Fonk, ZGR 2009, 413, 429 ff.; Doetsch, AG 2010, 465, 467 f., der eine Bandbreite von 40%—80% nennt.

④ Wiesner, Münchener Hdb. AG, §21 Rn.87; Doetsch, AG 2010, 465, 468.

⑤ Näher Fonk, ZGR 2009, 413, 417 ff.; Doetsch, AG 2010, 465, 468.

⑥ Näher Doetsch, AG 2010, 465, 469 ff.; Bauer/Baeck/v. Medem, NZG 2010, 721, 725 f.

⑦ Vgl. dazu näher Fonk, ZGR 2009, 413, 416 f., 423 f.

⑧ Näher Beiner, Vorstandsvertrag, Rn.386 ff.; Fonk in Semler/v. Schenck, Arbeitshandbuch für Aufsichtsratsmitglieder, §10 Rn.243; Redenius-Hövermann, Der Aufsichtsrat 2012, 39.

围内时,向董事支付此款项才是正当的;相反,如果相关允诺在较为年轻的董事"第一天任职起"即生效,或者未对此类过渡金的支付限定时间,或者约定直到董事退休为止的数年甚至数十年一直支付该过渡金,那么这通常违反《股份法》第 87 条的适当性要求。① 此外,必须与离职董事就其他收入的折抵进行约定。② 在基于重大原因的解聘或解除的情况下,就补偿金或过渡金所作的约定同样是**无效的**。③

(五) 向离职董事支付的补偿金

411 在讨论与董事离职有关的问题时,经济方面的问题经常是很有讨论必要的。对此,联邦最高法院在 **Mannesmann 案的判决**中(参见上文边码 408)提出这样一个原则,即给予董事纯粹的奖励性报酬不仅是不被允许的,而且将作为背信行为而受到惩罚。只有这样一些报酬才是被允许的,即要么董事对此享有一项合同上的请求权,要么这些报酬可能会给公司带来适当的好处,至少对其他经营管理人员具有一定激励作用。④

412 根据上述原则,在提前终止合同的情况下公司可以将一定费用作为**补偿金**支付给董事,该费用要根据公司应为剩余合同期限所支付的报酬加以确定。然而,除扣除利息之外,如果聘用合同并非即将期满,那么公司还可以要求适当地扣除董事因无需继续提供劳务而节省的开支,或者将其劳务用于他处而取得或恶意怠于取得的收入(《民法典》第 615 条第 2 句)。⑤ 在 Mannesmann 案判决的背景下,只有在例外情况下才能考虑向董事支付一项超过其剩余合同期限所应得的全额报酬的补偿金,⑥ 尤其是只有当聘用合同赋予董事一项补偿金请求权时,才可以向董事支付如此高额的补偿金。《准则》第 4.2.3 条第 4 款建议(监事会)在签订董事合同时要注意以下这一点,即在无重大原因提前终止董事工作的情况下向董事支付的费用不应超过董

---

① Ebenso Bauer/Baeck/v. Medem, NZG 2010, 721, 725; vgl. auch Redenius-Hövermann, Der Aufsichtsrat 2012, 39 f.; Veltins, Der Aufsichtsrat 2013, 86 f.

② Beiner, Vorstandsvertrag, Rn.390; Redenius-Hövermann, Der Aufsichtsrat 2012, 39, 40; Bauer/Baeck/v. Medem, NZG 2010, 721, 725.

③ BGH v. 3.7.2000—II ZR 282/98, ZIP 2000, 1442 und BGH v. 17.3.2008—II ZR 239/06, NZG 2008, 471.

④ BGH v. 21.12.2005—3 StR 470/04, ZIP 2006, 72, 74＝AG 2006, 110(Mannesmann); mit Recht ablehnend die ganz h.M. in der Literatur, vgl. oben Rn.408 Fn. 7.

⑤ Hoffmann-Becking, ZIP 2007, 2101, 2104; Wiesner, Münchener Hdb. AG, § 21 Rn.53.

⑥ Hoffmann-Becking, ZIP 2007, 2101, 2104; Lutter, ZIP 2006, 733, 737; Spindler, MünchKomm. AktG, § 87 Rn. 67 ff.; Kort, Großkomm. AktG, § 87 Rn. 340; großzügiger noch Fonk in Semler/v. Schenck, Arbeitshandbuch für Aufsichtsratsmitglieder, § 10 Rn.358.

事两年报酬的数额(**补偿金上限**)且不再作为合同剩余期限的报酬。为此，《准则》建议"重点关注过去一个财政年度的薪酬总额，必要时重点考虑本财政年度的预期薪酬总额"。在存在重大撤销聘任原因的情况下，补偿金上限在技术上可以通过一项关联或解除条款体现在董事的聘用合同中，此类条款规定聘任终止时聘用合同自动随之结束或者可以进行正常解除，而且只要不存在解除聘用合同的重大原因，董事在这种情况下就享有一项补偿金请求权。①如果不存在重大解聘原因，而且董事不愿意经协商离职，那么上述条款就不起作用。②

控制权变更条款大多规定，在(被详细定义或限定的)公司收购的情况下董事有权提前终止其董事工作并获得补偿金的前提下离职。③此类条款应确保董事在公司收购的情况下仍然能够不必为自己的经济状况担忧，并全心全意地为公司及股东的利益实施行为。④只要具有货币价值的补偿处于合理范围内，上述条款在法律上就是毫无疑问的。⑤等待一项具体收购尝试的结果时签订的控制权变更条款同样如此，因为其保证董事会独立性的目的此时仍然是可以实现的。⑥补偿金通常由董事在剩余合同期限内应得的报酬和一到两年的

413

---

① Vgl. dazu Lutter, BB 2009, 1874, 1875 f.；Bauer/Arnold, BB 2008, 1692, 1695 f.；Hohenstatt/Willemsen, NJW 2008, 3462, 3463 ff.；Hoffmann-Becking, ZIP 2007, 2101, 2106.

② Näher Hoffmann-Becking, ZIP 2007, 2101, 2106；Bauer/Arnold, BB 2007, 1793, 1794 f.；Dorrwächter/Trafkowski, NZG 2007, 846, 848 ff.

③ Näher Wiesner, Münchener Hdb. AG, § 21 Rn.55；Korts, BB 2009, 1876；Hoffmann-Becking, ZIP 2007, 2101, 2103 f.；Dorrwächter/Trafkowski, NZG 2007, 846, 847；Dreher, AG 2002, 214, 217 ff.；Beiner, Vorstandsvertrag, Rn.348 f.

④ Wiesner, Münchener Hdb. AG, § 21 Rn.55；Hoffmann-Becking, ZIP 2007, 2101, 2103；Dreher, AG 2002, 214, 216 f.；Fonk in Semler/v. Schenck, Arbeitshandbuch für Aufsichtsratsmitglieder, § 10 Rn.178；Dorrwächter/Trafkowski, NZG 2007, 846, 847.

⑤ Hüffer, Komm. AktG, § 87 Rn.4b；Fleischer in Spindler/Stilz, Komm. AktG, § 87 Rn.53；Fonk in Semler/v. Schenck, Arbeitshandbuch für Aufsichtsratsmitglieder, § 10 Rn.178 ff.；Wiesner, Münchener Hdb. AG, § 21 Rn.55；Kort, AG 2006, 106, 108；Dreher, AG 2002, 214, 216 f.；a. A. Lutter, ZIP 2006, 733, 736；Martens, ZHR 169 (2005), 124, 143, die die Zusage einer Abfindung in der Change of Control-Klausel für unangemessen und unzulässig ansieht.

⑥ Überzeugend Mertens/Cahn, Kölner Komm. AktG, § 87 Rn.86；Hoffmann-Becking, ZHR 169(2005), 155, 171；wohl auch Weber in Hölters, Komm. AktG, § 87 Rn. 45；a. A. Spindler, MünchKomm. AktG, § 87 Rn.84；Spindler in FS Hopt, 2010, Bd. 1, S. 1407, 1428 f.；Spindler in FS K.Schmidt, 2009, S.1529, 1546；Kort, Großkomm. AktG, § 87 Rn.366；Kort, AG 2006, 106, 108；unklar Fleischer in Spindler/Stilz, Komm. AktG, § 87 Rn.53.

年度薪金组成。①对此,《准则》第 4.2.3 条第 5 款建议,控制权变更条款中的补偿金许诺不应超过本条第 4 款规定的补偿金上限(上文边码 412),也就是说应当限定在最高三年薪金数额的范围内。②

(六) 董事报酬的降低

414　　根据《股份法》第 87 条第 2 款,如果公司的状况恶化以致继续支付原定报酬不合理时,监事会应当将把执董事薪酬降低至适当的水平。③依立法理由书,公司破产、陷入危机、裁员、被迫减薪以及无力分配利润,均属公司状况恶化。④然而后几种情况是存在争议和疑问的。⑤事实上,有必要重点关注公司的资产和收益情况并应当将公司的危机状况作为降低薪酬的前提条件。⑥若相关董事实施与其职责相悖的行为,虽可能不属于义务违反,但继续向其支付原薪酬仍属不合理。若公司状况在该董事任期内陷入恶化且可归因于他,则仍可认为向其支付原定薪酬**不合理**。⑦由于《股份法》第 87 条第 2 款属于建议性规定,因此监事会在存在特殊情况时可不对相关董事采取降薪措施。⑧这种情况也可能是由于公司特别依赖某董事,若降低其薪酬恐导致其行使《股份法》第 87 条第 2 款第 4 句规定的通知终止权。⑨若公司恶化状况得以扭转,则降薪措施必须予以**撤销**。⑩

----

① Näher Hoffmann-Becking, ZIP 2007, 2101, 2104; Wiesner, Münchener Hdb. AG, § 21 Rn. 55; enger Fonk in Semler/v. Schenck, Arbeitshandbuch für Aufsichtsratsmitglieder, § 10 Rn.182; Kort, AG 2006, 106, 107; zu eng Spindler in FS K.Schmidt, 2009, S.1529, 1545 f., der höchstens die Abgeltung der restlichen Gehaltszahlungen für zulässig hält.

② Vgl. hierzu Hoffmann-Becking, ZIP 2007, 2101, 2106 f.

③ Eingehend Oetker, ZHR 175(2011), 527.

④ Begr. des Gesetzentwurfs der Fraktionen der CDU/CSU und SPD zum VorstAG, BT-Drucks. 16/12278, S.6.

⑤ Vgl. nur Ihrig/Wandt/Wittgens, ZIP 2012, Beilage zu Heft 40, S.20; Hoffmann-Becking/Krieger, NZG 2009, Beilage zu Heft 26, Rn.32; Bauer/Arnold, AG 2009, 717, 725; Fleischer, NZG 2009, 801, 804; Hohenstatt, ZIP 2009, 1349, 1352; Thüsing, AG 2009, 517, 522.

⑥ Ihrig/Wandt/Wittgens, ZIP 2012, Beilage zu Heft 40, S.20; Bauer/Arnold, AG 2009, 717, 725; vgl. auch OLG Karlsruhe v. 24.11.2011—9 U 18/11, AG 2012, 464, 465 f.

⑦ Begr. des Gesetzentwurfs der Fraktionen der CDU/CSU und SPD zum VorstAG, BT-Drucks. 16/12278, S.6; anders Klöhn, ZGR 2012, 1, 22 ff., der zusätzlich verlangen will, dass die Vergütungsstruktur gegen § 87 Abs. 1 Satz 2 AktG verstößt, d.h. nicht auf eine nachhaltige Unternehmensentwicklung ausgerichtet ist.

⑧ Bericht des Rechtausschusses zum Fraktionentwurf des VorstAG, BT-Drucks. 16/13433, S.10.

⑨ DAV-Handelsrechtsausschuss, NZG 2009, 612, 614; Oetker, ZHR 175(2011), 527, 540, 545 ff.

⑩ Hüffer, Komm. AktG, § 87 Rn.9a; Mertens/Cahn, Kölner Komm. AktG, § 87 Rn.98, 104; Fleischer in Spindler/Stilz, Komm. AktG, § 87 Rn.73; Oetker, ZHR 175(2011), 527, 550 f.; Dauner-Lieb, NZG 2010, 688, 689 ff.

《股份法》第 87 条第 2 款不允许降低过去的报酬,即降薪权仅针对未来的 415
报酬。**退休金**、遗属福利和类似性质的支付也被涵盖其中,但前提是这些利益
只有在离开公司后的头三年才能被减少(《股份法》第 87 条第 2 款第 2 句)。这
个规定——即便考虑到《基本法》第 14 条的所有权保障——是很成问题的,因
为其对已完成的支付实施了回溯性的干预。①因此在降低供养性福利时应当提
高对前述不合理性要件的要求。②对于减少已获得承诺的供养期待同样如
此,③而期待未来增加福利数额则依据《股份法》第 87 条第 1 款第 1 句处理。
此外,未得到澄清的重大法律问题亦涉及补偿金承诺和已支付的**补偿金**的降
低,前提是未来的薪酬请求权已得到满足。④

降薪由监事会负责,即便在公司破产阶段也同样如此。⑤监事会通过决议 416
作出相关决定。与其他薪酬有关决议一样,该决议同样必须留待监事会全体
会议作出,而不得委托任何委员会完成(《股份法》第 107 条第 3 款第 3 句,第
87 条第 1 款)。监事会在其成员所负注意义务(《股份法》第 116 条)的框架内
有义务在公司状况恶化时就降低董事薪酬问题作出决议。若其怠于作出决
议,则将面临承担损害赔偿责任之风险。⑥但其决定受制于**商业判断规则**的企
业家属性。⑦监事会的权衡应始终被记录在案。

(七) 由第三人支付的报酬

实践中存在第三人(而非公司)许诺为董事支付报酬的情况。首先,当董 417
事应与第三人(而非公司)签订整个聘用合同时,比如说在康采恩关系内部或
者在董事会中设置临时经理人时,就属于此种情况;参见下文边码 437。其次,
还可能发生与股东达成如下协议的情况,即在聘用合同之外向董事作出独立
的报酬允诺。康采恩中的母公司喜欢在董事达成特定目标时向其支付奖金,

① Vgl. nur DAV-Handelsrechtsausschuss, NZG 2009, 612, 614; Mertens/Cahn,
Kölner Komm. AktG, §87 Rn.105; Hüffer, Komm. AktG, §87 Rn.9a; Reichert/Ullrich
in FS Uwe H. Schneider, 2011, S.1017, 1031 f.; a.A. Weller, NZG 2010, 7, 9 ff.

② Hüffer, Komm. AktG, §87 Rn.9b(nur in existenziellen Notlagen der Gesell-
schaft); Seibt in K.Schmidt/Lutter, Komm. AktG, §87 Rn.22; Dauner-Lieb in Henssler/
Strohn, Gesellschaftsrecht, §87 AktG Rn.42.

③ Diller, NZG 2009, 1006, 1008; Jaeger/Balke, ZIP 2010, 1471, 1476 f.

④ Vgl. dazu eingehend Krieger in Liber amicorum M. Winter, 2011, S.371; Jaeger,
NZA 2010, 128, 133 ff.; Diller, NZG 2009, 1006, 1009; Hüffer, Komm. AktG, §87
Rn.9c.

⑤ Schwennicke in Grigoleit, Komm. AktG, §87 Rn.39; a.A. Göcke/Greubel, ZIP
2009, 2086, 2087 f., die den Insolvenzverwalter für zuständig ansehen.

⑥ Vgl. nur Oetker, ZHR 175(2011), 527, 549.

⑦ Vgl. nur Bauer/Arnold, AG 2009, 717, 731; etwas enger Oetker, ZHR 175
(2011), 527, 539 ff.

尤其是金融投资者经常会有这样一种需求,即许诺当他们在董事的协助下成功将其所购得的股份再次转让出去并由此获得收益时,给予董事一定报酬。法律上,这种由第三人支付的报酬从各个方面来看都存在问题。①与取决于经营成果的报酬因素(该因素取决于母公司的经营成果,参见上文边码 405)相似,人们可能会提出这样一个问题,即由第三人支付的报酬是否会与董事所承担的、独立负责地**经营管理公司的职责**相冲突。就这点而言,当目标规定(报酬的支付取决于该目标的达成)与公司利益相一致或至少不相冲突时,由第三人支付的报酬肯定是没有问题的。②更难回答的问题是,由第三人支付报酬的协议是否需要得到**监事会的同意**。事实确实如此。③虽然由第三人支付的报酬既不涉及公司的财产,但这——即便在合同或归入型康采恩中——属于一种对监事会薪酬结构决定权的干涉。④此外,第三人已许诺为其支付报酬的董事已经因此陷入一种潜在的利益冲突,而且该利益冲突不是仅仅通过(参见下文边码 418 以及《准则》第 4.3.4 条第 1 句)要求有关董事向监事会公开其报酬就能得到克服的。⑤更容易理解的是,必须将董事只有在得到监事会同意后才能接受由第三人支付的报酬看作是董事所负的一项合同上的附属义务。相反,监事会在根据《股份法》第 87 条第 1 款第 1 句进行适当性审查时则不需要将第三人所支付的报酬包括进来;参见上文边码 396。

(八) 薪酬的披露

418 董事的全部薪酬(工资、利润分配、认购权、其他以股权为依据的报酬、费用补偿、保险金、各种佣金及各种配套福利)以及前董事全部薪酬(补偿金、退休金、买断补偿和相关性质的支付)均应在**年度决算和康采恩年度决算的附件**中予以披露(《商法典》第 285 条第 9 项字母 a 和 b,第 314 条第 1 款第 6a 和 b 项)。就上市公司而言,**每位董事**的薪酬必须以具名的方式进行详细披露,即根据以经营成果为依据或与经营成果相关的因素以及具有长期激励作用的因

---

① Unter moralischen Aspekten mahnend Peltzer/Uwe H. Schneider, Der Aufsichtsrat 2007, 33.

② Mayer-Uellner, AG 2011, 193, 195 ff.；Traugott/Grün, AG 2007, 761, 767；Bauer/Arnold, DB 2006, 260, 265；a. A. Thüsing in Fleischer, Hdb. Vorstandsrecht, § 4 Rn. 68；wohl auch Spindler in FS Hopt, 2010, Bd. 1, S. 1407, 1420 ff., 1425 ff.

③ Mayer-Uellner, AG 2011, 193, 198 f.；Thüsing in Fleischer, Hdb. Vorstandsrecht, § 4 Rn. 68；Bauer/Arnold, DB 2006, 260, 265；a. A. Traugott/Grün, AG 2007, 761, 768.

④ Mayer-Uellner, AG 2011, 193, 198 f.；a. A. Traugott/Grün, AG 2007, 761, 768；für den Fall des Vertrags-oder Eingliederungskonzerns a. A. auch Hommelhoff in FS Goette, 2011, S. 169, 171 ff.

⑤ So aber Traugott/Grün, AG 2007, 761, 768.

素进行逐一列举(《商法典》第285条第9项字母a第5句,第314条第1款第6项第5句)。除此之外,合同终止时的各类支付也需要作出个性化的说明(《商法典》第285条第9项字母a第6句,第314条第1款第6项字母a第6句)。披露义务还涉及**第三人**鉴于个别董事的董事职务而承诺或给予的款项(《商法典》第285条第9项字母a第7句,第314条第1款第6项字母a第7句)。根据立法目的,这显然将导致可能的利益冲突的产生,[1]此时仅需探讨第三人支付将如何导致利益冲突的产生;[2]即便第三人支付不存在利益冲突之虞,但若相关支付最终由公司承担,则仍然需要予以披露。[3]根据《商法典》第286条第5款和第314条第2款第2句,股东大会可以每五年通过代表股本的四分之三多数作出决议,免除董事依《商法典》第285条第9项字母a第5—8句,第314条第1款第6项字母a第5—8句所负的个性化薪酬披露义务。但实践中这种"选出"的可能性意义不大。

除在上述附件中对薪酬进行披露外,上市公司还应当在其**状况报告**和康采恩状况报告中对公司薪酬制度的基本特征进行描述;若相关信息已在(康采恩)状况报告中予以披露,则前述附件(前文边码418)可以不再涉及有关内容(《商法典》第289条第2款第5项第2句、第315条第2款第4项第2句)。《准则》第4.2.5条对上述法定披露义务提出补充性的建议,即公司应将薪酬报告作为状况报告的组成部分,该报告应通过大量个性化说明对公司薪酬制度进行易于常人理解的描述并使用示例性表格,以确保可以对薪酬进行周期性和横向(与其他企业)比较。在公司实践中,可以考虑将所有有关薪酬的信息纳入作为状况报告组成部分的薪酬报告中。

(九) 股东大会的薪酬投票

根据《准则》第4.2.3条第6款的建议,监事会主席应当在股东大会中就公司薪酬制度的基本特征及其变化作出一次性的说明。监事会主席无需每年在**股东大会**上作出此类口头**报告**,而仅需在首次报告之后每年说明薪酬制度基本特征发生的变化。

除此之外,《董事薪酬适度法》为《股份法》第120条引入了第4款的全新规定。据此,上市公司股东大会可以通过决议批准董事薪酬制度。这属于无拘束力的决议,也就是说根据法律的明确规定该决议不会创设任何权利或义

419

420

421

---

[1] Beschlussempfehlung des Rechtsausschusses zum VorstOG BT-Drucks. 15/5860, S.10.

[2] Grottel, BeckBilKomm. , §285 HGB Rn.191; Mayer-Uellner, AG 2011, 193, 200; Leuering/Simon, NZG 2005, 945, 947.

[3] Krieger in FS Hoffmann-Becking, 2013, S.711, 725.

务(《股份法》第 120 条第 4 款第 2 句),因而也不能依《股份法》第 243 条撤销此决议(《股份法》第 120 条第 4 款第 3 句)。此项规定之目的在于,在借助董事薪酬的披露义务之外,再通过正式的**股东大会薪酬决议**保障董事薪酬的适当性。关于决议程序存在一系列疑问。①实践中,大型公司在上述规则生效后进行薪酬表决,股东大会在任何情况均批准董事薪酬制度。②股东大会不必每年进行薪酬表决,而只需在薪酬制度发生变化后作出反应即可。

422   从德国立法者新近所奉行的**立法政策**不难看出,立法者希望提升股东大会薪酬表决的价值并规定上市公司的股东大会可以就监事会提交的董事薪酬制度作出**有拘束力的年度决议**。德国联邦议院已于 2013 年 6 月 27 日通过了相关立法决议,③但是由于联邦参议院召集了调解委员会,该法案并未出现在最新的立法计划中。因此《股份法》第 120 条第 4 款的规定如下:

> (4) 上市公司股东大会每年就监事会所呈送的董事薪酬体系作出批准决议。对该体系的描述应包括对董事会主席、其代理人以及普通董事可能达到的最高薪酬总额。该决议不影响与董事之间薪酬协议的效力;不得依据第 243 条的规定撤销该决议。

据此,监事会必须每年向股东大会呈送供其表决的薪酬体系并就可能的最高薪酬作出上述说明。④股东大会的权利应当仍限于对监事会所呈送的薪酬体系⑤作出批准或驳回的意思表示,也就是说其无权通过决议修改薪酬体系或

---

① Vgl. dazu Hüffer, Komm. AktG, §120 Rn.21; Schick, ZIP 2011, 593, 598; v. Falkenhausen/Kocher, AG 2010, 623, 625 f.; Hoffmann-Becking/Krieger, Beilage zu NZG Heft 26/2009, Rn.83 ff.

② Vgl. zu den Erfahrungen mit dem Vergütungsvotum näher v. Falkenhauser/ Kocher, AG 2010, 623 ff.

③ Gesetzesbeschluss des Deutschen Bundestags vom 27.6.2013 zu einem „Gesetz zur Verbesserung der Kontrolle der Vorstandsvergütung und zur Änderung weiterer aktien-rechtlicher Vorschriften(VorstKoG)", BR-Drucks. 637/13.

④ Dabei hätte es dem Zweck der Vorschrift genügt, den Punkt jeweils in die Tages-ordnung der ordentlichen Hauptversammlung aufzunehmen, auch wenn seit der letzten orde-ntlichen Hauptversammlung mehr als ein Jahr vergangen wäre; vgl. Verse, NZG 2013, 921, 922; Wagner, BB 2013, 1731, 1732; a.A. Ziemons, GWR 2013, 283, 284, die die Einhal-tung eines Zwölfmonatszeitraums als erforderlich ansah.

⑤ Zu der Frage, ob sich damit eine Verpflichtung des Aufsichtsrats verbunden hätte, ein Vergütungssystem zu entwickeln und Vergütunghöchstgrenzen zu vereinbaren, vgl. Verse, NZG 2013, 921, 923: Pflicht zur Vereinbarung von Höchstbeträgen; Wagner, BB 2013, 1731, 1732, 1733: Pflicht zur Ausarbeitung eines Vergütungssystems, jedoch keine Pflicht zur Einführung eines Vergütungscaps; Löbbe/Fischbach, WM 2013, 1625, 1628 f.: Verzicht auf Vergütungssystem und Höchstgrenzen zulässig, aber der Hauptversammlung zur Billigung vorzulegen.

者确定不同的最高薪酬数额。①然而与现行法不同，此项股东决议应当具有拘束力，②但一项批准或拒绝的决议的效力范围和具体法律后果目前仍不明确。③这取决于相应的立法提案是否被纳入下一立法计划中。④

四、合同的终止与修改

(一)与撤销聘任的关系

聘用合同的终止适用一般性规定(《股份法》第 84 条第 3 款第 5 句)。除规定合同期限之外，签订终止合同和通知解除尤其具有重要意义。⑤   423

聘任的撤销不仅原则上不会导致聘用合同的终止，而且不会对聘用关系产生影响。不过，通过聘用合同中的一项所谓"关联条款"对机构聘任终止时劳务合同的自动终止(解除式终止)做出约定，是被允许的。⑥如果双方未约定此类条款，那么聘用合同的终止就需要一个单独的解除或一份终止协议。然而，在撤销聘任时，如果存在疑问，那么将会同时出现一个可推知的对聘用合同的特殊解除；⑦相反，在解除聘用合同时，如果存在疑问，同样会出现一个可   424

---

① Verse, NZG 2013, 921, 923; Löbbe/Fischbach, WM 2013, 1625, 1630; Leuering/Rubner, NJW-Spezial 2013, 335.

② Beschlussempfehlung und Bericht des Rechtsausschusses, BT-Drucks. 17/14214, S.22; Verse, NZG 2013, 921, 923; Löbbe/Fischbach, WM 2013, 1625, 1631.

③ Zur Bindung an ein gebilligtes Vergütungssystem ausführlich Löbbe/Fischbach, WM 2013, 1625, 1632 ff.; Verse, NZG 2013, 921, 923; Wagner, BB 2013, 1731, 1734 f.; Sünner, CCZ 2013, 169, 171; Leuering/Rubner, NJW-Spezial 2013, 335; Beschlussempfehlung und Bericht des Rechtsausschusses, BT-Drucks. 17/14214, S. 22. Zum Handlungsspielraum des Aufsichtsrats bei abgelehntem Vergütungssystem ebenfalls ausführlich Löbbe/Fischbach, WM 2013, 1625, 1631 f., 1636; Verse, NZG 2013, 921, 926; Wagner, BB 2013, 1731, 1735 f.; Sünner, CCZ 2013, 169, 171 f.; Ziemons, GBR 2013, 283, 284 f.; Leuering/Rubner, NJW-Spezial 2013, 335, 336.

④ Vgl. Koalitionsvertrag zwischen CDU, CSU und SPD vom 27.11.2013, S.17: Über die Vorstandsvergütung soll künftig die Hauptversammlung auf Vorschlag des Aufsichtsrats entscheiden.

⑤ Zu sonstigen Beendigungsgründen vgl. Wiesner, Münchener Hdb. AG, § 21 Rn. 128 f.

⑥ BGH v. 29.5.1989—II ZR 220/88, ZIP 1989, 1190, 1191 f.＝AG 1989, 437 m.w. N.; OLG Saarbrücken v. 8.5.2013—1 U 154/12-43, GmbHR 2013, 758, 759 ff.; Hüffer, Komm. AktG, § 84 Rn.40; differenzierend Bauer/Diller, GmbHR 1998, 809, 810 ff. Die Beendigung des Dienstvertrages tritt dann allerdings erst mit Ablauf der Frist nach § 622 Abs. 1 u. 2 BGB ein: BGH v. 29.5.1989—II ZR 220/88, ZIP 1989, 1190, 1192 f.＝AG 1989, 437.

⑦ BGH v. 29.3.1973—II ZR 20/71, WM 1973, 639; OLG Hamburg v. 28.6.1991—11 U 148/90, GmbHR 1992, 43, 48; Mertens/Cahn, Kölner Komm. AktG, § 84 Rn.152; Wiesner, Münchener Hdb. AG, § 21 Rn.103.

推知的对聘任的撤销。①

425　　　只要聘用合同未终止，**债法上的权利和义务**，特别是报酬请求权，就继续存在。②不过，根据《民法典》第 615 条第 2 句，董事必须容许将因其劳务用于他处而取得或恶意怠于取得利益的数额，计入其报酬之中，③而且他可能有义务应（公司）要求接受企业中的另一个其可胜任的职位；④但其无权请求在其聘用合同的剩余期限内在董事会之下继续。⑤如果聘任已经结束，而聘用关系在较短时间内却没有结束，那么该聘用关系可能**转变为**一个正常的**劳动关系**。然而仅在以下情况下才是如此，即双方已就有关董事应作为职工继续在公司工作达成一致。只要对解聘的有效性还存在争议，聘用关系就不能转变为正常的劳动关系。如果在解聘之后虽然董事不必继续履行其职责，但仍继续从公司领取报酬，那么聘用关系同样不能转变为正常的劳动关系。⑥通过以劳动关系形式继续聘用关系的约定，不得形成可能妨碍监事会对相关董事实施必要解聘的经济上的强制；一项自始约定聘用关系在其终止时在同等条件转换为无固定期限聘用合同的约定，将因对《股份法》第 84 条第 1 款的规避而无效。⑦如果聘用关系已转变为正常的劳动关系，那么其后果是之后的解除不再由监事会，而是由董事会负责。⑧

（二）权限问题

426　　　无论是因公司方面作出的解除而导致的聘用合同终止，还是终止合同的

---

① Vgl. etwa BGH v. 24.11.1980—II ZR 182/79, BGHZ 79, 38, 41 f.＝AG 1981, 73；BGH v. 11.7.1953—II ZR 126/52, NJW 1953, 1465；OLG Düsseldorf v. 13.7.1979—8 U 132/78, BB 1979, 1314, 1315；Wiesner, Münchener Hdb. AG, §21 Rn.103；Mertens/Cahn, Kölner Komm. AktG, §84 Rn.104.

② Vgl. etwa BGH v. 8.12.1977—II ZR 219/75, WM 1978, 109, 110；BGH v. 24.11.1980—II ZR 182/79, WM 1981, 30＝AG 1981, 73；BGH v. 13.2.1984—II ZR 2/83, WM 1984, 532＝AG 1984, 266；Wiesner, Münchener Hdb. AG, §21 Rn.103.

③ BGH v. 9.2.1978—II ZR 189/76, WM 1978, 319, 320；Säcker, BB 1979, 1321, 1325 m.w.N.

④ BGH v. 14. 7. 1966—II ZR 212/64, GmbHR 1966, 277；vgl. auch BGH v. 9.2.1978—II ZR 189/76, WM 1978, 319, 320；Wiesner, Münchener Hdb. AG, §21 Rn.30.

⑤ BGH v. 11.10.2010—II ZR 266/08, ZIP 2011, 122＝GmbHR 2011, 82 Tz. 9 f.；Wiesner, Münchener Hdb. AG, §21 Rn.29；Goette in FS Uwe H.Schneider, 2011, S.353, 358 f.；Uwe H. Schneider/Hohenstatt in Scholz, Komm. GmbHG, §35 Rn. 409；a. A. Leuchten, GmbHR 2001, 750.

⑥ Vgl. zu diesen Fragen näher BGH v. 4.10.1973—II ZR 130/71, WM 1973, 1320, 1321 f.；BGH v. 13.2.1984—II ZR 2/83, WM 1984, 532, 533＝AG 1984, 266；BAG v. 25.6.1997—5 AZB 41/96, GmbHR 1997, 837, 838；Wiesner, Münchener Hdb. AG, §21 Rn. 29；Bauer, DB 1992, 1413, 1421.

⑦ BAG v. 26.8.2009—5 AZR 522/08, WM 2009, 2387, 2389 f.＝AG 2009, 827.

⑧ BGH v. 4.10.1973—II ZR 130/71, WM 1973, 1320, 1322；BGH v. 27.3.1995—II ZR 140/93, NJW 1995, 1750, 1751；Wiesner, Münchener Hdb. AG, §21 Rn.30.

签订,均仅由**监事会**负责(《股份法》第112条)。这也适用于董事转任监事时缔结的终止合同并因提前终止聘用合同而向离职董事支付补偿金的情形;即使在这种情况下,补偿金决定也不得类推适用《股份法》第113条第1款由股东大会作出。①监事会可以将解除合同的决定权授予一个**委员会**,但存在以下限制:一方面,委员会不得以终止聘用合同的方式对抗监事会撤销聘任的排他权利;因此,只有当监事会全体会议已先前终止聘任时,委员会才能终止或取消合同。②另一方面,在终止合同的框架内,需要由监事会全体会议就合同报酬请求权的处理作出裁量性决定(《股份法》第107条第3款第3句,第87条第1款);③此时,委员会只能就离职条件进行预备性谈判,最后的决定仍然由全体会议作出。监事会也可以授权个别监事或第三人(例如其他董事)向有关董事作出必要的意思表示(通知终止的意思表示、签订经监事会决议通过的终止合同)。④在授权缔结终止合同的情况下,终止合同的重要内容必须已由监事会全体会议或委员会确定下来,而合同文本的具体起草以及细节的规定则可以交由上述的全权代表来完成(参见下文边码444)。关于监事会主席是否享有代理权以及代理人作出的通知终止意思表示依《民法典》第174条是否因缺少授权书而可被拒绝的问题,适用上文边码370所作的论述。

如果监事会亲自就通过通知终止或终止合同终止聘用合同作出表决,那么与就终止聘任作出决议的情形不同(参见上文边码369),此时并不适用《共同决定法》第31条规定的"阶梯式"**决议程序**,而是适用该法第29条的有关规则。也就是说此类决议只需达到简单多数即可(详见下文边码733及以下)。不过,根据《共同决定法》第29条,只有当监事会在该法第31条规定的程序中已决定终止某名董事的聘任时,它才能决定终止该董事的聘用合同。⑤　　427

(三) 基于重大原因的解除

根据《民法典》第626条,聘用合同可以基于重大原因而被解除。不过,此处的重大原因与《股份法》第84条第3款第1句规定的撤销聘任的重大原因**并不相同**。如果说一个解除聘用合同的重大原因始终足以成为撤销聘任的重　　428

---

① Dreher in FS K.Schmidt, 2009, S.233, 238 ff.

② BGH v. 24.11.1980—II ZR 182/79, BGHZ 79, 38, 44＝AG 1981, 73; BGH v. 25.2.1982—II ZR 102/81, BGHZ 83, 144, 150; BGH v. 14.11.1983—II ZR 33/83, BGHZ 89, 48, 56＝AG 1984, 48; Hüffer, Komm. AktG, §84 Rn.38; Wiesner, Münchener Hdb. AG, §21 Rn.105.

③ Wiesner, Münchener Hdb. AG, §21 Rn.127.

④ BGH v. 17.4.1967—II ZR 157/64, BGHZ 47, 341, 350 f.

⑤ Wiesner, Münchener Hdb. AG, §21 Rn.105; Krieger, Personalentscheidungen, S.175 f.

大原因的话，①那么反过来，撤销聘任的重大原因绝对无法满足《民法典》第626 条规定的要求。②尤其是股东大会对某名董事的不信任并不能成为解除该董事聘用合同的重大原因，除非此种不信任所依据的情况满足了《民法典》第626 条所规定的要求。③

429 　　如果在认真且全面地**权衡**了**公司**与有关董事的**利益**后，已经不能再苛求公司维持该董事的劳务关系直至合同期满，那么就存在一个重大的解除原因。④即便存在《民法典》第 314 条第 2 款，解除也**不以警告**为前提。⑤通过章程或者对公司不利的聘用合同给特殊解除权造成困难是无效的，⑥而自行或为对方简化特殊解除权则是被允许的。⑦然而人们必须承认，解除聘用合同的前提条件不能比撤销聘任的前提条件更容易被满足；不足以撤销聘任的原因同样不能成为解除聘用合同的理由，因为如果不这样，人们完全有可能利用简化的合同解除来实现一个简化的解聘。⑧此外，只有在遵守《民法典》第 622 条第 1、2 款所规定的期限的前提下，才能基于一个借助协议才能实现合同提前解除的原因来解除聘用合同。⑨

---

① Mertens/Cahn, Kölner Komm. AktG, §84 Rn. 121；Wiesner, Münchener Hdb. AG, §21 Rn. 107.

② BGH v. 14.7.1966—II ZR 212/64, WM 1966, 968, 969；BGH v. 8.12.1977—II ZR 219/75, WM 1978, 109, 110；BGH v. 23.10.1995—II ZR 130/94, WM 1995, 2064, 2065；OLG München v. 14.3.2012—7 U 681/11, AG 2012, 753, 755 f.；Hüffer, Komm. AktG, §84 Rn.39；Wiesner, Münchener Hdb. AG, §21 Rn.107.

③ Vgl. BGH v. 20.10.1954—II ZR 280/53, BGHZ 15, 71, 75；OLG Stuttgart v. 27.2.1979—12 U 171/77, WM 1979, 1296, 1297；Hüffer, Komm. AktG, §84 Rn.40.

④ Wegen der Einzelheiten der Abwägung und zu Einzelfällen aus der Rechtsprechung vgl. namentlich Fleck, WM 1978 Sonderbeilage 3, S.13；Fleck, WM 1981 Sonderbeilage 3, S.12 f.；Fleck, WM 1985, 677, 680；Mertens/Cahn, Kölner Komm. AktG, §84 Rn. 109 ff.；Fleischer in Spindler/Stilz, Komm. AktG, §84 Rn.154 ff.；Wiesner, Münchener Hdb. AG, §21 Rn.124 ff.

⑤ BGH v. 2.7.2007—II ZR 71/06, ZIP 2007, 1566＝AG 2007, 699；BGH v. 10.9.2001—II ZR 14/00, ZIP 2001, 1957, 1958；Hüffer, Komm. AktG, §84 Rn.39；Wiesner, Münchener Hdb. AG, §21 Rn.115；Goette in FS Wiedemann, 2002, S.873, 881 f.；differenzierend Spindler, MünchKomm. AktG, §84 Rn.164；Mertens/Cahn, Kölner Komm. AktG, §84 Rn.163.

⑥ BGH v. 28.1.1953—II ZR 265/51, BGHZ 8, 348, 361；BGH v. 30.11.1961—II ZR 137/60, WM 1962, 201；Wiesner, Münchener Hdb. AG, §21 Rn.107.

⑦ Fleck, WM 1981 Sonderbeilage 3, S.11 f.

⑧ Mertens/Cahn, Kölner Komm. AktG, §84 Rn.168；Wiesner, Münchener Hdb. AG, §21 Rn.107；vgl. dazu auch unten Rn.432.

⑨ BGH v. 11.5.1981—II ZR 126/80, WM 1981, 759 f.＝AG 1982, 18；BGH v. 29.5.1989—II ZR 220/88, ZIP 1989, 1190, 1192＝AG 1989, 437；Wiesner, Münchener Hdb. AG, §21 Rn.107.

根据《民法典》第 626 条第 2 款,解除只能在自知悉解除原因起的**两周期限**之内进行。在为了作出客观的判断还需要进行其他调查且通过必要的抓紧确实可以完成这些调查的范围内,该两周期限不开始计算。[1]原则上,上述期限从**决定性的事实情况**在监事会会议上被公开时开始计算,而且该会议必须按照规定邀请到了作出决议所必需的数量(又称"具有决议能力")的监事参加。[2]也就是说该期限既不随着个别监事的**知悉**[3],也不随着监事会主席或其代表[4]的知悉而开始计算。即使全体监事在会议之外的知悉也不能被视为监事会的知悉,因而期限也不得从此时开始计算。[5]其实,就期限的开始而言,真正必不可少的是监事会已获得在会议上对有关事项进行讨论并就此作出决议的可能性。但这以会议未被不适当地拖延为前提。[6]如果监事会主席或其他监事已知悉决定性的事实情况,那么他们有义务在适当时间内[7]召开监事会会议,以便使监事会了解有关情况并作出决议。如果监事会主席或其他监事未在适当时间内**召开监事会会议**,那么《民法典》第 626 条第 2 款规定的两周期限应从监事会在及时召开会议情况下能够了解到有关情况并作出决议的时间点开始计算。[8]在

---

[1]　BGH v. 19.5.1980—II ZR 169/79, WM 1980, 1139＝AG 1981, 47; BGH v. 2.7.1984—II ZR 16/84, WM 1984, 1187; BGH v. 9.4.2013—II ZR 273/11, ZIP 2013, 971 Tz. 15; Fleischer in Spindler/Stilz, Komm. AktG, § 84 Rn. 161; Wiesner, Münchener Hdb. AG, § 21 Rn.116 f.; vgl. zu den damit verbundenen Einzelfallproblemen Arnold/Schansker, NZG 2013, 1172, 1174 ff.

[2]　BGH v. 15.6.1998-II ZR 318/96, BGHZ 139, 89, 92 f.; BGH v. 5.4.1990—IX ZR 16/89, WM 1990, 1028, 1030; BGH v. 10.9.2001—II ZR 14/00, ZIP 2001, 1957, 1958; LG München I v. 15.10.2010—5 HKO 2122/09, ZIP 2010, 2451, 2455; Wiesner, Münchener Hdb. AG, § 21 Rn.116; Hüffer, Komm. AktG, § 84 Rn.42.

[3]　So noch BAG v. 20.9.1984—2 AZR 73/83, WM 1985, 305; OLG Stuttgart v. 27.2.1979—12 U 171/77, WM 1979, 1296, 1297.

[4]　So noch Mertens, Kölner Komm. AktG, 2. Aufl., § 84 Rn.144.

[5]　So noch BGH v. 17.3.1980—II ZR 178/79, WM 1980, 957 (für GmbH-Gesellschafter).

[6]　BGH v. 15.6.1998—II ZR 318/96, BGHZ 139, 89, 92 f.＝GmbHR 1998, 827; BGH v. 10.9.2001—II ZR 14/00, ZIP 2001, 1957, 1958＝GmbHR 2001, 1158; OLG München v. 25.3.2009—7 U 4835/08, ZIP 2009, 1377, 1378 f.; OLG München v. 14.3.2012—7 U 681/11, AG 2012, 753, 757; Hüffer, Komm. AktG, § 84 Rn. 42; Wiesner, Münchener Hdb. AG, § 21 Rn.116.

[7]　Das schließt die für eine ordentliche Sachverhaltsaufklärung nötige Zeit ein; vgl. dazu näher Wiesner, Münchener Hdb. AG, § 21 Rn. 116; Fleischer in Spindler/Stilz, Komm. AktG, § 84 Rn.160.

[8]　BGH v. 15.6.1998—II ZR 318/96, BGHZ 139, 89, 92 f.＝GmbHR 1998, 827; BGH v. 10.9.2001—II ZR 14/00, ZIP 2001, 1957, 1958＝GmbHR 2001, 1158; OLG München v. 14.3.2012—7 U 681/11, AG 2012, 753, 757; Wiesner, Münchener Hdb. AG, § 21 Rn.116.

实行共同决定的公司中，人们必须这样认为：如果在《民法典》第 626 条第 2 款规定的两周期限之内已开启一项《共同决定法》第 31 条第 3 和第 5 款规定的委员会程序，那么该期限中断并在委员会程序结束后重新开始计算。[①]

431　　在关于解除效力的诉讼中，公司负有证明自己遵守了该除斥期间的**举证责任**。[②]只有当与解除时所主张的原因毫无关联的解除原因在作出解除意思表示时已经存在，而且适用于这些原因的两周期限还未届满时，它们才能被**事后补充提出**。[③]监事会不必作出以上述原因为依据的解除决议。[④]相反，如果监事会想要以那些在最初的解除意思表示作出后才出现的原因为依据解除聘用合同，那么它必须重新作出解除决议。

（四）正常解除;终止合同;变更性解除

432　　根据一般法律原则，只有当所签订的合同是无期限的，或者所签订的有期限的合同特别规定了正常解除权时，才可以考虑**正常解除**聘用合同。即使这些前提条件均得到满足，也只有当撤销聘任的前提条件也被同时满足时，才能由监事会正常解除聘用合同。[⑤]其原因在于，如果允许监事会进行无重大原因的解除，那么无重大原因的撤销聘任将因而在规避《股份法》第 84 条第 3 款的情况下成为可能，因为随着聘用合同的解除，有关董事至少在事实上已相当于被强制"辞职"。这样一来，以下做法同样是不可行的，即与一名新董事约定一个**"试用期"**，在此期间公司可以在简化了的前提条件下解除聘用合同。"试用

---

① Hüffer, Komm. AktG, § 84 Rn. 25; Raiser/Veil, Komm. MitbestG und DrittelbG, § 31 MitbestG Rn. 41; Martens in FS Werner, 1984, S. 495, 509 f.; Krieger, Personalentscheidungen, S.179 f.; etwas anders Wiesner, Münchener Hdb. AG, § 21 Rn. 119(Hemmung der Zweiwochenfrist durch den Beginn des Verfahrens im Vermittlungsausschuss); a.A. LG Ravensburg v. 4.3.1985—1 KfH 251/85, EWiR 1985, 415; Ulmer/Habersack in Ulmer/Habersack/Henssler, Mitbestimmungsrecht, § 31 MitbestG Rn. 43; Mertens/Cahn, Kölner Komm. AktG, § 84 Rn.174.

② BGH v. 2.7.1984—II ZR 16/84, WM 1984, 1187; BGH v. 5.4.1990—IX ZR 16/89, NJW-RR 1990, 1330, 1331; Mertens/Cahn, Kölner Komm. AktG, § 84 Rn.182.

③ BGH v. 22.4.1982—VII ZR 160/81, WM 1982, 797, 798; BGH v. 17.10.1983—II ZR 31/83, WM 1984, 29; OLG Düsseldorf v. 24.2.2012—I-16 U 177/10, AG 2012, 511, 512 f.; Mertens/Cahn, Kölner Komm. AktG, § 84 Rn. 183; Wiesner, Münchener Hdb. AG, § 21 Rn.118. Zur Frage der Verwirkung bereits länger bekannter Kündigungsgründe vgl. BAG v. 5.5.1977—2 AZR 297/76, DB 1978, 353 f.; OLG Stuttgart v. 27.2.1979—12 U 171/77, DB 1979, 884, 885 f.; Mertens/Cahn, Kölner Komm. AktG, § 84 Rn.184.

④ BGH v. 13.7.1998—II ZR 131/97, AG 1998, 519, 520; Mertens/Cahn, Kölner Komm. AktG, § 84 Rn.183; Wiesner, Münchener Hdb. AG, § 21 Rn.118.

⑤ BGH v. 16.12.1953—II ZR 41/53, BGHZ 12, 1, 9 f.; OLG Karlsruhe v. 10.7.1973—8 U 74/73, BB 1973, 1088; Mertens/Cahn, Kölner Komm. AktG, § 84 Rn.149; Wiesner, Münchener Hdb. AG, § 21 Rn.120; Krieger, Personalentscheidungen, S.180 ff.

期"只存在于以下情况中,即董事为其首个任期选择了一个较短的聘任期限(参见上文边码 355),而在此期间仍适用一般规定。双方可以随时**经协商终止**聘用关系,而且无需存在重大原因。关于签订终止合同时全体大会与委员会之间的权限界定,参见上文边码 426。

　　适用于终止性解除的法律原则同样适用于**变更性解除**。此种解除方式仅在存在重大解除原因时(上文边码 428 及以下)或者在满足正常解除条件时(上文边码 432)才被允许,而且以监事会全体大会提前作出相关决议为前提,该决议在适用共同决定的公司中应根据《共同决定法》第 31 条规定的程序作出。 　　433

（五）董事进行的解除

　　董事同样可以享有《民法典》第 626 条所规定的基于**重大原因**的解除权。首先,公司严重违反合同就可以被看作是这样一个重大原因。[1]此外,董事因一项直接控制协议的签订或者公司加入康采恩而失去独自负责的经营管理权同样可以被视为一个重大的解除原因。[2]然而,这种模糊的说法并不令人信服,相反我们应根据以下标准进行判断,即有关的结构措施究竟在怎样的范围内或程度上改变了聘用关系。例如,一项直接控制协议的签订在个别情况下可能导致董事会独立责任的持续缩小,但这(例如在一个迄今为止由母公司紧密领导的 100％控股子公司中)却可能只是一个形式。实践中出现了越来越多的**控制权变更条款**,此类条款不仅赋予董事在公司收购的情况下辞去其职务并特殊地解除聘用合同的权利,而且许诺董事在其行使上述权利时给予其补偿(详见上文边码 413)。 　　434

　　如果所签订的聘用合同是无期限的,那么董事可以**正常解除**该合同;如果合同是有期限的,同样在法律上不影响在该合同中赋予董事正常解除权。监事会的一个委员会只有在获得全体大会同意后才能签订一份赋予董事正常解除权的聘用合同。[3]实践中很少而且一般也不被推荐采取这种做法。[4] 　　435

（六）法律保护

　　如果董事认为一项解除是无效的,那么他可以提起**确认解除无效**并继续 　　436

---

[1]　Beispiele bei Fleischer in Spindler/Stilz, Komm. AktG, §84 Rn.170；Wiesner, Münchener Hdb. AG, §21 Rn.125.

[2]　Fleischer in Spindler/Stilz, Komm. AktG, §84 Rn.170；Mertens/Cahn, Kölner Komm. AktG, §84 Rn.198；Wiesner, Münchener Hdb. AG, §21 Rn.125.

[3]　Fonk in Semler/v. Schenck, Arbeitshandbuch für Aufsichtsratsmitglieder, §10 Rn.213；Grobys/Littger, BB 2002, 2292, 2295.

[4]　Fonk in Semler/v. Schenck, Arbeitshandbuch für Aufsichtsratsmitglieder, §10 Rn.213.

支付报酬之诉。该诉讼应针对公司提出，此时由监事会代表公司应诉。①就董事提起的基于聘用合同的支付报酬之诉而言，应采用书证诉讼（《民事诉讼法》第 592 条及以下）。州法院的商事法庭对此享有管辖权。然而，如果聘用关系已转变为正常的劳动关系（参见上文边码 425），那么此时由董事会代表公司应诉；享有管辖权的则是劳动法院。②

五、董事与第三人之间的聘用合同

437　　就康采恩而言，一家康采恩附属公司的董事聘用合同不是与本公司，而是与**康采恩母公司**签订的情况并不罕见；相反，附属公司的董事同时在母公司董事会中任职，而无需与母公司签订聘用合同。此外，近期出现公司为完成"救火任务"而聘任**临时经理**作为董事的现象日益具有现实意义，该人由临时经理代理处提供且仅与代理处存在合同关系。③

438　　聘用关系的此类转移是不是被允许的，存在争议。较多人认为这不仅是一种对股份法权限秩序的非法侵害，而且是对董事会独立性的威胁。④而其他观点则认为，与母公司签订康采恩聘用合同在归入和存在控制合同时是被允许的，而在事实型康采恩中则不被允许。⑤而目前通说认为第三人聘用合同在特定条件是被允许的；⑥司法界也承认第三人聘用合同的**合法性**。⑦就实践而

---

① BGH v. 9.10.1986—II ZR 284/85，AG 1987，19 f.；BGH v. 8.2.1988—II ZR 159/87，WM 1988，413＝AG 1988，168；vgl. auch unten Rn.440 ff.

② Wiesner, Münchener Hdb. AG，§ 21 Rn.29.

③ Dazu näher Krieger in FS Hoffmann-Becking，2013，S. 411 ff.；Wiesner, Münchener Hdb. AG，§ 21 Rn.6.

④ So etwa Mertens/Cahn, Kölner Komm. AktG，§ 84 Rn. 56；Spindler, Münch-Komm. AktG，§ 84 Rn.66；Spindler in FS K.Schmidt，2009，S.1529，1534 f.；Weber in Hölters, Komm. AktG，§ 84 Rn.41；Thüsing in Fleischer, Hdb. Vorstandsrecht，§ 4 Rn. 68 f.；Baums, Geschäftsleitervertrag, S.73 f.；Theobald in FS Raiser，2005，S.421，423 ff.，435 ff.；Fonk, NZG 2010，368，370；zweifelnd auch Hüffer, Komm. AktG，§ 84 Rn.14，soweit kein Beherrschungsvertrag oder eine Eingliederung bestünden.

⑤ Hüffer, Komm. AktG，§ 84 Rn. 14；Hommelhoff in FS Goette，2011，S. 169，171 ff.

⑥ So etwa Wiesner, Münchener Hdb. AG，§ 21 Rn.3 ff.；Seibt in K.Schmidt/Lutter, Komm. AktG，§ 84 Rn.26；Beiner, Vorstandsvertrag, Rn.176；Arnold/Günther in Marsch-Barner/Schäfer, Hdb. börsennotierte AG，§ 20 Rn.92；Krieger, Personalentscheidungen, S.186 ff.；E. Vetter in FS Hoffmann-Becking，2013，S.1297，1301 ff.；Reuter, AG 2011，274，280；Jooß, NZG 2011，1130，1131；Martens in FS Hilger/Stumpf，1983，S. 437，442 ff.

⑦ KG v. 28.6.2011—19 U 11/11，ZIP 2011，2059，2060；OLG Celle v. 10.2.2010—4 U 68/09，AG 2012，41 f.；BGH v. 17.5.2011—II ZR 32/10（juris），jeweils zur Stellung eines Interim Managers.

言,考虑到上述观点存在较大争议,建议董事与"自己的"公司签订聘用合同,①当然,该合同可以被附加一些额外约定,例如,第三人为董事报酬提供担保或者作出重新聘用的许诺,等等。

从法律角度上讲,人们能够接受为第三人聘用而放弃与本公司签订聘用合同,当然,**其前提条件是董事会独自负责**(《股份法》第 76 条)而且**监事会负人事责任**(《股份法》第 84、87 条)。由此可知,根据聘用合同,合同一方无权对董事的履职行为发号施令。②而且只有当监事会知悉第三人聘用合同的内容且同意签订该合同时,相关合同才是被允许的并可要求监事会为董事的聘任和薪酬结构负责。③此外,监事会必须确保上述合同不会在未经其同意的情况下被修改或者通过作为合同当事人的董事予以终止。④这同样适用于合同及归入型康采恩,因为在此类康采恩中薪酬结构同样由监事会主管和负责。⑤监事会同意签订、修改或者终止聘用合同时适用的规则与通过公司直接签订聘用合同时适用的规则完全相同;⑥根据《股份法》第 107 条第 3 款第 3 句、第 87 条第1 款,合同缔结及薪酬规则的修改必须留待监事会全体大会作出同意的决议。如果公司应负有向第三人偿还与聘用合同有关的花费的义务,那么同样仅(全

---

① So die Empfehlung von Kort, Großkomm. AktG, §84 Rn.331; Hüffer, Komm. AktG, §84 Rn.14; Fonk in Semler/v. Schenck, Arbeitshandbuch für Aufsichtsratsmitglieder, §10 Rn.219.

② Wiesner, Münchener Hdb. AG, §21 Rn.5; E. Vetter in FS Hoffmann-Becking, 2013, S.1297, 1304 ff.; Reuter, AG 2011, 274, 277 f.; Jooß, NZG 2011, 1130, 1131.

③ Wiesner, Münchener Hdb. AG, §21 Rn.5; Krieger in FS Hoffmann-Becking, 2013, S.711, 718 ff.; Austmann, ZGR 2009, 277, 288; Hohenstatt/Seibt/Wagner, ZIP 2008, 2289, 2293; im Ansatz ebenso, aber zu kurz greifend E. Vetter in FS Hoffmann-Becking, 2013, S.1297, 1312 ff., der die Zustimmung des Aufsichtsrats nur bei Vereinbarung variabler Vergütungsbestandteile verlangen will und dabei übersieht, dass auch der Verzicht auf variable Vergütungsbestandteile zugunsten eines reinen Festgehalts eine für die Vergütungsstruktur wesentliche Entscheidung ist, die in den Händen des Aufsichtsrats liegen muss; a.A. Reuter, AG 2011, 274, 278 ff., der eine Zustimmung nur im Falle einer Erstattungsvereinbarung für nötig ansieht, jedoch zum einen den Zusammenhang dienstvertraglicher Regelungen mit der Amtsführung(z.B. Urlaub) und zum anderen die Verantwortung des Aufsichtsrats für die Vergütungsstruktur verkennt.

④ Wiesner, Münchener Hdb. AG, §21 Rn.5; Krieger in FS Hoffmann-Becking, 2013, S.711, 720, 727 ff.; Krieger, Personalentscheidungen, S.187 f. Für die Beendigung des Drittanstellungsvertrags a.A. E. Vetter in FS Hoffmann-Becking, 2013, S.1297, 1309; Reuter, AG 2011, 274, 280; Jooß, Drittanstellung, S.122, die annehmen, bei Beendigung des Vertrags seien Gesellschaft und Vorstandsmitglied verpflichtet, einen unmittelbaren Anstellungsvertrag miteinander zu schließen.

⑤ A.A. Hommelhoff in FS Goette, 2011, S.169, 173 ff.

⑥ Wiesner, Münchener Hdb. AG, §21 Rn.5.

体）监事会有权缔结此类偿还约定。①

■ 第四节　代理公司面对董事；主张损害赔偿请求权

一、监事会进行的诉讼代理和非诉讼代理

440　　在缔结聘用合同时，监事会有义务决定是否免除董事的法定**竞业禁止**（《股份法》第 88 条第 1 款）以及是否向董事**提供贷款**（详见《股份法》第 89 条）。②此外，公司与董事之间的所有其他法律行为也仅由监事会负责。在诉讼或非诉讼程序中，由监事会代理公司面对董事（《股份法》第 112 条）。这既包括内部意愿的形成——应否以及应以怎样的内容实施法律行为，又包括对外作出必要的意思表示。③

441　　**代理权的范围**实质上是不受限制的。法律也不包含所谓的"细微条款"（最低限度条款），因此原则上连日常生活中的法律行为也被涵盖在监事会的代理权之中；④参见下文边码 444。**发行可转换债券或选择权债券**时公司的代理，目前仍存在疑问；因为此时涉及一项公司与董事之间的法律行为，所以《股份法》第 112 条可以为监事会创设一项独享代理权。⑤对于在股份选择权计划的框架内授予董事股份认购权（《股份法》第 192 条第 2 款第 3 项）来说，同样如此。

442　　根据《股份法》第 112 条，监事会的代理权首先涉及与**在职董事**之间的所有法律行为及诉讼。这里所说的"在职董事"同样包括那些虽然未被有效地聘任为董事，因此有瑕疵地作为董事进行工作的人（参见上文边码 359、360）。⑥

---

① 　KG v. 28.6.2011—19 U 11/11, ZIP 2011, 2059, 2060＝AG 2011, 758；OLG Celle v. 10.2.2011—4 U 68/09, AG 2012, 41 f.；BGH v. 17.5.2011—II ZR 32/10(juris) zu OLG Celle；Wiesner, Münchener Hdb. AG, §21 Rn.4；E. Vetter in FS Hoffmann-Becking, 2013, S.1297, 1310 ff.；Reuter, AG 2011, 274, 277.

② 　Zu Krediten an Vorstandsmitglieder vgl. auch LG Aurich v. 24.7.1986—2 O 462/86, AG 1987, 320 ff.

③ 　Näher Cahn in FS Hoffmann-Becking, 2013, S.247, 248 f.

④ 　Hüffer, Komm. AktG, §112 Rn.3；Mertens/Cahn, Kölner Komm. AktG, §112 Rn.22；Habersack, MünchKomm. AktG, §112 Rn.19.

⑤ 　Hopt/Roth, Großkomm. AktG, §112 Rn.48；Hüffer, ZHR 161(1997), 214, 232 f.；Baums in FS Claussen, 1997, S.3, 29 ff.；a.A. OLG Stuttgart v. 12.8.1998—20 U 111/97, ZIP 1998, 1482, 1486＝AG 1998, 529, die Ausgabe der Anleihe sei gemäß §221 Abs. 2 AktG zwingend dem Vorstand vorbehalten.

⑥ 　Hüffer, Komm. AktG, §112 Rn.2；Mertens/Cahn, Kölner Komm. AktG, §112 Rn.20；Rupietta, NZG 2007, 801, 802.

监事会同样可以代理公司面对被计划选为董事的人。①除此之外,同样是由监事会诉讼或非诉讼地代理公司面对**离职董事**②以及一家在此期间转型③或合并④为股份有限公司的有限责任公司的前经理。其原因在于,在上述情况下经过一项类型化研究发现存在董事会无法实施无偏袒代理的抽象危险。这其中包括:提起所有关于撤销聘任或解除聘用合同的效力的诉讼、基于离职董事以前的董事工作而向其主张损害赔偿请求权、处理年金(保障金)方面的事务等,但也包括与前董事签订顾问合同。⑤即使在此期间董事成为监事会成员,也仍然由监事会代理公司。⑥与此相反,对于那些与以前的董事工作无任何关联的法律行为和诉讼(所谓的**中立法律行为**)来说,则是由董事会享有代理权。⑦即使在这些法律行为中也仍然存在董事会无法进行无偏袒代理的危险,所以为了清晰地确定界限,应对离职董事与在职董事同等对待,在代理权方面也完全没有必要区别对待。⑧上述原则同样适用于公司面对前董事的**家属**⑨时公司的代理。

此外,《股份法》第 112 条规定的监事会代理权原则上不涵盖**与第三人的**   443

---

① BGH v. 13.1.1958—II ZR 212/56, BGHZ 26, 236, 238; Hüffer, Komm. AktG, § 112 Rn.2; Mertens/Cahn, Kölner Komm. AktG, § 112 Rn.15; Werner, ZGR 1989, 369, 376.

② BGH v. 16.2.2009—II ZR 282/07, AG 2009, 327; BGH v. 16.10.2006—II ZR 7/05, ZIP 2006, 2213=AG 2007, 86 Tz. 5.

③ BGH v. 28.4.1997—II ZR 282/95, ZIP 1997, 1108=AG 1997, 417.

④ BGH v. 1.12.2003—II ZR 161/02, ZIP 2004, 92 f. = AG 2004, 142; für die Zuständigkeit des Aufsichtsrats auch Kübler in Semler/Stengel, Komm. UmwG, § 20 Rn.20; Marsch-Barner in Kallmeyer, Komm. UmwG, § 20 Rn.13; a.A. Grunewald in Lutter, Komm. UmwG, § 20 Rn.28; Hoffmann-Becking in FS Ulmer, 2003, S.243, 249 ff., 262.

⑤ BGH v. 7.7.1993—VIII ZR 2/92, ZIP 1993, 1380, 1381 = AG 1994, 35. Zu Beraterverträgen mit ehemaligen Vorstandsmitgliedern im Konzern näher van Kann/Keiluweit, AG 2010, 805 ff.

⑥ Mertens/Cahn, Kölner Komm. AktG, § 112 Rn.16; Habersack, MünchKomm. AktG, § 112 Rn.14; Hopt/Roth, Großkomm. AktG, § 112 Rn.37; kritisch Spindler in Spindler/Stilz, Komm. AktG, § 112 Rn.14.

⑦ Habersack, MünchKomm. AktG, § 112 Rn.15; Hüffer, Komm. AktG, § 112 Rn.3; Drygala in K.Schmidt/Lutter, Komm. AktG, § 112 Rn.8; Hopt/Roth, Großkomm. AktG, § 112 Rn.31.

⑧ Ebenso Wiesner, Münchener Hdb. AG, § 23 Rn.8; mit Recht kritisch auch Spindler in Spindler/Stilz, Komm. AktG, § 112 Rn.24.

⑨ BGH v. 16.10.2006—II ZR 7/05, ZIP 2006, 2213, 2214=AG 2007, 86; Hüffer, Komm. AktG, § 112 Rn.2a; Habersack, MünchKomm. AktG, § 112 Rn.16; Wiesner, Münchener Hdb. AG, § 23 Rn.8.

法律行为。如果董事是作为**第三人**的代理人在实施行为，那么此时则不是由监事会代理公司。①在有一名董事参与的、与公司进行的法律行为中，同样由监事会代理公司。在代理股份公司面对一家与该公司董事具有经济同一性的公司时，情况才例外地有所不同；在董事是公司唯一的股东并同时担任另一家公司的经理时，就属于此种情况。②还有一种较极端的观点认为，在股份公司的董事对其他公司拥有显著影响力时可以适用《股份法》第112条。③直到联邦最高法院对这一问题明确表态之后，在公司实践中预备性的允许董事会和监事会在前述情况下为公司行事才是明智之举。④在一名母公司董事应当被聘任为子公司的监事或董事时，不再由母公司监事会代理公司在子公司中行使股东权。⑤关于监事会在人事决策范畴内的、对临时披露义务的权限，参见下文边码513。

444　　　《股份法》第112条意义上的积极代理（即作出意思表示）原则上属于**全体监事会**的职责。然而监事会可以授权某一委员会代理公司形成意思，其前提是这必须属于可授权他人履行的职责（《股份法》第107条第3款第2句；参见下文边码744）。⑥相反，原则上不得将意思的形成委托给个别监事（例如监事会主席）甚至第三人（例如董事会）；⑦关于相关代理行为的追认，参见边码445。也有部分人认为在很小的范围内可以允许个别监事代替监

---

① Mertens/Cahn, Kölner Komm. AktG, §112 Rn.19；Habersack, MünchKomm. AktG, §112 Rn.8；näher Werner, ZGR 1989, 369, 372 ff.

② OLG Saarbrücken v. 11.10.2012—8 U 22/11—6, ZIP 2012, 2205, 2206；LG Koblenz v. 28.9.2001—3 HO 127/01, ZNotP 2002, 322；Hüffer, Komm. AktG, §112 Rn.2a；Habersack, MünchKomm. AktG, §112 Rn.9；offengelassen von OLG München v. 10.5.2012—14 U 2175/11, ZIP 2012, 1024, 1026＝AG 2012, 518.

③ So etwa Spindler in Spindler/Stilz, Komm. AktG, §112 Rn.8；Rupietta, NZG 2007, 801, 802 ff.；Werner, Der Konzern 2008, 639, 641 f.；insoweit a. A. auch OLG München v. 10.5.2012—14 U 2175/11, ZIP 2012, 1024, 1025＝AG 2012, 518；offen lassend BGH v. 12.3.2013—II ZR 179/12, ZIP 2013, 819 Tz.9.

④ Paul, EWiR 2009, 397；Wilsing/Meyer, EWiR 2013, 297, 298.

⑤ OLG München v. 8.5.2012—31 Wx 69/12, ZIP 2012, 1122, 1123＝AG 2012, 467；Hüffer, Komm. AktG, §112 Rn.3a；Habersack, MünchKomm. AktG, §112 Rn.16；Spindler in Spindler/Stilz, Komm. AktG, §112 Rn.18；a.A. LG Berlin v. 18.12.1996—98 T 79/96, NJW-RR 1997, 1534, 1535.

⑥ Hüffer, Komm. AktG, §112 Rn.5；Mertens/Cahn, Kölner Komm. AktG, §112 Rn.36；Werner, ZGR 1989, 369, 387 ff.

⑦ BGH v. 14.5.2013—II ZB 1/11, ZIP 2013, 1274, 1276 f.＝AG 2013, 562；OLG München v. 19.12.2012—7 U 1711/12, NZG 2013, 97＝AG 2013, 136；OLG Zweibrücken v. 23.6.2010—4 U 196/09, AG 2010, 918；Hüffer, Komm. AktG, §112 Rn.5.

事会作出决定,只要相关决定以具体规定为依据。①这一观点很难获得认同。但对于监事会决议的纯粹对外表达②以及**日常生活中的法律行为**③来说,情况则有所不同。此时,监事会可以授权个别监事或第三人代替自己作出决定。④正常情况下,那些被一般性地委托为公司实施上述法律行为的人可以被视为在与董事进行相应法律行为时也被默示地授予了代理权。要与意思的形成相区别的是监事会**意思表示的作出**。此时个别监事或第三人可以被授权作为意思表示的代理人或信使,通过对外作出或转达意思表示来贯彻实施由监事会或主管委员会所作出的决议;⑤参见上文边码 370 及下文边码 682、683。

在作为代理行为依据的**监事会决议存在瑕疵**时会产生更为棘手的法律问题。若瑕疵导致监事会决议无效(参见下文边码 737 及以下),则有更充分的理由认为表示代理人缺少代表权;⑥但若监事会决议仅存在可能导致有限无效结果的瑕疵且该瑕疵未被及时主张时(详见下文边码 742),则必须承认依决议为依据的代理权是有效的。⑦根据此前的主流观点,所有因监事会不充分的意思形成而导致公司未得到合格代理而实施的法律行为均是无效的。⑧而更有说

445

---

① So Mertens/Cahn, Kölner Komm. AktG, § 112 Rn. 38; Drygala in K. Schmidt/Lutter, Komm. AktG, § 112 Rn. 15; Cahn in FS Hoffmann-Becking, 2013, S. 247, 255 ff.

② Vgl. schon oben Rn. 391; ebenso Hambloch-Gesinn/Gesinn in Hölters, Komm. AktG, § 112 Rn. 13.

③ Beispiele: Ein Vorstand der Lufthansa kauft ein Ticket für einen Lufthansaflug, ein Vorstand der Deutschen Bank eröffnet ein Konto.

④ OLG Hamburg v. 16.5.1986—11 U 238/85, AG 1986, 259, 260; Mertens/Cahn, Kölner Komm. AktG, § 112 Rn. 40; Cahn in FS Hoffmann-Becking, 2013, S. 247, 252 ff.; Werner, ZGR 1989, 369, 384 ff., 388; im Ergebnis auch Hüffer, Komm. AktG, § 112 Rn. 5; enger Habersack, Münch-Komm. AktG, § 112 Rn. 19, der eine ausdrückliche Bevollmächtigung fordert.

⑤ OLG Düsseldorf v. 17.11.2003—I-15 U 225/02, AG 2004, 321, 322 f.; OLG Stuttgart v. 20.3.1992—2 U 115/90, AG 1993, 85＝BB 1992, 1669; OLG Hamburg v. 16.5.1986—11 U 238/85, AG 1986, 259, 260; Hüffer, Komm. AktG, § 112 Rn. 5; Mertens/Cahn, Kölner Komm. AktG, § 112 Rn. 37 f.; Cahn in FS Hoffmann-Becking, 2013, S. 247, 252 ff.

⑥ A.A. Cahn in FS Hoffmann-Becking, 2013, S. 247, 258 ff., der den Beschlussmangel nicht auf die zu seiner Umsetzung vorgenommene Vertretungshandlung durchschlagen lassen will.

⑦ Cahn in FS Hoffmann-Becking, 2013, S. 247, 262 f.

⑧ OLG Stuttgart v. 20.3.1992—2 U 115/90, BB 1992, 1669 f.＝AG 1993, 85; BGH v. 9.10.1986—II ZR 284/85, AG 1987, 19 f.; Hopt/Roth, Großkomm. AktG, § 112 Rn. 109; Habersack, MünchKomm. AktG, § 112 Rn. 3.

服力的论据则支持将此类法律行为看作是**效力待定的**,其后果是监事会可以对此作出追认(《民法典》第 117 条及以下);①当董事会无代理权实施的行为属于监事会强制负责的领域时,上述观点同样是恰当的。②在与董事的诉讼中,如果监事会未事后对诉讼代理作出追认,那么股份有限公司的有缺陷的代理**在程序上**会导致诉讼被驳回。③

446　　在**消极代理**(即受领意思表示)的情况下,意思表示送达一名监事即可(《股份法》第 112 条第 2 句结合第 78 条第 2 款第 2 句);根据之前的法律规定,只有监事会主席有能力消极地代理公司,④但这一规定已因《股份法》第 111 条第 2 句的引入而通过《有限责任公司法现代化及防止滥用法》第 5 条第 13 项被废止。

二、向董事主张损害赔偿请求权

447　　监事会代理公司面对在职及离职董事的权利也包括代理公司向董事主张损害赔偿请求权。只要股东大会或法院尚未根据《股份法》第 147 条第 2 款聘任一名特别代理人来主张此项请求权,⑤或者股东大会已经以法律上有效的方式放弃行使此项请求权(《股份法》第 93 条第 4 款第 3 句),监事会基于其监督职责(《股份法》第 111 条第 1 款)以及代理权(《股份法》第 112 条)就**有义务**代

---

① BGH v. 14.5.2013—II ZB 1/11, ZIP 2013, 1274, 1277 = AG 2013, 562; OLG München v. 18.10.2007—23 U 5786/06, AG 2008, 423, 425; OLG Celle v. 25.2.2002—4 U 176/01, AG 2003, 433; Habersack, MünchKomm. AktG, §112 Rn.32; Spindler in Spindler/Stilz, Komm. AktG, §112 Rn.41 ff.; Fischer/Hoffmann, NZG 2013, 1419; Werner, Der Konzern 2008, 639, 642 ff.; Pluskat/Baßler, Der Konzern 2006, 403, 406; Leuering in FS Kollhosser, 2004, S.361, 373; offengelassen in BGH v. 7.7.1993—VIII ZR 2/92, AG 1994, 35; BGH v. 17.3.2008—II ZR 239/06, AG 2008, 894, 895.

② Für diesen Fall a.A. Hüffer, Komm. AktG, §112 Rn.7; Mertens/Cahn, Kölner Komm. AktG, §112 Rn.11; Drygala in K.Schmidt/Lutter, Komm. AktG, §112 Rn.19.

③ BGH v. 16.2.2009—II ZR 282/07, AG 2009, 327; BGH v. 21.6.1999—II ZR 27/98, ZIP 1999, 1669, 1670 = GmbHR 1999, 1140; BGH v. 8.9.1997—II ZR 55/96, WM 1998, 308, 309; OLG Frankfurt a.M. v. 17.8.2011—13 U 100/10, AG 2011, 918. Wenn die Tatsacheninstanzen auf den Fehler nicht hingewiesen haben, wird man in der Revisionsinstanz allerdings—entgegen der Praxis des Bundesgerichtshofs—eine Zurückverweisung fordern müssen, damit der Kläger den Fehler durch nachträgliche Zustellung an den Aufsichtsrat heilen kann; vgl. hierzu näher Hager, NJW 1992, 352.

④ Vgl. nur Mertens/Cahn, Kölner Komm. AktG, §112 Rn.33 sowie 5. Aufl. Rn. 439.

⑤ Ein besonderer Vertreter verdrängt im Rahmen seines Aufgabenbereichs den Aufsichtsrat; Hüffer, Komm. AktG, §147 Rn.7; Bezzenberger, Großkomm. AktG, §147 Rn.52.

表公司向董事**主张可能的损害赔偿请求权**。①根据《股份法》第 148 条，如果股东所提起的起诉许可程序仍是悬而未决的，或者法院已授权股东主张上述请求权，那么就属于这种情况（参见《股份法》第 148 条第 3 款第 1 句）。②对此，监事会在存在相应依据的情况下首先必须查明事实情况并在事实方面和法律方面（诉讼风险以及债权的可强制追索性）对主张此项请求权的成功可能性进行分析。接下来的问题是，监事会是否必须主张此项请求权，索赔是否符合公司**利益**，是否可以放弃索赔。此时监事会不受特定**审查顺序**的束缚，若其从其他角度可以明显看出，主张上述请求权不符合公司利益或者因违背公司利益而不适宜，则可以（也是必须）略过难度较大的审查问题。③

应根据《股份法》第 93 条第 1、2 款规定的责任标准④来**判断成功可能性**，⑤而且——鉴于商业判断规则和法定的举证责任倒置——董事会是否违反其注意义务、公司是否因此受有损害以及预计在怎样的范围内能够得到赔偿，同样依据该判断标准。是否存在 D&O 保险以及预计会否发生保险事项自然同样具有重要意义。⑥通常情况下，监事会有机会就各有关事项发表意见，对重大异议作出评价并为诉讼程序寻求专业意见。不过，它没有义务设法启动非诉预审程序并与有关人士详细讨论所有的事实和法律事宜。更确切地说，为使法院能够澄清责任问题，监事会对于其所需达到的证明程度，应被给予相当程度的裁量空间。⑦如果之后对监事会所作成功可能性判断的正确性出现了争议（比如说在一个针对拒绝主张此项请求权的监事会决议的确认无效之诉的框架内，⑧或者在一个因监事怠于主张此项请求权而向其提起的损害赔偿之诉的框架内），那么原则上可以由法院对该判断的正确性进行

448

---

① BGH v. 21.4.1997—II ZR 175/95, BGHZ 135, 244, 251 ff. = AG 1997, 377（ARAG/Garmenbeck）.

② Spindler in K.Schmidt/Lutter, Komm. AktG, §148 Rn.35；Schröer, ZIP 2005, 2081, 2086；Linnerz, NZG 2004, 307, 311.

③ Goette in Liber amicorum M. Winter, 2011, S.153, 162 f.；Casper, ZHR 176 (2012), 617, 620 f.；Eichner/Höller, AG 2011, 885, 886.

④ Vgl. dazu die Kommentierungen zu §93 AktG sowie Krieger in Krieger/Uwe H. Schneider, Hdb. Managerhaftung, §3 Rn.4 ff. und unten Rn.981 ff.

⑤ Dazu näher Goette in Liber amicorum M. Winter, 2011, S.153, 156 f.；Goette, ZHR 176 (2012), 588, 600 ff.；Goette in FS Hoffmann-Becking, 2013, S.377, 379 ff.；Casper, ZHR 176 (2012), 617, 621 f.；Eichner/Höller, AG 2011, 885, 886 ff.

⑥ Habersack, MünchKomm. AktG, §111 Rn.37；Casper, ZHR 176 (2012), 617, 622.

⑦ Näher Krieger in Krieger/Uwe H. Schneider, Hdb. Managerhaftung, §3 Rn.47.

⑧ Zum Klagerecht vgl. unten Rn.741.

全面审查。①不过,对于无法得到明确回答的问题,可以给予监事会一定的判断空间。②此外,第一审查阶段评估中的不确定性在第二阶段的权衡决策框架内可能是重要的。③

449 　　如果监事会对成功可能性进行判断后认为公司享有预计能够得到实现的损害赔偿请求权,那么根据 ARAG/Garmenbeck 案判决中的表述,它通常有义务主张此项请求权。④然而,基于公司利益方面的重大原因,监事会可以**放弃主张此项请求权**。⑤监事会必须在第二审查阶段中就此作出决定。⑥此外,在个别情况下以下事实情况可能会对监事会是否行使此项请求权产生影响,例如对公司的经营活动以及公众声誉产生负面影响,妨碍董事工作,破坏企业气氛,等等;相反,企业利益方面的考虑,例如董事的功劳,主张上述请求权所造成的社会后果或影响,却不会对此产生任何影响。⑦归根结底,这是关于是否为了公司的利益而主张或放弃该请求权的问题。因此,人们可能会批评联邦最高法院提出的所谓"常规—例外比",⑧但它确实强化了监事会不享有自主裁量权的观点,即监事会在决策过程中只能考虑公司利益,只有当损害赔偿的利益和任何进一步索赔的利益严重违背公司利益时,才允许放弃主张上述请求权。但是,有必要以**商业判断规则**为监事会提供保护,以便其进行第二阶段的评估和权衡。这在 ARAG/Garmenbeck 案的判决中已初见端倪⑨而且越来越多地体

---

① BGH v. 21.4.1997—II ZR 175/95,BGHZ 135,244,254＝AG 1997,377(ARAG/Garmenbeck).

② Ebenso BGH v. 21.4.1997—II ZR 175/95,BGHZ 135,244,254＝AG 1997,377(ARAG/Garmenbeck).

③ Goette,ZHR 176(2012),588,600 f.

④⑤ BGH v. 21.4.1997—II ZR 175/95,BGHZ 135,244,254 ff.＝AG 1997,377(ARAG/Garmenbeck).

⑥ Dazu eingehend Goette in Liber amicorum M. Winter,2011,S. 153,159 ff.；Goette,ZHR 176(2012),588,608 ff.；Goette in FS Hoffmann-Becking,2013,S.377,386 ff.；Casper,ZHR 176(2012),617,632 ff.

⑦ BGH v. 21.4.1997—II ZR 175/95,BGHZ 135,244,254 ff.＝AG 1997,377(ARAG/Garmenbeck).

⑧ Reichert in FS Hommelhoff,2012,S.907,917 ff.；a.A. Casper,ZHR 176(2012),616,628 ff.

⑨ Vgl. BGH v. 21.4.1997—II ZR 175/95,BGHZ 135,244,256＝AG 1997,377(ARAG/Garmenbeck):Das Absehen von der Anspruchsverfolgung müsse zwar die Ausnahme sein und bedürfe gewichtiger Gegengründe und einer besonderer Rechtfertigung,in diesen engen Grenzen könne dem Aufsichtsrat aber „ein Entscheidungsermessen für die Frage zuzubilligen sein,ob er trotz Erfolgsaussicht eine Haftungsklage aus übergeordneten Gründen des Unternehmenswohls ausnahmsweise von der Durchsetzung des Schadensersatzanspruchs absehen möchte".

现在文献中。①董事是否主张上述请求权以及如何根据公司的财产利益作出权衡，属于一种主观判断，监事会对此负责，而且能力比法院更强。因此，在这个问题上，法院似乎不能以其判断替代监事会所作出的同样合理的不同判断。具言之，监事会有义务根据个案的具体情况凭借适当的信息为公司之利益决定放弃主张相关请求权。

在主张损害赔偿请求权的情况下，并不总是需要立即提起诉讼，监事会也可以推迟起诉，以获得进行和解谈判和股东大会依《股份法》第 93 条第 4 款第 3 句作出相应决议的时间。然而，它可能有义务以合适的形式（获得时效放弃声明、行使针对董事会请求权的留置权）**确保请求权得以实现**。②　　　450

■ 第五节　董事会工作的组织（安排）

一、基础

恰当地组织（安排）董事会工作几乎与选择合格的董事同等重要。监事会仅聘任合格的（经营管理）人员是不够的，它还必须设法实现能够保障整个机构顺利合作、互相促进（支持）、弥补错误的机构组织。组织（安排）和人事选择二者关系密切：人事选择必须以所选择的人员在整个结构中应承担的职责（或发挥的职能）为导向；相反，在进行组织方面的调整（安排）时，也不能不考虑与此有关的人员。　　　451

《股份法》第 77 条对董事会的组织作出规定。该条首先规定了经营管理原则，根据该原则，所有董事必须共同经营管理全部公司业务（《股份法》第 77 条第 1 款第 1 句），但它同时又允许章程或议事规程（业务守则）作出与该原则不一致的规定（《股份法》第 77 条第 1 款第 2 句）。特别是该条允许以**业务分**　　　452

---

① Paefgen, AG 2008, 761, 762 ff.; Mertens in FS K. Schmidt, 2009, S. 1183, 1192 ff.; Kocher, CCZ 2009, 215, 219 f.; Krieger in Krieger/Uwe H. Schneider, Hdb. Manager-haftung, §3 Rn. 48; Goette in Liber amicorum M. Winter, 2011, S. 153, 159 ff.; Goette, ZHR 176 (2012), 588, 589 ff.; Goette in FS Hoffmann-Becking, 2013, S. 377, 393 f.; Rei-chert in FS Hommelhoff, 2012, S. 907, 917 ff.; etwas enger Casper, ZHR 176 (2012), 617, 635 f.; a. A. Koch, AG 2009, 93, 97 ff.; Lutter in FS Hoffmann-Becking, 2013, S. 747, 749 ff., die lediglich akzeptieren wollen, dass im Einzelfall das Verschulden der Aufsichtsratsmit-glieder fehlen kann, wenn sie die Anspruchsverfolgung unterlassen.

② Zur Sicherung von Ersatzansprüchen durch Streitverkündung gegenüber dem Vorstandsmitglied, wenn die Gesellschaft von einem Dritten auf Schadensersatz in Anspruch genommen wird, vgl. Schwab, NZG 2013, 521.

工的方式安排董事的职权(责)范围;在职权(责)范围内,不是由全体监事会,而是由一名或多名董事单独开展业务。①此外,监事会还可以通过**议事规程(业务守则)**的方式对董事会中的合作形式作出规定,例如关于召开和举行董事会会议的规定,等等。②然而,议事规程(业务守则)不得含有董事会的实质性决策准则,也就是说它只能规定董事工作的形式,而不能规定其内容。《准则》第4.2.1条建议议事规程应对董事会的工作,特别是个别董事的职权范围、必须留待董事会处理的事项以及董事会决议的必要多数(全体一致或多数通过)作出规定。

二、议事规程(业务守则)及业务分工

453　　议事规程(业务守则)的相关权限首先由**章程**享有,其不仅有权安排业务分工(《股份法》第77条第1款第2句),而且有权对议事规程(业务守则)的其他个别问题作出有拘束力的规定(《股份法》第77条第2款第2句)。如果章程未作出规定,那么**全体监事会**(而非某一委员会,《股份法》第107条第3款第3句)可以制定一项董事会议事规程(业务守则),并将业务分工作为该规程的一部分(《股份法》第77条第1款第2句)加以规定。在监事会放弃制定董事会议事规程(业务守则)的情况下,只要章程未将此项权利专有地赋予监事会(《股份法》第77条第2款第1句),或者章程或监事会规定董事会所制定的规程需征得监事会同意(《股份法》第111条第4款第2句),③**董事会**就有权自行制定该规程(守则)。与此相反,章程不得规定监事会必须将议事规程(业务守则)交由董事会自行制定。④

454　　从《股份法》第77条第1款第2句的条文来看,**章程**进行业务分工的**优先权**是不受限制的;根据该条款,对于议事规程(业务守则)中的其他事项来说,

---

①　Vgl. dazu näher Mertens/Cahn, Kölner Komm. AktG, §77 Rn.15 ff.; Seibt in K. Schmidt/Lutter, Komm. AktG, §77 Rn.16 ff.; Wiesner, Münchener Hdb. AG, §22 Rn. 17 ff.

②　Näher Mertens/Cahn, Kölner Komm. AktG, §77 Rn.51 ff.; Seibt in K.Schmidt/ Lutter, Komm. AktG, §77 Rn.24 ff.; Wiesner, Münchener Hdb. AG, §22 Rn.28 ff.; Muster bei Hoffmann-Becking, Beck'sches Formularbuch, Formular X.16; Hölters, Münchener Vertragshandbuch, Band 1, Formular V.52. und 53.

③　Hüffer, Komm. AktG, §77 Rn.19; Mertens/Cahn, Kölner Komm. AktG, §77 Rn.59; Wiesner, Münchener Hdb. AG, §21 Rn.30.

④　Hüffer, Komm. AktG, §77 Rn.19; Spindler, MünchKomm. AktG, §77 Rn.27; Mertens/Cahn, Kölner Komm. AktG, §77 Rn.59; Wiesner, Münchener Hdb. AG, §22 Rn.30.

章程仅被允许对"个别问题"进行规定(《股份法》第 77 条第 2 款第 2 句)。如果想要使监事会能够履行其聘任董事的职责,那么就需要赋予它组织方面的灵活性,从而保障其选择自由不受侵害。相反,只有在认真考虑董事会的具体组成才能对组织方面的所有细节作出恰当规定。因此,法律这样规定可能更加明智,即仅允许章程对议事规程(业务守则)的个别问题作出规定,而细节则留待监事会酌定。①对于业务分工来说同样如此。这意味着此时章程同样仅能对重点问题作出规定。②

即使章程可以对业务分工作出规定,它也仅能采取一般形式。章程不得 455
将一个"笼统的"职权(责)范围分配给个别人员。③虽然**职权(责)范围的分配**在法律上被视为议事规程(业务守则)的一部分,④但实际上它与董事的聘任联系得如此紧密,以至于它必须被首先交由监事会来完成;如果监事会放弃进行业务分工,那么董事会可以自行安排业务分工(《股份法》第 77 条第 1 款第 2 句,第 2 款第 1 句)。监事会也可以将职权(责)范围的分配"提升"为聘用合同的客体。⑤但这需要监事会全体大会的同意,一个委员会是无权这样做的,否则将可能侵害全体监事会所享有的制定议事规程(业务守则)的权利。⑥此外,这种"提升"还有一个前提条件,即一项由监事会制定的议事规程(业务守则)已经对相应的职权(责)范围进行了分配或者董事会已经对聘用合同中的职权(责)分配表达了一致同意。⑦

对董事会工作进行恰当组织(安排)无疑属于**监事会的义务**。它虽然不能 456
将上述任务交由董事会自行完成,但却必须对董事会是否按照规定进行自我

① Hüffer, Komm. AktG, §77 Rn. 20; Fleischer in Spindler/Stilz, Komm. AktG, §77 Rn. 66; Spindler, MünchKomm. AktG, §77 Rn. 52; Hoffmann-Becking, ZGR 1998, 497, 505; Krieger, Personalentscheidungen, S. 201 f.; a. A. die ältere Literatur, z. B. Hefermehl in Geßler/Hefermehl/Eckardt/Kropff, Komm. AktG, §77 Rn. 27; Meyer-Landrut, Großkomm. AktG, §77 Anm. 7; Immenga, ZGR 1977, 249, 268.

② Krieger, Personalentscheidungen, S. 201 f.

③ Ebenso Kort, Großkomm. AktG, §77 Rn. 72; Bezzenberger, ZGR 1998, 352, 355.

④ Mertens, ZGR 1983, 189, 196 ff.; Mertens, Kölner Komm. AktG, §84 Rn. 4; Fonk in Semler/v. Schenck, Arbeitshandbuch für Aufsichtsratsmitglieder, §10 Rn. 89; a. A. Krieger, Personalentscheidungen, S. 199 f.

⑤ Mertens/Cahn, Kölner Komm. AktG, §77 Rn. 44, §84 Rn. 285; Kort, Großkomm. AktG, §84 Rn. 285; unklar Wiesner, Münchener Hdb. AG, §22 Rn. 27.

⑥ Hüffer, Komm. AktG, §84 Rn. 12; Mertens/Cahn, Kölner Komm. AktG, §84 Rn. 49.

⑦ Kort, Großkomm. AktG, §84 Rn. 285; Fonk in Semler/v. Schenck, Arbeitshandbuch für Aufsichtsratsmitglieder, §10 Rn. 89.

组织实施监督并在必要时采取措施进行干预。如果监事会制定了一套董事会议事规程(业务守则),那么董事会就不得再自行制定此类规程,其此前制定的规程失效;①然而监事会可以授权董事会用自己制定的议事规程(业务守则)或业务分工代替监事会所制定的同类规定。监事会也可以仅限于制定一套框架议事规程(业务守则)并授权董事会进行补充性规定。②监事会可以随时用自己制定的议事规程(业务守则)取代董事会自行制定的此类规程(守则),但通说认为监事会不能仅改动个别条款;③实践中,监事会必须按照自己的期望对董事会所制定议事规程(业务守则)进行修改并将之作为自己制定的议事规程(业务守则)予以公布。

三、业务分工的改变

457 　　在实践中,对于以下问题总是存在意见分歧,即在哪些前提条件下董事必须容忍**对其职权(责)范围所作的改变**。对此,我们必须在公司法方面和聘用合同方面作出区分。在公司法上,改变职权(责)范围毫无疑问是被允许的;④而这在债法上是否同样被允许,则要根据聘用合同的内容来确定。根据这一判断标准,虽然收回聘用合同中所约定的职能(责)在股份法上是有效的,但这却赋予董事辞职以及基于重大原因解除其聘用合同的权利。⑤董事可以拒绝接受与聘用合同相悖的额外任务。公司只能通过修改解除的方式实现合同的修改,但这通常以存在《民法典》第 626 条意义上的重大原因,或至少以《股份法》第 84 条第 3 款意义上的重大解聘原因为前提(详见上文边码 433);业务分工的改变对公司来说既不是解除聘用合同的重大原因,也不是解聘董事的重大原因。⑥

---

　　① Hüffer, Komm. AktG, §77 Rn.19; Mertens/Cahn, Kölner Komm. AktG, §77 Rn.58; Wiesner, Münchener Hdb. AG, §22 Rn.30.

　　② Mertens/Cahn, Kölner Komm. AktG, §77 Rn.58; Fleischer in Spindler/Stilz, Komm. AktG, §77 Rn.65; Hoffmann-Becking, ZGR 1998, 497, 504.

　　③ Mertens/Cahn, Kölner Komm. AktG, §77 Rn.60; Fleischer in Spindler/Stilz, Komm. AktG, §77 Rn.64; Wiesner, Münchener Hdb. AG, §22 Rn.31; a.A. anscheinend Seibt in K.Schmidt/Lutter, Komm. AktG, §77 Rn.26.

　　④ Spindler, MünchKomm. AktG, §77 Rn.41; Mertens/Cahn, Kölner Komm. AktG, §77 Rn.64; Kort, Großkomm. AktG, §77 Rn.93; Mertens, ZGR 1983, 189, 197.

　　⑤ OLG Karlsruhe v. 23.3.2011—7 U 81/10, NZG 2011, 987, 988 f.＝GmbHR 2011, 535; Mertens/Cahn, Kölner Komm. AktG, §77 Rn.64; Kort, Großkomm. AktG, §77 Rn.93; Wiesner, Münchener Hdb. AG, §22 Rn.27.

　　⑥ Spindler, MünchKomm. AktG, §77 Rn.41; Kort, Großkomm. AktG, §77 Rn.93; Wiesner, Münchener Hdb. AG, §22 Rn.27.

由于业务分工的改变属于议事规程（业务守则）相关的措施，因此其首先 458
由监事会**负责**（《股份法》第 77 条第 2 款）。只有董事会已进行的业务分工不
会对监事会作出的业务分工造成干涉时，董事会才能自行改变业务分工。如
果监事会决定改变业务分工，那么在实行共同决定的公司中，所适用的是《共
同决定法》第 29 条（而非第 31 条）的规定；也就是说监事会以简单多数作出决
议，详见下文边码 733 及以下。不过，当职工董事应被赋予一个取代其现有职
权（责）范围的不同职权（责）范围时，情况就不同了。①

■ 第六节　特别董事

一、派遣监事进入董事会

根据《股份法》第 105 条第 2 款，监事会可以在一段被预先限定的时间内 459
（最长为一年）将个别监事聘任为**离职董事或者因故无法履行职务的董事的代
理人**。在这段时间内，该监事享有其所代理董事所享有的权利并承担相应的
义务；但在董事职务中止的情况下，他仍然是监事。②章程既不得排除也不得限
制《股份法》第 105 条第 2 款所规定的派遣权。③只有当正式董事无法继续履行
职务或者空缺（离职）时，才能派遣个别监事进入董事会。当一名在职董事因
病无法继续履行其职务时，就属于这种情况。此外，当董事会中的董事数量低
于章程或董事会议事规程（业务守则）所规定的固定或最高数量时，同样如
此。④相反，即使董事会中已存在一名代理人，也丝毫不影响监事会派遣一名监
事进入董事会。⑤

《股份法》第 105 条第 2 款相应地适用于**母公司监事会向子公司董事会**的 460

---

① Henssler in Ulmer/Habersack/Henssler, Mitbestimmungsrecht, §33 MitbestG
Rn.25; Raiser/Veil, Komm. MitbestG und DrittelbG, §33 MitbestG Rn.15.

② Hüffer, Komm. AktG, §105 Rn.10; Mertens/Cahn, Kölner Komm. AktG,
§105 Rn.29 ff.; Wiesner, Münchener Hdb. AG, §24 Rn.33.

③ Wie hier Spindler in Spindler/Stilz, Komm. AktG, §105 Rn.3; Habersack,
MünchKomm. AktG, §105 Rn.3; Simons in Hölters, Komm. AktG, §105 Rn.24; Krieg-
er, Personalentscheidungen, S.225 f.; a.A. Hopt/Roth, Großkomm. AktG, §105 Rn.12;
Mertens/Cahn, Kölner Komm. AktG, §105 Rn.3; Drygala in K.Schmidt/Lutter, Komm.
AktG, §105 Rn.2.

④⑤ Hüffer, Komm. AktG, §105 Rn.7; Mertens/Cahn, Kölner Komm. AktG,
§105 Rn.20 f.; Wiesner, Münchener Hdb. AG, §24 Rn.29.

派遣。①此类派遣需要附属公司监事会作出相应决议，而且根据《股份法》第 100 条第 2 款第 1 句第 2 项这将导致相关人员在母公司监事会中成员资格的中止。鉴于这一法律后果，子公司董事的聘任需要母公司监事会的同意。

461　就派遣而言，一开始就必须规定一个确定的**聘任期限**，该期限不得超过一年。长于此一年期限的聘任在一年之内是有效的（《民法典》第 139 条），而短于一年的聘任期限则可以被适当延长，但总任期仍不得超过一年。此一年期限与当时的阻碍（董事履行职务的）情况有关；监事会不得以在此期限届满后委托另一名监事继续代理有关董事的方式被超越上述的一年期限。②与此相反，即使存在多个阻碍情况，同一名监事也不得承担总计（而非针对单个代理情况）长于一年的代理。③

462　在**实行共同决定的公司**中，决议的作出应适用《共同决定法》第 29 条，而非第 31 条的规定，即达到简单多数即可。④相反，在类推适用《股份法》第 107 条第 3 款第 3 句时，人们必须承认决议必须留待监事会全体大会（而非委托某一委员会）作出。⑤

463　在派遣理由已不存在时，派遣自动终止⑥还是需要被派遣的监事辞去职务或由监事会撤销派遣，⑦是存在争议的。监事会可以提前**撤销**一名监事的派

---

① Hüffer, Komm. AktG；§ 105 Rn. 8；Bürgers/Israel in Bürgers/Körber, Komm. AktG，§ 105 Rn. 6；Wiesner, Münchener Hdb. AG，§ 24 Rn. 36.

② Hüffer, Komm. AktG，§ 105 Rn. 7；Hopt/Roth, Großkomm. AktG，§ 105 Rn. 58；Habersack, MünchKomm. AktG，§ 105 Rn. 31；Wiesner, Münchener Hdb. AG，§ 24 Rn. 30；a. A. Mertens/Cahn, Kölner Komm. AktG，§ 105 Rn. 25；unklar Drygala in K. Schmidt/Lutter, Komm. AktG，§ 105 Rn. 17.

③ Habersack, MünchKomm. AktG，§ 105 Rn. 31；Spindler in Spindler/Stilz, Komm. AktG，§ 105 Rn. 28；Mertens/Cahn, Kölner Komm. AktG，§ 105 Rn. 25.

④ Ulmer/Habersack in Ulmer/Habersack/Henssler, Mitbestimmungsrecht，§ 31 MitbestG Rn. 6；Hüffer, Komm. AktG，§ 105 Rn. 9；Mertens/Cahn, Kölner Komm. AktG，§ 105 Rn. 18；Wiesner, Münchener Hdb. AG，§ 24 Rn. 31.

⑤ Habersack, MünchKomm. AktG，§ 105 Rn. 28；Spindler in Spindler/Stilz, Komm. AktG，§ 105 Rn. 31；Drygala in K. Schmidt/Lutter, Komm. AktG，§ 105 Rn. 16；Krieger, Personalentscheidungen, S. 230 f.；a. A. Hüffer, Komm. AktG，§ 105 Rn. 9；Mertens/Cahn, Kölner Komm. AktG，§ 105 Rn. 18；Wiesner, Münchener Hdb. AG，§ 24 Rn. 31.

⑥ So Hopt/Roth, Großkomm. AktG，§ 105 Rn. 72；Habersack, MünchKomm. AktG，§ 105 Rn. 36；Drygala in K. Schmidt/Lutter, Komm. AktG，§ 105 Rn. 18.

⑦ So Mertens/Cahn, Kölner Komm. AktG，§ 105 Rn. 33；Spindler in Spindler/Stilz, Komm. AktG，§ 105 Rn. 29；Wiesner, Münchener Hdb. AG，§ 24 Rn. 32, die im Wegfall der Verhinderung den wichtigen Abberufungsgrund sehen.

遣,但通说认为必须以存在重大原因为前提。①就派遣决议所作的论述同样适用于撤销派遣的决议:《共同决定法》第 31 条第 5 款的规定不适用,根据《股份法》第 107 条第 3 款第 3 句,撤销派遣的决议要留待监事会全体大会作出。②

二、董事会主席的任命

根据《股份法》第 84 条第 2 款,监事会可以将一名董事任命为**董事会主席**;有争议的问题是,是否也可以任命两位董事会主席③——与任命第二位董事会会议主持人(参见下文边码 468)不同——该问题在实践中没有什么意义。法律未赋予董事会主席特殊的法定权限。董事会主席原则上与其他董事没有什么不同;根据通说,他只是被赋予了机构主席所享有的通常的组织权(主持和召开会议,等等)。④ 464

章程或董事会议事规程(业务守则)可以赋予拥有两名以上成员的董事会的主席票数均等情况下的**一票决定权**。⑤至少在不实行共同决定的公司中,章程或议事规程(业务守则)还可以赋予董事会主席对董事会决议的(终局的)**否决权**;⑥关于实行共同决定的公司中的法律状况,参见下文边码 473 及以下。然而,章程或议事规程(业务守则)不得规定董事会主席可以违背多数董事的意愿对董事会中的意见分歧作出决定(《股份法》第 77 条第 1 款第 2 句);因 465

① Habersack, MünchKomm. AktG,§ 105 Rn.36; Spindler in Spindler/Stilz, Komm. AktG,§ 105 Rn.36; Mertens, Kölner Komm. AktG,§ 105 Rn.31; Wiesner, Münchener Hdb. AG,§ 24 Rn.31; a.A. Krieger, Personalentscheidungen, S.232 f.

② Krieger, Personalentscheidungen, S.233.

③ Dafür Kort, Großkomm. AktG,§ 77 Rn.49; Fleischer in Spindler/Stilz, Komm. AktG,§ 84 Rn.86; Wiesner, Münchener Hdb. AG,§ 24 Rn.2; mit Recht ablehnend Spindler, MünchKomm. AktG,§ 84 Rn.100.

④ Vgl. etwa Hüffer, Komm. AktG,§ 84 Rn.21; Mertens/Cahn, Kölner Komm. AktG,§ 84 Rn.102; Wiesner, Münchener Hdb. AG,§ 24 Rn.4; eingehend T. Bezzenberger, ZGR 1996, 661, 662 ff.

⑤ Ganz h.M., z.B. BGH v. 14.11.1983—II ZR 33/83, BGHZ 89, 48, 59=AG 1984, 48; Hüffer, Komm. AktG,§ 84 Rn.21; Mertens/Cahn, Kölner Komm. AktG,§ 84 Rn. 102; Wiesner, Münchener Hdb. AG,§ 22 Rn.9; einschränkend T. Bezzenberger, ZGR 1996, 661, 669 f., der einen Stichentscheid in paritätisch mitbestimmten Gesellschaften als unzulässig ansieht; a.A. Erle, AG 1987, 7 ff.

⑥ OLG Karlsruhe v. 23.5.2000—8 U 233/99, AG 2001, 93, 94; Hüffer, Komm. AktG,§ 77 Rn.12; Mertens/Cahn, Kölner Komm. AktG,§ 77 Rn.13 f.; Fleischer in Spindler/Stilz, Komm. AktG,§ 77 Rn.16 f.; Wiesner, Münchener Hdb. AG,§ 22 Rn.9 f.; Langer/Peters, BB 2012, 2575, 2580 f.; a.A. Simons/Hanloser, AG 2010, 641, 645 ff.; T. Bezzenberger, ZGR 1996, 661, 665 ff.; Erle, AG 1987, 7 ff.; zweifelnd auch Hoffmann-Becking, ZGR 1998, 497, 519; offengelassen in BGH v. 14.11.1983—II ZR 33/83, BGHZ 89, 48, 58=AG 1984, 48.

此，在一个仅拥有两名成员的董事会中，董事会主席不得享有一票决定权，因为这将导致其享有一项单独决定权。①即使章程或议事规程（业务守则）未赋予董事会主席其他权限，他根据法律理念及指导原则也应承担特殊责任并能够对公司命运施加特殊影响。由此产生了董事会主席进行机构内部**协调和监督**的特殊职责义务，他并因而享有一些针对其他董事的特殊权利。②

466　　董事会主席并不拥有美国的**首席执行官**（CEO）那样的法律地位，尤其不享有对其他董事的指示权。然而，必须从实际方面来加以观察的是，董事会主席已越来越多地像首席执行官那样承担起特殊的领导（经营管理）职能。③

467　　董事会主席的任命及其撤销均**仅由监事会负责**。《准则》第 4.2.1 条也建议监事会任命一名董事会主席或会议主持人（参见下文边码 468）。章程不得禁止可以对董事会主席的任命，④而且根据通说也不得作出规定。⑤在实行共同决定的公司中，决定的作出应适用《共同决定法》第 29 条规定，而非第 31 条的分级程序。⑥此项决定权不能被赋予某一委员会（《股份法》第 107 条第 3 款第 3 句）。与撤销董事聘任一样，撤销董事会主席的任命（该撤销不涉及董事的聘任）也需要重大原因（《股份法》第 84 条第 3 款第 1 句）。最后，商业信函中必须列明董事会主席（《股份法》第 80 条）。

---

① OLG Hamburg v. 20.5.1985—2 W 49/84, AG 1985, 251; Hüffer, Komm. AktG, § 77 Rn.11; Mertens/Cahn, Kölner Komm. AktG, § 77 Rn.12; Wiesner, Münchener Hdb. AG, § 22 Rn.9; a.A. Priester, AG 1984, 253 ff.

② Vgl. dazu näher Wiesner, Münchener Hdb. AG, § 24 Rn.4; Spindler, Münch-Komm. AktG, § 84 Rn.102; Krieger, Personalentscheidungen, S.244 ff.; Wettich, Vorstandsorganisation, S.96 ff.; Simons/Hanloser, AG 2010, 641, 642 ff.; T. Bezzenberger, ZGR 1996, 661, 662 ff.; ablehnend Mertens/Cahn, Kölner Komm. AktG, § 84 Rn.102.

③ Vgl. etwa Baums (Hrsg.), Bericht der Regierungskommission Corporate Governance, Rn. 36; Wettich, Vorstandsorganisation, S. 118 ff.; Fleischer in Spindler/Stilz, Komm. AktG, § 77 Rn. 42, § 84 Rn. 89; Wiesner, Münchener Hdb. AG, § 24 Rn. 3; Wicke, NJW 2007, 3755, 3757.

④ Mertens/Cahn, Kölner Komm. AktG, § 84 Rn.101; Spindler, MünchKomm. AktG, § 84 Rn.100; Wiesner, Münchener Hdb. AG, § 24 Rn.4.

⑤ Mertens/Cahn, Kölner Komm. AktG, § 84 Rn.101; Wiesner, Münchener Hdb. AG, § 24 Rn.4; Fleischer in Spindler/Stilz, Komm. AktG, § 84 Rn.86; Paefgen, Aufsichtsratsverfassung, S.142; a.A. Dose, Vorstandsmitglieder, S.28 ff.; Krieger, Personalentscheidungen, S.252 f.

⑥ Hüffer, Komm. AktG, § 84 Rn.20; Mertens/Cahn, Kölner Komm. AktG, § 84 Rn. 100; Ulmer/Habersack in Ulmer/Habersack/Henssler, Mitbestimmungsrecht, § 30 MitbestG Rn.8; Wiesner, Münchener Hdb. AG, § 24 Rn.2; a.A. Krieger, Personalentscheidungen, S.254; Säcker, Aufsichtsratsausschüsse, S.61.

如果监事会未行使其所享有的董事会主席聘任权,那么实践中通行的做法是,由董事会自行任命一到两名**董事会会议主持人**。有些时候,监事会并不聘任董事会主席,而是将一名董事任命为会议主持人。另外,监事会也可以委托董事会任命一名会议主持人,但该任命需要监事会或委员会的同意。董事会主席与董事会会议支持人之间的区别已得到普遍承认和接受。因此,没有人反对监事会和董事会所享有的制定议事规程(业务守则)的权利涉及一或两名会议主持人的任命(及其撤销)(《股份法》第 77 条第 2 款)。①如果监事会可以随时聘任一名董事会主席,那么更是如此;会议主持人的职务随着董事会主席的聘任而自动解除。②此外,监事会可以无需重大原因随时撤销会议主持人的任命。③会议主持人并不负/享有董事会主席的特殊协调和监督职责/能(参见上文边码 465),而仅限于履行**会议主持和代理方面的特殊职责(能)**。④他同样不得在事实上像董事会主席那样行为;如果他这样行为,那么监事会必须进行干预。⑤

三、职工董事的聘任

适用《煤铁工业共同决定法》和 1976 年《共同决定法》的股份有限公司的董事会必须拥有一名享有平等权利的职工董事(《共同决定法》第 33 条,《煤铁工业共同决定法》第 13 条,《共同决定补充法》第 13 条)。由此可知,此类公司的董事会必须至少由两名董事组成。⑥一旦一家企业开始实行共同决定,且现任董事不能履行职工董事职责,则必须立即重新聘用一名职工董事,否则只能在相

468
469

---

① Hüffer, Komm. AktG, §84 Rn.22；Mertens/Cahn, Kölner Komm. AktG, §84 Rn.103；Wiesner, Münchener Hdb. AG, §24 Rn.5 ff.

② Wiesner, Münchener Hdb. AG, §24 Rn.7.

③ Wiesner, Münchener Hdb. AG, §24 Rn.7；Spindler, MünchKomm. AktG, §84 Rn.103；Fleischer in Spindler/Stilz, Komm. AktG, §84 Rn.91.

④ Hüffer, Komm. AktG, §84 Rn.22；Fleischer in Spindler/Stilz, Komm. AktG, §84 Rn.91；Wiesner, Münchener Hdb. AG, §24 Rn.6.

⑤ Hüffer, Komm. AktG, §84 Rn.22；Fleischer in Spindler/Stilz, Komm. AktG, §84 Rn.91；Wiesner, Münchener Hdb. AG, §24 Rn.6；Hoffmann-Becking, ZGR 1998, 497, 517.

⑥ LG Frankfurt/M. v. 26.4.1984—3/6 O 210/83, AG 1984, 276, 277；LG Bad Kreuznach v. 3.10.1979—2 T 78/79, AG 1979, 346, 347；Hüffer, Komm. AktG, §76 Rn.24；Mertens/Cahn, Kölner Komm. AktG, §76 Rn.108；Henssler in Ulmer/Habersack/Henssler, Mitbestimmungsrecht, §33 MitbestG Rn.2；a.A. Kötter, Komm. Montan-MitbestG, §13 Anm.1；Overlack, ZHR 141(1977), 125, 128 ff.

关董事本任期结束时再行聘任。①相反的观点要求不分情况地立即聘任职工董事，②此观点忽视了《共同决定法》第 3 条第 3 款的规定，该条款旨在确保现任董事在其任期内董事资格的存续以及能够在董事会中继续履行具体职责。③

470　　虽然法律未规定**职工董事的**具体**职责**，但它却认为在存在全体董事会最终管辖权的情况下(《股份法》第 77 条第 1 款第 2 句)，职工董事主要负有人事和社会问题方面的职责。④这并不妨碍职工董事被分配其他职责，只要这些职责不会阻碍他恰当履行其原本的职责。⑤相反，同样没有人反对将个别人事及社会事务委托给其他董事处理。⑥因此，公司经营管理人员可以而且在实践中通常要接受董事会主席或会议主持人的领导。⑦

471　　聘任和解聘其他董事时所适用的规则同样适用于职工董事。监事会全体大会对此享有管辖权(《股份法》第 107 条第 3 款第 2 句)并根据《共同决定法》第 31 条所规定的程序作出决议(不过前提是该条款必须是可适用的)。只有在适用《煤铁工业共同决定法》的公司中，才可以在未获得职工代表多数票的情况下聘任及解聘职工董事(《煤铁工业共同决定法》第 13 条第 1 款第 2、3 句)。

472　　监事会全体大会必须根据选择其他董事时所依据的相同标准来**选择**职工

---

① So z. B. Raiser/Veil, Komm. MitbestG und DrittelbG, § 37 MitbestG Rn. 7; Ulmer/Habersack in Ulmer/Habersack/Henssler, Mitbestimmungsrecht, § 37 MitbestG Rn. 21; Oetker, Großkomm. AktG, § 37 MitbestG Rn. 11; Wiesner, Münchener Hdb. AG, § 24 Rn. 16; ausführlich Mertens, AG 1979, 334.

② So etwa AG Bremen v. 5. 12. 1978—38 HRB 3029, WM 1979, 154; LG Bad Kreuznach v. 3. 10. 1979—2 T 78/79, AG 1979, 346; Koberski in Wlotzke/Wißmann/ Koberski/Kleinsorge, Mitbestimmungsrecht, § 37 MitbestG Rn. 18 ff.

③ So insbes. Mertens, AG 1979, 334, 335 ff.; Säcker, Anpassung von Satzungen S. 56, 58; Ulmer/Habersack in Ulmer/Habersack/Henssler, Mitbestimmungsrecht, § 37 MitbestG Rn. 21.

④ Vgl. dazu näher etwa Raiser/Veil, Komm. MitbestG und DrittelbG, § 33 MitbestG Rn. 16 ff.; Henssler in Ulmer/Habersack/Henssler, Mitbestimmungsrecht, § 33 MitbestG Rn. 43 ff.; Oetker, Großkomm. AktG, § 33 MitbestG Rn. 19 ff.; Wiesner, Münchener Hdb. AG, § 24 Rn. 17 ff.

⑤ BVerfG v. 1.3.1979—1 BvR 532, 533/77, 419/78 und 1 BvL 21/78, BVerfGE 50, 290, 378; Henssler in Ulmer/Habersack/Henssler, Mitbestbestimmungsrecht, § 33 MitbestG Rn. 42; Oetker, Großkomm. AktG, § 33 MitbestG Rn. 23.

⑥ BVerfG v. 1.3.1979—1 BvR 532, 533/77, 419/78 und 1 BvL 21/78, BVerfGE 50, 290, 378; Henssler in Ulmer/Habersack/Henssler, Mitbestimmungsrecht, § 33 MitbestG Rn. 45; Oetker, Großkomm. AktG, § 33 MitbestG Rn. 21.

⑦ Henssler in Ulmer/Habersack/Henssler, Mitbestimmungsrecht, § 33 MitbestG Rn. 48; Raiser/Veil, Komm. MitbestG und DrittelbG, § 33 MitbestG Rn. 20; im Ergebnis auch Koberski in Wlotzke/Wissmann/Koberski/Kleinsorge, Mitbestimmungsrecht, § 33 MitbestG Rn. 34.

董事。也就是说,必须根据职工董事的职能(责)进行选择,而且职工的信任对于选择来说无疑也具有一定的重要性。①然而,这并不意味着为了公司的利益就只能将那些已得到职工监事批准的人员聘任为职工董事。②

《共同决定法》第 33 条、《煤铁工业共同决定法》第 13 条第 1 款第 1 句强调职工董事享有平等权利。学术界和司法界由此推断出:在实行共同决定的公司中,章程或议事规程(业务守则)只能在极小范围内对董事的法律地位作出不同安排。这样一来就出现了如下疑问,即在拥有两名成员的董事会中,除职工董事之外能否再任命一名董事会主席,③或者可否将职工董事仅任命为代理董事。④此外,若已设立董事会主席团,则职工董事必须是其成员;⑤不得将职工董事的经营管理权以及代理权(单独代理权和共同代理权)置于其他董事之后;⑥而且在实行共同决定的公司中,赋予董事会主席一项针对董事会决议

473

---

① Vgl. etwa Bericht des Bundestagsausschusses für Arbeit und Sozialordnung, BT-Drucks. 7/4845, S.9 und die Nachweise in der folgenden Fn.

② So aber z.B. Koberski in Wlotzke/Wißmann/Koberski/Kleinsorge, Mitbestimmungsrecht, § 33 MitbestG Rn.19, allerdings mit dem Hinweis, dass diese These keine Rechtsnormkraft beanspruche; vgl. in diese Richtung auch den Bericht der Mitbestimmungskommission, BT-Drucks. VI/334, S.110. Im Ergebnis wie hier die h.M., z.B. BVerfG v. 1.3. 1979—1 BvR 532, 533/77, 419/78 und 1 BvL 21/78, BVerfGE 50, 290, 379; Mertens/Cahn, Kölner Komm. AktG, § 33 MitbestG Rn.5; Wiesner, Münchener Hdb. AG, § 24 Rn.14.

③ Für die Zulässigkeit mit Recht OLG Frankfurt v. 23.4.1985—5 U 149/84, BB 1985, 1286, 1288; Kötter, Komm. Montan-MitbestG, § 13 Rn.8b; Raiser/Veil, Komm. MitbestG und DrittelbG, § 33 MitbestG Rn.29; Henssler in Ulmer/Habersack/Henssler, Mitbestimmungsrecht, § 33 MitbestG Rn.40; Oetker, Großkomm. AktG, § 33 MitbestG Rn.16; Mertens/Cahn, Kölner Komm. AktG, § 77 Rn.66; zweifelnd Koberski in Wlotzke/Wißmann/Koberski/Kleinsorge, Mitbestimmungsrecht, § 33 MitbestG Rn.43; Meyer-Landrut, DB 1976, 387, 388; generell ablehnend Kieser, Komm. MitbestG, § 33 Rn.108; Wlotzke, Das Arbeitsrecht der Gegenwart 14(1976), 17, 41.

④ Zurückhaltend Koberski in Wlotzke/Wißmann/Koberski/Kleinsorge, Mitbestimmungsrecht, § 33 MitbestG Rn.23; für die Zulässigkeit aus sachlichem Grund mit Recht aber die h.M., Hüffer, Komm. AktG, § 94 Rn.4; Henssler in Ulmer/Habersack/Henssler, Mitbestimmungsrecht, § 33 MitbestG Rn.39; Oetker, Großkomm. AktG, § 33 MitbestG Rn.14; Raiser/Veil, Komm. MitbestG und DrittelbG, § 33 MitbestG Rn.10 f.

⑤ Koberski in Wlotzke/Wißmann/Koberski/Kleinsorge, Mitbestimmungsrecht, § 33 MitbestG Rn.42; Mertens/Cahn, Kölner Komm. AktG, § 77 Rn.67; Rumpff, GK-MitbestG, § 33 Rn.39.

⑥ Raiser/Veil, Komm. MitbestG und DrittelbG, § 33 MitbestG Rn.31; Koberski in Wlotzke/Wißmann/Koberski/Kleinsorge, Mitbestimmungsrecht, § 33 MitbestG Rn.44 f. und 47; Hoffmann/Lehmann/Weinmann, Komm. MitbestG, § 33 Rn.25; Mertens/Cahn, Kölner Komm. AktG, § 77 Rn.67; Ballerstedt, ZGR 1977, 133, 150.

的否决权同样是不被允许的。①

474   事实上，必须对上述观点采取审慎态度。权利方面的平等对待并不妨碍**事实上合理的区别对待**。②只有在特别严重的区别对待(歧视)的情况下，才有理由对此提出一般性的禁止。然而，此时我们必须注意到，《股份法》已将董事会视为合议(集体协商)机构，并在设法保证董事享有同等的权利。因此，从平等对待的角度来看，仅在职工董事遭到歧视时才可将《股份法》所允许的做法视为违法，即职工董事遭到了区别对待，而且考虑到当时的具体情况，这种区别对待似乎在事实上是没有理由的。③

475   在上段提到的几种做法中，只有**赋予**董事会主席**否决权**必须被看作是不被允许的，这不是因为赋予否决权可能造成对职工董事的非法"歧视"，而是由于这可能严重削弱职工董事所享有的职权。④与此相对照，赋予拥有两名以上成员的董事会的主席一票决定权毫无疑问是被允许的，⑤而根据《股份法》的有关规定，如果董事会只拥有两名成员，那么赋予董事会主席一票决定权则是不被允许的(参见上文边码465)。

476   **有限责任公司中的法律状况**稍有不同。主要表现在：第一，其经营管理机构的合议性质没有在股份有限公司中突出；第二，个别经理可以被赋予远远超出其他经理的权限，例如最终决定权(与《股份法》第77条第1款第2句形成鲜明对比)。因为职工董事享有平等权利，所以那些不为《股份法》所允许的区

---

① BGH v. 14. 11. 1983—II ZR 33/83, BGHZ 89, 48, 59 f. = AG 1984, 48; Hüffer, Komm. AktG, §77 Rn.13; Mertens/Cahn, Kölner Komm. AktG, §77 Rn.14; Henssler in Ulmer/Habersack/Henssler, Mitbestimmungsrecht, §33 MitbestG Rn. 40 m. w. N.

② Dies wird auch zu §33 MitbestG allgemein anerkannt; vgl. etwa Henssler in Ulmer/Habersack/Henssler, Mitbestimmungsrecht, §33 MitbestG Rn. 31; Raiser/Veil, Komm. MitbestG und DrittelbG, §33 MitbestG Rn.24; Oetker, Komm. AktG, §33 MitbestG Rn.13.

③ Oetker, Großkomm. AktG, §33 MitbestG Rn.13; Mertens/Cahn, Kölner Komm. AktG §77 Rn.67; Wiesner, Münchener Hdb. AG, §24 Rn.10; Krieger, Personalentscheidungen, S.265 ff.

④ BGH v. 14. 11. 1983—II ZR 33/83, BGHZ 89, 48, 59 = AG 1984, 48; Raiser, Komm. MitbestG, §33 Rn.40; Raiser/Veil, Komm. MitbestG und DrittelbG, §33 MitbestG Rn.29; a.A. Wiesner, Münchener Hdb. AG, §24 Rn.19.

⑤ BGH v. 14. 11. 1983—II ZR 33/83, BGHZ 89, 48, 59 = AG 1984, 48; Henssler in Ulmer/Habersack/Henssler, Mitbestimmungsrecht, §33 MitbestG Rn. 39; Mertens/Cahn, Kölner Komm. AktG, §77 Rn.66; Oetker, Großkomm. AktG, §33 MitbestG Rn.17.

别对待在有限责任公司同样是不被允许的。①

四、代理董事的聘任

根据《股份法》第 94 条,适用于正式董事的规定同样适用于**代理董事**。 477
"代理"这个名称并不具有法律意义,而只是一个纯粹的头衔。就正式董事
的聘任、缔结聘用合同、撤销聘任以及解除聘用合同所作的论述同样适用于
代理董事;而且代理董事所享有的法定代理权及强制性经营管理权(包括所
负的经营管理义务)也与正式董事完全相同。②公司只能在强制法的界限内
对代理董事的法律地位作出特殊安排。比如说分配给他仅针对代理事项的确
定权限,等等。实践中,在经过相应考验后,新董事经常首先被聘任为代理人,
之后再被聘任为正式董事。将某名董事聘任为正式还是代理董事,由监事会
根据其最负责的判断作出决定。章程既不能排除也不能规定将董事仅聘任为
代理董事。③

适用于续聘的规则同样适用于**头衔(称谓)的改变**。也就是说,将现任代
理董事任命为正式董事的权利仅由全体监事会享有。④对于(只是理论上可想
象的)正式董事的"降级"(即降为代理董事)来说,更是如此。⑤在实行共同决定
的公司中,头衔(称谓)的改变适用《共同决定法》第 29 条,而非第 31 条。⑥

■ 第七节　康采恩中的特殊之处

*附属股份有限公司监事会的**人事权**不会因附属或康采恩关系而改变。监* 478

---

① Vgl. Koberski in Wlotzke/Wißmann/Koberski/Kleinsorge, Mitbestimmungsrecht,
§ 33 MitbestG Rn.42;Raiser/Veil, Komm. MitbestG und DrittelbG, § 33 MitbestG Rn.30,
je m.w.N.

② Hüffer, Komm. AktG, § 94 Rn.2 f.;Habersack, Großkomm. AktG, § 94 Rn.5;
Mertens/Cahn, Kölner Komm. AktG, § 94 Rn.2 ff.

③ Krieger/Sailer-Coceani in K. Schmidt/Lutter, Komm. AktG, § 94 Rn. 1;
Habersack, Großkomm. AktG, § 94 Rn. 12;Fleischer in Spindler/Stilz, Komm. AktG,
§ 94 Rn.4.

④ Krieger/Sailer-Coceani in K.Schmidt/Lutter, Komm. AktG, § 94 Rn.3;Spindler,
MünchKomm. AktG, § 94 Rn.9;Habersack, Großkomm. AktG, § 94 Rn.13.

⑤ Wiesner, Münchener Hdb. AG, § 24 Rn.27;Krieger, Personalentscheidungen, S.
223.

⑥ Heute ganz h.M. Habersack, Großkomm. AktG, § 94 Rn.13;Hüffer, Komm.
AktG, § 94 Rn.4;Krieger/Sailer-Coceani in K.Schmidt/Lutter, Komm. AktG, § 94 Rn.4;
Fleischer in Spindler/Stilz, Komm. AktG, § 94 Rn. 5;Mertens/Cahn, Kölner Komm.
AktG, § 94 Rn.7;a.A. Oetker, Großkomm. AktG, § 1 MitbestG Rn.4.

事会仍继续单独负责本公司董事的聘任、缔结聘用合同以及解聘。控股公司不享有任何形式的指示（命令）权，即使在已签订直接控制协议或合并的情况下也是如此。[①]

在康采恩中，控股股份有限公司监事会的人事权首先仅涉及本公司。附属公司中的人事决定仍由它自己的机构负责。不过，控股公司的监事会必须在其监督职责范围内决定附属公司中经营管理职位的人选。[②]因此，它一方面必须关注董事会是否正**按计划**推行着有助于培养康采恩中经营管理人才的**人事政策**，另一方面，它必须设法获得关于子公司中重大人事决定的信息，并就这些决定与董事会进行讨论。

根据《股份法》第 111 条第 4 款第 2 句，控股公司的监事会还可以要求其董事会在参与子公司人事决定时需首先征得其同意。[③]至少当董事会在子公司股东大会中行使控股公司的表决权时，此种**同意保留**对其是有约束力的。因此，当子公司是一家由其股东大会享有经理聘任及解聘权的有限责任公司时，该同意保留无论如何是要发挥作用的。《股份法》第 111 条第 4 款第 2 句规定的同意保留是以如下方式对控股公司董事在子公司监事会中的活动产生影响的，即控股公司的董事必须首先向本公司监事会就子公司中计划的人事决定作出报告并征得其同意；如果监事会未给予同意，那么子公司监事会中的控股公司董事可以（而且必须）根据其最负责的判断对此不予理会并继续开展其工作。[④]

479 　　根据《共同决定法》第 32 条和《共同决定补充法》第 15 条，对于**实行共同决定的公司**，同样存在一项法定的同意保留。此项同意保留涉及聘任及解聘子公司经营管理人员时母公司权利的行使，并使这些权利的行使取决于母公司监事会中股东代表的同意（详见边码 497 及以下）。然而，这对于子公司董事和经理的聘任及解聘几乎没有什么实际意义，因为只有当子公司的股东大会（而非其监事会）享有此类人事决定权时，这项同意保留才发挥作用。[⑤]

480 　　实践中经常存在这样一种需要，即将控股公司的代理机构成员或管理人

---

① Krieger, Münchener Hdb. AG, §69 Rn.35, §70 Rn.170, §73 Rn.67.

② Semler, Leitung und überwachung, Rn.273 und 430; Krieger, Münchener Hdb. AG, §69 Rn.30.

③ Weitergehend Martens, ZHR 159(1995), 567, 577 ff., der für wichtige Vorstandspositionen bei Töchtern eine Pflicht zur Schaffung eines Zustimmungsvorbehaltes annimmt.

④ Ausführlich dazu Lutter in FS Fischer, 1979, S.419 ff.

⑤ Oetker, Großkomm. AktG, §32 MitbestG Rn.11; Ulmer in Ulmer/Habersack/Henssler, Mitbestimmungsrecht, §32 MitbestG Rn.12.

员聘任为附属公司的董事,或者反过来,将一家附属公司的代理机构成员聘任为控股公司的董事。①虽然这种**董事会双重席位**在股份法上是被允许的,②但是却引出了一系列法律问题,这些问题产生于两家公司之间可能存在的利益冲突。③

---

① Zu den unternehmerischen Aspekten, die für eine derartige Personalverflechtung sprechen, vgl. Fonk in Semler/v. Schenck, Arbeitshandbuch für Aufsichtsratsmitglieder, § 10 Rn. 75; Semler in FS Stiefel, 1987, S. 719, 722 ff.; Hoffmann-Becking, ZHR 150 (1986), 570; Decher, Verflechtungen, S. 71 ff., 80 ff., 86 ff.

② BGH v. 9.3.2009—II ZR 170/07, BGHZ 180, 105 = AG 2009, 500 Tz. 14 ff.; Hüffer, Komm. AktG, § 76 Rn. 21; Mertens/Cahn, Kölner Komm. AktG, § 76 Rn. 70; Wiesner, Münchener Hdb. AG, § 20 Rn. 10.

③ Vgl. dazu nur BGH v. 9.3.2009—II ZR 170/07, BGHZ 180, 105 = AG 2009, 500 Tz. 14 ff.; Hoffmann-Becking, ZHR 150 (1986), 570 ff.; Wiesner, Münchener Hdb. AG, § 20 Rn. 10; Fonk in Semler/v. Schenck, Arbeitshandbuch für Aufsichtsratsmitglieder, § 9 Rn. 75. Zur Vertragsgestaltung bei Vorstandsdoppelmandaten eingehend Fonk, NZG 2010, 368, 369 ff.

第八章

监事会的其他职责及权限

■ 第一节　引言

481　　考虑到目前为止所论述的监事会所享有的全部权限,监事会已不仅限于扮演监督者的角色,而是逐渐成为**真正的企业决策参与者**。[1]首先,监事会享(负)有的咨询/讨论职能(责)(参见上文边码 103 及以下)使其能够对董事会施加经营管理方面的影响。另外,其享有的针对特定经营管理措施的同意保留权(同时也是义务)(参见上文边码 112 及以下)增强了这种影响力,并赋予其以下可能性,即虽然它不能强迫董事会接受它所作出的经理管理判断,但仍可以阻止董事会采取与其判断不相符的措施。最后,借助其所享有的人事权(参见上文第七章),监事会可以在这一领域中进行独自负责的企业决策。因此,监事会的职责远不仅限于监督董事会;它虽然是监督者,但*同时也*负有合作(协助)和独立经营管理的职责。监事会必须与董事会共同且同时承担责任。[2]法律还进一步扩大了监事会的企业决策范围以及责任范围,主要体现在确认决算(资产负债表)和分配留存储备基金以及承担和享有一系列涉及公司经营管理层和股东大会的其他职责和权限。

■ 第二节　年度决算的确认以及康采恩决算的批准

482　　根据《股份法》第 171 条,监事会必须审查年度决算及康采恩决算(如果存在此类决算)并决定是否批准这些决算。只要董事会和监事会未约定由股东大会对该决算作出确认,年度决算一经(监事会)批准即得到**确认**(《股份法》第172 条第 1 款)。在确认年度决算时,监事会应当与董事会共同决定将公司的一部分利润转化为利润储备金(《股份法》第 58 条第 2 款)。此外,监事会还有权——在实践中极为罕见——与董事会共同决定用预计的决算利润向股东分

---

[1]　Lutter in FS Albach, 2001, S.225, 226 ff.

[2]　Lutter, AG 1979, 85, 90.

期支付一定款项(《股份法》第 59 条第 3 款)。

监事会不得授权某一委员会进行年度决算的审查和批准(《股份法》第 107 条第 3 款第 3 句)。但它却可以(《准则》第 5.3.2 条也这样建议)委托审计委员会为全体大会的审查和决定做相应的准备工作(参见下文边码 753)。

483

董事会必须在编制完成年度决算、状况报告、利润使用建议(《股份法》第 170 条第 1 款第 1 句,第 2 款)以及康采恩决算和康采恩状况报告(如果存在此类决算和报告,《股份法》第 170 条第 1 款第 2 句)后毫不迟延地将其**提交**给监事会。另外,监事会直接从决算审计人员和康采恩决算审计人员处获得相关审计报告(《商法典》第 321 条第 5 款第 2 句,《股份法》第 111 条第 2 款第 3 句);详见上文边码 176 及以下,边码 217。

484

监事会必须对董事会提交的上述材料进行审查(《股份法》第 171 条第 1 款第 1 句)。①该**审查**不仅涉及年度决算的合法性(即决算是否符合法律和章程的规定),而且涉及决算政策决定(包括《股份法》第 58 条第 2 款规定的储备金的留存)的合目的性(又称适当性)。②每名监事都有义务独立作出判断。③对此,**最重要的辅助工具是(康采恩)决算审计人员**的书面审计报告。虽然监事会要求将此类报告仅提交给其委员会成员(《股份法》第 170 条第 3 款第 2 句),但所有监事均必须对这些报告进行认真研究和分析;参见上文边码 181 及以下。此外,(康采恩)决算审计人员的口头报告也很重要,因为审计人员有义务参加监事会决算会议,并在会议上就重要审计结果作出说明(《股份法》第 171 条第 1 款第 2 句);详见上文边码 183、184。如果出现疑问,审计人员必须对此进行进一步调查;然而若无特殊理由,监事会无需自行通过大规模审计措施或抽检对簿记和年度决算的合规则性进行审查。④审查时,监事会可以使用

485

---

① Zum Inhalt der Prüfungspflichten eingehend Ekkenga, Kölner Komm. AktG, §171 Rn.13 ff.

② Hüffer, Komm. AktG, §171 Rn.7; Ekkenga, Kölner Komm. AktG, §171 Rn.19 ff.; Hennrichs/Pöschke, MünchKomm. AktG, §171 Rn. 52 f.; Waclawik in Hölters, Komm. AktG, §171 Rn.8 f.; Drygala in K.Schmidt/Lutter, Komm. AktG, §171 Rn.4; Hennrichs, ZHR 174(2010), 683, 690; Lutter in FS Albach, 2001, S.225, 228 f.

③ Hüffer, Komm. AktG, §171 Rn.9; Ekkenga, Kölner Komm. AktG, §171 Rn.4; Drygala in K.Schmidt/Lutter, Komm. AktG, §171 Rn.5 ff.; Hommelhoff, ZGR 1983, 551, 576; Clemm, ZGR 1980, 455, 457 f.

④ Drygala in K. Schmidt/Lutter, Komm. AktG, §171 Rn. 6; Adler/Düring/Schmaltz, Rechnungslegung und Prüfung der Unternehmen, §171 AktG Rn.23 ff.; zweifelnd aber Ekkenga, Kölner Komm. AktG, §171 Rn.23; weitergehend auch Hennrichs/Pöschke, MünchKomm. AktG, §171 Rn. 103 ff., die bei besonders wesentlichen oder in der Öffentlichkeit umstrittenen Bilanzposten stichprobenartig eigene Prüfungshandlungen des Aufsichtsrats fordern.

一般的信息工具,特别是可以要求董事会提供相关报告(《股份法》第 90 条第 3 款)、查阅公司账簿和文件(《股份法》第 111 条第 2 款第 1 句)以及聘请专家(《股份法》第 111 条第 2 款第 2 句)。但直接向公司员工了解情况仍须保持谨慎和克制(详见上文边码 246 及以下)。①

486 　　原则上,单个监事无权聘请**私人专家**协助其工作。出现的问题通常必须首先在监事会内部予以澄清。只有在个别情况下无法澄清有关问题时,才能例外地考虑允许缺乏必要专业知识的单个监事针对具体情况中的具体问题寻求专家的建议。②要与之相区别的是助理以及其他助手的聘请。监事审查决算时,这些人员可以帮助其完成相关准备工作,但他们只能为监事节省一些时间,而无法弥补监事所缺乏的专业知识;在适当的范围内这是被允许的。③在聘请第三人的情况下,必须为该第三人设定保密义务。④

487 　　在完成审查后,监事会必须独自负责地决定是否批准该年度决算及可能存在的康采恩决算(《股份法》第 171 条第 2 款第 4、5 句)。⑤监事会通过决议决定提出异议还是批准有关决算。一旦监事会**予以批准**,它就为这些决算的合法性以及合目的性承担共同责任。如果监事会拒绝批准有关决算,那么此时由股东大会决定是否确认年度决算或批准康采恩决算(《股份法》第 173 条第 1 款),董事会和监事会必须就此向股东大会提出决议建议(《股份法》第 124 条第 3 款)。

488 　　监事会必须就其审查结果向股东大会作出**书面报告**,并对(康采恩)决算

---

① Vgl. die Nachweise oben Rn.246, Fn. 1 sowie Spindler in FS Hüffer, 2010, S.985; a.A. Ekkenga, Kölner Komm. AktG, §171 Rn.38. Zu aufsichtsrechtlich vorgeschriebenen Direktkontakten des Aufsichtsrats zu Unternehmensmitarbeitern näher Dreher, ZGR 2010, 496, 514 ff.

② BGH v. 15.11.1982—II ZR 27/82, BGHZ 85, 293 ff. = AG 1983, 133(Hertie); Ekkenga, Kölner Komm. AktG, §171 Rn.11; Hennrichs/Pöschke, MünchKomm. AktG, §171 Rn. 113 ff.; Euler in Spindler/Stilz, Komm. AktG, §171 Rn. 32 ff.; eingehend Lutter, Information und Vertraulichkeit, Rn.550 ff.; Forster in FS Kropff, 1997, S.71, 80 f.; großzügiger Steinbeck, Überwachungspflicht, S.96 ff.

③ Hüffer, Komm. AktG, §171 Rn.9; Ekkenga, Kölner Komm. AktG, §171 Rn. 12; Hennrichs/Pöschke, MünchKomm. AktG, §171 Rn. 115; näher Lutter/Krieger, DB 1995, 257, 259 f.; Lutter, Information und Vertraulichkeit, Rn.553 ff.

④ Hüffer, Komm. AktG, §171 Rn.9; Ekkenga, Kölner Komm. AktG, §171 Rn. 12; Drygala in K. Schmidt/Lutter, Komm. AktG, §171 Rn. 8; Lutter, Information und Vertraulichkeit, Rn.552, 554; Lutter/Krieger, DB 1995, 257, 259 f.

⑤ Zur Frage, ob eine Billigung unter Auflagen möglich ist, vgl. Adler/Düring/Schmaltz, Rechnungslegung und Prüfung der Unternehmen, §172 AktG Rn.18; Hoffmann-Becking, Münchener Hdb. AG, §45 Rn.3; Claussen/Korth, Kölner Komm. AktG, §172 Rn.12; Kropff, MünchKomm. AktG, §172 Rn.25.

审计人员的审计结果发表意见。此外,它还必须将其对经营年度内经营管理情况的审查方式及范围报告给股东大会。《股份法》第171条第2、3款,第172条第2句对报告细节作出了规定,详见下文边码562、563。

■ 第三节　对《准则》的说明

《股份法》第161条要求上市股份有限公司的董事会及监事会提供所谓的"遵守说明",即**每年**对以下情况作出**说明**:(1)公司是否已经遵守以及是否将会遵守《准则》的行为建议,(2)哪些建议未被遵守或将不被遵守。因此这属于对过去《准则》遵守情况的知悉性说明以及对未来情况的计划性说明。具言之,须说明哪些建议未得到采纳或将不会被采纳;另外,不予采纳的理由须予以说明(《股份法》第161条第1款第1句)。说明理由可以仅限于简要提及重要依据;[1]不得对此提出过高要求,否则宣称不接受建议的权利实际上将被弱化。[2]

显然,立法者建议**董事会和监事会共同**对有关情况**作出说明**;[3]从实践角度来看这也更加合适。[4]然而,两个机构同样可以分别作出说明。此外存在争议的是,若这两个机构在个别情况下无法就联合说明达成一致,它们的说明在内容上可否有所不同;[5]二者是否必须作出内容上完全一致的说明;在存在分歧时,二者是否需要对相关准则建议的偏离作出说明。[6]只有对同时涉及董事会和监事会的建议才会发生上述问题(参见下文边码492)。此时"遵守说明"的信息目的更可能支持这样的假设:遵守说明在内容上的一致性是必要的,也就是说不能一个机构声明接受某一建议,而另一机构拒绝遵

489

490

---

① Hüffer, Komm. AktG, §161 Rn.17a; Lutter, Kölner Komm. AktG, §161 Rn.87; Leyens, Großkomm. AktG, §161 Rn.339.

② Krieger, ZGR 2012, 202, 218; auf den aus der Begründungspflicht folgenden faktischen Befolgungsdruck hinweisend auch Hüffer, Komm. AktG, §161 Rn.17a; Goette, MünchKomm. AktG, §161 Rn.52.

③ Vgl. Begr. RegE TransPuG, BT-Drucks. 14/8769, S.11.

④ Leyens, Großkomm. AktG, §161 Rn.297; Krieger in FS Ulmer, 2003, S.365, 370.

⑤ So Hüffer, Komm. AktG, §161 Rn.11; Hoffmann-Becking, Münchener Hdb. AG, §34 Rn.13; Spindler in K.Schmidt/Lutter, Komm. AktG, §161 Rn.23; Krieger in FS Ulmer, 2003, S.365, 369 f.; 5. Aufl. Rn.491.

⑥ So Lutter, Kölner Komm. AktG, §161 Rn.72 f.; Goette, MünchKomm. AktG, §161 Rn.70 ff.; Leyens, Großkomm. AktG, §161 Rn.297 ff.; Seibt, AG 2002, 249, 253.

守同样的建议。

491　　　有关机构必须"每年"作出此类说明。对于**提交时间**,应当自上次提交以来不超过一年,①但轻微的超时并无大碍。②相反的观点则认为在下一个日历年度或财政年度终了时提及即可,③这导致在极端情况下两次说明之间的可能间隔近两年的时间。实践中,习惯上常常是在确认年度财务报表的同时或在年底提交说明。与提交时间的问题有所区别的是,遵守说明须涵盖多长的**参考时期**。对于回顾性说明,尽管在商业或日历年结束时作出说明在法律上是可以的,但认为参考期间应涵盖自上一次作出说明以来的时期同样理由充分。④展望性说明则适用所谓的"等待进一步通知"原则,即不得限定时间。⑤如果公司有意在未来不再遵守某建议,那么必须事先通过修订的遵守说明进行通知。⑥基于《股份法》第161条的作出遵守说明义务,董事会和监事会同样有义务从组织层面确保其已声明遵守的《准则》中的行为准则得到切实遵守,或者在存在偏离时及时予以披露。⑦任何**对《准则》的修改**都不会立即要求董事会和监事会提交展望性遵守说明;⑧回顾性说明也仅针对原《准则》中的建议作出即可。⑨

---

①　OLG München v. 23.1.2008—7 U 3668/07, ZIP 2008, 742＝AG 2008, 386; Lutter, Kölner Komm. AktG, §161 Rn.90; Spindler in K. Schmidt/Lutter, Komm. AktG, §161 Rn.39; Goette, MünchKomm. AktG, §161 Rn.73.

②　Goette, MünchKomm. AktG, §161 Rn.73; Spindler in K. Schmidt/Lutter, Komm. AktG, §161 Rn.39; Lutter, Kölner Komm. AktG, §161 Rn.90.

③　So z.B. Leyens, Großkomm. AktG, §161 Rn.353(Kalenderjahr); Hoffmann-Becking, Münchener Hdb. AG, §34 Rn.76(Kalenderjahr); Hüffer, Komm. AktG, §161 Rn.15(Geschäftsjahr); Rosengarten/Sven H. Schneider, ZIP 2009, 1837, 1841(Geschäfts-oder Kalenderjahr nach Wahl des Unternehmens).

④　Vgl. Lutter, Kölner Komm. AktG, §161 Rn.91; Leyens, Großkomm. AktG, §161 Rn.370; Spindler in K.Schmidt/Lutter, Komm. AktG, §161 Rn.39; Rosengarten/Sven H. Schneider, ZIP 2009, 1837, 1842 f.; a.A. anscheinend Goette, MünchKomm. AktG, §161 Rn.41, der das abgelaufene Geschäftsjahr als zwingenden Bezugszeitraum anzusehen scheint.

⑤　Leyens, Großkomm. AktG, §161 Rn.373; Lutter, Kölner Komm. AktG, §161 Rn.92; Goette, MünchKomm. AktG, §161 Rn.44; Rosengarten/Sven H. Schneider, ZIP 2009, 1837, 1843; a.A. LG Schweinfurt v. 1.12.2003—5 HKO 69/03, WPg 2004, 339.

⑥　BGH v. 16.2.2009—II ZR 185/07, BGHZ 180, 9 Tz. 19＝AG 2009, 285(Kirch/Deutsche Bank); BGH v. 21.9.2009—II ZR 174/08, BGHZ 182, 272 Tz. 19＝AG 2009, 824(Umschreibungsstopp); Hüffer, Komm. AktG, §161 Rn.20; Lutter.

⑦　Näher Seibt, AG 2002, 249, 254.

⑧　Hüffer, Komm. AktG, §161 Rn.15; Lutter, Kölner Komm. AktG, §161 Rn.94; Leyens, Großkomm. AktG, §161 Rn.382.

⑨　Lutter, Kölner Komm. AktG, §161 Rn.91.

《准则》包含一系列仅与监事会职务履行有关的建议，①此外，它还包含一些针对监事会主席②、董事会③、股东大会④或个别董事及监事⑤的行为建议；一部分建议只能由董事会和监事会共同践行⑥。尽管"遵守说明"涉及所有建议，但它也涉及那些与**监事会职责范围**无关的建议。

就**回顾性说明**而言，监事会在据此作出其说明之前必须核实公司自上次"遵守说明"作出以来是否遵守了有关建议；就这点而言，单个董事和监事有义务提供相关信息⑦。如果个别董事或监事未遵守与他们有关的建议，或者拒绝提供相关信息，那么说明必须相应地受到限制；但不必具体列出有关人员的姓名。⑧

就**展望性说明**而言，监事会必须在作出说明之前决定今后是否遵守与其有关的建议，也就是说将全部、部分或者完全不接受针对其职责范围内事项而提出的建议。此项决定权的范围也包括《准则》中那些涉及监事会主席职务履行的建议。⑨此项决定属于一项合目的性决定，在此过程中监事会享有广泛的商业判断空间。但其必须实事求是地进行判断并在仔细权衡的基础上就是否接受建议作出决定。⑩相反，监事会不得为其成员作决定。每名监事自行决定是否接受《准则》针对其提出的行为建议。⑪但是持异议的监事不想接受《准则》针对其提出的行为建议，那么肯定可以要求该监事在决议过程中就是否接受建议作出明确表态；⑫"遵守说明"必须相应地受到限制，其中不必

---

① Vgl. z.B. Ziff. 3.4 Abs. 3 Satz 1, 3.6 Abs. 2, 4.2.1—4.2.3, 5.1.2, 5.1.3, 5.3.1—5.3.3, 5.4.1, 5.4.3, 5.4.7, 5.5.3, 5.6, 7.2.1, 7.2.3.

② Vgl. z.B. Ziff. 4.2.3 Abs. 6, 5.2.

③ Vgl. z.B. Ziff. 2.3.1, 2.3.2, 4.2.1, 6.1—6.4, 7.1.1—7.1.5.

④ Vgl. z.B. Ziff. 3.3, 5.4.2, 5.4.6.

⑤ Vgl. z.B. Ziff. 4.3.4, 4.3.5, 5.4.5, 5.5.2.

⑥ Vgl. z.B. Ziff. 3.10.

⑦ Hüffer, Komm. AktG, §161 Rn. 14; Spindler in K. Schmidt/Lutter, Komm. AktG, §161 Rn.28; Krieger in FS Ulmer, 2003, S.365, 375.

⑧ Hüffer, Komm. AktG, §161 Rn. 17; Spindler in K. Schmidt/Lutter, Komm. AktG, §161 Rn.35; Ringleb in Ringleb/Kremer/Lutter/v. Werder, Komm. Kodex, Rn. 1347 ff.; Sester in Spindler/Stilz, Komm. AktG, §161 Rn.17.

⑨ Sester in Spindler/Stilz, Komm. AktG, §161 Rn.17; Leyens, Großkomm. AktG §161 Rn.219; Krieger in FS Ulmer, 2003, S.365, 375.

⑩ Seibt, AG 2002, 249, 253 f.; Krieger in FS Ulmer, 2003, S.365, 378 ff.

⑪ Hüffer, Komm. AktG, §161 Rn.13; Leyens, Großkomm. AktG, §161 Rn.206; Sester in Spindler/Stilz, Komm. AktG, §161 Rn.17; Lutter, Kölner Komm. AktG, §161 Rn.60 ff.

⑫ Sester in Spindler/Stilz, Komm. AktG, §161 Rn.17; Lutter, Kölner Komm. AktG, §161 Rn.62; Krieger in FS Ulmer, 2003, S.365, 374.

具体列出有关人员的姓名。①对于《准则》中与董事会及有关的行为建议,监事会同样不享有决定权。②监事会在作出说明前必须知悉董事会及董事是否会遵守《准则》针对其提出的建议。关于《准则》针对董事会和监事会提出的共同行为建议,董事会和监事会均无优先决定权,而可以由二者分别自行决定;③若二者未能达成一致,也不得分别作出说明,而须由二者说明将不接受相关建议(参见上文边码 490)。

493　　　　监事会通过**决议**决定其说明的内容。虽然《股份法》第 107 条第 3 款第 3 句列出的关于无授权能力(即不可授权他人完成)职责的目录并未提到该法第 161 条规定的说明,但相关决议仍然必须由全体监事会作出,而不得授权某一委员会。④这不仅源于"遵守说明"的意义,而且源于《准则》含有各种各样针对不得由监事会授权某一委员会实施的措施的规定。⑤虽然离职监事不再参与针对他提出的建议的回顾性说明,但是仍须说明直至其离职前的说明期间内是否遵守了相关建议。⑥在不涉及那些与其个人有关的《准则》建议的范围内,之后上任的监事受监事会所作决议的约束;如果他们不想遵守有关建议,那么必须对"遵守说明"进行更新。

494　　　　"遵守说明"必须在公司网页上予以公布从而使公众可以随时**查阅**(《股份法》第 161 条第 2 款)。此项义务针对目前最新的"遵守说明",而对于之前的说明,《准则》第 3.10 条第 3 句继续在公司网页上保留五年。公司必须在年度决算及康采恩决算的附件中就如下情况作出报告:(1)"遵守说明"已被作出,(2)股东已可以查阅该说明(《商法典》第 285 条第 16 项,第 314 条第 1 款第 8 项)。此外,"遵守说明"的文本应被纳入"公司治理说明"中,该说明要么构成《企业状况报告》的一个独立章节,要么根据《企业状况报告》的相应要求公布于公司网站以供公众查阅(《商法典》第 289a 条第 1 款,第 2

① Hüffer, Komm. AktG,§161 Rn. 17;Spindler in K. Schmidt/Lutter, Komm. AktG,§161 Rn. 35;Ringleb in Ringleb/Kremer/Lutter/v. Werder, Komm. DCGK, Rn. 1346 ff.; a. A. Sester in Spindler/Stilz, Komm. AktG,§161 Rn. 17;Hoffmann-Becking, Münchener Hdb. AG,§34 Rn. 77, die eine Namensnennung verlangen.

② Hüffer, Komm. AktG,§161 Rn. 10;Leyens, Großkomm. AktG,§161 Rn. 150 ff., 205 ff.;Lutter, Kölner Komm. AktG,§161 Rn. 49 ff., 60 ff.

③ Lutter, Kölner Komm. AktG,§161 Rn. 52;Leyens, Großkomm. AktG,§161 Rn. 184;Krieger in FS Ulmer, 2003, S. 365, 373 f.

④ Lutter, Kölner Komm. AktG,§161 Rn. 41;Goette, MünchKomm. AktG,§161 Rn. 67;Hüffer, Komm. AktG,§161 Rn. 13;Krieger in FS Ulmer, 2003, S. 365, 376.

⑤ Vgl. z.B. Ziff. 4.2.1, 5.1.3, 5.3.1—5.3.3, 5.4.1, 5.5.3.

⑥ Lutter, Kölner Komm. AktG,§161 Rn. 65.

款第 1 项)。

若**遵守说明**从一开始就在一些重要项目上存在错误,或者在之后的"偏离决定"中未立即予以纠正,则司法者认为这属于违法行为。若该行为属于明显和严重的违约行为并对股东大会已作出的决议具有重要意义,则可能导致相关决议可撤销。①此判例主要针对免责决议并已得到学界的普遍认可。②但部分司法者和学者也希望将可撤销性扩大到股东大会的其他决议,例如监事会的选举。③因遵守说明中的错误而导致的免责决议和其他决议的可撤销性均要接受严格审视并最终确认。④从法律政策层面考虑,由法律明确规定有错误的遵守说明不会导致股东大会决议的可撤销是有道理的。⑤关于遵守说明存在错误时的责任,参见下文边码 992。

495

■ 第四节　授权(又称额定)资本的使用

在使用授权(又称额定)资本的情况下,也就是说在章程授权董事会通过发行新股来增加资本的情况下(《股份法》第 202 条),董事会在确定发行条件时需首先征得**监事会的同意**(《股份法》第 204 条第 1 款)。如果该授权排除了

496

---

① BGH v. 10.7.2012—II ZR 48/11, BGHZ 194, 14 Tz. 24 ff.＝AG 2012, 712(Fresenius); BGH v. 21.9.2009—II ZR 174/08, BGHZ 182, 272 Tz. 16＝AG 2009, 824(Umschreibungsstopp); BGH v. 16.2.2009—II ZR 185/07, BGHZ 180, 9 Tz. 19＝AG 2009, 285 (Kirch/Deutsche Bank).

② Vgl. nur Goette, MünchKomm. AktG, §161 Rn. 88 ff., 91 f.; Lutter, Kölner Komm. AktG, §161 Rn. 143 ff.; Sester in Spindler/Stilz, Komm. AktG, §161 Rn. 68 f.; Leyens, Großkomm. AktG, §161 Rn. 484 ff.; Hüffer, Komm. AktG, §161 Rn. 31 mit umfangreichen Nachweisen; a. A. Krieger, ZGR 2012, 202, 219 ff.

③ So namentlich OLG München v. 6.8.2008—7 U 5628/07, ZIP 2009, 133, 135＝AG 2009, 294(MAN); LG Hannover v. 17.3.2010—23 O 124/09, ZIP 2010, 833, 838＝AG 2010, 459(Schaeffler/Continental); Lutter, Kölner Komm. AktG, §161 Rn. 150 ff.; E. Vetter, NZG 2008, 121, 123 ff.; E. Vetter in FS Uwe H. Schneider, 2011, S. 1345, 1362 f.; Waclawik, ZIP 2011, 885; Spindler, NZG 2011, 1007, 1010 f.; differenzierend Leyens, Großkomm. AktG, §161 Rn. 491 ff.; a. A. Hüffer, Komm. AktG, §161 Rn. 43; Hüffer in VGR, Gesellschaftsrecht in der Diskussion 2010, 2011, S. 63, 73 ff.; Hüffer, ZIP 2010, 1979, 1980; Rieder, NZG 2010, 737 ff.; Tröger, ZHR 175(2011), 746, 772 ff.; Noack, Board 2012, 3, 4 f.; Bröcker, Der Konzern 2011, 313, 319 f.; Hoffmann-Becking, ZIP 2011, 1173, 1175; Kremer, ZIP 2011, 1177, 1179; Kiefner, NZG 2011, 201, 203 f.; Krieger, ZGR 2012, 202, 223 f.; Wettich, AG 2012, 725, 735 f.

④ Näher Krieger, ZGR 2012, 202, 219 ff.

⑤ Leuering, DStR 2010, 2255, 2258; Spindler, NZG 2011, 1007, 1012; Krieger, ZGR 2012, 202, 227 m.w.N.

股东的优先认购权(《股份法》第 203 条第 2 款),那么董事会在作出此类决定时同样必须征得监事会的同意。监事会在作出同意前必须再次对董事会计划的合法性以及合目的性进行审查。

■ 第五节　在实行共同决定的公司中行使参与权

497　　　在实行共同决定的康采恩中,母公司监事会部分地扮演着康采恩经理的角色:如果母公司适用《共同决定法》或《煤铁工业共同决定法》,那么其董事会可以仅根据监事会中股东代表的指示在子公司中针对特定决定行使参与权(**《共同决定法》第 32 条和《共同决定补充法》第 15 条**)。①法律希望通过以下方式使"下属"公司中的特定决定不受"上级"公司层面共同决定的影响,即将实行共同决定的"上级"公司监事会所聘任的董事会的表决的决定权转移给该监事会中的股东代表。《共同决定法》第 32 条第 2 款和《共同决定补充法》第 15 条第 2 款适用的前提条件是:母公司至少持有子公司 25% 的股份。根据《共同决定法》第 32 条,子公司适用《共同决定法》的规定同样是一个必不可少的前提条件;而根据《共同决定补充法》第 15 条,子公司是否实行共同决定并不重要。

498　　　上述的指示保留仅适用于那些在《共同决定法》第 32 条第 1 款和《共同决定补充法》第 15 条第 1 款中被特别列举出来的决定。主要包括下属公司行政管理人员(即监事)的聘任、解聘、免责以及母公司与子公司之间的特定**基础决定**,例如母公司与子公司之间内部协议的签订。在这些情况下,母公司董事会只能根据本公司监事会的指示行使参与权。就这点而言,其代理权是受限制的。②因此,如果监事会未作出相应指示,那么董事会在子公司股东大会中表决权的行使是无效的。监事会不能以给予董事会一项总授权的方式允许其自行处理有关事务。③然而,监事会却可以针对个别决议事项给予董事一项时间上

---

①　Zum Zweck der Vorschriften näher Mertens/Cahn, Kölner Komm. AktG, § 32 MitbestG Rn.1; Ulmer/Habersack in Ulmer/Habersack/Henssler, Mitbestimmungsrecht, § 32 MitbestG Rn.2; Hoffmann-Becking, Münchener Hdb. AG, § 29 Rn.61.

②　Mertens/Cahn, Kölner Komm. AktG, § 32 MitbestG Rn.14; Ulmer/Habersack in Ulmer/Habersack/Henssler, Mitbestimmungsrecht, § 32 MitbestG Rn.15 f.; Hoffmann-Becking, Münchener Hdb. AG, § 29 Rn.66.

③　Mertens/Cahn, Kölner Komm. AktG, § 32 MitbestG Rn.15; Ulmer/Habersack in Ulmer/Habersack/Henssler, Mitbestimmungsrecht, § 32 MitbestG Rn.17; Hoffmann-Becking, Münchener Hdb. AG, § 29 Rn.68.

受到限制、内容上受特定准则约束的授权。①

监事会必须就参与权的行使作出决议。此项决议仅需监事会中股东代表 499
的多数票即可获得通过（《共同决定法》第 32 条第 1 款第 2 句，《共同决定补充
法》第 15 条第 1 款第 2 句）。职工代表虽然可以参与讨论，②但他们在实体和
程序上均不享有申请（提议）权和决定权。③在监事会中股东代表的半数（"应然
强度"）出席会议时，监事会即获得决议能力（也就是说有资格作出决议）。④此
时的多数不是根据投票数量，而是根据全体股东监事的数量（"实际强度"）来
计算的。⑤

将有关决议交由某一监事会委员会来作出是被允许的。⑥此时，该委员会 500
同样必须以全体股东监事的多数票作出决议；相应地，股东代表的多数必须是

---

① Mertens/Cahn, Kölner Komm. AktG，§ 32 MitbestG Rn.15；Ulmer/Habersack in Ulmer/Habersack/Henssler，Mitbestimmungsrecht，§ 32 MitbestG Rn.17；Hoffmann-Becking，Münchener Hdb. AG，§ 29 Rn.68；Weiss, Der Konzern 2004，590，599 ff.；enger Raiser/Veil，Komm. MitbestG und DrittelbG，§ 32 MitbestG Rn.19；Koberski in Wlotzke/Wißmann/Koberski/Kleinsorge，Mitbestimmungsrecht，§ 32 MitbestG Rn.21；unklar Oetker，Großkomm. AktG，§ 32 MitbestG Rn.20；Gach, MünchKomm. AktG，§ 32 MitbestG Rn.15.

② Mertens/Cahn, Kölner Komm. AktG，§ 32 MitbestG Rn.17；Ulmer/Habersack in Ulmer/Habersack/Henssler，Mitbestimmungsrecht，§ 32 MitbestG Rn.25；Hoffmann-Becking，Münchener Hdb. AG，§ 29 Rn.67.

③ Oetker，Großkomm. AktG，§ 32 MitbestG Rn.18；Ulmer/Habersack in Ulmer/Habersack/Henssler，Mitbestimmungsrecht，§ 32 MitbestG Rn.25；Mertens/Cahn，Kölner Komm. AktG，§ 32 MitbestG Rn.17；Gach, MünchKomm. AktG，§ 32 MitbestG Rn.24；a. A. z. B. Koberski in Wlotzke/Wißmann/Koberski/Kleinsorge，Mitbestimmungsrecht，§ 32 MitbestG Rn.16；Raiser/Veil，Komm. MitbestG und DrittelbG，§ 32 MitbestG Rn.18.

④ Mertens/Cahn, Kölner Komm. AktG，§ 32 MitbestG Rn.19；Ulmer/Habersack in Ulmer/Habersack/Henssler，Mitbestimmungsrecht，§ 32 MitbestG Rn.26；Hoffmann-Becking，Münchener Hdb. AG，§ 29 Rn.67.

⑤ Ulmer/Habersack in Ulmer/Habersack/Henssler，Mitbestimmungsrecht，§ 32 MitbestG Rn. 27；Hoffmann-Becking，Münchener Hdb. AG，§ 29 Rn. 67；Oetker，Großkomm. AktG，§ 32 MitbestG Rn.17；Gach, MünchKomm. AktG，§ 32 MitbestG Rn. 25；Raiser/Veil，Komm. MitbestG und DrittelbG，§ 32 MitbestG Rn. 20；Koberski in Wlotzke/Wißmann/Koberski/Kleinsorge，Mitbestimmungsrecht，§ 32 MitbestG Rn.17；a. A. Mertens/Cahn, Kölner Komm. AktG，§ 32 MitbestG Rn.18；Uwe H. Schneider, GK-MitbestG，§ 32 Rn.42；Paefgen, Aufsichtsratsverfassung, S.279 ff.；Rodewig in Semler/v. Schenck, Arbeitshandbuch für Aufsichtsratsmitglieder，§ 8 Rn.228.

⑥ Mertens/Cahn, Kölner Komm. AktG，§ 32 MitbestG Rn.20；Ulmer/Habersack in Ulmer/Habersack/Henssler，Mitbestimmungsrecht，§ 32 MitbestG Rn.28；Hoffmann-Becking，Münchener Hdb. AG，§ 29 Rn.69.

该委员会的成员。①根据主流观点,职工代表不得成为该委员会的成员,而且仅在《股份法》第109条第2款的框架内享有参与权。②但根据其他观点,监事会可以(但不是必须)设立无职工代表的委员会。③还有一种观点认为监事会必须应职工代表的要求至少给予其一个委员会席位。④以下观点似乎更有说服力,即监事会可以完全排除职工代表的成员资格,但它并不是必须这样做;即使该委员会中没有职工代表,《股份法》第109条规定的参与权以及监事会主席排除此项权利的可能性也不受任何影响。

■ 第六节　与股东大会有关的权利

501　　监事会负有/享有一系列与股东大会有关的职责和职权:

一、召开股东大会和提出决议建议

502　　根据《股份法》第111条第3款,当公司利益要求召开股东大会时,监事会必须应此要求**召开**相应会议(参见上文边码136)。

503　　在召开股东大会时,监事会——董事会同样如此(《股份法》第124条第3款第1句是例外)——必须对股东大会将要就此作出决议的议程事项提出相应的决议建议,这些建议必须与议程一同被公布出来(《股份法》第124条第3款第1句)。当决议事项应多数(成员)的要求而被列入议程中时,监事会(以

---

① Oetker, Großkomm. AktG, §32 MitbestG Rn.19; Gach, MünchKomm. AktG, §32 MitbestG Rn.27; Ulmer/Habersack in Ulmer/Habersack/Henssler, Mitbestimmungsrecht, §32 MitbestG Rn.28; Raiser/Veil, Komm. MitbestG und DrittelbG, §32 MitbestG Rn.21; Koberski in Wlotzke/Wißmann/Koberski/Kleinsorge, Mitbestimmungsrecht, §32 MitbestG Rn.19; Hoffmann-Becking, Münchener Hdb. AG, §29 Rn.69; a.A. Mertens/Cahn, Kölner Komm. AktG, §32 MitbestG Rn.21 f.; Rodewig in Semler/v. Schenck, Arbeitshandbuch für Aufsichtsratsmitglieder, §8 Rn.333; Paefgen, Aufsichtsratsverfassung, S.382 f., die eine Besetzung mit 3 Anteilseignervertretern genügen lassen.

② Mertens/Cahn, Kölner Komm. AktG, §32 MitbestG Rn.22; Uwe H. Schneider, GK-MitbestG, §32 Rn.47; Hoffmann-Becking, Münchener Hdb. AG, §29 Rn.69; Paefgen, Aufsichtsratsverfassung, S.384; Weiss, Der Konzern 2004, 590, 598.

③ Rodewig in Semler/v. Schenck, Arbeitshandbuch für Aufsichtsratsmitglieder, §8 Rn.234 mit der Einschränkung, dass Arbeitnehmervertreter das Recht haben müssten, an den Ausschusssitzungen teilzunehmen; welche Folgen das für das Recht des Vorsitzenden haben soll, gemäß §109 Abs.2 AktG die Teilnahme auszuschließen, bleibt unklar.

④ Raiser/Veil, Komm. MitbestG und DrittelbG, §32 MitbestG Rn.21; Ulmer/Habersack in Ulmer/Habersack/Henssler, Mitbestimmungsrecht, §32 MitbestG Rn.28; Koberski in Wlotzke/Wißmann/Koberski/Kleinsorge, Mitbestimmungsrecht, §32 MitbestG Rn.20.

及董事会)不必提出相应**决议建议**(《股份法》第 124 条第 3 款第 3 句)。监事会的建议可能与董事会的建议完全一致,但并非一定如此。监事会还可以提出一些选择性建议(但极为罕见)。①

监事有权利和义务参加股东大会会议(参见下文边码 830)。此外,监事会 504 作为公司机构——而非单个监事——**享有动议权**。②此时,它不受其决议建议(《股份法》第 124 条第 3 款)的约束。因此监事会不仅不必提议股东大会作出一项与其建议相符的决议,而且可以放弃提出决议动议;③在存在事实原因且议程未涵盖此项动议的情况下,它同样可以提出一项与其建议不一致的动议。④而对于关于选聘董事及审计人员的决议建议来说,情况有所不同;详见《股份法》第 124 条第 3 款第 1 到 4 句。

监事会——在这方面与董事会不同(《股份法》第 245 条第 4 项)——无权 505 **撤销**股东大会决议,但在满足《股份法》第 245 条第 5 项规定的前提条件的情况下,每名监事均享有撤销权。

二、向股东大会作出报告

监事会必须每年向股东大会作出书面报告。详见下文第九章。 506

三、修改章程文本

最后,如果所涉及只是章程文本而非内容的修改,那么监事会可以通过股 507 东大会决议被赋予修改章程的权利(《股份法》第 179 条第 1 款第 2 句)。⑤

■ 第七节　代理公司

在面对董事时,由监事会代理公司(《股份法》第 112 条;参见上文边码 440 508

---

① OLG Frankfurt a. M. v. 20.10.2010—23 U 121/08, AG 2011, 36, 41; Hüffer, Komm. AktG,§ 124 Rn.12; Rieckers in Spindler/Stilz, Komm. AktG,§ 124 Rn.37; Werner, Großkomm. AktG,§ 124 Rn.76; Kubis, MünchKomm. AktG,§ 124 Rn.36; a. A. Ziemons in K. Schmidt/Lutter, Komm. AktG,§ 124 Rn.17.

② Kubis, MünchKomm. AktG,§ 118 Rn.100; Rieckers in Spindler/Stilz, Komm. AktG,§ 133 Rn.13.

③ Näher Werner, Großkomm. AktG,§ 124 Rn.80 f.; Hüffer, Komm. AktG,§ 124 Rn.12; Kubis, MünchKomm. AktG,§ 124 Rn.45; enger Ziemons in K. Schmidt/Lutter, Komm. AktG,§ 124 Rn.18(nur bei neuen Tatsachen); weitergehend Rieckers in Spindler/Stilz, Komm. AktG,§ 124 Rn.26(ohne Einschränkungen).

④ Hüffer, Komm. AktG,§ 124 Rn.12; Kubis, MünchKomm. AktG,§ 118 Rn.44; Rieckers in Spindler/Stilz, Komm. AktG,§ 124 Rn.76.

⑤ Vgl. für Versicherungsgesellschaften weitergehend §§ 156, 39 Abs. 3 VAG.

及以下)。此外,监事会还要委托决算审计人员(对有关决算)进行审计(《股份法》第 111 第 2 款第 3 句;参见上文边码 173 及以下)。再者,作为其一般权限的附属权利,监事会有权以公司名义缔结一些履行其职责所必不可少的辅助交易(详见下文边码 656 及以下)。

509 在针对股东大会决议提出**撤销及无效之诉**的情况下,通常由董事会和监事会共同代理公司;如果董事会或一名董事提起诉讼,那么此时由监事会单独代理公司,而如果是一名监事提起诉讼的话,那么则由董事会单独代理公司(《股份法》第 246 条第 2 款,第 249 条第 1 款)。

■ 第八节　为经营管理人员提供贷款;与监事缔结合同

510 若公司欲向一名**董事**提供贷款,则需征得监事会的同意(《股份法》第 89 条第 1 款)。法律将此项同意保留扩展适用于控股公司为本公司或一家附属公司的**全权代表及总代理人(又称执行经理)**所提供的贷款;此外,控股公司监事会必须对一家附属公司所应提供给控股公司经营管理人员的贷款表示同意(《股份法》第 89 条第 2 款)。此项法定同意保留的其他扩展情况被规定在《股份法》第 89 条第 3、4 款中。[1]在签订向董事提供贷款的贷款合同时,由监事会代理公司(《股份法》第 112 条);而在其他情况下,则由董事会代理公司(《股份法》第 78 条第 1 款)。

511 控股公司在向本公司或一家附属公司的**监事**提供贷款时同样必须征得监事会的同意(《股份法》第 115 条第 1 款第 1、2 句)。此外,当一家附属公司欲向控股公司监事提供贷款时,需要征得控股公司监事会的同意(《股份法》第 115 条第 2 句)。《股份法》第 115 条第 2、3 款不仅将这些规则扩展适用于**与监事关系密切的人**,而且在特定条件下还将其适用于那些将一名(其他公司的)监事作为其法定代理人的法人。法律希望通过该规则来支持并证实监事的独立性(详见下文边码 879)。

512 最后,监事与公司之间的**劳务或加工承揽合同**同样需征得监事会同意(《股份法》第 114 条;详见下文边码 858 及以下)。

■ 第九节　临时披露义务

513 如果监事会职权范围内事项具有内幕信息的性质(《有价证券交易法》第

---

[1]　Näher Kuhlmann, AG 2009, 109; vgl. auch LG Bochum v. 27.6.1989—12 O 133/88, ZIP 1989, 1557.

13 条），且这些信息未依《有价证券交易法》第 15 条第 3 款所定标准被免予披露（所谓的自我免除），那么公司必须立即披露这些信息（《有价证券交易法》第 15 条第 1 款第 1 句）。这种自我免除在《有价证券交易法》第 15 条第 2 款的先决条件得到满足时自动出现还是需要负责机构作出相应决议，是存在争议的；联邦金融监管局、与其相关的企业实践以及学界的主流观点均要求通过相应的决议积极主张免除。[1]对于监事会职权范围内的事项，这可能导致以下问题的产生，即董事会或监事会是否有权进行自我免除。在逐步走向董事会主席职位的过程中，一旦明确了这样过程也可能构成内幕信息，这个问题在未来将会越来越具有现实意义。[2]迄今为止，这个问题很少得到讨论。联邦金融监管局和部分学者认为经营管理机构应举行至少有一名普通董事参与的决议。[3]另一种意见则认为，监事会凭借所谓附件权应当负责相关事宜，只要这属于其职责范围内的事情。[4]还有一种观点认为，若董事会掌握内幕信息，则应由其负责，而在董事会不知悉相关信息且监事会对向董事会保守秘密享有正当利益时，则由监事会负责相关事务。[5]其实，监事会对相关事务的管辖权也包括决定是否应当为公司利益而依《有价证券交易法》第 15 条第 3 款对相关信息采取保密处理。因此，即使董事会掌握相关信息，监事会也应负责自我免除事务。然而鉴于联邦金融监管局所持的不同观点，实践中尽可能由董事会和监事会共同就自我免除事务做出决定似乎更为妥当。[6]

边码 514—560 暂时空置。

---

[1]　BaFin-Emittentenleitfaden 2013，S.59；Widder，BB 2009，967，969 ff.；Mennicke，NZG 2009，1059，1060 f.；a.A. OLG Stuttgart v. 22.4.2009—20 Kap 1/08，ZIP 2009，962，969＝AG 2009，454；Assmann in Assmann/Uwe H. Schneider，Komm. WpHG，§15 Rn. 165a ff.；Ihrig/Kranz，BB 2013，451，452 ff.

[2]　EuGH v. 28.6.2012—C-19/11，ZIP 2012，1282＝AG 2012，555 Tz. 40；BGH v. 23.4.2013—II ZB 7/09，ZIP 2013，1165＝AG 2013，518 Tz. 14(Geltl/Daimler).

[3]　BaFin-Emittentenleitfaden 2013，S.59；Assmann in Assmann/Uwe H. Schneider，Komm. WpHG，§15 Rn.50.

[4]　Ihrig/Kranz，BB 2013，451，456；Ihrig in VGR，Gesellschaftsrecht in der Diskussion 2012，S.113，131；Pfüller in Fuchs，Komm. WpHG，§15 Rn.225.

[5]　Kocher/Schneider，ZIP 2013，1607，1611.

[6]　Ebenso Kocher/Schneider，ZIP 2013，1607，1611.

第 九 章

监事会向股东大会作出报告

561 　　根据《股份法》第 171 条第 2 款，监事会有义务每年向正式年度股东大会作出书面报告。该报告具有三重作用。首先，它是监事会向决定其重选（连任）的选举机构（仅在涉及股东代表时）以及决定其免责的监督机构作出的年度**工作报告**，《股份法》第 120 条。①其次，该报告能够为股东大会提供如下信息：(1)监事会已履行特定职责以及它是如何履行这些职责的，(2)监事会是在哪些考虑的指导下履行这些职责的。就这点而言，该报告是一个能够使监事会对其是否恰当履行对董事会的监督职责进行**自我监督**的工具。最后，该报告是股东大会以决定是否免责的形式对监事会实施**外部监督**的基础。

　　无论在学术界②还是在实践中或司法界，监事会向股东大会作出报告都变得越来越重要。③以前可能只需一到两页就可以将与其有关的内容论述清楚，而现在平均已经需要十页纸。若法院认为此类报告不够充分，则可以在撤销程序中将关于免除监事会责任的决议判决为无效并予以撤销。④

---

① E. Vetter, ZIP 2006, 258; Trescher, DB 1989, 1981.

② Theisen, Information und Berichterstattung des Aufsichtsrats, S. 195 ff.; Lutter, Der Bericht des Aufsichtsrats an die Hauptversammlung, AG 2008, 1 ff.; E. Vetter, Der Bericht des Aufsichtsrats an die Hauptversammlung, ZIP 2006, 257 ff.; Liese/Theusinger, Anforderungen an den Bericht des Aufsichtsrats vor dem Hintergrund steigender Anfechtungsrisiken für Entlastungsbeschlüsse, BB 2007, 2528; Drygala, Aufsichtsratsbericht und Vertraulichkeit im System der Corporate Governance, AG 2007, 381; Gernoth/Wernicke, NZG 2010, 531.

③ Vgl. LG München I v. 23.8.2007—5 HK O 10734/07, AG 2008, 133 und BGH v. 21.6.2010—II ZR 24/09, AG 2010, 623＝NZG 2010, 943＝ZIP 2010, 1437.

④ Vgl. noch einmal LG München I v. 23.8.2007—5 HK O 10734/07, AG 2008, 133, 135 und BGH v. 21.6.2010—II ZR 24/09, AG 2010, 623＝NZG 2010, 943, 944; OLG Stuttgart v. 15.3.2006—20 U 25/05, AG 2006, 379.

■ 第一节 法律所要求的报告内容①

一、就年度决算和康采恩决算作出报告

监事会必须对带有状况报告的年度决算、带有康采恩状况报告的康采恩 **562**
年度决算②以及决算审计人员和康采恩决算审计人员所作的审计报告进行审
查(详见边码482及以下)。就我们现在所要讨论的这部分内容而言,监事会
必须就以下事项向股东大会作出报告:

(1)对年度决算、状况报告以及(如果存在的话)康采恩决算和康采恩状
况报告进行审查所得到的结果;

(2)对决算审计人员和康采恩决算审计人员的审计结果所发表的意见;

(3)最后,监事会必须在其报告的结尾处说明:"根据最终审查结果,监事
会是否要提出异议以及是否批准(或者仍然不批准)由董事会编制的年度决
算",《股份法》第171条第2款第4句。

对于康采恩决算来说,同样如此。

因为这属于监事会报告中极为重要的一部分,所以监事会仅说明其已获 **563**
悉有关材料并已对这些材料进行审查是不够的。监事会至少还必须就其审查
方式作出简短说明。如果监事会能对以下情况作出报告,即审计委员会已为
审计做好准备并已在决算审计人员和康采恩决算审计人员在场的情况下就此
向全体大会作出报告,而且全体大会已在讨论后作出相应决议,那么该报告就
能实现其目的。③

如果公司正处于经济和财政困境中,那么监事会必须在其报告中对此进 **564**
行认真探讨④并说明其所采取的应对措施:其中需明确说明其目前实施的强度
更高的监督和咨询(上文边码95及以下)的具体情况。⑤

---

① Dazu Lutter, AG 2008, 1 ff.; Lutter in FS Hommelhoff, 2012, S. 683 ff. und E.
Vetter, ZIP 2006, 257 ff.

② Über die Vorschriften zu den Lageberichten in den §§ 289 und 315 HGB und den
Aufgaben des Aufsichtsrats in diesem Zusammenhang vgl. Böcking, Audit Committee Quar-
terly 2006, S. 4 ff. und Böcking/Stein, Der Konzern 2007, 51.

③ Näher Lutter, AG 2008, 1, 2 ff.

④ OLG Stuttgart v. 15.3.2006—20 U 25/05, WM 2006, 861＝AG 2006, 379; LG
München I v. 5.4.2007—5 HK O 15964/06, AG 2007, 417; LG München I v. 23.8.2007—5
HK O 10734/07, AG 2008, 133, 135; Hennrichs/Pöschke, Münch-Komm. AktG, §171
Rn.198.

⑤ OLG Düsseldorf v. 28.2.2008—6 U 197/06, Juris＝BeckRS 2008, 22584.

二、就董事会提出的股息分配建议作出报告

565   董事会必须向股东大会提出一项针对决算盈利的使用建议(《股份法》第175条)。它必须将此项建议首先提交给监事会,而监事会必须对此进行审查并在其向股东大会作出的报告中表明自己的态度,即它是支持此项建议还是因过高的计划分红而反对此项建议。[①]然而仅仅如此是不够的,监事会还必须简短地说明其支持或反对此项建议的原因。

三、向股东大会作出工作报告

566   (1) 根据《股份法》第171条第2款第2句,监事会必须在其向股东大会作出的报告中"说明它在经营年度内是以何种方式以及在怎样的范围内对公司经营管理实施审查的;就上市公司而言,其监事会尤其必须说明其已设立哪些委员会以及监事会会议的数量,并将该数量告知各委员会"。就这方面而言,监事会必须就其"如何"履行《股份法》第111条第1款所规定的职责向股东大会作出报告。此类报告具有重大的法律和实践意义,(针对股东的)选举机构,即股东大会,可以借此对监事会履行义务的方式和方法作出评价。

567   (2) 在此背景下,像"监事会已根据董事会的各项报告就公司的发展情况进行了定期讨论,并已对公司状况形成自己的理解和认识"这样的表述显然很难满足要求。

568   就上市公司而言,法律已明确要求其对以下两个问题作出回答:(1)是否设立以及设立了哪些委员会,(2)监事会以及各委员会多久召开一次会议。然而,这一切还不足以成为使股东大会免除监事会责任(或义务)的充分依据。虽然监事会在制作其报告时是自由的,但它在报告内容上至少应对以下(**作为监督要素的**)**五个问题**(参见上文边码73及以下)进行认真探讨:

    ① 董事会是否已完整且及时地履行法定和议事规程(业务守则)[②]所规定的**信息义务**(《股份法》第90条)。如果监事会或一名监事要求董事会提交附加或补充报告,[③]那么董事会必须认真作出相应报告。[④]

---

    ①   Zu den Erwägungen, die der Aufsichtsrat in diesem Kontext anzustellen hat, vgl. Lutter, AG 2008, 1, 4 sowie Theisen, Der Aufsichtsrat 2013, 117.

    ②   特别是当监事会已颁布路德教授(信息与保密,边码100,104及以下)和《准则》(第3.4条第3款)所建议的报告规则时,更是如此。

    ③   Lutter, Information und Vertraulichkeit, Rn.73 ff.

    ④   Steiner in Heidel, Komm. AktG, § 171 Rn.34.

② 监事会是否以及如何确信**企业经营管理的合法性**；该问题是否在与决算审计人员的谈话中被探讨过。如果出现不当行为（或异常情况），那么监事会必须就以下事项作出报告：为了查明事实情况，它实施了哪些行为；它是如何反应的；它是否确信董事会在未来会采取适当措施。

2006年发生的一系列事件（Siemens，MAN）清楚地表明对企业经营管理的合法性进行监督是多么重要。因此，监事会必须查明：董事会自身是否正确地实施行为并已根据企业规模对有关人员实施适当监督措施，[①]即它是否已设立合规部门以及该部门是如何工作的。监事会必须就此向股东大会作出报告。

③ 监事会还应就董事会**企业经营管理的合规则性**作出报告。该报告应特别指出：监事会已与董事会一道就公司及康采恩的组织进行了探讨；监事会确信此种组织的能力和效率。

④ 监事会对合目的性（适当性）进行监督方面的问题——除上文已讨论过的决算和分红政策方面的问题（上文边码485）之外——不具有那么大的报告重要性，对此，监事会应对《股份法》第91条第2款规定的董事会建立**风险管理机制**的义务以及决算审计报告的背景进行详细探讨。更确切地说，监事会应就以下两个方面作出报告：第一，它是否确信该系统的能力和效率；第二，它是否要求董事会就此定期向其作出报告。

⑤ 监事会的监督对象还包括**企业经营管理的经济性**，即增强获利能力并消除可能的亏损来源。这方面内容也应在报告中被详细探讨。

（3）监事会向股东大会所作的报告是一份关于其工作和所采取措施的工作报告。由此可见，人们不得错误地认为该报告必须含有公司销售及盈利情况方面的内容；就此作出报告是董事会的义务。与此相反，《股份法》第111条第4款意义上的负有同意义务（需经监事会同意）的业务是一项重要的监督手段（参见上文边码112及以下）。因此，监事会报告应对以下情况进行详细探讨：董事会是否将**负有同意义务的业务**正确地提交给监事会；监事会在报告年度中是否规定了新的负有同意义务的业务。 569

（4）监事会须就对董事会的**监督方式和形式**作出报告，其中包括其**如何**实施监督的问题（上文边码566）。因此监事会不能仅报告审计委员会的设置情况，还必须说明其如何分配其与审计委员会之间的任务。随着2009年《企业会计现代化法》第5条为《股份法》第107条第3款增加了全新的第2句规定，监事会的报告义务进一步加重，该规定具体内容为： 570

---

① Semler, Leitung und überwachung, Rn.186 ff.

特别是监事会可以设置一个审计委员会，负责对财会程序、内控机制、风险管理体系、内部审计机制和决算审计的有效性实施监督，审计人员的独立性以及审计人员所提供的额外劳务是其监督重点。

这一直是理所当然的事情，立法机关也将其称为"澄清"。①德国立法者认为这很不寻常。因此，该条款被视为一项具有以下内容的应然性规定：若已设置审计委员会，则其至少应该承担法律规定的任务（享有法定的职权）。②通过此项规定，立法者强调了审计委员会的重要性以及其所承担的任务。因此监事会也必须就此向股东大会作出报告，包括审计人员和康采恩审计人员如何参与这一任务分配的问题。③

571　　（5）如果公司中发生了一些**特殊的发展情况**，可能是经济上的失衡状况（参见上文边码 95 及以下），也可能是企业中的不当行为或者监事会行使了与此相关的《股份法》第 111 条第 2 款中的审阅权，那么监事会必须就这些情况向股东大会作出报告，尤其须说明已采取的措施。④

572　　（6）然而，监事会有义务在董事会领导康采恩时对其进行监督；这在今天是毫无争议的。⑤因此，监事会必须在其向股东大会所作的报告中说明：董事会是否以及如何就康采恩的发展情况向其作出报告；当时是否出现了一些特殊情况，特别是经济上的失衡状况。对于**康采恩范围内的风险管理机制及合规规则**的此类"是否"以及"如何"来说，同样如此：监事会必须就所有这一切向股东大会作出报告。

573　　（7）**与董事会进行讨论**同样属于监事会监督的范畴。⑥因此监事会报告必须对此进行详细探讨。此外，为了使报告更加完整和全面，监事会还必须说明：它或某一委员会已与董事会就公司目标的制定以及企业战略及其成功实施进行了讨论。

---

① Begr. RegE BilMoG, BT-Drucks. 16/10067, S.102.

② Lutter in FS Hommelhoff, 2012, S.683, 686.

③ Lutter in FS Hommelhoff, 2012, S. 683, 686; vgl. auch Krasberg, Prüfungsausschuss, S.113 ff., 208 ff.

④ OLG Düsseldorf v. 28.2.2008—6 U 197/06, Juris＝BeckRS 2008, 22584.

⑤ Dazu oben Rn. 141 ff.; Lutter, Information und Vertraulichkeit, Rn. 148 ff.; Semler, Leitung und Überwachung, Rn.381 ff.; Lutter, AG 2006, 518.

⑥ BGH v. 25.3.1991—II ZR 188/89, BGHZ 114, 127＝AG 1991, 312(„Die Aufgabe des Aufsichtsrats, die Geschäftsführung zu überwachen, enthält die Pflicht, den Vorstand in übergeordneten Fragen der Unternehmensführung zu beraten.")；bestätigt von BGH v. 4.7.1994—II ZR 197/93, BGHZ 126, 340＝AG 1994, 508; vgl. dazu Boujong, AG 1995, 203, 205；Säcker/Rehm, DB 2008, 2814 und Hasselbach, NZG 2012, 41, 46 f.; oben Rn. 103 ff.

四、对附属报告进行审查

（1）如果一家必须接受监事会监督的公司附属于一家股份有限公司，或者它根据《股份法》第 17 条附属于另一家公司，那么根据《股份法》第 312 条，其董事会必须每年向监事会作出一份附属报告。该报告必须由该附属公司的决算审计人员进行审计，《股份法》第 313 条。而且决算审计人员必须就此作出审计报告，《股份法》第 313 条第 2 款。这两份报告——董事会的附属报告以及决算审计人员的审计报告——必须被提交给监事会，监事会必须对它们进行审查并就此向股东大会作出报告（《股份法》第 314 条第 2 款）。①

（2）与此有关的制度以及监事会所承担的职责均是模仿监事会对年度决算的审查义务而产生的。然而，监事会的此类报告还具有一项特殊作用：通过其审查及报告义务，监事会成为无权查阅附属报告的债权人以及某一可能的少数派的受托管理人。②因此，监事会必须极其小心谨慎地履行其审查职责。

（3）此外，监事会必须首先与决算审计人员一同对董事会提交的报告进行研究并就可能存在的不合理之处进行讨论，此时必须将重点放在以下三个问题上：

① 控股公司与附属公司之间的所有法律行为以及控股公司的所有"措施"（《股份法》第 312 条第 1 款第 2 句）是否均被完整地纳入该报告中；

② 这些法律行为是不是在双方保留各自主张的情况下进行的；

③ 控股公司所实施的这些法律行为或措施是否给附属公司造成不利后果，这些不利后果在经营年度结束前是否已完全得到补偿。

此时监事会不必对附属报告以及类似的审计报告进行二次审查；监事会可以仅对董事会报告及审计报告的可信性进行审查，③除非：

——审计报告要求监事会进行更深入的审查，或者

——监事会本身对提交给它的报告中的内容产生了怀疑。④

监事会在其报告中必须明确说明其已经对董事会和审计人员的报告实施

574

575

576

577

---

① Vgl. Bödeker in Henssler/Strohn, Komm. Gesellschaftsrecht，§ 314 AktG Rn. 4 ff.；eingehend Velte, Der Konzern 2010, 49, 55 ff.

② Altmeppen, MünchKomm. AktG，§ 314 Rn. 4 spricht vom „ Interesse der abhängigen Gesellschaft"，das der Aufsichtsrat zu wahren habe.

③ So auch die Formulierung von J. Vetter in K. Schmidt/Lutter, Komm. AktG，§ 314 Rn. 12.

④ Ähnlich Altmeppen, MünchKomm. AktG，§ 314 Rn. 20 ff.；Fett in Bürgers/Körber, Komm. AktG，§ 314 Rn. 5；Hans-Friedrich Müller in Spindler/Stilz, Komm. AktG，§ 314 Rn. 7；Koppensteiner, Kölner Komm. AktG，§ 314 Rn. 5.

了独立审查,《股份法》第 314 条第 2 款。

578　　（4）在这里,审计委员会为监事会决议做一些准备工作并延请决算审计人员参加决议也是恰当的。不过,对报告的决定仍必须留待全体大会作出（《股份法》第 107 条第 3 款第 3 句）,决算审计人员必须再次参加全体大会的最终讨论。

579　　（5）与年度决算及康采恩年度决算的情况相似,法律对监事会在制作向股东大会提交的报告时所应采取的表述方式作出了规定。"监事会必须将决算审计人员作出的批准说明纳入其报告中,如果决算审计人员拒绝作出批准说明,那么监事会同样必须明确地就此作出报告"（《股份法》第 314 条第 2 款第 3 句）。此外,监事会"必须在其报告的结尾处说明:根据其审查的最终结果,是否对董事会所作《关联企业关系报告》结尾处的说明提出异议"（《股份法》第 314 条第 3 款）。来自决算审计人员报告的引文以及监事会报告结尾处的说明都是不可或缺的。缺少其中任何一项该报告都是不完整的,而且监事会不得被免责;否则免责决议就是可撤销的。[①]

■ 第二节　其他报告内容

一、就董事的聘任及解聘作出报告

580　　（1）除对董事会进行监督并与之进行讨论之外,监事会最重要的职责就是聘任和解聘董事以及与其签订和解除聘用合同。法律,即《股份法》第 171 条第 2 款,未对这方面内容在监事会向股东大会所作报告中的具体情况作出明确规定。因此,监事会在其报告中应如何对待这方面内容是存在疑问的。

581　　（2）监事会可以就此向股东大会作出报告是毫无疑问的。存在疑问的只是监事会是否应当或者是否必须这样做。

582　　① 股东大会在报告周期内及时了解董事会中的人事变动无疑具有重要意义,而且在实践中监事会也确实是定期就此向股东大会作出报告的。因此,"应当"是可以得到肯定的。就上市公司而言,监事会完全不必就董事的补偿金作出报告,因为这方面内容已被涵盖在《商法典》第 285 条第 1 句第 9a 项以及第 314 条第 1 款第 6a 项所规定的董事报酬报告中。[②]

583　　② 然而,以下问题尚未得到澄清,即法律是否要求监事会"必须"就这方

---

① 　BGH v. 25.11.2002—II ZR 133/01, BGHZ 153, 47, 52 ＝ AG 2003, 273（Macrotron）; LG Berlin v. 13.12.2004-101 O 124/04, DB 2005, 1320.

② 　Vgl. auch Kodex Ziff. 4.2.5.

面内容作出报告。该问题同样可以得到肯定回答。[1]其原因有二：第一，聘任新董事和解聘在职董事无疑均与监督密切相关；第二，《股份法》第 171 条第 2 款第 2 句一般性地规定监事会必须就其对公司经营管理所实施的监督作出报告，而董事的聘任及解聘同样被涵盖其中。[2]在聘任新董事时，虽然监事会不必说明聘任原因，但必须就新董事的特殊职责及职权范围向股东大会作出报告。

③ 因此，如果监事会必须就董事会中的人事变动向股东大会作出报告，那么势必会出现以下问题：监事会是否必须说明解聘董事可能的特殊原因。此时答案同样是肯定的；因为如果监事会认识到解聘董事的原因，那么这既是其监督的内容又是其监督的结果。它必须就此向股东大会作出报告。

④ 最后，监事会可以通过对董事会进行监督从而确定公司是否享有一项针对某一董事的损害赔偿请求权。它同样必须就此——中立地——向股东大会作出报告。[3]

二、《股份法》第 161 条规定的"遵守说明"

就上市公司而言，其董事会和监事会必须每年对以下情况作出说明："公司是否已经遵守以及是否将会遵守《准则》政府委员会所提出的行为建议；哪些建议未被遵守或者不会被遵守及其原因。"根据《股份法》第 161 条第 2 句，该"说明应被公布在公司主页上供公众随时查阅"。此外，单个公司所作的此类说明将被纳入其《公司治理报告》中。法律所提出的要求通过这种方式得到了满足。因而监事会没有必要再将此类说明纳入其向股东大会所作的报告中。

三、委托决算审计人员以及康采恩决算审计人员（对有关决算进行审计）

根据《股份法》第 111 条第 2 款第 3 句，监事会"委托决算审计人员对年度决算及康采恩年度决算进行审计（《商法典》第 290 条）"。监事会虽然不必就此以及委托的法定内容（《商法典》第 317 条）单独向股东大会作出报告，但与审计人员约定附加的审计重点或报告义务[4]却是可取的。这方面内容必须被

584

585

586

587

---

① So auch Steiner in Heidel, Komm. AktG, §171 Rn.41.

② Ebenso E. Vetter, ZIP 2006, 260 sowie Kropff in Geßler/Hefermehl/Eckardt/Kropff, Komm. AktG, §171 Rn.32(so nicht in die 2. Aufl. übernommen).

③ Ebenso E. Vetter, ZIP 2006, 260.

④ Vgl. dazu Baums (Hrsg.), Bericht der Regierungskommission Corporate Governance, 2001, Rn.324.

纳入监事会向股东大会所作的报告中,因为这直接关系到监事会的监督职责及其履行。

四、利益冲突?

588   现行《股份法》完全未考虑到监事会陷入利益冲突的极大可能性。[1]而《准则》却不同。它首先建议在监事会内部对利益冲突进行公开:"每名监事都应向监事会公开利益冲突,特别是那些由于向客户、供货商、贷款债权人或其他交易伙伴提供咨询或行使机构职能而产生的利益冲突。"[2]

589   此外,《准则》第5.5.3条第1句中还建议监事会就上述利益冲突及其处理方法向股东大会作出报告。一项消极说明并非必需。[3]

590   (1)若监事会得知监事向它公开的某一利益冲突实际上并不存在,则它不必向股东大会作出任何报告。

591   (2)相反,如果监事会认为存在一个**利益冲突**,那么它必须就此向**股东大会作出报告**——除非它在《股份法》第161条所规定的说明中已明确拒绝遵守《准则》第5.5.3条的建议。该报告既不必提及冲突原因也不必提及有关人员。[4]监事会只需中立地指出:①存在一个利益冲突;②它是如何对待该冲突的。除辞职外,根据法律规定,在存在利益冲突时监事会只能考虑禁止有关监事参与内部讨论及决议。[5]监事会必须就此向股东大会作出报告。

所要求的上述中立报告要求在监事会中的必要的保密。[6]保密规定在这里同样适用。

这就是《股份法》第161条第1款规定的公众公司的法律状况。但是其他14 000家股份公司的法律状况如何呢?其实是一样的。因为监事会中的利益冲突将妨碍其监督职责的履行。因此对于股东大会来说,其知悉监事会中虽

---

①   Dazu Lutter/Quack in FS Raiser,2005,S.259;Lutter in FS Priester,2007,S.417 ff.;Lutter in FS Canaris,2007,Bd. II,S.245 ff.

②   Ziff. 5.5.2 DCGK;vgl. dazu Kremer in Ringleb/Kremer/Lutter/v. Werder,Komm. Kodex,Rn.1112 ff.

③   OLG Düsseldorf v. 22.11.2012—I-6 U 18/12,NZG 2013,178.

④   Vgl. E. Vetter,ZIP 2006,261;Priester,ZIP 2011,2081;v. d. Linden,GWR 2011,407;strenger OLG Frankfurt a.M. v. 5.7.2011—5 U 104/10,ZIP 2011,1613=AG 2011,713 unter Außerachtlassung des Gebotes strenger Vertraulichkeit im Aufsichtsrat (dazu oben Rn.265 ff.).

⑤   Lutter in FS Priester,2007,S.417,418 ff.

⑥   Drygala,AG 2007,381;Priester,ZIP 2011,2081;Hennrichs/Pöschke,Münch-Komm. AktG,§171 Rn.195 und 210.

已产生利益冲突但监事会已经自行处理,是具有普遍意义的。①

五、就监事顾问合同作出报告?

此类依《股份法》第 114 条须征得监事会同意的合同将带来产生依赖性及 592
利益冲突的危险。股东大会虽然对此一无所知,但是在考虑有关人员连任时
必须获得相关信息。

此外,若存在上述依赖性,则董事会的监督质量将受到监事会的拖累。鉴
于监事会的解释说明义务,其有义务就此作出报告。②

六、法律冲突

(1) 在 ARAG 案③中,联邦最高法院对监事会少数向监事会多数提起的 593
诉讼作出了判决。此类"监事会内部"的冲突将增加监事会无法继续正确履行
《股份法》第 111 条所规定义务的危险。因此,监事会必须就此类冲突中立地
向股东大会作出报告。

(2) 可以考虑由股东大会撤销监事的选聘。这意味着完全可能在一年或 594
数年之后才证实有关选聘是无效的。虽然这不会影响监事会此前所作的决
定,因为直到法院最终判决有关选聘决议为无效为止,有关决议始终被看作是
有效的(见上文边码 19),但个别或所有监事的地位却因撤销之诉而被削弱了。
此时,监事会同样必须就此中立地向股东大会作出报告。

当撤销之诉已发生法律效力且相关监事已自此时起损失监事职务时,监
事会才需作出上述报告。④此时存在监事会相关决议无效的危险(上文边码
19)。这一点必须被股东大会所知悉。

(3) 最后,甚至可能存在以下情况:一名仍然在职的监事起诉公司,⑤比如 595
请求确认监事会决议无效,⑥或者公司依《股份法》第 116 条和第 93 条向一名

---

① Henze, Der Aufsichtsrat 2013, 135.

② A. A. OLG München v. 24. 9. 2008—7 U 4230/07, ZIP 2009, 1667, 1669＝AG
2009, 121.

③ BGH v. 21. 4. 1997—II ZR 175/95, BGHZ 135, 244＝AG 1997, 377.

④ BGH v. 19. 2. 2013—II ZR 56/12, ZIP 2013, 720＝AG 2013, 387.

⑤ So war es im berühmten Hertie-Fall, BGH v. 15. 11. 1982—II ZR 27/82, BGHZ
85, 293＝AG 1983, 133.

⑥ Daran hat jedes Aufsichtsratsmitglied ein rechtliches Interesse: BGH v. 29. 1.
2013—II ZB 1/11, DB 2013, 449 ＝ AG 2013, 257. Und daher kann auch jedes Aufsich-
tsratsmitglied einem solchen Verfahren, sei es auf Seiten des Klägers, sei es auf Seiten der
Gesellschaft, beitreten(Nebenintervention): BGH v. 29. 1. 2013—II ZB 1/11, DB 2013, 449
＝AG 2013, 257.

监事提起损害赔偿之诉。根据《股份法》第 148 条，股东少数同样可以提起此类诉讼。监事会必依法须就所有这一切向股东大会作出报告。因为所有这些内容均涉及监事会履行其职责的能力，特别是对董事会进行监督的能力。

如果冲突关系到已离职的监事，那么上面所作的论述均不适用。因为这与现在的监事会不存在任何关联。

七、关于委员会的报告

596　　　根据《股份法》第 171 条第 2 款第 2 句（后半句），上市公司的监事会应说明其已设立哪些委员会以及这些委员会开会的频率。这是一项极易产生误解的规定。因为依该条款的前半句，监事会必须报告其已"以何种方式、在何种范围内"进行审查。这自然已经包括对以下事项的说明：监事会是否已经设立相应的委员会，特别是审计委员会，其负有哪些职责，[1]委员会是如何与全体监事会开展合作的以及全体监事会是如何监督各委员会的。股东大会只是无法据此掌握监事会履行监督职责的具体方式。

即使不考虑《股份法》第 171 条第 2 款第 2 句（后半句），上述有关委员会的报告义务也适用于所有（必设）监事会。

八、异常事件

597　　　2006—2007 经营年度，两家大型 DAX 上市公司遭到若干畸形发展的打击。显然传统的保险公司均拒绝对此作出理赔。[2]这种状况使得所有企业均开始考虑对公司及康采恩的监督体系进行完善，而此种完善无疑属于董事会经营管理职责的范畴。当然，监事会必须对此进行监督。它必须就以下内容向股东大会作出报告：与其保持稳定联系并不断与其进行讨论的董事会打算如何防止此类畸形发展再次发生。

■ 第三节　报告的制作

一、完整性

598　　　监事会向股东大会所作的报告不仅必须是完整和正确的，而且必须与其

---

① Dazu Lutter, Über eine zusätzliche Berichtspflicht des Aufsichtsrats an die Hauptversammlung, in FS Hommelhoff, 2012, S.683, 686 ff.

② Katrin Terpitz, Wer vertraut, muss kontrollieren, Handelsblatt vom 9. 3. 2007 (Kapitalmarkt S.1).

工作情况完全相符,这都是不言而喻的。①此外,监事会必须精心安排其报告的结构,从而使报告的每一个部分都是易于理解和可区别的。监事会越是严格地遵守上述报告结构,就越是能够避免遗漏个别报告要求。

此时仍然需要强调报告起草过程中监事会的保密义务。②

二、书面性、陈列以及呈报工商登记处

报告必须以书面形式作出,并经监事会全体大会决议通过(《股份法》第107条第3款第3句),之后由监事会主席签字,最后提交给股东大会(《股份法》第176条第1款第1句)。③自年度股东大会召开之日起,该报告就必须被陈列在公司的营业(办公)场所内供股东查阅(《股份法》第175条第2款第1句)并应股东的要求寄送给有关股东。 599

在股东大会上,监事会主席必须对该报告进行讲解,《股份法》第176条第1款第2句。 600

■ 第四节 违反

若报告不完整,则*所有监事的免责*均将受到威胁,既可能遭到股东大会的拒绝,也可能因撤销而无效。④ 601

这同样适用于董事会的免责,前提是其将监事会不完整的报告提交给股东大会。⑤这是值得怀疑的;这是因为,一方面,董事会并非监事会的监督者;另一方面,董事会必须将监事会报告置于公司的办公场所并依股东要求向其寄发,《股份法》第175条第2款,因此董事会也参与了监事会的不完整报告。

边码602—610暂时空置。

---

① Vgl. Kropff, MünchKomm. AktG, §171 Rn. 166; ebenso Hennrichs/Pöschke, MünchKomm. AktG, 3. Aufl., §171 Rn. 209; Euler in Spindler/Stilz, Komm. AktG, §171 Rn. 72.

② Lutter, Information und Vertraulichkeit, Rn. 384 ff., 493 ff.

③ BGH v. 21.6.2010—II ZR 24/09, ZIP 2010, 1437=AG 2010, 632.

④ BGH v. 16.2.2009—II ZR 185/07, BGHZ 180, 9=AG 2009, 285(Kirch/Deutsche Bank); LG München I v. 10.3.2005—5 HK O 18110/04, AG 2005, 408 und OLG München v. 13.9.2005—7 U 2759/05, AG 2006, 592; OLG Stuttgart v. 15.3.2006—20 U 25/05, AG 2006, 380; LG München I v. 5.4.2007—5 HK O 15964/06, BB 2007, 2170; OLG Düsseldorf v. 28.2.2008—6 U 197/06, Juris=BeckRS 2008, 22584 und dazu Liese/Theusinger, BB 2007, 2528; Hoffmann-Becking, Münchener Hdb. AG, §44 Rn. 17 ff.

⑤ OLG Düsseldorf v. 28.2.2008—6 U 197/06, Juris=BeckRS 2008, 22548.

第 十 章
监事会所负的资本市场法上的义务

■ 第一节　概述

611　　一家根据《股份法》第 3 款第 2 句已获得上市资格的股份有限公司作为所谓的有价证券发行人对公众以及联邦金融监管局(BaFin)负有告知及信息义务。这些各种各样的义务必须由董事会来履行。监事会只是公司的内部机构而非对外机构，因此法律在这方面也仅在例外情况下才直接对它作出一些规定。当然，监事会所负的一般性内部义务还是具有重要意义的。

■ 第二节　一般义务

一、监督义务

612　　显然，监事会所负的一般性监督义务包括对董事会资本市场法上的义务进行监督。此时，监事会尤其要对董事会是否遵守合法性，即是否遵守内幕交易禁令以及临时披露规定(《有价证券交易法》第 15 条)进行监督。关于这方面的若干重要问题，如董事会报告义务的时间[①]以及多级决策程序，请参阅上文边码 290、291 以及边码 304 以下所作的论述。

二、根据《股份法》第 161 条作出"遵守说明"

613　　上市公司的董事会和监事会有义务每年对以下情况作出说明：公司是否

---

　　① Vgl. dazu vor allem das Urteil des EuGH v. 28.6.2012—C-19/11, ZIP 2012, 1282 =AG 2012, 555＝EWiR § 13 WpHG 2/12(Bachmann) auf Vorlage des BGH(v. 22.11. 2010—II ZB 7/09, AG 2011, 84) und dazu Ihrig/Kranz, BB 2013, 451. Näher oben Rn.307. Vgl. weiter den Beschluss des OLG Stuttgart v. 15.2.2007—901 Kap. 1/06, AG 2007, 250 und dazu die Revisionsentscheidung des BGH v. 25.2.2008—II ZB 9/07, AG 2008, 380＝WM 2008, 641＝DStR 2008, 641.

已经遵守以及是否将会遵守《准则》中的行为建议;哪些建议未被遵守或者不会被遵守及其原因。对此请参阅上文边码 489 及以下所作的论述。

■ 第三节　收购时的特殊行为义务

一、保密义务

与《有价证券收购法》最初的设想不同,该法在其最终版本中并未规定收购公司(即发出收购要约的公司)或者目标公司的董事会或监事会负有特殊的保密义务。因此,收购公司(即发出收购要约的公司)或者目标公司的董事会或监事会必须遵守《股份法》第 116 条和第 93 条所提出的保密要求。[1]此外,《有价证券交易法》第 12 条及以下该条款的规定同样必须被遵守,企业收购属于内部人信息的经典实例。

614

二、收购公司监事会的行为义务

收购公司(即发出收购要约的公司)的监事会并不负有特殊的资本市场法上的义务,但它必须履行其所负的一般性监督义务,而且必须对董事会所作的关于收购要约的决策进行审查并参与整个决策过程。它尤其要关注董事会是否遵守了《有价证券收购法》第 10 条及以下款所规定的发出收购要约的必要步骤。

615

通常来说,在进行企业或企业股票收购时同样存在一项《股份法》第 111 条第 4 款第 2 句意义上的同意保留。但因为董事会必须在作出决定后毫不迟延地公开收购要约,所以就出现了以下问题:等待监事会作出同意是否违反《有价证券收购法》第 10 条第 1 款第 1 句所提出的"毫不迟延"这一要求。只要监事会的同意在公司法上是必不可少的,等待其作出同意就不违反上述要求。[2]因为收购要约必须得到监事会的同意,所以没有监事会的同意就不会产生有效的要约,更何谈要约的发出和披露。[3]

616

欧洲法院[4]似乎对《市场滥用指令》第 1 条和《有价证券交易法》第 15 条第

---

[1]　Lutter, Information und Vertraulichkeit, Rn.633 ff.

[2]　Assmann in Assmann/Pötzsch/Uwe H. Schneider, Komm. WpÜG, §10 Rn.16; Walz in Frankfurter Komm. WpÜG, §10 Rn.24.

[3]　Ebenso Hirte, Kölner Komm. WpÜG, §10 Rn. 30 ff.; Noack/Holzborn in Schwark/Zimmer, §10 WpÜG Rn.7; Walz in Haarmann/Schüppen, Frankfurter Komm. WpÜG, §10 Rn.24; Baums/Thoma, Komm. WpÜG, §10 Rn.23.

[4]　EuGH v. 28.6.2012—C-19/11, ZIP 2012, 1282 = AG 2012, 555 = EWiR §13 WpHG 2/12 (Bachmann); und dazu Ihrig in VGR, Gesellschaftsrecht in der Diskussion 2012, 2013, S.113; Ihrig/Kranz, BB 2013, 451.

1 款有不同的看法。前者涉及对《市场滥用指令》第 1 条第 1 项中"确切信息"概念的解释,而后者则围绕《收购指令》第 6 条[1]("决定发出要约")和《有价证券收购法》第 10 条第 1 款中的相似表述。若董事会发出的要约因监事会拒绝同意而被撤回确实令人惊讶。

另外,由于董事会的决定属于内部信息,[2]因此根据《有价证券交易法》第 15 条第 1 款必须予以披露。然而公司及其董事会此时可以援引该条第 3 款,但必须在监事会作出决定之前的尽可能短的期间内设法保证相关信息的保密性(参见上文边码 307)。当然,监事会必须尽快就是否同意进行讨论。此时借助现代通信工具或视频会议进行讨论也是被允许的。[3]

三、目标公司监事会的行为义务

617   根据《有价证券收购法》第 3 条第 3 款,在收购过程中目标公司监事会有义务为本公司利益实施行为。

如果监事同时在收购公司和目标公司任职,那么此时即存在一个明显的利益冲突。对此请参阅下文边码 894 及以下所作的论述。

(一) 表态义务

618   如果董事会收到向公司及其股东提出的收购要约,那么它必须就此向监事会作出报告。根据《有价证券收购法》第 27 条,董事会和监事会必须对收购公司提出的收购要约发表自己的意见。[4]而对于它们应当单独还是共同表态,该条款却没有作出明确规定。立法委员会所作的立法说明表明:原则上法律要求这两个机构单独发表意见;[5]但它们也可以(例外地)共同发表意见,[6]这在今天已很常见。[7]

619   《有价证券收购法》第 27 条第 1 款第 2 句规定了表态的必备内容,尤其是必须就所提供的对待给付的形式和数额、成功的收购要约可能给目标公司及

---

[1] Richtlinie 2004/25/EG vom 21.4.2004 betreffend Übernahmeangebote, ABl. EU Nr.L 142 vom 30.4.2004, S.12; Lutter/Bayer/J.Schmidt, EuropUR, §30 S.961 ff., 1043 ff.

[2] Vgl. EuGH v. 28.6.2012—C-19/11, ZIP 2012, 1282=AG 2012, 555=EWiR §13 WpHG 2/12(Bachmann) und EuGH v. 10.5.2007—C-391/04, AG 2007, 542=NZG 2007, 749(Georgikas).

[3] §108 Abs. 4 AktG, siehe dazu auch oben Rn.123 ff.

[4] Dazu Seibt in FS Hoffmann-Becking, 2013, S.1119, 1131 ff.

[5] BT-Drucks. 14/7477, S.53; Lutter, Information und Vertraulichkeit, Rn.672.

[6] Krause/Pötzsch in Assmann/Pötzsch/Uwe H. Schneider, Komm. WpÜG, §27 Rn.42; Schiessl in FS Hoffmann-Becking, 2013, S.1019, 1032.

[7] Seibt, CFL 2011, 213, 236.

其员工带来的后果作出详细说明。①因此监事会有义务就如何评价该收购要约,特别是对待给付的合理性,形成自己的意见。为此,它不仅必须设法取得与收购公司经济状况以及收购要约的主要经济数据有关的信息,而且必须仔细审查要约材料。鉴于表态所可能带来的责任风险,强烈建议监事会聘请投资银行或其他合适的金融顾问提供咨询。②虽然人们希望监事会提出一项支持或反对收购的建议,但此类建议却不必在监事会所发表的意见中被提出。如果监事会未提出此类建议,那么它必须说明原因。

若章程未作出其他规定,则监事会中的决议只需简单多数即可。有疑问 **620** 的是,监事会所发表的意见是否必须说明反对票的数量。这一点应被肯定,③否则可能会使股东产生一种错误印象。在此种情况下,《有价证券收购法》第3条第2款提出的资本市场法上的透明度要求要"优先于"股份法上的保密要求。④对反对票予以公开是被允许的,但却不被认为是一项义务。只有经有关监事同意,才能公开其姓名及其相反意见。⑤

根据《有价证券收购法》第27条第1款第2句第4项,持有目标公司有价 **621** 证券的监事必须在其意见中说明其是否打算接受该收购要约。这项义务不受持股量的影响。⑥如果有关的机构成员未能作出统一决定,那么他们的决定及其姓名必须在意见中予以公开。⑦从中可以推断出意见综述部分中投票行为的情况。

从资本市场法的角度来看,使董事会的意见受到监事会同意的约束可能 **622** 也是不被允许的。监事会可以不向董事会提出同意要求,而是发表自己的意见并将其公之于众。监事会的意见在"管理层收购"的情况下发挥着特殊作用,因为在这种情况下董事会已无法被看作是中立的。

---

① Vgl. dazu eingehend Krause/Pötzsch in Assmann/Pötzsch/Uwe H. Schneider, Komm. WpÜG, § 27 Rn.53 ff., 79 ff.; Hirte, Kölner Komm. WpÜG, § 27 Rn.31 ff., 43; Harbarth in Baums/Thoma, Komm. WpÜG, § 27 Rn.33 ff.

② Näher Schiessl, ZGR 2003, 814, 827 f.; Schiessl in FS Hoffmann-Becking, 2013, S.1019, 1032 ff.; Seibt in FS Hoffmann-Becking, 2013, S.1119, 1139 ff.

③ Siehe dazu ausführlich Lutter, Information und Vertraulichkeit, Rn.673 ff.

④ So auch Krause/Pötzsch in Assmann/Pötzsch/Uwe H. Schneider, Komm. WpÜG, § 27 Rn.38.

⑤ Lutter, Information und Vertraulichkeit, Rn.675 f.; bzgl. der Namen a.A. Fleischer/Schmolke, DB 2007, 99 f.

⑥ Röh in Haarmann/Schüppen, Frankfurter Komm. WpÜG, § 27 Rn.42; Harbarth in Baums/Thoma, Komm. WpÜG, § 27 Rn.59.

⑦ Krause/Pötzsch in Assmann/Pötzsch/Uwe H. Schneider, Komm. WpÜG, § 27 Rn.85; Harbarth in Baums/Thoma, Komm. WpÜG, § 27 Rn.60.

623　　　即使在《有价证券收购法》不适用于目标公司的情况下,①仍然可以从一般的监督义务(《股份法》第111条第1款)和对股东大会所负的报告义务(《股份法》第171条第2款)中产生监事会的表态义务,只不过此时的表态义务没有《有价证券收购法》第27条所规定的表态义务内容那样繁杂。②

(二)更高要求的监督义务

624　　　除表态义务之外,面临收购的局面对目标公司监事会提出若干特殊要求,特别是在收购要约发出前的阶段。在这一阶段,在保持必要的机密性的同时保证监事会获得充分信息通常是比较困难的。③首先,在这一阶段监事会监督义务的强度将增强,监督对象也将显著扩大,涉及尽职调查的设计、董事会中利益冲突克服、"分手费"的约定、寻找可能的备选要约人及价格谈判。④此外,在某些情况下监事会中的利益冲突也需要得到解决,例如个别监事与要约人、与要约有利益管理的大股东之间存在关联关系。⑤

(三)恶意收购情况下的义务

625　　　在恶意收购的情况下,监事会负有对董事会的中立性进行监督的特殊义务。根据《有价证券收购法》第33条第1款第1句,董事会不得实施可能阻碍收购要约获得成功的行为。它只能实施以下两类行为:(1)与收购要约毫无关联的、正直且认真负责的公司经营管理者所可能实施的行为,(2)有助于寻求竞争性要约的行为。监事会必须对董事会是否遵守上述规则进行审查。然而,与《有价证券收购法》政府草案的规定不同,监事会本身作为监督机构不受"阻碍禁令"的约束。⑥此外,政府草案还通过另一项例外对以下情况予以澄清,即如果董事会应采取一些防御措施,那么根据《有价证券收购法》第33条第1款第2句的第三种情况,这些措施取决于监事会的同意。

626　　　此项特殊同意要求的意义在于允许中立原则存在例外情况。由此可知,监事会必须在董事会实施措施之*前*给予同意。⑦对此,即使在董事会迫切需要

---

① Praxisbeispiele bei Seibt in FS Hoffmann-Becking, 2013, S. 1119, 1135 Fn. 49 und 50.

② Näher Seibt in FS Hoffmann-Becking, 2013, S.1119, 1135 f.

③ Näher dazu Schiessl in FS Hoffmann-Becking, 2013, S.1019, 1025 ff.

④ Näher Schiessl in FS Hoffmann-Becking, 2013, S.1019, 1029 ff.

⑤ Näher Schiessl in FS Hoffmann-Becking, 2013, S.1019, 1034 ff.; Seibt in FS Hoffmann-Becking, 2013, S.1119, 1142 ff.

⑥ Krause/Pötzsch/Stephan in Assmann/Pötzsch/Uwe H.Schneider, Komm. WpÜG, §33 Rn.76 ff.; Röh in Haarmann/Schüppen, Frankfurter Komm. WpÜG, §33 Rn.75 ff., 78; Steinmeyer in Steinmeyer/Häger, Komm. WpÜG, §33 Rn.13.

⑦ Röh in Haarmann/Schüppen, Frankfurter Komm. WpÜG, §33 Rn.84; Krause/Pötzsch/Stephan in Assmann/Pötzsch/Uwe H.Schneider, Komm. WpÜG, §33 Rn.179.

得到监事会同意的情况下，也不能有例外。①如果有人认为董事会可以事后征得监事会的同意，那么这可能会在事实上废除中立原则，因为很难想象监事会会事后拒绝同意董事会已实施的措施。

根据《有价证券收购法》第 33 条第 2 款第 4 句，董事会在行使股东大会赋予它的所谓"储备授权"时同样需要征得监事会的同意。相反，基于股东大会给予的一项特别同意，董事会在实施防御措施时不必再征得监事会的同意。②

■ 第四节　单个监事所负的资本市场法上的个人行为义务

无论（作为全体机构的）监事会还是单个监事均要承担资本市场法上的行为义务。

一、董事交易

根据《有价证券交易法》第 15a 条，承担"领导（经营管理）职责"的人，其中包括监事（该法第 15a 条第 2 款），负有以下义务：在五个工作日内就其以证券发行人（即公司）的股票所实施的交易或者与此有关的金融商品向证券发行人以及联邦金融监管局（BaFin）作出报告。此项义务不仅涉及监事本身，而且涉及与监事关系密切的人；其中包括配偶、经登记的生活伴侣、有权取得生活费的子女以及至少与监事在同一家庭内共同生活一年以上的亲属。除此以外，监事为其履行领导职责的法人，以及其他由监事直接或间接实施监督的、为监事利益而设立的或者其经济利益与监事的经济利益存在广泛一致性的公司或机构也要承担上述义务。然而，如果监事或与其关系密切的人所进行交易的总额到年终为止未超过 5 000 欧元，那么就不存在上述报告义务。《有价证券交易公告及内部人目录条例》（WpAIV）第 10 条对此类报告的内容作出规定。该报告不仅必须对有关人员进行说明，而且必须对交易本身作出详细描述。

二、依《有价证券交易法》及《准则》披露股票占有情况

与所有股东一样，如果监事通过购入、卖出或其他方式达到、超过或低于

627

628

629

630

---

① So aber für die Zustimmung des Aufsichtsrats zu Abwehrmaßnahmen nach Ermächtigung der Hauptversammlung Krause/Pötzsch/Stephan in Assmann/Pötzsch/Uwe H. Schneider, Komm. WpÜG, § 33 Rn. 240 m. w. N.

② Krause/Pötzsch/Stephan in Assmann/Pötzsch/Uwe H. Schneider, Komm. WpÜG, § 33 Rn. 199.

《有价证券交易法》第 21 条所规定的界限值（投票权的 3％、5％、10％、15％、20％、25％、30％、50％或者 75％）之一，那么它同样必须在四个交易日内就此向证券发行人以及联邦金融监管局作出报告。①在上述 3％这一界限值以下不存在监事报告其股票占有情况的法定义务。

然而，《准则》第 6.3 条却提出以下要求：如果监事直接或间接地占有公司所发行的 1％以上的股票，那么他就应当公开其股票占有情况（包括选择权或其他衍生物）。如果所有董事和监事的股票总占有量超过 1％，那么董事会和监事会就应当在《公司治理报告》中分别对该总量作出说明。

三、禁止内幕交易

631 　　《有价证券交易法》第 14 条禁止：

（1）利用内部人信息由自己或他人承担风险地或者为了他人购入或卖出内部人证券，

（2）在未经授权（"无权"）的情况下将内部人信息告知他人或者使之能够获取有关信息，

（3）建议他人以一项内部人信息为依据购入或卖出内部人证券，或者以其他方式唆使他人这样做。

由于监事会应获得全面信息且可以知悉企业的所有情况，因此其自然而然掌握着企业的内部信息。②它也因而应当严格保守秘密，③避免从事本公司的股票交易或者只能在未通过临时披露、新闻发布会或股东大会获得任何内部信息的时间内实施相关交易。

当监事为履行其职责而打算聘请助手时，（内部人信息）披露禁令对于他来说无疑是一个问题。在这里，信息披露何时应被看作是"有权"的，何时又应被视为是"无权"的，请参阅下文边码 254 及以下，边码第 290 及以下。

边码 632—650 暂时空置。

---

① 　Uwe H. Schneider in Assmann/Uwe H. Schneider, Komm. WpHG, § 21 Rn.111；Hirte in Kölner Komm. WpHG, § 21 Rn.129 ff.

② 　Zum Begriff der Insiderinformation vgl. Assmann in Assmann/Uwe H. Schneider, Komm. WpHG, § 13 Rn.4 ff.；Pawlik in Kölner Komm. WpHG, § 13 Rn.11 ff.

③ 　Zur Strafbarkeit eines Verstoßes vgl. § 38 WpHG und dazu Vogel in Assmann/Uwe H. Schneider, Komm. WpHG, § 38 Rn.4 ff.；Altenhain in Kölner Komm. WpHG, § 38 Rn.34 ff.

第十一章
监事会的组织

■ 第一节 总述

一、概要

监事会作为**合议机构**有义务履行其负有的职责。它通过其（作为一个整   651
体的）成员的行为履行这些职责。法律仅在少量条款中对监事会在机构内部
如何履行其职责作出规定。其中一方面涉及通过创设**特殊的职责履行人**（监
事会主席、委员会）构建整个机构的内部规则，另一方面则涉及监事会履行其
职责的**程序**规则。①《股份法》第 107 条第 1 款第 1、3 句，第 3 款第 1、2 句均提
及特殊的职责履行人，而《股份法》第 107 条第 2 款，第 3 款第 3、4 句以及第
108 到 110 条和第 171 条第 1 款第 2 句则规定了监事会中的程序。《共同决定
法》就是在上述规则的基础上制定的；该法一方面对上述规则进行了补充，另
一方面其第 27 到 29 条，第 31 条和第 32 条又与这些规则有所不同。最后，
《准则》中的一系列规则（特别是第 3.6 条，第 5.1.3 到 5.3.3 条以及第 5.6 条）则
致力于处理监事会组织方面的问题。

二、议事规程（业务守则）

法律规定为与监事会工作的组织（安排）有关的"补充性"和"相异性"规定   652
预留了巨大空间。首先，章程有权作出此类规定。涉及议事规程（业务守则）
问题的**章程规定**对监事会具有约束力。②对于适用《共同决定法》的公司来说，
同样如此。《共同决定法》未限制章程对议事规程（业务守则）问题作出规定的
权限。③不过，并非所有问题都可以由章程作出规定；对于某些问题，例如委托

---

① Hommelhoff, BFuP 1977, 507, 508.
② BGH v. 5.6.1975—II ZR 156/73, BGHZ 64, 325, 328＝AG 1975, 219.
③ Vgl. BGH v. 25.2.1982—II ZR 123/81, BGHZ 83, 106, 119＝AG 1982, 218.

委员会履行职责,则只能由监事会自行决定;请参阅本书就有关问题所作的论述。

653　　　只要章程未作出相关规定,监事会就可以**自行制定一份议事规程(业务守则)**,而且在不违反强制性法律规定的前提下,监事会还可以在该规程中就其组织作出规定。①《准则》向监事会提出了此项建议。**决议的一般性规则**适用于关于颁布、修改以及废除议事规程(业务守则)的决议(参见下文边码 714 及以下)。因此在通常情况下,此类决议只需达到简单投票多数即可。就不适用《共同决定法》的公司而言,其章程可以规定一个特定多数(参见下文边码 734);②相反,监事会不能自行引入一个更高的多数要求。③在实行共同决定的公司中,监事会主席行使二次投票权是被允许的(《共同决定法》第 29 条第 2 款)。④有关的议事规程(业务守则)在被监事会修改或废除之前一直有效。监事会中的监事更换不影响该议事规程(业务守则)的效力。⑤在个别情况下,监事会可以无视其自行制定的议事规程(业务守则),而无需首先对其进行修改。⑥相反,违反章程中有关议事规程(业务守则)的规则却能够导致监事会决议的无效。⑦

---

①　Vgl. dazu die Muster bei Hoffmann-Becking, Beck'sches Formularbuch, Formulare X.17 und 18；Hölters/Favoccia, Münchener Vertragshandbuch, Band 1, Formular V.52 und 53；Happ, Aktienrecht, Formulare 9.01 und 9.02.

②　Hoffmann-Becking, Münchener Hdb. AG, § 31 Rn.4.

③　Mertens/Cahn, Kölner Komm. AktG, § 107 Rn. 185；Hoffmann-Becking, Münchener Hdb. AG, § 31 Rn.4.

④　Ulmer/Habersack in Ulmer/Habersack/Henssler, Mitbestimmungsrecht, § 25 MitbestG Rn. 14；Raiser/Veil, Komm. MitbestG und DrittelbG, § 25 MitbestG Rn. 46；Hoffmann-Becking, Münchener Hdb. AG, § 31 Rn.4.

⑤　OLG Hamburg v. 23.7.1982—11 U 179/80, WM 1982, 1090, 1092＝AG 1983, 21；Hüffer, Komm. AktG, § 107 Rn.24；Spindler in Spindler/Stilz, Komm. AktG, § 107 Rn.14；Mertens/Cahn, Kölner Komm. AktG, § 107 Rn.184；Ulmer/Habersack in Ulmer/Habersack/Henssler, Mitbestimmungsrecht, § 25 MitbestG Rn. 14；Hoffmann-Becking, Münchener Hdb. AG, § 31 Rn. 5；abweichend Koberski in Wlotzke/Wißmann/Koberski/Kleinsorge, Mitbestimmungsrecht, § 25 MitbestG Rn.15；Säcker, DB 1977, 2031, 2036, die die Fortgeltung der alten Geschäftsordnung bei einem neu gewählten Aufsichtsrat nur akzeptieren wollen, wenn der neue Aufsichtsrat auf der Grundlage der alten Geschäftsordnung seine Tätigkeit aufnimmt, ohne dass der Antrag gestellt wird, die Geschäftsordnung zu ändern oder aufzuheben.

⑥　Hüffer, Komm. AktG, § 107 Rn. 24；Mertens/Cahn, Kölner Komm. AktG, § 107 Rn.190；Hoffmann-Becking, Münchener Hdb. AG, § 31 Rn.4.

⑦　Mertens/Cahn, Kölner Komm. AktG, § 107 Rn. 189；Habersack, MünchKomm. AktG, § 107 Rn.166；Spindler in Spindler/Stilz, Komm. AktG, § 107 Rn.16；einschränkend Koberski in Wlotzke/Wißmann/Koberski/Kleinsorge, Mitbestimmungsrecht, § 25 MitbestG Rn.15. Zu den allgemeinen Voraussetzungen der Nichtigkeit von Aufsichtsratsbeschlüssen vgl. unten Rn.737 ff.

三、自我组织义务;效率审查

在法律和章程规定的框架内,监事会不仅有权对其组织作出进一步规定,　654
而且只要实施组织方面的措施对于恰当履行其职责来说是必不可少的,监事
会就有义务实施此类措施。①虽然法律认为监事会的职责要由所有监事共同履
行,但它同时也赋予监事会在其内部创设**特殊的职责履行人**的可能性。在规
模较大的监事会中,监事会职责的履行通常只能以分工的方式得以实现,即由
各个监事根据各自的知识和能力分别承担整个机构的部分职责。具体分工必
须由全体监事会作出决定:没有哪一名监事有义务处理监事会的全部事务,但
每一名监事都有义务为恰当地处理这些事务而操劳。全体监事会必须将职责
分配给各个委员会和单个监事并协调它们的工作,其中最重要的是对它们进
行监督并在整个监事会内部以及监事会与其下属部门之间建立一套能够正常
运行的信息及监督系统。②

《准则》第 5.6 条建议监事会定期审查其工作效率。这属于一项真正的建　655
议,即使《准则》未进一步对**效率审查**的实施作出内容上的规定也同样如此。③
效率审查包括以下两方面内容:首先,要对监事会中的组织和程序进行审查;④
其次,必须将监事会工作的内容方面包括进来。⑤此项建议的目的是对整个机
构的工作作出评价;但在个别情况下,对各个委员会或单个监事的工作进行评
价同样是符合该目的的。⑥效率审查要由全体大会进行。它必须每年就此进行
一次讨论,为此可以由某一委员会或者监事会主席来完成有关的准备工作。⑦

---

① Spindler in Spindler/Stilz, Komm. AktG, §107 Rn.10;Hommelhoff/Mattheus,
AG 1998,249,254.

② Zum Ganzen ausführlich Hommelhoff, ZHR 143(1979),288,298 ff. m.w.N.;E.
Vetter in Liber amicorum Winter, 2011, S.701,703 ff.;v. Schenck in Semler/v. Schenck,
Arbeitshandbuch für Aufsichtsratsmitglieder, §1 Rn.41 ff.

③ v. Werder in Ringleb/Kremer/Lutter/v. Werder, Komm. DCGK, Rn. 1132;
Wilsing in Wilsing, Komm. DCGK, Ziff. 5.6 Rn.1;a.A. Spindler in Spindler/Stilz, Komm.
AktG, §107 Rn.8("wohl eher als Anregung zu verstehen").

④ Hüffer, Komm. AktG, §107 Rn.2a;Hopt/Roth, Großkomm. AktG, §111 Rn.
832.

⑤ Spindler in Spindler/Stilz, Komm. AktG, §107 Rn.107;v. Werder in Ringleb/
Kremer/Lutter/v. Werder, Komm. DCGK, Rn.1133;Wilsing in Wilsing, Komm. DCGK,
Ziff. 5.6 Rn.2.

⑥ Hüffer, Komm. AktG, §107 Rn.2a;Spindler in Spindler/Stilz, Komm. AktG
§107 Rn.8;v. Werder in Ringleb/Kremer/Lutter/v. Werder, Komm. DCGK, Rn.1135.

⑦ Hüffer, Komm. AktG, §107 Rn.2a;Hopt/Roth, Großkomm. AktG, §111 Rn.
832;v. Werder in Ringleb/Kremer/Lutter/v. Werder, Komm. DCGK, Rn.1134;Wilsing in
Wilsing, Komm. DCGK, Ziff. 5.6 Rn.4;Seibt, DB 2003, 2107, 2110.

也可以聘任外部顾问提供咨询。①实践中,此类讨论大多以对监事进行询问(采取调查表格的形式)为前提。②关于自我评价的更详细规定可以在欧洲委员会针对上市公司的非经营管理型董事/监事所提出的建议中被找到。③

四、监事会的经费来源

656 　　作为监事会一般性职责的附属物,监事会有权以公司名义缔结履行其职责所必需的交易(所谓的**辅助交易**)。④其中包括例如延请专家参与会议(《股份法》第 109 条第 1 款第 2 句)、依《股份法》第 111 条第 2 款第 2 句委托专家(实施特定行为)、在必要时请求专家就监事的知识和经验不足以解答的其他问题提供书面建议(详见下文边码 1009 及以下)、在公司与董事会之间的诉讼中委托诉讼代理人、承诺为董事会报销费用,等等。监事会各委员会以及监事会主席在其各自职权范围内同样享有缔结辅助交易的相应代理权(参见下文边码 682、1011)。

657 　　在上述个别情况之外监事会是否有权通过法律行为以公司名义获取履职所需的**物力和人力辅助**(例如招聘助理、设立监事会秘书处,等等),存在争议。⑤传统观点认为,董事会的参与必不可少。然而显而易见的是,如果没有足够的资源监事会无法满足日益苛刻的工作要求,而且鉴于履职效率以及履职所必需的独立性,也不能苛求监事会必须受到董事会的约束。为使监事会在这方面享有更大的灵活性,建议通过章程或股东大会决议(依据为《股份法》第 113 条)授权监事会以自行决定的方式处理**预算**。⑥然而这不是针对监事薪酬,而是针对监事会履职所需的适当资源,对此股东大会无权干涉,而且鉴于监事

---

① Wilsing in Wilsing, Komm. DCGK, Ziff. 5.6 Rn.4.

② Näher zum Evaluationsverfahren insbesondere v. Werder in Ringleb/Kremer/Lutter/v. Werder, Komm. DCGK, Rn.1135 ff.；Wilsing in Wilsing, Komm. DCGK, Ziff. 5.6 Rn.3 ff.；Hopt/Roth, Großkomm. AktG，§ 111 Rn.832 ff.；Seibt, DB 2003, 2107, 2111.

③ ABl. Nr.L 52 vom 15.2.2005，S.51 ff.；dazu eingehend Spindler, ZIP 2005, 2033 ff.；Maul, BB-Special 9/2005，S.2 ff.

④ Vgl. dazu Mertens/Cahn, Kölner Komm. AktG，§ 112 Rn.24 ff.；Spindler in Spindler/Stilz, Komm. AktG，§ 112 Rn. 3；Habersack, MünchKomm. AktG，§ 112 Rn. 4；Peus, Der Aufsichtsratsvorsitzende, S.164 ff.；Werner, ZGR 1989，369，383 f.

⑤ Für die Zulässigkeit etwa Habersack, MünchKomm. AktG，§ 111 Rn. 134；Hasselbach, Der Aufsichtsrat 2012，36，37 f.；im Grundsatz auch Hopt/Roth, Großkomm. AktG，§ 112 Rn.63；a.A. Mertens/Cahn, Kölner Komm. AktG，§ 112 Rn. 127；Spindler in Spindler/Stilz, Komm. AktG，§ 112 Rn. 3；Peus, Der Aufsichtsratsvorsitzende，S.184.

⑥ Theisen, Der Aufsichtsrat 2011，1；Theisen, BFuP 2012，349，356 ff.

会自我负责的特性也不应由股东大会负责。①进一步的建议旨在赋予监事会设定预算的权利和针对履行职务所产生费用的内部凭单付款（报销）权。②

事实上，没有必要进行进一步授权监事会在没有董事会参与的情况下自行决定与其活动有关的费用并在此过程中代表公司。因为监事无疑有权根据《民法典》第 670 条请求偿还他们认为在这种情况下可能需要支出的费用（同样参见下文边码 845 及以下）。③在监事支出费用的情况下，由董事会决定（《股份法》第 93 条第 3 款第 7 项）。④然而今天已经达成共识，在围绕费用补偿请求权的事由或数额的争议中，决定权不在董事会，而在于监事会，且公司也由监事会代表。⑤对于并非由监事而是由监事会产生的费用，同样如此；监事会在没有董事会参与的情况下，有权独立**决定支出其认为必要的费用**。监事会代表公司决定上述支出的权利产生于其在辅助交易中的代表权。⑥

关于监事会认为合格履职所需哪些费用的问题，由监事会慎重决定；与其他情况一样，在执行职务期间应给其一个合理的裁量空间（《股份法》第 116 条，第 93 条第 1 款第 2 句）。所支出的费用是否合理，取决于社会条件（具体问题具体分析）。毫无疑问，董事会需要秘书协助，已完成撰写和邮寄邀请函、安排会议室等活动。此外，监事会可能还需要许多其他支持性服务，如向股东大会准备书面和口头报告、编写分析报告、讲解和翻译，准备和评估监事会效率审查、制作会议记录，等等。⑦在中小型公司中，这往往是在董事会主席或总法律顾问的工作区域完成的，而大型公司则通常设立自己的**监事会办公室**。⑧除上述支持性服务之外，在大型公司中为监事会主席提供单独的办公室和

658

659

---

① Zur Frage eines Budgets für Fortbildungsmaßnahmen der Aufsichtsratsmitglieder ebenso: Leyendecker-Langner/Huthmacher, NZG 2012, 1415, 1418; allgemein zu Fortbildungskosten unten Rn. 846.

② So Knoll/Zachert, AG 2011, 309, 311 ff.; ablehnend Mertens/Cahn, Kölner Komm. AktG, § 112 Rn. 26; Hüffer, Komm. AktG, § 111 Rn. 12.

③ Vgl. statt aller Hüffer, Komm. AktG, § 113 Rn. 2b; Hopt/Roth, Großkomm. AktG, § 113 Rn. 28 ff.

④ Hüffer, Komm. AktG, § 113 Rn. 2b; Hopt/Roth, Großkomm. AktG, § 113 Rn. 26.

⑤ Hüffer, Komm. AktG, § 113 Rn. 2b; Habersack, MünchKomm. AktG, § 113 Rn. 26; Hopt/Roth, Großkomm. AktG, § 113 Rn. 26; a. A. Fonk, NZG 2009, 761, 765.

⑥ Ebenso Hopt/Roth, Großkomm. AktG, § 113 Rn. 26; Hasselbach, Der Aufsichtsrat 2012, 36, 37 f.

⑦ Auch hierzu näher Henning in Orth/Ruter/Schichold, Der unabhängige Finanzexperte im Aufsichtsrat, 2013, S. 157, 166 ff.

⑧ Näher zu Funktion und Aufgaben des Aufsichtsratsbüros Henning in Orth/Ruter/Schichold, Der unabhängige Finanzexperte im Aufsichtsrat, 2013, S. 157, 164 ff.

会议室是合适的。监事会主席同样可以为执行公务而动用公司车辆,甚至在超大型公司中监事会主席可以配备带有司机的公务车辆(只严格限于公务使用;若为私人用途则属于报酬范畴,因此需要召开股东大会作出相应决议,《股份法》第113条第1款)。所有这些均由监事会自行决定,无需董事会的批准。总的来说,为此目的而动用公司的现有资源(员工、房屋、设备)是适当的。在这方面,无需董事会的参与,但董事会负有配合义务。如果公司无法通过自有资源为监事会提供所需的辅助措施,或者监事会基于特殊原因认为不宜使用公司的设施和人员,那么监事会可以立即设法获得所需的资源并代表公司实施相关行为。董事会则必须确保依确认的付款义务由公司履行。董事会原则上无权审查相关费用的合理性,其仅在判断监事会决定支出的费用是否符合《股份法》第116条中的注意义务时才享有审查权。

■ 第二节　监事会中的主席职位

一、监事会主席及其代表的聘任

(一) 以《股份法》为依据的法律状况

660　　监事会有义务从监事中选举出一名主席以及至少一名主席代表。只有全体监事会才享有选举权。章程不得作出不同规定(例如由股东大会进行选举)。[1]委托某一监事会委员会进行选举同样被法律所排除(《股份法》第107条第3款第3句)。即使监事会违反此项义务未进行选举,股东大会也不能代替它进行选举;[2]然而在这种情况下,可以类推适用《股份法》第104条第2款的规定,由法院代替监事会聘任一名主席或主席代表。[3]

661　　法律规定监事会必须至少选举出一名主席代表。当然,监事会也可以根

---

① Hüffer, Komm. AktG, § 107 Rn. 3; Hoffmann-Becking, Münchener Hdb. AG, § 31 Rn. 8.

② Hüffer, Komm. AktG, § 107 Rn. 3b; Hoffmann-Becking, Münchener Hdb. AG, § 31 Rn. 8.

③ Hüffer, Komm. AktG, § 107 Rn. 3b; Mertens/Cahn, Kölner Komm. AktG, § 107 Rn. 23; Habersack, MünchKomm. AktG, § 107 Rn. 25; Hopt/Roth, Großkomm. AktG, § 107 Rn. 21; Hoffmann-Becking, Münchener Hdb. AG, § 31 Rn. 8; Ulmer/Habersack in Ulmer/Habersack/Henssler, Mitbestimmungsrecht, § 27 MitbestG Rn. 4; a. A. Koberski in Wlotzke/Wißmann/Koberski/Kleinsorge, Mitbestimmungsrecht, § 27 MitbestG Rn. 7 m. w. N. Zur Wahrnehmung der Aufgaben und Funktionen bei Fehlen von Vorsitzendem und Stellvertreter, vgl. LG Mainz v. 19.12.1989—10 HO 65/89, GmbHR 1990, 513, 515 f.

据自己的判断选举多名主席代表。不过,章程既有权将主席代表的数量限定为一名,①也可以规定必须选举多名主席代表。

只有监事才**享有被选举权**。但主席或代表的选举可以在附迟延条件的监事聘任的前提下提前进行;②实践中这种做法经常被采用。然而,任何人(包括章程)都不得对这项被选举权作出进一步限制。③也就是说章程不能使此项被选举权取决于以下事项:(1)拥有股东或职工代表集团的成员资格;(2)拥有某一特定家族的成员资格;(3)达到某一最低年龄;(4)占有某一特定比例的股票,等等。监事会同样不能通过使选举受到"他人"(例如股东大会、董事会、个别股东,等等)约束的方式限制监事会的选举自由;④即使监事会本身也不能使其选举取决于"他人"的同意。

《准则》第 5.4.3 条第 3 句建议监事会将监事会主席**候选人建议**公布给股东。然而此项建议危及监事的选举自由以及讨论秘密,因此必须被看作是不妥当的。⑤除此之外,《准则》第 5.4.4 条还建议将因至少持有公司 25% 表决权的股东的建议而得到聘任的董事在任职两年后调任为监事,但选为监事会主席应属于需向股东大会说明理由的例外情况。这一建议同样饱受批评。如果股东决定在等待期结束后例外地将董事选举为监事,那么上述将相关董事选为监事会主席的建议无疑是一项"更特殊的例外情况",这是以一种不恰当的方式违背股东的信任投票,而且《准则》提出的另一项对股东大会的相应意图作出特别说明的建议与监事会公布其主席候选人的建议,适用相同的保留条件。⑥

662

663

---

① Hüffer, Komm. AktG, § 107 Rn. 7; Spindler in Spindler/Stilz, Komm. AktG, § 107 Rn. 52; Hoffmann-Becking, Münchener Hdb. AG, § 31 Rn. 17.

② Hoffmann-Becking, Münchener Hdb. AG, § 31 Rn. 9.

③ Hüffer, Komm. AktG, § 107 Rn. 3; Hoffmann-Becking, Münchener Hdb. AG, § 31 Rn. 9.

④ Mertens/Cahn, Kölner Komm. AktG, § 107 Rn. 14; Habersack, MünchKomm. AktG, § 107 Rn. 16.

⑤ Mertens/Cahn, Kölner Komm. AktG, § 107 Rn. 12 („ rechtswidrig und daher unbeachtlich"); Habersack, MünchKomm. AktG, § 107 Rn. 11; Hoffmann-Becking, Münchener Hdb. AG, § 31 Rn. 10; Hoffmann-Becking in FS Hüffer, 2011, S. 337, 350 f.; a. A. Kremer in Ringleb/Kremer/Lutter/v. Werder, Komm. DCGK, Rn. 1041 mit dem Argument, die Empfehlung greife nur ein, „ wenn Neuwahlen zum Aufsichtsrat durch die Hauptversammlung anstehen und sich der Aufsichtsrat auf einen neuen Aufsichtsratsvor-sitzenden festgelegt" habe; positiv auch Hopt/Roth, Großkomm. AktG, § 107 Rn. 469.

⑥ Auch insoweit mit Recht kritisch Mertens/Cahn, Kölner Komm. AktG, § 107 Rn. 12; Habersack, MünchKomm. AktG, § 107 Rn. 11; Hoffmann-Becking, Münchener Hdb. AG, § 31 Rn. 11.

664　　　　只要章程未作出不同规定,那些关于监事会决议的一般性规定就适用于此处的**选举程序**(详见下文边码 714 及以下)。通常来说,此类选举必须达到简单投票多数。章程既可以规定此类选举只需达到相对多数即可,①也可以要求一个高于简单投票多数的多数。②监事可以为自己投票;即使章程也不能对此作出丝毫改变。③秘密选举是被允许的,④但不能由章程对此作出规定。⑤关于选举监事会主席的会议的召开和主持,参见下文边码 692 和边码 705。

665　　　　董事会必须就监事会主席及其代表的当选向**工商登记处**进行申报(《股份法》第 107 条第 1 款第 2 句)。此类申报无需采取公证形式。它仅具有对注册法院(登记法庭)作出一项通知的性质。注册法院(登记法庭)无需进行登记或公布。根据《股份法》第 80 条第 1 款第 1 句,监事会主席(而非其代表)必须在所有**商业信函**上注明其姓氏以及至少一个常用名。

666　　　　在不存在其他规定的情况下,监事会主席或主席代表的**任期**随着他作为监事的任期的结束而结束。⑥即使他再次被选聘为监事,其作为监事会主席或主席代表的任期也不会随之自动延长。⑦章程、议事规程或选举决议可以作出不同规定,例如:在有关人员被再次选聘为监事的情况下,他作为监事会主席或主席代表的任期可以继续持续到其此次作为监事的任期结束为止;⑧当然,

---

①　Hüffer, Komm. AktG, §107 Rn.3; Mertens/Cahn, Kölner Komm. AktG, §107 Rn.15; Hoffmann-Becking, Münchener Hdb. AG, §31 Rn.9.

②　Hüffer, Komm. AktG, §107 Rn.3; Habersack, MünchKomm. AktG, §107 Rn.22; Hoffmann-Becking, Münchener Hdb. AG, §31 Rn.9; Drygala in K. Schmidt/Lutter, Komm. AktG, §107 Rn.10; Hopt/Roth, Großkomm. AktG, §107 Rn.32; einschränkend Spindler in Spindler/Stilz, Komm. AktG, §107 Rn.20; ganz ablehnend Mertens/Cahn, Kölner Komm. AktG, §107 Rn.14.

③　Hüffer, Komm. AktG, §107 Rn.3; Mertens/Cahn, Kölner Komm. AktG, §107 Rn.14; Hoffmann-Becking, Münchener Hdb. AG, §31 Rn.9.

④　Habersack, MünchKomm. AktG, §107 Rn.22; Hopt/Roth, Großkomm. AktG, §107 Rn.38; Drygala in K. Schmidt/Lutter, Komm. AktG, §107 Rn.10; Hoffmann-Becking, Münchener Hdb. AG, §31 Rn.12; zweifelnd Spindler in Spindler/Stilz, Komm. AktG, §107 Rn.19.

⑤　Zweifelnd auch Hoffmann-Becking, Münchener Hdb. AG, §31 Rn.12; wohl auch Hopt/Roth, Großkomm. AktG, §107 Rn.38; a. A. Habersack, MünchKomm. AktG, §107 Rn.22.

⑥　Hüffer, Komm. AktG, §107 Rn.4; Mertens/Cahn, Kölner Komm. AktG, §107 Rn.31; Hoffmann-Becking, Münchener Hdb. AG, §31 Rn.15.

⑦　Hüffer, Komm. AktG, §107 Rn.4; Mertens/Cahn, Kölner Komm. AktG, §107 Rn.31; Spindler in Spindler/Stilz, Komm. AktG, §107 Rn.30.

⑧　Hüffer, Komm. AktG, §107 Rn.4; Mertens/Cahn, Kölner Komm. AktG, §107 Rn.29; Hoffmann-Becking, Münchener Hdb. AG, §31 Rn.15.

它们也可以规定一个较短的任期(如一年任期)。①有关人员所担任的监事会主席或主席代理职务随着他退出监事会而结束；无论章程还是监事会本身都不得作出不同规定。②监事会主席的任期既可以与其代表的任期完全一致，也可以有所不同(只要章程未作出不同规定)。③

　　监事会可以通过决议随时撤销监事会主席或主席代表的选聘。不过，章程或议事规程可以规定只有基于重大原因才能**解聘**上述人员。④只要章程或议事规程未作出不同规定，解聘就需要取得与选聘相同的多数⑤(通常为投票多数)。章程或议事规程中的规定不得增加基于重大原因的解聘的难度，因此对此只需取得简单投票多数即可。⑥如果解聘并非基于重大原因，那么监事会主席或主席代表在就其解聘进行表决时享有表决权；而在基于重大原因解聘的情况下，上述人员不享有表决权。⑦

　　原则上，有关人员可以随时**辞去**监事会主席或主席代表**职务**，就像其可以随时放弃其监事资格一样(参见上文边码35)。不过，辞职不得在不恰当的时间进行；在不恰当的时间辞职虽然有效，但属于对义务的违反。⑧如果章程将辞去监事职务与特定的形式和期限或者存在一个重大原因连结在一起，那么这些也必须相应地适用于辞去监事会主席或主席代表职务时的情况。⑨否则，辞职将通过向监事会作出不拘形式的意思表示而得以实现，⑩此时该意思表示到达主席代表处即可，⑪但向其他某名监事作出该意思表示也

667

668

① Mertens/Cahn, Kölner Komm. AktG, §107 Rn.29；Spindler in Spindler/Stilz, Komm. AktG, §107 Rn.29；Hopt/Roth, Großkomm. AktG, §107 Rn.48.

② Hüffer, Komm. AktG, §107 Rn.4；Mertens/Cahn, Kölner Komm. AktG, §107 Rn.29；Hoffmann-Becking, Münchener Hdb. AG, §31 Rn.15.

③ Mertens/Cahn, Kölner Komm. AktG, §107 Rn.30；Habersack, MünchKomm. AktG, §107 Rn.29；Hoffmann-Becking, Münchener Hdb. AG, §31 Rn.18.

④ Mertens/Cahn, Kölner Komm. AktG, §107 Rn.36；Spindler in Spindler/Stilz, Komm. AktG, §107 Rn.33；Hoffmann-Becking, Münchener Hdb. AG, §31 Rn.16.

⑤⑥ Hüffer, Komm. AktG, §107 Rn.4；Mertens/Cahn, Kölner Komm. AktG, §107 Rn.33；Hoffmann-Becking, Münchener Hdb. AG, §31 Rn.16.

⑦ Hüffer, Komm. AktG, §107 Rn.4；Mertens/Cahn, Kölner Komm. AktG, §107 Rn.34；Drygala in K.Schmidt/Lutter, Komm. AktG, §107 Rn.17.

⑧ Mertens/Cahn, Kölner Komm. AktG, §107 Rn.37；Habersack, MünchKomm. AktG, §107 Rn.34；Hoffmann-Becking, Münchener Hdb. AG, §31 Rn.16.

⑨⑪ Mertens/Cahn, Kölner Komm. AktG, §107 Rn.37；Hopt/Roth, Großkomm. AktG, §107 Rn.51；Hoffmann-Becking, Münchener Hdb. AG, §31 Rn.16.

⑩ Mertens/Cahn, Kölner Komm. AktG, §107 Rn.37；Hoffmann-Becking, Münchener Hdb. AG, §31 Rn.16.

可能满足此项要求。向董事会作出辞职的意思表示还不够；①然而人们可以这样认为：董事会应将该意思表示转达给监事会，而且该意思表示随着到达监事会而生效。②

(二)《共同决定法》中的特别之处

669　根据《共同决定法》第 27 条，在实行共同决定的公司中要适用一些特殊规定。这些特殊规定是**强制性**的；也就是说不论章程还是监会事均必须与之保持一致：

670　根据《共同决定法》第 27 条第 1 款，有关监事只有在**第一轮投票**中获得法定监事**票数**("应然强度")的三分之二多数才能当选为监事会主席或主席代表。监事会主席和主席代表的选举(表决)可以同时进行。当然，分别进行表决同样是可以的。③

671　只要上述两个职位选举中的任何一个未能在第一轮投票中取得必要的三分之二多数，就必须**在第二轮投票**中重新进行表决。此时，由股东代表选举监事会主席，由职工代表选举主席代表；在这轮投票中，获得各自选举集团**简单投票多数**者即可当选(《共同决定法》第 27 条第 2 款)。第二轮投票应在第一轮投票后立即进行；不过，在获得第一轮投票所有参加者的同意后，监事会可以作出重新进行一次第一轮投票的决议。④在第二轮投票中，上述两个选举集团的表决既可以在一次全体会议中，也可以分别在不同会议中进行。⑤根据《共同决定法》第 28 条，当法律规定的必要监事("应然强度")的至少半数参加了有关决议时，上述两个选举集团即获得决议能力。⑥

672　在上述两轮投票中，不管其**集团成员资格**如何，每名监事都享有被选举权，⑦然而，法律却认为监事会主席应由股东代表担任，而主席代表则应由职工

---

① Hopt/Roth, Großkomm. AktG, §107 Rn.51; Habersack, MünchKomm. AktG, §107 Rn.34; Hoffmann-Becking, Münchener Hdb. AG, §31 Rn.16.

② Mertens/Cahn, Kölner Komm. AktG, §107 Rn.37; Spindler in Spindler/Stilz, Komm. AktG, §107 Rn.38; Drygala in K. Schmidt/Lutter, Komm. AktG, §107 Rn.17; Hoffmann-Becking, Münchener Hdb. AG, §31 Rn.16.

③④ Ulmer/Habersack in Ulmer/Habersack/Henssler, Mitbestimmungsrecht, §27 MitbestG Rn.6; Raiser/Veil, Komm. MitbestG und DrittelbG, §27 MitbestG Rn.12; Hoffmann-Becking, Münchener Hdb. AG, §31 Rn.28.

⑤⑥ Ulmer/Habersack in Ulmer/Habersack/Henssler, Mitbestimmungsrecht, §27 MitbestG Rn.8; Raiser/Veil, Komm. MitbestG und DrittelbG, §27 MitbestG Rn.13; Hoffmann-Becking, Münchener Hdb. AG, §31 Rn.29.

⑦ Ulmer/Habersack in Ulmer/Habersack/Henssler, Mitbestimmungsrecht, §28 MitbestG Rn.7; Raiser/Veil, Komm. MitbestG und DrittelbG, §27 MitbestG Rn.13; Hoffmann-Becking, Münchener Hdb. AG, §31 Rn.29.

代表担任；与此不相符的行为（例如在公司受到公共部门影响的情况下）可能违背其他参与者的利益。

在适用《共同决定法》的公司中，**选举多名主席代表（代理主席）**是被允许的。①章程可以对此作出规定，但它不能限制监事会的选择自由。章程尤其不得规定两名主席代表必须属于同一监事集团（即股东代表集团或职工代表集团）。②此时不适用《共同决定法》第 27 条规定的选举程序，而是要适用该法第 29 条规定的关于监事会决议的一般性规定；③也就是说监事会以简单投票多数作出决议，必要时监事会主席可以行使二次投票权（详见下文边码 734）。

与适用《股份法》的情况相同（参见上文边码 660），对于适用《共同决定法》的公司来说，在监事会未履行其聘任义务的情况下由**法院紧急聘任**监事会主席及其代表同样是被允许的（类推适用《股份法》第 104 条）。④

就**任期**而言，上文对适用《股份法》的情况所作的论述在这里同样适用（参见上文边码 666）。章程或监事会可以就任期作出规定；然而与适用《股份法》的情况不同，监事会主席的任期必须与其代表的任期完全一致。⑤若章程或监事会未对任期作出特殊规定，则监事会主席及其代表的任期随着他们作为监事的任期的结束而结束。⑥

在实行共同决定的公司中，监事会主席及其代表的选聘同样是可以**随时被撤销**的。如果有关人员是根据《共同决定法》第 27 条第 1 款的规定在第一轮投票中被选举为监事会主席或主席代表的，那么在解聘时同样需要达到监

673

674

675

676

---

① BGH v. 25.2.1982—II ZR 123/81, BGHZ 83, 106＝AG 1982, 218(Siemens).

② BGH v. 25.2.1982—II ZR 123/81, BGHZ 83, 106, 116＝AG 1982, 218(Siemens).

③ OLG Hamburg v. 23.7.1982—11 U 179/80, AG 1983, 21, 22; Ulmer/Habersack in Ulmer/Habersack/Henssler, Mitbestimmungsrecht, §27 MitbestG Rn. 19; Mertens/Cahn, Kölner Komm. AktG, §25 MitbestG Rn. 7; Hoffmann-Becking, Münchener Hdb. AG, §31 Rn. 31; a. A. Raiser/Veil, Komm. MitbestG und DrittelbG, §27 MitbestG Rn. 15.

④ Ulmer/Habersack in Ulmer/Habersack/Henssler, Mitbestimmungsrecht, §27 MitbestG Rn. 4; Raiser/Veil, Komm. MitbestG und DrittelbG, §27 MitbestG Rn. 8; Mertens/Cahn, Kölner Komm. AktG, §27 MitbestG Rn. 5; Hoffmann-Becking, Münchener Hdb. AG, §31 Rn. 30; a. A. Koberski in Wlotzke/Wißmann/Koberski/Kleinsorge, Mitbestimmungsrecht, §27 MitbestG Rn. 7; Naendrup, GK-MitbestG, §27 Rn. 22.

⑤⑥ Ulmer/Habersack in Ulmer/Habersack/Henssler, Mitbestimmungsrecht, §27 MitbestG Rn. 10; Raiser/Veil, Komm. MitbestG und DrittelbG, §27 MitbestG Rn. 16; Hoffmann-Becking, Münchener Hdb. AG, §31 Rn. 32.

事会"应然强度"的三分之二多数。①如果有关人员是根据《共同决定法》第 27 条第 2 款的规定在第二轮投票中才当选的,那么在解聘时只需达到其选举集团的简单投票多数即可;与此相反,全体监事会的三分之二多数都是不够的。②章程不得作出降低此项选举原则要求的规定(例如规定解聘只需达到全体监事会的简单多数即可),③而提高解聘难度的规定则是被允许的,④但这仅适用于无重大原因的解聘(参见上文边码 667)。

677　　如果监事会主席或主席代表被解聘,或者他们辞去其职务,那么这对对方的职务不产生任何影响。⑤某些学者认为章程不得作出不同的规定。⑥监事会

---

① Ulmer/Habersack in Ulmer/Habersack/Henssler, Mitbestimmungsrecht, § 27 MitbestG Rn. 13; Raiser/Veil, Komm. MitbestG, § 27 Rn. 17; Koberski in Wlotzke/Wißmann/Koberski/Kleinsorge, Mitbestimmungsrecht, § 27 MitbestG Rn. 18; Oetker, Großkomm. AktG, § 27 MitbestG Rn.13 f. m.w.N.; Hoffmann-Becking, Münchener Hdb. AG, § 31 Rn.34; a.A., einfache Mehrheit: Hoffmann/Lehmann/Weinmann, Komm. MitbestG, § 27 Rn.23 f.; Döring/Grau, NZG 2010, 1328, 1329 ff.; Säcker, BB 2008, 2252, 2254; Meyer-Landrut, DB 1978, 443; Hönig, DB 1979, 745; 1/3-Minderheit: Reuter, AcP 179(1979), 509, 531 f.

② Ulmer/Habersack in Ulmer/Habersack/Henssler, Mitbestimmungsrecht, § 27 MitbestG Rn. 13a; Koberski in Wlotzke/Wißmann/Koberski/Kleinsorge, Mitbestimmungsrecht, § 27 MitbestG Rn. 18; Oetker, Großkomm. AktG, § 27 MitbestG Rn. 15; Hoffmann-Becking, Münchener Hdb. AG, § 31 Rn.34; Döring/Grau, NZG 2010, 1328, 1330; a.A. Raiser/Veil, Komm. MitbestG und DrittelbG, § 27 MitbestG Rn.18; Mertens/Cahn, Kölner Komm. AktG, § 27 MitbestG Rn. 9; Gach, MünchKomm. AktG, § 27 MitbestG Rn.16; Hoffmann/Lehmann/Weinmann, Komm. MitbestG, § 27 Rn.24; Paefgen, Aufsichtsratsverfassung, S.279 f., die auch eine Abberufung mit einer Mehrheit von zwei Dritteln der Sollstärke des gesamten Aufsichtsrats zulassen wollen.

③ Ulmer/Habersack in Ulmer/Habersack/Henssler, Mitbestimmungsrecht, § 27 MitbestG Rn. 13; Raiser/Veil, Komm. MitbestG und DrittelbG, § 27 MitbestG Rn. 20; Koberski in Wlotzke/Wißmann/Koberski/Kleinsorge, Mitbestimmungsrecht, § 27 MitbestG Rn.18; Oetker, Großkomm. AktG, § 27 MitbestG Rn. 13; a.A. Mertens/Cahn, Kölner Komm. AktG, § 27 MitbestG Rn.9.

④ Ulmer/Habersack in Ulmer/Habersack/Henssler, Mitbestimmungsrecht, § 27 MitbestG Rn. 13; Raiser/Veil, Komm. MitbestG und DrittelbG, § 27 MitbestG Rn. 20; Paefgen, Aufsichtsratsverfassung, S. 286; Reuter, AcP 179 (1979), 509, 532; a.A. Koberski in Wlotzke/Wißmann/Koberski/Kleinsorge, Mitbestimmungsrecht, § 27 MitbestG Rn.18; Hoffmann/Lehmann/Weinmann, Komm. MitbestG, § 27 Rn.25.

⑤ Ulmer/Habersack in Ulmer/Habersack/Henssler, Mitbestimmungsrecht, § 27 MitbestG Rn. 12; Raiser/Veil, Komm. MitbestG und DrittelbG, § 27 MitbestG Rn. 19; Hoffmann-Becking, Münchener Hdb. AG, § 31 Rn.33.

⑥ Mertens/Cahn, Kölner Komm. AktG, § 27 MitbestG Rn. 8; Paefgen, Aufsichtsratsverfassung, S.271; a.A. Raiser/Veil, Komm. MitbestG und DrittelbG, § 27 MitbestG Rn.25; Hoffmann/Lehmann/Weinmann, Komm. MitbestG, § 27 Rn. 26; Philipp, ZGR 1978, 60, 68 f.

必须毫不迟延地进行**新的选举**来填补空缺的职位,此时同样适用《共同决定法》第 27 条第 1、2 款的选举规定。①监事会不得聘任自动接任的候补监事会主席或主席代表②。

二、监事会主席及其代表的职责

监事会主席**并不是**股份有限公司的**特殊机构**,而只是监事会的成员。尽管如此,一系列法律规定却分配给监事会主席若干特殊职责,而且根据习惯法,他必须履行一个机构主席通常情况下所承担的全部职责。③其职责分为三个领域:④(1)协调和主持监事会程序;(2)代理监事会(尤其是在面对董事会和股东大会时);(3)在作出某些"工商登记意思表示"时代理公司(参见例如《股份法》第 184 条第 1 款,第 188 条第 1 款,第 195 条第 1 款,第 207 条第 2 款,第 223 条,第 229 条第 3 款以及第 237 条第 2 款)。此外,章程通常还委托他主持股东大会。根据《准则》第 5.2 条第 1 款,监事会主席协调监事会内的工作、主持会议并对外代表监事会的利益;根据第 5.2 条第 3 款,其应当在会议之间的间隔期与董事会,特别是董事会主席或发言人保持定期的联系。

678

监事会主席最重要的职责当属**监事会中的程序主持和程序协调**。⑤一方面,他负责召开(《股份法》第 110 条第 1 款)、准备并主持监事会会议,另一方

679

① Ulmer/Habersack in Ulmer/Habersack/Henssler, Mitbestimmungsrecht, § 27 MitbestG Rn.11; Raiser/Veil, Komm. MitbestG und DrittelbG, § 27 MitbestG Rn.21 ff.; Hoffmann-Becking, Münchener Hdb. AG, § 31 Rn. 33; a. A. Koberski in Wlotzke/Wißmann/Koberski/Kleinsorge, Mitbestimmungsrecht, § 27 MitbestG Rn.17: sei der Ausgeschiedene nach § 27 MitbestG gewählt worden, finde auch die Nachwahl sogleich nach Abs. 2 statt.

② Ulmer/Habersack in Ulmer/Habersack/Henssler, Mitbestimmungsrecht, § 27 MitbestG Rn.11; Raiser/Veil, Komm. MitbestG und DrittelbG, § 27 MitbestG Rn.21; Oetker, Großkomm. AktG, § 27 MitbestG Rn.17; Hoffmann-Becking, Münchener Hdb. AG, § 31 Rn. 33; a. A. Hoffmann/Lehmann/Weinmann, Komm. MitbestG, § 27 Rn. 26; Philipp, ZGR 1978, 60, 74 f.

③ Hüffer, Komm. AktG, § 107 Rn.5; Mertens/Cahn, Kölner Komm. AktG, § 107 Rn.40; Hoffmann-Becking, Münchener Hdb. AG, § 31 Rn. 22; a. A. Peus, Der Aufsichtsratsvorsitzende, S.27 ff.

④ So die Unterscheidung von Peus, Der Aufsichtsratsvorsitzende, S. 16 ff.; ähnlich Hoffmann-Becking, Münchener Hdb. AG, § 31 Rn.19; Semler in Semler/v. Schenck, Arbeitshandbuch für Aufsichtsratsmitglieder, § 4 Rn.38; v. Schenck, AG 2010, 649, 650.

⑤ Umfassend Peus, Der Aufsichtsratsvorsitzende, S.24 bis 135; aus empirischer Sicht Trögel, Möglichkeiten und Grenzen der Einflussnahme des Vorsitzenden im Aufsichtsrat, 2013, S.49 ff.

面,他必须协调委员会的工作以及其他事项(参见例如《股份法》第107条第2款第1句,第109条第2款)。在程序主持领域中,只要不涉及股份有限公司方面的强制性组织规则,章程或议事规程就可以对监事会主席的法律地位作出补充性规定;①详见下文边码689及以下。在实行共同决定的公司中,监事会主席不仅享有二次投票权(《共同决定法》第29条第2款,第31条第4款),而且还因其职务而成为《共同决定法》第27条第3款意义上的调解委员会的成员。

680   在**代理**监事会这一职责领域内,监事会主席主要负责在监事会与公司其他机构之间传递信息,②首先他是**董事会的"一般对话伙伴"**,他必须与董事会保持持续而稳定的联系。③《准则》第5.2条第3款也强调了这一点并特别指出监事会主席应与董事会就(经营)策略、计划、业务发展以及风险管理的风险状况以及合规情况进行讨论。④此外,监事会主席还负责受领董事会报告(《股份法》第90条第1款第3句)并将之转交给监事会(《股份法》第90条第5款第3句);详见上文边码222。监事会主席必须在股东大会中就监事会关于年度决算及康采恩年度决算的审查(计)报告及其监督工作作出说明(《股份法》第176条第1款第2句)。关于对监事会材料实施占有参见下文边码713。

681   作为附属权限,监事会主席有权以公司名义缔结一些恰当履行其职责所必需的**辅助法律行为**。这意味着,监事会主席可以在必要时租用会议场地,或者向根据《股份法》第109条第1款第2句聘请到的专家作出报酬许诺,⑤再或者以公司名义获取其履行职责所必需的法律咨询。允许实施的辅助法律行为是否包括与聘请到的专家签订酬金协议,是存在争议的;有些人主张在监事会

---

①   Umfassend Peus, Der Aufsichtsratsvorsitzende, S. 321 bis 411.

②   Dazu oben Rn. 222, sowie umfassend Peus, Der Aufsichtsratsvorsitzende, S. 138 bis 163; v. Schenck in Semler/v. Schenck, Arbeitshandbuch für Aufsichtsratsmitglieder, §4 Rn. 41 ff.; Hopt/Roth, Großkomm. AktG, §107 Rn. 83 ff.

③   Näher dazu Krieger, ZGR 1985, 338, 340 ff.; Hopt/Roth, Großkomm. AktG, §107 Rn. 68 f.; Spindler in Spindler/Stilz, Komm. AktG, §107 Rn. 39; v. Schenck, AG 2010, 649, 650, 652 f.

④   Vgl. dazu auch v. Schenck, AG 2010, 649, 652 f., 654 ff., der einerseits die Notwendigkeit eines solchen laufenden Austausches zwischen Vorstand und Aufsichtsratsvorsitzendem anerkannt, andererseits aber befürchtet, dass sich die Beteiligten damit „streng rechtlich gesehen häufig im Grenzbereich des Zulässigen" bewegten, und der deshalb eine gesetzliche Regelung empfiehlt.

⑤   Mertens/Cahn, Kölner Komm. AktG, §107 Rn. 53; Hopt/Roth, Großkomm. AktG, §107 Rn. 116; Drygala in K. Schmidt/Lutter, Komm. AktG, §107 Rn. 22; Spindler in Spindler/Stilz, Komm. AktG, §107 Rn. 42.

作出相应决议后方可实施,或者至少监事会未表示反对聘任专家。①更合适的判断方法是看相关行为是否属于筹备会议的范畴。若对专家的委托为适当且通常的会议筹备所必需,则监事会主席可以与之签订酬金协议,但是需要征得监事会的同意。②

通说认为:如果监事会负责在法律行为方面**对公司进行(积极)代理**(根据《股份法》第112条代理公司面对董事会;根据《股份法》第111条第2款第2句聘请专家;其他关于履行监事会职责的辅助法律行为;参见上文边码440及以下,边码508及以下),那么监事会主席依法不享有特殊权限。就实施法律行为的决定而言,这是毫无问题的。此类决定由全体监事会负责作出;(在《股份法》第107条第3款第3句的范围内)全体监事会可以委托某一委员会(而不得单独委托监事会主席)作出有关决定。③监事会主席是否有权凭借其职务通过签署相应合同或其他手段**执行**由全体大会或主管委员会作出的决定,是存在争议的。根据通说,他无权凭借其职务实施上述行为,而只有在获得特别授权时才可以这样做;④此类授权既可能通过监事会决议或议事规程被作出,也可能被包含在章程之中。⑤然而很多人却认为:对于必须通过法律行为才能得以实现的监事会决议来说,上述授权是被可推知地包含在有关决议之中的。⑥然而,认为监事会主席有权凭借其职务执行监事会或其委员会决议的观点似乎更具说服力。⑦须与之相区别的是**公司的消极代理**。在由监事会代理公司的范围内,意思表示在到达一名监事处时即生效(《股份法》第112条第2

682

---

① Mertens/Cahn, Kölner Komm. AktG, §107 Rn.53; Habersack, MünchKomm. AktG, §107 Rn.58.

② So wohl auch Spindler in Spindler/Stilz, Komm. AktG, §107 Rn.43; Hoffmann-Becking, Münchener Hdb. AG, §31 Rn.23.

③ Vgl. dazu schon oben Rn.444 und Mertens/Cahn, Kölner Komm. AktG, §107 Rn.52; Hoffmann-Becking, Münchener Hdb. AG, §31 Rn.21.

④ BGH v. 6.4.1964—II ZR 75/62, BGHZ 41, 282, 285; OLG Düsseldorf v. 17.11.2003—I 15 U 225/02, NZG 2004, 141, 142 f. = AG 2004, 321; Habersack, Münch-Komm. AktG, §107 Rn.59; Mertens/Cahn, Kölner Komm. AktG, §107 Rn.52.

⑤ OLG Düsseldorf v. 24.2.2012—I-16 U 177/10, AG 2012, 511; Habersack, Münch-Komm. AktG, §107 Rn.59; Hopt/Roth, Großkomm. AktG, §107 Rn.112; Hoffmann-Becking, Münchener Hdb. AG, §31 Rn.101; a.A. Drygala in K. Schmidt/Lutter, Komm. AktG, §112 Rn.14, der Satzungsregelungen für unzulässig hält; unklar Mertens/Cahn, Kölner Komm. AktG, §107 Rn.52, §112 Rn.41.

⑥ Mertens/Cahn, Kölner Komm. AktG, §107 Rn.52; Habersack, MünchKomm. AktG, §107 Rn.59; Spindler in Spindler/Stilz, Komm. AktG, §107 Rn.42; Drygala in K. Schmidt/Lutter, Komm. AktG, §112 Rn.14.

⑦ Hoffmann-Becking, Münchener Hdb. AG, §31 Rn.102; Bednarz, NZG 2005, 418, 419 ff.

句,第 78 条第 2 款第 2 句)。

683 　　此外,监事会主席还负责向公众发表监事会的其他声明,尤其是**媒体声明**,等等。然而,监事会原则上是无权发表此类声明的。这是因为它是一个纯粹的内部机构,而董事会才负有对外代理公司的职责。但考虑到公司的利益,监事会有时有必要就其对某些问题的看法向公众作出解释;为了避免给公司造成重大不利后果,监事会在例外情况下可能也有权向公众提供其他信息(参见上文边码 284)。而此类说明的作出是监事会主席的职责,对此不需要一项特别授权。①

684 　　只有在监事会主席因故无法履行职责时,才由主席**代表**履行主席职责(《股份法》第 107 条第 1 款第 3 句)。只要监事会主席(无论基于何种原因)无法及时履行公务,就属于上述情况。相反,如果监事会主席在一段不会给公司带来不利后果的时间内亲自履行其职责既是可能的又是合理的,那么此时即无需由其代表履行公务。也就是说是否由主席代表代理主席履行职务始终要视有关措施的紧急程度而定。只要监事会主席能够亲自及时履行其职责,他就不能将这些职责交给其代表来履行。②因此,监事会主席及其代表不得(出于“对等原因”)轮流主持会议。在选聘**多名主席代表**的情况下,监事会必须为这些代表确定一个等级顺位。如果监事会未确定此类顺位且未作出不同决议,那么人们必须认为年长的代表要优先于较年轻的代表;③然而就实行共同决定的公司而言,在监事会选聘多名主席代表的情况下,由职工选出的主席代表首先有资格代理公司。④另外,根据《共同决定法》第 27 条第 3 款,主席代表凭借其职务成为调解委员会的成员;但此时他不享有二次投票权(《共同决定法》第 29 条第 2 款第 3 句,第 31 条第 4 款第 3 句)。

---

① Peus, Der Aufsichtsratsvorsitzende, S.176.

② Hüffer, Komm. AktG, §107 Rn.7; Mertens/Cahn, Kölner Komm. AktG, §107 Rn.72; Hoffmann-Becking, Münchener Hdb. AG, §31 Rn.24; a.A. Spindler in Spindler/Stilz, Komm. AktG, §107 Rn.56.

③ Hüffer, Komm. AktG, §107 Rn. 7; Henssler in Henssler/Strohn, Gesellschaftsrecht, §107 AktG Rn.12; a.A. Spindler in Spindler/Stilz, Komm. AktG, §107 Rn. 57, der auf Dienstjahre statt Lebensjahre abstellen will; Mertens/Cahn, Kölner Komm. AktG, §107 Rn.71; Drygala in K.Schmidt/Lutter, Komm. AktG, §107 Rn.25, die Stellvertreter könnten sich untereinander abstimmen, es könne aber auch jeder von ihnen eine Sitzung einberufen, damit der Aufsichtsrat entscheiden könne, wer von ihnen die Vertretung übernehmen solle.

④ Ulmer/Habersack in Ulmer/Habersack/Henssler, Mitbestimmungsrecht, §27 MitbestG Rn.20; Raiser/Veil, Komm. MitbestG und DrittelbG, §27 MitbestG Rn.33.

三、名誉主席

公司可以将公司或监事会的名誉主席（或成员）的称号授予非监事会成   685
员。授予上述名誉称号无需章程作出特别许可。①但是章程可以规定是否可以
授予此类名誉称号以及需要遵守的程序。②若无特别的**章程规定**，则股东大会
和监事会均有权授予此类名誉称号。③实践中由股东大会授予称号可能更为合
适，因为这样做显得相关称号更有分量。④

称号的授予不会赋予有关人员任何一项与监事会有关的**权利**。与其他第   686
三人相同，名誉监事会主席或监事同样仅在极小限度内有权参加监事会会
议；⑤参见边码700及以下。名誉监事会主席也不享有特殊的信息权；在面对
他时，有关人员同样负有股份法上的不受限制的一般保密义务（《股份法》第93
条第1款第3句）。⑥名誉主席原则上无报酬请求权，特别是不享有为监事确定
的薪酬。⑦然而《股份法》第113条可以适用于名誉主席，也就是说可以通过章

---

① Lutter, ZIP 1984, 645, 649; Siegel in FS Peltzer, 2001, S.519, 526 f.

② Habersack, MünchKomm. AktG, §107 Rn.73; Hopt/Roth, Großkomm. AktG, §107 Rn.168; Johannsen-Roth/Kießling, NZG 2013, 972, 973; Lutter, ZIP 1984, 645, 648; Siegel in FS Peltzer, 2001, S.519, 526 f.

③ Hüffer, Komm. AktG, §107 Rn.9; Spindler in Spindler/Stilz, Komm. AktG, §107 Rn.61; Drygala in K. Schmidt/Lutter, Komm. AktG, §107 Rn.27; Habersack, MünchKomm. AktG, §107 Rn.73; Hopt/Roth, Großkomm. AktG, §107 Rn.168; Hoffmann-Becking, Münchener Hdb. AG, §31 Rn.26; a.A. Lutter, ZIP 1984, 645, 649; Hennerkes/Schiffer, DB 1992, 875 (alleinige Kompetenz der Hauptversammlung); Jüngst, BB 1984, 1583, 1584; Johannsen-Roth/Kießling, NZG 2013, 972, 973 f., 977 f. (alleinige Kompetenz des Aufsichtsrats); Mertens/Cahn, Kölner Komm. AktG, §107 Rn.76 (Einvernehmen von Aufsichtsrat und Vorstand erforderlich).

④ Spindler in Spindler/Stilz, Komm. AktG, §107 Rn.61.

⑤ Hüffer, Komm. AktG, §107 Rn.9; Mertens/Cahn, Kölner Komm. AktG, §107 Rn.76; Habersack, MünchKomm. AktG, §107 Rn.71; Hoffmann-Becking, Münchener Hdb. AG, §31 Rn.26; Böttcher, NZG 2012, 809, 810; Lutter, ZIP 1984, 645, 651 f.; a. A. Johannsen-Roth/Kießling, NZG 2013, 972, 974 ff. (Teilnahme-und Rederecht aufgrund Aufsichtsratsbeschlusses); Siebel in FS Peltzer, 2001, S.519, 533 f.; Jüngst, BB 1984, 1583, 1584.

⑥ Hüffer, Komm. AktG, §107 Rn.9; Spindler in Spindler/Stilz, Komm. AktG, §107 Rn.62; Hopt/Roth, Großkomm. AktG, §107 Rn.170; Hoffmann-Becking, Münchener Hdb. AG, §21 Rn.26; Lutter, ZIP 1984, 645, 652 f.; a.A. Johannsen-Roth/Kießling, NZG 2013, 972, 976 ff.; Jüngst, BB 1984, 1583, 1585.

⑦ Habersack, MünchKomm. AktG, §107 Rn.72; Hopt/Roth, Großkomm. AktG, §107 Rn.170; Hoffmann-Becking, Münchener Hdb. AG, §31 Rn.26; Lutter, ZIP 1984, 645, 653.

程规定或股东大会决议给予"酬金"。①

687 　　此外,公司还可以委托名誉主席为其完成特定的任务,尤其是代表类的任务以及维护与客户和供应商的联系。在此类合同关系中,当然可以向名誉主席支付适当报酬,而且名誉主席可以依据《民法典》第 670 条请求偿还其支出的必要费用。②其中唯一需要注意的一点是,名誉主席并非"依职务"而负责上**述代表性及维护联系任务**。更确切地说,此类任务的承担以公司的特别委托为前提。此时由董事会代理公司(《股份法》第 78 条)。若名誉主席是前监事会成员,则部分人主张鉴于《股份法》第 114 条的规定应预先征得监事会的同意;③但从法律层面上讲这并非必须如此。④

■ 第三节　监事会中的程序

一、监事会会议

(一)会议数量

688 　　监事会必须**每半年**举行**两次会议**(《股份法》第 110 条第 3 款第 1 句)。在这半年中,两次会议具体何时举行,由监事会或其主席决定。随着《股份法》第 110 条第 3 款新条文的适用,之前关于监事会应每半年举行一次会议的规定已被取消。

689 　　在**非上市公司**(《股份法》第 3 条第 2 款)中,其监事会可以通过决议作出以下决定,即每半年举行一次会议即可(《股份法》第 110 条第 3 款第 2 句)。为此相关决议只需达到简单投票多数即可(参见下文边码 733、734)。每名监事根据《股份法》第 110 条第 1 款第 1 句要求召开其他会议的权利不受影响。⑤只要因特殊原因其他会议并非必不可少,监事会就可以仅举行规定的最低次

---

　　① Habersack, MünchKomm. AktG, §107 Rn.72; Spindler in Spindler/Stilz, Komm. AktG, §107 Rn.63; Henssler in Henssler/Strohn, Gesellschaftsrecht, §107 AktG Rn.15; Lutter, ZIP 1984, 645, 653; weitergehend, aber nicht überzeugend Johannsen-Roth/Kießling, NZG 2013, 972, 974, der Aufsichtsrat habe die „Annexkompetenz aus der Ernennungskompetenz" zur Gewährung eines Ehrensoldes.

　　② Habersack, MünchKomm. AktG, §107 Rn.72; Hopt/Roth, Großkomm. AktG, §107 Rn.170; Johannsen-Roth/Kießling, NZG 2013, 972, 974.

　　③ Hüffer, Komm. AktG, §107 Rn.9; Spindler in Spindler/Stilz, Komm. AktG, §107 Rn.63.

　　④ So auch Johannsen-Roth/Kießling, NZG 2013, 972, 974.

　　⑤ Begr. RegE TransPuG, BR-Drucks. 109/02, S.37 f.

数的会议。①章程可以规定监事会应更频繁地召开会议。②

在《股份法》第 110 条第 3 款新条文适用之前,很多人认为:就规定的最低 690
次数的监事会会议而言,监事必须亲自出席,**电话或视频会议**是不够的。③而随
着该条款新条文的适用,政府草案的制定者希望:就上述监事会会议而言,"至
少在具有充分理由的例外情况下",监事会举行电话或视频会议即可;从该条
款条文的变化——放弃之前的"集会"而仅规定"举行"会议——应该可以清楚
看到这一点。④在此背景下,部分学者认为监事会会议可以不受限制地采取视
频、网络或电话会议的形式;⑤而另一部分学者则相对比较保守和谨慎,他们有
的认为监事会举行视频会议是可以的,但是电话会议还不够,⑥有的甚至仍然
认为监事应至少每一年或半年举行一次须亲自出席的会议⑦或者只有此类会
议才能满足法定的最低会议数量要求。⑧电话或视频会议很难符合并实现法律
规定的最低次数的监事会会议的意义及目的,因为在议程内容非常广泛、事项
极其复杂或与会人数极多的情况下,通过电话或视频会议进行讨论的质量显
然不如面对面进行商讨。因此在通常情况下,电话或视频会议应仅限于正常
会议之外的紧急讨论或决议;此类会议因此自然不能计入最低会议数量。只
有在监事会规模较小且议程较简单的情况下才能例外地举行电话或视频会

---

① Hüffer, Komm. AktG, §110 Rn.10; Spindler in Spindler/Stilz, Komm. AktG, §110 Rn.50; Hoffmann-Becking, Münchener Hdb. AG, §31 Rn.36.

② Spindler in Spindler/Stilz, Komm. AktG, §110 Rn.46; Hopt/Roth, Großkomm. AktG, §110 Rn.66; Hoffmann-Becking, Münchener Hdb. AG, §31 Rn.36.

③ Begr. RegE TransPuG, BR-Drucks. 109/02, S.38; Baums(Hrsg.), Bericht der Regierungskommission Corporate Governance, Rn.57; Kindler, NJW 2001, 1678, 1689; vgl. auch den Diskussionsbericht zum ZHR-Symposion 2001 von Casper, ZHR 165(2001), 219, 221; a.A. früher—allerdings jeweils nur bezogen auf Videokonferenzen—Mertens, Kölner Komm. AktG, §108 Rn.116; Wagner, NZG 2002, 57, 59 ff.; Kindl, ZHR 166(2002), 335, 344 ff.

④ Begr. RegE TransPuG, BR-Drucks. 109/02, S.38.

⑤ Hoffmann-Becking, Münchener Hdb. AG, §31 Rn.36; Schick in Wachter, Komm. AktG, §110 Rn.12; Tomasic in Grigoleit, Komm. AktG, §110 Rn.8, allerdings mit dem Hinweis, die Aufgaben des Aufsichtsrats würden sich ohne regelmäßige Präsenzsitzungen kaum in angemessener Weise erfüllen lassen; Götz, NZG 2002, 599, 602.

⑥ Mertens/Cahn, Kölner Komm. AktG, §110 Rn.33; Hopt/Roth, Großkomm. AktG, §110 Rn.70 f.; Wasse, AG 2011, 685, 689; Kindl, ZHR 166(2002), 335, 346; Wagner, NZG 2002, 57, 62.

⑦ Hüffer, Komm. AktG, §110 Rn.11; Habersack, MünchKomm. AktG, §110 Rn.45; Spindler in Spindler/Stilz, Komm. AktG, §110 Rn.35; Bürgers/Israel in Bürgers/Körber, Komm. AktG, §110 Rn.10; Hopt/Roth, Großkomm. AktG, §110 Rn.71(für die Bilanzsitzung).

⑧ Drygala in K.Schmidt/Lutter, Komm. AktG, §110 Rn.20.

议；如果监事会将电话或视频会议作为其会议的常规形式，那么它就违反了其注意义务。[①]此外，章程可以规定监事会必须举行由监事亲自出席的会议。若无监事反对，则监事会可以以电话或视频会议的形式作出决议（《股份法》第108条第4款）；详见下文边码728。

691　　　　除《股份法》第110条第3款规定的最低数量的会议外，若监事会主席根据其负责任的判断认为为了公司利益**有必要召开监事会会议**或者一名监事或董事会依《股份法》第110条第1款第1句提出要求，则监事会主席必须召开相关会议（参见下文边码695及以下）。

　　　　（二）召开

692　　　　**监事会主席**负责召开监事会会议，[②]他必须邀请每名监事；实践中他通常可以请求董事会以其名义发出邀请。[③]如果监事会主席及其代表（尚）未被选出，那么每名监事或者董事会均可召开监事会会议（类推适用《股份法》第110条第2款）。[④]章程或议事规程可以使会议的召开取决于特定**形式**（尤其是书面形式）**及期限**的遵守；实践中经常采用书面形式并遵守两周的期限。然而，对于由一名监事或董事会要求召开监事会会议的情况来说，《股份法》第110条第2款所规定的两周召开期限不得被章程延长。[⑤]若无特殊规定，则监事会主席可以不拘形式地发出邀请（包括口头邀请），但邀请必须被及时作出，也就是说要留给监事一段根据具体情况所必需的适当时间。向公司所知的通信地址寄出邀请信即可；至于该邀请信是否到达有关人员处却并不重要，不过该信必须被提早寄出，以便可以期待它及时到达有关人员处。[⑥]

693　　　　召集时必须说明会议的**时间和地点**。会议地点也可以置于国外。[⑦]但该地点必须属于监事通过合理的费用即可达至的地点。监事会的议事规程可以对此作出规定。**议程**由监事会主席确定。其不需附于会议邀请之中，而是在会

---

　　　① Ebenso Habersack, MünchKomm. AktG, §110 Rn.45.

　　　② Muster bei Hölters/Favoccia, Münchener Vertragshandbuch, Band 1, Formula V.60.

　　　③ Hoffmann-Becking, Münchener Hdb. AG, §31 Rn.38.

　　　④ Hüffer, Komm. AktG, §110 Rn.2.

　　　⑤ Hüffer, Komm. AktG, §110 Rn.3; Mertens/Cahn, Kölner Komm. AktG, §110 Rn.14; Hoffmann-Becking, Münchener Hdb. AG, §31 Rn.39.

　　　⑥ Hüffer, Komm. AktG, §110 Rn.3; Spindler in Spindler/Stilz, Komm. AktG, §110 Rn.24; Drygala in K.Schmidt/Lutter, Komm. AktG, §110 Rn.8; Heller, AG 2008, 160 f., 162 mit Hinweis auf eine unveröffentlichte Entscheidung des LG Landshut, die anscheinend einen Zugangsnachweis fordert.

　　　⑦ Wasse, AG 2011, 685, 689.

议开始前的适当时间予以公布即可；①但若已确定召开期限，则议程必须在此期限内予以公布。②讨论对象必须被详加描述，以便监事可以对此作出切实准备。③每名监事或者董事会均可以在说明理由后要求监事会主席对议程进行补充，但其前提条件是此类补充在遵守对会议召开极其重要的期限的情况下仍然是可能的。若监事会主席未应上述要求毫不迟延地对议程作出补充，则可以认为《股份法》第110条第2款的规定将得到相应适用；④这意味着，在董事会或者一名监事要求监事会主席对议程进行补充的情况下，若监事会主席未应其要求作出补充，则他们可以通过将有关情况告知其他监事的方式自行对议程进行补充；参见下文边码696、697。

会议的召开是否符合有关规定并不取决于是否同时或另外对议程中的事项提出具体的**决议申请**。⑤不过，人们必须将在会议召开之前尽可能早地提出决议申请看作是监事会主席的职责；⑥违反此项职责不会影响监事会决议的作出。 694

（三）召开要求

如果每名监事以及董事会均认为召开监事会会议是必不可少的，那么 695
他们可以在说明目的及理由后要求召开有关会议（《股份法》第110条第1款第1句）。此项要求必须向监事会主席提出。而监事会主席必须应此项要求毫不迟延地召开监事会会议。除明显滥用权利的情况外，监事会主席无权因自己认为没必要召开监事会会议而拒绝召开有关会议。他也不因启动了一项无需会议的决议而被免除召开监事会会议（即采取书面程序）

---

① Mertens/Cahn, Kölner Komm. AktG, §110 Rn.4；Hopt/Roth, Großkomm. AktG, §110 Rn.22；Habersack, MünchKomm. AktG, §110 Rn.18；Drygala in K.Schmidt/Lutter, Komm. AktG, §110 Rn.10；Hoffmann-Becking, Münchener Hdb. AG, §31 Rn.41；a.A. Hüffer, Komm. AktG, §110 Rn.4；Spindler in Spindler/Stilz, Komm. AktG, §110 Rn.25.

② Mertens/Cahn, Kölner Komm. AktG, §110 Rn.4；Habersack, MünchKomm. AktG, §110 Rn.18；Hoffmann-Becking, Münchener Hdb. AG, §32 Rn.41.

③ BGH v. 2.7.2007—II ZR 111/05, ZIP 2007, 1942, 1945（zu §32 Abs. 1 Satz 2 BGB）；Mertens/Cahn, Kölner Komm. AktG, §110 Rn.4；Habersack, MünchKomm. AktG, §110 Rn.19；Hoffmann-Becking, Münchener Hdb. AG, §31 Rn.42.

④ Mertens/Cahn, Kölner Komm. AktG, §110 Rn.4；Spindler in Spindler/Stilz, Komm. AktG, §110 Rn.20；Hoffmann-Becking, Münchener Hdb. AG, §31 Rn.43.

⑤ Hüffer, Komm. AktG, §110 Rn.4；Mertens/Cahn, Kölner Komm. AktG, §110 Rn.4；Hoffmann-Becking, Münchener Hdb. AG, §31 Rn.42.

⑥ Hüffer, Komm. AktG, §110 Rn.4；Mertens/Cahn, Kölner Komm. AktG, §110 Rn.4；Habersack, MünchKomm. AktG, §110 Rn.18；Hoffmann-Becking, Münchener Hdb. AG, §31 Rn.41.

的义务,①除非这已得到申请人的同意。因为只有在无监事反对的情况下监事会才能在电话或视频会议中作出决议(《股份法》第 108 条第 4 款;参见下文边码 728),所以我们可以这样认为,每名监事以及董事会均可以根据《股份法》第 110 条第 1 款第 1 句要求监事会主席召开必须由监事亲自出席的会议。②

696 若监事会主席未应一名监事或董事会的要求在两周之内召开监事会会议,则监事或董事会可以**自行召开**有关会议(《股份法》第 110 条第 2 款)。《企业透明度及披露法》已经改变了此前的法律状况,即只有至少两名监事才享有自行召开监事会会议的权利。然而,只有那些已自行(并出于相同的目的)向监事会主席提出召开监事会会议要求的监事才享有自行召开有关会议的权利。也就是说,一名监事在监事会主席拒绝另一名监事的召开要求后才对此项要求表示赞同不足以使该监事获得自行召开监事会会议的权利。③在这种情况下,有关监事必须首先自行向监事会主席提出召开要求。

697 有关监事或董事会必须**毫不迟延地**自行召开监事会会议。"徒劳"的召开要求必须被加以说明。此外,章程或议事规程为监事会会议的召开所规定的形式或期限必须被遵守。根据《股份法》第 110 条第 1 款第 2 句,在监事会主席应要求召开会议的情形下,相关会议必须在召集后两周内召开,而在自行召开的情形下并非如此。④章程不能限制上述自行召开权,但却可以扩大此项权利。⑤因此,章程不能规定必须由一名以上监事行使此项自行召开权;相反,章程却可以在未事前征求监事会主席意见的情况下规定此类自行召开权。

(四) 会议的取消或推迟

698 直至监事会会议开始,监事会主席均可以推迟或取消由其召开的会议。对于监事会主席应一名监事或董事会要求(《股份法》第 110 条第 1 款)召开的

---

  ① Hüffer, Komm. AktG, §110 Rn.7;Mertens/Cahn, Kölner Komm. AktG, §110 Rn.15.

  ② A. A. Spindler in Spindler/Stilz, Komm. AktG, §110 Rn. 10;Mertens/Cahn, Kölner Komm. AktG, §110 Rn.15;Wagner, NZG 2002, 57, 62 f.

  ③ Hüffer, Komm. AktG, §110 Rn.8;Mertens/Cahn, Kölner Komm. AktG, §110 Rn.18.

  ④ Hüffer, Komm. AktG, §110 Rn.9;Mertens/Cahn, Kölner Komm. AktG, §110 Rn.20;Habersack, MünchKomm. AktG, §110 Rn. 36;a. A. Spindler in Spindler/Stilz, Komm. AktG, §110 Rn.41.

  ⑤ Mertens/Cahn, Kölner Komm. AktG, §110 Rn.29 m.w.N..

会议来说,同样如此。虽然由监事会主席取消或推迟此类会议是有效的,但这同时也是违反义务的,而且如果监事会主席未在法律规定的召开要求提出(《股份法》第 110 条第 1 款第 2 句)之后的两周内召开监事会会议,那么一名监事或董事会有权自行召开有关会议。①监事会主席不能推迟或取消由董事会或一名监事根据《股份法》第 110 条第 2 款所召开的会议。如果会议已经开始,那么此时只能考虑推迟整个会议或个别议程事项;②对此,由全体监事会通过决议作出决定(参见下文边码 724)。

(五) 实行共同决定的监事会的预备性讨论

之前的《准则》第 3.6 条第 1 款对实行共同决定的监事会提出以下建议,即在股东代表集团和职工代表集团内部分别进行预备性讨论;而从 2012 年 5 月版的《准则》开始,则仅指明存在进行预备性讨论的可能性。实践中,此类预备性讨论首先出现在职工代表方面,后来股东代表也越来越多地采取此种讨论方式。此类预备性讨论在法律上是被允许的,③但绝非毫无问题。④其优点在于:相对于在全体大会中,职工代表或股东代表可以在各自的"议会党团"内部实现更坦率的意见交换,而且稍后在全体大会中的讨论也会更加紧凑。缺点则在于将产生促进"党团思想"的危险,这将使全体会议中的讨论沦为空谈并导致双方信息地位的不平等。⑤此类预备性讨论无法作出有约束力的决议,⑥而且此类非正式的预先表决也不得对单个监事产生事实上的约束力,致使他们不愿意根据全体讨论所产生的新观点改变其之前基于预备性讨论形成的临时观点。⑦董事可以参加此类预备性讨论并向监事提供其所希望的所有信息;⑧当然,董事必须保证双方代表都能够——在其预备性讨论或全体会

699

---

① Habersack, MünchKomm. AktG, §110 Rn. 33; Hoffmann-Becking, Münchener Hdb. AG, §31 Rn.47.

② Zu der begrifflichen Unterscheidung zwischen Aufhebung, Verlegung und Vertagung vgl. Hoffmann-Becking, Münchener Hdb. AG, §31 Rn.47.

③ Hoffmann-Becking, Münchener Hdb. AG, §31 Rn.37; Ulmer/Habersack in Ulmer/Habersack/Henssler, Mitbestimmungsrecht, §25 MitbestG Rn.18; E. Vetter in FS Hüffer, 2011, S.1017, 1022; Sünner, AG 2012, 265, 266 f.

④ Kritisch E.Vetter in FS Hüffer, 2011, S.1016, 1021 f.; Ulmer/Habersack in Ulmer/Habersack/Henssler, Mitbestimmungsrecht, §25 MitbestG Rn.18.

⑤ Näher E.Vetter in FS Hüffer, 2011, S.1016, 1021 f.; Sünner, AG 2012, 265, 266 f.

⑥ Hoffmann-Becking, Münchener Hdb. AG, §31 Rn.37.

⑦ Näher E.Vetter in FS Hüffer, 2011, S.1017, 1025 ff.

⑧ Hoffmann-Becking, Münchener Hdb. AG, §31 Rn.37; Ulmer/Habersack in Ulmer/Habersack/Henssler, Mitbestimmungsrecht, §25 MitbestG Rn.18.

议中——获得另一方代表在预备性讨论中所能得到的信息。①相反,董事却不负有参加各集团预备性讨论的义务,而且章程或议事规程也不得创设此项义务。②

(六) 参加监事会会议

700 　　**每名监事都有权利和义务**参加监事会会议。若一名监事在一个经营年度中未能参加半数监事会会议,则《准则》第 5.4.7 条建议在监事会向股东大会提交的报告(《股份法》第 171 条第 2 款)中对此予以注明。在严重危及公司利益的情况下可以例外地**排除此项**参加权;比如说在就企业(经营)秘密进行讨论时,或者根据具体情况人们非常担心有关监事可能泄露秘密时,就可以考虑排除该监事的参加权。③此时由监事会通过决议决定是否排除有关监事的参加权。④另外,排除有关监事的参加权作为防止会议障碍的最后手段是被允许的;⑤监事会主席在会议主持的框架内对此作出决定,⑥不过有关监事可以请求全体大会作出最终决定。⑦

701 　　如果因故无法参见监事会会议的监事以文本形式(《民法典》第 126b 条),尤其是以书面、电报或电子邮件的形式就有关事项向监事会之外的人员作出

---

　　① Hoffmann-Becking, Münchener Hdb. AG, §31 Rn.37; Hoffmann-Becking in FS Havermann, 1995, S.229, 241 f.; E.Vetter in FS Hüffer, 2010, S.1017, 1023 ff.; unklar Ulmer/Habersack in Ulmer/Habersack/Henssler, Mitbestimmungsrecht, §25 MitbestG Rn.18, die eine Information der anderen Seite erst in der Plenumssitzung nicht genügen lassen wollen, ohne zu sagen, was daraus für die Pflicht des Vorstands folgen soll, wenn etwa die andere Seite keine Vorbesprechung durchführt oder den Vorstand dazu nicht einlädt.

　　② Mertens/Cahn, Kölner Komm. AktG, §109 Rn.34; Habersack, MünchKomm. AktG, §109 Rn.12.

　　③ Hüffer, Komm. AktG, §109 Rn.2; Mertens/Cahn, Kölner Komm. AktG, §109 Rn.13 f.; Habersack, MünchKomm. AktG, §109 Rn.10; Spindler in Spindler/Stilz, Komm. AktG, §109 Rn.6 ff.; Matthießen, Stimmrecht und Interessenkollision, S.351; Kindl, Teilnahme, S.111 ff.

　　④ Hüffer, Komm. AktG, §109 Rn.2; Spindler in Spindler/Stilz, Komm. AktG, §109 Rn.9; Semler/Stengel, NZG 2003, 1, 4; weitergehend Mertens/Cahn, Kölner Komm. AktG, §109 Rn.15; Hopt/Roth, Großkomm. AktG, §109 Rn.23, die auch eine entsprechende Anordnung des Vorsitzenden zulassen wollen, gegen welche der Aufsichtsrat angerufen werden könne.

　　⑤ Hüffer, Komm. AktG, §109 Rn.2; Spindler in Spindler/Stilz, Komm. AktG, §109 Rn.10; Mertens/Cahn, Kölner Komm. AktG, §109 Rn.12; Kindl, Teilnahme, S.88 f.; Säcker, NJW 1979, 1521, 1522.

　　⑥ Hüffer, Komm. AktG, §109 Rn.2; Spindler in Spindler/Stilz, Komm. AktG, §109 Rn.10; Mertens/Cahn, Kölner Komm. AktG, §109 Rn.12; Kindl, Teilnahme, S.88 f.

　　⑦ Habersack, MünchKomm. AktG, §109 Rn.9; Spindler in Spindler/Stilz, Komm. AktG, §109 Rn.10; Kindl, Teilnahme, S.104 f.

授权(《股份法》第109条第3款),那么章程可以允许他们代替有关监事参加会议。这在实践中意义不大。此类**授权**不能被笼统地作出,而必须针对具体会议。①受托人不享有代理人的地位,而只是作为因故无法参加会议的监事的信使实施行为。他无权作出自己的意思表示或提出申请,而仅可以转达其委托人所作出的意思表示或提出的申请。②他也不得亲自进行投票表决,而仅可以递交其委托人的书面投票(《股份法》第108条第3款第3句);参见下文边码725及以下。

董事本身不享有参加监事会会议的权利;章程仅可以在"监事会可以在个别情况下禁止其参加有关会议"这一保留条件下赋予其参加权。③当然,监事会可以自行决定是否允许董事参加其会议。每名董事都有义务应监事会的要求出席有关会议。④实践中,董事参加监事会会议是一种惯例,而且通常这对于董事会与监事会之间恰当的合作来说也确实是必不可少的。⑤然而,这并不排除监事会——就像《准则》第3.6条第2款所提出的多此一举的建议那样——"在需要时召开无董事参加的"监事会会议。但这仅为例外情况,董事参加监事会会议才是常态。监事会主席在其会议主持的框架内决定是否要求董事参加有关会议;⑥不过——与监事会主席的所有会议主持措施一样——此项决定权附有一个保留条件,即监事会可以通过决议作出不同决定(参见下文边码706)。关于决算审计人员和康采恩决算审计人员参加监事会决算会议,参见上文边码181及以下。

监事会在**其他人(第三人)出席会议**的情况下进行讨论只作为例外而被允许(《股份法》第109条第1款)。原则上,既不属于监事会也不属于董事会的人员不应参加监事会会议(《股份法》第109条第1款第1句)。监事会不得允许常设顾问或客人(包括名誉监事)参加其会议;⑦例行性地邀请未来

702

703

---

① Mertens/Cahn, Kölner Komm. AktG, §109 Rn.38; Spindler in Spindler/Stilz, Komm. AktG, §109 Rn.46.

② Hüffer, Komm. AktG, §109 Rn.7; Mertens/Cahn, Kölner Komm. AktG, §109 Rn.41; Spindler in Spindler/Stilz, Komm. AktG, §109 Rn.46.

③ Hüffer, Komm. AktG, §109 Rn.3; Mertens/Cahn, Kölner Komm. AktG, §109 Rn.17.

④ Hüffer, Komm. AktG, §109 Rn.3; Mertens/Cahn, Kölner Komm. AktG, §109 Rn.20; Hoffmann-Becking, Münchener Hdb. AG, §31 Rn.52.

⑤ Uwe H. Schneider, ZIP 2002, 873, 875 f.

⑥ Mertens/Cahn, Kölner Komm. AktG, §109 Rn.16; Hoffmann-Becking, Münchener Hdb. AG, §31 Rn.52.

⑦ Hüffer, Komm. AktG, §109 Rn.4; Mertens/Cahn, Kölner Komm. AktG, §109 Rn.25 und 27; Hoffmann-Becking, Münchener Hdb. AG, §31 Rn.50; Kindl, Teilnahme, S.46 f.; a.A. Jüngst, BB 1984, 1583, 1585.

的监事参加会议同样是不被允许的。①只有在例外情况下才可以临时聘请专家和知情人就个别议程事项进行讨论并提供咨询(《股份法》第 109 条第 1 款第 2 句)。此时,专家和知情人的概念要从广义上被加以理解,其中包括所有能够为监事会就具体议程事项提供专业性建议或信息的人。②此外,聘请助手(记录员、翻译、秘书)是被允许的。③此时同样由监事会主席在会议主持的框架内对此作出决定;④监事会可以一如既往地通过决议作出不同决定(参见下文边码 706)。

704 　　实践中,监事会会议所采用的语言应为德语。不(足够)精通德语的监事有权请求监事会为其安排一位同声翻译并获得重要材料的翻译件。⑤此外,在能够达到目的的前提下,法律同样允许以外语进行会议。⑥一项要求以德语举行会议的少数派权利不会被采纳;⑦然而即使在适用外语的情况下,每名不够精通会议语言的监事均有权要求监事会为其安排一名同声翻译并提供德语材料。⑧监事会主席在会议主持的框架内决定采用哪种**会议语言**。⑨监事会的议事规程可以对此作出规定,⑩而章程却不得作出此类规定,因为这被视为一种对监事会议事规程自治的干涉。⑪

---

① Mertens/Cahn, Kölner Komm. AktG, §109 Rn.25；Kindl, Teilnahme, S.48；Böttcher, NZG 2012, 809, 810；a.A. Janberg/Oesterlink, AG 1960, 240, 243.

② Hüffer, Komm. AktG, §109 Rn.5；Mertens/Cahn, Kölner Komm. AktG, §109 Rn.23；Hoffmann-Becking, Münchener Hdb. AG, §31 Rn.50；Kindl, Teilnahme, S.16 ff.

③ Hüffer, Komm. AktG, §109 Rn.5；Hoffmann-Becking, Münchener Hdb. AG, §31 Rn.50.

④ Hüffer, Komm. AktG, §109 Rn.5；Hoffmann-Becking, Münchener Hdb. AG, §31 Rn.49 f.；Kindl, Teilnahme, S.22 f.

⑤ Mertens/Cahn, Kölner Komm. AktG, §107 Rn.48；Hoffmann-Becking, Münchener Hdb. AG, §31 Rn.50；Dreher in FS Lutter, 2000, S.357, 367.

⑥ Mertens/Cahn, Kölner Komm. AktG, §107 Rn.48；Hopt/Roth, Großkomm. AktG, §107 Rn.99；Hoffmann-Becking, Münchener Hdb. AG, §31 Rn.53；Wasse, AG 2011, 685, 688.

⑦ LG Frankfurt a.M. v. 21.2.2004—3-03 O 88/03, Der Aufsichtsrat 2005, 11.

⑧ Mertens/Cahn, Kölner Komm. AktG, §107 Rn.48；Hopt/Roth, Großkomm. AktG, §107 Rn.93；Hoffmann-Becking, Münchener Hdb. AG, §31 Rn.50；Dreher in FS Lutter, 2000, S.357, 367.

⑨ Mertens/Cahn, Kölner Komm. AktG, §107 Rn.48；Hopt/Roth, Großkomm. AktG, §107 Rn.99；Hoffmann-Becking, Münchener Hdb. AG, §31 Rn.53.

⑩ Hoffmann-Becking, Münchener Hdb. AG, §31 Rn.53.

⑪ Hoffmann-Becking, Münchener Hdb. AG, §31 Rn.53；Potthoff/Trescher/Theisen, Das Aufsichtsratmitglied, Rn.1992；Wasse, AG 2011, 685, 688；a.A. Dreher in FS Lutter, 2000, S.357, 360.

(七) 会议主持

监事会主席有义务主持监事会会议；如果监事会尚未选举出监事会主席，那么它可以指定会议主持人或者由最年长的监事主持会议。会议主持人决定是否让董事及第三人参加会议（参见上文边码 702、703）、确定议程事项的顺序（此时也可以与最初规定的顺序不同）、①允许与会人发言并规定发言者的顺序，此外，他也可以禁止与会人发言并限定发言时间。②监事会主席可以短时间中断会议，③而只有全体大会才能通过决议决定推迟整个会议或就个别议程事项的讨论；参见下文边码 724。在作出监事会决议时，监事会主席负责确定若干动议的表决顺序、④决定表决方式⑤并确认决议结果⑥。再者，关于监事在具体情况下是否被禁止投票的问题（参见下文边码 730），由监事会主席作出决定；⑦与技术上的会议主持问题不同，全体大会在禁止投票这一法律问题上不能改动监事会主席的决定权。⑧ 705

监事会全体大会可以通过一项简单多数决议（下文边码 733 及以下）随时废止或更改监事会主席在会议主持框架内所享有的决定权。⑨每名监事都有权提议作出此类**废止或更改**并要求就此进行表决。 706

(八) 会议记录

必须就监事会会议制作一份记录，而且监事会主席必须在该记录上签字（《股份法》第 107 条第 2 款第 1 句）。即使监事会决议是在未召开会议的情况下以传阅程序的形式通过电话或其他相似形式被作出的，也同样如此（参见下 707

---

① Mertens/Cahn, Kölner Komm. AktG, §107 Rn. 48; Hoffmann-Becking, Münchener Hdb. AG, §31 Rn.55; Peus, Der Aufsichtsratsvorsitzende, S.102 f.

② Mertens/Cahn, Kölner Komm. AktG, §107 Rn. 50; Hoffmann-Becking, Münchener Hdb. AG, §31 Rn.56; Peus, Der Aufsichtsratsvorsitzende, S.103 ff.

③ Hopt/Roth, Großkomm. AktG, §107 Rn. 98; Hoffmann-Becking, Münchener Hdb. AG, §31 Rn.56.

④ Spindler in Spindler/Stilz, Komm. AktG, §110 Rn. 33; Hoffmann-Becking, Münchener Hdb. AG, §31 Rn.57; Peus, Der Aufsichtsratsvorsitzende, S.116 f.

⑤ Mertens/Cahn, Kölner Komm. AktG, §107 Rn. 48; Hoffmann-Becking, Münchener Hdb. AG, §31·Rn.59; Peus, Der Aufsichtsratsvorsitzende, S.118 ff.

⑥ Mertens/Cahn, Kölner Komm. AktG, §107 Rn. 48; Hoffmann-Becking, Münchener Hdb. AG, §31 Rn.58.

⑦ Mertens/Cahn, Kölner Komm. AktG, §107 Rn. 49; Hoffmann-Becking, Münchener Hdb. AG, §31 Rn.58.

⑧ Habersack, MünchKomm. AktG, §107 Rn. 55; Mertens/Cahn, Kölner Komm. AktG, §107 Rn.49; Hoffmann-Becking, Münchener Hdb. AG, §31 Rn.58; a. A. Hopt/Roth, Großkomm. AktG, §107 Rn.94.

⑨ Mertens/Cahn, Kölner Komm. AktG, §107 Rn.46; Hopt/Roth, Großkomm. AktG, §107 Rn.93; Peus, Der Aufsichtsratsvorsitzende, S.79 ff.

文边码 728)。①

708 　　该记录必须包含《股份法》第 107 条第 2 款第 2 句所列举的各项说明。根据该条款，除会议时间、地点、与会人员以及议程事项外，协商的**重要内容**和监事会决议也必须被加以说明。就协商的重要内容所作的说明并不要求作出发言记录，而是要求一项对与会人员所持观点的总结性描述。②对监事会决议所作的记录包括内容说明、决议方式以及确切的表决比例。③如果决议涉及特定材料（例如对一项草案中的董事会合同所作的同意），那么这些材料必须作为附件被附入有关记录，因为只有这样做才能从记录中推断出确切的决议内容。④

709 　　一般来说，单个监事无权要求将其**作出的意思表示**逐字或按照意思纳入记录中。⑤在可以考虑就有关事件追究监事的个人责任时人们是否必须对此作出不同评判，⑥是有疑问的。因为每名监事都有权要求将对某项决议所提出的异议纳入记录中⑦并可以借此充分保护自己免受责任风险的威胁。

710 　　会议主持人必须在记录上签字，即使由他人作出记录也是如此。记录经**签字**即完整。一项（比如说下一次监事会会议中的）特别许可是没有必要的。

711 　　会议记录应只起**证据作用**。记录不完整或根本未进行记录，并不影响已作出决议的效力（《股份法》第 107 条第 2 款第 3 句）。若记录中存在错误，则

---

① Mertens/Cahn, Kölner Komm. AktG, § 107 Rn. 90；Spindler in Spindler/Stilz, Komm. AktG, § 107 Rn. 66；Hoffmann-Becking, Münchener Hdb. AG, § 31 Rn. 112.

② Hüffer, Komm. AktG, § 107 Rn. 12；Mertens/Cahn, Kölner Komm. AktG, § 107 Rn. 78；Hoffmann-Becking, Münchener Hdb. AG, § 31 Rn. 107.

③ Mertens/Cahn, Kölner Komm. AktG, § 107 Rn. 78；Hoffmann-Becking, Münchener Hdb. AG, § 31 Rn. 106.

④ Spindler in Spindler/Stilz, Komm. AktG, § 107 Rn. 67；Hopt/Roth, Großkomm. AktG, § 107 Rn. 182；a. A. Mertens/Cahn, Kölner Komm. AktG, § 107 Rn. 78；E. Vetter in Marsch-Barner/Schäfer, Hdb. börsennotierte AG, § 27 Rn. 73.

⑤ Ulmer/Habersack in Ulmer/Habersack/Henssler, Mitbestimmungsrecht, § 25 MitbestG Rn. 23；Drygala in K. Schmidt/Lutter, Komm. AktG, § 107 Rn. 30；Hoffmann-Becking, Münchener Hdb. AG, § 31 Rn. 107；a. A. Mertens/Cahn, Kölner Komm. AktG, § 107 Rn. 79；Spindler in Spindler/Stilz, Komm. AktG, § 107 Rn. 67；Brinkschmidt, Protokolle, S. 62 ff.

⑥ So Hoffmann-Becking, Münchener Hdb. AG, § 31 Rn. 107；Hopt/Roth, Großkomm. AktG, § 107 Rn. 185, die einen Protokollierungsanspruch nur dann verneinen, wenn eine Haftung eindeutig ausgeschlossen werden könne.

⑦ Mertens/Cahn, Kölner Komm. AktG, § 107 Rn. 79；Hoffmann-Becking, Münchener Hdb. AG, § 31 Rn. 107；Hopt/Roth, Großkomm. AktG, § 107 Rn. 185；Drygala in K. Schmidt/Lutter, Komm. AktG. § 107 Rn. 30；enger Ulmer/Habersack in Ulmer/Habersack/Henssler, Mitbestimmungsrecht, § 25 MitbestG Rn. 23（nur bei haftungsrelevanten Sachverhalten）.

监事会主席可以主动或应监事的异议对此予以纠正。进行此类纠正的决定只能由监事会主席作出。[①]

每名监事都有权要求得到一份会议记录**副本**(《股份法》第 107 条第 2 款第 4 句)。虽然此项权利不能被排除或加以限制,[②]但它却仅针对监事成员资格期间内的会议记录。监事无权要求得到此前的监事会记录,但他享有查阅监事会材料的一般权利(参见下文边码 828)。[③]离职后监事必须根据《民法典》第 666、667 条返还其取得的记录以及其他公司资料。[④]董事会无权请求获得会议记录复制件,但是通常可以将复制件提供给董事会主席或全体董事,前提是相关信息对董事会没有保密的必要。[⑤]

会议记录以及其他监事会资料由监事会主席为公司实施占有。[⑥]然而实践中监事会主席通常可以将**会议记录**及资料交董事会保管,只要当时不存在保密原因。[⑦]要与此相区别的问题是,在监事诉请获得会议记录副本或者国家机关要求出示或者**没收**时,由谁代理公司。[⑧]主流观点认为公司在关于监事会会议记录的诉讼中应由董事会代理公司。[⑨]但是更有说服力的观点则主张由监事

712

713

---

① Hüffer, Komm. AktG, §107 Rn. 12; Mertens/Cahn, Kölner Komm. AktG, §107 Rn.83; Hoffmann-Becking, Münchener Hdb. AG, §31 Rn.110.

② Hüffer, Komm. AktG, §107 Rn. 14; Mertens/Cahn, Kölner Komm. AktG, §107 Rn.86; Hoffmann-Becking, Münchener Hdb. AG, §31 Rn.109.

③ Mertens/Cahn, Kölner Komm. AktG, §107 Rn. 87; Habersack, MünchKomm. AktG, §107 Rn. 87; Spindler in Spindler/Stilz, Komm. AktG, §107 Rn. 75; Brinkschmidt, Protokolle, S.125 f.; zu eng E. Vetter, Hdb. börsennotierte AG, §27 Rn.76 (nur „bei Vorliegen besonderer Gründe").

④ BGH v. 7.7.2008—II ZR 71/07, ZIP 2008, 1821 Tz. 13 ff.; kritisch Heider/Hirte, CCZ 2009, 106. 107 ff.

⑤ Mertens/Cahn, Kölner Komm. AktG, §107 Rn.89; Habersack, Münch. Komm. AktG, §107 Rn.86; näher E. Vetter in Marsch-Barner/Schäfer, Hdb. Börsennotierte AG, §27 Rn.76.

⑥ Hüffer, Komm. AktG, §107 Rn.14; Spindler in Spindler/Stilz, Komm. AktG, §107 Rn.76; Habersack, MünchKomm. AktG, §107 Rn.89; Hopt/Roth, Großkomm. AktG, §107 Rn.196.

⑦ Habersack, MünchKomm. AktG, §107 Rn.89; Hopt/Roth, Großkomm. AktG, §107 Rn.196.

⑧ Zur Vorlagepflicht gegenüber Finanzbehörden vgl. etwa BFH v. 13.2.1968—GrS 5/67, BFHE 91, 351, 355 ff.; Mertens/Cahn, Kölner Komm. AktG, §107 Rn.92; Habersack, MünchKomm. AktG, §107 Rn.90. Zur Beschlagnahme zugunsten eines parlamentarischen Untersuchungsausschusses BVerfG v. 5.11.1986—2 BvR 1178/86, BVerfGE 74, 7; Mertens/Cahn, Kölner Komm. AktG, §107 Rn.93.

⑨ Hüffer, Komm. AktG, §107 Rn. 14 f.; Mertens/Cahn, Kölner Komm. AktG, §107 Rn. 54; Habersack, MünchKomm. AktG, §107 Rn. 90; Drygala in K. Schmidt/Lutter, Komm. AktG, §107 Rn.32.

会主席代理公司。①

二、监事会中决议的作出

（一）概述

714 作为公司机构的监事会只能通过决议形成其意愿（《股份法》第 108 条第 1 款）。决议不能以默示方式被作出，而必须采取**表决**的方式；经表决作出的决议具有解释能力。②

715 《股份法》和《共同决定法》未对决议程序作出全面规定。《民法典》中协会法方面的规定可以得到辅助性适用；③此外，章程和议事规程可以在强制性法律规范的框架内作出进一步规定。

（二）决议能力

716 只有当足够数量的监事参加决议并对有关事项表示赞成、反对或弃权时，监事会才能作出决议。在确定决议能力时，只有出席会议但声称未参加表决的监事才不被计算在内。④

717 原则上，《股份法》允许章程（在法律未对此作出规定的情况下）就监事会的决议能力作出规定（《股份法》第 108 条第 2 款第 1 句）。如果章程未对此作出规定，那么监事会（仅）在法律或章程规定的**监事**数量（"应然强度"）**的半数**出席会议时才具有决议能力（《股份法》第 108 条第 2 款第 2 句）。相反，决议能力并不反对监事会仅拥有少于法律或章程所规定数量的监事（《股份法》第 108 条第 2 第 2、4 句）；因此规定由 12 人组成的监事会在仅选聘 6 名监事时仍然具有决议能力。⑤章程可以规定更少或更多的与会人数。不过，必须至少有 3 名监事参加决议；即使章程也不得降低此最低数量（《股份法》第 108 条第 2 款第 3 句）。

718 就**实行共同决定的公司**而言，《煤铁工业共同决定法》第 10 条、《共同决定补充法》第 11 条以及《共同决定法》第 28 条为此类公司监事会的决议能力作出强制性规定；在这里，监事会只有在法律或章程规定的监事数量（"应然强

---

① Spindler in Spindler/Stilz, Komm. AktG, §107 Rn.76; Peus, Der Aufsichtsrats-vorsitzende, S.179 ff.; Peus, ZGR 1987, 545 ff.; Brinkschmidt, Protokolle, S.138 f.

② Unstr., BGH v. 21.6.2010—II ZR 24/09, ZIP 2010, 1437＝AG 2010, 632 Tz. 14 (Aufsichtsratsbericht); Hüffer, Komm. AktG, §108 Rn. 4; Mertens/Cahn, Kölner Komm. AktG, §108 Rn.15; Hoffmann-Becking, Münchener Hdb. AG, §31 Rn.65.

③ LG Hannover v. 27.6.1989—7 O 214/89, AG 1989, 448, 449; Mertens/Cahn, Kölner Komm. AktG, §108 Rn.17; Hopt/Roth, Großkomm. AktG, §108 Rn.24; Haber-sack, MünchKomm. AktG, §108 Rn.15; a.A. Baums, ZGR 1983, 300, 305.

④ Hüffer, Komm. AktG, §108 Rn. 10; Mertens/Cahn, Kölner Komm. AktG, §108 Rn.74; Hoffmann-Becking, Münchener Hdb. AG, §31 Rn.61.

⑤ OLG München v. 28.9.2011—7 U 711/11, AG 2011, 849, 842.

度")的半数出席会议时才具有决议能力。①因为法律已对全体大会的决议能力作出明确规定(不同于委员会的决议能力),所以实行煤铁工业职工共同决定的公司不得作出与此不一致的规定。②与此相对,对于适用《共同决定法》的公司来说,在不违反平等对待每名监事原则的前提下,章程可以为监事会的决议能力设置更严格的前提条件(参见下文边码720)。③

监事会拥有的监事数量低于法律或章程规定的必要数量并不影响其决议能力;即使股东代表或职工代表数量不足,监事会也具有决议能力(《股份法》第108条第2款第4句)。章程不得违背此项原则。④　　　　719

最后,监事会的决议能力同样不能取决于以下事实情况,即在作出决议时有**特定监事**(例如监事会主席)参加或者已确保股东代表与职工代表之间处于某一特定比例。随着《共同决定法》的生效,章程或议事规程中出现了这样一类规定,根据此类规定,只有当半数以上的与会者是股东代表且其中包括监事会主席时,监事会才具有决议能力。这样的规定是无效的,因为它违背平等对待所有监事这项基本原则。⑤　　720

---

① Zum Sonderproblem der Beschlussfähigkeit bei der Wahl des Aufsichtsratsvorsitzenden nach § 27 Abs. 2 MitbestG und bei einer Entscheidung nach § 32 MitbestG vgl. oben Rn. 671 u. 499.

② Wißmann in Wlotzke/Wißmann/Koberski/Kleinsorge, Mitbestimmungsrecht, § 10 Montan-MitbestG Rn. 4, § 11 MitbestErgG Rn. 1; Oetker, Großkomm. AktG, § 10 Montan-MitbestG Rn. 2; Habersack, MünchKomm. AktG, § 108 Rn. 40.

③ Sehr umstritten, wie hier z.B. OLG Hamburg v. 4.4.1984—2 W 25/08, BB 1984, 1763; LG Frankfurt v. 3.10.1978—3/11 T 32/78, NJW 1978, 2398; LG Hamburg v. 29.6. 1979—64 T 3/79, NJW 1980, 235; LG Mannheim v. 23.7.1979—12 O 16/79, NJW 1980, 236; Mertens/Cahn, Kölner Komm. AktG, § 28 MitbestG Rn. 2; Hoffmann-Becking, Münchener Hdb. AG, § 31 Rn. 63 f.; Drygala in K. Schmidt/Lutter, Komm. AktG, § 108 Rn. 13; Feldmann, DB 1986, 29 ff.; a. A. z. B. OLG Karlsruhe v. 20.6.1980—15 U 171/79, NJW 1980, 2137, 2139; Hopt/Roth, Großkomm. AktG, § 108 Rn. 72; Habersack, MünchKomm. AktG, § 108 Rn. 40; Spindler in Spindler/Stilz, Komm. AktG, § 108 Rn. 43 f.; Raiser/Veil, Komm. MitbestG und DrittelbG, § 28 MitbestG Rn. 3; Ulmer/Habersack in Ulmer/Habersack/Henssler, Mitbestimmungsrecht, § 28 MitbestG Rn. 4; Koberski in Wlotzke/Wißmann/Koberski/Kleinsorge, Mitbestimmungsrecht, § 28 MitbestG Rn. 6; Oetker, Großkomm. AktG, § 28 MitbestG Rn. 8; offengelassen von BGH v. 25.2.1982—II ZR 145/80, BGHZ 83, 151, 153 f. = AG 1982, 223.

④ Hüffer, Komm. AktG, § 108 Rn. 11; Mertens/Cahn, Kölner Komm. AktG, § 108 Rn. 82; Hoffmann-Becking, Münchener Hdb. AG, § 31 Rn. 60.

⑤ Heute wohl allg. Meinung, vgl. insbesondere BGH v. 25.2.1982—II ZR 145/80, BGHZ 83, 151, 154 ff. = AG 1982, 223; Hoffmann-Becking, Münchener Hdb. AG, § 31 Rn. 64; Ulmer/Habersack in Ulmer/Habersack/Henssler, Mitbestimmungsrecht, § 28 MitbestG Rn. 4; Raiser/Veil, Komm. MitbestG und DrittelbG, § 28 DrittelbG Rn. 3; Mertens/Cahn, Kölner Komm. AktG, § 28 MitbestG Rn. 2.

(三) 表决

721 　　原则上，监事会决议要**在监事会会议中**被作出。每名监事都有权向全体大会提交关于议程事项的决议动议并要求其就此进行表决。①此项权利既不得被废止也不得被加以限制。

722 　　是否允许在监事会中进行**匿名表决**是存在争议的。过去，大多数人对此持否定态度，而今天通说已赞同监事会进行匿名表决。②是否进行匿名表决首先要由监事会主席作出决定。③当然，监事会可以一如既往地通过决议作出与监事会主席不同的决定，也就是说它可以通过决议决定进行匿名或公开表决；④部分人认为单个监事同样可以要求进行匿名表决，⑤但这种观点似乎没有有力依据作为支撑。⑥

723 　　如果出席会议的监事中没有人反对，且所有未出席会议的监事均能够进行事后书面投票（并对就有关议程事项所进行的表决提出事后异议），那么监事会可以就**未在议程中被加以公布的事项**作出决议。⑦对此，监事会主席必须将有关决议动议告知未出席会议的监事并给予他们对此种决议方式提出异议

---

① Mertens/Cahn, Kölner Komm. AktG, §108 Rn.18; Spindler in Spindler/Stilz, Komm. AktG, §108 Rn.15.

② Hüffer, Komm. AktG, §108 Rn.5; Hopt/Roth, Großkomm. AktG, §108 Rn.40 ff.; Habersack, MünchKomm. AktG, §108 Rn.18; Hoffmann-Becking, Münchener Hdb. AG, §31 Rn.59; v. Schenck in Semler/v. Schenck, Arbeitshandbuch für Aufsichtsratsmitglieder, §5 Rn.132 f.; Ulmer/Habersack in Ulmer/Habersack/Henssler, Mitbestimmungsrecht, §25 MitbestG Rn.26; Uwe H. Schneider in FS Fischer, 1979, S.727, 742 f.; Peus, Der Aufsichtsratsvorsitzende, S.120 ff.; a.A. Mertens/Cahn, Kölner Komm. AktG, §108 Rn.52; Spindler in Spindler/Stilz, Komm. AktG, §108 Rn.18; Raiser/Veil, Komm. MitbestG und DrittelbG, §25 MitbestG Rn. 21; Koberski in Wlotzke/Wißmann/Koberski/Kleinsorge, Mitbestimmungsrecht, §25 MitbestG Rn.23.

③ Hüffer, Komm. AktG, §108 Rn.5a; Hoffmann-Becking, Münchener Hdb. AG, §31 Rn.59; Habersack, MünchKomm. AktG, §108 Rn.19; Hopt/Roth, Großkomm. AktG, §108 Rn.43.

④ Vgl. die Nachweise in der vorangegangenen Fn.

⑤ Hüffer, Komm. AktG, §108 Rn.5a; Peus, DStR 1996, 1656 f.(jedes Mitglied); Habersack, MünchKomm. AktG, §108 Rn. 19; Ulmer, AG 1982, 300, 305; Ulmer/Habersack in Ulmer/Habersack/Henssler, Mitbestimmungsrecht, §25 MitbestG Rn. 26 (2—3 Mitglieder).

⑥ Mertens/Cahn, Kölner Komm. AktG, §108 Rn.52; Hopt/Roth, Großkomm. AktG, §108 Rn.43; Hoffmann-Becking, Münchener Hdb. AG, §31 Rn.59.

⑦ Hoffmann-Becking, Münchener Hdb. AG, §31 Rn. 41; großzügiger Baums, ZGR 1983, 300, 316, der bei dringenden Eilentscheidungen kein Recht abwesender Mitglieder zum nachträglichen Widerspruch und zur nachträglichen Stimmabgabe für nötig ansieht.

所需的适当时间。根据目前学界的主流观点,也可以赋予未出席的监事一项事后的表决权来代替事后的异议权;[1]但仅赋予相关监事事后表决权的做法事实上并不合适,因为此项权利无法真正取代参与监事会讨论的权利。相反,也没有必要在赋予事后异议权的同时再赋予相关监事事后表决权,因为缺席监事的参与权已通过异议权得到充分保护。

监事会可以通过决议推迟就某些决议动议作出决定。相反监事会主席不 724
享有此项权利。就决议能力条款所作的论述相似地适用于章程中的**推迟条款**(参见上文边码 716 及以下):章程不得规定,若某些监事(特别是监事会主席)未出席会议或者股东代表与职工代表之间未保持在特定比例,则监事会必须延期作出决议;与相应的决议能力条款一样,此类条款违反平等对待所有监事这一基本原则。相反,如果此项基本原则已得到遵守,那么章程可以含有此类推迟条款。[2]有些学者认为,在实行共同决定的公司中,使《共同决定法》第 28 条的决议能力条款变得更加严格的做法是不被允许的(参见上文边码 718)。他们以如下方式限制上述推迟条款的可适用性,即此类条款仅允许一次性延期。因为如果不这样做的话,将会规避上述的所谓禁止提高决议能力条件的禁令。[3]然而根据该观点,以下章程条款是被允许的:(1)规定在监事未全部出席的情况下,根据一名或多名监事的建议,有关决议可以被延期一次作出;(2)规定监事会主席可以根据自己的判断要求监事会延期一次作出决议。[4]

法律允许因故无法出席会议的监事通过一名投票信使代替其以书面形式投 725
票(《股份法》第 108 条第 3 款第 1 句)。[5]这不仅适用于需监事亲自出席的会议,而且也没有理由表明在以视频或电话形式进行监事会会议的情况下投票信使就

① Mertens/Cahn, Kölner Komm. AktG,§ 110 Rn. 5;Habersack, MünchKomm. AktG,§ 110 Rn.21.

② Vgl. dazu näher Mertens/Cahn, Kölner Komm. AktG,§ 108 Rn. 83 f.;Hopt/ Roth, Großkomm. AktG,§ 108 Rn.78;Ulmer/Habersack in Ulmer/Habersack/Henssler, Mitbestimmungsrecht,§ 28 MitbestG Rn. 7;Hoffmann-Becking, Münchener Hdb. AG, § 31 Rn.87;ausführlich Paefgen, Aufsichtsratsverfassung, S.190 ff.

③ So z.B. Ulmer/Habersack in Ulmer/Habersack/Henssler, Mitbestimmungsrecht, § 28 MitbestG Rn.7;Raiser/Veil, Komm. MitbestG und DrittelbG,§ 28 MitbestG Rn.4.

④ LG Hamburg v. 29.6.1979—64 T 3/79, NJW 1980, 235;Mertens/Cahn, Kölner Komm. AktG,§ 108 Rn. 83 und § 28 MitbestG Rn. 3;Hoffmann-Becking, Münchener Hdb. AG,§ 31 Rn.87;Ulmer/Habersack in Ulmer/Habersack/Henssler, Mitbestimmungsrecht,§ 28 MitbestG Rn. 7;Oetker, Großkomm. AktG,§ 28 MitbestG Rn. 10;a. A. Koberski in Wlotzke/Wißmann/Koberski/Kleinsorge, Mitbestimmungsrecht,§ 28 MitbestG Rn.7.

⑤ Muster bei Hölters/Favoccia, Münchener Vertragshandbuch, Band 1, Formular V.64.

不能代替因故无法出席会议的监事以书面形式投票。①任何一名监事都可以代替另一名监事提交其**书面表决书**(《股份法》第 108 条第 3 款第 2 句)。相反,只有当章程根据《股份法》第 109 条第 3 款允许不属于监事会的人员代替因故无法出席会议的监事参加监事会会议时,前者才可以代替后者提交书面表决书(《股份法》第 108 条第 3 款第 3 句)。法律所要求的书面表决书以有关监事的亲笔签名为前提(《民法典》第 126 条);另外,采取《民法典》第 126a 条所规定的电子形式即可。②根据通说,通过电报、电传或传真进行的投票表决应被视为具有同等效力。③然而,与通过电子邮件或短信的方式相同,以电报、电传进行投票表决同样不足以实现法律的目的,因为在这种情况下无法充分审查投票表决的真实性及可靠性。相反,以签名传真的方式进行投票表决则被认为是(与书面形式)具有同等效力的。

726　　　投票信使仅可以转交(转达)因故无法出席会议的监事的决定。其无权作出自己的决定,即**投票信使**不得作出任何决策判断。因此,有关监事不得交给投票信使一份空白表决书或几份不同的表决书并授权其根据自己的判断决定如何使用它们。给予投票信使关于使用表决书的准则,从而使其获得自行作出判断的空间同样不符合上述要求。④相反,如果有关监事事先或在会议期间(例如通过电话)向投票信使作出其不得自行作出判断的明确指示,那么此时人们就必须作出不同评判。⑤

---

① Näher dazu Wagner, NZG 2002, 57, 60; Kindl, ZHR 166(2002), 335, 346 ff.; für Sitzung per Videokonferenz auch Miettinen/Victoria Villeda, AG 2007, 346, 349; a. A. Mertens/Cahn, Kölner Komm. AktG, §108 Rn. 35; Habersack, MünchKomm. AktG, §108 Rn. 51; Spindler in Spindler/Stilz, Komm. AktG, §108 Rn. 52.

② Mertens/Cahn, Kölner Komm. AktG, §108 Rn. 25 ff.; Spindler in Spindler/Stilz, Komm. AktG, §108 Rn. 55; Hoffmann-Becking, Münchener Hdb. AG, §31 Rn. 91; a. A. Ulmer/Habersack in Ulmer/Habersack/Henssler, Mitbestimmungsrecht, §25 MitbestG Rn. 31a; Habersack, MünchKomm. AktG, §108 Rn. 53.

③ KG, JW 1938, 1824; Mertens/Cahn, Kölner Komm. AktG, §108 Rn. 25; Spindler in Spindler/Stilz, Komm. AktG, §108 Rn. 56; Hopt/Roth, Großkomm. AktG, §108 Rn. 109; Hüffer, Komm. AktG, §108 Rn. 15; Hoffmann-Becking, Münchener Hdb. AG, §31 Rn. 91; Kindl, Teilnahme, S. 30 ff.; Kindl, ZHR 166(2002), 335, 347; a. A. Habersack, MünchKomm. AktG, §108 Rn. 53; Ulmer/Habersack in Ulmer/Habersack/Henssler, Mitbestimmungsrecht, §25 MitbestG Rn. 31a.

④ Hüffer, Komm. AktG, §108 Rn. 14; Mertens/Cahn, Kölner Komm. AktG, §108 Rn. 30 ff.; Hoffmann-Becking, Münchener Hdb. AG, §31 Rn. 90.

⑤ Streitig, wie hier Mertens/Cahn, Kölner Komm. AktG, §108 Rn. 34; Hopt/Roth, Großkomm. AktG, §108 Rn. 112; Bürgers/Israel in Bürgers/Körber, Komm. AktG, §108 Rn. 14; Hoffmann-Becking, Münchener Hdb. AG, §31 Rn. 90; Lutter in FS Duden, 1979, S. 269, 276 ff.; Riegger, BB 1980, 130, 131; Koberski in Wlotzke/Wißmann/Koberski/Kleinsorge, Mitbestimmungsrecht, §25 MitbestG Rn. 27; Säcker, DB 1977, 1791, 1795 Fn. 33; a. A. Hüffer, Komm. AktG, §108 Rn. 14; Spindler in Spindler/Stilz, Komm. AktG, §108 Rn. 54; Ulmer/Habersack in Ulmer/Habersack/Henssler, Mitbestimmungsrecht, §25 MitbestG Rn. 32; Raiser/Veil, Komm. MitbestG und DrittelbG, §25 MitbestG Rn. 27.

书面表决书必须针对一项**具体的决议动议**。一旦动议在内容上发生变 727
化,有关的书面表决书即失去效力(不得再被提交给监事会)。但如果只是单
纯的表达方式改变,而决议内容未受影响,那么有关的书面表决书仍然有效。①

若无监事提出异议(反对),则监事会除举行会议之外可以通过电话或视 728
频会议、以书面、远程通信或其他可比较的(例如传真、电子邮件)方式作出决
议;章程或监事会议事规程可以排除或更改此项异议(反对)权(《股份法》第
108 条第 4 款)。**电话或视频会议**属于监事会会议的一种(参见上文边码
690)。与需监事亲自出席的会议一样,此时同样必须邀请有关人员参加。为
阻止此类会议的召开,每名监事均享有《股份法》第 108 条第 4 款规定的异议
权,只要这未被章程或议事规程所排除,②也就是说必须给予每名监事对此种
决议方式提出异议所需的适当时间。若监事会决定通过**书面程序**作出决议,
则监事会主席必须将决议动议告知每名监事,而且所有监事均必须获得投票
表决或对此种决议方式提出异议所需的适当时间。投票表决和/或对有关程
序提出异议所需的时间通常可以短于邀请有关人员参加会议时所应遵守的期
限(上文边码 692)。③对规定时间届满后才到达的表决书是不予考虑的。④同样
没有理由能够指望对有关程序所提出的"迟到"异议直到确定决议结果时还能
为监事会主席所考虑。⑤法律并未要求所有监事均通过投票参与表决。未表态
的监事只是未参与表决而已;但如果此类监事达到相应数量,那么同样能够使
监事会丧失决议能力。**章程或议事规程**既可以排除此种表决方式,也可以提
高或(通过排除及更改异议/反对权)降低其难度。⑥

---

① Hoffmann-Becking, Münchener Hdb. AG,§31 Rn.89.

② Hoffmann-Becking, Münchener Hdb. AG,§31 Rn.95;Habersack, Münch-
Komm. AktG,§106 Rn.60;Spindler in Spindler/Stilz, Komm. AktG,§108 Rn.58;E.
Vetter in Marsch-Barner/Schäfer, Hdb. börsennotierte AG,§27 Rn.54;a. A. Mertens/
Cahn, Kölner Komm. AktG,§108 Rn.37:kein Widerspruchsrecht bei Videokonferenzen.

③ Mertens/Cahn, Kölner Komm. AktG,§108 Rn.42;Hoffmann-Becking,
Münchener Hdb. AG,§31 Rn.96;Hoffmann-Becking in Liber amicorum Happ,2006,S.
81,82.

④ A. A. Hopt/Roth, Großkomm. AktG,§108 Rn.122;Mertens/Cahn, Kölner
Komm. AktG,§108 Rn.96;E.Vetter in Marsch-Barner/Schäfer, Hdb. börsennotierte AG,
§27 Rn.55,die—anders als hier vertreten(vgl. unten Rn.729)—den Beschluss erst mit
schriftlicher Niederlegung oder Verkündung durch den Vorsitzenden als wirksam ansehen und
bis dahin auch verspätete Stimmabgaben berücksichtigen wollen;vgl. dazu auch unten Rn.
732.

⑤ Mertens/Cahn, Kölner Komm. AktG,§108 Rn.42;Hoffmann-Becking,
Münchener Hdb. AG,§31 Rn.96;a.A. Hopt/Roth, Großkomm. AktG,§108 Rn.22.

⑥ Hüffer, Komm. AktG,§108 Rn.16;Mertens/Cahn, Kölner Komm. AktG,
§108 Rn.48 f.

729   最后,考虑到监事会可以在不举行会议的情况下以其他方式作出决议,因而**以混合方式作出决议**同样是被允许的。一方面,在监事会以会议方式作出决议的情况下,未出席会议的监事保有在适当时间内以书面、远程通信或其他可比较的方式进行事后投票表决的权利;①另一方面,可以通过电话或视频转播与不在会议现场的监事取得联系,并允许他们以远程投票的方式参与监事会决议的作出。②此外,还可以考虑允许不在会议现场的监事以其他可比较的方式(例如通过电子邮件)参与监事会决议的作出。每名(出席或缺席)监事均有权对上述决议方式提出异议(反对),除非章程或议事规程排除或更改了此项权利。③强烈建议章程或议事规程对上述所有问题作出规定。

730   原则上,每名监事都享有表决权。但根据《民法典》第 34 条存在一项**表决禁令**,即当监事会就是否与某名监事缔结法律行为或者是否提起或结束一项公司与某名监事之间的诉讼进行表决时,有关监事对此不享有表决权;④这其中还包括监事会就是否请求法院解聘有关监事(《股份法》第 103 条第 3 款)的决议。⑤与(监事作为其法定代理人之一的)公司之间的法律行为或诉讼一般来说与表决权无关;⑥当然,如果监事与另一家公司之间存在几乎完成一致的利益,那么情况就有所不同了。⑦表决权的排除仅涉及赞成或反对票。相反,表决禁令所牵涉的监事仍然可以通过弃权参与表决;若相关监事不参与表决将导

---

①　Mertens/Cahn, Kölner Komm. AktG, § 108 Rn. 50; Habersack, MünchKomm. AktG, § 108 Rn. 70 ff.; Hoffmann-Becking, Münchener Hdb. AG, § 31 Rn. 93; Miettinen/Victoria Villeda, AG 2007, 346, 347 f.; zweifelnd Hüffer, Komm. AktG, § 108 Rn. 16.

②　Wagner, NZG 2002, 57, 58 f.; Kindl, ZHR 166(2002), 335, 342 f.

③　Mertens/Cahn, Kölner Komm. AktG, § 108 Rn. 51; Habersack, MünchKomm. AktG, § 108 Rn. 71; Hoffmann-Becking, Münchener Hdb. AG, § 31 Rn. 93.

④　BGH v. 2.4.2007—II ZR 325/05, ZIP 2007, 1056＝AG 2007, 484 Tz. 13; BayObLG v. 28.3.2003—3 Z BR 199/02, ZIP 2003, 1194, 1195 f. = AG 2003, 427; Mertens/Cahn, Kölner Komm. AktG, § 108 Rn. 65 ff.; Hüffer, Komm. AktG, § 108 Rn. 9; Hoffmann-Becking, Münchener Hdb. AG, § 31 Rn. 70. Umfassend zur Problematik des Stimmrechts bei Interessenkollisionen Matthießen, Stimmrecht und Interessenkollision im Aufsichtsrat, 1989.

⑤　BayObLG v. 28. 3. 2003—3 Z BR 199/02, ZIP 2003, 1194 = AG 2003, 427; Mertens/Cahn, Kölner Komm. AktG, § 103 Rn. 65.

⑥　Habersack, MünchKomm. AktG, § 108 Rn. 30; Mertens/Cahn, Kölner Komm. AktG, § 108 Rn. 68; Spindler in Spindler/Stilz, Komm. AktG, § 108 Rn. 28; a. A. Hopt/Roth, Großkomm. AktG, § 108 Rn. 60; Matthießen, Stimmrecht und Interessenkollision, S. 267 ff.

⑦　Spindler in Spindler/Stilz, Komm. AktG, § 108 Rn. 30; Mertens/Cahn, Kölner Komm. AktG, § 108 Rn. 67.

致监事会**无决议能力**,则其有义务通过弃权参与表决。①

相反,法律不承认**其他利益冲突**情况下的一般性表决权排除。特别是在 731
涉及董事的选聘②或者监事会内部的某项特别职能的情况下,③有关监事是享
有表决权的。在监事会就是否请求法院为公司聘请特别审计员(《股份法》第
142 条第 5 款第 1 句)进行决议时,与特别审计有关的监事同样享有表决权:
《股份法》第 142 条第 5 款不包含与该条第 1 款第 2 句相对应的规定,此时不
得考虑类推适用,因为监事会的表态仅具有在法律上微不足道的表意性质。④
然而根据《准则》第 5.5.2 条,监事应向监事会公开利益冲突,而监事会则应在
其向股东大会所作的报告中对此作出说明(《准则》第 5.5.3 条),参见边码 588
及以下。

监事会在会议中所作的决议随着表决结果的产生而生效。会议主持人对 732
决议的确认对有关决议的**生效**并非必不可少,⑤在会议记录中作出记录,同样
如此(《股份法》第 107 条第 2 款第 3 句);错误的确认或记录不影响决议及其
实际内容的成立。在电话或视频会议的情况下同样如此。相反,根据较普遍
的观点,在监事会以书面方式作出决议的情况下,为证明表决程序已结束,对
表决结果的确认是必不可少的。⑥这种观点不能被赞同。因为其既无法律基
础,也不存在现实原因要求必须如此。在采取书面决议时,表决程序的结束取
决于监事会主席所设定的表决或异议期限(参见上文边码 728)。书面或其他
形式的表决书已为决议结果提供了充分的证明材料;以书面形式作出的决议
同样必须被记载于会议记录(类推适用《股份法》第 107 条第 2 款)。

(四) 多数要求

(1)**根据《股份法》**,监事会——除该法第 124 条第 3 款第 5 句的特殊情况 733
外——以所谓的**简单投票多数**作出决议。在票数相等的情况下,有关决议动

---

① BGH v. 2.4.2007—II ZR 325/05, ZIP 2007, 1056 = AG 2007, 484 Tz. 13;
Mertens/Cahn, Kölner Komm. AktG, §108 Rn.66; Spindler in Spindler/Stilz, Komm. Ak-
tG, §108 Rn.33.

② Insoweit umstritten, vgl. oben Rn.347.

③ Hüffer, Komm. AktG, §108 Rn.9; Mertens/Cahn, Kölner Komm. AktG, §108
Rn.67; Hoffmann-Becking, Münchener Hdb. AG, §31 Rn.70.

④ Habersack, MünchKomm. AktG, §108 Rn.32; und auch Mertens/Cahn, Kölner
Komm. AktG, §108 Rn.65; zweifelnd Spindler in Spindler/Stilz, Komm. AktG, §108 Rn.
28.

⑤ Hüffer, Komm. AktG, §108 Rn.18; Hopt/Roth, Großkomm. AktG, §108 Rn.
25,45; Hoffmann-Becking, Münchener Hdb. AG, §31 Rn.58.

⑥ Mertens/Cahn, Kölner Komm. AktG, §108 Rn.55; Hopt/Roth, Großkomm. Ak-
tG, §108 Rn.45,225; Hoffmann-Becking, Münchener Hdb. AG, §31 Rn.112.

议未获通过；弃权票不被计算在内（与决议能力的情况不同；上文边码 716）。①章程——而非议事规程——可以赋予一名监事（特别是监事会主席）票数相等情况下的一票决定权。②此外，所有监事的投票具有同等效力。章程或议事规程既不能赋予任何一名监事更高的投票（表决）权，也不得授予某些监事针对监事会决议的否决权。③就监事会的非法定职责而言，章程可以规定一个特定（例如三分之二或四分之三）多数。④与此相反，章程或议事规程可以规定将弃权票作为已投出票（就像反对票一样）计算在内。⑤

734　　（2）根据《共同决定法》（第 29 条第 1 款）、《煤铁工业共同决定法》以及《共同决定补充法》，只要法律未要求另一多数（参见《共同决定法》第 27、31、32、37 条，《煤铁工业共同决定法》第 13 条，《共同决定补充法》第 15 条），此时的表决就同样适用上述的简单投票多数原则。⑥在这里，章程或议事规程同样可以规定将弃权票作为已投出票（就像反对票一样）计算在内。⑦

735　　《共同决定法》第 29 条第 2 款违背了决议动议在**票数相等**情况下不被通过这一原则：如果在表决中出现票数相等的情况，而且在就同一动议进行重新表决后仍处于"僵局"，那么监事会主席——并且只有他（《股份法》第 29 条第 2

---

①　Hüffer, Komm. AktG, §108 Rn.6；Mertens/Cahn, Kölner Komm. AktG, §108 Rn.59；Hoffmann-Becking, Münchener Hdb. AG, §31 Rn.66.

②　Hüffer, Komm. AktG, §108 Rn.8；Mertens/Cahn, Kölner Komm. AktG, §108 Rn.61；Hoffmann-Becking, Münchener Hdb. AG, §31 Rn.68.

③　Hüffer, Komm. AktG, §108 Rn.8；Mertens/Cahn, Kölner Komm. AktG, §108 Rn.63；Hoffmann-Becking, Münchener Hdb. AG, §31 Rn.68.

④　Hüffer, Komm. AktG, §108 Rn.8；Mertens/Cahn, Kölner Komm. AktG, §108 Rn.62；Hoffmann-Becking, Münchener Hdb. AG, §31 Rn.69；Habersack, MünchKomm. AktG, §108 Rn.20, 24；Jürgenmeyer, ZGR 2007, 112, 122 ff.

⑤　Mertens/Cahn, Kölner Komm. AktG, §108 Rn.62；Oetker, Großkomm. AktG, §29 MitbestG Rn.2；Raiser/Veil, Komm. MitbestG und DrittelbG, §29 MitbestG Rn.6；Koberski in Wlotzke/Wißmann/Koberski/Kleinsorge, Mitbestimmungsrecht, §29 MitbestG Rn.6；zweifelnd Hüffer, Komm. AktG, §108 Rn.8.

⑥　Ulmer/Habersack in Ulmer/Habersack/Henssler, Mitbestimmungsrecht, §29 MitbestG Rn.8；Koberski in Wlotzke/Wißmann/Koberski/Kleinsorge, Mitbestimmungsrecht, §29 MitbestG Rn.8；Raiser/Veil, Komm. MitbestG und DrittelbG, §29 MitbestG Rn.7；Oetker, Großkomm. AktG, §29 MitbestG Rn.3. Für Beschlussgegenstände, die dem Aufsichtsrat nicht kraft Gesetzes zugewiesen sind, abweichend Hoffmann/Lehmann/Weinmann, Komm. MitbestG, §29 Rn.18 m.w.N.；Uwe H. Schneider, GK-MitbestG, §29 Rn.106.

⑦　Mertens/Cahn, Kölner Komm. AktG, §29 MitbestG Rn.3；Oetker, Großkomm. AktG, §29 MitbestG Rn.2；Raiser/Veil, Komm. MitbestG und DrittelbG, §29 MitbestG Rn.6；Koberski in Wlotzke/Wißmann/Koberski/Kleinsorge, Mitbestimmungsrecht, §29 MitbestG Rn.6；a. A. Ulmer/Habersack in Ulmer/Habersack/Henssler, Mitbestimmungsrecht, §29 MitbestG Rn.6.

款第 3 句）——享有二次投票权。无论对于程序决定（例如就延期动议进行表决）还是实体决定，监事会主席均享有二次投票权。①是否进行第二次表决及其表决时间首先由监事会主席作出决定。只要监事会未亲自就此作出决议，监事会主席就可以决定是应进行第二次表决还是应维持有关动议在第一次表决中未能获得通过的状态。②他同样可以决定是在同一次会议中还是在之后的另一时间进行第二次表决。当然，监事会可以通过决议取消或更改监事会主席的决定。监事会主席未被强迫必须在第二次表决中行使其二次投票权，而且他的第二次投票（若他决定行使二次投票权）也不必与第一次投票保持一致。③

　　章程或议事规程只能部分地背离上述原则。除一般性延期及决议能力 736规则（上文边码 717 及以下，边码 724）外，它们不能过度限制监事会的决定自由。因此，规定监事会必须进行第二次表决的条款是不被允许的；④同样，章程或议事规程既不得规定由监事会主席单独决定是否进行第二次表决，也不得排除全体监事会的最终决定权。⑤这样一来，规定监事会应在之后的另一次会议上进行第二次决议，或者相反地应在第一次表决后立即进行第二次表决的条款，是存在疑问的。⑥章程或议事规程可以降低有关要求，比如说规定

---

① Mertens/Cahn, Kölner Komm. AktG, §29 MitbestG Rn.6；Ulmer/Habersack in Ulmer/Habersack/Henssler, Mitbestimmungsrecht，§29 MitbestG Rn.10；Raiser/Veil, Komm. MitbestG und DrittelbG，§29 MitbestG Rn.9；einschränkend Koberski in Wlotzke/Wißmann/Koberski/Kleinsorge, Mitbestimmungsrecht，§29 MitbestG Rn.10（nicht bei unterparitätischer Ausschussbesetzung）.

② Mertens/Cahn, Kölner Komm. AktG, §29 MitbestG Rn.11；Raiser/Veil, Komm. MitbestG und DrittelbG，§29 MitbestG Rn.10；Ulmer/Habersack in Ulmer/Habersack/Henssler, Mitbestimmungsrecht，§29 MitbestG Rn.13.

③ Mertens/Cahn, Kölner Komm. AktG, §29 MitbestG Rn.12；Raiser/Veil, Komm. MitbestG und DrittelbG，§29 MitbestG Rn.12；Ulmer/Habersack in Ulmer/Habersack/Henssler, Mitbestimmungsrecht，§29 MitbestG Rn.16.

④ Oetker, Großkomm. AktG，§29 MitbestG Rn.8；Raiser/Veil, Komm. MitbestG und DrittelbG，§29 MitbestG Rn.14；Ulmer/Habersack in Ulmer/Habersack/Henssler, Mitbestimmungsrecht，§29 MitbestG Rn.20.

⑤ Raiser/Veil, Komm. MitbestG und DrittelbG，§29 MitbestG Rn.14；Ulmer/Habersack in Ulmer/Habersack/Henssler, Mitbestimmungsrecht，§29 MitbestG Rn.20；Paefgen, Aufsichtsratsverfassung, S.241 f.

⑥ Hoffmann-Becking, Münchener Hdb. AG，§31 Rn.83；Koberski in Wlotzke/Wißmann/Koberski/Kleinsorge, Mitbestimmungsrecht，§29 MitbestG Rn.15 u.22；a.A. Oetker, Großkomm. AktG，§29 MitbestG Rn.9；Raiser/Veil, Komm. MitbestG und DrittelbG，§29 MitbestG Rn.15；Ulmer/Habersack in Ulmer/Habersack/Henssler, Mitbestimmungsrecht，§29 MitbestG Rn.19.

每名监事都可以要求进行第二次表决。①当然,监事会主席不能受其二次投票权的约束。②

(五) 有错误的监事会决议

737　　内容或成立方式上违反法律或章程的监事会决议过去一直被视为无效,其结果是每个与此有关的人均可以不受时间限制地主张该瑕疵。③与此相对,今天人们已达成这样的共识,即必须根据错误的严重程度作出区别。部分学者——司法界首先也遵循这一观点——希望在决议的无效和单纯的可撤销之间作出区分;④有学者由此认为可以类推适用关于股东大会决议可撤销性的规则(《股份法》第 241 条及以下);⑤而另一部分人则认为监事会决议的可撤销性应适用独立的规则。⑥然而,联邦最高法院新近的一项司法判例以及学界目前的通说均反对区分无效和可撤销的监事会决议。它坚持认为有错误的监事会决议无效,并希望通过一项必要法律保护利益方面的恰当规定以及"权利失效(又称失权)"这项法律制度满足以下需要,即在监事会决议瑕疵并不严重的情况下限制其无效后果。⑦对于有瑕疵的监事会决议

---

　　① Oetker, Großkomm. AktG, § 29 MitbestG Rn. 10; Raiser/Veil, Komm. MitbestG und DrittelbG, § 29 MitbestG Rn. 14; Ulmer/Habersack in Ulmer/Habersack/Henssler, Mitbestimmungsrecht, § 29 MitbestG Rn. 19.

　　② Mertens/Cahn, Kölner Komm. AktG, § 29 MitbestG Rn. 12; Raiser/Veil, Komm. MitbestG und DrittelbG, § 29 MitbestG Rn. 16; Ulmer/Habersack in Ulmer/Habersack/Henssler, Mitbestimmungsrecht, § 29 MitbestG Rn. 20.

　　③ Nachweise bei Fleischer, DB 2013, 160.

　　④ So z. B. Mertens/Cahn, Kölner Komm. AktG, § 108 Rn. 101 ff.; Baums, ZGR 1983, 300, 308 ff.; Lemke, Aufsichtsratsbeschluss, S. 94 ff., 122 ff.; Kindl, Teilnahme, S. 169 ff.; Axhausen, Anfechtbarkeit, S. 183 ff.; aus der Rechtsprechung insbesondere BGH v. 28.11.1988—II ZR 57/88, BGHZ 106, 54, 66 f. = AG 1989, 89; OLG Hamburg v. 23.7.1982—11 U 179/80, WM 1982, 1090, 1095 = AG 1983, 21; OLG Hamburg v. 25.5.1984—11 U 183/83, WM 1984, 965, 967 = AG 1984, 248; OLG Hamburg v. 6.3.1992—11 U 134/91, DB 1992, 774 f. = AG 1992, 197.

　　⑤ So z. B. OLG Hamburg v. 6.3.1992—11 U 134/91, DB 1992, 774 f. = AG 1992, 197; Baums, ZGR 1983, 300, 308 ff.; Lemke, Aufsichtsratsbeschluss, S. 94 ff., 122 f.; näher Überblick bei Fleischer, DB 2013, 160 f.

　　⑥ So z. B. Mertens/Cahn, Kölner Komm. AktG, § 108 Rn. 116 f.; Semler, Münch-Komm. AktG, 2. Aufl., § 108 Rn. 255; Kindl, Teilnahme, S. 183 ff.

　　⑦ BGH v. 17.5.1993—II ZR 89/92, BGHZ 122, 342, 346 ff. = AG 1993, 464 (Hamburg-Mannheimer); BGH v. 15.11.1993—II ZR 235/92, BGHZ 124, 111, 115 = AG 1994, 124 (Vereinte Krankenversicherung); BGH v. 21.4.1997—II ZR 175/95, BGHZ 135, 244, 247 = AG 1997, 377 (ARAG); zustimmend Hüffer, Komm. AktG, § 108 Rn. 18 ff.; Habersack, MünchKomm. AktG, § 108 Rn. 73 ff., 81 ff.; Hopt/Roth, Großkomm. AktG, § 108 Rn. 136 ff.; Spindler in Spindler/Stilz, Komm. AktG, § 108 Rn. 65, 73 ff.; näher und kritisch Fleischer, DB 2013, 160, 161 sowie DB 2013, 217, 218.

来说，这项司法判例导致了对**绝对无效和有限无效的区分**。此项司法判例必须被遵循，因为它反对将《股份法》中那些适用于股东大会决议的无效和可撤销性的规则（即第 241 条及以下）（类推）适用于监事会决议。此外，上述两种做法——(1)通过法律保护利益的需要以及权利失效法律制度或者(2)通过区分无效和可消灭的（"可撤销的"）决议，适当限制无效后果——哪一种更加正确，对于实践来说仅具有次要意义。因为这两种做法所得到的结果是相同的。①

原则上，内容违反法律强制性规定或章程（所谓的**内容瑕疵**）的监事会决议是绝对无效的。若一项决议违反旨在保护公共利益的规定，②或者监事会通过决议作出违反《共同决定法》规定的议事规程条款，则有关决议绝对无效；此外，在考虑之列的还有：聘任不具备法定资格条件的董事（上文边码 339）、作出超出正当界限的决定，③等等。在极端例外情况下，即使决议存在内容瑕疵，也可以考虑仅使有关决议可撤销或有限无效，而非绝对无效。这些情况包括比如说在公司以授权（又称额定）资本进行增资（《股份法》第 204 条第 1 款第 2 句）时，虽然不存在实质性原因，但监事会却仍对一项优先认购权的排除表示同意；④另外，以下情况也在考虑之列：在分配取决于利润的报酬或提供贷款时，⑤对监事实施不平等对待；监事会委员会超出其权限进行行为；⑥委员会的组成未充分遵守"禁止歧视职工代表"这一基本原则。⑦实际上在这些例外情况下，虽然决议在内容上存在瑕疵，但人们仍可以限制有关决议的无效后果，也就是说在获得所有监事同意后不主张有关决议的无效，只要这在实质上是正当的。⑧

738

---

① Hoffmann-Becking, Münchener Hdb. AG，§31 Rn.116；Mertens/Cahn, Kölner Komm. AktG，§108 Rn.101；Hopt/Roth, Großkomm. AktG，§108 Rn.136；E. Vetter in Marsch-Barner/Schäfer, Hdb. Börsennotierte AG，§27 Rn.77.

② Vgl. etwa Hopt/Roth, Großkomm. AktG，§108 Rn.153；Baums, ZGR 1983，300，326 f.；Axhausen, Anfechtbarkeit, S.159 ff.

③ Vgl. etwa BGH v. 21.4.1997—II ZR 175/95, BGHZ 135, 244, 247 ff.＝AG 1997，377(ARAG)；Mertens/Cahn, Kölner Komm. AktG，§108 Rn.97.

④ So Baums, ZGR 1983，300，327 ff.；a.A. Axhausen, Anfechtbarkeit, S.171 ff.

⑤ Hopt/Roth, Großkomm. AktG，§108 Rn.156；Habersack, MünchKomm. AktG，§108 Rn.83；Axhausen, Anfechtbarkeit, S.176 ff.

⑥ Mertens/Cahn, Kölner Komm. AktG，§108 Rn.106.

⑦ Mertens/Cahn, Kölner Komm. AktG，§108 Rn.106；Hopt/Roth, Großkomm. AktG，§108 Rn.156；Habersack, MünchKomm. AktG，§108 Rn.83.

⑧ Mertens/Cahn, Kölner Komm. AktG，§108 Rn.106；Hopt/Roth, Großkomm. AktG，§108 Rn.156 ff.；a.A. Spindler in Spindler/Stilz, Komm. AktG，§108 Rn.70；zurückhaltend auch Drygala in K.Schmidt/Lutter, Komm. AktG，§108 Rn.36.

739　　　成立方式（而非内容）违反法律或章程的决议（所谓的**程序瑕疵**）同样是绝对无效的，只要它所违反的是监事必须始终遵守（即不得放弃）的规定（例如缺少决议能力；不顾监事的反对以书面方式作出决议；不顾监事的反对就议程之外的事项作出决议；等等）。①违反监事可以不予遵守的程序规定只会导致有关决议有限无效或可撤销。这其中包括违反有关会议时间及地点的规定、迟延召开监事会会议、第三人违法出席会议，等等。②通说认为，未邀请或不正当地排除个别监事参加会议同样会导致监事会已作出决议的绝对无效；但认为此类决议仅是有限无效或可撤销的观点似乎更具说服力。③如果无效投票对决议结果是决定性的，那么这些投票的无效同样会导致有关决议的绝对无效。而如果这些投票并非决定性的，那么有关决议既不是无效的也不是可撤销的，而是毫无缺陷地有效。④遵循这些原则，联邦最高法院的司法实践也认为将产生**撤销监事聘任**的效果。若聘任被宣布无效，则有关监事对决议而言将作为一个非监事来对待。若决议能力或多数的取得取决于该人的投票，则该人参与作出的决议无效；若该人的投票导致决议提案被拒绝，则相关决议成立。⑤与此相对，学术界的主流观点支持适用与有瑕疵的机构职位相关的原则；⑥该观点似乎更值得赞同。⑦

740　　　违反**单纯的秩序性规定**（例如有瑕疵的记录；违背《股份法》第 109 条第 1

---

①　Hopt/Roth, Großkomm. AktG, §108 Rn.147 f.；Habersack, MünchKomm. AktG, §108 Rn.83；Spindler in Spindler/Stilz, Komm. AktG, §108 Rn.68 f.；Hoffmann-Becking, Münchener Hdb. AG, §31 Rn.116；ausführlich Axhausen, Anfechtbarkeit, S.183 ff.；a. A. Mertens/Cahn, Kölner Komm. AktG, §108 Rn.103, die den Beschluss bei Verfahrensmängeln stets nur als vernichtbar ansehen.

②　Habersack, MünchKomm. AktG, §108 Rn.82；Spindler in Spindler/Stilz, Komm. AktG, §108 Rn.69；Hoffmann-Becking, Münchener Hdb. AG, §31 Rn.116；Fleischer, DB 2013, 217, 218 f.；Baums, ZGR 1983, 300, 308 ff.；ausführlich Axhausen, Anfechtbarkeit, S.183 ff.

③　So auch Mertens/Cahn, Kölner Komm. AktG, §108 Rn.103；Baums, ZGR 1983, 300, 309 ff.；Axhausen, Anfechtbarkeit, S.190 ff.；a. A. Drygala in K.Schmidt/Lutter, Komm. AktG, §108 Rn.37；Spindler in Spindler/Stilz, Komm. AktG, §108 Rn.69；Raiser/Veil, Komm. MitbestG und DrittelbG, §25 MitbestG Rn.40.

④　Hopt/Roth, Großkomm. AktG, §108 Rn.143；Spindler in Spindler/Stilz, Komm. AktG, §108 Rn.66；Hüffer, Komm. AktG, §108 Rn.17.

⑤　BGH v. 19.2.2013—II ZR 56/12, ZIP 2013, 720＝AG 2013, 387 Tz. 17 f., 20 f.；BGH v. 14.5.2013—II ZB 1/11, ZIP 2013, 1274＝AG 2013, 562 Tz. 26.

⑥　Vgl. etwa Habersack, MünchKomm. AktG, §101 Rn.70；Happ in FS Hüffer, 2010, S.293, 305 ff.；Bayer/Lieder, NZG 2012, 1, 6；umfassende Nachweise zum Meinungsstand in BGH v. 19.2.2013—II ZR 56/12, ZIP 2013, 720 Tz. 18.

⑦　Priester, GWR 2013, 175, 176.

款第1句的规定允许监事以外的人出席会议)对决议的效力并不重要。①

所有相关人员均可以无期限且不拘形式地主张监事会决议的**绝对无** 741
效。此外，他们可以提起针对公司的确认(决议)无效之诉，但其前提是起诉人拥有相应的确认利益。②监事基于其机构地位以及由此产生的对监事会决议合法性的责任而拥有此种利益；③监事已通过表决参与决议时是否丧失该确认利益，④是有疑问的。从结果上来看，人们必须认为董事同样拥有此种利益。⑤相反，只有当决议涉及股东的成员权利[例如使用一项带有优先认购权排除的授权(又称额定)资本；同意针对收购要约的防御措施]时，⑥股东才拥有此种确认利益；允许股东对董事会及监事会措施提起诉讼的一般性原则在这里同样适用。⑦有关决议侵害公司财产尚不足以说明股东拥有此种确认利益；⑧相反，股东在这方面要注意《股份法》第148条所规定的法律保护可能性。除《股份法》第256条第6款规定的例外情况之外，不存在其他"治愈"决议无效的可能。⑨监事会决议的无效将给与此相关的措施(例如股东大会会议议程

---

① Hüffer, Komm. AktG, §108 Rn. 18 (weniger gravierende Verfahrensverstöße); Hopt/Roth, Großkomm. AktG, §108 Rn.148; Drygala in K.Schmidt/Lutter, Komm. AktG, §108 Rn.35; Hoffmann-Becking, Münchener Hdb. AG, §31 Rn.116; Fleischer, DB 2013, 217, 219; näher Axhausen, Anfechtbarkeit, S.203 ff.

② Hüffer, Komm. AktG, §108 Rn. 18; Mertens/Cahn, Kölner Komm. AktG, §108 Rn.111; Spindler in Spindler/Stilz, Komm. AktG, §108 Rn. 73 ff.; Baums, ZGR 1983, 300, 343 f.

③ BGH v. 29.1.2013—II ZB 1/11, AG 2013, 257 Tz. 13; BGH v. 21.4.1997—II ZR 175/95, BGHZ 135, 244, 248=AG 1997, 377(ARAG); Hüffer, Komm. AktG, §108 Rn. 18; Fleischer, DB 2013, 217, 219.

④ So Fleischer, DB 2013, 217, 219.

⑤ Mertens/Cahn, Kölner Komm. AktG, §108 Rn. 112; Spindler in Spindler/Stilz, Komm. AktG, §108 Rn.75; Hopt/Roth, Großkomm. AktG, §108 Rn.174.

⑥ Vgl. auch OLG Frankfurt a.M. v. 7.9.2010—5 U 187/09, AG 2011, 631, 633: Feststellungsinteresse nur für Antrag auf Feststellung der Beschlussnichtigkeit, nicht für Antrag auf Feststellung der Verletzung von Mitgliedschaftsrechten.

⑦ Vgl. dazu etwa BGH v. 25.2.1982—II ZR 174/80, BGHZ 83, 122, 133=AG 1982, 158(Holzmüller); BGH v. 23.6.1997—II ZR 132/93, BGHZ 136, 133, 141=AG 1997, 465 (Siemens/Nold); BGH v. 10.10.2005—II ZR 148/03, BGHZ 164, 241, 254 ff.=AG 2006, 36(Commerzbank/Mangusta II); OLG Frankfurt a.M. v. 7.9.2010—5 U 187/09, AG 2011, 631, 633; Mertens/Cahn, Kölner Komm. AktG, §108 Rn.112; Zöllner, ZGR 1988, 392, 420 ff.; Krieger, ZHR 163(1999), 343, 353 ff.

⑧ Fleischer, DB 2013, 217, 220; a. A. Hopt/Roth, Großkomm. AktG, §108 Rn. 174; wohl auch Spindler in Spindler/Stilz, Komm. AktG, §108 Rn.75; „unter gewissen Umständen" auch Mertens/Cahn, Kölner Komm. AktG, §108 Rn.112.

⑨ Fleischer, DB 2013, 217, 222; Panetta, NJOZ 2008, 4294, 4295.

的决议建议，聘任和解聘董事，同意经营管理措施，等等）带来哪些**后果**，应视具体情况而定。①

742　　若有错误的决议可能为**有限无效**，则相关人员必须在适当期限内主张该决议的无效。②仅本人被程序违反牵涉的监事③有权提出该主张。④为此，首先向监事会主席作出相应意思表示即可。⑤若监事会拒绝主张决议瑕疵，则接下来必须要求提起确认决议无效之诉。⑥与此相反，之前学界的主流观点认为仅向监事会主席申明即可引起决议无效的后果，而无需再提起相关诉讼；⑦但这种处理无法满足法律稳定性的需要。怎样的期限是合理的，应视个案的具体情况而定。对决议提出质疑，一般首先要求必须在下一次监事会会议前及时提出，这样监事会才可以在会议中就此作出决议；⑧若监事会仍然坚持认为此前的决议没有问题，则可以比照《股份法》第 246 条所规定的一个月期限来确定提起确认无效之诉的期限。⑨章程可以就期限作出规定。⑩根据联邦最高法

---

①　Dazu näher Panetta, NJOZ 2008, 4294, 4295 ff.

②　BGH v. 17. 5. 1993—II ZR 89/92, BGHZ 122, 342, 352 = AG 1993, 464 (Hamburg-Mannheimer); Hüffer, Komm. AktG, § 108 Rn. 20; Mertens/Cahn, Kölner Komm. AktG, § 108 Rn. 117.

③　Hopt/Roth, Großkomm. AktG, § 108 Rn. 168, 176; Fleischer, DB 2013, 217, 219; a. A. Kindl, AG 1993, 153, 160 f.; Baums, ZGR 1983, 300, 399; Axhausen, Anfechtbarkeit, S. 219 f.

④　Mertens/Cahn, Kölner Komm. AktG, § 108 Rn. 116; Hüffer, Komm. AktG, § 108 Rn. 20; Habersack, MünchKomm. AktG, § 108 Rn. 82; Axhausen, Anfechtbarkeit, S. 218 ff.; weitergehend Baums, ZGR 1983, 300, 339 ff., der auch betroffenen Aktionären dieses Recht geben will; wohl auch Hopt/Roth, Großkomm. AktG, § 108 Rn. 177 f.

⑤　BGH v. 17. 5. 1993—II ZR 89/92, BGHZ 122, 342, 352 = AG 1993, 464 (Hamburg-Mannheimer); Hopt/Roth, Großkomm. AktG, § 108 Rn. 180; Hüffer, Komm. AktG, § 108 Rn. 20; Habersack, MünchKomm. AktG, § 108 Rn. 82; Mertens/Cahn, Kölner Komm. AktG, § 108 Rn. 17.

⑥　Hüffer, Komm. AktG, § 108 Rn. 20; Hopt/Roth, Großkomm. AktG, § 108 Rn. 180; Mertens/Cahn, Kölner Komm. AktG, § 108 Rn. 177; Habersack, MünchKomm. AktG, § 108 Rn. 82.

⑦　5. Aufl. Rn. 728; Mertens, Kölner Komm. AktG, 2. Aufl., § 108 Rn. 95; Semler, MünchKomm. AktG, 2. Aufl., § 108 Rn. 203.

⑧　Mertens/Cahn, Kölner Komm. AktG, § 108 Rn. 117; etwas großzügiger Habersack, MünchKomm. AktG, § 108 Rn. 82 und Fleischer, DB 2013, 217, 222, die eine Rüge spätestens in der nächsten Aufsichtsratssitzung verlangen.

⑨　Habersack, MünchKomm. AktG, § 108 Rn. 82; in diese Richtung auch Hüffer, Komm. AktG, § 108 Rn. 20(Klageerhebung spätestens einen Monat nach der nächsten Aufsichtsratssitzung); vgl. auch Mertens/Cahn, Kölner Komm. AktG, § 108 Rn. 117; offener Fleischer, DB 2013, 217, 221 f.

⑩　Fleischer, DB 2013, 217, 222.

院新近的司法判例及其所遵循的学术界的观点，①及时主张决议的瑕疵将导致有关决议无效；而根据主张在无效和可撤销之间作出区分的学者的观点，主张决议的瑕疵将导致有关决议溯及既往的无效（"自始无效"）。②

■ 第四节　监事会委员会

一、将任务（职责）委托于委员会及其界限

《股份法》第107条第3款允许监事会在其内部设立一个或多个委员会。委员会的任务（职责）包括：为监事会的商讨及决议进行筹备（筹备委员会），对监事会决议的执行实施监督（监督委员会）或者代替监事会就特定事项作出决策（决策委员会）。设立委员会的目的在于提高**监事会的工作效率**，具体做法是将特定任务交给较小范围的成员完成，这些人具备更高的专业性并能够更专注更高效地履行其职责。③《准则》第5.3.1条建议监事会——根据企业的具体情况以及监事的数量——建立专业化的委员会。第5.3.2条还特别建议设立审计委员会（详见下文边码753及以下）。此外，依第5.3.3条还应设立为监事会选举成为筹备工作的提名委员会（详见下文边码758及以下）。就较大型的公司而言，监事会所负的**恰当组织（安排）**其工作的义务迫使它必须充分利用建立委员会的可能性。④再者，法律规定实行平等共同决定的公司应当依《共

743

---

① Vgl. BGH v. 17.5.1993—II ZR 89/92, BGHZ 122, 342, 346 ff. = AG 1993, 464 (Hamburg-Mannheimer); BGH v. 15.11.1993—II ZR 235/92, BGHZ 124, 111, 115 = AG 1994, 124(Vereinte Krankenversicherung); BGH v. 21.4.1997—II ZR 175/95, BGHZ 135, 244, 247 = AG 1997, 377(ARAG); zustimmend Hüffer, Komm. AktG, §108 Rn.18 ff.; Habersack, MünchKomm. AktG, §108 Rn.73 ff., 81 ff.; Hopt/Roth, Großkomm. AktG, §108 Rn.136 ff.; Spindler in Spindler/Stilz, Komm. AktG, §108 Rn.65, 73 ff.; näher und kritisch Fleischer, DB 2013, 160, 161 sowie DB 2013, 217, 218.

② Vgl. z.B. Mertens/Cahn, Kölner Komm. AktG, §108 Rn.101 ff.; Baums, ZGR 1983, 300, 308 ff.; Lemke, Aufsichtsratsbeschluss, S.94 ff., 122 ff.; Kindl, Teilnahme, S.169 ff.; Axhausen, Anfechtbarkeit, S.183 ff.; aus der Rechtsprechung insbesondere noch BGH v. 28.11.1988—II ZR 57/88, BGHZ 106, 54, 66 f. = AG 1989, 89; OLG Hamburg v. 23.7.1982—11 U 179/80, WM 1982, 1090, 1095 = AG 1983, 21; OLG Hamburg v. 25.5. 1984—11 U 183/83, WM 1984, 965, 967 = AG 1984, 248; OLG Hamburg v. 6.3.1992—11 U 134/91, DB 1992, 774 f. = AG 1992, 197.

③ Näher Spindler in Spindler/Stilz, Komm. AktG, §107 Rn.88.

④ Hopt/Roth, Großkomm. AktG, §107 Rn.262; Habersack, MünchKomm. AktG, §107 Rn.92; Mertens/Cahn, Kölner Komm. AktG, §107 Rn.96; E.Vetter in Liber amicorum Winter, 2011, S. 701, 712; Krieger, ZGR 1985, 338, 361 f.; Rellermeyer, Aufsichtsratsausschüsse, S.14 f.

同决定法》第 27 条第 3 款设立调解委员会（详见下文边码 789 及以下）。上市公司的监事会必须在其向股东大会提交的报告中说明已设立哪些委员会（《股份法》第 171 条第 2 款第 2 句后半句）。

744　　法律在很大范围内允许监事会将其职责（任务）委托给一个**决策委员会**来最终履行。只有那些特别重要的监事会事务才必须留待全体大会完成。必须留待全体大会作出的决定首先产生于《股份法》第 107 条第 3 款第 3 句所包含的一份目录，该目录列明了所有不得委托可作出决议的委员会履行的职责。这其中包括比如监事会主席及其代表的选举、聘任及解聘董事、规定董事薪酬以及颁布董事会议事规程。此外，就监事会关于其自我组织问题的所有决定而言，还存在一项不成文的**委托禁令**：监事会议事规程的颁布、委员会的建立、监事会主席或主席代表聘任的撤销、关于请求法院基于重大原因解聘某一监事的决议的作出（《股份法》第 103 条第 3 款第 2 句），均必须留待全体监事会完成。[1]就提交"遵守说明"（《股份法》第 161 条）的所作的决议而言，同样如此。[2]相反，不存在针对"所有重要决定"的一般性委托禁令。[3]根据《**共同决定法**》**第 32 条**、《**共同决定补充法**》**第 15 条**，关于在实行共同决定的公司中行使参与权的决定可以交由一个委员会作出，但股东监事的多数必须是该委员会的成员；参见上文边码 500。

745　　法律并未限制监事会将准备工作交给**筹备委员会**来完成。尽管如此，在必须留待全体监事会作出决定的职责领域中，由委员会完成准备工作仍然不是完全没有问题的。就人事委员会的特殊情况而言，这已经在上文边码 337 被论述过了，而对于其他委员会来说，在《股份法》第 107 条第 3 款第 3 句所列出的职责领域中存在着相似的问题：如果准备工作包括对已收集到的信息进行独立评价和筛选，那么全体大会的决策影响力势必被减小，《股份法》第 107 条第 3 款第 3 句的目的也会因此受到影响。虽然这不一定会导致筹备委员会

---

①　Mertens/Cahn, Kölner Komm. AktG, §107 Rn. 168 ff.; Habersack, Münch-Komm. AktG, §107 Rn. 134; Hopt/Roth, Großkomm. AktG, §107 Rn. 396 ff.; Hoffmann-Becking, Münchener Hdb. AG, §32 Rn. 5; Rellermeyer, Aufsichtsratsausschüsse, S.17 f.

②　Mertens/Cahn, Kölner Komm. AktG, §107 Rn.175; Lutter, Kölner Komm. AktG, §161 Rn. 41; Leyens, Großkomm. AktG, §161 Rn. 227; Goette, MünchKomm. AktG, §161 Rn.67; a.A. Ihrig/Wagner, BB 2002, 2509, 2513.

③　Mertens/Cahn, Kölner Komm. AktG, §107 Rn.169; Habersack, MünchKomm. AktG, §107 Rn. 132; Hopt/Roth, Großkomm. AktG, §107 Rn. 399 f.; Rellermeyer, Aufsichtsratsausschüsse, S.23 ff.

仅限于收集信息，①但委员会与全体大会之间充分的信息交流是必不可少的，此种信息交流使得监事会可以形成自己的意见并独自负责地作出决定。②

《股份法》第107条第3款规定**监督委员会**的职责范围是对董事会执行监 746
事会决议的情况实施监督。相反，监事会不得将其所负的一般性监督职责委托某一委员会来履行。③但此项禁令并未禁止监事会委托一个委员会对个别经营管理领域（监督个别具体的经营管理措施或特定的经营管理领域）实施重点监督。④

即使是为了免除监事会的义务而设立委员会，**全体监事会**也仍旧是**"程序** 747
的主宰者"。委员会有义务在其工作时顾及全体监事会的意愿，并使全体监事会在其与委员会的多数意见之间存在矛盾时能够作出决定。⑤全体监事会可以随时收回其赋予某一委员会的决定权，这既可能是一般性的，也可能是针对个别具体情况的。⑥它同样可以随时解散或重新组建委员会。

全体监事会必须对各委员会的工作进行监督并为此目的要求各委员会就 748
其工作定期作出报告。即使在最初无明确法律规定时这也是被肯定的，⑦但后来《股份法》第107条第3款第4句明确了这一点。原则上，有关委员会必须在每次正式监事会会议上**作出**上述**报告**。⑧此类报告可以仅限于对重要情况进

---

① Näher Krieger, Personalentscheidungen, S.69 f.; Rellermeyer, Aufsichtsratsausschüsse, S.46 ff., je m.w.N. auch zur Gegenmeinung.

② Habersack, MünchKomm. AktG, §107 Rn.156; Rellermeyer, Aufsichtsratsausschüsse, S.48 f., 54 f.

③ OLG Hamburg v. 29.9.1995—11 U 20/95, ZIP 1995, 1673, 1675＝AG 1996, 84; Mertens/Cahn, Kölner Komm. AktG, §107 Rn.145 ff.; Spindler in Spindler/Stilz, Komm. AktG, §107 Rn.87; Hoffmann-Becking, Münchener Hdb. AG, §32 Rn.4.

④ Spindler in Spindler/Stilz, Komm. AktG, §107 Rn.87; Hoffmann-Becking, Münchener Hdb. AG, §32 Rn.3; ausführlich Rellermeyer, Aufsichtsratsausschüsse, S.32 ff.

⑤ Mertens/Cahn, Kölner Komm. AktG, §107 Rn.141; Spindler in Spindler/Stilz, Komm. AktG, §107 Rn.92; Hopt/Roth, Großkomm. AktG, §107 Rn.375; Rellermeyer, Aufsichtsratsausschüsse, S.43 f.

⑥ BGH v. 14.11.1983—II ZR 33/83, BGHZ 89, 48, 55 f.＝AG 1984, 48; Hüffer, Komm. AktG, §107 Rn.18; Mertens/Cahn, Kölner Komm. AktG, §107 Rn.139; Hopt/Roth, Großkomm. AktG, §107 Rn.352.

⑦ OLG Hamburg v. 29.9.1995—11 U 20/95, ZIP 1995, 1673, 1676＝AG 1996, 84; Mertens, Kölner Komm. AktG, 2. Aufl., §107 Rn.128; Rellermeyer, Aufsichtsratsausschüsse, S.57 ff.

⑧ Begr. RegE TransPuG, BR-Drucks. 109/02, S.36; LG München I v. 26.7.2007—12 O 8466/07, WM 2007, 1975, 1977; Hüffer, Komm. AktG, §107 Rn.22a; Mertens/Cahn, Kölner Komm. AktG, §107 Rn.142; Hoffmann-Becking, Münchener Hdb. AG, §32 Rn.42.

行总结。①只有在全体大会多数决议提出相关要求或者筹备委员会认为有关信息对于全体大会作出合规则的决定来说必不可少时,委员会才需要提供详细信息;参见下文边码 784。关于非委员会成员的监事与委员会工作有关的责任,参见下文边码 999 及以下。

二、个别委员会

749   实践中,建立监事会委员会的做法是非常流行的。②其中最重要的是人事委员会和监事会主席团。上市公司大多还设有审计委员会(Audit Committees)③以及——新近出现的——《准则》第 5.3.3 条建议的提名委员会。此外,针对特定领域的委员会,例如针对财务、投资以及合规领域,也扮演着重要角色;德意志银行不久前就设立了一个"市场诚信委员会"。④最后,实践中在特殊情况下还可设立完成临时性任务的临时委员会,例如处理与公开收购要约有关的问题或者辅助董事会实施特别重要的经营管理计划;⑤在法律层面对临时委员会不适用任何特殊规定。⑥

(一) 人事委员会

750   最普遍设立的当属人事委员会⑦。其职责主要是为监事会的人事决策做准备工作以及聘任董事并设计聘用合同。除此之外,它还经常被委托就董事兼职作出决定(《股份法》第 88 条)、依《股份法》第 89、115 条发放贷款并与监事缔结劳务合同(《股份法》第 114 条)。⑧董事薪酬的确定,作为此前人事委员会的首要任务,现已强制性地交由监事会全体会议完成(《股份法》第 107 条第2 款第 3 句,第 87 条第 1 款、第 2 款第 1、2 句);详见上文边码 394、395、416。

---

①   Begr. RegE TransPuG, BR-Drucks. 109/02, S.36; Hüffer, Komm. AktG, § 107 Rn. 22a; Mertens/Cahn, Kölner Komm. AktG, § 107 Rn. 142; Hoffmann-Becking, Münchener Hdb. AG, § 32 Rn.42.

②   Vgl. zur praktischen Bedeutung von Aufsichtsratsausschüssen namentlich Hoffmann-Becking, Münchener Hdb. AG, § 32 Rn.2; aus der älteren Literatur auch Rellermeyer, Aufsichtsratsausschüsse, S.1 ff.; Vogel, Aktienrecht und Aktienwirklichkeit, S.183 ff.; zu Kreditausschüssen von Banken ausführlich Hommelhoff in FS Werner, 1984, S. 315 ff.

③   Vgl. Kremer in Ringleb/Kremer/Lutter/v. Werder, Komm. DCGK, Rn. 940, wonach 100% der DAX-Gesellschaften und 73 % aller börsennotierten Gesellschaften einen Prüfungsausschuss gebildet haben.

④   Näher dazu Plagemann, NZG 2013, 1293.

⑤   Konkrete Praxisbeispiele bei Hasselbach/Seibel, AG 2012, 114, 115.

⑥   Eingehend Hasselbach/Seibel, AG 2012, 114, 116 ff.

⑦   Hoffmann-Becking, Münchener Hdb. AG, § 32 Rn.2.

⑧   Hoffmann-Becking, Münchener Hdb. AG, § 32 Rn.13.

（二）监事会主席团

许多公司都设有监事会主席团。其职责是多种多样的。主席团通常是作 751
为监事会人事委员会开展工作的。此外，它还负有其他职责，例如处理融资问
题以及投资政策问题；它还经常被授权处理紧急情况和特别机密的事务（即内
部人情况）。①主席团**职责**的真正**核心**是与董事会保持持续且稳定的联系；此
外，主席团通常应协调监事会中的工作并协助做一些会议准备工作。②在主席
团履行其真正主席职责的范围内，通说认为它是一个监事会委员会，③而其他
观点则认为它是一个特殊的委员会，因为它所承担的职责并非原本应由全体
大会履行的职责，而是在未设立主席团的情况下应由监事会主席（而非全体大
会）履行的职责。④上述两种观点并未带来实际的区别。

主席团的**设立**以相应的监事会决议为前提。在监事会未作出相应决议的 752
情况下设立常设的主席顾问机构（而非偶尔就个别问题与内行的监事会同事
进行商议）是违反义务的。⑤从总体上看，适用于一个（其他的）委员会的设立的
规则同样适用于主席团的设立。应否设立主席团，仅由监事会作出决定；就这
点而言，章程不能作出有效的规定。⑥监事会可以自由决定主席团的规模。在
主席团履行其真正主席职责的范围内（参见上文边码786），前文提到的可作出
决定的委员会必须至少拥有三名成员的原则（参见上文边码751）不适用于监
事会主席团。⑦监事会主席、主席代表以及其他可能的主席代表是"天生的"主
席团成员；如果没有他们，主席团就无法成立。⑧

---

① Hoffmann-Becking, Münchener Hdb. AG, § 32 Rn.15, 17; Krieger, ZGR 1985,
338 f.

② BGH v. 25.2.1982—II ZR 123/81, BGHZ 83, 106, 114＝AG 1982, 218; Hoff-
mann-Becking, Münchener Hdb. AG, § 32 Rn.15; Mertens/Cahn, Kölner Komm. AktG,
§ 107 Rn.103; Hopt/Roth, Großkomm. AktG, § 107 Rn.233; Krieger, ZGR 1985, 338, 339.

③ Für die h.M. insbesondere BGH v. 25.2.1982—II ZR 123/81, BGHZ 83, 106, 114
＝AG 1982, 218; Mertens/Cahn, Kölner Komm. AktG, § 107 Rn. 103; Hopt/Roth,
Großkomm. AktG, § 107 Rn.233.

④ Krieger, ZGR 1985, 338, 340 ff., 359 ff.; offen Hoffmann-Becking, Münchener
Hdb. AG, § 32 Rn.16.

⑤ Krieger, ZGR 1985, 338, 363 f.

⑥ BGH v. 25.2.1982—II ZR 123/81, BGHZ 83, 106, 115＝AG 1982, 218; Krieger,
ZGR 1985, 338, 361; Semler, AG 1988, 60, 63; a.A. Rellermeyer, Aufsichtsratsausschüsse,
S.74, 132.

⑦ Krieger, ZGR 1985, 338, 362; Hoffmann-Becking, Münchener Hdb. AG, § 32,
Rn.16; Mertens/Cahn, Kölner Komm. AktG, § 107 Rn.104; Hopt/Roth, Großkomm. Ak-
tG, § 107 Rn.233.

⑧ Krieger, ZGR 1985, 338, 363; Hoffmann-Becking, Münchener Hdb. AG, § 32
Rn.8; Habersack, MünchKomm. AktG, § 107 Rn.105.

（三）审计委员会

753　　虽然审计委员会的**设立**未得到法律的明确规定,但随着《企业会计现代化法》(2009 年)的出台,审计委员会及其职责在《股份法》在第 107 条第 3 款第 2句中被特别强调,《准则》第 5.3.2 条自其 2002 年第一版即建议设立审计委员会,而且自 20 世纪 80 年代后期以来此类委员会的设立在公司实践中已经相当普遍。①《准则》第 5.3.2 条进一步建议**审计委员会主席**应当具备应用会计原则及内部监控程序方面的专门知识及经验。《准则》第 5.2 条第 2 款还建议,监事会主席不应同时担任审计委员会主席;此项建议因缺乏合理性而未被采纳。②根据《准则》第 5.3.2 条第 3 句的建议,审计委员会主席也应是独立的,而且不是离职不满两年的前公司董事会成员;此建议进一步缩小了《股份法》第 100条第 2 款第 1 句第 4 项本已狭小的适用范围,因而须予以批判性的看待。③

754　　《股份法》第 107 条第 3 款第 2 句提及审计委员会的**职责**,④包括对以下事项实施监督:财会程序;内部控制机制、风险管理体系、内部审计制度的有效性;决算审计,特别是审计人员及其附带完成的工作的独立性。审计委员会的核心职责范围几乎未体现在上述法律规定中。其应当为全体监事所负的审计义务进行准备工作并就是否批准年度决算和康采恩决算作出决定,⑤再者就是处理半年度报告和季度财务报告,此时依《准则》第 7.1.2 条第 2 句监事会或其审计委员会应当在上述报告公布之前与董事会进行讨论。在上市公司(《商法典》第 264d 条)中,监事会应审计委员会推荐而提出的审计人员选聘建议应得到尊重(《股份法》第 124 条第 3 款第 2 句)。此外,《准则》第 5.3.2 条建议审计委员会同时负责审计人员具体任务的分配、确定审计重点和签订报酬协议;上述所有任务均可以委托审计委员会代替监事会完成。根据该条款的建议,只有监事会未委托另一个委员会负责,审计委员会还需负责合规事务。⑥

---

① Vgl. aus der Zeit vor dem BilMoG etwa Haasen, ZfbF 40(1988), 370; Goerdeler, ZGR 1987, 219; Langenbucher/Blaum, DB 1994, 2197; Coenenberg/Reinhart/Schmitz, DB 1997, 989; Luck, DB 1999, 441; Ranzinger/Blies, AG 2001, 455; Hopt/Roth in FS Nobel, 2005, S.147.

② Spindler in Spindler/Stilz, Komm. AktG, § 107 Rn.138; Scheffler, ZGR 2003, 236, 261; Coenenberg/Reinhart/Schmitz, DB 1997, 998, 993; a. A. Hopt/Roth, Großkomm. AktG, § 107 Rn.457; Altmeppen, ZGR 2004, 390, 405.

③ Vgl. etwa Krieger, ZGR 2012, 202, 211 f.; befürwortend jedoch Spindler in Spindler/Stilz, Komm. AktG, § 107 Rn.138; Altmeppen, ZGR 2004, 390, 404.

④ Dazu eingehend Schoch, Der Prüfungsausschuss, S. 156 ff.; Hempelmann, Die Überwachung des Vorstands, S.256 ff.; Nonnenmacher/Pohle/v. Werder, DB 2009, 1074, 1450 f.; Hönsch, Der Konzern 2009, 553, 559 ff.

⑤ Hoffmann-Becking, Münchener Hdb. AG, § 32 Rn.23.

⑥ Kritisch dazu Sünner, CCZ 2008, 56, 58.

《股份法》第107条第3款第2句所述的对**审计人员独立性**及其提供的额 755
外审计服务的监督,由《准则》第7.2.1条作出进一步规定。在向股东大会提出
审计人员的选聘建议之前,即在审计委员会向全体监事会推荐人选之前(《股
份法》第124第3款第2句),应当要求相关审计人员说明其是否以及如果是
的话,该审计人员与其机构或领导之间或者与企业及其机构成员之间存在怎
样的业务、财务、个人或者其他可能影响其独立性的关联关系。此项说明还应
包括在上一财政年度向公司提供其他服务的范围,特别是已经提供或依约将
在下一年度提供的咨询服务。董事会负责给予这些**额外委托**。监事会不享有
法定的同意保留权。①要求监事会设置同意保留的注意义务②也是难以成立
的。但是《准则》第7.2.1条建议与审计人员约定在审计过程中向监事会或审
计委员会主席及时报告可能出现偏差的理由;此时可能涉及上述额外委托。

《股份法》第107条第3款第2句中提到的对**会计程序**的监督是指对年度 756
财务报表中的数字及说明的产生程序进行系统审查。③对**内部控制机制和风险
管理体系**有效性的监控既包括会计流程方面的相关机制,也涉及公司的其他
流程。④上市公司必须在状况报告中对与会计程序相关的内部控制和风险管理
体系的主要特点进行描述(《商法典》第289条第5款)。对**内部审计制度**有效
性的监督同样涉及体系审查;监事会无需对内部审计机构及其成员进行监督,
而是对董事会所设置的系统的适用性负责。⑤《准则》第5.3.2条最后建议审计
委员会在无其他机构负责时处理合规事务,这涉及对合规组织的系统审查(参
见上文边码75)。⑥某些公司还为此特别设立了合规委员会;当出现具体的合
规问题要求在这方面加强监督时,即建议设立此类委员会。

若上市公司(《商法典》第264b条)的监事会设立了审计委员会,则至少有 757

---

① Hüffer, Komm. AktG, §111 Rn.12a; Spindler in Spindler/Stilz, Komm. AktG,
§111 Rn. 56; Hopt/Roth, Großkomm. AktG, §111 Rn. 496 f.; Hoffmann-Becking,
Münchener Hdb. AG, §32 Rn.28; a.A. Hellwig, ZIP 1999, 2117, 2125, der §114 AktG
analog anwenden will.

② Spindler in Spindler/Stilz, Komm. AktG, §111 Rn.56; dazu neigend anscheinend
auch Hüffer, Komm. AktG, §111 Rn.12a.

③ Hoffmann-Becking, Münchener Hdb. AG, §32 Rn. 24; E. Vetter, ZGR 2010,
751, 766; Nonnenmacher/Pohle/v. Werder, DB 2009, 1447, 1451.

④ Näher Diederichs/Kißler, Board 2012, 215; E. Vetter, ZGR 2010, 751, 768 ff.;
Hoensch, Der Konzern 2009, 553, 559 ff.; Hoffmann-Becking, Münchener Hdb. AG, §32
Rn.25 f.

⑤ Hoffmann-Becking, Münchener Hdb. AG, §32 Rn. 27; E. Vetter, ZGR 2010,
751, 771 f.; Nonnenmacher/Pohle/v. Werder, DB 2009, 1447, 1451.

⑥ Hoffmann-Becking, Münchener Hdb. AG, §32 Rn. 29; E. Vetter, ZGR 2010,
751, 777 f.

一个成员必须满足《股份法》第100条第5款的条件(《股份法》第107条第4款),即必须是具有财会或审计方面专业知识的独立监事。关于独立性的要求,可以参阅《准则》第5.4.2条第2句的规定和上文边码26。《股份法》第100条第5款所要求的专门知识必须属于会计领域或审计领域。这并不要求监事必须参加相关的职业培训,或主要从事与这些专业领域相关的工作,监事只需通过培训或职业发展获得相关知识和经验,足以让他(她)有能力对董事会所提供的信息提出批判性意见和质疑。[①]

(四) 提名委员会

758　　《准则》第5.3.3条建议监事会设立一个仅由股东代表组成的提名委员会,并负责向**股东大会提出**合适候选人的**选聘建议**(《股份法》第124条第3款)。提名委员会仅由股东代表组成的建议表明,只有选聘监事会的提案属于该委员会的职责范围,而不包括由监事会负责提出的选聘审计人员的提议。[②]该建议被2007年修订版《准则》首先采纳,并以欧盟委员会的相关建议为依据。[③]其执行率(转化率)目前仍低于平均水平。[④]提名委员会的任务是制定监事会中股东代表的基本要求清单,并据此为全体监事会的选聘建议进行准备工作。[⑤]因此,它属于筹备委员会。但是也可以授权它作为决策委员会代替监事会就向股东大会提交的选聘建议作出决议;[⑥]根据此项建议的目的,这方面未出现任何偏差,因此不需要按照《股份法》第161条规定的"遵守说明"加以限制。[⑦]

759　　提名委员会应当完全由股东代表组成。这无疑是适当且合法的,因为监事会提交股东大会的选聘建议只需要得到监事会中股东代表的多数票(《股份

---

①　OLG München v. 28.4.2010—23 U 5517/09, AG 2010, 639 f.; LG München v. 5.11.2009—5 HKO 15312/09, AG 2010, 339 f.; Hüffer, Komm. AktG, §100 Rn.12; Mertens/Cahn, Kölner Komm. AktG, §100 Rn.76; Nowak, BB 2010, 2423 f.; eingehend Meyer, Der unabhängige Finanzexperte im Aufsichtsrat, S.276 ff.

②　Ebenso Wilsing in Wilsing, Komm. DCGK, Ziff. 5.3.3 Rn.2; wohl auch Hoffmann-Becking, Münchener Hdb. AG, §32 Rn.18.

③　Vgl. Abschnitt II, Ziff. 5.6.1 der Empfehlungen der EU-Kommission vom 15.2.2005, ABl. EG Nr.L 52 vom 25.2.2005, S.51.

④　Vgl. dazu Kremer in Ringleb/Kremer/Lutter/v.Werder, Komm. DCGK, Rn.963, der eine Umsetzungsquote von 45% aller börsennotierten Unternehmen und 96,3% der DAX-Unternehmen nennt.

⑤　Kremer in Ringleb/Kremer/Lutter/v.Werder, Komm. DCGK, Rn.964; Wilsing in Wilsing, Komm. DCGK, Ziff. 5.3.3 Rn.1.

⑥　Hüffer, Komm. AktG, §124 Rn.13a; Rieckers in Spindler/Stilz, Komm. AktG, §124 Rn.31; Wilsing in Wilsing, Komm. DCGK, Ziff. 5.3.3 Rn.2.

⑦　Wilsing in Wilsing, Komm. DCGK, Ziff. 5.3.3 Rn.2; ersichtlich auch Hüffer, Komm. AktG, §124 Rn.13a; Rieckers in Spindler/Stilz, Komm. AktG, §124 Rn.31.

法》第 124 条第 3 款第 5 句）即可。①若提名委员会中也吸纳职工代表，这就违背了《准则》的建议，因此"遵守说明"有必要作出限制。②根据学界的各类观点，监事会就提名委员会的**设立和组成**所作决议只要求获得股东代表的多数票（类推适用《股份法》第 124 条第 3 款第 5 句）。③至少可以认为提名委员会的任务严格限于为监事的选聘建议完成筹备工作，④但即便在这种情况下上述类推适用仍然值得怀疑。⑤

（五）调解委员会和参决委员会

关于《共同决定法》第 27 条第 3 款规定的调解委员会，参见下文边码 789 及以下。关于依据《共同决定法》第 32 条、《共同决定补充法》第 15 条获得决策权的所谓参决委员会，详见上文边码 500。 760

三、委员会的设立及组成

（一）设立

监事会自行决定是否设立委员会。一般而言，章程既不能禁止也不能规定监事会建立负有特定职责的委员会。⑥只有当所涉及的不是法定而是章程规定的职责时，情况才有所不同。⑦ 761

监事会可以通过**议事规程**或**监事会决议**设立委员会。⑧设立决议需要达到简单投票多数。章程不得提高此项多数要求。在实行共同决定的公司中，从 762

---

① Kremer in Ringleb/Kremer/Lutter/v. Werder, Komm. DCGK, Rn. 966；Wilsing in Wilsing, Komm. DCGK, Ziff. 5.3.3 Rn. 3；Hoffmann-Becking, Münchener Hdb. AG，§ 32 Rn. 19.

② Hoffmann-Becking, Münchener Hdb. AG，§ 32 Rn. 19.

③ Kremer in Ringleb/Kremer/Lutter/v. Werder, Komm. DCGK, Rn. 966；Sünner, AG 2012，265，268.

④ Hoffmann-Becking, Münchener Hdb. AG，§ 32 Rn. 19.

⑤ Ablehnend Wilsing in Wilsing, Komm. DCGK, Ziff. 5.3.3 Rn. 4.

⑥ BGH v. 25.2.1982—II ZR 123/81, BGHZ 83，106，115＝AG 1982，218；BGH v. 17.5.1993—II ZR 89/92, BGHZ 122，342，355＝AG 1993，464；Hüffer, Komm. AktG，§ 107 Rn. 16；Mertens/Cahn, Kölner Komm. AktG，§ 107 Rn. 96.

⑦ Spindler in Spindler/Stilz, Komm. AktG，§ 107 Rn. 85；Ulmer/Habersack in Ulmer/Habersack/Henssler, Mitbestimmungsrecht，§ 25 MitbestG Rn. 132；differenzierend Koberski in Wlotzke/Wißmann/Koberski/Kleinsorge, Mitbestimmungsrecht，§ 29 MitbestG Rn. 29，der für diese Fälle ein Verbot, jedoch kein Gebot der Ausschussbildung zulässt；ablehnend Hopt/Roth, Großkomm. AktG，§ 107 Rn. 247；Mertens/Cahn, Kölner Komm. AktG，§ 107 Rn. 96.

⑧ Muster bei Hölters/Favoccia, Münchener Vertragshandbuch, Band 1，Form. V. 59 § 7—12 und V. 63；Hoffmann-Becking, Beck'sches Formularbuch, Form. X. 17 § 5 und X. 18 §§ 8—12.

《共同决定法》第 29 条的强制性法律规范性质中就可以推知这一点。①此外，从已得到普遍接受的观点中可以推知：章程既不得禁止监事会设立委员会，也不得通过更高的多数要求增加设立委员会的难度。②

763　　全体监事会中的**人事变动**对委员会的设立不会产生任何影响；设立委员会仍然是有效的。当然，若成员的离职导致其成员数量低于最低数量（就负责准备工作及监督的委员会而言，其成员的最低数量是两人；而对于要作出最终决定的委员会来说，该数量则为三人；参见下文边码 764），则此时有关委员会无行为能力。③

（二）组成

764　　法律未规定监事会委员会的**成员数量**。只要能被称作委员会，它就至少必须拥有两名成员。然而，这并不妨碍将准备工作交给单个监事来完成。④相反，只有拥有至少三名成员的委员会才能作出决议。⑤同样，对于应独自履行个别监督职责的监督委员会来说，即使该委员会未凭借监督职责的委托获得决议权，人们仍然必须要求其至少拥有三名成员。⑥而对于应协助全体大会完成准备及监督工作的委员会来说，其最低成员数量可以为两人。⑦只有监事会才能在此框架内决定各委员会成员的具体数量。⑧考虑到监事会全体大会的规模及其职责，委员会的规模通常在三至六人之间较为合适。⑨

765　　监事会还必须决定各委员会的**人事组成**。只有监事才能成为委员会成

---

① Habersack in Ulmer/Habersack/Henssler, Mitbestimmungsrecht, § 29 MitbestG Rn.8；Raiser/Veil, Komm. MitbestG und DrittelbG, § 29 MitbestG Rn.7.

② Mertens/Cahn, Kölner Komm. AktG, § 107 Rn. 97；Hoffmann-Becking, Münchener Hdb. AG, § 32 Rn.34；Habersack, MünchKomm. AktG, § 107 Rn.117.

③ Näher Rellermeyer, Aufsichtsratsausschüsse, S.142 ff.

④ Hüffer, Komm. AktG, § 107 Rn.17；Tomasic in Grigoleit, Komm. AktG, § 107 Rn. 25；Habersack, MünchKomm. AktG, § 107 Rn. 99, 123；Hoffmann-Becking, Münchener Hdb. AG, § 32 Rn.36；Rellermeyer, Aufsichtsratsausschüsse, S.88 ff.

⑤ BGH v. 23.10.1975—II ZR 90/73, BGHZ 65, 190；BGH v. 19.12.1988—II ZR 74/88, ZIP 1989, 294, 295＝AG 1989, 129；BGH v. 27.5.1991—II ZR 87/90, ZIP 1991, 869 ＝AG 1991, 398；Hüffer, Komm. AktG, § 107 Rn. 17；Hoffmann-Becking, Münchener Hdb. AG, § 32 Rn.36.

⑥ Hopt/Roth, Großkomm. AktG, § 107 Rn.269；Habersack, MünchKomm. AktG, § 107 Rn. 123；Ulmer/Habersack in Ulmer/Habersack/Henssler, Mitbestimmungsrecht, § 25 MitbestG Rn.125；Rellermeyer, Aufsichtsratsausschüsse, S.92 ff.

⑦ Ganz h. M., z. B. Hüffer, Komm. AktG, § 107 Rn. 17；Hoffmann-Becking, Münchener Hdb. AG, § 32 Rn.36；Hopt/Roth, Großkomm. AktG, § 107 Rn.269.

⑧ Mertens/Cahn, Kölner Komm. AktG, § 107 Rn. 114；Hopt/Roth, Großkomm. AktG, § 107 Rn. 268；Hoffmann-Becking, Münchener Hdb. AG, § 32 Rn. 35；Rellermeyer, Aufsichtsratsausschüsse, S.95 f.

⑨ Gittermann in Semler/v. Schenck, Arbeitshandbuch für Aufsichtsratsmitglieder, § 6 Rn.40；Hasselbach/Seibel, AG 2012, 114, 177.

员。监事会在就委员会成员的选聘进行决议时适用一般性规定。监事会通过投票多数作出决定。在实行共同决定的公司中同样如此(《共同决定法》第 29 条第 1 款);①此时监事会主席同样享有《共同决定法》第 29 条第 2 款中的二次投票权。②就委员会成员的选择而言,首先适用"适格原则"。③然而,不得以歧视(差别对待)的方式阻止监事会中的某一集团参与委员会的工作。

在《共同决定法》的框架内,就委员会的组成而言首先存在争议的是:委员会依法是否必须由同等数量的股东代表和职工代表组成。不论是对此表示肯定的观点,④还是认为仍继续保留监事会对委员会人事组成的自由决定权的相反观点,⑤均未获得绝对普遍接受。一方面,此时《共同决定法》并未干涉监事会的组织自治;另一方面,从"使监事会内形成两个均势的集团"这一思想中我们可以清楚地推知:虽然不平等的组成或者违背某一集团意愿完全排除其参与某一委员会的工作这种做法本身不违反法律,但却只有在存在相应实质性理由时才可以这样做。⑥

766

---

① Ulmer/Habersack in Ulmer/Habersack/Henssler, Mitbestimmungsrecht, §25 MitbestG Rn. 127; Raiser/Veil, Komm. MitbestG und DrittelbG, §25 MitbestG Rn. 56; Hoffmann-Becking, Münchener Hdb. AG, §32 Rn. 38. Anders noch Säcker, Aufsichtsratsausschüsse, S. 52 ff., der Beschlüsse des Aufsichtsrats über die Besetzung von Ausschüssen dem Verfahren nach §27 Abs. 1 und 2 MitbestG unterwerfen wollte; dagegen BGH v. 25.2.1982—II ZR 102/81, BGHZ 83, 144, 148=AG 1982, 221.

② Ulmer/Habersack in Ulmer/Habersack/Henssler, Mitbestimmungsrecht, §25 MitbestG Rn. 127; Raiser/Veil, Komm. MitbestG und DrittelbG, §25 MitbestG Rn. 56; Mertens/Cahn, Kölner Komm. AktG, §25 MitbestG Rn. 9; Hoffmann-Becking, Münchener Hdb. AG, §32 Rn. 38; a. A. Koberski in Wlotzke/Wißmann/Koberski/Kleinsorge, Mitbestimmungsrecht, §29 MitbestG Rn. 41 (kein Zweitstimmrecht für unterparitätische Besetzung); Lieb, JA 1978, 318, 321.

③ Näher Paefgen, Aufsichtsratsverfassung, S. 332 f. mit vielen Nachweisen.

④ So etwa Geitner, AG 1976, 210, 211 f.; Reich/Lewerenz, AuR 1976, 261, 271.

⑤ Vgl. etwa Luther, ZGR 1977, 306, 314; Schaub, ZGR 1977, 293, 302.

⑥ In diesem Sinn BGH v. 17.5.1993—II ZR 89/92, BGHZ 122, 342, 355 ff. = AG 1993, 464; BGH v. 25.2.1982—II ZR 102/81, BGHZ 83, 144, 146 f. = AG 1982, 221; OLG München v. 27.1.1995—23 U 4282/94, AG 1995, 466, 467; OLG Hamburg v. 6.3. 1992—11 U 134/91, DB 1992, 774, 776=AG 1992, 197; Hüffer, Komm. AktG, §107 Rn. 21; Mertens/Cahn, Kölner Komm. AktG, §107 Rn. 126 ff.; Hoffmann-Becking, Münchener Hdb. AG, §32 Rn.40;etwas großzügiger Oetker, Großkomm. AktG, §25 MitbestG Rn. 34 ff.; enger z. B. Koberski in Wlotzke/Wißmann/Koberski/Kleinsorge, Mitbestimmungsrecht, §25 MitbestG Rn. 41, der den völligen Ausschluss einer Seite gegen ihren Willen für unzulässig ansieht und für eine unterparitätische Besetzung das Zweitstimmrecht versagen will; Ulmer/Habersack in Ulmer/Habersack/Henssler, Mitbestimmungsrecht, §25 MitbestG Rn.127a und Spindler in Spindler/Stilz, Komm. AktG, §107 Rn.95, die von einer Vermutung der Diskriminierung ausgehen, wenn einem Ausschuss keine AN-Vertreter angehören; Paefgen, Aufsichtsratsverfassung, S.352, der den völligen Ausschluss einer Gruppe nur mit deren Zustimmung für möglich hält.

767　　　在根据《三分之一参与法》实行共同决定的公司中,适用较为宽松的原则。此时建立无职工代表的委员会一般来说是被允许的,无需说明实际理由。①但绝不能构成对职工代表的歧视。无实质性理由即禁止职工代表参与所有委员会就属于对职工代表的歧视。②此外,一个负责社会保障政策方面事务的委员会通常必须有职工代表的参与。③相反,尚不能认为设立无职工代表参与的人事委员会构成对职工代表的非法歧视。④

768　　　章程既不能规定某些监事必须是或者不必是特定委员会的成员,也不能规定监事会中的成员集团必须以特定方式反映在某一委员会中。⑤与此相反,只要监事会亲自对此作出决定,议事规程中的此类规定就是被允许和有效的(同样参见上文边码 652)。⑥

769　　　委员会成员的**任期**可以在选举时被确定下来。若未被确定,则在有疑问时可以认为委员会成员的任期应随着其作为监事的任期的结束而结束。不过,即使有关人员被重新选举为监事,其委员会成员资格也不自动随之延长,而必须再次进行委员会成员选举。其他监事退出监事会或委员会并不影响有关人员的委员会成员资格。⑦

四、委员会的内部秩序

770　　　《股份法》第 108 条第 3、4 款和第 109 条规定了监事会委员会的工作方

---

①　Hoffmann-Becking, Münchener Hdb. AG, §32 Rn.39; Spindler in Spindler/Stilz, Komm. AktG, §107 Rn.96; Habersack, MünchKomm. AktG, §107 Rn.130; Hopt/Roth, Großkomm. AktG, §107 Rn.278; Zöllner in FS Zeuner, 1995, S.161, 182 ff.

②　Mertens/Cahn, Kölner Komm. AktG, §107 Rn.124; Hoffmann-Becking, Münchener Hdb. AG, §32 Rn.39; Zöllner in FS Zeuner, 1995, S.161, 182 ff.

③　Mertens/Cahn, Kölner Komm. AktG, §107 Rn.124; Hopt/Roth, Großkomm. AktG, §107 Rn.278; Hoffmann-Becking, Münchener Hdb. AG, §32 Rn.39; Rellermeyer, Aufsichtsratsausschüsse, S.107.

④　So aber LG Frankfurt a.M. v. 19.12.1995—2/14 O 183/95, ZIP 1996, 1661, 1663; Mertens/Cahn, Kölner Komm. AktG, §107 Rn.125; Spindler in Spindler/Stilz, Komm. AktG, §107 Rn.96; wie hier Hopt/Roth, Großkomm. AktG, §107 Rn.278; Hoffmann-Becking, Münchener Hdb. AG, §32 Rn.39.

⑤　BGH v. 25.2.1982—II ZR 123/81, BGHZ 83, 106, 115＝AG 1982, 218; Hüffer, Komm. AktG, §107 Rn.21; Hoffmann-Becking, Münchener Hdb. AG, §32 Rn.35, 37.

⑥　Hüffer, Komm. AktG, §107 Rn.21; Hopt/Roth, Großkomm. AktG, §107 Rn. 257 f.; Hoffmann-Becking, Münchener Hdb. AG, §32 Rn.37; Rellermeyer, Aufsichtsratsausschüsse, S.136 f.; a.A. OLG Hamburg v. 23.7.1982—11 U 179/80, WM 1982, 1090, 1092 ff.＝AG 1983, 21; einschränkend Mertens/Cahn, Kölner Komm. AktG, §107 Rn.98.

⑦　Näher zum Ganzen Rellermeyer, Aufsichtsratsausschüsse, S.142.

式。在不干涉监事会所享有的关于委员会建立及组成的决定自由的范围内，章程可以作出更详细的规定。①若章程未作出优先规定，则全体监事会可以规定委员会**议事规程**，若全体监事会同样未作出相关规定，则委员会可以自行制定并通过一项议事规程。②此外，全体监事会内部秩序方面的规则在这里同样适用。③

聘任**委员会主席**是可以的，但不是必须的。④应否聘任委员会主席以及该主席的选择首先由全体监事会以投票多数作出决定。如果它未作出相关决定，那么委员会可以自行决定是否选聘主席。⑤章程不能作出此类规定。它既不能规定也不能禁止委员会主席的选聘，同样不能将特定人员——例如监事会主席、最年长的委员会成员，等等——规定为委员会主席。⑥《准则》第5.2条第2款此前建议监事会主席同时担任那些负责处理董事合同以及准备监事会会议的委员会（即人事委员会和主席团）的主席；但此项多此一举的建议在2013年修订时被删除。关于审计委员会主席的建议（《准则》第5.3.2条第3和4句），参见上文边码753。

771

若委员会拥有一名主席，则他有义务**召开委员会会议**；否则，每名委员会成员均享有召开权。⑦根据《股份法》第110条第1款，每名委员会（而非监事会）成员均可以要求召开委员会会议，必要时他们甚至可以根据《股份法》第110条第2款自行召开有关会议；⑧参见上文边码696、697。董事会同样享有此项权利，因为当监事会委托某一委员会完成特定任务时，董事会强制召开全体监事会会议

772

---

① BGH v. 25.2.1982—II ZR 123/81, BGHZ 83, 106, 118＝AG 1982, 218; Hüffer, Komm. AktG, §107 Rn.19; Hoffmann-Becking, Münchener Hdb. AG, §32 Rn.45.

② Mertens/Cahn, Kölner Komm. AktG, §107 Rn.136; Spindler in Spindler/Stilz, Komm. AktG, §107 Rn.110 f.; Hoffmann-Becking, Münchener Hdb. AG, §32 Rn.45.

③ Spindler in Spindler/Stilz, Komm. AktG, §107 Rn.102; Habersack, Münch-Komm. AktG, §107 Rn.147; Hoffmann-Becking, Münchener Hdb. AG, §32 Rn.45.

④ Mertens/Cahn, Kölner Komm. AktG, §107 Rn.120; Hüffer, Komm. AktG, §107 Rn.19; Spindler in Spindler/Stilz, Komm. AktG, §107 Rn.105; Hoffmann-Becking, Münchener Hdb. AG, §32 Rn.46; a.A., es müsse ein Vorsitzender bestellt werden, Paefgen, Aufsichtsratsverfassung, S.359 f. m.w.N.

⑤ Hüffer, Komm. AktG, §107 Rn.19; Mertens/Cahn, Kölner Komm. AktG, §107 Rn.120; Hoffmann-Becking, Münchener Hdb. AG, §32 Rn.46.

⑥ Hüffer, Komm. AktG, §107 Rn.19; Mertens/Cahn, Kölner Komm. AktG, §107 Rn.96; Hoffmann-Becking, Münchener Hdb. AG, §32 Rn.46; a.A. Lehmann, DB 1979, 2117, 2121.

⑦ Hüffer, Komm. AktG, §107 Rn.19; Spindler in Spindler/Stilz, Komm. AktG, §107 Rn.107; Hoffmann-Becking, Münchener Hdb. AG, §32 Rn.47.

⑧ Mertens/Cahn, Kölner Komm. AktG, §107 Rn.129; Spindler in Spindler/Stilz, Komm. AktG, §107 Rn.107; Hoffmann-Becking, Münchener Hdb. AG, §32 Rn.47.

的权利无法实现其目的。①相反，监事会主席不享有召开权。②前文对全体监事会所作的论述同样适用于此时议程的制定及公布；③参见上文边码 693。

773　　每名**监事**均有权**参加委员会会议**（《股份法》第 109 条第 2 款）。因此，即使不属于委员会成员的监事也应被——但要应其请求④——邀请参加委员会会议并被告知议程内容；若监事会主席不属于该委员会成员，则其同样必须被告知相关信息。⑤与此项参加权联系在一起的还有针对委员会所有材料的查阅权，⑥不过必须以这些材料是有关会议的基础为限。⑦不属于委员会成员的监事同样有权在会议上参与讨论。⑧会议结束后，每名监事（即使他未参加会议）都可以要求查阅会议记录（详见下文边码 785）。⑨

774　　监事会主席可以禁止不属于委员会成员的监事参加会议（《股份法》第 109 条第 2 款）。有关监事对会议材料及会议记录的查阅权随着此项**参加禁令**的颁布而消灭。⑩只有监事会主席（而非委员会主席）才有权剥夺此项参加权；即

---

①　A.A. Mertens/Cahn, Kölner Komm. AktG，§ 107 Rn.129.

②　Hoffmann-Becking, Münchener Hdb. AG，§ 32 Rn. 47；Habersack, Münch-Komm. AktG，§ 107 Rn.149；Drygala in K.Schmidt/Lutter, Komm. AktG，§ 107 Rn.48；Rellermeyer, Aufsichtsratsausschüsse, S.165；Peus, Der Aufsichtsratsvorsitzende, S.135 ff.；a.A. Mertens/Cahn, Kölner Komm. AktG，§ 110 Rn. 129；Hopt/Roth, Großkomm. AktG，§ 107 Rn.420；Spindler in Spindler/Stilz, Komm. AktG，§ 107 Rn.107.

③　Mertens/Cahn, Kölner Komm. AktG，§ 107 Rn. 129；Hoffmann-Becking, Münchener Hdb. AG，§ 32 Rn. 47. Zum Gestaltungsspielraum der Satzung hinsichtlich der Sitzungseinberufung vgl. näher Rellermeyer, Aufsichtsratsausschüsse, S.166.

④　Spindler in Spindler/Stilz, Komm. AktG，§ 109 Rn. 28；Habersack, Münch-Komm. AktG，§ 109 Rn. 22；Hasselbach/Seibel, AG 2012, 114, 120；Rellermeyer, Aufsichtsratsausschüsse, S. 228 f.；zu weitgehend Mertens/Cahn, Kölner Komm. AktG，§ 109 Rn.30, der anscheinend auch eine unaufgeforderte Information der ausschussfremden Aufsichtsratsmitglieder über Ort und Zeit von Ausschusssitzungen verlangen will.

⑤　Hopt/Roth, Großkomm. AktG，§ 109 Rn.59；Hasselbach/Seibel, AG 2012, 114, 120.

⑥　Hüffer, Komm. AktG，§ 109 Rn. 6；Spindler in Spindler/Stilz, Komm. AktG，§ 109 Rn.37；vgl. auch unten Rn.788.

⑦　Rellermeyer, Aufsichtsratsausschüsse, S.229；Spindler in Spindler/Stilz, Komm. AktG，§ 109 Rn.37 f.

⑧　Mertens/Cahn, Kölner Komm. AktG，§ 109 Rn. 30；Spindler in Spindler/Stilz, Komm. AktG，§ 109 Rn.36；Rellermeyer, Aufsichtsratsausschüsse, S.230.

⑨　Hüffer, Komm. AktG，§ 109 Rn. 6；Spindler in Spindler/Stilz, Komm. AktG，§ 109 Rn.37 f.；Habersack, MünchKomm. AktG，§ 109 Rn.23；weitergehend Hoffmann-Becking, Münchener Hdb. AG，§ 32 Rn.53, der von einem Recht auf Aushändigung einer Protokollabschrift ausgeht.

⑩　Mertens/Cahn, Kölner Komm. AktG，§ 109 Rn. 36；Spindler in Spindler/Stilz, Komm. AktG，§ 109 Rn.40；Hoffmann-Becking, Münchener Hdb. AG，§ 32 Rn.53；siehe auch unten Rn.788.

使监事会全体大会也不享有该权利。①根据通说，甚至连监事会全体大会也不能"恢复"被监事会主席所排除的参加权，也就是说不存在能够对抗上述参加禁令的公司内部法律救济。②监事会主席同样不能委托委员会或其主席作出决定。③上述参加禁令可以针对个别或所有不属于委员会成员的监事；它不仅可以仅限于个别委员会会议，而且在存在相应保密必要的情况下还可以被普遍地施行于某一委员会的所有会议。④然而如果存在多个委员会，那么原则上监事会主席不得规定针对全部委员会的普遍性参加禁令。⑤参加权的排除并不需要存在"重大原因"。⑥确切地说，监事会主席根据其最负责的判断作出决定，诸如委员会讨论的保密、委员会的工作效率、防止委员会成员陷入冲突，都是适当的决定依据。⑦监事会主席在决定时必须遵守平等对待所有监事的原则；他不得歧视性地排除个别监事或成员集团。⑧认为自己被监事会主席以权利滥用的方式剥夺了参加权的监事可以提起相应的确认之诉。⑨根据《股份法》第109

---

① Mertens/Cahn, Kölner Komm. AktG，§109 Rn.31；Habersack, MünchKomm. AktG，§109 Rn.25；Spindler in Spindler/Stilz, Komm. AktG，§109 Rn.29；Rellermeyer, Aufsichtsratsausschüsse, S. 230 ff.；a. A. Peus, Der Aufsichtsratsvorsitzende, S.60.

② Habersack, MünchKomm. AktG，§109 Rn.25 und 31；Hopt/Roth, Großkomm. AktG，§109 Rn.62；Mertens/Cahn, Kölner Komm. AktG，§109 Rn.31；a.A. Peus, Der Aufsichtsratsvorsitzende, S.58 ff.；Rellermeyer, Aufsichtsratsausschüsse, S.230 ff.

③ Habersack, MünchKomm. AktG，§109 Rn.25；Spindler in Spindler/Stilz, Komm. AktG，§109 Rn.29；Mertens/Cahn, Kölner Komm. AktG，§109 Rn.31.

④ LG München I v. 26.7.2007—12 O 8466/07, WM 2007, 1975；Hüffer, Komm. AktG，§109 Rn.6；Mertens/Cahn, Kölner Komm. AktG，§109 Rn.34；Spindler in Spindler/Stilz, Komm. AktG，§109 Rn.33；Habersack, MünchKomm. AktG，§109 Rn.28；Hoffmann-Becking, Münchener Hdb. AG，§32 Rn.48；Rellermeyer, Aufsichtsratsausschüsse, S.237 ff.；a. A. Hopt/Roth, Großkomm. AktG，§109 Rn. 63；Koberski in Wlotzke/Wißmann/Koberski/Kleinsorge, Mitbestimmungsrecht，§29 MitbestG Rn.44；Peus, Der Aufsichtsratsvorsitzende, S.55 ff.；Säcker, NJW 1979, 1521, 1523, die einen Ausschluss nur für einzelne Sitzungen zulassen wollen.

⑤ Mertens/Cahn, Kölner Komm. AktG，§109 Rn.34；Habersack, MünchKomm. AktG，§109 Rn.28；Hüffer, Komm. AktG，§109 Rn.6；a. A. Rellermeyer, Aufsichtsratsausschüsse, S.237 ff.

⑥ A.A. Hasselbach/Seibel, AG 2012, 114, 120.

⑦ Vgl. etwa LG München I v. 23.8.2007—12 O 8466/07, NZG 2008, 348, 349；Hüffer, Komm. AktG，§109 Rn.6；Hopt/Roth, Großkomm. AktG，§109 Rn.66；Spindler in Spindler/Stilz, Komm. AktG，§109 Rn.32.

⑧ OLG Hamburg v. 25.5.1984—11 U 183/83, AG 1984, 248, 250 f.；Spindler in Spindler/Stilz, Komm. AktG §109 Rn.31；Habersack, MünchKomm. AktG，§109 Rn.26.

⑨ Hopt/Roth, Großkomm. AktG，§109 Rn.70；Habersack, MünchKomm. AktG，§109 Rn.31.

条第 1、3 款,适用于全体监事会会议的规则同样适用于**第三人的参加**;参见上文边码 701 及以下。

775　　享有决议权的监事会委员会(《股份法》第 108 条第 2 款第 3 句的决议能力条款不会因此而遭到破坏)必须**至少由三名成员**组成(参见上文边码 764),这导致只有在至少三名成员出席的情况下这些委员会才具有决议能力。①此外,《股份法》第 108 条第 2 款第 2 句、《共同决定法》第 28 条第 1 句也相应地得到适用。这意味着,至少委员会(根据法律、章程、议事规程)所必须拥有的成员("应然强度")的半数必须参与表决。②章程或议事规程可以规定更高或更低的比例,但不能低于三名成员这一最低数量。③

776　　与在全体大会中(参见上文边码 714)一样,委员会中的**决议**同样必须被明确地作出。④此类决议需要取得投票多数。监事会可以提出更高的多数要求;⑤相反,章程不得提高该多数要求。⑥在适用《共同决定法》的公司中,委员会主席并不类推适用《共同决定法》第 29 条第 2 款而享有二次投票权。⑦然而,在章程、议事规程或关于委员会设立的决议中赋予一名委员会成员(特别是委员会主席)票数均等情况下的一票决定权或二次投票权(以《共同决定法》第 29 条第 2 款为样板)是被允许的。⑧

777　　根据《股份法》第 108 条第 3、4 款,适用于全体监事会的规则同样适用于书面表决书以及书面或其他可比较的决议方式;参见上文边码 601 及以下。

---

①　BGH v. 23.10.1975—II ZR 90/73, BGHZ 65, 190, 192 f.; Hoffmann-Becking, Münchener Hdb. AG, § 32 Rn.50.

②　Mertens/Cahn, Kölner Komm. AktG, § 107 Rn. 132; Hoffmann-Becking, Münchener Hdb. AG, § 32 Rn.50; Rellermeyer, Aufsichtsratsausschüsse, S.167.

③　Mertens/Cahn, Kölner Komm. AktG, § 108 Rn. 132; Hoffmann-Becking, Münchener Hdb. AG, § 32 Rn.50; Rellermeyer, Aufsichtsratsausschüsse, S.167 f.

④　BGH v. 19.12.1988—II ZR 74/88, ZIP 1989, 294, 295＝AG 1989, 129; Hüffer, Komm. AktG, § 107 Rn.19.

⑤　Mertens/Cahn, Kölner Komm. AktG, § 107 Rn. 136; Hoffmann-Becking, Münchener Hdb. AG, § 32 Rn.51; Ulmer/Habersack in Ulmer/Habersack/Henssler, Mitbestimmungsrecht, § 25 MitbestG Rn.136.

⑥　Rellermeyer, Aufsichtsratsausschüsse, S. 169 f.; wohl auch E. Vetter in Marsch-Barner/Schäfer, Hdb. börsennotierte AG, § 28 Rn. 22; a. A. die h. M., z. B. Hopt/Roth, Großkomm. AktG, § 107 Rn.425; Mertens/Cahn, Kölner Komm. AktG, § 107 Rn.136; Habersack, MünchKomm. AktG, § 107 Rn.153.

⑦　BGH v. 25.2.1982—II ZR 102/81, BGHZ 83, 144, 148＝AG 1982, 221; Mertens/Cahn, Kölner Komm. AktG, § 107 Rn.134.

⑧　BGH v. 25.2.1982—II ZR 123/81, BGHZ 83, 106, 117 ff.＝AG 1982, 218; BGH v. 25.2.1982-II ZR 102/81, BGHZ 83, 144, 146 ff. ＝ AG 1982, 221; Hüffer, Komm. AktG, § 107 Rn.22.

适用于有错误的监事会决议的规则同样适用于有错误的委员会决议（参见上文边码 737 及以下）。在这里，享有决定（议）权的委员会所拥有的成员数量未达到三名这一最低必要数量（参见上文边码 764），就属于一个（使其决议的）绝对无效原因。①

根据《股份法》第 107 条第 2 款，必须就委员会会议作出一份**记录**，②每名委员会成员都可以要求得到一份记录副本（关于其他监事的查阅或获得副本的权利，参见下文边码 788）。 **778**

五、信息系统与委员会

(一) 委员会的信息请求权

与全体大会一样，委员会为了履行其职责同样需要董事会为其提供相应的信息。这表明以下看法是正确的，即根据《股份法》第 90 条第 3 款，各委员会及其成员均有权要求董事会就委员会权限范围内的事务向委员会作出报告。③ **779**

若董事会欲**主动**就某一委员会权限范围内的事务作出报告，则此项报告必须向该主管委员会作出。④这意味着，**口头报告**必须在委员会会议上被作出，而**书面报告**必须被直接提交给委员会成员或主席。监事会主席也应同时得到相关信息，以便其在必要时行使《股份法》第 109 条第 2 款所规定的权利。⑤基于重要原因而作出的报告（《股份法》第 90 条第 1 款第 3 句）应提交监事会主席，然后由该人依《股份法》第 90 条第 5 款第 3 句向委员会成员说明报告的 **780**

---

① BGH v. 19.12.1988—II ZR 74/88, ZIP 1989, 294, 295＝AG 1989, 129；BGH v. 27.5.1991—II ZR 87/90, ZIP 1991, 869＝AG 1991, 398.

② Mertens/Cahn, Kölner Komm. AktG, §107 Rn. 135；Hoffmann-Becking, Münchener Hdb. AG, §32 Rn.53.

③ Mertens/Cahn, Kölner Komm. AktG, §107 Rn. 138；Hopt/Roth, Großkomm. AktG, §107 Rn. 433；Habersack, MünchKomm. AktG, §107 Rn. 157；Rellermeyer, Aufsichtsratsausschüsse, S.179 ff., 193；Semler, AG 1988, 60, 64 f.

④ Mertens/Cahn, Kölner Komm. AktG, §107 Rn. 138；Hopt/Roth, Großkomm. AktG, §107 Rn.433；Rellermeyer, Aufsichtsratsausschüsse, S. 188 ff.；193 ff.；Semler, AG 1988, 60, 64 f.

⑤ Hopt/Roth, Großkomm. AktG, §107 Rn.434；Spindler in Spindler/Stilz, Komm. AktG, §107 Rn. 116；Habersack, MünchKomm. AktG, §107 Rn. 157；Gittermann in Semler/v. Schenck, Arbeitshandbuch für Aufsichtsratsmitglieder, §6 Rn. 89 f.；Rellermeyer, Aufsichtsratsausschüsse, S. 188 ff.；193 f.；Semler, AG 1988, 60, 64 f.；anders Mertens/Cahn, Kölner Komm. AktG, §107 Rn.137；Mertens, AG 1980, 67, 73, die Berichte seien zunächst dem Aufsichtsratsvorsitzenden zuzusenden, dem dann die Weitergabe an den Ausschuss obliege.

内容。

781   原则上，各监事会委员会均不享有《股份法》第 111 条第 2 款意义上的**直接查阅及审查权**。[①]当然，全体大会可以普遍性地或者针对个别情况授权某一委员会行使上述权利。[②]

782   最后，与全体监事会一样，委员会同样有权征求**第三人的专业建议**，只要这些建议是委员会恰当履行其职责所必需的；[③]参见上文边码 656、703。

（二）全体大会的信息请求权

783   原则上，只要对委员会的职责委托未被废止，监事会全体大会就不享有**针对董事会**的、关于可作出决议的委员会的职责范围内事务的信息请求权。更确切地说，董事会通过向委员会作出报告即已履行其报告义务。[④]对于负责准备工作的委员会来说同样如此：只要它们继续工作着，而且全体大会也未将有关事务收回（自己来完成），就不存在全体大会针对董事会的信息请求权。[⑤]若准备阶段已结束，则董事会无需将已向委员会作出的书面报告再次提交给全体大会；就这点而言，它已履行其义务。[⑥]只有在董事会向委员会作出口头报告时，情况才可能有所不同。[⑦]必须注意到的是，全体大会始终负责对经营管理进行普遍监督。因此，全体大会仍可以要求董事会提供履行此项普遍监督义务所必需的信息，即使这些信息涉及某一委员的工作领域。[⑧]

784   各委员会必须定期就其工作向全体大会作出总结性报告（《股份法》第 107

[①] Mertens/Cahn, Kölner Komm. AktG, §107 Rn. 137; Hopt/Roth, Großkomm. AktG, §107 Rn. 434; Spindler in Spindler/Stilz, Komm. AktG, §107 Rn. 116; Rellermeyer, Aufsichtsratsausschüsse, S. 199 ff.; a. A. Ulmer/Habersack in Ulmer/Habersack/Henssler, Mitbestimmungsrecht, §25 MitbestG Rn. 130; Raiser/Veil, Komm. MitbestG und DrittelbG, §25 MitbestG Rn. 61.

[②] Mertens/Cahn, Kölner Komm. AktG, §107 Rn. 137; Hopt/Roth, Großkomm. AktG, §107 Rn. 434; Habersack, MünchKomm. AktG, §107 Rn. 157; Rellermeyer, Aufsichtsratsausschüsse, S. 200; Lutter, Information und Vertraulichkeit, Rn. 286.

[③] Rellermeyer, Aufsichtsratsausschüsse, S. 201 ff.; Semler, AG 1988, 60, 64.

[④] Mertens/Cahn, Kölner Komm. AktG, §107 Rn. 138; Spindler in Spindler/Stilz, Komm. AktG, §107 Rn. 116; Hopt/Roth, Großkomm. AktG, §107 Rn. 443; Rellermeyer, Aufsichtsratsausschüsse, S. 184 ff.; Lutter, Information und Vertraulichkeit, Rn. 372.

[⑤] Hasselbach/Seibel, AG 2012, 114, 122; Mertens, AG 1980, 67, 73 f.; Semler, MünchKomm. AktG, 2. Aufl., §107 Rn. 369; wohl auch Mertens/Cahn, Kölner Komm. AktG, 107 Rn. 138; vgl. auch Lutter, Information und Vertraulichkeit, Rn. 377; a. A. wohl Spindler in Spindler/Stilz, Komm. AktG, §107 Rn. 116.

[⑥] Rellermeyer, Aufsichtsratsausschüsse, S. 193 f.; Semler, AG 1988, 60, 64.

[⑦] Näher Rellermeyer, Aufsichtsratsausschüsse, S. 194 ff.; Semler, AG 1988, 60, 65.

[⑧] Mertens/Cahn, Kölner Komm. AktG, §107 Rn. 138; Lutter, Information und Vertraulichkeit, Rn. 373.

条第 3 款第 4 句);参见上文边码 748。另外,监事会全体大会可以通过决议要求**其委员会**提供全面的信息。[1]再者,筹备委员会当然有义务在完成其工作后立即主动向全体大会作出报告。已提交给委员会的书面董事会报告必须被转交给全体大会,口头董事会报告也必须向全体大会作出。[2]还有,委员会必须通过亲自向监事会全体大会提交报告,设法使其及时获得作出决策所必需的信息。[3]而对于那些被委托代替监事会最终处理相关事务的委员会来说,情况就不同了。此类委员会无需主动将董事会提交的、就该委员会工作(权限)领域内事务所作的报告转交给全体大会。[4]它们同样没有义务主动为全体大会提供其他关于委员会中协商的详细信息。[5]

《股份法》第 111 条第 2 款所规定的**全体大会的查阅及审查权**不会因委员会的设立而受到影响。即使全体大会授权某一委员会在其职责范围内行使上述权利,也不妨碍全体大会自己行使这些权利。 785

(三) 单个监事的信息请求权

单个监事基于《股份法》第 90 条第 3 款第 2 句要求**董事会**向监事会作出 786
报告的权利同样不会因委员会的设立而受到限制。与全体大会一样,单个监事同样无权要求委员会就委托其最终处理的事务向监事会作出报告;[6]只有委员会成员才享有此项权利(参见上文边码 783 及以下)。对于正在工作的筹备委员会的事务来说,同样如此。[7]

---

[1] Mertens/Cahn, Kölner Komm. AktG, §107 Rn.142; Habersack, MünchKomm. AktG, §107 Rn.156; Hoffmann-Becking, Münchener Hdb. AG, §32 Rn.43; Paefgen, Aufsichtsratsverfassung, S.359 f. Zu möglichen Ausnahmen von diesem Grundsatz vgl. Rellermeyer, Aufsichtsratsausschüsse, S.205 f.

[2] Mertens/Cahn, Köner Komm. AktG §107 Rn.142; Spindler in Spindler/Stilz, Komm. AktG, §107 Rn.114; Rellermeyer, Aufsichtsratsausschüsse, S.207 f.

[3] Mertens/Cahn, Kölner Komm. AktG, §107 Rn.142; Spindler in Spindler/Stilz, Komm. AktG, §107 Rn.114; Hoffmann-Becking, Münchener Hdb. AG, §32 Rn.44; Rellermeyer, Aufsichtsratsausschüsse, S.208 ff.; Semler, AG 1980, 60, 65.

[4] Spindler in Spindler/Stilz, Komm. AktG, §107 Rn.114; Hasselbach/Seibel, AG 2012, 114, 122 f.

[5] Näher Hasselbach/Seibel, AG 2012, 114, 122 f.

[6] Mertens/Cahn, Kölner Komm. AktG, §107 Rn.138; Hopt/Roth, Großkomm. AktG, §107 Rn. 443; Rellermeyer, Aufsichtsratsausschüsse, S. 217 ff.; Lutter, Information und Vertraulichkeit, Rn.372; Semler, AG 1988, 60, 65.

[7] Semler, AG 1988, 60, 65; Paefgen, Aufsichtsratsverfassung, S.348 f.; wohl auch Mertens/Cahn, AG 1980, 67, 73 f.; a.A. Rellermeyer, Aufsichtsratsausschüsse, S.219 ff., der es lediglich für möglich hält, den Anspruch aller Aufsichtsratsmitglieder auf eine Berichterstattung an den Ausschuss zu beschränken, sofern der Ausschuss die Funktion eines „Informationsforums" habe.

787 　　另一个要讨论问题是：单个监事可以在何种程度上**向各委员会**主张报告请求权。部分学者根据《股份法》第 90 条第 3 款第 2 句认为这是被允许的，因而单个监事有权要求委员会向全体大会作出报告。不过对于受监事会委托最终处理有关事务的委员会来说，此项请求权仅针对对此类委员会进行监督所必需的信息；[1]只有全体大会才能通过多数决议要求委员会提供更详细的信息。[2]而对于筹备委员会来说，上述报告请求权则应是全面（"无所不包"）的；[3]但对以下问题仍存在着争议，即此项报告请求权是在委员会工作结束后才产生[4]还是在此之前就已经存在了。[5]更合理的观点是，基于《股份法》第 109 条第 2 款，只有在获得监事会主席同意后，监事才能要求负责准备工作的委员会在其工作结束前作出报告；[6]如果参加权之前未被排除，那么考虑到保密必要，上述观点同样应当适用。

788 　　单个监事了解委员会工作情况的最重要机会产生于**参加委员会会议**的法定权利；参见上文边码 773、774。与此项参加委员会会议的权利联系在一起的是针对**委员会所有材料**以及委员会记录的查阅权。[7]此项查阅权随着参加禁令（《股份法》第 109 条第 2 款）的颁布而消灭。[8]此外，根据《股份法》第 109 条第 2款，监事会主席可以排除此项查阅权，前提是一名未参加会议的监事要求查阅；[9]

---

① Rellermeyer, Aufsichtsratsausschüsse, S. 224 f.; Semler, AG 1988, 60, 65.

② LG München I v. 26.7.2007—12 O 8466/07, WM 2007, 1975, 1977; Spindler in Spindler/Stilz, Komm. AktG, § 107 Rn.114; a. A. Lutter, Information und Vertraulichkeit, Rn.381, der nach Abschluss der Ausschusstätigkeit jedem Aufsichtsratsmitglied ein umfassendes Informationsrecht über die Tätigkeit des Ausschusses zuspricht.

③ Semler, AG 1988, 60, 65; Rellermeyer, Aufsichtsratsausschüsse, S.225 f., der jedoch eine Ausnahme für den Fall macht, dass dem Ausschuss die Funktion eines „Informationsforums" für alle Aufsichtsratsmitglieder übertragen wurde.

④ So Semler, AG 1988, 60, 65; Leyens, Information des Aufsichtsrats, 2006, S.280 f.

⑤ So Rellermeyer, Aufsichtsratsausschüsse, S. 225 f.; Hopt/Roth, Großkomm. AktG, § 107 Rn.443.

⑥ Mertens/Cahn, Kölner Komm. AktG, § 107 Rn. 142; Hoffmann-Becking, Münchener Hdb. AG, § 32 Rn. 43; E. Vetter in Marsch-Barner/Schäfer, Hdb. börsennotierte AG, § 28 Rn.28.

⑦ Hüffer, Komm. AktG, § 109 Rn.6; Habersack, MünchKomm. AktG, § 109 Rn. 23; Spindler in Spindler/Stilz, Komm. AktG, § 109 Rn.37 f.; weitergehend Hoffmann-Becking, Münchener Hdb. AG, § 32 Rn.53, wonach ein Anspruch auf Aushändigung der Protokolle bestehe.

⑧ Hüffer, Komm. AktG, § 109 Rn.6; Mertens/Cahn, Kölner Komm. AktG, § 109 Rn. 36; Spindler in Spindler/Stilz, Komm. AktG, § 109 Rn. 40; Hoffmann-Becking, Münchener Hdb. AG, § 32 Rn.53.

⑨ Hoffmann-Becking, Münchener Hdb. AG, § 32 Rn.53; Hopt/Roth, Großkomm. AktG, § 109 Rn.73.

相反,排除会议参加者的查阅权是不被考虑的。①若参加权或查阅权被排除,则委员会不得向禁令所涉及的监事透露会议内容。②另一种观点则赞成每名监事均享有一项独立于参加权的、可以要求查阅并获得委员会全部材料的广泛权利。当然,如果存在特殊的保密需要,那么持此种观点的学者同样认为监事会主席根据《股份法》第 109 条第 2 款有权排除单个监事的上述权利。③

六、《共同决定法》第 27 条第 3 款所规定的调解委员会

在**实行共同决定的公司**中,监事会必须在选举出监事会主席及其代表后立刻建立一个常设委员会。在聘任董事时,该委员会负有《共同决定法》第 31 条第 3 款意义上的调解职责(《共同决定法》第 27 条第 3 款)。该委员会并不自发地负有其他职责。监事会——在实践中并不常见——可以通过决议将其他职责委托给它,但此时它适用《股份法》第 107 条第 3 款意义上的一个正常监事会委员会所适用的法律规则(参见上文边码 743 及以下)。

调解委员会由监事会主席及其代表以及两名其他监事组成,这两名监事分别由监事会中的职工代表和股东代表在各自独立的选举中以投票多数选出(《共同决定法》第 27 条第 3 款)。监事会主席的其他代表(参见上文边码 661)不是调解委员会的成员。即使在代理情况下他们也不会成为该委员会的成员。④这两名监事的任期不取决于监事会主席或其代表可能的人事变动,而是一直持续到监事会整个任期结束时为止。⑤若这两名监事中的一人退职,则选出该监事的集团必须毫不迟延地进行补选。

《共同决定法》第 27 条第 3 款中的规则是**强制性**的。无论监事会本身还是章程都不能以任何形式与之相违背。它们尤其不得规定调解委员会的不同组成方式或选举程序。⑥

关于调解委员会中决议的作出参见上文边码 350。

边码 793—820 暂时空置。

789

790

791

792

---

① Habersack, MünchKomm. AktG, § 109 Rn.29; Spindler in Spindler/Stilz, Komm. AktG, § 109 Rn.40; a.A. Hopt/Roth, Großkomm. AktG, § 109 Rn.73.

② Eingehend Oetker in FS Hopt, 2010, Bd. 1, S.1091, 1101 ff.

③ Rellermeyer, Aufsichtsratsausschüsse, S.242 ff.; Deckert, ZIP 1996, 985, 992.

④ BGH v. 25.2.1982—II ZR 123/81, BGHZ 83, 106, 116＝AG 1982, 218.

⑤ Ulmer/Habersack in Ulmer/Habersack/Henssler, Mitbestimmungsrecht, § 27 MitbestG Rn.22; Raiser/Veil, Komm. MitbestG und DrittelbG, § 27 MitbestG Rn.34.

⑥ Ulmer/Habersack in Ulmer/Habersack/Henssler, Mitbestimmungsrecht, § 27 MitbestG Rn.21; Raiser/Veil, Komm. MitbestG und DrittelbG, § 27 MitbestG Rn.35.

第十二章

单个监事的权利与义务；报酬

■ 第一节 平等与独立

821 所有监事，无论是由谁聘任或选出的，在其权利和义务上都是平等的。这不仅在学术界已达成共识，[1]而且已多次得到联邦最高法院[2]的确认。一方面，所有监事享有平等的信息权、参与权、发言权以及表决权（监事会主席的一票决定权是一个例外）。另一方面，他们平等地负有维护企业利益、[3]参加监事会工作（分担职责）的义务并承担平等的责任，而**不因其不同的集团成员资格而有所区别**。违反平等原则的章程或议事规程条款无效。[4]对于监事会的决议来说同样如此。关于此时委员会的组成，参见上文边码 764 及以下。

822 监事在工作时不仅**不受任何指示**的约束，而且有义务独立[5]且独自负责地

---

[1] Vgl. etwa Habersack, MünchKomm. AktG, Vor § 95 Rn. 14；Spindler, Münch-Komm. GmbHG, § 52 Rn. 201 ff.；Mertens/Cahn, Kölner Komm. AktG, Anh. § 117 B § 25 MitbestG Rn. 10；Koberski in Wlotzke/Wißmann/Koberski/Kleinsorge, Mitbestim-mungsrecht, § 25 MitbestG Rn. 76；Raiser/Veil, Kapitalgesellschaften, § 15 Rn. 94；Raiser/Veil, Komm. MitbestG und DrittelbG, § 25 MitbestG Rn. 104；Lutter, Information und Vertraulichkeit, Rn. 566 m. w. N.

[2] BGH v. 5. 6. 1975—II ZR 156/73, BGHZ 64, 325, 330 (Bayer)；BGH v. 25. 2. 1982—II ZR 123/81, BGHZ 83, 106, 120 = AG 1982, 218 (Siemens)；BGH v. 25. 2. 1982—II ZR 145/80, BGHZ 83, 151, 154 = AG 1982, 223 (Bilfinger & Berger)；BGH v. 15. 12. 1986—II ZR 18/86, BGHZ 99, 211, 216 = AG 1987, 152. Zuletzt BGH v. 30. 1. 2012—II ZB 20/11, AG 2012, 248, 250 = NZG 2012, 347, 349 = ZIP 2012, 472, 473.

[3] Vgl. nur BVerfG v. 1. 3. 1979—1 BvR 532/77, 1 BvR 533/77, 1 BvR 419/78, 1 BvL 21/78, BVerfGE 50, 290, 374；ausführlich unten Rn. 893.

[4] BGH v. 25. 2. 1982—II ZR 145/80, BGHZ 83, 151 = AG 1982, 223；BGH v. 17. 5. 1993—II ZR 89/92, BGHZ 122, 342 = AG 1993, 464.

[5] BGH v. 15. 11. 1982—II ZR 27/82, BGHZ 85, 293, 295 f. = AG 1983, 133 (Her-tie)；zur Einschaltung von Hilfspersonen näher Lutter/Krieger, DB 1995, 257 ff.

行为(《股份法》第 111 条第 5 款)。①没有人可以强迫一名监事——比如说通过假处分——作出某一特定决定。②更确切地说,每名监事都可以完全自由地独自作出决定,但此时也存在完全的风险,也就是说监事在违反义务时必须承担责任。无论合同的相对方是谁(大股东、贷款债权人、工会或企业参决会),使监事有义务按照某人(董事会、大股东,等等)指示进行投票表决的合同都是完全无效的。③以下这类合同约定同样是完全无效的,在此类约定中监事有义务在其不愿遵循某一(正如上文刚刚说明的:法律上无约束力的)指示时辞去其职务。④而在其他情况下,选举权人或决定权人却可以提出无约束力的指示及建议。此类建议并不免除监事在个别情况下独自负责地作出决定并按照企业整体利益实施行为的义务。⑤

有关监事处于一种尴尬境地。因为一方面其与公司之间存在法人职务关系,上述坚定地为公司利益行为之义务即源于此。另一方面,监事可能与大股东之间还存在一种完全有效的债法上的委托关系。如果大股东的"意愿"与公司利益相一致,那么监事遵循该意愿行事自然相安无事。但如果二者不相一致,那么必须以公司利益为重。绝不得违背公司利益履行委托关系。⑥

以上论述同样适用于《股份法》《合作社法》《共同决定法》以及《三分之一参与法》中的必设监事会,⑦而不适用于《有限责任公司法》第 52 条中的选

---

① Allg. Meinung, vgl. BGH v. 29.1.1962—II ZR 1/61, BGHZ 36, 296, 306; Raiser/ Veil, Komm. MitbestG und DrittelbG, §25 MitbestG Rn. 121; Koberski in Wlotzke/ Wißmann/Koberski/Kleinsorge, Mitbestimmungsrecht, §25 MitbestG Rn. 77; v. Schenck in Semler/v. Schenck, Arbeitshandbuch für Aufsichtsratsmitglieder, §5 Rn.115. Zur Weisungsfreiheit auch des Aufsichtsratsmitglieds eines öffentlichen Unternehmens(in privater Rechtsform) eingehend Schwintowski, NJW 1995, 1316, 1318 einerseits, Heidel, NZG 2012, 48 andererseits.

② Vgl.OLG Köln v. 4.5.1987—2 W 27/87, AG 1988, 50.

③ Raiser/Veil, Kapitalgesellschaften, §15 Rn. 95; Raiser/Veil, Komm. MitbestG und DrittelbG, §25 MitbestG Rn.122.

④ Wie hier die h.M. vgl. Koberski in Wlotzke/Wißmann/Koberski/Kleinsorge, Mitbestimmungsrecht, §25 MitbestG Rn. 78; Hoffmann-Becking, Münchener Hdb. AG, §33 Rn. 7; ausführlich Raiser, ZGR 1978, 391 ff.; Säcker, DB 1977, 1791, 1793; ausführlich auch Krieger, Personalentscheidungen, S. 41 ff.; a. A. Hoffmann/Lehmann/Weinmann, Komm. MitbestG, §27 Rn.31.

⑤ Dazu ausführlich Raiser, ZGR 1978, 391 ff. m.w.N. und Krieger, Personalentscheidungen, S.41 ff.

⑥ Eingehend dazu Susanne Kalss in FS Hoffmann-Becking, 2013, S.631 ff. mit allen Nachw. Vgl. auch schon oben Rn.275.

⑦ OVG Sachsen v. 3.7.2012—4 B 211/12, GmbHR 2012, 35.

设监事会。①

■ 第二节 单个监事的权利②

823　被赋予给监事会的权利要由作为公司机构的监事会,而非其单个监事享有(参见上文边码 40 以下,43)。单个监事仅享有在监事会内部参与其工作的权利。③此外,他们还享有若干针对其他公司机构的独立权利;在某些情况下,他们还可以促成法院判决或其他法院措施。最后,除上述机构权利之外,单个监事基于其与公司的关系还享有个人权利。具体来说:

一、监事会内部的参与权

824　监事在监事会中的各项参与权基本均已在上文被论述过,因此在这里仅作以下简单总结即可:

825　所有监事均有权**参加**监事会**会议**,④而且他们必须准时获得邀请并被告知相关议程。他们有权要求**获得**或者至少**查阅**⑤董事会的**书面报告**和监事会的其他决议提案。他们不仅可以预先书面地或者在会议上口头地对议程中的所有事项发表自己的意见,而且可以提出决议动议并参加表决。此外,每名监事都有权要求**召开监事会会议**并在必要时自行召开此类会议(《股份法》第 110 条第 1、2 款)。单个监事可以在议事规程中被赋予一项要求一次性**推迟表决**的权利(只要所有监事都平等地享有此项权利)。最后,议事规程还可以平等地为单个监事规定一项在决议陷入"僵局"时要求监事会重新进行表决的请求权。

826　每名监事均可以要求监事会**对议程加以补充**。若其要求未被满足,则他

---

① BVerwG v. 31.8.2011—8 C 16/10, BVerwGE 140, 300 = AG 2011, 882; OVG Sachsen v. 3.7.2012—4 B 211/12, GmbHR 2012, 35; näher unten Rn.1213 f. und Lutter in Lutter/Hommelhoff, Komm. GmbHG, §52 Rn.3 ff. und Rn.107 ff. Siehe auch Altmeppen in FS Uwe H. Schneider, 2011, S.1 ff.

② Vgl. dazu auch die Darstellung von Säcker, NJW 1979, 1521 ff.

③ Dazu OLG Stuttgart v. 30.5.2007—20 U 14/06, AG 2007, 873.

④ 关于冲突情况下监事会会议的参加权是否被排除的问题,参见下文边码 897 及以下以及 Behr, AG 1984, 281 ff.

⑤ Vgl. §90 Abs. 5 AktG(dazu bereits oben Rn. 222) sowie speziell §170 Abs.3 AktG zur Einsicht in die Unterlagen für die Bilanzaufsichtsratssitzung und dazu OLG Karlsruhe v. 20.11.1986—8 W 54/86, Die Mitbestimmung 1987, 72: Mindestens 4 Stunden ungestörte Einsicht in den Geschäftsräumen der Gesellschaft ist dem einzelnen Aufsichtsratsmitglied zu gewähren!

们可以自行对议程进行补充(类推适用《股份法》第 110 条第 2 款)。①此外,每名监事均享有反对监事会不通过正式会议作出决议的**否决权**,除非章程或监事会议事规程作出不同规定(《股份法》第 108 条第 4 款)。②

在监事会主席未作出不同安排的前提下,即使不属于委员会成员的监事也可以参加有关**委员会**会议(《股份法》第 109 条)。在此项参加权的框架内,上述监事不仅可以要求委员会向其寄送邀请信或者通知其会议的召开时间,而且可以要求委员会将议程告知他。　827

最后,每名监事均有权要求**得到会议记录**(《股份法》第 107 条第 2 款第 4 句)并**对该记录发表声明**。他们同样有权查阅监事会的其他材料并要求获得董事会向监事会提交的各项报告(包括与年度决算有关的材料以及附属报告),其前提是此种转交未被《股份法》第 90 条第 5 款第 2 句有效地排除,而且**查阅权**也未被限制在公司的经营场所内:此项查阅权具有法律约束力,它不能被章程、议事规程或监事会决议进一步加以限制或排除。③　828

二、针对其他公司机构的权利

每名监事均可以随时要求**董事会**——在最广泛的意义上——就公司及康采恩的所有事务向监事会**作出报告**。董事会不能拒绝此项要求,《股份法》第 90 条第 3 款。④　829

每名监事均有权、原则上也有义务**参加股东大会会议**(《股份法》第 118 条第 2 款);不过,章程也可以为此规定图像或声音转播。监事有权在股东大会会议上发表自己的意见,但无权提出动议或参与表决。凭借此项参加权,监事可以请求董事会应其要求召开股东大会会议并获得相关材料(《股份法》第 125 条第 3 款)。相反,监事无权要求获得董事会与股东之间可能的其他信函往来。⑤然而,监事根据《股份法》第 90 条第 3 款所能要求董事会向全体监事会作出的报告也属于《股份法》第 125 条第 1 款中的"告知"意义上的报告(说明)。最后,每名监事均可以要求董事会提供关于股东大会决议的书面报告(《股份法》第 125 条第 4 款)。　830

---

① Ebenso Habersack, MünchKomm. AktG, §110 Rn. 26; Hoffmann-Becking, Münchener Hdb. AG, §31 Rn.43; Potthoff/Trescher/Theisen, Das Aufsichtsratsmitglied, Rn.1983.

② Dazu schon oben Rn.652.

③ Unstreitig, vgl. Lutter, Information und Vertraulichkeit, Rn.194 ff.

④ 《企业透明度及披露法》修改了《股份法》第 90 条第 3 款并删除了至少获得一名其他监事支持的要求。

⑤ So offenbar aber Säcker, NJW 1979, 1521, 1524.

三、促成一项法院判决的权利

831 就单个监事凭借其机构职能(责)要求法院作出裁判的情况而言,必须认真区别以下三方面内容:首先,法律赋予监事个人一系列诉讼权以及诉讼方面的申请权,凭借这些权利监事不仅可以设法实现监事会及董事会**合规则的组成**,而且可以反对监事会及股东大会的**错误决议**。其次,监事是为了实现其作为机构成员而享有的权利(参见上文边码 824 及以下)才考虑求助于法院的。最后,还存在这样一个问题,即监事是否以及在怎样的程度上可以代替全体监事会就某些纠纷向法院提起诉讼。

832 我们尤其不能忘记的是,监事同样享有一系列在必要时必须向公司主张的个人权利。

(一) 补充不完整的监事会

833 根据法律规定(《股份法》第 104 条,《共同决定法》第 6 条第 2 款),每名监事均有权设法实现监事会及董事会成员数量上的完整性。[1]也就是说,如果一名监事基于某种原因(死亡、退职)不再继续履行其职责,而监事会又未聘任候补监事(参见下文第十四章)或者所有候补监事均已被"使用"且无法指望监事会立即进行重新选举,[2]那么每名监事均可以[3]**请求**对公司享有地区管辖权的初级法院或注册法院**代替监事会聘任**一名监事。[4]此项权利在由同等数量的股东代表和职工代表组成的委员会中具有巨大意义。提出请求的一名或多名监事还可以对此提出一项个人建议;[5]虽然法院通常**不受此项建议的约束**,但它

---

① 监事或董事的代替聘任必须与整个机构的代替聘任区别开来。只有当一家所谓的分裂公司从德国脱离时才会出现此类聘任。Vgl. dazu BayObLG v. 3.2.1987—BReg. 3 Z 162/86, AG 1987, 210, 211: Ein solches Organ darf nur im Rahmen der gerichtlich festgelegten Befugnisse tätig werden.

② 由于监事要由股东大会或全体职工选出,因此重新选举的花费很大。这样一来,监事会自身或者各集团经常达成申请法院进行代替聘任的合意。

③ Weitergehend Wagner in Semler/v. Schenck, Arbeitshandbuch für Aufsichtsratsmitglieder, § 2 Rn.41, der bei mangelnder Beschlussfähigkeit von der(ungeschriebenen) Verpflichtung des Aufsichtsratsmitglieds zu unverzüglicher Antragstellung ausgeht. Zurückhaltender Mertens/Cahn, Kölner Komm. AktG, § 104 Rn.10, der von einer Pflicht ausgeht, den Vorstand zu einem entsprechenden Antrag zu veranlassen; nur wenn das nicht zum Erfolg führe, müsse das einzelne Aufsichtsratsmitglied den Antrag selbst stellen.

④ Nach OLG Düsseldorf v. 1.2.1994—10 W 1/94, WM 1994, 498 trägt der Antragsteller die Kosten. Dieser aber hat dafür einen Aufwendungsersatzanspruch gegen die Gesellschaft(dazu unten Rn.845), da er ja in deren Interesse tätig wird.

⑤ Zum Anspruch des Vorstands und der übrigen Aufsichtsratsmitglieder auf rechtliches Gehör bei der gerichtlichen Bestellung eines(vorgeschlagenen) Aufsichtsratsmitglieds vgl. OLG Dresden v. 30.9.1997—15 W 1236/97, NJW-RR 1998, 830 = AG 1998, 427.

必须遵守法定的对等性或章程规定的某些前提条件(《股份法》第 104 条第 4 款)。①当拥有三名成员的监事会由于一名监事被禁止参与表决而不具有决议能力时,同样如此。②对于就存在投票禁令的问题所作的决议来说,监事同样可以请求法律代替监事会进行聘任。③

联邦最高法院通过否认监事会出席人数不足法定人数时的无决议能力使得对上述问题完全正确的解决方法变得"无用武之地":④投票表决权已被排除的监事仍然享有参加权和发言权。⑤这种做法存在很大问题,因为这会使上述监事在存在利益冲突情况下仍能够通过其在会议上的参加权和发言权对监事会的决定施加不正当的影响。⑥

根据《股份法》第 85 条、《共同决定法》第 31 条第 1 款,监事同样可以在董事会未达到法律(虽然比说《共同决定法》第 33 条仅要求一名董事⑦)或章程规定的成员数量时请求法院聘任董事。除存在紧急情况外,此类法院聘任以全体监事会未聘任或未足够快速地聘任为前提。⑧ 834

(二) 监事会的正确组成

如果在公司或者其机构中就应当根据哪部法律设立监事会——是根据《煤铁工业共同决定法》《共同决定法》还是《三分之一参与法》——存在争议,那么每名监事均可以请求对公司享有地区管辖权的**州法院**对此予以澄清(《股份法》第 98 条第 2 款第 2 句,《共同决定法》第 6 条第 2 款)。法院应此项请求而作出的判决对公司及所有股东均具有约束力,也就是说对所有股东和有关人员均有效。 835

(三) 股东大会决议的无效和可撤销

除此之外,每名监事均可以根据《股份法》第 249 条提起**确认股东大会决** 836

---

① Vgl. dazu etwa BayObLG v. 20.8.1997—3 Z BR 193/97, NJW-RR 1998, 330 sowie Seidel, Gerichtliche Ergänzung, S.75 ff.

② BayObLG v. 28.3.2003—3 Z BR 199/02, AG 2003, 427, 429; ebenso OLG Frankfurt v. 21.9.2005—1 U 14/05, ZIP 2005, 2322, 2324 = AG 2005, 925.

③ BayObLG v. 28.3.2003—3 Z BR 199/02, AG 2003, 427, 429; ablehnend Priester, AG 2007, 190 ff.

④ BGH v. 2.4.2007—II ZR 325/05, WM 2007, 1025 = AG 2007, 484.

⑤ So auch Uwe H. Schneider in Scholz, Komm. GmbHG, §52 Rn.424.

⑥ Dazu kritisch Lutter in FS Priester, 2006, S.417 ff.

⑦ Allg. Meinung, vgl. Spindler, MünchKomm. AktG, §85 Rn.9; Mertens, Kölner Komm. AktG, §85 Rn.6.

⑧ BGH v. 12.11.2001—II ZR 225/99, NZG 2002, 130, 131 = AG 2002, 241; ein dringender Fall im Sinne des §85 AktG liegt z.B. immer dann vor, wenn der Vorstand aufgrund der Unterbesetzung die Hauptversammlung bei Vorlage eines von §121 Abs. 1 AktG genannten Einberufungsgrunds nicht einberufen kann(Kubis, MünchKomm. AktG, §121 Rn.16).

议无效之诉；①这首先对于"澄清章程规定是否违反《共同决定法》"这一问题具有重要意义。②在某些附加前提条件(《股份法》第245条第5项)下，若一项决议根据一名监事的观点虽然违反了法律或章程，但却并非无效，则前面所作的论述同样适用；该问题可以通过监事的撤销之诉而由法院予以澄清。③

（四）监事会决议的无效

837

再者，每名监事均可以④通过诉讼要求对公司享有地区管辖权的州法院对某一项监事会决议是否有效予以澄清。⑤主张监事会决议有效或无效的诉讼要以《民事诉讼法》第256条所规定的**确认之诉**的形式提起，⑥而且监事必须针对公司提起此项诉讼。⑦与《股份法》第78条的规定不同，在发生监事会内部纠纷的情况下，股份有限公司不应由董事会代理。此时，由监事会代理公司更为合适(类推适用《股份法》第112条)。⑧单个监事的确认利益(需要)产生于其对机

---

① 当有人要求确定妨碍共同决定的章程条款根据《共同决定法》第37条第1款第1句已失效时，必须适应《股份法》第249条的规定。

② 较有说服力的观点认为该条款在有限责任公司方面同样可以得到类推适用；vgl. näher K. Schmidt in Scholz, Komm. GmbHG, §45 Rn.127 und 134; Raiser in Ulmer/Habersack/Winter, Komm. GmbHG, Anh. §47 Rn.215。

③ 但存在疑问的是，《股份法》第245条第5项在有限责任公司方面是否可以得到类推适用；siehe dazu auch näher K. Schmidt in Scholz, Komm. GmbHG, §45 Rn.127 und 134 und Raiser in Ulmer/Habersack/Winter, Komm. GmbHG, Anh. §47 Rn.215 und 177。

④ 只有在极为轰动的情况下才存在单个监事的起诉义务，näher dazu Lutter in Lutter/Hommelhoff, Komm. GmbHG, §52 Rn.101。

⑤ Hoffmann/Preu, Der Aufsichtsrat, Rn.603 f. wollen der Feststellungsklage ein „Anfechtung" ggü. dem Aufsichtsrats-Vorsitzenden vorschalten. Dieser Versuch einer internen Klärung ist sehr vernünftig und sollte stets versucht werden. Ein rechtlicher Zwang dazu besteht aber nicht.

⑥ BGH v. 17.5.1993—II ZR 89/92, BGHZ 122, 342, 347 ff. = AG 1993, 464; BGH v. 15.11.1993—II ZR 235/92, BGHZ 124, 111, 115 = AG 1994, 124; BGH v. 21.4.1997—II ZR 175/95, BGHZ 135, 244, 247 = AG 1997, 377 (ARAG/Garmenbeck); BGH v. 29.1.2013—II ZB 1/11, NZG 2013, 297 = AG 2013, 257 Tz. 13; zustimmend: Hüffer, Komm. AktG, §108 Rn.18; Mertens/Cahn, Kölner Komm. AktG, §108 Rn.111; Lutter in Lutter/Hommelhoff, Komm. GmbHG, §52 Rn.97; v. Schenck in Semler/v. Schenck, Arbeitshandbuch für Aufsichtsratsmitglieder, §5 Rn.148; Hoffmann/Preu, Der Aufsichtsrat, Rn.604.

⑦ BGH v. 25.2.1982—II ZR 102/81, BGHZ 83, 144, 146 = AG 1982, 221; BGH v. 17.5.1993—II ZR 89/92, BGHZ 122, 342, 344 = AG 1993, 464; OLG Stuttgart v. 30.5.2007—20 U 13/06, NZG 2007, 549, 550 sub II = AG 2007, 873; Hüffer, Komm. AktG, §108 Rn.20; Hopt/Roth, Großkomm. AktG, §108 Rn.173; Lutter in Lutter/Hommelhoff, Komm. GmbHG, §52 Rn.97; Hoffmann-Becking, Münchener Hdb. AG, §33 Rn.91; a.A.: Bork, EWiR §243 AktG 1/92, 421; Bork, ZIP 1991, 137, 143 ff.; Noack, DZWiR 1994, 341, 342; Steinbeck, Überwachungspflicht, S.213.

⑧ Gegen BGH v. 17.5.1993—II ZR 89/92, BGHZ 122, 342, 345 = AG 1993, 464; zur Argumentation vgl. sogleich Rn.838.

构决议合法性所负的共同责任。①因此监事也可以作为介入诉讼当事人参与此类程序，即既在作为原告的监事一方，又在公司一方。②监事不能提起无效之诉（根据《股份法》第 241、249 条）或撤销之诉（根据《股份法》第 243 条及以下款）。③

（五）主体机构权的实施

最后，每名监事均可以在必要时通过诉讼实现其基于机构职能（责）而享有的权利（特别是参加权、发言权、信息及表决权）；这是没有任何争议的。④此项诉讼权对于单个监事所享有的要求董事会（向监事会，《股份法》第 90 条第 3 款第 2 句）**作出报告**以及**获悉**并得到这些报告（在监事会内部，《股份法》第 90 条第 5 款）的个人请求权⑤来说具有特殊意义。最后，法院可以对上述报告的作出方式进行审查。这是因为以下问题必须能够得到澄清，即董事会所提交或作出的报告是否符合法定的前提条件以及是否过于笼统、内容空洞或很难被理解。

838

---

① BGH v. 21. 4. 1997—II ZR 175/95，BGHZ 135，244，248 ＝ AG 1997，377 (ARAG/Garmenbeck); BGH v. 29.1.2013—II ZB 1/11，NZG 2013，297 ＝ AG 2013，257 Tz.13; Mertens/Cahn, Kölner Komm. AktG，§ 108 Rn. 112; K. Schmidt in FS Semler, 1993，S. 329，345.

② BGH v. 29.1.2013—II ZB 1/11，NZG 2013，297 ＝ AG 2013，257 ＝ ZIP 2013，720.

③ BGH v. 17.5.1993—II ZR 89/92，BGHZ 122，342，347 ff. ＝ AG 1993，464; Mertens/Cahn, Kölner Komm. AktG，§ 108 Rn. 117; Habersack, MünchKomm. AktG, § 108 Rn. 81; Hüffer, Komm. AktG，§ 108 Rn. 19; Uwe H. Schneider in Scholz, Komm. GmbHG，§ 52 Rn. 437 f.; Lutter in Lutter/Hommelhoff, Komm. GmbHG，§ 52 Rn. 97; Götz in FS Lüke, 1997，S. 167，178; Kindl, AG 1993，153，162; a. A. OLG Hamburg v. 6.3.1992—11 U 134/91，AG 1992，197，198; LG Hannover v. 27.6.1989—7 O 214/89，AG 1989，448，449; Baums, ZGR 1983，300，305 ff.; Lemke, Der fehlerhafte Aufsichtsratsbeschluss, S. 94 ff.，194; Axhausen, Anfechtbarkeit aktienrechtlicher Aufsichtsratsbeschlüsse, S. 224 f.

④ Vgl. nur aus der Rechtsprechung BGH v. 15.11.1982—II ZR 27/82，BGHZ 85，293，295 ＝ AG 1983，133; BGH v. 28.11.1988—II ZR 57/88，BGHZ 106，54，62 ＝ AG 1989，89 (Opel); aus der Literatur Spindler, MünchKomm. AktG，§ 90 Rn. 61 f.; Mertens/Cahn, Kölner Komm. AktG，§ 90 Rn. 66; Ulmer/Habersack in Ulmer/Habersack/Henssler, Mitbestimmungsrecht，§ 25 MitbestG Rn. 144; Grunewald, Gesellschaftsrecht, C Rn. 99; Häsemeyer, ZHR 144（1980），265 ff.; Flume, Juristische Person, S. 406 f.; Westermann in FS Bötticher, 1969，S. 369，378 ff.; v. Schenck in Semler/v. Schenck, Arbeitshandbuch für Aufsichtsratsmitglieder，§ 7 Rn. 320 ff.; Hoffmann-Becking, Münchener Hdb. AG，§ 33 Rn. 92 ff. Gegenüber dem Vorstand, der gewünschte Informationen verweigert, kann auch das registergerichtliche Verfahren nach § 407 Abs. 1 AktG eingeleitet werden(Zwangsgeld).

⑤ Gleiche Terminologie bei Hüffer, Komm. AktG，§ 90 Rn. 21; demgegenüber spricht v. Schenck in Semler/v. Schenck, Arbeitshandbuch für Aufsichtsratsmitglieder，§ 7 Rn. 320 von „Eigenrechten".

839　　对于"在行使主体机构权时谁是正确的**诉讼相对方（被告）**"这一问题，学术界及司法界均存在分歧。部分学者倾向于允许监事针对有关机构（即董事会）或者有关机构成员（即未转交董事会报告的监事会主席或者禁止有关监事发言的股东大会主持人）提起此类诉讼。①与此相对，联邦最高法院以及学术界的主流观点②则认为公司是此类诉讼的被告。这种观点存在一个缺点，即董事会必须作为应诉公司的代理人为一个并非他自己所持的或者一个他根本不愿为其辩护的立场（例如"真正"被控告的监事会主席所持的立场）进行辩护。因此，对于旨在行使主体机构权（例如获得董事会报告的权利，《股份法》第90条第5款）的监事会内部诉讼以及关于监事会决议合法性的（监事会内部）诉讼（参见上文边码837）来说，应考虑由监事会代理公司（《股份法》第112条）。③

（六）代替监事会提起诉讼的权利？

840　　除此之外，单个监事可否代替监事会针对其他公司机构（所谓）的违法行为提起诉讼，是存在很多问题和争议的。此时起诉的前提条件首先是，遭到指责的行为是**可以接受法院审查的**。即便如此，监事会也不亲自采取行动。在这种情况下，部分人提倡将单个监事视为享有诉讼权的主体（与"社会利益原则之诉"相似）；然而，仅在例外情况下采纳上述观点似乎更为合理。④

（七）基于个人请求权（尤其是报酬请求权）的诉讼权

841　　最后，监事毫无疑问有权在必要时以针对公司的诉讼方式实现其所享有的对公司的个人请求权（下文边码842及以下）。就这点而言，与债权人面对拖欠债务的债务人时的正常情况不存在任何不同。

---

①　Vgl. etwa Hommelhoff, ZHR 143（1979），288，313 ff.；K. Schmidt, ZZP 92（1979），212，224 ff.；Säcker, NJW 1979，1521，1526；Teichmann in FS Mühl, 1981, S. 662，672 ff.；Bork, ZIP 1991，137，140 ff.

②　BGH v. 15.11.1982—II ZR 27/82, BGHZ 85，293，295 = AG 1983，133（Hertie）；BGH v. 17.5.1983—II ZR 89/92, BGHZ 122，342，344 f. = AG 1993，464；Mertens/Cahn, Kölner Komm. AktG, § 90 Rn. 66；Hüffer, Komm. AktG, § 90 Rn. 21 f.；Bürgers/Israel in Bürgers/Körber, Komm. AktG, § 80 Rn. 20 f.；Flume, Juristische Person, S. 407.

③　Stodolkowitz, ZHR 154（1990），1，15 f.（§ 112 AktG analog）；Rellermeyer, WuB II A. § 107 AktG 1.93（§ 112 AktG analog）；Noack, DZWiR 1994，341，342；Uwe H. Schneider in Scholz, Komm. GmbHG, § 52 Rn. 439.

④　Dazu OLG Stuttgart v. 30.5.2007—20 U 14/06, AG 2007，873 = NZG 2007，549（der BGH hat die Revision nicht angenommen, Beschluss v. 25.6.2008—II ZR 141/07）. Restriktiv auch v. Schenck in Semler/v. Schenck, Arbeitshandbuch für Aufsichtsratsmitglieder, § 7 Rn. 316 ff.；Grunewald, Gesellschaftsrecht, C Rn. 100.

四、个人权利

(一) 与公司的法律关系

除其作为监事会这一公司机构的成员而享有的法律地位（所谓的"机构成员关系"①）之外，监事**与公司之间**还存在一种个人**法律关系**，此种法律关系虽然对监事报酬具有重要意义，但其法律性质及内容却**存在争议**。较有说服力的观点认为它**不属于劳务关系**，②更不属于（职工）劳动关系的一部分，③而属于纯粹的**社团法律关系**。④该法律关系随着监事接受选聘而成立，而且考虑到一般的监事职务它不能从债法上被个性化地加以补充，⑤因为法律对此作了强制性规定，此类法律关系仅被允许并能够为所有监事制定统一的报酬规定，⑥也就是说个人规定已被法律所排除。因此，对此仅适用社团法。根据《股份法》第 113 条第 1 款以及《共同决定法》第 25 条第 1 款，监事可以通过章程或股东大会决议获得适当的工作报酬；⑦**但根据法律规定，并不存在此类报酬请求权**。⑧

842

(二) 一般报酬原则

如果监事的工作是有偿的，那么必须严格遵守**平等对待**所有监事这一基

843

---

① Säcker, NJW 1979, 1521, 1525.

② So aber Säcker, NJW 1979, 1521, 1525; Säcker in FS Rebmann, 1989, S.781, 783.

③ Zutreffend Zöllner/Noack in Baumbach/Hueck, Komm. GmbHG, §52 Rn.202.

④ So zutreffend Habersack, MünchKomm. AktG, §101 Rn.67; Hopt/Roth, Großkomm. AktG, §101 Rn.92; Hüffer, Komm. AktG, §101 Rn.2; Henssler in Henssler/Strohn, Komm. Gesellschaftsrecht, §101 AktG Rn.1; Spindler in Spindler/Stilz, Komm. AktG, §101 Rn.9; Simons in Hölters, Komm. AktG, §101 Rn.7.

⑤ So aber Zöllner/Noack in Baumbach/Hueck, Komm. GmbHG, §52 Rn.59 und 202 sowie Uwe H. Schneider in Scholz, Komm. GmbHG, §52 Rn.354 f. je für die GmbH.

⑥ 关于所有监事的平等法律地位，参见上文边码 821。

⑦ 关于"股东大会决议制定的报酬规则在有疑问时是仅适用一年还是适用于今后的所有经营年度"的问题，vgl. E. Vetter, BB 1989, 442 f. m.w.N. Zum rechtspolitischen Vorschlag einer gesetzlichen Gebührenordnung für Aufsichtsräte vgl. Geßler, DB 1978, 63; dagegen Lutter, AG 1979, 85.

⑧ Vgl. Wagner in Semler/v. Schenck, Arbeitshandbuch für Aufsichtsratsmitglieder, §11 Rn.1. Es entspricht aber allgemeiner übung, dass eine solche Vergütung geleistet wird, deren Höhe allerdings von Gesellschaft zu Gesellschaft stark abweicht; vgl. Theisen, Überwachung, S.263, 444 f. Die Vergütung steht dann dem einzelnen Aufsichtsratsmitglied persönlich zu; dieses kann also darüber frei verfügen, die Vergütung z.B. auch ganz oder teilweise an eine Arbeitnehmer-Organisation weiterleiten(und sich dazu auch dieser Organisation gegenüber wirksam verpflichten). Dazu kritisch Theisen, Überwachung, S.262 f.

本原则。只有存在充分的实质性理由时,比如说在监事会中承担特殊职责(《准则》第 5.4.6 条第 1 款第 2 句建议考虑监事会主席、主席代表、特别委员会的主席及成员①)或者具有特殊资格(例如不同的任职年限,等等),才能为个别监事提供不同数额的报酬。②最后,还可以考虑**削减**一名未工作的监事(疾病,其他的定期缺席)的报酬。③

844   报酬的数额只能通过章程或一项股东大会决议被加以确定。④它不得是不适当的(《股份法》第 113 条第 1 款第 3 句),而且除可包含固定数额外,⑤还可含有取决于效益的可变部分(参见边码 848 及以下)。此外,为了补偿监事所花费的时间,还可以在会议期间将一项"会议费"作为报酬支付给监事。不过,监事会中职工代表的(其工作时间内举行的会议的)会议费必须被计入其薪金之中。⑥近几年,监事报酬的总额在不断提高。⑦

若违反章程或者在无章程规定或股东大会决议的情况下支付报酬,则相关报酬依《股份法》第 114 条第 2 款应予返还(下文边码 877)。而且此类报酬

---

① Insoweit allg. Meinung, vgl. Wagner in Semler/v. Schenck, Arbeitshandbuch für Aufsichtsratsmitglieder, § 11 Rn. 14; Hüffer, Komm. AktG, § 113 Rn. 4; Koberski in Wlotzke/Wißmann/Koberski/Kleinsorge, Mitbestimmungsrecht, § 25 MitbestG Rn. 76 und 86; Habersack, MünchKomm. AktG, § 113 Rn. 39; Hopt/Roth, Großkomm. AktG, § 113 Rn. 67; Säcker, NJW 1979, 1521, 1525, je m.w.N.

② Insoweit streitig; wie hier: Mertens/Cahn, Kölner Komm. AktG, § 113 Rn. 10; Ulmer/Habersack in Ulmer/Habersack/Henssler, Mitbestimmungsrecht, § 25 MitbestG Rn. 84; Lutter, AG 1979, 85, 89; Vollmer/Maurer, BB 1993, 591, 592; Uwe H. Schneider in Scholz, Komm. GmbHG, § 52 Rn 365; a. A. Säcker, NJW 1979, 1521, 1525; Bürgers/Israel in Bürgers/Körber, Komm. AktG, § 113 Rn. 2; wohl auch Koberski in Wlotzke/Wißmann/Koberski/Kleinsorge, Mitbestimmungsrecht, § 25 MitbestG Rn. 76 und 86.

③ Wagner in Semler/v. Schenck, Arbeitshandbuch für Aufsichtsratsmitglieder, § 11 Rn. 59; einschränkend: Mertens/Cahn, Kölner Komm. AktG, § 113 Rn. 32 (nur bei unentschuldigtem Fehlen).

④ Zur Vergütungsstruktur und -höhe siehe die Tabelle im Anhang, S. 496 ff. sowie die unten Fn. 7 zit. Kienbaum-Studie.

⑤ Ziff. 5.4.6 Abs. 2 Satz 1 a.F. des Kodex empfahl eine variable Vergütung neben der festen Vergütung. Seit der Kodex-Änderung von Mai 2012 (dazu Ringleb/Kremer/Lutter/v. Werder, NZG 2012, 1081) ist diese Empfehlung entfallen. Siehe auch unten Rn. 857.

⑥ Ebenso Oetker, Erfurter Komm. Arbeitsrecht, § 26 MitbestG Rn. 4; differenzierend Gach, MünchKomm. AktG, § 26 MitbestG Rn. 7.

⑦ Siehe die Kienbaum-Aufsichtsratsstudie 2006/2007, Gummersbach 2008, S. 91 ff. Vgl. dazu auch die neue Studie Metzner/Rapp/Wolff, Vergütung deutscher Aufsichtsratsorgane 2012 sowie Probst/Theisen, Der Aufsichtsrat 2012, 66 ff., mit den Ergebnissen des „10. Aufsichtsratspanel" vom Frühjahr 2012, nach der über die Hälfte der befragten Aufsichtsratsmitglieder ihre Vergütung für „zu niedrig" und fast alle anderen Befragten ihre Vergütung für jedenfalls „angemessen" halten.

的支付将作为董事会或监事背信而遭受处罚。①

（三）花费的补偿

再者，根据《民法典》第 675、670 条，每名监事均有权要求对其履行职务所 845
支出的必要**花费**予以补偿。这其中尤其包括邮费、电话费、车费以及住宿费。
就与公司有关的花费而言，监事可以以何种生活水平为基础（定期航班还是包
机航班，高档宾馆还是豪华宾馆，等等），不能被笼统地回答，而必须**视具体情
况**而定。②在判断适当性时，不仅要考虑董事会的习惯（提高开支），而且要顾及
公司的经济状况（限制开支）。而就个别花费而言，适用以下原则：③若监事为
履行其职责**例外地**需要聘请一位专业顾问，则此项花费可以得到补偿。④就监
事凭借其职务而提起的诉讼（例如确认监事会决议无效之诉）而言，有些学者
认为：不管有关诉讼是否结束，费用负担裁判框架内的花费（只要监事不是故
意提起诉讼）自始要由公司承担；至少存在一项相应的实体法上的花费补偿请
求权。⑤聘用个人秘书而支出的费用不能得到补偿。⑥然而只有在租用办公场
所对于公司来说更加合算时，设立外部办事处才被看作是合理的，因为这样做
既可以节省旅费又可以使监事会主席始终处于"可用"状态。此时由公司承担
此类外部办事处的费用。针对监事会工作所带来的责任风险而支出的保险费
用也不属于一般性费用补偿请求权的范围。因为此时所投保的风险涉及单个
监事，而非公司。

---

① OLG Braunschweig v. 14.6.2012—Ws 44 und 45/12, ZIP 2012, 1860 = AG 2013, 47.

② Semler in FS Claussen, 1997, S.381, 386 f.; Hoffmann-Becking, Münchener Hdb. AG, § 33 Rn.14.

③ Ausführlich hierzu Semler in FS Claussen, 1997, S.381, 383 ff.

④ 比如说为了澄清机密性是否可以被"破坏"或者一项监事会决议是否无效这类的问题。Näher dazu Säcker, NJW 1979, 1521, 1526; Säcker in FS Fischer, 1979, S.635, 641 ff.; vgl. auch Lutter, Information und Vertraulichkeit, Rn.552 und dort Fn.45.

⑤ Für eine unmittelbare Kostentragungspflicht der Gesellschaft bei Organklagen z.B. Steinbeck, Überwachungspflicht, S.224; Bauer, Organklagen, S.82; Lutter, Information und Vertraulichkeit, Rn.232 ff. Sieht man dies anders, besteht ein materiell-rechtlicher Kostenerstattungsanspruch; ein solcher kann der prozessualen Regelung entgegengerichtet sein, wenn Umstände vorliegen, die bei der prozessualen Kostenentscheidung nach §§ 91 ff. ZPO nicht berücksichtigt werden können; vgl. dazu BGH v. 18.5.1966—Ib ZR 73/64, BGHZ 45, 251, 257 f.; Giebel, MünchKomm. ZPO, vor § 91 Rn.17.

⑥ Ebenso Potthoff/Trescher/Theisen, Das Aufsichtsratsmitglied, Rn.982. Anders liegt es freilich bei einem von der Gesellschaft eingerichteten und vergüteten Sekretariat des Aufsichtsrats, das dann unter der Leitung des Aufsichtsratsvorsitzenden steht und über das das einzelne Aufsichtsratsmitglied nach Rücksprache mit dem Aufsichtsratsvorsitzenden ggf. zeitweise verfügen kann. Vgl. dazu bereits oben Rn.656 ff.

但是在今天,公司为其监事签订一项所谓的董监事及高级管理人员责任保险合同是很常见的。此类合同的签订无需股东大会的同意(《股份法》第113条),因为公司债务人的偿付能力对于公司来说极为重要。详见下文边码1036及以下。

846　　存在争议的是,监事参加**培训及深造**所支出的费用可否得到补偿。若监事是为了获得最基本的知识而参加培训或深造,则所支出的费用毫无疑问不能得到补偿。①每名监事都必须设法获得认真履行其职务所必需的资格和技能。而就获得更高深的专业知识而言,情况则可能有所不同。②在希望监事工作专业化的背景下,监事参加某些深造活动直接关系到公司利益。就这方面而言,监事可以将由此产生的费用"看作是必要的"并根据《民法典》第670条要求公司作出补偿。

针对上市公司,有疑问时适用《准则》第5.4.5条第2款:

监事自己负责实施履职所必需的培训及深造措施。其应当可以从公司获得适当的支持。

若此项规定已被该公司董事会和监事会依《股份法》第161条所作的说明涵盖,则监事可以认为适当的深造有利于公司利益且所支出的花费可以得到补偿。③

847　　能够得到补偿的花费可以被**一次性付清**。④因为监事职务属于一种兼职,所以在计算总额时对监事会主席的补偿数额通常不应超过每月三个工作日(所应得的报酬)。除此之外的每一项要求均必须被单独加以证明,这样一来费用就可以在股东大会查问之前得到补偿而不会使股东大会产生支付不适当额外报酬的印象。

五、取决于效益的监事报酬

848　　今天,监事会的工作已不再仅限于对董事会的经营管理进行监督。相反,监事会已经成为一个参与公司经营管理的机构(参见上文边码58)。正因为监

---

① Hoffmann/Preu, Der Aufsichtsrat, Rn. 449; Lutter in Lutter/Hommelhoff, Komm. GmbHG, §52 Rn.70; Uwe H. Schneider in Scholz, Komm. GmbHG, §52 Rn.368 m.w.N.; a.A. Köstler/Müller/Sick, Aufsichtsratspraxis, Rn.761.

② So auch Potthoff/Trescher/Theisen, Das Aufsichtsratsmitglied, Rn.983; a.A. wohl Semler in Semler/v. Schenck, Arbeitshandbuch für Aufsichtsratsmitglieder, §10 Rn.66.

③ Vgl. dazu Kremer in Ringleb/Kremer/Lutter/v. Werder, Komm. Kodex, Rn.1017, 1017a.

④ Wagner in Semler/v. Schenck, Handbuch für Aufsichtsratsmitglieder, §11 Rn.43; Habersack, MünchKomm. AktG, §113 Rn.21.

事会承担着此项责任重大的职责,所以监事在过去的几年间除固定报酬之外还获得一项取决于效益的可变报酬。这在 2012 年发生明显变化。①

(一) 取决于股票价格的报酬

直到几年之前,监事还可以凭借**股票期权(优先认购权)**获得报酬并分享企业收益。然而根据联邦最高法院 2004 年 2 月 26 日所作判决②而形成的新的法律状况,公司已不可以给予监事股票期权,而且采取(股票)升值权或发行库存股形式的报酬似乎同样问题重重。

首先,立法者在讨论《企业控制及透明度法》以及随之产生的对《股份法》第 192、193 条修改的框架内否定了公司可以给予监事纯粹的股票期权(优先认购权,所谓的纯保证凭证或无保证的认股证书)。在上述两项条款中,优先认购权人的范围仅限于职工和经营管理人员,而监事则被排除在外。因此,联邦最高法院根据立法者的评价宣布公司不得给予监事股票期权(此项权利应当针对根据《股份法》第 71 条第 1 款第 8 项被回购的库存股份)并同时对监事可以凭借(采取可转换或可选择债券形式的)股票期权获得报酬表示了怀疑。③这种怀疑被立法者所采纳。在《企业诚实经营及撤销权现代化法》的框架内,立法者不仅对《股份法》第 221 条第 4 款进行了修改,而且还引入了一项对《股份法》第 193 条第 2 款第 4 项的援引。其立法说明明确证实对优先认购权人所作的限制同样应得到援引。④因此,公司已经能以股票期权计划的形式确定可变报酬。

基于上述发展情况,在法律上公司可否以**(股票)升值权**或**虚拟股票**的形式确定监事的取决于股票价格的报酬,是存在疑问的。⑤"立法者认为针对监事的股票期权计划是不被允许的"这一观点可能通过上述股票期权计划的债法

849

850

851

———

① Siehe dazu die Tabelle in der 5. Aufl. S.496 ff. einerseits und unten S.593 ff. andererseits. Vgl. weiter Ludwig, Vergütung, S.231 ff. Zu dem in neuester Zeit wieder feststellbaren Trend zu einer reinen Fixvergütung siehe aber noch Rn.857.

② II ZR 316/02, BGHZ 158, 122 = AG 2004, 265.

③ BGH v. 16.2.2004—II ZR 316/02, BGHZ 158, 122 = AG 2004, 265, dazu u.a. Peltzer, NZG 2004, 509, 510; Paefgen, WM 2004, 1169, 1172.

④ BT-Drucks. 15/5092, S.25.

⑤ DaimlerChrysler 公司考虑到联邦最高法院判决作出后的不确定法律状况而放弃将虚拟股票作为可变报酬给予监事。其监事仅得到固定报酬。而学术界的观点尚不统一:für die Unzulässigkeit von phantom stocks und stock appreciation rights Sven H. Schneider/Uwe H. Schneider, WuB II A. §71 AktG 1.04, 501, 503; Paefgen, WM 2004, 1169, 1173; Habersack, ZGR 2004, 721, 731; kritisch dazu Bösl, BKR 2004, 474; von Rosen, BB 37/2004, 1; Fuchs, WM 2004, 2233, 2239 spricht sich auch nach der BGH-Entscheidung für die Zulässigkeit der virtuellen Wertsteigerungsmodelle aus。

上的"复制"而被规避。[①]

852　　　基于相似的原因，如果股票的发行被附加了某些条件而且这种做法与股票期权计划所作的安排相似，那么通过公司**库存股票**给予监事报酬同样是存在疑问的。[②]

853　　　此时还存在公司回购其库存股的问题。法院通过援引《股份法》第193条第2款第4项以及其中规定的仅限于职工及经营管理人员的优先认股权人范围宣布公司不得基于《股份法》第71条第1款第8项所规定的授权进行库存股回购。

　　　　因为可能导致法律的不安定，所以不推荐公司采取最后一种报酬模式。

854　　　相反，公司可以使监事负有以下义务，即用其现金报酬的一定份额购买公司股票并在预先规定的时间内持有这些股票。[③]这种做法有助于直接激励监事努力提高企业效益。

（二）取决于股息（红利）的报酬

855　　　法律允许公司将监事报酬的一部分与股息（红利）相挂钩。也就是说，此项额外报酬的数额取决于已付清（或应得）的股息（红利）。

　　　　实践中可能会见到这样的表述：

　　　　在本经营年度每股股息达到1欧元（20欧分，50欧分）的前提下，每再提高1欧分，每名监事即相应地获得500欧元（800欧元，1 000欧元）报酬。

　　　　之前有三分之二的DAX指数组成公司采取这种做法。[④]然而这种报酬规则同样存在这样的问题，即监事会要参与确定年度决算并根据《股份法》第124条第3款就支付股息（红利）的数额向股东大会提出建议。这样一来监事会能够间接地确定其报酬的数额。因此，取决于股息（红利）的报酬只应是一种补充，而绝对不应占监事总报酬的大部分。

（三）取决于企业特性参数的报酬

856　　　在很多情况下，公司也可以将内部企业特性参数作为取决于效益的报酬的估算依据。此时，既可以使用诸如EBIT（息税前利润）[⑤]或EBITDA（未计利息、税项、折旧及摊销前的利润）这样的利润数额，也可以使用像ROI（投资回报率）或ROCE（已动用资本回报率）这样的取决于利润率的特性参数。将

---

①　Ebenso Habersack, ZGR 2004, 721, 731 f.

②③　Marsch-Barner in FS Röhricht, 2005, S.401, 417.

④　Gehling, ZIP 2005, 549.

⑤　例如Metro公司和ThyssenKrupp公司均采取此种估算依据。

上述两类参数组合使用同样是可行的,因为这两类参数中的任何一类都未必能够单独正确地反映出企业的效益状况。①

(四) 现状

2009 年的《董事薪酬适度法》②对董事薪酬进行了强势干预并强烈希望可变薪酬能够与企业的长远目标挂钩,这都使关于监事薪酬的观点同样发生着变化。③由于将长期思想体现在监事薪酬之中在技术上很难实现,④企业目前重新强烈倾向于纯粹的固定薪酬。⑤从企业的官方公告可以看出,企业普遍热切希望加强监督的独立性。⑥ 857

六、与监事之间的顾问合同

(一) 概述

抛开常规监事会工作不谈,争取使单个监事承担其他**额外职责**(例如作为人事或组织方面的专家,作为律师或税务顾问,等等)对于公司来说是非常重要且颇有裨益的。就像《股份法》第 114 条第 1 款所表明的那样,这种做法是被允许的。相应的《民法典》第 611、675 条意义上的劳务合同要在由董事会代理的股份有限公司与有关的监事之间被签订,但该合同需经全体监事会同意才能生效。⑦基于《股份法》第 113 条,双方应尽到最大的注意、谨慎和克制。在《股份法》第 113、114 条的框架内,所有不明确之处均应作不利于有关监事的解释。⑧ 858

(二)《股份法》第 113、114 条的适用范围

根据《股份法》第 113 条,监事不得无视股东大会的要求或章程的规定通 859

---

① So auch die „Empfehlung zur Aufsichtsratsvergütung" des Deutschen Aktieninstituts, Juni 2003, 32.

② Gesetz zur Angemessenheit der Vorstandsvergütung (VorstAG) vom 31.7.2009, BGBl. I 2009, 2509.

③ Der Kodex hat zum Mai 2012 seine Empfehlung zur variablen Vergütung aufgehoben(früher Ziff. 5.4.6. Abs. 2 Satz 1). Siehe dazu auch Ringleb/Kremer/Lutter/v. Werder, NZG 2012, 1081, 1088. Zustimmend Peltzer, NZG 2012, 368, 370. Kritisch Stellungnahme des DAV-Handelsrechtsausschusses, NZG 2012, 335, 339.

④ Die Aufsichtsräte müssten mehrere Jahre auf einen Teil ihrer Vergütung warten, ohne zu wissen, ob und wieviel es sein wird.

⑤ Vgl. die Tabelle unten S.593 ff. Siehe dazu auch Reimsbach, BB 2011, 940.

⑥ Vgl. Allen & Overy, Analyse der Vergütungssysteme, 2013, S.5.

⑦ 关于此时有关监事是否享有讨论权和表决权的问题,参见下文边码 944 及以下。该问题在实行"数量均等共同决定"的监事会中具有重大实际意义,因为只有当表决陷入僵局时才能赋予监事会主席二次投票权(《共同决定法》第 29 条第 2 款,第 31 条)。

⑧ BGH v. 3.7.2006—II ZR 151/04, ZIP 2006, 1529, 1533 = AG 2006, 667; BGH v. 4.7.1994—II ZR 197/93, BGHZ 126, 340, 346 = AG 1994, 508.

过签订不包含任何与其所负的机构顾问义务(参见上文边码103)不同内容的顾问合同获得额外报酬。如果全体监事会**未作出**《股份法》第114条意义上的**同意**,或者**合同**——由于顾问事项与机构义务完全相同——根据《股份法》第113条、《民法典》第134条是**无效**的,那么根据《股份法》第114条第2款监事**必须返还**已取得的报酬(下文边码877)。因此,在界定《股份法》第114条所允许的、但需经监事会同意的合同与《股份法》第113条所禁止的合同时,最关键的问题是:何时存在一项**独立于监事会工作的**给付义务(顾问义务),或者反过来说,何时机构义务与顾问工作完全一致?[1]此时所要考虑的是顾问事项:只有当约定的工作涉及某一**超越机构义务**的特别专业领域时,顾问合同才随着监事会的同意而生效。[2]从《股份法》第111条结合第90条第1款第1句第1项以及第90条第1款第1句第3项结合第2款第3项中我们可以推断出:作为监事会监督职责组成部分的董事会所提供的咨询(即所作出的报告)只需**包括具有基本意义的重要经营事件**。因此,重要的经营管理问题不能是顾问合同的标的。[3]同样不能作为顾问合同标的还有:"重要的康采恩事务";参与管理国内外子公司[4]以及各种形式的投资;经营管理过程中出现的法律问题。[5]

860　　　　因此,我们应当这样进行**界定**:具有基本意义的问题属于监事会的顾问职责,而特殊问题,尤其是日常经营的准备及实施方面的问题,则不属于该职责

---

① Dazu BGH v. 25.3.1991—II ZR 188/89, BGHZ 114, 127 = ZIP 1991, 653 = NJW 1991, 183 = DB 1991, 1212 mit Anm. Theisen = AG 1991, 312 mit Anm. Wolf = EWiR § 114 AktG 1/91, 525(Semler) sowie Lutter/Kremer, ZGR 1992, 87; Mertens in FS Steindorff, 1990, S.173 ff.; Hoffmann/Kirchhoff, WPg 1991, 592 ff.

② BGH v. 25.3.1991—II ZR 188/89, BGHZ 114, 127, 132 = AG 1991, 312; BGH v. 4.7.1994—II ZR 197/93, BGHZ 126, 340, 346 = AG 1994, 508; BGH v. 3.7.2006—II ZR 151/04, ZIP 2006, 1529, 1533 = AG 2006, 667; BGH v. 20.11.2006—II ZR 279/05, ZIP 2007, 22, 23 = AG 2007, 80; Hopt/Roth, Großkomm. AktG, § 114 Rn. 17; Mertens/Cahn, Kölner Komm. AktG, § 114 Rn.7; Mertens in FS Steindorff, 1990, S.173, 181; Lutter/Kremer, ZGR 1992, 87, 95 ff.; Beater, ZHR 157(1993), 420, 421 ff.; Deckert, AG 1997, 109, 111 ff.; Hoffmann-Becking, Münchener Hdb. AG, § 33 Rn.45 ff.; Raiser/Heermann in Ulmer/Habersack/Winter, Komm. GmbHG, § 52 Rn.127 stellen alternativ auf den Umfang der Inanspruchnahme ab; das halten Hoffmann/Kirchhoff, WPg 1991, 592, 594 und Hoffmann-Becking, Münchener Hdb. AG, § 33 Rn.46 ff. zutr. für zu unbestimmt. Eingehend dazu Lutter in FS Westermann, 2008, S.1171, 1174 ff. und Ziemons, GWR 2012, 451.

③ BGH v. 25.3.1991—II ZR 188/89, BGHZ 114, 127, 132 = AG 1991, 312.

④ Lässt eine Formulierung—wie hier—eine klare Zuordnung nicht zu, so liegt im Zweifel ein Verstoß gegen § 113 AktG vor, näher Lutter/Kremer, ZGR 1992, 87, 95 ff.

⑤ Lutter/Kremer, ZGR 1992, 87, 95 ff.

的范畴。①针对后者的**实例**有：选聘重要经营领域的新部门经理；为特别发行、一般或特殊税务咨询以及诉讼做准备；从技术层面准备并实施企业收购。根据《股份法》第114条，这些——以及其他可比较的——工作可以成为顾问合同的标的。②**有疑问**时，要补充性地根据顾问目的作出判断。机构关系方面的监督性顾问不仅有助于避免企业在经营管理中出现错误，而且有助于准备并参与战略及计划方面的决策，而《股份法》第114条意义上的顾问则以解决具体的经营管理问题为目的。③未得到解决的疑问以及不明确的约定均会对合同的效力产生不利影响。④

在界定时应考虑到司法实践将机构义务的范围扩展得**很宽**⑤。因此在签订顾问合同之前必须进行仔细审查和表达。再次强调：所有不明确之处均会对合同的效力产生不利影响。

就**法律后果**而言，一项可能的，但缺少《股份法》第114条意义上的必要同意的合同是效力待定的。若监事会拒绝作出同意，则此项合同确定无效。若该合同不是出于征得其同意的目的而被呈交给监事会，同样如此⑥。根据《民法典》第134条，对《股份法》第113条的违反会导致合同的无效。如果

861

---

① So im Grundsatz auch Hoffmann/Kirchhoff, WPg 1991, 592, 594; Hopt/Roth, Großkomm. AktG, §114 Rn.21; von Bünau, Beratungsverträge, S.28; Leuering/Simon, NJW-Spezial 2006, 171; E. Vetter, AG 2006, 173.

② Umfasst die Beratungstätigkeit Bereiche, die an sich zur Organpflicht gehören, aber von einem Ausschuss wahrgenommen werden, dem das betreffende Aufsichtsratsmitglied nicht angehört, kann der Vertrag trotzdem nicht über §114 AktG wirksam sein, näher Lutter/Kremer, ZGR 1992, 87, 97 f.

③ Potthoff/Trescher/Theisen, Das Aufsichtsratsmitglied, Rn. 1876; zustimmend Deckert, AG 1997, 109, 113 f.; Grigoleit/Tomasic in Grigoleit, Komm. AktG, §111 Rn.7; der BGH nennt in seiner Entscheidung vom 20.11.2006(II ZR 279/05, ZIP 2007, 22, 23 f. = AG 2007, 80) folgende Fälle: Beratung der Gesellschaft bei dem Abschluss von Unternehmensund Beteiligungskaufverträgen und bei der Eingehung strategischer Allianzen; Beratung zu Finanzierungsmodellen zur Ausstattung mit liquiden Mitteln(Kapitalerhöhungen, Inhaber- und Wandelschuldverschreibungen, Kreditverträge); Beratung bei sonstigen Kapitalmaßnahmen sowie die Beratung bei internen Strukturierungen. Zu streng daher OLG München v. 30.6.2008—7 U 4388/07, BeckRS 2008, 15555.

④ So ausdrücklich BGH v. 4.7.1994—II ZR 197/93, BGHZ 126, 340, 348 = AG 1994, 508.

⑤ Ziemons, GWR 2012, 451 mit Beispielen aus der Rspr. S.453 f. Unzutr. OLG Köln v. 31.1.2013—18 U 21/12, GWR 2013, 164 = BB 2013, 592 = EWiR §113 AktG 1/13(v. Falkenhausen), wonach die Erstellung des Leitfadens für die Hauptversammlung zum gesetzlichen Pflichtkreis der von der Satzung zum Versammlungsleiter bestimmten Aufsichtsratsvorsitzenden gehören soll. Das trifft gewiss nicht zu.

⑥ BGH v. 4.7.1994—II ZR 197/93, BGHZ 126, 340, 348 = AG 1994, 508; dem folgend Potthoff/Trescher/Theisen, Das Aufsichtsratsmitglied, Rn.1880.

有关的第三人之后被聘任为监事,那么《股份法》第 113、114 条同样适用于与该第三人签订的合同("原合同")。①然而,在这种情况下需要指出的是:对《股份法》第 113 条的违反并不导致合同无效,而是导致有关人员(暂时)停职。②

862 　　在《股份法》第 114 条所规定的同意程序中,要适用一项所谓的"全面透明原则"。③这意味着,在作出决议之前,至少要将**顾问合同的重要内容**书面④公布给监事会。监事会必须能够从合同所包含的关于顾问工作(给付内容)的说明中了解到有关的顾问工作是属于机构义务的范围还是负有同意义务的。此外,监事会必须从合同中确定无疑地推知顾问工作所应针对事项。⑤仅笼统地提到"顾问"或者"对所有不属于监事职责范畴事项的顾问"是不够的。⑥再者,为了对报酬的适当性作出评价,监事会还必须从合同中了解到所约定报酬的确切数额;但就这一点而言,参阅一项有关的收费规定即可。⑦若顾问合同未满足上述具体要求,则该合同必须根据《股份法》第 113 条被加以评价并因而是效力待定(因为它可能通过事后的具体化而可能得到监事会的同意而生效)或者(因未得到事后补救而)无效的。⑧然而存在以下例外情况,即如果监事在作出决议时拥有必要的具体说明,而且这些说明被附加地纳入由监事会明确作出的同意决议中,那么尽管存在以上瑕疵有关顾问合同仍然有

---

① 　Mertens in FS Steindorff, 1990, S.173, 182 f.; BGH v. 25.3.1991—II ZR 188/89, BGHZ 114, 127, 133 = AG 1991, 312 für § 113 AktG; BGH v. 4.7.1994—II ZR 197/93, BGHZ 126, 340, 346 für § 114 AktG = ZIP 1994, 1216 = EWiR § 114 AktG 1/94, 943 (Bork, zustimmend); anders die frühere h.M. für § 114 AktG, vgl. Semler, MünchKomm. AktG, 2. Aufl., § 114 Rn.35 f.

② 　BGH v. 25.3.1991—II ZR 188/89, BGHZ 114, 127, 134 = AG 1991, 312; a.A. Wolf, AG 1991, 315, 316.

③ 　Deckert, AG 1997, 109, 114.

④ 　Anders sind die hohen Anforderungen an den Vertragsinhalt zur Kenntnis aller Aufsichtsratsmitglieder nicht vorstellbar; vgl. auch OLG Frankfurt a.M. v. 21.9.2005—1 U 14/05, NZG 2006, 29 = AG 2005, 925 Tz.18.

⑤ 　BGH v. 3.7.2006—II ZR 151/04, ZIP 2006, 1529, 1533 = AG 2006, 667; OLG Frankfurt v. 21.9.2005—1 U 14/05, AG 2005, 925, 926, Hopt/Roth, Großkomm. AktG, § 114 Rn.22; E. Vetter, AG 2006, 173, 177; Peltzer, ZIP 2007, 305, 307.

⑥ 　BGH v. 3.7.2006—II ZR 151/04, ZIP 2006, 1529, 1533 = AG 2006, 667; Ziemons GWR 2012, 451, 454.

⑦ 　BGH v. 4.7.1994—II ZR 157/93, BGHZ 126, 340, 344 f. = AG 1994, 508; Rodewig in Semler/v. Schenck, Arbeitshandbuch für Aufsichtsratsmitglieder, § 8 Rn.156; Jaeger, ZIP 1994, 1759, 1760.

⑧ 　BGH v. 4.7.1994—II ZR 157/93, BGHZ 126, 340, 345 = AG 1994, 508 in Anlehnung an Lutter/Kremer, ZGR 1992, 87, 96; Mertens in FS Steindorff, 1990, S.173, 175, 179.

效。《股份法》第 114 条的保护目的在这种情况下已得到充分保障。①**在作出同意之前**，监事会必须审查此项同意是否符合公司利益。此时适用以下原则：若某一第三人能够在取得同等费用的情况下提供同等质量的顾问，则监事会在有疑问时应拒绝作出同意，除非有特殊原因（例如，熟悉工作的时间过短或者基于已得到证实的职权监事是特别值得信任的②）支持由监事提供顾问。

（三）同意

在上文中已被多次提及的同意是指（事前）**许可**或者（事后）**追认**，《民法典》第 184 条。为了维护这种法律状况，监事会可以采取以下做法，即它首先以一般限定的形式（例如法律顾问、税务顾问以及组织问题的顾问）对与有关监事签订的顾问合同作出同意，之后再对由监事提请其作出同意的个别具体给付及其特别报酬进行追认。③

谈到具体的个人任务，例如在税务纠纷或撤销程序中代理公司，不存在特殊问题。因为这些义务可以在工作开始之前由合同（包括薪酬）加以确定并提交监事会批准。

然而，这些合同通常也涉及在**法律和税务事务**中进行一般性的商谈和代理公司。但其确切内容和范围很难事先确定；一般需事后才能具体确定。特别是当公司将全部法律和税务事务外包给一个由监事参股的事务所时，更是如此。在这些情况下，必要的具体化只能在年底进行。这样做是可行的；因为法律提到了"同意"，其中依《民法典》第 183、184 条包括事后的追认。④此时，事务所自担风险；因为若未进行具体化，基本已获得监事会同意，相关合同仍然无效，而须经具体化并得到监事会追认后始生效力。因此，董事会不得预先

863

---

① OLG Köln v. 27. 5. 1994—19 U 289/93，AG 1995，90，91 stellt vorrangig auf Kenntnis und Beschlussinhalt ab.

② Rodewig in Semler/v. Schenck, Arbeitshandbuch für Aufsichtsratsmitglieder, § 8 Rn. 168.

③ Dazu Lutter/Drygala in FS Ulmer, 2003, S. 381, 395 ff.; a. A. OLG Frankfurt v. 21. 9. 2005—1 U 14/05, NZG 2006, 29, 30 = AG 2005, 925 und OLG Frankfurt a. M. v. 15. 2. 2011—5 U 30/10, ZIP 2011, 425 mit abl. Anm. Drygala = AG 2011, 256; der BGH lässt diese Frage ausdrücklich offen, BGH v. 20. 11. 2006—II ZR 279/05, ZIP 2007, 22, 24 = AG 2007, 80; so erneut in der Entscheidung vom 10. 7. 2012—II ZR 48/11, NZG 2012, 1064 = AG 2012, 712 = ZIP 2012, 1807 Tz. 18(Fresenius). Im Fall des OLG Köln v. 31. 1. 2013—18 U 21/12, BB 2013, 592 = ZIP 2013, 516(Solarworld) und dazu Strenger/Brinkschmidt, Board 2013, 85 waren die einzelnen Leistungen nicht sorgfältig genug aufgelistet.

④ A. A. aber zu Unrecht OLG Frankfurt a. M. v. 15. 2. 2011—5 U 30/10, ZIP 2011, 425 = AG 2011, 256; zutr. Drygala, ZIP 2011, 427 ff.

付款,而必须等待合同内容及范围的确定和监事会的追认。①若董事会仍然提前付款,则即使得到追认其行为仍属违法,当事人不能有效免责。

864　　　在监事会进行决议时,有关监事不仅**不享有表决权**,②而且只有在应监事会要求其作出进一步说明的情况下才能参与关于是否同意其顾问合同的讨论。

(四) 监事会的委托

865　　　若遇到棘手情况,则监事会(《股份法》第 109 条第 1 款第 2 句)和单个监事均可自行请求**第三人提供专业建议**。③不过在相同情况下,全体监事会同样可以提出该请求。尤其是在与董事会之间存在棘手的合同问题时、制定议事规程时或者为必须由监事会主席主持的"任务艰巨"的股东大会会议做准备时,更是如此。在上述情况下,对于监事会(因为缺少公司人员而)不能或不适宜处理(例如处理董事会合同)的事项,监事会不仅可以首先请求公司雇员(例如为股东大会做准备)提供协助,而且可以寻求第三方的专业帮助。即使无法在公司内部得到解决方案,监事会也只有在顾问事项涉及某一个由个别情况所引起的监事会法定职责范围内的具体问题时才能委托公司外部专业顾问提供咨询。此时,公司外部顾问必须保守其所获得的机密信息,比如说基于其职务保密义务或者一项明确的合同义务。④

866　　　在上述前提条件下,监事会同样可以委托一名拥有相应专业知识的监事提供咨询,⑤不过此时还必须遵守《股份法》第 113、114 条所提出的要求。⑥监事会代理公司(与一个第三人或者监事)签订顾问合同的权利产生于其所谓的

---

① BGH v. 10.7.2012—II ZR 48/11, NZG 2012, 1064 = AG 2012, 712 = ZIP 2012, 1807 = BB 2012, 2522 (Fresenius); ebenso die Vorinstanz OLG Frankfurt a. M. v. 15.2.2011—5 U 30/10, ZIP 2011, 425 = AG 2011, 256; so schon Lutter/Drygala in FS Ulmer, 2003, S. 381; kritisch Cahn, Der Konzern 2012, 501, der von Überdehnung des § 114 AktG spricht; zustimmend Ihrig, ZGR 2013, 417, 430 (der Aufsichtsrat darf vom Vorstand nicht präjudiziert werden).

② Mertens/Cahn, Kölner Komm. AktG, § 114 Rn. 26; Hambloch-Gesinn/Gesinn in Hölters, Komm. AktG, § 114 Rn. 5; Henssler in Henssler/Strohn, Komm. Gesellschaftsrecht, § 114 AktG Rn. 17; OLG Frankfurt v. 21.9.2005—1 U 14/05, NZG 2006, 29, 31 = AG 2005, 925.

③ BGH v. 15.11.1982—II ZR 27/82, BGHZ 85, 293, 296 f., 300 = AG 1983, 133.

④ BGH v. 15.11.1982—II ZR 27/82, BGHZ 85, 296, 296 f., 300 = AG 1983, 133; Lutter, Information und Vertraulichkeit, Rn. 550 ff.; Mertens/Cahn, Kölner Komm. AktG, § 111 Rn. 122 f.

⑤ Zum Ganzen Lutter/Drygala in FS Ulmer, 2003, S. 381, 385 ff. Auch der Kodex akzeptiert das, verlangt aber Offenlegung gegenüber der Hauptversammlung, Ziff. 5.4.6 Abs. 3.

⑥ In diesem Sinne Mertens in FS Steindorff, 1990, S. 173, 183 f.; Fischer, BB 1967, 859, 861 f.

附属权。①如果监事会以一项《股份法》第 108 条意义上的决议的形式决定委托一名监事提供咨询，那么该决议应同时被视为一项《股份法》第 114 条第 1 款意义上的同意决议；就这点而言，监事会无需再就此作出一项特别决议。②

部分学者认为由监事会（而非在法律上典型地由董事会）**有偿委托**单个监 867 事提供咨询一般是不被允许的，因为这样做会产生一种"自助"的危险。③然而这种危险是微不足道的，因为监事会只有在上文论述过的极为严格的前提条件下才可以委托一名监事提供咨询，而且一项单个监事机构义务之内的特别报酬也已经被排除。除此之外，在其他方面为监事会提供协助的董事会不是一个合适的监督机构，因为法定的监事会同意要求正是应当防止董事会的主观影响。④在保守与公司有关的机密信息的背景下，可能更应当优先考虑由一名监事代替公司外部专家提供咨询。⑤

（五）有限责任公司中的顾问合同

在有限责任公司中，⑥我们要区分**必设监事会**和（由章程规定的）**选设监事** 868 **会**（详见下文边码 1181 及以下）。就后者而言，存在三种可能：

（1）章程未对监事会的权限作出任何规定。《股份法》第 113、114 条通过《有限责任公司法》第 52 条第 1 款而得以适用，不过存在这样一个限制，即股东大会可以根据《股份法》第 114 条用一项自己的决议代替监事会的同意⑦或者根据《股份法》第 113 条追认一项已被禁止的合同。

（2）相反，如果章程赋予监事会针对监事的**报酬权**，那么每一份顾问合 869 同——即使他包含机构义务——均必须经监事会同意才能生效。在作出同意时，监事会必须遵守平等对待所有监事的原则，该原则禁止以提高报酬为目的的虚假合同。

（3）最后，章程可以规定股东自行决定是否与监事签订顾问合同。监事

---

① Mertens/Cahn, Kölner Komm. AktG, § 111 Rn. 127, § 112 Rn. 24; Habersack, MünchKomm. AktG, § 111 Rn. 135; Semler in FS Rowedder, 1994, S. 441, 454 f.; Werner, ZGR 1989, 369, 383.

② Ein konkludenter Beschluss genügt im Rahmen von § 114 Abs. 1 AktG, im übrigen jedoch nicht: OLG Köln v. 27.5.1994—19 U 289/93, ZIP 1994, 1773, 1774 = AG 1995, 90; LG Stuttgart v. 27. 5. 1998—27 O 7/98, ZIP 1998, 1275, 1280; Habersack, MünchKomm. AktG, § 114 Rn. 30.

③ Fischer, BB 1967, 859, 861 f.; Mertens in FS Steindorff, 1990, S. 173, 184, Bernhardt, BB 1967, 863, 865.

④ Zum Zweck des § 114 AktG vgl. Hüffer, Komm. AktG, § 114 Rn. 1; Begr. RegE zu § 114 AktG bei Kropff, Aktiengesetz, S. 158.

⑤ Vgl. Lutter, Information und Vertraulichkeit, Rn. 550 ff.

⑥ Zum Folgenden näher Lutter/Kremer, ZGR 1992, 87, 100 f.; Lutter in FS Westermann, 2008, S. 1171 ff.

⑦ Ebenso Wagner in Semler/v. Schenck, Arbeitshandbuch für Aufsichtsratsmitglieder, § 8 Rn. 171.

会的同意权由此被剥夺。

870　　法律规定**实行共同决定的有限责任公司**必须设立监事会；此时，《股份法》第 113、114 条不受限制地得以适用。①

（六）康采恩中的顾问合同

871　　在考虑在康采恩中可否签订顾问合同时，②首先要注意到康采恩母公司监事会对其董事会的监督及顾问涉及康采恩的领导层，而非子公司的经营管理机构（参见上文边码 141 及以下）。此时，只有董事会所欲采取的、**对母公司和整个企业集团**具有重要意义的康采恩经营管理措施才是监事会监督及顾问的对象。在此程度上，顾问合同根据《股份法》第 113 条是不被允许的。此外，根据《股份法》第 114 条，就康采恩中的问题为母公司提供法律及税务方面顾问的合同仍然是被允许的。

872　　如果**母公司的一名监事与一家子公司**签订了一份顾问合同，在该合同中监事有义务就所有重要经营管理问题为子公司提供咨询，那么《股份法》第 113 条的法律思想在这里同样适用。虽然这本身并不涉及母公司监事会的工作（因为子公司中的一般经营管理不属于母公司监事会监督义务的范畴），但母公司董事会却能够对顾问合同的签订施加影响并允许监事获得特别报酬。因此，监事与子公司之间的顾问合同不仅在其内容（例外地）涉及母公司监事会中的义务时是不被允许的，而且在其内容违反子公司监事会中的机构义务时（有关监事可能同时是子公司的监事）同样如此。③

873　　如果不属于上述两种情况，那么顾问合同本身并不是不被允许的，不过它还要接受《股份法》第 114 条的监督，就像为母公司进行工作的情况一样。④这意味着，无论子公司监事会还是母公司监事会均必须对顾问合同予以同意。⑤

---

① 如果股东大会额外聘任了一个顾问委员会并将监事选入该委员会，那么当该委员会的工作涉及常规顾问义务且为有偿时，《股份法》第 114 条将得到类推适用。Die Unvoreingenommenheit der Aufsichtsratsmitglieder soll nicht durch deren Bestellung zum Beirat als geldgleiche Zuwendung beeinträchtigt werden, näher Lutter/Kremer, ZGR 1992, 87, 101 ff.; a. A. Mertens in FS Steindorff, 1990, S. 173, 185 f.

② Lutter/Kremer, ZGR 1992, 87, 103 ff.; Lutter in FS Westermann, 2008, S. 1171, 1181 ff.; a. A. Mertens in FS Steindorff, 1990, S. 173, 186.

③ Zustimmend Wagner in Semler/v. Schenck, Arbeitshandbuch für Aufsichtsratsmitglieder, § 8 Rn. 148.

④ Näher Lutter/Kremer, ZGR 1992, 87, 105 f.; Lutter in FS Westermann, 2008, S. 1171, 1184; zustimmend Kummel/Küttner, DB 1996, 193, 195; Rellermeyer, ZGR 1993, 77, 88; Drygala in K. Schmidt/Lutter, Komm. AktG, § 114 Rn. 14; nun auch Hüffer, Komm. AktG, § 114 Rn. 2b; Wagner in Semler/v. Schenck, Arbeitshandbuch für Aufsichtsratsmitglieder, § 8 Rn. 149; a. A. Mertens in FS Steindorff, 1990, S. 173, 186; Mertens/Cahn, Kölner Komm. AktG, § 114 Rn. 11; ähnlich Hoffmann-Becking, Münchener Hdb. AG, § 33 Rn. 52: „jedenfalls" bei ersichtlicher Umgehungsabsicht.

⑤ Lutter in FS Westermann, 2008, S. 1171, 1184.

与《股份法》第 115 条第 1 款第 2 句不同,《股份法》第 114 条并未规定在整个康采恩中的适用,①这可以在以下事实中得到其依据,即规定在整个康采恩中适用的条款在立法过程中仅被短期引入。②

上面所作的论述无疑同样适用于与**孙公司**之间的顾问合同。在这里,母公司董事会同样可以对顾问合同的签订施加影响。因此,《股份法》第 113、114 条类推适用于此类合同。③ 　　　874

更加难以判断的是**子公司监事与母公司之间**的顾问合同。此时,无论在法律上还是在实践中,子公司的董事会均不能对其监事与母公司之间顾问合同的签订施加影响。这样一来,《股份法》第 113、114 条的保护目的未遭到破坏,而且在这种情况下子公司的监事可以不受限制且无需经监事会同意地与母公司签订顾问合同。④ 　　　875

(七) 与关联公司监事之间的顾问合同

如果顾问合同不是与监事,而是与一家该监事作为**其股东、法定代理人或监事**的公司签订的,那么同样会遇到关于《股份法》第 113、114 条的可适用性的问题。⑤当监事能够在公司中凭借其协会法上的地位促使公司支付顾问报酬(比如说因为他掌管着公司)时,或者当合同明确规定他应履行绝大部分的合同上的对待给付时,《股份法》第 113、114 条无疑是可以适用的。⑥鉴于《股份法》第 114 条的目的——防止监事受到董事会特别给付的不客观影响,⑦而且如果监事只是间接地参与了顾问报酬的分配(例如他自己并不是顾问合同的当事人,而只是通过负责签订合同的律师事务所而分 　　　876

---

① Darauf stellen ab: Schlaus, AG 1968, 376, 377; Jaeger in Nirk/Ziemons/Binnewies, Handbuch der Aktiengesellschaft, Rn. I 9.292; Hoffmann-Becking, Münchener Hdb. AG, §33 Rn.52.

② Deckert, WiB 1997, 561, 564; Hopt/Roth, Großkomm. AktG, §114 Rn.40; Wagner in Semler/v. Schenck, Arbeitshandbuch für Aufsichtsratsmitglieder, §8 Rn.147.

③ Lutter in FS Westermann, 2008, S.1171, 1184; Drygala in K. Schmidt/Lutter, Komm. AktG, §114 Rn.14; Spindler in Spindler/Stilz, Komm. AktG, §114 Rn.7.

④ Lutter in FS Westermann, 2008, S 1171, 1185; a. A. Habersack, MünchKomm. AktG, §114 Rn.17; Spindler in Spindler/Stilz, Komm. AktG, §114 Rn.7, die Schutz vor Einflussnahme des herrschenden Unternehmens auf Aufsichtsratsmitglied des abhängigen Unternehmens jedenfalls im bloß faktischen Konzern vom Zweck des §114 AktG erfasst sehen.

⑤ Dazu Lutter in FS Westermann, 2008, S.1171, 1178 ff.

⑥ Mertens/Cahn, Kölner Komm. AktG, §114 Rn.10; Hoffmann-Becking, Münchener Hdb. AG, §33 Rn.51: bei Umgehungsabsicht.

⑦ Hüffer, Komm. AktG, §114 Rn.1; Begr. RegE zu §114 AktG bei Kropff, Aktiengesetz, S.158.

得部分利润①），那么有关的顾问合同必须征得监事会的同意，除非所分得的报酬微不足道或者与正式监事报酬相比甚至可以忽略不计。②

（八）不当报酬的返还

877 　　根据上文刚刚论述过的规则，若一份顾问合同因缺少（监事会的）追认或追认能力而无效，则因合同而受益的人必须根据《股份法》第 114 条第 2 款将其所取得的报酬返还给公司。③因为此项请求权具有社团性质且不属于不当得利返还请求权，所以《民法典》第 818 条，尤其是该条第 3 款，并不适用。④关于对监事基于《民法典》第 812 条向公司主张的反请求权的严格要求，参见杜塞尔多夫州高等法院 2008 年 5 月 20 日的判决。⑤

（九）顾问合同及其内容的公开

878 　　公司治理委员会在其报告中⑥建议立法者规定一项在年度决算附件中对"个人所履行的给付（尤其是顾问和调解给付）以及与此有关的报酬或利益"作出说明的义务。迄今为止这尚未得到实现。但《准则》第 5.4.6 条第 3 款对此作出以下**建议性**规定：

　　　　监事的报酬应在附件或状况报告中根据各组成部分被分类予以说明。对于公司支付给监事的报酬或者监事基于其个人所履行的给付而取得的利益来说，也应如此。

七、与监事的第三人交易

（一）贷款

879 　　在机构关系之外，监事与公司处于一种与面对第三人时相同的关系中。因此，在这两者之间可以形成任何一种法律关系。只是：监事不应当能够被"收买"，而应当保持**独立**。因此，法律不同意公司贷款给监事以及与其有关联

---

　　① 　BGH v. 20.11.2006—II ZR 279/05, BGHZ 170, 60 = ZIP 2007, 22 = AG 2007, 80；Werner, DB 2006, 935, 936；Bosse, NZG 2007, 172, 173；LG Stuttgart v. 27.5. 1998—27 O 7/98, BB 1998, 1549, 1552；Oppenhoff in FS Barz, 1974, S.283, 288；Rellermeyer, ZGR 1993, 77, 88 f.；a.A. Wissmann/Ost, BB 1998, 1957, 1960, die es für entscheidend halten, ob die Beratungsleistung durch das Aufsichtsratsmitglied erbracht wird.

　　② 　BGH v. 20.11.2006—II ZR 279/05, BGHZ 170, 60 = ZIP 2007, 22 = AG 2007, 80.

　　③ 　BGH v. 20.11.2006—II ZR 279/05, BGHZ 170, 60 = ZIP 2007, 22 = AG 2007, 80；BGH v. 3.7.2006—II ZR 151/04, BGHZ 168, 188 = ZIP 2006, 1529 = AG 2006, 667；vgl. dazu auch Kanzler, AG 2013, 554.

　　④ 　Lutter in FS Westermann, 2008, S.1171, 1186.

　　⑤ 　OLG Düsseldorf v. 20.5.2008—23 U 128/07, Juris = BeckRS 2008/13221.

　　⑥ 　Baums(Hrsg.), Bericht der Regierungskommission Corporate Governance, 2001, Rn.265.

的人。如果公司仍(例外地)提供贷款,那么这必须受到严格规则的约束并征得(其他)监事的同意(《股份法》第 115 条)。[①]只有当贷款与公司利益不矛盾时(比如说由于贷款人应受公司约束[②]),(其他)监事才能作出同意。《股份法》第 115 条中的"贷款"概念要从广义上被加以理解:除**借贷**之外还包括超出通常交易范围的**延期付款**、为第三人贷款**提供担保**以及向职工监事支付**预付工资**。[③]根据《商法典》第 285 条第 9c 项,贷款必须在年度决算的附件中被加以说明。

(二) 其他第三人交易

与在公司与股东的关系中相似,正常交易原则("一臂之隔原则")在这里同样适用:即使监事的个人利益与公司利益相矛盾,监事也完全可以在其机构职责之外追求其个人利益。特别是此时**不存在竞业禁止**。然而,监事不得为获得所追求的利益而实施不适当地增加公司负担的行为(**禁止专断**)。[④]监事同样不得为个人目的而利用那些在**其职务之外**获悉的交易机会,[⑤]即使这对公司来说同样是有利可图的。 `880`

相反,如果监事欲为交易上的个人利益而**利用其职务**,那么法律状况就不同了:虽然与公司进行交易并未被禁止,但在这种情况下监事是作为公司的交易伙伴出现的,那么他就不得对经营管理层施加可能给公司带来不利后果的影响。然而,监事经常是鉴于现存或者所期待的交易关系而被选出的;因此,监事可以与公司达成对其自身有利的——但并非客观上不正当的——交易条件,并为此目的与经营管理层进行协商。[⑥] `881`

监事不得促使董事会进行可能给公司造成**不再符合其经营利益的不利后果**的交易。如果给付与对待给付在客观上不相称(太过有利于监事),那么不论董事会还是有关监事均**违反了其义务**。就这点而言,与向股东作出隐性盈余分配没有任何不同。[⑦]人们最好能够通过以下表达方式对此作出说明:对于监事基于其职务必须立即提出指责的行为,他不得促使董事会为之。[⑧]为个人 `882`

---

① Dazu Hoffmann/Preu, Der Aufsichtsrat, Rn. 325 ff.; Wagner in Semler/v. Schenck, Arbeitshandbuch für Aufsichtsratsmitglieder, § 8 Rn.124 ff.

② Wagner in Semler/v. Schenck, Arbeitshandbuch für Aufsichtsratsmitglieder, § 8 Rn.133.

③ Hoffmann/Preu, Der Aufsichtsrat, Rn.326; Wagner in Semler/v. Schenck, Arbeitshandbuch für Aufsichtsratsmitglieder, § 8 Rn.130.

④ Ulmer, NJW 1980, 1603, 1606 f.

⑤ Fleck in FS Heinsius, 1991, S.89, 92.

⑥ Fleck in FS Heinsius, 1991, S.89, 93.

⑦ Dazu Lutter, Kölner Komm. AktG, § 57 Rn. ff.; Drygala, Kölner Komm. AktG, 3. Aufl., § 57 Rn.37 ff.

⑧ Ulmer, NJW 1980, 1603; Lutter, ZHR 145(1981), 224, 240 f. und BGH v. 21.12.1979—II ZR 244/78, NJW 1980, 1629.

目的而使用未——或者尚未——被普遍知悉的内部信息尤其在以下情况下是一种对忠实义务的违反,即监事凭借这种"内部人的知悉"建立或取消自己与第三人的**业务联系**并给公司造成不利后果。[1]例如,一名监事凭借其利用职务所取得的关于公司销售组织及客户网的信息获得了对公司的竞争优势并通过自己进行交易阻碍公司交易机会的实现。[2]

883 如果董事会委托一名监事**进行一笔交易**(包括为交易关系做准备),那么同样会产生诸多问题。若约定的报酬超过通常的经纪人报酬,则存在一项义务违反。[3]根据《民法典》第 675、667 条,受本公司委托进行交易的监事必须返还其从交易相对方取得的回扣(但双方可以作出不同约定)。[4]

884 相反,若监事并非受董事会委托实施行为,则在以下情况下存在一项义务违反,即监事与第三人约定:如果他尽力使自己获得公司的委托,那么就可以从第三人处取得**回扣**。根据《民法典》第 687 条第 2 款、681 条第 2 句、第 667 条,公司始终可以而且必须要求有关监事退还此类"贿金"。[5]也就是说,在缔结第三人与公司之间的交易时,监事既不应轻率地忽视其特殊义务,也不应公然披露信息,而应严格遵守正常交易原则("一臂之隔原则")。否则,根据《股份法》第 93 条第 2 款、第 116 条第 1 句,公司将面临数额可能相当可观的**损害赔偿请求**的威胁(视交易规模而定)。

■ 第三节 监事的义务及义务冲突

一、监事的义务

885 每名监事均有义务参与履行监事会所负的职责并行使其享有的法定权

---

① Fleck in FS Heinsius, 1991, S.89, 100. Für den Nachteil ist ein Schaden im Sinne der §§ 249, 252 BGB nicht erforderlich; es genügen alle immateriellen Schäden, so die Störung der Planungen der Gesellschaft oder Ansehensminderung und Vertrauensverlust durch Weitergabe von Insiderinformationen, Lutter, Information und Vertraulichkeit, Rn. 417.

② 关于将借助监事地位获得信息滥用与证券交易("内幕交易"),vgl. Fleck in FS Heinsius, 1991, S 89, 101 ff。

③ Ein derartiger Vertrag fällt außerdem unter § 114 AktG, wenn er dienstvertragsähnlich ist, also der Auftraggeber entgegen § 652 BGB Honorar auch dann schulden soll, wenn die Bemühungen des Aufsichtsratsmitglieds erfolglos waren, Fleck in FS Heinsius, 1991, S.89, 104.

④ Fleck in FS Heinsius, 1991, S.89, 107 ff.

⑤ Ein Schaden im Sinne von §§ 93 Abs. 2, 116 Satz 1 AktG wird nicht immer nachweisbar sein, dazu ausführlich Fleck in FS Heinsius, 1991, S.89, 107 ff.

利。此类参与义务包括：①

(一) 共同工作义务

所有监事均有义务参与监事会的工作。在某种程度上,这属于每名监事 886
的**基本义务**。在此项义务的框架内,每名监事均必须定期参加监事会会议并
为之做准备,因为在无准备的情况下有效的监事会工作是无从谈起的。监事
必须认真完成全体监事会委托给他的任务。②

(二) 判断义务

从上述的共同工作义务中产生了监事对全体监事会或监事会委员会的协 887
商事项作出判断的义务。③每名监事的个人判断义务是由斯图加特州高等法院
在一个引起轰动的案件中确定下来的。④对于不属于某一委员会成员的监事来
说,共同工作义务及判断义务是受到限制的。在一定程度上存在着**分级负责**：
在委员会职责的范围内,首先由委员会成员对认真履行(委员会)职责负责。
其余监事的义务则仅限于通过全体大会对委员会工作进行监督以及在此范围
内共同工作并作出判断,⑤《股份法》第 107 条第 3 款第 4 句。

(三) 对董事的资格(能力)作出个人判断的义务

与监事会的监督职责紧密相连,每名监事均有义务对董事会领导企业 888
的资格(能力)及其职权(责)范围作出判断。⑥这既包括一般性判断,又包括
续聘方面的特殊判断。此外,每名监事不仅必须参与寻找(合适的人选)及
决策,而且必须参与后备董事的预选(只要有关监事被选派到相应的监事会

---

① Vgl. zu den Pflichten der Aufsichtsratsmitglieder auch Mertens/Cahn, Kölner
Komm. AktG, § 116 Rn.10 ff.; Deckert, DZWir 1996, 406, 407 ff.

② Mertens/Cahn, Kölner Komm. AktG, § 116 Rn.11; Habersack, MünchKomm.
AktG, § 116 Rn.31.

③ Betreffend das Mitglied eines freiwilligen Aufsichtsrats bei der Publikums-KG OLG
Düsseldorf v. 8.3.1984—6 U 75/83, WM 1984, 1080, 1084 ff. = AG 1984, 273.

④ OLG Stuttgart v. 29.2.2012—20 U 3/11, ZIP 2012, 625 = AG 2012, 298(Piëch);
Revision vom BGH nicht angenommen; Beschluss vom 8.11.2012—II ZR 111/12, EWiR
§ 116 AktG 2/13(Heidel) = AG 2013, 90; der BGH hat in seinem Beschluss aber festge-
stellt, dass sich ein Aufsichtsratsmitglied über erhebliche Risiken von Vorstandsgeschäften
kundig machen und ihr Ausmaß selbständig abschätzen muss. Vgl. dazu auch Westermann in
FS Hommelhoff, 2012, S.1319 ff.

⑤ A.A. diesbezüglich Mertens/Cahn, Kölner Komm. AktG, § 116 Rn.11; Ein Auf-
sichtsratsmitglied, das nicht dem Ausschuss angehört, brauche an dessen Arbeit keinen An-
teil zu nehmen und trage auch nicht die Verpflichtung zur Kontrolle der Ausschussarbeit.
Diese Ansicht wird dem überwachungsauftrag des Gesamtaufsichtsrats nicht gerecht.

⑥ Vgl. zu Personalentscheidungen des Aufsichtsrats Fonk in Semler/v. Schenck, Ar-
beitshandbuch für Aufsichtsratsmitglieder, § 10 Rn.1 ff.

委员会中）。①

（四）组织义务

889 　　组织义务是指监事必须设法使监事会的组织及工作方式与法律相符且运行良好。②该义务有助于**保障**监事会**高效的**工作方式。因此，监事同样有义务在必要时为监事会的工作方式提出改善建议。此项义务还包括：（1）在紧急情况下要求召开监事会会议或者在其要求未得到满足的情况下自行召开有关会议；③（2）在必要时设法排除另一名监事的参与。④

（五）信息义务

890 　　此外，监事必须设法了解监事会工作所必需的所有事务。此项义务旨在使监事获得其**就**监事会或监事会委员会的**决议事项作出判断**所不可或缺的必要信息。为此，监事必须知悉董事会根据《股份法》第 90 条向监事会所作报告的内容。⑤如果这样做还不足以使监事对公司的状况有所了解，那么他有可能必须行使其个人权利——要求董事会作出附加报告（《股份法》第 90 条第 3 款第 2 句）。⑥

（六）审查义务

891 　　《股份法》第 171 条第 1 款分配给监事会这样一项特殊义务，即对**年度决算、状况报告、康采恩年度决算和康采恩状况报告**以及**决算盈利的使用建议**进行审查并根据《股份法》第 171 条第 2 款第 3 句就审计报告发表自己的看法。除此之外，监事会还有义务与由股东大会选出的决算审计人员签订审计合同（《股份法》第 111 条第 2 款第 3 句）。虽然这属于作为合议机构的监事会的义务，但每名监事仍必须通过其判断协助监事会履行此项义务。

（七）存在董事会违反义务的依据时的采取措施（进行干预）义务

892 　　全体监事会的**监督义务**来源于每名监事所负的以下义务，即若监事得知董事会实施了错误行为或违反了经营管理义务，则他必须将此事告知其他监事、委员会成员或者至少监事会主席。实践中，为了不破坏董事会与监事会之间的信任关系，后者将成为最有意义的做法。

---

① Mertens/Cahn, Kölner Komm. AktG, § 116 Rn.15；Hopt/Roth, Großkomm. AktG, § 116 Rn.152.

② Mertens/Cahn, Kölner Komm. AktG, § 116 Rn.12；Hopt/Roth, Großkomm. AktG, § 116 Rn.120 ff.；vgl. auch Potthoff/Trescher/Theisen, Der Aufsichtsrat, Rn.796 ff. Im Übrigen vgl. oben Rn.651, 654 ff.

③ § 110 AktG.

④ § 103 AktG; siehe dazu sogleich unter Rn.930 ff.

⑤ 这与监事会主席将报告递交给单个监事的义务相符；vgl. Lutter, Information und Vertraulichkeit, Rn.184。

⑥ Siehe dazu oben unter Rn.212 ff.

(八) 董事会遭到公众批评时的维护义务

请参阅联邦最高法院判例：BGH v. 6.11.2012—II ZR 111/12，AG 2013，   892a
90(Piëch) ＝ EWiR § 116 AktG，2/13(Heidel)。

二、为公司利益行为的义务

就其职能(责)而言,监事并不是其选举人个体利益的代表。相反,他们无   893
一例外地负有为公司利益行为的义务。我们可以从《股份法》第 116 条结合第
93 条第 1 款第 2 句的法律条文中推知这一点。虽然在法律中公司利益的概念
已被选定,①但前述的这项义务与在法律修改前就已得到承认的、监事为企业
利益行为的义务是相符的。②

企业利益既不同于股东利益、职工利益,又不同于合同当事人利益、地区
或公众利益。相反,它是对具体情况中的**不同相关个体利益加以权衡**的结果。
如果公司遵循**股东价值**观,那么虽然这意味着对(被允许的)股东利益的倾向,
但却并不意味着可以完全弱化其他个体利益。在公司遵循**利益相关人价值**观
的情况下,同样如此。③企业利益究竟包括哪些内容,无法以抽象形式被客观地
预先确定下来,而需要在具体情况中从企业的视角及其需求来加以判断。④但
这并不是说此类利益平衡是通过事实上彼此依赖的各方利益代表的"互相谅
解"而得以实现的;⑤相反,每名监事均有义务在形成其个人观点时自发地考虑
到所有相关利益并从企业角度对它们加以权衡。⑥此种权衡虽然仅能在有限情

---

① Die Formulierung ist erst mit der sog. Business Jugdment Rule(dazu Lutter, ZIP 2007, 841) durch das UMAG ins AktG gekommen.

② Ganz h.M. in Rechtsprechung und Lehre, vgl. etwa BVerfG v. 1.3.1979—1 BvR 532/77, BVerfGE 50, 290, 374 sowie BGH v. 29.1.1962—II ZR 1/61, BGHZ 36, 296, 306, 310 und BGH v. 9.7.1979—II ZR 118/77, NJW 1979, 1823, 1826; zur Gleichwertigkeit beider Begriffe vgl. Hopt/Roth, Großkomm. AktG, § 116 Rn.34; BGH v. 21.4.1997—II ZR 175/95, BGHZ 135, 244, 253 und 255; in der Lit. vgl. etwa Mertens/Cahn, Kölner Komm. AktG, Vorbem. § 95 Rn.12 ff.; Hoffmann/Preu, Der Aufsichtsrat, Rn.108 f.; Potthoff/Trescher/Theisen, Das Aufsichtsratsmitglied, Rn.923 ff.

③ Hüffer, ZHR 161(1997), 214, 217 f.; Mülbert, ZGR 1997, 129, 140 ff.; aus der Sicht des Vorstands v. Werder, ZGR 1998, 69, 77 ff.

④ Ebenso Koch, Unternehmensinteresse, S.66.

⑤ So aber die Vertreter des sog. Konfliktmodells, vgl. Laske, ZGR 1979, 173; Naendrup, GK-MitbestG, § 25 Rn.190; Köstler/Müller/Sick, Aufsichtsratspraxis, Rn.610 ff.

⑥ So das von der h.M. vertretene sog. Integrationsmodell; vgl. hierzu Mertens/Cahn, Kölner Komm. AktG, Vorbem. § 95 Rn.12 m.w.N.; Semler, MünchKomm. AktG, 2. Aufl., § 116 Rn.177 f. sowie Habersack, MünchKomm. AktG, 3. Aufl., § 116 Rn.44 und 46; Möllers in Hommelhoff/Hopt/v. Werder, Handbuch Corporate Governance, S. 413 ff.; Hoffmann/Preu, Der Aufsichtsrat, Rn.108.

况下实现客观公正的判断,但它却完全可以确定对某些与公正判断不再相符的界限的超越,①比如说当企业的长期存续受到威胁时就属于此种情况:②与每一个存续着的单位一样,企业有时必须在若干不利的选择中作出决定(亏损还是解雇重要的专业人员;更高的成本还是更长时间的罢工,等等)。然而,因为企业只有凭借充足的利润才能继续生存并保持竞争力,所以它必须始终重视其**长期发展前景**。与此相违背的决议无效(参见上文边码 737 及以下);发起并参与此类决议的监事对公司负有损害赔偿义务,无论他们属于哪一集团(参见边码 984 及以下)。

三、利益冲突

894　　监事有义务为公司利益实施行为;不过,他们通常——凭借其监事职务(兼职)的安排而得到优待③——还扮演着其他角色并承担着其他义务。这些角色或义务可能使他们之间发生利益冲突。④

(一)法定的框架条件

895　　基于上述情况而产生的利益冲突直到近些年才日益受到重视。⑤法律在原

---

① Ebenso Ulmer, Der Einfluss des Mitbestimmungsgesetzes, S.31; Marsch-Barner in Semler/v. Schenck, Arbeitshandbuch für Aufsichtsratsmitglieder, §13 Rn. 96, 97; Schilling, ZHR 144(1980), 136, 144; Brinkmann, Unternehmensinteresse und Unternehmensstruktur, S.199 ff.; Teubner, ZHR 149(1985), 470, 485 ff.; so wohl auch Mertens/Cahn, Kölner Komm. AktG, Vorbem. §95 Rn.13 f.

② Ebenso etwa Koberski in Wlotzke/Wißmann/Koberski/Kleinsorge, Mitbestimmungsrecht, §25 MitbestG Rn.94; Mertens/Cahn, Kölner Komm. AktG, Vorbem. §95 Rn.13; Raisch in FS Hefermehl, 1976, S.347, 361; Raiser in FS R. Schmidt, 1976, S.101, 105, 107, 109; mit wesentlich strengeren Anforderungen Wiedemann, BB 1978, 5, 10 f.; Wiedemann, Gesellschaftsrecht, Bd. I, S. 625 ff.; skeptisch gegenüber diesem Ansatz Jürgenmeyer, Das Unternehmensinteresse, 1984, S.104 ff.; ebenso Kübler/Assmann, Gesellschaftsrecht, §14 III.2a).

③ So schon Lutter, ZHR 145 (1981), 224, 235; vgl. auch Potthoff/Trescher/Theisen, Das Aufsichtsratsmitglied, Rn.790; Lutter in FS Canaris, 2007, Bd. II, S.245, 252; Westermann in FS Hommelhoff, 2012, S.1319, 1320 ff.; Butzke in FS Hoffmann-Becking, 2013, S.229 ff.

④ Lutter in FS Coing, 1982, S.565 ff.; Lutter, ZHR 145(1981), 224 ff.; Lutter in FS Priester, 2007, S.471 ff.; Lutter in FS Canaris, 2007 Bd. II, S.245, 252; Westermann in FS Hommelhoff, 2012, S.1319, 1320 ff.; Butzke in FS Hoffmann-Becking, 2013, S.229 ff.

⑤ Vgl. etwa Marsch-Barner in Semler/v. Schenck, Arbeitshandbuch für Aufsichtsratsmitglieder, §13 Rn.79 ff.; Roth/Wörle, ZGR 2004, 565 ff.; Säcker, AG 2004, 180, 182 ff.; Hopt, ZGR 2004, 1 ff.; Hoffmann/Preu, Der Aufsichtsrat, Rn.500 ff.; Steinbeck, Überwachungspflicht, S.65 ff.; Potthoff/Trescher/Theisen, Das Aufsichtsratsmitglied, Rn. 929 ff.; Krebs, Interessenkonflikte, passim.

则上承认其中的一些利益冲突,比如说在**企业共同决定**的情况下。①为预防冲突情况的发生,《股份法》第125条第1款第5句要求上市公司在选择监事时除工作及居住地(《股份法》第124条第3款第4句)外还应说明候选人的**其他监事职务**。这同样适用于与之相似的国内外监督委员会中的成员资格。此外,上市公司及信贷机构还必须在年度决算的附件中对其他的董事及监事职务作出说明(《商法典》第285条第10项、第340a条第4款第1项)。这样一来,股东应该就能够提早认识到(逐渐)呈现出的利益冲突的风险。②尽管如此,因在竞争企业任职而丧失在本公司监事会中任职能力的监事仍不能在解聘程序中以股东已知悉并容许其特殊情况为由提出抗辩。此类抗辩的前提是股东能够对一个人的任职能力作出判定。然而就像法律在许多地方明确规定的那样,这并不切合实际。③

(二)不同的冲突

必须被加以区分的是简单的利益冲突与义务冲突。④利益冲突指的是企业利益与监事个人利益之间的冲突。⑤而义务冲突指的则是为企业利益实施行为的义务与基于另一项法律关系而为不同行为的义务之间的冲突。

896

(三)冲突的解决

首先要适用**角色分离**原则⑥:单个监事不仅必须将其所扮演的不同角色区分开来,而且必须重视当时的企业利益并根据该利益开展其在监事会中的工作。⑦因此,监事不得基于这样的愿望而对公司收购作出同意,即在收购完成后成为(已被康采恩化的)子公司的董事会主席。

897

然而在很多情况下,上述的角色分离原则无法提供更多帮助:监事不仅无法弱化其个人利益或他人利益,而且其参与可能严重阻碍相互信任的合作。

898

法律为此规定了以下解决方案:若存在"裁判自己事务"的情况,则有关监事依法**不享有表决权**。⑧这产生于《民法典》第34条及《有限责任公司法》第47

899

---

① Dazu Lutter in FS Coing, Bd. 1, 1982, S.565.

② Vgl. Begr. RegE zu §124 AktG, BT-Drucks. 13/9712, S.17; vgl. auch Mülbert, Gutachten E zum 61. DJT, 1996, E 108; Hopt, AG 1997, 42, 43; Kübler, AG 1997, 48, 50; Mertens, AG 1997, 70.

③ Vgl. §§85 Abs. 1, 88, 103, 105 AktG.

④ Siehe schon Lutter, ZHR 145(1981), 224, 231; Werner, ZHR 145(1981), 252, 257; Dreher, JZ 1990, 896, 900; Marsch-Barner in Semler/v. Schenck, Arbeitshandbuch für Aufsichtsratsmitglieder, §13 Rn.99; ebenso Steinbeck, Überwachungspflicht, S.56 ff.

⑤ Vgl. Steinbeck, Überwachungspflicht, S.56.

⑥ Dazu vgl. Diekmann/Fleischmann, AG 2013, 141.

⑦ Dreher, JZ 1990, 896, 990; Deckert, DZWir 1996, 406, 409; Möllers in Hommelhoff/Hopt/v. Werder, Handbuch Corporate Governance, S.434.

⑧ Das Stimmrechtsverbot aus §34 BGB hat dingliche Wirkung; vgl. Jauernig, Komm. BGB, §34 Rn.3.

条第 4 款的一般法律原则。①

900　　　在其他情况下,忠实义务能够要求单个监事——根据冲突的持续时间和强度——**减少参与监事会中的工作**。如果在冲突结束后监事会中还是无法进行彼此信任的合作,那么作为"最后一招"②可以考虑要求有关监事**辞职**。若该监事未履行其辞职义务,则可以根据《股份法》第 103 条**解聘**该监事。

901　　　相反,如果在冲突结束后监事会中可以继续进行彼此信任的合作,那么有关监事仅在冲突期间内暂停其职务即可。在此期间,有关监事不仅丧失其表决权,而且不得出席监事会会议。③

902　　　然而在很多情况下,有关监事仅在具体冲突事件中**不参与任何工作以及表决**仍然是不够的。④除此之外,其他监事还必须(如果可能的话,通过监事会主席)获知有关冲突。⑤最后,监事会应在其向股东大会提交的年度报告中就有关冲突作出说明。⑥

903　　　对于**委员会**中的工作来说,同样如此。例如,如果审计委员会应对企业中的某一事件进行调查,那么只有那些可能被牵涉其中的委员会成员在调查期间依法被排除在外。

(四) 分类⑦

1. 简单的利益冲突

904　　　实践中,利益冲突大多出现在以下三个方面:第一个方面涉及**与公司之间**的需经监事会同意**的合同**。法律上负有同意义务的合同包括顾问合同(《股份法》第 114 条)和贷款合同(《股份法》第 115 条)。此外,章程(《股份法》第 111 条第 4 款第 2 句)也可以使其他合同的签订受监事会同意的约束。第二个方面涉及**社团法(公司法)上的事务**(选举董事、监事会主席、委员会主席,等等)。

---

① Näher zum Verbot des „Richtens in eigener Sache" siehe unten unter Rn. 904 ff.

② Siehe Steinbeck, überwachungspflicht, S. 73; Häuser, Interessenkollisionen, S. 158.

③ A. A. der BGH in seiner Entscheidung vom 2. 4. 2007—II ZR 325/05, WM 2007, 1025 = ZIP 2007, 1056, der dem betroffenen Aufsichtsratsmitglied die Teilnahme an der Sitzung erlaubt: zu Unrecht. Wie hier Diekmann/Fleischmann, AG 2013, 141, 147.

④ Stimmenthaltung allein genügt nicht; vgl. Lutter in FS Priester, 2007, S. 417 ff. sowie Lutter in FS Canaris, 2007, Bd. II, S. 245 ff.; ähnlich Steinbeck, Überwachungspflicht, S. 62 m. w. N. in Fn. 99.

⑤ Kodex Ziff. 5.5.2.

⑥ Kodex Ziff. 5.5.3.

⑦ Vgl. dazu schon Lutter, ZHR 145(1981), 224, 231 ff.; Werner, ZHR 145(1981), 252, 259; Ulmer, NJW 1980, 1603, 1604 ff.; Butzke in FS Hoffmann-Becking, 2013, S. 229 ff.

第三个方面则包括对单个监事**不利的措施**（提起或终止诉讼，拒绝其参加某一委员会，等等）。

就简单的利益冲突而言，一方面涉及表决权问题，另一方面则涉及监事可否参加讨论。①在就是否同意有关合同或者是否进行（对有关监事）不利的法律行为进行表决时，有关监事不享有表决权。②此时适用《民法典》第 34 条及《有限责任公司法》第 47 条第 4 款的法律原则（"禁止裁判自己的事务"）。③对此，有关监事不能以监事会的参与仅是"后置的"④且监事会的监督职责也不会因此受到影响为由提出抗辩。与此相对，如果涉及董事、监事会主席等的选举，有关监事仍然享有表决权。此时——与阿登纳被选举为联邦总理的情况相似——自我选举是被允许的。⑤当然，放弃参与讨论是一种礼貌的行为。而在表决权被排除的情况下，则有所不同：⑥此时，监事不得以任何其他形式参与表决。⑦他也不得参与讨论，因为其全部行为均受到以下事实的影响，即他不能仅为公司利益行为。⑧

对于委员会中的工作来说，同样如此。比如说，如果审计委员会应对企业中的某一事件进行调查，那么只有那些可能被牵涉其中的委员会成员在调查

905

906

---

① Vgl. Deckert, DZWir 1996，406，409.

② Nahezu einhellige Ansicht；vgl. Steinbeck, überwachungspflicht, S.58；Deckert, DZWir 1996，406，409, jeweils m. w. N. gegen einen Stimmrechtsausschluss bei der Frage der Abberufung eines Mitgliedes als Organ Weick in Staudinger, Komm. BGB, § 34 Rn.15.

③ Manche Autoren wollen die genannten Vorschriften direkt anwenden；vgl. Meilicke in FS W. Schmidt, 1959, S.71, 85 f.；zum Teil wird eine analoge Anwendung befürwortet：Mertens/Cahn, Kölner Komm. AktG, § 108 Rn.65；Hopt/Roth, Großkomm. AktG, § 108 Rn.54；Hoffmann-Becking, Münchener Hdb. AG, § 31 Rn. 70；Reuter, MünchKomm. BGB, § 34 Rn.4；Werner, ZHR 145(1981), 252, 266；tatsächlich ist ein allgemeiner Rechtsgedanke anzunehmen：Lutter, ZHR 145 (1981), 224, 247；K. Schmidt, Gesellschaftsrecht, S.610.

④ So aber Marsch-Barner in Semler/v. Schenck, Arbeitshandbuch für Aufsichtsratsmitglieder, § 13 Rn.122.

⑤ Weick in Staudinger, Komm. BGB, § 34 Rn.14；Mertens/Cahn, Kölner Komm. AktG, § 108 Rn.67 m.w.N.；vgl. auch RGZ 60, 172 betreffend den Stimmrechtsausschluss eines Aktionärs bei seiner Wahl in den Aufsichtsrat.

⑥ Behr, AG 1984, 281, 282 f.；ablehnend Dreher, JZ 1990, 896, 901；Ulmer, NJW 1980, 1603, 1605；Hoffmann/Preu, Der Aufsichtsrat, Rn.502.

⑦ Dazu Lutter in FS Priester, 2007, 417 ff. A.A. BGH v. 2.4.2007—II ZR 325/05, WM 2007, 1025, der die Teilnahme an der Beratung erlaubt；zu Unrecht. Wie hier Diekmann/Fleischmann, AG 2013, 141, 147；dort auch zum „mehrstufigen Umgang" mit Interessenkonflikten.

⑧ Ähnlich auch Hopt/Roth, Großkomm. AktG, § 100 Rn.169 und Diekmann/Fleischmann, AG 2013, 141, 147.

期间依法不得参与委员会中的工作。

2. 义务冲突

（1）监事会中的职工代表

907　　监事会中的职工代表通常处于这样一种矛盾中：一方面，其"选民"期望他们代表职工利益；而另一方面，他们又必须从企业利益角度对董事会进行监督。法律接受了此种冲突，但职工代表与所有监事一样均有义务为企业利益实施行为。①尽管如此，仍然存在某些冲突无法得到解决而且客观公正地参与讨论及和表决也受到威胁的情况：

　　——劳工斗争（又称劳工行动）

908　　违法罢工与企业利益相矛盾；因此，职工代表不得参加此类罢工。而对于合法的劳工斗争来说，情况就不同了：参加此种劳工斗争（例如通过停工）与监事职务相一致，②然而，积极参加是受到限制的：站岗、分发传单或发表针对企业的攻击性言论都是与企业利益相矛盾的。就这点而言，职工代表在劳工斗争中要表现出一定克制。③在与汉莎航空股份有限公司的冲突中，同时作为该公司代理监事会主席的德国服务行业总工会（Ver.di）主席未使职工保持必要的克制；因此，其免责要求遭到了拒绝（他仍需承担相应责任）。④

　　只要涉及关于雇主方面（董事会）计划采取的应对措施（例如解雇）的信息，参加罢工的职工代表就不得参加有关监事会会议。这是因为此时不仅存在一种明显的利益冲突，而且存在违反保密义务的巨大危险。

---

①　Deckert, DZWir 1996，406，409，410.

②　H.M., vgl. Koberski in Wlotzke/Wißmann/Koberski/Kleinsorge, Mitbestimmungsrecht, §25 MitbestG Rn. 117; Raiser/Veil, Kapitalgesellschaften, §15 Rn. 123 ff.; Raiser/Veil, Komm. MitbestG und DrittelbG, §25 MitbestG Rn. 140 f.; Uwe H. Schneider, GK-MitbestG, §29 Rn.21; jeweils m.w.N. Zum Teil wird jedoch eine Teilnahme von Arbeitnehmervertretern bei Beratungen und Abstimmungen insofern verneint, als sie das Verhalten des Unternehmens im Arbeitskampf betreffen; vgl. Hoffmann/Preu, Der Aufsichtsrat, Rn.502 f.; Ulmer/Habersack in Ulmer/Habersack/Henssler, Mitbestimmungsrecht, §26 MitbestG Rn.34 f.; zur Streikteilnahme ausführlich Mertens, AG 1977, 306, 312 ff. unter Betonung des Unternehmensinteresses; Seiter in FS Müller, 1981, S.589, 599 ff.

③　Dazu ausführlich Lutter/Quack in FS Raiser, 2003, S. 259, 266; Hopt/Roth, Großkomm. AktG, §116 Rn. 206 ff.; Potthoff/Trescher/Theisen, Das Aufsichtsratsmitglied, Rn.940; a.A. Koberski in Wlotzke/Wißmann/Koberski/Kleinsorge, Mitbestimmungsrecht, §25 MitbestG Rn.118 ff.; Raiser/Veil, Komm. MitbestG und DrittelbG, §25 MitbestG Rn.141 ff.; Gach, MünchKomm. AktG, §25 MitbestG Rn.20 f.; Ulmer, NJW 1980, 1603, 1604 in Fn.14.

④　Eingehend dazu Lutter/Quack in FS Raiser, 2003, S.259, 266.

这同样适用于一名在与公司的工资纠纷中同时作为工会谈判代表的监事。[1]

——企业内部协议和集体工资率协议

在监事会就一项企业内部协议或集体工资率协议进行表决时,职工代表并不"自动"丧失其表决权。而如果职工代表之前作为企业参决会的成员或者作为工会代表曾经主要负责企业内部协议或集体工资率协议的缔结,那么情况就有所不同了。此时,有关的职工代表不得以"企业内部协议大多服务于企业利益"为由提出抗辩。在这里必须对监事会的职责进行审查![2]更确切地说,在这种情况下要适用《民法典》第34条的原则:职工代表在表决时不享有表决权。[3]

909

相反,如果利益冲突对于所有监事来说都是显而易见的,那么有关的职工代表仍然可以参加讨论。此时,他们在一定程度上是作为职工利益(它已被涵盖在企业利益中)方面的专家发挥作用的。

910

(2)康采恩中的冲突

——同型康采恩

康采恩中的人事组合可能导致利益冲突。就合同型康采恩而言,附属公司基于**直接控制协议**(《股份法》第291条)不仅要接受控股公司的领导,而且必须服从其指示(《股份法》第208条第2款)。只要关系到康采恩利益[4][5]且并非与之不相称,[6]控股公司甚至可以作出不利的指示。下属公司的监事——即使他们担任着双重职务也——必须注意到这一点:他们必须根据控股公司的利益开展其监督工作,但他们也不得忽视下属公司的个体利益。监事会必

911

①　Lutter, FAZ v. 15.6.2007.

②　Marsch-Barner in Semler/v. Schenck, Arbeitshandbuch für Aufsichtsratsmitglieder, § 13 Rn.132, vertritt ferner die These, dass eine Konfliktlösung bereits vorher auf organisatorischem Wege durch Ausschussbildung gefunden werden muss. Alles andere sei mit dem Grundsatz der Gleichbehandlung der Aufsichtsratsmitglieder nicht vereinbar.

③　Ebenso Ulmer in Hanau/Ulmer, Komm. MitbestG, 1. Aufl., § 25 Rn.28; anders jetzt Ulmer/Habersack seit der 2. Aufl. in Ulmer/Habersack/Henssler, Mitbestimmungsrecht, § 25 MitbestG Rn.27, 28.

④　Zum Begriff des Konzerninteresses siehe Altmeppen, MünchKomm. AktG, § 308 Rn.106 ff.; Emmerich//Habersack, Konzernrecht, § 308 AktG Rn.48 ff.; Geßler, ZHR 140(1976), 433, 436 ff.; Sina, AG 1991, 1, 4 f.

⑤　Hüffer, Komm. AktG, § 308 Rn.16.

⑥　Zur Unzulässigkeit existenzbedrohender Weisungen OLG Düsseldorf v. 7.6.1990—19 W 13/86, AG 1990, 490, 492; Krieger, Münchener Hdb. AG, § 70 Rn.149; Hommelhoff, Konzernleitungspflicht, S. 150; a. A. Koppensteiner, Kölner Komm. AktG, § 308 Rn.32.

须密切关注给下属公司造成的不利影响并审查其是否被涵盖在控股公司的利益中以及是否与之不相称。可能的话——比如说通过拒绝作出同意(《股份法》第 111 条第 4 款)——监事会应设法阻止不利的措施。在这种情况下,控股公司可以重新作出指示。此时虽无需征得下属公司监事会的同意(《股份法》第 308 条第 3 款第 2 句前半句),但仍需征得母公司监事会的同意(《股份法》第 308 条第 3 款第 2 句后半句)。①

    ——事实型康采恩

912   在事实型康采恩中经常发生以下情况,即**母公司的一名董事同时是子公司的监事**。该监事作为母公司的董事必须代表康采恩的利益;但他作为子公司的任职人员又必须同时为子公司的企业利益实施行为。

913   如果人们认为法律承认事实型康采恩,那么此时法律承认同样康采恩的利益具有优先地位:若母公司能够作出补偿,则法律允许其采取针对下属公司的不利措施(《股份法》第 311 条)。下属公司的监事——即使他们担任着双重职务也——必须注意到这一点;因此,必须审查(对下属公司)不利的行为是否关系到康采恩利益以及不利的措施能否得到补偿。

(3) 公法机构代表的冲突

914   经常会遇到这样的情况,即一名监事同时是某一公法机构(政府机关或地方公共团体)的代表。②在此种情况下,企业利益可能与公共利益"背道而驰":这样一来,一名同时担任某一汽车生产公司监事的州政府代表可能基于政治原因而反对裁员。公共利益并不优先于企业利益。③特别是基于州法作出的指示(例如《北莱茵—威斯特法伦州乡镇地方政府条例》第 107 条及以下)不能"抵消"公司法上的义务(《基本法》第 31 条)。④因此在冲突长期存在的情况下,完全可以考虑基于重大原因解聘有关监事。⑤

---

① Zu den Informationsrechten des Aufsichtsrats in der Konzernobergesellschaft siehe Lutter, Information und Vertraulichkeit, Rn. 148 ff.; Semler, Leitung und Überwachung, Rn. 403 ff.

② Zu der Situation im schweizerischen Recht siehe Forstmoser/Jaag, Der Staat als Aktionär, 2000, S. 37 ff.; zum deutschen Recht siehe Säcker in FS Rebmann, 1989, S. 781 ff.

③ Schwintoski, NJW 1995, 1316, 1318 f.; Mertens/Cahn, Kölner Komm. AktG, § 116 Rn. 35 m. w. N.; Säcker in FS Rebmann, 1989, S. 781, 788, 790.

④ Deklaratorisch daher etwa § 108 Abs. 6 Satz 5 GO NW, wonach Bindungen aufgrund der GO NW nicht gelten, sofern zwingende Vorschriften des Gesellschaftsrechts entgegenstehen; siehe auch Säcker in FS Rebmann, 1989, S. 781, 792.

⑤ Dazu OLG Hamburg v. 23. 1. 1990—11 W 92/89; WM 1990, 311 = AG 1990, 218; Decher, ZIP 1990, 311, 313 f.; Hirte, EWiR § 103 AktG 2/90, 219, 220; Säcker in FS Rebmann, 1989, S. 781, 788.

(4) 银行代表的参与所导致的冲突

此时要区分以下三个问题领域:①第一个冲突领域存在于公司与有关监事在其**不同工作领域**中所代表的银行之间的关系中。②此时适用角色分离原则。监事必须仅为本公司的利益实施行为。③

915

第二个冲突领域存在于公司与作为**第三人的合同当事人**的银行之间。例如在 Herstatt 案中,银行的一名董事同时是公司的监事,而且他是以监事身份被请来参加"任务艰巨"的公司整顿会谈的。④此时出现了这样一个问题:如果银行的客户欲与濒临破产的公司缔结此类交易,那么银行是否有义务向该客户作出说明。如果"其"监事的特别知悉应归属于该银行,那么它必须向其客户作出说明。然而:此种归属与监事的保密义务"格格不入"。

916

第三个冲突领域则产生于银行代表同时担任**若干监事职务**的情况。若有关监事所任职的各公司之间存在竞争关系,则存在一种因竞争而引起的不协调状态。⑤

917

3. 特别是:公司收购时的利益冲突⑥

就公司收购而言,若收购公司(即发出收购要约的公司)的代理人同时是目标公司的监事,则可能发生严重的利益冲突。⑦反过来,在目标公司的代理人同时是收购公司的监事的情况下,同样如此。

918

(1) 善意收购

在善意收购的情况下极少发生利益冲突;人们一致认为此类收购对于两家公司来说是"双赢"的。不过,这并不免除监事会的监督职责。目标公司的董事会可能只是为了获得可观的补偿金或者已得到许诺的管理层职位才愿意

919

---

① 银行代表的参与所导致的利益冲突早在第一次世界大战时就被认识到,20 世纪 20 年代调查委员会对此进行了广泛的讨论。siehe Ausschuss zur Untersuchung der Erzeugungs- und Absatzbedingungen der deutschen Wirtschaft(Enquetekommission), I. Unterausschuss, 3. Arbeitsgruppe, 1928, S.273, 329 ff.; vgl. auch Lutter, ZHR 145(1981), 224, 235; Ulmer, NJW 1980, 1603, 1604. Indes: Der Gesetzgeber hat seitdem auf eine spezielle Regelung zur Lösung der Interessenkonflikte verzichtet.

② Lutter, ZHR 145(1981), 224, 233 mit Beispielen auf S.231 f.

③ BGH v. 21.12.1979—II ZR 244/78, NJW 1980, 1629; zustimmend Ulmer, NJW 1980, 1603.

④ BGH v. 29.5.1978—II ZR 89/76, WM 1978, 588; OLG Frankfurt v. 29.4.1976—1 U 184/75, WM 1976, 723; LG Frankfurt v. 11.9.1975—2/4 O 554/74 I R(gleicher Fall), WM 1975, 1118. Ausführliche Besprechung bei Lutter, ZHR 145(1981), 224, 238.

⑤ Vgl. bereits Lutter, ZHR 145(1981), 224, 238.

⑥ Dazu eingehend Hopt, übernahmen, Geheimhaltung und Interessenkonflikte, ZGR 2002, 333 ff.; Heermann, WM 1997, 1689 ff.; Schiessl in FS Hoffmann-Becking, 2013, S. 1019, 1034 ff.; Seibt in FS Hoffmann-Becking, 2013, S.1119, 1142 ff.

⑦ Vgl. den Fall „Mc Graw-Hill" bei Lutter, ZHR 145(1981), 224, 232.

接受收购要约。因此,此时仍然存在同时担任其他公司代理人的监事的表决权问题。即使只有轻微的迹象表明收购可能不符合公司利益,有关监事也必须暂停其职务或者最好辞去其职务。

（2）恶意收购

920　　而在恶意收购的情况下,**收购公司与目标公司之间**通常存在着严重的**利益冲突**:如果目标公司的一名监事同时在收购公司中任职,那么他对收购公司所负的忠实义务与其对目标公司所负的此项义务相矛盾。

921　　这大多属于因竞争而引起的不协调状态。①公司之间的竞争状况在很多情况下恰恰是收购尝试的起因:为了"吞并"重要的企业部门,欲实施收购的公司应通过收购使竞争者(即目标公司)严格受其控制或者将其"击碎"("瓜分")。若在有关人员接受职务时公司之间即已存在竞争状况,则有关的聘任无效;而若竞争状况之后才出现,则存在一个《股份法》第103条第3款意义上的解聘有关任职人员的重大原因。②

922　　若收购公司虽然尚未像目标公司那样在同一市场上开展活动,但它已打算通过收购在**该市场上获得一席之地**,则此时在这两家公司之间即已存在一种竞争状况。若收购的目的是开辟一个新的经营领域或者在国外获得一家同类公司,就属于此种情况。③即使目标公司成功抵御了收购,但考虑到监事会中的信任基础已遭到不可挽回的破坏,此时有关监事的留任仍然是无法被容忍的。因此,在这种情况下存在一个《股份法》第103条第3款意义上的重大(解聘)原因。

923　　上文论述的目标公司监事的解聘并不违背《有价证券收购法》第33条的所谓"阻碍禁令"(早先:中立原则)。因为此时唯一享有动议权的监事会(可能的话还有股东大会)并不受此项法定禁令的约束。④

（3）恶意收购中的银行代表

924　　恶意收购的情况比银行代表参与的情况还要复杂;可能存在以下三种情况:第一,一名银行代表可以成为**目标公司的监事**,他所代表的银行为收购提供经济上或组织上的支持。⑤这与收购公司的任职人员在目标公司担任监事的

---

① Vgl. Lutter in FS Beusch, 1993, S.509, 515.

② Siehe dazu sogleich unter Rn.930 ff.

③ 例如德国电信公司收购美国的 Voicestream。

④ Vgl. Krause/Pötzsch/Stephan in Assmann/Pötzsch/Uwe H. Schneider, Komm. WpÜG, §33 Rn.76—79; Röh in Haarmann/Schüppen, Frankfurter Komm. WpÜG, §33 Rn.34.

⑤ So war es tatsächlich beim übernahmeversuch der Krupp-Hoesch AG bezüglich der Thyssen AG; vgl. im übrigen den Fall „übernahmekredit" bei Lutter, ZHR 145(1981), 224, 232; eingehend dazu auch Hopt, Übernahme, Geheimhaltung und Interessenkonflikte, ZGR 2002, 333 ff.

情况相同,因为银行代表几乎均来自收购公司的"阵营"。若监事并非自愿辞去其职务,[1]则存在一个解聘的重大原因(《股份法》第103条第3款)。

第二,一名银行代表可以**在收购公司中担任监事**,而且其所代表的银行同时是目标公司的主要银行。此种情况是与上述的第一种情况是对称的,因此同样会涉及解聘。 925

而在第三种情况下,银行代表同时担任着目标公司和收购公司的监事。此时显然存在一种特殊的不协调状态,因此基于重大原因的解聘是可能的(只要聘任并非已经无效)。[2]

(五) 总结

有些时候,**义务冲突**是由法律造成的(共同决定),它们也因此是无法避免的,而且必须由有关人员谨慎细致地加以解决。而有些时候,它们是由一个不可预见的发展情况(恶意收购要约或者在有关监事任职的另一家公司中实施竞争行为)或者某些通常必须通过辞职才能得到解决的冲突引起的。还有些时候,它们则是因有关监事的"收购过错"而产生的。 926

同样的,**利益冲突**经常是由有关监事个人造成的(例如,他同时担任供货商的董事和汽车生产商的监事,或者作为公司主要银行的董事在公司担任监事),不过它们也可能是偶然发生的。此时,要视冲突的强度和频度而定:一般来说,它们可以根据具体情况通过禁止(有关人员)参与讨论或者通过监事会的决议再或者通过一个(有关监事不属于其成员的)独立委员会而得到解决;只有在例外情况下,特别是在冲突持续重复出现的情况下,利益冲突将导致有关监事辞职义务的产生。有关监事必须向其他监事公开其利益冲突。[3]若冲突的范围很广(例如在竞争企业中担任机构职务),则有关监事**无任职能力**。[4] 927

今天,法律已明确规定上市公司每名监事候选人均有义务对其在其他国 928

---

[1] 不可以考虑采取停职这种最柔和的手段。因为即使在成功地挫败收购的情况下,监事会中的信任基础也已被破坏。有关监事通常将面临这样的问题,即为什么没有在收购计划之前作出报告;a.A. Marsch-Barner in Semler/v. Schenck, Arbeitshandbuch für Aufsichtsratsmitglieder, §13 Rn.174 mit dem Hinweis, dass eine Niederlegung des Mandats als Hinweis auf die bevorstehende Übernahme gewertet werden könnte. Hier stellt sich indes die Frage, ob nicht auch das Ruhenlassen des Mandates misstrauisch macht.

[2] Siehe dazu oben Rn. 915; anders Marsch-Barner in Semler/v. Schenck, Arbeitshandbuch für Aufsichtsratsmitglieder, §13 Rn.160, der dem betroffenen Aufsichtsratsmitglied ein Wahlrecht einräumen will, in welcher der beiden Gesellschaften er das Mandat niederlegen will.

[3] Hopt/Roth, Großkomm. AktG, §100 Rn.164; Lutter in FS Priester, 2007, S.417 ff.; Kodex Ziff. 5.5.2.

[4] Dazu bereits oben eingehend Rn.22 ff.

内外公司中机构的监事资格和相似监督机构中的成员资格①作出说明（《股份法》第 125 条第 1 款第 15 句），这不仅使得有关的义务及利益冲突的危险得以公开，而且也应被视为旨在避免此类冲突的法律要求。

（六）《准则》

929　　《准则》第 5.5 条对监事的利益冲突作出详细规定，并要求监事既要对内向监事会又要对外在监事会报告中向股东大会就有关的利益冲突（包括处理方式）予以公开。这并非毫无问题，因为对股东大会同样适用保密规则（上文边码 254 及以下）。因此报告中的描述必须是中立性的。②相关人员的姓名和冲突事项在依《股份法》第 131 条提出质询时可以拒绝告知。

四、基于重大原因的法院解聘

930　　若单个监事实施了违反义务的行为，则他必须就**由此**给公司**造成的全部损害**承担个人责任，《股份法》第 116 条第 1 款、第 93 条（参见下文边码 981 及以下）。若其违反义务的行为极为严重，则有关监事还可能遭到解聘。根据《股份法》第 103 条第 3 款，若有关监事个人存在重大原因，则享有管辖权的初级法院可以应监事会的请求解聘该监事（参见上文边码 288）。无论该人是被选举为监事还是被派遣或者由法院聘任为监事，均是如此。与股东代表一样，对于职工代表来说同样存在解聘的可能（《股份法》第 103 条第 4 款——"除第 3 款外还适用……"）。即使适用《煤铁工业共同决定法》的公司的监事会中的"第十一人"也可以基于重大原因由法院予以解聘（《煤铁工业共同决定法》第 11 条第 3 款，《共同决定补充法》第 5 条第 3 款）。实践中，此类解聘请求非常罕见。

931　　上述**请求权**始终由监事会享有（《股份法》第 103 条第 3 款第 1 句）。它以简单投票多数作出提出请求的决议（《股份法》第 103 条第 3 款第 2 句）。根据更有说服力却又存在极大争议的观点，有关监事不享有表决权。③监事会不得授权某一委员会作出决定（参见边码 743 及以下）。对于一名基于章程所规定的派遣权

---

①　Insoweit aber nur eine „soll"-Vorschrift. Im Anhang der Bilanz ist nach §285 Nr. 10 HGB dagegen auch die Angabe der Mitgliedschaft in „anderen Kontrollgremien" verpflichtend, vgl. Hüffer, Komm. AktG, §125 Rn.4.

②　A.A. OLG Frankfurt a.M. v. 5.7.2011—5 U 104/10, ZIP 2011, 1613(LS 4); im Ergebnis wie hier Kremer in Ringleb/Kremer/Lutter/v. Werder, Komm. Kodex, Rn.1112; zu Recht kritisch Butzke in FS Hoffmann-Becking, 2013, S.229, 241 ff.

③　So auch Hopt/Roth, Großkomm. AktG, §103 Rn.49; Ulmer/Habersack in Ulmer/Habersack/Henssler, Mitbestimmungsrecht, §6 MitbestG Rn.70; Uwe H. Schneider/Nietsch in FS Westermann, 2008, S.1447, 1459; a.A. Hoffmann/Kirchhoff in FS Beusch, 1993, S.377, 380 f.

（《股份法》第 101 条第 2 款）而被派遣到监事会中的监事来说，股东多数同样可以请求法院予以解聘。提出请求的股东必须持有总计 10% 以上的原始资本（即最低注册股份资本）或者其票面价值达到一百万欧元（《股份法》第 103 条第 3 款第 3 句）。就无面值的股票而言，每股数额等于原始资本除以股票数量。①

最后，在实行煤铁工业共同决定的公司中，三名以上（包括三名）监事同样可以请求法院解聘"第十一人"。

932

法院只能基于重大原因解聘有关监事。如果有关监事继续保有另一家公司的监事资格直至其任期届满对于本公司来说是不合理的，那么此时即存在一个重大的**解聘原因**。②一个"明显不利于公司的行为"或者一个"完全让人无法忍受"的事实情况都足以成为重大的解聘原因，但今天通说③认为它们不再是必不可少的，④但相关人员的留任必须对公司而言是不可被期待的。⑤作为重大的解聘原因，首先可以考虑的是监事严重违反义务的情况，例如：违反保密义务（上文边码 288、289）、参加"野蛮（违法）罢工"及参与除停工之外的其他合法劳工斗争（参见边码 907 及以下）、给联邦卡特尔局写对已被登记的合并计划持否定态度的匿名信、发表诋毁经营管理人员名誉的言论，等等。若监事只是因过失轻微违反所负的义务（比如说初次披露提高股息计划或者公开其他监事的表决行为），则只有当他"重犯"时才能进行解聘。⑥如果其他监事不

933

---

① Vgl. Hüffer, Komm. AktG, § 103 Rn.12.

② OLG Frankfurt a.M. v. 1.10.2007—20 W 141/07, AG 2008, 456；OLG Zweibrücken v. 28.5.1990—3 W 93/90, AG 1991, 70；LG Frankfurt a.M. v. 14.10.1986—3/11 T 29/85, NJW 1987, 505, 506 = AG 1987, 160；OLG Hamburg v. 23.1.1990—11 W 92/89, WM 1990, 311, 314 = AG 1990, 218(Hamburger Electricitäts-Werke AG)—obiter = EWiR § 103 AktG 2/90, 219(Hirte)；LG Mühlhausen v. 15.8.1996—1 HKO 3127/96, ZIP 1996, 1660 = AG 1996, 527；Zöllner/Noack in Baumbach/Hueck, Komm. GmbHG, § 52 Rn.198；Habersack, MünchKomm. AktG, § 103 Rn.39 ff.；Raiser/Veil, Kapitalgesellschaften, § 15 Rn. 49；Raiser/Veil, Komm. MitbestG und DrittelbG, § 6 MitbestG Rn.38；Hüffer, Komm. AktG, § 103 Rn.10；Hoffmann-Becking, Münchener Hdb. AG, § 30 Rn.86 m.w.N.；vgl. auch Kirchhoff/Hoffmann in FS Beusch, 1993, S.377, 381 ff.

③ Vgl. Hüffer, Komm. AktG, § 103 Rn.10；Ulmer/Habersack in Ulmer/Habersack/Henssler, Mitbestimmungsrecht, § 6 MitbestG Rn.71；Hoffmann-Becking, Münchener Hdb. AG, § 30 Rn.86.

④ So aber noch AG München v. 2.5.1985—HRB 2212, ZIP 1985, 1139 = AG 1986, 170；Köstler/Müller/Sick, Aufsichtsratspraxis, Rn.792 m.w.N. So auch noch die Rspr. zum AktG 1937, in dem jedoch eine dem § 103 Abs. 3 AktG entsprechende gesetzliche Regelung fehlte, vgl. z.B. BGH v. 21.2.1963—II ZR 76/62, BGHZ 39, 116, 123.

⑤ OLG Stuttgart v. 7.11.2006—8 W 388/06, AG 2007, 218；OLG Frankfurt a.M. v. 1.10.2007—20 W 141/07, AG 2008, 456；Uwe H. Schneider/Nietsch in FS Westermann, 2008, S.1447, 1461；Hüffer, Komm. AktG, § 103 Rn.10, 11 m.w.N.

⑥ Insoweit zutreffend AG München v. 2.5.1985—HRB 2212, ZIP 1985, 1139, 1141 = AG 1986, 170；Hoffmann-Becking, Münchener Hdb. AG, § 30 Rn.86.

能容忍与有关监事继续合作而且有关监事也无能力继续合作,那么同样可以考虑将这种情况视为重大的解聘原因,①但仅在极为严重的情况下才是如此。过度行使知情权及审查权②很难成为重大的解聘原因。最后,在个别特殊情况下,利益冲突同样能够成为解聘监事的重大原因,③例如:该人同时担任一家公司的董事和另一家公司的监事,而这两家公司已陷入严重的利益冲突之中。④股东大会拒绝免除责任本身并不是解聘的重大原因。⑤

934 　　对解聘享有管辖权的是公司所在地的初级法院(《股份法》第 14 条)。其**程序**要根据《家庭事件及非诉讼事件程序法》第 375 条第 3 项的规定进行。初级法院通过裁定作出决定(《家庭事件及非诉讼事件程序法》第 38 条)。一项宣布解聘的裁定随着被公布给有关监事而生效(《家庭事件及非诉讼事件程序法》第 40 条)。

　　若不服初级法院所作的裁定,则可以提起上诉(《家庭事件及非诉讼事件程序法》第 58 条),此时由州高等法院作出裁决。若仍不服州高等法院的裁决,则此时只能向联邦最高法院提起需经同意的上诉(《家庭事件及非诉讼事件程序法》第 70 条)。

　　上诉不具有延缓效力,若相关人员已被解职或者监事职务在此期间已被他人取得,则解聘不能在上诉程序中被提起。在此期间,因监事职务被他人取得而造成既成事实的危险可以通过《家庭事件及非诉讼事件程序法》第 49 条及以下各条规定的暂时命令而得到避免。⑥

■ 第四节　扩展

935 　　(1)《准则》第 5.4.5 条第 2 款规定:

　　　　监事有义务接受履行其职责任务所需的培训和进修,且应得到公司

---

　　① Habersack, MünchKomm. AktG, §103 Rn.42.

　　② Raiser/Veil, Komm. MitbestG und DrittelbG, §6 MitbestG Rn.39.

　　③ So OLG Hamburg v. 23.1.1990—11W92/89,WM1990, 311 = AG1990, 218.

　　④ Vgl. dazu zunächst oben Rn.926 f. sowie OLG Hamburg v. 23.1.1990—11 W 92/89, WM 1990, 311, 314 = AG 1990, 218; Mertens/Cahn, Kölner Komm. AktG, §103 Rn.33; Habersack, MünchKomm. AktG, §103 Rn.42; Zöllner/Noack in Baumbach/Hueck, Komm. GmbHG, §52 Rn.198 („Eintritt in ein Konkurrenzunternehmen"); auch Hüffer, Komm. AktG, §103 Rn.11.

　　⑤ Ulmer/Habersack in Ulmer/Habersack/Henssler, Mitbestimmungsrecht, §6 MitbestG Rn.71; Wißmann in Wlotzke/Wißmann/Koberski/Kleinsorge, Mitbestimmungsrecht, §6 MitbestG Rn.72.

　　⑥ OLG Köln v. 12.10.1988—2 WX 27/88, AG 1989, 205(zum FGG).

的适当支持。

在这样的背景下,大量为监事提供培训和进修项目的继续教育机构如雨后春笋般出现。法律未作出相应规定。

监事是否有义务参加这样的课程是有疑问的。这取决于监事的知识和经验。监事会特别艰巨的任务是与董事会共同制定计划、监督风险管理机制、批准或拒绝资产负债表及康采恩资产负债表,后者通常须按照《国际财务报告准则》的国际规则编制。如果某位监事是大型或较大型公司的长期首席财务官,那么他将被视为"教师"而非"学生"。而如果著名化学家被请到监事会,情况则完全不同。他从未接触到相关问题,因而有义务根据联邦最高法院的所谓"Hertie 公式"①通过适当的培训来获得这些技能。由相关监事独立且自我负责地作出决定。②

(2)须与继续教育义务相区别的是谁承担参加继续教育活动的费用的问题。   936

① 联邦最高法院在 Hertie 案中主张:每名监事   937

都必须具备或设法获得在不借助外部帮助的情况下理解和正确评估所有常规业务所需的最低知识和技能。

监事必须在上任时即具备或上任后立即获得上述能力。③这是他的义务并应自行承担相关费用。④

② 但是,这些"最低限度的知识和技能"越来越不符合对监事的实际要   938
求。被选入监事会审计委员会的人必须对资产负债表和风险管理方面的知识有所掌握,而研发委员会的成员则必须了解一些有关研究组织的知识,否则其无法达到与被监督的董事会的基本水平。如果监事决定参加相关的培训活动,那么公司必须将这些费用作为必要支出予以报销。⑤

(3)但是,除了这些问题之外,监事会本身也可能希望达到高出法定标   939
准的知识水平并为此组织培训课程。有疑问时,此类决议将导致所有监事负有参加培训之义务。而且由于该措施符合公司利益,因此所生费用亦由

---

① Oben Rn.26 und unten Rn.937. Kritisch dazu Opitz, BKR 2013, 177 ff.

② Wobei „ eigenverantwortlich " eben auch bedeutet: unter dem Risiko eigener Haftung nach §§ 93, 116 AktG.

③ Unstr., vgl. Habersack, MünchKomm. AktG, § 113 Rn.26; Wilsing in Wilsing, Komm. DCGK, Ziff. 5.4.1 Rn.14.

④ Habersack, MünchKomm. AktG, § 113 Rn.24; Hüffer, Komm. AktG, § 113 Rn.2c.

⑤ Kremer in Ringleb/Kremer/Lutter/v. Werder, Kodex Komm., Ziff. 5.4.5 Rn. 1058; Ringleb/Kremer/Lutter/v.Werder, NZG 2010, 1161, 1166; Drygala in K. Schmidt/ Lutter, Komm. AktG, § 113 Rn.22; Mertens/Cahn, Kölner Komm. AktG, § 113 Rn.12.

公司承担。①

940 　　（4）上文边码26所提及的《信贷机构法》的若干规定已表明信贷机构和金融服务提供商的监事会成员应具备怎样的基本技能。与此同时，欧盟指令已经生效，其第91条第9款就**培训**作出明确规定。德国联邦立法委员会在2013年12月31日截止日期之前通过修订《信贷机构法》第25d条第4款按时履行了转化义务，具体规定如下：②

　　　　机构、金融控股公司和混合金融控股公司必须投入足够的人力和财力资源，以便使管理或监督机构的成员能够更轻松地胜任其职务，并设法使其获得具备所需专业知识的必要培训。③

　　有疑问时，此项规定也会影响到《股份法》中的法律意见，尤其是对上市公司产生以下影响，即由公司承担相应费用的监事会及其成员的培训措施被认为是强制性的。

　　边码941—980暂时空置。

---

① Hopt/Roth, Großkomm. AktG, §113 Rn. 20；Habersack, MünchKomm. AktG, §113 Rn. 24 a. E.；Mertens/Cahn, Kölner Komm. AktG, §112 Rn. 24；Hoffmann-Becking, ZGR 2011, 136, 142；Opitz, BKR 2013, 177；Wilsing in Wilsing, Komm. DCGK, Ziff. 5. 4. 1 Rn. 15；Leyendecker-Langner/Huthmacher, NZG 2012, 1415, 1416.

② Gesetz zur Umsetzung der Richtlinie 2013/36/EU über den Zugang zur Tätigkeit von Kreditinstituten und die Beaufsichtigung von Kreditinstituten und zur Anpassung des Aufsichtsrechts an die Verordnung (EU) Nr. 575/2013 über Aufsichtsanforderungen an Kreditinstitute und Wertpapierfirmen(CRD IV-Umsetzungsgesetz) vom 28. 8. 2013, BGBl. I 2013, 3395.

③ Vgl. dazu Velte/Buchholz, ZBB 2013, 400 sowie das Schlusskapitel dieses Buches (§21, S. 551 ff.).

第十三章

监事的责任

■ 第一节 监事对公司所负的责任(内部责任)

一、依据

违反义务的监事面临着若干制裁。其免责要求可能遭到拒绝(《股份法》第 120 条);针对更明显且更严重的义务违反而给予的责任免除可能被撤销;[①]可能被当时的选举机构[②]或法院[③]解聘;还有可能对公司负有损害赔偿义务。

监事的损害赔偿责任主要由《股份法》第 116 条第 1 句及第 93 条作出规定。此外,监事必须以**一名正直且认真负责的监事所应具有的注意**来履行其职务。若监事有过错地违反了此项义务,则他有义务对由此产生的损害作出赔偿(《股份法》第 116 条第 1 句,第 93 条第 2 款)。**过错**由法律**推定**。有关监事必须说明并证明自己并无过错。然而如果客观上存在一个义务违反,那么这是非常困难的。

此外,法律还包含若干**特殊责任条款**,但它们并不具有实际意义。这其中包括《股份法》第 117 条第 1 款、第 2 款第 1 句所规定的、与故意向公司施加损害性影响有关的监事责任以及《股份法》第 310 条第 1 款、第 318 条第 2 款所规定的康采恩法上的责任。在违反某些义务的情况下监事还可能要承担(刑法或行政法上的)罚金(《股份法》第 399、400、404、405 条,《商法典》第 331、334 条)。此外,从关于侵权行为的一般规则同样可以尝试监事责任,特别是严

981

982

983

---

① Vgl. nur BGH v. 6.11.2012—II ZR 111/12, ZIP 2012, 2438, 2439 = AG 2013, 90 (Piëch) mit vielen Nachweisen; OLG Stuttgart v. 29.2.2012—20 U 3/11, ZIP 2012, 625, 626 ff. = AG 2012, 298(Piëch).

② §103 Abs. 1 u. 2 AktG, §12 DrittelbG, §23 MitbestG, §11 MontanMitbestG, §10m MitbestErgG.

③ §103 Abs. 3 AktG, vgl. im Einzelnen oben Rn.9 ff.

重的义务违反可能触犯犯罪构成,尤其是背信罪的构成要件。①

二、违反义务

(一)注意义务

984 　　就监事责任这个问题而言,首先涉及的是谨慎且认真负责地履行监事会职责的义务,即对董事会进行监督并决定其组成(聘任董事)。

1. 监事会的职务义务

985 　　监事会的监督义务已在上文被加以详细论述。其**监督对象**是公司董事会的经营管理决策(参见上文边码 63 及以下)。也就是说,监事会无需为日常经营中的疏忽承担责任,因为这不属于其监督范畴。同样,它也不必为下级经营管理层或下属康采恩公司中发生的错误承担责任。因为这些应由董事会而非监事会进行监督。然而就这方面而言,监事会的监督职责却包括以下问题:董事会是否——尤其是通过制订适当的组织方针、建立一套适用于整个康采恩的合格监督机制以及有效合规制度——履行了与下级经营管理层和康采恩子公司有关的经营管理及监督职责(参见上文边码 141 及以下)。若监事会对董事会领导康采恩的行为未实施充分监督,则董事会在监督子公司过程中的疏忽可能通过上述方式导致监事会承担责任。

986 　　监事会的**监督标准**包括董事会经营管理的合法性、合规则性以及合目的性(适当性)(参见上文边码 73 及以下,边码 147 及以下)。因此如果监事会容忍了**董事会的违法行为**,那么它就违反了其所负的义务。例如:

　　——监事会知道公司已经资不抵债且已超出法律所允许的整顿期限,却仍未坚决要求董事会提出破产申请,②

　　——虽然已掌握董事会违背《股份法》第 92 条第 2 款第 1 句的禁令进行支付的线索,但却未设法制止违反禁令的支付行为,③

---

① Vgl. dazu z.B. BGH v. 28.5.2013—5 StR 551/11, ZIP 2013, 1382 = AG 2013, 640 zur Frage der Untreue bei Risikogeschäften; OLG Braunschweig v. 14.6.2012—Ws 44/12, ZIP 2012, 1860 = AG 2013, 47: Untreue von Aufsichtsratsmitgliedern bei Abrechnung und Entgegennahme einer Vergütung unter Verstoß gegen § 113 AktG; eingehend zur Aufsichtsratsuntreue Brammsen, ZIP 2009, 1504.

② BGH v. 16.3.2009—II ZR 280/07, AG 2009, 404, 405; BGH v. 9.7.1979—II ZR 211/76, BGHZ 75, 96, 107 ff. = AG 1979, 263(Herstatt); OLG Brandenburg v. 17.2.2009—6 U 102/07, AG 2009, 662, 664 f.

③ BGH v. 20.9.2010—II ZR 78/09, BGHZ 187, 60 Tz. 13 = AG 2010, 785(Doberlug); BGH v. 16.3.2009—II ZR 280/07, AG 2009, 404, 405; OLG Düsseldorf v. 31.5.2012—I-16 U 176/10, ZIP 2012, 2299, 2300 f. = AG 2013, 171. Vgl. dazu auch Altmeppen, ZIP 2010, 1973; Schürnbrand, NZG 2010, 1207; Thiessen, ZGR 2011, 275.

——监事会知道可能发生的违法行为(例如签订卡特尔协议或者侵犯专利权),却未予以制止,[1]

——允许在完成现金入股给付之前即交付股权,[2]或者未采取有力措施阻止对不合适的实物出资的错误确认,反而表示同意,[3]

——容忍董事会开展超越章程规定的公司经营范围的业务,[4]

——容忍董事会违背《股份法》第 113 条违法向监事会支付报酬。[5]

在经营管理的**合规则性**框架内,监事会必须关注以下事项:(1)是否存在针对企业经营管理的恰当商业手段;(2)是否存在一套有效的报告制度;(3)是否存在一套有效的风险管理机制。[6]在此项监督职责框架内监事会还须监督企业是否已建立满足要求的合规机制。[7]如果它未对这些事项加以关注,那么它就违反了其所负的义务并可能承担相应责任。

987

而就合目的性(适当性)决策而言,董事会在《股份法》第 93 条第 1 款第 2 句的"商业判断规则"的框架内享有经营决策方面的广泛判断空间。这在与监事会的关系中同样适用。就经营管理方面的**董事会合规则性决策**而言,监事会不仅必须对董事会决策时的注意进行审查,而且必须表达其对董事会意图合目的性(适当性)的疑虑及担心并就此进行讨论。不过,只要董事会的行为从商业角度来看同样是正当的,监事会原则上就可以不对董事会进行干预,当然也就无需用自己作出的合目的性(适当性)判断取代董事会所作的同类判断(参见上文边码 93)。但监事会必须首先对董事会的计划进行认真审查并因而违反了其所负的义务,

988

——如果它在事先既未查明并权衡交易所可能带来的机会及风险的情况

---

① Thümmel, Persönliche Haftung von Managern und Aufsichtsräten, Rn.247.

② BGH v. 18.2.2008—II ZR 132/06, BGHZ 175, 265 Tz. 17 = AG 2008, 383 (Rheinmöve).

③ BGH v. 20.9.2011—II ZR 234/09, ZIP 2011, 2097 Tz. 27 = AG 2011, 876(Ision).

④ BGH v. 15.1.2013—II ZR 90/11, ZIP 2013, 455 Tz. 16 = AG 2013, 259(Corealcredit Bank); OLG Düsseldorf v. 9.12.2009—I 6 W 45/09, ZIP 2010, 28, 30 f. = AG 2010, 126(IKB).

⑤ OlG Braunschweig v. 14.6.2012—Ws 44/12, ZIP 2012, 1860, 1861 ff. = AG 2013, 47.

⑥ 关于监事会在风险管理机制方面的监督义务与责任风险, vgl. eingehend Pahlke, NJW 2002, 1680 ff.; Röhrich, ZCG 2006, 41 ff.; Ehlers, ZInsO 2008, 524, 529. Vgl. dazu überdies Begr. RegE BilMoG, BT-Drucks. 16/10067, S. 104 f.; Preußner, NZG 2008, 574。

⑦ Dazu näher M. Winter in FS Hüffer, 2010, S. 1103, 1119 f. Zur Compliance in Finanzdienstleistungsunternehmen und in Industrieunternehmen näher z.B. Gebauer/Kleinert in Krieger/Uwe H. Schneider, Hdb. Managerhaftung, §20 sowie Kremer/Klahold in Krieger/Uwe H. Schneider, Hdb. Managerhaftung, §21.

下对可能带有巨大风险或不利于公司的交易作出了同意。[①]

此外,监事会必须制止不正当的经营管理行为。因此比如说在以下情形下它就违反了其义务:

——如果它同意董事会以低于交易价值的价格出售一块土地,[②]

——它同意董事会涉足过大且危及公司存续的风险。[③]

989　　就监事会的合目的性决策而言,例如对一项负有同意义务的交易给予或拒绝同意,监事会享有与董事会一样广泛的判断空间。《股份法》第 116 条第 1 款规定该法第 93 条第 1 款第 2 句中的**"商业判断规则"**同样适用于监事。因此若监事在作出**商业决策**时可以合理地认为他们是在适当信息的基础上为公司利益实施行为的,则他们无需承担责任。[④]相反,如果监事是在既未自行设法获取作出决策所必需的信息也未查明并权衡董事会的措施所可能带来的机会及风险的情况下对有关措施作出同意的,那么他们就违反了其所负的义务。[⑤]然而需注意的一点是,监事不必掌握所有想象中可能的信息,而是当其能够合理地认为已拥有充分信息时即已履行其信息义务;这同样属于监事享有广阔权衡空间的判断。[⑥]此外,监事会不必在任何情况下均自行获取信息。更确切地说,只要它不认为董事会提供给它的信息(报告)是不正确或不完整的,它通常就可以从中获取所需的信息。[⑦]上

---

① BGH v. 6.11.2012—II ZR 111/12, ZIP 2112, 2438, 2439 = AG 2013, 90(Piëch); OLG Stuttgart v. 29.2.2012—20 U 3/11, ZIP 2012, 625, 627 f. = AG 2012, 298(Piëch); BGH v. 11.12.2006—II ZR 243/05, ZIP 2007, 224, 225 f. = AG 2007, 167.

② LG Stuttgart v. 29.10.1999—4 KfH O 80/98, DB 1999, 2462 = AG 2000, 237 (Ass); Verkehrswert 34 Mio. DM, Kaufpreis 14 Mio. DM.

③ OLG Düsseldorf v. 9.12.2009—I 6 W 45/09, ZIP 2010, 28, 32 = AG 2010, 126(IKB).

④ Hüffer, Komm. AktG, § 116 Rn.8; Mertens/Cahn, Kölner Komm. AktG, § 116 Rn.67 ff.; Habersack, MünchKomm. AktG, § 116 Rn.39 ff.; eingehend zur Informationspflicht des Aufsichtsrats Cahn, WM 2013, 1293, 1297 ff.; anschaulich LG Essen v. 25.4.2012—41 O 45/10, NZG 2012, 1307, 1308 f.

⑤ BGH v. 6.11.2012—II ZR 111/12, ZIP 2012, 2438, 2439 = AG 2013, 90(Piëch); OLG Stuttgart v. 29.2.2012—20 U 3/11, ZIP 2012, 625, 627 f. = AG 2012, 298(Piëch); BGH v. 11.12.2006—II ZR 243/05, ZIP 2007, 224 = AG 2007, 167.

⑥ Dies betonend auch Mertens/Cahn, Kölner Komm. AktG, § 116 Rn.71; Spindler in Spindler/Stilz, Komm. AktG, § 116 Rn.37; Spindler, NZG 2005, 865, 872.

⑦ Habersack, MünchKomm. AktG, § 111 Rn.127; Hopt/Roth, Großkomm. AktG, § 111 Rn.668 f.; Lederer, Die Haftung von Aufsichtsratsmitgliedern, S.91 f.; Cahn, WM 2013, 1293, 1298 f.; Fleischer, ZIP 2009, 1397, 1400 f.; Fonk, ZGR 2006, 841, 861 ff.; in diese Richtung auch BGH v. 11.12.2006—II ZR 243/05, ZIP 2007, 224, 225 f. = AG 2007, 167, wo weitergehende Informationspflichten mit vorangegangenen Eigenmächtigkeiten des Vorstands begründet werden. Wohl nur missverständlich BGH v. 6.11.2012—II ZR 111/12, ZIP 2012, 2438, 2439 = AG 2013, 90(Piëch) und OLG Stuttgart v. 29.2.2012—20 U 3/11, ZIP 2012, 625, 627 f. = AG 2012, 298(Piëch), wo davon die Rede ist, der Aufsichtsrat müsse sich über erhebliche Risiken, die der Vorstand mit Geschäften eingehe, kundig machen und dürfe sich nicht auf die Entgegennahme der Informationen des Vorstands beschränken; tatsächlich ging es dabei wohl weniger um die Beschaffung als um die Auswertung der vom Vorstand erteilten Informationen.

述商业判断规则仅在进行商业的合目的性判断时适用,而不适用于**法律上有拘束力的判断**。然而后者通常也需要作出预测和评估,而这也要求赋予监事会与商业判断规则相似的判断和权衡空间。①对于尚未澄清的法律问题来说,同样如此。此时监事会必须掌握客观信息,必要时可以征求法律意见并询问目前法院在诉讼中支持哪一法律观点。若问题仍未得到解决,则它可根据对公司更为有利的法律观点作出判断,只要它可以在考虑到法律风险的前提下理智地认为借此将作出对公司来说更好的判断。②

990

就**监督范围**而言,通常情况下监事会只需对定期提交的董事会报告进行认真审查即可。原则上,它可以信赖此类报告的正确性和完整性。若此时出现疑虑,则它必须进行调查。只有在出现某些**特殊情况**时,比如说公司的经济状况陷入困难(参见上文边码95)、公司尚处于起步阶段,③某些风险极高的交易必须被加以判断④或者董事会在过去一段时间未合规则地履行其报告义务⑤,监事会才可能有必要进行更深入的审查。此项要求(即在上述情况下进行更深入的审查)明确地表明:第一,在公司处于困境的情况下董事会尤其要提高开会及报告的频率;第二,在交易风险极高的情况下监事会必须主动行使其信息权并在必要时聘请专家;第三,若董事会在过去一段时间违反其报告义务,则监事会不得信赖董事会所作报告的正确性和完整性,而是必须针对每个具体情况分别行使其发问及查阅权。对于处于起步阶段的公司来说,同样如此。因此监事会在以下情况下是违反其义务实施行为的,

——虽然在经营管理中出现了不正当行为,但监事会却既未进行调查也未采取其他措施,⑥

——已出现公司将遭受严重损害的迹象,监事会却未毫不迟延地进行调查并采取适当的应对措施,⑦

---

① Ausführlich Cahn, WM 2013, 1293, 1294 ff.; v. Falkenhausen, NZG 2012, 644, 646 f.

② Näher Fleischer in Spindler/Stilz, Komm. AktG, §93 Rn. 29 ff.; Spindler, MünchKomm. AktG, §93 Rn. 66 ff.; Cahn, WM 2013, 1293, 1294 f.; Buck/Heeb, BB 2013, 2247, 2254 ff.; Langenbucher, ZBB 2013, 16, 22 f. (zum Bankenaufsichtsrecht).

③ BGH v. 22. 10. 1979—II ZR 151/77, BB 1980, 546, 548; OLG Stuttgart v. 19.6.2012—20 W 1/12, AG 2012, 762, 764; OLG Düsseldorf v. 8.3.1984—6 U 75/83, WM 1984, 1080, 1084 = AG 1984, 273.

④ BGH v. 6.11.2012—II ZR 111/12, ZIP 2012, 2438, 2439 = AG 2013, 90(Piëch); OLG Stuttgart v. 29.2.2012—20 U 3/11, ZIP 2012, 625, 627 f. = AG 2012, 298(Piëch).

⑤ Semler, Leitung und Überwachung, Rn. 158; Kiethe, WM 2005, 2122, 2124.

⑥ BGH v. 11.12.2006—II ZR 243/05, ZIP 2007, 224, 225 = AG 2007, 167; vgl. auch die Entscheidung des schweizerischen Bundesgerichts, BGE 97 II 403 ff., 411 ff.

⑦ LG München I v. 31.5.2007—5 HKO 11977/06, NZI 2007, 609, 610.

——在公司处于困境的情况下,监事会却未对无法提供确凿证明的董事会进行严格监督,①

——在公司刚刚起步而且又是在国外开展业务的情况下,监事会却未亲自到当地设法了解公司业务状况或者至少聘请独立专家去获取有关情况。②

991　　监事会的注意义务还包括**符合目的地运用**其所享有的**监督手段**。也就是说,只要存在相应的理由且已针对重要经营管理措施设置了同意保留(《股份法》第 111 条第 4 款第 2 句),监事会就必须设法使董事会准时作出报告并行使其发问及查阅权。董事会必须制止不正当的经营管理措施。因此监事会在以下情况下同样违反了其义务,

——监事会未以它所能运用的全部手段去干预并制止董事会所实施的极其轻率的措施,③

——监事会未在必要时出于制止不正当经营管理措施的目的而临时设置针对个别业务的同意保留,以便它此后能够借此拒绝作出同意。④

992　　此外,如果监事会未进行恰当履行其职责所必需的**自我组织**,那么它也违反了其义务。自我组织包括:举行必要数量的会议、设立委员会、建立委员会与全体大会之间的报告制度(该制度使全体大会能够对委员会的工作实施监督)以及在必要时聘请顾问。因此,如果监事会在不具备相关经验的情况下仍未聘请专家提供咨询,那么这同样应被视为一种义务违反,⑤相反向专家征求意见可以使其免责;详见下文边码 1012 及以下。

993　　在**人事措施**领域内,监事会聘任不适当的人员担任董事是违反义务的行为。但因为监事会此时享有广泛的判断空间,所以只有当它的选择决定完全不正当时才属于上述情况。此外,在确定薪酬(详见上文边码 395 及以下)时更有可能出现监事会违反义务的情况,特别是许诺支付不适当的过高报酬⑥或者确定不满足《股份法》第 87 条第 1 款第 2、3 句条件的薪酬结构;若监事会在公司状况恶化时未行使《股份法》第 87 条第 2 款规定的"减薪权",则同样可能

---

①　Vgl. die Nachweise in SAG 9(1936/37), 118 ff.

②　OLG Düsseldorf v. 8.3.1984—6 U 75/83, WM 1984, 1080, 1084 = AG 1984, 273.

③　BGH v. 4.7.1977—II ZR 150/75, BGHZ 69, 207, 214.

④　BGH v. 15.11.1993—II ZR 235/92, BGHZ 124, 111, 127 = AG 1994, 124; LG Bielefeld v. 16.11.1999—15 O 91/98, WM 1999, 2457, 2465(Balsam).

⑤　Schweizerisches Bundesgericht, SJZ 38(1941/42), 79 und BGE 93 II, 22 ff., 26; österreichischer OGH v. 31.5.1977—5 Ob 306/76, AG 1983, 81, 82.

⑥　Eingehend dazu Hüffer in FS Hoffmann-Becking, 2013, S. 589 ff.; Spindler, AG 2011, 725 ff.; Reichert/Ullrich in FS Uwe H. Schneider, 2011, S.1017, 1020 ff.

给自己招致责任。①虽然《股份法》第 116 条第 3 句明确强调了监事应为不适当的董事薪酬承担责任,但也同时承认在确定薪酬过程中监事会享有非常广泛的裁量空间。联邦最高法院就 Mannesmann 案所作判决具有较高的实践意义,据此若监事会同意给予董事自愿报酬,而这未给公司带来相应好处,则监事会属于违反义务实施行为;②对此详见上文边码 408。

此外,监事会所负的义务——在有相应理由的情况下,对公司是否享有针对董事的损害赔偿请求权进行审查,可能会给自己带来责任风险。根据联邦最高法院在 ARAG 案中所作的判决,监事会原则上有义务**向董事主张损害赔偿请求权**,而且只有在以下两种情况下可以放弃主张此项权利:第一,监事会对此项请求权的依据或可执行性持怀疑态度;第二,考虑到公司的重大利益,监事会认为不要求有关董事就其给公司造成的损害作出赔偿似乎更为有利;③详见上文边码 447 及以下。如果此项请求权极有可能得到执行,但监事会却未予以主张,那么它就违反了其义务并可能承担相应的责任。因此监事会除了向有关董事主张损害赔偿请求权外别无选择。

另外,监事会所负的、每年作出《股份法》**第 161 条规定的"遵守说明"**的义务(详见上文边码 489 及以下)在责任法方面同样应受到关注。如果监事会违反了此项说明义务,特别是未作出说明或者说明自始存在错误,或者在说明期间发生违背规定的情况时未对目前的遵守说明作出必要限制(参见上文边码489),那么此时不仅存在《股份法》第 93 条第 2 款第 1 句意义上的义务违反,而且若由此给公司造成损害,则此项义务违反还可能导致公司的损害赔偿请求权。④关于投资者的损害赔偿请求权参见下文边码 1034。而监事会所作的遵守或不遵守个别或全部《准则》建议的决定本身是不是监事会**符合注意义务或违背注意义务行为的标志**,则是一个完全不同的问题。实际上,部分学者认为可以将对《准则》的违背视为《股份法》第 93 条第 1 款第 1 句意义上的对注

994

995

---

① Reichert/Ullrich in FS Uwe H. Schneider, 2011, S. 1017, 1029 ff.; Habersack, ZHR 174(2010), 2, 3; Hoffmann-Becking/Krieger, Beilage zu NZG Heft 26/2009, Rn.80.
② BGH v. 21.12.2005—3 StR 470/04, ZIP 2006, 72, 74(Mannesmann).
③ BGH v. 21.4.1997—II ZR 175/95, BGHZ 135, 244, 255 f. = AG 1997, 377 (ARAG/Garmenbeck).
④ Lutter, Kölner Komm. AktG, §161 Rn. 154 ff.; Leyens, Großkomm. AktG, §161 Rn.518 ff.; Sester in Spindler/Stilz, Komm. AktG, §161 Rn.80 ff.; Spindler in K. Schmidt/Lutter, Komm. AktG, §161 Rn.66 ff.; Goette, MünchKomm. AktG, §161 Rn. 97 ff.; eingehend Bertrams, Die Haftung des Aufsichtsrats im Zusammenhang mit dem Deutschen Corporate Governance Kodex und §161 AktG, 2004, S.115 ff.

意义务的违反。①但这种观点不能被赞同,因为《准则》中的建议应当是无约束力的。②相反,将对《准则》的遵守看作是符合注意义务行为的标志似乎更为合适。③

996　　最后,在**公司收购**的情况下,监事会同样可能承担某些责任。一方面,根据《有价证券收购法》第 27 条,目标公司的监事会有义务对收购要约发表合理意见。如果监事会未合格地履行此项义务(参见上文边码 618 及以下),那么它就违反了其对公司所负的注意义务,并可能在公司由此遭受损害的前提下承担相应责任。④另一方面,如果监事会对不符合公司最佳利益的防御措施⑤作出了同意,那么它可能因此违反了其所负的义务(《有价证券收购法》第 33 条第 1 款第 2 句或第 33 条第 2 款第 4 句)。不过,此时监事会和董事会均享有经营决策方面的广泛判断空间(参见上文边码 988)。⑥

　　2. 单个监事的参与义务

997　　单个监事并不因监事会违反义务而自动承担责任,相反,其责任以**个人的义务违反**为前提。监事在危急情况下不作为或者在监事会违法作出决议时仅投出反对票均不足以充分履行其义务。相反,每名监事均必须尽最大努力参

---

① Lutter, ZHR 166(2002), 523, 542; Lutter, Kölner Komm. AktG, §161 Rn.164; Ulmer, ZHR 166(2002), 150, 166 f.; Bertrams, Die Haftung des Aufsichtsrats im Zusammenhang mit dem Deutschen Corporate Governance Kodex und §161 AktG, 2004, S.178 ff., 211 f.

② Spindler in K. Schmidt/Lutter, Komm. AktG, §161 Rn.68; Hüffer, Komm. AktG, §161 Rn.27; Leyens, Großkomm. AktG, §161 Rn.530 ff.; Sester in Spindler/Stilz, Komm. AktG, §161 Rn.83; Goette, MünchKomm. AktG, §161 Rn.99; Bachmann, WM 2002, 2137, 2138; Ettinger/ Grützedick, AG 2003, 353, 354 f.

③ So etwa Lutter, Kölner Komm. AktG, §161 Rn.164; Lutter, ZHR 166(2002), 523, 542; Kort in FS K. Schmidt, 2009, S. 945, 949; Schüppen, ZIP 2002, 1269, 1271; Bertrams, Die Haftung des Aufsichtsrats im Zusammenhang mit dem Deutschen Corporate Governance Kodex und §161 AktG, 2004, S.178 ff., 210 ff.; Seibt, AG 2002, 249, 251, der sogar von einer Umkehr der Beweislastregelung des §93 Abs. 2 Satz 2 AktG zugunsten der Organmitglieder, die die Kodex-Empfehlungen beachten, ausgehen will; a. A. Hüffer, Komm. AktG, §161 Rn.27; Spindler in K. Schmidt/Lutter, Komm AktG, §161 Rn.68; Bachmann, WM 2002, 2137, 2138 f.; Ettinger/Grützedick, AG 2003, 353, 355.

④ Krause/Pötzsch in Assmann/Pötzsch/Uwe H. Schneider, Komm. WpÜG, §27 Rn. 155; Röh, Frankfurter Komm. WpÜG, §27 Rn. 83; Harbarth in Baums/Thoma, Komm. WpÜG, §27 Rn.154.

⑤ Krause/Pötzsch/Stephan in Assmann/Pötzsch/Uwe H. Schneider, Komm. WpÜG, §33 Rn.314; Röh, Frankfurter Komm. WpÜG, §33 Rn.145; Grunewald in Baums/Thoma, Komm. WpÜG, §33 Rn.107 i.V.m. 101.

⑥ Krause/Pötzsch/Stephan in Assmann/Pötzsch/Uwe H. Schneider, Komm. WpÜG, §33 Rn.183 ff., 236; Grunewald in Baums/Thoma, Komm. WpÜG, §33 Rn.107 i.V.m. 101.

与监事会职责的履行。①其中一方面包括：在存在相应理由的情况下召开监事会会议、认真为监事会会议做准备；出席会议并参与监事会中的讨论及决策。另一方面还包括在决策存在问题的情况下阐明自己的立场并为监事会提供与决策密切相关的信息。因此，例如监事在以下情况下是违反其上述义务实施行为的，

——他未设法使监事会会议得以及时举行，以至于监事会无法阻止董事会实施违法措施②或无法作出避免公司破产③所必需的决议，

——他未在监事会就是否给予一项无担保的贷款进行决议前向其他监事说明借贷人经济上的不稳定状况，④

——在有迹象表明董事会所开展的业务（或进行的交易）可能危及公司存续的情况下，他却既未将此情况报告给监事会又未毫不迟疑地对此进行调查，⑤

——在知悉董事会违法行为（向母公司提供无担保的贷款）的情况下却未将此情况告知全体监事会。⑥

若监事认为一项监事会决议是不正当的，则他仅表示**弃权**是不够的，而是必须投反对票。⑦然而，他——比如说在一个由三名成员组成的监事会中——没有义务为阻止监事会作出决议而导致其无决议能力。 998

如果监事认为一项监事会决议是有错误的，他也因此投出了反对票，但是该决议**仍然以多数赞成票获得了通过**，那么在这种情况下，为了使自己之后免于遭受违反义务的指责以及承担责任的风险，他最好让记录人员将其对该决议表示反对的事实记载在会议记录中。⑧ 999

在个别情况下，还可能遇到这样的问题：监事是否有义务**通过提起诉讼阻** 1000

① Näher Mertens/Cahn, Kölner Komm. AktG, §116 Rn. 10 ff.; Spindler in Spindler/Stilz, Komm. AktG, §116 Rn. 34 ff.; Habersack, MünchKomm. AktG, §116 Rn. 30 ff.

② OLG Braunschweig v. 14.6.2012—Ws 44/12, ZIP 2012, 1860, 1862 = AG 2013, 47.

③ LG München I v. 31.5.2007—5 HKO 11977/06, AG 2007, 827, 828.

④ LG Hamburg v. 16.12.1980—8 O 229/79, ZIP 1981, 194 = AG 1982, 51.

⑤ LG Bielefeld v. 16.11.1999—15 O 91/98, WM 1999, 2457, 2464 f. = AG 2000, 136(Balsam).

⑥ LG Dortmund v. 1.8.2001—20 O 143/93, DB 2001, 2591 = AG 2002, 97.

⑦ Mertens/Cahn, Kölner Komm. AktG, §116 Rn.11; Habersack, MünchKomm. AktG, §116 Rn.31; Spindler in Spindler/Stilz, Komm. AktG, §116 Rn.34; Drygala in K. Schmidt/Lutter, Komm. AktG, §116 Rn.16.

⑧ LG Berlin v. 8.10.2003—101 O 80/02, ZIP 2004, 73, 76; Spindler in Spindler/Stilz, Komm. AktG, §116 Rn.41. Zum Recht jedes Aufsichtsratsmitglieds, Widerspruch zu Protokoll zu geben, um sich gegen die Haftung für rechtswidrige Aufsichtsratsbeschlüsse zu sichern, vgl. oben Rn.709; Hoffmann-Becking, Münchener Hdb. AG, §31 Rn.107.

止他认为违法的监事会决议的实施。这个问题无法被笼统地加以回答,而必须根据具体情况具体分析。诉讼将严重影响监事会中今后的进一步合作并可能通过负面的公众影响给公司造成损害。因此,只有当实施一项违法监事会决议可能给公司造成极大损害时,才能认为监事有义务提起诉讼。①

1001　　监事在任何情况下都不负有**辞职义务**。②监事必须利用其在监事会内部所有可能的途径或方法设法使监事会恰当地开展工作。然而,即使监事无法在监事会内部贯彻其观点,他们也没有义务停止其参与,但他们当然有权这样做。

　　3. 监督义务与委员会工作

1002　　监事能够而且应当将准备性的或者最终处理性的工作交给委员会来完成(参见上文边码 743 及以下)。如果在某一委员会的工作领域中出现了违反义务的情况,那么这首先涉及**该委员会的成员**。关于这一点,在上文边码 997 及以下中已被论述过的一般原则同样适用于委员会成员在委员会中的工作。"委员会的设立怎样影响着**其他监事**的义务及责任状况"这一问题要视以下情况而定,即全体监事会在怎样的程度上参与了有关事件或者是否参与了有关事件:

1003　　如果委员会**只是**进行**准备性**工作,而决定(比如说关于是否同意一项投资措施)仍由全体监事会作出,那么尽管相应的准备工作已由委员会完成,但所有监事仍必须以与履行监事会职责(处理监事会事务)时相同的注意作出自己的判断。这并不排除监事以委员会所作的准备工作为依据作出决定,否则这些工作就没有任何意义了。然而,监事在决定时必须尽到必要的注意,而且不能盲目地信赖委员会,而是必须根据委员会意见的可信性及说服力认真对该意见进行审查。③

---

① Spindler in Spindler/Stilz, Komm. AktG, §116 Rn. 41; Habersack, Münch-Komm. AktG, §116 Rn. 38; E. Vetter, DB 2004, 2623, 2626; Kiethe, WM 2005, 2122, 2127; enger Mertens/Cahn, Kölner Komm. AktG, §116 Rn. 64 (nur in „Extremfällen"); Hopt/Roth, Großkomm. AktG, §116 Rn. 19 (Beschränkung auf strafbares Verhalten als Leitlinie).

② Ebenso E. Vetter, DB 2004, 2623, 2627; Doralt/Doralt in Semler/v. Schenck, Arbeitshandbuch für Aufsichtsratsmitglieder, §14 Rn. 166; Kiethe, WM 2005, 2122, 2127; weitergehend Mertens/Cahn, Kölner Komm. AktG, §116 Rn. 19; Habersack, MünchKomm. AktG, §116 Rn. 38; Hopt/Roth, Großkomm. AktG, §116 Rn. 20, die in (nicht näher beschriebenen) Ausnahmefällen eine Amtsniederlegung zur Vermeidung der Haftungssanktion für nötig halten.

③ Spindler in Spindler/Stilz, Komm. AktG, §116 Rn. 45; Drygala in K. Schmidt/Lutter, Komm. AktG, §116 Rn. 6; Hopt/Roth, Großkomm. AktG, §116 Rn. 117; Fleischer, ZIP 2009, 1397, 1401 f.

与上述情况相比，**全体监事会并未参与**的事件更难被作出判断。此时适 1004
用以下原则，即每名监事均有义务关注各委员会的工作。①这并不意味着全体
大会或者不属于委员会成员的监事必须在无相应理由的情况下干涉委员会的
工作。当然，若监事已获得使其对委员会工作的合规则性产生怀疑的信息，则
他必须对有关情况进行调查并请求监事会主席或全体监事会予以协助。而监
事会主席或全体监事会必须对此进行干预且在必要时将有关事务收回由全体
大会自行处理。除此之外，全体监事会还有义务对委员会的工作进行监督并
基于此目的要求委员会定期就其工作作出报告（详见上文边码748）。如果委
员会中出现玩忽职守的情况，而有关监事又怠于履行其监督义务，那么其他不
知道、但在合格地履行其对委员会的监督义务的情况下应当知道有关情况的
监事可能也要因此而承担相应责任。

（二）忠实义务与保密义务

除参与监事会工作这项义务之外，监事还负有对公司的忠实义务和保密义务。 1005

忠实义务包括以下两方面内容：第一，监事必须维护企业的利益；第二，监 1006
事不得为自己或其他企业的利益利用其监事职务并由此给公司造成不利影
响。②因此例如在以下情况下监事是违反其义务实施行为的：

——他在存在利益冲突的情况下仍促使董事会实施一项对本公司不利、
而对另一家公司有利的措施，③

——他出于利用公司的交易机会为自己谋利的目的使用了其基于监事职
务所获得的信息④（《准则》第5.5.1条第2句）。

当然，只有当监事正是基于其职务而能够利用公司的交易机会（为自己谋
利）时，上述"不得利用公司的交易机会"的禁令才适用。在其职务之外，监事
是自由的。⑤

---

① Hüffer, Komm. AktG, §116 Rn. 9; Spindler in Spindler/Stilz, Komm. AktG,
§116 Rn. 45; Drygala in K. Schmidt/Lutter, Komm. AktG, §116 Rn. 6; Hopt/Roth,
Großkomm. AktG, §116 Rn. 116; Fleischer, ZIP 2009, 1397, 1402.

② Eingehend dazu Mertens/Cahn, Kölner Komm. AktG, §116 Rn. 24 ff.; Spindler in
Spindler/Stilz, Komm. AktG, §116 Rn. 56 ff.; Drygala in K. Schmidt/Lutter, Komm. Ak-
tG, §116 Rn. 20 ff.

③ BGH v. 21.12.1978—II ZR 244/78, NJW 1980, 1629(Schaffgotsch); dazu Ulmer,
NJW 1980, 1603; Lutter, ZHR 145(1981), 224 ff., 239 ff.

④ BGH v. 23.9.1985—II ZR 246/84, WM 1985, 1443 = GmbHR 1986, 293(für
GmbH-Geschäftsführer); Mertens/Cahn, Kölner Komm. AktG, §116 Rn. 31; Spindler in
Spindler/Stilz, Komm. AktG, §116 Rn. 60.

⑤ Mertens/Cahn, Kölner Komm. AktG, §116 Rn. 31; Spindler in Spindler/Stilz,
Komm. AktG, §116 Rn. 57, 60.

1007　　**利益冲突**并未免除监事的义务；相反，他仍然有义务在履行其监事职务时仅维护公司的利益。[1]然而，他不仅可以在表决时表示弃权，[2]而且可以无视其他可能影响其决定的因素（这两种做法通常也是适当的）。此外，监事既可以放弃获得有关事务的信息，又可以在就有关事务进行讨论和决议时放弃参加会议，详见上文边码894及以下。

1008　　**保密义务**要求监事对其通过在监事会中的工作而了解到的公司机密说明及秘密，特别是其所获得的机密报告和机密讨论，保持缄默（《股份法》第116条第2句）；详见上文边码254及以下。若监事违反此项义务并由此给公司造成一定数额的损失，则公司对该监事享有损害赔偿请求权。

三、过错

1009　　监事责任属于过错责任。此时的过错标准同样是一名正直且认真负责的监事所应尽的注意。[3]未尽到此种注意的监事不仅是违反义务的，而且是有过错的。也就是说，不论其个人知识及能力如何，所有监事均统一适用**客观的过错标准**。[4]每名监事（不管是股东代表还是职工代表）均必须拥有使其能够符合上述标准的知识及能力。如果监事不具备必要的最低知识及能力，那么诸如"这方面我不懂"或者"这超出了我的能力"之类的借口不能使其免责。更确切地说，所有监事均必须保证尽到一名平均水平的监事所期待的注意；若未尽到此种注意，则有关监事必须承担相应责任。[5]

1010　　由于法律允许监事会进行**分工**并将由此导致首先由被分配了相应具体工作（职责）的监事承担责任，因此它考虑各个监事应具备相应的知识及能力（参见上文边码1002）。除此之外，如果单个监事信赖在相关专业上更在行的同事

---

[1]　BGH v. 21. 12. 1978—Ⅱ ZR 244/78，NJW 1980，1629，1630（Schaffgotsch）；Mertens/Cahn, Kölner Komm. AktG，§116 Rn.25；Spindler in Spindler/Stilz, Komm. AktG，§116 Rn.67；Hoffmann-Becking, Münchener Hdb. AG，§33 Rn.78.

[2]　Mertens/Cahn, Kölner Komm. AktG，§116 Rn.25，34；Spindler in Spindler/Stilz, Komm. AktG，§116 Rn.34；a.A. Habersack, Münch- Komm. AktG，§100 Rn.71.

[3]　Hüffer, Komm. AktG，§116 Rn.2 i.V.m.§93 Rn.4；Drygala in K. Schmidt/Lutter, Komm. AktG，§116 Rn.36.

[4]　Habersack, MünchKomm. AktG，§116 Rn.70；Spindler in Spindler/Stilz, Komm. AktG，§116 Rn.111；Hoffmann-Becking, Münchener Hdb. AG，§33 Rn.74；Doralt/Doralt in Semler/v. Schenck, Arbeitshandbuch für Aufsichtsratsmitglieder，§14 Rn.134；Lutter, ZHR 145(1981)，224，237 ff.；Schwark in FS Werner，1984，S.841 ff.

[5]　BGH v. 15.11.1982—Ⅱ ZR 27/82，BGHZ 85，293，295＝AG 1983，133(Hertie)；österreichischer OGH v. 26.2.2002—1Obl44/01k，GesRZ 2002，86，89；Hüffer, Komm. AktG，§116 Rn.2；Habersack, MünchKomm. AktG，§116 Rn.23；Mertens/Cahn, Kölner Komm. AktG，§116 Rn.63；Hoffmann-Becking, Münchener Hdb. AG，§33 Rn.74.

的判断,而且之后还必须根据其可信性及说服力对该判断进行审查,那么对于那些本身可以被分配某一委员会处理但却仍由全体大会实施的措施而言,有关监事不能提出任何抗辩。[1]只是对于那些必须留待全体大会处理的工作来说,任何人都不能主张缺乏相应的知识及能力;此时,每名监事均必须保证自己具备相应的资格及能力,因为没有人有义务成为监事。[2]

在监事会中承担**特殊职责**的监事,特别是监事会主席以及委员会成员,要适用更严格的标准。他们必须具备其职责所要求的知识及能力;若他们不具备所需的知识及能力,则他们不得承担相应职责。[3]此外,单个监事(由于其特殊职责而)应具备的特殊知识提高了其过错标准。[4]具备特殊知识却未加以利用的监事不能以一名平均水平的监事根本不必具备此类特殊知识为由为自己辩解。虽然"所有监事一律平等"的原则(参见上文边码821)在这里同样适用,但某些监事正是由于其所具备的特殊知识(例如作为工程师、市场专家、银行家、审计师/注册会计师、律师,等等)才被选聘到监事会中的,他们必须保证在履行职务时运用这些特殊知识。

1011

四、通过外部专家而减免责任

(一) 征求外部建议的权利和义务

如果在监事会履行职务过程中出现监事的知识和经验不足的情况下,那么监事会有权**请求专家**给予协助。法律明确规定了监事会在查阅和审查公司账簿和资产时的各项权利(《股份法》第 111 条第 2 款第 2 句)。然而,延请专

1012

---

[1] Hommelhoff, ZHR 143(1979), 288, 300; Hoffmann-Becking, Münchener Hdb. AG,§33 Rn.75; E. Vetter in Marsch-Barner/Schäfer, Hdb. börsennotierte AG,§29 Rn. 59.

[2] Reiches Fallmaterial aus der Schweiz bei Hütte, ZGR 1986, 1 ff.; Bär/Forstmoser/ v. Greyerz/Pedrazzini/Vischer, Die Verantwortung des Verwaltungsrats in der AG, 1978; Forstmoser/Sprecher/Töndury, Persönliche Haftung nach Schweizer Aktienrecht, 2005.

[3] Hüffer, Komm. AktG,§116 Rn.3; Spindler in Spindler/Stilz, Komm. AktG, §116 Rn.15 Hoffmann-Becking, Münchener Hdb. AG,§33 Rn.75; Mutter/Gayk, ZIP 2003, 1773, 1774 f.; Dreher in FS Boujong, 1996, S.71, 83 ff.

[4] BGH v. 20.9.2011—II ZR 234/09, ZIP 2011, 2097 Tz. 28 = AG 2011, 876 (Ision); Mertens/Cahn, Kölner Komm. AktG,§116 Rn. 63; Habersack, MünchKomm. AktG,§116 Rn.28; Spindler in Spindler/Stilz, Komm. AktG,§116 Rn.17; Drygala in K. Schmidt/Lutter, Komm. AktG,§116 Rn.37; Hoffmann-Becking, Münchener Hdb. AG, §33 Rn.63.; Mutter/Gayk, ZIP 2003, 1773, 1775; Dreher in FS Boujong, 1996, S. 71, 80; a.A. Hüffer, Komm. AktG,§116 Rn.3; Hopt/Roth, Großkomm. AktG,§116 Rn. 52; Schwark in FS Werner, 1984, S. 841, 850 f., 853 f.; kritisch auch Selter, AG 2012, 11, 18 f.

家的权利并不局限于这个狭窄的领域。相反,只要监事会为履行职务需要专家提供帮助,它就有权委托专家。此项权利属于其法定职责的附属权利。①因此,监事会可以为寻找新的董事而延请人事顾问或者为设计薪酬体系而咨询薪酬顾问。如果它对董事会某些措施的合法性有疑问,那么它可以委托专家提出法律意见;如果它想对诸如投资计划的合目的性和经济性作出判断,而自己的相关专业知识不足,那么它有权咨询在该领域有经验的顾问。监事会的职责范围和个人履职的基本义务是有限的。监事会可以延请专家为其提供协助,但不得将不属于其职责范围的事务委托给专家处理。此外,专家的参与必须限于具体事务;监事会不得聘请常设顾问来协助其履行监督职责。②

1013　　若外部建议对履行监事会职责来说必不可少,则延请专家将可以成为**监事会的义务**。③在监事会对董事会的监督实践中,延请专家在对合法性实施审查(参见上文边码74)过程中扮演着特殊角色。如果监事会有理由怀疑存在违反诸如卡特尔法、环境法和反贪污贿赂法等规定的情形,那么它必须进行调查。若其自身知识不够,则必须寻求专家建议。然而监事会只需在存在相应理由时寻求建议,即它认为相关法律问题存在疑问且其专业知识不足以应对。相反,不能要求监事会具有认识到所有法律问题的敏感性。④然而,当然可以要求股份公司的监事对股份法中重要的基本规定有所了解并知悉与公司经营活动有关的法律领域(例如证券交易法、卡特尔法以及企业组织法等)中的基本义务。

1014　　监事会通过决议作出延请外部专家的决定。它有权**代表**公司缔结咨询合同,⑤但也可以委托董事会处理。⑥在委托某委员会代替监事会处理相关事务

---

①　Vgl. etwa Habersack, MünchKomm. AktG, §111 Rn. 135;Hopt/Roth, Großkomm. AktG, §112 Rn. 60 ff.;Hoffmann-Becking, Münchener Hdb. AG, §29 Rn. 49;Hoffmann-Becking, ZGR 2011, 136, 140 f.

②　Habersack, MünchKomm. AktG, §111, Rn. 135;Hopt/Roth, Großkomm. AktG, §112 Rn.63;Hoffmann-Becking, Münchener Hdb. AG, §29 Rn.49.

③　BGH v. 6.6.1994—II ZR 292/91, BGHZ 126, 181 = GmbHR 1994, 539;OLG Stuttgart v. 25.11.2009—20 U 5/09, ZIP 2009, 2386, 2389 = AG 2010, 133;Lutter, DB 1994, 129, 135.

④　So aber, wohl missverständlich, Strohn, ZHR 176(2012), 137, 139;dagegen Krieger, ZGR 2012, 496, 498 f.

⑤　Habersack, MünchKomm. AktG, §111 Rn.135;Hopt/Roth, Großkomm. AktG, §112 Rn.63;Hoffmann-Becking, Münchener Hdb. AG, §29 Rn.49.

⑥　Mertens/Cahn, Kölner Komm. AktG, §112 Rn. 24;Hoffmann-Becking, ZGR 2011, 136, 141;Werner, ZGR 1989, 369, 383 f.;a. A. Hopt/Roth, Großkomm. AktG, §112 Rn.60, die eine Vertretung durch den Vorstand nur zulassen, wenn der Vorstand vom Aufsichtsrat bevollmächtigt worden ist.

的情况下,延请专家的权利同样由该委员会享有;在委员会为全体会议进行筹备工作的过程中,同样如此。

(二) 通过咨询而免责

在聘请顾问的情形下,即便专家的建议在客观上是不正确的,也可能导致监事会的**责任免除**。专家的错误不会依《民法典》第 278 条被归于监事。① 然而,司法界仍然对错误自行意见的责任免除提出了很高的要求:②

首先,专家必须在**专业上胜任**这项工作。是否如此,取决于咨询的具体问题以及专家的专业知识和经验。基于特定职称或专业资格的形式资质并非强制性要求,③ 但本身并不足够;④ 问题越复杂,能够达到形式资质要求的人就越少,但这要取决于监事会必须具备的具体知识和经验。⑤

司法界还要求相关专家属于**独立的顾问**。这在实践中导致一些疑问的产生,特别是当一位顾问已经着手工作,是否会因其不再被认为具有独立性而考虑另外聘请专家。⑥ 然而事实并非如此。至少监事会可以首先征求已开始工作的顾问的意见,并与他讨论该问题。若疑虑可以消除,则无需另请高明。独立性要求仅旨在确保监事会不会收到"赞成意见",更是为了获得以事实为依据的客观建议。这个目标并不一定排除听取并采纳已开始工作的顾问所提出的建议。⑦ 基于同样的原因,并非在所有需要专家咨询的情形下均需延请外部顾问,而可以向本公司的某部门,例如针对法律问题的法务部,征求必

1015

1016

1017

① BGH v. 20.9.2011—II ZR 234/09, ZIP 2011, 2097 Tz. 17 = AG 2011, 876 (Ision); Cahn, WM 2013, 1293, 1302 f.; Strohn, ZHR 176(2012), 137, 142 f.; Wagner, BB 2012, 651, 654 f.

② Insbesondere BGH v. 20.9.2011—II ZR 234/09, ZIP 2011, 2097 Tz. 16 ff. = AG 2011, 876(Ision); BGH v. 27.3.2012—II ZR 171/10, ZIP 2012, 1174 Tz. 16 = GmbHR 2012, 746; BGH v. 14.5.2007—II ZR 48/06, ZIP 2007, 1265 Tz. 16 f. = AG 2007, 548; OLG Stuttgart v. 25.11.2009—20 U 5/09, ZIP 2009, 2386, 2389 = AG 2010, 133; LG Essen v. 25.4.2012—41 O 45/10, NZG 2012, 1307, 1309 f.; aus der Literatur insbesondere Strohn, ZHR 176(2012), 137 mit Erwiderung Krieger, ZGR 2012, 496; Strohn, CCZ 2013, 177, 180 ff.; Cahn, WM 2013, 1293, 1301 ff.; Fleischer, KSzW 2013, 3; Buck-Heeb, BB 2013, 2247, 2254 ff.; Sander/Schneider, ZGR 2013, 725, 746 ff.; Wagner, BB 2012, 651; Selter, AG 2012, 11; Uwe H. Schneider, DB 2011, 99; Uwe H. Schneider, NZG 2010, 121; Uwe H. Schneider, ZIP 2009, 1397.

③ Fleischer, KSzW 2013, 3, 7; Müller, NZG 2012, 981, 982; a.A. Selter, AG 2012, 11, 16.

④ Tendenziell a.A. wohl Strohn, ZHR 176(2012), 137, 141.

⑤ OLG Stuttgart v. 25.11.2009—20 U 5/09, ZIP 2009, 2386, 2389 = AG 2010, 133.

⑥ So namentlich Strohn, ZHR 176(2012), 137, 139 f.

⑦ Cahn, WM 2013, 1293, 1304; Fleischer, KSzW 2013, 3, 8; Krieger, ZGR 2012, 496, 500 f.; Kiefner/Krämer, AG 2012, 498, 500; Binder, ZGR 2012, 757, 772.

要的独立意见。①

1018   为使监事会能够信赖顾问,为其提供关于待评估事实的**完整信息**是必不可少的。信息多好,建议就有多好。但应该指出的是,通常来说顾问自己最清楚哪些信息对其评估至关重要。因此,监事会为顾问提供使其能够据以审查基本事实的信息,而且他也可以自行判断是否还需提供额外信息时,即属已合格履行其注意义务。②

1019   最后,监事会不得盲目信赖其顾问。他必须对其延请的专家所提供的意见进行**合理性审查**。③联邦最高法院要求——对于既不简单也不特别紧急的问题——均需作出书面报告。④其实这有些过于苛刻了,是否需要采取书面形式取决于每个案件的具体情况。⑤同样,要求每名监事必须自行制作详细报告也属苛求,⑥在评估书面意见时,监事应当可以寻求法务部等第三方的支持。⑦但在大多数情况下,建议邀请专家参加监事会会议、阐述其意见并接受询问。⑧

五、损害与因果关系

1020   损害赔偿责任的前提是监事违反义务之行为已经对公司造成了损害。此时重要的问题是,**罚金(赔偿金)**是否以及在多大程度上可以代表对公司造成的应予以赔偿的损害,例如由于违反卡特尔法(《反限制竞争法》第 81 条)或者由于违反公司中的监督义务(《违规行为法》第 130 条)而导致的损害。部分学者认为,违法原则意味着没有或仅有有限的追索权可以处以罚款。⑨其他学者

---

①　Cahn, WM 2013, 1293, 1303 f.; Fleischer, KSzW 2013, 3, 8; Strohn, ZHR 176 (2012), 137, 140 f.; Krieger, ZGR 2012, 496, 500; Wagner, BB 2012, 651, 655 f.; Selter, AG 2012, 11, 14 f.

②　Cahn, WM 2013, 1293, 1304; Krieger, ZGR 2012, 496, 499; ähnlich Selter, AG 2012, 11, 17.

③　BGH v. 20.9.2011—II ZR 234/09, ZIP 2011, 2097 Tz. 18 = AG 2011, 876(Ision) verlangt sogar eine „sorgfältige" Plausibilitätsprüfung, während BGH v. 27.3.2012—II ZR 171/10, ZIP 2012, 1174 Tz. 16 = GmbHR 2012, 746 auf das Adjektiv „sorgfältig" verzichtet. Anschaulich auch LG Essen v. 25.4.2012—41 O 45/10, NZG 2012, 1307, 1309 f.

④　BGH v. 20.9.2011—II ZR 234/09, ZIP 2011, 2097 Tz. 23 f. = AG 2011, 876 (Ision); Strohn, ZHR 176(2012), 137, 142.

⑤　Krieger, ZGR 2012, 496, 502 f.; Strohn, CCZ 2013, 177, 183; Fleischer, KSzW 2013, 3, 9; Fleischer, NZG 2010, 121, 124 f.; Binder, ZGR 2012, 775, 772.

⑥　In diese Richtung aber Strohn, ZHR 176 (2012), 137, 142, der verlangt, der Geschäftsleiter müsse „jedenfalls das Gutachten gründlich lesen".

⑦　Cahn, WM 2013, 1293, 1305; Strohn, CCZ 2013, 177, 183 f.; Krieger, ZGR 2012, 496, 503.

⑧　Krieger, ZGR 2012, 496, 503.

⑨　So insbesondere Dreher in FS Konzen, 2006, S. 85, 103 f.; Krause, BB-Spezial 2007, 2, 13; differenzierend Mertens/Cahn, Kölner Komm. AktG, § 93 Rn.56.

则考虑援引股份法上的照顾义务,将机构成员的责任限制在罚金的适当部分。[①]而通说将罚金一律视为可予赔偿的损害。[②]然而必须牢记的是,罚金在很大程度上具有惩罚性质,其次才具有征收性质;征收部分不属于损害,而只是消除了公司从义务违反中获得的经济利益。一旦公司保留了因义务违反而取得的经济利益,将适用所谓**利益补偿**原则,即所获利益将折抵需予以赔偿的损失。[③]

六、举证责任倒置

与通常必须由欲主张损害赔偿请求权的请求权人负举证责任的情况不同,根据《股份法》第 116 条第 1 句、第 93 条第 2 款第 2 句,监事负有证明其已尽到一名正直且认真负责的监事所应尽到的注意的举证责任。此项举证责任倒置的范围不仅涉及**过错问题**,[④]而且涵盖监事(会)行为的**客观违反义务性**。[⑤]但这既不意味着公司一旦遭受损害即导致举证责任倒置,也不意味着监事必须说明该损害不是由于监事(会)违反义务的行为或不作为造成的。相反,此时必须由公司说明它已遭受损害而且该损害至少可能是由监事(会)违反义务的行为造成的;然后才由监事通过举出相应证据免除自己的责任。[⑥]

1021

---

① Hüffer, Komm. AktG, §93 Rn.15; J. Koch in Liber amicorum M. Winter, 2011, S.329, 330 ff.; J. Koch, AG 2012, 429, 435 ff.; Bayer in FS K. Schmidt, 2009, S.85, 97.

② So z. B. Hölters in Hölters, Komm. AktG, §93 Rn.250; Eckert in Wachter, Komm. AktG, §93 Rn.29; Wilsing in Krieger/Uwe H. Schneider, Hdb. Managerhaftung, §27 Rn.34; Werner, CCZ 2010, 143, 144 f.; Marsch-Barner, ZHR 173(2009), 723, 730; Zimmermann, WM 2008, 433, 437; Hasselbach/Seibel, AG 2008, 770, 773; Glöckner/Müller-Thautphaeus, AG 2001, 344, 346.

③ BGH v. 15.1.2013—II ZR 90/11, ZIP 2013, 455 Tz. 26 = AG 2013, 259(Corealcredit Bank); BGH v. 20.9.2011—II ZR 234/09, ZIP 2011, 2097 Tz. 31 = AG 2011, 876(Ision); Mertens/Cahn, Kölner Komm. AktG, §93 Rn.56, 63; Fleischer in Spindler/Stilz, Komm. AktG, §93 Rn.34; Wilsing in Krieger/Uwe H. Schneider, Hdb. Managerhaftung, §27 Rn.35 ff.; Marsch-Barner, ZHR 173(2009), 723 ff.; Zimmermann, WM 2008, 433, 439; ablehnend Säcker, WuW 2009, 362, 368; Lohse in FS Hüffer, 2010, S.581, 598 f.; zurückhaltend Thole, ZHR 173(2009), 504, 526 ff.

④ So noch Fleck, GmbHR 1997, 237, 239.

⑤ BGH v. 15.1.2013—II ZR 90/11, ZIP 2013, 455 Tz. 26 = AG 2013, 259(Corealcredit Bank); BGH v. 20.9.2011—II ZR 234/09, ZIP 2011, 2097 Tz. 31 = AG 2011, 876; Hüffer, Komm. AktG, §93 Rn.16; Kurzwelly in Krieger/Uwe H. Schneider, Hdb. Managerhaftung, §12 Rn.4 ff.

⑥ BGH v. 4.11.2002—II ZR 224/00, BGHZ 152, 280, 284 = AG 2003, 381; OLG Stuttgart v. 19.6.2012—20 W 1/12, AG 2012, 762; eingehend Goette, ZGR 1995, 645 ff.; Drygala in K. Schmidt/Lutter, Komm. AktG, §116 Rn.42; Kurzwelly in Krieger/Uwe H. Schneider, Hdb. Managerhaftung, §14 Rn.6 f.

七、责任免除及责任限制

(一) 股东大会的参与

1022　　　　根据《股份法》第 93 条第 4 款第 1 句,若造成损害的行为是以一项**合法的**股东大会**决议**为依据的,则不存在针对公司的损害赔偿请求权。董事会有义务实施由股东大会在其权限范围内决议通过的措施(《股份法》第 83 条第 2 款),因此董事(会)及监事(会)并不因忠实地执行该决议而承担责任。此种责任免除不仅涉及那些原本就应由股东大会作出决定的情况,而且适用于董事会根据《股份法》第 119 条第 2 款将经营管理措施提请股东大会作出决定的情况。①然而,此时一项合法的股东大会决议是必不可少的,当然该决议既不是无效的也不是可撤销的。②造成损害的行为必须以此项决议为依据;因此,股东大会通过决议事后批准某项措施并不足以使有关人员免责。③除此之外,监事(会)不得在股东大会形成决议的过程中实施违反义务的行为。因此,若股东大会(从监事会处)获得的信息不正确或者不完整,则它基于这些信息作出的决议不能免除监事(会)的责任。④若在有关决议作出后作为基础的情况在实施该决议时发生了本质性变化,则该决议同样不能免除有关人员的责任。⑤

(二) 放弃、和解、消灭时效

1023　　　　一旦损害赔偿请求权产生,要想使其再度归于消灭就困难了。只有在以下三个条件下公司才可以放弃针对监事的损害赔偿请求权并与之达成和解:(1)自该请求权产生起已经过三年(《股份法》第 93 条第 4 款第 4 句是一个例外);(2)股东大会表示同意;(3)并非只有持有总计 10% 以上原始资本(即最低注册股份资本)的股东少数对记录提出了内容为反对此项同意决议的异议(《股份法》第 93 条第 4 款第 3 句)。但公司在遵守上述条件的情况下与监事达成的和解或者对此项请求权的放弃对于债权人来说仍然是无效的(《股份

---

①　Fleischer in Spindler/Stilz, Komm. AktG, §93 Rn.265；Spindler, MünchKomm. AktG, §93 Rn.211；Mertens/Cahn, Kölner Komm. AktG, §93 Rn.148.

②　Hüffer, Komm. AktG, §93 Rn.25；Fleischer in Spindler/Stilz, Komm. AktG, §93 Rn.268 ff.；Mertens/Cahn, Kölner Komm. AktG, §93 Rn.155 f.；eingehend Hopt, Großkomm. AktG, §93 Rn.316 ff.

③　Hüffer, Komm. AktG, §93 Rn.25；Fleischer in Spindler/Stilz, Komm. AktG, §93 Rn.267；Mertens/Cahn, Kölner Komm. AktG, §93 Rn.153.

④　Hüffer, Komm. AktG, §93 Rn.26；Mertens/Cahn, Kölner Komm. AktG, §93 Rn.154；Fleischer in Spindler/Stilz, Komm. AktG, §93 Rn.272；Hopt, Großkomm. AktG, §93 Rn.325.

⑤　Hopt, Großkomm. AktG, §93 Rn.327 ff.；Mertens/Cahn, Kölner Komm. AktG, §93 Rn.158；Fleischer in Spindler/Stilz, Komm. AktG, §93 Rn.275.

法》第 93 条第 5 款第 3 句）。就封闭公司而言，就损害赔偿请求权达成和解的可能性是具有一定意义的；而就公众公司而言，考虑到股东大会决议的必要性，此类公司很少与监事达成和解。①

（三）责任限制

从法律禁止公司在上述三年期限届满前放弃损害赔偿请求权（《股份法》 1024 第 93 条第 4 款第 3 句）我们可以推知：无论章程还是个人协议均不能规定有利于监事的责任限制。②这是因为在此种情况下公司将可能预先放弃部分请求权，而这种做法是违背《股份法》第 93 条第 4 款第 3 句的。根据通说，那些限制职工责任的司法原则同样不应被适用于监事。③新近的一些观点试图根据企业对机构成员所负的劳动保护义务的思路将监事责任限制在合理数额内。④这在法政策上是符合实际情况的，但在现行法上缺乏依据。因此可以考虑通过修法引入合理的责任限制或者至少允许通过章程或基于章程授权来减轻责任。⑤

八、损害赔偿请求权的实现

（一）董事会的权限及行为义务

根据《股份法》第 78 条，在面对监事时，要由董事会诉讼或非诉讼地代理 1025 公司。这其中包括向监事主张损害赔偿请求权。而就向董事主张损害赔偿请求权的情况而言，联邦最高法院在 ARAG 案中作出如下判决：监事会原则上有义务向董事主张有望得到实现的损害赔偿请求权（详见上文边码 447 及以下）。这同样适用于董事会向监事主张损害赔偿请求权的情况。⑥董事会此

① BGH v. 27.2.1975—II ZR 112/72, WM 1975, 467, 469; OLG Düsseldorf v. 22.6.1995—6 U 104/94, ZIP 1995, 1183, 1192 = AG 1995, 416; Hüffer, Komm. AktG, § 93 Rn.14; Hopt, Großkomm. AktG, § 93 Rn.339 ff.; Ehlers, ZinsO 2008, 524, 525.

② Hüffer, Komm. AktG, § 93 Rn. 1; Fleischer in Spindler/Stilz, Komm. AktG, § 93 Rn.3 ff.; Mertens/Cahn, Kölner Komm. AktG, § 93 Rn.8; Hopt, Großkomm. AktG, § 93 Rn.23 ff.

③ BGH v. 27.2.1975—II ZR 112/72, WM 1975, 467, 469; OLG Düsseldorf v. 22.6.1995—6 U 104/94, ZIP 1995, 1183, 1192 = AG 1995, 416; Hüffer, Komm. AktG, § 93 Rn.14; Hopt, Großkomm. AktG, § 93 Rn.339 ff.; Ehlers, ZInsO 2008, 524, 525.

④ Vgl. für die Fälle des Regresses bei Verhängungen von Unternehmensbußgeldern bereits Rn.1020 sowie allg. J. Koch, AG 2012, 424, 435 ff.

⑤ Eingehend Uwe H. Schneider/Schmitz, Börsen-Zeitung v. 26.2.2010; ebenso bereits Hopt, Großkomm. AktG, § 93 Rn.24; Krieger in Krieger/Uwe H. Schneider, Hdb. Managerhaftung, § 3 Rn.46; Krieger in RWS-Forum Gesellschaftsrecht 1995, S.349, 377; Hirte, ZGR-Sonderheft 13, S.60, 96.

⑥ Drygala in K. Schmidt/Lutter, Komm. AktG, § 116 Rn.45; Habersack, Münch-Komm. AktG, § 116 Rn.8; Spindler in Spindler/Stilz, Komm. AktG, § 116 Rn.119.

时——只要在具体情况下不违背公司的根本利益,而且它不想使自己承担损害赔偿义务,则有义务向监事(会)主张有望得到实现的损害赔偿请求权。实践中,这尤其在以下情况中具有一定意义,即公司已无支付能力或者一名新董事上任而在此期间有关监事离职。相反,以下做法应被认为是脱离现实的,即由亲自参与有关事务的原董事以未进行监督为由向在职监事主张损害赔偿请求权。

(二)由股东大会或者股东少数主张损害赔偿请求权

1026　　因为无法保证董事会在任何情况下均能符合规定地主张损害赔偿请求权,所以《股份法》第 147 条作出允许股东大会"迫使"有关人员主张损害赔偿请求权的规定。为此,**股东大会**可以**通过简单多数**作出主张此项请求权的决议(《股份法》第 147 条第 1 款第 1 句)。此项请求权首先由董事会主张,但股东大会也可以聘任特殊代理人代替董事会主张该请求权(《股份法第 147 条第 2 款第 1 句》)。①此外,持有总计 10％以上原始资本(即最低注册股份资本)或者所持份额达到一百万欧元的股东少数也可以向法院提出申请,请求法院聘任其他公司代理人代替董事会或股东大会所聘任的特别代理人主张此项请求权。实践中,股东大会通过决议(要求或聘任有关人员)主张该请求权的情况很少见。②

1027　　若公司未自行向法院主张其损害赔偿请求权,则根据《股份法》第 148 条,**少数适格的股东**可以启动**法院诉讼许可程序**。该程序旨在使法院授权那些提出申请的股东以自己的名义要求有关人员向公司作出损害赔偿。此时,持有总计 1％原始资本(即最低注册股份资本)或者所持份额达到十万欧元的股东享有申请权。这些股东必须在获悉有关的义务违反前即已取得其股份(《股份法》第 148 条第 1 款第 2 句第 1 项)。此外,他们必须为公司设定一个合理期限并要求公司首先自行提起诉讼(《股份法》第 148 条第 1 款第 2 句第 2 项)。若上述条件得到满足且有事实表明公司有可能因不诚实或严重违反法律、公司章程的行为而遭受损害,而且公司损害赔偿请求权的主张也不与公司重要利益相抵触,则法院允许由股东提起诉讼(《股份法》第 148 条第 1 款第 2 句第

---

① Zu den Rechten des besonderen Vertreters instruktiv OLG München v. 28. 11. 2007—7 U 4498/07, ZIP 2008, 73 = AG 2008, 172; LG München I v. 6.9.2007—5 HK O 12 570/07, ZIP 2007, 1809 = AG 2007, 756 und LG München I v. 4.10.2007—5 HK O 12 615/07, ZIP 2007, 2420 = AG 2008, 92; LG Stuttgart v. 27.10.2009—32 O 5/09 KfH, ZIP 2010, 329; Bungert in Krieger/Uwe H. Schneider, Hdb. Managerhaftung, § 13 Rn.71 ff.

② Am bekanntesten wohl der Fall der HypoVereinsbank; vgl. dazu OLG München v. 22.6.1995—6 U 104/94, ZIP 2008, 73 = AG 2008, 172; LG München I v. 6.9.2007—5 HK O 12 570/07, ZIP 2007, 1809 = AG 2007, 756 und LG München I v. 4.10.2007—5 HK O 12 615/07, ZIP 2007, 2420 = AG 2008, 92.

3、4 项)。但公司仍有权在股东已启动诉讼许可程序的情况下自行主张其损害赔偿请求权(《股份法》第 148 条第 3 款第 1 句),公司可以接管一项由股东少数基于获得相应许可的目的而启动的诉讼程序(《股份法》第 148 条第 3 款第 2 句)。若诉讼许可程序获得成功,则董事会有义务亲自为公司提前诉讼或者接管由股东启动的程序。[1]

(三) 由单个股东和债权人主张损害赔偿请求权

若董事会未主张此项请求权,而且《股份法》第 147、148 条也不起作用(不适用),则存在这样一个问题,即单个股东是否同样可以在特殊的前提条件下主张损害赔偿请求权。学术界的通说对此持否定态度。[2]《股份法》第 147、148 条已就该问题作出规定;此外,还存在一些授权单个股东在例外情况下主张此项请求权的康采恩法上的特殊规定(《股份法》第 309 条第 4 款、第 318 条第 2、4 款)。这阻碍法官进一步创设少数派权利。   1028

通常情况下,债权人无权主张公司的损害赔偿请求权。只有当债权人无法从公司获得清偿,而且存在一项《股份法》第 93 条第 3 款所列举的特殊义务违反或者监事严重违反一名正直且认真负责的监事所应尽到的注意时,债权人才能例外地主张此项请求权(《股份法》第 116 条第 1 句,第 93 条第 5 款)。他必须以自己的名义主张该请求权,而且请求权的相对方要向债权人(而非公司)作出赔偿。[3]若针对公司财产的破产程序已经开始,则在此期间由破产管理人或在自行管理的情况下由财产管理人行使债权人的权利(《股份法》第 116 条第 1 句,第 93 条第 5 款第 4 句)。   1029

第二节　监事对第三人所负的责任(外部责任)

要与监事对公司所负的责任问题区别开来的是一项可能的、针对股东、投资人、公司债权人以及其他第三人的损害赔偿责任。   1030

一、对股东所负的责任

对于股东来说,首先要考虑的是监事因侵害作为《民法典》第 823 条第 1   1031

---

① Mock in Spindler/Stilz, Komm. AktG, §148 Rn. 116 ff.; Schröer, ZIP 2005, 2081, 2086; Krieger, ZHR 163(1999), 343, 351; a.A. J. Koch in FS Hüffer, 2010, S.447, 450 ff.

② Hüffer, Komm. AktG, §148 Rn. 2; Liebscher in Henssler/Strohn, Gesellschaftsrecht, §148 AktG Rn.2; Krieger, ZHR 163(1999), 343, 344; Habersack, DStR 1998, 533; Zöllner, ZGR 1988, 392, 408; a.A. Wellkamp, DZWiR 1994, 221, 223 f.

③ Hüffer, Komm. AktG, §93 Rn.34; Spindler, MünchKomm. AktG, §93 Rn.239.

款意义上的绝对权而受到保护的**成员资格**所要承担的侵权责任。①不过，通过损害公司而间接地侵害成员权并不足以使监事承担此项责任；对成员权的直接侵害是必不可少的。②在忽视股东大会共同决定权的情况下实施重组措施就属于对成员权的直接侵害。③在这种情况下，如果监事会对董事会的上述措施作出了同意，或者认识到该措施可能违反法律却未加以制止，那么监事会就违反了其所负的义务。④

1032　此外，还要讨论监事是否可能向股东承担与**收购要约**相关的责任，特别是在目标公司的监事会对收购要约作出不当表态（《有价证券收购法》第 27 条）或者违反义务对《有价证券收购法》第 33 条第 1 款第 2 句、第 2 款第 4 句规定的防御措施表示同意的情况下。从结果上看，这方面的责任可能会被排除。根据通说的观点，《有价证券收购法》第 27 条⑤和第 33 条⑥都不属于《民法典》第 823 条第 2 款意义上的"以保护他人为目的的法律"。认为在对要约作出错误表态将因违背民法上的招股说明书责任原则而承担责任的观点，似乎同样没有说服力。⑦最

---

①　BGH v. 25. 2. 1982—II ZR 174/80，BGHZ 83，122，133 ＝ AG 1982，158（Holzmüller）；Hopt, Großkomm. AktG，§ 93 Rn.470；Habersack, MünchKomm. AktG，§ 116 Rn.78；Mertens/Cahn, Kölner Komm. AktG，§ 93 Rn.80；Doralt/Doralt in Semler/v. Schenck, Arbeitshandbuch für Aufsichtsratsmitglieder，§ 14 Rn.292；kritisch Spindler in Spindler/Stilz, Komm. AktG，§ 116 Rn.188.

②　Vgl. etwa BGH v. 12.3.1990—II ZR 179/89，BGHZ 110，323，327 u. 334 f.（für Vereinsvorstand）；Habersack, MünchKomm. AktG，§ 116 Rn. 78；Habersack, Mitgliedschaft, S.258 ff.；enger Hopt, Großkomm. AktG，§ 93 Rn.471 ff., der § 823 Abs. 1 BGB nur bei Maßnahmen anwenden will, die sich gegen den rechtlichen Bestand der Mitgliedschaft richten.

③　Habersack, MünchKomm. AktG，§ 116 Rn. 78. Zur Missachtung von Entscheidungszuständigkeiten der Hauptversammlung als Verletzung des Mitgliedschaftsrechts vgl. BGH v. 25. 2. 1982—II ZR 174/80，BGHZ 83，122，133 u. 135 ＝ AG 1982，158（Holzmüller）.

④　Habersack, MünchKomm. AktG，§ 116 Rn. 78；Drygala in K. Schmidt/Lutter, Komm. AktG，§ 116 Rn.50；Thümmel, DB 1999，885，887.

⑤　Harbarth in Baums/Thoma, Komm. WpÜG，§ 27 Rn.142 ff.；Krause/Pötzsch in Assmann/Pötzsch/Uwe H. Schneider, Komm. WpÜG，§ 27 Rn.150 f.；Noack/Holzborn in Schwarz/Zimmer, Kapitalmarktrechts-Komm.，§ 27 WpÜG Rn.34；a.A. Röh, Frankfurter Komm. WpÜG，§ 27 Rn.92.

⑥　Krause/Pötzsch in Assmann/Pötzsch/Uwe H. Schneider, Komm. WpÜG，§ 33 Rn. 312，316；Noack/Zetzsche in Schwark/Zimmer, Kapitalmarktrechts-Komm.，§ 33 WpÜG Rn.44；Grunewald in Baums/Thoma, Komm. WpÜG，§ 33 Rn.103；a.A. Hirte, Kölner Komm. WpÜG，§ 33 Rn.159 f.；Röh, Frankfurter Komm. WpÜG，§ 33 Rn.142.

⑦　So aber Röh, Frankfurter Komm. WpÜG，§ 27 Rn. 86 ff.；Noack/Holzborn in Schwark/Zimmer, Kapitalmarktrechts-Komm.，§ 27 WpÜG Rn.35；Hirte, Kölner Komm. WpÜG，§ 27 Rn. 27；a. A. Harbarth in Baums/Thoma, Komm. WpÜG，§ 27 Rn. 139；Krause/Pötzsch in Assmann/Pötzsch/Uwe H. Schneider, Komm. WpÜG，§ 27 Rn.145.

后,只要股东大会的权力未受侵犯,非法防御措施就不构成对股东成员权利的干涉(参见上文边码1031)会议的。①

除此类侵权行为损害赔偿请求权之外,在个别情况下还可能产生股东基 1033
于**特别规定**而享有的其他请求权。根据《股份法》第117条第2款第1句、第1款第2句,在故意向公司施加损害性影响以及存在康采恩法上的损害赔偿义务(《股份法》第317条第2款、第1款第2句)的情况下,监事可能要对股东承担直接责任,但其前提是股东因此类对公司的侵害而遭受损害。

二、对投资人所负的责任

就投资人而言,我们要联系监事所负的、每年作出《股份法》**第161条规定** 1034
的"遵守说明"的义务来讨论监事可能承担的责任。②有错误的或未作出"遵守说明"一方面在违反善良风俗的故意侵害(《民法典》第826条)的情况下可能产生相应责任,③另一方面还可能从《民法典》823条第2款产生。虽然《准则》和《股份法》第161条均不属于《民法典》第823条第2款意义上的"以保护他人为目的的法律",④但是有错误的遵守说明可能违反刑事或罚金规定,而这些规定被视为以保护他人为目的的法律;⑤在这方面具有现实意义的问题是,一份有错误的遵守说明是否因其属于状况报告的组成部分(《商法典》第289a条),从而满足《商法典》第331条第1款第1项的构成要件而被视为以保护他人为目的的法律。⑥相反,人们不能以招股说明书及资本市场法上的信赖责任

① Röh, Frankfurter Komm. WpÜG, §33 Rn. 141; Noack/Zetzsche in Schwark/Zimmer, Kapitalmarktrechts-Komm., §33 WpÜG Rn. 44.

② Dazu Sester in Spindler/Stilz, Komm. AktG, §161 Rn. 72 ff.; Lutter, Kölner Komm. AktG, §161 Rn. 168 ff.; Goette, MünchKomm. AktG, §161 Rn. 102; Leyens, Großkomm. AktG, §161 Rn. 543 ff.; Spindler in K. Schmidt/Lutter, Komm. AktG, §161 Rn. 69 ff.; Hüffer, Komm. AktG, §161 Rn. 30.

③ Hüffer, Komm. AktG, §161 Rn. 30; Spindler in K. Schmidt/Lutter, Komm. AktG, §161 Rn. 75; Sester in Spindler/Stilz, Komm. AktG, §161 Rn. 76; Lutter, Kölner Komm. AktG, §161 Rn. 185 ff.; Goette, MünchKomm. AktG, §161 Rn. 102.

④ Hüffer, Komm. AktG, §161 Rn. 28; Spindler in K. Schmidt/Lutter, Komm. AktG, §161 Rn. 73; Sester in Spindler/Stilz, Komm. AktG, §161 Rn. 73 f.; Goette, MünchKomm. AktG, §161 Rn. 101; Lutter; Kölner Komm. AktG, §161 Rn. 179 ff.; Leyens, Großkomm. AktG, §161 Rn. 571 ff.; Bertrams, Die Haftung des Aufsichtsrats im Zusammenhang mit dem Deutschen Corporate Governance Kodex und §161 AktG, 2004, S. 255 f.; Seibt, AG 2002, 249, 256.

⑤ Dazu näher Schaal, MünchKomm. AktG, §161 Rn. 103 ff.; Lutter, Kölner Komm. AktG, §161 Rn. 182 ff.

⑥ Für die Anwendbarkeit von §331 Abs. 1 Nr. 1 HGB etwa Sester in Spindler/Stilz, Komm. AktG. §161 Rn. 75, 85; Schaal, MünchKomm. AktG, §161 Rn. 112; Lutter, Kölner Komm. AktG, §161 Rn. 182; dagegen Leyens, Großkomm. AktG, §161 Rn. 575.

为依据创设因信赖遵守说明的正确性而作出其投资决定的投资人的损害赔偿请求权。①

三、对公司债权人和其他第三人所负的责任

1035　　实践中极少出现监事对公司债权人和其他第三人承担责任的情况。不过,监事可能因**违反《民法典》第 823 条第 2 款意义上的"以保护他人为目的的法律"**而承担侵权责任。特别是违反《破产条例》第 15a 条第 1 款所规定的破产申请义务就属于这方面的实例,此项义务属于(有利于债权人的)"以保护他人为目的的法律"②并能够导致针对监事的损害赔偿请求权。因为申请破产是董事会的义务,所以只有在教唆或共谋的情况下(《民法典》第 830条)才产生监事会的责任,而且这仍以故意为前提。③联邦最高法院在一项判决中要求经营管理机构成员为合规则的公司组织承担针对第三人的保证人责任,④但这项判决(要求)并不适用于作为纯粹内部机构的监事会;因此就这点而言,只有当监事会(故意)教唆或协助董事会为违反义务的行为时它才承担相应责任。这同样适用于因违反其他"以保护他人为目的的法律",特别是产品及环境责任、竞争法、董事会税收及社会保险法上的义务⑤以及产生于《民法典》第 826 条以下,第 830 条第 1、2 款⑥而产生的针对债权人或第三人的责任。

---

① Hüffer, Komm. AktG, § 161 Rn. 30; Sester in Spindler/Stilz, Komm. AktG, § 161 Rn. 77 f.; Spindler in K. Schmidt/Lutter, Komm. AktG, § 161 Rn. 77; Leyens in Großkomm. AktG, § 161 Rn. 558 ff., 561 ff.; Goette, MünchKomm. AktG, § 161 Rn. 102; Bertrams, Die Haftung des Aufsichtsrats im Zusammenhang mit dem Deutschen Corporate Governance Kodex und § 161 AktG, 2004, S. 233 ff.; Kort in FS Raiser, 2005, S. 203, 216 ff.; a. A. Lutter, Kölner Komm. AktG, § 161 Rn. 172 ff.; Lutter in FS Druey, 2002, S. 463, 469 ff.; Ulmer, ZHR 166(2002), 150, 168 f.

② BGH v. 9.7.1979—II ZR 118/77, BGHZ 75, 96, 106(Herstatt); BGH v. 6.6. 1994—II ZR 292/91, BGHZ 126, 181, 190 = GmbHR 1994, 539, je zur Vorläufernorm des § 92 Abs. 1 AktG a.F.; Hüffer, Komm. AktG, § 92 Rn. 16 m. w. N.

③ BGH v. 9.7.1979—II ZR 118/77, BGHZ 75, 96, 107(Herstatt).

④ BGH v. 5.12.1989—VI ZR 335/88, BGHZ 109, 297, 302 ff.(Baustoff); dazu etwa Hüffer, Komm. AktG, § 93 Rn. 20a; Hopt, Großkomm. AktG, § 93 Rn. 502 ff. m. w. N.; Groß, ZGR 1998, 551, 563 ff.

⑤ Vgl. zur Vorstandshaftung insoweit eingehend Hopt, Großkomm. AktG, § 93 Rn. 499 ff., 506 f., 508 ff., 511 ff.

⑥ Vgl. dazu etwa BGH v. 11.9.2012—XI ZR 92/11, AG 2012, 914 Tz. 34 ff.; OLG Düsseldorf v. 23.6.2008—I-9 U 22/08, AG 2008, 668 f.; OLG Karlsruhe v. 4.9.2008—4 U 26/06, AG 2008, 900, 902 ff.

■ 第三节　董监事及高级管理人员责任保险

为了规避董监事及高级管理人员执业时的责任风险,公司通常为这些人 **1036**
员缔结财产损失责任保险,此项保险脱胎于美国的"董监事及高级管理人员责
任保险"(简称 D&O 保险)。保险标的是公司及第三人的(赔偿)责任请求权,
即内部及外部责任。公司是投保人及保险费债务人。被保险人不仅包括董
事,而且通常还包括监事以及较大范围的高级职员。①

此类保险无疑是**被允许的**。但人们也表示了这样的担忧,即 D&O 保险 **1037**
的签订可能会对责任风险所起到的督促监事按规定履行职务的预防作用造成
不利影响。基于这个原因,《股份法》第 93 条第 2 款第 3 句要求在签订 D&O
保险时为董事确定一项强制性的**"自留份"**,数额应为从至少损失的 10% 到至
少董事固定年薪的一倍半。对监事法律并未规定强制性的自留份,但《准则》
第 3.8 条第 3 款建议为监事确定相应的自留份。

更加难以回答且存在极大争议的问题是:此类 D&O 保险的签订可否被 **1038**
视为**(实物)报酬**并因此根据《股份法》第 113 条第 1 款第 2 句必须由章程加以
规定或者由股东大会予以批准。一直以来的主流观点认为 D&O 保险具有报
酬性质,其结果是缔结此类有利于监事的保险需要一项相应的章程规定或股
东大会决议。但最近以下观点已被普遍接受,即 D&O 保险一般来说不具有
报酬性质,而是主要服务于公司的财产利益。②财政机构同样认为在签订
D&O 保险时可以将企业利益放在首位,而且保险费不属于被保险人的**负工资
及收入所得税义务的收入**。③

边码 1039—1050 暂时空置。

---

① Vgl. zum Inhalt der D&O-Versicherungen näher Sieg in Krieger/Uwe H.
Schneider, Handbuch Managerhaftung, §15 Rn.2 ff.; Hemeling in FS Hoffmann-Becking,
2013, S.491, 493 ff.; Bilir, Board 2012, 232; Ulmer in FS Canaris, 2007, S.451.

② So namentlich Habersack, MünchKomm. AktG, §113 Rn.13; Hopt/Roth,
Großkomm. AktG, §113 Rn.53; Fleischer in Spindler/Stilz, Komm. AktG, §93 Rn.234;
Spindler in Spindler/Stilz, Komm. AktG, §113 Rn.160; Hölters in Hölters, Komm.
AktG, §93 Rn.401; Mertens/Cahn, Kölner Komm. AktG, §93 Rn.246; Ringleb in Ring-
leb/Kremer/Lutter/v. Werder, Komm. DCGK, Rn.515 ff.; Johannsen-Roth in Wilsing,
Komm. DCGK, Ziff. 3.8 Rn.46; a.A. weiterhin z.B. Hüffer, Komm. AktG, §113 Rn.2a;
Drygala in K. Schmidt/Lutter, Komm. AktG, §113 Rn.12.

③ BMF-Schreiben v. 24.1.2002, AG 2002, 287; Erlass des Finanzministeriums Nied-
ersachsen v. 25.1.2002, DStR 2002, 678; Loritz/Wagner, DStR 2012, 2205, 2209 f.;
Küppers/Dettmeier/Koch, DStR 2002, 199.

第十四章

候 补 监 事

■ 第一节 概述

1051   根据《股份法》第 101 条第 3 款第 2、3、4 句,可以为每名监事(例外:《煤铁工业共同决定法》第 4 条第 1 款第 2 句 c 项以及《煤铁工业共同决定补充法》第 5 条第 1 款第 2 句 c 项所规定的中立)聘任一名候补监事。大型或较大型的股份有限公司经常采取这种做法,即为职工监事和股东监事选聘候补监事,因为——就像上文所论述的那样[1]——为一名因故无法继续履行职务的监事举行补选要花费大量的时间和金钱。法律并未就候补监事的选聘作出强制性规定,而是留待选聘机构作出判断。与排除候补监事聘任的规则一样,公司章程同样不得就此提出要求。[2]

■ 第二节 候补监事的聘任以及替补进入监事会

1052   只能为某一确定的监事"类型"选聘候补监事[3](也就是说是为股东监事还是为职工监事选聘候补监事,就后者而言还要细分是为工人还是职员)。而且候补监事只能由负责选举"主要成员"(即候补监事所可能替补的监事)的机构(职工、企业参决会、股东大会,等等)选出(《股份法》第 101 条第 3 款第 2 句,《三分之一参与法》第 7 条,《共同决定法》第 17 条)。候补监事的选聘必须与其所可能替补的监事的选聘同时进行,也就是说他们必须在同一次股东大会

---

① Siehe oben Rn.18.

② Begr. RegE zu §101 AktG bei Kropff, Aktiengesetz, S.140; Hüffer, Komm. AktG, §101 Rn.11; Mertens/Cahn, Kölner Komm. AktG, §101 Rn.85; Drygala in K. Schmidt/Lutter, Komm. AktG, §101 Rn.29.

③ Vgl. §17 MitbestG sowie Habersack, MünchKomm. AktG, §101 Rn.76; Hüffer, Komm. AktG, §101 Rn.16.

会议、同一次选举人大会或同一次企业直接选举中被选出。①通常情况下，(就上述两类监事)进行统一表决并不是必需的，②只有《三分之一参与法》第 7 条第 2 款是一个例外。

可以明确地采取"一对一"的方式(也就是说为每名监事选聘一名候补监事，根据《共同决定法》的规定，对于职工监事来说大多采取这种做法)；不过，同时选聘**较少数量**的候补监事同样是可以的(对于股东监事来说，这是一种常规做法)。因此比如说在股东监事方面，既可以为若干监事指定一名候补监事，也可以为所有股东监事确定一份候补监事名单，③然后根据名单上的排名顺序决定由谁替补进入监事会。同样可以为某一监事制订这样一份由若干候补监事组成的列表。④

1053

若有关监事因无法继续履行职务而退出监事会(关于原因参见上文边码 31 及以下)，则根据通说候补监事应**自动**替补该监事进入监事会；在这种情况下，候补监事不必再特别作出接受该职务的意思表示，因为可以由他对候补监事职位的接受推知其对监事职务的接受。⑤此种预先接受监事职务无疑是可能的；这将导致替补情况(即有关监事因无法继续履行职务而退出监事会)一出现，聘任行为即完成。如果候补监事此时未满足个人前提条件，那么该聘任是确定无效的。在此背景下，上述的"候补监事至少**可推知地表示预先接受监事职务**"的论点是**错误的**。该论点只是一种纯粹的假设，由于它完全没有考虑到公司以及候补监事自身可能发生的变化，因此法律既未对此作出规定或计划

1054

---

① Hüffer, Komm. AktG, § 101 Rn.12; Drygala in K. Schmidt/Lutter, Komm. Ak-tG, § 101 Rn.30; Habersack, MünchKomm. AktG, § 101 Rn.78.

② Habersack, MünchKomm. AktG, § 101 Rn.78; Hopt/Roth, Großkomm. AktG, § 101 Rn.186; OLG Frankfurt v. 5.12.1989—22 U 148/88(nicht veröffentlicht).

③ BGH v. 15.12.1986—II ZR 18/86, BGHZ 99, 211, 214 = AG 1987, 152; BGH v. 29.6.1987—II ZR 242/86, WM 1987, 1070, 1071 = AG 1987, 348; Mertens/Cahn, Kölner Komm. AktG, § 101 Rn.86; Habersack, MünchKomm. AktG, § 101 Rn.81 ff.; Hüffer, Komm. AktG, § 101 Rn.14 f.; Hoffmann-Becking, Münchener Hdb. AG, § 30 Rn.52; a. A. noch Roussos, AG 1987, 239, 240 f.; Damm, AG 1987, 44, 47.

④ BGH v. 15.12.1986—II ZR 18/86, BGHZ 99, 211 = AG 1987, 152, Leitsatz c. Für die Arbeitnehmervertreter kann allerdings gemäß § 17 Abs. 1 MitbestG, § 7 DrittelbG, § 4 MgVG nur je ein einziges Ersatzmitglied bestellt werden, wie sich aus den Wahlordnun-gen zum MitbestG und DrittelbG ergibt, vgl. dazu Wißmann in Wlotzke/Wißmann/Koberski/Kleinsorge, Mitbestimmungsrecht, § 17 MitbestG Rn. 6; Henssler in Ulmer/Habersack/Henssler, Mitbestimmungsrecht, § 17 MitbestG Rn.9, § 7 DrittelbG Rn.3.

⑤ BayObLG v. 29.3.2000—3 ZBR 11/2000, AG 2001, 50, 51; Spindler in Spindler/Stilz, Komm. AktG, § 101 Rn. 90; Habersack, MünchKomm. AktG, § 101 Rn. 80; Hüffer, Komm. AktG, § 101 Rn.13; Mertens/Cahn, Kölner Komm. AktG, § 101 Rn.100; Hoffmann-Becking, Münchener Hdb. AG, § 30 Rn.54.

对此加以规定,也未发表任何不适当的看法。①尤其是在此论点的背景下,候补监事无法在替补情况出现后设法使自己满足必要的个人前提条件(这些前提条件必须在接受监事职务时才存在②)。比如说,候补监事既无法及时辞去(本公司的)董事职务(《股份法》第 105 条第 1 款)又无法为满足"不得同时担任十个以上监事职务"这一前提条件(《股份法》第 100 条第 2 款第 1 项)而及时辞去(其他公司的)监事职务:其聘任是确定无效的。有人主张这样的抗辩,即获聘者的个人关系使其可以为其接受职务的意思表示附加一个相应的保留条件,③但这样的抗辩未认识到在有疑问时当事人往往想不到这一点,而双方当事人的利益状况也反对这种预先假定的承诺。因此,以下观点似乎更具说服力:如果候补监事在接受候补监事职务时未明确表示接受未来可能的监事聘任,那么就表明他希望且**必须在替补情况出现时才**作出接受监事职务的意思表示——但他必须在得知替补情况出现后毫不迟延地作出该意思表示。④而由此导致的监事职务的短暂空缺并不会给公司造成损害,因为在未选举候补监事的情况下监事职务本来就会在较长时间内空缺。

■ 第三节 候补监事的退职以及替补情况的避免

1055

在实行共同决定的公司中,旨在维持监事会中股东监事与职工监事数量均等的选聘候补监事的必要性与(特别是)股东的尽可能聘任适格监事的利益相对立。⑤如果公司制定了一份候补监事列表,那么排在第一位的候补监事可能替补银行代表或大股东或者小股东的代表进入监事会(而该候补监事却可能不具备相应知识及能力或者并不代表股东集团的利益)。因此,人们在实践中尝试**尽可能缩短**候补监事在监事会中的**任职时间**或者完全避免其替补有关监事进入监事会。⑥

---

① Dazu Rellermeyer, ZGR 1987, 563, 576.

② BGH v. 15.12.1986—II ZR 18/86, BGHZ 99, 211, 219 f. = AG 1987, 152; Habersack, MünchKomm. AktG, § 100 Rn.42; Drygala in K. Schmidt/Lutter, Komm. AktG, § 100 Rn.37; Mertens/Cahn, Kölner Komm. AktG, § 100 Rn.48 f.

③ So Hüffer, Komm. AktG, § 101 Rn.13.

④ Wie hier Semler, MünchKomm. AktG, 2. Aufl., § 101 Rn.178; Lehmann, DB 1983, 485, 487; Rellermeyer, ZGR 1987, 563, 576; a.A. die oben S.430 in Fn. 3 Genannten.

⑤ Für die Arbeitnehmervertreter wird nach § 17 Abs. 1 MitbestG bereits nach Arbeitern, Angestellten, leitenden Angestellten und Gewerkschaftsvertretern unterschieden.

⑥ Dazu Rellermeyer, ZGR 1987, 563, 573 ff.; unzutreffend demgegenüber Roussos, AG 1987, 239, 242 ff., dessen Unterscheidung zwischen Ersatzmitgliedern mit Nachfolgefunktion und solchen mit überbrückungsfunktion dem Gesetz nicht zu entnehmen ist.

一、"剥夺式的"补选

章程可以对候补监事的任期作出如下规定:候补监事的任期**随着**负责选举已   1056
离职监事的选举机构**重新选举出另一人**担任监事而结束。而法律所规定的则是:
候补监事的任期最迟随着已离职监事任期的届满而结束(《股份法》第 102 条
第 2 款)。①鉴于平等对待(所有监事)原则,②此类监事补选以四分之三多数为前
提,因为在这种情况下替补离职监事进入监事会的"前"候补监事实际上是被解聘
的(而解聘监事需得到四分之三多数,《股份法》第 103 条第 1 款第 2 句)。③若章程
规定解聘监事只需达到简单多数即可,则监事会可以以简单多数完成此类补选。④

如果一名候补监事因补选而失去其已获得的监事职位,那么可以确定的   1057
是,他再次回到候补监事列表中,其排名既可能更靠前也可能更靠后。⑤对于为
所有或若干监事聘任的候补监事来说,如果他因补选而失去已获得的监事职
位,那么只要没有特别规定他就重新成为候补监事(回到"替补席")。⑥

二、"超车式的"补选

若不考虑监事何时辞去或者基于其他原因失去其职务,则可以通过及时   1058

---

① BGH v. 15.12.1986—II ZR 18/86, BGHZ 99, 211, 214 f. = AG 1987, 152; OLG
Frankfurt v. 17.7.2007—5 U 229/05, ZIP 2007, 1463, 1464 f. = AG 2007, 672; Hüffer,
Komm. AktG, §101 Rn.13a; Habersack, MünchKomm. AktG, §101 Rn.89.

② Dazu schon oben Rn.821.

③ Entgegen BGH v. 25.1.1988—II ZR 148/87, WM 1988, 377, 378 = AG 1988,
139 wird man eine solche Kopplung zweier Rechtsfolgen auch für zulässig halten dürfen,
wenn für die Bestellung eines Aufsichtsratsmitgliedes an sich nur die einfache Mehrheit er-
forderlich ist. Die darin liegende „Übererfüllung" bei der Bestellung des neuen Aufsich-
tsratsmitgliedes widerspricht nicht dem Gleichbehandlungsgrundsatz, da dieser erst für die
im Amt befindlichen Aufsichtsratsmitglieder relevant wird. Wie hier Hüffer, Komm. AktG,
§101 Rn. 13a; Habersack, MünchKomm. AktG, §101 Rn. 90; Mertens/Cahn, Kölner
Komm. AktG, §101 Rn.105; Neu, WM 1988, 481, 484.

④ BGH v. 15.12.1986—II ZR 18/86, BGHZ 99, 211, 215 = AG 1987, 152; BGH v.
29.6.1987—II ZR 242/86, WM 1987, 1070 = AG 1987, 348; BGH v. 25.1.1988—II ZR
148/87, WM 1988, 377, 378 = AG 1988, 139; Mertens/Cahn, Kölner Komm. AktG,
§101 Rn.105; Habersack, MünchKomm. AktG, §101 Rn.90; kritisch Rellermeyer, ZGR
1987, 563, 578.

⑤ BGH v. 15.12.1986—II ZR 18/86, BGHZ 99, 211 = AG 1987, 152, Leitsatz b;
Heinsius, ZGR 1982, 232, 238 ff.

⑥ Habersack, MünchKomm. AktG, §101 Rn. 92; Mertens/Cahn, Kölner Komm.
AktG, §101 Rn. 94; Hoffmann-Becking, Münchener Hdb. AG, §30 Rn.56; Bommert,
AG 1986, 315, 320; Rellermeyer, ZGR 1987, 563, 572; offen gelassen von BGH v. 15.12.
1986—II ZR 18/86, BGHZ 99, 211, 220 = AG 1987, 152.

举行股东大会会议并重新选举出一名监事的做法**避免替补情况的出现**。只有当一名监事在其任期届满前离职并因此留下一个空缺时，才能由一名候补监事替补该监事进入监事会。①若监事会在有关监事离职前已为其选定一名继任监事，则不存在"替补需要"。②而相反的观点③却认为在此类补选中*候补监事同时遭到解聘*——根据《股份法》第 103 条第 5 款结合第 1 款第 2 句，此时同样需要达到四分之三多数。这种观点不应被赞同。选聘候补监事仅应使公司有机会避免补选监事并借此省去召开特别股东大会会议的费用。④当然，候补监事的存在并**不能阻止**股东大会预先为离职监事选定一名继任者。⑤此时，候补监事的存在只是为了避免哪怕仅仅"逻辑上一秒钟"的监事职务空缺。这是因为根据通说一旦监事职务出现空缺，候补监事即替补有关监事"进驻"监事会（参见上文边码 1052），而这样一来就要适用上述的"剥夺式"补选（上文边码1056）所适用的原则。

■ 第四节　候补监事的权利与义务

1059　　候补监事直至其"进驻"监事会之前都还不是监事；与其他任何人一样，他们只是**外部第三人**并因此不享有或承担任何产生于候补监事身份的权利或义务。而随着"进驻"监事会那一刻的到来，他们即不受任何限制地享有或承担上述权利或义务。⑥这里的"那一刻"指的是候补监事接受监事职务的时刻。如果董事会考虑到有关的候补监事有望"进驻"监事会而向其提供了一些机密信息，那么类推适用《股份法》第 116 条该候补监事在上述时间点之前就要例外地承担起相应的保密义务⑦。

　　边码 1060—1090 暂时空置。

---

　　①　BGH v. 29.6.1987—II ZR 242/86, WM 1987, 1070, 1071 = AG 1987, 348; ebenso schon vorher LG Mannheim v. 18.11.1985—24 O 114/85, WM 1986, 104, 105.

　　②　So prägnant, wenn auch in der Sache ablehnend, Rellermeyer, ZGR 1987, 563, 574.

　　③　Bommert, AG 1986, 315, 317; Rellermeyer, ZGR 1987, 563, 574.

　　④　Vgl. Begr. RegE zu § 101 AktG bei Kropff, Aktiengesetz, S.139.

　　⑤　Mertens/Cahn, Kölner Komm. AktG, § 101 Rn.102; Habersack, MünchKomm. AktG, § 101 Rn.84; Hüffer, Komm. AktG, § 101 Rn.13a; Hopt/Roth, Großkomm. AktG, § 101 Rn.192; Hoffmann-Becking, Münchener Hdb. AG, § 30 Rn.54.

　　⑥　Allg. Meinung, vgl. nur Mertens/Cahn, Kölner Komm. AktG, § 101 Rn.92; Habersack, MünchKomm. AktG, § 101 Rn.86; Rellermeyer, ZGR 1987, 563, 571.

　　⑦　Mertens/Cahn, Kölner Komm. AktG, § 101 Rn.92; Habersack, MünchKomm. AktG, § 101 Rn.86.

第十五章
有限责任公司的必设监事会

■ 第一节 概述

　　根据《有限责任公司法》，有限责任公司仅设有两个机构——股东大会和 1091
经理；也就是说此类公司**通常不必设有监事会**，不过它可以引入该机构（《有限责任公司法》第 52 条，参见下文第十六章边码 1181 及以下）。除此之外，新的《资本投资法典》①以及若干共同决定方面的法律——《三分之一参与法》②《共同决定法》《煤铁工业共同决定法》《煤铁工业共同决定补充法》（《共同决定补充法》）——均规定有限责任公司在某些前提条件下必须设立作为公司第三机构的监事会。因此，就有限责任公司而言，适用以下**三个层面的内容**：

　　(1)《有限责任公司法》**未规定**有限责任公司必须**设有监事会**；

　　(2) 股东**可以**在有限责任公司的**章程**中引入监事会（《有限责任公司法》第 52 条）；

　　(3) 若存在上述特别法所规定的前提条件，则有限责任公司必须设立监事会。

　　由(3)可知，就权利和义务而言，有限责任公司的必设监事会与股份有限 1092
公司的监事会在很大程度上是相同的。③煤炭工业共同决定方面的法律全盘援引了《股份法》的规定（《煤炭工业共同决定法》第 3 条第 2 款；《煤炭工业共同决定补充法》第 3 条第 1 款第 2 句结合《煤炭工业共同决定法》第 3 条第 2 款）。《资本投资法典》《三分之一参与法》以及《共同决定法》列举出一系列可适用于

---

① Eingeführt durch Gesetz zur Umsetzung der Richtlinie 2011/61/EU über die Verwalter alternativer Investmentfonds (AIFM-Umsetzungsgesetz） vom 4. 7. 2013，BGBl. I 2013，1981；damit ist das Investmentgesetz(InvG) außer Kraft getreten(Art. 2a).

② Eingeführt durch Zweites Gesetz zur Vereinfachung der Wahl der Arbeitnehmervertreter in den Aufsichtsrat（Art. 1 Drittelbeteiligungsgesetz—DrittelbG） vom 18. 5. 2004，BGBl. I 2004，974；damit ist das BetrVG 52 außer Kraft getreten(Art. 6).

③ Es gelten insbesondere auch die §§ 113，114 AktG，vgl. dazu näher oben Rn.868 ff.

有限责任公司必设监事会的《股份法》规定（其范围相当广泛，参见《资本投资法典》第 18 条第 2 款第 3 句，《三分之一参与法》第 1 条第 1 款第 3 项第 2 句，《共同决定法》第 25 条第 1 款第 1 句第 2 项），而且《三分之一参与法》或《共同决定法》第 27 到 29 条、第 31、32 条对此作出了补充。除此之外则适用《有限责任公司法》的规定。

1093　　　煤炭工业共同决定方面的法律规定现在仅适用于极少量的有限责任公司，此类公司的数量在 2013 年末仅为 343 家。[①]根据耶拿法律事实研究所一项截至 2009 年 10 月 15 日的调查，实行《三分之一参与法》意义上的共同决定的有限责任公司的确切数量已达 715 家。[②]

1094　　　上文论及的三个层面的内容（无监事会、选设监事会、必设监事会）以同样方式适用于《有限责任公司法现代化及防止滥用法》[③]所引入的**经营者公司（有限责任）**。由于此类公司只是有限责任公司的一个变种，因此其同样适用针对有限责任公司的共同决定法规范。[④]下文就有限责任公司必设监事会所做的论述也因而涉及经营者公司（有限责任）。但由于只有职工数量达到 500 人以上的企业才适用共同决定（边码 1096），而且通常只有中小企业才选择经营者公司这一法律形式，所以适用共同决定的经营者公司是极为罕见的。

■ 第二节　设立监事会义务的前提条件——公司规模

1095　　　只有在满足特定前提条件时，才可以适用上述的特别法并导致有限责任公司设立监事会义务的产生。因此，共同决定方面法律规范的可适用性取决于有限责任公司的职工是否超过某一特定数量：

一、根据《三分之一参与法》

1096　　　根据《三分之一参与法》第 1 条第 1 款第 3 项第 2 句，拥有 **500 名以上 2 000 名以下职工**的有限责任公司有义务设立监事会（此时涉及《共同决定法》，参见《三分之一参与法》第 1 条第 2 款第 1 句第 1 项结合《共同决定法》第 1 条第 1 款）。这将导致所谓的"**三分之一共同决定**"：监事的数量必须是三的倍数；职工应占有监事会三分之一的席位。

---

① Mitbestimmung 6/2013，S.62.

② Bayer/Hoffmann in Bayer，Aktienrecht in Zahlen，S.28，29 f.

③ Gesetz zur Modernisierung des GmbH-Rechts und zur Bekämpfung von Missbräuchen vom 23.10.2008，BGBl. I 2008，2026.

④ Näher Forst，GmbHR 2009，1131 ff.

相反,《三分之一参与法》通常**不适用于**拥有 2 000 名以上职工的有限责任公司;另外,该法也不适用于拥有 1 000 名以上职工、主要从事煤铁工业的有限责任公司及其控股有限责任公司(《三分之一参与法》第 1 条第 2 款第 1 句第 1 项);对于这些公司要适用《共同决定法》《煤铁工业共同决定法》以及《煤铁工业共同决定补充法》的特别规定。再者,该法同样不适用于所谓的**"意识倾向企业"**(参见《三分之一参与法》第 1 条第 2 款第 1 句第 2 项)和**教会机构**;根据《三分之一参与法》第 1 条第 2 款第 2 句,这些企业或机构不负有设立监事会的义务。

1097

二、根据《共同决定法》

就**通常情况下**拥有 **2 000 名以上职工**的有限责任公司而言,所适用的则是《共同决定法》(《共同决定法》第 1 条第 1 款)。此类公司必须设立监事会,而且该监事会必须由同等数量的股东代表和职工代表组成,即所谓的**数量均等的共同决定**(《共同决定法》第 6 条、第 7 条第 1 款)。监事会的规模绝对不得超过 20 人(《共同决定法》第 7 条第 1 款)。[①]《共同决定法》同样不适用于上述的所谓"意识倾向企业"、教会机构(《共同决定法》第 1 条第 4 款)以及实行煤铁工业共同决定的有限责任公司(《共同决定法》第 1 条第 2 款)。

1098

三、根据《煤铁工业共同决定法》和《煤铁工业共同决定补充法》

根据《煤铁工业共同决定法》,**通常情况下**拥有 **1 000 名以上职工**(《煤铁工业共同决定法》第 1 条第 2 款)、**主要从事煤铁工业**(《煤铁工业共同决定法》第 1 条第 1 款)的有限责任公司必须设立监事会。若有关的有限责任公司已满足上述条件,则该公司同样要实行**数量均等的共同决定**(《煤铁工业共同决定法》第 3 条第 1 款、第 4 条),也就是说在此类必设监事会中职工代表占有与股东代表同等数量的席位。根据《煤铁工业共同决定补充法》,上面所作的论述同样适用于自己未满足但其附属公司却已满足上述条件的**控股有限责任公司**(《煤铁工业共同决定补充法》第 1 条、第 2 条、第 3 条第 1 款)。

1099

四、根据《资本投资法典》

针对采取有限责任公司组织形式的公开**资本管理公司**,即被聘用进行投

1100

---

① Die Satzung kann daher nicht bestimmen, dass der Aufsichtsrat neben 20 stimmberechtigten Aufsichtsratsmitgliedern noch aus weiteren Mitgliedern mit lediglich beratender Funktion besteht; BGH v. 30.1.2012—II ZB 20/11, GmbHR 2012, 391 m. zust. Anm. Pröpper; Stoffels, LMK 2012, 333919.

资管理的公司(《资本投资法典》第 17 条第 2 款第 1 项)来说,《资本投资法典》要求其必须设立监事会(第 18 条第 2 款第 1 句,之前的《投资法》第 6 条第 2 款第 1 句)。但未规定监事会所拥有的职工数量。

五、决定性的职工数量

1101　　就共同决定方面法律规范的可适用性而言,重要的并不是公司必须在某一规定日期拥有必要的职工数量。相反,起决定作用的是公司"在通常情况下"(参见《共同决定法》第 1 条第 1 款第 2 项,《煤铁工业共同决定法》第 1 条第 2 款,《三分之一参与法》第 1 条第 1 款第 3 项第 1 句)所拥有的职工数量;也就是说暂时超出或低于必要的职工数量并不使公司负有或免除设立监事会的义务。①这项"规则"是从以往的经验中总结出来的,而且在必要时它可以为今后的发展提供一些具体依据。

六、职工的概念

1102　　职工的概念对职工数量的确定起着决定性作用。一般而言,职工应包括所有与有限责任公司之间存在**聘用关系**的人,即职员、工人以及学徒。②这个一般性的职工概念可能在**个别共同决定方面的法律规范**中以如下方式被**部分地改变**,即某些人员被明确地排除在外,而某些人员却被纳入其中;因此,各项共同决定方面的法律有时会对职工的概念作出不同的规定:

1103　　(1) 为了确定职工的概念,《三分之一参与法》第 3 条第 1 款援引了《企业组织法》第 5 条第 1 款的规定,但是却把该条第 3 款提到的高级职员排除在职工概念之外。③《三分之一参与法》未援引《企业组织法》第 5 条第 2 款的规定,由于经理不具有一般职工概念意义上的个人依附性,因此*他们并不是职工(经理在任何情况下都不属于职工)。*这是因为缺少此项援引,所以在判断那些并非首先为自己谋利,而是基于慈善或宗教动机(《企业组织法》第 5 条第 2 款第

---

① Allg. Meinung：BAG v. 22.2.1983—1 AZR 260/81, AP Nr. 7 zu § 113 BetrVG；LG Stuttgart v. 11.9.1984—2 AktE 1/84, BB 1984, 2082；OLG Düsseldorf v. 9.12.1994—19 W 2/94, AG 1995, 328；Uwe H. Schneider in Scholz, Komm. GmbHG, § 52 Rn.31；Zöllner/Noack in Baumbach/Hueck, Komm. GmbHG, § 52 Rn. 150；Müller, Beck'sches Hdb. GmbH, § 6 Rn. 74；Raiser/Heermann in Ulmer/Habersack/Winter, Komm. GmbHG, § 52 Rn.165；Lutter in Lutter/Hommelhoff, Komm. GmbHG, § 52 Rn.39.

② Zöllner/Noack in Baumbach/Hueck, Komm. GmbHG, § 52 Rn. 147 ff.；Raiser/Heermann in Ulmer/Habersack/Winter, Komm. GmbHG, § 52 Rn.163.

③ Henssler in Ulmer/Habersack/Henssler, Mitbestimmungsrecht, § 3 DrittelbG Rn.3 f.

3、4项)进行工作的人员是否属于职工时可能会遇到更大的困难。①就此类人员而言,必须分别根据具体情况对他们是否属于传统定义意义上的职工作出判断。兼职工人、学徒以及主要为公司工作的家庭手工业者(《企业组织法》第5条第1款)**同样属于前述意义上的职工**。此外,A公司"出租"给B公司的职工仍被视为A公司的职工,也就是说B公司"承租"的这名职工不属于其职工。②

根据《三分之一参与法》第2条第2款,只有当有限责任公司(A公司)与另一家公司(B公司)之间存在《股份法》第291条意义上的**直接控制协议**③时,A公司自己的职工才可以被算作B公司的职工。而如果A公司与B公司之间签订的是其他企业协议(例如盈利转移协议④)或者两家公司之间存在纯粹事实上的康采恩关系,那么A公司(附属公司)的职工(与《共同决定法》第5条不同)就不能被算作B公司(总公司)的职工了。就这点而言,《三分之一参与法》并**未对此作出任何改变**。⑤ 　　1104

(2)**《共同决定法》**中的职工概念与《三分之一参与法》中的职工概念不尽相同:《共同决定法》意义上的职工除包括兼职工人、学徒以及家庭手工业者外,还包括**高级职员**(《共同决定法》第3条第1款第2项结合《企业组织法》第5条第3款)。而经理却仍被**排除**在职工范畴之外(《共同决定法》第3条第1款第2句结合《企业组织法》第5条第2款第1项)。 　　1105

---

① Lt. Regierungsbegründung(BT-Drucks. 15/2542, S.12) ist mit der Regelung in §3 Abs. 1 DrittelbG keine materielle Änderung verbunden. Zustimmend Henssler in Ulmer/Habersack/Henssler, Mitbestimmungsrecht, §3 DrittelbG Rn. 3 mit dem Hinweis, §5 Abs. 2 BetrVG sei ohnehin nur deklaratorischer Natur.

② Vgl. §14 Abs. 1 u. 2 AüG; ebenso Uwe H. Schneider in Scholz, Komm. GmbHG, §52 Rn.31; Zöllner/Noack in Baumbach/Hueck, Komm. GmbHG, §52 Rn.149; Raiser/Heermann in Ulmer/Habersack/Winter, Komm. GmbHG, §52 Rn.164; Lutter in Lutter/Hommelhoff, Komm. GmbHG, §52 Rn.39; OLG Düsseldorf v. 12.5.2004—I-19 W 2/04 AktE, GmbHR 2004, 1081.

③ BayObLG v. 10.12.1992—3 Z BR 130/92, NJW 1993, 1804 = AG 1993, 177. Der in §2 Abs. 2 DrittelbG überdies geregelte Fall der Hinzurechnung bei Eingliederung des abhängigen in das herrschende Unternehmen betrifft die GmbH nicht, da eine Eingliederung nur zwischen Aktiengesellschaften möglich ist.

④ Siehe hierzu OLG Düsseldorf v. 27.12.1996—19 W 4/96 AktE, AG 1997, 129.

⑤ Vgl. KG v. 6.7.2007—2 W 8/07, ZIP 2007, 1566 im Anschluss an OLG Zweibrücken v. 18.10.2005—3 W 136/05, WM 2005, 2271. Lediglich bei Bestimmung der aktiven und passiven Wahlberechtigung der Arbeitnehmer im Konzern hat sich eine Änderung ergeben: über §2 Abs. 1 DrittelbG gilt nun dafür die Konzernvermutung des §18 Abs. 1 Satz 3 AktG; dazu anschaulich Seibt, NZA 2004, 767, 770 sowie Gimmy in FS Arbeitsgemeinschaft Arbeitsrecht im DAV, 2006, S.857 ff.

1106   如果**有限责任公司**（A 公司）是**一家两合公司**（B 公司）**的无限责任股东**，而且 B 公司的多数有限责任股东（按资本或票数计算）持有 A 公司的多数股份或票数，那么根据《共同决定法》第 4 条第 1 款第 1 句，A 公司自己的职工同样属于 B 公司的职工；相反，若 A 公司拥有一家通常情况下拥有 500 名以上职工的商业企业，则这些职工不属于 B 公司的职工。若一家采取上述结构的有限两合公司（GmbH & Co.KG）（A 公司）同时是另一家两合公司（B 公司）的无限责任股东，则 A 公司的职工同样被算作 B 公司的职工（《共同决定法》第 4 条第 1 款第 2 句）。如果这两家公司之间的此种关联关系继续存续下去，那么同样如此（《共同决定法》第 4 条第 1 款第 3 句）。

1107   然而，适用《共同决定法》的有限责任公司的职工还包括：其所有《股份法》第 17 条、第 18 条第 1 款意义上的（国内）附属公司的职工；[①]作为一家控股两合公司无限责任股东的公司的职工（《共同决定法》第 5 条第 1 款第 2 句）。如果控股公司是一家有限两合公司，而且其中的两合公司已满足《共同决定法》第 4 条第 1 款所规定的前提条件，那么康采恩所属企业的职工被算作是作为无限责任股东的有限责任公司的职工（《共同决定法》第 5 条第 2 款）。

1108   如果康采恩中的"领导层"（即进行统一领导的公司，例如人合公司或外国公司）本身虽然不实行共同决定，但它却是通过一家有限责任公司（或有限两合公司）对康采恩所属企业实施控股的，那么康采恩所属企业的职工均要被相应地算作该（作为**康采恩所属企业控股公司的**）有限责任公司（或有限两合公司）的职工（《共同决定法》第 5 条第 3 款）。

1109   （3）**《煤铁工业共同决定法》**本身并未规定哪些人应被视为该法意义上的职工。但通过参看《共同决定补充法》第 5 条第 5 款的规定（该条款援引了《企业组织法》第 5 条第 1、2 款的相应规定）我们不难发现《煤铁工业共同决定法》中的职工概念与《企业组织法》中的职工概念基本相同。[②]也就是说在计算职工数量时，经理和高级职员不得被计算在内，而学徒和家庭手工业者却应被计算在内。附属公司的职工同样不得被计算在内。

---

①   如果一家掌握另一家负共同决定义务的有限责任公司（B 公司）100％投票权的无职工的有限责任公司（A 公司）对 B 公司的经营管理实施着重大影响，那么 A 公司根据《共同决定法》第 5 条作为康采恩领导企业必须设立一个实行共同决定的监事会。LG Stuttgart v. 29.11.1988—2 AktE 1/88, DB 1989, 98 = AG 1989, 445；bestätigt durch OLG Stuttgart v. 3.5.1989—8 W 38/89, WM 1989, 1650 = AG 1990, 168. Anders nach dem DrittelbG, vgl. OLG Zweibrücken v. 18.10.2005—3 W 136/05, WM 2005, 2271.

②   Im Ergebnis ebenso Zöllner/Noack in Baumbach/Hueck, Komm. GmbHG, 17. Aufl., § 52 Rn.193.

七、有关的监事会制度的确定

由于共同决定方面的某些法律规定十分复杂,因此我们在查明以下问题时有时会遇到困难:(1)此类法律是否适用于有关的有限责任公司;(2)如果是,那么具体适用哪部法律;(3)就必设监事会的设立及其权利与义务而言,哪些条款必须得到遵守。若对设立必设监事会的前提条件存在争议,则由对有关有限责任公司享有地区管辖权的**州法院**在《股份法》第98、99条所规定的程序(从文意上看,这两条适用于有限责任公司)中对此作出裁决:①每名监事、每名股东以及公司的(全体)企业参决会均享有**申请权**。 **1110**

若有限责任公司**已设立一个必设监事会**,但其从现在起须依共同决定方面的法律规范组成,则此时必须适用《股份法》第97到99条规定的所谓"**身份(地位)程序**"。②这直接产生于《欧盟股份法》第27条的规定以及《共同决定法》第6条第2款、《三分之一参与法》第1条第1款第3项第2句对《股份法》第96条第2款、第97条以下的援引。若有限责任公司**已设立一个选设监事会**,但它已从现在起开始实行共同决定并因此有义务设立一个符合共同决定方面法律规范的监事会,则此时必同样适用上述程序。③ **1111**

若一家已有效成立的有限责任公司**尚未设立监事会**,而且根据《共同决定法》它现在有义务设立一个监事会,则此时同样要适用上述的"身份(地位)程序"。④虽然《股份法》第96条第2款、第97条以下结合《欧盟股份法》第27条仅直接涉及监事会的组成,而不涉及监事会的设立,但是《共同决定法》第6条第2款仍然声称上述条款在监事会设立方面同样适用。对于《**三分之一参与法**》规定的设立必设监事会的义务,同样如此。《三分之一参与法》第1条第1款第3项第2句虽然(与《共同决定法》第6条第2款第1句)仅在监事会组成方面援引《股份法》第96条第2款、第97条以下,且表述比较模糊笼统,但是目前的通说仍然认为上述的"身份(地位)程序"在此种情况下同样适用。因为与在《共同决定法》的适用范围内一样,对共同决定地位的法律稳定性的需求 **1112**

---

① Vgl. §27 EGAktG, §1 Abs. 1 Nr. 3 Satz 2 Halbsatz 2 DrittelbG, §6 Abs. 2 MitbestG, §3 Abs. 2 MontanMitbestG, §3 Abs. 1 Satz 2 MitbestErgG i. V. m. §3 Abs. 2 MontanMitbestG.

② Raiser/Heermann in Ulmer/Habersack/Winter, Komm. GmbHG, §52 Rn. 13; Zöllner/Noack in Baumbach/Hueck, Komm. GmbHG, §52 Rn.14.

③ Raiser/Heermann in Ulmer/Habersack/Winter, Komm. GmbHG, §52 Rn.15.

④ Koppensteiner/Schnorbus in Rowedder/Schmidt-Leithoff, Komm. GmbHG, §52 Rn. 50; Zöllner/Noack in Baumbach/Hueck, Komm. GmbHG, §52 Rn. 15; Müller, Beck'sches Hdb. GmbH, §6 Rn. 16; Ulmer/Habersack in Ulmer/Habersack/Henssler, Mitbestimmungsrecht, §6 MitbestG Rn.11.

在《三分之一参与法》的适用范围内同样存在。①如果股东未自愿设立现已由《共同决定法》和《三分之一参与法》所规定的监事会,那么(全体)企业参决会可以依《股份法》第 98、99 条启动上述程序(参见上文边码 1110)。

最后在相反情况下,即**监事会义务**因降低雇员数量而**再次被取消**,同样适用《股份法》第 97 条及以下规定的程序。②

1113   相反,如果有限责任公司仅**处于设立阶段**,也就是说它尚未被登记在商事登记册中,那么此时**监事会并非该公司的必设机构**:一方面,通常在设立阶段还不存在适用共同决定方面法律规范的前提条件(拥有至少 500 名职工);另一方面,根据较有说服力的观点,在以实物(例如一家拥有 500 名或 2 000 名以上职工的企业)创立公司的框架内同样不存在设立监事会的义务。③后者产生于共同决定方面法律规范仅规定目前存续的有限责任公司(而非设立中的有限责任公司)负有设立监事会的义务。因此有限责任公司被登记于商事登记簿中可能与监事会的设立毫无关联。有限责任公司的经理在完成登记后才有义务启动《股份法》第 97 条以下规定的"身份(地位)程序"。

■ 第三节   设有必设监事会的有限责任公司中的管理结构

1114   与股份有限公司不同,有限责任公司采取的是**等级化的组织方式**:最上位的公司机构是股东大会,经理必须服从其指示(《有限责任公司法》第 37 条第 1

---

①   BAG v. 16.4.2008—7 ABR 6/07, DB 2008, 1850; zustimmend Henssler/Michel, SAE 2009, 134, 136 ff.; Koppensteiner/Schnorbus in Rowedder/Schmidt-Leithoff, Komm. GmbHG, §52 Rn.50; Zöllner/Noack in Baumbach/Hueck, Komm. GmbHG, §52 Rn.15; a.A. die früher überwiegende Ansicht(Nachw. bei Henssler/Michel a.a.O.).

②   Allgemeine Ansicht, OLG Frankfurt a.M. v. 2.11.2010—20 W 362/10, NZG 2011, 353; LAG Frankfurt a.M. v. 29.7.2010—9 TaBVGa 116/10, Der Konzern 2011, 72; Spindler, MünchKomm. GmbHG, §52 Rn.67 m.w.N.

③   BayObLG v. 9.6.2000—3 Z BR 92/00, ZIP 2000, 1445 = AG 2001, 89 mit zust. Anm. Kort, EWiR 2001, 21 sowie eingehend auch zum Streitstand Halm, BB 2000, 1849 ff.; Habersack in Ulmer/Habersack/Henssler, Mitbestimmungsrecht, §1 DrittelbG Rn. 22; Koppensteiner/Schnorbus in Rowedder/Schmidt-Leithoff, Komm. GmbHG, §52 Rn. 51; Roth in Roth/Altmeppen, Komm. GmbHG, §11 Rn. 64; Lutter in Lutter/Hommelhoff, Komm. GmbHG, §52 Rn.1; K. Schmidt in Scholz, Komm. GmbHG, §11 Rn.61 m. w. N.; a. A. Raiser/Heermann in Ulmer/Habersack/Winter, Komm. GmbHG, §52 Rn.169: für unmittelbare Anwendung der Mitbestimmungsvorschriften; Schmidt-Leithoff in Rowedder/Schmidt-Leithoff, Komm. GmbHG, §11 Rn. 53 ff.: vorsichtige Analogie zu §§30, 31 AktG; für analoge Anwendung des §31 AktG auch Joost in Lutter, Komm. UmwG, §218 Rn. 16; Joost in FS Claussen, S. 194 ff.; Zöllner/Noack in Baumbach/Hueck, Komm. GmbHG, §52 Rn.158.

款)。①即使有限责任公司因实行共同决定而设立了监事会,也丝毫不会改变此类公司在公司法上的结构。在实行共同决定的有限责任公司中,股东大会仍是最上位的公司机构,其仍然享有针对经理的指示权。②也就是说——与股份有限公司不同(《股份法》第76条)——有限责任公司并不是由其经理独立自主地进行经营管理的。不论企业政策方面的原则还是特殊的经营管理措施均始终由股东作出决定。③除此之外,股东还有权对日常经营管理领域中的事务作出个别指示。④然而他们不得将所有经营管理都"揽在自己手中",否则监事会中的共同决定就失去其意义了。⑤再者,在实行共同决定的有限责任公司中,经营管理今后仍然可以仅以股东利益为导向;也就是说其不必以包括职工利益的企业利益为导向。⑥

总而言之,即使在实行共同决定的公司中,公司的经营管理(权)也仍然在很大程度上掌握在股东手中。对于有限责任公司监事会的地位来说,这一点不仅更加重要,而且可能会对其产生巨大影响。 1115

第四节　有限责任公司必设监事会的职责与职权

一、概述

与股份有限公司的监事会一样,有限责任公司的必设监事会同样负有对 1116

---

① Vgl. Lutter in Lutter/Hommelhoff, Komm. GmbHG, §37 Rn.1 ff. und §52 Rn.2 sowie Zöllner/Noack in Baumbach/Hueck, Komm. GmbHG, §37 Rn.20 ff.; Altmeppen in Roth/Altmeppen, Komm. GmbHG, §37 Rn.3, je m.w.N.

② BGH v. 14.11.1983—II ZR 33/83, BGHZ 89, 48, 57 = AG 1984, 48; BGH v. 6.3.1997—II ZB 4/96, BGHZ 135, 48, 55.

③ Vgl. §49 Abs. 2 GmbHG und dazu Seibt in Scholz, Komm. GmbHG, §49 Rn.22.

④ Nach einer Untersuchung von Rinninsland, Die Mitbestimmung 1991, 380, 381 werden durchschnittlich zwei Weisungen monatlich erteilt.

⑤ Vgl. dazu ausführlich Hommelhoff, ZGR 1978, 119, insbesondere 136 ff.; vgl. weiter Ulmer/Habersack in Ulmer/Habersack/Henssler, Mitbestimmungsrecht, §30 MitbestG Rn.19 f.; gegen jede Einschränkung des Weisungsrechts aber Paefgen in Ulmer/Habersack/Winter, Komm. GmbHG, §37 Rn.14 f. m.w.N. Ganz anders u.a. Naendrup in GK-MitbestG, §25 Rn.141 ff. und Reich/Lewerenz, AuR 1976, 261, 272 f., die Weisungsbefugnisse der Gesellschafter prinzipiell ausschließen und den Geschäftsführern der mitbestimmten GmbH aktienrechtliche Autonomie zuweisen wollen: Das ist sicher unrichtig.

⑥ Soweit eine Weisung der Gesellschafter nicht gegen arbeitsrechtliche oder sonstige rechtliche Vorgaben verstößt, ist sie daher auch dann zulässig und verbindlich, wenn sie wesentliche Arbeitnehmerbelange beeinträchtigt; zutr. Fleischer, GmbHR 2010, 1307, 1309 f.; Paefgen in Ulmer/Habersack/Winter, Komm. GmbHG, §37 Rn.20; jew. m.w.N. a.A. insoweit Hommelhoff, ZGR 1978, 119, 138; Uwe H. Schneider/Sven H. Schneider in Scholz, Komm. GmbHG, §37 Rn.50.

经营管理进行**监督**的职责。除《三分之一参与法》规定的例外情况之外,此类监事会还负责**聘任或解聘经理**。最后,此类监事会有权根据公司章程或凭借自己作出的决议(《股份法》第 111 条第 4 款第 2 句)**参与**个别重要经营管理措施的**决策**(同意)。监事必须自我负责地,即**不受股东指示**地,履行上述职责。①

1117　　与股份有限公司的监事会相比,有限责任公司的监事会只是**不享有**《股份法》第 124 条第 3 款和第 172 条所规定的权利——向股东大会提出决议建议以及参与确定年度决算(年度决算的确定仅由股东大会负责)。然而就像上文已论述过的那样,在实行共同决定的公司中,《三分之一参与法》意义上的**监事会**不享有聘任或解聘经理的权利;此类事务仍由股东负责,只要其未被章程规定例外地授权监事会完成。

二、对经营管理进行监督

(一) 监督职责

1118　　与股份有限公司的监事会一样,实行共同决定的有限责任公司的监事会原则上同样负有对经营管理进行监督的职责;它必须根据相同的标准——**合法性、合规则性以及经济性**——对经理所实施的经营管理(包括公司解散后清算人所实施的经营管理)进行监督。②此外,它还必须对年度决算进行审查,③但此类决算的确定仍由股东大会负责。

1119　　监事会还必须对监督机制(该机制旨在**预先发现**经营管理中可能威胁公司存续的发展情况)的建立及其适用性进行监督。④根据《股份法》第 91 条第 2款,股份有限公司的董事会有义务建立此类监督机制。虽然《三分之一参与法》第 1 条第 1 款第 3 项或《共同决定法》第 25 条第 1 款第 1 句第 2 项未援引

---

① Der Grundsatz der Weisungsunabhängigkeit folgt nach h.M. aus §111 Abs. 5 AktG (oben Rn.822), auf den die Mitbestimmungsgesetze jeweils Bezug nehmen. Von diesem Grundsatz kann im Pflichtaufsichtsrat auch die Satzung nicht abweichen(ganz h.M., Lutter in Lutter/Hommelhoff, Komm. GmbHG, §52 Rn.69b; E. Vetter, GmbHR 2011, 449, 457; Rodewald/Wohlfarter, GmbHR 2013, 689, 690), und zwar auch nicht in der Einpersonen-GmbH im Verhältnis zwischen Alleingesellschafter und Anteilseignervertretern(so aber Altmeppen in FS Uwe H. Schneider, S.1, 13; Heidel, NZG 2012, 48, 54; dagegen zu Recht Spindler, ZIP 2011, 689, 694).

② Siehe dazu schon oben Rn.74 ff.; vgl. dazu auch Lutter in Lutter/Hommelhoff, Komm. GmbHG, §52 Rn. 51 und Rn. 16; v. Schenck in Semler/v. Schenck, Arbeitshandbuch für Aufsichtsratsmitglieder, §7 Rn.1 ff.

③ Siehe hierzu auch unten Rn.1131 ff. sowie Lutter in Lutter/Hommelhoff, Komm. GmbHG, §52 Rn.21 und Rn.82.

④ Lutter in Lutter/Hommelhoff, Komm. GmbHG, §52 Rn.51; ähnlich Altmeppen, ZGR 1999, 300 ff.

上述规定(即《股份法》第 91 条第 2 款),但其中却强调了一项基于合规则的经营管理而产生的一般性义务(不过该强调只是声明性的)。因此,只有当考虑到公司规模而完全有必要建立上述的"预警系统"时,对《股份法》有关规定的援引才适用于有限责任公司的经理;就实行共同决定的有限责任公司(拥有500 名以上职工)而言,在有疑问时确实应采取这种观点。而且以下事实情况更表明由监事会对上述监督机制的建立及其适用性进行监督是非常有必要的,即一家有限责任公司的决算审计人员*对此*不负有审计义务(参见《商法典》第 317 条第 4 款)。

与股份有限公司的监事会不同,有限责任公司的监事会并非独自享有对经营管理进行监督的权利:除它之外,本公司的**股东大会同样**有权对经营管理进行监督。监事会无法也不得干涉股东大会此项内容广泛的权限。特别是股东大会对所有经营管理事务的**指示权**(边码 1114)不受影响。这样一来,即使某措施已由监事会依《股份法》第 111 条第 4 款第 2 句设置了**同意保留**(边码1126)且已经给予同意,股东大会仍然可以就该措施向经理作出指示。由于上述指示权的存在,有关股东决议只需——与法律条文不同——(《股份法》第111 条第 4 款第 1 条第 1 款句结合《共同决定法》第 25 条第 1 款第 1 句第 2项、《三分之一参与法》第 1 条第 1 款第 3 项第 2 句)取得简单投票多数即可。[1]

除此之外,股东大会甚至可以不必等待监事会表态而直接作出指示。此时即使相关措施受到同意保留约束也无需提请监事会作出同意,因为监事会原本也必须尊重股东大会的决定。[2]但监事会必须获得相关措施的信息。[3]

只有在以下两种情况下监事会才可以对经理进行顾问性和监督性的干涉:(1)经理自行决定(是否实施有关的经营管理措施);(2)经理在执行股东大会的决定时仍享有独立的判断空间。[4]不过,在讨论**合法性问题**,即经营管理的

1120

1121

---

[1] Altmeppen in Roth/Altmeppen, Komm. GmbHG, § 52 Rn.63; Uwe H. Schneider in Scholz, Komm. GmbHG, § 52 Rn.133, 147; Spindler, MünchKomm. GmbHG, § 52 Rn.15; Zöllner/Noack in Baumbach/Hueck, Komm. GmbHG, § 52 Rn.254, 300; Deilmann, BB 2004, 2253, 2256; für Dreiviertelmehrheit nach § 111 Abs. 4 Satz 4 AktG dagegen Raiser/Veil, Komm. MitbestG und DrittelbG, § 25 MitbestG Rn.89; Ulmer/Habersack in Ulmer/Habersack/Henssler, Mitbestimmungsrecht, § 25 MitbestG Rn. 66; zwischen MitbestG und DrittelbG differenzierend Brouwer, Zustimmungsvorbehalte, S.217 ff.

[2] Deilmann, BB 2004, 2253, 2256(„ unnötiger Formalismus "); Giedinghagen in Michalski, Komm. GmbHG, § 52 Rn.233; a. A. Brouwer, Zustimmungsvorbehalte, S.133 ff. m.w.N. zum Streitstand.

[3] Altmeppen in Roth/Altmeppen, Komm. GmbHG, § 52 Rn. 64; Giedinghagen in Michalski, Komm. GmbHG, § 52 Rn.233.

[4] Vgl. Hommelhoff, ZGR 1978, 119, 140 ff., 150 f.; Ulmer, BB 1979, 398, 401.

合法性时情况就有所不同了。①就这点而言，监事会始终有权也有义务对此类存在问题的经营管理措施提出指责。它必须不受任何限制地对经营管理行为的合法性进行监督，即使经理只是执行股东大会的决定也同样如此；这是因为若股东大会指示经营管理层实施违法行为，则此类指示无疑对经营管理层是无约束力的。

（二）信息权

1122　　监事会无法在不了解有关事实的情况下进行监督，而了解以信息为基础。②然而，股份法上的法定信息机制却只是不受限制地适用于实行煤铁工业共同决定的有限责任公司。③而在根据《三分之一参与法》及《资本投资法典》实行共同决定的有限责任公司以及设有《资本投资法典》意义上的监事会的有限责任公司中，由于缺少法律上对《股份法》第 90 条第 1、2 款的援引，这几类有限责任公司的经营管理层**不负有**主动**定期**向监事会**作出报告**的义务。④当然，此时经营管理层仍然必须就负有同意义务的业务以及年度决算的寄送向监事会作出提案报告。而且监事会以及单个监事均享有《股份法》第 90 条第 3 款规定的所有权利（《共同决定法》第 25 条第 1 款第 1 句第 2 项、《三分之一参与法》第 1 条第 1 款第 3 项第 2 句），即它们可以随时要求经营管理层提交一份关于公司具体事务的报告。由此可见，在上述信息机制中，虽然经营管理层不负有向监事会作出常规报告的义务，但它却有义务回答监事会及监事所提出的问题并作出监事会或监事所要求的所有报告。

1123　　然而，人们可能会误解有关法律对《股份法》第 90 条第 3 款的援引，他们由此认为监事会可以漫不经心地对待其获取信息的问题。恰当的监督以**定期**获得**全面**的信息为前提；即使在上述情况下，监事会仍有义务对经营管理进行

---

①　Näher dazu Hommelhoff, ZGR 1978，119，151.

②　Zur Unterrichtung des Aufsichtsrats in der mitbestimmten GmbH siehe ausführlich v. Hoyningen-Huene/Powietzka, BB 2001，529.

③　§ 3 Abs. 2 MontanMitbestG bzw. § 3 Abs. 1 Satz 2 MitbestErgG i. V. m. § 3 Abs. 2 MontanMitbestG verweisen insoweit global auf die Vorschriften des AktG.

④　Str.；wie hier：Zöllner/Noack in Baumbach/Hueck, Komm. GmbHG，§ 52 Rn. 260，307 i. V. m. Rn. 134；Lutter in Lutter/Hommelhoff, Komm. GmbHG，§ 52 Rn. 22，52；Uwe H. Schneider in Scholz, Komm. GmbHG，§ 52 Rn. 105；Koberski in Wlotzke/Wißmann/Koberski/Kleinsorge, Mitbestimmungsrecht，§ 25 MitbestG Rn. 71；Ulmer/Habersack in Ulmer/Habersack/Henssler, Mitbestimmungsrecht，§ 25 MitbestG Rn. 55；v. Hoyningen-Huene/Powietzka, BB 2001，529，530；Hommelhoff, ZGR 1978，119，154；a. A. Raiser/Heermann in Ulmer/Habersack/Winter, Komm. GmbHG，§ 52 Rn. 115，235；Koppensteiner/Schnorbus in Rowedder/Schmidt-Leithoff, Komm. GmbHG，§ 52 Rn. 88 i. V. m. Rn. 32；näher hierzu Lutter, Information und Vertraulichkeit, Rn. 753 ff.，758.

恰当监督(《股份法》第 116 条第 1 款、第 93 条)。因此,有限责任公司的**监事会同样有义务要求**经营管理层定期**向其作出报告**。①虽然监事会可以通过定期要求经营管理层提交临时报告来履行此项义务,但这种做法却有可能使其因忽略时间及内容上的报告要求而面临**违反义务的危险**。因此,强烈建议监事会根据《股份法》第 90 条第 3 款提出一份普遍适用的报告要求并在此基础上颁布一套**普遍适用的信息规则**。②一般来说(特别是在实行共同决定的大型有限责任公司中),此类规则应遵循《股份法》第 90 条第 1、2 款规定的、经过深思熟虑且已被证明是适用的机制。③关于这一点可以参考上文第六章(边码 191 和 317)所作的论述。

(三) 对经理施加影响的可能性

除聘任、解聘以及签订或解除聘用合同(参见下文边码 1132 及以下)外, 有限责任公司监事会对经理施加影响的可能性**明显小于**股份有限公司的监事会;这有时是因为有限责任公司的监事会不享有某些权限,而有时则是因为章程对此作出了限制。 1124

在所有实行共同决定的有限责任公司中,监事会根据《股份法》第 111 条第 3 款有权在其认为必要时**召集股东大会**。④章程既不得剥夺也不得排除此项权利。与股份有限公司的监事会相比,此项权利对有限责任公司的监事会更为重要,这是因为有限责任公司的股东大会不仅更易于被召开且花费较低,而且它享有大于股份有限公司股东大会的权限。通过这种方式,监事会可以向对经理享有指示权的股东大会阐明自己对公司经营管理所持的不同看法。然而,如果股东大会按照经营管理层的意愿作出决定,也就是说它未遵循监事会的看法,那么此时监事会除辞去其职务外别无他法。就有限责任公司而言,企业经营管理方面的决策权掌握在股东大会手中,而且法院不能对股东大会作 1125

---

① Vgl. die parallelen Erwägungen des BGH für das freiwillig gebildete Aufsichtsorgan einer Publikums-Personengesellschaft: BGH v. 22. 10. 1979—II ZR 151/77, WM 1979, 1425, 1427; dazu auch Hüffer, ZGR 1980, 320, 335. Wie hier auch Zöllner/Noack in Baumbach/Hueck, Komm. GmbHG, §52 Rn. 134 f.; Lutter in Lutter/Hommelhoff, Komm. GmbHG, §52 Rn. 22, 52.

② v. Hoyningen-Huene/Powietzka, BB 2001, 529, 530 ff.; Köstler/Müller/Sick, Aufsichtsratspraxis, Rn. 500; v. Schenck in Semler/v. Schenck, Arbeitshandbuch für Aufsichtsratsmitglieder, §1 Rn. 105; Potthoff/Trescher/Theisen, Das Aufsichtsratsmitglied, Rn. 712 f.

③ Ebenso v. Hoyningen-Huene/Powietzka, BB 2001, 529, 531 f.; vgl. zum Ganzen ausführlich Lutter, Information und Vertraulichkeit, Rn. 753 ff.

④ Vgl. nur Ulmer/Habersack in Ulmer/Habersack/Henssler, Mitbestimmungsrecht, §25 MitbestG Rn. 53; Uwe H. Schneider in Scholz, Komm. GmbHG, §52 Rn. 126.

出的经营管理决策进行审查。

1126　　《股份法》第 111 条第 4 款第 2 句适用于所有实行共同决定的有限责任公司。根据该条款,公司合同或监事会本身均可以要求某些经营管理措施必须受**监事会同意**的约束。与股份有限公司的情况不同,就有限责任公司而言仍存在争议①的是:股东在经营管理问题上继续存在的权利(边码 1114)是否包括通过章程限制监事会同意保留设置权的权限。通说对此持否定态度。②而反对的观点则认为章程本身可以依《股份法》第 111 条第 4 款创设此类同意保留,而监事会可以确定*其他*同意保留的权利。③

1127　　在存在监事会同意保留的范围内,其同意保留并不涵盖那些经理应股东指示而欲实施的措施。此时,只有在经理在执行股东指示过程中仍享有独立判断空间的情况下,上述同意保留才发挥作用(边码 1120、1121)。

1128　　若监事会拒绝对有关的经营管理措施作出同意,则经理可以请求股东大会以其同意取代监事会的拒绝。如上文所述,此时——不同于法律条文(《股份法》第 111 条第 4 款第 4 句)——股东大会只需**作出一项获得简单多数的决议**即可(边码 1120)。

1129　　与此形成鲜明对照,通说认为:在实行共同决定的有限责任公司中,监事会甚至连像颁布经理**业务守则(行为规范)**这样辅助性的权利都不应当享有。④在有限责任公司中,对经营管理层及其经营管理措施施加重大影响的权利应

---

①　Nach Rechenberg, Hauptversammlung als oberstes Organ, S.87 ff., 94 f. hat auch die Satzung einer AG die Möglichkeit, den Aufsichtsrat von zusätzlichen Zustimmungsvorbehalten auszuschließen; das ist problematisch; vgl. oben Rn.112 f.

②　So Uwe H. Schneider in Scholz, Komm. GmbHG, § 52 Rn.131; Raiser/Heermann in Ulmer/Habersack/Winter, Komm. GmbHG, § 52 Rn.242; Raiser/Veil, Komm. MitbestG und DrittelbG, § 25 MitbestG Rn.92; Spindler, MünchKomm. GmbHG, § 52 Rn. 329 f.; Ulmer/Habersack in Ulmer/Habersack/Henssler, Mitbestimmungsrecht, § 25 MitbestG Rn.64; Hommelhoff, ZGR 1978, 119, 151 f. Das Mitbestimmungsurteil des BVerfG scheint vage in die Richtung der h.M. zu deuten, wenn es nur zum Verhältnis einer Zustimmungsverweigerung zum Weisungsrecht Stellung nimmt und damit möglicherweise das Recht zur Schaffung eines Zustimmungsvorbehalts voraussetzt(BVerfG v. 1.3.1979—1 Bv 532/77, 1 BvR 533/77, 1 BvR 419/78, 1 BvL 21/78, BVerfGE 50, 290, 346 = AG 1979, 95).

③　Lutter in Lutter/Hommelhoff, Komm. GmbHG, § 52 Rn.47; Lutter, Information und Vertraulichkeit, Rn.754; Zöllner/Noack in Baumbach/Hueck, Komm. GmbHG, § 52 Rn.253.

④　Zöllner/Noack in Baumbach/Hueck, Komm. GmbHG, § 37 Rn.29; Paefgen in Ulmer/Habersack/Winter, Komm. GmbHG, § 35 Rn. 139; Uwe H. Schneider/Sven H. Schneider in Scholz, Komm. GmbHG, § 37 Rn. 73; Ulmer/Habersack in Ulmer/Habersack/Henssler, Mitbestimmungsrecht, § 30 MitbestG Rn.21; Raiser/Veil, Komm. MitbestG und DrittelbG, § 33 MitbestG Rn.23. A.A. die Nachw. In Rn.1145.

仅由股东享有,即使在股东未行使此项权利的情况下监事会也不得行使该权利。对于由监事会享有聘任权的实行数量均等共同决定的有限责任公司而言,上述观点过于狭隘(详见下文边码 1143 至边码 1145)。

最后,监事会**无权**参与**确定**有限责任公司的**年度决算**。与在股份有限公司中由董事会和监事会共同确定年度决算(《股份法》第 172 条)不同,在有限责任公司中年度决算始终由股东大会确定。①这样一来,有限责任公司的监事会无法参与任何与利润(年净收益)使用有关的决策,特别是无法参与以下决策:(1)是否留存储备金以及将哪部分年净收益留存为储备金;(2)将哪部分年净收益分配给股东。

1130

三、审查年度决算以及委托决算审计人员进行审计

虽然监事会无权参与**确定**年度决算,但在实行共同决定的有限责任公司中它却有义务对年度决算(由经理编制)、状况报告以及年度利润的使用建议进行独立**审查**。②如果有限责任公司是《商法典》第 290 条意义上的母公司,那么上面所作的论述同样适用于康采恩决算以及康采恩状况报告(参见《股份法》第 170、171 条以及《三分之一参与法》第 1 条第 1 款第 3 项第 2 句和《共同决定法》第 25 条第 1 款第 1 句第 2 项中的相应援引)。对于必设监事会来说,此项审查义务是强制性的,因此章程不得降低或废除该义务。③监事会必须就其审查结果向股东大会作出报告,《股份法》第 171 条第 2 款第 1 句。④此外,就负审计义务的有限责任公司(《商法典》第 316 条)而言,其监事会既有权又有义务委托决算审计人员对年度决算进行审计(《股份法》第 111 条第 2 款第 3 句),⑤而且它必须就审计人员对年度决算的审计结果向股东大会发表自己的

1131

---

① Koppensteiner/Schnorbus in Rowedder/Schmidt-Leithoff, Komm. GmbHG, §52 Rn. 89；Raiser/Heermann in Ulmer/Habersack/Winter, Komm. GmbHG, §52 Rn. 233, 297；Ulmer/Habersack in Ulmer/Habersack/Henssler, Mitbestimmungsrecht, §25 MitbestG Rn. 59；Koberski in Wlotzke/Wißmann/Koberski/Kleinsorge, Mitbestimmungsrecht, §25 MitbestG Rn. 70.

② Siehe hierzu auch Lutter in Lutter/Hommelhoff, Komm. GmbHG, §52 Rn. 21, 82.

③ Zöllner/Noack in Baumbach/Hueck, Komm. GmbHG, §52 Rn. 245；Müller, Beck'sches Hdb. GmbH, §6 Rn. 88；Lutter in Lutter/Hommelhoff, Komm. GmbHG, §52 Rn. 82.

④ Dazu eingehend Lutter, AG 2008, 1 ff.

⑤ 聘任及解聘审计人员的权利仍由股东大会享有(参见《商法典》第 318 条第 1 款第 1、2 句)。Siehe hierzu sowie allgemein zur Reform des Aufsichtsrats der mitbestimmten GmbH durch das KonTraG von 1998 Altmeppen, ZGR 1999, 291, 306 ff.；Uwe H. Schneider in Scholz, Komm. GmbHG, §52 Rn. 155.

意见(《股份法》第 171 条第 2 款第 3 句),①就像上文论述过的报告义务一样,监事会必须极其认真地履行此项职责。②

四、分配经营管理职位

(一)经理的聘任及解聘

1. 实行"数量均等共同决定"的有限责任公司

1132　　在根据《煤铁工业共同决定法》及《共同决定法》实行共同决定的有限责任公司中,经理的**聘任**和解聘均**由监事会负责**(《煤铁工业共同决定法》第 12 条、《共同决定法》第 31 条结合《股份法》第 84 条)。因此,适用于股份有限公司的规则同样适用于此类有限责任公司。监事会可否任命一名董事长(执行总裁),是存在争议的(参见下文边码 1142、1146)。由于此类有限责任公司必须聘任一名职工董事(根据《煤铁工业共同决定法》和《共同决定法》实行共同决定的股份有限公司同样如此),因此它同样必须**至少聘任两名经理**(参见上文边码 338)。此外,是"必须聘任"还是"可以聘任"*其他经理以及聘任的数量首先由章程作出规定,其次由股东大会对此作出决定。若这两者均"保持沉默",则监事会可以根据其最负责的判断自行作出决定。对于**聘任的期限**来说同样如此。根据适用于此类有限责任公司的《股份法》第 84 条第 1 款,该期限不能高于(但可以低于)五年。

1133　　在聘任期限届满前**解聘**经理同样仅由监事会负责。但就这点而言,股份法上的制度同样适用,也就是说如果有关经理的聘任期限是由监事会确定且尚未届满,那么**只能基于重大原因**解聘这名经理(《股份法》第 84 条第 3 款),而如果有关经理是由股东大会聘任的,那么在解聘时则无需重大原因,《有限责任公司法》第 38 条第 1 款)。

2. 根据《三分之一参与法》实行"三分之一共同决定"的有限责任公司

1134　　在根据《三分之一参与法》实行"三分之一共同决定"的有限责任公司中,监事会无权聘任及解聘经理,因为《三分之一参与法》第 1 条第 1 款第 3 项第 2 句未援引《股份法》第 84 条。因此这属于——在《有限责任公司法》中同样如此——股东大会的权限(《有限责任公司法》第 46 条第 5 项)。③章程可以将该职责委托给另一个机构,也就是说既可以委托给监事会,也可以委托给一个不实

---

① Vgl. dazu oben Rn. 176 ff. sowie OLG Stuttgart v. 15. 3. 2006—20 U 25/05, ZIP 2006, 756 ff. = AG 2006, 379(RTV).

② Vgl. erneut OLG Stuttgart v. 15. 3. 2006—20 U 25/05, ZIP 2006, 756 ff. = AG 2006, 379.

③ Statt aller Lutter in Lutter/Hommelhoff, Komm. GmbHG, § 52 Rn. 61; Spindler, MünchKomm. GmbHG, § 52 Rn. 352.

行共同决定的咨询委员会或股东委员会。因为法律同样**未规定**此类有限责任公司必须聘任**职工董事**，所以此类公司依法**仅聘任一名经理**即可；所有其他事务均由章程或股东大会负责。由于有限责任公司方面的法律规范仍不受影响地适用于此类公司，因此经理的**解聘**同样由股东大会负责（只要章程未将此项权利赋予另一机构）。另外，此时适用的是《有限责任公司法》第 38 条而非《股份法》第 84 条的规定；这将导致：一方面，经理的聘用期限可以被任意加以确定，[①]另一方面，经理通常可以被随时解聘而**无需**存在**重大原因**。相反，章程可以要求只有存在某些原因时才能解聘经理，或者一般性地要求存在一个"重大"或"实质"原因时方可解聘。[②]这尤其适用于同时作为该有限责任公司股东的经理。

（二）聘用合同与通知解除

1. 实行"数量均等共同决定"的有限责任公司

在适用《煤铁工业共同决定法》和《共同决定法》（而非《三分之一参与法》）的有限责任公司中，如果监事会享有聘任权（上文边码 1132、1133），那么它有权也有义务与经理签订聘用合同。[③]就这点而言，上文对股份有限公司监事会所作的论述在这里同样适用（边码 384 及以下）。由于聘任与聘用合同的签订是一个不可分割的整体，因此**监事会**应同时享有这两项**权利**。[④]而且只有当监事会可以将经理候选人所要求的聘用条件列入自己的考虑范围之内并参与决定时，它才能负责且客观公正地选择经理。[⑤]

当然，股东可以颁布有约束力的经理**报酬准则**，只要监事会的人事选择自由不会因此遭到重大侵害。[⑥]

1135

---

① 聘任终身经理已对某些有限责任公司造成损害！

② Näher Lutter in Lutter/Hommelhoff, Komm. GmbHG, §38 Rn.7 ff. und Lutter, ZIP 1986, 1195 m.w.N.

③ Heute einhellige Ansicht; BGH v. 14.11.1983—II ZR 33/83, BGHZ 89, 48, 58 = AG 1984, 48 (Reemtsma); Uwe H. Schneider/Hohenstatt in Scholz, Komm. GmbHG, §35 Rn.317; Zöllner/Noack in Baumbach/Hueck, Komm. GmbHG, §52 Rn.303; Koppensteiner/Gruber in Rowedder/Schmidt-Leithoff, Komm. GmbHG, §35 Rn.16; Paefgen in Ulmer/Habersack/Winter, Komm. GmbHG, §35 Rn.172; Müller, Beck'sches Hdb. GmbH, §6 Rn.99; Fonk in Semler/v. Schenck, Arbeitshandbuch für Aufsichtsratsmitglieder, §10 Rn.369; Raiser/Veil, Komm. MitbestG und DrittelbG, §31 MitbestG Rn.24; Ulmer/Habersack in Ulmer/Habersack/Henssler, Mitbestimmungsrecht, §31 MitbestG Rn.38 f.

④⑤ Ebenso BGH v. 14.11.1983—II ZR 33/83, BGHZ 89, 48, 52 ff. = AG 1984, 48.

⑥ Ebenso Hoffmann/Preu, Der Aufsichtsrat, Rn.224; Paefgen in Ulmer/Habersack/Winter, Komm. GmbHG, §35 Rn.173; Hoffmann/Lehmann/Weinmann, Komm. MitbestG, §30 Rn.27; Raiser/Veil, Komm. MitbestG und DrittelbG, §31 MitbestG Rn.26; Ulmer/Habersack in Ulmer/Habersack/Henssler, Mitbestimmungsrecht, §31 MitbestG Rn.40; Potthoff/Trescher/Theisen, Das Aufsichtsratsmitglied, Rn.1688; Krieger, Personalentscheidungen, S.288 f. m.w.N.

1136　　　《董事薪酬适度法》通过后，①出现了一个问题：在确定聘用合同中的经理**薪酬**时，监事会是否受修订后的《股份法》第 87 条（边码 395 及以下）的约束？答案是否定的，因为《共同决定法》第 25 条有意识地未援引《股份法》第 87 条。②然而，从一般原则（《共同决定法》第 25 条第 1 款第 1 句第 2 项结合《股份法》第 116 条、第 93 条）可知，监事会不得确定畸高的薪酬。③因此，更具实践意义的问题是，《董事薪酬适度法》所引入的**全体监事会**独享的**薪酬决定权**（《股份法》第 107 条第 3 款第 3 句结合第 87 条）可否适用于实行数量均等共同决定的有限责任公司或者授权某委员会行使是否合法。就后一种情况而言，《股份法》第 87 条确实不适用，因此依字面解释对第 107 条第 3 款第 3 句的援引也是无效的。④然而，这个结论并非完全无可争议，因为如果实质合理性要求不是从《股份法》第 87 条，而是从第 116、93 条得出，那么禁止授权禁令的目的（提高报酬确定过程的透明度⑤）同样会受到影响。⑥

1137　　　与缔结聘用合同相对应，**通知解除聘用**同样属于监事会的职权范围。⑦如果在经理离职后与其签订了顾问合同，那么由于存在实质性关联，该合同的缔结仍然由监事会负责。⑧

　　　2. 根据《三分之一参与法》实行"三分之一共同决定"的有限责任公司

1138　　　相反，在根据《三分之一参与法》实行"三分之一共同决定"的有限责任公司中，聘用合同的签订及其通知解除权**仅由股东**享有（《有限责任公司法》第 46

---

①　Gesetz zur Angemessenheit der Vorstandsvergütung vom 31.7.2009，BGBl. I 2009，2509.

②　Bericht des Rechtsausschusses，BT-Drucks. 16/13433，S.10；Habersack，ZHR 174 (2010)，2，6 ff.；Hoffmann-Becking/Krieger，NZG 2009，Beil. zu Heft 26 Rn.77 f.；Spindler，MünchKomm. GmbHG，§ 52 Rn.358；Ulmer/Habersack in Ulmer/Habersack/Henssler，Mitbestimmungsrecht，§ 31 MitbestG Rn.40；a. A. Koberski in Wlotzke/Wißmann/Koberski/Kleinsorge，Mitbestimmungsrecht，§ 31 MitbestG Rn.35.

③　Spindler，MünchKomm. GmbHG，§ 52 Rn.358；Ulmer/Habersack in Ulmer/Habersack/Henssler，Mitbestimmungsrecht，§ 31 MitbestG Rn.40；siehe auch schon BGH v. 14.11.1983—II ZR 33/83，BGHZ 89，48，57 = AG 1984，48(Reemtsma).

④　Gegen die Anwendbarkeit des Delegationsverbots daher Habersack，ZHR 174 (2010)，2，6 ff.；Ulmer/Habersack in Ulmer/Habersack/Henssler，Mitbestimmungsrecht，§ 31 MitbestG Rn.41a m. w. N.

⑤　Begr. zum Fraktionsentwurf，BT-Drucks. 16/12278，S.6.

⑥　Für die Anwendbarkeit des Delegationsverbots daher Oetker in FS Säcker，S.443，455；Spindler in FS Uwe H. Schneider，S. 1287，1294 ff.；Spindler，MünchKomm. GmbHG，§ 52 Rn.360 m. w. N. Siehe zum Ganzen auch schon Hoffmann-Becking/Krieger，NZG 2009，Beil. zu Heft 26 Rn.77 f.("nicht zweifelsfrei").

⑦　Statt vieler Spindler，MünchKomm. GmbHG，§ 52 Rn.352；Ulmer/Habersack in Ulmer/Habersack/Henssler，Mitbestimmungsrecht，§ 31 MitbestG Rn.42.

⑧　Leinekugel/Heusel，GmbHR 2012，309，314.

条第 5 项规定的附属权利），只要章程或聘任决议未将该权利授予其他机构。《三分之一参与法》第 1 条第 1 款第 3 项第 2 句所援引的《股份法》第 112 条（监事会对公司的代理）此时被排除适用。[①]

（三）《一般平等待遇法》对经营管理层构成的影响

遵守《一般平等待遇法》中的**歧视禁令**对于经营管理层的合格组成日益具有重要作用。根据该法第 7 条结合第 1 条所列出的各类禁止歧视的规定，**年龄歧视**具有非常突出的实际意义（参见上文边码 343 关于股份有限公司的论述）。然而，《一般平等待遇法》对有限责任公司经理的适用引发一系列难题，因为在什么条件下经理应被视为该法第 6 条第 1 款第 1 项意义上的职工或者该条第 3 款意义上的机构成员，尚未得到完全澄清。在前一种情况下，该法是完全适用的，而在后一种情况下，则仅在就业和职业晋升方面有适用空间（《一般平等待遇法》第 6 条第 3 款）。　　1139

对于经理的**聘任、续聘**和**聘用合同**的签订，这个问题同样未得到解决。因为此时涉及《一般平等待遇法》第 6 条第 3 款意义上的就业，即使不将有限责任公司经理归为工人，该法也始终适用。[②]但这并不意味着以年龄为由对申请人的歧视当然违法；这仍然需要《一般平等待遇法》第 8、10 条意义上的实质性理由。[③]至少在给法定常规年龄限制附加最高年龄限制时，必须提出实质性理由（《一般平等待遇法》第 10 条第 3 句第 5 项）。[④]　　1140

相反，**通知终止聘用合同和解雇**不属于《一般平等待遇法》第 6 条第 3 款意义上的就业。[⑤]因此，在这方面《一般平等待遇法》的适用性取决于经理的职　　1141

---

① Lutter in Lutter/Hommelhoff, Komm. GmbHG, § 52 Rn. 77; Raiser/Heermann in Ulmer/Habersack/Winter, Komm. GmbHG, § 52 Rn. 104; Spindler, Münch-Komm. GmbHG, § 52 Rn. 352; Zöllner/Noack in Baumbach/Hueck, Komm. GmbHG, Rn. 250 i. V. m. Rn. 116.

② BGH v. 23.4.2012—II ZR 163/10, BGHZ 193, 10 = GmbHR 2012, 845; zuvor bereits Lutter, BB 2007, 725 ff.; kritisch—für Erstreckung des Anwendungsbereichs des § 6 Abs. 3 AGG nur auf das Anstellungs-, nicht aber auf das Bestellungsverhältnis—Bauer/Arnold, NZG 2012, 921, 922; Preis/Sagan, ZGR 2013, 26, 65 f.

③ Näher dazu BGH v. 23.4.2012—II ZR 163/10, BGHZ 193, 10 = GmbHR 2012, 845 Rn.41 ff.; Lutter, BB 2007, 725, 727 f.; Hohenstatt/Naber, ZIP 2012, 1989, 1993 ff.

④ Ganz h.M., etwa Bauer/Arnold, ZIP 2012, 597, 600; Lutter, BB 2007, 725, 727; Ziemons, KSzW 2013, 19, 26 f. m. w. N.; einschränkend in Bezug auf nicht sozialversicherungspflichtige Geschäftsführer aber Kort, WM 2013, 1049, 1053 f. Zur umstrittenen Frage der Zulässigkeit niedrigerer Altersgrenzen oben Rn.345.

⑤ BGH v. 23.4.2012—II ZR 163/10, BGHZ 193, 10 = GmbHR 2012, 845 Rn.21. Nach Schubert, ZIP 2013, 289, 291 ff. soll darin jedoch eine unzureichende Umsetzung der Gleichbehandlungsrichtlinien 2000/43/EG, 2000/78/EG und 2006/54/EG liegen.

工属性。根据欧洲法院的司法实践,一家资合公司的管理人员(无论依其国内公司的机构质量如何)均应被视为欧洲法意义下的雇员,只要他们是有偿提供劳动并依另一公司机构指示或在其监督下开展工作且可随时不受任何限制地辞去职务。①鉴于作为《一般平等待遇法》依据的反歧视指令,上述司法实践有其合理性。因此,在遵守指令进行解释的过程中,有限责任公司的经理应当被视为《一般平等待遇法》第 6 条第 1 款意义上的雇员,只要可以随时违背其意愿解除其职务。后者一般适用于不参股或仅在有限程度内参股一家非共同决定有限责任公司或实行三分之一共同决定的有限责任公司(边码 1134),②但不适用于实行数量均等共同决定的有限责任公司经理,因为根据《股份法》第 84 条第 3 款结合《共同决定法》第 31 条第 1 款其只能基于重大原因而被解聘(边码 1133)。③

(四) 组织权

1. 实行"数量均等共同决定"的有限责任公司

1142 《共同决定法》并未援引《股份法》第 77 条的规定。通说由此认为**议事规程(业务守则)的制定和业务分工均由股东大会**负责。④因此,无论是在聘任时还是在签订聘用合同⑤时,监事会均无权分配各经理的经营管理范围。这种观点所造成的结果是:只要章程未作出相应规定,监事会就无权任命董事长(执

---

① EuGH v. 11.11.2010—C-232/09, Slg. I-11405 = AG 2011, 165 Tz. 51(zur Mutterschutzrichtlinie 92/85/EWG).

② Für Anwendung des § 6 Abs. 1 AGG daher auch die überwiegende Ansicht; Bauer/Arnold, ZIP 2012, 597, 598 f.; Hohenstatt/Naber, ZIP 2012, 1989 f.; Kort, NZG 2013, 601, 607; Schubert, ZIP 2013, 289, 290 f.; jew. m.w.N.; a.A. Bauer/Göpfert/Krieger, Komm. AGG, § 6 Rn.35a; offen gelassen von BGH v. 23.4.2012—II ZR 163/10, BGHZ 193, 10 Tz. 17 = GmbHR 2012, 845.

③ Preis/Sagan, ZGR 2013, 26, 45. Aus diesem Grund werden auch Vorstandsmitglieder einer AG überwiegend nicht als Arbeitnehmer i.S. des § 6 Abs. 1 AGG angesehen; siehe Bauer/Arnold, ZIP 2012, 597, 598 f.; Hohenstatt/Naber, ZIP 2012, 1989, 1990; Kort, NZG 2013, 601, 606; jew. m.w.N.; a.A. Ziemons, KSzW 2013, 19, 20.

④ Paefgen in Ulmer/Habersack/Winter, Komm. GmbHG, § 35 Rn. 139; Uwe H. Schneider/Sven H. Schneider in Scholz, Komm. GmbHG, § 37 Rn. 73 f.; Raiser/Veil, Komm. MitbestG und DrittelbG, § 30 MitbestG Rn.13 f.; Hoffmann/Lehmann/Weinmann, Komm. MitbestG, § 30 Rn.27; Hoffmann/Preu, Der Aufsichtsrat, Rn.234; Ulmer/Habersack in Ulmer/Habersack/Henssler, Mitbestimmungsrecht, § 30 MitbestG Rn.21.

⑤ Paefgen in Ulmer/Habersack/Winter, Komm. GmbHG, § 35 Rn. 139; Ulmer/Habersack in Ulmer/Habersack/Henssler, Mitbestimmungsrecht, § 30 MitbestG Rn. 21; insoweit anders Koberski in Wlotzke/Wißmann/Koberski/Kleinsorge, Mitbestimmungsrecht, § 30 MitbestG Rn.43.

行总裁）。①

上述观点并非不存在任何问题：就像聘任与聘用合同的签订一样，聘任与 1143
业务分工同样是一个不可分割的整体。只有结合有关人员所要发挥的作用，
才能作出恰当的人事选择；如果监事会不能同时决定经理的职责范围，那么它
几乎无法履行其恰当聘任经理的职责。在拥有 2 000 名以上职工的公司
中——也就是我们现在所要论述的这类公司——人们恰恰希望寻找像工程
师、化学家、销售领导、市场专家、首席财务官（CFO）、税务专家这样一些拥有
专业知识的人员进行经营管理。因此，以下做法似乎更为切合实际：股东仅有
权对业务范围进行一般抽象地安排，之后则由监事会凭借其享有的聘任权将
这些业务范围分配给各个具体人员。②

上述想法通过《煤铁工业共同决定法》第 13 条及《共同决定法》第 33 条所 1144
规定的聘任一名职工董事的义务而得到确认。这是因为法律在这里强制性地
规定了一个确定的职权（责）范围并命令监事会将之分配给一个由其自由选出
的人员。股东大会不得对此进行干涉。③

基于上述原因，必须将股东大会所享有的颁布业务守则的权利视为一项 1145
仅具有优先性的、而不具有排他性的权利。股东大会可以颁布一套经理业务
守则（行为规范），而且——与《股份法》第 77 条第 2 款第 2 句的规定不同——
不仅限于对个别具体问题作出规定。但有时股东大会并未行使此项权利；在
这种情况下，监事会凭借其聘任权有权自行制定业务守则（行为规范）。④

此时，是否聘任一名董事长（执行总裁）的决定同样要首先留待股东大会 1146
作出：它可以要求或禁止聘任一名董事长（执行总裁）。若股东放弃对此作出
规定，则监事会可以自行决定；若股东要求聘任一名董事长（执行总裁），则其

---

① So Koppensteiner/Gruber in Rowedder/Schmidt-Leithoff, Komm. GmbHG, §37
Rn.44; Ulmer/Habersack in Ulmer/Habersack/Henssler, Mitbestimmungsrecht, §30 Mit-
bestG Rn.9; Hoffmann/Lehmann/Weinmann, Komm. MitbestG, §31 Rn.47; Werner in
FS Fischer, S.821, 826; Rittner, DB 1979, 973, 976; a.A. Zöllner/Noack in Baumbach/
Hueck, Komm. GmbHG, §37 Rn.30; Raiser/Heermann in Ulmer/Habersack/Winter,
Komm. GmbHG, §52 Rn.301; Koberski in Wlotzke/Wißmann/Koberski/Kleinsorge, Mit-
bestimmungsrecht, §30 MitbestG Rn.6; differenzierend Hoffmann/Preu, Der Aufsichtsrat,
Rn.219.

② Näher dazu Krieger, Personalentscheidungen, S.294.

③ 此项股东大会方面的业务分工权限制同样得到通说的承认；vgl. etwa Raiser/Veil,
Komm. MitbestG und DrittelbG, §30 MitbestG Rn.13 und Ulmer/Habersack in Ulmer/
Habersack/Henssler, Mitbestimmungsrecht, §30 MitbestG Rn.18。

④ Im Ergebnis ebenso Koberski in Wlotzke/Wißmann/Koberski/Kleinsorge, Mit-
bestimmungsrecht, §30 MitbestG Rn.40 und näher Krieger, Personalentscheidungen,
S.294 ff.; a.A. die h.M.(Nachw. in Rn.1142): subsidiäre Zuständigkeit der Geschäftsführer.

选聘仅由监事会负责。①

2. 根据《三分之一参与法》实行"三分之一共同决定"的有限责任公司

1147　　上述所有问题均不会出现在根据《三分之一参与法》实行"三分之一共同决定"的有限责任公司中：就此类有限责任公司而言，上述所有职责及职权均仅由股东大会承担及享有。

（五）公司全权代理人的聘任

1. 实行"数量均等共同决定"的有限责任公司

1148　　根据《有限责任公司法》第46条第7项，**股东有权聘任公司全权代理人以及（负责全部业务活动的）业务代理人**：他们仅作出内部决定即可，而对外的聘任行为则由经理负责实施。②共同决定方面的法律虽未明确作出不同规定，但大多数学者仍认为以下做法是自相矛盾的，即一方面剥夺股东大会的经理聘任权，而另一方面却保留它在经营管理层之下的人事政策方面的决定权。因此，此项决定权同样必须被赋予监事会（而根据其他学者的观点，此项权利必须被赋予经理）。③这种观点不应被赞同。至少在比如说公司全权代理人和业务代理人服从经理指示并接受其监督的情况下，股东享有的聘任此类人员的决定权充其量只会与监事会的经理聘任权发生轻微的"摩擦"，而并不会导致（对于目的性法律修正来说必不可少的）评价上的重大矛盾。④

1149　　只有当下级经营管理人员可以既不必接受经理的监督也无需服从其指示时，才可以作出不同的评判。然而，这与现行有限责任公司以及共同决定方面法律规范的基本思想相抵触：虽然股东能够对经理施加影响，但他们却无法对（其他经营管理）人员施加影响。⑤

2. 根据《三分之一参与法》实行"三分之一共同决定"的有限责任公司

1150　　上文边码1148、1149所作的论述同样适用于根据《三分之一参与法》实行"三分之一共同决定"的有限责任公司。

---

①　Näher Krieger, Personalentscheidungen, S.297 ff. m.w.N.

②　BGH v. 13.6.1984—VIII ZR 125/83, BGHZ 91, 334, 336 = GmbHR 1985, 79; Hüffer in Ulmer/Habersack/Winter, Komm. GmbHG, §46 Rn.84 m.w.N.; Uwe H. Schneiderin Scholz, Komm. GmbHG, §52 Rn.170; im Ergebnis ebenfalls für die Gesellschafterkompetenz Zöllner/Noack in Baumbach/Hueck, Komm. GmbHG, §46 Rn.52; Zöllner, ZGR 1977, 319, 326; Hommelhoff, ZGR 1978, 119, 137 Fn.44.

③　So u. a. für Aufsichtsratskompetenz: Koberski in Wlotzke/Wißmann/Koberski/Kleinsorge, Mitbestimmungsrecht, §25 MitbestG Rn.67; Naendrup, GK-MitbestG, §25 Rn.133; für Geschäftsführerkompetenz: Säcker, Anpassung von Satzungen, S.38.

④　Ausführlich zum Ganzen Krieger, Personalentscheidungen, S.299 ff. sowie Voraufl. Rn.945.

⑤　Näher Krieger, Personalentscheidungen, S.303 ff.

五、股东层面的参与

(一) 实行"数量均等共同决定"的有限责任公司

在根据《煤铁工业共同决定法》和《共同决定法》实行共同决定的有限责任公司中,如果重大经营管理决定要自始留待股东作出,而且股东有权对经理作出有约束力的指示,那么对以下问题进行讨论是很有意义的,即监事会是否以及在怎样的程度上有能力参与相关决定或对股东大会进行监督。

就这点而言,监事会并不享有**真正的共同决定权**。一方面,股东的决定不直接取决于监事会的参与;另一方面,监事会也不能通过使经理的经营管理措施受其同意的约束而对股东的决定施加间接影响。监事会既无权也无法从法律角度实施对股东大会的监督:在此类有限责任公司中,监事会和股东大会各自享有独立的权限;它们谁也不是对方的"上级"。也就是说,监事会**仅有义务对经理**①(只要业务的开展不是由股东大会通过指示促成的),而非股东大会(它甚至可能通过相应的指示决议亲自进行经营管理)进行**监督**(上文边码1120、1121)。

然而,如果共同决定方面的法律规范——通过援引《股份法》第118条第2款,第125条第3、4款——赋予监事要求参加股东大会会议的权利(以及要求提前获知议事日程和决议建议的权利)和与此相关联的发表个人观点的权利,那么此类法律规范即承认监事会享有(对经营管理施加)**顾问性影响**的权利。②此项权利同时是监事的义务:他们不仅必须参加股东大会会议,而且有义务随时为股东提供建议或意见。在此类有限责任公司中,顾问义务(即参加会议并提供咨询)同样涉及股东所实施的经营管理。

股东能否通过在股东大会之外作出的决议排除监事的上述参加权并借此**阻止监事会**对经营管理中的某些问题**施加影响**,是存在争议的。虽然我们无法推断出《共同决定法》中是否存在股东大会不得在会议之外作出决议的禁令,③但是《股份法》第118条第3款有意为监事提供的参加会议的可能性却引起这样

1151

1152

1153

1154

---

① Uwe H. Schneider in Scholz, Komm. GmbHG,§52 Rn.88;Uwe H. Schneider, BB 1981,249,252;vgl. auch Martens, AG 1982,113,117 und Kallmeyer, ZGR 1983,57,70 Fn. 55.

② Vgl. dazu und zur Frage eines Auskunfts- und eines Beschlussantragsrechts der Aufsichtsratsmitglieder in den Gesellschafterversammlungen einer GmbH Hommelhoff, ZGR 1978,119,147;Zöllner in FS Fischer, S.905,908 sowie Duden in FS Fischer, S.95,98.

③ Wohl einhellige Ansicht;siehe nur Ulmer/Habersack in Ulmer/Habersack/Henssler, Mitbestimmungsrecht,§25 MitbestG Rn.91a;Zöllner/Noack in Baumbach/Hueck, Komm. GmbHG,§48 Rn.29 m.w.N.;Zöllner in FS Fischer, S.905,915 ff.

的考虑,即如果股东打算在股东大会之外作出决议,那么他们必须在决议前将该情况告知监事会并给予其发表意见的机会。[1]如果此时无法使所有监事获得有关信息,那么股东至少有义务将有关情况告知监事会主席或其代表,从而使全体监事会获得发表意见的机会。[2]

(二) 根据《三分之一参与法》实行"三分之一共同决定"的有限责任公司

1155 在此类有限责任公司中不会出现上述问题;监事会**不享有对经营管理施加(人事方面)影响**的权利,因此它不能在股东大会层面插手此类问题。但根据《三分之一参与法》第 1 条第 1 款第 3 项第 2 句和《股份法》第 118 条第 3 款、第 125 条第 3、4 款,此类有限责任公司的监事会同样享有参加股东大会会议的权利。也就是说,它不仅有权要求及时获知此类会议的召开时间及议事日程,而且可以在会议上自行行使其发言权。除此之外,股东可以随时要求监事会提供建议。

六、监事会的内部组织

(一) 实行"数量均等共同决定"的有限责任公司

1156 关于监事会的内部组织,《共同决定法》第 25 条第 1 款第 1 项完整地援引了《股份法》的有关规定,特别是第 107 条及以下。因此读者可以首先参阅上文边码 651 及以下所作的论述。

当然,此时仍存在一些特别之处:

(1) *监事会中的主席职务由监事会在《共同决定法》第 27 条所规定的特别程序中(通过决议)作出决定。*[3]

(2) *决议能力不是根据《股份法》第 108 条第 2 款加以确定,而是由《共同决定法》第 28 条作出穷尽性规定。*

(3) *表决时首先适用多数原则(《共同决定法》第 29 条第 1 款)。* 若有关决议因"*僵局*"(赞成票和反对票票数均等)而未获得通过,则必须对有关事项进行第二轮表决。若仍未获得通过,则监事会主席为打破僵局享有二次投票权

---

① So Hommelhoff, ZGR 1978, 119, 148 f. Hüffer in Ulmer/Habersack/Winter, Komm. GmbHG, § 48 Rn. 58 f. m. w. N.; nachdrücklich a. A. Zöllner in Baumbach/Hueck, Komm. GmbHG, § 48 Rn. 29; Zöllner in FS Fischer, S. 905, 917 ff.; Säcker, NJW 1979, 1521, 1524; Ulmer/Habersack in Ulmer/Habersack/Henssler, Mitbestimmungsrecht, § 25 MitbestG Rn. 91a, je mit zahlreichen weiteren Nachw.

② Für ein eigenes Berichtsrecht des Aufsichtsrats gegenüber der Gesellschafterversammlung Uwe H. Schneider in Scholz, Komm. GmbHG, § 52 Rn. 89, 120 f.

③ Näher dazu Ulmer/Habersack in Ulmer/Habersack/Henssler, Mitbestimmungsrecht, § 27 MitbestG Rn. 3 ff.; Raiser/Veil, Komm. MitbestG und DrittelbG, § 27 MitbestG Rn. 5 ff.

（《共同决定法》第 29 条第 2 款规定的双重表决权）。①

（二）根据《三分之一参与法》实行"三分之一共同决定"的有限责任公司

在实行"三分之一共同决定"的有限责任公司中，《股份法》的有关规定同样适用，《三分之一参与法》第 1 条第 1 款第 3 项第 2 句。　　1157

七、单个监事的权利与义务

就所有实行共同决定的有限责任公司而言，单个监事的权利与义务与在股份有限公司中没有任何不同。特别是此时同样适用**平等对待原则**。监事的报酬由章程作出一般性规定或者由股东大会通过特别决议加以确定；《**股份法》第 113 条**是可适用的。此外，监事同样只有在有限的范围内②并经全体监事会的同意才能接受有偿的额外公司事务；《**股份法》第 114 条**同样是可适用的。③相反，关于《股份法》第 115 条以及其中针对向监事提供贷款的严格规定（边码 87）并非如此：该条款仅适用于实行数量均等共同决定的有限责任公司，而不适用于实行三分之一共同决定的公司，因为《三分之一参与法》第 1 条第 1 款第 3 项第 2 句（正如 1952 年的《企业组织法》第 77 条第 1 款）未援引该条款。由于这属于一项异常的交易，所以即使在实行三分之一共同决定的公司中经理也不得擅自为监事提供贷款，而必须取得股东的同意（《有限责任公司法》第 49 条第 2 款）。④　　1158

八、《共同决定法》第 32 条规定的股东监事的特别指示权

如果一家实行"数量均等共同决定"的有限责任公司（A 公司）持有另一家　　1159

---

① Zum Ganzen vgl. Ulmer/Habersack in Ulmer/Habersack/Henssler, Mitbestimmungsrecht, §29 MitbestG Rn. 9 ff.; Raiser/Veil, Komm. MitbestG und DrittelbG, §29 MitbestG Rn. 8 ff., jeweils m. w. N.

② Vgl. BGH v. 3.7.2006—II ZR 151/04, ZIP 2006, 1529 = AG 2006, 667; BGH v. 20.11.2006—II ZR 279/05, ZIP 2007, 22 = AG 2007, 80; BGH v. 2.4.2007—II ZR 325/05, ZIP 2007, 1185 = AG 2007, 484; BGH v. 10.7.2012—II ZR 48/11, ZIP 2012, 1807 = AG 2012, 712(Fresenius). Siehe oben Rn. 858 ff.

③ Ungeachtet der starken Position der Gesellschafterversammlung in der GmbH kann die nach §114 AktG erforderliche Zustimmung des Aufsichtsrats in der mitbestimmten GmbH nicht durch eine Zustimmung der Gesellschafterversammlung ersetzt werden, da sonst der mitbestimmungsrechtliche Gehalt der Verweisung auf §114 AktG unterlaufen würde; siehe dazu Scheuffele/Baumgartner, GmbHR 2010, 400, 405; Lutter in FS H. P. Westermann, S. 1171, 1177; Spindler, MünchKomm. GmbHG, §52 Rn. 232 m. w. N.

④ Für Zustimmungserfordernis auch Raiser/Heermann in Ulmer/Habersack/Winter, Komm. GmbHG, §52 Rn. 255(allerdings ohne Bezugnahme auf §49 Abs. 2 GmbHG); a. A. Uwe H. Schneider in Scholz, Komm. GmbHG, §52 Rn. 375.

同样实行此类共同决定的股份有限公司或有限责任公司(B公司)25％以上的股份,那么A公司的股东监事就B公司的某些重大决策享有一项针对本公司经理的有约束力的指示权(《共同决定法》第32条)。

此项特别指示权与股东大会的一般指示权之间的关系是怎样的,目前尚不明确。一种观点认为这两者之间不存在等级关系,更确切地说这种观点认为有必要对这两项指示权加以协调并使之互相配合。根据该观点,股东监事不仅要例外地服从股东的指示,而且有义务将这些指示"转化为"《共同决定法》第32条意义上的决议。①这种观点将遭到反驳:在股东被普遍赋予有关权利的范围内,《共同决定法》第32条并不妨碍他们自行作出决定并对代理机构进行指示。僵化地遵循《共同决定法》第32条将陷于过分的形式主义中。其实,《共同决定法》第32条的目的,即抵制共同决定的累积,②同样可以通过股东的一项直接决定而实现,而且这样做还可以维护法定的权限秩序。因此,一般指示权优先于《共同决定法》第32条所规定的特别指示权。③

九、监事的责任

(一) 监事对公司所负的责任(内部责任)

1160　　如果实行共同决定的监事会的成员(无论是股东还是职工代表)违反了对有限责任公司的义务,那么他们有义务按照**《股份法》第113、93条**的规定向公司承担损害赔偿义务。共同决定法层面的规范(《共同决定法》第25条第1款第1句第2项、《三分之一参与法》第1条第1款第3项第2句)完全适用于《股份法》第116条,也因此适用于第93条(除第2款第3句之外)。④在法律为选设监事会制定不同规定的情况下,这一点是值得注意的:《有限责任公司法》第52条第1款仅仅明确援引了《股份法》第116条结合第93条第1款和第2款第1、2句,而未援引《股份法》第93条第3款至第6款。

1161　　由于《股份法》第116、93条可以得到相应适用,因此在责任形式方面在很大程度上可以参考关于股份有限公司所作的论述(边码981及以下)。在这种情况下,监事的每一个可能给公司造成损害的**有过错的义务违反**,原则上均将

---

① Ulmer/Habersack in Ulmer/Habersack/Henssler, Mitbestimmungsrecht, §32 MitbestG Rn.21.

② Raiser/Veil, Komm. MitbestG und DrittelbG, §32 MitbestG Rn.1.

③ Raiser/Veil, Komm. MitbestG und DrittelbG, §32 MitbestG Rn.27; Uwe H. Schneider in GK-MitbestG, §32 Rn.35; tendenziell auch Koberski in Wlotzke/Wißmann/Koberski/Kleinsorge, Mitbestimmungsrecht, §32 MitbestG Rn.14.

④ Siehe dazu Rn.1172(kein notwendiger Selbstbehalt bei D&O-Versicherung).

导致其承担责任。①正如在股份有限公司中一样，由于**举证责任倒置**（《股份法》第116条、第93条第2款第2句），监事无需证明其未违反义务或没有过错，而只要公司主张其所受损害至少可能由监事违反义务之行为导致即可（边码1018）。

然而，对股份法规范的援引并不免除法律适用者考虑到有限责任公司的**法定形式特征**。与股份有限公司的法律状况相比，这些变化尚未得到充分澄清。

1162

在有限责任公司中，《股份法》第116条结合第93条第3款中特别强调的对《股份法》特定条款的各种基本违反情况，应当与有限责任公司法律规范中具有相似概念的规定相关联。②因此，与《股份法》第57条相违背的返还出资行为（《股份法》第93条第3款第1项）与违反《有限责任公司法》第33条的行为相对应，而违反《股份法》第71条的回购公司股票行为（《股份法》第93条第3款第3项）则与违背《有限责任公司法》第33条的行为相对应，等等。

1163

根据并非无可争议的通说观点，《股份法》第116条、第93条第3款第6项所规定的内容广泛的责任同样可以得到适用。③根据这些规则，如果监事**在出现破产情形后**（如支付不能或资不抵债，《破产法》第17、19条），有过错地属于阻止经理进行被禁止的**支付行为**，那么该监事将承担相应责任。与《股份法》第93条第3款第6项所提及的第92条第2款第1句意义上的支付禁止相对应，此时在有限责任公司中适用《有限责任公司法》第6条第1句的平行规定。此项责任就是如此：通说认为其相较于《股份法》第116条、第93条第2款的普通赔偿责任更为宽泛，因为即使监事未予阻止的支付行为并未给破产公司造成损害，而只是减少了破产财产（例如偿还债务），该监事仍然需要承担

1164

---

① Dies gilt auch, wenn die Aufsichtsratsmitglieder (nahezu) unentgeltlich tätig werden. Die vereinsrechtliche Haftungsprivilegierung des § 31a BGB ist nach zutreffender h. M. nicht analog anwendbar; siehe Verse in Hensseler/Strohn, Komm. Gesellschaftsrecht, § 13 GmbHG Rn.2; E. Vetter, GmbHR 2012, 181, 187; jew. m.w.N.

② Näher dazu etwa Spindler, MünchKomm. GmbHG, § 52 Rn.613; Zöllner/Noack in Baumbach/Hueck, Komm. GmbHG, § 52 Rn.209.

③ Habersack, JZ 2011, 1191, 1192 a. E.; Raiser/Heermann in Ulmer/Habersack/Winter, Komm. GmbHG, Erg.-Band MoMiG, § 52 Rn. 28; Schürnbrand, NZG 2010, 1207, 1209 f.; Spindler, MünchKomm. GmbHG, § 52 Rn.613; Weller, GWR 2010, 541, 543; wohl auch(obiter) BGH v. 20.9.2010—II ZR 78/09, BGHZ 187, 60 = GmbHR 2010, 1200 Tz. 21(Doberlug); z.T. abweichend Kiefner/Langen, NJW 2011, 192, 195; Anwendung nur auf den paritätisch mitbestimmten, nicht den drittelmitbestimmten GmbH-Aufsichtsrat(teleologische Reduktion); kritisch auch Noack in FS Goette, S.345, 353 f.; Zöllner/Noack in Baumbach/Hueck, Komm. GmbHG, § 52 Rn.209.

责任。这暴露出在**有限责任公司的必设监事会和选设监事会之间存在**相当大的**责任缺口**。针对选设监事会,联邦最高法院仅支持《股份法》第 116 条、第 93 条第 2 款上的赔偿责任,因为《有限责任公司法》第 52 条第 1 款援引前述两项条款,而未援引该法第 93 条第 3 款。[①]

1165   鉴于股东会的综合权力,《**股份法**》第 116 条结合**第 93 条第 4 款第 1 句**在有限责任公司中得到适用的重要性要高于股份有限公司。据此,经理和对其实施监督的监事均不得因遵守**股东**对经理的常规约束性**指示**而造成的损害而承担责任。[②]

1166   根据通说,《**股份法**》第 116 条结合**第 93 条第 4 款第 3 句**同样应得到相应适用。[③]据此,只有在损害赔偿请求权产生已经过三年、得到股东会同意且没有至少持有 10% 以上股本的少数派股东提出异议时,才允许放弃此项请求权(例外情况是《股份法》第 93 条第 4 款第 4 句)。[④]然而,这些限制条件却导致了奇怪的结果,即监事责任的放弃要满足比经理责任更为严格的要求。[⑤]不过,与第《有限责任公司法》第 52 条第 1 款相反,上述规定在很大程度上体现了立法者有意识的决策。[⑥]

1167   关于监事责任是否已经可以通过公司章程或其他协议的条款事先得到减轻(例如限制重大过失责任或缩短《股份法》第 93 条第 6 款规定的五年时效期

① BGH v. 20.9.2010—II ZR 78/09, BGHZ 187, 60 = GmbHR 2010, 1200 (Doberlug); im Schrifttum sehr str., siehe dazu noch unten Rn.1231.

② Näher dazu Spindler, MünchKomm. GmbHG, § 52 Rn.614.

③ Raiser/Heermann in Ulmer/Habersack/Winter, Komm. GmbHG, § 52 Rn.264, 307; Henssler in Henssler/Strohn, Komm. Gesellschaftsrecht, § 52 GmbHG Rn.35; Lutter in Lutter/Hommelhoff, Komm. GmbHG, § 52 Rn.63; Rieble in Bork/Schäfer, Komm. GmbHG, § 52 Rn.120; Spindler, MünchKomm. GmbHG, § 52 Rn.615; Zöllner/Noack in Baumbach/Hueck, Komm. GmbHG, § 52 Rn.210; a.A. Uwe H. Schneider in Scholz, Komm. GmbHG, § 52 Rn.524 (allerdings ohne Unterscheidung nach obligatorischem und fakultativem Aufsichtsrat).

④ Auch eine innerhalb der Dreijahresfrist erteilte Entlastung hat somit (anders als beim fakultativen Aufsichtsrat) keine haftungsbefreiende Wirkung; Lutter in Lutter/Hommelhoff, Komm. GmbHG, § 52 Rn.64.

⑤ Auf Ansprüche gegen die Geschäftsführer kann in den Grenzen des § 43 Abs. 3 GmbHG auch schon vor Ablauf der Dreijahresfrist und gegen den Willen der Minderheitsgesellschafter verzichtet werden; statt aller Fleischer, MünchKomm. GmbHG, § 43 Rn.281; Uwe H. Schneider in Scholz, GmbHG, § 43 Rn.264.

⑥ Siehe etwa Raiser/Heermann in Ulmer/Habersack/Winter, Komm. GmbHG, § 52 Rn.264, 307; Zöllner/Noack in Baumbach/Hueck, Komm. GmbHG, § 52 Rn.210: „als klare gesetzliche Anordnung zu respektieren".

限），也出现了类似的不一致之处。主流观点认为监事责任是**强制性的**，[①]这与股份公司所处的法律地位相符。[②]如果遵循通说认为可以适用《股份法》第93条第4款第3句的豁免限制（边码1166），那么强制性责任的假设就是实事求是的。但在这方面，对待监事要比对待经理更为严格；对于后者，责任减轻的可行性现在已被普遍接受。[③]

在章程作出不同规定时，向监事**主张**损害赔偿请求权由股东会作出决定   1168
（类推适用《有限责任公司法》第46条第8项）。[④]在违反义务未主张损害赔偿请求权的情况下，股东也可以通过股东之诉的方式行使此项请求权。[⑤]股东的债权人只能在《股份法》第93条第5款的严格条件下直接主张此项请求权；[⑥]此外，债权人还可以间接主张扣押和公司的赔偿请求权的移转。

（二）监事对第三人所负的责任（外部责任）

与在股份有限公司中的情况相同，《股份法》第116、93条的相应适用仅创   1169
设了监事对公司的内部责任。监事对股东、债权人或第三人的责任（**外部责任**）只能基于其他请求权基础而产生，主要是基于侵权**请求权**（《民法典》第823条）。然而此类责任很少能够成立，可以参阅就股份有限公司所作的论述（边码1027及以下）的相应解释。

特别重要的是对公司债权人的**迟延破产责任**（《民法典》第823条第2款   1170
结合《破产法》第15a条），此项责任与《有限责任公司法》第64条第1句的破产法上的支付禁止同步产生。虽然依《破产法》第15a条第1款应由代表机关

---

① Lutter in Lutter/Hommelhoff, Komm. GmbHG, §52 Rn.63; Spindler, Münch-Komm. GmbHG, §52 Rn.555; Raiser/Heermann in Ulmer/Habersack/Winter, Komm. GmbHG, §52 Rn.256, 307; a.A. Altmeppen, ZIP 2010, 1973, 1978; Uwe H. Schneider in Scholz, Komm. GmbHG, §52 Rn.524.

② Siehe nur Habersack, MünchKomm. AktG, §116 Rn.4 m.w.N.

③ BGH v. 16.9.2002—II ZR 107/01, GmbHR 2002, 1197; eingehend Fleischer, MünchKomm. GmbHG, §43 Rn.299 ff. m.w.N.

④ Für analoge Anwendbarkeit des §46 Nr.8 GmbHG auch K. Schmidt in Scholz, Komm. GmbHG, §46 Rn.146; Wicke, Komm. GmbHG, §46 Rn.19 a.E.; Zöllner in Baumbach/Hueck, Komm. GmbHG, §46 Rn.59 m.w.N.; abw. Spindler, MünchKomm. GmbHG, §52 Rn.557.

⑤ Nach vordringender und heute wohl herrschender Ansicht erstreckt sich der Anwendungsbereich der actio pro socio nicht nur auf Ansprüche der Gesellschaft gegen ihre Gesellschafter, sondern auch auf Ansprüche gegen ihre Organwalter; siehe K. Schmidt in Scholz, Komm. GmbHG, §46 Rn.161; Verse in Henssler/Strohn, Komm. Gesellschaftsrecht, §14 GmbHG Rn.124; Verse in FS Uwe H. Schneider, S.1325, 1333 f. m.w.N.

⑥ Raiser/Heermann in Ulmer/Habersack/Winter, Komm. GmbHG, §52 Rn.265, 307; Zöllner/Noack in Baumbach/Hueck, Komm. GmbHG, §52 Rn.210; a.A.—kein Verfolgungsrecht—Spindler, MünchKomm. GmbHG, §52 Rn.621.

提交破产申请,有限责任公司中由经理提交,但是监事会要监督经理履行此项义务的具体情况。若监事确信公司已具备破产条件(《破产法》第17条,第19条),则其必须敦促经理及时提交破产申请。[1]如果经理未及时提交申请,那么实行数量均等共同决定的监事会必须解雇该经理。实行三分之一共同决定的监事会不享有自行解聘经理的权力,所以必须召开股东会并告知其公司目前已具备破产条件。[2]如果监事在已知悉公司具备破产条件的情况下仍未及时提出上述要求,那么其作为辅助人(《民法典》第830条第2款)也应为迟延破产承担责任。[3]

1171   如果公司例外地处于**无领导**的状态,即无经理任职(《有限责任公司法》第35条第1款第2句,《破产法》第10条第2款第2句),例如因为现任经理已经辞职而尚未任命新的经理,那么依《破产法》第15a条第3款,与股份有限公司中由监事承担破产申请义务不同,此时由股东负责提交破产申请。由于股东负责任命经理,因此这一规定对于设立选设监事会或实行三分之一共同决定监事会的有限责任公司是显而易见的。然而,对于实行数量均等共同决定的有限责任公司而言,监事会享有的聘任权(《共同决定法》第31条)实际上证明提交申请的义务必须由监事承担,这一点与股份有限公司中的情况相似。[4]然而《破产法》第15a条第3款的措词没有修正的余地:不存在未虑及的法律漏洞,因为立法者借助实证调研掌握了设有监事会的有限责任公司和情况,进而拒绝承认替补权限的存在。[5]但是,股东的破产申请义务并不免除监事所负的督促股东及时提交破产申请或重新聘任经理的义务。

(三)董监事及高级管理人员责任保险

1172   为了转嫁责任风险,**此类保险被越来越多的有限责任公司所采用**,在公司设有监事会的情况下,此类保险通常将经理和监事作为被保险人。与股份有限公司的情况相同,监事的自留额予以约定,因为《股份法》第116条并未援引第93条第2款第3句。可以参阅上文就股份有限公司所作的论述(边码1033

---

[1]   BGH v. 16.3.2009—II ZR 280/07, GmbHR 2009, 654 Tz. 15(zur AG).

[2]   Haas in Baumbach/Hueck, Komm. GmbHG, §64 Rn.174d; Strohn, NZG 2011, 1161, 1163.

[3]   Näher dazu Strohn, NZG 2011, 1161, 1163.

[4]   So denn auch Haas in Baumbach/Hueck, Komm. GmbHG, §64 Rn.169; Habersack, JZ 2010, 1191, 1192; Thiessen, ZGR 2011, 275, 289.

[5]   Vgl. Rechtsausschuss, BT-Drucks. 16/9737, S.56; wie hier Altmeppen in Roth/Altmeppen, Komm. GmbHG, Vor §64 Rn. 64; Casper in Ulmer/Habersack/Henssler, Komm. GmbHG, Erg.-Band MoMiG, §64 Rn. 176; Schmidt-Leithoff/Baumert in Rowedder/Schmidt-Leithoff, Komm. GmbHG, §64 Rn.72.

及以下）。

■ 第五节　上市有限责任公司的特殊之处

根据《决算审计人员指令》第41条第1和第2款，[1]欧盟成员国必须要求 1173
上市公司设立**审计委员会**，负责对财会、审计和内部控制以及风险管理体系实
施监督。此外，监事会选聘审计人员的建议必须以审计委员会的推荐为基础
（第41条第3款）。依指令的要求，该委员会中至少有一名成员必须处于**独立
地位**并具备会计或审计领域的**专业知识**。但是，作为设立审计委员会的替代
办法，该指令还允许另一个监督机构行使审计委员会的职责（第41条第5
款）；这正是指（全体）**监事会**。[2]

德国立法者通过《企业会计现代化法》，特别是引入《股份法》第100条第5 1174
款、第107条第3款第2句、第124条第3款第2句的规定，满足了上述要求。
据此，在上市公司中，若监事会决定设立审计委员会，则监事会（第100条第5
款）或委员会（第107条第3款第2句、第4款）至少有一个成员必须是独立的
（边码26）并具备会计或审计方面的专业知识（边码757）。在股份有限公司
中，如果监事会已设立审计委员会，那么监事会选聘审计人员的建议也必须以
审计委员会的推荐为基础（《股份法》第124条第3款第2句）。通过共同决定
法律规范的援引，上述规则**也适用于实行共同确定的有限责任公司**（《共同决
定法》第6条第2款、第25条第1款第2项、《三分之一参与法》第1条第1款
第3项第2句），[3]只要相关公司属于是**上市公司**。根据《商法典》第264d条，
上市公司包括在有组织市场上发行债券或其他证券（例如分红证）的公司（《有
价证券交易法》第2条第5款），或者已申请在有组织市场上进行交易许可的

---

① Richtlinie 2006/43/EG vom 17.5.2006，ABl. EU Nr. L 157 vom 9.6.2006，S.87.

② Habersack，AG 2008，98，100 f.；Habersack/Verse，Europäisches Gesell-schaftsrecht，§9 Rn.72.

③ Diese Vorschriften verweisen zwar im Unterschied zu §52 Abs. 1 GmbHG explizit nur auf §§100 Abs. 5, 107 Abs. 4 AktG und nicht auf §124 Abs. 3 Satz 2 AktG. Dies beruht aber ersichtlich auf einem Redaktionsversehen, das mit Blick auf Art. 41 Abs. 3 Abschlussprüfer-Richtlinie im Wege richtlinienkonformer Auslegung zu korrigieren ist; Braun/Louven, GmbHR 2009, 965, 969; Gernoth, NZG 2010, 292, 295; Spindler, MünchKomm. GmbHG, §52 Rn.275. Allerdings kommt §124 Abs. 3 Satz 2 AktG in der GmbH nur zum Tragen, wenn der Aufsichtsrat überhaupt einen Wahlvorschlag unterbreitet (was ihm freisteht, da weder in den Mitbestimmungsgesetzen noch in §52 Abs. 1 GmbHG auf §124 Abs. 3 Satz 1 AktG verwiesen wird; Spindler, MünchKomm. GmbHG, §52 Rn. 275).

公司。

1175　　　若一家有限责任公司属于《商法典》第 264d 条的上市公司且**未设立监事会**（必设和选设均未设立），则其须遵守**《商法典》第 324 条**的兜底规则。根据该规则，上市有限责任公司虽然不是必须设立监事会，但若其放弃设立监事会，则必须设立**审计委员会**，该委员会必须拥有一位《商法典》第 100 条第 5 款意义是的独立且专业的成员。该审计委员会不属于监事会的下属委员会，而是上市有限责任公司的一个**独立机构**。①

　　　边码 1176—1180 暂时空置。

---

①　Habersack/Schürnbrand, Großkomm. HGB，§ 324 Rn.13.

第十六章
有限责任公司的选设监事会

■ 第一节 概述

所有股份有限公司均必须设有监事会,只是监事的数量及其组成因公司规模、职工数量和经营领域的不同而不同。**在有限责任公司中**,原则上不存在作为必设机构的监事会。有限责任公司**只有在例外情况下**——即使与今天有限责任公司已超过一百万家[①]这一庞大数字相比,设立监事会的有限责任公司也仍然属于例外——**监事会才由特别法予以规定**:一方面,必须拥有 500 名以上职工的公司,根据共同决定方面的法律规范(《三分之一参与法》《共同决定法》《煤铁工业共同决定法》《共同决定补充法》);另一方面,针对《资本投资法典》规定的公开资本管理公司(第 18 条第 2 款)。[②]

在此背景下,《有限责任公司法》第 52 条**允许**不实行共同决定且不适用《资本投资法典》第 18 条第 2 款的**有限责任公司设立选设监事会**。法律不仅允许此类公司设立监事会,而且允许他们对此作出个性化的安排:《股份法》《三分之一参与法》《共同决定法》《煤铁工业共同决定法》《共同决定补充法》以及《资本投资法典》意义上的必设监事会的权利与义务在法律上已被确定下来,然而根据《有限责任公司法》第 52 条,选设监事会的权利与义务却**几乎可以被任意加以安排**(《有限责任公司法》第 52 条第 1 款前半句)。只有当有关有限责任公司的章程未利用这个机会对监事会进行个性化安排时,《有限责任公司法》第 52 条才援引《股份法》中的相关规定:就《三分之一参与法》意义上的必设监事会所作的论述在很多程度上同样适用于选设监事会,但这仅涉及监事会的权利与义务,而非其组成。

1181

1182

---

① Vgl. die Erhebung von Kornblum, GmbHR 2013, 693: 1 098 222 GmbHs(incl. 78 680 UG)(Stand: 1.1.2013).

② Siehe dazu im Einzelnen schon oben unter §15(Rn.1091 ff.).

■ 第二节 选设监事会的设立及规则

一、通过章程设立

1183 设立选设监事会的依据仅存在于有关有限责任公司的**章程之中**。一项简单的股东决议或者债法层面的协议并不足以创设设立依据①。但此类章程规定可以通过修改章程而被事后引入。②

二、章程的设计

1184 章程可以仅规定本公司应设立监事会。若章程未作出进一步规定,则上文(边码1091及以下)就《三分之一参与法》意义上的必设监事会的权利与义务所作的论述基本适用于此类选设监事会;这是因为《有限责任公司法》第52条和《三分之一参与法》第1条第1款第3项第2句所援引的《股份法》中的规定在很大程度上③是相同的。

1185 此外,章程可以作出若干个别规定。若章程作出此类规定,则此时只有极少数《股份法》上具有法律约束力的原则可以得到继续适用。这些原则将在下文被分别加以论述。

三、选设监事会的组成

1186 首先,章程可以任意规定**监事的数量**。三到五名成员是比较常见的。然而根据通说,仅拥有一名成员的监事会应当也是被允许的。④这种观点存在问题,因为就像《有限责任公司法》第52条所表明的那样,一般来说监事会是一个合议机构。⑤因此,人们不应将上述这样的(只有一名成员的)机构称为监事会,而应将之称为(股东大会的)代表(又称受托人)或者充其量将其称为咨询委员会:这是因为股东大会至少可以将它所享有的权限——例如对经营管理

---

① Allgemeine Ansicht, siehe nur Spindler, MünchKomm. GmbHG, §52 Rn.34 f. m. w.N.

② Statt aller Lutter in Lutter/Hommelhoff, Komm. GmbHG, §52 Rn.4; Potthoff/Trescher/Theisen, Das Aufsichtsratsmitglied, Rn.52.

③ Aber nicht durchweg; siehe insbesondere zur Haftung der Aufsichtsratsmitglieder unten Rn.1229 ff.

④ RGZ 82, 386; Uwe H. Schneider in Scholz, Komm. GmbHG, §52 Rn.208; Zöllner/Noack in Baumbach/Hueck, Komm. GmbHG, §52 Rn.32; Raiser/Heermann in Ulmer/Habersack/Winter, Komm. GmbHG, §52 Rn.28; Rieble in Bork/Schäfer, Komm. GmbHG, §52 Rn.92; Simon, GmbHR 1999, 258.

⑤ Ähnlich schon RGZ 146, 145, 151: der Aufsichtsrat als Kollegium; zweifelnd auch Geßler, GmbHR 1974, 202, 205; Lutter in Lutter/Hommelhoff, Komm. GmbHG, §52 Rn.5.

进行监督的权利——部分地分配给某一个个人。①

若章程未对监事的数量作出规定，则根据《有限责任公司法》第 52 条第 1 款《股份法》第 95 条第 1 句的规定得到适用。据此监事会由**三名成员**组成。但此时须仔细审查章程可否被作如下解释，即成员数量的确定仍然属于聘任行为的范畴。在这种情况下，股东大会也可以聘任更多的监事。②

1187

若章程未就选举方式作出相关规定，则监事由股东大会以**简单多数选出**《有限责任公司法》第 47 条第 1 款）。

1188

此外，章程经常作出这样一些规定，这些规定赋予一名或多名股东一项**要求获得监事资格的章程权利**或者给予他们直接将自己或某一第三人聘任为监事的权利（所谓的派遣权）。不过，同样可能出现这样一种情况，即有关的股东（仅）有权将自己或他人提名为监事候选人，这样一来股东大会就**有义务**将他们选入监事会（只有不存在反对将有关人员选举为监事的重大原因）。③

1189

章程也可以将相同的权利赋予某一**股东集团**（例如某一家族的成员）。

1190

四、个人前提条件

监事必须是**自然人**且**具有完全行为能力**（《有限责任公司法》第 52 条第 1 款结合《股份法》第 100 条第 1 款）：这是违背章程自由原则的（《有限责任公司法》第 52 条第 1 款后半句），而且根据较有说服力的观点，该前提条件是绝对必要的（不容商讨的）。④经营管理层成员资格与监事资格的互不相容性同样是一个绝对必要的前提条件（《股份法》第 105 条第 1 款）：没有人能够在德国的监事会制度中进行自我监督。⑤此外，由于《有限责任公司法》第 52 条明确援引

1191

---

① Vgl. z.B. OLG Frankfurt v. 28.4.1981—20 W 795/80，DB 1981，2487 = AG 1981，230；zu den Grenzen der Delegation vgl. K. Schmidt in Scholz，Komm. GmbHG，§ 45 Rn.13.

② Spindler，MünchKomm. GmbHG，§ 52 Rn.79；generell für diese Möglichkeit Lutter in Lutter/Hommelhoff，Komm. GmbHG，§ 52 Rn.5.

③ Vgl. OLG Hamm v. 8.7.1985—8 U 295/83，ZIP 1986，1188 mit Anm. Lutter，ZIP 1986，1195 ff. zum Recht auf Geschäftsführung.

④ Lutter in Lutter/Hommelhoff，Komm. GmbHG，§ 52 Rn.11；Raiser/Heermann in Ulmer/Habersack/Winter，Komm. GmbHG，§ 52 Rn.30；Koppensteiner/Schnorbus in Rowedder/Schmidt-Leithoff，Komm. GmbHG，§ 52 Rn.12；a.A. aber Uwe H. Schneider in Scholz，Komm. GmbHG，§ 52 Rn.254；Spindler，MünchKomm. GmbHG，§ 52 Rn.124；Zöllner/Noack in Baumbach/Hueck，Komm. GmbHG，§ 52 Rn.34.

⑤ OLG Frankfurt a.M. v. 21.11.1986—20 W 247/86，DB 1987，85；Lutter in Lutter/Hommelhoff，Komm. GmbHG，§ 52 Rn.11；Spindler，MünchKomm. GmbHG，§ 52 Rn.126；Zöllner/Noack in Baumbach/Hueck，Komm. GmbHG，§ 52 Rn.28 und 39；Müller，Beck'sches Hdb. GmbH，§ 6 Rn.31；a.A. aber Großfeld/Brondics，AG 1987，293，299 f.；Uwe H. Schneider in Scholz，Komm. GmbHG，§ 52 Rn.256；Raiser/Heermann in Ulmer/Habersack/Winter，Komm. GmbHG，§ 52 Rn.36（unter Hinweis auf die Aufweichung der Funktionstrennung in der monistischen SE）.

了《股份法》第 100 条第 2 款第 1 句第 2 项的规定，因此根据该条款，担任本公司附属企业经理或董事的人不得担任本公司的监事。①此外，在上市有限责任公司（《商法典》第 264d 条）中，必须至少有一位独立的监事具有财会方面的专业知识（《股份法》第 100 条第 5 款，参见边码 1234、1235）。

1192 上述所有规则并不妨碍章程创设一个**顾问**委员会（本公司或附属企业的经理同样可以成为该委员会的成员）。只是：此类委员会不再是一个负有监督义务的监事会，其完全无法履行监督义务（还请参见边码 1205 及以下）。

1193 只要章程未作出不同规定，《股份法》第 100 条第 2 款第 1 句第 1、3 项、第 3 句所规定的以下两种限制在这里就不适用：（1）不得同时担任十个以上的监事职务（且根据《企业控制及透明度法》，监事会主席职务要被重复计算）；（2）禁止所谓的"链锁董事会"（美国公司中的董事兼任其他企业的董事，以便协调经营管理）。②

1194 再者，**章程**还可以任意规定其他**附加要求**，例如职业经验、家庭或宗族成员资格，等等。章程同样可以规定**特定数量的公司职工必须被选入监事会**③或者比如说企业参决会的主席凭借其职务成为监事会成员。

1195 对法定个人前提条件的**违反**（边码 1191）将导致选聘的无效（类推适用《股份法》第 250 条第 1 款第 4 项），④而对章程提出的附加要求的违反则使相关选聘可撤销（类推适用《股份法》第 251 条第 1 款第 1 句）。⑤成功的撤销将导致选聘无效（类推适用《股份法》第 250 条第 1 款、第 241 条第 5 项），而且根据联邦最高法院的司法实践将导致相关监事在涉及监事会决议时被作为

---

① Zöllner/Noack in Baumbach/Hueck, Komm. GmbHG, § 52 Rn. 36 m. w. N.; a. A. Uwe H. Schneider in Scholz, Komm. GmbHG, § 52 Rn. 260, wonach diese Regel im Konzern und bei bestehender Abhängigkeitslage für den fakultativen Aufsichtsrat abdingbar ist, so auch Raiser/Heermann in Ulmer/Habersack/Winter, Komm. GmbHG, § 52 Rn. 32.

② Ebenso Uwe H. Schneider in Scholz, Komm. GmbHG, § 52 Rn. 262; Zöllner/Noack in Baumbach/Hueck, Komm. GmbHG, § 52 Rn. 35 und 38; Hoffmann/Preu, Der Aufsichtsrat, Rn. 700. 3.

③ Lutter in Lutter/Hommelhoff, Komm. GmbHG, § 52 Rn. 11; Spindler, MünchKomm. GmbHG, § 52 Rn. 120; kritisch Schmidt-Leithoff in Rowedder/Schmidt-Leithoff, Komm. GmbHG, Einl. Rn. 249. Wer die Auswahl unter den Arbeitnehmern letztlich trifft, ist wiederum Sache der Satzung; diese kann die Gesellschafterversammlung verpflichten, drei Arbeitnehmer z. B. aus einer Liste des Betriebsrats zu wählen etc.

④ § 250 Abs. 1 Nr. 4 AktG ist auch auf Verstöße gegen § 105 Abs. 1 AktG entsprechend anwendbar; Habersack, MünchKomm. AktG, § 105 Rn. 19; Spindler, MünchKomm. GmbHG, § 52 Rn. 122.

⑤ Spindler, MünchKomm. GmbHG, § 52 Rn. 127.

非监事处理。①学术界的反对观点拥有很好的论据支撑,其认为在上述情况下应适用有错误的聘任关系理论且将相关监事视为(暂时)有效聘任的监事给予平等对待,②但很遗憾未被联邦最高法院采纳。③

五、年龄规定

在监事年龄方面,应遵守《一般平等待遇法》的相关规定。④依法定的指导形象行事的监事即使依更宽泛的欧洲法上的职工概念(边码 1141)也不能被视为职工,但由于监事属于《一般平等待遇法》第 6 条第 3 款意义上的机构成员,因此其聘任和续聘仍然须依照《一般平等待遇法》作出判断(但其解聘却并非如此,参见边码 1140、1141)——只要其凭借其在监事会中的工作获得报酬,否则将缺少《一般平等待遇法》意义上的"职业(行为)"。⑤若《一般平等待遇法》的适用范围被确立下来,则合理性未得到充分论证的年龄歧视应被禁止(《一般平等待遇法》第 7 条第 1 款结合第 1 条)且将导致相关人员损害赔偿请求权的产生(《一般平等待遇法》第 15 条)。

然而,《一般平等待遇法》的适用与确定监事的**最低年龄限制**并不矛盾(《一般平等待遇法》第 10 条第 3 句第 2 项)。30 岁到 35 岁之间的最低年龄一般被认为是比较合适的。⑥更加难以判断的是最高年龄限制。⑦若年龄上限与法定的退休年龄完全相同,则它同样是被允许的(《一般平等待遇法》第 10 条第 3 句第 5 项)。

1196

1197

---

① BGH v. 19.2.2013—II ZR 56/12, AG 2013, 387 Tz. 18 ff. unter Berufung insbes. auf E. Vetter, ZIP 2012, 701, 707 ff.; zu den Konsequenzen dieser Entscheidung näher Ch. Arnold/Gayk, DB 2013, 1830 ff. In Bezug auf Pflichten, Haftung und Vergütung soll dagegen auch nach Ansicht des BGH die Lehre vom fehlerhaften Bestellungsverhältnis zur Anwendung kommen; BGH v. 3.7.2006—II ZR 151/04, BGHZ 168, 188 = AG 2006, 667 Tz. 14; BGH v. 19.2.2013—II ZR 56/12, AG 2013, 387 Tz. 19.

② Bayer/Lieder, NZG 2012, 1, 6 f.; Habersack, MünchKomm. AktG, §101 Rn.70 ff.; Spindler, MünchKomm. GmbHG, §52 Rn.123, jew. m.w.N.; ferner die Schrifttumsnachw. in nachfolgender Fn.

③ BGH v. 19.2.2013—II ZR 56/12, AG 2013, 387 Tz. 18 ff. Mit Recht kritisch dazu Kiefner/Seibel, Der Konzern 2013, 310 ff.; Priester, GWR 2013, 175 ff.; Rieckers, AG 2013, 383 ff.; Schürnbrand, NZG 2013, 481 ff.

④ Allgemeines Gleichbehandlungsgesetz vom 14.8.2006, BGBl. I 2006, 1897.

⑤ Lutter, BB 2007, 725, 730; Spindler, MünchKomm. GmbHG, §52 Rn.121.

⑥ Vgl. auch Bauer/Göpfert/Krieger, Komm. AGG, §10 Rn.31; 35 Jahre für einen Personalleiter angemessen.

⑦ Näher dazu Lutter, BB 2007, 725, 729 f.; vgl. ferner oben Rn.345 und Rn.1140 zu Altersregelungen für Vorstandsmitglieder und Geschäftsführer.

六、聘任和解聘

1198   只要章程未规定派遣权或选举义务,而且上文(边码 1191 及以下)提到的各项个人限制也均得到遵守,股东大会就可以**自由地选择监事**。在不属于明显滥用的范围内,适用多数原则;特别是此时根本不存在**少数保护**。若此类保护是应予实行的,则章程必须对此作出明确规定。①

1199   所有监事均由股东大会以**简单投票多数**予以聘任(边码 1188)。而就任期内的解聘而言,因为《有限责任公司法》第 52 条第 1 款援引了《股份法》第 103 条第 1 款第 2 句的规定,所以在章程作出不同规定的前提下此时一个**四分之三多数**是必不可少的。②在基于有关监事个人的重大原因而解聘时是否适用相同规则,是存在争议的。③法律条文仍然支持适用四分之三多数。然而,股东根据个案中的具体情况有义务就基于重大原因的解聘进行表决,前提是公司认为相关监事已无法合格履职。④

1200   就选设监事会而言,其监事的**任期**完全未被加以规定,特别是此时不适用五年最高任期的限制,因为《有限责任公司法》第 52 条第 1 款未援引《股份法》第 102 条。这意味着,股东大会可以不给监事规定确定的任期或者规定一个长于五年的任期。此外,章程可以对监事任期作出规定,而聘任决议也可以在章程未作出规定的情况下规定监事任期。此时,平等对待每名监事并不是必需的,这意味着既可以为一名监事规定终身任期,也可以为另一名监事仅规定一年任期。⑤

1201   若章程和聘任决议均未对监事任期作出规定,则有关监事的任期是**无确**

---

① Vgl. Uwe H. Schneider in Scholz, Komm. GmbHG, §52 Rn.218；Raiser/Heermann in Ulmer/Habersack/Winter, Komm. GmbHG, §52 Rn.40.

② H. M.，vgl. Raiser/Heermann in Ulmer/Habersack/Winter, Komm. GmbHG, §52 Rn.50；Koppensteiner/Schnorbus in Rowedder/Schmidt-Leithoff, Komm. GmbHG, §52 Rn.19；a.A. für Bestellung auf unbestimmte Zeit Simon, GmbHR 1999，260；einfache Mehrheit genügt.

③ Für einfache Mehrheit in diesem Fall Lutter in Lutter/Hommelhoff, Komm. GmbHG, §52 Rn.9；Uwe H. Schneider in Scholz, Komm. GmbHG, §52 Rn.289；a.A. Raiser/Heermann in Ulmer/Habersack/Winter, Komm. GmbHG, §52 Rn.50；Spindler, MünchKomm. GmbHG, §52 Rn.180；Zöllner/Noack in Baumbach/Hueck, Komm. GmbHG, §52 Rn.47.

④ So zur Abberufung der Geschäftsführer BGH v. 19.11.1990—II ZR 88/89, NJW 1991，846 = AG 1991，137；Verse in Henssler/Strohn, Komm. Gesellschaftsrecht, §14 GmbHG Rn.105.

⑤ Uwe H. Schneider in Scholz, Komm. GmbHG, §52 Rn.278；Spindler, MünchKomm. GmbHG, §52 Rn.159.

定期限的；①除死亡或退职外，监事的任期随着根据上文（边码 1199）所论述的规则所进行的解聘而结束。上述这些"作出规定"或"未予规定"的情况均是极不适当的，因此章程应尽可能通过亲自作出相应规定来避免此类情况的发生。

七、候补监事和代理人

只要章程作出相应规定，就可以选聘候补监事（参见上文第十四章）。相反，在无章程依据时可否聘任候补监事则存在疑问，因为《有限责任公司法》第 52 条第 1 款未援引《股份法》第 101 条第 3 款。②　　　　　　　　　　　1202

此外在选设监事会中，根据相应的章程规定，为监事聘任真正的**代理人**是被允许的。《股份法》第 101 条第 3 款第 1 句所规定的"禁止代理"在这里并不适用。③根据章程或股东大会聘任决议内容的不同，可能出现以下两种情况：(1)只要有关监事出于某种原因未参加会议，就要由其代理人代表他参加会议，(2)只有在有关监事因实际情况确实无法参加会议时，其代理人才可以代表他参加会议。　　　　　　　　　　　　　　　　　　　　　　　　　1203

八、权限：权利与义务

如果章程未对选设监事会的权限作出规定，那么与实行"三分之一共同决定"的有限责任公司的监事会一样，此类选设监事会**仅**有权（也有义务）对经营管理进行**监督**，而无权（也无义务）聘任及解聘经营管理人员或者确认年度决算。④根据《有限责任公司法》第 52 条第 1 款结合《股份法》第 170、171 条，上述的监督不仅包括对**年度决算**及康采恩年度决算进行**审查**，而且如果有关公司根据《企业控制及透明度法》负有审计义务（《商法典》第 316 条），那么该监督还包括委托审计人员对有关的年度决算进行审计（《有限责任公司法》第 52 条第 1 款结合《股份法》第 111 条第 2 款第 3 句）。⑤　　　　　　　　1204

---

① Uwe H. Schneider in Scholz, Komm. GmbHG, §52 Rn.277；Spindler, MünchKomm. GmbHG, §52 Rn.158.

② Ablehnend daher Spindler, MünchKomm. GmbHG, §52 Rn.133；für analoge Anwendung des §101 Abs. 3 AktG aber Uwe H. Schneider in Scholz, Komm. GmbHG, §52 Rn.227.

③ Raiser/Heermann in Ulmer/Habersack/Winter, Komm. GmbHG, §52 Rn.45；Uwe H. Schneider in Scholz, Komm. GmbHG, §52 Rn.325.

④ §52 GmbHG verweist auf §111 AktG, nicht aber auf §84 AktG und auch nicht auf §172 AktG.

⑤ Siehe hierzu sowie allgemein zu den Auswirkungen des KonTraG auf den Aufsichtsrat bei der GmbH Altmeppen, ZGR 1999, 291, 306 ff. m.w.N.；Bremer, GmbHR 1999, 116.

1205　　　　由于依《有限责任公司法》第 52 条第 1 款后半句有关选设监事会的法律规定原则上可以被废除或变更的，因此似乎可以轻易地认为**章程**中的**权限**可以被进一步加以**限制**且可以将监事会仅限于履行顾问职能。①但若再稍加思考就会发现这种理解是存在问题的。在论述监事的个人前提条件（边码 1191）时已阐明，《有限责任公司法》第 52 条第 1 款对《股份法》规则的援引依通说**并不是完全任意性的**。这其中就包含这样一种考虑，即法律交往期待某种程度的最低标准，特别是当公司虽名义上设有"监事会"并因此产生误导他人的危险时。法律也将监事会的称谓与一项突出职能连结在一起，《有限责任公司法》第 35a 条第 1 款第 1 句、第 52 条第 2 款规定的透明度义务即建议在法律交往中必须将监事会的存在妥为公布。②因此从受法律保护的对监事会最低权限的期待可知，通说始终认为不存在无监督职能的"监事会"；③因为不享有经营管理监督权的监事会从字面上看就根本不是监事会。④

1206　　　　但这并不是说对法定监督权标准的任何缩减都导致监事会的不存在；这种观点与《有限责任公司法》第 52 条第 1 款后半句确立的章程自由不相符。只有**监督职能的核心不得被缩减**。因此，监事会的同意保留设置权（《有限责任公司法》第 52 条第 1 款结合《股份法》第 111 条第 4 款第 2 句）可以被章程加以限制或排除；⑤因为监事会可以通过要求经理提供信息并在存在误解时召开股东大会会议的方式履行其监督职责。此外还存在这样的共识，即《股份法》第 170、171 条中的财会审计程序对于选设监事会并非强制性。但如果完全剥夺监事会在决算审计方面的权利则与监事会的地位不符，因为这属于监督职

---

①　In diesem Sinne Rieble in Bork/Schäfer, Komm. GmbHG, §52 Rn.124.

②　Zu diesem Argument Spindler, MünchKomm. GmbHG, §52 Rn.239；E. Vetter, GmbHR 2011，449，453；jew. m. w. N.

③　Lutter in Lutter/Hommelhoff, Komm. GmbHG, §52 Rn.13；Raiser/Heermann in Ulmer/Habersack/Winter, Komm. GmbHG, §52 Rn.17；Spindler, Münch-Komm. GmbHG, §52 Rn.239；Zöllner/Noack in Baumbach/Hueck, Komm. GmbHG, §52 Rn.27 f.；Müller/Wolf, NZG 2003，751，754；Schürnbrand, NZG 2010，1207，1211；ausführlich E. Vetter, GmbHR 2011，449，452 ff. („Wo Aufsichtsrat drauf steht, muss auch Aufsicht drin sein.").

④　Ganz in diesem Sinne sah der Referentenentwurf des GmbH-Gesetzes von 1969 noch eine Regelung vor, welche die Unverzichtbarkeit der Überwachungsaufgabe als Kernaufgabe auch des fakultativen Aufsichtsrats explizit klarstellen sollte（§105 Abs. 1, Abs. 8 GmbHG-RefE）；siehe dazu Bundesministerium der Justiz, Referentenentwurf eines GmbHG, 1969，S.254，264；ferner E. Vetter, GmbHR 2011，449，453.

⑤　Lutter in Lutter/Hommelhoff, Komm. GmbHG, §52 Rn.15；Spindler, Münch-Komm. GmbHG, §52 Rn. 328 m. w. N.；kritisch Brouwer, Zustimmungsvorbehalte, S. 129 f.

能的核心组成部分。①

公司同样可以设立这样一个委员会,该委员会所享有的权限要少于上文 1207
所论述的选设监事会所享有的权限,也就是说它仅享(负)有**纯粹的顾问职能
(责)**。此类委员会不是监事会,而是一个**顾问委员会**。②因此在这种情况下不
得在法律交往中使用监事会的称谓。③若公司章程仍然执意将前述机构称为监
事会,则登记法院可以拒绝对该**错误称谓**进行登记(《有限责任公司法》第9c
条第2款第2项)。此外,在学术界还有一种观点认为剥夺选设监事会监督职
能的章程规定是无效的,其结果是监事会仍然有义务不顾章程相关规定继续
履行监督职责。④然而这种观点不能被赞同,因为单纯的错误称谓并不会改变
股东希望创设一个非监督机构且不赋予"监事"监督职能的想法。更确切地
说,设立其所希望的有限权限的委员会,即*顾问委员会*,是有效的。

章程不得进一步削减选设监事会的上述*最低或核心权限*,因为这样做会 1208
使选设监事会丧失监事会所应具有的特性。相反,**扩大它的权限**却是被允许
的。⑤因此根据《有限责任公司法》第52条,章程可以赋予选设监事会(针对某
些事项的)共同决定权,比如说参与确定年度决算或者参与制定对经营管理来
说极为重要的预算案、财政计划或投资框架。章程同样可以赋予监事会针对
经营管理层的**指示权**。⑥此外,章程还可以赋予监事会**聘任及解聘经营管理人
员的权利**以及与经理签订及解除聘用合同的权利。⑦再者,如果章程未作出规

---

① Näher E. Vetter, GmbHR 2011, 449, 453; ferner Lutter in Lutter/Hommelhoff, Komm. GmbHG, §52 Rn.21; Zöllner/Noack in Baumbach/Hueck, Komm. GmbHG, §52 Rn.113.

② Dazu Lutter in Lutter/Hommelhoff, Komm. GmbHG, §52 Rn. 109 ff.; ferner Härer, Erscheinungsformen und Kompetenzen des Beirats in der GmbH, 1991; Voormann, Der Beirat im Gesellschaftsrecht, 2. Aufl. 1990.

③ E. Vetter, GmbHR 2011, 449, 454; Großfeld/Brondics, AG 1987, 293, 295: „Täuschung im Rechtsverkehr".

④ So namentlich E. Vetter, GmbHR 2011, 449, 454(unter Berufung auf Raiser/ Heermann in Ulmer/Habersack/Winter, Komm. GmbHG, §52 Rn. 96, die jedoch ausdrücklich auf die Möglichkeit hinweisen, dass die Satzungsregelung u. U. als wirksame Einrichtung eines Beirats auszulegen sei).

⑤ Lutter in Lutter/Hommelhoff, Komm. GmbHG, §52 Rn.13; Uwe H. Schneider in Scholz, Komm. GmbHG, §52 Rn. 161; Zöllner/Noack in Baumbach/Hueck, Komm. GmbHG, §52 Rn.123.

⑥ Allg. M.; Lutter in Lutter/Hommelhoff, Komm. GmbHG, §52 Rn.13, 69b m.w. N.; Rodewald/Wohlfarter, GmbHR 2013, 689, 691.

⑦ BGH v. 17.2.1997—II ZR 278/95, WM 1997, 1015 = AG 1997, 328; Lutter in Lutter/Hommelhoff, Komm. GmbHG, §52 Rn.13; Uwe H. Schneider in Scholz, Komm. GmbHG, §52 Rn.167; Zöllner/Noack in Baumbach/Hueck, Komm. GmbHG, §52 Rn. 122; Großfeld/Brondics, AG 1987, 293, 297.

定,而且离职经理就聘用关系中的请求权与公司产生纠纷并提起诉讼,那么此时由监事会代理公司(《有限责任公司法》第 52 条第 1 款结合《股份法》第 112 条)。①**只有章程才能**决定以何种方式以及在多大范围内将股东大会的权利赋予监事会。这里所说的"方式"和"范围"可以通过修改章程随时被作出有利或不利监事会的改变:在职监事无权要求其权限始终保持不变;当然,每名监事会均可以随时辞去其职务。②

1209   只有股东才有权通过决议对章程作出修改;此项权利不得被赋予监事会。

1210   此外,由于《有限责任公司法》第 52 条第 1 款完整地援引了《股份法》第 111 条第 4 款第 2 句的规定,因此章程可以③为监事会规定针对特定业务的**同意保留**(详见上文边码 112 及以下)。监事会同样有权自行设置同意保留,只要章程未排除此项权利(边码 1206),例如由于未对同意保留作出全面而终局性的规定。

1211   如果监事会(通过决议)拒绝对有关业务作出同意,那么经理可以请求股东大会对此作出最终决定。股东大会随后以简单多数就相关措施作出决定。④这意味着此时**股东大会的指示权**同样**优先于**监事会的同意保留(详见上文边码 1120)。

1212   监事会的义务随其权利及权限而产生。若监事会仅享有监督权,则它只需以一个正常的监事会所应尽到的注意履行上文边码 61 及以下所提到的各项义务即可。若它还享有其他权限,则其法定职责以及对公司承担责任的范围也相应地扩大。特别是当监事会享有章程赋予它的针对经营管理层的人事权时,更是如此(参见上文边码 331 及以下)。关于监事的保密义务(《有限责任公司法》第 52 条第 1 款结合《股份法》第 116 条第 2 句)参见边码 1433。

九、监事是否受指示约束?

1213   监事自我负责地,即**不受股东指示**约束地为公司利益履行其职务(《有限责任公司法》第 52 条第 1 款结合《股份法》第 111 条第 5 款)。⑤虽然股份有限

---

①   BGH v. 5.3.1990—II ZR 86/89, WM 1990, 630 = AG 1990, 359; BGH v. 24.11.2003—II ZR 127/01, GmbHR 2004, 259, 260; BGH v. 23.4.2007—II ZR 149/06, DStR 2007, 1358; Spindler, MünchKomm. GmbHG, §52 Rn.367.

②   Vgl. oben Rn.35 ff.; ferner Lutter in Lutter/Hommelhoff, Komm. GmbHG, §52 Rn.7; Spindler, MünchKomm. GmbHG, §52 Rn.192 ff.

③   《股份法》第 111 条第 4 款的"必须"在这里并不适用,因为该援引已被明确地宣布为可变更。

④   Das gilt auch dann, wenn der Gesellschaftsvertrag §111 Abs. 4 Satz 4 AktG nicht explizit abbedingt; vgl. oben Rn.1120 mit zahlreichen Nachweisen.

⑤   Ganz h.M., statt vieler Spindler, MünchKomm. GmbHG, §52 Rn.197 f.; kritisch zur Herleitung aus §111 Abs. 5 AktG Heidel, NZG 2012, 48, 52.

公司和实现共同决定的有限责任的章程不得作出与此相背离的规定,但对于选设监事会是否可以作出不同规定是存在争议的。这个问题对有公共部门参股的有限责任公司尤其具有重大意义(参见边码 1428、1429);但也并不局限于此。

联邦行政法院在其新近的判决中认为章程可以规定指示约束,而不会使监事会由此丧失其特性。①然而我们认为对监事的指示约束可能通过指示将特定领域从监事会的监督范畴内剥离出来,而这与监事会的**监督职责不相协调**;其监督职责的核心将由此受到损害。②但这并不意味着此种章程规定当然无效。③若"监事会"的设计低于对监督机构的最低要求,则该机构不得再被称为监事会且不得适用《有限责任公司法》第 52 条,而属于所谓的顾问委员会(边码 1207)。

十、监事的报酬,顾问合同

监事是否获得以及获得多高的报酬仅由**章程**规定或由**股东大会决议**确定(《有限责任公司法》第 52 条第 1 款结合《股份法》第 113 条)。若章程未作出规定或股东大会未作出相应决议,则单个监事不享有报酬请求权。④

在确定**报酬数额**时,股东大会不负平等对待每名监事的义务。然而如果一名监事同时是股东或者一名股东的近亲属,那么股东大会应谨慎地考虑该监事报酬的数额,这是因为如果股东大会为该监事确定过高的报酬可能会带来以下危险,即该报酬因其数额而在税法或公司法上被视为**"隐性利润分配"**。⑤

1214

1215

1216

---

① BVerwG v. 31.8.2011—8 C 16/10, BVerwGE 140, 300 Tz. 21 = GmbHR 2011, 1205 = NJW 2011, 3735 m. Anm. Altmeppen.

② Ebenso Spindler, ZIP 2011, 689, 695; Spindler, MünchKomm. GmbHG, §52 Rn.200; E. Vetter, GmbHR 2011, 449, 457 f.; E. Vetter, GmbHR 2012, 181, 184 ff. m. w.N.

③ So aber E. Vetter, GmbHR 2011, 449, 458; E. Vetter, GmbHR 2012, 181, 185 m.w.N.; wohl auch Spindler, ZIP 2011, 689, 695.

④ Lutter in Lutter/Hommelhoff, Komm. GmbHG, §52 Rn.70; Spindler, Münch-Komm. GmbHG, §52 Rn.205. Demgegenüber halten Koppensteiner/Schnorbus in Rowedder/Schmidt-Leithoff, Komm. GmbHG, §52 Rn. 39 und Raiser/Heermann in Ulmer/Habersack/Winter, Komm. GmbHG, §52 Rn.123, §612 BGB(stillschweigend vereinbarte „übliche" Vergütung) für anwendbar, Zöllner/Noack in Baumbach/Hueck, Komm. GmbHG, §52 Rn.60 und Müller, Beck'sches Hdb. GmbH, §6 Rn.57 jedenfalls für gesellschaftsfremde dritte Aufsichtsratsmitglieder. Dem ist nicht zu folgen; denn die Zuständigkeit der Gesellschafter ist klar gegeben und es gibt keine „stillschweigenden" Beschlüsse. Etwas anderes kann daher allenfalls in der Einpersonen-GmbH gelten.

⑤ Vgl. nur Lutter in FS Stiefel, S.505, 523 ff. sowie Verse in Scholz, Komm. GmbHG, §29 Rn.115 ff.

1217 原则上，与监事签订在机构工作之外支付报酬的**顾问合同**要遵守《**股份法**》第 114 条所规定的各项要求，即需经全体监事会同意。然而鉴于有限责任公司中森严的等级制度（实行共同决定的有限责任公司与此不同，边码 1158），股东大会可以用自己的拒绝或同意决议代替监事会的同意或拒绝，只要章程未将薪酬方面的权限赋予监事会。①此外，章程可以完全排除《股份法》第 114 条的适用（《有限责任公司法》第 52 条第 1 款后半句）。

十一、监事会的信息权及保密义务

1218 就信息系统以及监事的保密义务而言，有限责任公司选设监事会与实行共同决定的监事会相同（《有限责任公司法》第 52 条第 1 款结合《股份法》第 90 条第 3 款、第 4 款、第 5 款第 1、2 句以及第 116 条、第 93 条第 1 款、第 2 款第 1、2 句）；因此可以参阅上文边码 1122、1123 所作的论述。

1219 章程可以而且应当规范这种**不完善的信息系统**并以《股份法》第 90 条第 1 款为样本将其转化为一项经营管理层定期向监事会提供信息的义务；请参看上文边码 317、1123 列出的大量论据。②章程或股东大会所制定的监事会议事规程可以任意规定监事的保密义务（《股份法》第 116 条第 2 句），甚至可以对监事提出更高的保密要求。③制定一套关于信息系统及保密义务的完整规则绝对是可取且必要的。④

十二、监事会的内部规则

1220 监事会**通过一项获得简单投票多数的决议**对有关事项**作出决定**（根据《民法典》第 32 条第 1 款第 3 句），此类决议既可以在邀请监事亲自出席并预先告知议事规程的常规会议中被作出（参见上文边码 692 及以下），也可以以书面或远程通信形式在"传阅程序"中被作出（只要无监事表示反对或者章程已作出相应规定）。⑤很多人反对以远程通信方式作出决议，他们认为这种方式太不

① Lutter in FS H.P. Westermann, S.1171, 1177; Scheuffele/Baumgartner, GmbHR 2010, 400, 405; Spindler, MünchKomm. GmbHG, § 52 Rn.232 m.w.N.

② Vgl. auch die von Lutter in ZGR 1982, 1, 5 ff. und in Information und Vertraulichkeit, Rn.759 ff. vorgeschlagene Informationsordnung in der GmbH, an die der freiwillige Aufsichtsrat „angehängt" werden könnte.

③ Lutter, Information und Vertraulichkeit, Rn.777 m. w. N. sowie Lutter in Lutter/Hommelhoff, Komm. GmbHG, § 52 Rn.25; a.A., aber ohne Begründung Gaul, GmbHR 1986, 296, 298 mit Fehlzitat.

④ Zum Vorschlag einer Vertraulichkeitsordnung vgl. Lutter, Information und Vertraulichkeit, S.307 ff. mit Textbeispielen.

⑤ Vgl. Uwe H. Schneider in Scholz, Komm. GmbHG, § 52 Rn.428; Zöllner/Noack in Baumbach/Hueck, Komm. GmbHG, § 52 Rn.83; Müller, Beck'sches Hdb. GmbH, § 6 Rn.39; Hoffmann/Preu, Der Aufsichtsrat, Rn.422.

安全可靠而且很难被核实。因此,监事会仅可以以电话会议的形式作出决议。①

《有限责任公司法》第 52 条并未援引《股份法》第 108 条第 4 款的规定。 1221
此时没有理由对有限责任公司提出高于股份有限公司的要求。因此,**章程**可以首先对此类问题作出规定。若章程未对此作出规定,而且监事会议事规程也"保持沉默",则要根据《股份法》第 108 条第 4 款的规定进行处理;也就是说,若无监事表示反对,则监事会可以以《股份法》第 108 条第 4 款所规定的方式作出决议。

首先,如果监事会希望以**远程通信**的方式进行表决,那么监事会主席必须 1222
在说明决议动议的同时将该请求告知监事。另外,他必须确定一个表决日期并将表决的过程和结果记录下来,②而且他最迟要在下一次监事会会议上公布表决结果。若一名监事认为监事会主席实施了错误行为,则该监事可以撤销有关的监事会决议。③

此外,对以下问题还存在争议,即在章程未作出相应规定的情况下,是否 1223
要遵守关于监事会**决议能力**的特定法律规定。由于《有限责任公司法》第 52
条同样未援引《股份法》第 108 条第 2 款的规定,因此有人认为即使只有一名监事出席会议,监事会也能够作出有效的决议。④为避免产生疑问,章程应就此作出规定。

在选设监事会中,**主席以及一名或多名代理人的聘任**未得到法律明确规 1224
定,因为《有限责任公司法》第 52 条第 1 款未援引《股份法》第 107 条第 1 款。
若章程未作出相应规定,则监事会不是必须而是可以聘任一名主席或一名代理人。⑤此类聘任在任何情况下都是合适的;⑥因此,章程应对此作出规定,而且如果可能还应尽可能详细。相反,如果章程规定监事会主席要由监事选出,那么即使有关的监事会决议因表决权比例而陷入僵局并因而导致主席职务暂

① Raiser/Heermann in Ulmer/Habersack/Winter, Komm. GmbHG, §52 Rn.75.

② Mertens/Cahn, Kölner Komm. AktG, §108 Rn.42 ff.

③ Näher dazu Lutter in Lutter/Hommelhoff, Komm. GmbHG, §52 Rn.93 ff.

④ H.M., Henssler in Henssler/Strohn, Komm. Gesellschaftsrecht, §52 GmbHG Rn.9; Raiser/Heermann in Ulmer/Habersack/Winter, Komm. GmbHG, §52 Rn.77; Spindler, MünchKomm. GmbHG, §52 Rn.493; Zöllner/Noack in Baumbach/Hueck, Komm. GmbHG, §52 Rn.88; Koppensteiner/Schnorbus in Rowedder/Schmidt-Leithoff, Komm. GmbHG, §52 Rn.26; a.A. 5. Aufl. Rn.1220 und Uwe H. Schneider in Scholz, Komm. GmbHG, §52 Rn.407(mindestens drei Teilnehmer).

⑤ Uwe H. Schneider in Scholz, Komm. GmbHG, §52 Rn.306; Spindler, MünchKomm. GmbHG, §52 Rn.405.

⑥ Vgl. auch Fuhrmann, GmbH-Handbuch, Rn.I 1899.

时空缺,也不得由股东大会以简单多数选举出监事会主席。①

1225 　　最后,章程自由还体现在监事会**委员会的设立**及其权限:章程既可以要求或允许监事会设立委员会并确定其权限,也可以禁止它这样做。②若章程未作出相关规定,则监事会无疑可以凭借其机构自治权设立*筹备*及*顾问*委员会。相反,监事会可否在无章程授权的情况下将其决议权赋予前述委员会,是存在争议的。③因为《有限责任公司法》第 52 条在这方面未援引《股份法》第 107 条第 3 款的规定。

1226 　　就监事会及委员会决议所可能出现的**瑕疵**以及法律后果而言,上文边码737 及以下所作的论述在这里同样适用;④读者可以参阅相关内容。

十三、监事会的取消

1227 　　就像不实行共同决定的有限责任公司的选设监事会可以通过最初的章程或章程修改而被创设一样,它同样可以通过相应的**章程修改**而被随时取消。⑤对此,在章程未规定单个股东享有要求参与监事会事务的特殊权利的范围内,达到法律或章程规定的多数即可;只有在单个股东享有上述特殊权利时有关决议才需要征得股东的同意(《民法典》第 35 条)。

1228 　　单个监事同样**无权要求**监事会**继续存续**;监事职务随着章程修改被登记在商事登记册中而消灭。只有当有关监事同时是公司股东而且享有要求参与监事会事务的特殊权利时,情况才有所不同。

十四、责任

(一) 内部责任

1229 　　选设监事会成员对有限责任公司所负的内部责任与必设监事会成员存在诸多方面的差异(边码 1160 及以下)。与共同决定类法律规范不同,《有限责

---

① Vgl. den Fall der SAT 1 GmbH, LG Mainz v. 29. 11. 1989—10 HO 65/89, Gmb-HR 1990, 513 = AG 1991, 33, 34(dort allerdings mit Vorbehalt für den Fall, dass Gefahr im Verzug sei) und OLG Koblenz v. 25.10.1990—6 U 238/90, GmbHR 1991, 21.

② So auch Gittermann in Semler/v. Schenck, Arbeitshandbuch für Aufsichtsratsmitglieder, § 6 Rn.31; Spindler, MünchKomm. GmbHG, § 52 Rn.447 m.w.N.

③ Dagegen 5. Aufl. Rn.1222; Lutter in Lutter/Hommelhoff, Komm. GmbHG, § 52 Rn.28; Raiser/Heermann in Ulmer/Habersack/Winter, Komm. GmbHG, § 52 Rn. 74; Zöllner/Noack in Baumbach/Hueck, Komm. GmbHG, § 52 Rn. 99; dafür aber Uwe H. Schneider in Scholz, Komm. GmbHG, § 52 Rn. 442; Spindler, MünchKomm. GmbHG, § 52 Rn.447.

④ Siehe auch Lutter in Lutter/Hommelhoff, Komm. GmbHG, § 52 Rn.93 ff.

⑤ Dazu Großfeld/Brondics, AG 1987, 293, 294 f.

任公司法》第 52 条第 1 款并未整体援引《股份法》第 116、93 条，而是仅援引第 116 条、第 93 条第 2 款的第 1 句和第 2 句。

然而，此时并不是自始即适用《股份法》第 116 条、第 93 条第 1 款和第 2 款的**严格基础构成要件**，即要求对一切有过错的义务违反承担责任并依《股份法》第 93 条第 2 款第 2 句发生举证责任倒置。即使监事无偿行事，也同样如此。[①]与必设监事会相比（边码 1167），责任可以通过公司章程规定或通过合同约定予以**减轻**，例如将过错限制在故意和重大过失，[②]或者缩短《有限责任公司法》第 52 条第 3 款规定的五年诉讼时效，[③]而故意责任则不得缩短（《民法典》第 202 条第 1 款）。此外，股东会可以——在《有限责任公司法》第 30 条的限制下针对股东——**放弃**主张此项已经产生的请求权，不受《股份法》第 93 条第 4 款第 3 句的限制条件（三年等待期、持股 10%的少数派股东未提出异议）的约束。[④]在机构成员的**责任减免**问题上，有限责任公司方面的法律规范不同于股份有限公司方面的法律规范（《股份法》第 120 条第 2 款第 2 句），即只要未宣布保留条件或者股东会既不知道也无需知道相关事实即可。[⑤]虽然未援引《股份法》对第 93 条第 4 款第 1 句，若损害是基于遵守股东会对经理作出的合法且有拘束力的指示而发生，则相关人员同样可以免责，[⑥]因为监事会同样必须尊重此类对经理作出的指示的拘束力。

由于《有限责任公司法》第 52 条第 1 款未援引**《股份法》第 93 条第 3 款**，因此只有当《股份法》第 93 条第 2 款规定的条件同时得到满足时，才能考虑要求相关人员承担其中规定的违反义务的责任。虽然通常情况确实如此，联邦

1230

1231

---

① §31a BGB ist nach h. M. nicht entsprechend anwendbar; Verse in Henssler/ Strohn, Komm. Gesellschaftsrecht, §13 GmbHG Rn. 2; E. Vetter, GmbHR 2012, 181, 187; jew. m. w. N.

② Lutter in Lutter/Hommelhoff, Komm. GmbHG, §52 Rn. 32; Spindler, Münch-Komm. GmbHG, §52 Rn. 554.

③ H. L., siehe Lutter in Lutter/Hommelhoff, Komm. GmbHG, §52 Rn. 35; Uwe H. Schneider in Scholz, Komm. GmbHG, §52 Rn. 527; Spindler, MünchKomm. GmbHG, §52 Rn. 637; Zöllner/Noack in Baumbach/Hueck, Komm. GmbHG, §52 Rn. 78; jew. m. w. N.; anders aber noch BGH 14.4.1975—II ZR 147/73, BGHZ 64, 238, 245. Umgekehrt kann die Verjährungsfrist in den Grenzen des §202 Abs. 2 BGB auch verlängert werden; Spindler, MünchKomm. GmbHG, §52 Rn. 637.

④ Lutter in Lutter/Hommelhoff, Komm. GmbHG, §52 Rn. 32; Spindler, Münch-Komm. GmbHG, §52 Rn. 616.

⑤ Lutter in Lutter/Hommelhoff, Komm. GmbHG, §52 Rn. 36; Spindler, Münch-Komm. GmbHG, §52 Rn. 610.

⑥ Allgemeine Ansicht, etwa Henssler in Henssler/Strohn, Komm. Gesellschaftsrecht, §52 GmbHG Rn. 20; Raiser/Heermann in Ulmer/Habersack/Winter, Komm. GmbHG, §52 Rn. 152; Spindler, MünchKomm. GmbHG, §52 Rn. 614.

最高法院的判例却并非总是这样处理。在经理在公司已满足破产条件情况下违反《有限责任公司法》第 64 条第 1 款的支付禁令（《股份法》第 92 条第 2 款、第 93 条第 3 款第 6 项作出相似规定）清偿公司到期债务时，联邦最高法院并不认为此时公司受有损失。尽管破产财团有所减少，但公司的资产却未减少，因为相关债务已得到清偿。①由此，联邦最高法院在其备受关注的 **Doberlug 案判决**中主张，在前述情况下，尽管监事未依《股份法》第 116 条、第 93 条第 2 款对经理实施充分监督，但仍然仅由经理对违反支付禁令的行为负责（《有限责任公司法》第 64 条第 1 句）。②此项判决在学界引起了广泛共鸣，③但实际上在诸多方面并非无可争议。由于在公司满足破产条件后在经济上首先属于对债权人的一种安排，因此不能否认可能对公司发生（规范性的）损害。④此外，联邦最高法院认为尽管监事有义务阻止经理在破产程序中支付款项，但违反此项监督责任的行为几乎不受制裁，这种观点值得商榷。⑤最后，人们可能会问，为什么选设监事会的成员应该获得优于实行共同决定的监事会成员的法律地位，虽然这种责任缺口在目的上与共同决定无关。⑥

1232 　　根据《有限责任公司法》第 46 条第 8 项，已产生的损害赔偿请求权由股东会**主张**；也可以考虑采取股东之诉的方式（参见上文边码 1168）。由于《有限责任公司法》第 52 条第 1 款缺少对相关条款的援引，因此债权人不享有《股份法》第 93 条第 5 款意义上的追索权。⑦

---

① BGH v. 20.9.2010—II ZR 78/09, BGHZ 187, 60 Tz. 14 = GmbHR 2010, 1200 (Doberlug).

② BGH v. 20.9.2010—II ZR 78/09, BGHZ 187, 60 = GmbHR 2010, 1200 (Doberlug).

③ Zustimmend Habersack, JZ 2010, 1191; Kiefner/Langen, NJW 2011, 192 ff.; Noack, LMK 2010, 310151; Poertzgen, NZI 2010, 915 ff.; Thiessen, ZGR 2011, 275 ff.; E. Vetter, EWiR 2010, 713 f.; Weller, GWR 2010, 541 ff.; nur im Ergebnis auch K. Schmidt, GmbHR 2010, 1319 ff. (auf Grundlage einer abweichenden Grundkonzeption zu §64 Satz 1 GmbHG); ablehnend dagegen Altmeppen, ZIP 2010, 1973 ff.; Cahn, WuBII C. §52GmbHG 1.11; Schürnbrand, NZG2010, 1207 ff.

④ Cahn, WuB II C. §52 GmbHG 1.11.

⑤ Schürnbrand, NZG 2010, 1207, 1211 f.

⑥ Vgl. Noack in FS Goette, S.346, 353 f. und Zöllner/Noack in Baumbach/Hueck, Komm. GmbHG, §52 Rn.209, die den Widerspruch jedoch in der entgegengesetzten Richtung auflösen und auch die Haftung des mitbestimmten Aufsichtsrats für Verstöße gegen das Zahlungsverbot einschränken wollen.

⑦ Raiser/Heermann in Ulmer/Habersack/Winter, Komm. GmbHG, §52 Rn.152; ferner Spindler, MünchKomm. GmbHG, §52 Rn.621, der §93 Abs. 5 AktG abweichend von der h.M. auch im mitbestimmten GmbH-Aufsichtsrat für unanwendbar hält.

（二）外部责任

相较于实行第三人共同决定的监事会，选设监事会所产生的对第三人的外部责任不存在特殊性（边码 1169 及以下）。　　1233

■ 第三节　上市有限责任公司的特别之处

《有限责任公司法》第 52 条第 1 款也提及由《企业会计现代化法》（引入的适用于**上市公司**的特殊条款（《股份法》第 100 条第 5 款、第 107 条第 4 款、第 124 条第 3 款第 2 句）。因此，在这些公司中，选设监事会和可能的（自愿）设立的审计委员会必须拥有一位**独立的财会专家**。此外，若已设立审计委员会，则监事会必须根据其建议提出关于选择审计师的决议建议（参见上文边码 1173 及以下）。　　1234

然而，与必设监事会不同，公司章程可能会作出与前述规定不同的安排（《有限责任公司法》第 52 条第 1 款后半句）。[1]理论上，上市公司的选设监事会因此可以不按照《股份法》第 100 条第 5 款的规定确定其构成。然而，这通常是不可取的：对于未依据《股份法》第 100 条第 5 款组成的选设监事会，《商法典》第 324 条的标准规定将以与完全不存在监事会的情况相同的方式得到适用。根据这一规定，除监事会之外，独立的审查委员会必须作为附属机构予以设立，该委员会同样必须拥有一位独立专家。如果公司已按照《股份法》第 100 条第 5 款的要求设立监事会且未废止前述规定，那么重复设立相关委员会的费用就可以省下来。　　1235

边码 1236—1250 暂时空置。

---

① Begr. RegE BilMoG, BT-Drucks. 16/10067, S. 92；Habersack/Schürnbrand, Großkomm. HGB, §324 Rn.8；a. A. offenbar Henssler in Henssler/Strohn, Komm. Gesellschaftsrecht, §52 GmbHG Rn.22.

第十七章

合作社中监事会的特别之处

第一节　概述

一、2006 年法律修改后合作社中的监事会

1251　　已登记合作社除社员大会(和/或《合作社法》第 43a 条意义上代表大会)外原则上还须设立董事会和监事会(《合作社法》第 9 条第 1 款第 1 句)。自 2006 年改革法出台以来,[①]随着欧洲合作社的引入(Societas Cooperativa Europaea,SCE)[②]《合作社法》得到相应更新,拥有不到 20 名成员的小型合作社可以通过章程中的一项相应规定放弃设立监事会(《合作社法》第 9 条第 1 款第 2 句)。此时取而代之的是社员大会(《合作社法》第 9 条第 1 款第 3 句)。[③]

二、共同决定

1252　　然而在某些情况下,小型合作社仍有义务设立监事会。若其通常情况下拥有 2 000 名以上的职工,则根据《共同决定法》第 6 条第 1 款结合第 1 条第 1 款它必须设立监事会。在计算职工数量时,该合作社国内附属康采恩企业的职工必须被算作它的职工,《共同决定法》第 5 条第 1 款。如果一家未设立监事会的小型合作社自身或者其合同康采恩中的附属企业拥有 500 名以上但不

---

① Gesetz zur Einführung der Europäischen Genossenschaft und zur Änderung des Genossenschaftsrechts vom 14.8.2006, BGBl. I 2006, 1911.

② Die Europäische Genossenschaft hat bisher kaum Verbreitung gefunden; laut Aktionsplan der Kommission vom 12.12.2012(COM[2012] 740) gab es bis Juli 2012 EU-weit nur 25 SCE. Die SCE wird daher in diesem Buch nicht eigens behandelt; näher zu ihr etwa Habersack/Verse, Europäisches Gesellschaftsrecht, §14 Rn. 1 ff.; Lutter/Bayer/J. Schmidt, Europäisches Unternehmens- und Kapitalmarktrecht, §42 Rn.1 ff. m.w.N.

③ Zu den Rechten und Pflichten der Generalversammlung als Überwachungsorgan siehe unten Rn.1280 ff.

足 2 000 名职工(《三分之一参与法》第 2 条第 2 款),那么此时的法律状况就不那么明确了;《三分之一参与法》第 1 条第 1 款第 5 项中不存在与《共同决定法》第 6 条第 1 款相对应的规定。由于此时可以类推适用《三分之一参与法》第 1 条第 1 款第 3 项第 2 句前半句的规定,而且立法者并不打算通过修改《合作社法》改变职工的共同决定,因此人们必须认为此类合作社同样有义务设立监事会。①

三、组成及任职条件

合作社中监事会的组成取决于合作社在职职工的数量。若职工少于 500 人,则此时监事会的组成要根据《合作社法》第 36 条第 1 款第 1 句(三名成员)以及**章程的特别规定**加以确定。例如,章程可以设定或规定高于(但不得低于)三人的成员数量,且监事的数量应是三的倍数。这样一来,只要监事的数量是三的倍数,选举机构就可以自由选举出三名或更多的监事。不过,选举机构仅可以——在短时间内——基于重大原因背离这一所谓的"倍数规则"。② 1253

如上文所述,若合作社本身或者其合同康采恩中的附属企业拥有 500 名以上 2 000 名以下的职工,则其监事会的组成要根据《三分之一参与法》加以确定(边码 1252)。在此类合作社中(在有限责任公司和股份有限公司中同样如此),监事的数量必须是三的倍数,而且监事会必须由三分之二的社员代表和三分之一的职工代表组成(《三分之一参与法》第 1 条第 1 款第 5 项第 3 句,第 4 条第 1 款)。若合作社本身或者其国内附属康采恩企业拥有 2 000 名以上的职工,则其监事会根据《共同决定法》要实行"数量均等共同决定"(《共同决定法》第 1 条第 1 款,第 7 条第 1 款),也就是说监事会要由数量均等的社员代表和职工(或工会)代表组成。若某家合作社中监事会的组成尚不明确,则要由该合作社所在地的州法院在《股份法》第 97 条到第 99 条(结合《三分之一参与法》第 1 条第 1 款第 5 项,《共同决定法》第 6 条第 2 款第 1 句)所规定的所谓"身份(地位)程序"中对此作出裁决。 1254

---

① Die Regierungsbegründung(BT-Drucks. 16/1025,S. 83) geht davon aus, dass ein „Verzicht auf einen Aufsichtsrat unzulässig [ist], wenn die Voraussetzungen des Drittel-beteiligungsgesetzes vom 18. Mai 2004(BGBl. I S. 974) oder des Mitbestimmungsgesetzes vorliegen." Ebenso Fandrich in Pöhlmann/Fandrich/Bloehs, Komm. GenG, § 9 Rn. 3; Schulte in Lang/Weidmüller, Komm. GenG, § 9 Rn. 8 a. E.

② Ein wichtiger Grund liegt jedenfalls nicht darin, dass bei einer in Aussicht genommen-en Fusion weitere Aufsichtratsmitglieder der übertragenden Gesellschaft hinzukommen würden, solange der Abschluss des Verschmelzungsvertrages noch nicht sicher ist, näher OLG Köln v. 2.5.1990—11 U 285/89,NJW-RR 1990,1182.

1255　　　无论合作社拥有多少名职工，"自管原则"始终适用于监事会中的社员代表(《合作社法》第9条第2款第1句)；也就是说他们本身必须是社员或者至少满足《合作社法》第9条第2款第2句所规定的各项要求。①然而，此项原则却不适用于职工代表(《三分之一参与法》第1条第3款；《共同决定法》第6条第3款第2句)。此外必须被遵守的是：监事会中所谓"投资成员"(《合作社法》第8条第2款第1句)的数量不得超过全体监事数量的四分之一(《合作社法》第8条第2款第4句)，而且《合作社法》第37条还设置了特殊的职务不相容性规则。根据《合作社法》第37条第2款，前董事要在被免除责任后才能被选入监事会。

四、上市合作社和信贷合作社的特殊之处

1256　　　《商法典》第264d意义上的**上市合作社**是指已在有组织的市场上(《有价证券交易法》第2条第5款)发行债券、享益证券或其他证券或者已经提出上市申请的合作社，此类合作社必须至少拥有一名**独立且具备财会方面专业知识**的监事(《合作社法》第36条第4款)。这属于《股份法》第100条第5款的平行规定(详情参见边码757)。

　　　此外，对**信贷机构**而言，针对单个监事的**可靠性和专业性**(《信贷机构法》第25d条第1款，②旧版第36条第3款)以及整个机构的资质(《合作社法》第25d条第2款)提出的特殊要求亦应得到遵守。最近变得更为严格的**不兼容性规则**同样适用于信贷机构：因此，若信用合作社的监事会已拥有两名前董事，则不得再选举前董事进入监事会(《合作社法》第25d条第3款第1句第2项，旧版第36条第3款第5句)。此外，以下人员同样不得担任监事：已经是另一家公司的经营管理人员并同时属于两家以上其他公司的经营或监督机构的成员(《合作社法》第25d条第3款第1句第3项)，已经在其他三家以上公司的经营或监督机构任职(《合作社法》第25d条第3款第1句第4项)。更详细的内容请参阅下文边码1450及以下就监管法上的特殊性所作的论述。

五、《合作社法》所规定的监事会的权利与义务

1257　　　对于监事会的权利与义务来说，《合作社法》第38条到第41条以及第57、58条是具有决定意义的。《合作社法》改革后，这些规定更是在很大程度上与《股份法》的有关规定相协调。

---

①　Kritisch dazu Beuthien, NZG 2008, 210, 215.

②　In der Fassung durch das CRD IV-Umsetzungsgesetz vom 28. 8. 2013, BGBl. I 2013, 3395; anwendbar ab 1.1.2014(Art. 10 Abs. 1).

■ 第二节　详述监事会的权利与义务

一、监督

每一个监事会,无论它是根据《合作社法》《三分之一参与法》还是《共同决定法》被设立的,均有权利和义务对经营管理进行监督。随着《合作社法》得到修改,该法第 38 条第 1 款的有关规定已经与《股份法》第 111 条第 1、2 款的规定相适应。因此,在这方面读者可以参阅上文对股份有限公司监事会所作的论述(边码 61 及以下,边码 241 及以下)。对于监事会是否有权对董事会下属合作社人员进行监督的问题,同样如此(边码 245a 及以下)。①

此外,这里所说的监督与上文(第三章)针对股份有限公司已详细论述过的监督完全相同。它同样涉及**经营管理的合法性、合规则性、合目的性以及经济性**。②再者,此时监事会尤其有义务就公司计划以及打算实施的经营管理措施与董事会进行**讨论**。法律认为:同时作为社员的监事应熟悉其业务(例如农业合作社、信用合作社、建筑合作社)并因而尤其有能力就董事会所制定的经营策略所带来的机会和风险与其进行讨论("顾问性监督")。与此同时,监事会还必须对"促进目的"(奖助目的)的遵守进行监督。

1258

1259

二、监事会的信息

(一) 定期信息(报告)

虽然合作社的监事会与股份有限公司的监事会负有相同的义务,而且在合作社中监事会同样无法进行积极的经营管理,况且监事又不能同时在董事会任职(《合作社法》第 37 条第 1 款),但是立法者在 2006 年的"合作社法改革"中仍未考虑创设一项与《股份法》第 90 条相似的规定。因此根据《合作社法》,合作社的董事会**不负有定期向监事会作出报告的义务**。这适用于所有合作社,包括那些根据《共同决定法》和《三分之一参与法》实行共同决定的合作社:《合作社法》第 38 条、《三分之一参与法》第 1 条第 1 款第 5 项以及《共同决定法》第 25 条均未援引《股份法》第 90 条第 1 款的规定。不过就像在《有限责任公司法》和《股份法》中那样,单个监事仍有权要求董事会向监事会作出报告,《合作社法》第 38 条第 1 款第 4 句。全体监事会可以委托单个监事收集信息,《合作社法》第 38 条第 1 款第 3 句。

1260

---

① Das war allerdings auch nach früherer Fassung umstritten, vgl. K. Müller, Komm. GenG, §38 Rn.16.

② Eingehend dazu mit sorgfältigen Hinweisen zur Kontrolle durch Periodenvergleich Wartenberg, Stellung und Aufgaben des genossenschaftlichen Aufsichtsrats, insbesondere S.177 ff.

1261   尽管上述法律制度具有灵活性这一优点,但它也具有明显的缺点(首先表现在它可能导致监事会漫不经心地对待信息系统)。因为监事会无法亲自(主动)了解合作社的经营管理状况,所以其监督的质量直接取决于其(被动)取得的信息的质量及深度。因此建议章程就董事会的常规报告作出补充规定,这在实践中也很常见。[①]若章程未作出此类规定,则每一个合作社的监事会均应通过决议制定一套监事会**信息规则**,这样才算是为合作社提供了*良好的咨询*。此时,监事会可以采取《股份法》第 90 条的分类,[②]但它同时要考虑到本合作社的特点、规模以及季节性的重点,等等。由于监事会有义务(对经营管理)进行**恰当监督**(《合作社法》第 38 条第 1 款第 1 句、第 41 条结合第 34 条第 1 款),而且它无法在不了解合作社事务的情况下履行此项义务,因此人们必须将颁布一套相应的信息规则视为监事会的义务(只要章程尚未制定全面的信息规则而且董事会也未在无特别规定的情况下遵守相应的信息要求)。此时最关键的是,报告必须**定期**且**根据相同的规则**被作出,这样监事会才能轻而易举地对各阶段的经营管理状况进行比较。此类定期且根据相同规则作出的报告是监事会监督一般经营管理并了解合作社收益状况及偿付能力的最重要手段。

1262   此时必须特别指明每名监事在有过错地(即未尽到必要的注意义务)履行其监督义务(《合作社法》第 41 条、第 34 条第 2 款)时所负的责任。

(二) 同意保留和提案报告

1263   在若干情况下,董事会需要征得监事会的**同意或者至少征求监事会的意见**。这适用于比如说向董事**提供贷款**的情况;当**章程**已根据《合作社法》第 38 条第 3 款以与《股份法》第 111 条第 4 款第 2 句相似的方式(参见上文边码 112 及以下)为某些业务引入同意义务时,同样如此。[③]此时,虽然同意保留不必仅限于具有特殊意义的事务,[④]但它也不得导致董事会自我责任的减弱。与股份有限公司不同,合作社的章程不仅可以规定同意保留,而且可以规定监事会可以以"共同讨论单独表决"的形式具体参与有关事务的决策。[⑤]

---

    ①   Vgl. § 17 der Mustersatzungen der Genossenschaftsverbände; Schaffland in Lang/Weidmüller, Komm. GenG, § 38 Rn.4.

    ②   So auch Hoffmann/Preu, Der Aufsichtsrat, Rn.801; K. Müller, Komm. GenG, § 38 Rn.10.

    ③   在合作社中只有章程可以(而监事会却不得通过决议)这么做;vgl. K. Müller, Komm. GenG, § 38 Rn.49 m.w.N.; Hoffmann/Preu, Der Aufsichtsrat, Rn.802。

    ④   Schaffland in Lang/Weidmüller, Komm. GenG, § 38 Rn. 33; a. A. Fandrich in Pöhlmann/Fandrich/Bloehs, Komm. GenG, § 38 Rn.16; differenzierend K. Müller, Komm. GenG, § 38 Rn.49.

    ⑤   Schaffland in Lang/Weidmüller, Komm. GenG, § 38 Rn.32.

此外,董事会必须将其**年度决算及状况报告的草案**毫不迟延地提交给监 1264
事会(《合作社法》第 33 条第 1 款第 2 句)。监事会必须对此进行审查并就其
审查(结果)向社员大会(代表大会)作出报告(《合作社法》第 38 条第 1 款第 5
句)。只有以上述材料为依据社员大会(代表大会)才能确定年度决算(《合作
社法》第 48 条第 1 款第 1 句)。

(三) 查阅及审查权

与股份有限公司的监事会(《股份法》第 111 条第 2 款)一样,合作社的监 1265
事会根据《合作社法》第 38 条第 1 款第 2 句以同样的方式以及在同样的范围
内享有一项查阅及审查权;对此可以参阅上文边码 241 及以下所作的论述。
同样地,监事会必须在作出**一项相应决议**后才能开始查阅或审查。若它已作
出相应决议,则它可以委托一名或多名监事具体实施审查;不过,除非章程中
含有相应授权,否则它不能委托一名专家进行审查。[1]

(四) 审计协会审计人员所作的审计报告

在《合作社法》中,由审计协会对合作社及其经营管理进行审计具有特殊意 1266
义。如果合作社资产负债表上的合计数额超过两百万欧元,那么审计协会必须
每年就上述事项作出**审计报告**(《合作社法》第 53 条第 1 款);如果未达到两百万
欧元,那么它必须**至少每两年**作出一份此类报告(《合作社法》第 58 条第 1 款)。[2]
每名监事均可以凭借其主体权利查阅此类审计报告,也就是说无需全体监事
会对此作出决议,而且此项权利也不能被排除(《合作社法》第 3 款第 2 句)。

最后,监事会必须在最近的一次社员大会上就该审计报告的结果**发表**自 1267
己的**意见**(《合作社法》第 59 条第 2 款),也就是说它首先必须对该报告的内容
和结果进行讨论,之后以决议形式发表对此的意见。[3]

根据《合作社法》第 53 条第 2 款、第 58 条第 1 款,那些在发表意见时必须 1268
被顾及的关于资合公司审计,特别是审计报告制作(《商法典》第 321 条第 1 款
到第 3 款和第 40 款)以及大型合作社审计范围的条款在合作社决算审计的框
架内同样适用。

(五) 特别报告以及应要求作出的报告

根据《股份法》第 90 条第 1 款第 3 句,在存在重大理由以及发生特殊商业 1269

---

[1]   Das ist anders als im Aktien- und GmbH-Recht, vgl. oben Rn. 241 ff., sowie K.
Müller, Komm. GenG, § 38 Rn. 23; a. A. Beuthien, Komm. GenG, § 38 Rn. 5; Fandrich in
Pöhlmann/Fandrich/Bloehs, Komm. GenG, § 38 Rn. 18.

[2]   该条款援引了《商法典》第 321 条第 1 款,从而造成审计师所实施的股份有限公司
与有限责任公司年度决算审计之间的可比较性(相似性)。

[3]   Wartenberg, Stellung und Aufgaben des genossenschaftlichen Aufsichtsrats, S. 219 f.

事件时董事会必须向监事会作出报告。①这同样适用于合作社的董事会。最重要的是，监事会以及每名监事可以随时要求董事会就合作社的所有事件向监事会作出报告（《合作社法》第38条第1款第2句和第4句）。《股份法》第90条第3款中适用于股份公司的规定在这里同样适用；对此可以参阅上文（边码212及以下）所作的论述。

三、保密与机密

1270 下面这句话在合作社中同样适用：董事会与监事会之间"**没有秘密**"。②此外，监事会的保密义务已在（与《股份法》第93条第1款第3句采取*相同表达方式的*）《合作社法》第41条、第34条第1款第2句中被加以规定。就违反保密义务时的责任而言，《合作社法》第151条与《股份法》第404条作出了一致的刑罚规定。因此，读者可以参阅上文边码254及以下对这些问题所作的论述。再者，这种"一致"还表现在《合作社法》和《股份法》均规定章程或议事规程不得更改上述关于义务及责任的规定。最后，在以下这个方面《合作社法》与《股份法》同样作出了完全相同的规定：对于监事会中的社员监事来说，**其他**（非监事会成员的）**社员相当于"第三人"**，也就是说社员监事在面对他们时负有与面对第三人时相同范围的保密义务。③

四、委员会

1271 《合作社法》不包含建立以《股份法》第107条第3款为模板的委员会的一般规则。但自《企业会计现代化法》出台后，《合作社法》第38条第1a款为响应《审计人员指令》并根据《股份法》第107条第3款第2句（参见上文边码753）规定监事会可以设立一个**审计委员会**，负责对财会、内部控制、风险管理和审计制度的有效性实施监督。④监事会可自由决定是否设立此类委员会，上

---

① Zutreffend Beuthien, Komm. GenG, §38 Rn.5；K. Müller, Komm. GenG, §38 Rn.10；Potthoff/Trescher/Theisen, Das Aufsichtsratsmitglied, Rn.710；a.A. Lippert, ZfgG 1978, 181, 183 mit Fn. 7.

② K. Müller, Komm. GenG, §38 Rn.11；Schaffland in Lang/Weidmüller, Komm. GenG, §38 Rn.8；Lippert, ZfGG 1978, 181, 183 mit Fn. 7.

③ Schaffland in Lang/Weidmüller, Komm. GenG, §41 Rn.36.

④ Im Vergleich zu §107 Abs. 3 Satz 2 AktG fällt auf, dass Fragen der Abschlussprüfung in §38 Abs. 1a GenG nicht als Zuständigkeit des Prüfungsausschusses angeführt werden. Der Gesetzgeber hielt dies für entbehrlich, da nach den Eigenheiten der genossenschaftlichen Abschlussprüfung bereits der Prüfungsverband über die Unabhängigkeit des genossenschaftlichen Abschlussprüfers wacht；Begr. RegE BilMoG, BT-Drucks. 16/10067, S.107.

市合作社(边码 1256)必须聘任一位独立的财会专家(《合作社法》第 38 条第 1a 款第 2 句,比较《股份法》第 107 条第 4 款)。

从有关审计委员会的规定中无法推断出监事会不得设立**其他委员会**。相反,人们普遍认为,合作社的监事会为彰显其组织自治权至少可以设立筹备委员会和咨询委员会。然而监事会能否设立**可形成决议的委员会**仍存在争议。① 通说认为监事会的组织自治权包含设立此类委员会的权限,《合作社法》第 38 条第 1a 款对此亦有所体现。这不会将审计委员会的职权局限于筹备或咨询职能。②但如果在这个敏感领域设立一个决策型委员会是可行的,那么法律在他处又一概予以禁止将是荒谬的。官方的立法理由即在此意义上将《合作社法》第 38 条第 1a 款第 1 句视为已作为一般原则得到适用的宣誓性条款,而非例外规定。③实际上,决策型委员会,即合作社银行的**信用管理委员会**,已经早已得到广泛应用。④

1272

如果批准设立决策型委员会,那么会出现以下问题:是否以及在多大程度上适用《股份法》第 107 条第 3 款第 3 句的**授权禁止**。虽然类推适用因不存在始料未及的规范漏洞而自始被排除,⑤但这并非无可辩驳,因为立法者并未对此明确表态,而且为何合作社监事会的组织自治权应普遍比股份公司监事会更为广泛亦未得到澄清。因此,似乎应从股份法规范的目录出发,并针对其中涉及的各项授权禁止,逐一审查合作社方面法律改革的特殊性是否为其偏离股份法的相关规定提供了正当性基础。

1273

自《董事薪酬适度法》生效以来,对于**董事的薪酬**决定是否仍然可以交由

1274

---

① Verneinend 5. Aufl. Rn. 1271 sowie K. Müller, Komm. GenG, § 36 Rn. 108; Beuthien, Komm. GmbHG, § 36 Rn. 28; bejahend aber die h. M. Fandrich in Pöhlmann/ Fandrich/Bloehs, Komm. GenG, § 36 Rn. 47; Geibel in Henssler/Strohn, Komm. Gesellschaftsrecht, § 36 GenG Rn. 6; Schaffland in Lang/Weidmüller, Komm. GenG, § 38 Rn. 44 f., § 41 Rn. 43; Heutz, NZG 2013, 2013, 611, 612; Scholderer, NZG 2011, 528, 529 f. m. w. N.

② Wie hier Scholderer, NZG 2011, 528, 529. Die Prüfung des Jahresabschlusses ist allerdings dem Plenum vorbehalten(arg. §§ 107 Abs. 3 Satz 3, 171 AktG); Bauer, Genossenschafts-Handbuch, § 36 GenG Rn. 220, 227, § 38 GenG Rn. 11d.

③ Begr. RegE BilMoG, BT-Drucks. 16/10067, S. 107: „In § 38a Abs. 1 Satz 1 GenG wird klargestellt, dass der Aufsichtrat jeder Genossenschaft einen Prüfungsausschuss einrichten kann."(Hervorhebung der Verf.).

④ Vgl. auch Scholderer, NZG 2011, 528, 529(„gängige Praxis").

⑤ Fandrich in Pöhlmann/Fandrich/Bloehs, Komm. GenG, § 36 Rn. 47a; Rolf/ Hautkappe/Schmidt-Ehmann, NZG 2011, 129 f.; Heutz, NZG 2013, 611, 613; dagegen für entsprechende Anwendung des § 107 Abs. 3 Satz 3 AktG Bauer, Genossenschafts-Handbuch, § 36 GenG Rn. 220 (anders aber Rn. 222 für die Festsetzung der Vergütung); Beuthien, NZG 2010, 333, 334.

人事委员会作出,以及此类规定是否阻碍将《股份法》第 87 条纳入第 107 条第 3 款第 3 句的目录之中,存在极大争议。①上述问题让人联想起实行数量均等共同决定的有限公司中的类似争议问题(边码 1136)。反对将之作为授权禁止的观点更具说服力。表面上,合作社法根本不含有类似于《股份法》第 87 条的针对薪酬适当性的特别规定,这似乎可以作为反对授权禁止的理由,但是有学者主张监事基于其所负的一般注意义务(《合作社法》第 41、34 条)无疑应设法确保董事薪酬的适当性,这同样是极为有利的反驳论据。其实,另一种思路似乎更具决定性:授权禁止的存在是为了改善全体监事会确定董事薪酬时的透明度和控制力,但这方面的需求在合作社中不如在股份公司中那么急迫,因为合作社须接受审计协会更严格的审查,其中包括董事薪酬适当性这项内容。②因此缺乏足够的利益可比性;股份法层面的全体监事会保留事项此时无需考虑。综上,人事委员会可以决定整个聘用合同,包括薪酬规则。

相反,学界一致认为,**董事的聘任和解聘**由于其极其重要的意义而不得授权某一委员会决定,而应当依《合作社法》第 24 条第 2 款第 2 句由监事会代替社员大会作出(边码 1276)。③这与《股份法》第 107 条第 3 款第 3 句结合第 84 条第 1 款第 1 句、第 3 款第 1 句所体现的立法思路相契合。

1275   抛开《股份法》第 107 条第 3 款第 3 句的类推适用问题不谈,所有涉及监事会**自我组织**的问题均不具备授权能力(即不得授权委员会完成)。其中包括例如主席及其代理人的选举和罢免、由监事会制定的议事规则、委员会的设立和解散以及其他类似事务。④

五、董事的聘任和解聘

(一)原则

1276   在合作社中,除非章程将董事的聘任及解聘权赋予监事会(《合作社法》第 24 条第 2 款第 2 句),否则董事由**社员大会**(《合作社法》第 24 条第 2 款第 1

---

①   Für ein Delegationsverbot Beuthien, NZG 2010, 333, 334 f. (sogar in Bezug auf den gesamten Anstellungsvertrag); dagegen jedoch Scholderer, NZG 2011, 528, 529 f.; ferner diejenigen, die schon die Anwendbarkeit des § 107 Abs. 3 Satz 3 AktG generell verneinen(s. vorige Fn.).

②   Näher Scholderer, NZG 2011, 528, 530; ferner Geibel in Henssler/Strohn, Komm. Gesellschaftsrecht, § 36 GenG Rn.6; Heutz, NZG 2013, 611, 613.

③   Bauer, Genossenschafts-Handbuch, § 36 GenG Rn. 222; Geibel in Henssler/ Strohn, Komm. Gesellschaftsrecht, § 36 GenG Rn. 6; Schaffland in Lang/Weidmüller, Komm. GenG, § 38 Rn.47.

④   Schaffland in Lang/Weidmüller, Komm. GenG, § 38 Rn.46; vgl. oben Rn.744.

句）或**代表大会**（《合作社法》第 43a 条）聘任或解聘（《合作社法》第 24 条第 3 款第 2 句）。在章程未将上述权利赋予监事会的情况下，即使监事会不赞同某名董事的所作所为（该董事要由社员大会或代表大会解聘，《合作社法》第 40 条），它也无权自行解聘该董事。不过，它可以根据《合作社法》第 40 条*暂时*解除有关董事的职务（即命令其暂时停止行使权利或履行义务），然后它必须立即召集社员大会（代表大会）并促使其对此作出最终决定（即最终解聘该董事还是恢复其职务）。凭借此项撤销权，社员大会或代表大会对聘用合同的特别解除享有排他性的决定权。[①]由此我们可以知道，如果社员大会或代表大会未作出相应决议，那么监事会同样不能与董事达成关于提前解除劳务合同的协议，虽然这在实践中经常发生。这种做法侵害了社员大会或代表大会所享有的提前终止董事职务的权利（这项权利不得由董事会和监事会享有），因此是无效的。[②]

然而以下做法却是可取的，即在**章程**通过《合作社法》第 24 条第 2 款第 2 句提供的机会，将聘任及*解聘*董事的权利**赋予监事会**。在此种情况下，从解聘权中同时产生出聘用合同的解除权[③]（如果章程尚未将此项权利赋予监事会）。这使得即时解除聘用合同变得更加容易（因为此时无需召开社员大会）。当然，法律仍允许仅赋予监事会聘任权而将解聘权留给社员大会。[④]上述这一切在根据《三分之一参与法》第 1 条第 1 款第 5 项实行"三分之一共同决定"的合作社中同样适用。

（二）共同决定法

在（自身或其康采恩附属企业）拥有 2 000 名以上职工的大型合作社中，董事仅由监事会聘任及解聘（《共同决定法》第 31 条）。就这点而言，上文（边码 332 及以下）对实行共同决定的股份有限公司中由监事会聘任及解聘董事所作的论述在这里同样适用。 1277

六、代理合作社面对董事

就所有合作社而言——不因监事会聘任及解聘权的不同而有所区别—— 1278

---

① Vgl. BGH v. 18.6.1984—II ZR 221/83, NJW 1984, 2689.

② Zutreffend OLG Hamm v. 4.12.1991—8 U 262/89, ZfgG 1994, 284; a.A.(solange nicht zugleich ein Verzicht auf Schadensersatzansprüche vereinbart wird) OLG Oldenburg v. 18.4.1991—1 U 174/90, DB 1992, 1179, 1180 und Carspecken, DB 1992, 1180 f. mit der unzutreffenden Annahme, die Kündigungskompetenz der Generalversammlung diene nicht zuletzt dem Schutz des Vorstandsmitglieds, welches auf diesen Schutz verzichten könne.

③ Geschwandtner/Helios, NZG 2006, 691, 691, 693 f. Der Abschluss und die Änderung der Anstellungsverträge sowie deren ordentliche Kündigung stehen dem Aufsichtsrat ohnehin zu(§ 39 Abs. 1 Satz 1 GenG).

④ Keßler, BB 2006, 561, 563.

在面对董事时,依《合作社法》第39条第1款均由监事会**诉讼及非诉讼地代理**合作社,其中包括签订或解除聘用合同(注意上文边码1276论述过的各项限制)、代表公司提起针对有关董事的损害赔偿之诉,等等。与《股份法》第112条的规定相似,这同样适用于与前董事的关系,前提是与前董事之间存在某种关联(参见上文边码442)。①

七、违反义务与责任

1279   就这方面而言,《合作社法》第41、34条作出了与《股份法》第116、93条几乎完全相同的规定;因此读者可以参阅上文第十三章(边码981及以下)所作的论述。②对合作社业务经理注意义务的具体化同时强调了合作社的支持(促进)义务以及顾及社员利益的义务。在这里同样不存在接受监事职务的义务。不过,一旦有关人员接受了监事职务,他就必须正直、恰当、谨慎地履行其职责;他不能主张其缺少时间或经验不足。

■ 第三节　作为监督机构的社员大会

1280   通过2006年的《合作社法》改革(边码1251),立法者为**小型合作社**,即拥有不超过20名成员且不实行《三分之一参与法》或《共同决定法》意义上的共同决定的合作社(边码1252),提供了通过章程中的相应规定**放弃设立监事会**的可能性(《合作社法》第9条第1款第2句)。③该可能性虽然减轻了此类合作社的负担,但同时也带来了一些新问题。例如,如果一家合作社是由三个人(《合作社法》第4条)创立的,那么为了满足自我管理(《合作社法》第9条第2

---

① Beuthien, Komm. GenG, §39 Rn. 6; Schaffland in Lang/Weidmüller, Komm. GenG, §39 Rn. 11 f.

② Judgment Rule(Rn. 986) nur in §93 Abs. 1 Satz 2 AktG, nicht aber in §34 Abs. 1 GenG kodifiziert wurde. Ungeachtet dessen ist nämlich die Business Judgment Rule als Ausdruck des allgemeinen Rechtsgedankens, dass unternehmerische Tätigkeit ohne einen weiten Handlungsspielraum für die Geschäftsleiter kaum denkbar ist, auch für die Genossenschaft anerkannt; BGH v. 21.3.2005—II ZR 54/03, NZG 2005, 562, 563 = MDR 2005, 1061; OLG Hamm v. 29.6.2010—I-15 Wx 312/09, FGPrax 2010, 250; Geibel in Henssler/Strohn, Komm. Gesellschaftsrecht, §34 Rn. 5; Keßler/Herzberg, BB 2010, 907 ff.; Schaffland in Lang/Weidmüller, Komm. GenG, §34 GenG Rn. 19; zur Eintragungsfähigkeit einer entsprechenden Satzungsbestimmung OLG Hamm v. 29.6.2010—I-15 Wx 312/09, FGPrax 2010, 250.

③ Im Fall einer kapitalmarktorientierten Kleingenossenschaft i. S. des §264d HGB ist bei Verzicht auf den Aufsichtsrat allerdings ein Prüfungsausschuss als selbständiges Organ der Genossenschaft einzurichten, §53 Abs. 3 GenG i. V. m. §324 HGB(vgl. oben Rn. 1172).

款)、监事会的最低人数(《合作社法》第 36 条第 1 款第 1 句)以及"一人不得同时担任董事职务及监事职务"(《合作社法》第 37 条)的要求,该合作社只能放弃设立监事会。[1]若一家拥有 20 名或将近 20 名成员的合作社放弃设立监事会,则此时由社员大会承担起监督职责(但考虑到其规模,它经常被看作是没有效率且"行动不便的")。[2]

一、职责

在上述情况下,社员大会行使监事会的权利并履行监事会的义务(《合作社法》第 9 条第 1 款第 3 句)。也就是说,它首先必须监督董事会的经营管理。原则上,此处的"监督"所包含的内容与其他所有设有监事会的公司中的监督没有任何不同,即使它是由社员大会实施的:社员大会必须对经营管理的合法性、合规则性、合目的性以及经济性进行监督。此外,监事会还负有与经营管理层(就有关事项)进行讨论并提供咨询的义务,这样一来在未设立监事会的合作社中社员大会同样负有此项义务:自我管理所带来的专业知识方面的优势(边码 1259)在这里同样能够发挥作用。不过,也存在一些社员大会无法"完美"代替监事会的情况,《合作社法》已就此作出若干特别规定。在面对董事时(以及在撤销情况下,《合作社法》第 51 条第 3 款第 2 句),要由社员大会选出一名全权代表(该人不必是社员[3])来代理合作社,《合作社法》第 39 条第 1 款第 2 句;审查程序中的监事会主席职责必须由一名由社员大会在其成员中选出的全权代表来履行,《合作社法》第 57 条第 5 款、第 58 条第 3 款第 1 句。如果考虑到合作社的利益有必要召开社员大会会议,那么此时董事会有义务召开有关会议,《合作社法》第 38 条第 2 款第 2 句、第 44 条。

1281

二、组织

(一) 作为决策机构的社员大会

立法者很少为了在未设监事会的合作社中实现对董事会的监督而选择上述设计(即由社员大会承担监督职责)。如果某一社团的 A 机构行使该社团 B 机构的权利并履行其义务,那么必然由此产生以下问题,即社员大会如何发挥其双重功能。原则上,社员大会必须每年仅举行一次会议,其目的是确定年度决算、就利润分配作出决议并就董事会的免责进行表决(《合作社法》第 48 条第 1 款)。这样的会议周期显然无法满足恰当监督日常经营管理的需要。因

1282

---

① Geschwandtner/Helios, Genossenschaftsrecht, S.92.
② Lutter, ZHR 159(1995), 287, 297 f.
③ Geschwandtner/Helios, NZG 2006, 691, 692.

此,以下做法是可取的,也就是将社员大会的职责"分解开来"。社员大会可以同时扮演"最高决策机构"和"监督机构"的双重角色。这种做法已在诸多方面表现出其优越性:只有当社员大会扮演"最高决策机构"的角色时,召开会议所必需的程序(《合作社法》第 46 条)才必须被遵守。然而从相反的角度来看,这意味着如果社员大会会议是在未遵守上述规定的情况下被召开的,该会议就不能对社员大会作为"决策机构"所负责的事项(例如修改章程,确定年度决算,等等)举行表决。此外,为了避免作为"监督机构"的社员大会所作的决议违反有关法律,上述的"双重角色"必须在章程中被加以规定。当然在有疑问时,仍建议根据《合作社法》第 44 条及以下召开并举行社员大会会议。

（二）作为"监督机构"的社员大会

1283 相反,为了保证对经营管理实施合格的监督,作为"监督机构"的社员大会应每季度举行一次会议。与监事会相同,社员大会尤其要行使《合作社法》第 38 条所规定的权利,因此比如说它可以要求董事会作出报告并查阅合作社的材料。为了使董事会与监督机构之间的信息交流达到最佳程度,即使对于较小型的合作社来说颁布一套以《股份法》第 90 条为样本的报告规则也是颇有益处的。另外,为了处理某些措施(例如审查并确认年度决算,《合作社法》第 38 条第 1 款第 5 句、第 48 条第 1 款第 1 句),以下做法同样是可取的:社员大会在*同一次会议*上同时作为"决策机构"和"监督机构"就有关事项进行讨论并表决。此时必须全力保证机密的讨论对象不被公众所知悉。为了提高拥有不足 20 名成员的小型合作社中的监督效率,社员大会可以设立若干委员会(参见边码 1271 及以下)。

三、单个成员的权利与义务

1284 社员大会成员的权利与义务与监事的监督事务有关(《合作社法》第 9 条第 1 款第 3 句)。因此,社员大会成员可以被赋予以下权利:查阅并审查有关材料;要求董事会向社员大会作出报告(《合作社法》第 38 条第 1 款)。它也由此负有对合作社的机密说明(报告)及秘密保持缄默的义务(《合作社法》第 41 条、第 34 条第 1 款第 2 句)。如果人们坚持适用《合作社法》第 9 条第 1 款第 3 句的规定,那么行使监事会权利并履行监事会义务的社员大会成员必须能够获得相应的报酬。

四、责任

1285 放弃设立监事会并不免除谨慎监督义务。责任是执行注意义务的有力手段。根据《合作社法》第 41、34 条,该责任同样适用于社员大会成员。①不过这可能导致以下"窘境":在社员大会已通过决议将"放弃设立监事会"纳入章程中的情况下,虽然一名社员大会成员对此投出了反对票,但该成员却必然或已经成为监督机构的成员(无论他是否具备成为监督者的资格及能力)。若该成员希望规避与此相关的责任风险,则其只能选择退出该合作社。②社员大会成员不得拒绝接受"监事职务";章程同样不得免除或减轻该责任,因为在合作社法中适用章程严肃原则(《合作社法》第 18 条第 2 句)。此外,读者可以参阅上文边码 1279 以及就股份有限公司所作的论述。③

然而需要注意的是,上文所论及的对《合作社法》第 9 条第 1 款第 3 句的 **1286** 理解以及由此生产的社员大会成员的责任法上的后果并非毫无争议。特别是博伊廷(*Beuthien*)④对该条款有不同理解,他认为该条款只是对一般原则的"声明性规定",据此在所有未设监事会的法人(社团)中"基础机构"⑤负有监督经营管理的义务。原则上,这种观点是正确的。《合作社法》第 9 条第 1 款第 3 句只是对此项义务进行了具体化,这样一来社员大会必须以监事会的监督义务为标准对经营管理实施监督("由社员大会行使监事会权利并履行监事会义务");每年仅举行一次社员大会会议是无法满足此项要求的。因此,《合作社法》第 41、34 条的特别责任规定适用于社员大会成员(而一般的瑕疵履行规定却不适用于他们)。⑥边码 1281 及以下所作的论述仍保持不变。

边码 1287—1300 暂时空置。

---

① BT-Drucks. 16/1025,S.82. Aus dem Schrifttum ebenso Scheibner,DZWiR 2010,137 f.;zur Gegenansicht s. die Nachw. in Rn.1286.

② Dazu ausführlich Geschwandtner/Helios,Genossenschaftsrecht,S.100.

③ Anders wohl Schulte in Lang/Weidmüller,Komm. GenG,§9 Rn.8,und Keßler,Berliner Komm. GenG,§9 Rn. 8 f.,wonach die Haftung nicht für die überwachung des Vorstands eingreifen und das Mitglied nur für Vorsatz und grobe Fahrlässigkeit haften soll.

④ Beuthien,Komm. GenG,§9 Rn.4.

⑤ 在协会中指会员大会,在有限责任公司中指股东大会。

⑥ A. A. Beuthien,Komm. GenG,§41 GenG Rn. 25;Schaffland in Lang/Weidmüller,Komm. GenG,§41 Rn.59a.

第十八章

股份两合公司中的监事会

■ 第一节　概述

1301　　与股份有限公司一样,股份两合公司(KGaA)同样必须设有监事会("必设监事会"),《股份法》第278条第3款、第287条。然而,虽然股份两合公司也是资合公司(而非人合公司),但其内部结构以及各机构之间的关系却与股份有限公司存在本质不同。①与股份有限公司的监事会相比,股份两合公司的监事会缺少很多重要的权利。②从法律角度来看,股份两合公司的监事会通常不享有以下权利:(1)聘任及解聘经营管理人员的权利(边码1305、1306);(2)设置同意保留的原始权利(边码1316);(3)确认年度决算的权利(参见《股份法》第286条)。这是由股份两合公司的组织结构造成的:简单地说,股份两合公司的内部关系及经营管理结构受两合公司方面法律规范的支配,而其资本结构却要根据股份有限公司方面的法律规范来判断,③《股份法》第278条第2、3款。这种结构对股份两合公司的监事会及其权利与义务产生着影响。一方面,它必须履行**双重职责**:它既要对经营管理进行监督,又要在与无限责任股东发生法律纠纷时代理全体有限责任股东。④另一方面,股份两合公司不必满足像股份有限公司那样的严格章程要求,相反考虑到其经营管理结构,它享有

---

① K. Schmidt, Gesellschaftsrecht, §32 I, 1; K. Schmidt in K. Schmidt/Lutter, Komm. AktG, §278 Rn.1; Bachmann in Spindler/Stilz, Komm. AktG, §278 Rn.1; zur Geschichte der KGaA K. Schmidt in Bayer/Habersack, Aktienrecht im Wandel, Bd. II, 26. Kap., S.1188 ff.

② Vgl. Lutter, Information und Vertraulichkeit, Rn.744 ff.

③ BGH v. 24.2.1997—II ZB 11/96, BGHZ 134, 392, 396 = AG 1997, 370; zu den anwendbaren Normen vgl. den umfangreichen Katalog bei Assmann/Sethe, Großkomm. AktG, §278 Rn.6.

④ Potthoff/Trescher/Theisen, Das Aufsichtsratsmitglied, Rn.46; Bachmann in Spindler/Stilz, Komm. AktG, §287 Rn.1.

像人合公司那样的内部章程制订自由(《商法典》第 109 条、第 163 条),①所有此类公司监事会的地位在很大程度上仍取决于本公司的章程。股份两合公司与股份有限公司最重要的区别在于,其监事会无权聘任经营管理人员并与之签订聘用合同。在此类公司中,无限责任股东是"天生的"领导机构。②就这点而言,股份两合公司监事会的地位与有限责任公司选设监事会的地位极为相似。③

第二节　监事会的组成

(1) 根据《股份法》第 278 条结合第 95 条及以下,股份两合公司监事会的**组成**要根据股份有限公司方面的法律规范被加以确定,也就是说监事要经选举或派遣产生。④因此《股份法》第 100 条(即所谓的"不相容性条款")在这里同样适用。此外,我们还要注意到,虽然原则上股东大会中的无限责任股东享有表决权,但根据《股份法》第 285 条第 1 款第 2 句第 1 项,在就监事的选聘及解聘进行决议时他们不能为自己或其他无限责任股东行使其表决权。⑤这(同时结合"无限责任股东本身不得成为监事"这一禁令,《股份法》第 287 条第 3 款)将导致(章程)不得创设有利于无限责任股东的派遣权。⑥同样地,监事的选聘无需得到无限责任股东的同意(《股份法》第 285 条第 2 款第 1 句),否则上述的"禁止投票"就失去其意义了。⑦

(2) 就**职工**在监事会中的**代表**而言,股份两合公司与股份有限公司完全相同:如果此类公司在通常情况下拥有不超过 500 名职工,那么此时监事会原

1302

1303

---

① Raiser/Veil, Recht der Kapitalgesellschaften,§23 Rn.2.

② Herfs, Münchener Hdb. AG,§78 Rn.2;Assmann/Sethe, Großkomm. AktG, Vor §278 Rn.65;Bachmann in Spindler/Stilz, Komm. AktG,§278 Rn.53.

③ Raiser/Veil, Recht der Kapitalgesellschaften,§23 Rn.33.

④ Raiser/Veil, Recht der Kapitalgesellschaften,§23 Rn.33;K. Schmidt in K. Schmidt/Lutter, Komm. AktG,§287 Rn.3.

⑤ Zur Übertragung der Aktien vom Komplementär auf nahestehende Dritte vgl. BGH v. 5.12.2005—II ZR 291/03, BGHZ 165, 192 = AG 2006, 117 mit Anm. Fett, BGHReport 2006, 375 f.;mit Anm. Ek/Schiemzik, BB 2006, 456 f.;mit Anm. Kersting, WuB II B §287 AktG 1.06;mit Anm. Dürr, EWiR 2006, 193;K. Schmidt in K. Schmidt/Lutter, Komm. AktG,§285 Rn.12.

⑥ BGH v. 5.12.2005—II ZR 291/03, BGHZ 165, 192, 202 = AG 2006, 117; Perlitt, MünchKomm. AktG,§285 Rn.26;Bachmann in Spindler/Stilz, Komm. AktG,§287 Rn.4.

⑦ Perlitt, MünchKomm. AktG,§285 Rn.50. Zu weiteren Ausnahmen vom Zustimmungsrecht der Komplementäre vgl. Perlitt, MünchKomm. AktG,§285 Rn.46 ff.

则上不必拥有职工代表。①若此类公司拥有 500 名以上但不超过 2 000 名职工，则根据《三分之一参与法》第 1 条第 1 款第 2 项第 1 句结合第 4 条第 1 款，此时监事会必须由三分之一的职工代表组成。最后，在此类公司拥有 2 000 名以上职工的情况下，根据《共同决定法》第 1 条第 1 款结合第 7 条第 1 款，此时监事会中职工代表的数量必须达到监事数量的半数。

1304　　　　然而，目前还没有学者认为职工共同决定的实际意义与监事会中的席位数量存在直接联系。

■ 第三节　无权聘任及解聘经营管理人员

1305　　　　(1) 就像上文已经论述过的，股份两合公司的监事会无权聘任及解聘经营管理人员。因为无限责任股东是股份两合公司"天生的"经营管理及代理机构(《股份法》第 278 条第 2 款结合《商法典》第 161 条第 2 款、第 114、125 条)，所以此时不适用《股份法》第 84 条的规定。这样一来，适用于人合公司的自我管理原则同样适用于股份两合公司。

1306　　　　对于那些适用《共同决定法》而且其监事会通常有权聘任及解聘享有法定代理权的机构的成员的公司来说，《共同决定法》第 31 条第 1 款第 2 句为股份两合公司规定了一个例外。该例外通过以下事实被证明是合理(正确)的，即无限责任股东的个人责任与职工在企业经营管理方面的共同决定(权)是互相排斥(无法并存)的。②承担个人责任风险的股东(即无限责任股东)应始终能够尽可能自行决定公司的命运。③在实行共同决定的股份两合公司中，同样不必聘任职工董事(《共同决定法》第 33 条第 1 款第 2 句)。

1307　　　　(2) 然而，对于以下问题是存在争议的，即所谓的"资本主义"或"非典型"股份两合公司(也就是说在此类股份两合公司中，无限责任股东是一个法人，例如一家有限责任公司、股份有限公司或者欧洲公司)中的共同决定究竟是怎样运行的。④其论据是，如果一家股份两合公司缺少一个作为无限责任股东的

---

①　而就 1998 年 8 月 10 日前获得登记的非家族企业而言，情况则有所不同，§1 Abs. 1 Nr. 2 DrittelbG; vgl. dazu Habersack in Ulmer/Habersack/Henssler, Mitbestimmungsrecht，§1 DrittelbG Rn.13。

②　Herfs, Münchener Hdb. AG，§78 Rn.63; Assmann/Sethe, Großkomm. AktG, Vor §287 Rn.9。

③　Assmann/Sethe, Großkomm. AktG, Vor §287 Rn.9。

④　Die Zulässigkeit dieser Gestaltung ist seit BGH v. 24.2.1997—II ZB 11/96, BGHZ 134，392 ff. = AG 1997, 370 anerkannt; sie hat in §279 Abs. 2 AktG(in der Fassung des Handelsrechtsreformgesetzes vom 22.6.1998, BGBl. I 1998, 1474) auch im Gesetzestext ihren Niederschlag gefunden.

自然人,那么给予该公司共同决定法上特殊待遇的理由也就不存在了。若股份两合公司的无限责任股东是一家资合公司,则上述的"个人责任与共同决定互相排斥(无法共存)"原则也就不再适用于该股份两合公司。这种"非典型"的股份两合公司导致了共同决定中的漏洞,这个漏洞必须被加以弥补。此外,另一个存在争议的问题是:如何在这类"非典型"的股份两合公司中实现"无缺陷(漏洞)"的共同决定。为此,较可取的做法是适用《共同决定法》第4条第1款的规定并采用该法第5条的设计,以便在无限责任股东层面建立共同决定制度;①相反,其他人主张在股份两合公司的监事会中免于实行共同决定。②

联邦最高法院对此所持的立场是:通过"法律续造(Rechtsfortbildung)""纠正"通过政治途径所取得的"共同决定的妥协"不能是法院的任务。如果立法者认为上述此类"非典型的"股份两合公司(即该公司的无限责任股东不是自然人,而是法人)同样应实行共同决定,那么对《共同决定法》进行修改仅是立法者的任务。③这种观点应被赞同。

第四节 股份两合公司监事会的权利与义务

一、监督

在股份两合公司中,对经营管理进行监督是监事会最重要的任务。《股份法》第287条第3款援引了该法第一编的有关规定(它也因而援引了该法第111条第1、2款),因此股份两合公司监事会的监督与股份有限公司监事会的监督基本相同。然而,如果说股份有限公司监事会的监督任务由监督、讨论以及共同决策组成(参见上文),那么股份两合公司监事会则几乎仅将重点放在(事后)监督以及随后与无限责任股东所进行的讨论上。就像上文所论述的,在典型的股份两合公司中,监事会不享有共同决策权。④

1308

1309

---

① So etwa Ulmer/Habersack in Ulmer/Habersack/Henssler, Mitbestimmungsrecht, §1 MitbestG Rn.40 f.

② So namentlich K. Schmidt in K. Schmidt/Lutter, Komm. AktG, §287 Rn.5. Vgl. zu dieser Diskussion statt vieler Assmann/Sethe, Großkomm. AktG, Vor §287 Rn.9 ff. und Bachmann in Spindler/Stilz, Komm. AktG, §278 Rn. 85 ff.; jew. mit umfangreichen Nachweisen.

③ BGH v. 24.2.1997—II ZB 11/96, BGHZ 134, 392, 400 = AG 1997, 370.

④ Vgl. dazu auch Kallmeyer, ZGR 1983, 57, 71 ff.

（一）监督的范围及可变更性

1310　　监事会的监督对象是无限责任股东所实施的公司经营管理。即使章程也不能缩小监事会的监督范围，尤其不能缩小《股份法》第 90 条所规定的董事会向监事会进行报告的范围（《股份法》第 278 条第 3 款、第 23 条第 5 款）。[1]若无限责任股东的经营管理权受到限制或者被赋予其他机构或委员会，则监事会的监督范围相应地缩小，也就是说监事会仅享有针对无限责任股东的监督权。[2]此外。与股份有限公司的监事会一样，股份两合公司的监事会同样要对经营管理的合法性、合规则性、经济性以及合目的性（适当性）进行监督。对此可以参阅上文边码 73 及以下所作的论述。

（二）监事会的信息

1311　　因为在股份两合公司中监事会（能够获得）全面信息同样是实施恰当监督所不可或缺的前提条件，所以就像《股份法》第 283 条第 4 项所强调的，《股份法》第 90 条和第 111 条第 2 款在这里同样适用。股份两合公司的监事会与股份有限公司的监事会在同样范围内享有相同的信息权；董事会向监事会作出报告不会因股份两合公司的结构而与在股份有限公司中有所不同。[3]因此，董事会必须就其所制定的经营方针向监事会作出报告，即使监事会无法对此施加影响也同样如此（在边码 1313、1314 的条件下）。[4]

1312　　从公司良治的角度来看，颁布一套无限责任股东**信息规则**是值得推荐的，而这在股份两合公司中却变得很困难，这是因为此类信息规则实质上是一套"行为守则"（参见边码 317），而且只有章程未作出相反规定（边码 1319），监事会就因不享有人事权而无权颁布此类规则。这样一来，以下做法是可取的，即监事会与无限责任股东通过协商确定一套报告规则。若双方未能达成一致，则可以考虑制定一套以《股份法》第 90 条第 3 款为样本的、采取"预先报告要求"形式的报告规则。最后，还存在这样一种可能性，即通过章程赋予监事会颁布报告规则的权利。

（三）（对经营管理）施加影响的可能性

1313　　监事会对经营管理施加直接影响的可能性微乎其微。如果监事会在长期企业发展方面与无限责任股东意见不一致，或者它认为无限责任股东未进行恰当的经营管理或实施了违反义务的行为，那么它首先只能通过与无限责任

---

①　Mertens/Cahn, Kölner Komm. AktG, § 287 Rn.12; Bachmann in Spindler/Stilz, Komm. AktG, § 287 Rn.16.

②　Mertens/Cahn, Kölner Komm. AktG, § 287 Rn.14; Assmann/Sethe, Großkomm. AktG, § 287 Rn.35; Bachmann in Spindler/Stilz, Komm. AktG, § 287 Rn.8.

③　Perlitt, MünchKomm. AktG, § 287 Rn.40; Kallmeyer, ZGR 1983, 57, 73.

④　Kallmeyer, ZGR 1983, 57, 73.

股东进行谈话来表达其疑虑。①

如果无限责任股东未接受或者驳回了监事会的疑虑,那么为了使无限责 1314
任股东知悉其疑虑,监事会只能根据《股份法》第 278 条第 3 款、第 111 条第 3
款**召开股东大会会议**。②监事会还必须在该会议上将法律上可能的措施告知无
限责任股东,③比如说剥夺经营管理权(《股份法》第 278 条第 2 款、《商法典》第
161 条第 2 款、第 117 条)或者拒绝对特殊业务作出同意(《股份法》第 278 条第
2 款、《商法典》第 164 条第 1 句后半句、第 161 条第 2 款、第 116 条第 2 款)。
就这点而言,如果无限责任股东为股东大会提供了关于其经营管理措施的信
息,那么监事会就应当有权(也有义务)向股东大会表明其对该经营管理措施
的看法。④若上述努力均未奏效,则作为"最后的手段"监事会或单个监事只能
选择**辞职**,不过他们不能借此逃避其责任。⑤在这方面还需要申明的一点是,
若监事会已恰当地履行其监督职责,则在(被监事会所质疑的)经营管理措施
给公司造成损害的情况下它不必为此承担责任。

(四) 监事会的报告义务

与监事会的监督职责联系在一起的还有《股份法》第 171 条第 1 款所规定 1315
的监事会以下义务,即监事会必须对年度决算(可能的话还包括康采恩年度
决算)、状况报告以及利润使用建议进行审查。即使监事会未参与确定年度决
算,它也仍负有上述义务;⑥更确切地说,这是股东大会在无限责任股东协助下
担负的义务(《股份法》第 286 条第 1 款)。根据《股份法》第 171 条第 2 款,监
事会必须就其审查结果向股东大会作出报告;在股份两合公司中,这是无限责
任股东的一个重要信息来源。⑦

二、同意保留

与享有企业共同决策权的股份有限公司监事会不同,在典型的股份两合 1316

---

① Assmann/Sethe, Großkomm. AktG, §287 Rn.43; Mertens/Cahn, Kölner Komm. AktG, §287 Rn.13.

② Lutter, Information und Vertraulichkeit, Rn.747; Mertens/Cahn, Kölner Komm. AktG, §287 Rn. 13; Assmann/Sethe, Großkomm. AktG, §287 Rn. 42; Perlitt, MünchKomm. AktG, §287 Rn.46; Bachmann in Spindler/Stilz, Komm. AktG, §287 Rn. 7; a.A. Kallmeyer, ZGR 1983, 57, 71 f.

③⑤ Perlitt, MünchKomm. AktG, §287 Rn.46.

④ Assmann/Sethe, Großkomm. AktG, §287 Rn.42.

⑥ Assmann/Sethe, Großkomm. AktG, §287 Rn. 34; Bachmann in Spindler/Stilz, Komm. AktG, §287 Rn.9.

⑦ Zum Bericht des Aufsichtsrats an die Hauptversammlung vgl. oben Rn.561 ff. sowie Lutter, AG 2008, 1 ff.

公司中,其监事会作为监督机构的地位决定它不享有设置同意保留的原始权利。《股份法》第 111 条第 4 款第 2 句不适用于股份两合公司,①因为关于《股份法》第 278 条第 2 款的经营管理适用人合公司法的规定。根据人合公司法的基本原则,关于所有异常措施的实施均由股东大会享有同意权(边码 1314)。即使此项同意权被章程所废除,监事会设置同意保留的权利也不会"复活"。②

1317　　　然而,由于《股份法》第 278 条第 2 款所涉及的《商法典》有关经营管理的规则是预设性的,因此章程可以以《股份法》第 111 条第 4 款第 2 句为模板,将特定类型的业务设置为经监事会同意方实施,或者赋予监事会自行设置同意保留的权利。③章程可以在怎样的范围内赋予监事会设置同意保留的权利,取决于"经营管理与监督相分离"的原则。④与在股份有限公司中一样,不得针对日常业务的常规措施设置全面的同意保留。⑤

1318　　　除此之外,章程还可以剥夺股东大会所享有的针对非常规业务(边码 1314)的同意保留权并将其赋予监事会。就上市公司而言,为了实现良好的公司治理,章程可以以股份有限公司为样板赋予监事会一定范围内的同意保留权。

三、颁布"行为守则"

1319　　　上文所作的论述同样适用于无限责任股东的"行为守则",也就是说股份两合公司的监事会由于缺乏人事权同样不享有制定此类"行为守则"的原始权利。⑥不

---

① Heute allgemeine Ansicht；Kallmeyer, ZGR 1983, 57, 68 f.; K. Schmidt in K. Schmidt/Lutter, Komm. AktG, §287 Rn.15; Perlitt, MünchKomm. AktG, §278 Rn.193 und 211; Mertens/Cahn, Kölner Komm. AktG, §287 Rn. 15; Assmann/Sethe, Großkomm. AktG, §287 Rn.39; Bachmann in Spindler/Stilz, Komm. AktG, §287 Rn.10.

② Perlitt, MünchKomm. AktG, §278 Rn.193; Bachmann in Spindler/Stilz, Komm. AktG, §287 Rn.10.

③ H.M., Assmann/Sethe, Großkomm. AktG, §287 Rn.39, 44, 76; Bachmann in Spindler/Stilz, Komm. AktG, §287 Rn.10, 16; Perlitt, MünchKomm. AktG, §287 Rn. 54; Herfs, Münchener Hdb. AG, §78 Rn. 57; Mertens/Cahn, Kölner Komm. AktG, §287 Rn.23; a.A. Servatius in Grigoleit, Komm. AktG, §278 Rn.18.

④ Herfs, Münchener Hdb. AG, §78 Rn.57; Mertens/Cahn, Kölner Komm. AktG, §278 Rn.88; Perlitt, MünchKomm. AktG, §278 Rn.236. Dagegen steht der Grundsatz der Selbstorganschaft Zustimmungsvorbehalten des Aufsichtsrats auch dann nicht entgegen, wenn dieser mehrheitlich mit Nicht-Gesellschaftern besetzt ist(vgl. dazu noch unten Rn.1335).

⑤ Mertens/Cahn, Kölner Komm. AktG, §278 Rn.88; Assmann/Sethe, Großkomm. AktG, §287 Rn.77; dort jeweils auch zu der Möglichkeit, ein auf bestimmte Gegenstände beschränktes Weisungsrecht des Aufsichtsrats in der Satzung vorzusehen(s. dazu auch noch Rn.1328, 1335).

⑥ Kallmeyer, ZGR 1983, 57, 67; Mertens/Cahn, Kölner Komm. AktG, §278 Rn. 66; Perlitt, MünchKomm. AktG, §278 Rn. 78; Bachmann in Spindler/Stilz, Komm. AktG, §287 Rn.9.

过,章程却能够①而且应当为监事会创设此项权利。

四、代理公司面对无限责任股东

根据《股份法》第287条第3款结合第112条,在与无限责任股东缔结法律行为或与之发生法律纠纷时,由监事会诉讼及非诉讼地代理公司。②在与不享有经营管理权且已退职的无限责任股东③及其已去世的配偶(在主张养老金请求权时)④发生法律纠纷时,同样如此。在缔结所谓的"工作协议"⑤(此类协议通常含有报酬条款,因此章程必须对此作出规定)时(《股份法》第278条第3款、第26条第1款),同样由监事会代理公司面对无限责任股东。⑥在上述这些情况下,均不得由无限责任股东代理公司。从《股份法》第278条第2款结合《商法典》第161条第2款、第125条、第126条中同样不会产生无限责任股东的代理权。⑦只有在比如说一家两合公司中,才可以考虑由一个无限责任股东或者一名全权代表作为公司代理人与另一个作为第三人的无限责任股东缔结法律行为。限制无限责任股东代理权的原因在于:就可能的代理权滥用而言,股份两合公司中的利益状况与股份有限公司中的利益状况完全相同。若不对无限责任股东的代理权加以限制,则可能存在无限责任股东滥用代理权而给股份两合公司造成不利后果的危险。⑧

1320

---

① Assmann/Sethe, Großkomm. AktG, § 287 Rn. 40; Perlitt, MünchKomm. AktG, § 278 Rn. 213; Bachmann in Spindler/Stilz, Komm. AktG, § 287 Rn. 16.

② H. M.; BGH v. 29.11.2004—II ZR 364/02, ZIP 2005, 348, 349 = AG 2005, 239; Perlitt, MünchKomm. AktG, § 287 Rn. 68; Assmann/Sethe, Großkomm. AktG, § 287 Rn. 67 f.; Hüffer, Komm. AktG, § 278 Rn. 16; Bachmann in Spindler/Stilz, Komm. AktG, § 287 Rn. 11 f.; K. Schmidt in K. Schmidt/Lutter, § 278 Rn. 45, § 287 Rn. 20; a. A. Bürgers in Schütz/Bürgers/Riotte, Die Kommanditgesellschaft auf Aktien, § 5 Rn. 495 ff.: vorbehaltlich abweichender Satzungsregelung nur Vertretung durch Komplementäre; Mertens/Cahn, Kölner Komm. AktG, § 287 Rn. 19: Vertretungsbefugnis auch der Komplementäre.

③ BGH v. 29.11.2004—II ZR 364/02, ZIP 2005, 348 ff. = AG 2005, 239; Assmann/Sethe, Großkomm. AktG, § 287 Rn. 72.; Bachmann in Spindler/Stilz, Komm. AktG, § 287 Rn. 13.

④ BGH v. 16.10.2006—II ZR 7/05, ZIP 2006, 2213 = AG 2007, 86.

⑤ Vgl. zu diesen Vereinbarungen Hecht in Schütz/Bürgers/Riotte, Die Kommanditgesellschaft auf Aktien, § 5 Rn. 259 ff.; Assmann/Sethe, Großkomm. AktG, § 288 Rn. 74 ff.; A. Arnold in Henssler/Strohn, Komm. Gesellschaftsrecht, § 288 AktG Rn. 3 f.

⑥ Assmann/Sethe, Großkomm. AktG, § 288 Rn. 76; Bachmann in Spindler/Stilz, Komm. AktG, § 287 Rn. 14.

⑦ So aber Bürgers in Schütz/Bürgers/Riotte, Die Kommanditgesellschaft auf Aktien, § 5 Rn. 498; Mertens/Cahn, Kölner Komm. AktG, § 287 Rn. 19.

⑧ BGH v. 29.11.2004—II ZR 364/02, ZIP 2005, 348 f. = AG 2005, 239.

1321 　　监事会的此项权利（即代理权）是**强制性**的；与此相冲突的章程规定是无效的。①我们可以从《股份法》第 112 条的目的（该条款旨在避免对公司利益的抽象威胁）中推知这一点。②

五、有限责任股东的代理

1322 　　除作为公司代理人面对无限责任股东这项职责之外，监事会还负有以下职责：在与无限责任股东发生法律纠纷时代理全体有限责任股东（《股份法》第 287 条第 2 款）。而股份有限公司的监事会却不负有此项职责，③这是因为该职责源出于股份两合公司中股东集团的多样性。④有限责任股东的全体就相当于一家两合公司的无限责任股东。⑤《股份法》第 287 条第 2 款意义上的纠纷是指因股东地位而产生的法律纠纷，此类纠纷并不涉及股东组织关系方面的权利。这其中包括比如说有限责任股东要求无限责任股东对年度决算的确认（《股份法》第 286 条第 1 款）予以同意的诉讼。⑥根据较新的通说，此时监事会是作为公司的机构⑦而不是作为有限责任股东的机构⑧实施行为的。因此建议在称呼诉讼当事人时选择以下这种能够为各方所接受的表达方式：XY 股份两合公司的全体有限责任股东由监事会进行代理。⑨

　　如果人们遵循通说的观点，那么将产生另一个问题：监事会作为公司的机构有义务维护公司的利益。此时可能出现以下情况：全体有限责任股东向无限责任股东实施请求权，该请求权较多地服务于其个人利益，而较少地考虑公司利益。这样一来，监事会就陷入一个利益冲突，因为它不能同时为两个"东家"服务。⑩根据联邦最高法院的司法实践，监事会在利益冲突情况下必须维护

---

　　①　H.L., etwa Assmann/Sethe, Großkomm. AktG, §287 Rn.68；Perlitt, Münch-Komm. AktG, §287 Rn.66；Bachmann in Spindler/Stilz, Komm. AktG, §287 Rn.11 f.；a. A. OLG München v. 26.7.1995—7 U 5169/94, AG 1996, 86；Herfs, Münchener Hdb. AG, §78 Rn.56；Schnorbus in Liber amicorum M. Winter, S.627, 647.

　　②　Ihrig/Schlitt, ZHR Beiheft 67(1998), S.55 f.

　　③④⑤⑥　Assmann/Sethe, Großkomm. AktG, §287 Rn.57.

　　⑦　BGH v. 5.12.2005—II ZR 291/03, BGHZ 165, 192, 199 ＝ AG 2006, 117；K. Schmidt in K. Schmidt/Lutter, Komm. AktG, §287 Rn.20；Assmann/Sethe, Großkomm. AktG, §287 Rn. 65；Mertens/Cahn, Kölner Komm. AktG, §287 Rn. 2, 20；Hüffer, Komm. AktG, §287 Rn.2.

　　⑧　Herfs, Münchener Hdb. AG, §77 Rn.57.

　　⑨　Assmann/Sethe, Großkomm. AktG, §287 Rn.62；Hüffer, Komm. AktG, §287 Rn.2；K. Schmidt in K. Schmidt/Lutter, Komm. AktG, §287 Rn.20.

　　⑩　Assmann/Sethe, Großkomm. AktG, §287 Rn.66.

公司*利益*。①在发生利益冲突时,监事会有义务代表公司的利益(而非有限责任股东的利益)。②此时可以采取法律所指出的做法:由股东大会选出一名特别代理人(《股份法》第287条第2款第1句后半句)。即使诉讼程序已经开始,这种做法仍然可行,尤其是当人们认为监事会有义务将利益冲突告知有限责任股东时更是如此。③

六、实施职责

除作为有限责任股东的代理人这项职责外,监事会还负有实施有限责任股东决议的职责(《股份法》第287条第1款)。不过,这里的"决议"仅指那些有实施必要且涉及(一家两合公司的)有限责任股东对公司或无限责任股东所享有的权利的决议。④相反,股东大会通过股份法规范所赋予其权限作出的决议将由无限责任股东实施。⑤监事会在履行其实施职责时同样可能在无限责任股东与公司利益之间产生冲突。基于其作为公司机构所负的忠实义务,监事会只能通过如下方式化解冲突,即其既不得实施对公司有害的决议,也不得实施已被视为无效的决议。⑥

为解决可能出现的利益冲突,可以采取以下做法,即由章程将此项实施职责委托给一个顾问委员会或一个相似的选设委员会(该委员会不同于监事会,而且不实行共同决定)。如果不存在这样的委员会,那么将该实施职责委托给某一个个人(监事会主席、股东代表)同样是适宜的;但绝不可以将其委托给无限责任股东。⑦此外,章程有时也可以规定股东大会享有关于实施权限的决定权。⑧

七、上市股份两合公司

股份两合公司同样可以成为《股份法》第3款第2款意义上的**上市公司**。⑨

1323

1324

1325

---

① BGH v. 5.12.2005—II ZR 291/03, BGHZ 165, 192, 199 = AG 2006, 117; Assmann/Sethe, Großkomm. AktG, § 287 Rn.66.

② BGH v. 5.12.2005—II ZR 291/03, BGHZ 165, 192, 199 = AG 2006, 117.

③ Assmann/Sethe, Großkomm. AktG, § 287 Rn.66.

④ Assmann/Sethe, Großkomm. AktG, § 287 Rn.49; Bachmann in Spindler/Stilz, Komm. AktG, § 287 Rn.20 f.; Perlitt, MünchKomm. AktG, § 287 Rn.58.

⑤ Perlitt, MünchKomm. AktG, § 287 Rn.59.

⑥ Näher Assmann/Sethe, Großkomm. AktG, § 287 Rn.52; Mertens/Cahn, Kölner Komm. AktG, § 287 Rn.17.

⑦ Perlitt, MünchKomm. AktG, § 287 Rn.10; Assmann/Sethe, Großkomm. AktG, § 287 Rn.55.

⑧ Perlitt, MünchKomm. AktG, § 287 Rn.11.

⑨ K. Schmidt in K. Schmidt/Lutter, Komm. AktG, § 278 Rn.3; Bachmann in Spindler/Stilz, Komm. AktG, § 278 Rn.95. Prominente Beispiele sind Fresenius, Henkel, Merck oder auch Borussia Dortmund.

在这种情况下,该股份两合公司要适用上市公司的特别规定,而其监事会因此必须根据《股份法》第 161 条就《准则》所作的规定作出所谓的"遵守说明"。①关于监事会的资本市场方面的其他特殊说明请参阅边码 611 及以下。

1326　　　根据《股份法》第 3 条第 2 款,上市股份两合公司始终属于《商法典》第 264d 条意义上的**以资本市场为取向**的公司。然而这一概念还包括那些没有发行任何股票但是在有组织的市场上发行其他证券(例如债券、享益证券)的公司(《有价证券交易法》第 2 条第 5 款)。如果某股份两合公司属于前述意义上以资本市场为取向的公司,那么其适用与股份公司相同的规则,该规则由《企业会计现代化法》所引入,涉及监事会及其审计委员会中的独立专家问题(《股份法》第 278 条第 3 款结合第 100 条第 5 款、第 107 条第 3 款第 2 句和第 4 款、第 124 条第 3 款第 2 句;参见上文边码 757)。

■ 第五节　典型股份两合公司的特点

一、章程设计的可能性

1327　　　股份两合公司可以通过多种多样的方式去适应公司创立人的意愿和需求以及经济和法律上的发展。这些方式包括:由股东大会、顾问委员会或无限责任股东在公司中占主导地位,或者设立一个有影响力的监事会。②

1328　　　**监事会的地位**可以通过相应的**章程设计**而得到**加强**。③章程既可以赋予监事会设置同意保留的权利(《股份法》第 111 条第 4 款第 2 句),也可以授权它颁布一套无限责任股东的"行为守则"(边码 1317、1319)。此外,章程可以剥夺无限责任股东所享有的针对非常规业务的决定权,而将其赋予监事会(边码 1318)。再者,章程可以规定无限责任股东的接纳取决于监事会的同意或者将此项"接纳权"完全赋予监事会。最后,章程可以赋予监事会经营管理领域中的、针对无限责任股东的指示权。④不过,章程不得使监事会成为享有全方位管

---

①　Lutter, Kölner Komm. AktG, §161 Rn.16, 31; Bachmann in Spindler/Stilz, Komm. AktG, §278 Rn.103; a.A. wegen des Zuschnitts des Kodex auf die AG Wieneke/Fett in Schütz/Bürgers/Riotte, Die Kommanditgesellschaft auf Aktien, §10 Rn.9.

②　Assmann/Sethe in FS Lutter, S.251, 264; Bachmann in Spindler/Stilz, Komm. AktG, §278 Rn.3; Herfs, Münchener Hdb. AG, §75 Rn.13.

③　Herfs, Münchener Hdb. AG, §78 Rn.57; Bürgers in Schütz/Bürgers/Riotte, Die Kommanditgesellschaft auf Aktien, §5 Rn.507; Bachmann in Spindler/Stilz, Komm. AktG, §287 Rn.16 ff.

④　H.M., vgl. Assmann/Sethe, Großkomm. AktG, §287 Rn.77; Perlitt, Münch-Komm. AktG, §278 Rn.234 ff.; a.A. Herfs, Münchener Hdb. AG, §78 Rn.57. Ist der Aufsichtsrat nicht mehrheitlich mit Gesellschaftern besetzt, sind allerdings die Grundsätze der Selbstorganschaft zu beachten, vgl. unten Rn.1335.

辖权的"最高长官"。①

相反,《股份法》第 278 条第 3 款以及其他股份法规范赋予监事会的权限 1329
不得通过章程被剥夺(《股份法》第 23 条第 5 款)。②监事会的监督职责以及与
此相关联的权限(《股份法》第 90 条、第 111 条第 1—3 款、第 5 款)③还有在《股
份法》第 112 条所规定的各种情况下代理公司的权利(边码 1312)必须被保留
("不可变更")。

二、特别是:"资合公司 & 股份两合公司"(资合性股份两合公司)

"资合公司 & 股份两合公司"(资合性股份两合公司)监事会的地位与典 1330
型股份两合公司监事会的地位存在**若干不同之处**。首先,此类公司缺少一个
作为无限责任股东的自然人,这会对可能的**监事会组成**产生影响。与无限责
任股东一样,《股份法》第 287 条第 3 款同样适用于作为无限责任股东的公司
(以下简称**股东公司**)的享有经营管理权及代理权的人员(经理、董事);因此这
些人员不得担任股份两合公司的监事。④根据通说,该条款还适用于股东公司
的股东,他们拥有该公司的**控股权**并因而有权对经营管理施加影响。⑤但何时
存在前述意义上的控股权,在个别情况下尚未得以明确。特别是此类控股权
足以产生控制性的影响力(《股份法》第 17 条)⑥还是仅产生对作为无限责任股

---

① Perlitt, MünchKomm. AktG, §278 Rn.237; Bachmann in Spindler/Stilz, Komm.
AktG, §278 Rn.58, §287 Rn.18(Komplementäre dürfen nicht zu Statisten degradiert
werden).

② Assmann/Sethe, Großkomm. AktG, §287 Rn.75; Bachmann in Spindler/Stilz,
Komm. AktG, §287 Rn.16.

③ Bachmann in Spindler/Stilz, Komm. AktG, §287 Rn.16.

④ Unstreitig, Perlitt, MünchKomm. AktG, §287 Rn.28; Assmann/Sethe,
Großkomm. AktG, §287 Rn.10; Bachmann in Spindler/Stilz, Komm. AktG, §287 Rn.5;
Mertens/Cahn, Kölner Komm. AktG, §287 Rn.8; Wollburg in FS Hoffmann-Becking,
S.1425, 1429 f.; tendenziell auch BGH v. 5.12.2005—II ZR 291/03, BGHZ 165, 192, 197 f. =
AG 2006, 117(„mag geboten sein"). Anderes gilt aber für Aufsichtsratsmitglieder der
Komplementärin; Wollburg in FS Hoffmann-Becking, S.1425, 1430 f.; Otte, AG & Co.
KGaA, S.148 f.

⑤ Bachmann in Spindler/Stilz, Komm. AktG, §287 Rn.5; Förl/Fett in Bürgers/
Körber, Komm. AktG, §287 Rn.10; K. Schmidt in K. Schmidt/Lutter, Komm. AktG,
§287 Rn.9; Assmann/Sethe, Großkomm. AktG, §287 Rn.10; a.A. Mertens in FS Ulmer,
S.419, 421 ff., und Mertens/Cahn, Kölner Komm. AktG, §287 Rn.8(nur, wenn Gesell-
schafter als faktischer Geschäftsleiter agiert); ferner Wollburg in FS Hoffmann-Becking, S.
1425, 1431 ff.(in der AG wegen fehlender Weisungsbefugnis, in der GmbH wegen der Un-
sicherheit der Abgrenzung); offen gelassen in BGH v. 5.12.2005—II ZR 291/03, BGHZ
165, 192, 198 = AG 2006, 117.

⑥ So Bachmann in Spindler/Stilz, Komm. AktG, §287 Rn.5.

东的有限责任公司的（而非一家事实型康采恩股份公司的）控股股东的指示权，同样悬而未决。①此外，《股份法》第 285 条第 1 款所规定的**表决权限制**同样类推适用于无限责任股东的总经理及其控股股东。②

1331　　此外，"资合公司 & 股份两合公司"（资合性股份两合公司）的结构还会对监事会**监督职责的范围**产生影响。此类公司的监事会必须对股东公司所实施的经营管理进行监督，而在该股东公司中，经营管理则是由享有代理及经营管理权的机构，即承担无限责任的股份有限公司的董事会③以及作为无限责任股东的有限责任公司的经理所实施的。然而存在疑问的是，监事会可以在怎样的范围内要求获得关于股东公司中事务的信息。对于股东公司来说，即使其经营对象超出其作为股份两合公司无限责任股东的职责（能）范围，监督职责也不涵盖与该超出部分有关联的事实情况，因为这些情况与股份两合公司的经营管理之间不存在任何关系。再者，监事会仅限于对股东公司中的基础事件进行监督，这些事件可能对该公司作为无限责任股东所负（享）有职责（权）产生影响，比如说它们可能使公司面临破产或改变股东数量及组成，等等。④

1332　　就股份两合公司（面对股东公司时）的**代理**而言，也要采用相同的思考方式。根据《股份法》第 278 条第 3 款、第 11 条，在面对无限责任股东（边码 1320）以及股东公司的代理及经营管理机构时，原则上由监事会代理股份两合公司。最后，根据《股份法》第 112 条的目的，关于互不相容性的以下观点（边码 1330）同样富有启发：在面对拥有决定性影响力的股东公司股东时，同样由监事会代理股份两合公司。⑤

■ 第六节　股份两合公司中的选设委员会

1333　　股份两合公司所享有的广泛章程自治赋予它设立**选设委员会**的多种可能

---

① So Förl/Fett in Bürgers/Körber, Komm. AktG, § 287 Rn.10. In anderem Zusammenhang, nämlich im Kapitalschutzrecht und im früheren Kapitalersatzrecht, stellt der BGH für das Vorliegen einer „maßgeblichen Beteiligung" ebenfalls auf die Weisungsbefugnis ab; s. etwa BGH v. 31.5.2011—II ZR 141/09, BGHZ 190, 7 Tz. 42 f. = AG 2011, 548(Telekom III) und Verse in Scholz, Komm. GmbHG, § 30 Rn.45 f. m.w.N. aus der Rechtsprechung.

② Vgl. Assmann/Sethe, Großkomm. AktG, § 285 Rn.25.

③ Zugleich wird der Vorstand einer persönlich haftenden AG auch von deren Aufsichtsrat überwacht. Zu den Konsequenzen dieser Kompetenzüberschneidung Marsch-Barner in FS Hoffmann-Becking, S.777 ff., der für eine Zusammenarbeit beider Aufsichtsräte plädiert.

④ A. Arnold, Die GmbH und Co. KGaA, S.128; Marsch-Barner in FS Hoffmann-Becking, S.777, 783 f.

⑤ Im Ergebnis so auch schon A. Arnold, Die GmbH und Co. KGaA, S.130.

性,其中包括顾问委员会、管理委员会、股东委员会,等等。①作出此种安排的动机同样是多种多样的。②例如,考虑通过章程将股东大会部分权限转移给选设委员会,以节省公众公司召开股东大会的费用并减少决议被撤销的风险。特别是在异常的管理措施③和接纳新的无限责任股东④的情况下,必须考虑基于合伙法且以章程为依据的股东大会权限。此外,有时还考虑通过由选设委员会设定同意保留以限制无限责任股东的经营管理行为。⑤虽然上述权限均可赋予监事会,但是实行共同决定的股份两合公司的监事会却可能希望将这些权限交给一个不实行共同决定的选设委员会。另一个原因可能是无限责任股东无法对监事会的组成施加影响(《股份法》第285条第1款第2句第1项)。最后,还有可能只是希望设立一个监事会之外的监督和咨询机构。⑥

当然,前述**设计自由的界限**在于不得将依强行法由某机构享有的权限重 1334
新分配给企业参决会或者股东委员会。因此《股份法》所规定的监事会的监督权和(《股份法》第112条情形下的)代理权,以及股东大会法定权限和《股份法》第283条所规定的无限责任股东权限在如何情况下都不得被改变。⑦

在企业参决会应有非股东参与的情况下,作为许可性限制,**社团主权**原则 1335
以及与经营管理和代理相关的**自我组织**原则必须得到遵守。就社团主权而言,若企业参决会全部或至少半数由股东组成,则其只能就结构调整类的措施,例如接纳新的无限责任股东,作出决定。⑧从自我组织的角度来看,将针对经营管理问题的指示权赋予某一并非由半数以上股东组成的委员会同样是被

---

① Behandelt werden im Folgenden allein organschaftliche Gremien, die aufgrund entsprechender Satzungsbestimmung gebildet werden. Zu sog. Schuldrechtlichen Beiräten, die ohne Satzungsregelung auf Grundlage von Dienstverträgen eingerichtet werden und nur beratende Funktion haben können, sei verwiesen auf Schürnbrand, Die Organschaft im Recht der privaten Verbände, S.55 ff.

② S.dazu und zum Folgenden etwa Assmann/Sethe in FS Lutter, S. 251, 254 ff.; Habersack in FS Hellwig, S.143, 146; Schnorbus in Liber amicorum M. Winter, S.627, 629.

③ Zur Delegation dieser Kompetenz auf den Beirat ausführlich Schnorbus in Liber amicorum M. Winter, S.627, 633 ff.

④ Dazu Habersack in FS Hellwig, S.143, 148; Schnorbus in Liber amicorum M. Winter, S.627, 633, 640 f.; siehe aber auch noch unten Rn.1335.

⑤ Habersack in FS Hellwig, S. 143, 147; Mertens/Cahn, Kölner Komm. AktG, § 287 Rn.29; Schnorbus in Liber amicorum M. Winter, S.627, 649 ff.

⑥ Habersack in FS Hellwig, S.143, 148.

⑦ Bachmann in Spindler/Stilz, Komm. AktG, § 287 Rn.29.

⑧ Assmann/Sethe, Großkomm. AktG, § 287 Rn. 102 f.; Bachmann in Spindler/Stilz, Komm. AktG, § 287 Rn.31.

禁止的。①但是若对设置同意保留也采取如此严格的态度，则显得过于苛刻了。②

　　此外，如果成员权受到削弱，那么同样需要遵守前述的一般性限制（核心区理论、确定性原则）。③

1336　　**从共同决定方面的法律规范**中并未产生针对选设机构安排的限制，这是因为此类法律规范是与公司法上被允许的安排相衔接的。④监事会的监督职责仅涉及无限责任股东所实施的经营管理；原则上，监事会不必对被赋予经营管理权的顾问委员会进行监督。⑤

1337　　因此，在前述条件下可以设立一个类似监事会的机构，该机构有权决定是否接纳某无限责任股东、是否赋予某成员经营管理权和代理权以及可否不吸纳职工代表。然而必须强调的是，章程对上述问题认真且全面加以规定是所有机构及委员会有效合作不可或缺的前提条件。比如说，章程应规定：该委员会是公司的机构还是股东集团的机构，该委员会应否享有自行制定议事规程（业务守则）的权利，是否存在（并将继续存在）针对委员会成员的竞业禁止，等等。⑥

第七节　责任

1338　　股份两合公司的**监事**与股份有限公司的监事一样，均要根据《股份法》第

---

① Assmann/Sethe, Großkomm. AktG，§ 287 Rn. 97；zur KG Mutter，Münchener Hdb. KG u. a.，§ 8 KG Rn. 24 m. w. N.；strenger Bürgers in Schütz/Bürgers/Riotte，Die Kommanditgesellschaft auf Aktien，§ 5 Rn. 590，der ein vollständig mit Gesellschaftern besetztes Gremium verlangt；a. A. Bachmann in Spindler/Stilz，Komm. AktG，§ 287 Rn. 31，und Schnorbus in Liber amicorum M. Winter，S. 627，656 ff.：unbedenklich，da Beirat durch Satzungsänderung jederzeit wieder aufgelöst werden kann.

② Die h. M. im Personengesellschaftsrecht hält Zustimmungsvorbehalte zugunsten eines ganz oder teilweise mit Dritten besetzten Beirats für unbedenklich；Mutter，Münchener Hdb. KG u. a.，§ 8 KG Rn. 23；C. Schäfer，Großkomm. HGB，§ 109 Rn. 53；jew. m. w. N. Ebenso zur KGaA Bachmann in Spindler/Stilz，Komm. AktG，§ 287 Rn. 31；Schnorbus in Liber amicorum M. Winter，S. 627，656 ff.；a. A. etwa Assmann/Sethe，Großkomm. AktG，§ 287 Rn. 97.

③ Dazu Assmann/Sethe，Großkomm. AktG，§ 287 Rn. 99 ff.

④ Assmann/Sethe in FS Lutter，S. 251，264 f.；Habersack in FS Hellwig，S. 143，147；Schnorbus in Liber amicorum M. Winter，S. 627，631 f.

⑤ Bürgers in Schütz/Bürgers/Riotte，Die Kommanditgesellschaft auf Aktien，§ 5 Rn. 595 f.；Assmann/Sethe，Großkomm. AktG，§ 287 Rn. 35，118.

⑥ Assmann/Sethe in FS Lutter，S. 251，267.

116、93条承担相应责任（《股份法》第278条第3款）。[1]也就是说，监事有义务对因其有过错违反义务的行为而给造成公司的损害作出赔偿。这意味着，原则上股份两合公司针对无限责任股东的损害赔偿请求权必须由监事会主张。若它（违反义务地）怠于主张此项请求权，则它可能因而承担相应的个人责任。[2]**顾问委员会**或与之相似的选设委员会**的成员**在章程作出相应修改的前提下类推适用《股份法》第116条、第93条第1、2款的规定承担责任。[3]

边码1339—1350暂时空置。

---

① Siehe oben Rn.981 ff.
② BGH v. 21.4.1997—II ZR 175/95, BGHZ 135, 244 ff. = AG 1997, 377(ARAG).
③ Näher Assmann/Sethe, Großkomm. AktG, § 287 Rn.130 ff.

第十九章
所在地位于德国的欧洲公司的监督机构

■ 第一节　概述

1351　　于 2004 年 10 月 8 日生效的《欧洲公司法令》①（SE-VO）在全欧洲引入了作为超国家公司形式的欧洲公司（Societas Europaea，SE）。该法令在各国国内（针对该法令的）"施行法"②以及旨在在职工参与方面对欧洲公司的地位进行补充的理事会指令（2001/86/EG，2001 年 10 月 8 日）③的辅助下得以实施。因为此项关于欧洲公司地位的法令仅预先确定了一个规则框架④并规定具体规则仍适用所在地国的国内（股份）法，所以欧洲公司已存在于"28＋3"个（28 个欧盟成员国＋3 个非成员国）欧洲国家中。欧洲公司所适用的法律只有小部分来自欧洲层面的法律规范，而其他均来自各国国内法。对所有可能的情况加以

---

①　Art. 70 der Verordnung(EG) Nr. 2157/2001 des Rates vom 8. Oktober 2001 über das Statut der Europäischen Gesellschaft(SE), ABl. EG Nr. L 294 vom 10.11.2001, S.1 ff., abgedr. u.a. in Habersack/Verse, Europäisches Gesellschaftsrecht, §13 Rn.51; Lutter/Bayer/J. Schmidt, Europäisches Unternehmens- und Kapitalmarktrecht, S.1551 ff.; Lutter/Hommelhoff, Komm. SE, S.1 ff.

②　Für Deutschland: Gesetz zur Ausführung der Verordnung(EG) Nr. 2157/2001 des Rates vom 8. Oktober 2001 über das Statut der Europäischen Gesellschaft(SE)(SEAG) vom 22.12.2004 als Art. 1 Gesetz zur Einführung der Europäischen Gesellschaft vom 22.12.2004, BGBl. I 2004, 3675, abgedr. u.a. in Lutter/Hommelhoff, Komm. SE, S.29 ff.

③　Richtlinie 2001/86/EG des Rates vom 8. Oktober 2001, ABl. EG Nr. L 294 vom 10.11.2001, S.22, umgesetzt durch Gesetz über die Beteiligung der Arbeitnehmer in einer Europäischen Gesellschaft(SEBG) vom 22.12.2004 als Art. 2 Gesetz zur Einführung der Europäischen Gesellschaft vom 22.12.2004, BGBl. I 2004, 3675, 3686, abgedr. u.a. in Habersack/Verse, Europäisches Gesellschaftsrecht, §13 Rn.52; Lutter/Bayer/J. Schmidt, Europäisches Unternehmens- und Kapitalmarktrecht, S. 1571 ff.; Lutter/Hommelhoff, Komm. SE, S.1189 ff.

④　Vgl. zum Verhältnis von nationalem zu Gemeinschaftsrecht insbes. Hommelhoff in Lutter/Hommelhoff, Europäische Gesellschaft, S.5 ff.

论述势必超出本书的论述范围,因此本章仅对所在地位于德国的**"二元制"(即采取二元组织机构的)欧洲公司**中监督机构及其成员的权利与义务进行论述。①

近年来,特别是在德国,普通的欧洲公司和特殊的"二元制"欧洲公司已成为实践广泛采用的企业法律形式。②其原因除了强调通过将欧洲公司所谓商号以继续推进企业的国际化之外,更基于职工参与企业决策方面的考虑(另见边码 1353 及以下)。

■ 第二节 "二元制"欧洲公司中监督机构的基本结构

欧洲公司监事机构与德国股份有限公司监事会之间的"近亲关系"(相似性)是由《欧洲公司法令》中国内法所占据的高份额以及"二元制"设计所导致的。**原则上欧洲公司的监督机构以与股份有限公司监事会相同的方式**运行着。因此,其职责包括:聘任及解聘经营管理机构成员;对其实施监督并与之进行讨论;真正参与决定某些事务。③   1352

然而,股份有限公司监事会与之存在重大**差异**,尤其是在职工**共同决策**领域。适用于德国股份有限公司的共同决定方面的法律规范(《三分之一参与法》《共同决定法》《煤铁工业共同决定法》《煤铁工业共同决定补充法》)不适用于欧洲公司。④更确切地说,《欧洲公司法令》与 2001/86/EG 指令一道推出了有关职工参与规则的谈判解决机制,后一项指令已借由《欧洲公司职工参与法》完成国内法转化。因此在设立或转制为欧洲公司的情况下,首先参与设立的公司的管理层将与职工特别为此建立的谈判机构进行谈判,从而形成可能的参与协议(《欧洲公司职工参与法》第 21 条)。若谈判失败,则适用法定规则;该规则规定职工参与的程度取决于参与设立的公司机构中职工代表的最   1353

---

① 同样可以创立采取一元制机构的所在地位于德国的欧洲公司,Art. 43 ff. SE-VO,§§ 20 ff. SEAG(著名的实例:PUMA SE)。此类公司中不存在监督机构;näher dazu Teichmann in Lutter/Hommelhoff, Komm. SE, Art. 43 SE-VO Rn. 63 ff.; Verse in Habersack/Drinhausen, Komm. SE-Recht, Anh. Art. 43 SE-VO Vor § 20 SEAG Rn. 1 ff.。

② Prominente Beispiele(jeweils mit dualistischer Führungsstruktur): Allianz, BASF, E. ON, MAN, Porsche, SGL Carbon. Bei Bertelsmann und Fresenius fungiert eine dualistisch organisierte SE jeweils als Komplementärin einer SE & Co. KGaA. Näher zur rechtstatsächlichen Verbreitung der SE in Deutschland Habersack/Verse, Europäisches Gesellschaftsrecht, § 13 Rn. 6; Verse in Habersack/Drinhausen, Komm. SE-Recht, Anh. Art. 43 SE-VO Vor § 20 SEAG Rn. 10.

③ Vgl. für die AG Rn. 62.

④ Vgl. § 47 Abs. 1 Nr. 1 SEBG und dazu Oetker in Lutter/Hommelhoff, Komm. SE, § 47 SEBG Rn. 6; Hohenstatt/Müller-Bonanni in Habersack/Drinhausen, Komm. SE-Recht, § 47 SEBG Rn. 3.

高比例(《欧洲公司职工参与法》第 35 条,所谓的"事先—事后原则")。①如果一家适用《共同决定法》或《三分之一参与法》的股份公司参与了欧洲公司的设立,那么通常情况下职工的数量均等参与或三分之一参与将在欧洲公司的监事会中继续得到实施。

1354　　尽管存在前述的"事先—事后原则",但欧洲公司监管机构的共同决定仍然与股份公司监事会存在很大不同,尤其体现在以下几点:

1355　　(1)与实现数量均等共同决定的股份公司不同,监督机构的**成员数量**不受《共同决定法》第 7 条第 1 款第 1 句的要求限制。相反,《欧洲公司法令施行法》第 17 条第 1 款第 1 和第 3 句(结合《欧洲公司法令》第 40 条第 3 款第 2 句)赋予其更大的选择自由,从至少 3 名到最多 21 名成员(取决于股本金额)。若干大公司因此改制为欧洲公司,以**缩小监事会的规模**。②然而有争议的是,确定成员人数的权力是否仅由章程制定者(即创始人或股东大会)享有,还是亦可根据《欧洲公司职工参与法》第 21 条在共同决定协议中作出约定。③虽然鉴于《欧洲公司法令》第 40 条第 3 款第 1 句有充分理由认为章程制定者享有专属权限,④但是一审法院判决却持相反意见,并认为监督机构的规模属于可由共同决定协议加以约定的事项。⑤根据这一判决,应当可以通过共同决定协议作

----

① Näher zu den Modalitäten des Verhandlungsverfahrens und der Auffangregelung Habersack/Verse, Europäisches Gesellschaftsrecht, §13 Rn. 36 ff.; Lutter/Bayer/J. Schmidt, Europäisches Unternehmens- und Kapitalmarktrecht, §41 Rn.186 ff.

② Bei Allianz, BASF und E. ON z. B. von vormals 20 auf 12 Mitglieder; weitere Beispiele bei Habersack/Verse, Europäisches Gesellschaftsrecht, §13 Rn.7.

③ Für Ersteres Habersack, AG 2006, 345 ff. und ZHR 171(2007), 613, 632 ff.; Henssler/Sittard, KSzW 2011, 359, 361 ff.; Kiem, ZHR 173(2009), 156, 175 ff.; Ott in Semler/v. Schenck, Arbeitshandbuch für Aufsichtsratsmitglieder, §16 Rn. 16; Verse in Habersack/Drinhausen, Komm. SE-Recht, Anh. Art. 43 SE-VO §23 SEAG Rn.9 f.; für Letzteres aber LG Nürnberg-Fürth v. 8.2.2010—1 HK O 8471/09, AG 2010, 384(GfK); Oetker, ZIP 2006, 1113 ff.; Teichmann in Lutter/Hommelhoff, Komm. SE, Art. 43 SE-VO Rn.36 ff.; Austmann in FS Hellwig, S.105, 110 ff.; Seibt in Habersack/Drinhausen, Komm. SE-Recht, Art. 40 SE-VO Rn.66 m.w.N.

④ Dass nach Art. 4 Abs. 2 lit. g SE-RL und §21 Abs. 3 Satz 2 Nr. 1 SEBG auch die Zahl der Arbeitnehmervertreter zum Inhalt der Beteiligungsvereinbarung gehört, kann für die hier interessierende Frage nicht den Ausschlag geben, da diese Regelung auch dann ihren Sinn behält, wenn man davon ausgeht, dass der Satzungsgeber die Organgröße bestimmt und die Sozialpartner die Zahl der Arbeitnehmervertreter in Relation zu der satzungsmäßigen Größe vereinbaren.

⑤ LG Nürnberg-Fürth v. 8.2.2010—1 HK O 8471/09, AG 2010, 384(GfK), allerdings ohne nähere Begründung; zustimmende Besprechungen bei Kiefner/Friebel, NZG 2010, 537 ff.; Seibt, ZIP 2010, 1057 ff.; Teichmann, BB 2010, 1114 f.; ablehnend Kiem, Der Konzern 2010, 275 ff.

出与《欧洲公司法令施行法》第 17 条第 1 款第 2 句所规定的成员数为三的倍数的要求不同的约定。①

（2）欧洲公司的共同决定法并未规定根据雇员人数动态调整共同决定的 1356 强度（三分之一参与、数量均等共同决定），但规定了欧洲公司设立时应原则上确定共同决定的程度，不论其雇员人数未来将发生怎样的变化。只有在欧洲公司进行结构调整时才能在《欧洲公司职工参与法》第 18 条第 3 款的前提下引发重新磋商雇员参与权的义务。②通过**"冻结共同决定状态"**，公司避免其之后可能达到《三分之一参与法》或《共同决定法》所规定的雇员门槛，从而必须实行三分之一共同决定或者数量均等共同决定。③

（3）尽管德国共同决定方面的法律规范未充分考虑国际化问题，但由于 1357 监事会向外国雇员代表开放，因此欧洲公司的共同决定法导致了**雇员代表的国际化**。④在共同决定协议中可以调整雇员席位的国际分配；此外，相关规范还规定了外国雇员的适当代表（《欧洲公司职工参与法》第 36 条）。共同决定协议的缔结创造了这样的机会，即可以根据公司及其工作人员的具体需求更加灵活地制定共同决定的具体规则，就像实行强制性共同决定法律规范的股份公司那样。⑤

■ 第三节　可适用的法律

　　要回答"哪类法律规范、哪些国内法以及欧洲规范性文件适用于欧洲公司" 1358

---

① Nachw. wie vorige Fn. Eine vom Dreiteilbarkeitsgebot abweichende Regelung begegnet z.B. auch bei der MAN SE(16 Mitglieder). Zu der mehr als berechtigten rechtspolitischen Kritik an §17 Abs. 1 Satz 2 SEAG s. nur Austmann in FS Hellwig, S.105, 108.

② Vgl. dazu Hohenstatt/Müller-Bonanni in Habersack/Drinhausen, Komm. SERecht, §18 SEBG Rn.7 ff.; Oetker in Lutter/Hommelhoff, Komm. SE, §18 SEBG Rn. 15 ff.; Ringe, NZG 2006, 931 ff.; Rieble, BB 2006, 2018 ff.

③ Habersack/Verse, Europäisches Gesellschaftsrecht, §13 Rn.45 m.w.N. Allerdings steht diese Regelung zur Disposition der Sozialpartner: In der Beteiligungsvereinbarung(§21 SEBG) kann vorgesehen werden, dass bei Überschreiten bestimmter Belegschafts-Schwellenwerte Verhandlungen über die Anpassung des Mitbestimmungsstatus aufzunehmen sind; Oetker in FS Konzen, S.635, 646; Hohenstatt/Müller-Bonanni in Habersack/Drinhausen, Komm. SE-Recht, §21 SEBG Rn.28.

④ Näher dazu Habersack/Verse, Europäisches Gesellschaftsrecht, §13 Rn.8 m.w.N.

⑤ Zu der nahe liegenden Forderung, diese Vorzüge der Verhandlungslösung auch für eine Reform der deutschen Mitbestimmungsgesetze fruchtbar zu machen, siehe den Vorschlag des Arbeitskreises Unternehmerische Mitbestimmung, ZIP 2009, 885 ff., sowie die darauf bezogenen Beiträge von Habersack, Hanau, Teichmann, Jacobs und Veil in ZIP 2009, Beil. zu Heft 48.

这个问题并不容易。①虽然目前正在对规范层面及规范等级的数量进行讨论，②但作为可直接适用的法令的《欧洲公司法令》（尤其是第9条）却始终是人们关注的焦点。

1359　　根据该法令第9条，首先得到适用的是该法令本身以及其所允许的（欧洲）公司章程。根据第9条第1款c项，国内法的适用要更加复杂。对于《欧洲公司法令》未予规定的领域来说，同样如此。只要涉及这些领域，就要首先适用《欧洲公司法令施行法》，其次适用德国股份有限公司方面的法律规范，最后适用已满足《股份法》第23条第5款严格章程要求的公司章程。由此产生以下四个层次：《欧洲公司法令》《欧洲公司法令施行法》《股份法》以及章程。③简言之：只要章程中的特别规定或者《欧洲公司法令施行法》和《欧洲公司法令》中的优先适用条款未排除所在地国股份有限公司方面一般法律规范的适用，此类法律规范就适用于欧洲公司。④

■ 第四节　组成与组织

一、监督机构的组成

1360　　在欧洲公司中，监督机构成员原则上由股东大会予以聘任（《欧洲公司法令》第40条第2款第1句）。然而在实行共同决定的公司中，必须在股东代表和职工代表之间作出区分，而就后者而言，还应区分所要适用的是谈判解决还是"承接规则"（标准规则）。⑤

1361　　**股东代表**通过股东大会选举（《欧洲公司法令》第40条第2款第1句）或者通过（派遣权人的）派遣（《欧洲公司法令》第40条第2款第3句、第47条第

---

① Ausführlich zur Normenhierarchie; Hommelhoff in Lutter/Hommelhoff, Europäische Gesellschaft, S.5 ff.

② Vgl. dazu Hommelhoff/Teichmann in Lutter/Hommelhoff, Komm. SE, Art. 9 SE-VO（§1 SEAG) Rn.34 ff.; C. Schäfer, MünchKomm. AktG, Art. 9 SE-VO Rn.21 f.

③ Hommelhoff/Teichmann in Lutter/Hommelhoff, Komm. SE, Art. 9 SE-VO（§1 SEAG) Rn.34 ff.; C. Schäfer, MünchKomm. AktG, Art. 9 SE-VO Rn.21 f.

④ Hommelhoff/Teichmann in Lutter/Hommelhoff, Komm. SE, Art. 9 SE-VO（§1 SEAG) Rn.42; C. Schäfer, MünchKomm. AktG, Art. 9 SE-VO Rn.2.

⑤ 就第一类监督机构而言，存在争议的是，该机构是否已实行共同决定以及国内法（《股份法》第30、31条）是否得到适用；vgl. Drygala in Lutter/Hommelhoff, Komm. SE, Art. 40 SE-VO Rn.16; Schwarz, Komm. SE-VO, Art. 40 Rn.51 ff.; Reichert/Brandes, MünchKomm. AktG, Art. 40 SE-VO Rn.43 ff.; Seibt in Habersack/Drinhausen, Komm. SE-Recht, Art. 40 SE-VO Rn.47 ff.

4 款)而得到聘任。股东大会通过简单投票多数作出决议(《欧洲公司法令》第 57 条)。①根据《欧洲公司法令》第 53 条、第 54 条第 2 款,关于股东大会的组织、程序以及召集方式,适用所在地国股份有限公司所适用的规则,因此对于所在地位于德国的欧洲公司,适用《股份法》针对股份公司监事选聘所作的规定。

派遣权人可以通过行使派遣权进行聘任的依据是《欧洲公司法令》第 40 条第 2 款第 3 句、第 47 条第 4 款,但由于该法令未就其作出相应规定,因此根据该法令第 9 条第 1 款 c 项 ii,派遣要根据《股份法》第 101 条第 2 款进行。②

就监督机构中**职工代表**的聘任而言,根据《欧洲公司法令》第 40 条第 2 款第 3 句,首先得到适用的是在《欧洲公司职工参与法》所规定的职工参与程序中所达成的协议。③职工的以下权利可以成为该协议的客体,即他们既可以自行直接聘任一部分监督机构成员,也可以推荐或拒绝聘任(《欧洲公司职工参与法》第 21 条第 3 款第 2 句第 2 项)。换言之,达成以下协议是被允许的,即(1)职工代表可以直接自行进行聘任,也可以(2)职工代表应职工的推荐由股东大会实施聘任。④在适用"承接规则"(标准规则)时,前述第二类协议得到采用:根据《欧洲公司法令》第 36 条第 4 款所有监督机构成员均由股东大会选出,但在选举职工代表时股东大会要受职工建议的约束。⑤

1362

---

① Hiervon abweichende Satzungsregeln(§133 Abs. 2 AktG) sind nach zutreffender Ansicht mit Art. 57 SE-VO unvereinbar, da sie nicht vom nationalen Recht „vorgeschrieben" werden; Paefgen, Kölner Komm. AktG, Art. 40 SE-VO Rn. 38; Seibt in Habersack/Drinhausen, Komm. SE-Recht, Art. 40 SE-VO Rn. 36; a. A. Drygala in Lutter/Hommelhoff, Komm. SE, Art. 40 SE-VO Rn. 6; Reichert/Brandes, MünchKomm. AktG, Art. 40 SE-VO Rn. 29.

② Reichert/Brandes, MünchKomm. AktG, Art. 40 SE-VO Rn. 35; Seibt in Habersack/Drinhausen, Komm. SE-Recht, Art. 40 SE-VO Rn. 37.

③ Drygala in Lutter/Hommelhoff, Komm. SE, Art. 40 SE-VO Rn. 7; Seibt in Habersack/Drinhausen, Komm. SE-Recht, Art. 40 SE-VO Rn. 38.

④ Verschiedentlich wird allerdings vertreten, dass Art. 40 Abs. 2 Satz 1 SE-VO nur für die zweite Variante Raum lasse; Jacobs, MünchKomm. AktG, §21 SEBG Rn. 19a; Paefgen, Kölner Komm. AktG, Art. 40 SE-VO Rn. 44 ff. Dem ist jedoch in Übereinstimmung mit der h.M. und mit Blick auf Art. 40 Abs. 2 Satz 3 SE-VO nicht zu folgen; Seibt in Habersack/Drinhausen, Komm. SE-Recht, Art. 40 SEVO Rn. 38; Verse in Habersack/Drinhausen, Komm. SE-Recht, Art. 43 Rn. 29 mit zahlreichen Nachw.

⑤ Kritisch Schwarz, Komm. SE-VO, Art. 40 Rn. 44, der §36 Abs. 4 SEBG für nicht verordnungskonform hält und der Bestellung durch die Hauptversammlung nur deklaratorischen Charakter attestiert. Gegen diese Kritik jedoch mit Recht die h. M., etwa Drygala in Lutter/Hommelhoff, Komm. SE, Art. 40 SE-VO Rn. 8; Seibt in Habersack/Drinhausen, Komm. SE-Recht, Art. 40 SE-VO Rn. 39; Verse in Habersack/Drinhausen, Komm. SE-Recht, Art. 43 SE-VO Rn. 30.

1363   此外,根据《股份法》第 98、99、104 条,关于由法院决定监事会组成的规定在这里同样适用。①关于可能的聘任障碍(《股份法》第 100 条)参阅边码 1403。

二、解聘,辞职

1364   《欧洲公司法令》未规定监事的**解聘**。因此,根据该法令第 9 条第 1 款 c 项 ii、第 52 条第 2 项,对此要适用国内法,即《股份法》第 103 条。②因此与在股份有限公司中一样,监事会中的股东代表可以由股东大会提前解聘(《股份法》第 103 条第 1 款第 1 句)。同样地,为此需要取得四分之三的投票多数,只要章程未降低必要多数的要求(《欧洲公司法令》第 57 条后半句结合《股份法》第 103 条第 1 款第 2 句)。③针对受派遣进入监事会的监事以及司法解聘的可能性适用《股份法》第 103 条第 2、3 款。职工代表的解聘适用共同决定协议以及(辅助地适用)《欧洲公司职工参与法》第 37 条的相关规定。④

        而就**辞职**而言,同样要适用国内法的有关规定;⑤因此可以参阅关于股份有限公司的相关论述(边码 35 及以下)。

三、任期

1365   监事的任期取决于欧洲公司的**章程**。与股份有限公司的章程不同,欧洲公司的章程必须强制规定一个任期,⑥该任期不得超过六年,《欧洲公司法令》

---

①　Dies folgt aus Art. 9 Abs. 1 lit. c ii SE-VO; Seibt in Habersack/Drinhausen, Komm. SE-Recht, Art. 40 SE-VO Rn.42, 74.

②　Reichert/Brandes, MünchKomm. AktG, Art. 40 SE-VO Rn.57 ff.; Seibt in Habersack/Drinhausen, Komm. SE-Recht, Art. 40 SE-VO Rn.55 ff.; gegen eine jederzeitige freie Abberufung aber Hommelhoff, AG 2001, 279, 283; Hirte, NZG 2002, 1, 5.

③　Str., wie hier Bücker in Habersack/Drinhausen, Komm. SE-Recht, Art. 57 SE-VO Rn. 20; Kiem, Kölner Komm. AktG, Art. 57 SE-VO Rn. 28; ferner Verse in Habersack/ Drinhausen, Komm. SE-Recht, Anh. Art. 43 SE-VO § 29 SEAG Rn.5 ff. (zur Parallelfrage im monistischen System); a.A.—stets einfache Mehrheit, da § 103 Abs. 1 Satz 2 AktG dispositiv ist und daher keine höhere Mehrheit im Sinne des Art. 57 Halbs. 2 SE-VO „vorschreibe"—Brandt, Die Hauptversammlung der Europäischen Aktiengesellschaft, S. 148, 243; Paefgen, Kölner Komm. AktG, Art. 40 SE-VO Rn. 81; Seibt in Habersack/ Drinhausen, Komm. SE-Recht, Art. 40 SE-VO Rn.55.

④　Näher dazu Seibt in Habersack/Drinhausen, Komm. SE-Recht, Art. 40 SE-VO Rn. 60 f.

⑤　Drygala in Lutter/Hommelhoff, Komm. SE, Art. 40 SE-VO Rn. 11; Reichert/ Brandes, MünchKomm. AktG, Art. 40 SE-VO Rn.66.

⑥　Teichmann in Lutter/Hommelhoff, Komm. SE, Art. 46 SE-VO Rn.3; Reichert/ Brandes, MünchKomm. AktG, Art. 46 SE-VO Rn. 3; Drinhausen in Habersack/ Drinhausen, Komm. SE-Recht, Art. 46 SE-VO Rn.9.

第 46 条第 1 款。不过,人们通常认为章程仅规定一个最高期限即可,而具体的任期可以留给聘任机构来确定。①该条款保障聘任机构人事权的目的通过这一解释而得以实现。从《欧洲公司法令》第 46 条第 2 款我们可以推知,虽然**续聘**不能自动完成,但却可以在遵守章程限制的前提下得以实现。②为了避免对上述"六年"任期的规避,在提前续聘时,剩余的任期必须被计算在所允许的最高任期(六年)之内。③

由此可见,《欧洲公司法令》对任期和续聘这两类重要章程事项作出了全面规定。《欧洲公司法令》第四十六条不允许国内立法者作出进一步限制。《股份法》第 84 条第 1 款第 3 句规定在本任期届满前至少一年之前不得续聘董事(边码 357),此项规定不适用于欧洲公司的董事。甚至对监事的类推适用都必须被排除。④ 1366

四、主席及代理主席

监事会从其成员中选出一位**主席**,在实行数量均等共同决定的公司中其只能是资方代表(《欧洲公司法令》第 42 条)。⑤根据《欧洲公司法令》第 50 条第 2 款第 1 句,监事会表决过程中若出现僵局,主席的投票将起到决定性作用。⑥**该决定性投票**同时适用于实行和非实行共同决定的公司。但只有在实现数量均等共同决定的公司中才具有强制性(《欧洲公司法令》第 50 条第 2 款第 2 1367

---

① H.M., Eberspächer in Spindler/Stilz, Komm. AktG, Art. 46 SE-VO Rn.5; Hoffmann-Becking, ZGR 2004, 355, 364; Reichert/Brandes, MünchKomm. AktG, Art. 46 SE-VO Rn.3; ausführlich Drinhausen/Nohlen, ZIP 2009, 1890, 1892 ff.; a.A. Austmann in Münchener Hdb. AG, §85 Rn.4 f.; Teichmann in Lutter/Hommelhoff, Komm. SE, Art. 46 SE-VO Rn.4.

② Teichmann in Lutter/Hommelhoff, Komm. SE, Art. 46 SE-VO Rn.9 f.; Reichert/Brandes, MünchKomm. AktG, Art. 46 SE-VO Rn.12; Drinhausen in Habersack/Drinhausen, Komm. SE-Recht, Art. 46 SE-VO Rn.19 f.

③ Reichert/Brandes, MünchKomm. AktG, Art. 46 SE-VO Rn. 12; Drinhausen in Habersack/Drinhausen, Komm. SE-Recht, Art. 46 SE-VO Rn.19.

④ Ebenso Drinhausen in Habersack/Drinhausen, Komm. SE-Recht, Art. 46 SE-VO Rn.19; a.A. aber sowohl für Vorstands- als auch für Aufsichtsratsmitglieder Siems, Kölner Komm. AktG, Art. 46 SE-VO Rn.18 ff., 21.

⑤ Zum Wahlverfahren siehe Art. 50 Abs. 1 SE-VO(dazu sogleich Rn.1369 ff.); ferner Drinhausen in Habersack/Drinhausen, Komm. SE-Recht, Art. 42 SE-VO Rn.9 ff.

⑥ Anders als in der paritätisch mitbestimmten AG bedarf es bei Stimmengleichheit keiner zweiten Abstimmung(§29 Abs. 2 Satz 1 MitbestG); vielmehr gibt die Stimme des Vorsitzenden gleich bei der ersten Abstimmung den Ausschlag; Teichmann in Lutter/Hommelhoff, Komm. SE, Art. 50 SE-VO Rn.24; Reichert/ Brandes, MünchKomm. AktG, Art. 50 SE-VO Rn.17.

句）。通过这种方式，**股东的最终决定权**在这些公司得到保证。① 相反，在不实行数量均等共同决定的公司中，公司章程可以废止主席的决定性投票制度。

1368　　《欧洲公司法令》未对选举一名或多名**代理主席**作出规定。因此，依该法令第 9 条第 1 款 c 项 ii，此时适用《股份法》第 107 条第 1 款的规定，据此必须至少选出一名代理主席。若主席因故不能履职，则代理主席依照《股份法》第 107 条第 1 款第 3 句享有与主席相同的权利。因此，在章程作出不同规定时，原则上也可将前述决定性投票权赋予他行使。② 然而根据决定性投票权制度的意义和目的，在实行数量均等共同决定的公司中，至少存在代理主席必须是资方代表的限制性条件。因此，决定性投票权不得被赋予劳方代表。③ 相反，在实行数量均等共同决定的公司中，没有理由排除职工代表担任代理主席的资格；为了维护股东的最终决定权，只需保证职工代表不被赋予决定性投票权即可。④

五、决议及议事规程(行为守则)

1369　　（1）欧洲公司的监督机构通过**决议**作出决定。虽然就实行"数量均等共同决定"的公司而言存在一些例外情况，但章程仍可以作出关于决议能力及决议作出的规定。

1370　　《欧洲公司法令》第 50 条第 1 款 a 项规定，只有当监督机构的至少半数成员或其代表出席会议时，监督机构才具有**决议能力**。章程中要求更高"法定人数"的规定使得职工代表可以借此阻碍监督机构作出决议，因此对于实行"数量均等共同决定"的公司来说此类章程规定是不被允许的。⑤ 根据《欧洲公司法令》第 50 条第 1 款 b 项，监督机构以出席成员或成员代表的**多数**作出决议。

---

①　Teichmann in Lutter/Hommelhoff, Komm. SE, Art. 50 SE-VO Rn. 26; Drinhausen in Habersack/Drinhausen, Komm. SE-Recht, Art. 50 SE-VO Rn. 28.

②　Str., wie hier Paefgen, Kölner Komm. AktG, Art. 42 SE-VO Rn. 35; Sven H. Schneider, AG 2008, 887, 889 f.; Verse in Habersack/Drinhausen, Komm. SERecht, Anh. Art. 43 SE-VO §34 SEAG Rn. 9 ff. (zum monistischen System); a. A. Drygala in Lutter/Hommelhoff, Komm. SE, Art. 42 SE-VO Rn. 8; alle m. w. N.

③　In den Satzungen paritätisch mitbestimmter SE wird diese Einschränkung regelmäßig explizit klargestellt, sie gilt allerdings nach richtiger Ansicht ohnehin; dazu Verse in Habersack/Drinhausen, Komm. SE-Recht, Anh. Art. 43 SE-VO §34 SEAG Rn. 11 f.

④　Wie hier Kiem, ZHR 173 (2009), 156, 168; Verse in Habersack/Drinhausen, Komm. SE-Recht, Anh. Art. 43 SE-VO §34 SEAG Rn. 5 m. w. N.; a. A.—auch der stellvertretende Vorsitzender muss in der paritätisch mitbestimmten SE zwingend ein Anteilseignervertreter sein(Art. 42 Satz 2 SE-VO analog)—Paefgen, Kölner Komm. AktG, Art. 42 SE-VO Rn. 36; Reichert/Brandes, MünchKomm. AktG, Art. 42 SE-VO Rn. 19; Ott in Semler/v. Schenck, Arbeitshandbuch für Aufsichtsratsmitglieder, §16 Rn. 54.

⑤　Reichert/Brandes, MünchKomm. AktG, Art. 50 SE-VO Rn. 5.

由于对以下问题存在争议，即在表决时，弃权及无效票不被计算在内①还是根据《欧洲公司法令》第50条第1款b项被计为"反对"票（与《欧洲公司法令》第58条的条文相反），②因此推荐由章程对此作出相应规定。比如说，章程可以规定监督机构必须以投票多数作出决议。③

（2）对于**未出席会议的监事**的投票，根据《欧洲公司法令》第9条第1款c项ⅱ适用与股份有限公司相同的规定（《股份法》第108条第3款、第109条第3款；上文边码725及以下）。④无会议的决议程序没有什么特别之处；与股份有限公司相同（边码728），根据《股份法》第108条第4款的规定，此类决议可以以书面、远程通信或其他可比较的形式作出。

《欧洲公司法令》不包含关于因利益冲突而**排除表决权**的规定。因此对此同样适用与股份有限公司相同的规定（边码730、731）。⑤

（3）最后，监督机构可以自行制定**议事规程**（"行为准则"）；因为《欧洲公司法令》同样未对此作出明确规定，所以此时要适用股份有限公司方面的国内法律规范（边码652、653）。只要章程、国内法以及《欧洲公司法令》未作出相反规定，该议事规程就可以就监督机构内部组织方面的所有问题作出规定。⑥

六、由监督机构成员实施的经营管理

作为经营管理机构成员资格与监督机构成员资格"不相容性"的例外（《欧洲公司法令》第39条第3款第1句），《欧洲公司法令》第39条第3款第2—4句结合《欧洲公司法令施行法》第15条使监督机构的成员有机会获得经营管

1371

1372

1373

① Manz in Manz/Mayer/Schröder, Europäische Aktiengesellschaft SE, Art. 50 SEVO Rn.4.

② So mit Recht die h. M., Drinhausen in Habersack/Drinhausen, Komm. SE-Recht, Art. 50 SE-VO Rn.16; Schwarz, Komm. SE-VO, Art. 50 Rn.12; Teichmann in Lutter/Hommelhoff, Komm. SE, Art. 50 SE-VO Rn.17; ausführlich Reichert/Brandes, MünchKomm. AktG, Art. 50 SE-VO Rn.12 ff.

③ Siehe zum Aktienrecht oben Rn.733 ff.

④ Drinhausen in Habersack/Drinhausen, Komm. SE-Recht, Art. 50 SE-VO Rn.12 f. m.w.N.; ausführlich Schumacher, NZG 2009, 697 ff.; anders noch 5. Aufl. § 108 Abs. 3 AktG lässt zwar nur die Stimmbotenschaft und keine Stellvertretung im Sinne der §§ 164 ff. BGB zu. Das steht aber zu Art. 50 Abs. 1 SE-VO(„anwesend oder vertreten") nicht im Widerspruch, da die SE-VO mit „Vertretung" nur untechnisch auf die Möglichkeit der Einschaltung von Hilfspersonen verweist.

⑤ Drinhausen in Habersack/Drinhausen, Komm. SE-Recht, Art. 50 SE-VO Rn.21; Ott in Semler/v. Schenck, Arbeitshandbuch für Aufsichtsratsmitglieder, § 16 Rn.67.

⑥ Schwarz, Komm. SE-VO, Art. 40 Rn.87; Seibt in Habersack/Drinhausen, Komm. SE-Recht, Art. 40 SE-VO Rn.28.

理机构的空缺职位。是否"派遣"一名监事进入董事会由监事会通过决议作出决定,而且监事会必须预先为该"派遣"确定一个期限,即使有关人员得到续聘或任期被延长该期限也不得超过一年(《欧洲公司法令施行法》第 15 条)。派遣的前提条件是经营管理机构中存在一个"空缺的"职位(《欧洲公司法令》第 39 条第 3 款第 2 句)。因此与《股份法》第 105 条第 2 款中的类似规定不同,如果有关的经营管理机构成员只是暂时无法履行职务(例如患病、休假),那么监事会不得进行上述派遣。①

1374　　被派遣监督机构成员的职务在派遣期间内中止(《欧洲公司法令》第 39 条第 3 款第 3 句),但其成员资格仍被保留。

七、会议数量,召开

1375　　《欧洲公司法令》未就会议数量作出规定。②根据该法令第 9 条第 1 款 c 项 ii,此时要适用《股份法》第 110 条第 3 款的规定,也就是说监督机构必须每半年举行两次会议;而就非上市公司而言,每半年仅召开一次会议即可。此外,监督机构的每名成员以及经营管理机构均可以随时要求监督机构主席毫不迟延地召开监督机构会议,《股份法》第 110 条第 1、2 款同样是可适用的。③

八、委员会

1376　　因为《欧洲公司法令》未作出相关规定,所以就监督机构内部委员会的设立而言要适用国内法的规定(《股份法》第 107 条第 3 款)。④因此在欧洲公司中不仅可以设立筹备及监督委员会,而且可以设立**决策委员会**(有权作出决议)。⑤但仍然建议章程对设立决策委员会作出明确授权,因为部分学者认为若不这样做,《欧洲公司法令》第 50 条将与决议权的授予相违背。⑥由于欧洲公司

---

① Seibt in Lutter/Hommelhoff, Komm. SE, Art. 39 SE-VO(§§ 15, 16 SEAG) Rn. 36; Schwarz, Komm. SE-VO, Art. 39 Rn. 67; Reichert/Brandes, Münch- Komm. AktG, Art. 39 SE-VO Rn. 50.

② Anders aber Art. 44 Abs. 1 SE-VO zum Verwaltungsrat im monistischen System.

③ Seibt in Habersack/Drinhausen, Komm. SE-Recht, Art. 40 SE-VO Rn. 25.

④ Drygala in Lutter/Hommelhoff, Komm. SE, Art. 40 SE-VO Rn. 5; Seibt in Habersack/Drinhausen, Komm. SE-Recht, Art. 40 SE-VO Rn. 27.

⑤ Zu den Grenzen der Delegation von Beschlusskompetenzen siehe aber § 107 Abs. 3 Satz 3 AktG und oben Rn. 744.

⑥ So Teichmann in Lutter/Hommelhoff, Komm. SE, Art. 50 SE-VO Rn. 22 f.; Manz in Manz/Mayer/Schröder, Europäische Aktiengesellschaft SE, Art. 40 SE-VO Rn. 5, 19; ebenso auch noch 5. Aufl. Rn. 1372. Ob Art. 50 SE-VO wirklich eine Aussage zur Ausschussbildung zu entnehmen ist, ist allerdings zweifelhaft; zurückhaltend auch Eberspächer in Spindler/Silz, Komm. AktG, Art. 44 SE-VO Rn. 5; Verse in Habersack/Drinhausen, Komm. SE-Recht, Anh. Art. 43 SE-VO § 34 SEAG Rn. 22.

不实行共同决定(《欧洲公司职工参与法》第 47 条第 1 款第 1 项),所以其不必设立《共同决定法》第 27 条第 3 款意义上调解委员会。其他情况则适用股份法规范的相关规定(边码 743 及以下)。

■ 第五节　监督

在欧洲公司中,监督机构的核心职责仍然是对经营管理机构所实施的经营管理进行监督(《欧洲公司法令》第 40 条第 1 款第 1 句)。与股份有限公司的监事会一样,欧洲公司的监督机构同样不得自行开展公司业务(《欧洲公司法令》第 40 条第 1 款第 2 句)。 　1377

一、概述

信息是监督机构最重要的监督手段。没有确切的信息,监督机构成员就无法对经营管理机构所实施的经营管理的合法性、合规则性、合目的性以及经济性获得全面的了解。因此,了解公司内部的事件是有效监督不可或缺的前提条件。 　1378

二、信息

《欧洲公司法令》第 41 条已就信息的提供及获取作出规定。其中包括两方面内容:一方面,经营管理机构有义务主动向监督机构作出定期及特别报告;另一方面,监督机构有权要求经营管理机构为其提供所有必要信息并自行或委托他人对这些信息进行审查。存在争议的是,国内法是否以及在怎样的范围内得到适用,也就是说,除《欧洲公司法令》第 41 条之外,《股份法》第 90 条、第 111 条第 2 款是否同样适用;[1]不过人们已经达成共识的是:欧洲公司监督机构的信息在内容上几乎与股份有限公司监事会的信息不存在任何差别。[2] 　1379

(一)《欧洲公司法令》第 41 条所规定的监督机构的信息

就像上文已简要说明的那样:一方面,监督机构通过经营管理机构定期(《欧洲公司法令》第 41 条第 1 款)或基于特殊理由(《欧洲公司法令》第 41 条 　1380

---

[1]　Ablehnend Schwarz, Komm. SE-VO, Art. 41 Rn. 33; Manz in Manz/Mayer/Schröder, Europäische Aktiengesellschaft SE, Art. 41 SE-VO Rn. 31; befürwortend Reichert/Brandes, MünchKomm. AktG, Art. 41 SE-VO Rn. 3; Seibt in Habersack/Drinhausen, Komm. SE-Recht, Art. 41 SE-VO Rn. 4.

[2]　Krieger/Sailer in Lutter/Hommelhoff, Komm. SE, Art. 41 SE-VO Rn. 2; Manz in Manz/Mayer/Schröder, Europäische Aktiengesellschaft SE, Art. 41 SE-VO Rn. 31; Reichert/Brandes, MünchKomm. AktG, Art. 41 SE-VO Rn. 2.

第 2 款)主动向其作出的报告获得有关信息。只要经营管理机构希望或必须使监督机构作出决定（例如就一项需经同意的业务作出决议），它就必须在准备阶段就有关事项向监督机构作出详细报告。①另一方面，监督机构可以主动提出要求：根据《欧洲公司法令》第 41 条，监督机构有权要求经营管理机构提供所有实施监督所必需的信息（第 3 款）并自行或委托他人对这些信息进行审查（第 4 款）。该分类与股份有限公司中的分类相符。

1381　　（1）根据《欧洲公司法令》第 41 条第 1 款，**经营管理机构**必须至少每三个月就业务进展及其预期发展情况向监督机构作出一次定期**报告**（季度报告），而且该报告必须基本符合《股份法》第 90 条第 1 款第 1 句第 1—3 项的要求。②在这方面，读者可以参阅上文边码 193 及以下所作的论述。另外，从《欧洲公司法令》第 41 条第 1 款的表述我们可以得出以下结论，即经营管理机构有义务向监督机构作出"展望性"报告以及所谓的"后续"报告，这些报告必须对（与过去一段时间及预算数字相比较后的）"比较数字"进行详细探讨。③毫无疑问，报告的"强度"始终取决于单个欧洲公司的规模、经营范围以及经济状况，等等。如果欧洲公司拥有若干附属公司，而且其状况受这些附属公司状况的影响，那么欧洲公司经营管理机构必须将这些公司的状况纳入其报告中。④

1382　　（2）经营管理机构必须就**那些可能对欧洲公司的状况产生明显影响的事件**及时向监督机构作出报告并提供所有相关信息。虽然欧洲公司中负报告义务情况（事件）的"门槛"（"明显影响"）略低于股份有限公司中的相应"门槛"（"重大意义"），⑤但《欧洲公司法令》第 41 条第 2 款仍将《股份法》第 90 条第 1 款第 1 句第 4 项所规定的特别报告与该条第 1 款第 3 句所规定的特别报告（在重要方面）结合在一起（即要求欧洲公司的经营管理机构就有关事件向监督机构作出此类特别报告）。⑥公司的内部或"外来"事件（无论它们对公司产生

①　Krieger/Sailer in Lutter/Hommelhoff, Komm. SE, Art. 41 SE-VO Rn. 3.

②　Krieger/Sailer in Lutter/Hommelhoff, Komm. SE, Art. 41 SE-VO Rn. 2 f. Nach Seibt in Habersack/Drinhausen, Komm. SE-Recht, Art. 41 SE-VO Rn. 7 liegt dagegen der unionsrechtliche Mindestgehalt der Berichte unterhalb der Detailtiefe nach § 90 Abs. 1 Satz 1 Nr. 2 und 3 AktG; allerdings soll für die SE mit Sitz in Deutschland über Art. 9 Abs. 1 lit. c ii SE-VO doch wieder § 90 AktG zur Anwendung kommen; Seibt a. a. O. Rn. 4.

③　Krieger/Sailer in Lutter/Hommelhoff, Komm. SE, Art. 41 SE-VO Rn. 6; Seibt in Habersack/Drinhausen, Komm. SE-Recht, Art. 41 SE-VO Rn. 8.

④　Schwarz, Komm. SE-VO, Art. 41 Rn. 8; Seibt in Habersack/Drinhausen, Komm. SE-Recht, Art. 41 SE-VO Rn. 9.

⑤　Krieger/Sailer in Lutter/Hommelhoff, Komm. SE, Art. 41 SE-VO Rn. 12; Schwarz, Komm. SE-VO, Art. 41 Rn. 20.

⑥　Vgl. zu den Sonderberichten in der AG oben Rn. 208 ff.; Beispiele bei Krieger/Sailer in Lutter/Hommelhoff, Komm. SE, Art. 41 SE-VO Rn. 13.

积极还是消极影响)均可能导致经营管理机构必须就这些事件向监督机构作出报告。①只要经营管理机构在有关事件发生前就此向监督机构作出报告,也就是说监督机构仍能够就该事件作出自己的决定,该报告就被视为是被及时作出的。在情况紧急需监督机构尽快作出决定时,向监督机构主席(而非全体机构)作出报告即可。②若经营管理机构无法提前作出报告,则它必须事后毫不迟延地作出。

(3) 虽然《欧洲公司法令》第 41 条第 3 款第 1 句所规定的**监督机构的信息权**可以在《股份法》第 90 条第 3 款中找到其国内法上的相似权利,③但前者所表述的范围仍然大于后者。因此,监督机构有权要求经营管理机构为其提供履行监督职责所必需的所有信息。④这其中还包括关联公司中的事件,即使这些事件未对欧洲公司产生重大影响也同样如此。⑤《欧洲公司法令》第 41 条第 3 款含有这样一个限制:原则上,仅能向经营管理机构提出信息要求。比如说,只有在极端例外的情况(例如涉嫌犯罪)下才可以不经经营管理机构同意要求其下属职员提供相关信息。⑥

1383

(4) **每名**监督机构**成员**均享有信息权,但他们只能要求经营管理机构向全体监督机构提供信息(《欧洲公司法令》第 41 条第 3 款第 2 句结合《欧洲公司法令施行法》第 18 条)。

1384

(5) 最后,监督机构有权自行或委托他人对其所获得的信息进行**审查**。这对于其监督职责的履行来说是必不可少的。《欧洲公司法令》第 41 条第 4 款在欧洲公司中发挥着与《股份法》第 111 条第 2 款在股份有限公司中相同的作用(参见上文边码 241)。公司的账簿、文件以及全部资产均要接受审查。此时,审查是由一名监督机构成员自行实施,还是委托他人实施,并不重要。⑦但需注意的是,监督机构的此项审查权仅涉及"本"公司的资料和实物,而不涉及

1385

---

① Reichert/Brandes, MünchKomm. AktG, Art. 41 SE-VO Rn.7.

② Krieger/Sailer in Lutter/Hommelhoff, Komm. SE, Art. 41 SE-VO Rn.16; Seibt in Habersack/Drinhausen, Komm. SE-Recht, Art. 41 SE-VO Rn.17 m.w.N.

③ Zur AG vgl. oben Rn.212 ff.

④ 此时以明显滥用为限,监督机构因而享有广泛的判断空间;vgl. dazu Seibt in Habersack/Drinhausen, Komm. SE-Recht, Art. 41 SE-VO Rn.20 f.

⑤ Krieger/Sailer in Lutter/Hommelhoff, Komm. SE, Art. 41 SE-VO Rn.19.

⑥ Krieger/Sailer in Lutter/Hommelhoff, Komm. SE, Art. 41 SE-VO Rn.22; Seibt in Habersack/Drinhausen, Komm. SE-Recht, Art. 41 SE-VO Rn.23.

⑦ 在委托专家的情况下,对公司秘密的保护将通过一项保密协议而得到保障,vgl. Reichert/Brandes, MünchKomm. AktG, Art. 41 SE-VO Rn.24; Seibt in Habersack/Drinhausen, Komm. SE-Recht, Art. 41 SE-VO Rn.39.

其他公司(包括附属公司)的相关资料及实物。①

1386　　　（6）每名监督机构成员均有权了解监督机构所获得的信息。与《股份法》第 90 条第 5 款不同,《欧洲公司法令》第 41 条第 5 款不仅包括报告,而且包括经营管理机构提供给监督机构的全部信息(尤其是监督机构主席作为受领代理人所获得的信息)。②除此项"了解权"外,每名监事均有权获得一份由经营管理机构提供的书面报告,但监督机构另有规定的除外;由于《欧洲公司法令》未作出相应规定,因此《股份法》第 90 条第 5 款第 2 句得到适用(《欧洲公司法令》第 9 条第 1 款 a 项)。③

1387　　　（7）《欧洲公司法令》同样未规定报告的形式以及作出报告的方式,因此对此可以适用股份有限公司方面的国内法律规范,即《股份法》第 90 条第 4 款。④

1388　　　通过以上论述我们知道:在绝大多数情况下,《欧洲公司法令》中关于监督机构信息的规定均优先于国内法中的相关规定,而且从内容上看《欧洲公司法令》至少是符合股份有限公司中的信息及报告标准的。欧洲公司拥有与股份有限公司同样"严密"的"监督网"。

（二）监督机构在康采恩中的信息

1389　　　随着一家欧洲公司(作为"领导公司")与其他公司组成康采恩,其监督机构监督职责的范围和复杂性将相应地扩大和提高,而其权利的范围却未随之扩大。该欧洲公司的监督机构仍然仅对本公司经营管理机构所实施的经营管理(包括对康采恩进行的经营管理)进行监督。这方面的情况与在股份有限公司完全相同,因此读者可以参阅上文边码 141 及以下所作的论述。在这里,我们要注意的是《欧洲公司法令》第 41 条所规定的权利和义务与国内法之间的关系,这将导致比如说附属公司(的情况)必须被纳入《欧洲公司法令》第 41 条第 1 款所规定的报告中,只要这些附属公司的状况可能对欧洲公司产生影响或者在这些公司中发生了《欧洲公司法令》第 41 条第 2 款意义上的事件。但是同样根据《欧洲公司法令》第 41 条,欧洲公司的监督机构无权查阅附属公司的材料或动用其人员(边码 1385)。然而,与股份有限公司一样,欧洲公司也有权设置适用于整个康采恩的同意保留并制定服务于康采恩利益的报告规则

---

① Seibt in Habersack/Drinhausen, Komm. SE-Recht, Art. 41 SE-VO Rn. 35 m. w. N.; siehe auch oben Rn. 245 zur AG.

② Krieger/Sailer in Lutter/Hommelhoff, Komm. SE, Art. 41 SE-VO Rn. 30, 32.

③ Krieger/Sailer in Lutter/Hommelhoff, Komm. SE, Art. 41 SE-VO Rn. 31.

④ Lediglich hinsichtlich der Rechtzeitigkeit der Berichte ist Art. 41 Abs. 2 SEVO abschließend, vgl. Krieger/Sailer in Lutter/Hommelhoff, Komm. SE, Art. 41 SE-VO Rn. 33; im übrigen siehe Rn. 223 ff.

（参见上文边码 159 及以下，228 及以下）。

（三）报告规则

为使信息网能够适应单个欧洲公司的具体情况（即各公司不同的规模、经济状况、所属企业以及康采恩），建议由监督机构为经营管理机构制定一套业务守则（"行为准则"）。由于报告规则实质上属于一种业务守则（"行为准则"）（参见上文边码 317），而且《欧洲公司法令》又未对业务守则作出规定，因此根据《欧洲公司法令》第 9 条第 1 款 c 项 ii，对此要适用《股份法》第 77 条第 2 款第 1 句的规定。① 关于报告规则的细节，读者可以（在考虑到对《欧洲公司法令》第 41 条所作的论述的前提下）参阅边码 317 及以下所作的论述。②

1390

三、保密义务

与股份有限公司的监事一样，欧洲公司监督机构的成员同样负有保密义务（《欧洲公司法令》第 49 条前半句）。对于职工代表来说，更是如此（《欧洲公司职工参与法》第 38 条第 1 款）。在欧洲公司中此项保密义务不仅包括机密说明（报告）和商业秘密，而且包括所有被披露后可能损害公司利益的信息（无论这些信息是否已为公众所知悉）。③ 因此，只要披露某些信息可能给公司声誉造成损害，监督机构的成员就有义务对这些信息保持缄默。根据《欧洲公司法令》第 49 条后半句，基于国内法或公众利益可以产生一些对上述保密义务（监督机构成员在任期结束后仍负有此项义务）的例外。就所在地位于德国的公司而言，该例外指的是临时披露所享有的优先地位；即使在行政机关行使其知情权或者面对决算审计人员时，也同样如此。④ 保密义务是对《欧洲公司法令》第 41 条所规定的全面信息权的有效补充。因此，经营管理机构不得以所要求的信息涉及商业秘密为由拒绝监督机构的报告要求。

1391

---

① Reichert/Brandes, MünchKomm. AktG, Art. 40 SE-VO Rn. 21.

② Zur Berichtsordnung in der AG vgl. auch Lutter, Information und Vertraulichkeit, Rn. 100；zur Geschäftsordnung für den Verwaltungsrat einer monistischen SE vgl. Lutter/Kollmorgen/Feldhaus, BB 2007, 509 ff.

③ Teichmann in Lutter/Hommelhoff, Komm. SE, Art. 49 SE-VO Rn. 4；Manz in Manz/Mayer/Schröder, Europäische Aktiengesellschaft SE, Art. 49 SE-VO Rn. 8. Im Ergebnis besteht darin keine Verschärfung zur Rechtslage in der AG. Zwar bezieht sich die Verschwiegenheitspflicht nach §§ 93 Abs. 1 Satz 3, 116 Satz 2 AktG nur auf vertrauliche Angaben und Geheimnisse. Sofern ausnahmsweise auch durch die Verbreitung nicht vertraulicher Informationen ein Schaden droht, müssen die Organmitglieder hiervon aber auch in der AG aufgrund ihrer organschaftlichen Treuepflicht Abstand nehmen；Drinhausen in Habersack/Drinhausen, Komm. SE-Recht, Art. 49 SE-VO Rn. 7.

④ Teichmann in Lutter/Hommelhoff, Komm. SE, Art. 49 SE-VO Rn. 8 ff.；Reichert/Brandes, MünchKomm. AktG, Art. 49 SE-VO Rn. 10 ff.

四、(对经营管理)施加影响的可能性

1392　　根据欧洲公司中的权限分配,监督机构对经营管理机构施加影响的可能性是十分有限的。除(以)解聘(相威胁)之外,监督机构还可以通过同意保留和(为)经营管理机构(制定)业务守则("行为准则")对经营管理施加影响。

(一) 同意保留

1393　　同意保留是监督机构通过"预防性"监督对公司经营管理施加影响的最有效手段之一。在所在地位于德国的欧洲公司中,同意保留的设置要适用《欧洲公司法令》第 48 条结合《欧洲公司法令施行法》第 19 条的规定。与在股份有限公司中不同,①在欧洲公司中首先必须由章程强制性地规定若干同意保留。②未规定同意保留的章程是有缺陷的并以此构成欧洲公司获得注册的一个障碍。③其次,监督机构有权对章程所规定的同意保留进行补充(《欧洲公司法令》第 48 条第 1 款第 2 项结合《欧洲公司法令施行法》第 19 条)。监督机构也可以临时自行设置一些(针对特定业务的)同意保留。④德国法律未规定公司必须设置哪些同意保留。与股份有限公司一样,若欧洲公司的监督机构拒绝对某一业务予以同意(《股份法》第 111 条第 4 款第 3 句和第 4 句),则其股东大会可以以其同意取代监督机构的拒绝。⑤

1394　　关于其他方面(尤其是同意保留的被许可范围),读者可以参阅上文边码 112 及以下所作的论述。

(二) 经营管理机构业务守则("行为准则")

1395　　监督机构可以通过颁布一套含有业务分配规则的业务守则来组织经营管理机构的工作。《欧洲公司法令》在这方面未作出规定,因此《股份法》第 77 条得到适用(《欧洲公司法令》第 9 条第 1 款 c 项 ii)。⑥

---

①　Vgl. § 111 Abs. 4 Satz 2 AktG：„Die Satzung oder der Aufsichtsrat [...]".

②　Seibt in Habersack/Drinhausen, Komm. SE-Recht, Art. 48 SE-VO Rn. 4；Teichmann in Lutter/Hommelhoff, Komm. SE, Art. 48 SE-VO Rn. 5.

③　Seibt in Habersack/Drinhausen, Komm. SE-Recht, Art. 48 SE-VO Rn. 4；Teichmann in Lutter/Hommelhoff, Komm. SE, Art. 48 SE-VO Rn. 6.

④　Manz in Manz/Mayer/Schröder, Europäische Aktiengesellschaft SE, Art. 48 SEVO Rn. 15.

⑤　Teichmann in Lutter/Hommelhoff, Komm. SE, Anh. Art. 48 SE-VO (§ 19 SEAG) Rn. 5；Schwarz, Komm. SE-VO, Art. 48 Rn. 29；Reichert/Brandes, MünchKomm. AktG, Art. 48 SE-VO Rn. 16；Seibt in Habersack/Drinhausen, Komm. SE-Recht, Art. 48 SE-VO Rn. 19.

⑥　Seibt in Lutter/Hommelhoff, Komm. SE, Art. 39 SE-VO(§§ 15, 16 SEAG) Rn. 7, 8；Manz in Manz/Mayer/Schröder, Europäische Aktiengesellschaft SE, Art. 39 SE-VO Rn. 59, 106.

■ 第六节　经营管理机构成员的聘任，签订聘用合同(聘用关系)，解聘

(1) 根据《欧洲公司法令》第 39 条第 2 款第 1 项，监督机构通过**聘任**及解聘经营管理机构成员作出对公司最重要的决定。因为德国立法者未使用该条第 2 项中的授权，所以人事权仅由监督机构享有。经营管理机构成员的数量由章程规定(《欧洲公司法令》第 39 条第 4 款第 1 句结合《欧洲公司法令施行法》第 16 条第 1 句)。从《欧洲公司法令施行法》第 16 条第 2 句结合《欧洲公司法令》第 38 条第 2 款第 2 句中我们可以推知，欧洲公司有义务聘任一名职工董事。①经营管理机构成员的任期由章程确定；与国内法(《股份法》第 84 条第 1 款第 1 句)不同，该期限最长可达六年(《欧洲公司法令》第 46 条第 1 款)。虽然续聘不能自动完成，但却可以在遵守章程规定的前提下得以实现(《欧洲公司法令》第 46 条第 2 款)，只要总任职期间不会因此超过六年。②由于《欧洲公司法令》第 46 条第 2 款只对运行章程作出此类限制，因此国内立法者不得对此作出其他限制。《股份法》第 84 条第 1 款第 3 句允许最早在现任期届满前一年进行续聘(边码 357)(《欧洲公司法令》第 9 条第 1 款 c 项 ii)。

1396

(2) 经营管理机构成员的**解聘**同样由监督机构负责(《欧洲公司法令》第 39 条第 2 款第 1 项)。根据《欧洲公司法令》第 9 条第 1 款 c 项 ii，实质性条件依国内法确定；此时适用《股份法》第 84 条第 3 款。就**辞职**而言，同样适用国内法(边码 35 及以下)。③

1397

(3) 与在股份有限公司中一样，欧洲公司的监督机构同样负责与经营管理机构成员签订(及解除)**聘用合同**。根据《欧洲公司法令》第 9 条第 1 款 c 项 ii 结合《股份法》第 112 条，监督机构还要负责代理公司(面对经营管理机构成员)。④只有《欧洲公司法令》第 46 条第 1 款作出了与《股份法》不同的规定：聘用合同的最高期限取决于经营管理机构成员的最长任期，因而该期限不得超

1398

① Zur streitigen Frage, ob diese Regelung mit Art. 13 Abs. 2 der SE-Mitbestimmungsrichtlinie(Richtlinie 2001/86/EG) vereinbar ist, siehe einerseits Seibt in Habersack/Drinhausen, Komm. SE-Recht, Art. 39 SE-VO Rn. 41；andererseits Manz in Manz/Mayer/Schröder, Europäische Aktiengesellschaft SE, Art. 39 SEVO Rn.104.

② Teichmann in Lutter/Hommelhoff, Komm. SE, Art. 47 SE-VO Rn.10；Manz in Manz/Mayer/Schröder, Europäische Aktiengesellschaft SE, Art. 46 SE-VO Rn.4.

③ Paefgen, Kölner Komm. AktG, Art. 39 SE-VO Rn.72；Seibt in Habersack/Drinhausen, Komm. SE-Recht, Art. 39 SE-VO Rn.26.

④ Statt aller Seibt in Habersack/Drinhausen, Komm. SE-Recht, Art. 39 SE-VO Rn.29，31.

过六年。

■ 第七节　代理公司面对经营管理机构

1399　　《欧洲公司法令》未对面对经营管理机构成员时的公司代理作出规定,因此国内法的相关规定(即《股份法》第 112 条)得到适用。读者可以参阅上文边码 440 及以下所作的论述。

■ 第八节　会计

1400　　关于会计方面的问题,《欧洲公司法令》第 61 条(在第 62 条的前提下)作出简短而有说服力的规定,即对此要适用所在地国法的相关规定。这意味着此时关于年度决算、联合决算、状况报告及康采恩状况报告以及这些决算及状况报告的审计及公开的国内法规定将得到适用。此外,股东大会聘任决算审计人员(《欧洲公司法令》第 52 条第 2 项)[1]和监督机构委托审计(《欧洲公司法令》第 61 条,《股份法》第 111 条第 2 款第 3 句)[2]同样适用国内法。对于监督机构向股东大会作出报告、年度决算的确认以及利润分配而言,同样如此(《股份法》第 170 条到 176 条,经《欧洲公司法令》第 9 条第 1 款 c 项 ii 的援引)。[3]

■ 第九节　对《准则》的说明

1401　　在这里,对《准则》作出说明变得有些困难。因为《欧洲公司法令》中不含有关于"遵守说明"的规定,所以《股份法》第 161 条将得到适用(《欧洲公司法令》第 9 条第 1 款 c 项 ii)。[4]我们必须考虑到的一点是:从《准则》的结构来看,它就是为适用德国法的股份有限公司制定的。在作出"遵守说明"时必须注意到二元制欧洲公司与股份有限公司之间微小差别。[5]

---

①　Bücker in Habersack/Drinhausen, Komm. SE-Recht, Art. 52 SE-VO Rn.25.

②　Seibt in Habersack/Drinhausen, Komm. SE-Recht, Art. 40 SE-VO Rn.16.

③　Habersack in Habersack/Drinhausen, Komm. SE-Recht, Art. 61 SE-VO Rn.3; Kleindiek in Lutter/Hommelhoff, Komm. SE, Art. 61 SE-VO Rn.3.

④　Lutter, Kölner Komm. AktG, §161 Rn. 32 m. w. N.; zweifelnd Leyens, Großkomm. AktG, §161 Rn.128. Der Kodex selbst geht in seiner Präambel davon aus, dass er auf die SE mit Sitz in Deutschland anwendbar ist.

⑤　采取一元制机构的欧洲公司可以完全拒绝遵守《准则》中的建议,只要其中不存在与此类公司有关的修改;vgl. Lutter, Kölner Komm. AktG, 3. Aufl, §161 Rn.17.

■ 第十节　监督机构成员的权利与义务

除监督机构的权利和义务外，一家股份有限公司监督机构成员的权利和 1402
义务同样与监事的权利和义务极为相似。

一、个人前提条件

《欧洲公司法令》第 39 条第 3 款的不兼容性规则禁止一个人同时拥有监 1403
督机构和经营机构的成员资格。除此之外，借助该法令第 47 条第 2 款 a 项的
规定，一国国内股份法规范中的聘任禁令同样将得到适用。对于在德国拥有
住所的二元制欧洲公司而言，这意味着必须适用《股份法》第 100 条第 1、2、5
款和第 105 条第 1 款。[1]虽然依《欧洲公司法令》第 47 条第 1 款原则上可以聘
用法人，但在德国拥有住所的公司却没有机会这样做（《股份法》第 100 条第 1
款第 1 句）。除了股份公司的法律状况之外，聘任禁令也可能因成员国的司法
判决或行政决定而产生（《欧洲公司法令》第 47 条第 2 款 b 项），无论相关判决
或决定由哪一成员国作出。[2]

根据《欧洲公司法令》第 47 条第 3 款的规定，相关欧洲公司的章程可以规
定其他个人任职条件，但仅限于国内法允许的范围内，且仅限于资方代表。对
于在德国拥有住所的欧洲公司来说，这意味着股东大会选聘机构成员的自由
必须得到保障（《股份法》第 100 条第 4 款）。[3]就年龄规则而言，必须遵守德国
《一般平等待遇法》中的有关规定（参见上文边码 1196、1197）。针对职工代表
的其他任职要求可以在共同决定协议中加以约定（《欧洲公司职工参与法》
第 21 条）。[4]其他要求则来自《欧洲公司职工参与法》第 36 条第 3 款第 2 句结
合第 6 条第 2—4 款；据此，必须从全体职工和工会中招募职工代表并按照一
定比例进行选聘。

二、报酬

《欧洲公司法令》未对监督机构成员的报酬作出相应规定。因此根据《欧 1404

---

[1]　Drinhausen in Habersack/Drinhausen, Komm. SE-Recht, Art. 47 SE-VO Rn.15 ff.;
speziell zu § 100 Abs. 5 AktG Seibt in Habersack/Drinhausen, Komm. SE-Recht, Art. 40
SE-VO Rn.46.

[2]　Drinhausen in Habersack/Drinhausen, Komm. SE-Recht, Art. 47 SE-VO Rn.20;
Teichmann in Lutter/Hommelhoff, Komm. SE, Art. 47 SE-VO Rn.6.

[3]　Manz in Manz/Mayer/Schröder, Europäische Aktiengesellschaft SE, Art.47 SEVO
Rn.17.

[4]　Jacobs, MünchKomm. AktG, § 21 SEBG Rn.19a.

洲公司法令》第 9 条第 1 款 c 项 ii 和第 52 条第 2 款,此时适用《股份法》第 113 条。[①]在这方面,读者可以参阅上文(边码 842 及以下)所作的论述。

三、利益冲突

1405　　同样地,《欧洲公司法令》将利益冲突的解决留给国内法来完成。《股份法》第 114、115 条(结合《欧洲公司法令》第 9 条第 1 款 c 项 ii[②])以及有关的国内法院判决均对此作出规定;此时同样可以参阅上文对股份有限公司所作的论述(边码 894 及以下)。

■ 第十一节　责任

1406　　最后,《欧洲公司法令》第 51 条规定:领导及监督机构成员对欧洲公司的内部责任适用国内法的有关规定。因此《股份法》第 93 条、第 116 条(参见上文边码 981 及以下)得到全面适用。[③]相反,《欧洲公司法令》第 51 条未提交对第三人的外部责任;因此根据《欧洲公司法令》第 9 条第 1 款 c 项 ii[④]同样适用国内法的相关规定(参见上文边码 1027 及以下)。

　　边码 1407—1420 暂时空置。

---

① Spindler in Lutter/Hommelhoff, Komm. SE, Art. 52 SE-VO Rn. 38；Manz in Manz/Mayer/Schröder, Europäische Aktiengesellschaft SE, Art. 40 SEVO Rn. 36.

② Manz in Manz/Mayer/Schröder, Europäische Aktiengesellschaft SE, Art. 40 SE-VO Rn. 39；Seibt in Habersack/Drinhausen, Komm. SE-Recht, Art. 40 SE-VO Rn. 33.

③ Drinhausen in Habersack/Drinhausen, Komm. SE-Recht, Art. 51 SE-VO Rn. 7；Teichmann in Lutter/Hommelhoff, Komm. SE, Art. 51 SE-VO Rn. 13.

④ Drinhausen in Habersack/Drinhausen, Komm. SE-Recht, Art. 51 SE-VO Rn. 1.

第二十章

公共企业①监事会的特点

■ 第一节 引言

　　长时间以来，为了运营公共设施，公共部门除采用公法法律形式外还采用私法法律形式——特别是**股份有限公司**和**有限责任公司**。尤其是在地方一级，以有限责任公司或股份有限公司组织形式运营城市公用事业、交通公司、港口、机场、展会、运动场所、文化设施等等，是很常见的。在许多情况下，公共部门是唯一的股东，但现在已有越来越多的私人投资者加入了进来。特别是20世纪90年代后出现了一种所谓的"公共部门与私人企业合作模式"（又称公共私营合作制，Public Private Partnership，简称PPP），通过这种模式，联邦、州、市镇与私人投资者共同实施大型投资项目。②最后，还存在这样一类情况，即公共部门拥有曾作为国有企业的大型上市公司的大量股份。③

1421

　　如果公共部门参股企业设有监事会，那么就其职责、权限、内部规则（组织）以及监事的权利义务而言，首先要适用该企业所采取的法律形式的一般规则。若公共部门本身适用私法的法律形式，则其适用相应的生效公

1422

---

　　① 译者注：德国的公共企业指的是全部或部分属于公共部门所有或公共部门管理或经营的企业。在像德国这样的联邦制国家中，公共企业分为联邦所有、州所有和市镇所有的企业，而只有联邦所有的企业才是国有企业。因此为了避免混淆，译者采取"公共企业"（而非国内许多译者采取的"国有企业"）这一译法。

　　② Vgl. dazu etwa Schuppert, Grundzüge eines zu entwickelnden Verwaltungskooperationsrechts, Rechts- und verwaltungswissenschaftliches Gutachten erstellt im Auftrag des Bundesministerium des Inneren, 2001; Eifert, VerwArch 93(2002), 561; Mehde, VerwArch 91(2000), 540; Häfner, LKV 2005, 340; Kiethe, NZG 2006, 45.

　　③ Beispiele sind etwa die Beteiligungen der Ruhrgebietskommunen an der RWE AG, des Landes Niedersachsen an der Volkswagen AG oder des Bundes an der Deutsche Post AG und der Deutsche Telekom AG.

司法规范。①不过,在公司所涉及的范围内,公共部门所承担的特殊任务一方面可能会导致监事会以及监事在公共企业中地位的不同,另一方面可能会造成**公法与私法之间的冲突**。②特别是在以下两个领域中始终存在冲突,即公司法上的"不受指示约束"以及监事的保密义务。

■ 第二节　监事会的组成

1423　　公共预算法方面的法律规范通常规定,只有当公共部门能够对有关的私法企业,尤其是其监事会,施加**适当影响**时,公共部门才能对该企业进行参股。③此外,许多市镇法规要求市镇在一家资合公司制定公司合同时必须设法使自己获得监事"派遣"权;④公共部门代表(在监事会中)的比重通常必须根据参股份额加以确定。⑤市镇代表由市镇参议会(通过决议)选出;⑥在市镇企业实践中,这经常导致市镇参议会中的各党团将监事会席位在它们之间进行分配。有些市镇法规甚至规定,市镇所享有的监事会席位必须根据各党团的比例被加以分配。⑦然而,此类"**比例代表规则**"仅限于市镇选举决定,而丝毫不影响公司法上的聘任行为。即使监事的选举违反该"比例代表规则",有关的选举也仍然是有效且不可撤销的。⑧

1424　　需要强调的是,此项公法(意义)上的"比例代表规则"不会对监事**个人资格(能力)**方面的要求产生任何影响。即使是应公共部门建议而得到选聘的监事也必须具备履行其职务所必需的知识及经验(参见上文边码1009)。他们不能以其不具备相关知识为由免除自己的职责(责任)。最后,他们是作为市镇的代表被派遣到监事会中的,因此他们必须服从市镇参议会的决定。

---

　　① 　BGH v. 29.1.1962—II ZR 1/61, BGHZ 36, 296, 306; OVG Sachsen v. 3.7.2012—4 B 211/12, AG 2012, 883 Tz. 3 f.; VGH Kassel v. 9.2.2012—8 A 2043/10, AG 2013, 35 Tz. 74; vgl. auch Nowak/Wanitschek-Klein, Der Konzern 2007, 665.

　　② 　Oebbecke, Handbuch Kommunale Unternehmen, §9 Rn. 1; Cronauge/Westermann, Kommunale Unternehmen, Rn. 209.

　　③ 　Vgl. etwa §65 Abs. 1 Nr. 3 BHO; §65 Abs. 1 Nr. 3 LHO NW; §108 Abs. 1 Satz 1 Nr. 6 GO NRW; §109 Abs. 1 Nr. 6 GO Nds.; Art. 92 Abs. 1 Nr. 2 GO Bay.

　　④ 　Vgl. z.B. §113 Abs. 3 Satz 1 GO NRW; §111 Abs. 3 GO Nds.; Art. 93 Abs. 2 GO Bay.

　　⑤ 　Zieglmeier, LKV 2005, 338, 339.

　　⑥ 　Vgl. z.B. §113 Abs. 3 Satz 2 GO NRW; §98 Abs. 2 Satz 1 GO Sachs.

　　⑦ 　Vgl. z.B. §104 Abs. 2 GO BW; §88 Abs. 3, 1 Satz 5 GO RP; §98 Abs. 2 Satz 2 GO Sachs; §119 Abs. 1 Satz 2 GO Sachs-Anh.; §104 Abs. 1 Satz 3 GO Bbg.

　　⑧ 　Zieglmeier, LKV 2005, 338, 339; Keßler, GmbHR 2000, 71, 76.

■ 第三节 "不受指示约束"以及为企业利益实施行为的义务

就公共部门代表——尤其是市镇代表——而言,在公共企业实践中以下问题扮演着重要角色,即应政府机关建议而得到选聘的监事以及由政府机关派遣到监事会中的监事是否必须服从该**政府机关的指示**。在这里,我们主要讨论以下三种情况:第一种情况是,市镇参议会(通过决议)指示公用事业企业中的、应其建议而得到聘任的监事拒绝对经营管理层提出的关于提高天然气及供暖价格的提案;①第二种情况是,市镇参议会(通过决议)指示其派遣到地区公交公司中的监事大力主张继续运营某一夜间公交线路(虽然因无利可图已有必要取消21点后的公交线路);②第三种情况是,市镇参议会(通过决议)指示城市所有的有限责任公司监事会中的市镇代表解聘一名经理。③上述这些对监事表决行为施加影响的尝试对于有关监事怎能是有约束力的呢?

股份有限公司监事会中的公共部门代表同样必须**独自负责且"不受指示约束"**地履行其职务。对此,学术界过去还存在争议,但现在已达成共识。④即使市镇法规定"市镇所建议或派遣的监事要受市镇参议会决议⑤的约束"也不会对此有任何改变。这些规定有时附有明确的法定保留条件,也就是说只有当法律未作出不同规定时,这些规定才适用;⑥股份法上的"监事不受指示

1425

1426

① VG Arnsberg v. 13.7.2007—12 K 3965/06, ZIP 2007, 1988 mit Anm. Lutter.

② Beispiel bei Möller, Die rechtliche Stellung und Funktion des Aufsichtsrats in öffentlichen Unternehmen der Kommunen, 1999, S.76.

③ Beispiel bei Harder/Ruter, GmbHR 1995, 813.

④ Vgl. nur BVerwG v. 31.8.2011—8 C 16/10, ZIP 2011, 2054 Tz. 20 f.; OVG Münster v. 24.4.2009—15 A 2592/07, ZIP 2009, 1718, 1720; OVG Kassel v. 9.2.2012—8 A 2043/10, AG 2013, 35 Tz. 74, 80 ff.; OVG Sachsen v. 3.7.2012—4 B 211/12, AG 2012, 883; Hüffer, Komm. AktG, §394 Rn.28; Oebbecke, Handbuch Kommunale Unternehmen, §9 Rn.41; Cronauge/Westermann, Kommunale Unternehmen, Rn.209; Früchtl, Die Aktiengesellschaft als Rechtsform für die wirtschaftliche Betätigung der öffentlichen Hand, S.134 f.; Möller, Die rechtliche Stellung und Funktion des Aufsichtsrats in öffentlichen Unternehmen der Kommunen, S.91 ff.; Weber-Rey/Buckel, ZHR 177(2013), 13, 21 ff.; Spindler, ZIP 2011, 689, 694; Weckerling-Wilhelm/Mitsching, NZG 2011, 327, 328 f.; Lutter, ZIP 2007, 1991 f.; a.A. Heidel, NZG 2012, 48, 53 f., der ein Weisungsrecht aus §394 AktG ableiten will, dabei jedoch den engen Anwendungsbereich der Vorschrift(vgl. näher unten Rn.1431) überdehnt.

⑤ Z.B. §113 Abs. 1 Satz 2 GO NRW; §88 Abs. 5 Satz 2 GO RP; §111 Abs. 1 Satz 2 GO Nds.; §98 Abs. 1 Satz 5 GO Sachs.

⑥ Z.B. §113 Abs. 1 Satz 4 GO NRW; §88 Abs. 5 Satz 2 GO RP; §71 Abs. 1 Satz 4, Abs. 2 KVerf M-V.

约束"这一原则就属于此种"法律上的不同规定"。①作为州法的市镇法规中的指示约束无论如何都不能优先于作为联邦法的《股份法》而得到适用(《基本法》第 31 条)。②还有部分人持这样的观点,即只要尚在讨论中的指示不违背监事所负的为公司利益实施行为的股份法上的义务,市镇法规所规定的指示约束对监事就是有约束力的。③这种观点今天已经过时。因为哪些措施符合公司利益,既不是市镇参议会也不是行政法院所能决定的,而只有主管的公司机构才能作出判断。

1427   即使一家股份有限公司的监事是经公共部门的建议或派遣而得到选聘的,他们也仅**有义务**在履行其职责时**为公司利益**(而非设法使其获得聘任的政府机关或市镇参议会中某党团的利益)**实施行为**。虽然许多市镇法规均规定监事会中的市镇代表有义务在履行其职务时为本市镇利益实施行为,④但这些规定有时同样附有明确的法定保留条件,也就是说只有当法律未作出不同规定时,这些规定才适用;⑤另外在这里,作为州法的市镇法规中的、与《股份法》相违背的规定同样不能优先于更高位阶的联邦法而得到适用(《基本法》第 31 条)。因此监事为公司利益实施行为的排他性义务作为股份法规范的基本原则具有优先性。⑥然而,企业利益与公共利益并不矛盾:"企业利益"的保护目标同样包括股东利益以及公共部门利益。因此,公共部门的特殊公益利益通过股东利益而得到监事的考虑。⑦

---

① BVerwG v. 31.8.2011—8 C 16/10, ZIP 2011, 2054, Tz. 20 f.; OVG Münster v. 24.4.2009—15 A 2592/07, ZIP 2009, 1718, 1720; OVG Kassel v. 9.2.2012—8 A 2043/10, AG 2013, 35 Tz. 74, 80 ff.; OVG Sachsen v. 3.7.2012—4 B 211/12, AG 2012, 883; Hüffer, Komm. AktG, § 394 Rn.30.

② Vgl. nur OVG Münster v. 24.4.2009—15 A 2592/07, ZIP 2009, 1718, 1720; Hüffer, Komm. AktG, § 394 Rn. 30; Kiethe, NZG 2004, 993, 997; übersehen von VG Arnsberg v. 13.7.2007—12 K 3965/06, ZIP 2007, 1988, 1990 f.

③ So noch OVG Münster v. 11.12.2006—15 B 2625/06, NVwZ 2007, 609; VG Arnsberg v. 13.7.2007—12 K 3965/06, ZIP 2007, 1988, 1990; ähnlich auch noch Mertens, Kölner Komm. AktG, 2. Aufl. § 101 Rn.55; Geßler in Geßler/Hefermehl/Eckardt/Kropff, Komm. AktG, § 101 Rn.99; Schwintowski, NJW 1990, 1009, 1013, 1015.

④ Z.B. § 113 Abs. 1 Satz 1 GO NW; § 88 Abs. 4 GO RP; § 104 Abs. 3 GO BW; § 111 Abs. 1 Satz 2 GO Nds.

⑤ Z.B. § 113 Abs. 1 Satz 4 GO NW.

⑥ BVerwG v. 31.8.2011—8 C 16/10, ZIP 2011, 2054 Tz. 20 f.; Hüffer, Komm. AktG, § 394 Rn.31; Oebbecke, Handbuch Kommunale Unternehmen, § 9 Rn.48; Cronauge/Westermann, Kommunale Unternehmen, Rn. 209; Gern, Deutsche Kommunalrecht, Rn. 764; Banspach/Nowak, Der Konzern 2008, 195, 198; Schön, ZGR 1996, 429, 448 ff.

⑦ Hüffer, Komm. AktG, § 394 Rn.31; E. Vetter, GmbHR 2012, 181, 185; R. Becker in Wurzel/Schraml/Becker, Rechtspraxis der kommunalen Unternehmen, Abschn. D Rn.572; Banspach/Nowak, Der Konzern 2008, 195, 198; Schwintowski, NJW 1995, 1316, 1318; Lutter/Grunewald, WM 1984, 385, 395.

　　上述这些原则同样适用于**有限责任公司的必设监事会**。其监事同样必须"不受指示约束"且仅为公司利益履行其职责。①只不过在这里，股东大会所享有的对经营管理层的指示权却会导致一些不同之处（参见上文边码1120）。

1428

　　而**有限责任公司的选设监事会**中情况却有所不同。虽然在此类监事会中监事原则上必须自担责任地为公司利益履行其职责，但在设有选设监事会的市镇有限责任公司中监事却因此通常不受市镇参议会指示的约束。②另外一个问题是，有限责任公司的章程能否使选设监事会的监事受指示的约束。这个问题是存在争议的。主流观点认为，即使对于选设监事会来说，涉及监督职责的指示权也是不被允许的，因为"监事会"的称谓必然要求对其成员独立性的保护。③而另一种观点则希望允许章程规定这种指示权，④尽管部分学者指出此时的监事会已不再是一个真正的"监事会"。⑤后一种观点应被赞同。虽然监事会的监督职责无法与指示约束"和谐共处"，⑥但这并不意味着章程就不得作出指示约束，而只意味着在这种情况下有关机构不应再被称为"监事会"，此时

1429

---

　　①　Weber-Rey/Buckel, ZHR 177 (2013), 13, 23; Pauly/Schüler, DöV 2012, 339, 340 f.; Schodder, NdsVBl. 2012, 121, 124; Spindler, ZIP 2011, 689, 694; Leitzen, ZNotP 2011, 453, 461; Weckerling-Wilhelm/Mirtsching, NZG 2011, 327, 329; Strobel, DVBl 2005, 77, 80; für die Einmann-GmbH a.A. Altmeppen in FS Uwe H. Schneider, 2011, S.1, 13 f.

　　②　OVG Sachsen v. 3.7.2012—4 B 211/12, AG 2012, 883; Raiser/Heermann in Ulmer/Habersack/Winter, Komm. GmbHG, § 52 Rn.145 f.; Weber-Rey/Buckel, ZHR 177 (2013), 13, 25 f.; Weckerling-Wilhelm/Mirtsching, NZG 2011, 327, 329.

　　③　Raiser/Heermann in Ulmer/Habersack/Winter, Komm. GmbHG, § 52 Rn.147; Zöllner/Noack in Baumbach/Hueck, Komm. GmbHG, § 52 Rn.130; E. Vetter, GmbHR 2012, 181, 184; Spindler, ZIP 2011, 689, 695; Krämer/Winter in FS Goette, 2011, S.253, 255 ff.; Bäcker in FS Schwark, 2009, S.101, 106 ff.; Möller, Die rechtliche Stellung und Funktion des Aufsichtsrats in öffentlichen Unternehmen der Kommunen, S.224 ff.; Keßler, GmbHR 2000, 71, 76 f.; Banspach/Nowak, Der Konzern 2008, 195, 198.

　　④　So namentlich BVerwG v. 31.8.2011—8 C 16/10, ZIP 2011, 2054 Tz. 21 mit allerdings zweifelhafter Vertragsauslegung in Tz. 25 ff. (zur Kritik nur Altmeppen, NJW 2011, 3737 f.; Trölitzsch, EWiR 2011, 779; Weber-Rey/Buckel, ZHR 177 [2013], 13, 25); OVG Münster v. 24.4.2009—15 A 2592/07, ZIP 2011, 1718, 1721 f.; Oebbecke, Handbuch Kommunale Unternehmen, § 9 Rn.41; Weber-Rey/Buckel, ZHR 177 (2013), 13, 25 ff.; Schodder, NdsVBl. 2012, 121, 125; Pauly/ Schüler, DöV 2012, 339, 341 ff.; Leitzen, ZNotP 2011, 459, 461 f.; Weckerling-Wilhelm/Mirtsching, NZG 2011, 327, 329 f.; Altmeppen, NJW 1993, 2561, 2563 ff.; Altmeppen, ZIP 2010, 1972, 1974 f.; Altmeppen in FS Uwe H. Schneider, 2011, S.1, 4 ff., 13; R. Schmidt, ZGR 1996, 345, 354.

　　⑤　Strobel, DVBl. 2005, 77, 80 f.; Schodder, NdsVBl. 2012, 121, 125.

　　⑥　Raiser/Heermann in Ulmer/Habersack/Winter, Großkomm. GmbHG, § 52 Rn. 147; Strobel, DVBl 2005, 77, 80.

只能说这是一个错误称谓(参见上文边码 1207)。

■ 第四节　监事的保密义务

1430　　**在股份有限公司中**,公共部门的监事原则上负有与其他监事一样严格的保密义务(参见上文边码 254 及以下)。**《股份法》第 394、395 条**偏离了这一原则,也就是说它们对经政府机关建议或由其派遣而得到聘任的监事作出不同规定。此类监事可以向其上级作出报告,但其前提是确实存在一项报告义务(《股份法》第 394 条)。在基于此项义务作出报告时,报告受领人即承担起保密义务(《股份法》第 395 条)。

1431　　在适用《股份法》第 394、395 条时,选任或派遣监事会需要**由政府机关**启动,但具体涉及哪类政府机关(联邦、州、市镇、市镇联合体)并不重要。[1]保密义务的"放松"不以政府机关持有相关公司的多数股份为前提,[2]也就是说持有少数股份即可。[3]联邦参议院在其对 2012 年股份法修正案草案的表态[4]中建议扩充《股份法》第 394 条及以下条款的适用范围,也就是将其适用于以下监事,这些监事可能是根据受政府机关法律监督的具有行为能力的法人、公法机构或基金的意愿而被选聘或派遣担任监事,或者根据一个或多个政府机关总计持有 50% 以上股份的企业的意愿而成为监事。[5]联邦议会就《董事薪酬控制权改进及股份法规则修订法》作出的立法决议在最后立法阶段暂时未获得通过(参见上文边码 422),该决议未接受这一建议。[6]

1432　　放松保密义务的前提条件是存在**监事的报告义务**。根据现行法律规范,

---

[1]　Hüffer, Komm. AktG, § 394 Rn. 33; Schall in Spindler/Stilz, Komm. AktG, § 394 Rn.5; Oetker in K. Schmidt/Lutter, Komm. AktG, § 394 Rn.5.

[2]　So aber Martens, AG 1984, 29, 36; Möller, Die rechtliche Stellung und Funktion des Aufsichtsrats in öffentlichen Unternehmen der Kommunen, S.153.

[3]　Hüffer, Komm. AktG, § 394 Rn. 33; Schall in Spindler/Stilz, Komm. AktG, § 394 Rn.5; Oetker in K. Schmidt/Lutter, Komm. AktG, § 394 Rn.5; Maier, Beamte als Aufsichtsratsmitglieder, S.75 ff. Schmidt-Aßmann/Ulmer, BB 1988, Sonderbeilage 13, S.7 fordern eine „ins Gewicht fallende" Beteiligung; dass die Beteiligung Gewicht hat, ergibt sich aber schon daraus, dass die Gebietskörperschaft in der Lage war, das Aufsichtsratsmitglied zu entsenden oder seine Wahl zu veranlassen(vgl. Schall in Spindler/Stilz, Komm. AktG, § 394 Rn.5; ähnlich Hüffer, Komm. AktG, § 394 Rn.5).

[4]　BT-Drucks. 17/8989.

[5]　BR-Drucks. 852/11, S.2 f.; ablehnend die Gegenäußerung der Bundesregierung, BT-Drucks. 17/8989, Anl. 4, S.27; DAV-Handelsrechtsausschuss, NZG 2012, 380, 383; Weber-Rey/Buckel, ZHR 177(2013), 13, 17; Sünner, CCZ 2012, 107, 113.

[6]　BR-Drucks. 637/13.

此项报告义务必须有法律依据。①关于《董事薪酬控制权改进及股份法规则修订法》的立法决议(上文边码 1431)规定,未来以法律行为为基础的报告义务以满足要求;②这一立法计划是否将在新的立法周期中再次讨论,在本书付梓时仍然无法预见。根据目前的法律情况,《股份法》第 394 条的实际适用范围很小。《股份法》第 394 条本身并不适合作为突破保密义务的一般性法律依据,因为监事没有向政府机关作出报告的一般性的公法层面的报告义务。③更确切地说,真正需要的是一项特殊报告义务。对于担任公务员的监事而言,此项义务是否产生于公务员法层面的指令约束(例如《联邦公务员法》第 62 条第 1款)是存在疑问和争议的。④许多市镇法规均规定,只要法律未作出不同规定,监事会中的市镇代表就有义务就具有特殊意义的事务向市镇参议会作出报告;⑤个别市镇法规甚至规定,在法律未作出不同规定的范围内,市镇参议会享有针对监事会中市镇代表的知情权。⑥然而,这些规则同样不适合创设一项对市镇参议会的报告义务(根据《股份法》第 394 条,该报告义务可以不受保密义务的约束)。因为《股份法》第 395 条清楚地表明此时保密义务并未被"破坏",而是被"向上"转移(即转而由上级承担),所以监事不得向一个不能保证保守

---

① Hüffer, Komm. AktG, § 394 Rn.37 ff. m.w.N.; Schall in Spindler/Stilz, Komm. AktG, § 394 Rn.9; Oetker in K. Schmidt/Lutter, Komm. AktG, § 394 Rn.12; Hoffmann-Becking, Münchener Hdb. AG, § 33 Rn.59; Lutter/Grunewald, WM 1984, 385, 397; a.A. Schürnbrand, MünchKomm. AktG, § 304 Rn.18 ff.; Land/Hallermayer, AG 2011, 114, 116 ff., die auch eine vertragliche Berichtspflicht genügen lassen wollen; Früchtl, Die Aktiengesellschaft als Rechtsform für die wirtschaftliche Betätigung der öffentlichen Hand, S.124 ff., der, beschränkt auf § 394 AktG, eine Berichtspflicht in der Satzung der Gesellschaft für zulässig und ausreichend ansieht.

② Vgl. Art. 1 Nr. 22 des Gesetzentwurfs, BR-Drucks. 637/13; kritisch Weber-Rey/Buckel, ZHR 177(2013), 13, 16; Bungert/Wettich, ZIP 2012, 297, 302; DAV-Handelsrechtsausschuss, NZG 2012, 380, 383.

③ Eingehend dazu Schmidt-Aßmann/Ulmer, BB 1988, Sonderbeilage 13, S.10 ff., 24; Hüffer, Komm. AktG, § 394 Rn.37 ff., 40 f.; Möller, Die rechtliche Stellung des Aufsichtsrats in öffentlichen Unternehmen der Kommunen, S.154 ff.; Thode, AG 1997, 547, 549.

④ So etwa Schall in Spindler/Stilz, Komm. AktG, § 394 Rn. 10; Schürnbrand, MünchKomm. AktG, § 394 Rn. 20; Lutter/Grunewald, WM 1984, 385, 397; Martens, AG 1984, 29, 33; Möller, Die rechtliche Stellung und Funktion des Aufsichtsrats in öffentlichen Unternehmen der Kommunen, S.156; a.A. Hüffer, Komm. AktG, § 394 Rn. 41; Oetker in K. Schmidt/Lutter, Komm. AktG, § 394 Rn.13; Bäcker in FS Schwark, 2009, S.101, 117; Schmidt-Aßmann/Ulmer, BB 1988 Sonderbeilage 13, S.19 ff.

⑤ Z.B. § 113 Abs. 5 Satz 1 GO NRW; § 111 Abs. 4 GO Nds.; § 104 Abs. 4 GO Bbg.; § 98 Abs. 2 Satz 4 GO Sachs.; Art. 93 Abs. 2 Satz 2 GO Bay.

⑥ Z.B. § 104 Abs. 4 Satz 1 GO Bbg.; § 71 Abs. 4 Satz 2 KVerf M-V; § 115 Abs. 1 Satz 2 KSVG Saarl.

有关秘密的公共机构（例如市镇及州议会）作出报告。①当然，也有人提出相反的论据（宪法上的观点），例如：人民与负有国家职责的行政机关之间存在着"不间断的民主正当性连接带（又称链条）"；市镇有义务审查公共目的所要求的、针对监事的信息及监督权的履行情况。②这些论据放在这里并不合适，因为没有人强迫公共部门采用私法法律形式。这些论据对"作为股份有限公司股东或有限责任公司股东的公共部门基于其股东地位享有充分的信息及监督权"这一事实产生了错误的理解。

1433　　　因为《三分之一参与法》第 1 条第 1 款第 3 项、《共同决定法》第 25 条第 1 款第 1 句第 2 项和《有限责任公司法》第 52 条第 1 款分别援引了《股份法》第 116 条的规定，所以**有限责任公司的监事**原则上负有与股份有限公司监事相同的保密义务。然而在有限责任公司的选设监事会中，**章程**可以限制保密义务的范围，③而必设监事会则不可以。④只要乡镇有限责任公司章程要求选设监事会的成员服从乡镇参议会的指示，相关监事就自动免除对参议会的保密义务。⑤法律状况更加难以判断的是，章程中不含有针对选设监事会的保密义务的豁免或者公司设立了必设监事会。即使在这种情况下，有限责任公司的股东**对公司也不负有保密义务**，因为与《股份法》相比，《有限责任公司法》赋予股

---

① Hüffer, Komm. AktG, §394 Rn. 43；Oetker in K. Schmidt/Lutter, Komm. AktG, §394 Rn.21 f.；Weber-Rey/Buckel, ZHR 177(2013), 13, 17；Land/Hallermayer, AG 2011, 114, 119；Bäcker in FS Schwark, 2009, S.101, 117 f.；Kaum/Keiluweit, DB 2009, 2251, 2253；Banspach/Nowak, Der Konzern 2008, 195, 200 f.；Möller, Die rechtliche Stellung und Funktion des Aufsichtsrats in öffentlichen Unternehmen der Kommunen, 1999, S.158 ff.；Schwintowski, NJW 1990, 1009, 1014；Schmidt-Aßmann/Ulmer, BB 1988, Beilage 13, S.9；zweifelnd auch Oebbecke, Handbuch Kommunale Unternehmen, §9 Rn.38；VG Regensburg v. 2.2.2005—RN 3 K 04.1408, LKV 2005, 365；Zieglmeier, LKV 2005, 338, 340；a.A. v. Danwitz, AöR 120(1995), 595, 623 f.；abwegig Meier/Wieseler, Der Gemeindehaushalt 1993, 174, 176, die die Verschwiegenheitspflicht sogar gegenüber den Fraktionen im Gemeinderat aufheben wollen.

② VG Regensburg v. 2.2.2005—RN 3 K 04.1408, LKV 2005, 365；Zieglmeier, LKV 2005, 338, 340.

③ Zöllner/Noack in Baumbach/Hueck, Komm. GmbHG, §52 Rn.67；Raiser/Heermann in Ulmer/Habersack/Winter, Komm. GmbHG, §52 Rn.144；Lutter in Lutter/Hommelhoff, Komm. GmbHG, §52 Rn.26.

④ Koberski in Wlotzke/Wißmann/Koberski/Kleinsorge, Mitbestimmungsrecht, §25 MitbestG Rn.107；Ulmer/Habersack in Ulmer/Habersack/Henssler, Mitbestimmungsrecht, §25 MitbestG Rn.99, §1 DrittelbG Rn.39；Raiser/Heermann in Ulmer/Habersack/Winter, Komm. GmbHG, §52 Rn.158；van Kann/Keiluweit, DB 2009, 2251, 2254.

⑤ Überzeugend Altmeppen in FS Uwe H. Schneider, 2011, S.1, 11 ff.

东更广泛的信息权(《有限责任公司法》第 51a 条)。[1]部分学者由此认为有限责任公司的监事在面对市镇参议会时同样不负保密义务。[2]但只有当有关有限责任公司是该市镇的 100％控股子公司时,此观点才能得到支持。[3]在存在其他股东时,股东的信息权无法证明市镇参议会同样享有直接获取信息的权利。其原因在于:在这里,股东并不是参议会,而是由市长[4]或一名参议会聘任的代表人[5]所代理的市镇。

边码 1434—1449 暂时空置。

---

[1] BGH v. 6.3.1997—II ZB 4/96, BGHZ 135, 48, 56 f. = AG 1997, 372; Lutter in Lutter/Hommelhoff, Komm. GmbHG, §52 Rn. 25; Altmeppen in Roth/Altmeppen, Komm. GmbHG, §52 Rn. 29; Raiser/Heermann in Ulmer/Habersack/Winter, Komm. GmbHG, §52 Rn.143; Weber-Rey/Buckel, ZHR 177(2013), 13, 18; Spindler, ZIP 2011, 689, 692; a.A. Zöllner/Noack in Baumbach/Hueck, Komm. GmbHG, §52 Rn.67.

[2] Altmeppen in Roth/Altmeppen, Komm. GmbHG, §52 Rn.29; Altmeppen, NJW 2003, 2561, 2566; wohl auch Oebbecke, Handbuch Kommunale Unternehmen, §9 Rn.36; a.A. Weber-Rey/Buckel, ZHR 177(2013), 13, 19; Spindler, ZIP 2011, 689, 691.

[3] Für diesen Fall auch Zöllner/Noack in Baumbach/Hueck, Komm. GmbHG, §52 Rn.67; Altmeppen in FS Uwe H. Schneider, 2011, S.1, 13 f.; auch insoweit a.A. Spindler, ZIP 2011, 689, 691.

[4] Z.B. §88 Abs. 1 Satz 1 GO RP; Art. 93 Abs. 1 Satz 1 GO Bay.; §104 Abs. 1 Satz 1 GO BW.

[5] Z.B. §113 Abs. 2 Satz 1 GO NW; §111 Abs. 1 Satz 1 GO Nds.; §§28 Nr. 20, 104 Abs. 1, 105 GO S-H.

第二十一章

信贷机构及保险企业监事会的特殊之处

■ 第一节　引言

1450　　在信贷机构和保险企业中,本书所论及的关于监事会的公司法规则与《信贷机构法》和《保险业监管法》中有关银行及保险监管法层面**的特殊规则**叠加适用。银行及保险监管法是商业法的一部分;它属于一项由联邦金融监管局监督实施的特别安全保障法("商业警察法"),旨在保护存款人和被保险人的利益,并确保信贷和保险制度高效稳定运行。[①]为实现这一目标,监管法不会要求银行和保险公司满足严格的资本和流动性要求。相反,由于欧洲和德国的立法者已将公司治理的缺陷视为危机发生的主要原因,因此其正在以各种方式并以日益强硬的态度对银行和保险公司的机构组织进行干预,核心目的即在应对金融市场危机。在此过程中,监事会逐渐成为监管法律规范立法者的关注的对象。[②]

1451　　因此,现行监管法**对监事会有着详细规定**,其中有些远远超出股份法的要

---

①　Vgl. zur Bankenaufsicht Begr. RegE zum KWG von 1961, BT-Drucks. 3/114 („Die Bankenaufsicht soll durch vorbeugende Überwachung allgemein das Entstehen von Schäden im Kreditwesen und von Verlusten der Institutsgläubiger verhindern, also vorwiegend gefahrenabwehrend wirken. "); näher Tröger, ZHR 177 (2013), 475, 481 ff.; zur Versicherungsaufsicht Kaulbach/Pohlmann in Fahr/Kaulbach/Bähr/Pohlmann, Komm. VAG, vor § 1 Rn.5 f., sowie auf europäischer Ebene Art. 27 f. Solvabilität II-Richtlinie (Richtlinie 2009/138/EG vom 25.11.2009 betreffend die Aufnahme und Ausübung der Versicherungs- und der Rückversicherungstätigkeit, ABl. EU Nr. L 335 vom 17.12.2009, S.1).

②　Siehe etwa Europäische Kommission, Grünbuch Corporate Governance in Finanzinstituten und Vergütungspolitik vom 2.6.2010, KOM(2010) 284, S.2, 7: „Die Finanzkrise hat deutlich belegt, dass die Verwaltungsräte [scil. im dualistischen System die Aufsichtsräte] der Finanzinstitute ihre Schlüsselrolle als Machtzentrum nicht wahrgenommen haben. Deshalb waren sie nicht in der Lage, die Geschäftsführung wirksam zu kontrollieren ...".

求,例如监事任职资格、监事会组成、通过设立专业委员会实现监事会内部组织、特殊的信息权规则、薪酬规则。这些规定的共同关注点在于提高监事会监督的专业性和有效性,并借此增强合规性控制,以保证董事会遵守监管法层面的各项要求。

银行业监管法中对公司治理的专门规范已取得较大进展;在该领域已形成 1452
独立的"**银行法**"。① 最近,《资本充足条例》(Capital Requirements Regulation,
CRR)② 和《资本充足指令转化法》③ 对《资本充足第四号指令》(**CRD IV-Richt-
linie**)④ 所做的国内转化给银行监管法带来重大变化并监事会的监督行为产生巨大影响。此次更新于 2014 年 1 月 1 日生效。然而保险业监管法也发生着影响深远的变化。自 2016 年 1 月 1 日起,《**偿付能力第二号指令**》⑤(按目前情况)将完成国内法转化,此项工作正在紧锣密鼓地进行中。⑥ 关于《保险业监管法第十修正案》的政府法案⑦将对上述指令进行转化,下文将详加阐述。但由于修订《偿付能力指令第二号指令》所导致的立法程序延迟,该草案将不得不重新启动立法程序。

本章将以股份公司这一法律形式为例,对信贷机构和保险企业监事会的 1453
监管法规范层面的特殊之处进行介绍。但是这些监管法规则同样适用于其他法律形式的监事会和经营管理机构,例如合作社或保险业互助联合会的监事

---

① Langenbucher, ZHR 176(2012), 652, 662 f.; Langenbucher in Hölscher/Alten-
hain, Handbuch Aufsichts- und Verwaltungsräte in Kreditinstituten, S.3, 5.

② EU-Verordnung Nr. 575/2013 vom 26.6.2013 über Aufsichtsanforderungen an
Kreditinstitute und Wertpapierfirmen, ABl. EU Nr. L 176 vom 27.6.2013, S.1.

③ Gesetz zur Umsetzung der Richtlinie 2013/36/EU über den Zugang zur Tätigkeit
von Kreditinstituten und die Beaufsichtigung von Kreditinstituten und Wertpapierfirmen und
zur Anpassung des Aufsichtsrechts an die Verordnung(EU) Nr. 575/2013 über Aufsichtsan-
forderungen an Kreditinstitute und Wertpapierfirmen(CRD IV-Umsetzungsgesetz), BGBl. I
2013, 3395.

④ Richtlinie 2013/36/EU vom 26.6.2013 über den Zugang zur Tätigkeit von Krediti-
stituten und die Beaufsichtigung von Kreditinstituten und Wertpapierfirmen, zur Änderung
der Richtlinie 2002/87/EG und zur Aufhebung der Richtlinien 2006/48/EG und 2006/49/
EG, ABl. EU Nr. L 176 vom 27.6.2013, S.338.

⑤ Richtlinie 2009/138/EG vom 25.11.2009 betreffend die Aufnahme und Ausübung
der Versicherungs- und der Rückversicherungstätigkeit(Solvabilität II), ABl. EU Nr. L 335
vom 17.12.2009, S.1.

⑥ Die Umsetzungsfrist ist daher mehrfach verlängert worden. Zuletzt hat man sich im
Trilog von Kommission, Europäischem Parlament und Rat auf den 1.1.2016 verständigt;
Pressemitteilung der Europäischen Kommission(MEMO/13/992) vom 14.11.2013.

⑦ Entwurf eines Zehnten Gesetzes zur Änderung des Versicherungsaufsichtsgesetztes
vom 18.4.2012, BT-Drucks. 17/9342. Die im Folgenden mit VAG-E gekennzeichneten Vor-
schriften beziehen sich auf diesen Entwurf.

会或者储蓄银行的董事会。

■ 第二节 监事任职条件

一、概述

1454 首先，监管法包含一系列详细界定监事任职资格**要求**的规定，这些规定与股份法的各项要求（第 100 条、第 105 条）并行不悖。具体而言，包括关于任职资格、可靠性、时间可用性、不兼容性（兼职限制）和组成（多样性）的诸多规则。德国立法者在 2009 年首先自行制定了这些规则中的重要部分。[①]然而与此同时，银行业还需遵守诸如《资本充足第四号指令》这样的**欧洲层面的法律规范**并**依据相关指令适用法律**。自 2016 年 1 月 1 日起，改革后的《保险业监管法》也将随着《偿付能力第二号指令》得到相应适用。[②]在保险监管领域，欧盟委员会还将颁布极其重要的《偿付能力第二号指令》实施细则，该细则将提出具体的监事任职要求。[③]此外，以欧洲银行管理局和欧洲保险与职业养老金管理局为代表的欧洲监管机构所提出的指导原则对欧洲规则的具体适用具有重要意义，这些原则在某种程度上为欧盟法律的最大程度统一适用提供了非常详细的解释路径。[④]虽然这些原则对成员国国内监管机构没有法律约束力，但若国

---

① Gesetz zur Stärkung der Finanzmarkt- und Versicherungsaufsicht(FMVAStärkG) vom 29.7.2009, BGBl. I 2009, 2305.

② Die einschlägige Vorschrift der Solvabilität II-Richtlinie(Art. 42) richtet sich an alle Personen, die „das Unternehmen tatsächlich leiten oder andere Schlüsselaufgaben innehaben." Zu diesem Personenkreis zählen nach zutreffender Auslegung auch die Aufsichtsratsmitglieder; siehe Art. 249 SG1 Abs. 1 lit. c, 263 SG11 Abs. 3 Entwurf DurchführungsVO(Draft Implementing Measures Solvency II vom 31.10.2011)(„supervisory body"); EIOPA, Leitlinien zum Governance System vom 31.10.2013(EIOPA-CP- 13/08 DE), Leitlinie 11; Krauel/Broichhausen, VersR 2012, 823, 824; Leyens/Schmidt, AG 2013, 533, 540; Pohlmann, Düsseldorfer Vorträge zum Versicherungsrecht 2012, S. 29, 37 ff.; einschränkend Dreher/ Lange, ZVersWiss 2011, 211, 221 ff.(Anwendung des Art. 42 nur auf Aufsichtsratsmitglieder gruppenangehöriger Unternehmen, arg. Art. 248 Abs. 1 lit d Solvabilität II-Richtlinie); ebenso Grote/Schaaf, VersR 2012, 17, 22; ganz ablehnend Bürkle, ZVersWiss 2012, 493, 506 ff.

③ Art. 50 Abs. 1 lit. c Solvabilität II-Richtlinie. Bisher liegt nur ein Entwurf dieser DurchführungsVO vor(Draft Implementing Measures Solvency II vom 31.10.2011).

④ Im vorliegenden Kontext sind insbesondere zu nennen: EBA, Leitlinien zur Internen Governance(GL 44) vom 27.9.2011; EBA, Leitlinien zur Beurteilung der Eignung von Mitgliedern des Leitungsorgans und von Inhabern von Schlüsselfunktionen vom 22. 11. 2012 (EBA/GL/2012/06); EIOPA, Leitlinien zum Governance System vom 31.10.2013(EIOPA-CP-13/08 DE).

内监管机构欲偏离这些原则,则其必须予以披露("遵守或解释")。①

二、资格

(一) 监事的专业知识

(1)《信贷机构法》第 25d 条第 1 款第 1 句(旧版第 36 条第 3 款第 1 句)和 《保险业监管法》第 7a 条第 4 款第 1 句首先要求信用机构②和保险企业③的监 事会成员必须具备合格履行其监督职能所需的**专业知识**。在个别情况下,这 一要求的具体内容取决于具体的企业,特别是所进行的交易的范围和复杂 程度(《信贷机构法》第 25d 条第 1 款第 2 句、《保险业监管法》第 7a 条第 4 款 第 2 句)。

就内容而言,至少根据普遍的理解,此项专业知识要求并不会比股份法规 范提出的要求更为严格。④更确切地说,通说认为此项要求与股份法规范对监 事提出的最低要求相一致,该最低要求是联邦最高法院在 **Hertie 案判决** (BGHZ 85,293)提出的。⑤据此,若监事具备在没有外部帮助的情况下理解和 正确评估正常交易的最低知识和技能,则可将其视为具备必要的专业知识。⑥

1455

1456

① Art. 16 Abs. 3 EBA-VO(Verordnung[EU]Nr. 1093/2010),§7b Abs. 1 Satz 4— 5 KWG;Art. 16 Abs. 3 EIOPA-VO(Verordnung[EU]Nr. 1094/2010);näher dazu Gurlit, ZHR 177(2013),862,875 ff. In Bezug auf die in der vorigen Fußnote angeführten Leitlinien hat die BaFin keine Abweichung erklärt.

② Genau genommen erfasst §25d KWG nicht nur Kreditinstitute(§1 Abs. 1 KWG), sondern auch Finanzdienstleistungsinstitute(§1 Abs. 1a, Abs. 1b KWG), Finanzholding-Gesellschaften(Art. 4 Abs. 1 Nr. 20 CRR) und gemischte Finanzholding-Gesellschaften(Art. 4 Abs. 1 Nr. 21 CRR). Im Folgenden ist vereinfachend nur von Kreditinstituten die Rede.

③ Auch §7a Abs. 4 VAG erfasst nicht nur Versicherungsunternehmen(§1 Abs. 1 Nr. 1 VAG), sondern auch Pensionsfonds(§112 Abs. 1 VAG), Versicherungs-Holdinggesellschaften(§104a Abs. 2 Nr. 4 VAG) und gemischte Finanzholding-Gesellschaften(§104a Abs. 2 Nr. 8 VAG). Über die Bezugnahmen in §§121a Abs. 1 Satz 1 und 121g Abs. 2 Satz 1 VAG gilt die Vorschrift überdies für Rückversicherungsunternehmen und Versicherungszweckgesellschaften. Aus Vereinfachungsgründen wird im Folgenden nur von Versicherungsunternehmen gesprochen.

④ Über das Aktienrecht hinaus gehen aber die Rechtsfolgen von Verstößen;siehe unten Rn.1485 zur Möglichkeit des Abberufungsverlangens durch die BaFin.

⑤ Brandi/Giebeler, NZG 2012, 1321, 1325, 1326;Bürkle, ZVersWiss 2012, 493, 505;Dreher, ZGR 2010, 496, 511 f.;Dreher/Lange, ZVersWiss 2011, 211, 215 f.;Kocher/Lönner, ZCG 2010, 273, 275;Lang/Balzer, WM 2012, 1167, 1172;Langenbucher in Hölscher/Altenhain, Handbuch Aufsichts- und Verwaltungsräte in Kreditinstituten, S.3, 11 f.;einschränkend Berger, VersR 2010, 422, 423.

⑥ BGH v. 15.11.1982—II ZR 27/82, BGHZ 85, 293, 295 f. = AG 1983, 133;siehe oben Rn.28.

因此，银行或保险公司的监事必须对银行或保险业务有基本的了解，包括重要的监管要求，并且至少有能力在基本结构中理解企业的商业模式。①由于监管要求日益复杂，监事所需具备的最低资格也随之水涨船高。②

1457 　　然而，专家知识**并不等同于**《信贷机构法》第 1 条第 2 款意义上经营管理人员，即股份公司的董事，所需具备的**"专业资格"**（《信贷机构法》第 25c 条第 1款、《保险业监管法》第 7a 条第 1 款第 1—3 句）。专业资格主要指的是经营管理经验（《信贷机构法》第 25c 条第 1 款第 2 句、《保险业监管法》第 7a 条第 1 款第 2 句）；而对监事则不必作此要求。③即使在即将进行的《保险业监管法》修正程序的框架（边码 1452）内，这一点也不应改变。④

1458 　　此外，从德国立法者的意愿和联邦金融监管局记载的管理实践可以看出，专业知识不一定以在银行或保险行业有从业经历为前提，而是也可以要求具有在**银行或保险业之外的**工业或公共管理领域的**从业经验**。⑤在这种情况下，联邦金融监管局要求相关人员较长期的从事与经济和法律相关的工作。⑥

1459 　　由于此时欧洲法规范同样已经（《资本充足第四号指令》第 91 条第 1 款⑦）

---

① Näher für Versicherungsunternehmen Dreher/Lange, ZVersWiss 2011, 211, 214, 216 und insbesondere 225: „Dazu gehören etwa ein Grundverständnis der Versicherungstechnik, der Rechnungslegung und Bilanzierung, der Kapitalanlage, der Grundstrukturen des Risikomanagements, der Personalführung sowie der rechtlichen Rahmenbedingungen des Versicherungsgeschäfts."

② Pohlmann, Düsseldorfer Vorträge zum Versicherungsrecht 2012, S. 29, 71.

③ Von der Forderung, auch Aufsichtsratsmitglieder müssten fachliche Eignung einschließlich Leitungserfahrung aufweisen, ist man im Gesetzgebungsverfahren zum FMVAStärkG bewusst abgerückt; näher Dreher, ZGR 2010, 496, 509 ff.; ferner Leyens/Schmidt, AG 2013, 533, 540.

④ Vgl. Begr. RegE Solvabilität-II-Umsetzungsgesetz, BT-Drucks. 17/9342, S. 146 („keine geänderten Anforderungen"); Leyens/Schmidt, AG 2013, 533, 540; Louven/Raapke, VersR 2012, 257, 260. § 25 VAG-E ist insoweit allerdings irreführend formuliert; kritisch Bürkle, ZVersWiss 2012, 493, 510 ff.

⑤ Bericht des Finanzausschusses zum FMVAStärkG, BT-Drucks. 16/13684, S. 29 f. (zu § 36 Abs. 3 KWG a. F.); BaFin, Merkblatt zur Kontrolle der Mitglieder von Verwaltungs- und Aufsichtsorganen gemäß KWG und VAG vom 3. 12. 2012, unter I. Zur Rechtsnatur der BaFin-Merkblätter und -Rundschreiben Gurlit, ZHR 177(2013), 862, 897 m. w. N.: für die Gerichte unverbindliche norminterpretierende Verwaltungsvorschriften.

⑥ BaFin, Merkblatt zur Kontrolle der Mitglieder von Verwaltungs- und Aufsichtsorganen gemäß KWG und VAG vom 3.12.2012, unter I.

⑦ Art. 91 Abs. 1 CRD IV-Richtlinie lautet: „Die Mitglieder des Leitungsorgans müssen allzeit(…) ausreichende Kenntnisse, Fähigkeiten und Erfahrung für die Wahrnehmung ihrer Aufgaben besitzen." Zu den Mitgliedern des „Leitungsorgans" im Sinne der Richtlinie gehören im dualistischen System nach der Definition des Art. 3 Abs. 1 Nr. 7 und Erwägungsgrund 56 CRD IV-Richtlinie auch die Aufsichtsratsmitglieder.

或者即将(《偿付能力第二号指令》第 42 条第 1 款 A 项①)确立专业知识要求，因此在欧洲层面是否适用更严格的标准仍有待观察。德国立法者在对欧洲法规范进行转化时认为传统的"Hertie"标准仍可维持。②事实上，"指令"条款极其笼统的措辞和《偿付能力第二号指令》实施细则草案③均未明确说明必须放弃上述原则。然而，至少在以下方面德国以往的管理实践必须得到纠正：到目前为止，联邦金融监管局仍然不要求相关人员在**上任时即具备必要专业知识**，而认为可以通过六个月的实习和培训事后获得。④从目的论和责任法的角度来看，这种宽泛且存疑的解释不能与欧洲法规范相一致。⑤《资本充足第四号指令》第 91 条第 1 款和《偿付能力第二号指令》第 42 条第 1 款明确要求机构成员"始终/随时"，即从上任时起，即必须具备足够的资格。

(2)《信贷机构法》(不同于《保险业监管法》)针对在**专门委员会**任职的监 1460
事目前提出若干特殊要求。委员会成员必须具备执行相应委员会任务所需的知识、技能和经验(《信贷机构法》第 25d 条第 7 款第 3 句)。例如，风险委员会原则上属于信贷机构的必设机构，⑥其成员必须有能力全面掌握和监控公司的

---

① Art. 42 Abs. 1 lit. a Solvabilität II-Richtlinie verlangt für Geschäftsleiter und Inhaber von Schlüsselaufgaben „[ausreichende] Berufsqualifikationen, Kenntnisse und Erfahrungen(…), um ein solides und vorsichtiges Management zu gewährleisten." Zur Anwendbarkeit dieser Vorschrift auf Aufsichtsratsmitglieder siehe oben Rn.1454 m.z.N.

② Vgl. Begr. RegE CRD-IV-Umsetzungsgesetz, BT-Drucks. 17/10974, S.87(mit Bezugnahme auf BGHZ 85, 293); Begr. RegE 10. VAGÄndG, BT-Drucks. 17/9342, S.146(„keine geänderten Anforderungen"); strenger dagegen Dreher/Lange, ZVersWiss 2011, 211, 220 f.

③ Art. 263 SG11 Abs. 2 Entwurf DurchführungsVO(Draft Implementing Measures Solvency II vom 31.10.2011): „The assessment of whether a person is ‚fit' shall include an assessment of the person's professional and formal qualifications, knowledge and relevant experience within the insurance sector, other financial sectors or other businesses and shall take account of the respective duties allocated to that person and, where relevant, the insurance, financial, accounting, actuarial and management skill of that person." Siehe dazu auch Dreher, VersR 2012, 1061, 1063.

④ BaFin, Merkblatt zur Kontrolle der Mitglieder von Verwaltungs- und Aufsichtsorganen gemäß KWG und VAG vom 3.12.2012, unter I. 1c); in dieselbe Richtung Bericht des Finanzausschusses zum FMVAStärkG, BT-Drucks. 16/13684, S.29; ansatzweise auch BGH v. 15.11.1982—II ZR 27/82, BGHZ 85, 293, 295 f. = AG 1983, 133(Hertie)(„Mindestkenntnisse und -fähigkeiten besitzen oder sich aneignen muss"; siehe dazu oben Rn.28); überwiegend kritisch dazu aber das gesellschaftsrechtliche Schrifttum, siehe Kocher/Lönner, ZCG 2010, 273, 275 f. m.z.N.

⑤ Ebenfalls ablehnend daher Bürkle, ZVersWiss 2012, 493, 514; Leyens/Schmidt, AG 2013, 533, 540; Pohlmann, Düsseldorfer Vorträge zum Versicherungsrecht 2012, S.29, 68, 71; aus anderen Gründen auch Dreher/Lange, ZVersWiss 2011, 211, 219.

⑥ §25d Abs. 7—8 KWG. Näher zu den vier Pflichtausschüssen in Kreditinstituten (Risiko-, Prüfungs-, Nominierungs-, Vergütungskontrollausschuss) unten Rn.1508 ff.

风险策略和风险偏好。①

1461　　　此外,信贷机构的**审计委员会**(边码 1508、1513 及以下)还被要求其主席必须具备会计和审计方面的专业知识(《信贷机构法》第 25d 条第 9 款第 3 句)。为了具体体现所需的专业知识,对这位"**财务专家**"可以援引《股份法》第 100 条第 5 款所确认的各项原则。②但是与此项规定不同的是,《信贷机构法》第 25d 条第 9 款第 3 句并不仅仅适用于《商法典》第 264d 条意义上的上市公司。此外,在《股份法》第 107 条第 4 款之外提出的专业知识要求不仅针对审计委员会所有成员,而且适用于委员会主席。③在**薪酬控制委员会**(边码 1508、1516 及以下)中,至少有一名成员必须具备风险管理和控制领域,尤其是在协调薪酬体系方面的专业知识和经验(《信贷机构法》第 25d 条第 12 款第 3 句)。换言之,除金融专家之外,信贷机构的监事会还必须拥有**薪酬和风险专家**。

(二)监事会的整体素养

1462　　　但是,监事不并不是仅仅自身拥有相应的专业知识。确切地说,根据《信贷机构法》第 25d 条第 2 款第 1 句,信贷机构的监事会作为一个整体同样必须具备合规履行监督职能所需的知识、技能和经验(**监事会的总体资格**)。④欧洲银行管理局将在 2015 年 12 月 31 日之前提出若干指导方针,以明确该总体资格的具体内涵(《资本充足第四号指令》第 91 条第 12 款第 1 段 b 项)。不过现在已经很清楚,总体资格并不取决于所有成员都符合个人最低资格(专业知识)的事实;根据这种理解,提出上述指导方针实为画蛇添足。换言之,真正重要的是监事会必须**具备不同的专业资格**,以便形成对超出各个成员最低资格的专业知识的有益补充。⑤因此,例如不能期望每个监事都具备在风险管理方面的专业知识。风险管理在信贷机构中被提出比股份法规范(《股份法》第 91

---

① Vgl. Art. 76 Abs. 3 Unterabs. 1 Satz 2 CRD IV-Richtlinie. Zu den Anforderungen an die Mitglieder des Risikoausschusses auch Velte/Buchholz, ZBB 2013, 400, 402.

② Begr. RegE CRD IV-Umsetzungsgesetz BT-Drucks. 17/10974, S. 88. Zu berücksichtigen ist allerdings, dass § 100 Abs. 5 AktG im Unterschied zu § 25d Abs. 9 Satz 3 KWG nur Sachverstand in Rechnungslegung „oder" Abschlussprüfung verlangt.

③ Zu der in §§ 100 Abs. 5, 107 Abs. 4 AktG ebenfalls geforderten Unabhängigkeit schweigt § 25d Abs. 9 Satz 3 KWG hingegen. Insoweit bleibt es bei der Vorgabe, dass in kapitalmarktorientierten Gesellschaften irgendein Prüfungsausschussmitglied sachverständig und unabhängig sein muss; Langenbucher, ZHR 176(2012), 652, 658 f. Ziff. 5.3.2 Satz 3 DCGK empfiehlt allerdings Unabhängigkeit des Vorsitzenden; ebenso EBA, Leitlinien zur Internen Governance(GL 44) vom 27.9.2011, Nr. 14 Tz. 10.

④ Vgl. Art. 91 Abs. 7 CRD-IV-Richtlinie. Ergänzend heißt es in Art. 91 Abs. 1 Satz 2 CRD-IV-Richtlinie, dass die Zusammensetzung des Organs insgesamt „ein angemessen breites Spektrum an Erfahrung" widerspiegeln muss.

⑤ Ausführlich dazu Dreher in FS Hoffmann-Becking, S.313, 315 ff.

条第 2 款)更细致更严格的要求(《信贷机构法》第 25a 条),其核心要义据此要求至少个别监事必须拥有相关的专业知识。[①]这是监事会的总体资格要求的应有之义。

目前针对**保险企业**缺乏类似的规则。[②]然而,《偿付能力第二号指令》实施细则草案就监事会的整体资格要求作出明确规定,[③]而且欧洲保险与职业养老金管理局提出的指导原则努力对此作出具体阐释。[④] 1463

无论如何,根据较有说服力的观点,对监事会充分的整体资格要求可以从股份法规范中获得,否则监事会将无法合格完成《股份法》分配给它的监督和咨询任务。[⑤]因此,鉴于监事的一般注意义务(《股份法》第 116 条、第 93 条第 1 款),其有义务在选举新监事时在决议建议框架内考虑这一要求(《股份法》第 124 条第 3 款第 1 句)。[⑥]显然《准则》第 5.4.1 条第 1 句亦采此观点。[⑦] 1464

(三) 进修

(1) 监事不仅必须在获得任命时即具备必要的专业知识,而且必须在任 1465

---

① Dreher, ZGR 2010, 496, 513; siehe auch Apfelbacher/Metzner, AG 2013, 773, 776 mit weiteren Beispielen.

② Ein in diese Richtung gehender Vorschlag des Bundesrats im Gesetzgebungsverfahren zum FMVAStärkG(BT-Drucks. 16/13113, S. 2) ist nicht Gesetz geworden; dazu Dreher in FS Hoffmann-Becking, S. 313, 327.

③ Art. 249 SG1 Abs. 1 lit. c Entwurf DurchführungsVO (Draft Implementing Measures Solvency II vom 31. 10. 2011): „Insurance and reinsurance undertakings shall: ensure that the members of the administrative body, management body and supervisory body collectively possess the necessary qualifications, competency, skills and professional experience in the relevant areas of the business in order to effectively manage and oversee the insurance undertaking in a professional manner." Ferner Art. 263 SG11 Abs. 3 Entwurf Durchfü hrungsVO(„appropriate diversity of qualifications, knowledge and relevant experience").

④ EIOPA, Leitlinien zum Governance System vom 31. 10. 2013 (EIOPA-CP-13/08 DE), Leitlinie 11 nennt fünf Bereiche, auf die sich die Gesamtqualifikation des Verwaltungs-, Management- oder Aufsichtsorgans mindestens beziehen muss: (1) Versicherungs- und Finanzmärkte, (2) Geschäftsstrategie und Geschäftsmodell, (3) Governance-System, (4) Finanzanalyse und versicherungsmathematische Analyse, (5) regulatorischer Rahmen und regulatorische Anforderungen. 1 Dreher in FS Hoffmann-Becking, S. 313, 316.

⑤ Dreher in FS Hoffmann-Becking, S. 313, 316.

⑥ Dreher in FS Hoffmann-Becking, S. 313, 323 f.; vgl. auch Habersack, Münch-Komm. AktG, § 101 Rn. 17 f.

⑦ Ziff. 5.4.1. Satz 1 DCGK lautet: „Der Aufsichtsrat ist so zusammenzusetzen, dass seine Mitglieder insgesamt über die zur ordnungsgemäßen Wahrnehmung der Aufgaben erforderlichen Kenntnisse, Fähigkeiten und fachlichen Erfahrung verfügen." Siehe dazu bereits oben Rn. 24.

职期间继续接受培训，以便"始终"（边码 1459）保持其专业知识。①就这一点而言，《信贷机构法》第 25d 条第 4 款规定，信贷机构必须投入**适当的人力和财力**，以降低监事履职的难度并提供必要的**培训**以保持其专业知识。②此项规定同样源于《资本充足第四号指令》（第 91 条第 9 款）；为此，欧洲银行管理局被要求在 2015 年 12 月 31 日之前提交更具体的指导方针（《资本充足第四号指令》第 91 条第 12 款第 1 段 d 项）。

1466　　为履行培训责任，信贷机构必须自费为监事提供**内部培训**，或者使其能够参加向公众开放的**外部培训**并报销费用。虽然根据相关法律的文意，此项义务受制于费用适当性原则，但是《信贷机构法》第 25d 条第 4 款规定仅涉及维持专业知识所需的培训措施，也就是说为法定的**最低资格**所必需。③只要培训活动的形式（参与者的住宿和用餐等）被认为在正常的范围内，所产生的费用就是适当的。④

1467　　信贷机构必须为监事提供培训以维持其最低资格，此项义务**对股份法规范有某种程度的背离**。在股份法规范中，虽然认为公司无需向监事收取维持其最低资格所需的知识的培训费用，⑤但是如果公司不主动提供此类培训且监事因此参加了外部培训，那么根据学界通说，该监事应当不能请求公司报销相关费用，前提是该培训仅用于维持最低资格；因为无论如何这个资格都应由监事自行取得。⑥对于信贷机构来说，这个问题现在由《信贷机构法》第 25d 条第 4 款在

---

　　① Vgl. BaFin, Merkblatt zur Kontrolle der Mitglieder von Verwaltungs- und Aufsichtsorganen gemäß KWG und VAG vom 3.12.2012, unter I. 1d). Diese Fortbildungspflicht der Aufsichtsratsmitglieder ergibt sich auch schon aus der aktienrechtlichen Sorgfaltspflicht (§§ 116, 93 Abs. 1 AktG); Leyendecker-Langner/Huthmacher, NZG 2012, 1415, 1416 ff.; Merkelbach, Der Konzern 2012, 227, 231. Sie wird in Ziff. 5.4.5 Abs. 2 DCGK vorausgesetzt.

　　② Eine entsprechende Regelung für die Fortbildung der Geschäftsleiter (Vorstandsmitglieder) findet sich in § 25c Abs. 4 KWG.

　　③ Dieser enge Wortlaut des § 25d Abs. 4 KWG ist aus unionsrechtlicher Sicht allerdings nicht unbedenklich, da Art. 91 Abs. 9 CRD IV-Richtlinie keine vergleichbare Einschränkung enthält.

　　④ Vgl. zur Angemessenheit von Fortbildungsveranstaltungen (im aktienrechtlichen Kontext) auch Leyendecker-Langner/Huthmacher, NZG 2012, 1415, 1417.

　　⑤ Eine Vergütung i. S. des § 113 AktG liegt in dem kostenfreien Angebot derartiger Fortbildungsveranstaltungen nicht; Habersack, MünchKomm. AktG, § 113 Rn. 24; Kocher/Lönner, ZCG 2010, 273, 277; Mertens/Cahn, Kölner Komm. AktG, § 113 Rn. 12.

　　⑥ Habersack, MünchKomm. AktG, § 113 Rn. 24; Hüffer, Komm. AktG, § 113 Rn. 2c; Fonk, NZG 2009, 761, 769; ferner oben Rn. 846 m. w. N. (dort auch zu Ziff. 5.4.5 Abs. 2 DCGK). Für weitergehende Kostenerstattung hingegen Leyendecker-Langner/Huthmacher, NZG 2012, 1415, 1416 f. (Differenzierung zwischen Aus- und Fortbildungsmaßnahmen); kritisch gegenüber der h. M. auch Opitz, BKR 2013, 177, 183; reserviert ferner Kocher/Lönner, ZCG 2010, 273, 277 (u. a. mit dem zutr. Hinweis, dass eine exakte Eingrenzung des Bereichs der Mindestqualifikation schwerfällt).

相反意义上作出决断。如果此项监管法上的规定无法创设相关监事的民法上的报销请求权,①那么信贷机构必须承担这些费用以履行其公法义务。

即使《信贷机构法》第25d条第4款仅提到维持最低资格(专业知识)所需的培训措施,信贷机构也当然不会阻止向监事提供可以帮助其获得**最低资格以外知识的培训**。从该条款同样不难得出相反结论,即参加超出最低资格需要的外部培训活动的监事将被拒绝报销相应费用。确切地说,此时可以适用一般民法原则;据此,存在类推适用《民法典》第670条的报销请求权,前提是相关培训是在衡量相关费用后符合公司利益(边码846)。

未被加以明确规定的问题是,在股份公司内部谁来决定对监事实施内部培训并报销其参加外部培训的费用。根据较有说服力的观点,此项**决定权**不在董事会,②而在**监事会**手中。③否则,董事会将会对其所监督的机构的工作质量产生间接影响;这与监事会的监督职能背道而驰。出于同样的原因,监事会也将被视为享有代理权,即以公司名义与培训机构缔结合同;该合同由监事会主席作为监事会代表签署(边码682)。为确保股东的控制权,监事会应在其向**股东大会提交的报告**中(《股份法》第171条第2款)说明是否以及在何种程度上采取了由公司承担费用的培训措施。④

(2)针对**保险企业**缺乏与《信贷机构法》第25d条第4款类似的规则。《保险业监管法》第十修正案政府草案也没有相应的规定。因此,这里仍然适用股份法规范的一般原则。

三、可靠性

监事不仅应具备必要的专业知识,而且应当是**可靠**的(《信贷机构法》第

1468

1469

1470

1471

---

① Ein solcher könnte sich allenfalls aus §670 BGB analog ergeben(mit dem Argument, dass das Aufsichtsratsmitglied die getätigten Ausgaben mit Blick auf §25d Abs. 4 KWG für erforderlich halten durfte).

② So aber Bosse/Malchow, NZG 2010, 972, 974; für die Kostenerstattung auch Hoffmann-Becking, ZGR 2011, 136, 142; differenzierend Wagner in Semler/v. Schenck, Arbeitshandbuch für Aufsichtsratsmitglieder, §11 Rn.85 ff.

③ Leyendecker-Langner/Huthmacher, NZG 2012, 1415, 1418 f.; Merkelbach, Der Konzern 2012, 227, 231 f.; für die Kostenerstattung auch Habersack, Münch-Komm. AktG, §113 Rn.26; Hopt/Roth, Großkomm. AktG, §113 Rn.26; Mertens/Cahn, Kölner Komm. AktG, §113 Rn.13.

④ Für eine entsprechende Rechtspflicht Leyendecker-Langner/Huthmacher, NZG 2012, 1415, 1419, die sich zudem für eine Anzeigeobliegenheit des Aufsichtsrats gegenüber dem Vorstand aussprechen.

25d 条第 1 款第 1 句、《保险业监管法》第 7a 条第 4 款第 1 句）。①在某些**个人情况**证明合格履行监督职责的信任已受到威胁时，就可以认为相关监事缺乏可靠性。②这种担心尤其可能来自监事以往的不当行为（严重违反义务，在某些情况下甚至可能涉及犯罪）。③在此类审查中也应考虑正在进行的调查。④当然，前提条件始终是存在与监督目的相关的不当行为。⑤此外，如果有关人员陷入现实的经济困难，那么其可靠性将受到威胁。⑥

1472　　　　联邦金融监管局认为，可能影响可靠性的情况还包括监事或者与其亲近的人与其所监督的企业之间的业务关系所造成的**利益冲突**。⑦然而具体细节还未得到澄清。⑧联邦金融监管局举了这样的例子，即监事自己作为金融投资或保险经纪人向他人推介被监管公司的银行或保险产品，或者自己是受监管公司（或为其关联企业工作）的贷款人。⑨

---

① Vgl. Art. 91 Abs. 1 CRD-IV-Richtlinie(„ausreichend gut beleumundet"); Art. 42 Abs. 1 lit. b Sovabilität-II-Richtlinie(„zuverlässig und integer").

② BaFin, Merkblatt zur Kontrolle der Mitglieder von Verwaltungs- und Aufsichtsorganen gemäß KWG und VAG vom 3.12.2012, unter I. 2.

③ Detailliert dazu für die Bankenaufsicht EBA, Leitlinien zur Beurteilung der Eignung von Mitgliedern des Leitungsorgans und von Inhabern von Schlüsselfunktionen(EBA/GL/2012/06) vom 22.11.2012, Nr. 13; für die Versicherungsaufsicht Erwägungsgrund 99 und Art. 263 SG11 Abs. 4 Entwurf DurchführungsVO(Draft Implementing Measures Solvency II vom 31.10.2011); EIOPA, Leitlinien zum Governance System vom 31.10.2013(EIOPA-CP-13/08 DE), Leitlinie 12 nebst Erläuterungen im EIOPA Final Report on Public Consultation No. 13/008(EIOPA/13/413) vom 27.9.2013; eingehend Dreher, VersR 2012, 1061, 1067 ff.

④ EBA, Leitlinien zur Beurteilung der Eignung von Mitgliedern des Leitungsorgans und von Inhabern von Schlüsselfunktionen(EBA/GL/2012/06) vom 22.11.2012, Nr. 13.5 lit. c; EIOPA, Final Report on Public Consultation No. 13/008(EIOPA/13/413) vom 27.9.2013, Nr. 5.35-36; kritisch Dreher, VersR 2012, 1061, 1067.

⑤ Dreher, VersR 2012, 1061, 1067.

⑥ Vgl. EBA, Leitlinien zur Beurteilung der Eignung von Mitgliedern des Leitungsorgans und von Inhabern von Schlüsselfunktionen(EBA/GL/2012/06) vom 22.11.2012, Nr. 13.7.

⑦ BaFin, Merkblatt zur Kontrolle der Mitglieder von Verwaltungs- und Aufsichtsorganen gemäß KWG und VAG vom 3.12.2012, unter I. 2.; vgl. auch EBA, Leitlinien zur Beurteilung der Eignung von Mitgliedern des Leitungsorgans und von Inhabern von Schlüsselfunktionen(EBA/GL/2012/06) vom 22.11.2012, Nr. 15.1; EIOPA, Final Report on Public Consultation No. 13/008 (EIOPA/13/413) vom 27. 9. 2013, Nr. 5. 38; zurückhaltend Langenbucher in Hölscher/Altenhain, Handbuch Aufsichts- und Verwaltungsräte in Kreditinstituten, S.3, 12 f.

⑧ Ebenso Langenbucher in Hölscher/Altenhain, Handbuch Aufsichts- und Verwaltungsräte in Kreditinstituten, S.3, 12(„wissenschaftlich noch nicht hinreichend ausgeleuchtet"). Siehe noch unten Rn.1482(zur Unabhängigkeit).

⑨ BaFin, Merkblatt zur Kontrolle der Mitglieder von Verwaltungs- und Aufsichtsorganen gemäß KWG und VAG vom 3.12.2012，unter I. 2.

四、时间保障

针对信贷机构,法律还明确规定其监事必须有**充足的时间**履行职责(《信 1473
贷机构法》第 25d 条第 1 款第 1 句)。①对保险企业没有相应的规定;但联邦金
融监管局将时间可用性纳入可靠性范畴《保险业监管法》第 7a 条第 4 款
第 1 句)。②毫无疑问,这一要求也源于监事所负的股份法规范意义上的注意义
务(《股份法》第 116 条、第 93 条第 1 款;另见《准则》第 5.4.5 条第 1 句)。

"充足的时间"如何界定,应当由信贷机构管理人员今后依据欧洲银行管 1474
理局提出的指导方针加以确定(《资本充足第四号指令》第 91 条第 12 款第 1
段 a 项)。但是,从指令的上述条款中可以明显看出,所需的时间投入总是取
决于**个案的具体情况**以及相关**业务的性质、范围和复杂程度**。个案的有关情
况也包括公司的经济状况,因为在危机时期监事会的监督义务将有所加重。③
此外,对监事会主席和代理主席以及重要委员会的主席及成员的时间要求相
较于普通监事更高;④这种增加的时间投入通常也反映在相应的等级报酬中
(参见《准则》第 5.4.6 条第 1 款第 2 句)。确定时间要求的另一个考虑因素是
有关限制兼职的规定。通过将《信贷机构法》第 25d 条第 3 款第 1 句第 4 项、
《保险业监管法》第 7a 条第 4 款第 4 句(最多在四或五家企业的监事会任职)
与《股份法》第 100 条第 2 款第 1 句第 1 项(最多在十家企业的监事会任职)进
行比较可以看出,监管法规范在这方面要比股份法规范更为严格。尽管如此,
上述规定仍然表明,即使在信贷机构和保险企业中,监事职务也不是被立法者
设计为全职工作,而是作为(当然是耗时的)第二职业。然而此种立法模式与
监事渐增的职责内容之间的关系日益紧张。对于一家大型信贷机构的监事会
主席来说,几年前的时间投入约为每年一百天;⑤时至今日此类时间投入估计
会更高。⑥

---

① Vgl. Art. 91 Abs. 2 CRD IV-Richtlinie.

② BaFin, Merkblatt zur Kontrolle der Mitglieder von Verwaltungs- und Aufsichtsor-
ganen gemäß KWG und VAG vom 3.12.2012, unter I. 2.

③ Siehe aus dem aktienrechtlichen Schrifttum etwa Drygala in K. Schmidt/Lutter,
Komm. AktG, § 116 Rn.17.

④ Apfelbacher/Metzner, AG 2013, 773, 775 mit Fn. 15.

⑤ Breuer in Hopt/Wohlmannstetter, Handbuch Corporate Governance von Banken,
S.516, 525; vgl. auch(nicht speziell für Kreditinstitute) Lutter in Allmendinger/Dorn/Lang/
Lumpp/Steffek, Corporate Governance nach der Finanz- und Wirtschaftskrise, S.140, 150:
zwei bis drei Monate pro Jahr für den Aufsichtsratsvorsitz in größeren Unternehmen.

⑥ Dezidiert Börsig/Löbbe in FS Hoffmann-Becking, S.125, 145: Aufsichtsratsvorsitz
in größeren börsennotierten Unternehmen heute ein „Fulltime-Job".

五、不可兼容性，不得过度兼职

1475　　　　股份法规范中关于**不可兼容性**和**限制兼职**的规定（《股份法》第 100 条第 2 款）得到更为严格的监管法规则的补充。针对信贷机构的规则是指《信贷机构法》第 25d 条第 3 款，①而针对保险企业的规则则来自《保险业监管法》第 7a 条第 4 款第 3、4 句。

1476　　　　对于《信贷机构法》意义上的机构，该法第 25d 条第 3 款第 1 句第 1 项首先规定，监事不得同时担任本机构的经营管理人员（董事）。对于采取股份公司形式的机构，这种不可兼容性已经由《股份法》第 105 条第 1 款作出规定。②这一规定仅导致在严格适用该规则时即便依《股份法》第 105 条第 2 款暂时借调一名监事进入董事会也是不被允许的。③然而与股份法相比，《信贷机构法》第 25d 条第 3 款第 1 句第 2—4 项提出的要求更为严格：

　　　　——根据该条款第 1 句第 2 项，监事会**最多**只能拥有**两名前董事会成员**。④而在股份法规范中，仅在《准则》第 5.4.2 条第 3 句中存在一项与此相关的无拘束力的建议。在上市公司中，当董事转任监事时，必须遵守《股份法》第 100 条第 2 款第 1 句第 4 项中关于"冷静期"的补充规定。

　　　　——此外，根据第 1 句第 4 项，监事会最多可以在其他企业中担任三个经营管理或监督职务（监督职位）。⑤换言之，监事**最多**可以同时占据**四个监督职位**。此项规定明显比《股份法》第 100 条第 2 款第 1 项严格得多，后者允许一个人同时担任多达十个监督会职务，并且只有依法必须设立监事会的企业中的职务才被计算在内。

　　　　——如果监事同时是另一企业的经营管理人员，那么其职能在担任一个经营管理或监督职务，也就是说**最多占据一个经营管理职位和两个监督职位**。

---

①　Beachte dazu die eigene Übergangsvorschrift des §64r Abs. 14 KWG(vgl. Art. 91 Abs. 3 CRD IV-Richtlinie)：Altmandate aus der Zeit vor dem 1.1.2014 genießen danach Bestandsschutz；in potenziell systemgefährdenden Instituten entfällt dieser Bestandsschutz jedoch ab 1.7.2014.

②　Für die dualistische SE folgt dasselbe aus Art. 39 Abs. 3 Satz 1 SE-VO. Bedeutung hat die Vorgabe aber für den Verwaltungsrat der monistischen SE；Begr. RegE CRD IV-Umsetzungsgesetz, BT-Drucks. 17/10794，S.87.

③　Die Abordnung führt zwar nach §105 Abs. 2 Satz 3 AktG zum Ruhen des Aufsichtsratsmandats；der Abgeordnete bleibt aber Mitglied des Aufsichtsrats(Rn. 459). Gleiches gilt im Ergebnis in der dualistischen SE；Seibt in Habersack/Drinhausen，Komm. SE-Recht，Art. 39 SE-VO Rn.36.

④　Diese Vorgabe entspricht §36 Abs. 3 Satz 5 KWG a.F.

⑤　Vgl. Art. 91 Abs. 3 Satz 2 lit. b CRD IV-Richtlinie；etwas weniger streng noch §36 Abs. 3 Satz 6 KWG a.F.(maximal vier weitere Kontrollmandate).

虽然《信贷机构法》第 25d 条第 3 款第 1 句第 3 项可能使人产生一名监事可另外担任两个监督职务（即总计三个监督职务）的误解，但这显然是一个编辑错误。此项规定与该法第 36 条第 3 款第 1 句第 9 项存在不可调和地矛盾：据此，如果一名监事担任超过一个经营管理职务和两个监督职务，那么联邦金融监管局可以要求其辞去监事职务。这种矛盾必须以优先适用更严格的规定（《信贷机构法》第 36 条第 3 款第 1 句第 9 项）的方式加以解决，因为只有它完全符合相关指令的规定。①在这方面，银行监管法规范同样远远超越了股份法规范和《准则》。②

——然而，**联邦金融监管局提供**了个案豁免的可能。如果一名监事能够确保有足够的时间投入本职工作，那么可以允许该监事**再担任一个监督职务**（《信贷机构法》第 25d 条第 3 款第 4 句）。③

《信贷机构法》第 25d 条第 3 款第 2 句就职位的计算作出规定，该计算方法与股份法规范中的同类规定（《股份法》第 100 条第 2 款第 2、3 句）明显不同。**多个职位被算作一个职位的情况包括**：(1)在属于**同一集团**（机构集团、金融控股集团或混合金融控股集团）的企业任职，④(2)所任职企业附属于同一机构安全系统或(3)相关机构持有所任职企业的大量股份（《信贷机构法》第 25d 条第 3 款第 2 句）。⑤此处的持有大量股份是指该机构直接或间接持有其他企业至少 10％的资本或者表决权，或者拥有其他对该企业的经营管理施加重大影响的可能性（《信贷机构法》第 1 条第 9 款结合《资本充足条例》第 4 条第 1 款第 36 项）。目前尚不清楚的是，经营管理和监督职务的计算是需要分别进行还是针对两大职务类别合并计算。后者意味着例如集团内部的两个经营管理和监督职务可以被合并计算为一个经营管理职务（而非一个经营管理职务和一个监督职务）。《信贷机构法》政府草案第 25d 条第 3 款第 2 句仍然希望

1477

---

① Vgl. Art. 91 Abs. 3 Satz 2 lit. a CRD IV-Richtlinie(für bedeutende Institute)；wie hier Apfelbacher/Metzner, AG 2013，773，777. Entstanden ist das Redaktionsversehen dadurch, dass die zugrunde liegenden Anforderungen der Richtlinie während der Gesetzesberatungen verschärft wurden. Der Finanzausschuss hat daraufhin, um der Richtlinie zu entsprechen, kurz vor Verabschiedung des Umsetzungsgesetzes noch Änderungen eingefügt(BT-Drucks. 17/13541，S.20；BT-Drucks. 17/13524，S.83，96).

② Ziff. 5.4.5 DCGK empfiehlt, dass das Vorstandsmitglied eines börsennotierten Unternehmens nicht mehr als drei Aufsichtsratsmandate in konzernexternen börsennotierten Gesellschaften oder in Aufsichtsgremien von konzernexternen Gesellschaften, die vergleichbare Anforderungen stellen, übernehmen darf.

③ Vgl. Art. 91 Abs. 6 CRD IV-Richtlinie.

④ Zu diesen Begriffen siehe die Legaldefinition in § 10a Abs. 1 KWG；ferner Binder in Hopt/Wohlmannstetter, Handbuch Corporate Governance von Banken, S.685，689 ff.

⑤ Vgl. Art. 91 Abs. 4 CRD IV-Richtlinie.

排除这种**"交叉合并计算"**方式("始终视为一个职务")。①然而在最终的正式文本中其措辞有所缓和("视为一个职务")。②

1478　　　　对**公共机关的代表**存在客观上存疑的缓和。市镇的主要行政官员,例如依据市镇章程有义务在一家企业担任职务的市长和地区行政人员,根据《信贷机构法》第25d条第3款第5句可不受最多四个监督职务(第1句第4项)的限制。③此时首先想到的是市镇储蓄银行的章程,这些银行通常决定市长和地区行政人员"出身"的董事。此外,《信贷机构法》第25d条第3款第3句规定,对于非以营利为主要目的的公司中的职务,在依第1句第3项和第4项确定最高数量时不被计算在内。根据相关法律条文,此类企业尤其包括服务于市镇公共福祉的企业。但是相关指令只能容忍对第1句第4项(最多四个监督职务)的豁免,而不能接受对第1句第3项规定的排除(参见《资本充足第四号指令》第91条第5款结合第3款第2句b项)。

1479　　　　与信贷机构相比,针对**保险企业**的不可相容性规则通常不那么严格。但是对股份法规范并非如此。根据《保险业监管法》第7a条第4款第3句,公司监事会**最多拥有两名前董事会成员**;此规定符合《信贷机构法》第25d条第3款第1句第2项。此外,监事在受联邦金融监管局监管的企业中**最多可以担任五个监督职务**(《保险业监管法》第7a条第4款第4句)。④此时不考虑同一保险或企业集团中的职务(《保险业监管法》第7a条第4款第4句)。此外还应认识到,担保财产的受托人(《保险业监管法》第70条)不得同时在监事会任职。⑤《保险业监管法》第十修正案不太可能提出更严格的要求。⑥

六、多样性,鼓励女性参与

1480　　　　此外,经过改革的银行业监督法还寻求推动监事会组成的**多样性**。这不仅涉及不同的任职资格(在这方面与总体资格要求存在重叠,边码1462、

---

①　Begr. RegE CRD IV-Umsetzungsgesetz BT-Drucks. 17/10794, S.33, 87.

②　In Anlehnung an die Formulierung in Art. 91 Abs. 4 CRD IV-Richtlinie; vgl. Finanzausschuss, BT-Drucks. 17/13541, S.20. Wie hier Sven H. Schneider in Verband der Auslandsbanken in Deutschland(Hrsg.), Bankenaufsicht 2014—Praxisseminar 12.11.2013, S.36(Folie 11).

③　Vgl. Art. 91 Abs. 5 CRD IV-Richtlinie.

④　Kontrollmandate in nicht aufsichtsunterworfenen Unternehmen zählen anders als im Rahmen des §25d Abs. 3 Satz 1 Nr. 3, 4 KWG nicht mit; Kaulbach in Fahr/Kaulbach/Bähr/Pohlmann, Komm. VAG, §7a Rn.38.

⑤　Bürkle/Scheel in Bähr, Handbuch des Versicherungsaufsichtsrechts, §13 Rn.31.

⑥　§25 Abs. 4 VAG-E entspricht dem bisherigen §7a Abs. 4 Satz 3—4 VAG.

1463），而且尤其关注**年龄、性别和籍贯**方面的差异。①（欧洲）立法者认为，多元化有助于消弭监事会中不加批判的"集体思维"并因此保障对经营管理层实施更有效的监督，这些均关系到监督法规范的目标。②总体而言，《信贷机构法》对这一点理解的不如《资本充足第四号指令》那样深刻。根据《信贷机构法》第25d条第11款第2句第1项，在向监事会提交关于董事会组成或者监事会选举决议建议的提议时，提名委员会（边码1508、1516及以下）必须注意监事会成员在知识、技能和经验方面的均衡性和多样性。按照相关指令，多样性应按照所述的意义加以理解。③《信贷机构法》在促进女性参与方面作出更明晰的规定：根据该法第25d条第11款第2句第2项，提名委员会必须确立旨在**解决监事会中性别代表性不足**的目标并制定实现该目标的具体战略（边码1516）。此项规定使人想起《准则》第5.4.1条第2款；但与《准则》不同，此项规定不是一项建议，而是对提名委员会有约束力的行为指示。然而，另一项更具影响力的新法规很快就会出台：欧盟计划于2016年针对所有实行数量均等共同决定的上市公司（无论是否属于金融行业）提出监事会成员30%的**法定女性比例**要求。④

截至目前，保险业监管法规范尚未对多样性作出类似规定。特别是该标准还未被纳入《保险业监管法》第7a条第4款第1句意义上的专业知识概念之中。⑤ 　　1481

七、独立性

《信贷机构法》和《保险业监管法》均**未对监事的独立性作出任何明确规定**。然而，根据联邦金融监管局的管理实践，监事的特殊利益与公司利益之间的重大利益冲突可能会引起对监事可靠性的质疑。联邦金融监管局首先注意到了监事与其所监督企业之间现有业务关系引起的利益冲突（边码1472）。此外，欧洲银行管理局提出的指导方针明确要求监事会具有"充分的独立性"，⑥ 　　1482

---

① ② Erwägungsgrund 60 CRD IV-Richtlinie.

③ Vgl. Art. 88 Abs. 2 Unterabs. 2 lit. a Satz 1, 91 Abs. 10 CRD IV-Richtlinie. Zur Konkretisierung dieser Vorgaben soll die EBA bis zum 31.12.2015 Leitlinien erlassen(Art. 91 Abs. 12 Unterabs. 1 lit. e CRD IV-Richtlinie).

④ Koalitionsvertrag zwischen CDU, CSU und SPD vom 27. 11. 2013, S. 102: „Aufsichtsräte von voll mitbestimmungspflichtigen und börsennotierten Unternehmen, die ab dem Jahr 2016 neu besetzt werden, sollen eine Geschlechterquote von mindestens 30 Prozent aufweisen." Zu den Bestrebungen, eine Frauenquote auch auf europäischer Ebene einzuführen, siehe Verse, EuZW 2013, 336, 340.

⑤ Dreher/Lange, ZVersWiss 2011, 211, 216.

⑥ EBA, Leitlinien zur Internen Governance(GL 44) vom 27.9.2011, Nr. 12 Tz. 2 und 5 nebst Erl.

特别是指独立于控股股东。①然而由于在相关指令中缺少依据，此项独立性要求并不具有约束力，也没有反映在德国的国内法转化程序中。因此仍然停留在一般规则的层面。是故，根据较有说服力的观点，与控股股东之间的关系虽然可能导致《股份法》第 100 条第 5 款、第 107 条第 4 款意义上的财务专家独立性②和《准则》第 5.4.2 条第 1 款第 2 句意义上的独立性的丧失，但是这本身并不当然产生《信贷机构法》第 25d 条第 1 款第 1 句、《保险业监管法》第 7a 条第 4 款第 1 句中的不可兼容性。③

八、检举及报告义务

1483   为了让联邦金融监管局能够审查是否符合上述条件，《信贷机构法》和《保险业监管法》还规定受监管企业必须就**监事的聘任**向联邦金融监管局作出**报告**。该报告必须附有评估监事可靠性、专业知识和时间可用性所需的信息。④需要报告的仅是聘任本身，而非聘任的预期目的，因为《信贷机构法》第 24 条第 1 款第 1 项和《保险业监管法》第 13d 条第 1 项仅规定了针对经营管理人员（董事）预先报告义务。⑤此外，此项报告义务仅涉及初次聘任，而不涉及续聘。⑥在《信贷机构法》的适用范围内，监事的**离职**最近亦需向联邦金融监管局报告（KWG《信贷机构法》第 24 条第 15a 项）。⑦董事会作为公司的一般代表机构负责作出报告。

1484   《资本充足条例》还要求信贷机构**每年**就董事会和监事会的组成情况至少

---

① EBA, Leitlinien zur Beurteilung der Eignung von Mitgliedern des Leitungsorgans und von Inhabern von Schlüsselfunktionen (EBA/GL/2012/06) vom 22.11.2012, Nr. 15.2 lit. c.

② Ausführlich dazu Habersack in FS Goette, S.121, 125 ff.; a.A. Mertens/Cahn, Kölner Komm. AktG, § 100 Rn.67 f. m.w.N.

③ A.A. offenbar Velte/Buchholz, ZBB 2013, 400, 402 f., die die Unabhängigkeit im Sinne von Ziff. 5.4.2 DCGK in den Begriff der Zuverlässigkeit hineinlesen wollen.

④ § 24 Abs. 1 Nr. 15, Abs. 3a Satz 1 Nr. 4 KWG; ähnlich §§ 13d Nr. 12, 13e Abs. 1 Satz 1 Nr. 4, Satz 3 VAG. Einzelheiten zu den einzureichenden Unterlagen ergeben sich aus dem BaFin-Merkblatt zur Kontrolle der Mitglieder von Verwaltungs- und Aufsichtsorganen gemäß KWG und VAG vom 3.12.2012, unter II. Das Merkblatt ist allerdings noch nicht darauf abgestimmt, dass § 24 Abs. 1 Nr. 15 KWG seit dem 1.1.2014 auch Angaben zur zeitlichen Verfügbarkeit verlangt.

⑤ Süßmann in Schwennicke/Auerbach, Komm. KWG, § 24 Rn.43.

⑥ BaFin, Merkblatt zur Kontrolle der Mitglieder von Verwaltungs- und Aufsichtsorganen gemäß KWG und VAG vom 3.12.2012, unter II. 1.

⑦ Eine ähnliche Regelung soll auch für Versicherungsunternehmen eingeführt werden (§ 44 Nr. 2 VAG-E); dazu Dreher, VersR 2012, 1061, 1070.

作出一次报告，主要涉及由机构成员担任的职位数量、选择机构成员和促进多样性的政策（《资本充足条例》第 435 条第 2 款）。①此项报告义务可以在年度财会报告的框架内或其他适当的位置得到履行（《资本充足条例》第 434 条）。

九、违反的法律后果

（一）监管法上的干预权（要求解聘，禁止履职）

如果违反上述有关专业知识、可靠性和时间可用性或不可兼容规则的要求，《信贷机构法》即授权联邦金融监管局要求**解聘相关监事**或直接强制其**停止履职**（《信贷机构法》第 36 条第 3 款第 1 句第 1—3 项、第 6—9 项）。《保险业监管法》未在监事缺乏专业知识或可靠性的情况下作出类似授权（《保险业监管法》第 87 条第 8 款第 1 句）。②违反联邦金融监管局相应要求的违法行为将面临高额**罚款**（《信贷机构法》第 56 条、《保险业监管法》第 144 条）。解聘本身根据一般规则进行，因此**股东代表**的解聘通常要由股东大会作出相应决议（《股份法》第 103 条第 1 款）或应监事会的请求由法院裁判（《股份法》第 103 条第 3 款）。联邦金融监管局所提出的有效解聘请求即构成《股份法》第 103 条第 3 款意义上的重大原因。③若监事会未提出解聘要求，则联邦金融监管局亦可向法院提出解聘监事的请求（《信贷机构法》第 36 条第 3 款第 3 句、《保险业监管法》第 87 条第 8 款第 3 句）。针对**员工代表**，《信贷机构法》第 36 条第 3 款第 4 句规定其解聘"完全依照共同决定法律规范"进行。根据该条文，似乎只能依据《共同决定法》第 2 条、《三分之一参与法》第 12 条、《欧洲公司职工参与法》第 37 条和《跨境合并时职工共同决定法》第 26 条进行解聘。然而，如果根据《股份法》第 103 条第 3 款规定的司法解雇途径（针对职工代表无疑也存在这种可能④）在所有情况中均被排除，这从体系上看是荒谬而怪异的。这些资料还表明，立法机构显然不想排除这种可能性；其只是想强调共同决定法律

1485

---

① Zur Nutzung dieser Angaben durch die Aufsichtsbehörden siehe Art. 91 Abs. 11 CRD IV-Richtlinie. Die Kommission ist aufgerufen, die Fortschritte im Bereich der Diversität bis zum 31.12.2016 zu prüfen und ggf. weitergehende Gesetzgebungsvorschläge zu unterbreiten(Art. 161 Abs. 5 CRD IV-Richtlinie).

② Näher Berger, VersR 2010, 422, 425 ff.; Dreher/Lange, ZVersWiss 2011, 211, 217 f. Weitergehend § 297 Satz 1Nr. 1 VAG-E; dazu Dreher, VersR 2012, 1061, 1071.

③ Fischer in Boos/Fischer/Schulte-Mattler, Komm. KWG, § 36 Rn. 130; einschränkend Berger, VersR 2010, 422, 427. Damit lässt sich auch das von Langenbucher, ZHR 176(2012), 652, 665, aufgeworfene Problem der abberufungsunwilligen Hauptversammlung lösen.

④ Statt aller Habersack, MünchKomm. AktG, § 103 Rn. 33, 53; vgl. auch den Wortlaut des § 103 Abs. 4 AktG(„außer Abs. 3").

规范"不受影响"。①因此即便从这个意义讲也应该阅读这些条款。

1486　　　在面对解聘要求时，公司和相关机构成员可以根据行政程序原则寻求**法律保护**。②

（二）公司法上的后果

1487　　　然而，违反上述个人要求不仅会引起监管法规范上的后果，而且也会在**责任法规范层面**造成影响。一名监事在不符合法定要求的情况下仍然当选为专门委员会成员或其主席，那么这已经违反其注意义务（《股份法》第 116 条第 1 句、第 93 条第 1 款）。因此从承继过错的角度来看，如果因缺乏资格已经给公司造成损害，那么相关人员应当承担责任。③

1488　　　几乎没有被讨论的问题是，违反《信贷机构法》和《保险业监管法》中的个人要求是否影响监事选聘的有效性或导致监事职务的终止。有人认为违反有关专业知识、可靠性和时间可用性规则（《信贷机构法》第 25d 条第 1 款第 1 句、《保险业监管法》第 7a 条第 4 款第 3、4 句）或监管法规范中的不可相容性规则（《信贷机构法》第 25d 条第 3 款第 1 句、《保险业监管法》第 7a 条第 4 款第 1 句）将导致相关的**选聘决议**依《股份法》第 251 条第 1 款第 1 句**可撤销**。④针对不可相容性规则，甚至有人主张与此相悖的选举应当类推适用《股份法》第 250 条第 1 款第 4 项被认定为**无效**。⑤由此观点出发，我们必然认为随后出现的《信贷机构法》和《保险业监管法》意义上的不可相容的情况依法将导致监事职务的终止。⑥

---

① Begr. RegE CR IV-Umsetzungsgesetz, BT-Drucks. 17/10974, S.90.

② Zu den Einzelheiten(Widerspruch, Anfechtungsklage, Antrag auf Wiederherstellung der nach §49 KWG, §89a VAG ausgesetzten aufschiebenden Wirkung, ggf. Fortsetzungsfeststellungsklage) siehe Schwennicke in Schwennicke/Auerbach, Komm. KWG, §36 Rn.57 ff.; Schmitz in Luz/Neus/Schaber/Scharpf/Schneider/Weber, Komm. KWG, §36 Rn.101 ff.

③ Habersack, MünchKomm. AktG, §116 Rn. 22, 26, 70 (zur aktienrechtlichen Mindestqualifikation); Louven/Raapke, VersR 2012, 257, 266.

④ Kiefner, Kölner Komm. AktG, §251 Rn.13(zu §36 Abs. 3 Satz 1 KWG a.F., §7a Abs. 4 Satz 1 VAG); Simon in Hölters, Komm. AktG, §251 Rn.5(zu §36 Abs. 3 Satz 5 und 6 KWG a. F., §7a Abs. 4 Satz 3 und 4 VAG); Weber/Kersjes, Hauptversammlungsbeschlüsse vor Gericht, §1 Rn.480(zu §36 Abs. 3 Satz 5 KWG a.F.). Für den Verstoß gegen §25d Abs. 3 Satz 1 Nr. 1 KWG kann dies freilich nicht gelten, wenn(wie im Regelfall, Rn.1476) zugleich §105 Abs. 1 AktG verletzt ist; denn der Verstoß gegen letztere Vorschrift führt analog §250 Abs. 1 Nr. 4 AktG anerkanntermaßen zur Nichtigkeit; Habersack, MünchKomm. AktG, §105 Rn.19; Kiefner, Kölner Komm. AktG, §250 Rn.53.

⑤ Schwennicke in Schwennicke/Auerbach, Komm. KWG, §36 Rn.55(zu §36 Abs. 3 Satz 5 und 6 KWG a.F.).

⑥ Der nachträgliche Eintritt eines Bestellungshindernisses i.S.des §250 Abs. 1 Nr. 4 AktG führt auch sonst zum Erlöschen des Aufsichtsratsamts; Mertens/Cahn, Kölner Komm. AktG, §100 Rn.52.

但是这些影响深远的法律后果是否真的可以从现行法中推断出来，是**值**　1489
得怀疑的。虽然《股份法》第 251 条第 1 款第 1 句的条文赞成每一项违法行为
均可撤销，但是该文本论据说服力很弱，因为其没有得到其他解释标准的支
撑。此前的立法者没有考虑可撤销性问题；在引入针对监事的监管法要求时，
立法者将其注意力投向公法上的干预权（边码 1485）。由于监管法要求已经得
到联邦金融监管局的密切监管，并且联邦金融监管局拥有广泛的权力，因此**似**
乎无需通过股东提起决议瑕疵之诉的方式以私力实现监管法规范。此外，如
果允许以监管法规范为依据提起撤销之诉，那么这将导致较严重的**法律不确**
定性并影响监事的效力。这尤其适用于因（可能的）专业知识不足而提出的撤
销之诉，因为监事的资格往往难以事先评估。①正是基于这个原因，股份法学
界通说直到现在仍然不认为缺乏《股份法》所要求的最低资格属于撤销原因。②如
果考虑到股份法规范所要求的最低资格与监管法上的专业知识要求在内容上
相一致（边码 1456），很难看出为什么同样的要求会对受监督公司构成撤销原
因，而对非受监管企业并非如此。在前一种情况下接受联邦金融监管局的此
项检查就足够了。

认为违反监管法规范中的不可相容性规则将因类推适用《股份法》第 250　1490
条第 1 款第 4 项导致聘任的无效或者（在事后出现不可相容的情况时）导致监
事职务的终止的观点，同样值得思考。首先，除了监管法的干预权外，不需要
此种法律后果。其次，在违反不可相容性规则时，《信贷机构法》第 36 条第 3
款显然认为对相关监事的聘任是有效的；否则无需由联邦金融监管局启动解
聘程序。第三，应当承认，即使监督机关发布履职禁令也不能终止相关机构成
员的职务，而只能依公法行事。③因此，似乎只有在违反监管法规定和违反股份
法规范中的聘任禁令发生竞合时，例如同时违反《信贷机构法》第 25d 条第 3
款第 1 句第 1 项和《股份法》第 105 条第 1 款，才能考虑认定相关聘任无效。

---

① 　Vgl. Hopt/Roth, Großkomm. AktG, § 100 Rn. 25.

② 　Hopt/Roth, Großkomm. AktG, § 100 Rn. 20 ff.；Habersack, MünchKomm.
AktG, § 100 Rn. 11, 33；Hoffmann-Becking in Münchener Hdb. AG, § 30 Rn. 2a；Kiefner,
Kölner Komm. AktG, § 251 Rn. 13；Ihrig in FS Hoffmann-Becking, S. 617；a. A. in Fällen
offenkundig fehlender Sachkunde Semler, MünchKomm. AktG, 2. Aufl., § 100 Rn. 109；
ferner Wardenbach, Interessenkonflikte und mangelnde Sachkunde als ungeregelte Bestel-
lungshindernisse zum Aufsichtsrat der Aktiengesellschaft, S. 262 ff., 299（sogar Nichtigkeit
analog § 250 Abs. 1 Nr. 4 AktG）.

③ 　Begr. RegE KWG 1961, BT-Drucks. 3/1114, S. 40；Schwennicke in Schwennicke/
Auerbach, Komm. KWG, § 36 Rn. 16（jeweils zum Geschäftsleiter）.

■ 第三节　监事会的职责及监督手段

一、职责

（一）出发点

1491　　从法律的角度来讲，银行或保险规范公司监事会的任务最初与其他公司的监事会没有什么不同。除聘任和解聘董事（《股份法》第 84 条）之外，监事会的核心任务是**监督董事会的经营管理**（《股份法》第 111 条第 1 款）。根据一般原则，这不仅包括回顾性监督，还包括展望性监督，也就是说在董事会制定未来经营政策时为其提供咨询以及在某些情况下（即《股份法》第 111 条第 4 款第 2 句）参与决策（边码 57 及以下、边码 62）。监督标准同样是董事会经营管理的合法及合规性、经济性以及合目的性（边码 73 及以下）。

（二）愈发重要的合法性监督

1492　　然而，在该一般性任务的具体内容时亦须考虑到银行和保险行业的**特殊性**。例如，金融行业要受到比其他行业更为严格的监管，因而董事会的行为在很大程度上受到法律规范的规制，信贷机构和保险企业董事会行为**合法性监督具有非常重要的意义**；[①]其范围要比不受监管的企业大得多。《信贷机构法》着重强调了监督任务的这一方面，并明确指出监督还必须涵盖**对监管法规范的遵守**："经营管理或监督机构必须监督经营管理人员遵守相关银行业监管法规范的情况"（**《信贷机构法》第 25d 条第 6 款第 1 句**）。因此，信贷机构的监事会必须查实董事会全力[②]确保：

——最低资本金、流动性和资本储备金符合《资本充足条例》和《信贷机构法》第 10 条及以下的复杂要求；

——针对大额贷款和内部人贷款的各项限制均得到遵守（《资本充足条例》第 387 条及以下、《信贷机构法》第 13 条及以下）；

——该机构按照《信贷机构法》第 25a 条、第 25g 条第 4a 款的要求建立了合规的业务组织，特别是已建立上述规范意义上的有效风险管理体系，包括相应的监督程序（具备风险控制和合规功能的内控机制、内部审计机制）；[③]

---

① Bürkle, ZVersWiss 2012, 493, 500 f.

② Dazu Hopt, ZIP 2013, 1793, 1799, in Erwiderung auf die weitergehende „Optimierungsthese" von Langenbucher, ZBB 2013, 16, 22 f.

③ Siehe dazu die detaillierten Vorgaben der BaFin im Rundschreiben 10/2012（BA) vom 14.12.2012, Mindestanforderungen an das Risikomanagement（MaRisk BA) nebst Anlagen. Das versicherungsaufsichtsrechtliche Pendant bildet das BaFin-Rundschreiben 3/2009 vom 22. 1. 2009, Aufsichtsrechtliche Mindestanforderungen an das Risikomanagement（MaRisk VA).

——薪酬制度符合《信贷机构法》第 25a 条第 5、6 款和《机构薪酬条例》（边码 1496、1497）的规定，以及

——本机构切实履行其对监事会和公众的全面报告和披露义务。

这个概述也许给人这样的印象，即对信贷机构中合法性监督任务的要求非常苛刻。随着《资本充足指令》第四号一揽子协议对《巴塞尔第三框架公约》的转化，监管法规范的复杂性相应地大幅增加，董事会的经营管理任务和监事会的监督任务均比以前更加繁重。《信贷机构法》第 25d 条第 8—12 款针对必须设立专门委员会的监事会提出的任务目录（也）明确界定了与合法性监督相关的任务范围（参见边码 1508 及以下）。

对保险企业同样如此。虽然《保险业监管法》（与《信贷机构法》第 25d 条第 6 款第 1 句不同）未对此专门予以强调，但是在保险行业中董事会对监管法规范的遵守同样是监事会监督任务的核心之一。[1]与银行业一样，在这里监事会同样不得依赖联邦金融监管局针对监管法要求所实施的监督。[2]此时监事会必须努力满足日益提高的各项要求，因为在完成《偿付能力第二号指令》的转化工作后，监事会必须监督董事会对更为复杂的自有资金要求的履行情况、董事会对范围更广的组织、报告和披露义务的遵守情况。[3]   1493

（三）特别强调监督的展望性

这符合股份法规范的一般发展规律，自 20 世纪 90 年代以来，监事会的监督任务大幅增加：除回顾性监督之外，对董事会行为实施**展望性监督**日益成为发展趋势（边码 46 及以下、边码 57 及以下）。随之而来的监事会义务在监管法规范中被着重强调，即监事会应被视为共同决策机构并就未来经营政策问题向董事会提供咨询建议。例如，**《信贷机构法》第 25d 条第 6 款第 2 句**即明确指出，监事会尤其必须"投入充足的时间用于**讨论**经营管理人员和员工的**政策、风险和薪酬体系**"。[4]虽然《保险业监管法》未作出相应规定，但保险企业的监事会亦当如此。   1494

政策首先是指具体经营政策，其涵盖针对所有重大业务活动的经营目标以及实现这些目标的措施。[5]为了控制经营政策所带来的风险，特别是为了避   1495

---

① Bürkle, ZVersWiss 2012, 493, 500 f.

② Eingehend Dreher/Häußler, ZGR 2011, 471, 483 ff.; ferner Armbrüster, KSzW 2013, 10, 17 f.; Louven/Raapke, VersR 2012, 257, 265.

③ Näher Bürkle, ZVersWiss 2012, 493, 500 ff.

④ Die Zukunftsgerichtetheit der Kontrolle betont das Gesetz im Übrigen auch für die Aufsicht der BaFin, vgl. insbesondere § 6b Abs. 2 KWG.

⑤ §§ 25a Abs. 1 Satz 3 Nr. 1, 25g Abs. 4a Nr. 1 KWG; AT 4.2 Tz. 1 MaRisk BA.

免发生风险集中(集群风险),风险战略同样需要进行讨论。①在审查风险政策时,监事会首先要获得其风险委员会的协助(《信贷机构法》第 25d 条第 8 款,边码 1508、1511 及以下)。虽然《信贷机构法》第 25d 条第 6 款第 2 句除此之外还概括性地要求对风险进行讨论,但是监事会和风险委员会也只能就那些对本企业而言重大的风险展开讨论。这取决于相关企业自身的风险状况。就信贷机构而言,特别是相对方的违约风险(包括国家风险)、市场价格、流动性和经营风险均应被识别为重大风险。②

1496　　强调监事会应当就经营管理人员和员工的**薪酬制度**进行讨论,是受到了欧洲银行管理局所提出的指导方针的启发,③并且可以从欧洲和德国的立法者将金融行业之前通行的薪酬结构视为金融市场危机的促成因素之一的背景来看待此事。④作为应对,已经制定和颁布了关于薪酬制度设计得非常详细的监管法规则。就信贷机构而言,这些规则主要是指(为转化《资本充足第四号指令》第 92—94 条而重新制定的)《信贷机构法》第 25a 条第 1 款第 3 句第 6 项、第 5、6 款、第 25d 条第 12 款以及《机构报酬条例》,⑤对保险企业来说则是指《保险业监管法》第 64b 条(草案第 26 条)和《保险金条例》。⑥这些规定要求为

---

① 　§§ 25a Abs. 1 Satz 3 Nr. 1, 25g Abs. 4a Nr. 1 KWG, AT 4.2 Tz. 2 MaRisk BA; vgl. auch § 64a Abs. 1 Satz 4 Nr. 1, Abs. 7 Nr. 1 VAG, 7.1 MaRisk VA.

② 　§ 25g Abs. 4a Nr. 2 lit. a, Abs. 4b Satz 2 Nr. 2 lit. a KWG, AT 2.2 MaRisk BA.

③ 　Begr. RegE CRD IV-Umsetzungsgesetz, BT-Drucks. 17/10974, S.87 unter Bezugnahme auf EBA, Leitlinien zur Internen Governance(GL 44) vom 27.9.2011, Nr. 19 Tz. 2.

④ 　Vgl. Empfehlung der Kommission vom 30.4.2009 zur Vergütungspolitik im Finanzdienstleistungssektor(2009/384/EG), ABl. EU Nr. L 120 vom 15.5.2009, S.22, Erwägungsgrund 2; Grünbuch Corporate Governance in Finanzinstituten und Vergütungspolitik vom 2.6.2010, KOM (2010) 284, S.11; Begr. RegE Gesetz über die aufsichtsrechtlichen Anforderungen an die Vergütungssysteme von Instituten und Versicherungsunternehmen(VergAnfG), BT-Drucks. 17/1291, S.1.

⑤ 　Verordnungüber die aufsichtsrechtlichen Anforderungen an Vergütungssysteme von Instituten vom 16.12.2013, BGBl. I 2010, 4270; dazu BaFin, Auslegungshilfe zur Institutsvergütungsverordnung vom 1.1.2014; Zürn/Rappensperger/Brämswig, DB 2013, 2681 ff. (zum RefE); zu der vorausgehenden Fassung der InstVergV vom 6.10.2010 Heuchemer/ Kloft, WM 2010, 2241 ff.; Insam/Hinrichs/Hörtz, DB 2012, 1568 ff.

⑥ 　Verordnung über die aufsichtsrechtlichen Anforderungen an Vergütungssysteme im Versicherungsbereich vom 6.10.2010, BGBl. I 2010, 1379(zuletzt geändert durch Gesetz vom 20.9.2013, BGBl. I 2013, 3672); dazu BaFin, Begründung zur Verordnung über die aufsichtsrechtlichen Anforderungen an Vergütungssysteme im Versicherungsbereich vom 22.10.2010; GDV, Auslegungshilfe zu den Anforderungen an Vergütungssysteme in der Versicherungswirtschaft, Feb. 2011; Armbrüster, VersR 2011, 1, 3 ff.; Armbrüster, KSzW 2013, 10, 15 ff.

经营管理人员和员工建立适当、透明且**可持续发展**的薪酬制度(《信贷机构法》第 25a 条第 1 款第 3 句第 6 项、《保险业监管法》第 64b 条第 1 款)。该制度的具体设计必须在供开放查阅的年度薪酬报告中予以披露(《资本充足条例》第 450 条、《机构报酬条例》第 16 条、《保险金条例》第 4 条第 8 款)。这些精心设计的法律规范旨在确保所涉及的人员免受可能导致过高风险的不当激励的干扰。为此目的,立法者明确规定了**对可变薪酬的限制**;特别是可变薪酬必须与固定薪酬处于一种合理的比例关系,①即针对《信贷机构法》意义上的信贷机构,对 2014 年 1 月 1 日以来提供的劳务所对应的可变薪酬原则上不得超过固定薪酬的一倍。②此外,可变薪酬必须以促进公司**可持续发展**的长期目标为导向。③在公司自有资本不足时,联邦金融监管局可以对可变薪酬的承诺和支付作出进一步限制。④

与股份法规范的要求(《股份法》第 87 条、《准则》,边码 395 及以下)不同,监管法中的薪酬规则既适用于董事会的薪酬,又适用于信贷机构和保险企业的雇员。由此产生了监事会的分级责任:**雇员薪酬制度**与监管法规则的一致性由董事会负责;⑤此时,监事会"只"是监督机构。相反,监事会在其针对董事会的人事权框架内直接负责**董事薪酬**的合法性及合目的性,并使之遵守相关监管法规范(《股份法》第 84 条、《机构报酬条例》第 3 条第 2 款、《保险金条例》第 3 条第 1 款第 4 句)。在完成上述两项任务时,监事会将得到其组建的**薪酬委员会**的协助(边码 1508、1520 及以下)。从形式上看,监事会必须确保董事薪酬在聘用合同中得到全面规定,并且该合同和后面的修改均需采取书面形

1497

①　Vgl. § 25a Abs. 5 Satz 1 KWG, § 6 InstVergV; ferner § 4 Abs. 2 VersVergV (beschränkt auf Geschäftsleiter und sog. risk taker bedeutender Versicherungsunternehmen i.S.des § 1 Abs. 2 VersVergV).

②　§ 25a Abs. 5 Satz 2 KWG, § 6 Abs. 1 InstVergV(für Geschäftsleiter und alle Mitarbeiter; insoweit noch über Art. 94 Abs. 1 lit. g, 92 Abs. 2 CRD IV-Richtlinie hinausgehend). Eine höhere variable Vergütung von bis zu 200 % der fixen Vergütung darf nur vereinbart werden, wenn die Hauptversammlung mit qualifizierter Mehrheit zustimmt(§ 25a Abs. 5 Sätze 5—9 KWG). Zur Anpassung von Altverträgen siehe § 14 InstVergG, wonach die Institute auf eine Anpassung „ hinzuwirken" haben, diese also nicht kraft Gesetzes eintritt; näher Diller/Ch. Arnold, ZIP 2011, 837 ff.(zum Parallelproblem bei Einführung der InstVergV a.F. und der VersVergV); ferner Lunk/Besenthal, NZG 2013, 1010, 1012 ff. Damit bleibt § 14 InstVergV allerdings hinter der strengeren Vorgabe des Art. 162 Abs. 3 CRD IV-Richtlinie zurück.

③　Siehe insbesondere §§ 10 Abs. 2, 19 Abs. 3, 20—22 InstVergV; §§ 3 Abs. 1 Satz 2 Nr. 3, Abs. 2 Satz 2, 4 Abs. 3 Nr. 2—4, Abs. 5—6 VersVergV.

④　§ 45 Abs. 2 Satz 1 Nr. 5a, 6 KWG, § 81b Abs. 1a VAG.

⑤　§ 76 Abs. 1 AktG, § 3 Abs. 1 Satz 1 InstVergV, § 3 Abs. 1 Satz 4 VersVergV.

式(《机构报酬条例》第 10 条第 4 款、《保险金条例》第 3 条第 3 款)。关于监事自身的薪酬,请参阅边码 1526 及以下。

（四）监管法上的其他职责

1498　　除上述任务外,《信贷机构法》和《保险业监管法》均向监事会分配了若干监督法层面的特殊任务,此处不予详细论述。在《信贷机构法》意义上的信贷机构中,监事会有义务根据该法第 15、17 条参与有关**内部人贷款**的决定;这些特殊规则取代了《股份法》第 89 条的一般规定(第 89 条第 6 款)的一般规定。在保险企业中,监事会还有义务代替股东大会**聘任**年度财务报表和可能的合并财务报表的**审计师**(《商法典》第 341k 条第 2 款第 1 句结合《保险业监管法》第 58 条第 2 款;不同于《商法典》第 318 条第 1 款、《股份法》第 119 条第 1 款第 4 项)。保险企业监事会的其他监管法上的任务包括:

　　——在人寿和医疗保险企业中,聘任一名可靠、业务过硬的保险统计员(《保险业监管法》第 11a 条第 2a 款、第 12 条第 2 款);①

　　——聘任一名合格的保险财产受托人(《保险业监管法》第 71 条第 1 款第 1 句);②

　　——在人寿保险公司中,参与有关延期发放投保人寿险红利的决定(《保险业监管法》第 56a 条第 1 款第 1 句);③

　　——在人寿保险公司中,就保险统计员向股东大会提交报告中的说明性内容发表意见(《保险业监管法》第 11a 条第 2b 款第 2 句);④以及

　　——在得到股东大会授权时:根据联邦金融监管局提出的修改要求对待决议的章程修改案进行调整(《保险业监管法》第 156 条第 1 款、第 39 条第 3 款,不同于《股份法》第 179 条第 1 款第 2 句)。⑤

二、监督手段

（一）概述

1499　　为履行其监督职责,银行或保险股份公司的监事会首先拥有一般的**股份法规范中的监督工具**:《股份法》第 111 条第 2—4 款中的权利(特别是查阅和审查权、同意保留设置权)、《股份法》第 77 条第 2 款第 1 句中的议事规程制定权、《股份法》第 90 条中的针对董事会的信息权、《股份法》第 109 条第 1 款第 2

---

① Vgl. §§ 132 Abs. 3, 136 Abs. 2 Satz 2 VAG-E.
② Vgl. § 119 Abs. 3 Satz 1 VAG-E.
③ Vgl. § 130 Abs. 2 Satz 1 VAG-E.
④ Vgl. § 132 Abs. 4 Satz 2 VAG-E.
⑤ Vgl. §§ 182 Abs. 3, 33 Abs. 1 VAG-E.

句中的聘请专家和知情人参与有关会议的权利以及《股份法》第 171、172 条中的审查和批准年度决算的权利(边码 109 及以下,边码 191 及以下)。

上述一般性规定在监管法规范中得到以下补充:董事会对监事会的报告义务(《股份法》第 90 条)被进一步明确,特别是针对本公司和集团的风险状况①和员工薪酬制度的设计。②然而更值得注意的是,监管法规范还致力于加强监事会**独立于董事会的信息权**,并为此目的明确授予监事会可以直接接触董事会下属的特定工作人员。 1500

(二) 特殊情况下直接与雇员沟通

(1) 在《资本充足第四号指令》完成国内法转化之前,联邦金融监管局已将建立合格的风险管理体系作为最低要求(《信贷机构法》第 25a 条)并要求监事会主席"在经营管理人员的参与下"接触内部审计部门的负责人。③此外,内部审计部门必须向监事会主席通报所有针对董事的重大调查结果,前提是董事会未主动将这些调查结果进行转交,这是合格风险管理体系的应有之义。④在证券服务企业中,监事会应与合规官员保持联系。⑤自 2014 年 1 月 1 日起,《信贷机构法》又有新动作:⑥它赋予其设立的各委员会的主席(边码 1508 及以下)绕过董事会,即无需董事会同意和出席,直接从董事会下属的重要工作人员处获取信息的权利。具体来说,就如下事项作出规定: 1501

——**风险委员会**主席和**审计委员会**主席与内部审计部门负责人和风险控制主管之间的关系(《信贷机构法》第 25d 条第 8 款第 7 句、第 9 款第 4 句),以及

——**薪酬控制委员会**主席与内部审计部门负责人、负责设计薪酬制度的部门的负责人(《信贷机构法》第 25d 条第 12 款第 7 句)和在重要机构任职的薪酬主管(《机构报酬条例》第 24 条第 2 款第 2 句,边码 1522)之间的关系。

每次直接接触均须**告知**董事会(《信贷机构法》第 25d 条第 8 款第 8 句、第

---

① In angemessenen Abständen, mindestens vierteljährlich nach § 25g Abs. 4a Nr. 3 lit. e, Abs. 4b Satz 2 Nr. 3 lit. d KWG; ähnlich für Versicherungsunternehmen BaFin, MaRisk VA, 1.2(„adäquat und regelmäßig"), 7.1.4.

② Mindestens einmal jährlich nach § 3 Abs. 1 Satz 2 InstVergV, § 3 Abs. 5 Satz 1 VersVergV.

③ BaFin, MaRisk BA, AT 4.4.3 Tz. 2.

④ BaFin, MaRisk BA, BT 2.4 Tz. 5.

⑤ Vgl. § 33 Abs. 1 Satz 2 Nr. 5 WpHG(Berichtspflicht des Compliance-Beauftragten gegenüber Vorstand und Aufsichtsrat); BaFin, MaComp. BT 1.1 Tz. 2(Zugang des Vorsitzenden des Aufsichtsrats oder des Prüfungsausschusses zum Compliance-Beauftragten, allerdings wieder nur „unter Einbeziehung der Geschäftsleitung").

⑥ Siehe zum Folgenden auch Velte/Buchholz, ZBB 2013, 400, 405 f.; Leyens/Schmidt, AG 2013, 533, 542 f.

9 款第 5 句、第 12 款第 8 句);仅与薪酬主管的直接接触无需告知。①由于法律没有明确规定预先告知,因此可以认为事后通知即可。若在例外情况下未建立委员会(边码 1508),则上述权限转由监事会主席行使(《信贷机构法》第 25d 条第 8 款第 7 句、第 9 款第 4 句、第 12 款第 7 句)。

1502　　　无论监事会或其委员会**是否有理由怀疑**董事会未完全或不正确地向其提供相关信息,上述新引入的直接接触管理人员的权限都存在。这是非常引人注意的,因为股份法学界的传统观点(但越来越有争议)与此不同,其认为监事会在没有理由怀疑董事会未合格履行报告义务的情况下不得不经董事会同意直接接触有关人员。②

1503　　　(2)在**保险业监管法规范**中也可以找到关于直接接触问题的零星特殊规定。然而,只有在监事会主席与薪酬委员会、董事会内部专门负责处理薪酬问题的专家委员会之间才存在法定的无条件的直接信息权(《保险金条例》第 4 条第 7 款第 3 句)。此外,针对人寿保险企业,法律还就监事会与保险统计员之间的直接联系作出详细规定;后者必须参加监事会的决算会议(《保险业监管法》第 11a 条第 2b 款)。③再有,联邦金融监管局要求建立合格的风险管理体系(《保险业监管法》第 64a 条),以确保监事会可以借助请求信息权直接发挥风险控制功能。然而,联邦金融监管局在此规定项下设置了一个前置条件,即必须遵守股份法规范中的各项限制(边码 246 及以下)。④

三、康采恩中的特殊之处

1504　　　监管法规范还针对康采恩中监事会的监督行为提出若干特殊问题。无论是银行业还是保险业监管法规范均在一系列规定中明确要求康采恩母公司必须**确保监管法规则在整个集团得到遵守**。主要包括在信贷机构集团和金融集团中保持适当的资本充足率(《信贷机构法》第 10a 条第 8 款、《金融控股集团监管法》第 18 条第 3 款)以及妥善实施业务组织的义务,特别是建立有效的风险管理体系并设计适当的薪酬制度(《信贷机构法》第 25a 条第 3、4 款、第 25g 条第 4b 款、《机构报酬条例》第 27 条;《保险业监管法》第 64a 条第 2 款、第 64b 条第 3、4 款、《保险金条例》第 5 条)。在银行和保险康采恩中,母公司监事会

---

① 　§ 24 InstVergV sieht keine Unterrichtungspflicht vor.

② 　Hüffer, Komm. AktG,§ 90 Rn. 11;Mertens/Cahn, Kölner Komm. AktG,§ 90 Rn. 52;Hoffmann-Becking, ZGR 2011, 136, 152 f.;siehe auch oben Rn. 246 ff.;weitergehend Drygala in K. Schmidt/Lutter, Komm. AktG,§ 90 Rn. 11;Leyens/Schmidt, AG 2013, 533, 542 f. m.w.N.

③ 　§ 132 Abs. 4 VAG-E.

④ 　BaFin, MaRisk VA, 7.2.1;dazu Dreher, ZGR 2010, 496, 516 f.

本已非常苛刻的监督职责由此扩展至对以下情况实施监督,即董事会是否已履行确保监管法规范在整个康采恩得到遵行的义务。①

　　监管法规则在康采恩中的实施引发了复杂的康采恩法问题,这些问题在这里只能简要论述。相对而言,合同型康采恩的法律状况较为明晰。②此时母公司董事会拥有强大的指示权,以便在整个康采恩贯彻监管法规则(《股份法》第 308 条)。③事实型康采恩的情况更为复杂。在这里,母公司董事会由于缺少指示权只能尝试说服子公司的管理层采取必要的措施。虽然子公司董事会一般情况下会因顾及母公司的人事权而予以配合,但如果相关措施不会对子公司产生不利影响或者不利影响将得到母公司的补偿,那么子公司董事会必须依《股份法》第 311 条尊重母公司的意愿。根据现行法,外国集团公司同样会遭遇类似的限制。德国监管法规范就资本充足这一问题的态度是,它不想改变公司法规范层面的情况,但接受一般康采恩法对母子公司间施加影响的限制(《信贷机构法》第 10a 条第 8 款第 2 句、《金融控股集团监管法》第 18 条第 3 款第 2 句)。④然而,学界新近的观点试图通过监管法规范未予规定的子公司的合作义务来规避康采恩法层面的限制,此项义务最终产生于公众对监管法规范在整个康采恩得到有效贯彻的利益。⑤

1505

---

① Näher zum Verhältnis zwischen der aufsichtsrechtlichen Gruppenverantwortung und der aktienrechtlichen Konzernleitungspflicht des Vorstands der Obergesellschaft Binder in Hopt/Wohlmannstetter, Handbuch Corporate Governance von Banken, S. 685, 693 ff.; Tröger, ZHR 177(2013), 475, 495 ff.

② Das Aufsichtsrecht steht dem Abschluss von Beherrschungsverträgen, mit denen sich ein aufsichtsunterworfenes Unternehmen auch nachteiligen Weisungen des herrschenden Unternehmens unterstellt, nach heute herrschender und zutreffender Auffassung nicht im Wege; siehe BGH v. 28.5.2013—II ZR 67/12, NZG 2013, 987 = AG 2013, 680 Tz. 41 ff.; Tröger, ZHR 177(2013), 475, 504 f. m.w.N. auch zur Gegenansicht.

③ Binder in Hopt/Wohlmannstetter, Handbuch Corporate Governance von Banken, 685, 704 f.; Tröger, ZHR 177(2013), 475, 503 f.; Dreher/Schaaf, WM 2008, 1765, 1772 f.

④ Siehe darüber hinaus zum Risikomanagement Begr. RegE zu § 64a Abs. 2 VAG, BT-Drucks. 16/6518, S.17: „Zur Erfüllung dieser Verpflichtung darf das Versicherungsunternehmen bzw. die Versicherungs-Holdinggesellschaft allerdings auf die gruppenangehörigen Unternehmen nur einwirken, soweit dem das allgemeine Gesellschaftsrecht nicht entgegensteht". Ebenso bisher § 25a Abs. 1a Satz 2 KWG, der jedoch im Zuge der CRD IV-Umsetzung entfallen ist.

⑤ Binder in Hopt/Wohlmannstetter, Handbuch Corporate Governance von Banken, S.685, 709 f.; eingehend zuletzt Tröger, ZHR 177(2013), 475 ff. („Sonderkonzernrecht", „Überformung des Verbandsrechts infolge aufsichtsrechtlicher Wertungen"), u.a. unter Berufung auf einen Umkehrschluss aus Art. 104 Abs. 3 CRD IV-Richtlinie und § 25a Abs. 3 Satz 3 KWG n.F. Ablehnend Wundenberg, Compliance und die prinzipiengeleitete Aufsicht über Bankengruppen, S.177 f., 197 ff.

■ 第四节　监事会的内部组织

1506　在以下几个方面，股份法规范关于监事会内部组织的规则被监管法规范所取代。

一、联邦金融监管局的监事会会议参加权

1507　特殊之处首次体现在**参加监事会会议**。**联邦金融监管局的代表**也可参加次二类会议（《信贷机构法》第 44 条第 4 款、《保险业监管法》第 83 条第 1 款第 1 句第 5 项）。这些人有权在会议期间发言（《信贷机构法》第 44 条第 4 款第 2 句、《保险业监管法》第 83 条第 1 款第 1 句第 5 项），但不享有表决权。[1]此外，联邦金融监管局有权要求召开监事会会议（《信贷机构法》第 44 条第 5 款、《保险业监管法》第 83 条第 1 款第 1 句第 6 项）。这同样适用于监事会委员会的会议。[2]

二、信贷机构监事会的委员会

（一）概述，委员会的组成

1508　然而自《资本充足第四号指令》完成国内法转化以来，《信贷机构法》已经就监事会可以组建由监事组成的**委员会**作出**详细规定**。其（与《保险业监管法》不同[3]）由此深入介入监事会的自我组织权。[4]根据《信贷机构法》第 25d 条第 7—12 款，该法意义上的信贷机构的董事会和监事会原则上必须组建四个**必设委员会：风险、审计、提名和薪酬控制委员会**。[5]关于风险、提名和薪酬控制委员会的规定，由《资本充足第四号指令》第 76、88 和 95 条转化而成；关于审计委员会的规定，则是德国立法者遵循欧洲银行管理局的建议作出。[6]如果对

---

　① Schwennicke in Schwennicke/Auerbach, Komm. KWG, § 44 Rn. 28; Bähr in Fahr/Kaulbach/Bähr/Pohlmann, Komm. VAG, § 83 Rn. 18. Näher zum Ganzen Dreher/Häußler, ZGR 2011, 471, 501 ff.

　② Dreher/Häußler, ZGR 2011, 471, 501(a maiore ad minus).

　③ Das VAG kennt keine vergleichbaren Vorschriften; ihre Einführung ist auch im RegE des 10. VAGÄndG nicht vorgesehen.

　④ Kritisch Hopt, ZIP 2013, 1793, 1797(„eng geschnürtes Verhaltenskorsett").

　⑤ In paritätisch mitbestimmten Gesellschaften kommt noch der zwingend zu bildende Vermittlungsausschuss nach § 27 Abs. 3 MitbestG hinzu.

　⑥ Begr. RegE CRD IV-Umsetzungsgesetz, BT-Drucks. 17/10974, S. 88 unter Bezugnahme auf EBA, Leitlinien zur Internen Governance(GL 44) vom 27.9.2011, Nr. 14 Tz. 9. Die Aufgaben des Prüfungsausschusses sind in Art. 41 der Abschlussprüfer-Richtlinie geregelt(Richtlinie 2006/43/EG vom 17.5.2006, ABl. EU Nr. L 157 vom 9.6.2006, S. 87). Diese Vorschrift verlangt aber nicht zwingend die Einrichtung eines Prüfungsausschusses, sondern lässt auch die Erledigung seiner Aufgaben durch den Gesamtaufsichtsrat zu; vgl. Art. 41 Abs. 5 der Richtlinie und dazu Habersack/Verse, Europäisches Gesellschaftsrecht, § 9 Rn. 72.

于合格履行监督职责来说是必须的(《信贷机构法》第 25d 条第 7 款第 5 句)，那么联邦金融监管局还可以要求组建其他委员会。然而，组建委员会的义务**并非一无例外**；它取决于信贷机构的规模和内部组织以及所从事业务的性质、范围、复杂性和风险内容(《信贷机构法》第 25d 条第 7 款第 1 句)。在风险小而易见的小型信贷机构中，可以不必组建委员会。此外，根据转化法的规定，如果监事会的**成员不足十人**，那么该信贷机构可免除组建委员会的义务，对此无需获得联邦金融监管局的批准。①若未组建委员会，则委员会的任务依《信贷机构法》第 25d 条第 8—12 款将由监事会全面执行。

每个待设立的委员会均应从其成员中选举一人担任主席(《信贷机构法》第 25d 条第 7 款第 2 句)。在具体**组建委员会**时，必须考虑针对委员会成员**资格**的特殊要求，主要指针对审计委员会主席和薪酬控制委员会中的薪酬和风险专家的具体要求(边码 1461)。此外，还必须确保实行共同决定的公司中的薪酬控制委员会至少拥有一名职工代表(《信贷机构法》第 25d 条第 12 款第 4 句)，②而且每个委员会至少有一名成员应当同时在另一个委员会中任职(《信贷机构法》第 25d 条第 7 款第 4 句)。这种**"交叉参与"**有助于改善各委员会之间的合作与交流。③由于这属于一项"应然"规则，因此在存在特殊理由时即使未获得联邦金融监管局的批准也可以例外地偏离该规则。

《信贷机构法》规定，待设立的委员会将在监事会履职过程中为其**"提供咨询和协助"**(《信贷机构法》第 25d 条第 7 款第 1 句)。但是，这并不排除将决议权授予必设委员会或其他委员会的可能。④即使在《股份法》第 107 条第 3 款第 3 句和得到广泛认可的不成文的授权禁令(边码 744)限制下，信贷机构仍然可以设立**决议委员会**。此外，只要监管法层面的特殊规则未作出相反规定，股份法规范中关于监事会委员会的一般规则就仍然适用(边码 743 及以下)。即使

1509

1510

① Begr. RegE CRD IV-Umsetzungsgesetz BT-Drucks. 17/10974, S. 88; siehe auch BaFin, Auslegungshilfe zur InstVergV vom 1.1.2014, zu § 15; Langenbucher, ZHR 176 (2012), 652, 657. Im Gesetzeswortlaut hat diese Einschränkung allerdings keinen Niederschlag gefunden. Auch ist ihre Vereinbarkeit mit der CRD IV-Richtlinie zweifelhaft, da diese die Pflicht zur Ausschussbildung nur von der Bedeutung des Instituts und nicht von der Größe des Aufsichtsrats abhängig macht(Art. 76 Abs. 3 Unterabs. 1 Satz 1, 88 Abs. 2 Unterabs. 1, 95 Abs. 1 Satz 1 CRD IV-Richtlinie).

② Vgl. Art. 95 Abs. 2 Satz 3 CRD IV-Richtlinie.

③ Der deutsche Gesetzgeber greift damit eine Anregung der EBA-Leitlinien zur Internen Governance(GL 44) vom 27.9.2011, Nr. 14 Tz. 8, auf; vgl. Begr. RegE CRD IV-Umsetzungsgesetz BT-Drucks. 17/10974, S.88.

④ Zutreffend Apfelbach/Metzner, AG 2013, 773, 779; a. A. offenbar Thelen-Pischke/ Sawahn, Kreditwesen 2013, 72, 74.

将特定任务交由委员会完成,也不免除监事会对授权任务的责任,相反监事会必须监督委员会的工作并为此目的要求委员会就其工作定期作出报告(边码748)。

(二)风险委员会

1511　**风险委员会的职责**包括三个方面:首先,就风险战略事宜和监督董事会执行该战略向监事会提供咨询和协助(《信贷机构法》第 25d 条第 8 款第 2 句)。① 其次,其有义务监督**客户业务条件**与本企业业务模式和风险结构的兼容性(《信贷机构法》第 25d 条第 8 款第 3、4 句)。②最后,在不影响薪酬控制委员会履职的前提下,风险维护必须审查**薪酬制度**对本企业风险、资本和流动性结构所产生的激励效果(《信贷机构法》第 25d 条第 8 款第 5、6 句)。③这需要与薪酬控制委员会保持密切合作(《信贷机构法》第 25d 条第 12 款第 5 句)。

1512　为使风险委员会能够合格履行其职责,委员会主席可直接与内部审计部门负责人和风险控制部门负责人取得联系(《信贷机构法》第 25d 条第 8 款第 7、8 句,边码 1501、1502)。此外,若为履职所必需,则其可以延请外部专家(《信贷机构法》第 25d 条第 8 款第 9 句)。但这只是澄清同样适用于其他委员会的一般原则。④为确保获得充足信息,风险委员会应当制定**信息规则**并确定董事会关于战略和风险报告的格式和频率(《信贷机构法》第 25d 条第 8 款第 10 句)。⑤根据《资本充足条例》第 435 条第 2 款 d 项,相关企业应每年就风险委员会的设立及其会议数量作出公开报告(边码 1484)。

(三)审计委员会

1513　相关规范对**审计委员会职责**的描述(《信贷机构法》第 25d 条第 9 款第 2 句)很大程度上与《股份法》第 107 条第 3 款第 2 句和第 124 条第 3 款第 2 句相一致。⑥对此可以参阅前文的有关论述(边码 754 及以下),但必须指出,根据《信贷机构法》第 25a 条、第 25g 条第 4a 款,对信贷机构中须加以监督的风险管理体系所提出的要求比一般股份公司严格得多。除《股份法》第 107 条第 3 款第 2 句列出的任务清单外,《信贷机构法》还要求审计委员会就审计师的薪酬向监事会提出建议(《信贷机构法》第 25d 条第 9 款第 2 句第 3 项)。此外,该

---

① Vgl. Art. 76 Abs. 3 Unterabs. 2 Satz 1 CRD IV-Richtlinie.

② Vgl. Art. 76 Abs. 3 Unterabs. 3 CRD IV-Richtlinie.

③ Vgl. Art. 76 Abs. 4 Unterabs. 2 Satz 2 CRD IV-Richtlinine.

④ Siehe Rn. 782; ferner Hoffmann-Becking, ZGR 2011, 136, 139 ff., 142 („An-nexkompetenz").

⑤ Vgl. Art. 76 Abs. 4 Unterabs. 2 Satz 1 CRD IV-Richtlinie.

⑥ Diese beruhen ihrerseits auf den Vorgaben des Art. 41 Abs. 2 Abschlussprüfer-Richtlinie(Richtlinie 2006/43/EG vom 17.5.2006, ABl. EU Nr. L 157 vom 9.6.2006, S.87).

委员会还必须协助监事会监督董事会对审计师发现的缺陷进行整改(《信贷机构法》第 25d 条第 9 款第 2 句第 4 项)。①

为了让审计委员会更加高效地履行职责,委员会主席同样可以与内部审计部门主管和风险控制部门主管直接取得联系(《信贷机构法》第 25d 条第 9 款第 4、5 句,边码 1501、1502)。关于**委员会主席**的人选,除在上市公司中需具备会计和审计方面的专业知识(边码 1461)外,还需考虑《准则》第 5.2 条、第 5.3.2 条第 2、3 句提出的各项建议(与监事会主席职务的不可相容性、独立性、不能是前董事会成员、离任不足两年;边码 753)。

风险委员会和审计委员会可以合并为一个**联合委员会**,只要鉴于相关信贷机构的规模和组织及其正在进行的交易的范围、性质、复杂性和风险内容这样做是合理且明智的(《信贷机构法》第 25d 条第 10 款第 1 句)。根据有关指令,只有依上述标准不具有特殊重要性的信贷的机构才可以采取该做法。②委员会的合并必须告知联邦金融监管局(《信贷机构法》第 25d 条第 10 款第 2 句)。

(四) 提名委员会

提名委员会(《信贷机构法》第 25d 条第 11 款)③在**人事问题**上为监事会提供协助。其职责范围一方面涉及**董事会的组成**:它确定董事候选人的任职要求并向监事会提交合格候选人的建议人选,此时其既要考虑资质,又要兼顾多样性(《信贷机构法》第 25d 条第 11 款第 2 句第 1 项)。此外,该委员会还需每年至少对董事会及其成员的组成、表现和资格进行一次评估(《信贷机构法》第 25d 条第 11 款第 2 句第 3、4 项)。另一方面,提名委员会还必须处理与**监事会组成**有关的事宜。其根据《股份法》第 124 条第 3 款第 1 句负责拟定监事会的选举建议(此时仍需兼顾多样性,《信贷机构法》第 25d 条第 11 款第 2 句第 1 项)。此外,它还负责制定目标和**促进**监事会中的**女性参与战略**(《信贷机构法》第 25d 条第 1 款第 2 句第 2 项),④这同样需要每年予以披露(《资本充足条例》第 435 条第 2 款 c 项)。⑤该委员会同样需要每年至少对董事会及其成员的

边码 1514
边码 1515
边码 1516

---

① Diese Ergänzungen sind durch die EBA-Leitlinien zur Internen Governance(GL 44) vom 27.9.2011, B.2 Nr. 14 Tz. 9, inspiriert; vgl. Begr. RegE CRD IV-Umsetzungsgesetz BT-Drucks. 17/10974, S.88.

② Vgl. Art. 76 Abs. 3 Unterabs. 4 CRD IV-Richtlinie.

③ Vgl. Art. 88 Abs. 2 CRD IV-Richtlinie.

④ Diese Vorschrift bleibt allerdings hinter der Vorgabe aus Art. 88 Abs. 2 Unterabs. 2 lit. a, 91 Abs. 10 CRD IV-Richtlinie zurück. Die Richtlinie gibt dem Nominierungsausschuss die Erarbeitung einer Frauenförderungsstrategie in Bezug auf das gesamte „Leitungsorgan" auf, also auch für die Besetzung des Vorstands.

⑤ Zu dem weitergehenden Vorhaben einer gesetzlich vorgegebenen Frauenquote(ab 2016) siehe oben Rn.1480.

组成、表现和资格进行一次评估（《信贷机构法》第 25d 条第 11 款第 2 句第 3、4 项）。

1517　　《信贷机构法》第 25d 条第 11 款第 2 句第 5 项的规定含混不清。据此，提名委员会还必须协助监事会"审查涉及高级管理人员选拔和任命的经营管理原则以及与此相关的建议"。目前尚不清楚此处的"**高级管理人员**"究竟何指。即使将其理解为经营管理层，该规则仍然没有适用空间，因为经营管理人员（在股份公司中是指董事，《信贷机构法》第 1 条第 2 款）并不自行进行选举和任命。观察一下作为依据的相关指令规定（《资本充足第四号指令》第 88 条第 2 款第 2 段 d 项）不难发现，《信贷机构法》第 25d 条第 11 款第 2 句第 5 项确实是多余的，这应该是国内法转化过程中出现的编辑错误。[①]将高级管理人员扩大理解为经营管理人员的下一级人员并不是由指令造成的；德国立法者显然也无意这样做。[②]

1518　　与其他委员会一样（边码 782、1512），提名委员会也可以聘请**外部顾问**（《信贷机构法》第 25d 条第 11 款第 3、4 句）。此外，根据该规定，其可以"动用其认为合适的所有资源"，显然也包括企业员工的付出，尽管这可能导致与董事权利的冲突。

1519　　《信贷机构法》的新规定目前仍未遵循《**准则**》第 **5.3.3** 条的建议，前者规定提名委员会只能由股东代表组成（边码 758、759）。而《准则》之所以提出相关建议是因为其认为提名委员会的工作重点是拟定监事会的选举建议。在这种情况下，建议对股东代表加以限制就显而易见了，因为选举建议本身根据《股份法》第 124 条第 3 款第 5 句完全由其决定。但是，依《信贷机构法》提名委员会的任务更为广泛；其职责还包括为董事会组成提出建议和在普通股份公司

---

①　Art. 88 Abs. 2 Unterabs. 2 lit. d CRD IV-Richtlinie lautet：„Er(scil. der Nominierungsausschuss) überprüft den Kurs des Leitungsorgans bei der Auswahl und der Bestellung der Geschäftsleitung und richtet Empfehlungen an das Leitungsorgan." Der Begriff Leitungsorgan umfasst nach Art. 3 Abs. 1 Nr. 7 CRD IVRichtlinie im dualistischen System neben dem Vorstand auch den Aufsichtsrat. Art. 88 Abs. 2 Unterabs. 2 lit. d CRD IV-Richtlinie hat daher die Bestellung der Vorstandsmitglieder durch den Aufsichtsrat oder(im monistischen System) die Bestellung der geschäftsführenden Direktoren durch den Verwaltungsrat(board) im Blick；hierbei soll der Nominierungsausschuss den Aufsichts- bzw. Verwaltungsrat unterstützen. In der deutschen Umsetzung ist diese Aufgabe bereits durch § 25d Abs. 11 Satz 2 Nr. 1, 3 und 4 KWG abgedeckt. Die missglückte Regelung des § 25d Abs. 11 Satz 2 Nr. 5 KWG beruht dagegen darauf，dass der deutsche Gesetzgeber den Begriff Leitungsorgan i. S. der Richtlinie fehlerhaft mit dem engeren Begriff Geschäftsleitung(§ 1 Abs. 2 KWG) übersetzt hat.

②　Der Wille zu einer überschießenden Umsetzung ist aus den Materialien nicht ablesbar；vgl. Begr. RegE CRD IV-Umsetzungsgesetz BT-Drucks. 17/10974，S. 88.

中经常被分配给人事委员会(边码 750)的那些任务。职工代表似乎亦不应远离这些任务;因此,仅由股东代表组成的委员会可能因未获得职工代表的同意而产生违反共同决定法律规范上的禁止歧视禁令的危险(边码 766、767)。①

(五) 薪酬监管委员会

监事会的第四个必设委员会是**薪酬控制委员会**(《信贷机构法》第 25d 条第 12 款)。②其必须至少拥有一名薪酬和控制专家且在实行共同决定的公司中至少拥有一名职工代表(《信贷机构法》第 25d 条第 12 款第 3、4 句,边码 1461、1509)。薪酬控制委员会不应与薪酬委员会混淆,后者在重要信贷机构中根据旧版《机构报酬条例》第 6 条由经营管理层而非监事会设立,并由该机构的雇员组成;在实施《资本充足第四号指令》的国内法转化过程中,此项义务因新版《机构报酬条例》的出台而不被废止。③

薪酬管理委员会的**职责**在《信贷机构法》第 25d 条第 12 款第 2 句第 1—3 项和《机构报酬条例》第 15 条第 2—4 款中有所描述,其中一方面包括对董事会确立的职工薪酬制度实施监督,另一方面则是为监事会设计董事薪酬作准备并提供协助。在履职过程中,该委员会必须确保《信贷机构法》第 25a 条第 5 款和《机构报酬条例》(边码 1496、1497)以及《股份法》第 87 条关于董事(边码 394 及以下)的详细法律规定得到遵守。

设计适当的**职工薪酬制度**是董事会的首要责任;因此需要接受监事会以及薪酬控制委员会的监督。后者必须特别关注风险控制及合规部门负责人及其工作人员的薪酬,这将对信贷机构的整体风险状况产生重大影响(《信贷机构法》第 25d 条第 12 款第 2 句第 1 项)。此外,该委员会还必须评估薪酬制度对风险、资本及流动性管理的影响。其监督活动将得到重要信贷机构(《机构报酬条例》第 17 条)必须聘任的**薪酬官员**的协助。该人是隶属于董事会之下的高级职员,由董事会应监事会的建议进行聘任并对职工薪酬制度实施密切监督(《机构报酬条例》第 23、24 条)。薪酬官员必须与薪酬控制委员会主席密切合作,并向后者提供信息,且无需董事会的参与(《机构报酬条例》第 24 条第 1 款第 2 句、第 2 款第 2 句)。此外,该官员必须每年编制一份**薪酬控制报告**并提交董事会、监事会和薪酬控制委员会(《机构报酬条例》第 24 条第 3 款第 1

1520

1521

1522

---

① Die Arbeitnehmervertreter können aber auf eine Mitwirkung im Nominierungsausschuss verzichten, da das Gesetz diese anders als im Vergütungskontrollausschuss(§ 25d Abs. 12 Satz 4 KWG) nicht zwingend verlangt.

② Vgl. Art. 95 CRD IV-Richtlinie(dort als Vergütungsausschuss bezeichnet; zur Terminologie im deutschen Recht siehe aber sogleich im Text).

③ In bedeutenden Versicherungsunternehmen soll dagegen nach § 4 Abs. 7 VersVergV weiterhin ein Vergütungsausschuss gebildet werden.

句)。薪酬控制委员会可以要求更频繁的报告;此外,薪酬官员还须提交特别报告(《机构报酬条例》第 24 条第 3 款第 2、3 句)。

1523　　　相反,**董事会薪酬**的确定则直接由监事会负责(《股份法》第 84 条、《机构报酬条例》第 3 条第 3 款);这既包括监督,又包括主动设计。虽然对董事会薪酬具有终局拘束力的决定必须留待全体监事会作出(《股份法》第 107 条第 3 款第 3 句),但是薪酬控制委员会必须为相关决议作准备工作并定期审查现行薪酬制度的适当性。根据《信贷机构法》第 25d 条第 12 款第 2 句第 2 项①,薪酬控制委员会在此过程中必须特殊考虑对董事会风险偏好的影响,并兼顾股东、投资者和其他相关者(即职工)的利益以及"公共利益"。然而可以认为,遵守《信贷机构法》第 25a 条第 5 款和《机构报酬条例》的详细法律规定实质上即兼顾了公共利益,因为这些规定正是为了满足公众对稳定的信用体系的需要而制定。

1524　　　为了高效地履行职责,委员会主席还可以与董事会下属的主要工作人员直接取得联系(《信贷机构法》第 25d 条第 12 款第 7、8 句、《机构报酬条例》第 24 条第 3 款,参见边码 1501、1502)。由于薪酬制度与风险策略关系密切,薪酬管理委员会应**与风险委员会紧密合作**;此外,前者还应当获得风险控制或者独立于董事会的外部人员提供建议(《信贷机构法》第 25d 条第 12 款第 5 句)。②最后,根据有关规定,董事不得参加薪酬控制委员会有关董事薪酬的会议(《信贷机构法》第 25d 条第 12 款第 6 句、《股份法》第 109 条第 1 款的限制)。

(六) 其他委员会

1525　　　《信贷机构法》不排除在不影响其职责和权限的前提下在其规定的各委员会之外组建**其他委员会**,这不仅是响应联邦金融监管局的要求(《信贷机构法》第 25d 条第 7 款第 5 句),而且还取决于监事会自己的意愿。③例如,德意志银行股份公司就在必设委员会之外设立了总务委员会(边码 751、752)和诚信委员会。④

■ 第五节　监事薪酬

1526　　　银行和保险企业中监事会的个人地位原则上适用一般规则。对于章程或股东大会决议确定的监事**薪酬**也同样如此(《股份法》第 113 条,边码 843 及以

---

① Vgl. Art. 95 Abs. 2 Satz 4 CRD IV-Richtlinie.
② Vgl. zur Unabhängigkeit des Vergütungsberaters auch Ziff. 4.2.2 Abs. 3 DCGK.
③ Dabei kann es sich auch um beschließende Ausschüsse handeln; siehe oben Rn. 1510.
④ Näher zum Integritätsausschuss Plagemann, NZG 2013, 1293 ff.

下）。然而，鉴于监管法层面的特殊性，《保险业监管法》第 64b 条（草案第 26
条）和《保险金条例》（自 2010 年起）针对保险企业、《信贷机构法》第 25d 条第 5
款（自 2014 年 1 月 1 日起）针对信贷机构分别增加若干新的规定。

一、保险企业

根据《保险业监管法》第 64b 条第 1 款，在保险企业中经营管理人员、雇员
和监事的薪酬制度均必须适当、透明且适应企业的可持续发展。对**可持续性**
的内涵可以根据从《股份法》第 87 条第 1 款第 2、3 句发展而来的诸原则予以
界定。[①]若欲给予监事以绩效为依据的薪酬，则其必须主要依托以多年评估依
据的**长期绩效目标**。[②]仅作为建议且只适用于上市公司的《准则》第 5.4.6 条第
2 款第 2 句因而被普遍认为对保险企业而言是具有约束力的法律规定。此外，
股份法规范对监事绩效薪酬所作各项限制必须予以遵守（参见边码 848 及以
下就股票期权和类似设计禁令所作论述）。与可持续发展要求相契合且在实
践中日益被重新启用的还是**纯粹的固定薪酬**。[③]

根据《保险业监管法》第 64b 条第 2 款，经营管理人员和监事可以就其**为
其他企业完成的工作获得报酬**，前提是此项工作及其报酬与其作为机构成员
的职责相一致。《保险金条例》第 3 条第 6 款第 1 句澄清了这一点并特别指
出，为避免利益冲突通常不得给予与保险合同经纪有关的报酬。[④]该条例第 3
条第 7 款明确规定，除监事薪酬之外，作为职工在企业工作的职工监事还可以
获得工作报酬。除监管法层面的规定外，《股份法》第 11 条同样适用；但后者
同样不适用于劳动合同，而只适用于其他雇佣合同和承揽合同（即咨询合同）。

《保险金条例》第 3 条第 6 款第 2 句的规定有些模糊不清。据此，同时担
任保险经纪企业（为企业保险合同提供范围广泛的经纪服务）经营管理人员或
全权代表的监事不得获得监事报酬。这显然是为了防止利益冲突，但为实现
此目标甚至不应将前述人员选入监事会。[⑤]其实，这一目标最好由不可相容性

1527

1528

1529

---

① Armbrüster, VersR 2011, 1, 4；Dreher/Häußler, ZGR 2011, 471, 490.

② Vgl. oben Rn.398, 401(zu § 87 Abs. 1 Satz 2—3 AktG).

③ Armbrüster, VersR 2011, 1, 4 (der dort auf S. 8 gemachte Vorbehalt für
bedeutende Versicherungsunternehmen bezieht sich nur auf Geschäftsleiter und sog. Risk
taker unterhalb der Geschäftsleitung, nicht auf den Aufsichtsrat)；zu § 87 Abs. 1 Satz 2 Ak-
tG statt vieler Fleischer in Spindler/Stilz, Komm. AktG, § 87 Rn.35.

④ Näher dazu BaFin, Begründung zur VersVergV, zu § 3；GDV, Auslegungshilfe zu
den Anforderungen an Vergütungssysteme in der Versicherungswirtschaft, Feb. 2011, S.14.

⑤ Vgl. BaFin, Begründung zur VersVergV, zu § 3 („ grundsätzlich bedenklich ",
wenn diese Personen als Aufsichtsratsmitglied des Unternehmens tätig sind).

规则来实现,而不是通过薪酬禁令。

二、信贷机构

1530 　　立法者最初放弃在《信贷机构法》中设置类似于《保险业监管法》第 64b 条有关监事的平行规定,这在学界遭到批评。[①]自 2014 年 1 月 1 日起,《信贷机构法》第 25d 条第 5 款就信贷机构中的监事薪酬作出规定。然而该条款与《保险业监管法》第 64b 条的可持续性要求不直接相关;相反,前者要求监事薪酬的设计**不得导致**可能影响监事有效履行监督职责的**利益冲突**的产生。这一要求可能会导致信贷机构中**以绩效为依据的监事薪酬仅在极小范围内被允许**。[②]德国立法者在引入相关规则时已明确宣布将遵守 2010 年 10 月 10 日欧洲银行监管委员会(CEBS)提出的"针对薪酬政策及实践的指导原则"。[③]这些原则将给予监事纯固定薪酬视为良好的实践做法,因此建议排除所有以绩效为依据的薪酬组成部分。如果仍然希望向监事支付可变薪酬,那么此类薪酬必须依监事会的监督职责"量身定做"且不得有损监事的独立性。[④]必须依据与此直接相关的指导原则对《信贷机构法》第 25d 条第 5 款进行解释。

■ 第六节　违反义务时的责任及其他后果

1531 　　在受监管企业中,**监事的民事责任**同样遵循**一般规则**,即《股份法》第 116、93 条(边码 981 及以下)。然而,关于董事会合法(规)义务环节的各项监管法规则提高了受监管企业勤勉经营管理的要求,也相应地提高了监事会实施合格监督的要求。[⑤]若董事会和监事会在履行监管法上的义务时遵循联邦金融监

---

① Armbrüster, VersR 2011, 1, 4; Weber-Rey, VersR 2010, 599, 600.

② Ähnlich Apfelbacher/Metzner, AG 2013, 773, 781(„kaum mehr zulässig").

③ Begr. RegE CRD-IV-Umsetzungsgesetz, BT-Drucks. 17/10974, S.87.

④ CEBS, Guidelines on Remuneration Policies and Practices vom 10.12.2010, Tz. 47: „In order to properly address conflicts of interests, it is good practice for members of the supervisory function to be compensated only with fixed remuneration. Incentive-based mechanisms should generally be excluded. If such mechanisms do occur, they must be strictly tailored to the assigned monitoring and control tasks, reflecting the individual's capabilities and the achieved results. If instruments are granted, appropriate measures should be taken, such as retention periods until the end of the mandate, in order to preserve the independence of judgment of those members of the management body."

⑤ Dreher/Häußler, ZGR 2011, 471, 487; Armbrüster, KSzW 2013, 10, 17; Louven/Raapke, VersR 2012, 257, 265; siehe schon oben Rn.1492 f.

管局的法律规定的解释,则通常不属于对合法性控制义务的过错违反。[1]监事必须始终确保自己具有法律要求的最低资格(参见边码1487)。

此外,若监事在收到联邦金融监管局警告后仍未纠正其重大违反义务行为,则**联邦金融监管局**可以**要求解聘**相关监事或禁止其履行职务(《信贷机构法》第36条第3款第1句第4项、《保险业监管法》第87条第8款第2句)。这同时构成依《股份法》第103条第3款进行司法解聘的重大理由(边码1485)。

1532

---

[1] Näher Fleischer, DB 2009, 1335, 1337(zur Auslegung des WpHG durch die Ba-Fin); ferner Louven/Raapke, VersR 2012, 257, 265 f.; speziell zu den MaRisk siehe aber auch Dreher/Häußler, ZGR 2011, 471, 498 f.

附　表

30 家 DAX 指数组成公司中
监事或监督机构成员的报酬

以下表格式概览①是基于 DAX 指数组成公司 2012 年度业务报告编制而成。2013 年财务年度决算报告在本书印刷时尚未公布。然而，个别报告显示，2013 财政年度将会继续此前的趋势，特别是在《准则》建议修订的过程中：DAX 指数组成公司逐渐放弃短期或长期的可变薪酬。相反，它们越来越多地向监事提供不与当前或未来企业发展挂钩的固定年度报酬。

截至 2007 报告年度（三十家）DAX 指数组成公司尚有二十六家根据可以分配的股息或合并每股收益向监事支付可变薪酬。到 2012 报告年度就只剩半数公司采取该做法。这一数字在 2013 年报告年度首次低于 50%，已降至只有 13%：诸如汉莎航空、默克集团和德国电信等知名公司均已放弃可变薪酬。在 2014 年度，德国邮政和慕尼黑再保险已宣布向纯固定薪酬过渡。德意志银行、宝马、林德工业和 RWE 也已宣布从短期向与公司业绩挂钩的长期可变薪酬过渡。②但同时不要忘记，后几家公司除支付可变薪酬之外，还支付固定薪酬。

出现这一发展趋势的背景一方面是放弃短期可变薪酬，另一方面则是有意使公司经营管理机构融入公司经营成败。无可否认，虽然 2012 年政府委员会决定从《准则》有关监事薪酬的建议中彻底剔除可变薪酬，但其同时亦表明以公司可持续发展为导向的监事薪酬仍然具有实践价值。

---

① 来源：2011 及 2012 报告年度财务报告以及相关公司章程（截至 2011 年 12 月 31 日）。Aufschluss gibt die Umfrageuntersuchung vom Probst/Theisen, Der Aufsichtsrat 2012, 66 ff.; zum Trend der Unternehmen hin zu einer reinen Fixvergütung siehe Deloitte, Corporate-Governance-Forum 2012, S. 5 ff., 13 ff.; als Hintergrund zum Arbeits- und Entlohnungsverhältnis zwischen Aufsichtsrat und Vorstand siehe Rapp/Wolff, Analyse zur Kodexakzeptanz 2012, S.8 ff.; eine ausführliche Analyse unter Einbeziehung des französischen und britischen Rechts, Ludwig, Vergütung des Aufsichtsrats, Dresden 2011, S.117 ff.

② Dies ist das Ergebnis einer Untersuchung der Unternehmensberatung Tower Watson aus 2013.

2011 经营年度一名普通监事报酬			报酬数额的限制①	会议费	被提高的报酬（若无特别说明，报酬因素涉及总报酬）		依《准则》各委员会成员的特殊报酬
固定报酬	面向短期②	面向长期③			监事会主席	代理监事会主席	
阿迪达斯（Adidas AG，体育用品） 40 000 欧元	—	—	+	—	3 倍	2 倍	总务委员会主席或成员④为40 000 欧元或审计委员会主席或成员20 000 欧元；审计委员会主席或成员为60 000 欧元或成员40 000 欧元
安联（Allianz AG，保险） 100 000 欧元	—	—	+	750 欧元	2 倍	1.5 倍	人事、风险和常设委员会主席⑤为40 000 欧元或成员20 000 欧元；审计委员会主席为80 000 欧元或成员40 000 欧元
巴斯夫（BASF SE，化工） 60 000 欧元	+⑥ 120 000 欧元	—	+	每次500 欧元	2.5 倍	1.5 倍	除提名委员会成员之外其他委员会成员⑦为12 500 欧元；审计委员会成员为50 000 欧元；主席为2倍，代理主席为1.5倍
拜耳（Bayer AG，医药） 120 000 欧元	—	—	+	每次100 欧元	3 倍	2 倍	审计委员会主席或成员额外获得固定报酬的1倍或0.5倍。除提名委员会外其他委员会成员为1倍薪酬的0.5倍或0.25倍⑧
拜尔斯道夫股份公司⑨ 40 000 欧元	+⑩	+⑪	—	1 000 或 500 欧元	2.5 倍	1.5 倍	除调解委员会（《共同决定法》）和提名委员会之外的其他委员会主席或成员为40 000 欧元或成员20 000 欧元⑫

附表　30 家 DAX 指数组成公司中监事或监督机构成员的报酬

续表

| 2011 经营年度一名普通监事报酬 | | | 报酬数额的限制① | 会议费 | 被提高的报酬（若无特别说明，报酬涉及总报酬） | | 依《准则》各委员会成员的特殊报酬 |
固定报酬	面向短期②	面向长期③			监事会主席	代理监事会主席	
宝马（BMW AG，汽车制造） 55 000 欧元	+[13] 110 000 欧元	—	—	2 000 欧元	3 倍	2 倍	委员会主席或成员获得固定及可变薪酬 2 倍或 1.5 倍的额外报酬[14][15]。
商业银行（Commerzbank AG，金融） 40 000 欧元	+[16]	—	—	1 500 欧元	3 倍	2 倍	委员会主席或成员获得一般薪酬 1 倍或 0.5 倍的额外报酬[17][18]
大陆轮胎（Continental AG）[19] 75 000 欧元	+[20]	—	—	1 000 欧元	3 倍	1.5 倍	审计委员会主席为 2.5 倍；其他委员会主席为 2 倍，成员为 1.5 倍[21]
戴姆勒（Daimler AG，汽车制造）[20] 100 000 欧元	—	—	+	1 100 欧元	3 倍	2 倍	审计委员会主席为一般薪酬的 1 倍，成员为 0.5 倍；总务委员会成员的 0.4 倍，其他委员会成员为 0.2 倍[22]
德意志银行（Deutsche Bank AG，金融） 60 000 欧元	+[23]	+[24]	+[25]	1 000 欧元	4 倍	1.5 倍	主席和成员获得一般固定及可变薪酬的 2 或 1 倍额外报酬；《共同决定法》第 27 条第 3 款意义上的调解委员会除外
德国证券交易所（Deutsche Börse AG，金融） 70 000 欧元	—	—	—	—	170 000 欧元	105 000 欧元	审计及财务委员会主席或成员获得 60 000 欧元额外报酬或 350 000 欧元额外报酬；其他委员会则为 40 000 欧元或 30 000 欧元

续表

公司	2011 经营年度一名普通监事报酬 固定报酬	面向短期②	面向长期③	报酬数额的限制①	会议费	被提高的报酬（若无特别说明,报酬因素涉及及总报酬） 监事会主席	代理监事会主席	依《准则》各委员会成员的特殊报酬
汉莎航空(Lufthansa AG,航空运输)⑳	50 000 欧元	+㉑	—	100 000 欧元	500 欧元	3 倍	1.5 倍	主席或成员获得固定及可变薪酬 0.5 倍或 0.25 倍的额外报酬
德国邮政(Deutsche Post AG,物流)	4 000 欧元	—	+㉒	—	1 000 欧元	2 倍	1.5 倍	除提名、其他委员会《共同决定法》外,其他委员会主席或成员获得固定及可变薪酬 1 倍或 0.5 倍的额外报酬。
德国电信(Deutsche Telekom AG,电信)	40 000 欧元	—	+㉓	—	每次 1 000 欧元	2 倍	1.5 倍	审计委员会主席和成员获得一般固定及可变薪酬的 1.5 倍或 1 倍的额外报酬；除提名和调解委员会《共同决定法》外,其他委员会主席或成员获得 1 倍或 0.5 倍的额外报酬。
E.ON 能源㉔	140 000 欧元	—	—	—	1 000 欧元	440 000 欧元	320 000 欧元	审计及风险委员会主席和成员获得 180 000 欧元或 110 000 欧元额外报酬；除提名委员会外,其他委员会主席和成员为 140 000 欧元或 70 000 欧元㉕
费森尤斯欧洲股份两合公司(Fresenius SE & Co. KGaA)	13 000 欧元㉖	+㉗	—	—	—	2 倍	1.5 倍	审计委员会主席和成员获得 20 000 欧元或 10 000 欧元额外报酬。

续表

2011 经营年度一名普通监事报酬					被提高的报酬（若无特别说明，报酬涉及总报酬）		依《准则》各委员会成员的特殊报酬
固定报酬	面向短期②	面向长期③	报酬数额的限制①	会议费	监事会主席	代理监事会主席	
费森尤斯医疗器械（Fresenius Medical Care AG & Co. KGaA） 80 000 美元⑤	—	+⑥	—	—	2 倍	1.5 倍	主席和代理主席获得 60 000 美元或 50 000 美元额外报酬；普通成员 40 000 美元；联合委员会和提名委员会的成员不会获得额外报酬。
海德堡水泥股份公司（Heidelberg Cement AG） 40 000 欧元	+⑧	—	—	1 500 欧元	2.5 倍	1.5 倍	审计委员会主席和成员获得 30 000 欧元或 15 000 欧元额外报酬；人事委员会主席和成员获得 15 000 欧元或 7 500 欧元额外报酬。
汉高（Henkel, 化工）⑨ 70 000 欧元⑩	—	—	—	1 000 欧元	2 倍⑪	1.5 倍⑫	除提名委员会外的其他委员会主席和成员获得全部报酬的 1 倍或 0.5 倍额外报酬。
英飞凌技术公司（Infineon Technologies AG, 半导体制造） 50 000 欧元	+⑬ 50 000 欧元	—	—	2 000 欧元	2 倍	1.75 倍	投资、金融和审计委员会以及战略和技术委员会的主席获得固定报酬 0.5 倍或 0.3 倍的额外报酬；调解委员会成员固定报酬不被考虑⑭。

续表

公司	2011 经营年度一名普通监事报酬			报酬数额①的限制	会议费	被提高的报酬（若无特别说明，报酬因素涉及总报酬）		依《准则》各委员会成员的特殊报酬
	固定报酬	面向短期②	面向长期③			监事会主席	代理监事会主席	
K＋S 股份公司	100 000 欧元	—	—	—	750 欧元④	2 倍	1.5 倍	审计委员会成员获得 15 000 欧元报酬。主席和代理主席获得 2 倍报酬或 1.5 倍报酬。人事和提名委员会成员获得 7 500 欧元额外报酬，主席和代理主席获得 2 倍或 1.5 倍。
朗盛股份公司	80 000 欧元	—	+⑧	+ 3 倍固定报酬	1 500 欧元	3 倍	1.5 倍	审计委员会主席和成员或固定报酬 1 倍或 0.5 倍的额外报酬；除调解和提名委员会外的其他委员会主席和成员 0.75 倍或 0.5 倍的固定报酬的额外报酬。
林德工业天然气公司（Linde AG, 化工）⑥	50 000 欧元	+⑫	—	—	500 欧元	3 倍	1.5 倍	常设委员会主席获得总薪酬 1.5 倍的报酬；审计委员会主席和成员获得 40 000 欧元或 20 000 欧元额外报酬⑩。
默克集团	7 000 欧元	+⑬	—	—	—	2 倍	1.5 倍	—
慕尼黑再保险（Munchener Rückversicherungs-Ges. AG, 保险）	50 000 欧元	+⑭	+⑮	年度固定报酬的 3 倍	2 000 欧元⑯	2.5 倍	1.5 倍	除调解和提名委员会外的其他委员会主席和成员获得其固定报酬 1 倍或 0.5 倍的额外报酬。

附表　30 家 DAX 指数组成公司中监事或监督机构成员的报酬

续表

	2011经营年度一名普通监事报酬			报酬数额的限制①	会议费	被提高的报酬（若无特别说明，报酬因素涉及总报酬）		依据《准则》/各委员会成员的特殊报酬
	固定报酬	面向短期②	面向长期③			监事会主席	代理监事会主席	
RWE（AG，能源）	40 000 欧元	+⑤	—	—	500 欧元	3倍	2倍	主席和成员获得总报酬2倍或1.5倍的报酬⑨。
SAP（AG，企业管理软件与解决方案供应商）	50 000 欧元	+⑥	—	+⑤	—	2倍	1.4倍	审计委员会主席和成员获得固定报酬0.5倍或0.3倍的报酬；其他委员会主席和成员获得固定报酬0.4倍或0.2倍的报酬。
西门子（Siemens AG，电器制造）②	140 000 欧元	—	—	—	1 500 欧元	2倍	220 000 欧元	适用分级薪酬制⑧
蒂森克虏伯（Thyssen Krupp AG，钢铁、建筑及制造业）	50 000 欧元	+⑨	+⑩	—	500 欧元	3倍	2倍	除调解和提名委员会外的其他委员会主席和成员获得总报酬0.5倍或0.25倍的额外报酬。
大众（Volkswagen AG，汽车制造）②	6 000 欧元	+⑩	—	—	1 000 欧元	3倍	2倍	主席和成员获得总报酬2倍或1.5倍的报酬⑥。

① 对报酬的限制是多种多样的。有些企业仅对变动报酬加以限制，而另一些企业则对总报酬做出限制，还有一些企业规定在监事同时担任多个职务时，仅为其可获得最高数额报酬的职务支付报酬。

② 有几乎一半的企业将短期经营效益与股息相挂钩，而且每股的赚采恩收益经常被作为计算依据。

③ 该范畴包括所有与长期经营领效有关的报酬形式。此外同样存在多种多样的可能性。

④ 若一名监事同时在多个委员会任职，只按照金额最高的委员会资格支付报酬。其他委员会资格的成员资格不在支付报酬。

⑤ 若一名监事同时在多个委员会任职，只按照金额最高的委员会资格支付报酬。其他委员会资格的成员资格不在支付报酬。

⑥ 监事能否获得该数额最高取决于变动报酬取决于每股股息的赚采恩收益；单股股价在2.25欧元以下（包括2.25欧元）时，股价每提高0.01欧元，监事可获得800欧元；其可获得最高数额报酬的职务支付报酬；而单股股价在2.75欧元以下（包括2.75欧元可变报酬；单股股价0.01欧元，股价每提高0.01欧元高0.01欧元，监事可获得600欧元可变报酬；单股股价超过2.75欧元时，股价每提高0.01欧元，监事可获得400欧元可变报酬。

⑦ 若一名监事同时在多个委员会任职，只按照金额最高的成员资格支付报酬。其他委员会的成员资格不在支付报酬。

⑧ 最多只考虑在两个委员会中的履职行为，只按照金额最高的两个成员资格支付报酬。

⑨ 该公司于2011年4月21日通过股东大会决议对7月1日起生效的公司章程中关于监事会报酬的规定做出调整。

⑩ 在本经营年度的每股股息达到0.25欧元的前提下，已付股息每再提高0.01欧元，监事即相应地获得1 000欧元报酬。这种可变薪酬在解散监事会后通过监事会针对报酬的起始年度的平均股息不低于起始年度的60%的固定年均可变股息。股东大会决议支付后将在第三个财务年度后所谓改年度决议支付报酬，前提是起始年度，前提是起始年度及随后三年，剩余款项将在本经营年度结束后支付。

⑪ 这包括支付剩余的60%的平均年度可变股息。

⑫ 若一名监事同时在多个委员会任职，只按照金额最高的成员资格支付报酬。其他委员会的成员资格不再支付报酬。

⑬ 在下一年度的前行股息例行股东大会结束后将支付此可变薪酬：在本经营年度结束后完成支付。

获得220欧元报酬。

⑭ 若一名监事同时在多个委员会任职，只按照金额最高的成员资格支付此报酬。其他委员会的成员资格最高的成员资格支付比报酬。

⑮ 只有委员会在本经营年度至少开三天会才能支付此可能支付额外薪酬。监事会薪酬将被支付：在本经营年度已向无记名股股东派发每股股息达到0.10欧元的前提下，已付股息每再提高0.01欧元，监事即相应地获得90欧元报酬。将在决定于相关财政年度结束后完成支付。

⑯ 最多决定于三个委员会职务支付至少开过两次会时才能支付此报酬。

⑰ 只有委员会成员在本经营年度的每股息达到0.05欧元，监事即每再提高0.05欧元报酬。其他委员会的成员资格最高的成员资格支付报酬。已付股息每再提高2.30欧元的前提下，已付股息每再提高2欧元，监事即相应地获得2 000欧元报酬。

⑱ 监事会于2011经营年度的聘请小部顾问对其薪酬制度实施审查。股东大会应董事会和监事会的建议于2012年4月27日决定修改此薪酬制度。

⑲ 薪酬将在本经营年度由股东大会章程中重新做出规定。支付的前提是，已付股息每再提高0.01欧元，监事即相关委员会成员在本经营年度平均达到4.00欧元的前提下，该盈余每再提高100欧元报酬。

⑳ 最多只能向三个委员会的每股股息达到1.00欧元的前提下，已付股息每再提高0.01欧元，监事即相应地获得100欧元报酬。

㉑ 在本经营年度相关财政年度每股息达到1.00欧元的前提下，已付股息每再提高100欧元的前提下，已付股息每再提高100欧元报酬。

1.5 倍。

㉒ 监事会主席或代理主席可获得4倍或1.5倍的报酬。

㉓ 监事会主席最多可获得4倍的报酬。

㉔ 监事会主席最多可获得4倍的报酬。新酬上限被取消。

㉕ 自2013年1月1日起，汉莎航空股份公司修改了公司章程中的监事薪酬规则，从而完全放弃了可变薪酬。固定薪酬提高到80 000欧元，主席获得3倍薪酬，代理主席为1.5倍。审计委员会额外获得60 000欧元和成员额外获得40 000欧元或20 000欧元，前提是相关委员会在本经营年度召开过会议。

㉖ 监事会主席或代理主席额外获得30 000欧元，而其他委员会成员额外获得40 000欧元或1 000欧元报酬。监事会主席或代理主席可获得3倍或1.5倍。

㉗ 在本经营年度每股股息达到0.02欧元，监事即相应地获得1 000欧元报酬。该盈余每再提高0.02欧元，监事即相应地获得1 000欧元或代理主席在本经营年度每股股息达到0.02欧元，监事即相应地获得1 000欧元或代理主席在下一经营年度每股息达到0.02欧元，监事即相应地获得1 000欧元报酬。

委员会在本经营年度召开过会议。该盈余每提高0.02欧元。2014年股东大会结束到期。

㉘ 长期激励报酬：在过去三个经营年度每股康来恩盈余平均达到50%。该盈余达到固定薪酬额的50%。2014年股东大会结束到期。

㉙ 长期激励报酬：在下一经营年度高于本经营年度可达固定薪酬金额时。该盈余达到固定薪酬额的50%。2014年股东大会结束到期。

代理主席可获得2倍或1.5倍。可变薪酬最高可达固定薪酬金额，2014年股东大会结束后到期。

㉚ 长期激励报酬：在下一经营年度高于本经营年度每股康来恩盈余的前提下，该盈余每提高0.02欧元，监事即相应地获得1 000欧元报酬。

代理主席可获得2倍或1.5倍。最高额为40 000欧元，采用固定薪酬制度改为纯粹的固定薪酬制。

㉛ 经2011年5月5日股东大会决议，一名监事同时在多个委员会任职，只按照额金额最高的成员资格支付报酬。

㉜ 若同时在费森尤斯医疗卫生管理欧洲公司任职，则其薪酬减半。

㉝ 若监事会主席好代理主席在本经营年度工作而获得固定薪酬，则其薪酬减半。

㉞ 若本经营年度每股普通股股息（股东大会会针对的分红决议）比每一无记名股应占股本的3.6%每高出一个百分点，则每个完整经营年度的固定薪酬增加10%。

和 1.5 倍。上限为固定报酬数额。总体而言，支付给监事会全体成员的款额，仅限净利润，低于每股最低发行价 4%。

除了固定薪酬之外，在每股收益基本收益超过 2.50 欧元的前提下，每再提高 0.01 欧元，将相应获得 58 欧元报酬。主席和代理主席分别获得 2.5 倍和 1.5 倍。上限为固定报酬数额。

亚达到三年平均毛股盈利增长率 8%—8.99% 之间，可获得 70 000 欧元，达到 9%，可获得 80 000 欧元。

若同时在费森尤斯管理公司的代理监事会主席同时在森尤斯管理股份有限公司担任监事会主

自 2007 年 6 月 5 日股东大会决议对董事报酬进行了修改（于 2007 经营年度生效）。

在每股收益每提高 0.01 欧元，监事可获得 1 500 欧元，每股收益提高 0.01 欧元，但是最低金额每年将提高 0.03 欧元（自 2011 年 10 月 1 日开始的经营年度算起）。

在监事的正常任期结束时，是否支付可变薪酬取决于可变薪酬职务与终止监事职务的平均值与股东大会前 90 个交易日的（旨在聘任监事的）股票价格优于基准指数进行比较。当股票价格优于基准指数 20% 以上，支付 150 000 欧元。相差 10% 时道琼斯 STOXX600 化工指数相差 10% 至 20%；相差 20%，支付 100 000 欧元；相差 20% 以上，支付 150 000 欧元。

超过 7%，则每股可分配的每股收益每提高 0.50 欧元可获得 450 欧元。主席和代理主席获得 3 倍或 1.5 倍。

同时担任多个职务时有上限，汉词金额最高的职务报酬。

在股东大会决定分配的股息超过股本 6% 的前提下，每再提高一个百分点，监事获得 550 欧元报酬。主席和代理主席获得 2 倍或 1.5 倍。

在本经营年度每股收益每提高 1 欧元，该收益每再提高 4 000 欧元报酬。监事和代理主席获得 2.5 倍或 1.5 倍。上限为 40 000 欧元。

如果薪酬年度的第二个经营年度的每股收益超过至少 30%，则在四年期间内为获得 10 000 欧元。主席和代理主席分别获得 2.5 倍和 1.5 倍。

只针对审计和提名委员会成员。

在本经营年度的每股股息达到 0.10 欧元的前提下，已付股息每再提高 0.01 欧元，监事即相应地获得 225 欧元。主席和代理主席分别获得 3 倍和 2 倍。

其他成员 6 000 欧元。

不包括委员会薪酬的总薪酬。

此处已涉及 2012 年度经营报告。

审计委员会主席和成员额外获得 160 000 欧元；主席团主席或成员额外获得 120 000 欧元；金融及投资委员会主席和成员额外获得 80 000 欧元，除其同时在同时在审计委员会任职。

可变金额或 40 000 欧元，可规委员会主席和成员额外获得 80 000 欧元或 40 000 欧元。

为增加可变薪酬最高者支付薪酬。

此处已涉及 2012 年度经营报告。

在本经营年度的每股股息达到 0.40 欧元的前提下，已付股息每再提高 0.01 欧元，主席即相应地获得 0.01 欧元，主席即相应地获得 8 000 欧元。

可变薪酬依职责分档：在本经营年度的每股股息达到 0.15 欧元的前提下，已付股息每再提高 0.03 欧元，监事即相应地获得 2 500 欧元报酬。主席和代理主席分别获得 3 倍和 2 倍。

仅按金额最高者支付薪酬。

③⑤ 若同时在费森尤斯管理公司的监事会任职，则其薪酬会减半；如果森尤斯医疗器械公司的代理监事会主席同时在森尤斯管理股份有限公司担任监事会主席，那么他作为费森尤斯医疗器械公司监事会主席代表所作的工作不将不会得到报酬。

③⑥ 达到其三年平均毛盈利增长率 8%—8.99% 之间，可获得 60 000 欧元。

③⑦ 亚达到三年平均毛股盈利增长 8%，可获得 70 000 欧元，达到 10% 以上，将相应获得 58 欧元报酬。主席和代理主席分别获得 2.5 倍和 1.5 倍。上限为固定报酬数额。

③⑧ 除公司之外，该公司还设立了股东监事会，其依据章程规定参与经营管理。

③⑨ 包括普通合伙人的监事报酬。

④⓪ 包括普通合伙人的监事报酬。

④① 包括普通合伙人的监事报酬。

④② 在每股收益超过金额 0.30 欧元的前提下，每股收益每提高 0.01 欧元，监事可获得 1 500 欧元，但是最低金额每年将提高 0.03 欧元（自 2011 年 10 月 1 日开始的经营年度算起）。

④③ 在同时履行多个职务时，薪酬依据金额最高的职务计算。

④④ 在一天多场会议的情况下最多算 1 500 欧元。

　　DAX 指数组成公司将决定采用何种实施方式仍有待观察。无论如何，短期可变薪酬无疑将从监事薪酬中消失。相反，固定薪酬是否应当由与公司长期绩效相挂钩的支付因素来补充，则主要取决于如何解释监事会的监督行为。由于 2012 年版《准则》转向鼓励监事会实施更独立的监督希望，因此与公司绩效挂钩的薪酬可能与此独立性要求相矛盾。然而，由于监事会是受股东委托监督董事会和公司事务（参见《股份法》第 111 条），其根据自身行为结果参与公司经济分配似乎无可厚非，即便《准则》作出（上述）修正也同样如此。

参 考 文 献

Adler, Hans/Düring, Walther/Schmaltz, Kurt, Rechnungslegung und Prüfung der Unternehmen, 6. Aufl. 1994 ff.

Albach, Horst, Strategische Unternehmensplanung und Aufsichtsrat, ZGR 1997, 32

Allmendinger, Christoph et al. (Hrsg.), Corporate Governance nach der Finanz- und Wirtschaftskrise, 2011

Altmeppen, Holger, Abschied vom „qualifiziert faktischen Konzern", 1991

Altmeppen, Holger, Die Auswirkungen des KonTraG auf die GmbH, ZGR 1999, 291

Altmeppen, Holger, Die Einflussrechte der Gemeindeorgane in einer kommunalen GmbH, NJW 2003, 2561

Altmeppen, Holger, Persönliche Haftung des Aufsichtsrats für Verletzungen der Massesicherungspflicht der Geschäftsleiter, ZIP 2010, 1973

Altmeppen, Holger, Zur Rechtsstellung der Aufsichtsratsmitglieder einer kommunalen GmbH, in Festschrift für Uwe H. Schneider, 2011, S.1

Apfelbacher, Gabriele/Metzner, Manuel, Mitglied im Aufsichtsorgan eines Kreditinstituts im Jahr 2013, AG 2013, 773

Arbeitskreis „externe und interne Überwachung der Unternehmung" der Schmalenbach-Gesellschaft, Best Practice des Aufsichtsrats der AG Empfehlungen zur Verbesserung der Effektivität und Effizienz der Aufsichtsratstätigkeit, DB 2006, 1625

Armbrüster, Christian, Neue Vorgaben zur Managervergütung im Versicherungssektor, VersR 2011, 1

Armbrüster, Christian, Aufsichtsrecht überlagert Aktienrecht, KSzW 2013, 10

Arnold, Christian/Schansker, Mareike, Vergütungsgestaltung in Vorstandsverträgen—Rechtliche Anforderungen und praktische Durchsetzung, KSzW 2012, 39

Arnold, Christian/Schansker, Mareike, Die Zweiwochenfrist der § 626 II BGB bei der außerordentlichen Kündigung vertretungsberechtigter Organmitglieder, NZG 2013, 1172

Assmann, Heinz-Dieter/Pötzsch, Thorsten/Schneider Uwe H. (Hrsg.), Wertpapiererwerbs- und Übernahmegesetz, 2. Aufl. 2013

Assmann, Heinz-Dieter/Schneider, Uwe H. (Hrsg.), Wertpapierhandelsgesetz, 6. Aufl. 2012

Austmann, Andreas, Größe und Zusammensetzung des Aufsichtsrats einer deutschen SE, in Festschrift für Hans-Jürgen Hellwig, 2010, S.105

Bachmann, Gregor, Zur Umsetzung einer Frauenquote im Aufsichtsrat, ZIP 2011, 1131

Bäcker, Roland M., Weisungsfreiheit und Verschwiegenheitspflicht kommunal geprägter Aufsichtsräte, Festschrift für Eberhard Schwark, 2009, S.101

Banspach, Dirk/Nowak, Karsten, Der Aufsichtsrat der GmbH—unter besonderer Berücksichtigung kommunaler Unternehmen und Konzerne, Der Konzern 2008, 195

Bauer, Heinrich, Genossenschafts-Handbuch, 2013

Bauer, Jobst-Hubertus, Rechtliche und taktische Probleme bei der Beendigung von

Vorstandsverhältnissen, DB 1992, 1413

Bauer, Jobst-Hubertus/Arnold, Christian, Vorstandsverträge im Kreuzfeuer der Kritik, DB 2006, 260

Bauer, Jobst-Hubertus/Arnold, Christian, Abfindungs-Caps in Vorstandsverträgen-gute Corporate Governance?, BB 2007, 1793

Bauer, Jobst-Hubertus/Arnold, Christian, Festsetzung und Herabsetzung der Vorstandsvergütung nach dem VorstAG, AG 2009, 717

Bauer, Jobst-Hubertus/Arnold, Christian, Altersdiskriminierung von Organmitgliedern, ZIP 2012, 597

Bauer, Jobst-Hubertus/Arnold, Christian, AGG und Organmitglieder—Klares und Unklares vom BGH, NZG 2012, 921

Bauer, Jobst-Hubertus/Baeck, Ulrich/v. Medem, Andreas, Altersversorgung und Übergangsgeld in Vorstandsanstellungsverträgen, NZG 2010, 721

Bauer, Jobst-Hubertus/Diller, Martin, Koppelung von Abberufung und Kündigung von Organmitgliedern—Zulässige Gestaltung oder sittenwidrige Falle?, GmbHR 1998, 809

Bauer, Jobst-Hubertus/Göpfert, Burkard/Krieger, Steffen, Allgemeines Gleichbehandlungsgesetz, Kommentar, 3. Aufl. 2011

Bauer, Jobst-Hubertus/Krets, Jerome, Gesellschaftsrechtliche Sonderregeln bei der Beendigung von Vorstands- und Geschäftsführerverträgen, DB 2003, 811

Bauer, Jobst-Hubertus/Krieger, Steffen, Formale Fehler bei Abberufung und Kündigung vertretungsberechtigter Organmitglieder, ZIP 2004, 1247

Bauer, Ulrich, Organklagen zwischen Vorstand und Aufsichtsrat der Aktiengesellschaft. Ein Beitrag zu den Grundlagen des aktienrechtlichen Organstreits, 1986

Baumbach, Adolf/Hopt, Klaus J./Merkt, Hanno, Handelsgesetzbuch, 35. Aufl. 2012

Baumbach, Adolf/Hueck, Alfred, GmbH-Gesetz, 20. Aufl. 2013

Baumbach, Adolf/Hueck, Alfred und Götz, Aktiengesetz, 13. Aufl.1968

Baums, Theodor, Der fehlerhafte Aufsichtsratsbeschluß, ZGR 1983, 300

Baums, Theodor, Der Geschäftsleitervertrag. Begründung, Inhalt und Beendigung der Rechtsstellung der Vorstandsmitglieder und Geschäftsführer in den Kapitalgesellschaften und Genossenschaften, 1987

Baums, Theodor, Zur Offenlegung von Vorstandsvergütungen, ZHR 169(2005), 299

Baums, Theodor, Die Unabhängigkeit des Vergütungsberaters, AG 2010, 53

Baums, Theodor (Hrsg.), Bericht der Regierungskommission Corporate Governance, Unternehmensführung, Unternehmenskontrolle, Modernisierung des Aktienrechts, 2001

Baums, Theodor/Thoma, Georg F.(Hrsg.), WpÜG. Kommentar zum Wertpapiererwerbs- und Übernahmegesetz, Loseblatt

Bayer, Walter, Grundsatzfragen der Regulierung der aktienrechtlichen Corporate Governance, NZG 2013, 1

Bayer, Walter(Hrsg.), Aktienrecht in Zahlen, 2010

Bayer, Walter/Habersack, Mathias (Hrsg.), Aktienrecht im Wandel, Bände I und II, Tübingen 2007

Bayer, Walter/Lieder, Jan, Die Lehre vom fehlerhaften Bestellungsverhältnis, NZG 2012, 1

Bayer, Walter/Meier-Wehrsdorfer, Annett, Abfindungsleistungen an Manager, AG 2013, 477

Bayer, Walter/Schmidt, Jessica, Das Vale-Urteil des EuGH: die endgültige Bestätigung der Niederlassungsfreiheit als „Formwechselfreiheit", ZIP 2012, 1481

Bayer, Walter/Schmidt, Jessica, BB-Gesetzgebungs- und Rechtsprechungsreport Europäisches Unternehmensrecht 2012, BB 2013, 3

Beck'sches Formularbuch, siehe Hoffmann-Becking

Beck'sches Handbuch der GmbH, Gesellschafts- und Steuerrecht, 4. Aufl. 2009

Bednarz, Liane, Die Kundgabe von Beschlüssen des Aufsichtsrats durch den Aufsichtsratsvorsitzenden—ein Fall des § 174 S.1 BGB?, NZG 2005, 418

Beiner, Thorsten, Der Vorstandsvertrag. Leitfaden für die Bestellung und den Anstellungsvertrag der Vorstandsmitglieder einer Aktiengesellschaft, 2005

Benecke, Martina, Beratungsvereinbarungen mit Aufsichtsratsmitgliedern, WM 2007, 717

Berger, Andreas, Vorstandsvergütung, 2013

Berger, Henning, Die neue Aufsicht über Aufsichtsräte nach dem VAG, VersR 2010, 422

Berrar, Carsten, Die zustimmungspflichtigen Geschäfte nach § 111 Abs. 4 AktG im Lichte der Corporate Governance-Diskussion, DB 2001, 2181

Berwanger, Jörg, Interne Revision und Compliance-Management-System im Focus des Aufsichtsrats, Der Aufsichtsrat 2013, 104

Beuthien, Volker, Zur Zulässigkeit beschließender Aufsichtsratsausschüsse, NZG 2010, 333

Beuthien, Volker, Genossenschaftsgesetz mit Umwandlungs- und Kartellrecht sowie Statut der Europäischen Genossenschaft. Kommentar, 15. Aufl. 2011

Beyer, Sebastian, Die Unabhängigkeit des Aufsichtsratsmitglieds, 2009

Bezzenberger, Tilman, Der Vorstandsvorsitzende der Aktiengesellschaft, ZGR 1996, 661

Bicker, Eike, Compliance—organisatorische Umsetzung im Konzern, AG 2012, 542

Bihr, Dietrich/Philippsen, Martin Josef, Qualitätsaspekte bei der Arbeit von Aufsichtsratsgremien—Grundsätze ordnungsgemäßer Überwachung für Aufsichtsräte, DStR 2011, 1133

Bilir, Zafer, Die Vielfalt der D&O-Versicherungen, Board 2012, 232

Binder, Jens-Hinrich, Geschäftsleiterhaftung und fachkundiger Rat, AG 2008, 274

Binder, Jens-Hinrich, Interne Corporate Governance im Bankkonzern, in Hopt, Klaus J./ Wohlmannstetter, Gottfried (Hrsg.), Handbuch Corporate Governance von Banken, 2011, S.685

Bisle, Michael, Fehlerhafte Beschlüsse des Aufsichtsrats: Rechtsbehelfe und Satzungsregelungen, GWR 2013, 200

Bleicher, Knut, Der Aufsichtsrat im Wandel, 1987

Bleicher, Knut, Geschäftsführung und Aufsichtsrat im internationalen Vergleich. Einsichten und Empfehlungen, ZfbF 1988, 930

Böcking, Hans-Joachim, Die Änderungen der Vorschriften zum Lagebericht und Konzernlagebericht konkretisieren auch das Anforderungsprofil an die Aufsichtsräte, Audit Committee Quarterly 2006, 4

Böcking, Hans-Joachim/Gros, Marius, Unternehmensinterne und unternehmensexterne Überachung der Finanzberichterstattung—zur Einbindung des Aufsichtsrats, in Festschrift für Peter Hommelhoff, 2012, S.99

Böcking, Hans-Joachim/Stein, Thomas, Prüfung des Konzernlageberichts durch Abschlussprüfer, Aufsichtsräte und Deutsche Prüfstelle für Rechnungslegung, Der Konzern 2007, 43

Börsig, Clemens/Löbbe, Marc, Die gewandelte Rolle des Aufsichtsrats, 7 Thesen zur Corporate Governance-Entwicklung in Deutschland, in Festschrift für Michael Hoffmann-Becking, 2013, S.125

Bommert, Rainer, Probleme bei der Gestaltung der Rechtsstellung von Ersatzmitgliedern der Aktionärsvertreter im Aufsichtsrat, AG 1986, 315

Boos, Karl-Heinz/Fischer, Reinfrid/Schulte-Mattler, Hermann(Hrsg.), Kreditwesengesetz, 4. Aufl. 2012

Bork, Reinhard, Passivlegitimation und gesetzliche Vertretung der AG bei Klagen einzelner Aufsichtsratsmitglieder, ZIP 1991, 137

Bormann, Michael, Mehr „Transparenz" bei Unternehmen mit Beteiligung von Gebietskörperschaften?, NZG 2011, 926

Bors, Maresa, Erfolgs- und leistungsabhängige Vorstandsvergütung, 2006

Bosse, Christian/Malchow, Silke, Unterstützung und Kostentragung für die Aus- und Fortbildung von Aufsichtsratsmitgliedern—Der Kodex bezieht Stellung, NZG 2010, 972

Boujong, Karlheinz, Rechtliche Mindestanforderungen an eine ordnungsgemäße Vorstandskontrolle und -beratung—Konsequenzen aus den Entscheidungen des Bundesgerichtshofs BGHZ 114, 127 und BGHZ 124, 111, AG 1995, 203

Brammsen, Joerg, Aufsichtsratsuntreue, ZIP 2009, 1504

Brandi, Tim Oliver/Gieseler, Konrad, Der Aufsichtsrat in Kreditinstituten, NZG 2012, 1321

Brandner, Hans-Erich, Zur gerichtlichen Vertretung der Gesellschaft gegenüber ausgeschiedenen Vorstandsmitgliedern/Geschäftsführern, in Festschrift für Karlheinz Quack, 1991, S.201

Brandt, Ulrich, Die Hauptversammlung der Europäischen Aktiengesellschaft(SE), 2004

Brauer, Markus, Die aktienrechtliche Beurteilung von „appreciation awards" zu Gunsten des Vorstands, NZG 2004, 502

Braun, Carl/Louven, Christoph, Neuregelungen des BilMoG für GmbHAufsichtsräte, GmbHR 2009, 965

Bremer, Jürgen, Auswirkungen des „KonTraG" auf Aufsichtsräte und vergleichbare Gremien in einer GmbH, GmbHR 1999, 116

Breuer, Rolf-E., Handbuch Finanzierung, 3. Aufl. 2001

Breuer, Rolf-E., Die Professionalisierung der Aufsichtsratsarbeit in der Bank, in Hopt, Klaus J./Wohlmannstetter, Gottfried (Hrsg.), Handbuch Corporate Governance von Banken, 2011, S.516

Brinkschmidt, Johannes Justus, Protokolle des Aufsichtsrats und seiner Ausschüsse, 1992

Bröcker, Norbert, Selbstbindung mit Anfechtungsrisiko—Was sind die richtigen Sanktionsmechanismen für den Deutschen Corporate Governance Kodex?, Der Konzern 2011, 313

Brouwer, Tobias, Zustimmungsvorbehalte des Aufsichtsrats im Aktien-und GmbH-Recht, 2008

Buck-Heeb, Petra, Die Haftung von Mitgliedern des Leitungsorgans bei unsicherer Rechtslage, BB 2013, 2247

Bürgers, Tobias/Körber, Torsten(Hrsg.), Aktiengesetz. Kommentar, 3. Aufl. 2014

Bürkle, Jürgen, Der Stichentscheid im zweiköpfigen AG-Vorstand, AG 2012, 232

Bürkle, Jürgen, Neues Aufsichtsrecht für Aufsichtsräte durch den Regierungsentwurf zum 10. VAG-Änderungsgesetz, ZVersWiss 2012, 493

Bürkle, Jürgen/Scheel, Hansjörg, Der Aufsichtsrat von Versicherungsunternehmen, in Bähr, Gunne W.(Hrsg.), Handbuch des Versicherungsaufsichtsrechts, 2011

Buhleier, Claus, Prüfung des Abschlusses durch den Aufsichtsrat, Deloitte: Corporate Governance-Forum 1/2013, S.4 f.

Buhleier, Claus/Krowas, Nina, Persönliche Pflicht zur Prüfung des Jahresabschlusses durch den Aufsichtsrat, DB 2010, 1165

Bundesverband der Deutschen Industrie, Corporate Governance in Deutschland, 2001

Butzke, Volker, Interessenkonflikte von Aufsichtsratsmitgliedern als Thema der Hauptversammlung, in Festschrift für Michael Hoffmann-Becking, 2013, S.229

Cahn, Andreas, Vorstandsvergütung als Gegenstand rechtlicher Regelung, in Festschrift für Klaus J. Hopt, 2010, Bd. 1, S.431

Cahn, Andreas, Beratungsverträge mit Aufsichtsratsmitgliedern, Der Konzern 2012, 501

Cahn, Andreas, Die Vertretung der Aktiengesellschaft durch den Aufsichtsrat, in Festschrift für Michael Hoffmann-Becking, 2013, S.247

Cahn, Andreas, Aufsichtsrat und Business Judgment Rule WM 2013, 1293

Canaris, Claus-Wilhelm/Habersack, Mathias/Schäfer, Carsten (Hrsg.), Großkommentar zum Handelsgesetzbuch, 5. Aufl. 2008 ff.

Casper, Matthias, Diskussionsbericht zu den Referaten Habersack und Riegger(Diskussionsleitung: Prof. Dr. Peter Ulmer), ZHR 165(2001), 219

Casper, Matthias, Hat die grundsätzliche Verfolgungspflicht des Aufsichtsrats im Sinne des ARAG-Garmenbeck-Urteils ausgedient?, ZHR 176(2012), 617

Centrale für GmbH(Hrsg.), GmbH-Handbuch, Loseblatt

Chini, Leo W., Zur Eignungsprüfung von Geschäftsleitung, Aufsichtsratsmitgliedern und Inhabern von Schlüsselfunktionen, Aufsichtsrat aktuell(Österr.) 2013, 14

Claussen, Carsten P., Abgestufte Überwachungspflicht des Aufsichtsrats?, AG 1984, 20

Claussen, Carsten P./Bröcker, Norbert, Corporate-Governance-Grundsätze in Deutschland—nützliche Orientierungshilfe oder regulatorisches Übermaß?, AG 2000, 481

Claussen, Carsten P./Korth, H.-Michael, Anforderungen an ein Risikomanagementsystem aus der Sicht des Aufsichtsrates, in Festschrift für Marcus Lutter, 2000, S.327

Clemm, Hermann, Abschlussprüfer und Aufsichtsrat, ZGR 1980, 455

Coenenberg, Adolf G./Reinhart, Alexander/Schmitz, Jochen, Audit Committees—Ein Instrument zur Unternehmensüberwachung, DB 1997, 989

Conard, Alfred F., Die Überwachung des Unternehmensmanagements—Ein Vergleich der Entwicklungen im Recht der Europäischen Gemeinschaft und der Vereinigten Staaten, ZGR 1987, 180

Crass, Lisa, Die Vergütung von Vorstandsmitgliedern börsennotierter Aktiengesellschaften, 2012

Cronauge, Ulrich/Westermann, Georg, Kommunale Unternehmen, 5. Aufl. 2005

v. Danwitz, Thomas, Vom Verwaltungsprivatrecht zum Verwaltungsgesellschaftsrecht—Zu Begründung und Reichweite öffentlichrechtlicher Ingerenzen in der mittelbaren Kommunalverwaltung, AöR 120(1995), 595

Dauner-Lieb, Barbara/Friedrich, Maximilian, Zur Reichweite des § 87 II AktG, NZG 2010, 688

Deckert, Martina R., Effektive Überwachung der AG-Geschäftsführung durch Ausschüsse des Aufsichtsrates, ZIP 1996, 985

Deckert, Martina R., Inkompatibilitäten und Interessenkonflikte—Zur Pflichtenstellung des Aufsichtsratsmitglieds, DZWir 1996, 406

Deckert, Martina R., Organschaftliche und vertragliche Beratungspflichten des Aufsichtsratsmitglieds, AG 1997, 109

Deckert, Martina R., Der Aufsichtsrat nach der Reform, NZG 1998, 710

Deilmann, Barbara, Abgrenzung der Überwachungsbefugnisse von Gesellschafterversammlung und Aufsichtsrat einer GmbH unter besonderer Berücksichtigung des mitbestimmten Aufsichtsrats, BB 2004, 2253

Deilmann, Barbara, Beschlussfassung im Aufsichtsrat: Beschlussfähigkeit und Mehrheitserfordernisse, BB 2012, 2191

Deutsches Aktieninstitut, Wertorientierte Überwachung durch den Aufsichtsrat, Studien des Deutschen Aktieninstituts, Heft 32, 2005

Diederichs, Marc/Kißler, Martin, Prüfung des Risikomanagements durch den Aufsichtsrat, Board 2012, 215

Diekmann, Hans/Fleischmann, Dermot, Umgang mit Interessenkonflikten in Aufsichtsrat und Vorstand der Aktiengesellschaft, AG 2013, 141

Diller, Martin/Arnold, Christian, Vergütungsverordnungen für Banken und Versicherungen: Pflicht zum Mobbing?, ZIP 2011, 837

Dittmar, Falko, Weitergabe von Informationen im faktischen Aktienkonzern, AG 2013, 498

Dorrwächter, Jan/Trafkowski, Armin, Anmerkungen zum Abfindungs-Cap in Nummer 4.2.3 n.F. des deutschen Corporate Governance Kodex, NZG 2007, 846

Dose, Stefan, Zivilrechtliche Haftung und Aufgabendelegation auf Ausschüsse im Aufsichtsrat der AG, ZGR 1973, 300

Dreher, Meinrad, Interessenkonflikte bei Aufsichtsratsmitgliedern von Aktiengesellschaften, JZ 1990, 896

Dreher, Meinrad, Das Ermessen des Aufsichtsrats—Der Aufsichtsrat in der Aktiengesellschaft zwischen Verbandsautonomie und Richterkontrolle, ZHR 158(1994), 614

Dreher, Meinrad, Die Qualifikation der Aufsichtsratsmitglieder—Rechtliche Anforderungen und Folgerungen unter besonderer Berücksichtigung der Aufsichtsratsausschüsse bei der Aktiengesellschaft, in Festschrift für Karlheinz Boujong, 1996, S.71

Dreher, Meinrad, Die Sprache des Aufsichtsrats—Die Festlegung einer Fremdsprache als Arbeitssprache des Aufsichtsrats, in Festschrift für Marcus Lutter, 2000, S.357

Dreher, Meinrad, Change of Control-Klauseln bei Aktiengesellschaften, AG 2002, 214

Dreher, Meinrad, Überformung des Aktienrechts durch die Rechtsprechung von Straf- und Verwaltungsgerichten, AG 2006, 213

Dreher, Meinrad, Die Abfindung beim Wechsel vom Vorstand in den Aufsichtsrat einer Aktiengesellschaft, in Festschrift für Karsten Schmidt, 2009, S.233

Dreher, Meinrad, Ausstrahlungen des Aufsichtsrechts auf das Aktienrecht, ZGR 2010, 496

Dreher, Meinrad, Die aufsichtsbehördliche Kontrolle der Inhaber von Schlüsselfunktionen nach Solvency II und künftigen VAG, VersR 2012, 1061

Dreher, Meinrad, Die Gesamtqualifikation des Aufsichtsrats, in Festschrift für Michael Hoffmann-Becking, 2013, S.313

Dreher, Meinrad/Häußler, Hendrik, Die Aufsicht über Versicherungsunternehmen durch die BaFin und die Überwachungsaufgabe des Aufsichtsrats, ZGR 2011, 471

Dreher, Meinrad/Lange, Martin, Die Qualifikation der Aufsichtsratsmitglieder von Versicherungsunternehmen nach VAG und Solvency II, ZVersWiss 2011, 211

Dreher, Meinrad/Schaaf, Martin, Versicherungsunternehmensrecht und Risikomanagement, WM 2008, 1765

Drinhausen, Florian/Nohlen, Nicolas, Festlegung der Amtsdauer von SE-Organmitgliedern in der Satzung nach Art. 46 Abs. 1 SE-VO, ZIP 2009, 1890

Drygala, Tim/Drygala, Anja, Wer braucht ein Frühwarnsystem? —Zur Ausstrahlungswirkung des § 91 Abs. 2 AktG, ZIP 2000, 297

Drygala, Tim/Staake, Marco/Szalai, Stephan, Kapitalgesellschaftsrecht, 2012

Duden, Konrad, Überwachung: wen oder was?, in Festschrift für Robert Fischer, 1979, S.95

Dutiné, Gottfried, Erfolgsfaktoren effektiver und effizienter Unternehmensüberwachung, in Orth, Christian/Ruter, Rudolf/Schichold, Bernd, Der unabhängige Finanzexperte im Aufsichtsrat, 2013, S.77 ff.

Edenfeld, Stefan/Neufang, Sebastian, Die Haftung der Arbeitnehmervertreter im Aufsichtsrat, AG 1999, 49

Eggenberger, Jens, Gesellschaftsrechtliche Voraussetzungen und Folgen Einer Due-diligence-Prüfung, 2001

Ehlers, Harald, Die Haftungsressource Managerhaftung, ZInsO 2008, 524

Ehricke, Ulrich/Ekkenga, Jens/Oechsler, Jürgen, Wertpapiererwerbs und Übernahmegesetz. Kommentar, 2003

Eichner, Christian/Delahaye, Lukas, Sorgfaltspflichten und Gestaltungsmöglichkeiten des Aufsichtsrats bei Vorstandsverträgen nach dem VorstAG, ZIP 2010, 2082

Eichner, Christian/Höller, Timo, Anforderungen an das Tätigwerden des Aufsichtsrats bei Verdacht einer Sorgfaltspflichtverletzung des Vorstands, AG 2011, 885

Emmerich, Volker/Habersack, Mathias, Konzernrecht: das Recht der verbundenen Unternehmen bei Aktiengesellschaft, GmbH, Personengesellschaften, Genossenschaft, Verein und Stiftung, 9. Aufl. 2008

Emmerich, Volker/Habersack, Mathias, Aktien- und GmbH-Konzernrecht, 6. Aufl. 2010

Endres, Michael, Organisation der Unternehmensleitung aus der Sicht der Praxis, ZHR 163 (1999), 441

Enzinger, Michael, Der Aufsichtsrat im Konzern, in Kalss, Susanne/Kunz, Peter(Hrsg.), Handbuch für den Aufsichtsrat, Wien 2010

Erdmann, Ulrich, Ausländische Staatsangehörige in Geschäftsführungen und Vorständen deutscher GmbHs und AGs, NZG 2002, 503

Erker, Martin/Freund, Lydia, Verschwiegenheitspflicht von Aufsichtsratsmitgliedern bei der GmbH, GmbHR 2001, 463

Ettinger, Jochen/Grützedick, Elke, Haftungsrisiken im Zusammenhang mit der Abgabe der

Corporate Governance Entsprechenserklärung gemäß § 161 AktG, AG 2003, 353

Etzel, Thomas, Die Doppelvertretung der Belegschaftsaktionäre im mitbestimmten Aufsichtsrat, 1991

Fahr, Ulrich/Kaulbach, Detlef/Bähr, Gunne W./Pohlmann, Petra, Versicherungsaufsichtsgesetz, 5. Aufl. 2012

Falkenhausen, Joachim Freiherr von, Der Anwalt im Aufsichtsrat, ZIP 2013, 862

Feddersen, Dieter, Neue gesetzliche Anforderungen an den Aufsichtsrat, AG 2000, 385

Feddersen, Dieter/Hommelhoff, Peter/Schneider, Uwe H. (Hrsg.), Corporate Governance, 1996

Feldmann, Reinhard, Zulässigkeit von Satzungsbestimmungen zur Beschlußfähigkeit des mitbestimmten Aufsichtsrats, DB 1986, 29

Feudner, Bernd, Regeln für Vorstandsbezüge, NZG 2007, 779

Fischer, Robert, Das Entsendungs- und Weisungsrecht öffentlichrechtlicher Körperschaften beim Aufsichtsrat einer Aktiengesellschaft, AG 1982, 85

Fischer, Sebastian/Hoffmann, Petra, Genehmigung einer vom Aufsichtsratsvorsitzenden erteilten Prozessvollmacht, NZG 2013, 1419

Fischer, Thomas M./Beckmann, Stefanie, Inhalte und Qualität der Regelberichterstattung für die Mitglieder von Aufsichtsräten, DB 2009, 1661

Fleck, Hans-Joachim, Das Dienstverhältnis der Vorstandsmitglieder und Geschäftsführer von Kapitalgesellschaften in der Rechtsprechung des BGH, WM 1968, Sonderbeilage 3

Fleck, Hans-Joachim, Das Dienstverhältnis der Vorstandsmitglieder und Geschäftsführer in der Rechtsprechung des BGH—Fortsetzung zu WM 1981 Sonderbeilage 3, WM 1985, 677

Fleck, Hans-Joachim, Die Drittanstellung des GmbH-Geschäftsführers, ZHR 149 (1985), 387

Fleck, Hans-Joachim, Eigengeschäfte eines Aufsichtsratsmitglieds, in Festschrift für Theodor Heinsius, 1991, S.89

Fleck, Hans-Joachim, Zur Beweislast für pflichtwidriges Organhandeln, GmbHR 1997, 237

Fleischer, Holger, Vorstandsverantwortlichkeit und Fehlverhalten von Unternehmensangehörigen—Von der Einzelüberwachung zur Errichtung einer Compliance-Organisation, AG 2003, 291

Fleischer, Holger, Ungeschriebene Hauptversammlungszuständigkeiten im Aktienrecht, NJW 2004, 2335

Fleischer, Holger, Zur Angemessenheit der Vorstandsvergütung im Aktienrecht, DStR 2005, 1279, 1318

Fleischer, Holger, Bestellungsdauer und Widerruf der Bestellung von Vorstandsmitgliedern im in- und ausländischen Aktienrecht, AG 2006, 429

Fleischer, Holger, Corporate Compliance im aktienrechtlichen Unternehmensverbund, CCZ 2008, 1

Fleischer, Holger, Rechtsverlust nach § 28 WpHG und entschuldbarer Rechtsirrtum des Meldepflichtigen, DB 2009, 1335

Fleischer, Holger, Vertrauen von Geschäftsleitern und Aufsichtsratsmitgliedern auf Informationen Dritter, ZIP 2009, 1397

Fleischer, Holger, Vorstandshaftung und Vertrauen auf anwaltlichen Rat, NZG 2010, 121

Fleischer, Holger, Zum Inhalt des „Unternehmensinteresses" im GmbHRecht, GmbHR 2010, 1307

Fleischer, Holger, Fehlerhafte Aufsichtsratsbeschlüsse: Rechtsdogmatik—Rechtsvergleichung—Rechtspolitik, DB 2013, 160, 217

Fleischer, Holger, Expertenrat und Organhaftung, KSzW 2013, 3

Fleischer, Holger, Rechtsschutz gegen fehlerhafte Aufsichtsratsbeschlüsse, Der Aufsichtsrat 2013, 8

Fleischer, Holger, Gestaltungsgrenzen für Zustimmungsvorbehalte des Aufsichtsrats nach § 111 Abs. 4 S.2 AktG, BB 2013, 835

Fleischer, Holger(Hrsg.), Handbuch des Vorstandsrechts, 2006

Fleischer, Holger/Goette, Wulf (Hrsg.), Münchener Kommentar zum GmbHG, Bd. 1 2010; Bd. 2 2012; Bd. 3 2011

Fleischer, Holger/Schmolke, Klaus Ulrich, Zum Sondervotum einzelner Vorstands- oder Aufsichtsratsmitglieder bei Stellungnahmen nach § 27 WpÜG, DB 2007, 95

Florstedt, Tim, Die Unabhängigkeit des Aufsichtsratsmitglieds vom kontrollierenden Aktionär, ZIP 2013, 337

Flume, Werner, Allgemeiner Teil des Bürgerlichen Rechts, Bd. 1, Erster Teilband, Die Juristische Person, 1983

Fonk, Hans-Joachim, Die Zulässigkeit von Vorstandsbezügen dem Grunde nach, NZG 2005, 248

Fonk, Hans-Joachim, Zustimmungsvorbehalte des AG-Aufsichtsrats, ZGR 2006, 841

Fonk, Hans-Joachim, Altersversorgung von Organmitgliedern im Umbruch ZGR 2009, 413

Fonk, Hans-Joachim, Auslagenersatz für Aufsichtsratsmitglieder, NZG 2009, 761

Fonk, Hans-Joachim, Zur Vertragsgestaltung bei Vorstandsdoppelmandaten, NZG 2010, 368

Fonk, Hans-Joachim, Was bleibt dem Personalausschuss des Aufsichtsrats der AG nach dem VorstAG, in Festschrift für Michael Hoffmann-Becking, 2013, S.347

Forst, Gerrit, Unternehmensmitbestimmung in der Unternehmergesellschaft(haftungsbeschränkt), GmbHR 2009, 1131

Forster, Karl-Heinz, Fragen der Prüfung des Jahresabschlusses durch den Aufsichtsrat, in Festschrift für Bruno Kropff, 1997, S.71

Forster, Karl-Heinz, Zum Zusammenspiel von Aufsichtsrat und Abschlußprüfer nach dem KonTraG, AG 1999, 193

Forstmoser, Peter, Die aktienrechtliche Verantwortlichkeit, 2. Aufl. 1987

Forstmoser, Peter/Jaag, Tobias, Der Staat als Aktionär: haftungsrechtliche Risiken der Vertretung des Staates im Verwaltungsrat von Aktiengesellschaften, 2000

Forstmoser, Peter/Küchler, Marcel, „Vertreter" im Verwaltungsrat und ihr Recht auf Weitergabe von Information, in Festschrift für Rolf H. Weber, Bern 2011, S.34

Forstmoser, Peter/Sprecher, Thomas/Töndury, Gian Andri, Persönliche Haftung nach Schweizer Aktienrecht, 2005

Früchtl, Bernd, Die Aktiengesellschaft als Rechtsform für die wirtschaftliche Betätigung der öffentlichen Hand, 2009

Gärtner, Matthias, Endet das Aufsichtsratsmandat bei Erreichen der gesetzlichen

Höchstdauer auch vor Abschluss der Rechnungslegung automatisch?, NZG 2013, 652

Gaul, Dieter, Information und Vertraulichkeit der Aufsichtsratsmitglieder einer GmbH, GmbHR 1986, 296

Geibel, Stephan/Süßmann, Rainer, Wertpapiererwerbs- und Übernahmegesetz. Kommentar, 2. Aufl. 2008

Gelhausen, Hans Friedrich, Aufsichtsrat und Abschlußprüfer—eine Zweckgemeinschaft, BFuP 1999, 390

Gemeinschaftskommentar zum Mitbestimmungsgesetz(GK-MitbestG), Loseblatt

Gerberich, Claus W./Griesheimer, Marc, Neue Herausforderungen an die Aufsichtsratsberichterstattung, Der Aufsichtsrat 2010, 156

Gercke, Marco/Laschet, Carsten/Schweinsberg, Klaus, Der Aufsichtsrat, die Öffentlichkeit und das Geheimhaltungsgebot, Board 2013, 67

Gerke, Wolfgang/Steiner, Manfred, Handwörterbuch des Bank- und Finanzwesens, 3. Aufl. 2001

Gern, Alfons, Deutsches Kommunalrecht, 3. Aufl. 2003

Gernoth, Jan, Aufsichtsrat und Prüfungsausschuss: Praktische Auswirkungen des BilMoG auf die Corporate Governance der GmbH, NZG 2010, 292

Gerum, Elmar, Aufsichtsratstypen—Ein Beitrag zur Theorie der Organisation der Unternehmensführung, DBW 1991, 719

Gerum, Elmar/Steinmann, Horst/Fees, Werner, Der mitbestimmte Aufsichtsrat. Eine empirische Untersuchung, 1988

Geschwandtner, Markus/Helios, Markus, Genossenschaftsrecht, 2006

Geschwandtner, Markus/Helios, Markus, Neues Recht für die eingetragene Genossenschaft, NZG 2006, 691

Geßler, Ernst, Bestandsschutz der beherrschten Gesellschaft im Vertragskonzern?, ZHR 140(1976), 433

Geßler, Ernst/Hefermehl, Wolfgang/Eckardt, Ulrich/Kropff, Bruno, Aktiengesetz. Kommentar, 1973 ff.

GmbH-Handbuch, siehe Centrale für GmbH

v. Godin, Reinhard/Wilhelmi, Hans, Aktiengesetz. Kommentar, 4. Aufl. 1971

Göcke, Torsten/Greubel, Marcel, Herabsetzung der Vorstandsvergütung in der Insolvenz, ZIP 2009, 2086

Goerdeler, Reinhard, Zur Überwachungsaufgabe des Aufsichtsrats, WPg 1982, 33

Goerdeler, Reinhard, Das Audit Committee in den USA, ZGR 1987, 219

Goette, Wulf, Zur Verteilung der Darlegungs- und Beweislast der objektiven Pflichtwidrigkeit bei der Organhaftung, ZGR 1995, 645

Goette, Wulf, Leitung, Aufsicht, Haftung—zur Rolle der Rechtsprechung bei der Sicherung einer modernen Unternehmensführung, in Festschrift 50 Jahre BGH, 2000, S.123

Goette, Wulf, Der Geschäftsführerdienstvertrag zwischen Gesellschafts-und Arbeitsrecht in der Rechtsprechung des Bundesgerichtshofs, in Festschrift für Herbert Wiedemann, 2002, S.873

Goette, Wulf, Zur Orientierung der Vorstandsvergütung an der Lage der Muttergesellschaft, in Festschrift für Klaus J. Hopt, 2010, Band 1, S.689

Goette, Wulf, Zur ARAG/Garmenbeck-Doktrin, in Liber amicorum für Martin Winter, 2011, S.153

Goette, Wulf, Grundsätzliche Verfolgungspflicht des Aufsichtsrats bei sorgfaltswidrig schädigendem Verhalten im AG-Vorstand?, ZHR 176(2012), 588

Goette, Wulf, Zu den vom Aufsichtsrat zu beachtenden Abwägungskriterien im Rahmen seiner Entscheidung nach den ARAG/Garmenbeck-Kriterien—dargestellt am Beispiel des Kartellrechts, in Festschrift für Michael Hoffmann-Becking, 2013, S.377

Goette, Wulf/Habersack, Mathias(Hrsg.), Münchener Kommentar zum Aktiengesetz, 3. Aufl. 2006 ff.

Götz, Heinrich, Zustimmungsvorbehalte des Aufsichtsrates der Aktiengesellschaft, ZGR 1990, 633

Götz, Heinrich, Die Überwachung der Aktiengesellschaft im Lichte jüngerer Unternehmenskrisen, AG 1995, 337

Götz, Heinrich, Die Pflicht des Aufsichtsrats zur Haftbarmachung von Vorstandsmitgliedern—Besprechung des ARAG-Urteils des BGH, NJW 1997, 3275

Götz, Heinrich, Rechtsfolgen fehlerhafter Aufsichtsratsbeschlüsse: analoge Anwendung der §§ 241 ff. AktG?, in Festschrift für Gerhard Lüke, 1997, S.167

Götz, Heinrich, Leitungssorgfalt und Leitungskontrolle der Aktiengesellschaft hinsichtlich abhängiger Unternehmen, ZGR 1998, 524

Götz, Heinrich, Rechte und Pflichten des Aufsichtsrats nach dem Transparenz-und Publizitätsgesetz, NZG 2002, 599

Grattenthaler, Tino, Die Vergütung von Vorstandsmitgliedern in Aktiengesellschaften, 2007

Grigoleit, Christoph(Hrsg.), Aktiengesetz. Kommentar, 2013

Grobys, Marcel/Littger, Michael, Amtsniederlegung durch das Vorstandsmitglied einer AG, BB 2002, 2292

Großkommentar zum Aktiengesetz, siehe Hopt/Wiedemann

Großkommentar zum Handelsgesetzbuch, siehe Canaris/Habersack/Schäfer

Großmann, Adolf, Unternehmensziele im Aktienrecht. Eine Untersuchung über Handlungsmaßstäbe für Vorstand und Aufsichtsrat, 1980

Grote, Joachim/Schaaf, Martin, Zum Referentenentwurf der 10. VAG-Novelle zur Umsetzung der Solvency-II-Richtlinie in deutsches Recht—eine erste Analyse, VersR 2012, 17

Grothe, Philip, Unternehmensüberwachung durch den Aufsichtsrat, 2006

Grotheer, Marc, Außenhaftung von Aufsichtsratsmitgliedern: Ein Anreiz zur Verbesserung der Überwachungstätigkeit?, WM 2005, 2070

Group of German Experts on Corporate Law, Zur Entwicklung des Europäischen Gesellschaftsrechts, ZIP 2002, 1310

Grumann, Marc-Olaf/Gillmann, Michael, Abberufung und Kündigung von Vorstandsmitgliedern einer Aktiengesellschaft, DB 2003, 770

Grunewald, Barbara, Gesellschaftsrecht, 8. Aufl. 2011

Gummert, Hans/Weipert, Lutz, Münchener Handbuch des Gesellschaftsrechts, Bd. 2, Kommanditgesellschaft, GmbH & Co. KG, Publikums-KG, Stille Gesellschaft, 3. Aufl. 2009

Gurlit, Elke, Handlungsformen der Finanzmarktaufsicht, ZHR 177(2013), 862

Gutenberg, Erich, Funktionswandel des Aufsichtsrats, ZBW 1970, Ergänzungsheft S.1

Haarmann, Wilhelm/Schüppen, Matthias(Hrsg.), Frankfurter Kommentar zum WpÜG, 3. Aufl. 2008

Haasen, Uwe, Die Bedeutung der Audit Committees: Ein Beispiel für die Zusammenarbeit der Überwachungsträger?, ZfbF 40(1988), 370

Habersack, Mathias, Die Mitgliedschaft—subjektives und „sonstiges" Recht, 1996

Habersack, Mathias, Die Aktionärsklage—Grundlagen, Grenzen und Anwendungsfälle, DStR 1998, 533

Habersack, Mathias, Schranken der Mitbestimmungsautonomie in der SE, AG 2006, 345

Habersack, Mathias, Grundsatzfragen der Mitbestimmung in SE und SCE, ZHR 171 (2007), 613

Habersack, Mathias, Aufsichtsrat und Prüfungsausschuss nach dem BilMoG, AG 2008, 98

Habersack, Mathias, Die Teilhabe des Aufsichtsrats an der Leitungsaufgabe des Vorstands gemäß § 111 Abs. 4 S.2 AktG, dargestellt am Beispiel der Unternehmensplanung, in Festschrift für Uwe Hüffer, 2010, S.259

Habersack, Mathias, Der Gesellschafterausschuss der KGaA, in Festschrift für Hans-Jürgen Hellwig, 2010, S.143

Habersack, Mathias, VorstAG und mitbestimmte GmbH—eine unglückliche Beziehung, ZHR 174(2010), 2

Habersack, Mathias, „Kirch/Deutsche Bank" und die Folgen—Überlegungen zu § 100 Abs. 5 AktG und Ziff. 5.4, 5.5 DCGK-, in Festschrift für Wulf Goette, 2011, S.121

Habersack, Mathias/Drinhausen, Florian(Hrsg.), SE-Recht. Kommentar, 2013

Habersack, Mathias/Verse, Dirk A., Europäisches Gesellschaftsrecht, 4. Aufl. 2011

Hachenburg, Max/Ulmer, Peter (Hrsg.), Gesetz betreffend die Gesellschaften mit beschränkter Haftung. Großkommentar, 8. Aufl. 1989 ff.

Härer, Ralf-Dietmar, Erscheinungsformen und Kompetenzen des Beirats in der GmbH, 1991

Häsemeyer, Ludwig, Der interne Rechtsschutz zwischen Organen, Organmitgliedern und Mitgliedern der Kapitalgesellschaft als Problem der Prozeßführungsbefugnis, ZHR 144 (1980), 265

Häuser, Helmut, Interessenkollisionen durch Wahrnehmung des Aufsichtsratsmandats in der unabhängigen Aktiengesellschaft, 1985

Hager, Johannes, Die Vertretung der Aktiengesellschaft im Prozeß mit ihren früheren Vorstandsmitgliedern, NJW 1992, 352

Happ, Wilhelm, Aktienrecht, Handbuch—Mustertexte—Kommentar, 3. Aufl. 2007

Harbarth, Stephan, Zustimmungsvorbehalt im faktischen Aktienkonzern, in Festschrift für Michael Hoffmann-Becking, 2013, S.457

Harder, Nils/Ruter, Rudolf X., Die Mitglieder des Aufsichtsrats einer GmbH mit öffentlich-rechtlichem Anteilseigner—ihre Rechte und Pflichten, GmbHR 1995, 813

Hasselbach, Kai, Die Weitergabe von Insiderinformationen bei M&-A-Transaktionen mit börsennotierten Aktiengesellschaften, NZG 2004, 1087

Hasselbach, Kai, Kosten der Aufsichtsratsarbeit, Der Aufsichtsrat 2012, 36

Hasselbach, Kai, Überwachungs- und Beratungspflichten des Aufsichtsrats in der Krise,

NZG 2012, 41

Hasselbach, Kai/Jakobs, Jannis, Die Unabhängigkeit von Aufsichtsratsmitgliedern, BB 2013, 643

Hasselbach, Kai/Seibel, Markus, Ad-hoc-Ausschüsse des Aufsichtsrats, AG 2012, 114

Heermann, Peter W., Interessenkonflikte von Bankenvertretern in Aufsichtsräten bei (geplanten) Unternehmensübernahmen, WM 1997, 1689

Heermann, Peter W., Wie weit reicht die Pflicht des Aufsichtsrats zur Geltendmachung von Schadensersatzansprüchen gegen Mitglieder des Vorstands?, AG 1998, 201

Heidbüchel, Volker, Das Aufsichtsratsmitglied als Vorstandsvertreter—Voraussetzungen und Risiken der Bestellung als Interimsvorstand, WM 2004, 1317

Heidel, Thomas (Hrsg.), Aktienrecht und Kapitalmarktrecht, 3. Aufl. 2011

Heidel, Thomas, Zur Weisungsgebundenheit von Aufsichtsratsmitgliedern bei Beteiligung von Gebietskörperschaften und Alleinaktionären, NZG 2012, 48

Heidenhain, Martin/Meister, Burkhardt W. (Hrsg.), Münchener Vertragshandbuch, Bd. 1, Gesellschaftsrecht, 7. Aufl. 2011

Heider, Karsten/Hirte Markus, Die Herausgabepflicht von Aufsichtsratsunterlagen, CCZ 2009, 106

Heins, Jan-Christian, Die Angemessenheit von Vorstandsbezügen einer Aktiengesellschaft, 2006

Heinsius, Theodor, Satzungsvorschriften über die Beschlußfähigkeit des Aufsichtsrats nach dem Mitbestimmungsgesetz, AG 1977, 281

Heinsius, Theodor, Zur Bestellung von Ersatzmitgliedern für den Aufsichtsrat durch die Hauptversammlung, ZGR 1982, 232

Heinzelmann, Jürgen, Mehrfachmandate in Geschäftsführungs- und Aufsichtsorganen juristischer Personen, 2009

Heller, Arne, Die Einberufung von Aufsichtsratssitzungen—ein Risikofaktor?, AG 2008, 160

Hemeling, Peter, Neuere Entwicklungen in der D&O-Versicherungen, in Festschrift für Michael Hoffmann-Becking, 2013, S.491

Hengeler, Hans, Beratungsgeheimnis im Aufsichtsrat einer Aktiengesellschaft, in Festschrift für Wolfgang Schilling, 1973, S.175

Henn, Günter/Frodermann, Jürgen/Jannott, Dirk, Handbuch des Aktienrechts, 8. Aufl. 2009, begr. von Henn, hrsg. von Frodermann/Jannott

Hennerkes, Brun-Hagen/Schiffer, K. Jan, Ehrenvorsitzender oder Ehrenmitglied eines Aufsichtsrats—Ernennung und Kompetenzen, DB 1992, 875

Henning, Peter, Relevanz des Aufsichtsratsbüros, in: Orth, Christian/Ruter, Rudolf X./ Schichold, Bernd, Der unabhängige Finanzexperte im Aufsichtsrat, 2013

Hennrichs, Joachim, Gewinnabführung und Verlustausgleich im Vertragskonzern, ZHR 174 (2010), 683

Hennrichs, Joachim, Abschlussprüfung und Corporate Governance, KPMG Audit Committee Quarterly I, 2012, 29

Henssler, Martin/Michel, Dirk, Durchführung des Statusverfahrens nach §§ 97—99 AktG bei erstmaliger Anwendbarkeit eines Mitbestimmungsgesetzes in der GmbH, SAE 2009, 134

Henssler, Martin/Sittard, Ulrich, Die Gesellschaftsform der SE als Gestaltungsinstrument zur Verkleinerung des Aufsichtsrats, KSzW 2011, 359

Henssler, Martin/Strohn, Lutz(Hrsg.), Gesellschaftsrecht. Kommentar, 2. Aufl. 2014

Henze, Hartwig, Leitungsverantwortung des Vorstands—Überwachungspflicht des Aufsichtsrats, BB 2000, 209

Henze, Hartwig, Neuere Rechtsprechung zu Rechtsstellung und Aufgaben des Aufsichtsrats, BB 2005, 165

Heuchemer, Frank-Karl/Kloft, Verena, Neue Verordnung über die aufsichtsrechtlichen Anforderungen an Vergütungssysteme von Instituten (Instituts-Vergütungsverordnung), WM 2010, 2241

Heutz, Stefan, Zuständigkeit zur Festsetzung der Vorstandsvergütung in der Genossenschaft, NZG 2013, 611

Hillebrandt, Klaus-Peter/Kessler, Jürgen, Berliner Kommentar zum Genossenschaftsgesetz, 2. Aufl. 2011

Hirt, Michael, Die Überprüfung einer Strategie durch den Aufsichtsrat, Der Aufsichtsrat 2013, 144

Hirte, Heribert, Anmerkung zu OLG Hamburg EWiR § 103 AktG 2/90, S.219

Hirte, Heribert, Kapitalgesellschaftsrecht, 7. Aufl. 2012

Hirte, Heribert/von Bülow, Christoph(Hrsg.), Kölner Kommentar zum WpÜG, 2. Aufl. 2010

Höhn, Reinhard, Pflicht des Aufsichtsrats zur Beratung der GmbH-Geschäftsführer?, GmbHR 1993, 777

Hölters, Wolfgang/Weber, Markus, Vorzeitige Wiederbestellungen von Vorstandsmitgliedern, AG 2005, 629

Hölters, Wolfgang(Hrsg.), Handbuch des Unternehmenskaufs, 7. Aufl. 2010

Hölters(Hrsg.), Aktiengesetz, Kommentar, 2011

Hölz, Christiane, Aufsichtsratsvergütung 2012—eine Bestandsaufnahme, Board 2013, 203

Hönsch, Henning, Die Auswirkungen des BilMoG auf den Prüfungsausschuss, Der Konzern 2009, 553

Hoffmann, Dietrich/Kirchhoff, Wolfgang, Zur Abberufung von Aufsichtsratsmitgliedern durch das Gericht nach § 103 Abs. 3 S.1 AktG, in Festschrift für Karl Beusch, 1993, S.377

Hoffmann, Dietrich/Preu, Peter, Der Aufsichtsrat, 5. Aufl. 2002

Hoffmann, Gunther M., Urteilsbildungs- und Verhinderungspflicht des Aufsichtsrats, AG 2012, 478

Hoffmann-Becking, Michael, Zum einvernehmlichen Ausscheiden von Vorstandsmitgliedern—Bemerkungen im Anschluß an die Entscheidung BGHZ 79, 38 „Poullain/WestLB", in Festschrift für Walter Stimpel, 1985, S.589

Hoffmann-Becking, Michael, Vorstands-Doppelmandate im Konzern, ZHR 150(1986), 570

Hoffmann-Becking, Michael, Der Aufsichtsrat im Konzern, ZHR 159(1995), 325

Hoffmann-Becking, Michael, Rechtliche Möglichkeiten und Grenzen einer Verbesserung der Arbeit des Aufsichtsrats, in Festschrift für Hans Havermann, 1995, S.229

Hoffmann-Becking, Michael, Rechtliche Anmerkungen zur Vorstands- und Aufsichtsratvergütung, ZHR 169(2005), 155

Hoffmann-Becking, Michael, Schriftliche Beschlussfassung des Aufsichtsrats und schriftliche Stimmabgabe abwesender Aufsichtsratsmitglieder, in Liber amicorum Wilhelm Happ, 2006, S.81

Hoffmann-Becking, Vorstandsvergütung nach Mannesmann, NZG 2006, 127

Hoffmann-Becking, Michael, Abfindungsleistungen an ausscheidende Vorstandsmitglieder, ZIP 2007, 2101

Hoffmann-Becking, Michael, Das Recht des Aufsichtsrats zur Prüfung durch Sachverständige nach § 111 Abs. 2 Satz 2 AktG, ZGR 2011, 136

Hoffmann-Becking, Michael, Zehn kritische Thesen zum Deutschen Coporate Governance Kodex, ZIP 2011, 1173

Hoffmann-Becking, Michael(Hrsg.), Münchener Handbuch des Gesellschaftsrechts, Bd. 4, Aktiengesellschaft, 4. Aufl. 2014

Hoffmann-Becking, Michael/Krieger, Gerd, Leitfaden zur Anwendung des Gesetzes zur Angemessenheit der Vorstandsvergütung(VorstAG), Beilage zu NZG Heft 26/2009

Hoffmann-Becking, Michael/Rawert, Peter (Hrsg.), Beck's ches Formularbuch zum Bürgerlichen, Handels- und Wirtschaftsrecht, 11. Aufl. 2013

Hohenemser, Peter, Die Begleitung der Unternehmensstrategie durch den Aufsichtsrat, Der Aufsichtsrat 2012, 160

Hohenstatt, Klaus-Stefan/Kuhnke, Michael, Vergütungsstruktur und variable Vergütungsmodelle für Vorstandsmitglieder nach dem VorstAG, ZIP 2009, 1981

Hohenstatt, Klaus-Stefan/Naber, Sebastian, Diskriminierungsschutz für Organmitglieder: Konsequenzen für die Vertragsgestaltung, ZIP 2012, 1989

Hohenstatt, Klaus-Stefan/Willemsen, Heinz Josef, Abfindungsobergrenzen in Vorstandsverträgen, NJW 2008, 3462

Hommelhoff, Peter, Satzungsmäßige Eignungsvoraussetzungen der Vorstandsmitglieder einer Aktiengesellschaft, BB 1977, 322

Hommelhoff, Peter, Unternehmensführung in der mitbestimmten GmbH, ZGR 1978, 119

Hommelhoff, Peter, Der aktienrechtliche Organstreit, ZHR 143(1979), 288

Hommelhoff, Peter, Die Konzernleitungspflicht, 1982

Hommelhoff, Peter, Die Autarkie des Aufsichtsrats—Besprechung der Entscheidung BGHZ 85, 293 „Hertie", ZGR 1983, 551

Hommelhoff, Peter, Zur Kreditüberwachung im Aufsichtsrat, in Festschrift für Winfried Werner, 1984, S.315

Hommelhoff, Peter, Vernetzte Aufsichtsratsüberwachung im Konzern? —eine Problemskizze, ZGR 1996, 144

Hommelhoff, Peter, Die neue Position des Abschlußprüfers im Kraftfeld der aktienrechtlichen Organisationsverfassung, BB 1998, 2567, 2625

Hommelhoff, Peter, Vernetzte Aufsichtsratsüberwachung im Konzern?, in Theisen, M. R. (Hrsg.), Der Konzern im Umbruch, 1998, S.337

Hommelhoff, Peter, Risikomanagement im GmbH-Recht, in Festschrift für Otto Sandrock, 1999, S.373

Hommelhoff, Peter, Vorstandsbezüge in der Konzerntochter, in Festschrift für Wulf Goette, 2011, S.169

Hommelhoff, Peter, Zusammenarbeit des Abschlussprüfers und des Aufsichtsrats im Blick der EU-Kommission, KPMG Audit Committee Quarterly I, 2012, 23

Hommelhoff, Peter, Der Zusatzbericht des Abschlussprüfers und dessen Rolle im EU-Reformprozess, DB 2012, 389, 445

Hommelhoff, Peter, Der Aufsichtsratsentscheid über prüfungsfremde Leistungen des Abschlussprüfers, in Festschrift für Michael Hoffmann-Becking, 2013, S.547

Hommelhoff, Peter, Unabhängige Aufsichtsratsmitglieder in börsennotierten Familienunternehmen, ZIP 2013, 953

Hommelhoff, Peter, Aufsichtsrats-Unabhängigkeit in der faktisch konzernierten Börsengesellschaft, ZIP 2013, 1645

Hommelhoff, Peter/Hopt, Klaus J./v. Werder, Axel(Hrsg.), Handbuch Corporate Governance, 2. Aufl. 2010

Hommelhoff, Peter/Schwab, Martin, Zum Stellenwert betriebswirtschaftlicher Grundsätze ordnungsgemäßer Unternehmensleitung und —überwachung im Vorgang der Rechtserkenntnis, zfbf Sonderheft 36(1996), 149

Hoppe, Werner/Uechtritz, Michael, Handbuch Kommunale Unternehmen, 3. Aufl. 2012

Hopt, Klaus J., Corporate Governance: Aufsichtsrat oder Markt, Dritte Max Hachenburg Gedächtnisvorlesung, 1998

Hopt, Klaus J., Gemeinsame Grundsätze der Corporate Governance in Europa? — Überlegungen zum Einfluß der Wertpapiermärkte auf Unternehmen und ihre Regulierung und zum Zusammenwachsen von common law und civil law im Gesellschafts- und Kapitalmarktrecht, ZGR 2000, 779

Hopt, Klaus J., Verhaltenspflichten des Vorstands der Zielgesellschaft bei feindlichen Übernahmen—zur aktien- und übernahmerechtlichen Rechtslage in Deutschland und Europa, in Festschrift für Marcus Lutter, 2000, S.1361

Hopt, Klaus J., Das System der Unternehmensüberwachung in Deutschland, in Bericht über die Fachtagung 2000 des Instituts der Wirtschaftsprüfer in Deutschland e.V., 2001, S.27

Hopt, Klaus J., Übernahmen, Geheimhaltung und Interessenkonflikte: Probleme für Vorstände, Aufsichtsräte und Banken, ZGR 2002, 333

Hopt, Klaus J., Unternehmensführung, Unternehmenskontrolle, Modernisierung des Aktienrechts, ZHR 2002, 27

Hopt, Klaus J., Finanzmarktkrise und Unternehmenskontrolle, KPMG Audit Committee Quarterly I, 2012, 4

Hopt, Klaus J., Europäisches Übernahmerecht, 2013

Hopt, Klaus J., Die Verantwortlichkeit von Vorstand und Aufsichtsrat: Grundsatz und Praxisprobleme—unter besonderer Berücksichtigung der Banken, ZIP 2013, 1793

Hopt, Klaus J./Wiedemann, Herbert(Hrsg.), Großkommentar zum Aktiengesetz, 4. Aufl. 1992 ff.

Horn, Norbert, Die Haftung des Vorstands der AG nach § 93 AktG und die Pflichten des Aufsichtsrats—Zugleich Besprechung der Ur teile des Bundesgerichtshofs vom 21. April 1997, ZIP 1997, 883 und des OLG Düsseldorf vom 28. November 1996, ZIP 1997, 27 im Fall ARAG/Garmenbeck, ZIP 1997, 1129

v. Hoyningen-Huene, Gerrick/Powietzka, Arnim, Unterrichtung des Aufsichtsrats in der mitbestimmten GmbH, BB 2001, 529

Hueck, Götz, Zur Verschwiegenheitspflicht der Arbeitnehmervertreter im Aufsichtsrat,

RdA 1975, 35

Hüffer, Uwe, Der Aufsichtsrat in der Publikumsgesellschaft, ZGR 1980, 320

Hüffer, Uwe, Aktienbezugsrechte als Bestandteil der Vergütung von Vorstandsmitgliedern und Mitarbeitern—gesellschaftsrechtliche Analyse, ZHR 161(1997), 214

Hüffer, Uwe, Die gesetzliche Schriftform bei Berichten des Vorstands gegenüber der Hauptversammlung, in Festschrift für Carsten P. Claussen, 1997, S.171

Hüffer, Uwe, Die leitungsbezogene Verantwortung des Aufsichtsrats, NZG 2007, 47

Hüffer, Uwe, Zur Wahl von Beratern des Großaktionärs in den Aufsichtsrat der Gesellschaft, ZIP 2010, 1979

Hüffer, Uwe, Aktiengesetz, 10. Aufl. 2012

Hüffer, Uwe, Unangemessenheit der Vorstandsvergütung als Haftungsrisiko von Aufsichtsratsmitgliedern, in Festschrift für Michael Hoffmann-Becking, 2013, S.589

Hütte, Klaus, Die Sorgfaltspflichten der Verwaltung und Geschäftsleitung im Lichte der aktienrechtlichen Verantwortlichkeit, ZGR 1986, 1

Huth, Grundsätze ordnungsmäßiger Risikoüberwachung, BB 2007, 2167

Ihrig, Hans-Christoph, Vergütungszahlungen auf einen Beratungsvertrag mit einem Aufsichtsratsmitglied vor Zustimmung des Aufsichtsrats, ZGR 2013, 417

Ihrig, Hans-Christoph, Ad-hoc-Pflichten bei gestreckten Geschehensabläufen-Praxisfragen aus dem „Geltl" -Urteil des EuGH, in VGR(Hrsg.), Gesellschaftsrecht in der Diskussion 2012, 2013, S.113

Ihrig, Hans-Christoph, Gestaltungsspielräume und -grenzen beim Wechsel vom Vorstand in den Aufsichtsrat, in Festschrift für Michael Hoffmann-Becking, 2013, S.617

Ihrig, Hans-Christoph/Kranz, Christopher, EuGH-Entscheidung Geltl/Daimler: „Selbstbefreiung" von der Ad-hoc-Publizitätspflicht, BB 2013, 451

Ihrig, Hans-Christoph/Wandt, Andre P.H./Wittgens, Jonas, Die angemessene Vorstandsvergütung drei Jahre nach Inkrafttreten des VorstAG, ZIP 2012, Beilage zu Heft 40

Immenga, Ulrich, Zuständigkeiten des mitbestimmten Aufsichtsrats, ZGR 1977, 249

Insam, Alexander/Hinrichs, Lars/Hörtz, Martin, Vergütungssysteme nach der Instituts-Vergütungsverordnung, DB 2012, 1568

Jäger, Axel, Die Beratung des Vorstands als Teil der Überwachungsaufgabe des Aufsichtsrats, DStR 1996, 671

Jaeger, Carsten/Trölitzsch, Thomas, Die Pflichten des Aufsichtsrats bei der Prüfung und Durchsetzung der Vorstandshaftung, WiB 1997, 684

Janberg, Hans/Oesterlink, Hans-Christian, Gäste im Aufsichtsrat, AG 1960, 240

Jauernig, Othmar(Hrsg.), Bürgerliches Gesetzbuch mit Allgemeinem Gleichbehandlungsgesetz(Auszug), 14. Aufl. 2011

Jooß, Alexander, Die Drittanstellung des Vorstandsmitglieds einer AG, NZG 2011, 1130

Joost, Detlev, Die Bildung des Aufsichtsrats beim Formwechsel einer Personengesellschaft in eine Kapitalgesellschaft, in Festschrift für Carsten P. Claussen, 1997, S.187

Jüngst, Ulrich, Der „Ehrenvorsitzende" in der Aktiengesellschaft, BB 1984, 1583

Jürgenmeyer, Michael, Das Unternehmensinteresse, 1984

Jürgenmeyer, Michael, Satzungsklauseln über qualifizierte Beschlussmehrheiten im Aufsichtsrat der Aktiengesellschaft, ZGR 2007, 112

Kästner, Karin, Aktienrechtliche Probleme der D&O-Versicherung, AG 2000, 113

Kästner, Karin, Steuerrechtliche Probleme der D&O-Versicherung, DStR 2001, 195

Kallmeyer, Harald, Rechte und Pflichten des Aufsichtsrats in der Kommanditgesellschaft auf Aktien, ZGR 1983, 57

van Kann, Jürgen/Kalluweit, Anjela, Verschwiegenheitspflichten kommunaler Aufsichtsratsmitglieder in privatrechtlich organisierten Gesellschaften, DB 2009, 2251

Kanzler, Oliver, Rückabwicklung von Beratungsverträgen in der Aktiengesellschaft, AG 2013, 554

Kastner, Walther, Aufsichtsrat und Realität, in Festschrift für Rudolf Strasser, 1983, S.843

Keilich, Jochen/Brummer, Paul, Reden ist Silber, Schweigen ist Gold—Geheimhaltungspflichten auch für die Arbeitnehmervertreter im Aufsichtsrat, BB 2012, 897

Keßler, Jürgen, Die kommunale GmbH—Gesellschaftsrechtliche Grenzen politischer Instrumentalisierung, GmbHR 2000, 71

Keßler, Jürgen/Herzberg Anja, Zur gesetzlichen und statuarischen Geltung der „Business Judgement Rule" im Genossenschaftsrecht, BB 2010, 907

Kiefner, Alexander, Fehlerhafte Entsprechungserklärung und Anfechtbarkeit von Hauptversammlungsbeschlüssen, NZG 2011, 201

Kiefner, Alexander/Friebel, Jari, Zulässigkeit eines Aufsichtsrats mit einer nicht durch drei teilbaren Mitgliederzahl bei einer SE mit Sitz in Deutschland, NZG 2010, 537

Kiefner, Alexander/Langen, Markus, Massesicherungspflicht und Versagen des Überwachungsorgans—Zum Haftungsgefälle zwischen obligatorischem und fakultativem Aufsichtsrat, NJW 2011, 192

Kiefner, Alexander/Seibel, Vanessa, Der potentiell rechtswidrig bestellte Aufsichtsrat als fehlerhaftes Organ—probates Mittel zur Überwindung von Rechtsunsicherheit?, Der Konzern 2013, 310

Kiem, Roger, Erfahrungen und Reformbedarf bei der SE—Entwicklungsstand, ZHR 173 (2009), 156

Kiem, Roger, SE-Aufsichtsrat und Dreiteilbarkeitsgrundsatz, Der Konzern 2010, 275

Kiethe, Kurt, Die zivil- und strafrechtliche Haftung von Aufsichtsräten für Geschäftsrisiken, WM 2005, 2122

Kiethe, Kurt, Anfechtbarer Beschluss über die Entlastung des Aufsichtsrats der AG durch unzureichende Berichterstattung, NZG 2006, 888

Kindl, Johann, Die Teilnahme an der Aufsichtsratssitzung, 1993

Kindl, Johann, Beschlussfassung des Aufsichtsrats und neue Medien—Zur Änderung des § 108 Abs. 4 AktG, ZHR 166(2002), 335

Kindler, Peter, Unternehmerisches Ermessen und Pflichtenbindung. Voraussetzungen und Geltendmachung der Vorstandshaftung in der Aktiengesellschaft, ZHR 162(1998), 101

Kindler, Peter, Der Aktionär in der Informationsgesellschaft—Das Gesetz zur Namensaktie und zur Erleichterung der Stimmrechtsausübung, NJW 2001, 1678

Klöhn, Lars, Die Herabsetzung der Vorstandsvergütung gemäß § 87 Abs. 2 AktG in der börsennotierten Aktiengesellschaft, ZGR 2012, 1

Knapp, Christoph, Die Entwicklung des Rechts des Aufsichtsrats im Jahre 2007, DStR 2008, 1045

Koch, Jens, Keine Ermessensspielräume bei der Entscheidung über die Inanspruchnahme von Vorstandsmitgliedern, AG 2009, 93

Koch, Jens, Beschränkung der Regressfolgen im Kapitalgesellschaftsrecht, AG 2012, 429

Koch, Wolfgang, Das Unternehmensinteresse als Verhaltensmaßstab der Aufsichtsratsmitglieder im mitbestimmten Aufsichtsrat einer Aktiengesellschaft, 1983

Kocher, Dirk/Lönner, Andreas, Unterstützung von Aufsichtsratsmitgliedern bei Aus- und Fortbildungsmaßnahmen, ZCG 2010, 273

Kocher, Dirk/Schneider, Sebastian, Zuständigkeitsfragen im Rahmen der Ad-hoc-Publizität, ZIP 2013, 1607

Köhler, Helmut, Fehlerhafte Vorstandsverträge, NZG 2008, 161

Kölner Kommentar zum Aktiengesetz, siehe Zöllner und Zöllner/Noack

Köstler, Roland/Schmidt, Thomas, Interessenvertretung und Information—Zum Verhältnis von Information und Vertraulichkeit im Aufsichtsrat, BB 1981, 88

Köstler, Roland/Müller, Matthias/Sick, Sebastian, Aufsichtsratspraxis, 10. Aufl. 2013

Kolvenbach, Walter, Bhopal—Storm over the Multinationals?, ZGR 1986, 47

Kolvenbach, Walter, Mitbestimmungsprobleme im gemeinsamen Markt. Schriftenreihe des Zentrums für Europäisches Wirtschaftsrecht der Universität Bonn, 1991

Kompenhans, Heiner/Buhleier, Claus/Splinter, Silke, Festlegung von Prüfungsschwerpunkten durch Aufsichtsrat und Abschlussprüfer, WPg 2013, 59

Kompenhans, Heiner/Splinter, Silke, Festlegung von Prüfungsschwerpunkten durch Aufsichtsrat und Abschlussprüfer, in Deloitte, Corporate-Governance-Forum 4/2012, S. 13 f.

Konzen, Horst, Die Anstellungskompetenz des GmbH-Aufsichtsrats nach dem Mitbestimmungsgesetz, GmbHR 1983, 92

Kort, Michael, Das Mannesmann-Urteil im Lichte von § 87 AktG, NJW 2005, 333

Kort, Michael, Die Außenhaftung des Vorstands bei der Abgabe von Erklärungen nach § 161 AktG, in Festschrift für Thomas Raiser, 2005, S. 203

Kort, Michael, „Change-of-Control"-Klauseln nach dem „Mannesmann"-Urteil des BGH—zulässig oder unzulässig?, AG 2006, 106

Kort, Michael, Zivilrechtliche Folgen unangemessen hoher Vorstandsvergütung—eine Mannesmann-Spätlese, DStR 2007, 1127

Kort, Michael, Corporate Governance-Fragen der Größe und Zusammensetzung des Aufsichtsrats, AG 2008, 137

Kort, Michael, Interessenkonflikte bei Organmitgliedern der AG, ZIP 2008, 717

Kort, Michael, Verhaltensstandardisierung durch Corporate Compliance, NZG 2008, 81

Kort, Michael, Sind GmbH-Geschäftsführer und Vorstandsmitglieder diskriminierungsschutzrechtlich Arbeitnehmer? —Die Auslegung von § 6 AGG zwischen Arbeitsrecht und Gesellschaftsrecht, NZG 2013, 601

Kort, Michael, Ungleichbehandlung von Geschäftsleitungsmitgliedern bei AG und GmbH wegen des Alters, WM 2013, 1049

Korts, Sebastian, Die Vereinbarung von Kontrollwechselklauseln in Vorstandsverträgen, BB 2009, 1876

Krämer, Achim/Winter, Thomas, Die eigenverantwortliche Mitgliedschaft im Aufsichtsrat der fakultativen, insbesondere der fakultativen kommunalen GmbH, in Festschrift für Wulf Goette, 2011, S.253

Kramarsch, Michael H., Organvergütung, ZHR 169(2005), 112

Krasberg, Peter, Der Prüfungsausschuss des Aufsichtsrats einer Aktiengesellschaft nach dem BilMoG, 2010

Krasberg, Peter/Vandebroed, Marion, Qualifikation und Fortbildung, Board 2013, 161

Kraßnig, Ulrich, Grundlagen der Zusammenarbeit zwischen Aufsichtsrat und Abschlussprüfer, Wien 2010

Krauel, Wolfgang/Broichhausen, Thomas N., Zu den Qualifikationsanforderungen an Aufsichtsräte in Versicherungsunternehmen vor dem Hintergrund von Solvency II, VersR 2012, 823

Krebs, Karsten, Interessenkonflikte bei Aufsichtsratsmandaten in der Aktiengesellschaft, 2002

Kremer, Thomas, Der Deutsche Corporate Governance Kodex auf dem Prüfstand: bewährte oder freiwillige Überregulierung?, ZIP 2011, 1177

Kremer, Thomas, Haftungsausschluss durch Beratung, in VGR(Hrsg.), Gesellschaftsrecht in der Diskussion 2012, 2013, S.171

Kremer, Thomas/v. Werder, Axel, Unabhängigkeit von Aufsichtsratsmitgliedern: Konzept, Kriterien und Kandidateninformationen, AG 2013, 340

Krieger, Gerd, Personalentscheidungen des Aufsichtsrats, 1981

Krieger, Gerd, Zum Aufsichtsratspräsidium, ZGR 1985, 338

Krieger, Gerd, Aktionärsklagen zur Kontrolle des Vorstands- und Aufsichtsratshandelns, ZHR 163(1999), 343

Krieger, Gerd, Interne Voraussetzungen für die Abgabe der Entsprechenserklärung nach § 161 AktG, in Festschrift für Peter Ulmer, 2003, S.365

Krieger, Gerd, Herabsetzung von Abfindungsleistungen nach § 87 Abs. 2 AktG, in Liber amicorum für Martin Winter, 2011, S.369

Krieger, Gerd, Wie viele Rechtsberater braucht ein Geschäftsleiter?, ZGR 2012, 496

Krieger, Gerd, Corporate Governance und Corporate Governance Kodex in Deutschland, ZGR 2012, 202

Krieger, Gerd, Interim Manager im Vorstand der AG, in Festschrift für Michael Hoffmann-Becking, 2013, S.711

Krieger, Gerd/Schneider, Uwe H.(Hrsg.), Handbuch Managerhaftung, 2. Aufl. 2010

Kromschröder, Bernhard/Lück, Wolfgang, Grundsätze risikoorientierter Unternehmensüberwachung, DB 1998, 1573

Kropff, Bruno, Aktiengesetz, Textausgabe mit Begründung des Regierungsentwurfs und Bericht des Rechtsausschusses des Deutschen Bundestages, 1965

Kropff, Bruno, Die Unternehmensplanung im Aufsichtsrat, NZG 1998, 613

Kropff, Bruno, Der Abschlußprüfer in der Bilanzsitzung des Aufsichtsrats, in Festschrift für Welf Müller, 2001, S.481

Kropff, Bruno, Zur Information des Aufsichtsrats über das interne Überwachungssystem, NZG 2003, 346

Kropff, Bruno, Informationsbeschaffungspflichten des Aufsichtsrats, in: Festschrift für Thomas Raiser, 2005, S.225

Kropff, Bruno/Semler, Johannes（Hrsg.）, Münchener Kommentar zum Aktiengesetz, 2. Aufl. 2000 ff.

Kuck, Dieter, Aufsichtsräte und Beiräte in Deutschland, Wiesbaden 2006

Kübler, Friedrich/Assmann, Heinz-Dieter, Gesellschaftsrecht. Die privatrechtlichen Ordnungsstrukturen und Regelungsprobleme von Verbänden und Unternehmen, 6. Aufl. 2006

Küppers, Christoph/Dettmeier, Michael/Koch, Claudia, D&O-Versicherung: Steuerliche Implikationen für versicherte Personen?, DStR 2002, 199

Kuhlmann, Jens, Die Einwilligung des Aufsichtsrats bei Darlehen und Vorschüssen an Prokuristen einer Aktiengesellschaft, AG 2009, 109

Lampert, Bastian, Einflussnahme auf Aufsichtsratsmitglieder durch die öffentliche Hand als Gesellschafterin, 2012

Land, Volker/Hallermayer, Jessica, Weitergabe von vertraulichen Informationen durch auf Veranlassung von Gebietskörperschaften gewählte Mitglieder des Aufsichtsrats gemäß §§ 394, 395 AktG, AG 2011, 114

Lanfermann, Georg/Maul, Silja, Audit Committees im Focus des EU-Verordnungsvorschlags zur Abschlussprüfung, BB 2010, 627

Lang, Johann/Weidmüller, Ludwig, Genossenschaftsgesetz. Kommentar, 37. 2011

Lang, Volker/Balzer, Peter, Handeln auf angemessener Informationsgrundlage-zum Haftungsregime von Vorstand und Aufsichtsrat von Kreditinstituten, WM 2012, 1167

Lange, Oliver, Zustimmungsvorbehaltspflicht und Kataloghaftung des Aufsichtsrats nach neuem Recht, DStR 2003, 376

Langenbucher, Günther/Blaum, Ulf, Die Aufdeckung von Fehlern, dolosen Handlungen und sonstigen Gesetzesverstößen im Rahmen der Abschlußprüfung, DB 1997, 437

Langenbucher, Katja, Aktien- und Kapitalmarktrecht, 2. Aufl. 2011

Langenbucher, Katja, Zentrale Akteure der Corporate Governance: Zusammensetzung des Aufsichtsrats—Zum Vorschlag einer obligatorischen Besetzungserklärung, ZGR 2012, 314

Langenbucher, Katja, Bausteine eines Bankgesellschaftsrechts, ZHR 176(2012), 652

Langenbucher, Katja, Vorstandshaftung und Legalitätspflicht in regulierten Banken, ZBB 2013, 16

Langenbucher, Katja, Aufsichtsratsmitglieder in Kreditinstituten: Rechte, Pflichten und Haftungsregeln, in Hölscher, Reinhold/Altenhain, Thomas（Hrsg.）, Handbuch Aufsichts- und Verwaltungsräte in Kreditinstituten, 2013, S.3

Langer, Heiko/Peters, Karoline, Rechtliche Möglichkeiten einer unterschiedlichen Kompetenzzuweisung an einzelne Vorstandsmitglieder, BB 2012, 2575

Laske, Stephan, Unternehmensinteresse und Mitbestimmung, ZGR 1979, 173

Lederer, Philipp, Die Haftung von Aufsichtsratsmitgliedern und nicht geschäftsführenden Direktoren, 2011

Lehmann, Jürgen, Aufsichtsratsausschüsse-Zugleich eine Besprechung des Buches „Aufsichtsratsausschüsse nach dem Mitbestimmungsgesetz 1976" von Franz Jürgen Säcker, DB 1979, 2117

Leinekugel, Rolf/Heuser, Matthias, Zuständigkeit für den Abschluss von Beraterverträgen mit ausgeschiedenen Geschäftsführern, GmbHR 2012, 309

Leitzen, Mario, Gesellschaftsrechtliche Praxisprobleme bei Kapitalgesellschaften mit kommunalen Anteilsinhabern am Beispiel des nordrheinwestfälischen Rechts, ZNotP 2011, 453

Lemke, Christian Peter, Der fehlerhafte Aufsichtsratsbeschluß, 1994

Leuering, Dieter, Die Zurückweisung von einseitigen Rechtsgeschäften des Aufsichtsrats nach § 174 BGB, NZG 2004, 120

Leuering, Dieter, Die Vertretung der Aktiengesellschaft durch Aufsichtsrat und Hauptversammlung, in Festschrift für Helmut Kollhosser, Bd. II, 2004, S.361

Leuering, Dieter, Keine Anfechtung wegen Mängeln der Entsprechenserklärung, DStR 2010, 2255

Leyendecker-Langner, Benjamin E./Huthmacher, David, Kostentragung für Aus- und Fortbildungsmaßnahmen von Aufsichtsratsmitgliedern, NZG 2012, 1415

Leyens, Patrick C., Information des Aufsichtsrats—Ökonomisch-funktionale Analyse und Rechtsvergleich zum englischen Board, 2006

Leyens, Patrick C./Schmidt, Frauke, Corporate Governance durch Aktien, Bankaufsichts- und Versicherungsaufsichtsrecht, AG 2013, 533

Lieder, Jan, Zustimmungsvorbehalte des Aufsichtsrats nach neuer Rechtslage, DB 2004, 2251

Lieder, Jan, Der Aufsichtsrat im Wandel der Zeit, Jena 2006

Liese, Jens, Sind Aufhebungsvereinbarungen von Vorstandsmitgliedern nach dem Vorstandsvergütungs-Offenlegungsgesetz individuell offenzulegen?, DB 2007, 209

Liese, Jens/Theusinger, Ingo, Anforderungen an den Bericht des Aufsichtsrats vor dem Hintergrund steigender Anfechtungsrisiken für Entlastungsbeschlüsse, BB 2007, 2528

von der Linden, Klaus, Darstellung von Interessenkonflikten im Bericht des Aufsichtsrats an die Hauptversammlung, GWR 2011, 407

Linnerz, Markus, Vom Anfechtungs—zum Haftungstourismus? Stellungnahme zur geplanten Neuregelung aktienrechtlicher Haftungsklagen, NZG 2004, 307

Lippert, Hans-Dieter, Das Informationsrecht des Aufsichtsrats unter dem Gesichtspunkt seiner gesamtschuldnerischen Haftung gegenüber der Genossenschaft nach §§ 41, 34 GenG, ZfgG 1978, 181

Löbbe, Marc, Unternehmenskontrolle im Konzern: die Kontrollaufgaben von Vorstand, Geschäftsführer und Aufsichtsrat, 2003

Löbbe, Marc/Fischbach, Jonas, Das Vergütungsvotum der Hauptversammlung nach § 120 Abs. 4 AktG n.F, WM 2013, 1625

Loritz, Karl-Georg/Wagner, Klaus-R., Haftung von Vorständen und Aufsichtsräten: D&O-Versicherungen und steuerliche Fragen, DStR 2012, 2205

Louven, Christoph/Raapke, Julius, Aktuelle Entwicklungen in der Corporate Governance von Versicherungsunternehmen, VersR 2012, 257

Ludwig, Sören, Die Vergütung des Aufsichtsrats, 2011

Lück, Wolfgang, Anforderungen an die Redepflicht des Abschlussprüfers, BB 2001, 404

Lücke, Oliver, Die Angemessenheit von Vorstandsbezügen—Der erste unbestimmbare unbestimmte Rechtsbegriff?, NZG 2005, 692

Lüderitz, Hagen, Effizienz als Maßstab für die Größe des Aufsichtsrats, in Festschrift für

Ernst Steindorff, 1990, S.113

Lunk, Stefan/Besenthal, Friederike, Die neuen EU Regelungen zu Banken Boni, NZG 2013, 1010

Luther, Martin, Die innere Organisation des Aufsichtsrats, ZGR 1977, 306

Luther, Martin/Rosga, Isolde, Praktische Fragen und Probleme der Rechtsstellung des Aufsichtsratsvorsitzenden und seines Stellvertreters einer AG oder GmbH, in Festschrift für Heinz Meilicke, 1985, S.80

Lutter, Marcus, Der Aktionär in der Marktwirtschaft, 1973

Lutter, Marcus, Der Stimmbote, in Festschrift für Konrad Duden, 1977, S.269

Lutter, Marcus, Zur Europäisierung des deutschen Aktienrechts, in Festschrift für Murad Ferid, 1978, S.599

Lutter, Marcus, Gesetzliche Gebührenordnung für Aufsichtsräte?, AG 1979, 85

Lutter, Marcus, Zur Wirkung von Zustimmungsvorbehalten nach § 111 Abs. 4 Satz 2 AktG auf nahestehende Gesellschaften, in Festschrift für Robert Fischer, 1979, S.419

Lutter, Marcus, Zum Verhältnis von Information und Vertraulichkeit im Aufsichtsrat, BB 1980, 291

Lutter, Marcus, Bankenvertreter im Aufsichtsrat, ZHR 145(1981), 224

Lutter, Marcus, Rolle und Recht—Überlegungen zur Einwirkung von Rollenkonflikten auf die Rechtsordnung, in Festschrift für Helmut Coing, 1982, S.565

Lutter, Marcus, Ehrenämter im Aktien- und GmbH-Recht, ZIP 1984, 645

Lutter, Marcus, Organisationszuständigkeiten im Konzern, in Festschrift für Walter Stimpel, 1985, S.825

Lutter, Marcus, Interessenkonflikte durch Bankenvertreter im Aufsichtsrat, RdW 1987, 314

Lutter, Marcus, Unternehmensplanung und Aufsichtsrat, in Festschrift für Horst Albach, 1991, S.345(= AG 1991, 249)

Lutter, Marcus, Zur Unwirksamkeit von Mehrfachmandaten in den Aufsichtsräten von Konzernunternehmen, in Festschrift für Karl Beusch, 1993, S.509

Lutter, Marcus, Defizite für eine effiziente Aufsichtsratstätigkeit und gesetzliche Möglichkeiten der Verbesserung, ZHR 159(1995), 287

Lutter, Marcus, Zum unternehmerischen Ermessen des Aufsichtsrats, ZIP 1995, 441

Lutter, Marcus, Gesellschaftsrecht und Kapitalmarkt, in Festschrift für Wolfgang Zöllner, 1998, S.363

Lutter, Marcus, Der Aufsichtsrat: Kontrolleur oder Mit-Unternehmer?, in Festschrift für Horst Albach, 2001, S.226

Lutter, Marcus, Die Kontrolle der gesellschaftsrechtlichen Organe: Corporate Governance—ein internationales Thema, Jura 2002, 83

Lutter, Marcus, Kodex guter Unternehmensführung und Vertrauenshaftung, in Festschrift für Jean-Nicolas Druey, 2002, S.463

Lutter, Marcus, Information und Vertraulichkeit im Aufsichtsrat, 3. Aufl. 2006

Lutter, Marcus, Der Aufsichtsrat im Konzern, AG 2006, 517

Lutter, Marcus, Anwendbarkeit der Altersbestimmungen des AGG auf Organpersonen, BB 2007, 725

Lutter, Marcus, Interessenkonflikte und Business Judgment Rule, in Festschrift für Claus-

Wilhelm Canaris, Bd. II, 2007, S.245

Lutter, Marcus, Verhaltenspflichten von Organmitgliedern bei Interessenkonflikten, in Festschrift für Hans-Joachim Priester, 2007, S.417

Lutter, Marcus, Zur Weisungsbefugnis eines Gemeinderates gegenüber ratsangehörigen Aufsichtsratsmitgliedern im Aufsichtsrat einer kommunalen GmbH, ZIP 2007, 1991

Lutter, Marcus, Der Bericht des Aufsichtsrats an die Hauptversammlung, AG 2008, 1

Lutter, Marcus, Beraterverträge mit Aufsichtsratsmitgliedern in Gesellschaft und Konzern, in Festschrift für Harm Peter Westermann, 2008, S.1171

Lutter, Marcus, Die Umsetzung der Empfehlungen der Kommission vom November 2003 und Februar 2004 in Deutschland, in Festschrift für Eddy Wymeersch, Gent 2008

Lutter, Marcus, Der Aufsichtsrat—ein Organ im Umbruch, StudZR 2008

Lutter, Marcus, Die Empfehlungen der Kommission vom 14.12.2004 und vom 15.2.2005 und ihre Umsetzung in Deutschland, EuZW 2009, 799

Lutter, Marcus, Das Abfindungs-Cap in Ziff. 4.2.3 Abs. 3 u. 4 des Deutschen Corporate Governance-Kodex, BB 2009, 1874

Lutter, Marcus, Zur Durchsetzung von Schadensersatzansprüchen gegen Organmitglieder, in Festschrift für Uwe H. Schneider, 2011, S.763

Lutter, Marcus, Professionalisierung des Aufsichtsrats, in Allmendinger, Christoph et al. (Hrsg.), Corporate Governance nach der Finanz- und Wirtschaftskrise, 2011, S.139

Lutter, Marcus, Über eine zusätzliche Berichtspflicht des Aufsichtsrats an die Hauptversammlung, in Festschrift für Peter Hommelhoff, 2012, S.683

Lutter, Marcus, Zum Beschluss des Aufsichtsrats über den Verzicht auf eine Haftungsklage gegen den Vorstand, in Festschrift für Michael Hoffmann-Becking, 2013, S.747

Lutter, Marcus, Umwandlungsgesetz. Kommentar, 5. Aufl. 2014

Lutter, Marcus(Hrsg.), Die europäische Aktiengesellschaft, 2. Aufl. 1978

Lutter, Marcus(Hrsg.), 25 Jahre Aktiengesetz, 1991

Lutter, Marcus(Hrsg.), Holding-Handbuch, 4. Aufl. 2004

Lutter, Marcus/Bayer, Walter/Schmidt, Jessica, Europäisches Unternehmens- und Kapitalmarktrecht, 5. Aufl. 2012

Lutter, Marcus/Drygala, Tim, Die besondere sachverständige Beratung des Aufsichtsrats durch seine Mitglieder, in Festschrift für Peter Ulmer, 2003, S.381

Lutter, Marcus/Hommelhoff, Peter, GmbH-Gesetz. Kommentar, 18. Aufl. 2012

Lutter, Marcus/Hommelhoff, Peter(Hrsg.), Die Europäische Gesellschaft, 2005

Lutter, Marcus/Hommelhoff, Peter(Hrsg.), SE-Kommentar, 2008

Lutter, Marcus/Kollmorgen, Alexander/Feldhaus, Heiner, Muster-Geschäftsordnung für den Verwaltungsrat einer SE, BB 2007, 509

Lutter, Marcus/Kremer, Thomas, Die Beratung der Gesellschaft durch Aufsichtsratsmitglieder, ZGR 1992, 87

Lutter, Marcus/Krieger, Gerd, Hilfspersonen von Aufsichtsratsmitgliedern, DB 1995, 257

Lutter, Marcus/Scheffler, Eberhard/Schneider, Uwe H.(Hrsg.), Handbuch der Konzernfinanzierung, 1998

Luz, Günther/Neus, Werner/Schaber, Mathias/Scharpf, Paul/Schneider, Peter/Weber, Max(Hrsg.), Kreditwesengesetz, 2. Aufl. 2011

Mäder, Olaf B., Ein Cockpit für den Aufsichtsrat, 2006

Maier, Thomas, Beamte als Aufsichtsratsmitglieder der öffentlichen Hand in der Aktiengesellschaft: weisungsgebundene Werkzeuge des öffentlichen Gesellschafters?, 2005

Maier-Reimer, Georg, Verhaltenspflichten des Vorstands der Zielgesellschaft bei feindlichen Übernahmen, ZHR 165(2001), 258

Manz, Gerhard/Mayer, Barbara/Schröder, Albert(Hrsg.), Europäische Aktiengesellschaft SE, Kommentar, 2. Aufl. 2010

Marsch-Barner, Reinhard, Aktuelle Rechtsfragen zur Vergütung von Vorstands- und Aufsichtsratsmitgliedern einer AG, in Festschrift für Volker Röhricht, 2005, S.401

Marsch-Barner, Reinhard, Vorteilsausgleich bei der Schadensersatzhaftung nach § 93 AktG, ZHR 173(2009), 723

Marsch-Barner, Reinhard, Zur Information des Aufsichtsrates durch Mitarbeiter des Unternehmens, in Festschrift für Eberhard Schwark, 2009, S.219

Marsch-Barner, Reinhard, Zum Begriff der Nachhaltigkeit in § 87 Abs. 1 AktG, ZHR 175 (2011), 737

Marsch-Barner, Reinhard, Doppelte Überwachung der Geschäftsführung in der AG &. Co KGaA, in Festschrift für Michael Hoffmann-Becking, 2013, S.777

Marsch-Barner, Reinhard/Schäfer, Frank A. (Hrsg.), Handbuch börsennotierte AG, 3. Aufl. 2014

Martens, Klaus-Peter, Die außerordentliche Beendigung von Organund Anstellungsverhältnis, in Festschrift für Winfried Werner, 1984, S.495

Martens, Klaus-Peter, Privilegiertes Informationsverhalten von Aufsichtsratsmitgliedern einer Gebietskörperschaft nach § 394 AktG, AG 1984, 29

Martens, Klaus-Peter, Der Grundsatz gemeinsamer Vorstandsverantwortung, in Festschrift für Hans-Joachim Fleck, 1988, S.191

Martens, Klaus-Peter, Der Aufsichtsrat im Konzern, ZHR 159(1995), 567

Martens, Klaus-Peter, Rechtliche Rahmenbedingungen der Vorstandsvergütung, in Festschrift für Uwe Hüffer, 2010, S.647

Maser, Peter/Bäumker, Michael, Steigende Anforderungen an die Berichtspflicht des Aufsichtsrats, AG 2005, 906

Mattheus, Daniela, Die gewandelte Rolle des Wirtschaftsprüfers als Partner des Aufsichtsrats nach dem KonTraG, ZGR 1999, 682

Matthießen, Volker, Stimmrecht und Interessenkollision im Aufsichtsrat, 1989

Maul, Silja, Gesellschaftsrechtliche Entwicklungen in Europa—Bruch mit deutschen Traditionen?, BB-Special Nr. 9/2005, 2

Mayer-Uellner, Richard, Zur Zulässigkeit finanzieller Leistungen Dritter an die Mitglieder des Vorstands, AG 2011, 193

Meier, Norbert, Inkompatibilität und Interessenwiderstreit von Verwaltungsangehörigen in Aufsichtsräten, NZG 2003, 54

Meier, Norbert/Wieseler, Johannes, Ausgewählte Problembereiche bei kommunal beherrschten Unternehmen in privatrechtlicher Organisationsform, Der Gemeindehaushalt 1993, 174

Meilicke, Heinz, Fehlerhafte Aufsichtsratsbeschlüsse, in Festschrift für Walter Schmidt, 1959, S.71

Meilicke, Heinz/Meilicke, Wienand, Kommentar zum Mitbestimmungsgesetz 1976, 2. Aufl. 1976

Merkelbach, Matthias, Professionalisierung des Aufsichtsrats—CRD IV wirft ihren Schatten voraus, Der Konzern 2013, 227

Merkt, Hanno, Due Diligence und Gewährleistung beim Unternehmenskauf, BB 1995, 1041

Merkt, Hanno/Mylich, Falk, Einlage eigener Aktien und Rechtsrat durch den Aufsichtsrat, NZG 2012, 525

Mertens, Hans-Joachim, Zur Verschwiegenheitspflicht der Aufsichtsratsmitglieder, AG 1975, 235

Mertens, Hans-Joachim, Aufsichtsratsmandat und Arbeitskampf, AG 1977, 306

Mertens, Hans-Joachim, Zuständigkeiten des mitbestimmten Aufsichtsrats, ZGR 1977, 270

Mertens, Hans-Joachim, Zur Berichtpflicht des Vorstands gegenüber dem Aufsichtsrat, AG 1980, 67

Mertens, Hans-Joachim, Verfahrensfragen bei Personalentscheidungen des mitbestimmten Aufsichtsrats, ZGR 1983, 189

Mertens, Hans-Joachim, Beratungsverträge mit Aufsichtsratsmitgliedern, in Festschrift für Ernst Steindorff, 1990, S.173

Mertens, Hans-Joachim, Aufsichtsrat und Organhaftung, AG 1997, Sonderheft „Die Aktienrechtsreform 1997", S.70

Mertens, Hans-Joachim, Bedarf der Abschluß einer D&O Versicherung durch die Aktiengesellschaft der Zustimmung der Hauptversammlung?, AG 2000, 447

Mertens, Hans-Joachim, Rechtsfortbildungsbereinigung bei § 112 AktG?, in Festschrift für Marcus Lutter, 2000, S.523

Mertens, Hans-Joachim, Zur Reichweite der Inkompatibilitätsregelung des § 287 Abs. 3 AktG, in Festschrift für Peter Ulmer, 2003, S.419

Mertens, Hans-Joachim, Schadensersatzhaftung des Aufsichtsrats bei Nichtbeachtung der Regeln des ARAG-Urteils über die Inanspruchnahme von Vorstandsmitgliedern?, in Festschrift für Karsten Schmidt, 2009, S.1183

Mertens, Hans-Joachim, Vorstandsvergütung in börsennotierten Aktiengesellschaften, AG 2011, 57

Mertens, Kai, Die Information des Erwerbers einer wesentlichen Unternehmensbeteiligung an einer Aktiengesellschaft durch deren Vorstand, AG 1997, 541

Meyer, Thomas, Der unabhängige Finanzexperte im Aufsichtsrat, 2012

Meyer-Landrut, Joachim, Wahl, Nachwahl und Abwahl des Aufsichtsratsvorsitzenden und seines Stellvertreters nach dem MitbestG 1976, DB 1978, 443

Michalski, Lutz(Hrsg.), GmbHG. Kommentar, 2. Aufl. 2010

Möller, Berenice, Die rechtliche Stellung und Funktion des Aufsichtsrats in öffentlichen Unternehmen der Kommunen, 1999

Möllers, Thomas M. J., Interessenkonflikte von Vertretern des Bieters bei Übernahme eines Aufsichtsratsmandats der Zielgesellschaft, ZIP 2006, 1615

Morner, Michèle, Bestimmungsfaktoren effektiver Aufsichtsratsarbeit, in Deloitte, Corporate-Governance-Forum 4/2012, S.3 ff.

Müller, Klaus J./Wolff, Reinmar, Freiwilliger Aufsichtsrat nach § 52 GmbHG und andere freiwillige Organe, NZG 2003, 751

Münchener Handbuch des Gesellschaftsrechts (Münchener Hdb. AG), siehe Gummert/ Weipert und Hoffmann-Becking

Münchener Kommentar zum Aktiengesetz, siehe Kropff/Semler und Goette/Habersack

Münchener Kommentar zum GmbH-Gesetz, siehe Fleischer/Goette

Münchener Vertragshandbuch, siehe Heidenhain/Meister

Muthmann, Moritz, Vorstandsvertrag und Vertragsfreiheit im Lichte des VorstAG, 2012

Mutter, Stefan, Unternehmerische Entscheidung und Haftung des Aufsichtsrats der Aktiengesellschaft, 1994

Mutter, Stefan/Gayk, Thorsten, Wie die Verbesserung der Aufsichtsratsarbeit—wider jeder Vernunft—die Haftung verschärft, ZIP 2003, 1773

Mutter, Stefan/Kinne, Julia, Die „ideale" Geschäftsordnung des Aufsichtsrats, Der Aufsichtsrat 2013, 76

Nagel, Tobias, Haftung des Aufsichtsrats wegen Verletzung seiner Überwachungspflichten in der Krise der Gesellschaft, Board 2013, 167

Neu, Christian O., Rechtsprobleme bei der Bestellung von Ersatzmitgliedern für die Anteilseignervertreter im Aufsichtsrat der Aktiengesellschaft, WM 1988, 481

Neye, Hans-Werner, Die Europäische Aktiengesellschaft, 2005

Nietsch, Michael, Überwachungspflichten bei Kollegialorganen, ZIP 2013, 1449

Nirk, Rudolf/Ziemons, Hildegard/Binnewies, Burkhard, Handbuch der Aktiengesellschaft, Loseblatt

Noack, Ulrich, Kodex-Verstöße und Wahl des Aufsichtsrats—Was kommt da auf uns zu?, Board 2011, 3

Noack, Ulrich, Zur Haftung des Aufsichtsrats für Zahlungen in der Insolvenzkrise der Gesellschaft, in Festschrift für Wulf Goette, 2011, S.345

Nonnenmacher, Rolf/Pohle, Klaus/v. Werder, Axel, Aktuelle Anforderungen an Prüfungsausschüsse, DB 2007, 2412

Nonnenmacher, Rolf/Pohle, Klaus/v. Werder, Axel, Leitfaden für Prüfungsausschüsse (Audit Committees) unter Berücksichtigung des Bilanzrechtsmodernisierungsgesetzes (BilMoG), DB 2009, 1447

Nothhelfer, Robert, Die Einführung eines Compliance Management Systems als organisatorischer Lernprozess, CCZ 2013, 23

Nowak, Claudia, Wahl des unabhängigen Finanzexperten nach BilMoG: Praxistipps für den Umgang mit dem neuen § 105 Abs. 5 AktG, BB 2010, 2423

Oetker, Hartmut, Verschwiegenheitspflicht der Aufsichtsratsmitglieder und Kommunikation im Aufsichtsrat, in Festschrift für Klaus J. Hopt, 2010, Bd. 1, S.1091

Oetker, Hartmut, Nachträgliche Eingriffe in die Vergütungen von Geschäftsführungsorganen im Lichte des VorstAG, ZHR 175(2011), 527

Opitz, Peter, Zur Fortbildungsverantwortung von Vorstand und Aufsichtsrat, BKR 2013, 177

Orth, Christian/Ruter, Rudolf/Schichold, Bernd, Der unabhängige Finanzexperte im Aufsichtsrat, 2013

Otte, Daniel, Die AG & Co. KGaA, 2011

Paefgen, Walter G., Die Inanspruchnahme pflichtvergessener Vorstandsmitglieder als unternehmerische Ermessensentscheidung des Aufsichtsrats, AG 2008, 761

Pahlke, Anne-Kathrin, Risikomanagement nach KonTraG—Überwachungspflichten und Haftungsrisiken für den Aufsichtsrat, NJW 2002, 1680

Panetta, Oliver, Der fehlerhafte Aufsichtsratsbeschluss und seine Folgen, NJOZ 2008, 4294

Pattberg, Holger/Bredol, Martin, Der Vorgang der Selbstbefreiung von der Ad-hoc-Publizitätspflicht, NZG 2013, 87

Pauly, Walter/Schüler, Yvonne, Der Aufsichtsrat kommunaler GmbHs zwischen Gemeindewirtschafts- und Gesellschaftsrecht, DÖV 2012, 339

Peltzer, Martin, Die Haftung des Aufsichtsrats bei Verletzung der Überwachungspflicht, WM 1981, 346

Peltzer, Martin, Besprechung von Gerd Krieger, Personalentscheidungen des Aufsichtsrates, WM 1982, 996

Peltzer, Martin, Wider den „greed"—Betrachtungen zu §§ 86 und 87 AktG, in Festschrift für Marcus Lutter, 2000, S.571

Peltzer, Martin, Deutsche Corporate Governance(Leitfaden), 2. Aufl. 2004

Peltzer, Martin, Das Mannesmann-Revisionsurteil aus der Sicht des Aktien- und allgemeinen Zivilrechts, ZIP 2006, 205

Peltzer, Martin, Beratungsverträge der Gesellschaft mit Aufsichtsratsmitgliedern: Ist das gute Corporate Governance?, ZIP 2007, 305

Peltzer, Martin, Trial und Error—Anmerkungen zu den Bemühungen des Gesetzgebers, die Arbeit des Aufsichtsrats zu verbessern, NZG 2009, 1041

Peltzer, Martin/Schneider, Uwe H., Zuwendungen Dritter an Vorstand und Aufsichtsrat, AR 2007, 33

Pentz, Andreas, Erweitertes Auskunftsrecht und faktische Unternehmensverbindungen, ZIP 2007, 2298

Peus, Egon A., Der Aufsichtsratsvorsitzende. Seine Rechtsstellung nach dem Aktiengesetz und dem Mitbestimmungsgesetz, 1983

Peus, Egon A., Geheime Abstimmung im Aufsichtsrat und Stimmabgabe des Vorsitzenden, DStR 1996, 1656

Pfitzer, Norbert/Oser, Peter/Orth, Christian, Nachgefragt—Was der Abschlussprüfer dazu sagt, Der Aufsichtsrat 2006, 2

Philipp, Wolfgang, Zum Wegfall des Aufsichtsratsvorsitzenden oder seines Stellvertreters bei mitbestimmten Unternehmen, ZGR 1978, 60

Plagemann, Nikolaus, Der Aufsichtsratsausschuss für Integrität, Unternehmenskultur und Unternehmensreputation am Beispiel des Integritätsausschusses der Deutsche Bank AG, NZG 2013, 1293

Pluskat, Sorika/Baßler, Johannes, Die Vereinbarkeit der Selbstbestellung von Vorständen zu Geschäftsführern der Tochter-GmbH mit § 112 AktG, Der Konzern 2006, 403

Pöhlmann, Peter/Fandrich, Andreas/Bloehs, Joachim(Hrsg.), Genossenschaftsgesetz nebst umwandlungsrechtlichen Vorschriften, 4. Aufl. 2012

Poguntke, David, Anerkennungsprämien, Antrittsprämien und Untreuestrafbarkeit im Recht der Vorstandsvergütung, ZIP 2011, 893

Pohlmann, Petra, Aufsichtsrechtliche Anforderungen an Schlüsselfunktionsträger in Versicherungsunternehmen, in Looschelders, Dirk/Michael, Lothar (Hrsg.), Düsseldorfer Vorträge zum Versicherungsrecht 2012, S.29

Polley, Notker/Kroner, Steffen, Unternehmen in der Krise? —Handlungsempfehlungen zur Rolle des Aufsichtsrats, Der Aufsichtsrat 2012, 69

Potthoff, Erich/Trescher, Karl/Theisen, Manuel R., Das Aufsichtsratsmitglied. Ein Handbuch der Aufgaben, Rechte und Pflichten, 6. Aufl. 2003

Preis, Ulrich/Sagan, Adam, Der GmbH-Geschäftsführer in der arbeits-und diskriminierungsrechtlichen Rechtsprechung des EuGH, BHG und BAG, ZGR 2013, 26

Preusche, Reinhard, Nochmals: Zur Zulässigkeit ergänzender Satzungsbestimmungen für die Beschlußfähigkeit des Aufsichtsrats mitbestimmter Aktiengesellschaften—Eine Anmerkung zu Säcker JZ 1980, S.82, und Raiser NJW 1980, S.209, AG 1980, 125

Preußner, Joachim, Risikomanagement und Compliance in der aktienrechtlichen Verantwortung des Aufsichtsrats unter Berücksichtigung des Gesetzes zur Modernisierung des Bilanzrechts(BilMoG), NZG 2008, 574

PriceWaterhouseCoopers, Der Prüfungsausschuss, Best Practice einer effizienten Überwachung, 4. Aufl. 2012

Priester, Hans-Joachim, Stichentscheid bei zweiköpfigem Vorstand, AG 1984, 253

Priester, Hans-Joachim, Interessenkonflikte im Aufsichtsratsbericht—Offenlegung versus Vertraulichkeit, ZIP 2011, 2081

Priester, Hans-Joachim, Beschlusswirkung fehlerhaft bestellter Aufsichtsratsmitglieder, EWR 2013, 175

Probst, Arno/Theisen, Manuel R., Herausforderungen und Grenzen „ mitunternehmerischer " Entscheidungen im Aufsichtsrat, DB 2010, 1573

Probst, Arno/Theisen, Manuel R., Der Abschlussprüfer—Sparringspartner des Aufsichtsrats, Der Aufsichtsrat 2011, 154

Probst, Arno/Theisen, Manuel R., Planung, Strategie und Risikomanagement im Aufsichtsrat, Der Aufsichtsrat 2013, 70

Proske, Stefan, Haftungsgefahren für Aufsichtsräte in der Krise der Gesellschaft, Board 2013, 144

Raapke, Julius, Die Regulierung der Vergütung von Organmitgliedern und Angestellten im Aktien- und Kapitalmarktrecht, 2012

Raisch, Peter, Zum Begriff und zur Bedeutung des Unternehmensinteresses als Verhaltensmaxime von Vorstands- und Aufsichtsratsmitgliedern, in Festschrift für Wolfgang Hefermehl, 1976, S.347

Raiser, Thomas, Das Unternehmensinteresse, in Festschrift für Reimer Schmidt, 1976, S.101

Raiser, Thomas, Weisungen an Aufsichtsratsmitglieder?, ZGR 1978, 391

Raiser, Thomas, Pflicht und Ermessen von Aufsichtsratsmitgliedern. Zum Urteil des OLG Düsseldorf im Fall ARAG/Garmenbeck, NJW 1996, 552

Raiser, Thomas/Veil, Rüdiger, Mitbestimmungsgesetz und Drittbeteiligungsgesetz. Kommentar, 5. Aufl. 2009

Raiser, Thomas/Veil, Rüdiger, Recht der Kapitalgesellschaften, 5. Aufl. 2010

Ranzinger, Christoph/Blies, Peter, Audit Committees im internationalen Kontext, AG 2001, 455

v. Rechenberg, Wolf-Georg, Zustimmungsvorbehalte des Aufsichtsrats für die Unternehmensplanung, BB 1990, 1356

Reichert, Jochem, Das Prinzip der Regelverfolgung von Schadensersatzansprüchen nach „ARAG/Garmenbeck", in Festschrift für Peter Hommelhoff, 2012, S.907

Reichert, Jochem/Balke Michaela, Die Berücksichtigung von Konzernzielen bei der variablen Vergütung des Vorstands einer abhängigen Gesellschaft im faktischen Konzern, in Festschrift für Hans-Jürgen Hellwig, 2010, S.285

Reichert, Jochem/Ullrich, Kristin, Haftung von Aufsichtsrat und Vorstand nach dem VorstAG, in Festschrift für Uwe H. Schneider, 2011, S.1017

Rellermeyer, Klaus, Aufsichtsratsausschüsse, 1986

Rellermeyer, Klaus, Ersatzmitglieder des Aufsichtsrats—Besprechung der Entscheidung BGHZ 99, 211 ff., ZGR 1987, 563

Rellermeyer, Klaus, Der Aufsichtsrat—Betrachtungen zur neueren Rechtsprechung des Bundesgerichtshofs, ZGR 1993, 77

Reuter, Alexander, Die Konzerndimension des KonTraG und ihre Umsetzung in Konzernobergesellschaften, DB 1999, 2250

Reuter, Alexander, Die aktienrechtliche Zulässigkeit von Konzernanstellungsverträgen, AG 2011, 274

Rieble, Volker, Schutz vor paritätischer Unternehmensmitbestimmung, BB 2006, 2018

Rieckhoff, Helge, Vergütung des Vorstands mit langfristiger Anreizwirkung, AG 2010, 617

Rieder, Markus S., Anfechtbarkeit von Aufsichtsratswahlen bei unrichtiger Entsprechenserklärung, NZG 2010, 737

Riegger, Bodo, Die schriftliche Stimmabgabe, BB 1980, 130

Riegger, Bodo, Zum Widerruf der Bestellung in mitbestimmten Unternehmen, NJW 1988, 2991

Ringleb, Henrik-Michael/Kremer, Thomas/Lutter, Marcus/v. Werder, Axel, Deutscher Corporate Governance Kodex. Kommentar, 5. Aufl. 2014

Rittner, Fritz, Die Verschwiegenheitspflicht der Aufsichtsratsmitglieder nach BGHZ 64, 325, in Festschrift für Wolfgang Hefermehl, 1976, S.365

Rittner, Fritz, Vakanzen im Ausschuß nach § 27 Abs. 3 MitbestG, in Festschrift für Robert Fischer, 1979, S.627

Rixecker, Roland/Säcker, Franz Jürgen(Hrsg.), Münchener Kommentar zum Bürgerlichen Gesetzbuch, 5. Aufl. 2006 ff.

Rodewald, Jörg/Wohlfarter, Sepp, Gesellschafterweisungen in der GmbH mit(fakultativem oder obligatorischem) Aufsichtsrat, GmbHR 2013, 689

Röhrich, Raimund, Risikomanagement: Pflichten und Haftungsumfang des Aufsichtsrats—Anforderungen an die Einrichtung und Überwachung geeigneter Führungssysteme, ZCG 2006, 41

Röttgen, Norbert/Kluge, Hans-Georg, Nachhaltigkeit bei Vorstandsvergütungen, NJW 2013, 900

Rolf, Christian/Hautkappe, Andreas/Schmidt-Ehmann, Stephanie, Entscheidung über

Vorstandsvergütung in der Genossenschaft nur noch im Aufsichtsratsplenum?, NZG 2011, 129

Rolshoven, Max Philipp, Die gesellschaftsrechtliche Zulässigkeit von Anerkennungsprämien, Lohmar 2006

Rosengarten, Joachim/Schneider, Sven H., Die „jährliche" Abgabe der Entsprechenserklärung nach § 161 AktG, ZIP 2009, 1837

Roth, Günter H./Altmeppen, Holger, Gesetz betreffend die Gesellschaften mit beschränkter Haftung (GmbHG), 7. Aufl. 2012

Roth, Markus, Möglichkeiten vorstandsunabhängiger Information des Aufsichtsrats, AG 2004, 1

Roth, Markus, Unabhängige Aufsichtsratsmitglieder, ZHR 175(2011), 605

Roth, Markus, Information und Organisation des Aufsichtsrats, ZGR 2012, 343

Roth, Wulf-Henning, Grenzüberschreitender Rechtsformwechsel nach VALE, in Festschrift für Michael Hoffmann-Becking, 2013, S.965

Roussos, Kleanthis, Ziele und Grenzen bei der Bestellung von Ersatzmitgliedern des Aufsichtsrates, AG 1987, 239

Rowedder, Heinz/Schmidt-Leithoff, Christian(Hrsg.), Gesetz betreffend die Gesellschaften mit beschränkter Haftung(GmbHG). Kommentar, 5. Aufl. 2013

Ruoff, Michael, Der richtige Umgang mit Beratungsaufträgen an Aufsichtsratsmitglieder nach dem Fresenius-Urteil des BGB, BB 2013, 899

Sadowski, Dieter/Junkes, Joachim/Lindenthal, Sabine, Gesetzliche Mitbestimmung in Deutschland: Idee, Erfahrungen und Perspektiven aus ökonomischer Sicht, ZGR 2001, 110

Säcker, Franz Jürgen, Anpassung von Satzungen und Geschäftsordnungen an das Mitbestimmungsgesetz 1976, 1977(= Zusammenfassung der Aufsätze DB 1977, 1791 ff., 1845 ff., 1993 ff., 2031 ff.)

Säcker, Franz Jürgen, Aufsichtsratsausschüsse nach dem Mitbestimmungsgesetz 1976, Einsetzung, Besetzung und Arbeitsweise, 1979

Säcker, Franz Jürgen, Die Rechte des einzelnen Aufsichtsratsmitglieds, NJW 1979, 1521

Säcker, Franz Jürgen, Informationsrechte der Betriebs- und Aufsichtsratsmitglieder und Geheimsphäre des Unternehmers, 1979

Säcker, Franz Jürgen, Kompetenzstrukturen bei Bestellung und Anstellung von Mitgliedern des unternehmerischen Leitungsorgans, BB 1979, 1321

Säcker, Franz Jürgen, Vorkehrungen zum Schutz der gesetzlichen Verschwiegenheitspflicht und der gesellschaftsrechtlichen Treuepflicht der Aufsichtsratsmitglieder, in Festschrift für Robert Fischer, 1979, S.635

Säcker, Franz Jürgen, Rechtsprobleme beim Widerruf der Bestellung von Organmitgliedern und Ansprüche aus fehlerhaften Anstellungsverträgen, in Festschrift für Gerhard Müller, 1981, S.745

Säcker, Franz Jürgen, Aktuelle Probleme der Verschwiegenheitspflicht der Aufsichtsratsmitglieder, NJW 1986, 803

Säcker, Franz Jürgen, Behördenvertreter im Aufsichtsrat, in Festschrift für Kurt Rebmann, 1989, S.781

Säcker, Franz Jürgen, Die Abberufung des Aufsichtsratsvorsitzenden im mitbestimmten Unternehmen, BB 2008, 2252

Säcker, Franz Jürgen/Rehm, Christian, Grenzen der Mitwirkung des Aufsichtsrats an unternehmerischen Entscheidungen in der Aktiengesellschaft, DB 2008, 2814

Säcker, Franz Jürgen/Stenzel, Sonja, Das zivilrechtliche Schicksal von gegen § 87 Abs. 1 AktG verstoßenden Vergütungsvereinbarungen, JZ 2006, 1151

Säcker, Franz Jürgen/Theisen, Manuel René, Die statutarische Regelung der inneren Ordnung des Aufsichtsrats in der mitbestimmten GmbH nach dem MitbestG 1976, AG 1980, 29

Säcker, Franz Jürgen/Zander, Ernst（Hrsg.）, Mitbestimmung und Effizienz. Humanität und Rationalität der Produktionsstruktur in mitbestimmten Unternehmen, 1981

Sander, Julian/Schneider, Stefan, Die Pflicht der Geschäftsleiter zur Einholung von Rat, ZGR 2013, 725

Schäfer, Carsten, Variable Vorstandsvergütung als unzulässiges Mittel der Einflussnahme des Aufsichtsrats auf die Unternehmensleitung?, in Liber amicorum für Martin Winter, 2011, S.169

Schäfer, Frank A./Hamann, Uwe（Hrsg.）, Kapitalmarktgesetze, Kommentar（Loseblatt）

Schaefer, Hans/Missling, Patrick J., Haftung von Vorstand und Aufsichtsrat, NZG 1998, 441

Schaub, Dieter, Die innere Organisation des Aufsichtsrats, ZGR 1977, 293

Scheffler, Eberhard, Die Überwachungsaufgabe des Aufsichtsrats im Konzern, DB 1994, 793

Scheffler, Eberhard, Die Berichterstattung des Abschlussprüfers aus der Sicht des Aufsichtsrates, WPg 2002, 1289

Scheffler, Eberhard, Konzernmanagement, 2. Aufl. 2005

Scheibner, Uwe, Die Geltendmachung von Schadensersatzansprüchen in der Insolvenz von Kleingenossenschaften ohne Aufsichtsrat, DZWiR 2010, 137

v. Schenck, Kersten, Verträge mit Beratungsunternehmen, denen ein Aufsichtsratsmitglied des beratenden Unternehmens angehört, DStR 2007, 395

v. Schenck, Kersten, Der Aufsichtsrat und sein Vorsitzender—Eine Regelungslücke, AG 2010, 649

Scheuffele, Friedrich/Baumgartner, Alexandra, Beratungsverträge einer GmbH mit Mitgliedern ihres（mitbestimmten) Aufsichtsrats, GmbHR 2010, 400

Schiemer, Karl/Jabornegg, Peter/Strasser, Rudolf, Handkommentar zum（österreichischen) Aktiengesetz, 3. Aufl. 1993

Schiessl, Maximilian, Fairness Opinions im Übernahme- und Gesellschaftsrecht—Zugleich ein Beitrag zur Organverantwortung in der AG, ZGR 2003, 814

Schiessl, Maximilian, Die Rolle des Aufsichtsrats der Zielgesellschaft bei der Anbahnung öffentlicher Übernahmen, in Festschrift für Michael Hoffmann-Becking, 2013, S.1019

Schiffels, Edmund W., Der Aufsichtsrat als Instrument der Unternehmenskooperation, 1981

Schilling, Wolfgang, Das Aktienunternehmen, ZHR 144（1980）, 136

Schilling, Wolfgang, Die Überwachungsaufgabe des Aufsichtsrats—Besprechung der gleichnamigen Schrift von Johannes Semler, AG 1981, 341

Schilmar, Boris, Pflicht jedes Aufsichtsratsmitglieds zur eigenständigen Risikoanalyse, in Deloitte, Corporate Governance-Forum 3/2012, S.17

Schima, Georg, Zustimmungsvorbehalte als Steuerungsmittel des Aufsichtsrates in der AG und im Konzern, GesRZ 2012, 35

Schlitt, Christian, Der aktive Aufsichtsratsvorsitzende, DB 2005, 2007

Schmalenbach-Gesellschaft, Best Practice des Aufsichtsrats der AG—Empfehlungen zur Verbesserung der Effektivität und Effizienz der Aufsichtsrats-Tätigkeit, DB 2006, 1625

Schmidt, Karsten, „Insichprozesse" durch Leistungsklagen in der Aktiengesellschaft?, ZZP 92(1979), 212

Schmidt, Karsten, Anfechtungsbefugnisse von Aufsichtsratsmitgliedern—Eine rechtsdogmatische Skizze zur doppelten Basis von Klagerechten gegenüber Beschlüssen, in Festschrift für Johannes Semler, 1993, S.329

Schmidt, Karsten, Gesellschaftsrecht, 4. Aufl. 2002

Schmidt, Karsten, Aufsichtsratshaftung bei Insolvenzverschleppung, GmbHR 2010, 1319

Schmidt, Karsten/Lutter, Marcus, Kommentar zum AktG, 2. Aufl. 2010

Schmidt, Reiner, Der Übergang öffentlicher Aufgabenerfüllung in private Rechtsformen, ZGR 1996, 345

Schmidt-Aßmann, Eberhard/Ulmer, Peter, Die Berichterstattung von Aufsichtsratsmitgliedern einer Gebietskörperschaft nach § 394 AktG, BB 1988, Sonderbeilage 13

Schneider, Sven H., Informationspflichten und Informationssystemeinrichtungspflichten im Aktienkonzern, Berlin 2006

Schneider, Sven H., Der stellvertretende Vorsitzende des Aufsichtsorgans der dualistischen SE, AG 2008, 887

Schneider, Thomas, Möglichkeiten und Grenzen der Umsetzung der gesellschaftsrechtliche und bankaufsichtsrechtlichen Anforderungen an Risiko-Management auf Gruppenebene, 2009

Schneider, Uwe H., Geheime Abstimmung im Aufsichtsrat, in Festschrift für Robert Fischer, 1979, S.727

Schneider, Uwe H., Das Recht der Konzernfinanzierung, ZGR 1984, 497

Schneider, Uwe H., Die Teilnahme von Vorstandsmitgliedern an Aufsichtsratssitzungen, ZIP 2002, 873

Schneider, Uwe H., Compliance als Aufgabe der Unternehmensleitung, ZIP 2003, 645

Schneider, Uwe H., Der Aufsichtsrat des herrschenden Unternehmens im Konzern, in Festschrift für Walther Hadding, 2004, S.621

Schneider, Uwe H., Acting in concert, WM 2006, 1321

Schneider, Uwe H., Investigative Maßnahmen und Informationsweitergabe im konzernfreien Unternehmen und im Konzern, NZG 2010, 1201

Schneider, Uwe H., Anwaltlicher Rat zu unternehmerischen Entscheidungen bei Rechtsunsicherheit, DB 2011, 99

Schneider, Uwe H., IDW PS 450 und IDW PS 470, Der Aufsichtsrat 2012, 97

Schneider, Uwe H./Nietsch, Michael, Die Abberufung von Aufsichtsratsmitgliedern bei der Aktiengesellschaft, in Festschrift für Harm Peter Westermann, 2008, S.1447

Schneider, Uwe H./Schneider, Sven H., Konzern-Compliance als Aufgabe der Konzernleitung, ZIP 2007, 2061

Schneider, Uwe H./Singhof, Bernd, Die Weitergabe von Insidertatsachen in der konzern-freien Aktiengesellschaft, insbesondere im Rahmen der Hauptversammlung und an einzelne Aktionäre, in Festschrift für Alfons Kraft, 1998, S.585

Schnorbus, York, Gestaltungsfragen fakultativer Aufsichtsorgane der KGaA, in Liber amicorum für Martin Winter, 2011, S.627

Schoch, Miriam, Der Prüfungsausschuss und das Audit Committee als Überwachungsinstanz in der börsennotierten Publikumsaktiengesellschaft, 2012

Schockenhoff, Martin/Topf, Cornelia, Formelle Wirksamkeitsanforderungen an die Abberufung eines Vorstandsmitglieds und die Kündigung seines Anstellungsvertrags, DB 2005, 539

Schodder, Thomas F. W., Kommunale Aufsichtsräte—Pflichten, Verantwortung, Haftung, NdsVBl. 2012, 121

Schön, Wolfgang, Das System der gesellschaftsrechtlichen Niederlassungsfreiheit nach VALE, ZGR 2013, 333

Schönbrod, Wolfgang, Die Organstellung von Vorstand und Aufsichtsrat in der Spartenorganisation, 1987

Schöne, Torsten/Petersen, Sabrina, Regressansprüche gegen(ehemalige) Vorstandsmitglieder—Quo Vadis?, AG 2012, 700

Scholderer, Frank, Beschließende Aufsichtsratsausschüsse und Zuständigkeit für die Vorstandsvergütung bei eingetragenen Genossenschaften, NZG 2011, 528

Scholderer, Frank, Unabhängigkeit und Interessenkonflikte der Aufsichtsratsmitglieder, NZG 2012, 168

Scholz, Franz, Kommentar zum GmbH-Gesetz, 10. Aufl. Bd. III 2010; 11. Aufl. Bd. I 2012, Bd. II 2014

Schröer, Henning, Geltendmachung von Ersatzansprüchen gegen Organmitglieder nach UMAG, ZIP 2005, 2081

Schubert, Claudia, Der Diskriminierungsschutz der Organvertreter und die Kapitalverkehrsfreiheit der Investoren im Konflikt, ZIP 2013, 289

Schubert, Werner/Hommelhoff, Peter(Hrsg.), Hundert Jahre modernes Aktienrecht. Eine Sammlung von Texten und Quellen zur Aktienrechtsreform 1884 mit zwei Einführungen, 1985

Schüppen, Matthias, Wirtschaftsprüfer und Aufsichtsrat—alte Fragen und aktuelle Entwicklungen, ZIP 2012, 1317

Schüppen, Matthias, M+A und Aufsichtsrat—arme eierlegende Wollmichsau?, M+A Review 2013, 314

Schürnbrand, Jan, Die Organschaft im Recht der privaten Verbände, 2007

Schürnbrand, Jan, Zur fehlerhaften Bestellung von Aufsichtsratsmitgliedern und fehlerhaften Abberufung von Vorstandsmitgliedern, NZG 2008, 609

Schürnbrand, Jan, Überwachung des insolvenzrechtlichen Zahlungsverbots durch den Aufsichtsrat, NZG 2010, 1207

Schürnbrand, Jan, Noch einmal: Das fehlerhaft bestellte Aufsichtsratsmitglied, NZG 2013, 481

Schütz, Carsten/Bürgers, Tobias/Riotte, Michael, Die Kommanditgesellschaft auf Aktien. Handbuch, 2004

Schumacher, Florian, Vertretung in Organsitzungen der Societas Europaea (SE), NZG 2009, 697

Schwark, Eberhard, Zum Haftungsmaßstab der Aufsichtsratsmitglieder einer AG, in Festschrift für Winfried Werner, 1984, S.841

Schwark, Eberhard, Zur Angemessenheit der Vorstandsvergütung, in Festschrift für Thomas Raiser, 2005, S.377

Schwark, Eberhard/Zimmer, Daniel (Hrsg.), Kapitalmarktrechts-Kommentar, 4. Aufl. 2010

Schwarz, Günter Christian, SE-VO Kommentar, 2006

Schwennicke, Andreas/Auerbach, Dirk(Hrsg.), Kreditwesengesetz, 2. Aufl. 2013

Schwintowski, Hans-Peter, Verschwiegenheitspflicht für politisch legitimierte Mitglieder des Aufsichtsrats, NJW 1990, 1009

Schwintowski, Hans-Peter, Gesellschaftsrechtliche Bindungen für entsandte Aufsichtsratsmitglieder in öffentlichen Unternehmen, NJW 1995, 1316

Seebach, Daniel, Kontrollpflicht und Flexibilität—zu den Möglichkeiten des Aufsichtsrats bei der Ausgestaltung und Handhabung von Zustimmungsvorbehalten, AG 2012, 70

Seeling, Rolf Otto/Zwickel, Martin, Das Entsenderecht in den Aufsichtsrat einer Aktiengesellschaft als „Ewigkeitsrecht", BB 2008, 622

Seibert, Ulrich, Die Entstehung des § 91 Abs. 2 AktG im KonTraG—„Risikomanagement" oder „Frühwarnsystem"?, in Festschrift für Gerold Bezzenberger, 2000, S.427

Seibert, Ulrich, Die Koalitionsarbeitsgruppe „Managervergütungen": Rechtspolitische Überlegungen zur Beschränkung der Vorstandsvergütung(Ende 2007 bis März 2009), in Festschrift für Uwe Hüffer, 2010, S.955

Seibt, Christoph H., Effizienzprüfung der Aufsichtsrattätigkeit—Hinweise zur Anwendung von Ziff. 5.6 Deutscher Corporate Governance Kodex, DB 2003, 2107

Seibt, Christoph H., Größe und Zusammensetzung des Aufsichtsrats in der SE, ZIP 2010, 1057

Seibt, Christoph H., Verhaltenspflichten und Handlungsoptionen des Aufsichtsrats der Zielgesellschaft in Übernahmesituationen, in Festschrift für Michael Hoffmann-Becking, 2013, S.1119

Seibt, Chistoph H./Saame, Carola, Geschäftsleiterpflichten bei der Entscheidung über D&O-Versicherungsschutz, AG 2006, 901

Seidel, Sebastian, Die gerichtliche Ersetzung des Aufsichtsrats, 2010

Selter, Wolfgang, Haftungsrisiken von Vorstandsmitgliedern bei fehlendem und von Aufsichtsratsmitgliedern bei vorhandenem Fachwissen, AG 2012, 11

Selter, Wolfgang, Die Pfllicht von Aufsichtsratsmitgliedern zur eigenständigen Risikoanalyse, NZG 2012, 660

Semler, Johannes, Aufgaben und Funktionen des aktienrechtlichen Aufsichtsrats in der Unternehmenskrise, AG 1983, 141

Semler, Johannes, Die Unternehmensplanung in der Aktiengesellschaft, ZGR 1983, 1

Semler, Johannes, Abgestufte Überwachungspflicht des Aufsichtsrats?, AG 1984, 21

Semler, Johannes, Ausschüsse des Aufsichtsrats, AG 1988, 60

Semler, Johannes, Geschäfte einer Aktiengesellschaft mit Mitgliedern ihres Vorstands—Gedanken zu § 112 AktG, in Festschrift für Heinz Rowedder, 1994, S.441

Semler, Johannes, Leitung und Überwachung der Aktiengesellschaft, 2. Aufl. 1996

Semler, Johannes, Verpflichtungen der Gesellschaft durch den Aufsichtsrat und Zahlungen der Gesellschaft an seine Mitglieder, in Festschrift für Carsten P. Claussen, 1997, S.381

Semler, Johannes, Rechtsvorgabe und Realität der Organzusammenarbeit in der Aktiengesellschaft, in Festschrift für Marcus Lutter, 2000, S.721

Semler, Johannes, Grundsätze ordnungsgemäßer Überwachung, in Festschrift für Martin Peltzer, 2001, S.489

Semler, Johannes, Entscheidungen und Ermessen im Aktienrecht, in Festschrift für Peter Ulmer, 2003, S.627

Semler, Johannes, Der Aufsichtsrat—die Karriere einer Einrichtung, NZG 2013, 771

Semler, Johannes/v. Schenck, Kersten(Hrsg.), Arbeitshandbuch für Aufsichtsratsmitglieder, 4. Aufl. 2013

Semler, Johannes/Stengel, Arndt, Interessenkonflikte bei Aufsichtsratsmitgliedern von Aktiengesellschaften am Beispiel von Konflikten bei Übernahme, NZG 2003, 1

Semler, Johannes/Volhard, Rüdiger/Reichert, Jochem(Hrsg.), Arbeitshandbuch für die Hauptversammlung, 3. Aufl. 2011

Siebel, Ulf R., Der Ehrenvorsitzende—Anmerkungen zum Thema Theorie und Praxis im Gesellschaftsrecht, in Festschrift für Martin Peltzer, 2001, S.519

Simons, Cornelius/Hanloser, Marlene, Vorstandsvorsitzender und Vorstandssprecher, AG 2010, 641

Sina, Peter, Zur Berichtpflicht des Vorstandes gegenüber dem Aufsichtsrat bei drohender Verletzung der Verschwiegenheitspflicht durch einzelne Aufsichtsratsmitglieder, NJW 1990, 1016

Singhof, Bernd, Zur Weitergabe von Insiderinformationen im Unterordnungskonzern, ZGR 2001, 146

Spindler, Gerald, Vorstandsvergütungen und Abfindungen auf dem aktien- und strafrechtlichen Prüfstand—Das Mannesmann-Urteil des BGH, ZIP 2006, 349

Spindler, Gerald, Konzernbezogene Anstellungsverträge und Vergütungen von Organmitgliedern, in Festschrift für Karsten Schmidt, 2009, S.1529

Spindler, Gerald, Prämien und Leistungen an Vorstandsmitglieder bei Unternehmenstransaktionen, in Festschrift für Klaus J. Hopt, 2010, Band 1, S.1407

Spindler, Gerald, Rechtsfolgen einer unangemessenen Vorstandsvergütung, AG 2011, 725

Spindler, Gerald, Zur Zukunft der Corporate Governance Kommission und des § 161 AktG, NZG 2011, 1007

Spindler, Gerald, Kommunale Mandatsträger in Aufsichtsräten—Verschwiegenheitspflicht und Weisungsgebundenheit, ZIP 2011, 689

Spindler, Gerald, Von der Früherkennung von Risiken zum umfassenden Risikomanagement—zum Wandel des § 91 AktG unter europäischem Einfluss, in Festschrift für Uwe Hüffer, 2011, S.985

Spindler, Gerald, Angemessenheit und Zuständigkeit für Vergütungsfragen der Geschäftsführung einer GmbH nach dem VorstAG, in Festschrift für Uwe H. Schneider, 2011, S.1287

Spindler, Gerald/Janssen-Ischebeck, Jördis, Informationsfluss in verbundenen Unternehmen: Verschwiegenheits- versus Informationspflichten im Gesellschafts- und Kapitalmarktrecht, in Fleischer/Kalss/Vogt, Konvergenzen und Divergenzen im Deutschen, Österreichischen und Schweizerischen Gesellschafts- und Kapitalmarktrecht, 2011, S.147

Spindler, Gerald/Stilz, Eberhard(Hrsg.), Kommentar zum Aktiengesetz, 2. Aufl. 2010

Staub, siehe Canaris/Habersack/Schäfer

v. Staudinger, Julius, Kommentar zum Bürgerlichen Gesetzbuch mit Einführungsgesetz und Nebengesetzen Erstes Buch, Allgemeiner Teil, §§ 21—103, 13. Bearbeitung, 1995 Einführungsgesetz zum Bürgerlichen Gesetzbuch/IPR, Internationales Gesellschaftsrecht, Neubearbeitung 1998

v. Stebut, Dietrich, Geheimnisschutz und Verschwiegenheitspflicht im Aktienrecht, 1972

Steeg, Helga, Internationale Verhaltensregeln für internationale Investitionen und multinationale Unternehmen, ZGR 1985, 1

Stein, Ursula, Das faktische Organ, 1984

Steinbeck, Claudia, Überwachungspflicht und Einwirkungsmöglichkeit des Aufsichtsrats in der Aktiengesellschaft, 1992

Steinmeyer, Roland(Hrsg.), Wertpapiererwerbs- und Übernahmegesetz. Kommentar, 3. Aufl. 2013

Stenzel, Roman, Rechtliche und empirische Aspekte der Vorstandsvergütung, 2012

Stephanblome, Markus, Der Unabhängigkeitsbegriff des Deutschen Corporate Governance Kodex, NZG 2013, 445

Stimpel, Walter/Ulmer, Peter, Einsichtsrecht der Gesellschafter einer mitbestimmten GmbH in die Protokolle des Aufsichtsrats?, in Festschrift für Wolfgang Zöllner, 1998, S.589

Stodolkowitz, Heinz Dieter, Gerichtliche Durchsetzung von Organpflichten in der Aktiengesellschaft, ZHR 154(1990), 1

Strobel, Brigitte, Weisungsfreiheit oder Weisungsgebundenheit kommunaler Vertreter in Eigen- und Beteiligungsgesellschaften?, DVBl. 2005, 77

Strohn, Lutz, Organhaftung im Vorfeld der Insolvenz, NZG 2011, 1161

Strohn, Lutz, Beratung der Geschäftsleitung durch Spezialisten als Ausweg aus der Haftung?, ZHR 176(2012), 137

Strohn, Lutz, Pflichtenmaßstab und Verschulden bei der Haftung von Organen einer Kapitalgesellschaft, CCZ 2013, 177

Sünner, Eckart, Der Bericht des Aufsichtsrats an die Hauptversammlung nach § 171 Abs. 2 AktG, AG 2008, 411

Sünner, Eckart, Rechtliche Grundlagen für Aufsichtsratsprüfungsausschüsse und ihre Aufgabenwahrnehmung auf dem Gebiet der Compliance, CCZ 2008, 56

Sünner, Eckart, Genügt der Deutsche Corporate Governance Kodex seinen Ansprüchen?, AG 2012, 265

Sünner, Eckart, Die zukünftige Beschlussfassung der Hauptversammlung über das Vorstandsvergütungssystem, CCZ 2013, 169

Theisen, Manuel René, Die Überwachung der Unternehmensführung, 1987

Theisen, Manuel René, Die Überwachungsberichterstattung des Aufsichtsrats, BB 1988, 705

Theisen, Manuel René, Funktionsadäquate Informationsversorgung des Verwaltungsrates nach schweizerischem Recht, RIW 1991, 920

Theisen, Manuel René, Grundsätze ordnungsgemäßer Kontrolle und Beratung der Geschäftsführung durch den Aufsichtsrat, AG 1995, 193

Theisen, Manuel René, Grundsätze ordnungsgemäßer Überwachung(GoÜ), zfbf Sonderheft 36(1996), 75

Theisen, Manuel René, Grundsätze ordnungsgemäßer Unternehmensüberwachung, 1998

Theisen, Manuel René, Aufsichtsratprobleme globaler Konzernunternehmungen, in Festschrift für Erich Frese, 1998, S.442

Theisen, Manuel René, Information und Berichterstattung des Aufsichtsrats, 4. Aufl. 2007

Theisen, Manuel René, Funktionsgerechte Informationsversorgung des Aufsichtsrats—Von der Negation über die Integration zur Affirmation betriebswirtschaftlicher Ansätze, zfbf 2009, 530

Theisen, Manuel René, Vorüberlegungen zu einer modernen Aufsichtsratsfinanzierung, BfuP 2012, 349

Theisen, Manuel René, Gewinnverwendungsvorschlag des Aufsichtsrats, Der Aufsichtsrat 2013, 117

Theisen, Manuel René, Gesetzliche versus funktionsgerechte informationsgerechte Informationsversorgung—eine Einladung zur interdisziplinären Diskussion, ZGR 2013, 1

Theisen, Manuel René, Organverantwortung und Eigenverantwortlichkeit, Der Aufsichtsrat 2013, 182

Theisen, Manuel René/Auer, Katharina, Der Abschlussprüfer als Element der Corporate Governance, in Institut österreichischer Wirtschaftsprüfer (Hrsg.), Wirtschaftsprüfer-Jahrbuch 2009, S.11

Theisen, Manuel René/Wenz, Martin(Hrsg.), Die Europäische Aktiengesellschaft, 2. Aufl. 2005

Thelen-Pischke, Hiltrud/Sawahn, Wiebke, Regulatorische Agenda 2013—Update für Vorstand und Aufsichtsrat, Zeitschrift für das gesamte Kreditwesen 2013, 72

Theobald, Wolfgang, Drittanstellung von Vorstandsmitgliedern in der Aktiengesellschaft, in Festschrift für Thomas Raiser, 2005, S.421

Thiessen, Jan, Haftung des Aufsichtsrats für Zahlungen nach Insolvenzreife, ZGR 2011, 275

Thode, Bernd, Parlamentskontrolle und Geheimnisschutz bei öffentlichen Unternehmen, AG 1997, 547

Thümmel, Roderich C., Aufsichtsräte in der Pflicht? —Die Aufsichtsratshaftung gewinnt Konturen, DB 1999, 885

Thümmel, Roderich C., Aufsichtsräte in Unternehmen der öffentlichen Hand—professionell genug?, DB 1999, 1891

Thümmel, Roderich C., Persönliche Haftung von Managern und Aufsichtsräten, 4. Aufl. 2008

Thüsing, Gregor, Das Gesetz zur Angemessenheit der Vorstandsvergütung, AG 2009, 517

Thüsing, Gregor/Veil, Rüdiger, Die Kosten des Aufsichtsrats im aktienrechtlichen Vergütungsregime, AG 2008, 359

Thum, Alexander/Klofat, Daniel, Der ungetreue Aufsichtsrat—Handlungsmöglichkeiten des Vorstands bei Pflichtverletzungen des Aufsichtsrats, NZG 2010, 1087

Timm, Wolfram, Hauptversammlungs-Kompetenzen und Aktionärsrechte in der Konzernspitze，AG 1980，172

Traugott，Rainer/Grün，Regina， Finanzielle Anreize für Vorstände börsennotierter Aktieng-esellschaften bei Private Equity-Transaktionen，AG 2007，761

Trögel，Jutta， Möglichkeiten und Grenzen der Einflussnahme des Vorsitzenden im Aufsich-tsrat，2013

Tröger，Tobias， Anreizorientierte Vorstandsvergütung im faktischen Konzern，ZGR 2009，447

Tröger，Tobias， Aktionärsklagen bei nicht-publizierter Kodexabweichung，ZHR 175(2011)，746

Tröger，Tobias， Konzernverantwortung in der aufsichtsunterworfenen Finanzbranche，ZHR 177(2013)，475

Tschöpe，Ulrich/Wortmann，Florian， Abberufung und außerordentliche Kündigung von geschäftsführenden Organvertretern—Grundlagen und Verfahrensfragen，NZG 2009，85

Turner，George， Zur Stellung des Aufsichtsrats im beherrschten Unternehmen，DB 1991，583

Ulmer，Peter， Aufsichtsratsmitglied und Interessenkollision，NJW 1980，1603

Ulmer，Peter， Die Anpassung der Satzungen mitbestimmter Aktiengesellschaften an das MitbestG 1976，1980

Ulmer，Peter， Geheime Abstimmungen im Aufsichtsrat von Aktiengesellschaften?，AG 1982，300

Ulmer，Peter， Strikte aktienrechtliche Organhaftung und D&O-Versicherung—zwei getrennte Welten?，in Festschrift für Claus-Wilhelm Canaris，Bd. II，2007，S.451

Ulmer，Peter/Habersack，Mathias/Henssler，Martin， Mitbestimmungsrecht. Kommentar，3. Aufl. 2013

Ulmer，Peter/Habersack，Mathias/Winter，Martin， Gesetz betreffend die Gesellschaften mit beschränkter Haftung. Großkommentar，Bd. 1 2005；Bd. 2 2006；Bd. 3 2008；Erg.-Bd. MoMiG 2010

Vagts，Detlev， Das Gefälle von Gehältern von Spitzenmanagern—Amerika gegen den Rest der Welt，in Festschrift für Marcus Lutter，2000，S.767

Veil，Rüdiger， Weitergabe von Informationen durch den Aufsichtsrat an Aktionäre und Drit-te，ZHR 172(2008)，239

Velte，Patrick， Die Zusammenarbeit zwischen Aufsichtsrat und Abschlussprüfer，AG 2009，102

Velte，Patrick， Die Prüfung des Abhängigkeitsberichts durch Aufsichtsrat und Abschlussprüfer sowie ihre Berichterstattung，Der Konzern 2010，49

Velte，Patrick， Die externe Abschlussprüfung als Gegenstand der Corporate Governance-Berichterstattung des Aufsichtsrats，DB 2011，1173

Velte，Patrick， Direktzugriff des Aufsichtsrats auf die Interne Revision—Ausnahme- oder Regelfall?，NZG 2011，1401

Velte，Patrick， EU-Prüfungsbericht „ante portas"，NZG 2012，535

Velte，Patrick，(Kooperative) Prüfung der Rechnungslegungspolitik durch Aufsichtsrat und Abschlussprüfer，BFuP 2012，402

Velte, Patrick, Zwingender Zustimmungsvorbehalt des Aufsichtsrats für Nichtprüfungsleistungen des Abschlussprüfers?!, NZG 2013, 1332

Velte, Patrick/Buchholz, Antje, Regulierung der Aufsichtsratstätigkeit durch das CRD IV-Umsetzungsgesetz, ZBB 2013, 400

Veltins, Michael, Vereinbarung von Übergangsgeldern mit Vorstandsmitgliedern einer AG, Der Aufsichtsrat 2013, 86

Verse, Dirk A., Die actio pro socio im Personengesellschafts- und GmbHRecht nach der Reform der derivativen Aktionärsklage, in Festschrift für Uwe H. Schneider, 2011, S.1325

Verse, Dirk A., Compliance im Konzern, ZHR 175(2011), 401

Verse, Dirk A., Die Entwicklung des europäischen Gesellschaftsrechts im Jahr 2012, EuZW 2013, 336

Verse, Dirk A., Regulierung der Vorstandsvergütung—mehr Macht für die Aktionäre?, NZG 2013, 921

Vetter, Eberhard, Aktienrechtliche Probleme der D&O Versicherung, AG 2000, 453

Vetter, Eberhard, Die Verantwortung und die Haftung des überstimmten Aufsichtsratsmitglieds, DB 2004, 2623

Vetter, Eberhard, Die Berichterstattung des Aufsichtsrats an die Hauptversammlung als Bestandteil seiner Überwachungsaufgabe, ZIP 2006, 257

Vetter, Eberhard, Aufsichtsratsvergütung und Verträge mit Aufsichtsratsmitgliedern, ZIP 2008, 1

Vetter, Eberhard, Der Deutsche Corporate Governance Kodex nur ein zahnloser Tiger? — Zur Bedeutung von § 161 AktG für Beschlüsse der Hauptversammlung, NZG 2008, 121

Vetter, Eberhard, Der Prüfungsausschuss in der AG nach dem BilMoG, ZGR 2010, 751

Vetter, Eberhard, Neue Vorgaben für die Wahl des Aufsichtsrats durch die Hauptversammlung nach § 100 Abs. 2 Satz 1 Nr. 4 und Abs. 5 AktG, in Festschrift für Georg Maier-Reimer, 2010, S.795

Vetter, Eberhard, Gruppenvorbesprechungen im Aufsichtsrat—Ausdruck einer guten Corporate Governance?, in Festschrift für Uwe Hüffer, 2010, S.1017

Vetter, Eberhard, Corporate Governance in der GmbH—Aufgaben des Aufsichtsrats der GmbH, GmbHR 2011, 449

Vetter, Eberhard, Aufsichtsratswahlen durch die Hauptversammlung in § 161 AktG, in Festschrift für Uwe H. Schneider, 2011, S.1345

Vetter, Eberhard, Zur Compliance-Verantwortung des Aufsichtsrats in eigenen Angelegenheiten, in Liber amicorum Martin Winter, 2011, S.701

Vetter, Eberhard, Zur Haftung im fakultativen Aufsichtsrat der GmbH, GmbHR 2012, 181

Vetter, Eberhard, Drittanstellung von Vorstandsmitgliedern und aktienrechtliche Kompetenzordnung, in Festschrift für Michael Hoffmann-Becking, 2013, S.1297

Vetter, Karin/Weber, Ursula, Interventionsaktivitäten von Aufsichtsräten: eine empirische Analyse deutscher Aktiengesellschaften, BfuP 2012, 384

Vogel, Wolfgang, Aktienrecht und Aktienwirklichkeit. Organisation und Aufgabenteilung von Vorstand und Aufsichtsrat. Eine empirische Untersuchung deutscher Aktiengesellschaften, 1980

Voormann, Volker, Der Beirat im Gesellschaftsrecht, 2. Aufl. 1990

Waclawik, Erich, Beschlussmängelfolgen von Fehlern bei der Entsprechenserklärung zum DCGK，ZIP 2011，885

Wagner, Jens, Aufsichtsratssitzung in Form der Videokonferenz—Gegenwärtiger Stand und mögliche Änderungen durch das Transparenz-und Publizitätsgesetz, NZG 2002，57

Wagner, Jens, Die Rolle der Rechtsabteilung bei fehlenden Rechtskenntnissen der Mitglieder von Vorstand und Geschäftsführung, BB 2012，651

Wagner, Jens, Das neue Mitspracherecht der Hauptversammlung bei der Vorstandsvergütung, BB 2013，1731

Waldhausen, Stephan/Schüller, Michael, Variable Vergütung von Vorständen und weiteren Führungskräften im AG-Konzern, AG 2009，179

Wardenbach, Frank, Interessenkonflikte und mangelnde Sachkunde als Bestellungshindernisse zum Aufsichtsrat der AG，1996

Wardenbach, Frank, Niederlegung des Aufsichtsratsmandats bei Interessenkollisionen—Entgegnung auf Singhof(AG 1998，318 ff.)，AG 1999，74

Wartenberg, Guenter, Stellung und Aufgaben des genossenschaftlichen Aufsichtsrats，3. Aufl. 1983

Wasse, Norman, Die Internationalisierung des Aufsichtsrats—Herausforderungen in der Praxis, AG 2011，685

Weber, Robert/Kersjes, Julia, Hauptversammlungsbeschlüsse vor Gericht，2010

Weber, Ulrich/Burmester, Antje, Anstellungsvertrag für Manager，3. Aufl. 2001

Weber-Rey, Daniela, Vergütungsregeln für den Finanzsektor—Drama in drei Akten, VersR 2010，599

Weber-Rey, Daniela, Der Aufsichtsrat in der europäischen Perspektive, NZG 2013，766 = GesRZ(Österr.) 2013，134

Weber-Rey, Daniela/Buckel, Jochen, Die Pflichten des Aufsichtsrats bei der Mandatierung des Vergütungsberaters, NZG 2010，761

Weber-Rey, Daniela/Buckel, Jochen, Corporate Governance in Aufsichtsräten von öffentlichen Unternehmen und die Rolle von Public Corporate Governance Kodizes, ZHR 177(2013)，13

Weckerling-Wilhelm, Dorothee/Mirtsching, Katharina, Weisungsrechte in kommunalen Gesellschaften mit beschränkter Haftung, NZG 2011，327

Wedemann, Frauke, Vorzeitige Wiederbestellung von Vorstandsmitgliedern: Gesetzesumgehung, Rechtsmissbrauch und intertemporale Organtreue auf dem Prüfstand, ZGR 2013，316

Weisner, Arnd/Kölling, Lars, Herausforderung für den Aufsichtsrat—Herabsetzung von Vorstandsbezügen in Zeiten der Krise, NZG 2003，465

Weiss, Gunther, Beratungsverträge mit Aufsichtsrats- und Beiratsmitgliedern in der AG und GmbH, BB 2007，1853

Weller, Marc-Philippe, Haftung von GmbH-Aufsichtsratsmitgliedern für Zahlungen nach Insolvenzreife, GWR 2010，541

Wellhöfer, Werner/Peltzer, Martin/Müller, Welf, Die Haftung von Vorstand, Aufsichtsrat, Wirtschaftsprüfer，2008

v. Werder, Grundsätze ordnungsgemäßer Unternehmensführung(GoF)，zfbf Sonderheft 36 (1996)，1

v. Werder, Grundsätze ordnungsgemäßer Unternehmensleitung(GoU), zfbf Sonderheft 36 (1996), 27

v. Werder, Axel, Shareholder Value-Ansatz als (einzige) Richtschnur des Vorstandshandelns?, ZGR 1998, 69

v. Werder, Axel, Grundsätze ordnungsmäßiger Unternehmensleitung in der Arbeit des Aufsichtsrats, DB 1999, 2221

v. Werder, Axel, Grundsätze ordnungsmäßiger Unternehmensleitung im Konzern, in Albach, Konzernmanagement, Corporate Governance und Kapitalmarkt, 2001, S.145

v. Werder, Axel/Bartz, Jenny, Corporate Governance Report 2012, DB 2012, 869

v. Werder, Axel/Bartz, Jenny, Corporate Governance Report 2013, DB 2013, 885

v. Werder, Axel/Maly, Werner/Pohle, Klaus/Wolff, Gerhardt, Grundsätze ordnungsmäßiger Unternehmensleitung(GoU) im Urteil der Praxis, DB 1998, 1193

v. Werder, Axel/Wieczorek, Bernd J., Anforderungen an Aufsichtsratsmitglieder und ihre Nominierung, DB 2007, 297

Werner, Rüdiger, Aktuelle Probleme der Vertretung der Aktiengesellschaft durch den Aufsichtsrat nach § 112 AktG, Der Konzern 2008, 639

Werner, Rüdiger, Die zivilrechtliche Haftung des Vorstands einer AG für gegen die Gesellschaft verhängte Geldbußen gegenüber der Gesellschaft, CCZ 2010, 143

Werner, Rüdiger, Die Entwicklung des Rechts des Aufsichtsrats im Jahr 2011, Der Konzern 2012, 153

Werner, Rüdiger, Die Entwicklung des Rechts des Aufsichtsrats im Jahre 2012, Der Konzern 2013, 315

Werner, Winfried, Aufsichtsratstätigkeit von Bankenvertretern, ZHR 145(1981), 252

Westermann, Harm Peter, Eigenständige Wahrnehmung der Aufsichtsratspflichten—eine Selbstverständlichkeit?, in Festschrift für Peter Hommelhoff, 2012, S.1319

Wettich, Carsten, Aktuelle Entwicklungen und Trends in der Hauptversammlungssaison 2012 und Ausblick auf 2013, AG 2012, 725

Wicke, Hartmut, Der CEO im Spannungsverhältnis zum Kollegialprinzip, NJW 2007, 3755

Wicke, Hartmut, GmbHG. Kommentar, 2. Aufl. 2011

Wiedemann, Herbert, Grundfragen der Unternehmensverfassung, ZGR 1975, 385

Wiedemann, Herbert, Aufgaben und Grenzen der unternehmerischen Mitbestimmung der Arbeitnehmer, BB 1978, 5

Wiedemann, Herbert, Gesellschaftsrecht, Bd. 1, 1980

Wiedemann, Herbert, Beiratsverfassung in der GmbH, in Festschrift für Marcus Lutter, 2000, S.801

Wiethölter, Rudolf, Interessen und Organisation der Aktiengesellschaft im amerikanischen und deutschen Recht, 1961

Wilde, Christian, Informationsrechte und Informationspflichten im Gefüge der Gesellschaftsorgane, ZGR 1998, 423

Wilsing, Hans-Ulrich(Hrsg.), Deutscher Corporate Governance Kodex, 2012

Wilsing, Hans-Ulrich/Ogorek, Markus, Kündigung des Geschäftsführer-Anstellungsvertrages wegen unterlassener Konzernkontrolle, NZG 2010, 216

Wilske, Stephan/Arnold, Christian/Grillitsch, Hannah, Streitbeilegungsklauseln in Vorstands- und Geschäftsführerverträgen—Vorzüge und Gestaltungsmöglichkeiten, ZIP

2009, 2425

Windbichler, Christine, Gesellschaftsrecht, 22. Aufl. 2009

Wittuhn, Georg A., Herabsetzung von Vorstandsvergütungen in der Krise, ZGR 2009, 847

Wlotzke, Otfried/Wißmann, Hellmut/Koberski, Wolfgang/Kleinsorge, Georg(Hrsg.), Mitbestimmungsrecht, 4. Aufl. 2011

Wollburg, Ralph, Zur Ausdehnung der Inkompatibilitätsregelung des § 287 Abs. 3 AktG in der Kapitalgesellschaft & Co. KGaA, in Festschrift für Michael Hoffmann-Becking, 2013, S.1425

Wundenberg, Malte, Compliance und die prinzipiengeleitete Aufsicht über Bankengruppen, 2012

Wurzel, Gabriele/Schraml, Alexander/Becker, Ralph, Rechtspraxis der kommunalen Unternehmen, 2. Aufl. 2010

Zieglmeier, Christian, Kommunale Aufsichtsratsmitglieder, LKV 2005, 338

Ziemons, Hildegard, Erteilung des Prüfungsauftrages an den Abschlussprüfer einer Aktiengesellschaft durch einen Aufsichtsratsausschuss?, DB 2000, 77

Ziemons, Hildegard, Beraterverträge mit Mitgliedern des Aufsichtsrats, GWR 2012, 451

Ziemons, Hildegard, Der Vorstand als Arbeitnehmer, KSzW 2013, 19

Ziemons, Hildegard, Diversity im Hinblick auf den Prüfungsausschuss, in Orth, Christian/Ruter, Rudolf X./Schichold, Bernd(Hrsg.), Der unabhängige Finanzexperte im Aufsichtsrat, 2013, S.227

Zöllner, Wolfgang, Die Schranken mitgliedschaftlicher Stimmrechtsmacht bei den privatrechtlichen Personenverbänden, 1963

Zöllner, Wolfgang, Das Teilnahmerecht der Aufsichtsratsmitglieder an Beschlußfassungen der Gesellschafter bei der mitbestimmten GmbH, in Festschrift für Robert Fischer, 1979, S.905

Zöllner, Wolfgang, Die sogenannten Gesellschafterklagen im Kapitalgesellschaftsrecht, ZGR 1988, 392

Zöllner, Wolfgang, Die Schranken mitgliedschaftlicher Stimmrechtsmacht bei den privatrechtlichen Personenverbänden, 1963

Zöllner, Wolfgang, Das Teilnahmerecht der Aufsichtsratsmitglieder an Beschlußfassungen der Gesellschafter bei der mitbestimmten GmbH, in Festschrift für Robert Fischer, 1979, S.905

Zöllner, Wolfgang, Die sogenannten Gesellschafterklagen im Kapitalgesellschaftsrecht, ZGR 1988, 392

Zöllner, Wolfgang, Die Besetzung von Aufsichtsratsausschüssen nach dem MitbestG 1976, in Festschrift für Albrecht Zeuner, 1994, S.161

Zöllner, Wolfgang, Aktienrechtliche Binnenkommunikation im Unternehmen, in Noack, Ulrich/Spindler, Gerald(Hrsg.), Unternehmensrecht und Internet, 2001, S.69

Zöllner, Wolfgang(Hrsg.), Kölner Kommentar zum Aktiengesetz, 2. Aufl. 1986 ff.

Zöllner, Wolfgang/Noack, Ulrich (Hrsg.), Kölner Kommentar zum Aktiengesetz, 3. Aufl. 2006 ff.

Zürn, Andreas/Rappensperger, Gabriele/Brämswig, Oliver, Instituts-Vergütungsverordnung: Referentenentwurf der Novelle, DB 2013, 2681

缩略语表

ABl.	公报
Abs.	（法律条文的）款
AcP	《民法实务档案》
AEUV	《欧盟工作方式协定》
AG	《股份有限公司》(杂志)，股份有限公司，初级法院
AGB	一般交易条款
AGG	《一般平等待遇法》
AktFoV	《股东论坛条例》
AktG	《股份法》
AnSVG	《投资者保护改进法》
ARUG	《股东指令转化法》
AÜG	《劳动派遣法》
AuR	《劳动与法》(杂志)
BaFin	联邦金融监管局
BAG	联邦劳动法院
BAnz	联邦司法部公报
BayObLG	巴伐利亚州最高法院
BB	《企业顾问》(杂志)
BetrAVG	《企业养老金改进法》
BetrVG	《企业组织法》
BFuP	《企业管理研究实践》(杂志)
BGB	《德国民法典》
BGBl.	联邦法律公报
BGE	《瑞士联邦最高法院判决》
BGH	联邦最高法院
BGHSt	《联邦最高法院刑事判决》
BGHZ	《联邦最高法院民事判决》
BilMoG	《企业会计现代化法》
BilReG	《会计法改革法》
BKR	《银行和资本市场法杂志》
BörsG	《证券交易所法》
BörsO	《证券交易所规则》
BR	联邦参议院
BT	联邦议会
BverfG	联邦宪法法院

BverfGE	《联邦宪法法院判决》
B.W.	《荷兰民法典》
CCO	首席客户官
CCZ	《公司合规杂志》
CESR	欧洲证券监管委员会
CFL	《公司金融法》（杂志）
CRD	《资本充足指令》
CRR	《资本充足条例》
D&O	董事及高级管理人员
DAV	德国律师协会
DB	《企业》
DBW	《企业经济》
DCGK	《德国公司治理准则》
DJT	德国法学会
DÖV	《公共管理》（杂志）
DrittelbG	《三分之一参与法》
DRS	德国标准化委员会
DRSC	德国财会标准委员会
DStR	《德国税法》
DVBl.	《德国行政报》
DVO	《实施细则》
DZWiR	《德国经济法杂志》
EBA	欧洲银行管理局
ECFR	《欧洲公司与金融法评论》
EHUG	《电子商业登记法》
EIOPA	欧洲保险与职业养老金管理局
ESMA	欧洲证券与市场管理局
ESUG	《企业重整简化法》
EuGH	欧洲法院
EuropUR	欧洲企业与资本市场法
EuZA	《欧洲劳动法杂志》
EuZW	《欧洲经济法杂志》
EWiR	《经济法判决》
EWR	欧洲经济区
FamFG	《家庭事件及非诉讼事件程序法》
FGG	《非诉讼事件程序法》
FKAG	《金融控股集团监管法》
FMStG	《金融市场稳定法》
FMStGÄandG	《加强金融市场及保险监管法》

FS	纪念文集
GDV	德国保险经济总会
GenG	《合作社法》
GesR	公司法
GesRZ	《股东》(杂志)
GG	《基本法》
GK-MitbestG	《共同决定法总评》
GmbHG	《有限责任公司法》
GmbHR	《有限责任公司评论》(杂志)
GnotKG	《诉讼及公证费用法》
GOB	合规簿记原则
GRUR	《工业产权和著作权保护》(杂志)
GS	纪念文集
GuV	计算盈利及亏损
GVBl.	法规公报
GVG	《法院组织法》
GV NRW	北威州法规公报
GWB	《反限制竞争法》
GWR	《公司与经济法》(杂志)
Hdb.	手册
HGB	《商法典》
HRefG	《商法改革法》
IAS	《国际会计准则》
IDW	审计师协会
IFRS	《国际财务报告准则》
InsO	《破产条例》
InstVergV	《机构报酬条例》
InvG	《投资法》
IRZv	《国际财会杂志》
JBl.	法律公报
KAGB	《资本投资法典》
KapCoRiLiG	《资合公司及商号指令法》
KG	两合公司
KGaA	股份两合公司
KonTraG	《企业控制及透明度法》
KSzW	《科隆经济法文集》
KTS	《破产、信托及仲裁杂志》
KWG	《信贷机构法》

LAG	州劳动法院
LG	州法院
LKV	《州及地方行政》(杂志)
LMK	联邦最高法院(针对 Lindenmaier-Möhring 案的后续)司法评注
MaRisk	风险管理最低要求
MgVG	《跨境合并时职工共同决定法》
MitbestErgG	《共同决定补充法》
MitbestG	《共同决定法》
MMVO	《市场滥用条例》
MoMiG	《有限责任公司法现代化及防止滥用法》
MontanMitbestErgG	《煤铁工业共同决定补充法》
MontanMitbestG	《煤铁工业共同决定法》
MünchKomm.	《慕尼黑评论》
NaStraG	《记名股股份法》
NdsVBl.	《下萨克森州行政公报》
NJOZ	《新法学电子杂志》
NJW	《新法学周刊》(杂志)
NJW-RR	《新法学周刊司法报告》
NVersZ	《保险与法新刊》
NZA	《劳动法新刊》
NZG	《公司法新刊》
NZI	《破产及重整新刊》
OGH	最高法院(奥地利)
OHG	开放商事公司
ÖJZ	《奥地利法学家报》(杂志)
OLG	州高级法院
OwiG	《违规行为法》
RdA	《劳动法》(杂志)
RdW	《经济法》(奥地利杂志)
RegE	政府立法草案
RGBl.	《帝国法律公报》
RGZ	《帝国法院民事判决》
RIW	《国际经济法》(杂志)
RL	指令
SAE	《劳动法判决汇编》
SAG	《瑞士股份有限公司》(杂志)
SE	欧洲公司
SEAG	《欧洲公司法令施行法》

SEBG	《欧洲公司职工参与法》
SJZ	《瑞士法学家报》
StGB	《刑法典》
StückAG	《无记名股股份法》
SZW	《瑞士经济法杂志》
TransPuG	《企业透明度及披露法》
TUG	《透明度指令转化法》
UG	经营者公司
UMAG	《企业诚实经营及撤销权现代化法》
UmwG	《企业转型法》
VAG	《保险业监管法》
VersR	《保险法》(杂志)
VersVergV	《保险金条例》
VerwArch	《行政档案》(杂志)
VG	行政法院
VGR	公司法上的协会
VorstAG	《董事薪酬适度法》
VorstKoG	《董事薪酬控制权改进及股份法规则修订法》
VorstOG	《董事薪酬披露法》
VVaG	保险业互助联合会
WGG	《公共福利(非盈利性)住房法》
WiB	《经济法咨询/顾问》(杂志)
WM	《有价证券信息》
WP.	审计师
WpAIV	《有价证券交易公告及内部人目录条例》
WpDVerVO	《证券服务行为及组织条例》
WPg	《审计》(杂志)
WpHG	《有价证券交易法》
WpPG	《招股说明书条例》
WpÜG	《有价证券收购法》
WuB	《经济及银行法判决汇编》
WuW	《经济与竞争》(杂志)
ZBB	《银行法及银行业杂志》
ZCG	《公司治理杂志》
ZfA	《劳动法杂志》
ZfB	《企业管理学杂志》
ZfbF	《Schmalenbachs 企业管理研究杂志》
ZfgG	《集体合作制杂志》

ZfK	《地区经济杂志》
ZfO	《组织杂志》
ZGR	《企业及公司法杂志》
ZHR	《商法与经济法综合杂志》
ZinsO	《破产法杂志》
ZIP	《经济法杂志》
ZnotP	《公证实务杂志》
ZPO	《民事诉讼法》
ZVersWiss	《保险学杂志》
ZWH	《经济刑法及企业责任杂志》
ZZP	《民事诉讼杂志》

关键词索引

（撰写者：马库斯·芒特）

（本索引中的数字为正文边码）

图书在版编目(CIP)数据

监事会的权利与义务:第 6 版/(德)马库斯·路德
(Marcus Lutter),(德)格尔德·克里格尔
(Gerd Krieger),(德)德克·菲尔泽(Dirk Verse)著;
杨大可译.—上海:上海人民出版社,2019
(德国当代经济法学名著)
ISBN 978 - 7 - 208 - 16115 - 3

Ⅰ.①监… Ⅱ.①马… ②格… ③德… ④杨… Ⅲ.
①监事会-权利与义务-研究-德国 Ⅳ.①F279.516.1

中国版本图书馆 CIP 数据核字(2019)第 219310 号

责任编辑 秦　堃
封面设计 小阳工作室

德国当代经济法学名著

监事会的权利与义务(第 6 版)

[德]马库斯·路德　格尔德·克里格尔　德克·菲尔泽　著

杨大可　译

张　艳　校

出　　版　上海人民出版社
　　　　　(200001　上海福建中路 193 号)
发　　行　上海人民出版社发行中心
印　　刷　启东市人民印刷有限公司
开　　本　720×1000　1/16
印　　张　40
插　　页　2
字　　数　687,000
版　　次　2019 年 12 月第 1 版
印　　次　2019 年 12 月第 1 次印刷
ISBN 978 - 7 - 208 - 16115 - 3/F · 2606
定　　价　160.00 元

"独角兽法学精品"书目

《美国法律故事:辛普森何以逍遥法外?》
《费城抉择:美国制宪会议始末》
《改变美国——25个最高法院案例》
《人工智能:刑法的时代挑战》
《链之以法:区块链值得信任吗?》
《上海法制史(第二版)》
《人工智能时代的刑法观》

人工智能
《机器人是人吗?》
《谁为机器人的行为负责?》
《人工智能与法律的对话》
《机器人的话语权》
《审判机器人》
《批判区块链》

海外法学译丛
《美国合同法案例精解(第6版)》
《美国法律体系(第4版)》
《正义的直觉》
《失义的刑法》
《死刑——起源、历史及其牺牲品》

德国当代经济法学名著
《德国劳动法(第11版)》
《德国资合公司法(第6版)》
《监事会的权利与义务(第6版)》